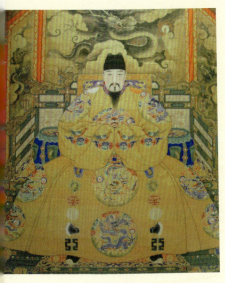

弘治帝画像1

弘治帝画像2

弘治帝画像3

弘治帝画像4

弘治帝画像

弘治帝与张皇后

弘治朝吏部尚书、贤直大臣王恕画像

弘治、正德朝内阁大学士画像李东阳画像

弘治朝内阁首辅刘健画像

近年出版的《李东阳集》

海外珍藏的明中叶四老画像

图片来源：大英博物馆出版，*Ming art, people and places*

马文升画像

刘大夏画像

谢迁画像

《南都繁会景物图》1

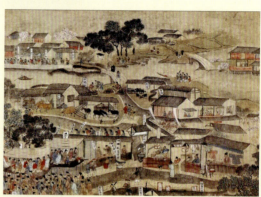

《南都繁会景物图》2

《南都繁会景物图》3

据说是仇英绘制

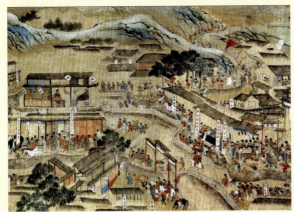

《南都繁会景物图》4

《南都繁会景物图》5

《南都繁会景物图》6

《南都繁会景物图》完整版

明四家之一的沈周画像

沈周画作《桃源胜景》

沈周画作《莲塘小隐图》

沈周画作《蜀道难》

沈周画作《山水》立轴

沈周画作《山水》设色绢本

南粮北运——漕运总督衙门附近的清江浦

南粮北运——淮安南船北马舍舟登陆处

大明帝国系列⑰
The Great Ming Empire XVII

弘治帝卷 上

The kind-hearted Emperor Zhu Youcheng seemed weak after trying twice to achieve the country's stability and peace
(Volume 1)

马渭源 著
Ma Weiyuan

东南大学出版社
SOUTHEAST UNIVERSITY PRESS
·南京·

图书在版编目(CIP)数据

大明帝国. 弘治帝卷：全2册/马渭源著. —南京：东南大学出版社，2020.1
ISBN 978-7-5641-8115-4

Ⅰ.①大… Ⅱ.①马… Ⅲ.①中国历史－研究－明代 ②朱祐樘(1470-1505)－传记 Ⅳ.①K248.07 ②K827=48

中国版本图书馆 CIP 数据核字(2018)第 274428 号

大明帝国. 弘治帝卷上(Hongzhidi Juan)上

著　　者：马渭源
出版发行：东南大学出版社
出 版 人：江建中
责任编辑：谷　宁
社　　址：南京市四牌楼2号(邮编　210096)
经　　销：全国各地新华书店
印　　刷：南京玉河印刷厂
版　　次：2020年1月第1版
印　　次：2020年1月第1次印刷
开　　本：890 mm×1240 mm　1/32
印　　张：23.25　彩插16页
字　　数：595千
书　　号：ISBN 978-7-5641-8115-4
定　　价：89.00元(上、下卷)

(若有印装质量问题，请直接与营销部联系，电话:025-83791830)

自 序

本次出版《弘治帝卷》上、下册是笔者拙著《大明帝国》系列之⑰⑱，以明孝宗当政18年间发生的大事为纲，阐述成化基本"定型"后弘治一朝的历史。

说起弘治帝，无论是传统学界还是民间，人们普遍的印象为：他是明朝历史上不多有的好皇帝，甚至有人干脆将他称为"致治之主""中兴之主"。笔者读过的史学前辈或人称史学大家所作的一些专著中大致都这么说，直到10年前发生的一件事改变了我的观点。记得那是2008年夏秋之交，我应邀与张宏杰先生一起做客江苏教育电视台，专门做一档关于明武宗的节目。明武宗对于我们历史专业的人来说没有不熟悉的，但有些疑问一直盘旋在我的脑海里：为何明朝中叶会出这样的奇葩皇帝？他的父亲明孝宗又是怎么对他进行教育的？带着这样的疑问，我查阅了史料，这一查可就查到问题了。明朝官史记载中的明孝宗并没有后世人们想象中的那般金灿灿，且有明一代也没有什么"弘治中兴"这档子事（倒是有"景泰中兴"，不过这已经不在我们今天讨论的范围了）。那么历史上的明孝宗到底是个怎样的人呢？

在明朝中期列帝中，明孝宗朱祐樘的出身就很另类，他的幼年生活相当之不幸，生母纪氏是在不断受迫害的情势下将他生下来的，后又想尽一切办法、忍受极大的痛苦保护着他。虽然从成化十一年（1475）起他过上了好日子，但转瞬之间生母纪氏的突然逝去，对于当时只有6岁的孩子来说，除了忍受撕心裂肺之痛外，所能做的也就是"寡言笑、慎举止"（《明孝宗实录》卷1）。而这样的早年经历在他的内心中投下了极大的阴影，深深影响了他的一生。

不过话得说回来，也就从那时起朱祐樘接触和亲近到的人，除了自己的父亲明宪宗朱见深和奶奶太皇太后周氏等亲人外，还有就是正直的另类宦官覃吉、怀恩和东宫教官徐溥、刘健、李东阳和谢迁等正人君子，因此说他身上自小起培植起来的正能量占据了主导，加上悟性较好，且能静心进学，"凡听讲之际，专心注目，不移视听……时谕教严甚，非祁寒盛暑不辍，而典玺覃吉日夜启导，凡句读、字音、礼仪、政事及民情世故，皆从容讲说，委曲详尽。上耳熟焉，久而圣性坚定，圣学缉熙，中外臣民已预识为太平天子矣"。（《明孝宗实录》卷1）

也正因为有着这样良好的基础，成化二十三年（1487）九月，当明宪宗驾鹤西去，将乌烟瘴气、秕政百出的大明帝国烂摊子做出移交时，年仅18虚岁的朱祐樘很快就挑起了国主这副重担，在朝廷内外一批贤直臣僚的辅佐下，自登基即位起，他仅用了两个月的时间就将前朝淤积下来的污泥浊水给一一清理了出去（以上详细内容可见本书的第1章 皇家"黑户" 终为"明主"），而后又稳步开放言路，虚心纳谏，礼遇文臣，任贤使能，整顿吏治，改进铨选，勤于政事，完善内廷—君与内外万臣建起来的权力金字塔双轨制体系（详细内容可见本书的第2章 庶政更新 双轨并行）；注意节用，减免进贡，减赋省工，舒缓民痛，关注"收运"，落实"额定"，改革茶马，调整盐法，赈济灾荒，招抚流亡，兴修水利，发展经济（详细内容可见本书的第3章 安定民生 夯实国本）。差不多与此同时，弘治帝还在社会控制、帝国管理和国防巩固等方面做了很大的努力：抑制势家，下令编撰《大明会典》和《问刑条例》，实行慎罚恤刑，重新攒造黄册，理清职责，考黜将校，续行武举，清理军伍，勾补军力，续行募兵，佥选民壮，整饬武备，改革马政，兴复哈密，修筑边墙，甚至打破常规，起复王越，奇袭贺兰山，顿挫北房器张气焰，派遣大军捣巢河套……（详见本书的第4章 维稳为上 巩固国防）

那么弘治帝如此的"更新"举措实施得究竟如何？其最终结果又是怎样？坦率而言，只能说是差强人意，根本没有呈现出为某些人所极度美誉的"弘治中兴"。这里笔者想理清一个概念——"中兴"。大凡历史上的"中兴"往往是指将已经走上衰亡之路甚至行将瓦解或崩溃的帝国王朝给重新振兴起来，赋予其新的生命力。而在中国历代王朝中，真正有着"中兴之治"的并不多，为严谨史家所认可和基本定论的大概也就是夏朝的"少康中兴"、西汉的"昭宣中兴"、东汉的"光武中兴"、唐朝的"元和中兴"和明代的"景泰中兴"。而对于这样的历史概念之辨别,自小就饱读史书的朱祐樘还是十分清楚的。因此当刚刚入仕的新进士李文祥将弘治朝开启的革故鼎新之举美誉成了"中兴再造"时,皇帝明孝宗为之十分不快,让人去叫李文祥到左顺门去候旨,"以疏内有'中兴再造'语,传旨诘责"。虽李文祥当场"从容辨析",但皇帝朱祐樘仍不予以接受,而后下令将他贬谪为陕西咸宁县丞。(《明史·李文祥》卷189)

明孝宗之所以这么不认可自己是"中兴再造"之主,一来是因为如果他说自己就是"中兴再造"之主,那就等于告诉世人:前朝天子成化帝已将大明帝国治理到快要崩溃的地步了,这既不符合历史事实,也是对老爸明宪宗朱见深的不敬不恭,在大孝子朱祐樘看来那是万万不可为之的。弘治五年(1492)六月,负责监收库料的监察御史彭程因看到了前朝成化帝修斋行法用过的皇坛法器还在,感觉十分好奇,于是上疏问道:"陛下即位,凡若此数废之殆尽,何为而犹有皇坛器用之制哉?"(《明孝宗实录》卷64)没想到原本温文尔雅的朱祐樘却为之大发脾气,"以为暴扬先帝过,立下锦衣狱"。朝廷大臣闻讯后纷纷上疏予以营救,但皇帝朱祐樘却不依不饶,最终还是将彭程充军远方。二来是因为弘治朝治国理政所取得的结果,并没有达到历史上公认的"中兴"的地步,对此,"天性诚笃"(《明孝宗实录》卷224)的当朝天子朱祐樘还是颇有自知之明的。三来是因为自接任皇位起朱祐樘开启的"更新庶政"是在"法祖图治"(《明孝宗实录》卷123)和"为祖宗守得法度在,惟恐有失闻"(《明孝宗实录》卷224)的旗号下进行的,如此下来,的确为他自己赢得了"至孝"的美名,但同时也束缚了他与臣下的手脚,这就使得本来积弊甚厚的诸多帝国稗政和重大隐患都没有得到很好的清除和处理,尤其是长期以来宗藩、外戚、宦官和军事等方面的隐患所引发的问题格外凸现,明孝宗居然对此多听之任之。弘治"更新","宽恕为本",成宪聿遵,诸患并存。(详见本书的第4章和第5章)

弘治前期的这般"更新"说到底就如传统农民经营土地一般,虽然治理的范围很广,但所能做到的也就是割割草,看到哪个地方"不和谐"的野草疯长得不行了,就动手割掉一点儿,压根儿不是从根本上去解决问题。在以前出版的《大明帝国》系列中我们已经讲过的"正统更新""景泰改革""成化更始"和后面将要讲到的"嘉靖新政"和"万历新政"等大体都是如此。换句人们耳熟能详的话来说：这些所谓的"更新""新政"和"改革"都有一个根本性的缺陷，那就是不愿意或不敢去触及近侍权贵和特殊阶层的既得利益。从小就"简言慎动"的明孝宗花了大约十六七年的时间，直到他皇帝生涯的末期才猛然明白了这个理：要想使得自己治下的大明帝国走向致治盛世，就必须得勇敢面对和积极解决"更新"改革中最为关键性的问题，于是就有了弘治末年的再度发力、励精图治。可谁曾料想到，那些近侍贵戚们早在暗中行动了起来，随后一场突如其来的"医疗事故"要了皇帝朱祐樘的命。弘治图治，遽然而止。（详细内容可见本书的第6章 图治遽止,遗憾纷至）

至此我们可以这么说，弘治帝是个不曾成功取得励精图治的好皇帝。当然也有人可能不认可这样的说法，而是认为他是个"中主"，"朱祐樘决不是个雄才大略、大有作为之君，当然也不是荒淫的昏君，而是平庸的、力求维持现状的'太平天子'"（郭厚安：《弘治皇帝大传》，P286、288，辽宁教育出版社，1994年8月第1版）。不过，倘若我们将明孝宗朱祐樘放在大明开国后百余年的具体历史实际当中来看，虽然有着这样那样的遗憾，但不可否认，弘治帝在历史上所起的积极作用还是比较大的。或言之，在成化帝对中期大明帝国基本"定型"的基础上（笔者拙著《大明帝国》系列之⑯《成化帝卷》下册，第8章 拱手而行 转型渐定，东南大学出版社，2017年9月第1版），明孝宗朱祐樘顺应时势，"以宽为本"，承前启后，继往开来。因此说，不管是有意还是无意，弘治帝所产生的直接或间接作用并不限于他那个时代，而是影响到了后来的大明帝国。具体地说来，主要体现在以下几个方面：

一、政治日渐宽松化

明朝立国时洪武帝实行酷政，政治环境极为严寒。到了建文帝时代，大明朝廷推行"新政"，帝国极权统治稍稍放宽了些。可这样的良好局面随着朱棣"靖难"、篡位的成功而灰飞烟灭，大明帝国的臣民们又一次陷入了专制魔主法西斯恐怖政治之中。仁宣时代朱高炽、朱瞻基父子俩都比较"宽恕"，大明政治空气逐渐转暖，只可惜为时并不长，随后上台的明英宗又是个极好专制集权的魔主，两次执政期间大发君主淫威，终致恐怖主义笼罩在大明帝国的上空。明朝中期政治环境的宽松化的"首功"当归结于景泰帝的"放开",只可惜随着"夺门之变"的发生和天顺帝的复辟,一切又回到了原地。有幸的是接任天顺帝帝位的明宪宗相对又比较宽厚,大明政治宽松化由此开始逐渐巩固和扩大。(具体内容详见笔者拙著《大明帝国》系列之⑯《成化帝卷》下册,第7章 犬儒成精 党争不宁,东南大学出版社,2017年9月,第1版)遗传明宪宗宽仁基因的明孝宗上台后,继承了父亲的许多做法,在大明帝国政治、社会领域内依然实施的是宽松政策,甚至有着将之发扬光大的趋势。

第一,自弘治帝当政起,大明朝廷就不断地复职或升调前朝遭黜的言官,宽容对待甚至鼓励臣下直谏,这在弘治朝刚开启时做得特别好,中后期就显得差一点儿了。与前后数朝特别任性的独夫皇帝相比,明孝宗在对待和处理臣僚问题上显得很另类。一般来说,他对于上言进谏者和"犯错误者"多能持有包容的心态。即使是较为严重的逆鳞,朱祐樘也不太会予以严厉的责罚,更不会像前朝祖宗那样对进谏者和"犯错误者"实施残忍且又侮辱人格的廷杖,最多也就是贬官或充军,如此做派与明初"二祖"动辄便有虐杀臣僚之举相比,简直就是天壤之别。这大概也是明朝中期以后官僚文人极度美誉朱祐樘的一大重要缘由吧。(详细内容可见本书的第2章 庶政更新 双轨并行)

第二,在纲常法纪方面,弘治朝廷抓得又比较松,这样的例子有很多。譬如:朝参不到、朝仪不正一类事情时有发生,明孝宗对此一般都不予以重罚。弘治八年(1495)二月丙子日,侍班监察御史陈瑶等劾奏:"朝官数少。"弘治帝命锦衣卫和鸿胪寺点查,结果发现:朝参不到者居然多达620余人。皇帝下令:早朝缺席者罚做运转。(《明孝宗实录》卷114)这样的情况六年后再次出现,弘治十四年(1501)闰七月,会昌侯孙铭等487员朝参不到,监察御史张纶等请治以罪,弘治帝宥之。(《明孝宗实录》卷177)弘治十五年(1502)六月,礼科都给事中吴伴伟等上奏说:"朝廷之上严为主。今文武官入朝之际,有推挤、喧哗,或步趋放肆者,有进掖门而掉臂、过御桥而附身者,甚至班行踰越尊卑失次。"乞请严正不正。(《明孝宗实录》卷188)明孝宗接奏后仅当场表态:"从之。"随后也没有追问。

又譬如:在刷卷过程中发现衙门文卷中错误甚多,涉事官员人数广,明孝宗往往下令不罚或轻罚。所谓刷卷是指在监察御史主导下,对各衙门中的文卷进行抄写、核对,然后上报朝廷,并以此作为考核衙门的依据,达到监察监督的目的。弘治九年(1496)六月,监察御史李澄在完成对南京各衙门刷卷后上奏说:"魏国公徐俌、户部尚书秦纮以下官2 348员,各有稽迟、失错、差错、迟错、未明违错、埋没之弊,请俱逮问如律。"(《明孝宗实录》卷114)弘治十一年(1498)二月,监察御史汪宗器照刷在京诸司文卷,"奏劾掌中军都督府事英国公张懋以下4 888员,谓各有埋没、违错、未明、稽迟、差错、失错之弊,请治以罪。都察院覆奏得旨。"明孝宗发话:"应议并堂上官,宥之,其埋没正犯提问,经该承刷并违错者,罚俸两月,迟错、差错、未明者一月,其余稽迟之类,取招迁官去任者勿论。"(《明孝宗实录》卷134)

再如,为人所纠劾的官员在弘治朝多被留用,甚至有被纠劾数次的朝臣还姑且任用。弘治十年(1497)五月,"南京吏科给事中郎滋等以灾异劾奏两京文武官不职者,南京如礼部尚书童轩年老衰惫,礼仪多缺,工部尚书侯瓒年老足痹,步履甚艰,户部尚书秦纮晚节不逮,通政司参议夏崇文赃罪多端,鸿胪寺少卿左宣衰老无用,太医院院判孙泰收受药材,公行贿赂,钦天监监正李钟私卖历日,有伤国体,工部司务李泰庸劣贪婪,大理寺寺正毛诗贪刻粗暴,后府掌府事忻城伯赵溥老耄耳聋,都督王受老懦贪婪,前府都督张海肆行淫暴,操练无方。在京如光禄寺卿林凤、太仆寺卿钱钺之奔竞无耻,右通政吴裕之贪声素著,太常寺卿崔志端之过恶彰闻,是皆职业不修,清议难容者,乞将童轩等罢归田里,赵溥等革去管事,李泰等明正其罪,不然非所以回天变弭灾异也"。南京监察御史杨逊等亦劾奏:协同守备武靖伯赵承庆侵渔市利,太常寺少卿沈瑜内行不谨,户部主事蓝应短于治才,锦衣卫指挥黄琳淫亵贪纵,余所劾与六科相同。弘治帝将之俱下所司,吏、兵二部覆奏,皇帝朱祐樘"命俱留办事"!(《明孝宗实录》卷125)

更有极端的事例,弘治十五年(1502)十月,吏部覆奏:"户科给事中蔚春所陈欲通查大臣之被劾及推荐者,前后有被劾十一次者都御史洪钟、太常寺卿李温,十次者侍郎郑纪,九次者通政江清、徐说,八次者尚书王宗彝、都御史史琳,七次者都御史彭礼、太常寺卿

崔志端,六次者侍郎张达,四次者尚书倪钟……"明孝宗下令:"徐说已致仕矣,其余姑置之。"(《明孝宗实录》卷192)

第三,从法律层面申严诬告之禁,在客观上创造更为广泛的宽松政治社会环境。弘治十七年(1504)正月,刑科都给事中于瑁等上奏说:"比者会问犯人李道明,止以一人无知,妄捏妖词,文致百十平人皆罹隐祸,非多官为之辩明,则诬陷死地者,竟皆何辜。由此推之,恐内外诬枉受害者尤多,灾异频仍,或由于此。本朝律例:凡诬告平人者坐罪有差。乞敕法司通行内外问刑衙门明谕禁约,今后本状止许直言所告之事,不许牵引平人不干己事,以图展转,其各该官司必先参详该论及干己者,速为理断。内有旁引律该勿论,及例应立案者,勿与准理。敢有不遵及与施行者,皆治以罪。"法司部门为此覆奏:"请令天下诸司各以此意刊榜谕众。"明孝宗下令:"申严诬告之禁。"(《明孝宗实录》卷207)从这项法令颁布来讲,其所涉及的面远不止上述的官僚阶层,而是社会的各个阶层。

第四,查找太庙配飨开国功臣,追封王爵者后代,量加恩典,俾奉其祀,扩大帝国统治基础。明朝开国后因爆发一场又一场"政治运动"和漫无边际的阴谋杀戮,到洪武末年时,那些曾经跟随朱元璋打天下且又没犯什么重大政治错误的开国功臣已经被处理得寥寥无几。从大明立国之制角度来讲,这些人的后代子孙理应继承或变相继承父祖辈的爵位,但由于随后发生了朱棣"靖难",抢夺侄儿建文帝皇位这样的政治大变故,大明朝廷自此所重用的是打内战的"靖难英雄"——"奉天靖难推诚宣力武臣"(《明太宗实录》卷12上)及其子孙,反倒将洪武朝的"开国辅运推诚宣力武臣"(《明太祖实录》卷58)给遗忘了,这不仅寒了开国功臣子孙后代的心,而且还不利于对广大臣民进行忠君报国思想教育。

为此,弘治五年(1492)三月,宽仁的明孝宗在册立皇太子昭告天下的诏书中专门指出:"太庙配飨开国功臣,追封王爵者,俱系辅佐太祖高皇帝平定天下有大勋劳之人,今其子孙有不沾寸禄,与编氓无异者,该部查勘明白,具实以闻,量加恩典,俾奉其祀。"(《明孝宗实录》卷61)吏部接到皇帝指示后立即展开了调查,"查访得原配享功臣追封王爵者六人,中山武宁王徐达、开平忠武王常遇春、岐阳武靖王李文忠、宁河武顺王邓愈、东瓯襄武王汤和、黔宁昭靖王沐英,俱直隶凤阳府人。达玄孙俌,见袭魏国公;永宁又袭定国公;英曾孙琮见袭黔国公,其遇春子孙今在云南临安府,文忠、愈、和子孙俱在南京,并无官职,与军民杂处。"(《明孝宗实录》卷61)明孝宗对此做了专门指示:"报功之典,古今所重。我皇祖佐命元勋,皆已配飨庙廷,独其子孙乃泯灭无闻。朕用恻然,特下诏求之。今既得复等,可令为世袭指挥使,各铨注附近祖茔卫,分以便奉祀。"(《明孝宗实录》卷72)于是"吏部奉诏惟谨,即各行所在查取赴京。既而,开平王曾孙常复至云南,宁河王玄孙邓炳至湖广,岐阳王玄孙李浚、东瓯王玄孙汤绍宗皆至南京。比至,命各授以指挥使职,遂转送兵部,皆定以南京锦衣卫使,各近其坟茔。夫当太平盛世,不忘于报功,此固圣天子之大德,而所司急于将顺,亦贤宰辅之公心也。时承行者则吏部尚书三原王恕、兵部尚书钧州马文升、验封郎中安陆孙交、武选郎中苏州徐源,皆一时名望也。"【明】梅纯:《损斋备忘录》上)

第五,弘治时代自然灾害特别多,无年不灾,因此有人干脆称其为"明清小冰期"阶段。对此,明孝宗采取的一项重要策略是,每年都加大力度,蠲免税粮,赈济灾荒。而这样的每年蠲免税粮数又至少要在7 000 000石以上,这就创造了大明帝国历史上蠲免税粮的最高纪录。(详见本书的第3章中的《明代历朝减免天下税粮数变化表》)如此空前绝后的宽政善举之落实使得大批挣扎于死亡线上的受灾草民得以活命。与之相随,大明帝国各地的社会秩序也因此得到了相对的稳定。一个最为直接的史实依据是,与都曾爆发相当规模的农民和流民起义的前朝或后世相比,弘治一朝总的来讲还是比较太平的,这无疑是一大历史进步。而明孝宗也由此成了后世人们追忆之中的"宽仁"君主的"楷模"。

二、经济渐趋商品化

虽说弘治时代大明帝国的经济主体还是传统的农业经济,但商品经济也有了极大的发展和繁荣。流传至今的《南都繁会景物图卷》(人们简称之为《南都繁会图》)提供了一个极为有力的明证。该图落款处题为仇英所绘,仇英原籍为太仓,后移居苏州,与沈周、文徵明、唐寅并称为"明四家"。仇英的生活年代据人推算,大致是在弘治、正德和嘉靖年间。但笔者在反复研究《南都繁会图》后发现,该图不一定是仇英所绘,因为从他的《汉宫春晓图》《桃园仙境图》《赤壁图》《玉洞仙源图》《桃村草堂图》《剑阁图》《松溪论画图》《桃花源图》《仙山楼阁图》《莲溪渔隐图》《桐阴清话轴》等其他作品来看,仇大师的作品有着极其鲜明的特征,其构图精巧、用笔老道,而《南都繁会图》似乎不具备这些元素。因此笔者认为,《南都繁会图》很可能是同时代人或后人冒用了仇英之名,目的是想提高该画的知名度或谋取更多的商业利益。但不论怎么说,该画大致上还是反映了明朝中期留都南京商品经济繁荣的历史事实:画卷上街市纵横,店铺林立,车马众多,行人摩肩接踵,标牌广告林林总总。两岸建筑——佛寺、官衙、戏台、民居、牌坊、水榭、城门,层层叠叠。茶庄、金银店、药店、浴室,乃至鸡鸭行、猪行、羊行、粮油谷行,应有尽有。河中运粮船、龙舟、渔船往来穿梭,还有从内秦淮河拐出的唱戏的小船……长卷绘有109家商店及招幌匾牌,1 000多个职业身份不同的人物——侍卫、戏子、纤夫、邮差、渔夫、商人等"行走"在长卷上,神态丰富,展现出一幅繁华、富庶、热闹的市井生活画面。(网上360《南都繁会图》介绍,也可见本书的彩图插页)

至此,或许有人要说,南京曾是大明帝国的首都,经济本来就很发达,这《南都繁会图》很难确切地证明弘治时代大明帝国商品经济已经十分繁荣了。好,那我们不妨再看下面例证:

弘治末年去世的苏州文人王锜曾留下这样的文字来描述他所处时代的姑苏城变化:"吴中素号繁华,自张氏(士诚)之据,天兵(指明军)所临,虽不被屠戮,人民迁徙实三都、戍远方者相继,至营籍亦隶教坊。邑里潇然,生计鲜薄,过者增感。正统、天顺间,余尝入城,咸谓稍复其旧,然犹未盛也。迨成化间,余恒三四年一入,则见其迥若异境,以至于今,愈益繁盛,闾檐辐辏,万瓦甃鳞,城隅濠股,亭馆布列,略无隙地。舆马从盖,壶觞罍盒,交驰于通衢。水巷中,光彩耀目,游山之舫,载妓之舟,鱼贯于绿波朱阁之间,丝竹讴舞与市声相杂。凡上供锦绮、文具、花果、珍羞奇异之物,岁有所增,若刻丝累漆之属,自浙宋以来,其艺久废,今皆精妙,人性益巧而物产益多。至于人材辈出,尤为冠绝。作者专尚古文,书必篆隶,骎骎两汉之域,下逮唐、宋未之或先。此固气运使然,实由朝廷休养生息之恩也。人生见此,亦可幸哉。"【明】王锜:《寓圃杂记·吴

中近年之盛》卷5)

当然那时的商品经济繁荣并不限于苏州这样的通衢大镇,一些郊县也受其渗透。弘治十八年(1505)状元顾鼎臣出生于昆山一个中低收入的家庭,其父"顾翁曾为小贾鬻线"。小贾鬻线不仅让顾老头就此养活了全家,且还能拥有一个使女"青衣"。57岁那年顾老头乘着大奶不在时来了回老牛吃嫩草,不久青衣产下了一子,即后来的状元顾鼎臣。(【明】于慎行:《谷山笔麈·杂闻》卷15)昆山诸方面条件在江南地区算不上很好,但像顾鼎臣父亲那样"小贾鬻线"居然能过上小资生活,由此可见那时当地的商品经济已经十分发达。

其实像这样的情况在帝国其他地方也有,当时沿着南粮北运的主干道一直向北直至帝都,由大一统帝国官方力创的漕运经济所催生出来的病态商品经济同样也十分繁荣。弘治十二年(1499)八月,监察御史王献臣在上呈朝廷的奏章中曾这样描述道:"各处运军经年在外,辛苦万状,我祖宗列圣竭心处置,有加耗、有行粮、有脚价,自足为用。近来管运军职旗甲人等兑粮之后,百计剥削,买办土宜,馈送权贵,运至仓所,监督内官及其下人俱索取常例财物,官攒年级亦有需索,已不能堪。先年因起仓房、公馆,倩近仓人民协助工力,将当年运到军粮,令各人或为小脚,或为歇家,量与工费,以偿其劳,乃一时权宜。今袭以为常,置立文簿,军粮一到官,为拨派此等人役,以为官司设立,虚张声势,分外需索,监督内官又抽囤基钱,加之天雨,况泞脚价腾贵,以致用乏不免取债。今各卫分负债多者至万余两,若不早为之,图恐岁月愈久,债负愈多。一旦官军不能撑持,误事多矣。伏望将监督内官清者,量留一二,余皆裁革。积年伴当、歇家、小脚及军官剥削等弊,严为禁革。违者许被害之人赴总督尚书、漕运都御史、巡仓御史诉告,据以参究。"(《明孝宗实录》卷153)

虽说上文所描述的是通州地区负责漕运官军的窘迫之状和所受的高利贷剥削之苦——"今各卫分负债多者至万余两",但也不难看出那里的病态商品经济也是很活跃。

商品经济的活跃和发达必然会引发社会诸多领域的变化,而在当时大明帝国官方视野中,最先引发变化的可能就要数户口赋役之"改革"。

三、赋税徭役金银化

在以前出版的系列专著中已经讲过,明代商品经济开始真正有所发展且日益繁荣的当自仁宣以后,而商品经济的发展对于以农业立国的大明帝国社会带来的最大的冲击可能莫过于户口与田土的变化。户口与田土在明朝中前期的变化所呈现的整体趋势是,随着时间的推移,官方所直接掌控的数据越来越少。户口数据的减少意味着明初建立起来的徭役佥派制度无法真正落实到位;与此同理,田土数据的减少则意味着帝国赋税收入的减少,而这两项在帝国各地都有一定的定额,原则上是不能减少的,于是在商品经济相对发达的南方地区率先实行赋税与徭役折银化的改革,以致于明英宗以后金花银"概行于天下"(《明史·食货志二》卷78)。当然这是就大体之势而言的,具体地说,南方地区赋税与徭役折银化改革直至成化时期还在不断地拓展与深化,如那时福建邵武推行由知府盛颙创行的"十段锦法"和南直隶松江地区推行知府樊莹创立的"白银法"等都是比较成功的典型案例。而北方地区推行改革则相对要晚一些。弘治元年闰正月,户部尚书李敏等上言:"山东、河南、山西、陕西及北直隶常税当输各边,近以灾伤减免过多,而存留之粮亦不能充本处官军俸给,请以今年税粮每石征银一两,内存十分之一折给本处俸给,余九分解送各边,以时折给,仍以其余召籴,以备军兴。"(《明孝宗实录》卷10)弘治帝依之。"自是北方二税皆折银,由(李)敏始也。"(《明史·李敏》卷185)

与上述赋税折银化和徭役折银化相类,成化、弘治时代还出现了部分马政改革。明朝立国之初养马乃为官方所为,但随后不久改为民牧,并制定了种马、表马、寄养等一系列严格的标准与要求。由于这些标准与要求十分苛刻,加上马政官的贪腐,民间养马户的负担就此变得极为沉重,"民间官马为累,一马在家,朝夕喂养,至缚其身,不得奔走衣食"(【明】张峰:《嘉靖海州志》)。又"养马之家,虽云量免粮差,而赔补受累者多"(【明】陆容:《菽园杂记》卷4)。换言之,变相的沉重徭役——养马已经压得养马之民喘不过气来,而帝国官方所收的马匹又不好,且还越来越少。鉴于此,成化二年,明宪宗"以南土不产马"而下令改征银两。成化四年,明廷"始建太仆寺常盈库,贮备用马价。"

明孝宗上台即位后一方面整治官方养马,在弘治六年时制定出"两京太仆种马,儿马二万五千,骒马四之,二年纳驹,着为令"政策的基础上,接受刘大夏的推荐,派遣杨一清前往陕西,对茶马贸易等诸多制度实行清整与改革。(《明孝宗实录》卷194)另一方面则继续沿用成化朝的做法,即对养马民户实行由征收马匹改为征收银两。(《明史·兵志四·马政》卷92)

继承和巩固前朝赋税徭役折银化的改革,加之盐法改革的折银化(详细内容可见本书的第3章中"改革茶马 调整盐法"条),弘治朝廷的如此做法从整体上来说是适应了时代发展的要求,这不仅推动了小民们从纳粮当差到纳银不当差的转变,使得他们对于帝国的人身依附关系有所减弱,而且还在客观上有利于白银化时代的到来,同时也反映了大明帝国对社会民众的控制力在下降。

四、海禁相对松弛化

帝国控制力下降还不仅仅体现在对国内民众的管理上,在对待海外贸易方面,自明朝中期起也有着相似的情况。大明自太祖朱元璋立国起不久就是实行严厉的海禁政策。如洪武二十三年十月,"诏户部申严交通外番之禁。上(指朱元璋)以中国金银、铜钱、缎匹、兵器等物自前代以来不许出番,今两广、浙江、福建愚民无知,往往交通外番,私易货物,故严禁之。沿海军民官司纵令私相交易者,悉治以罪"(《明太祖实录》卷205)。洪武三十年四月乙酉日,"申禁人民无得擅出海与外国互市"(《明太祖实录》卷252)。但历经百年变迁,立国之初大明老祖宗制定的那些严厉海禁政策早就不管用了。"成、弘之际,豪门巨室,间有乘巨舰贸易海外者。"【明】张燮:《东西洋考·饷税考》卷7)更有一个让今人能直接看到的证据,在《南都繁会图》中位于图中央处有一条巨幅,上面写着"东西两洋百货"(详见本书书籍插页)。这说明,明初严厉的海禁政策早就名存实亡了。

对于这样的变化,弘治六年三月,两广总督都御史闵珪在上朝廷的奏章中就如此说道:"广东沿海地方多私通番舶,络绎不绝,不待比号先行货卖,备倭官军为张势,越次申报,有司供亿糜费不赀,事宜禁止。"明孝宗接奏后将其下礼部讨论,礼部随后上奏说:"据珪所奏,则病番舶之多为有司供顿之苦。据本部所见,则自弘治元年以来,番舶自广东入贡者,惟占城、暹罗各一次,意者私舶以禁弛而转多,番舶以禁严而不至。今欲揭榜禁约,无乃益沮向化之心,而反资私舶之利。今后番舶至广,审无违碍,即以礼馆待,速与闻奏;如有违碍,即阻回而治交通者罪。送迎有节,则诸番咸有所劝,而偕来私舶复有所惩而不敢至,柔远足国之道于是乎在。"(《明孝宗实录》卷73)

从闵珪上奏的意思来看,广东地方上小民私通番民,络绎不绝,由此要求朝廷予以严禁。但礼部却以"揭榜禁约,无乃益沮向化之心"为由加以反对,而皇帝朱祐樘最后又批准了礼部的上请,由此造成了东南沿海地区民间人们借着番人朝贡的名义进行海上贸易活动越来越频繁,规模越来越大。弘治十四年(1501)三月,江西信丰县民李招贴与邑人李廷方、福建人周程等私往海外诸番贸易,回国入关时拿了所谓的爪哇国朝贡贸易勘合,伪称自己是其贡使,使团正式人数就有109人,所带货物有椒木、沉香等稀有之物。明朝官方含含糊糊地接受了贡物,随后动用公款接待了这些"贡使"。不久之后,这事为人所质疑,弘治朝廷也就仅令"广东守臣自今遇外国进贡人至,务审其赉有原降勘合,方许具奏"(《明孝宗实录》卷172)。

不过即使这样,明朝的海禁之令还是没被明确宣布松动。弘治十七年(1504)三月,兵科给事中张弘至在上奏言事中曾以"均海利"为题,专门这样说道:"海滨之民以捕鱼为生,编竹为筏,随潮往来,宜令所司稍弛科禁,使之安业,而盗自弭。"(《明孝宗实录》卷209)这里所谓的"盗"包括了海上私人贸易。明孝宗在接奏后"命所司议处以闻",但直至他西去该事一直都没有明确的下文。(《明孝宗实录》卷209)

五、上下风气奢靡化

洪武开创大明时举国上下一致节俭、简约,有明一代的奢靡之风最早是由自称为洪武帝"好儿子"的明太宗朱棣所开,不过那时朱棣及其儿孙的奢靡腐化主要还是限于宫廷之内。若从整体角度来看,明初这几代君主还算有所克制,没将帝国风气推到奢靡腐烂的境地。但自正统朝开始这样的情势发生了质变,除了重修明成祖晚年遭雷击而毁的"奉天、华盖、谨身三殿"和"干清、坤宁二宫"外(《明英宗实录》卷83),自我感觉优秀的小杆子皇帝朱祁镇还放任阉竖佞幸王振"竭生民膏血",广建梵刹,尤其是将大兴隆寺修建得"极为壮丽"(【明】黄瑜:《双槐岁钞·太学生进谏》卷5)。虽说明英宗个人生活还算简约,但他纵容近侍宠幸如此作为,开了有明一代极度奢靡风气之先,给后世君主树立了一个极坏的榜样。

也正因为如此,到了他的儿子朱见深即位后,这位大明新君主才毫无顾忌地开创了帝国朝廷骄奢淫逸的历史纪录。成化二年(1466),礼部大臣在上疏中就曾指出:正统时期光禄寺"鸡鹅羊豕之类岁费不过三四万,天顺以来增至十六七万,费用过多,暴殄天物,莫此为甚。"(《明宪宗实录》卷34)明宪宗极度宠爱万贵妃,近侍佞幸争相"奉献","苛敛民财,倾竭府库","糜费无算"(《明史·后妃一·万贵妃》卷113)。更有成天窝在宫中的成化帝还继承了老祖先的"光荣"传统,优渥番僧,崇佛佞道,大肆营建和修造梵刹宫观,仅为修建显灵宫及诸祠庙,就将前朝历代积蓄下来的七窖内帑用了个精光。(《明史·宦官一·梁芳》卷304)

不过明代中期名臣、曾任户部尚书兼文渊阁大学士的王鏊在他的笔记中却留下了不是七窖内帑而是十窖的记载:"内帑积金凡十窖,窖凡若千万,盖累朝储之以备边,未尝轻费。景泰末,颇事奢侈。英宗在南内,闻之叹曰:'累世之积,其尽乎?'甫复位,即往视之,则金皆在,缺其一角耳。旋节他费补完之。成化中,梁芳、韦兴等作奇技淫巧,祷祠、宫观、宝石之事兴,于是十窖俱磬(同"罄")。久之,上(指明宪宗)一日指示芳等曰:'帑藏之空,皆尔二人为之。'兴惧不敢言……"(【明】王鏊:《震泽纪闻》)

历朝所积十窖内帑,"窖凡若千万",都让成化帝给花费完了,这是何等之奢侈与腐化啊!再说明孝宗从小就是在这样的环境下长大的(6岁之前另当别论),虽然他自身生活并不太奢靡,但对于周围的奢侈与腐化早就见多不怪。俗话说得好:近朱者赤,近墨者黑,时间长了,长年累月身处顶级富贵乡的明孝宗一点儿不受奢靡腐化影响也难。弘治五年(1492)三月,吏科都给事中张九功上言进谏道:"迩者工部两奉旨,将新制各色彩妆绒氁画图下陕西镇巡三司,并甘肃镇巡等官织造。今陕西诸司动支帑银收买物料,往南京转雇巧匠,科买湖丝,又于城中创造织房。臣窃惟陛下此举有五不可,方今民力穷困,一不可也;灾异数见,二不可也;边事相仍,三不可也;既设织房流弊于后,四不可也;四方仿效奢靡成风,五不可也。乞追回前命,以光圣德。"(《明孝宗实录》卷61)言官张九功已经说得很明白,朝廷带头奢靡腐化了,这才有四方仿效成风,因此最好的处治方法是皇帝追回已经下达的织造过度奢靡服饰的成命。可早已习以为常的朱祐樘哪里听得进去,接到谏言奏请后下旨:"绒毻近已令减半织造矣,其下所司知之。"(《明孝宗实录》卷61)说得直白一点儿,皇帝稍稍做做样子,奢靡生活照过不误。

朱祐樘皇帝生涯中的奢靡化在弘治中晚期达到了顶峰,朝廷大臣见之纷纷上奏予以规谏:"顷岁工役太繁,内而寿安、钦安宫、西七所、毓秀亭之修建,外而神乐观、太仓城楼及皇亲屋宇之创造。近者又于兴济县建真武祠,使三军壮气耗于转输之勤,万民膏血浪为土木之饰,又改造织金彩妆闪色诸罗缎纱,织造羊绒彩妆闪色诸衣物,计其工料价银所需不下百万。中官缘此规利,有司缘此剥下,其织造中亦有东宫所服用者,奇巧靡丽,皆祖宗以来之所未有。况东宫方在幼冲,睿性未定,当示以恭俭之德,不当以奢靡导之。伏望于前项工役已行者,损其规制;未行者悉令停免。至于织造之过侈,中官之督造亦皆停止取回,实天下之大幸。而臣等之至望也。"明孝宗对此回复:"卿等所言有理,即今天气向炎,工役未完者待督工官奏来停免,缎匹完造、织造及已派者,仍旧输纳,此后节省事宜朝廷自有斟酌。"(《明孝宗实录》卷137)一句话,你们大臣说你们的,本皇帝一切照做。

中国有句老话说得好:"上有所好下必甚焉。"既然当朝天子也讲究起高档次和高消费,那么京师权贵勋戚们自然也就不甘落伍,"京师奢靡习于贵戚"(《明孝宗实录》卷107)。弘治十三年(1500)三月,兵科给事中王承裕上言进谏说:"朝廷之政所宜先者,莫如崇俭戒奢,以率天下。今京师之俗,居室崇广是尚,服饰华美相高,一宴会间珍味毕具,婚姻、丧葬尤竞豊侈,四方承风,展转益甚,揆厥所由,则以小民仿效庶官,庶官仿效贵戚,贵戚又于朝廷窃仿效焉。此岂圣世所宜有哉?乞敕有司出榜禁约,自贵戚以至小民,凡居室、服饰等用,俾各遵守减损,有弗悛者,职官听科道纠举,其余许兵马司缉捕,各以违例罪之,仍行各处巡按监察御史一体施行,则京师四方,莫不向风矣。"(《明孝宗实录》卷160)弘治帝接奏后"下其奏于所司",即轻描淡写地将之打发过去了。

皇帝不认真对待和处置,犹如恶性肿瘤一般的奢靡腐化风气就会肆意地疯长,形成不可逆转之态势,而京师风俗的奢靡化尤其会引起帝国地方上的模仿。弘治十一年(1498)十一月,户科给事中丛兰上言说:"京师风俗之美恶,四方所视效也。近年以来,正月上元日,军民妇女出游街巷,自夜达旦,男女混淆。又每月朔望及四月八日,假以烧香游山为名,出入寺观,亦有经宿,或数日不回者,乞痛加禁约,以正风俗。"都察院为此覆奏,请通行两京并天下一体严禁。明孝宗从之。(《明孝宗实录》卷143)

朝廷仅通过下个文,就想阻止住社会风气的奢靡化,这实在是个笑话。近半年后的弘治十二年(1499)五月,南京国子监监丞杨文上奏说:"今天下节俭之风浸微,婚丧燕享骄奢无度,屠宰之类动及千数,肥鲜之味恒致百品,凡靡丽之物难以悉举,上下同风,远近同俗,转移之机在于一人。臣愿陛下寡欲养心,躬履俭素,非但封拜赐予婚丧燕享之有制,而饮食服御尤宜量为节损,如前代令主常膳不求兼味,常服不辞再浣,著为定制,以节天下之财,自宗支、宫壶、戚畹、公侯伯以至卿大夫、庶人,一视朝家为准,夺逾制之田宅,禁厮养之舆马,宫室、园田、仆妾、绮罗、金珠之属,悉皆次第降杀,务从俭约,有不如制,并从科道官纠举,庶人心尚古,风俗返朴,天下之事可从而理也。"明孝宗接奏后"命下其言于礼部",随后便不闻不问了。(《明孝宗实录》卷150)

正因为弘治朝廷一贯轻描淡写地对待日益腐化了的社会风气,终致弘治中晚期大明帝国的奢靡腐化之风越刮越甚。弘治十四年(1501)闰七月,礼科给事中倪议上言:"今风俗之害治者最多,而奢僭之为害尤甚。近年以来,官员军民之家衣服、首饰、房屋之制,婚丧、祭葬、会宴之仪,穷奢极侈,越礼犯分,甚至庶民、军余僭王公,倡优隶卒比勋戚,名分之僭,风俗之偷,莫此为极,请通行中外,一体榜示禁约。今后有不遵旧制,故违禁令者,听在京在外所司奏请,治以重罪,即将所犯应禁物件照例追夺入官,庶法令严而人心知惧。"礼部为此覆奏,明孝宗还是那番态度,说:"好的,就照

你们说的去做。"随后又不再过问了。(《明孝宗实录》卷177)

弘治十七年(1504)二月,礼部覆奏礼科给事中葛嵩所言禁奢僭事,谓:"官民房舍、车服、器物之类,多不循理,虽累经禁革,而循习如故。请如嵩所奏,裁之以制。"明孝宗"命礼部查节次,榜例通行,申明禁约。"(《明孝宗实录》卷208)

就如前文所述,弘治帝对于奢靡腐化风气的整治除了让人揭榜禁约外,还有的就是下文令有司知之。说白了,采取这样的措施等于什么也没做。由此下来,愈发奢靡与腐化的风气向着四面八方大肆扩散开来,直至帝国社会的基层。

距离成化、弘治之世不远的名人归有光曾这样写道:"明有天下至成化、弘治之间,休养滋息殆百余年,号称极盛。吾归氏虽无位于朝,而居于乡者甚乐,县城东南列第相望,宾客过从饮酒无虚日。而归氏世世为县人所服,时人为之语曰,县官印不如归家。"(【明】归有光:《震川先生集》卷28,四部丛刊影印清康熙本)

弘治时期的给事中贺钦在上疏中也曾这般描述当时社会底层风气的奢靡化:"聘娶之礼,以庶民而上比公卿;论财之风,以好合而直同商贾。"(【明】贺钦:《医闾集·辞职陈言疏》卷8,文渊阁四库全书本)

弘治十八年(1505)三月,兵科给事中王廷相上奏说:"今天下大可忧者,在于民穷财尽,其势渐不可为。然所以致此者有四:风俗奢侈也,官职冗滥也,征赋太繁也,酒酿无节也。盖承平日久,天下争以靡丽,相高居室,服用率多僭越,婚姻、丧葬不计其费,甚至宾主一会而日费万钱,婢妾一饰而价酬无筭(算),靡然成风,不以为异。乞定为礼仪犯者,罪之。又文武官职有增无减,较之祖宗定额,实加数倍,凡此俸给,皆出于民,民安得而不穷哉?乞除额设军功外,其余一一查革。又今之取于民者,竭尽无余,因营造而有取,及事毕而遂以为常,因彼缺而借此,彼复而此亦不退,民困甚矣,乞量为蠲免。又今自都城达之天下,但有人烟,即为酒户,糜费米谷,不可胜言。乞敕所司严为之禁,以节民财。"明孝宗对此的处置依然是"命所司议处以闻"(《明孝宗实录》卷222)。

六、科举更趋"规范化"

正因为最高当局者十分宽容或者说是纵容,终致讲究形式和排场、讲究面子光亮的奢靡之风肆意蔓延,渗透到了社会的各个层面,就连当时的科举文体与文风也未能幸免。明代前期,尤其是"天顺以前,经义之文,不过敷衍传注,或对或散,初无定式"(【清】顾炎武:《日知录·试文格式》卷10,上海古籍出版社2006年)。而明英宗以后的情况就大有不同了,由于成化年间整个社会开始讲究奢靡和华丽,科举文体也转向追求经义之文的固定美观形式或言更趋"规范化"和"标准化","时经生文尚险怪,(邱)濬主南畿乡试,分考会试皆痛抑之。及是,课国学生尤谆切告诫,返文体于正"(《明史·邱濬》卷181)。成化十一年(1475)春,"为文章雄浑畅达"(《明孝宗实录》卷97)又讲究秀美形式的翰林院侍讲学士邱濬再度主持大明朝廷会试(《明宪宗实录》卷138),而极善于写一手漂亮经义之文的名士王鏊正是此科会试的会元及随后殿试的探花。(《明世宗实录》卷39)

史载:王鏊"少善制举义,后数典乡试,程文魁一代"(《明史·王鏊》卷181)。弘治五年(1492)七月,已为右春坊右谕德王鏊与司经局洗马杨杰受命为应天府乡试考试官。(《明孝宗实录》卷65)弘治九年(1496)二月,时任翰林院侍读学士的王鏊和詹事府詹事兼翰林院侍讲学士的谢迁又受命为会试考试官。(《明孝宗实录》卷109)弘治十二年(1499)三月,已升任詹事府少詹事兼翰林院侍读学士的王鏊与内阁大学士刘健、李东阳和谢迁等为朝廷殿试读卷官(《明孝宗实录》卷148);正德三年二月,位居少傅兼太子太傅、户部尚书、武英殿大学士王鏊又与掌詹事府事、吏部尚书兼翰林院学士梁储为会试考试官。(《明武宗实录》卷35)

至此,我们不难看出,从成化十一年(1475)前后起到正德三年(1508),除了一次应天府乡试外,相当擅长写经义之文且又极为讲究其秀美形式的邱濬与王鏊主持的全国性科举考试至少有6次,时间长度为33年。或许正是在人们的不经意间,由于这样的科举大家导向性的影响,大明帝国高层"取士尚经术,险诡者一切屏去",由此就带来了"(成化)、弘(治)、正(德)间,文体为一变。"(《明史·王鏊》卷181)换言之,成化、弘治和正德之间的科举文体遂成日后大明官方所极为推崇的经典制义之体。

七、官僚上层固定化

科举文体更加注重于固定化的美观形式,这对于广大底层士子来说一时半会儿还真摸不着头脑,而身居高位的官僚们及其子弟却有着近水楼台先得月的优势,这就很容易造成官僚阶层代际之间固化的不良后果。而问题恰恰是自英宗朝起大明逐渐形成了这样的任用文臣官僚之规矩:"非进士不入翰林,非翰林不入内阁,南、北礼部尚书、侍郎及吏部右侍郎,非翰林不任。"(《明史·选举二》卷70)这就使得帝国高层官僚的选用自然而然地圈定在通过科举之途上来的进士和翰林群体之内。而弘治六年明廷又开始实行科举每科馆选常态化(《明孝宗实录》卷74),这不仅使得翰林进士化进程得以加速,而且还让内阁与部院九卿走上了翰林化之路。"自成弘而来,一切名卿硕辅,树骏流鸿,未有不从制科起家者。"(【明】王以宁:《王以宁奏疏》卷8,明万历刻本)晚明时代也有人曾这样说道:"内阁九卿,国初原无拘出身之例,成弘间入阁必由翰林,吏部左右堂必用翰林一人,礼部非翰林不用,兵部正堂必由巡抚,左右堂必南北各一人,都察院正堂必由御史。"(【明】徐复祚:《花当阁丛谈·官制》卷1,清借月山房汇钞本)

而就在这样的科举每科馆选常态化和内阁九卿翰林化的过程中,弘治朝首创进行的另外两项朝政活动又对其起到了催化、加速作用,并由此引发了不曾料想到的后续影响。

其一为尚书入阁:弘治四年十月,明孝宗敕命吏部太子太保、礼部尚书丘浚(邱濬)兼文渊阁大学士,入内阁参预机务。(《明孝宗实录》卷56)后世学者为之曾说:"按宪章类编云,弘治四年冬十月,命礼部尚书邱浚(濬)兼文渊阁大学士典机务,先是召入阁者,皆侍郎而下,未有以尚书入者。尚书入阁,自(邱)浚(濬)始;按官制沿革云,景泰以前至尚书不复入内阁,弘(治)正(德)以后,遂以尚书为入阁之阶梯。"(【清】王正功:《中书典故汇纪》卷1,民国嘉业堂丛书本)换言之,已趋翰林化的内阁实际地位到这时又一次开始得到了提升。

其二为廷推阁臣:弘治八年(1495)二月,邱濬病逝,内阁出缺,明孝宗令吏部会同六部、都察院、通政司、大理寺及科道官廷推阁臣,而后廷推出来的礼部左侍郎兼翰林院侍读学士李东阳和詹事府少詹事兼翰林院侍讲学士谢迁被简命入阁(《明孝宗实录》卷97)。不知道是出于有意还是无意,弘治朝这般首创阁臣廷推的做法,实际上为帝国中央选官与晋升开辟了一条相对规正的"进士→翰林

→六部→内阁"之"新路径"。大明内阁和众多部院大僚自此以后逐渐地固化于翰林词臣群体中选拔,当然这同时意味着一般的科道官对于阁部高位再也无法企及了。"自来升用六部堂上官,不拘出身何衙门,如天顺间,以布政萧晅为礼部尚书,初无礼部必用翰林出身人之例,又如杨士奇以儒士由齐府审理副,胡俨由知县,李贤由吏部主事,薛瑄由御史,皆得入阁,亦无内阁必有翰林出身之拘。成化、弘治以来,南北吏部每部必须用翰林一人,南北礼部非翰林出身者不得升入,由是翰林人多陟显要,而科道部属虽有奇才异能,不能齐驱并驾矣"。(【明】陈师:《禅寄笔谈》卷3,明万历二十一年自刻本)明朝中后期的翰林词臣与科道官之间的纷争就此开始日趋激烈化。

更有令人意想不到的是,这样的高层官僚选拔群体固化还带来了"连锁反应":就在此前后的历史发展过程中,大明主持科举选士的高层官僚往往是翰林院长官,其价值取向和个人喜好直接影响了应试举子,但凡身居高位的文臣官僚子弟就有着这样或那样的得天独厚优势:"自有制科以来,得人之盛,莫踰于成弘正嘉之际,当是时主司之所录者,皆舆论之所推,舆论之所推者,必为主司之所录。"(【清】刘肇虞:《元明八大家古文·序》卷12,清乾隆刻本)而与之相对,广大的下层贫寒举子则不具有,于是他们就越来越多地陷入了不利于上升的困境。何炳棣先生曾指出:"明初的综合情势环境对贫寒的人出奇地有利,在第一个次时期洪武四年至弘治九年(1371—1496),这些寒微举子占了进士总数的大半。随着时代的前进,官员家庭能享受的各种有利条件,使他们不可能不占上风。"[【美国】何炳棣(Ping-ti HO).The Ladder of Success in Imperial China. Columbia University Press,1964:P111]换言之,弘治、正德以后大明官僚阶层更趋于代际之间的固化。

八、社会文教普及化

虽说弘治、正德以后大明官僚阶层更趋固化,但由于大明朝廷自英宗朝开始独重科举取士和成化朝远承景泰"遗志"、逐渐将科举"扩招"数额定在了每科录取300名,相对于明朝前期"仁宣盛世"时代扩大了整整3倍。成化以后,帝国朝廷将这样的扩招做法给大体上保持了下来。整个弘治朝18年间,大明朝廷总共举行了

6次会试和6次殿试,即人们俗称的6科,而在这6科中的每一科录取进士人数几乎都是300名(详见《明代前期与中期历朝会试、殿试录取进士人数简表》,笔者拙著《大明帝国》系列之⑮《成化帝卷》上册,第2章,"成化初治 天下更始",东南大学出版社,2017年9月第1版)。正德朝16年间大明朝廷总共举行了5科考试,每一科录取进士人数又增长到了350名(详见《明代前期与中期历朝会试、殿试录取进士人数简表》),甚至有个别年份录取人数达到了400名(《明武宗实录》卷109)。

虽然在这一系列过程中有着十分激烈的南北地方解额之争,但不可否认大明朝廷采取的如此科举"扩招"举措,无疑是对社会文教普及化起到了极大的推动和促进作用。由于科举录取率大为提高了,越来越多的人们会受之影响,支持和鼓励自家子弟读书进学,以便日后能在科场上好好地拼搏一番,光宗耀祖。当然这还仅是美好的愿望,而美好的愿望之实现就离不开具体的现实,这个具体的现实至少包含着两个方面:一个是经济有所发展和繁荣,另一个是读书进学的媒介——书籍之流通更为普及。

而恰恰在弘治帝当政期间,大明朝廷采取了适应时势的相对宽松的民生经济政策,如赋税、徭役折银化,盐法折银化,加大力度蠲免税粮、赈济灾荒,甚至还创造了大明帝国历史上蠲免税粮的最高纪录,等等,这些都对当时经济的发展与繁荣起到了很大的促进作用。更为巧合的是,弘治朝时帝国社会中的印刷技术有了很大的进步,铜活字印刷已开始逐渐推广和使用。据研究,"中国铜活字流行于15世纪末至16世纪的南方。最早的有明代弘治三年(1490)江苏无锡华燧以铜活字印成《会通馆印正宋诸臣奏议》50册,后又印《锦绣万花谷》《百川学海》等大书。"(网上360铜活字词条)当然这也是当时明朝经济发展和繁荣的结果,"凡铸铜活字,用铜必多,非富家不办。……至弘、正间,商力渐充,海上交易亦盛,而产铜日旺……"(肖东发:《中国图书出版印刷史论》,北京大学出版社,2001年第1版,P84)换言之,正是由于经济的发展与繁荣以及印刷技术的进步,书籍流通才更加广泛化,而书籍的更加广泛流通就有利于社会文教普及化。因此有人认为,成化、弘治、正德时期是有明一代社会文教氛围的转折阶段。嘉、隆、万时期名臣、曾经入阁为大学士的沈鲤在他的笔记中就这样记载着:"尝闻父老言成弘时,民间子弟不乐为诸生,学使者至有司,趣其能通章句者,被之儒衣冠,其时能为文,以中甲乙之科者绝少也,然而居善俗,出适用,在乡乡重,在国国重,固不乏人,我不敢以为诎也。其后人文日胜,占毕吾伊之声遍国中,青衿济济,登贤书第南宫者,累累辈(同"辈")出,然居善俗,出适用,未必人人皆然,而或有羞当世而笑士林者,我安敢遂谓盈也。"【明】沈鲤:《亦玉堂稿》卷7,清文渊阁《四库全书》本)

当然社会文教普及化还有一个与其相辅相成的重要的因素,那就是讲学自由化和思想文化多元化。

九、思想文化多元化

众所周知,明朝自立国起就确立程朱理学作为官方的统一思想,朱元璋曾下令:学者讲学"一宗朱子之学","非濂、洛、关、闽之学不讲"【清】陈鼎:《东林列传》卷2),当然更不能用儒家以外的什么诸子百家进行解释了;至于"国家取士,说经者以宋儒传注为宗"(《松下杂钞》卷下)。到了明成祖永乐十三年(1415)时,朱棣学习乃父,对中国传统儒家"圣典"及其注释进行了钦定,命令翰林学士胡广等编纂《四书大全》《五经大全》和《性理大全》,作为钦定的学校教科书,颁行天下(《明太宗实录》卷186)。于是程朱理学成为天下士人学习的统一内容、入仕显身的敲门砖和普通人们日常生活所必须遵循的行为准则。但这样的绝对专制主义思想之铁幕到成化、弘治之际被一个叫陈献章的名士最先给打破了。

自成化十八年(1482)起至弘治十三年(1500),在将近20年的时间里,陈献章在广东老家白沙村冥思悟道,聚徒讲学。"自是从而和之极其赞颂,形诸荐奏者,不知其几。"(《明宪宗实录》卷244)也就是在此期间,陈献章的思想发生了质的飞跃,他不仅主张静坐冥思,而且还提倡"师法自然"和"以自然为宗"的修养方法。陈献章所说的"自然"是指天地间朴实无华的、纯自然的万事万物和绝对自由自在的客观存在,他要求人们在这样的"自然"状态下,毫无拘束地体悟"本心",因为在他看来:"天地我立,万化我出,而宇宙在我。"(《陈献章集·与林郡博七则》卷2)即说宇宙万物离不开心的作用,立天地,化万物,乃至构建整个宇宙都在我心之中,宇宙中的一切都在我心的作用下,通过我心来认识。也就是说万事万物都是有限的存在,而只有人的本心在宇宙中是无限存在的,无论是在时间

上还是在空间上,它无所不包,因此说万事万物都在我心中,并且都要通过我本心去认识。(《陈献章集·与林郡博七则》卷2)

这就是陈献章"心学"的主体思想。陈献章的"心学"与后起的王阳明的"心学",共同构成了明代"心学"的主要内容。清代学人曾对此说道:明代"学术之分,则自陈献章、王守仁始"(《明史·儒林一》卷282)。但要知道陈献章的"心学"又早于王阳明的"心学"十几年,因而说它的出现不仅标志着明初开始的程朱理学一统局面被打破,同时也意味着以"心学"为代表的明朝新思想、新思潮时代已在开启。

据说当时前来白沙村接受陈献章"心学"思想和教育的学生、"粉丝"多得"数不胜数"。有称"天下被化者甚众","四方来学者不啻数千人"。而在这些人中有两个弟子最为出名,一个就是后来身兼礼、吏、兵三部尚书职务的湛若水,另一个则为后来官拜文华阁大学士的梁储。尤其是湛若水在考中进士后经常与大心学家王阳明一起探学问道,相互激荡,引领时代思想风骚,"时天下言学者,不归王守仁,则归湛若水"(《明史·儒林一》卷282)。

湛若水,广东增城人,"弘治五年(1492)举于乡,从陈献章游,不乐仕进"(《明史·湛若水》卷283)。后来还是母亲硬逼,儿子湛若水才离开白沙村,进入南京国子监学习。弘治十八年(1505)二月,湛若水去北京参加会试,那一年皇帝明孝宗任命太常寺卿兼翰林院学士张元祯和左春坊大学士兼翰林院侍读学士杨廷和为会试考试官(《明孝宗实录》卷221),当这两位翰林词臣读到湛的考试试卷时不由得拍案惊呼道:"非白沙之徒不能为此。"(《明史·湛若水》卷283)这儿所说的白沙就是时人指称的白沙先生陈献章,而主考官张元祯是江西人,杨廷和是四川人,原本与陈献章宣讲"心学"之地广东相距数万里,可他俩居然也熟知"献章之学"(《明史·湛若水》卷283),并极为惊喜地将"白沙之徒"湛若水录为该场会试的第二名,而后弘治朝廷又"赐(湛若水为)进士,选庶吉士,授翰林院编修",由此可见当时的心学传播已经渗入了大明庙堂之内。更为甚者,"时王守仁在吏部讲学,(湛)若水与相应和"(《明史·湛若水》卷283)。

可随后不久,湛母病亡,作为儿子的湛若水不得不回家守制。

而就在守制"庐墓三年,(湛)筑西樵讲舍,士子来学者,先令习礼,然后听讲"。嘉靖时,湛若水"迁南京国子监祭酒,作《心性图说》以教士。拜礼部侍郎。仿《大学衍义补》,作《格物通》,上于朝。历南京吏、礼、兵三部尚书"(《明史·湛若水》卷283)。就此下来,这位心学"广派"或称甘泉之学的衣钵传人将白沙心学传播到了更加广泛的群体与区域,在当时以及后来人们的眼里,其与王守仁所创的"浙学"相媲美,并称之为"王湛之学"。由此我们也可以这么说,成化、弘治、正德和嘉靖年间是有明一代思想大解放的开启时期,或言那时大明帝国的思想界正处于由传统理学向着新兴心学发生根本性转变的重要时刻,原来的程朱理学独霸天下局面已被打破,大明帝国思想领域日趋多元化和自由化。

对此,明代后来有人就发出了这样的感慨:"成弘以前,学士大夫不讲性命,而士风民俗卓然淳古;嘉隆以后,性命之说大行,而人心风俗远不逮之。"(【明】赵台鼎:《脉望》卷4,明陈眉公家藏秘籍续函本)清初史学家则更多地将成弘至正嘉的思想转变与明朝中后期的讲学自由化和党争炽热化联系在了一起:"成、弘以上,学术醇而士习正,其时讲学未盛也。正、嘉之际,王守仁聚徒于军旅之中,徐阶讲学于端揆之日,流风所被,倾动朝野。于是搢绅之士、遗佚之老,联讲会,立书院,相望于远近。而名高速谤,气盛招尤,物议横生,党祸继作,乃至众射之的,咸指东林。甘陵之部,洛、蜀之争,不烈于是矣。宪成诸人,清节姱修,为士林标准。虽未尝激扬标榜,列'君宗''顾''俊'之目,而负物望者引以为重,猎时誉者资以梯荣,附丽游扬,薰莸猥杂,岂讲学初心实然哉?"(《明史·顾宪成等·赞》卷231)

与思想界日趋宽松化与多元化相应,弘治时代的文学艺术也呈现出多样化的繁荣景象。

弘治时期最早出现的文学流派是茶陵派,茶陵派之名是清代人在编撰《四库全书》时才给命名的(《四库全书总目》卷171),但这个文学流派却老早就有了,因该流派中湖广茶陵人李东阳以领袖人物自居,故名。李东阳是弘治朝内阁二号人物,深得当朝天子明孝宗信任和重用,"李文正(指李东阳)当国时,每日朝罢,则门生群集其家,皆海内名流,其座上常满,殆无虚日,谈文讲艺,绝口不及势利,其文章亦足领袖一时"(【明】何良俊:《四友斋丛说》卷8)。而在此之前明朝官方盛行的是"台阁体",其多为歌功颂德、粉饰太平,或应制题赠之作。这在明朝中期社会诸多弊端日渐显现与危机四伏的形势下显得格外不相容,尤其是台阁体之"缓弱",李东阳对其十分讨厌,于是他有意识地引入山林之风进行改造,主张诗文讲究典雅,反对机械模拟,注重抒情。李东阳的如此主张引起了同年进士并同入翰林院者和门生故吏的共鸣,遂成一大文学流派。"长沙公(指李东阳)少为诗有声,既得大位,愈自喜,携拔少年轻俊者,一时争慕归之。"(【明】王世贞:《艺苑卮言》卷6)

不过,从茶陵派的文学作品内容来看,其大体上还是没出宫廷、馆阁的生活范围,诗多是题赠之作和咏史之作,因而也就使得该流派的风格并未完全脱离典雅工丽的台阁体之影响。明代人曾评说:"台阁之体,东里(指杨士奇)辟源,长沙道流。"(【明】王世贞:《艺苑卮言》卷6)一句话,茶陵派是属于由台阁体向"七子"过渡性质的文学流派。对此,"前七子"的中坚李梦阳也直言不讳地说道:"我师崛起杨与李,力挽一发回千钧。"

明代文学中的"七子"有"前七子"和"后七子"之分,"前七子"是弘治、正德年间的李梦阳、何景明、徐祯卿、康海、边贡、王廷相和王九思等,其中以李梦阳和何景明为代表。"前七子"在政治上多敢与权臣、宦官作斗争,在文学上反对充斥于文坛的台阁体,提出复古主张:"文必秦汉,诗必盛唐。"(《明史·文苑二·李梦阳》卷286)其头号领军人物是弘治朝廷的中层干部李梦阳。史载:李梦阳"才思雄鸷,卓然以复古自命。弘治时,宰相李东阳主文柄,天下翕然宗之,梦阳独讥其萎弱。倡言文必秦汉,诗必盛唐,非是者弗道。与何景明、徐祯卿、边贡、朱应登、顾璘、陈沂、郑善夫、康海、王九思等号十才子,又与景明、祯卿、贡、海、九思、王廷相号七才子,皆卑视一世,而梦阳尤甚。吴人黄省曾、越人周祚,千里致书,愿为弟子。迨嘉靖朝,李攀龙、王世贞出,复奉以为宗。天下推李、何、王、李为四大家,无不争效其体。华州王维桢以为七言律自杜甫以后,善用顿挫倒插之法,惟梦阳一人。而后有讥梦阳诗文者,则谓其模拟剽窃,得史迁、少陵之似,而失其真云。"(《明史·文苑二·李梦阳》卷286)

其实"前七子"的文学成就各有千秋,李梦阳重视气魄,何景明重视才情,徐祯卿擅长七绝,康海和王九思的作品多以率直,王廷相与边贡多写短诗。七人皆为弘治朝进士,那时但凡考中进士的,不仅要能写得一手好的制文,而且还要富有文采。《明史·文苑二·李梦阳、康海、王九思、何景明、徐祯卿等》卷286)这是时势提出的要求,"前七子"能被当时朝廷录用,不能说与弘治帝没有关系。

与"前七子"同活跃于弘治时代的还有一大文艺流派叫做"吴中派","吴中派"自成一家,著名人物有沈周、祝允明、唐寅和文徵明。"吴中自吴宽、王鏊以文章领袖馆阁,一时名士沈周、祝允明辈与(文徵明)并驰骋,文风极盛。"(《明史·文苑三·文徵明》卷287)沈周抛开了传统士人的天职,立足于平民角度,关注自身感受,成了古代文人转型的重要代表。唐寅自从莫名其妙地卷入会试"舞弊案"后心灰意冷,再也没有踏进科场,以文学、艺术创作为伴,站在纯市民的视角审视传统价值体系,创作出了许多感情真挚、活泼明快的作品,其矛头指向当时的主流价值观念。史曰:"(唐)寅诗文,初尚才情,晚年颓然自放,谓后人知我不在此,论者伤之。吴中自枝山辈以放诞不羁为世所指目,而文才轻艳,倾动流辈,传说者增益而附丽之,往往出名教外。"(《明史·文苑二·唐寅》卷286)祝允明虽出身于官宦之家,但在那时苏州特定的文化氛围中,他探幽发微,愤世嫉俗,对正统观念进行了深入的批判与嘲讽。史载:祝允明"博览群集,文章有奇气,当筵疾书,思若涌泉。尤工书法,名动海内。好酒色六博,善新声,求文及书者踵至,多贿妓掩得之。恶礼法士,亦不问生产,有所入,辄召客豪饮,费尽乃已,或分与持去,不留一钱。晚益困,每出,追呼索逋者相随于后,允明益自喜。"(《明史·文苑二·祝允明》卷286)而文徵明则是吴中士人文化性格的典型代表,他的作品淡雅清秀,文风平和,时饶逸韵。史书称文徵明"学文于吴宽,学书于李应祯,学画于沈周,皆父友也。又与祝允明、唐寅、徐祯卿辈相切劚,名日益著。"(《明史·文苑三·文徵明》卷287)后文徵明主吴中文坛数十年,兼取各家之长,为己所用,显示出吴中文风顽强的生命力和特殊的凝聚力。(参见李双华:《吴中派与中晚明文学》,中国社会科学出版社,2012年3月第1版)

除此之外,笔者还要强调的是,"吴中派"个个都是书画家,且皆未考中进士,这就与"前七子"有着很大的区别,因而在他们的人生中书画创作占了极大的比例,甚至有的还将其视为"主业",由此形成了以沈周、唐寅、文徵明和仇英为代表的具有独特风格的"吴门画派",其作品与艺术成就不仅领一时之风骚,且为后人所久久敬仰。(详见本书彩色插页)而这一切又不能不说与弘治时的政治环境的相对宽松和江南地区经济的相对繁荣大相关联。

总之,无论是弘治时代政治日渐宽松化、经济渐趋商品化、赋税徭役金银化、海禁相对松弛化,还是上下风气奢靡化、科举更趋规范化、官僚上层固定化、社会文教普及化、思想文化多元化,这些都反映了一个客观事实,即弘治帝当政期间,不管是有意为之还是无意为之,以绝对专制主义为灵魂根本的大明帝国实际控制力已经大为衰退。要知道像明清时期中华帝国这样极权专制主义国家若想不僵死和有所发展的话,最好的处治办法是帝国之君多运用点儿老庄之学来作为治国理政的指导思想,适合时势地多放宽一些政策和思想。而承前启后的明孝宗之所作所为恰恰适合了时代的大势,"以宽为本"。因此我们既不能用传统的眼光把他视为"中主",也不能一如既往地将他贴上"中兴之主"的标签,这些都不是十分恰当。从历史的整体和纵深角度而言,尽管弘治帝留给后世的遗憾多多,但不可否认,他不仅对当时的大明而且对后来的帝国历史都是有着一定的积极贡献和影响的。当然,如果有人一定要将他与明朝列帝做个比较的话,我想明末清初史学家已经大体上说到位了:"明有天下,传世十六,太祖、成祖而外,可称者仁宗、宣宗、孝宗而已。仁、宣之际,国势初张,纲纪修立,淳朴未漓。至成化以来,号为太平无事,而晏安则易耽怠玩,富盛则渐启骄奢。孝宗独能恭俭有制,勤政爱民,兢兢于保泰持盈之道,用使朝序清宁,民物康阜。《易》曰:'无平不陂,无往不复,艰贞无咎。'知此道者,其惟孝宗乎!"(《明史·孝宗本纪》卷15)

马渭源
2018年8月29日于南京玄武湖畔

目 录（上册）

第1章 皇家"黑户" 终为"明主"
- 皇子"黑户" 被立皇储 ································· 1
  - 从宫女到宠冠六宫的贵妃娘娘与成化朝扑朔迷离的废立皇后案 ································· 1
  - 王皇后成了摆设，一生得到的明宪宗临幸居然不到10次 ······ 10
  - 皇长子适逢其时降生了，无奈天命不佑 ····················· 15
  - 二皇子没被立为皇储时倒好好的，一立为皇太子就死了，怎么回事？ ································· 17
  - 成化帝：我有儿子？已经六岁了？我怎么不知道 ··············· 22
  - 东躲西藏了六年的"黑户"皇子终于走到了前台，并被立为了皇储 ································· 28
- 险遭"易储" 终为"明主" ································· 31
  - 出阁进学，朱祐樘成了懂礼仪、尊讲官的好皇储 ··············· 31
  - 皇太子成才，"端本正始"，另类宦官、正人君子覃吉甚为有力焉 ································· 33
  - 九岁便"成年"，要说朱祐樘人生早年岁月还真没有童趣快乐可言 ································· 35
  - 糊涂君父的糊涂之爱所埋下的易储导火索 ··················· 36
  - 大明朝难得的好太监怀恩仗义执言，反对易储，客观上保护了朱祐樘 ································· 41
  - 第一家庭老妻少夫急速西去，皇太子朱祐樘登基即位，昭告天下 ································· 46
  - 父皇大丧期间，弘治就开始清除李孜省、梁芳、继晓等前朝奸佞近幸 ································· 49
  - 裁革传奉官，清理朝廷内外衙门中的冗官赘员 ················· 61
  - 撵走"万岁阁老"，更换"泥塑六尚书"，整肃朝廷衙门，朱祐樘真是一代"明主"？ ································· 66

第2章 庶政更新 双轨并行
- 嗣统守成 "更新"庶政 ································· 74

- ● 尊祖法圣　勤于国政 ························· 77
- ● 广开言路　处置特殊 ························· 88
- ● 礼遇文臣　任贤使能 ························ 107
- ● 整顿吏治　改进铨制 ························ 172
- ● 双轨并行　内重外轻 ························ 190
  - ● 大明老祖宗设定的权力金字塔结构：由内廷一君＋外廷、各地万臣组建起来的单轨制体系 ··················· 190
  - ● 由内廷一君＋外廷、各地万臣组建起来的单轨制体系向着内廷一君＋内外万臣组建起来的双轨制体系转化 ········ 194
  - ● 内廷一君＋内外廷万臣的金字塔权力结构双轨制体系的完善 ·· 205

第3章　安定民生　夯实国本

- ● 严峻形势　法祖图治 ························ 219
- ● 注意节用　减免进贡 ························ 222
- ● 减赋省工　舒缓民痛 ························ 230
  - ● 大明前期百年赋役与民生之路：由"轻徭薄赋"变为"繁徭重赋" ·· 231
  - ● 弘治朝减免赋税，裁抑繁役，罢停"不急之务"，纾解民痛 ······ 234
- ● 关注"收运"　落实"额定" ···················· 239
  - ● 明朝前期百年税粮制度的演变及其改革所留下的问题：收运拖欠 ·· 239
  - ● 弘治朝解决税粮收运流弊问题的诸多努力 ········ 245
  - ● 落实漕运额定，确保切实可行 ·················· 249
- ● 改革茶马　调整盐法 ························ 261
  - ● 明朝前期茶马贸易的百年之路 ·················· 261
  - ● 弘治朝茶马贸易的清整与改革 ·················· 267
  - ● 大明盐法演变之①户口食盐官卖制的兴与亡 ······ 272
  - ● 大明盐法演变之②开中法由纳粟中盐到纳银中盐 ·· 277
- ● 赈济灾荒　招抚流亡 ························ 289
  - ● 面对罕见的多灾，弘治帝不断地降下敕谕，赈济灾荒，救民水火 ······································ 290
  - ● 弘治朝赈济灾荒的三大特点 ···················· 293
  - ● 沿袭祖宗之法，设置抚治官，招抚流亡，因地制宜做出应对流民举措 ···································· 308

- 兴修水利　发展经济 ·· 313
  - ◉ 整治黄河,确保漕运 ·· 313
  - ◉ 治理都江堰与浚治河南伊、洛等渠堰 ···················· 322
  - ◉ 整治苏松水道和浚凿宁夏古渠 ······························ 323
  - ◉ 发展经济　惠及民生 ·· 326

第1章 皇家"黑户" 终为"明主"

> 弘治帝为何许人也？对于一般非历史专业人士来说，可能还不怎么清楚。但若要说到明朝宫中那个东躲西藏一直到6岁还没剃胎发的"黑户"皇子朱祐樘，或许还会有人略知其一二。不过好奇的人们可能要追问下去了：堂堂皇子为何会有着这般不堪境遇？而身为皇帝的父亲朱见深又为何不管自己的儿子？这个苦孩子出身的小龙仔后来命运又是如何呢？
>
> 要想说清楚这些事情，我们还不得不从朱祐樘的父亲明宪宗的情爱婚育史说起。

● 皇子"黑户" 被立皇储

在之前出版的《大明帝国》系列之⑮⑯中已经说过，明宪宗朱见深是大明帝国第8位皇帝，他的第一个女人应该是比他大17岁的宫女万氏，即后来有名的万贵妃。

● 从宫女到宠冠六宫的贵妃娘娘与成化朝扑朔迷离的废立皇后案

万贵妃，姓万，名字已不可考，山东青州诸城县人，父亲万贵原本是个县吏，谪居霸州。若从原籍角度来讲，万氏倒是与出生于邹平的明英宗"生母"孙太后是山东老乡。她生于宣德庚戌年即宣德五年(1430)，4岁时入宫，伺候孙太后，这倒又与其主子孙太后有着较大的相似,同样也是吏员家庭出身的孙氏是10岁入宫的,或许正是因为有着诸多的相似巧合因素和老乡的缘故,孙、万主仆两人相处得还不错。想当年孙氏入宫后,凭着自己的美貌与聪慧而深受宫廷第一女主人张太后的喜爱,而万氏入宫后也是全靠着自己的聪明伶俐和善解人意来博得主子孙太后的欢心。不过孙、万两人之间还是有着一定的差别的,孙氏年少时是个美人胚子,人见人爱,且富有心机,会勾引宫廷中帝国未来第一男人皇太孙朱瞻基,随后便顺利地当上皇太孙嫔、皇太子嫔;而万氏可能因为长得不够漂亮,没能引起宫中"配种大公猪"皇帝或皇太子对她产生"性"趣,抑或是"过来人"孙太后不愿让万氏步自己的后尘,给宝贝"儿子"明英宗添乱,反正就一直没让她离开过自己,直到正统十四年(1449)土木堡之变突发。(《明宪宗实录》卷286)

　　土木堡之变发生的那一年,万氏已是19周岁即20虚岁,这个岁数在古代算是大龄女青年了,或用今日时髦说法叫"剩女"。一般来说要是运气好的话,在有的朝代和平年代里,这样的"剩女"有可能被宫廷放出,下嫁到民间,或许还能有个较好的归宿。但正统十四年恰恰是个多事之秋,那年七八月间,正统皇帝亲征北疆,令人万万没想到的是,在御驾亲征过程中堂堂大明天子居然让北虏给俘虏了。幸亏当时的孙太后反应快,立即立了俘虏皇帝的庶长子,当时还只有2周岁即虚3岁的朱见深为皇太子(《明英宗实录》卷181),并令自己的贴身宫女万氏去伺候他。【明】沈德符:《万历野获编·宫闱》补遗卷1)

　　宫女万氏生于宣德五年(1430),比生于宣德二年(1427)的明英宗小3岁,比生于正统十二年(1447)的皇太子朱见深即后来的明宪宗大17岁(《明史》说他俩相差19岁,有误,今以《明实录》为准,笔者特注)。一个女人比一个小男孩整整大17岁,后来双方不仅产生了恋情,而且还弄出孩子来了,即使放在500多年后的今天,那也要让人觉得不可思议,但历史上却真真切切地发生了,这究竟是怎么回事呢?

　　当19周岁的万氏来到2周岁的皇太子身边时,恰恰是土木堡事变刚刚发生,中外汹汹,朝不保暮(《明宪宗实录》卷1)。年幼的朱见深正在经历他人生的第一次大惊吓,而万氏的到来和女性特有的母爱,或许给了小朱见深一定程度上的慰藉。随后便是正统十四年(1449)十月的京师北京保卫战,虽说那时此等国家事务全由皇叔景泰帝和经世股肱大臣于谦等人在忙碌着,但家门口的隆隆炮声和双方交战惊天动地的喊杀声(《明英宗实录》卷184,《废帝郕戾王附录》第2),足以将二三岁的小孩子吓得不轻,而此时陪伴小朱见深经历人生第二次大惊吓的也是这个万氏。景泰三年(1452)五月,皇帝朱祁钰发布易储诏书,将朱见深从皇太子的位子上给撵走,更封他为沂王,改立他的堂弟、景泰皇帝自己的儿子朱见济为皇太子。(《明英宗实录》卷216,《废帝郕戾王附录》第34)虽然小朱见深还不懂这一改封意味着什么,但随后听说,朝堂上有些大臣为了这事,与当朝天子发生了一次次的争吵。更有人乘机兴风作浪,制造了"绣袋宝刀案"(《明英宗实录》卷278;《明史·宦官一·阮安传附阮浪》卷304;[清]夏燮:《明通鉴》卷26),让小朱见深和他的父亲、太上皇朱祁镇一行人过着提心吊胆的生活。而就在这人生经历第三次大惊吓时,小朱见深依然是由妈妈岁数的万氏陪伴着,度过那惶惶不安的日日夜夜。

　　景泰八年(1457)正月发生的夺门之变,虽说给11岁的朱见深带来了意外的大惊喜,但政变发生在人们熟睡时,那深更半夜"啪啪啪"令人心惊肉跳的砸锁声,"咚咚咚"让人头昏脑涨的南宫宫门撞击声和随后乱哄哄的嘈杂声……(《明英宗实录》卷274;《明史·徐有贞》卷171)这一切对于废皇太子朱见深来说可谓受惊不小,他正经历着人生第四次大惊吓,除了父皇母后及比自己年龄小得多的皇家兄弟们外,还有陪伴在自己身边的就是宫人万氏等。而后两个月左右,在大肆杀戮景泰朝铁杆忠臣的背景下,少年朱见深被复辟上台的父皇明英宗册立为皇太子,也是从这时起他开始拥有自己相对独立的自由空间——东宫。(《明宪宗实录》卷286)本以为自此以后便可过上安宁的舒心日子了,可没想到才过了三四年,小皇太子家的家门口又发生了大动乱。天顺五年(1461)七月,太监曹吉祥的养子曹钦领着达官及其同党公然发动武装叛乱,火烧长安门、东安门,激战东华门……东华门是三重明宫中最为里边的宫城之东门(《明英宗实录》卷330;《明史·宦官一·曹吉祥》卷304;《明史·孙镗》卷173)。换言之,当年曹钦发动武装叛乱的激战地就在少年朱见深家的东门口。那时父皇明英宗正与宫廷近侍忙着应对如何平息叛乱,陪伴在经历人生第五次大惊吓的15岁皇储身边的依然是妈妈岁数的宫女万氏。

由于从幼年、童年到少年和青年,大明朝有着太多的风风雨雨了,而每当这样的暴风骤雨出现时,惊恐不已的朱见深总是从一直陪伴在自己身边的万氏那里寻找慰藉,而已经完全性成熟的万氏恰恰给予了朱见深少年朦胧、青年冲动的精神抚慰与生理满足。这样的事情在宫廷里头算不上什么稀奇古怪的个案。清朝末代皇帝溥仪在《我的前半生》等回忆录中就曾这么描述道:当他刚刚步入少年有了一点儿男性性特征时,那些长期处于性饥渴的漂亮"妈妈"和"美眉""姐姐"们就争着要与这个"天下第一男人"来那事,或许是由于年少皇帝玩多了,后来他一生性无能。由此反观明代成化帝朱见深在即位前与万氏之间的关系,他们是母子?姐弟?情人?性伴侣?密友?……谁都说不清,且这样的男女之间说不清道不明的关系往往还十分隐秘,就像《红楼梦》中贾宝玉与袭人等"美眉"之间到底云雨过了多少次,那只有去问他们本人了。有意思的是,这种事发生后还不一定会怀孕。朱见深与万氏之间的关系公开化大概是在老皇帝明英宗驾崩以后的事了,那时才登基的新皇帝是18虚岁,而万氏已为35岁,属于半老徐娘了。(《明宪宗实录》卷1)

对于东宫里发生的这种畸形的秘密恋情,作为他们的大家长明英宗在世时还真不知情,即使是他跟前的大红人、宫廷大珰牛玉等似乎也不甚明了,以至于后来怪事连连发生。天顺末年,明英宗"命太监裴当、牛玉于京城,颜义于直隶并山东,夏时等于南京并河南选求良家女子堪为皇太子妃者,各降敕谕之"(《明英宗实录》卷340)。这样的选美选太子妃诏令发布了近一年,到天顺七年(1463)二月时还"未有相应者"。礼部尚书姚夔等见此赶紧上奏明英宗,请求朝廷再次出榜晓谕,强调"如本家隐匿不报,许亲邻人等首报,待遣选择"(《明英宗实录》卷349)。如此下来,大约到天顺末年时,分赴到各地的朝廷中官们才选到了12个小美女,并随后将她们一一带到了北京明皇宫。当时尚未归天的明英宗亲自为皇太子朱见深挑选了王氏、吴氏和柏氏3个"美眉"作为皇太子妃的候选人,留在了宫中。在这3个人当中,据说明英宗对王氏最为满意,打算立她为皇太子妃。没想到随后大明发生了国丧,当朝天子明英宗驾鹤西去,"左右窃有不利之疑",皇太子妃册立之事遂被搁置了下来。(《明宪宗实录》卷8)

随后便是皇太子朱见深登基即位,皇太后即明英宗正妻钱氏又命礼部榜谕京师,为新天子"选美"。就在这个过程中,有人仍将王氏、吴氏和柏氏3人放进了皇后候选人之中。而这3人中的吴氏之父都督同知吴俊和他的儿子吴雄得到消息后,立即开始行动,通过同姓太监吴熹对宫廷大太监牛玉进行贿赂。牛太监得了好处后就去说服皇太后,遂立吴氏为皇后。这是天顺八年(1464)七月的事情,而后便是成化帝大婚。(《明宪宗实录》卷8)

哪料到这个削尖了脑袋上位的吴皇后竟然是个"轻浮粗率"的女人,与即皇帝位才半年之余且害羞怕见人的年轻皇帝老公过了一个月的名义夫妻生活后就闹出事来了,也幸亏这位新皇帝明察秋毫,及时地发现了问题,于是就有了天顺八年(1464)八月朝廷突然降旨:"牛玉坏朝廷大婚,下都察院狱,并吴熹鞫之。"(《明宪宗实录》卷8)

果然不出新天子所料,曾经胆大包天的宫廷大珰牛玉和吴熹在被投入大牢后就老实多了,他们一五一十地吐出了事情的"真相":"将立后时,(牛)玉以王氏非其所选,说太后欲易之,而俊、雄以玉尝选吴氏,因熹赂玉,故卒立后,具以闻。"当都察院将牛、吴两太监的供词上呈给朝廷时,新皇帝朱见深十分重视,命令公、侯、伯、都督、尚书、侍郎、都御史、通政使、大理寺卿、给事中、御史等廷臣集中起来讨论处置办法。而此时的大明廷臣们经过天顺朝复辟皇帝明英宗的多年调教早已变得十分听话,时刻都能与帝国第一人保持着高度的一致,大家立即表态:"虽说王氏、吴氏和柏氏3人都曾是当今皇上的皇后候选人,但先帝在世时已经倾向于选王氏而要退黜吴氏,况且吴氏及其父兄皆有过,那就更不能让她当皇后了。"(《明宪宗实录》卷8)

新皇帝见到大臣们这般表态,立即将之上报给皇太后,说:"朕惟皇后所以共承宗祀,表正六宫,非德性淳淑、礼度闲习者,不足以当之。尔言动轻浮,礼度粗率,留心曲调,习为邪荡,将何以共承宗祀,表正六宫? 其上皇后册宝退处别宫。"差不多与此同时,成化帝又向文武群臣下发敕谕,这样说道:"朕勉遵先帝之命,册立皇后。不意太监牛玉偏徇己私,朦胧将先帝在时选退吴氏,于母后前奏请,立为皇后。朕观吴氏轻浮粗率。《诗》云:'靡不有初,初尚不谨,何以尧终?'朕负天下之重,处礼之变,册立中宫,为风化之原。不幸所遇如此,岂得已哉? 敷告群臣,悉予至意。"(《明宪宗实录》卷8)

在这道敕谕里头新皇帝朱见深讲了废黜新皇后的两大理由:第一,先前所立皇后"吴氏轻浮粗率";第二,太监牛玉做了手脚。在随后重立皇后的敕谕中,皇帝朱见深一再强调:"朕之婚礼,先帝在时已选定王氏,育于别宫,以待期矣。不意太监牛玉偏徇己私,朦胧奏请,将选退吴氏复选为皇后。朕既察知其非,请命皇太后,废黜吴氏,明正牛玉之罪,将以正家,诚有不得已者。"(《明宪宗实录》卷9)

随着新皇帝废后敕谕的下达,涉案的相关人员都一一受到了处置:废皇后吴氏从中宫即坤宁宫迁出,搬到了西内别馆居住,后来无意间碰到了明宪宗的"黑儿子"朱祐樘,随即暗暗地保护起了这棵见不得阳光的大明皇家幼苗;吴氏之父兄吴俊、吴雄远戍登州;所谓的"选后舞弊案"的主谋牛玉、吴玺被贬谪南京明孝陵种菜;与牛玉有着姻亲关系的京军三千营总兵官、怀远侯孙镗被迫闲住;牛玉之侄太常寺少卿兼翰林院侍读牛伦及外甥、吏部员外郎杨琮被除名。(《明宪宗实录》卷8;《明史·后妃一》卷113)

以上这些都是当时明朝官方的公开说法,那么历史真相到底如何呢?

第一,原本选的皇后就是南京人王氏,但宫廷大珰牛玉在接受了吴氏之父吴俊的贿赂后竟耍起了瞒天过海的把戏,宣称南京人王氏身上有瘢痕,随即冒奏册立吴氏。哪想到这事过后不久,成化帝游玩后宫,恰巧碰上了王氏,见到她长得花容月貌,就开始怀疑牛玉说的话有问题,于是命令王美女将衣服全部脱光,结果发现她身上并没有什么瘢痕,遂做出了废黜吴氏、改封王氏为后的决定。

这种说法可见于朝鲜《李朝实录》,其曰:天顺八年(1464)"十二月丙申,正朝使李义坚、进贺使崔有临到辽东,以皇帝废吴氏,改册封王氏为皇后诏,来启。王氏,南京千户王镇之女,初太监裴当简选而来,待年别宫。及册封之日,太监牛玉与吴氏之父吴俊交通受贿,托以王氏身有瘢痕,冒奏册立吴氏。一日游后宫,见王氏德容,疑之。赤身视之,身果无咎,始知牛玉之诈。遂废黜吴氏,改封王氏为后。籍牛玉、吴俊等财产,牛玉定为南京菜圃军,吴俊山东沿海为充军。王镇授左军都督府都督,遂给牛玉、吴俊等财产家舍"。(吴晗辑录:《朝鲜李朝实录中的中国史料·世祖惠庄大王实录二》上编卷九,中华书局1980年3月版,第2册,P557)

仔细对照中朝两国的官史记载,可以说是大同小异,没什么可多说的。我们不妨再看:

第二,明宪宗还没有登基即位时就已经有了"心上人"万氏,两个人在东宫里经常偷偷地上演床上大戏。对此,新立为皇后的吴氏却有所不知,在当上后宫第一女人后因看不惯万氏那个样子,就找了个借口,把她狠狠地杖击了一番,哪知就此惹怒了共用的皇帝老公朱见深,随后便遭废黜。这种说法在正史、野史中均有记载,《明史》说:"先是,宪宗居东宫,万贵妃已擅宠。后(指吴皇后)既立,摘其过,杖之。(成化)帝怒,下诏"废黜吴后(《明史·后妃一》卷113);明代文人笔记也记载说:"盖吴氏之得罪,实由万妃受挞而谮之,其祸遂不可解。"(【明】沈德符:《万历野获编·宫闱》卷3)

从这样的说法来看,似乎是讲新立为皇后的吴氏是个争风吃醋的泼妇。可明代以来的正史却都在说吴氏是个不错的女人:"宪宗废后吴氏,顺天人……后孝宗生于西宫,后(指被废的吴皇后)保抱惟谨。孝宗即位,念后恩,命服膳皆如母后礼,官其侄锦衣百户。正德四年薨。刘瑾欲焚之。大学士王鏊持不可,乃以妃礼葬。"(《明史·后妃一》卷113;《明武宗实录》卷46)

仅当了一个月皇后就被皇帝老公打入冷宫的女人,居然还能将皇帝老公与别的女人生的孩子保护好,按照常理来说,这样的女人再差也差不到哪里去!那么究竟是什么原因促使当时的年轻皇帝朱见深在册立吴氏为皇后后又迅速地将她给废了呢?

第三,明清以来有这样的一种说法:吴氏被立为皇后后的一天晚上,按照宫廷规矩,该是年轻皇帝临幸新皇后吴氏的日子。吴氏照例沐浴更衣,并精心地打扮了一番,然后等待皇帝的到来。可让她不曾想到的是,早在宫中"潜伏"已久的情敌老女人万氏却不管这些,她径直先去沐浴,随即抢走了她们的共用老公朱见深。这事对于一个至多只有十六七岁的女孩来说是无论如何也接受不了的,于是她就利用自己的皇后身份与特权,从万氏日常所犯之过着手,借机狠狠地教训了这个抢她男人的情敌老女人。哪知道这下可惹了大麻烦了,因为早在东宫当皇太子时,朱见深就与这个伺候他的万姓老女人有过男欢女爱,他们正"相依相恋"好着呐。所以当受了皮肉之苦的"万姐姐"或称"万妈妈"十分委屈地向"情弟弟"或言"情儿子"哭诉时,朱见深当即就勃然大怒(【清】查继佐:《罪惟录·皇后列传》卷2)。

加上此时司礼监太监牛玉也可能是无意识地卷入了这场情战旋涡之中,他逢人便说万氏的不是。按理说牛太监管这等事也是他的工作职责范围,但在皇帝明宪宗看来却变成了皇后与太监联手,共同对付自己的老相好,欺负他的心上人,而就在此前后有关牛玉擅权、暗除王纶和选后受贿等阴事之流言也已开始传播着,这就使得当时年仅18虚岁的明宪宗更加怒不可遏。想当初先皇帝大丧期间,王纶"衰服袭貂裘于外观望"(《明宪宗实录》卷1)固然令人生厌,而"(牛)玉因数其过恶,劝上执下狱,又嗾人发其交通(钱溥)事,并逮溥等"(《明宪宗实录》卷1)。事情的发展结果让人不曾料想到的是,把朱见深当皇储时的东宫老师钱溥也给牵扯了进来。虽说钱溥钱先生那时在宫廷的影响力远不如内阁辅臣李贤和陈文等人,但他与年轻皇帝朱见深还是有着一定的师生情谊的。据明代中期的文人笔记所载:钱溥被贬后的一天,皇帝朱见深"御经筵,阅讲臣,独以先生(指钱溥)不在为问"(【明】陆容:《菽园杂记》卷6)。

虽说对于这段史料有人提出了怀疑,但钱溥在内书堂和东宫长期任教官却是不争的事实,因此说他在天顺、成化之际有头有脸的宦官中有着很大的影响力,有明一代以贤德著称的大宦官怀恩就是钱先生的弟子门生。当新皇帝上台贬谪钱先生时,对于并不明朗的政治形势,怀恩或许不持立场和态度,但事后呢?当朝文臣陆容在笔记中记载说:"原溥(即钱溥)尝在内书堂教书,今之近侍若怀恩辈,皆多出其讲下。其出以附王纶,其入以怀公之力也。"(【明】陆容:《菽园杂记》卷6)

至此我们不难看出,成化帝即位之初废后的真相应该是,明英宗在世时为皇太子朱见深大致选好了皇太子妃,即在王氏、吴氏和柏氏3人中选一个,但没有定局。而吴氏之父兄吴俊、吴雄为了能使自家飞黄腾达,就利用新天子上台之初的有利时机开始上下活动,贿赂太监牛玉和吴玺,将吴氏推上了皇后的宝座。但让吴家人没想到的是,眼前当政的这位大明第一人、18岁的"小公鸡"早已在他的"万姐姐"或称"万妈妈"那里得到过无比的欢悦与慰藉,更没想到的是配种"公猪"一般的皇帝会对一个大自己将近20岁的老女人动了真情,而吃醋了的小美女吴皇后恰恰又打了当今天子的"心上人",且权倾一时的宫廷大珰牛玉在清除潜在对手王纶之后偏偏得意忘形,犯了大忌,加上他昔日为人处世不留余地,轻视了更多的潜在危险,终使年轻皇帝来了个全盘否定——废除才立一个月的吴皇后,贬谪牛玉、吴玺和吴俊父子等相关当事人。对此,后来弘治年间大学士刘吉、徐溥和刘健领衔修撰的大明当朝国史委婉地说出了真相:"(吴皇)后立未逾月而废,当时传言,或谓后宫先有擅宠者,被后杖责,故及。然宫禁事,秘莫得而详。又谓有恶牛玉之专者,欲夺其权,有所承望而然,故罪独归于玉云。"(《明宪宗实录》卷8)

但这样的真相在当时是不能公诸天下的,所以年轻皇帝朱见深在废后敕谕里头来个藏头露尾,说一半掐一半。对此,在北京朝廷里的一大批大臣包括大学士李贤、彭时等在内的都未作出什么公开的评论或进呈什么谏言,而在数百里外的南京六科给事中王徽等却在不甚了解真相的情势下上疏进谏,指出皇后旋立旋废,虽说处理得还好,没有构成大害,但"亦未免忧烦朝廷,惊骇中外,亏损国体,贻笑后世"。由此他们上请皇帝朱见深"一曰明刑罚,以正朝纲",具体地说,将选后舞弊案的幕后主犯"牛玉明正典刑,枭首示众",并将参与国策大政研究讨论的内阁大臣李贤等"明正其罪,以警方来,如此则号令斯行,纪纲斯正,中国服义,外夷畏威矣";"二曰鉴往事,以防后患",即从选后舞弊案中吸取教训,严防宦官为患,即"不许内官与国政","不许外官与内官私相交结","不许内官弟侄在外任事并置立产业"(《明宪宗实录》卷11)。

在奏疏中,王徽等人似乎已点了问题的要害,几次说及要将犯有"违先帝之命""谋立皇后"和欺侮当今皇帝等数重罪恶的宫廷大珰牛玉"明正典刑,枭首街市,以明号令,以正纪纲",同时也希望朝廷吸取此次立后废后的教训。按理说这样的进言并没有错,但王徽一行人太不了解立后废后的幕后真情,说白了牛玉也只不过是充当了朱见深和他的老情人万氏泄愤解恨的牺牲品,至于他是否真的接受了吴氏之父兄吴俊、吴雄的贿赂而舞弊选后,那只有天知道!所以说当时成化帝将称得上是半个顾命大臣的牛玉打发到南京去种菜也大致上说得过去了。至于要将他斩首示众似乎是太过头了,对于这样的一笔账,只有当朝天子自个儿心里有数。让成化帝恼怒不已的是,不仅仅王徽等人隔靴搔痒似的上请要求对牛玉等人明正典刑,而且还在奏疏里头一再说到,废后之事引发"朝野腾諠,中外骇听","亏损国体,贻笑后世"(《明宪宗实录》卷11),这岂不是说当朝天子昏庸无道。是可忍孰不可忍,朱见深在读完奏疏后当即发话:"牛玉坏大婚礼,众人无预,朝廷已有处分。(王)徽等不知情实,妄言要誉,希求进用,令吏部俱调官远方。"随后上言的南京六科给事中王徽被发往普安州当判官,王渊被发往茂州当判官,朱宽被发往潼川州当判官,李翔被发往宁州当判官,李钧被发往绥德州当判官。这是成化朝开局以来第一批因言得罪的言官。(《明宪宗实录》卷11)

● 王皇后成了摆设,一生得到的明宪宗临幸居然不到10次

不在京城朝廷的王徽等人因不了解当朝天子的男欢女爱之秘事而吃了一大闷亏,在朝的人可长记性了。自从明宪宗废掉吃醋皇后吴氏和贬谪宫廷大珰牛玉等人之后,大明朝廷上下的人尽管对天朝第一号秘事都有所耳闻,但谁也不敢狗拿耗子多管闲事了。即使是贵为宫中第一女主人、新立皇后王氏,对自己的皇帝老公的异常"性趣"也只能是睁一只眼、闭一只眼。一个只有十六七岁的女孩能做到这样,确实不易。

王皇后是南京应天府上元县人,天顺末年皇太子选妃时她与吴氏、柏氏等一同被选入,作为皇太子妃的候选人。至于她是不是明英宗看中的儿媳妇,那只有去问明英宗本人了,反正明英宗的皇

位继承人明宪宗是这么说的。废了吴氏的皇后之位后,为了能与"不意太监牛玉偏徇己私,朦胧将先帝在时选退吴氏,于母后前奏请,立为皇后"(《明宪宗实录》卷 8)和"始惟先帝临御之日,尝为朕简求贤淑,已定王氏育于别宫,以待期矣"一番说辞相一致,明宪宗朱见深在天顺八年(1464)九月戊寅日发布敕谕,正式宣布"仍遵先帝成命,册立王氏为皇后"(《明宪宗实录》卷9)。十月丙申日即十二日,在北京明皇宫里头再次举行了皇帝的新婚大礼,婚礼的仪式一如三个月前的那一次,只不过新娘换了一个。(《明宪宗实录》卷 10)

这样的事情在传统的专制社会里实在是算不上什么,不少国人心目中的大英雄刘备曾说过:妻子如衣服。衣服既是用来穿用的,又是可以用来当摆饰看的。皇帝的"衣服"有的是,所以穿用的功能就大为降低了,剩下的基本上都是用来摆看的了,而我们现在讲到的王皇后不幸就成了成化帝后宫中主要用作摆看的"衣服"。或许因为对男欢女爱还真没找到什么感觉,或许因为自身的涵养特别好,对于万氏"宠冠后宫,(王皇)后处之淡如"(《明史·后妃一》卷113)。据说,有一次成化帝生病了,作为名正言顺的妻子王皇后听说后前去探视丈夫。见到自己平日里根本就没在意的王皇后是那么的温顺、贤惠,皇帝朱见深心里顿时充满了愧疚和不安,当即说道:"皇后,朕怠慢你了!"也就这么一出夫妻见面戏,哪料到让万贵妃的宫中奸细给"捕捉"到了。在听了秘密汇报后,万贵妃开始守在明宪宗所住宫殿的宫门口。见到王皇后再来探视,她就教训起大明第一女主人来:"皇上正在生病,不愿意见生人,你不要一趟一趟地老跑个不歇!"据说王皇后听后什么话也没说,平平静静地折回,且还脸无怒色。(【清】查继佐:《罪惟录·皇后列传》卷 2)也自那以后,皇帝丈夫明宪宗不敢再对王皇后表现出有兴趣和热情了,史载"终其身不十幸",即说朱见深在约 24 年的皇帝生涯中到正妻王皇后那里过夜 10 次都不到,就连他本人也觉得很过意不去,曾跟人说道:"慢女多矣!"(【清】查继佐:《罪惟录·皇后列传》卷 2)而王皇后的淡泊与泰然在客观上却也保全了自己,她不仅目送了皇帝丈夫朱见深及其"心上人"万氏的一一远去,而且还几乎活过了儿孙两朝,直到正德十三年(1518)才驾崩,死后被谥为"孝贞庄懿恭靖仁慈钦天辅圣纯皇后",合葬于茂陵,祔太庙祭祀。(《明史·后妃一》卷

113;《明武宗实录》卷159)

　　吴皇后遭废黜,王皇后被当作摆设,成化朝自此而始宫闱错乱,秽政日出。每当人们说及之,往往会不约而同地将目光投向明皇宫里那个令一代天子魂系梦绕之尤物——万贵妃,但又为此大惑不解。不说外人了,就连年轻皇帝的生母周太后也曾百思不解,质问自己的儿子朱见深:"彼有何美,而承恩多?"(【清】查继佐:《罪惟录·皇后列传》卷2)

　　皇太后不理解不要紧,太监牛玉和皇后吴氏不理解可就倒大霉了,一个被远谪,一个被废黜。见此可能有读者朋友要说了,既然皇帝朱见深这么喜爱万氏,就凭着他手中拥有的至高无上的皇权,发一道敕谕,立她为皇后不就得了!何必那么费神?

　　其实这里边的问题还挺复杂的,下面就细细说来:

　　第一,朱见深与万氏之间相差的岁数实在是太大了,一个18虚岁刚登基的年轻皇帝若要立一个35虚岁的"老女人"为皇后,这在普遍要比现代早婚得多的古代社会里还真找不到这样的先例,所以说这对特别男女的"畸恋"在那时是很难获得认可的。倒过来说,若一个"老男人"娶一个比自己小20岁或30岁的小"美眉"为妻或为妾,在那时可谓比比皆是,即使是在500多年后的今天还时有所闻,君不见80多岁的华裔老科学家娶了一个二三十岁孙女辈的小"美眉",有人戏称其为"老牛吃嫩草"。

　　第二,明宪宗若要想立万氏为皇后,首先必须得过皇太后关,而当时的皇太后就有两个,一个是明英宗的正妻钱氏钱太后,此人十分贤惠温和,且在朝没什么势力,要想过她这一关并不难。关键在于另一个皇太后,即朱见深的亲生母亲周太后。周太后在丈夫明英宗驾崩时刚跨入35虚岁(周太后于弘治十七年三月驾崩,时年75岁,以此推算,天顺八年正月时她应该为34虚岁,详见《明孝宗实录》卷209),而当时明宪宗的"老情人"万氏已经35岁,若立万氏为皇后,即为周太后的儿媳妇,这个周太后不知将如何面对一个跟自己年龄差不多大的儿媳妇呢?史载:耳闻儿子皇帝朱见深独宠万氏,做母亲的周太后就看不下去了,责问儿子:"万氏也没什么美貌,你为何对她那么着迷?"(【清】查继佐:《罪惟录·皇后列传》卷2)由此而言,更别提立万氏为皇后了。

第三，万氏不仅没有吸引人之美貌，反而"貌雄声巨，类男子"(【清】查继佐：《罪惟录·皇后列传》卷2)，用今天的时髦话来说，她是一个标准的"女汉子""男人婆"。一个女人长得像男人，说起话来嗓门大、喉咙粗，加上她本身年龄又大，在"情弟弟"或称"情儿子"登基时已35岁，而女人到了这个岁数就没了旺盛的生育优势，这恰恰在竭力倡导"不孝有三，无后为大"的传统中国社会中又是人们所极度关注的。成化四年(1468)九月，天空出现彗星异象，六科给事中魏元等就借此机会进谏说道："陛下富有春秋而震宫尚虚，岂可以宗庙社稷之大计一付于爱专情一之所(指万妃)，而不求子孙众多以固国本、安民心哉？"(《明宪宗实录》卷58)

从上我们可以看出，尽管自正统十四年(1449)八月起到天顺八年(1464)，朱见深与万氏之间有着15年的感情，但两人之间"不伦不类"、见不得"阳光"的关系注定他们不可能得到庙堂的正式认可和社会的普遍承认，剩下的只能是犹抱琵琶半遮面地相处着。明代官史记载说："上即位遂专宠，皇后吴氏废实由于妃。"(《明宪宗实录》卷286)这话换个角度来讲，即为明宪宗一即位就专宠并没有什么名分的万氏，而刚刚立为皇后的小"美眉"吴氏却不懂眼皮底下这对"老情人"之间的特殊关系，故而撞到了枪口上。而后册立的皇后王氏似乎对此明白了许多，"及今皇太后王氏正位中宫，每以厚德优容之，妃亦机警，善迎合上意，且笼络群下，令觇候动静，六宫希得进御"(《明宪宗实录》卷286)。这段话是讲，王皇后正位中宫后极为大度，不仅不与万氏争抢共用老公，克制着自己的感情与生理欲望，忍辱负重，不使性子，反而还对"情敌"出奇地优容，以德服人，让任何人都挑不出她有什么毛病来。遇到这样的"情敌"对手，万氏也就无可奈何了。不过她还是十分清楚自己的地位，于是死死地抓住"情弟弟"或称"情儿子"明宪宗。与当今社会中有些家庭中的"母老虎""醋坛子"相比，万氏攥住她的皇帝老公似乎很有一套手法：

第一，竭力满足天下第一男人的各种需求。《明史》说万氏"机敏，善迎帝意"(《明史·后妃一》卷113)，明代官史记载："(万贵)妃亦机警，善迎合上意，且笼络群下，令觇候动静，六宫希得进御。"这话意思是，除了机警外，万贵妃还十分擅长迎合皇帝老公的各种意念、满足他的种种欲望,并笼络后宫里的下人,让他们暗中观察宫中动静,尤其是皇帝老公有无暗中"偷腥"意向或行为,然后果断地采取措施,使得六宫"美眉"难以得到皇帝的长时间临幸。(《明宪宗实录》卷286)

第二,万氏并非是个极为过分的女人,多少还有点儿自知之明,譬如皇后的名分,她就始终不敢企及。这就使得"情儿子""情弟弟"朱见深自感对她欠有感情债、良心债。

第三,提供给皇帝老公"特别安全需求保障"。由于朱见深早年人生的基本安全需求无法得到正常满足,长期生活在极度惊恐之中,所以在内心深处留下了极大的阴影,而万氏恰恰为他提供了这种特殊安全需求保障。"万氏丰艳有肌,每上出游,必戎服佩刀侍立左右,上每顾之辄为色飞。"(【明】沈德符:《万历朝获编·宫闱》补遗卷1)"(成化)帝每游幸,妃戎服前驱。"(《明史·后妃一》卷113)

无论是正史还是文人笔记都提到了这样的一个事实,"情弟弟"或称"情儿子"成化帝每次巡游,万氏总要穿上戎装、佩刀侍立在左右边上。而每过一段时间,皇帝朱见深总要回过头来看看"情姐姐"或称"情妈妈",由此他的脸上才会露出满足的微笑。这何止是男女之间的情欲之爱,简直是深入骨髓里的畸形之恋!成化二十三年(1487)正月,58岁的万氏老太太突然薨逝,明宪宗闻听噩耗居然半天说不出话来,最后长叹:"万侍长去了,我亦将去矣!"自此悒悒寡欢,半年多后的八月,年仅41岁的朱见深竟然也驾鹤西去了。(【明】沈德符:《万历野获编·宫闱》卷3)

由此可以看来,万氏不仅仅是明宪宗的爱妃、情人、性伴侣,而且还是他的心理母亲或称姐姐,甚至还是安全保卫的心理依靠和个人保健医生。对于这么多层面的男女关系,外人确实是无法真正理解,即使是明宪宗的生母周太后也为之困惑,曾几次质问儿子皇帝为何要对万氏这般迷恋和痴爱?没想到明宪宗却是这样回答他的老妈的:"彼(指万氏)抚摩,吾安之,不在貌也。""臣有疝疾,非(万)妃抚摩不安。"(【清】查继佐:《罪惟录·皇后列传·嫔妃传》卷2)

或许正是来自皇太后等方面的压力,或许正是为了保护"老情人",明宪宗在废了吴皇后后并没有立万氏为后,甚至连嫔妃的名分也没马上给她。正如当今不少热恋中的男女青年,爱到了死去活来,就去领个结婚证和举办一场喜宴,既体面又十分光彩,但远没有沉醉于两人世界里欲死欲仙来得实实在在。想当年即位后的明宪宗与"万妈妈"或称"万姐姐"就是这样的实在人,在情欲爱河中拼命地遨游了一年多,"万妈妈"的肚子终于逐渐地隆起来了。成化二年(1466)正月十九日,这对畸形的"母子恋"修得了正果,皇长子呱呱落地。(《明宪宗实录》卷25)闻听喜讯,明宪宗好不激动,立即派遣内官前往山川寺观挂袍行香,以祈阴佑。(《明宪宗实录》卷286)

古人常说:母以子贵,已经人到中年的万氏见到自己与"情儿子"朱见深日夜辛苦劳作而获得了"丰硕成果",顿时心中底气十足,随即鼓动孩子他爸采取行动。成化二年(1466)三月辛亥日,明宪宗册封万氏为贵妃,顺带将柏氏封为贤妃。(《明宪宗实录》卷27)也是从这一天起,宫女"老妈妈"万氏才被称为万贵妃。

● **皇长子适逢其时降生了,无奈天命不佑**

要说此时的万贵妃,那可谓风光无限。想想这700多个日日夜夜与"情弟弟"皇帝老公在床上没命地加班加点,如今终于可以松口气了,为他生了个皇子,且还是皇帝的长子。皇长子身份就很重要,且也很特别,只要正宫皇后不生育,或只生女儿,那么贵妃娘娘与"情弟弟"皇帝呕心沥血培育出来的"精品杰作"——皇长子就极有可能被立为皇太子。而皇长子一旦被立为皇太子,日后便可继承大明帝位,到那时,贵妃娘娘不就成了第二个呼风唤雨的孙太后?!退一步来说,即使达不到那般地步,就成为眼下自家的那个婆婆周太后也不错。周太后,说起来有点儿让人心堵,人们喊她为太后,实际年龄还没有贵妃娘娘大,说穿了还是年轻了点儿,嫩了点儿。尽管她老在自家儿子面前说贵妃娘娘的坏话,但都没用啊。她不懂得这样的硬道理:女人要上位,要当有地位、有权势的女人,除了要自己敢于豁出去外,还必须要"上面"有男人。而这个"上面"的男人又必须是有地位、有权势的,且其地位与权势越高越好。除此之外,作为女人,倘若你想要牢牢地拴住自己的男人,就不能仅仅对他敷衍了事,而是要全方位地满足他,将他调教得很听话。

对于当时已快40岁的万贵妃来说,处理与自己相差近20岁的小杆子丈夫之间的关系,那简直就是小菜一碟。所以说,成化二年(1466)对于她而言,精神格外爽,正可谓春风得意马蹄疾!但天有不测风云,人有旦夕祸福,就在万贵妃和她的"情弟弟"朱见深沉醉于无比快乐之中时,他们的"爱之果"皇长子突然害病死了。那是成化二年十一月的事情,距离他出生也就一年不到的时间。(《明宪宗实录》卷36)

皇长子的突然夭折对于20岁的皇帝朱见深来说倒是反应不大,一来自己还是个小杆子呐,玩心很重,忽然间当起父亲来,心理上还没有完全扭过来;二来在医疗技术水平与设施相对差的传统社会里,小孩子高死亡率纯属正常;三来皇帝当时正值奔腾年龄,有的是精力,有的是具有较强繁殖力的宫中"美眉",只要再加加班,革命加拼命,就不愁生不出皇子来。

而相比于"情弟弟"皇帝,皇长子的突然薨逝对万贵妃的打击尤大,不说做母亲的十月怀胎不易,就已薨逝的皇长子而言,他与万贵妃可谓母子骨肉相连,且还寄托着万贵妃对于未来的无限希望与重托,可这一切现在全化为了泡影。尽管宫中有人不断地劝导:乘着年纪不大,日后再继续努力。但"万老妈妈"万贵妃心里却十分清楚,自己已经是37岁的老女人了,听宫中老辈的人私下里讲:这个年龄距离断经绝育为时不远了,继续生儿之希望十分渺茫!不过话得说回来,希望渺茫不等于说就没了希望。万贵妃自小就来到宫中,当然十分清楚,作为贵妃即使再受宠,若没有生育成皇子,终将难以成为宫中的"常青树",历朝历代无子女的宫女和嫔妃的晚景凄凉的多得很。由此一想,她就打定主意,要为"情弟弟"朱见深再生个皇子出来。而要完成这样的宏伟目标,就必须得有"情弟弟"的紧密合作,万贵妃随即开始施展各种手段,日日夜夜缠着"情弟弟",让他使出更多的精力与能量,以提高命中率。而"情弟弟"朱见深还真是个"乖孩子",对于老情人"万姐姐"或称"万妈妈"言听计从,于是两人精诚合作,再来个革命加拼命,这样忙乎了几年,但最终结果却是令人彻底失望,这对畸形恋人都是在做无用功,"万妈妈"的肚子始终没有再次鼓起来,当然也就颗粒无收了。

● **二皇子没被立为皇储时倒好好的,一立为皇太子就死了,怎么回事?**

不仅如此,明宪宗后宫中其他"美眉"的肚子也老大不起来。一晃数年过去了,从前的小杆子皇帝现在正跨向中年门槛,其内心也渐渐地着急起来。成化帝内心着急渐增的缘由恐怕有以下几个方面:

第一,中国历代传宗接代观念的影响,"不孝有三,无后为大",作为大明帝国的第一人现在居然无后,这将如何是好?

第二,朱见深生母周太后不断催促,要儿子皇帝赶紧留个后,并且还责问他:"那个老妈妈岁数的万氏有何好的?长得也不漂亮,你为何老到她的昭德宫去过夜?"(【清】查继佐:《罪惟录·皇后列传》卷2)

第三,常言道:有投入就有所产出。可这些年成化帝在万贵妃那里"投入"得够多了,却老不见到有什么产出的,这可不好!

第四,大臣们不断进谏催促。这事在今人看来简直是无法理解,皇帝家里生不出儿子,关大臣们什么事?可在家国一体化的传统中国社会里,有没有皇子就意味着帝国皇位有没有皇帝纯正血胤来继承这样的大是大非,事关"国本"。因此说等待多年的大臣们早就按捺不住内心的焦急,只差着找个合适的机会进言劝谏一番。好机会终于来了,成化四年(1468)九月癸亥日,"夜客星色苍白,光芒长三丈,余尾指西南,变为彗星"(《明宪宗实录》卷58)。

彗星在古时候被人称为扫帚星,扫帚星就是灾星,所以一旦天上出现彗星,地上的人们哪怕是位居地上人间之巅的皇帝老爷也得要好好地反省、检讨自己的过失,以应上天的警示。由此往下推及朝廷大臣,他们都要进行批评与自我批评。而成化四年(1468)九月这次彗星出现的范围特别大,时间也特别长,直到十一月中旬才逐渐消失,故而历时70多天。这样奇特的大天象出现意味着地上人间出了大问题了,帝国领导核心阶层就得要率先好好进行自我检讨、反省或引咎自责。于是在彗星出现后的第四天,太子少保、兵部尚书兼文渊阁大学士彭时等上言:"比年以来,地震水旱相仍,民不聊生。迩者彗星复见,灾异尤甚。皆臣下不职所致,乞赐罢免。"明宪宗接奏后回应:"上天垂戒,朕自修省,卿等皆职居辅导,当讲求缺失,修举善政,加惠军民,庶可以回天意,岂可舍朕而去?所辞不允!"(《明宪宗实录》卷58)彗星出现后的第五天,太子少保、吏部尚书李秉为首的朝廷各衙门长官也上奏引咎辞职。皇帝朱见深诏谕之曰:"玄象示警,朕惕然戒惧。卿等正当竭诚修职,共回天意,不许罢归。"(《明宪宗实录》卷58)第六天,以太傅、会昌侯孙继宗为首的五军都督府等军职高官也因彗星出现而上奏辞职:"臣等俱以庸材缪膺重寄,兹者上天垂戒,皆由臣等不职所致,乞赐罢黜,别选贤能,以典兵政。"明宪宗下诏说:"上天垂戒,实缺政所致。朕已加警省,卿等义同休戚,正宜共修兵政,以副委托。所辞不允。"(《明宪宗实录》卷58)

与上述含义多多但又程序化官场演戏一般的辞职上疏相比,以魏元为首的科道官们则在随后上呈的辞职报告中,直截了当地指出了他们所意识到的实质性问题,将抨击的矛头直指皇帝独宠万贵妃一事:"窃见今春以来,灾异叠见。近日彗星又见于东方,光拂台垣,人心恟惧,皆阴盛阳微之证也。臣等待罪言路,固知言出而祸随之,然与其不言而得罪于宗社,不若力言而得罪于陛下之为愈也。臣闻君之与后,犹天之与地,不可得而参贰者焉。外间传闻,陛下于中宫或有参贰之者,礼部尚书姚夔等尝以为言,陛下谓内事朕自处置。屏息倾听,将及半年,而昭德宫进膳不闻有减,中宫不闻有增。夫宫墙虽深,而视听犹咫尺也。衽席虽微,而悬象甚昭著也。且陛下富有春秋而震宫尚虚,岂可以宗庙社稷之大计一付于爱专情一之所,而不求子孙众多以固国本、安民心哉?伏愿陛下思祖宗传体之重,明伉俪之义,严嫡庶之分,以尊嫡体、以正宫闱,使阴阳各归其分,日月相并,而明宗社万年之基,将在于此……凡此八者,陛下断而行之,则灾异可弭,天心可回。臣等职司耳目,不能尽言开导,乞罢归田里,别选贤能,以充任使。"(《明宪宗实录》卷58)

魏元为首的科道官们洋洋洒洒地上言八件事情,宫里宫外都有涉及,而明宪宗接奏后则含含糊糊地回答:"所言有理,所司即议行之,尔其勉尽言职,以称朕意,不准辞。"(《明宪宗实录》卷58)

由此看来，当朝皇帝在回避一个十分敏感但又相当关键的问题，即自己独宠万贵妃，"以宗庙社稷之大计一付于爱专情一之所，而不求子孙众多以固国本、安民心哉"。但实际上明宪宗既不呆又不痴，对于这样浅显的道理何尝不知！只是他自己说不出口。说不出口不要紧，关键要有实质性行动。于是平日里一旦空闲下来，他就避开老情人万贵妃的视线，偷偷地上别的"美眉"那里去云雨一番。云雨多了，命中率就高。成化五年（1469）四月，"皇子生，贤妃柏氏出也"（《明宪宗实录》卷66）。

礼部尚书姚夔等人听说后赶紧上奏，说："依照儒家经典《春秋》所述，国君生儿子，就得让人记录在册，这是何等重视国嗣！皇上即位到现在可能6年都不止了吧，天下臣民、宗藩亲王都盼望着圣嗣早出，这也是我们国家的未来之根本所在！而今二皇子已经来世，恳请皇上及早将此昭告天下，以慰人心。"可明宪宗接奏后反应十分冷淡，回复道"姑置之"，即说这事暂时放一放，不急。（《明宪宗实录》卷66）

那么本来内心也已急了的皇帝朱见深为什么现在会表露出不急的态度呢？有人认为主要是由于成化帝怕因此而刺激或言伤及了老情人万贵妃，但也有人认为当时朱见深内心还是不能排除上次皇长子早殇的阴影：万贵妃所生的皇长子活不过一周岁，谁能知道这次贤妃柏氏所生的皇子能活多久呢？不过这种话是说不出口的，还是等一等再说吧，这似乎也吻合明宪宗的一贯处事风格。

有句古话说得好，皇帝不急太监急。不，不仅仅有太监急，还有一大批的朝廷大臣都在为成化帝和大明的"未来国本"着急着。在这些人看来，不管是后宫中哪个嫔妃或宫女生的儿子都行，唯独不能容忍万贵妃生儿子。理由很简单：大家瞧瞧当今皇上被她弄成什么模样了？再看看万氏家族之人的那副德行，一旦要是她再生了儿子，这个儿子肯定百分之百坐到皇太子、皇帝位子上，而"万老妈妈"也就成了"生母皇太后"。就贵妃这样的身份与地位已经将国家和朝廷折腾成这般模样，要是日后真有那么一天出现了"万太后"，那我大明帝国还不知会被糟蹋到何等地步？！所以大臣们一直都在焦急地考虑着，并酝酿拥立贤妃柏氏之子为皇太子，这事一直到成化七年（1471）五六月间时机才逐渐成熟起来。那时贤妃柏氏之子已经虚3岁,实足2周岁,取名叫朱祐极。他就是后来明朝官史上所称的"悼恭"太子(《明宪宗实录》卷101)。

这时有个叫孙贤的太常寺卿兼翰林院侍读学士见到形势逐渐成熟,觉得这是自己"建功立业"的好机会,于是向皇帝朱见深上了两个奏章,一个是请立3岁的皇子朱祐极为皇太子,另一个是自陈体弱,请求致仕。孙贤"尝侍上于春宫讲读,至是以国本大计,欲有其功,而又恐人议己,并乞致仕,非其情也"(《明宪宗实录》卷92)。这话意思是,孙贤曾在朱见深还是皇太子时当过他的老师。按照那时的规矩,对于东宫时期的老师,即位后的皇帝理当格外优待,再说建言册立皇子为储君,这是国本大计,做成了就功德无量。孙贤想独占此功,但上章后又怕别人说他如何的不厚道,于是赶紧补上第二道奏章,凭着自己是当今天子东宫时代的老师这个身份,想必当朝皇帝也会挽留一番。哪想到,孙老师教了那么多年的书,对于自己的学生居然还很不了解,看走眼了。明宪宗对于孙老师要求册立太子的奏章来个留中不出,而对于他的提前退休之申请,则批准同意。当时孙老师正值壮年,无奈有眼无珠,误判情势,最终只能怏怏回家养老了。(《明宪宗实录》卷92)

孙贤退休后一个月,即成化七年(1471)七月辛卯日,以英国公张懋领衔的朝廷文武大臣集体上表,请立朱祐极为皇太子。面对这么多的大臣集体上表,明宪宗明显感到了压力,这次可不能再像上回对待孙贤上请那样来个留中不出了,但自己的立储主意依然没有拿定,于是他这么回应群臣:"览表具悉,建储国之大事,关系甚重。卿等所请,固出忠诚。顾今幼龄,讵堪负荷,其安之。"(《明宪宗实录》卷93)

成化帝的话就一个意思:我家儿子朱祐极还小呐,担当不起皇太子这副重任。可英国公张懋为首的朝廷文武大臣岂肯罢休,第二天继续上表,请求立太子。明宪宗还是原来的态度,只不过回话稍稍变了变:"览表具悉,君国建储理所当然,朕岂不亮卿等至情?第以储副,国本所系,欲俟年龄既长,俾进学成德,然后正为。当今之所请,未可允从。"(《明宪宗实录》卷93)

皇帝以皇子年幼为由,不肯册立其为皇太子。这下大臣们可不干了,大家认为:储君是国本所系,绝不能让万贵妃有觊觎之心。

于是他们第三次上表,请立朱祐极为太子。在这次上表中,大臣们说:我大明开国起列祖列宗都是在他们即位后不久就册立储君的,太祖、太宗两帝在登基后两年内就确立了皇太子,仁宗皇帝一上台就确立了,宣德皇帝也在登基后3年内确立你家先皇帝为皇储的,当时先皇帝出生才3个月。如今皇上君临天下已经六七年了,皇子朱祐极也已3岁了,怎么能说还不能立为储君呢?(《明宪宗实录》卷93)

实际上大臣们的这份上表写得相当有水平,他们将明宪宗婉拒立储的理由给彻底地驳倒了。与此同时,大家还通过各种途径,将要求立储的信息释放开来,以最大程度地取得支持。要说此时支持大臣们主张与行动的还真不乏其人,其中有个重量级的人物一出场就将当朝天子给震住了,她就是明宪宗的生母周太后。周太后对于自己儿子老被比自己年龄还要大的"老妈妈"万贵妃缠着、黏着早就不满了,曾几次责问朱见深:这是为什么?对此,朱见深总是推三托四,或敷衍了事。这回周太后可来真格的了,儿子皇帝到哪个"美眉"那里去睡觉,做母亲的实在不好管得太多,但册立皇太子一类的大事她怎么能不管呢?因为她明白,儿子皇帝之所以一拖再拖,不肯册立朱祐极为皇太子,就是在等他的老情人万贵妃再次生育。如果真有那么一天,万贵妃之子被立为皇太子,那也是再"正常不过了"。试想要是她的儿子将来当了皇帝,周太后就成了太皇太后,可滑稽的是皇太后万氏居然比太皇太后周氏的岁数还大,这成何体统?自古以来哪朝哪代有这样的怪事?真让人笑掉大牙!更何况万贵妃岁数已大,据说岁数大的女人生的孩子必定要夭折。既然再生的又要夭折,那皇太子就这样一直不立了吗?与其这样耗着,倒不如赶紧断了万氏的非分念头。周太后想到这些,立即喊来活宝儿子朱见深,当面说道:"大臣们请立皇太子一事关系重大,宜从众望,不可固拒。"(《明宪宗实录》卷93)

在周太后和在廷大臣的内外分别干扰、逼迫下,明宪宗朱见深最终屈服了,同意立储奏请,并"令礼部具仪择日以闻。"(《明宪宗实录》卷93)

4个月后的成化七年(1471)十一月十六日,大明朝廷举行了皇太子册立仪式,正式确立皇子朱祐极为皇太子,并昭告天下,"敷

needs濡泽覃被万方"(《明宪宗实录》卷98)。

可这样的大喜日子才过两个月,到成化八年(1472)正月二十六日,皇太子朱祐极又突然夭折了,这时距离他3周岁还差3个月。(《明宪宗实录》卷100)随后朱祐极的生母柏氏也突然薨逝。这究竟是怎么一回事?没被立为皇太子时,朱祐极和他的母亲都活得好好的,一立为皇太子,母子俩就相继突然离世。人们为此议论纷纷,猜测不断,大家都认为是万贵妃害死了皇太子朱祐极及其生母柏氏,但就是苦于没有证据!(《明史·后妃一·孝穆纪太后》卷113)

● 成化帝:我有儿子?已经六岁了?我怎么不知道

不仅众人没有证据,就是皇帝朱见深听到流言后也没拿到证据来证明是自己的老情人万贵妃暗害了皇太子母子,当然他更不愿意相信是她在暗中搞的鬼了。

无论成化帝如何不愿意面对这样的不堪情势,有一个客观事实却不得不让他正视的,那就是成化后宫至今还空无子息,这是让人何等发愁的事情啊!

发愁的日子又过了三四年,成化十一年(1475)年初的一天,明宪宗在宫中让内官给他梳发,对照镜子,他忽然发现自己头上已有白发,不由自主地感叹道:"老将至而无子,可叹也!"没想到话音刚落,给他梳头的宦官张敏突然扑通一声跪倒在地,叩首请罪:"小的犯了死罪,恳请皇上恕小的直言。"明宪宗本来性格就比较温和,听到宦官有事要讲,哪有不让人家讲出来之理。他当即就让张敏大胆讲就好了。张敏四处张望,见到没人就说了:"奴才说了可能就要没命。皇上,您并非无子,在皇宫西内其实还藏着一个皇子!"朱见深听到这里,惊诧得几乎不敢相信,这究竟是怎么一回事?(《明史·后妃一·孝穆纪太后》卷113;【明】于慎行:《谷山笔麈·纪述一》卷2)

事情得从6年前说起,成化五年(1469)年底的一天,明宪宗朱见深到掖庭内藏库去,可能是想找什么书画一类的东西吧,刚好碰到了一个小巧玲珑的"美眉",顿时就来电了。他就问:你叫什么名字?来自哪里?小"美眉"一五一十地讲:她姓纪,广西贺县蛮族土官女,即大藤峡东边贺县土司之女。成化初年朝廷大军南征大藤峡时,打败了当地的叛军,俘虏了一大批男男女女。其中就有纪氏小"美眉",因为她是土司女儿,从小读了些书,略通文墨,为人又机灵,且长得水灵灵的,所以被掳后让人给送到了北京明皇宫中储藏库来干干杂活。没想到突然间有一天会遇上当今天子。再说那时的明宪宗天天都被老情人"万姐姐"万贵妃缠着,早已厌倦了她,当天突然邂逅白白嫩嫩的小"美眉",他立即春心荡漾。一问话,小"美眉"应对敏捷,加上她行为举止纤秀优雅,刚过奔腾年龄的成化帝终于把控不住了,当即就将她给临幸了。(《明史·后妃一·孝穆纪太后》卷113;【明】于慎行:《谷山笔麈·纪述一》卷2;【明】黄瑜:《双槐岁钞·孝穆诞圣》卷10)

妙龄女子不同于万贵妃一般的老女人,即使偶尔有一次性生活也很容易怀孕。就在皇帝临幸后没多久,小"美眉"纪氏的肚子逐渐地隆了起来。"时万贵妃专宠而妒,后宫有娠者皆治使堕。"这话是说,万贵妃凭着成化帝的宠爱,在后宫中一手遮天,一旦要是有耳目告诉她哪个妃嫔或宫女怀孕了,她总要想尽法子给怀孕者堕胎。所以明宪宗这么多年再努力、再忙乎,都做了无用功。更为可怕的是,万贵妃还心狠手辣,甚至对皇太子也敢下手。"柏贤妃生悼恭太子,亦为所害。"纪氏怀孕后,听到风言风语的万贵妃立即派人去把她抓起来,打算要加以严厉地惩罚。可不知为什么,派出去的人回来没说实话,仅跟万贵妃说:纪氏肚子大起来,并非是怀孕,而是得了让人害怕的痞病。这种病弄不好还要传染人的,所以眼下最好的处置办法是将纪氏赶走,且赶得越远越好。万贵妃从小服侍孙太后,学得主子的奸诈,为防止万一,她令人给纪氏强灌堕胎药,然后再叫人将她撵走。(《明史·后妃一·孝穆纪太后》卷113;【明】于慎行:《谷山笔麈·纪述一》卷2)

一个弱不禁风又无依无靠的小女子要被赶走了,有人提议将她赶到安乐堂去。安乐堂位于北京皇宫北安门外,为永乐十五年(1417)所建,当年是提供给建设北京城过程中那些患病的农民工居住的,后来就废弃不用了,只有宫廷中那些地位卑微又没有个人私宅的内官才去暂时住住,还有就是宫中有人得病了,也迁徙至此,等病人死了,就在这安乐堂焚化。这样做的目的就是为了防止有病遗骸玷污了大明内宫。明代文人曾记载说:"内廷宫人,无位号名秩而病故,或以谴责死者,其尸亦传达安乐堂,又转致停尸房,易朱棺再送火葬;其有不愿焚者,则瘗之地,亦内中贵嫔所舍焚冢也。"(【明】沈德符:《万历野获编·补遗·安乐堂》卷3)

由此看来,明朝中后期的安乐堂有点儿像现在医院内的太平间、停尸房或火葬场的等候室。将小"美眉"纪氏赶到这样的地方总该放心了?不,万贵妃还不放心。派人通知在那里看门的门监张敏严加把守。不久之后的成化六年(1470)七月三日,纪氏生下了一个小男孩。据称该男孩"隆准高额、颅骨耸起,俨如龙形"(《明孝宗实录》卷1)。说他"俨如龙形",那是后来修史大臣的阿谀之词,而又说他"隆准高额、颅骨耸起",这倒多少道出了小男孩先天性严重营养不良之状。还有史料记载说:这个可怜的小皇子"顶寸许无发",意思是说他头顶一寸开外没有头发,有人认为这就是当初万贵妃令人给纪氏强行灌入堕胎药所造成的后遗症。(《明史·后妃一·恭肃贵妃万氏》卷113)

再说那时宠冠六宫的万贵妃到处布置了爪牙和耳目,一旦宫中有什么事情发生,便会有人在第一时间告诉了她。宫女纪氏生孩子这样的事情当然也没能瞒过她。万贵妃知道后恼怒不已,随即令人通知门监张敏,把那个刚出生的男孩给扔掉。可张敏却没有照做,相反,他还帮着纪氏,偷偷地将孩子给藏了起来。(《明史·后妃一·孝穆纪太后》卷113)

安乐堂距离明宪宗即位之初废黜的皇后吴氏之住所不远,听说小皇子降生了,废皇后吴氏就主动地关心起来,经常亲自提抱抚育,并在暗中小心翼翼地保护着他平安成长,(《明史·后妃一·宪宗废后吴氏》卷113)"哺粉饵饴蜜,藏之他室",使得"(万)贵妃日伺无所得"。就这样,本该自出生起就要上报并载入皇家玉牒且要举行隆重庆贺仪式的大明皇家龙仔,却成了没名没分的皇宫"黑户",东躲西藏地过了五六年,长到半个大人高时,连胎毛都没敢让人剪过。(《明史·后妃一·孝穆纪太后》卷113;【明】黄瑜:《双槐岁钞》卷10)

成化七年(1471)十一月,在万贵妃严厉监管与肆意迫害的间隙中诞生出来的二皇子朱祐极被册立为皇太子,大明朝廷上下莫不欢欣鼓舞,唯万贵妃及其同伙恨得咬牙切齿。而后两个月不到,新立皇太子朱祐极突然薨逝。也从这时开始,明宪宗"久无嗣,中外皆以为忧"(《明史·后妃一·孝穆纪太后》卷113)。

上文中的"中外"当指朝廷内外,皇帝明宪宗内心尤为忧虑、着急,这才有了这样的巧合,在让宦官张敏(张敏由门监调到廷内服务,就如现在我们的领导干部一般,属于工作调动,笔者注)梳头时他发出了那番悲鸣感叹。要说朱见深这人的命还真是算不错的,每当他山穷水复疑无路时,突然间来了个柳暗花明又一村。当年他2岁时父皇北征被俘,国家岌岌可危,忽然间皇太后一道懿旨下来,将他推到了皇太子的宝座上。后来虽然他的皇太子之位让叔叔景泰帝给废黜了,但没过几年,夺门之变突发,他又重新获得了皇储之位。现在自己的后嗣问题也与之相类,本以为自己年纪一把了居然还没有后嗣,正为此发愁呢,没想到有人突然报告说:"皇上,您有子,且已经6岁了,正在西宫养着!""这……这……这……可能吗?"本来就口吃的朱见深这时更是说不成话了。幸好旁边有个叫怀恩的太监听到后立即走了过来,向明宪宗叩首,并说道:"张敏所言句句属实。绝无虚假,皇子在西内正偷偷地养着,今年已经6岁了,我们都不敢公开说这事!"朱见深听到这里顿时龙颜大悦,当即下令"即日幸西内,遣使往迎皇子。"(《明史·后妃一·孝穆纪太后》卷113)

皇帝派遣的迎使来到西内时,纪氏觉得很为难,这么多年了,她已经历了太多的苦难,这都不用说,关键在于今日之事一公开,真不知道等待自己与小皇子的将是什么。她抱住儿子,失声痛哭道:"儿去,吾不得生。儿见黄袍有须者,即儿父也。"随后她给儿子穿上一件小红袍,让人用小轿子载着,将他送到皇帝朱见深那里。小孩子下轿后四周打量着宫廷殿宇,尽管觉得十分好奇,但一见到长胡子穿龙袍的人走过来,他立即奔了过去。明宪宗高兴地将孩子抱了起来,放在自己的大腿上,边抚摸边看着,看着看着,不觉得泪流满面,随即跟周围人说:"这是我的儿子,他长得像我!"而后命令太监怀恩赶紧上内阁去,详细说明得子的情由,并让阁臣们迅速将该事向朝廷内外做宣告。(《明史·后妃一·孝穆纪太后》卷113;【明】于慎行:《谷山笔麈·纪述一》卷2)

明宪宗意外得子真是欢喜不尽,由于舍不得孩子离开,便常常将他带在身边。不久成化帝传谕礼部，给孩子取个名字。礼部与翰林院学士们商量了几次，挑选了几个名字，上呈给皇帝，供他选择。最终明宪宗拍板，给孩子取名叫朱祐樘，随即又通知宗人府，将朱祐樘大名写入皇家玉牒。这已是成化十一年（1475）五月丁卯日的事了（《明宪宗实录》卷141）。

儿子见到了当皇帝的老子，做母亲的纪氏也就咸鱼翻身了，她被人接进永寿宫居住，开始过上舒适的生活，且还时不时地为一夜之夫皇帝朱见深所召见，这是多么荣耀的事情啊！这样的消息传开后，朝廷内外都很高兴，只有万贵妃最不开心，她"日夜怨泣"，边哭边骂："都是些没良心的东西，竟然将老娘给骗了。"从她的骂语与神态中，人们感到这事肯定不会就这么完了。果然，仅过了一个多月，即成化十一年（1475）六月底，从永寿宫传来噩耗，20多岁的小"美眉"纪氏暴卒。（《明宪宗实录》卷142；[明]黄瑜：《双槐岁钞》卷10）宦官张敏闻听纪氏暴卒的消息后，惊恐不已，吞金而亡。（《明史·后妃一·孝穆纪太后》卷113）

一连死了两个人，尤其是纪氏小"美眉"，虽说她已为人之母，但实在是年轻，按理说这时的生命力极强，怎么突然间说没了就没了呢？于是流言不胫而走，有人说是万贵妃派人暗杀了纪氏，也有人说是纪氏自己上吊而死的，甚至还有人说是万贵妃叫给纪氏治病的御医下毒毒死的。反正当时的说法很多，但就是没人出来主持公道，追查此事。这时皇帝朱见深似乎很悲痛，下令追封纪氏为淑妃，给谥"恭恪庄僖"，辍朝三日，以示追念。（《明宪宗实录》卷142）后来朱祐樘即位当皇帝后，追尊纪氏为"孝穆慈慧恭恪庄僖崇天承圣纯皇后"（《明孝宗实录》卷1；[明]黄瑜：《双槐岁钞》卷10；《明史·后妃一·孝穆纪太后》卷113）。不过人们为了方便，还是简称她为"孝穆纪太后"。

纪氏和张敏相继而亡后，尽管朝廷没有深究缘由，但谁都明白这究竟是怎么一回事。善良的人们都为小皇子朱祐樘的安危唏嘘不已，因为他的身边随时都隐伏着杀机，有人想要夺他的命。这时候，日夜盼望自己能当上皇奶奶的周太后看到自己的活宝儿子、老儿媳妇万贵妃这般对待自家的"未来"，要么将皇子给"养死"了，要么将皇子的生母给搞没了，她实在看不下去了，主动向儿子皇帝提出:"你把孙儿交给我,由我来照管着他。"朱见深向来怕他妈,对于老妈要求照顾孙儿,岂有不同意之理。从此以后,"太皇太后育之宫中,食饮居起,亲为保抱"(《明孝宗实录》卷1)。即说小皇子朱祐樘从此在皇奶奶周太后的仁寿宫里居住生活了下来,这样也就隔断了一切外来的危险。(《明史·后妃一·孝穆纪太后》卷113;【明】于慎行:《谷山笔麈·纪述一》卷2)

周太后的这一招很绝,把跟自己差不多大的"儿媳妇"万贵妃给急坏了:小皇子被"圈"在了皇太后奶奶的身边,这可怎么下手?有人给万贵妃出主意:"将小皇子骗过来玩玩,不就……"有一天万贵妃主动跟自己的婆婆周太后打招呼,说自己十分喜欢小皇子朱祐樘,想叫他过去玩玩。周太后听后觉得很为难,不让孙儿过去玩,于情于理都说不过去;让孙儿过去玩,当时还只有6岁的小孩子朱祐樘能懂得什么叫暗藏杀机。思来想去,她觉得只有这么做才算两全其美。随即令人将孙儿朱祐樘叫来,当面嘱咐:"孙儿啊,贵妃娘娘叫你去玩,你得记住:要是她叫你吃什么的话,你可千万不能吃啊!"要说小朱祐樘与别的孩子就是不一样,他自小便在东躲西藏中逐渐长大,很早起就形成了极强的自我保护意识,对于皇奶奶周太后的话心领神会,到了贵妃娘娘那里后,万贵妃果然拿出了好多珍奇食品叫他吃。尽管小朱祐樘很眼馋,但他始终记住皇奶奶的话,于是巧妙地回答道:"我在奶奶那里已经吃饱,吃不下了。"万贵妃见此赶紧改为请他喝汤,并说:"吃饱了,你喝点儿汤也没什么关系的。"小朱祐樘当时实在想不出用什么话来回对,只好来个实话实说:"我怀疑汤里有毒!"这下可把万贵妃给气歪了。事后她跟人说:"这小子才几岁啊,就已经是这个样子了,将来还不得将我给吃了?"为此,万贵妃闷闷不乐,又惊又怕,"因恚而成疾"(《明史·后妃一·孝穆纪太后》卷113;【明】于慎行:《谷山笔麈·纪述一》卷2)。

以上这些故事主要取材于《明史》,而《明史》这样的叙述主要取材于隆庆、万历年间礼部尚书于慎行所著的《谷山笔麈》中的记载。对此,有人怀疑其真实性,认为于慎行距离成化朝已有100余年,这样的历史故事怎么没见在成化时期的官史或文人笔记中有所记载呢?

● 东躲西藏了六年的"黑户"皇子终于走到了前台,并被立为了皇储

要说成化时期的官史对这样有损于一代"圣君"光辉形象的事情当然就不会留下什么过多的记载了,但在那时的多个文人笔记如尹直的《謇斋琐缀录》、黄瑜的《双槐岁钞》和陈洪谟的《治世余闻》中皆留下了这样说法:朱祐樘之所以能"奇迹"般地生存下来并与他的父皇相见,完全是因为皇帝朱见深在暗中保护着他们母子俩。今转述成化时期先为侍讲学士和礼部右侍郎、后入阁任阁臣的尹直所做笔记中的相关记载如下:

最初纪氏被临幸后就有了身孕,没多久就被万贵妃发现了,她"恚而苦楚之"。皇帝朱见深知道后叫人对外宣称:纪氏得了痞病,为了不使之传染,就让她住到安乐堂去,然后又在暗中命令门官好好看护着。没多久,皇子出生了,明宪宗闻讯后又命令内侍近臣谨慎看护好。皇太子朱祐极突然薨逝后,内廷里的人逐渐传言起来:西宫里尚有一皇子,其潜台词是,大家不用为皇太子朱祐极的暴卒而过于惊慌。当时在朝廷中任内阁阁臣的彭时、商辂和任侍讲学士的尹直都听到了这样的传言。成化十年(1474)初春的一天,尹直碰到了彭时,两人随便聊天聊了一大堆,从国事聊到了皇帝家事。就在这时,尹直突然想起了"西宫里尚有一皇子"的流言,他一说起,彭时便讲:"我也听说过此事。"尹直说:"彭先生,您是首席阁老,对于这样有关'国本'之事是不是要找个机会向皇帝说说;或者叫皇帝给小皇子赐名,然后再将其记录到皇家玉牒里;或外访一下皇子的外婆外公家略加旌表一下,使得朝廷内外都知道,免得日后一旦说开来大家都不敢相信?"彭时听后只是说:"是啊,是啊,这事很重要。"随后便没了下文。一晃快要一年过去了,就在该年尾到来前的几天,尹直又单独碰到了彭时,彭时一见到尹直就说:"近来我已经托了宫里的太监黄赐,让他向皇上吹吹风:'想当年汉高祖刘邦与外面的女人厮混了,那女人的儿子尚且还到朝中去做官呐。今西内皇子实乃金枝玉叶,何嫌而讳?'据说皇上听后跟黄赐这般说道:'你碰到彭先生就同他这么说,西内确实有一皇子,还是打听

一下形势再说吧。'"尹直听后觉得十分惊奇,回到家里后想着,原来流言不假啊,要不改日直接上奏,将事情挑明了,并上请皇帝赐名小皇子。想到这里,尹学士抑制不住内心的激动,立即操笔展纸,没多一会儿就将上请奏疏给写好了,就等着明天上朝时递交上去了。但忽然间他又想到:万一皇上允准了上请,这岂不是向皇上的老情人万贵妃宣战?要真是这样,恐怕求福不成反而致祸啊!老子说:祸福相依,斯所当鉴。再说西内皇子现在逐渐长大,这已是朝廷上下的公开秘密,不是有人想要捂住就能捂得住的,过不了多久,肯定有人会出来说这等事,还用等我尹直来讲吗?想到这里,尹直打消了上疏的念头。(【明】尹直:《謇斋琐缀录》卷5)

而就在这时,内官张敏已开始悄悄行动了,他通过厚结昭德宫中的太监段英,给万贵妃吹风。没想到万贵妃听后不仅没发火,反而这般说道:"你们为什么不早告诉我?"随后她下令,准备衣服物品,厚赐纪氏母子,并让人挑选了个黄道吉日,打算将小皇子母子接到宫里来住。当天夜里她又向"情弟弟"明宪宗说了这事,并让皇帝降敕,给小皇子取个名字,"徙纪氏处西内永寿宫,礼数视贵妃。中外臣僚喜惧交拜,而张敏者以为己功,皆受厚赏"(【明】尹直:《謇斋琐缀录》卷5;【明】黄瑜:《双槐岁钞》卷10)。

也正因为张敏立有奇功,皇帝朱见深对他刮目相看,随即委以重任,让他去监督京军操练。哪想到过于激动的张敏到了京军操练处,没法安静下来,突发奇想,欲立更大的功劳,遂以京军总兵官的名义,让内史郭镛写了张纸条,大致意思是,马上上请皇帝立西内长大的小皇子为皇太子。纸条写好后,他托宫廷序班严冠英上翰林院去征求学士尹直等人的意见。尹直看后觉得,上请册立皇太子这样的帝国大事就应该由内阁阁臣、曾经"三元及第"的大才子商辂起草才最为合适。没想到商大才子商辂听后并不同意就一两个大臣而为此事,遂会集吏部、礼部两部堂上官一起集议。在上疏稿本拟定后,朝廷文武官员都在上面一一签了名,然后再由英国公张懋领衔上呈,这样一来,分量可谓大大地增加了。(【明】尹直:《謇斋琐缀录》卷5)

上疏奏本是成化十一年(1475)六月七日早上递进的,明宪宗接到后就命司礼监七太监一起到内阁去,叫商辂、彭时、刘定时等阁臣上中左门去拟旨。可没一会儿，司礼监七太监又来传达成化帝的最新指示："览奏，见悉卿等忠爱，但储贰事重，姑俟皇子年龄稍长行之。"第二天皇帝朱见深再次叫人，宣内阁诸阁老上文华殿去议事。诸阁老一到那里，明宪宗就说："皇子颇会读书，待他进些学，且迟迟。"商阁老独自回对道："恭请皇上对小皇子谨加保护。"至于众意欲请小皇子母子同处别宫，以规避宫廷中隐藏着的巨大威胁，因商阁老害怕可能会引起皇帝的过激反应而不敢说这样的话。(【明】尹直:《謇斋琐缀录》卷5)

这事说来也巧，那时刚好纪氏又患病了。成化帝听说后，就让太监黄赐、张敏上太医院去，叫院使方贤、治中吴衡给纪氏看病。万贵妃听说，"请以黄袍赐之，俾得生见"。第二天，纪氏病情稍稍好些，但也自此而始，"不复令人诊视"。六月二十八日，纪氏薨逝。"是日，天色皆赤，以时享致斋。七月朔，始发丧，追封淑妃。初三日，皇子千秋，乃自初四日起辍朝三日。一时城中传言病卒之故，纷纭不一，盖不能无疑。"(【明】尹直:《謇斋琐缀录》卷5)

以上是成化时期相关当事人对事情来龙去脉的直接记载，从这样的记载中我们不难看出，明宪宗是个"惧内"的"高人"，但似乎也很有一番手段。要说那时的万贵妃虽然矫揉造作，欺世盗名，蒙人一时，但最终还是露出了青面獠牙来了。纪氏之病到了她出面后就没有医生再去医治了，"自是不复令人诊视"(【明】尹直:《謇斋琐缀录》卷5)。连皇帝"私下"播种而生下来的儿子都要东躲西藏，万氏"母老虎"有多心狠手辣，由此也可见一斑。

可能正因为如此，明宪宗在册立小皇子朱祐樘为皇太子一事上来了个一拖再拖，最后在大臣们的一再上请，尤其是周太后的强势干预下，皇帝朱见深才于成化十一年(1475)九月确立朱祐樘的皇太子之位(《明宪宗实录》卷145)，并于当年的十一月癸丑日举行了册立皇太子庆贺大礼仪式，并昭告天下。(《明宪宗实录》卷147)

自从朱祐樘当上皇太子起，万贵妃就开始放松了对宫廷其他"美眉"的监视和控制，因为在她看来，过去那么严厉控制尚且有漏网之鱼，更何况现在立了皇太子，自己再多的监控都不会有什么实质性的意义了。由此一来，皇帝朱见深的龙仔一个接一个地从后宫"美眉"地里产出：成化十二年(1476)七月，明宪宗第4个儿子即明世宗嘉靖帝的父亲兴献王朱祐杬诞生,之后从成化十四年(1478)到成化二十三年(1487),后宫中又有10个皇子降生。(【明】王世贞:《弇山堂别集·亲王》卷33)

● 险遭"易储" 终为"明主"

尽管幸运的皇家小兄弟不断地降临于世,但相比于早已"潜伏"了多年的三皇兄朱祐樘来说,他们都晚了许多,加上产地皆非正宫,所以对已被确立为皇储的朱祐樘似乎构不成多大的威胁。而朱祐樘自从冷宫"黑户"孩子变为大明皇储那一刻起,就开始不断地沐浴着灿烂的阳光和被赋予了无限的厚望。

● 出阁进学,朱祐樘成了懂礼仪、尊讲官的好皇储

皇太子在传统社会人们眼里就是"国本",即所谓"皇储者,天下之本也,大本隆,而天下定",指的就是这个意思。更有人将皇太子培育同江山社稷的稳固与绵延结合在了一起,"太子天下根本,所辅贵乎得人。今皇太子睿性夙成,不可不素教而预养之也。伏望皇上为宗社至计,预求贤德忠良之士,博闻有道之人,使朝夕与居,以开发聪明,涵养德性,缉熙睿学,讲求治道,绵宗社亿万世无疆之休。"(《明宪宗实录》卷173)眼看着皇太子一天天长大,成化十三年(1477)十二月,大兴左卫指挥使周广和刑科给事中赵艮相继上疏,提醒当朝天子应该让皇太子出阁进学。要说那时的明宪宗已经开始懒政和荒于事务处理,但对于皇太子出阁进学之事还是相当重视的,在接到周广和赵艮的奏疏后,他将该事交给了专业衙门礼部去讨论,让他们拿个具体的方案出来。礼部官员领旨后商议了一番,随即回奏说:这事老早就有人提出过,教育要从娃娃抓起,但那时皇太子还小,现在他9虚岁,差不多应该进学了。不过眼下年关将至,诸事繁多,天气又特别冷,要不等到新年过后开春之际,让钦天监选个黄道吉日,先给皇太子举行成年冠礼,再选择些"端人正士日侍左右,讲说经书,辅成茂德,以隆大本"。成化帝接奏后肯定了礼部的方案,只是将事情顺序倒了个个,让皇太子先出阁进

学,再行成年冠礼(《明宪宗实录》卷173)。

一转眼就到了成化十四年(1478)二月,皇帝朱见深为皇太子钦定出阁进学班子,"命太子少保、户部尚书兼文渊阁大学士万安、户部尚书兼翰林院学士刘珝、礼部尚书兼翰林院学士刘吉提调各官讲读,太常寺少卿兼翰林院学士王献、詹事府少詹事兼翰林院侍读黎淳、翰林院学士谢一夔、右春坊右庶子汪谐、司经局洗马郑环、罗璟更番侍班,学士彭华、侍读学士江朝宗、左春坊左庶子刘健、左谕德程敏政、侍读周经、修撰陆钎、张昇、张颐更番讲读……"(《明宪宗实录》卷175)在这一长串的皇太子老师名单里,刘吉和刘健后来出任弘治朝的内阁辅臣,对明孝宗的治国理政有着一定的影响,当然这是后话了。

再说皇太子朱祐樘那时才10虚岁,与这个狗都嫌年龄的其他孩子有所不同的是,他自来到世上那一刻起就生活在极端残酷的宫廷斗争旋涡里,因而从小就养成了小心谨慎的习惯,"寡言笑、慎举止"(《明孝宗实录》卷1)。等到开始进学了,但凡听讲之际,他"专心注目,不移视听",加上天资甚好,学习起来还真不赖,"每背诵所授书,未始错误"。他的字也写得很好,"点画飞动有龙翔凤舞之势,顾专门者所不及"(《明孝宗实录》卷1)。

小朱祐樘另外还有一个让教官文臣们一致称赞的优点,那就是他懂礼仪,尊重讲官。在跟随讲官进读时,一旦要是发现讲官读错字了,他就停下来,等到讲官意识到并改正后才继续跟读。而每次讲读结束了,他总要跟讲官说:"先生吃茶。"一直恭候在边上的侍从人员认为,就以皇太子的身份,大可不必如此,但小朱祐樘却坚持要这么做。如果发现某个讲官不在,他会问:"某先生为何没来?"有人告诉他:"某先生今天不当值。"小朱祐樘听后微微点头,略表遗憾。见到皇太子学习如此认真,且知书达理,皇父朱见深十分高兴,"乃于万几之暇,博阅载籍,自孔孟濂洛诸儒之论述,伏羲、神农、黄帝、尧、舜、禹、汤、文、武以及汉唐宋诸贤君之蹈履,与我祖宗(指大明列祖列宗,笔者注)之谟烈、皇考之戒饬,凡有切于储副今日之所学,与夫异日之所行,采汇为编,名曰《文华大训》"(《明宪宗实录》卷235),并于成化十八年(1482)年底将之授予皇太子。该书共28卷,分进学、养德、厚伦、明治四部分,由讲官向小朱祐樘讲授。而每逢讲解《文华大训》,小朱祐樘"必令左右撤案,降座立听",以示对父皇厚望之尊重,只有在讲官讲完后,他才落座。而朱见深对他的学习要求也很严格,"非祁寒盛暑不辍"(《明孝宗实录》卷1)。

● **皇太子成才,"端本正始",另类宦官、正人君子覃吉甚为有力焉**

除了正儿八经出阁进学外,对少年朱祐樘成长教育影响颇深的还有一位可能会让今人感到十分意外的人物,他就是当时的内廷宦官覃吉。说起宫廷宦官,人们往往想起这样的一句话:十个宦官九个坏。但我们现在要讲的这个覃吉却是宦官中的另类。

覃吉是什么地方人?究竟是怎么进入宫廷当内官的?《明史》说"不知所由进"。但明代官书中却有这样的一段记载:夺门之变突发后,明英宗穷凶极恶地屠杀和追查所谓的景泰"奸党"分子,有人出来告发:景泰时期内官覃吉掌内库金帛奇货籍记,"郕王(指景泰帝)所赐诸妃白金三万余两、宝石万余"(《明英宗实录》卷275)皆经他手。明英宗听后顿时暴怒,令人将覃吉带来审问。可覃吉什么都没说,其实也没什么可说的,一来景泰帝"挽狂澜于既倒,救国家于危亡",比起做俘虏的无耻皇帝明英宗不知要强多少倍;二是景泰帝当政期间送些金银和宝石给自己心爱的"美眉",这是再正常不过的事情了,想当初被俘的明英宗在北疆叫关,让大同守将郭登一次就从国库里"取二万二千两",来犒劳大明之敌瓦剌(《明英宗实录》卷181),这恐怕不是什么光彩的事情吧?覃吉心里明亮着啦,死活都不开口。明英宗奈何不了他,令人将他"执送锦衣卫固禁之"(《明英宗实录》卷275)。

覃吉被"固禁"了多少年,史书未载,估计是在明宪宗上台后才把覃吉给放出来的。史载:成化"践阼之后,上景帝尊号,恤于谦之冤,抑黎淳而召商辂,恢恢有人君之度矣。"(《明史·宪宗本纪二》卷14)虽说在对内宫"美眉"、奸佞近幸等诸多问题上,皇帝朱见深是非不分,但出人意料的是,他在成化中期为东宫配备启蒙老师时却又一次做出了正确的抉择,让满身正气的内官覃吉来保护、教育小皇太子。(《明史·宦官一·覃吉》卷304)那时万贵妃"宠冠六宫",覃吉接受皇命后从日常生活入手,小心翼翼地操持着,凡"东驾出入起居必俱,饮食必尝始进,未敢顷刻少离"(【明】许浩:《复斋日记》卷上)。

除了给予生活上无微不至的关怀与照顾外,在文化知识和道德素养教育方面,内官覃吉对小皇太子也是尽心尽力,"日夜启导,凡句读、字音、礼仪、政事及民情世故,皆从容讲说,委曲详尽"(《明孝宗实录》卷1)。当朝人许浩记载说:覃吉教育皇太子,"朝廷之政事,大臣之臧否,至诚启告。淫声奇色,皆不得近。以故圣德日新,天下仰赖"(【明】许浩:《复斋日记》卷上)。最令人敬佩的是,作为宦官的覃吉从不避讳,主动向朱祐樘讲解历史上宦官专权蠹政所带来的巨大危害,告诫他将来做了皇帝一定要辨析奸伪。覃吉经常挂在嘴边的一句话就是:"我老了,无心于富贵荣华。但愿天下得一贤主,我也心满意足了!"也正因为有着这样的境界,覃吉"辅导东宫,动作举止悉规以正"。有一回,明宪宗要将一大批庄田赐给皇太子朱祐樘,按照一般人的思维,这是求都不太容易求来的"大好事",可覃吉听说后却劝说朱祐樘不要接受,他说:"大明整个天下将来都是太子您的,您还在乎拥有什么庄田不庄田?"朱祐樘听后很受启发,最后将父亲所赐之庄田全给辞还了。(《明史·宦官一·覃吉》卷304)

还有一次,覃吉不在身边,小朱祐樘偷偷地跟着其他内侍读佛经。突然间覃吉来了,有个内侍瞧见后急忙奔过来做提醒,小朱祐樘听后惊呼:"老伴来了!"忙乱之中他随手拿起一本儒家经典《孝经》,然后假模假样地朗读了起来。对于这一切,覃吉都看在了眼里,但又没当场点破。他来到小皇太子跟前,跪着问道:"小爷刚刚在读佛经吧?"朱祐樘紧张地回答:"没……没有呀,我在读《孝经》呢!"覃吉边磕头边说:"那就好,佛书荒诞不经,不可信啊!"朱祐樘听后脸都红了,但又不敢说什么。(《明史·宦官一·覃吉》卷304)

就是通过这样的点点滴滴,覃吉及时地予以教育和开导,潜移默化地给皇太子朱祐樘树立正确的治国平天下之观念和思想,由此也就影响了后来弘治一朝的政局与历史。时人说:弘治朝开启时朝廷大加起用和擢升正人君子和贤直能臣,很大程度上都与覃吉的正面教育和正确开导有关。据说朱祐樘登基即位后,经常会想念起覃吉,而弘治朝伊始"王恕、马文升、怀恩皆特旨召用,不由外朝论荐,盖皆(覃)吉之所推誉也"(【明】许浩:《复斋日记》卷上)。后代史学家也说:"弘治之世,政治醇美,君德清明,端本正始,(覃)吉有力焉。"(《明史·宦官一·覃吉》卷304)

● **九岁便"成年",要说朱祐樘人生早年岁月还真没有童趣快乐可言**

教育要从娃娃抓起,从上述史实来看,作为父皇的成化帝朱见深安排得还算不错,而作为皇太子的朱祐樘表现得也不赖,"圣性聪颖"又少言寡笑、谨慎举止,这哪像个孩子,分明是个小大人了。见此,有人上奏,重提成化十三年(1477)十二月己未日在回复刑科给事中赵艮和大兴左卫指挥使周广奏请时皇帝许下的诺言:先让皇太子进学,再为其举行成年冠礼。明宪宗当即接受了奏言,遂于成化十四年(1478)三月初一日,"遣抚宁侯朱永祭告太庙,以皇太子将行冠礼也"(《明宪宗实录》卷176)。随后便于初二日为朱祐樘正式举行了成人冠礼。

要说这个成人冠礼,在当今社会中已为人们所陌生,但在古代中国却是一件十分讲究的大事。依照礼书规定,古代中国男子一般是在20岁行成年冠礼。但明制皇太子冠礼"近则十二,远则十五"(《明史·礼志八·嘉礼二》卷54)。嘉靖二十四年(1545),穆宗只有10岁,当朝天子明世宗就想为他举行成年冠礼,大学士严嵩、尚书费寀都不同意,认为孩子太小了,但嘉靖帝固执己见,遂致明穆宗的成年冠礼简单地办了一下。(《明史·礼志八·嘉礼二》卷54)而我们现在讲的朱祐樘当时只有9虚岁,他的父皇朱见深就要为他举行成年冠礼,这一方面反映出了成化帝极为希望皇太子能早日承担起作为皇储应尽的职责,并由此来取得宫廷内外对他的承认、拥护和支持;另一方面也可从中看出,自小在严酷宫廷斗争环境下逐渐长大的皇太子朱祐樘少年老成,显得与同龄孩子很不相称的早熟,明代官书称他"深自潜晦,弗自炫露"(《明孝宗实录》卷1)。

少年皇太子"深自潜晦,弗自炫露"和"寡言笑、慎举止"的性格特征,在当今人们看来似乎并不怎么可爱,但在处处都暗藏凶险和杀机的500多年前大明皇家宫廷里,这反倒是件好事,或者说至少能让少年皇太子规避了许多意想不到的风险暗礁和旋涡激流,平平安安地成长着。见到皇太子这么乖巧和上进,即明代官书所说的"圣性坚定,圣学缉熙",成化朝的臣民们都拍手称好(《明孝宗实录》卷1)。唯万贵妃为首的极少数人却闷闷不乐,终日窥测,总想寻找机会,将朱祐樘从皇太子位置上撵走。但苦大仇深出身且警惕性极高的乖乖孩朱祐樘实在也没什么可让别人逮住把柄的,这样的日子大约过了六七年,到了成化二十一年(1485)前后,形势有了新的变化。

● **糊涂君父的糊涂之爱所埋下的易储导火索**

形势的新变化说来与朱祐樘的父亲明宪宗朱见深及其老情人万贵妃的喜好大相关联。在之前出版的《大明帝国》系列之⑯《成化帝卷》下册中我们已经说过,成化帝朱见深兴趣广泛,爱好多多,具体地说有以下四大类:

第一,喜好把弄珍奇古玩。可能是由于口吃等生理缺陷的缘故,明宪宗自小起似乎就不怎么喜欢与别的皇家兄弟一起玩耍,像他的二弟朱见潾仅比他小五六个月(《明英宗实录》卷165),就那么一点点的年龄差距,按理说兄弟俩是很容易玩到一起的,但朱见深似乎更乐意一人待着,或由下人宦官侍奉着,或由宫女万氏陪伴着。而这样撑饱了没事干的闲人们碰在一起能干什么呢?老祖宗留下的珍奇古玩自然就成了观赏或把弄的主要对象了。尤其是宫女万氏,尽管出身低贱,但她早早就入宫了,且较长时间在生活极度奢侈的大明第一女人孙太后身边当侍女,就同当今一些高档消费场所的女服务人员一般,时间长了,耳濡目染,眼界也开了。朱见深没当上皇帝之前,能把弄玩赏到的也就是这些宫中玩意儿了。等到他登基即位后,那可情势大变了。皇帝金口一开,甚至有时根本就不用开金口,就有人将各式各样的珍奇古玩送到跟前来。但即使如此,天长日久,明宪宗与他的老情人万贵妃也会审美视觉疲劳,于是在宦官们的不断督促下,一种新型的玩意儿问世了,它就是历来在古玩界被视为珍宝的成化斗彩瓷器。

斗彩瓷器早在大明宣德时期就有生产,在此基础上,成化时期景德镇官窑里的窑工们将用青花勾绘过纹饰的瓷坯罩上透明釉,然后放入窑中进行高温烧造,烧成青花瓷,再取出冷却,在釉上画上人物、山水、花鸟等,并施以各种色彩,二次放入窑中高温烘造,由此下来,釉下青花和釉上彩绘相互辉映,争奇斗艳,故名斗彩。由于是皇家所需之物,其制作工本在所不惜,故成化斗彩瓷器在明朝时就堪称为绝品。明中后期文人曾这么说道:"玩好之物,以古为贵。惟本朝则不然,永乐之剔红,宣德之铜,成化之窑(指斗彩瓷器,笔者注),其价遂与古敌。"(【明】沈德符:《万历野获编·玩具》卷26)

见此,有读者朋友可能要说:就一两种特别花色的瓷器,充其量一两天就观赏够了。这成化帝也太能折腾了,难道得天天窝在宫里头看一两个花瓷器不成?其实这正是今人可能容易产生的历史误读,明人曾描述道:"本朝瓷器,用白地青花,间装五色,为古今之冠。如宣(德)窑品最贵。近日又贵成(化)窑,出宣窑之上。盖两朝天纵,留意曲艺,宜其精工如此。然花样皆作八吉祥、五供养、一串金、西番莲,以至斗鸡、百鸟、人物故事而已。"(【明】沈德符:《万历野获编·玩具》卷26)由此看来,这一个个的瓷器精品简直就是绘画艺术、造型艺术和佛教艺术以及日常生活艺术的再创造,琳琅满目,斗艳比奇,难怪明宪宗与他的老情人万贵妃会那般痴迷,把弄起来没完没了。

除了皇家专门定制外,皇帝朱见深还让宫廷内官们外出四处寻觅,于是太监梁芳"日进美珠珍宝悦(万贵)妃意",其同党钱能、韦眷、王敬等内官"争假采办名,出监大镇"(《明史·宦官一·梁芳》卷304)。更为糟糕的是,太监梁芳、韦兴等很早起就把朝廷内府累朝所积的金银财帛用来给明宪宗和万贵妃购买各种珍宝奇玩,而这些珍宝奇玩很大一部分的卖主就是万贵妃的弟弟万通等人。自小就混迹于商海的万通在外收购各种珍宝奇玩,再与梁芳等人串通好,以高价卖给皇宫,"时方尚宝石器玩,小人之乘时射利者,作为奇技淫巧,以邀厚利,内外交通,互相估价,取直至百千倍,府军已空而偿其直犹不足。其所制造者,皆无用之物,然亦无甚奇异者,一时进奉者毋虑数十家。(万通等)第宅服用,僭拟王侯,穷奢极

第 1 章 皇家『黑户』终为『明主』

侈。每一给直,车载银钱,自内帑出,道路络绎不绝,见者骇叹"(《明宪宗实录》卷225)。

第二,酷爱方术杂艺。方术杂艺门类繁多,有占候、占梦、星命、医卜、堪舆、遁甲、炼丹、练气、绘画、营造……而"精通"此类绝活的"大师们"通过梁芳等内官引荐,络绎不绝地来到皇宫中,成了大明天子的座上宾。作为对这些"大师们"所提供的特殊服务的回报,皇帝朱见深除了赐钱赐物外,还往往令宦官传奉圣旨,直接对他们进行授官,史称明宪宗即位称帝才满月,"即命中官传旨,用工人为文思院副使。自后相继不绝,一传旨姓名至百十人,时谓之传奉官,文武、僧道滥恩泽者数千。邓常恩、赵玉芝、凌中、顾玒及奸僧继晓辈,皆尊显,与孜省相倚为奸,然权宠皆出孜省下"(《明史·佞幸·李孜省》卷307)。这类人往往利用当朝天子对方术杂艺的喜爱甚至沉溺而大做文章,相互表里,狼狈为奸,装神弄鬼,贪黩谀佞,糜费帑藏,苛敛民财,甚至干预政治,陷害忠良,祸国殃民。(参见《明史·宦官一·梁芳》卷304)

第三,佞佛崇道。在之前出版的拙著中笔者已经讲过,明朝皇帝佞佛是有着很悠久的历史传统的,特别是藏传佛教自永乐以后日渐见重于大明皇家,至明宪宗时更是一发不可收。据明代正史记载:法王领占竹、扎巴坚参和佛子释迦哑儿答、著肌领占等在明宫中自由出入,前呼后拥,手拿骷髅作为法碗,将死人骨头串起来作为念珠,登坛为大明天子授戒,好不威风!而"多面手"李孜省、邓常恩等方士杂流"扶鸾召鬼,受箓修斋","书朱字符而入宫,用玉图书而称旨,黄袱进誊写之妖书,朱砂养修炼之秘药,奏青词咒诅于便殿,建寺观震动于乾宫,气焰薰天"。但皇帝明宪宗却对此如痴如迷。(《明孝宗实录》卷2)

第四,酷爱游龙戏凤或直白地说床上运动。近来有人在网上说明宪宗只爱万贵妃一人,理由是这对"母子恋"最后以戏剧性的结局而告终,就在万贵妃死的当年,相差近20岁的明宪宗也匆匆地往黄泉路上赶了,真应验了一句民间男女爱情誓言:不求同年同月同日生,但愿同年同……死。你看看,是不是明宪宗只爱万贵妃一人?!其实这也是对历史的误读,在笔者看来,明宪宗对于万贵妃的感情更多的可能是精神依赖。诚如前文所述,明宪宗的第一个儿子是由万贵妃所生，但不久就夭折了；第二个儿子即悼恭太子朱祐极是由柏贤妃所生，后被万贵妃害死；第三个儿子朱祐樘是由宫女纪氏所生，因生下后被人藏了起来，这才躲过了死神的魔爪，成化十一年(1475)他被立为皇太子。而万贵妃也从这时开始收手，不再找"情儿"皇帝后宫里"美眉"们的麻烦，成化龙仔从此不断地产出："邵太后生（四子）兴献帝祐杬、（五子）岐王祐棆、（八子）雍王祐枟；张德妃生（六子）益王祐槟、（七子）衡王祐楎、（十一子）汝王祐梈；姚安妃生（九子）寿王祐榰；杨恭妃生（十二子）泾王祐橓、（十四子）申王祐楷；潘端妃生（第十三子）荣王祐枢；王敬妃生皇第十子。"（《明史·诸王四·宪宗十四子》卷119）。

而从成化帝生育的女儿来看，共有5个：长女仁和公主，二女永康公主，三女德清公主，四女长泰公主，五女仙游公主，她们分别由不同的母亲所出。（《明史·公主传》卷121）

综合上引两段材料我们不难看出，除了万贵妃外，当年与明宪宗朱见深一起大玩游龙戏凤之游戏的"美眉"至少有柏氏、纪氏、邵氏、张氏、姚氏、杨氏、潘氏、王氏等十几人。再结合从成化十九年(1483)十月到成化二十年(1484)十月一年间皇帝朱见深十分大方地恩赐给"花和尚"继晓的"美眉"就达十余名（【明】何良俊：《四友斋丛说·史三》卷7；【清】夏燮：《明通鉴》卷35）等事来看，当年成化帝后宫里储备好的性伙伴恐怕要有成百上千或言成千上万人。为此贪图色欲快乐的明宪宗耗费了大量的精力与体力，40岁不到他就开始接受底下人的"孝敬"，服用春药。这事进行得很隐秘，当时一般人都不知道，但具有"通天"本领的内阁首席辅臣万安和御史倪进贤等精怪级犬儒却早在暗中悄悄地行动了。

通过宫中内线，万安获悉当朝天子的内心隐痛：体力透支，力不从心，他便吩咐手下人去寻觅春药。一旦春药到手了，再找宫中内侍悄悄地进献给天子。为此成化帝龙颜大悦，喜不胜收。可时间一长，早已严重透支的朱见深又变得萎靡不振了。这时万安与他的手下人及宫中宦官梁芳等重新开始寻觅新春药和新房中术。据说梁芳曾告诉成化帝，术士道流和番僧会制造一种既可供人取得肉欲快乐又能延年益寿的药物。成化帝听后立即来了精神，术士杂流邓常恩、赵玉芝、凌中、顾玒、顾经、曾克彰、黄大经、江怀、李

成和法王领占竹、扎巴坚参等和佛子释迦哑儿答、国师舍剌星吉等随即受宠,且红得发紫。(《明孝宗实录》卷2)

再说内阁首席辅臣万安自己"因年老病阴痿",但也不甘落后,钻天打地寻找特效房中术。有个安徽歙县人叫倪进贤的,听说万阁老有此特别需求,就到处打听房中术秘方,后终于觅得,随即将之进献给了万阁老。万阁老拿到后先自用,洗了洗,发现效果不错,便将它进献给了皇帝朱见深。自此一发不可收,"日与讲房中术"。当然万阁老不会忘了"投桃报李"的道理,在"粗知书"却"无行"的倪进贤参加科举考试时,他让皇帝朱见深录倪为进士,并选他为翰林院庶吉士,后又授以监察御史之职。朝臣们听说后讽称倪进贤为"洗屌御史",按说这样的绰号够丢人的了,但倪进贤却毫不在乎,因为自升为监察御史后,他与内阁首席辅臣、房中术专家万安有了更多的机会来探讨男欢女爱秘籍和春药之秘方。而已过花甲之年的万安更是老当益壮,身体力行,且还亲自动笔撰写房中术秘籍,写好后叫人偷偷地送到皇帝朱见深那里。这事一直不为外人所知,直到明宪宗驾崩后才为继位的明孝宗所发现。(《明史·万安》卷168)

把弄珍奇古玩、痴迷方术杂艺、佞佛崇道和酷爱床上运动,这数者看似互不相关,但它们有个共同点,那就是当时的天下第一人及其老情人万贵妃等玩的就是心跳的感觉,而要玩到心跳的感觉,势必就要大把大把地砸钱、烧钱。当然对于大一统君主来说,整个天下都是他的,还愁没钱花吗?这样的瞎折腾一直折腾到了成化二十一年(1485)时终于弄出了大问题。

那年三月的一天,有人说起,内库里前朝所积蓄的钱财都快花光了。明宪宗听后不怎么相信,随后亲自来到内库检视,果然发现"内帑累朝金七窖俱尽",于是对内官梁芳和韦兴说:"糜费帑藏,实由汝二人。"韦兴不敢作答,梁芳胆大,当即回对:"建显灵宫及诸祠庙,为陛下祈万年福耳。"明宪宗听后怏怏说道:"吾不汝瑕,后之人将与汝计矣。"(《明史·宦官一·梁芳》卷304)

也不愧为全国人民的伟大领袖和英明国主,皇帝朱见深说话实在有水平,自己装好人,说:"我不处罚你们,但后来的人将会与你们算这笔账。"此话的意思是,日后皇太子上台了恐怕不会放过你们。这不明摆着将火烧及皇太子朱祐樘。据说成化帝说完这番后,梁芳和韦兴"大惧,遂说(万)贵妃劝帝废太子,而立兴王"(《明史·宦官一·梁芳》卷304)。

当然立兴献王为皇太子,对于老早就失子且久不再孕的万贵妃及其同党来说虽属无奈,但也要比现在由朱祐樘来当皇太子强多了。第一,可以逃脱自小就受迫害的皇太子朱祐樘将来即位上台后对他们实行秋后算账和报复惩罚。第二,废了朱祐樘,改立邵妃生的四皇子即后来的明世宗嘉靖帝的父亲兴献王为皇太子,以此想来共保富贵。而从成化中后期的后宫情势来看,兴献王的生母邵妃很受明宪宗的宠爱,改立皇太子很可能就会获得皇帝朱见深的同意,且最重要的是兴献王母子与万贵妃及其同党之间似乎没什么大的过节。第三,万贵妃与梁芳、李孜省等近幸奸佞现在竭力劝导成化帝改立皇储,一旦要是成功了,他们都会因册立有功而获得新的利益,甚至在新君当政后享受到更大的红利。对此,明清之际有人曾一语中的地指出:"是昭德(指万贵妃)无子而有子,兴王无国而有国。"(《清》毛奇龄:《胜朝彤史拾遗记》卷3)

所以在成化后期万贵妃一伙儿又兴起了新一轮对皇太子朱祐樘的暗害风浪,多次在明宪宗面前劝说易储。明宪宗被他们说多了,心也开始活了,但又拿不准主意,就问身边太监怀恩。

● 大明朝难得的好太监怀恩仗义执言,反对易储,客观上保护了朱祐樘

要说怀恩这人还真是宦官中的另类,确切地说他与上述的覃吉一样,是明代宦官队伍中不多有的正人君子。他是山东高密人,宣德朝兵部侍郎戴纶的族儿。(《明史·宦官一·怀恩》卷304。但《明实录》中说他是南直隶苏州人,见《明孝宗实录》卷10)戴纶和林长懋都是宣德皇帝朱瞻基当皇太孙时的老师,这两位仁兄当年皆为地方州县学老师出身,教育起学生来特别认真。那时朱瞻基还是个少年,很好动,皇爷爷朱棣一介武夫,尽管知道读书要从娃娃抓起,但也没忘让爱孙学点儿武事。据说朱瞻基还特别喜欢马背上射箭,且武艺高强,至于读书么,"有空"就读一点儿。戴纶与林长懋两个书呆

子看不下去了,时时劝告少年朱瞻基:"殿下春秋方富,不宜荒学问而事游畋。"戴纶更有非得要将未来天子教育成千古大儒的宏愿,他一看到朱瞻基游玩戏耍就上前去教育,后来见到屡教无效就向永乐皇帝奏了一本。朱棣接到奏本后没立即发火,而是寻找机会。有一天,朝中没什么大事,刚好皇太孙侍立在旁,永乐皇帝问了:"现在教你的是哪个先生呀?"朱瞻基一听这问话顿时心里就有数了,赶紧回答说:"戴纶戴先生!"朱棣没继续问下去,而是从身边取来戴纶的奏疏递了过去,皇太孙朱瞻基看了奏疏头皮都发麻了,由此从内心恨透了戴纶。(《明史·戴纶》卷162)

转眼间朱瞻基登基即位了,按照惯例,新皇帝即位后就应该厚待他的东宫老师,朱瞻基什么事情都可能忘了,唯独没忘的是他青少年时代读书生涯中两个得罪过自己的老师。但出于遵循传统惯例,他最初还是擢升戴纶为兵部侍郎。可这个戴老先生还是拎不清自己到底有几斤几两重,看到新天子上台后旧习难改,依然热衷于游玩打猎,他那一根筋又犯了,屡屡直谏,弄得年轻天子实在心烦,干脆来个眼不见为净,一纸诏令下发,命令戴纶参赞交阯军务,就是叫老书生到交阯战场去当军事参谋。另一个老师林长懋曾跟随朱瞻基出镇南京,但在朱瞻基回京继承帝位的过程中因为他走路走得慢,被学生皇帝逮住了把柄,外放为郁林知州。皇帝的老师遭到如此的待遇,自然心里不舒服了。有人发现了"秘密",上告给了宣德皇帝。朱瞻基听后毫不含糊地下令,将两个口出怨言的老先生逮捕起来,押赴北京,打入锦衣卫大牢。刚烈的戴纶哪受得了这等待遇,抗辩不已。皇帝朱瞻基闻讯后暴跳如雷,命人捶打戴纶,活活地将戴纶给打死了,而后还不解恨,令人抄了戴先生的家。而林长懋似乎识相一点儿,反应没那么强烈,他一直被关着,直到自己的学生皇帝朱瞻基死了明英宗当政时才被放出来,那时林长懋已经坐了10年的监狱。(《明史·林长懋》卷162)

宣德皇帝滥发淫威,杀了戴纶,籍没戴家,同族兄弟太仆寺卿戴希文家也遭殃了。戴希文有个儿子当时很小,被明宣宗阉割后收入宫中,充当小黄门,皇帝赐名给他怀恩。由此怀恩一步步上来,到了明宪宗上台执政时已为司礼监掌事太监。(《明宪宗实录》卷39)那时"汪直理西厂,梁芳、韦兴等用事"。而怀恩则在皇帝朱见深跟前直接听命办差,由于他性格耿直,为人正派,又忠于君主和国家,敢于揭露奸佞邪恶,史称"其为人公廉直谅,识义理通典故,在宪宗朝左右承弼,动必以祖宗为准,直言正色,无所避忌",所以当时宫廷内外阉竖和宵小之徒没有不敬惮他的,就连皇帝明宪宗也对他十分敬重。(《明孝宗实录》卷10;《明史·宦官一·怀恩》卷304)

　　成化二十年(1484)十月,刑部员外郎林俊看到"太监梁芳招权黩货,贡献淫巧,引用妖僧继晓,以左道惑上,建永昌寺,倾竭府库,贻毒生灵",于是上疏进谏:请诛梁芳、继晓二人,以谢天下。因上言疏文中多处涉及宫闱隐秘,皇帝朱见深见后顿时大怒,认为林俊是故意羞辱他的,于是下令,将他打入诏狱,甚至还动了杀他的念头。在旁的太监怀恩见到情势不妙,赶紧叩首谏诤,说:"陛下,万万不可!自古以来从来没有听说过明君要杀直言进谏者的,想当年我朝太祖、太宗皇帝在时,也没有发生过这样的事情,这才使得我大明走向了兴盛与大治。如今陛下欲杀犯颜进谏者林俊,岂不是有失于天下人心?就此而言,臣实不敢奉诏领命!"当时明宪宗正在气头上,见到怀恩这般抗争,他的火气一下子更大了,冲着怀恩大骂道:"原来是你与林俊合谋诽谤寡人,要不然的话,他怎么会知道宫中之事的?"成化帝边骂边顺手抄起御桌上的一方砚台向怀恩砸去。再说怀恩见到皇帝向自己砸砚台,他不仅不躲,反而将头高高地仰起,并迎了过去,幸好砚台没砸中他,但这下可将成化帝"惹"得更为怒不可遏了,只见他像只失控了的野兽,在宫中乱窜,随即将御桌给掀翻。这时的怀恩也被吓坏了,知道今天可是大大得罪了皇帝,于是脱帽解带,伏地大哭,且边哭边说:"奴才不能再伺候陛下了!"明宪宗听到这话心里微微一震,而后令人将怀恩搀扶出去。(【明】王鏊:《王文恪公笔记》,《明史·宦官一·怀恩》卷304;《明宪宗实录》卷257;《明史·林俊》卷194)

　　再说怀恩被扶出宫殿,走到东华门时忽然想起,直谏之臣林俊的事情就那样挂着,要是有奸佞小人在暗中捣鼓一下,林员外郎就要被打死在狱中了。想到这里,他立即吩咐给身边的小宦官,让他给锦衣卫镇抚司官传个话:"你们谄媚梁芳,倾陷林俊。林俊要是死了,你们也不得独生!"在做好善后事宜后,他才回到自己的家里,关起大门,对外声称自己中风了,不再来宫中视事。皇帝朱见深听说后,觉得怀恩一向忠诚,为了朝廷他不惜冒着逆鳞的风险直言进谏,而今却身罹疾病,再怎么说对于这样爷爷级别的忠臣可不能不有所表示吧。想到此,他立即下令,让御医去给怀公公看看病,并在随后释放了林俊,将他贬为云南姚州判官。(《明史·宦官一·怀恩》卷304;《明宪宗实录》卷257;《明史·林俊》卷194;【明】王鏊:《王文恪公笔记》)

要说怀恩这样赤胆忠心、敢于直谏抗争的事情还不止发生一两次。有个叫章瑾的人是个无恶不作的社会边缘人物,因看到锦衣卫特务威风凛凛,权势熏天,他就通过向掌锦衣卫事都指挥同知牛循贿赂,谋得了在镇抚司做事的差使,不料这事在成化中期西厂刚成立之际就为太监汪直手下所刺察到,随之他早年所犯"强奸良人妻女"的罪行也被抖了出来。法司部门对他拟判为绞刑,但章瑾动用了关系,将后门走到了皇帝朱见深那里,最后他被改判定为充军湖广卫,家属随住。(《明宪宗实录》卷192)但随后不久,成化帝又改主意,将章瑾发配到南京济川卫。这样一来,章瑾在南京待了三年,到成化十八年(1482)时,他又通过贿赂,"以人匠贩进宝石得官,盗关库银,家财累钜万,贿赂中官,无所不至"(《明宪宗实录》卷233)。中官们得了好处就在皇帝面前说好话,明宪宗听多了,不仅答应了章瑾的回京请求,而且还恢复了他在锦衣卫镇抚司的工作。剩下的就是让太监怀恩去传达圣旨了。(【明】王鏊:《王文恪公笔记》)

可让成化天子没想到的是,怀恩非但不肯去传旨,反而还"教训"起皇帝来,说:"章瑾是用宝石来博取皇恩的,这本身就很有问题。更何况锦衣卫镇抚司乃掌天子之狱,一般都要在武臣中予以遴选,怎么能将它奉送给一个进献宝物之人?"明宪宗听后很为恼火,责问道:"难道你敢违抗寡人圣旨?"怀恩说:"臣不敢抗旨,更不敢违法!"明宪宗听到此似乎有所醒悟,但又考虑到自己的面子,于是只好让覃昌去传旨:"免南京济川卫军章瑾役,令回京(在锦衣卫任职)。"(《明宪宗实录》卷233)但怀恩对此还不肯罢休,同时也感到自己在内廷孤掌难鸣,很需要争取外臣的声援。刚好那时皇帝朱见深让他与尚书余子俊阅视京军团营官军,(《明宪宗实录》卷243)怀恩就逮住机会,暗示余子俊上疏,反对皇帝特许章瑾在锦衣卫复职。但那时的余子俊因在三边地区大筑边墙而饱受朝廷内外一片质疑,压根儿就没心思来管这样的闲事。就此,怀恩十分感慨地说道:"吾固知外廷之无人也!"(【明】王鏊:《王文恪公笔记》)要说怀恩内心最为敬佩的外廷大臣,就要数敢于直谏的都御史王恕了,每当见到王恕的进谏疏文送抵内廷时,他总会感叹:"天下忠义,斯人而已!"(《明史·宦官一·怀恩》卷304;【明】王鏊:《王文恪公笔记》)

其实若论忠义,怀恩一点儿也不比王恕逊色。成化二十一年(1485)正月,明宪宗因星变而在朝廷内外文武百官中广求谏言。(《明宪宗实录》卷260)"九卿大臣、给事御史皆极论传奉官之弊,首及(李)孜省、(邓)常恩等。(成化)帝颇感悟,贬孜省上林监丞,令吏部录冗滥者名凡五百余人。帝为留六十七人,余皆斥罢,中外大说。"(《明史·佞幸·李孜省》卷307)就在宫廷内外一片欢悦中,有个叫王敏的御马监太监格外亢奋,因为他刚刚通过特别上奏,请"留马房传奉者",皇帝朱见深居然同意了,这是多大的面子啊,连昔日风光无限的李孜省、邓常恩等都被一一降官贬职,就御马监等极少数机构的传奉官没事,王敏越想越激动,回府的路上看见怀恩在家,顺便进去坐坐,随即将开心事跟怀太监说说。哪想到王敏刚说完,满脸怒气的怀恩当场就破口大骂:"星变是上天专门针对我等内官毁坏朝政而发出的警告,天子已经有所醒悟且做了改正,没想到又被你破坏了,他日你要遭天打五雷轰的啊!"王敏听后羞愧难当,回家后不多久就"中气而死"。(《明史·宦官一·怀恩》卷304)

关于怀恩仗义执言的事情还有许多,皇帝朱见深见过且也听过许多,知道他一身正气,忠诚可嘉,因而凡是自己有什么拿不准主意的,他就要向怀恩咨询一下。自成化二十一年(1485)三月那次皇帝视察内库后,万贵妃及其同党不断地进谗,"欲易太子",成化帝对此举棋不定,忽然间想起了太监怀恩,想听听这位忠诚又有节义的老臣之见。怀恩老早就耳闻了这事,当皇帝说起心中的困惑时,他立即表示坚决反对,且还说了一大堆不中听的话。明宪宗还没听完就勃然大怒,立即降旨,将怀恩贬谪到凤阳去看护祖陵。(《明史·宦官一·怀恩》卷304;【明】沈德符:《万历野获编·内监》卷6)

怀恩被贬后,覃昌继任其位,任司礼监掌事太监。明宪宗又向他征求易储的意见,令人没想到的是覃昌也表示反对。无奈之下,朱见深转而向内阁,希望能在那里获得支持。要说此时的内阁阁臣可不是什么正人君子,首席辅臣万安与阁臣刘吉平日里就与万贵妃一伙儿交好,不过在废立太子这样的大是大非问题上,他们终不敢太过于明显地阿顺皇帝及其宠妃,但也不明确表示反对,只是"皆默不应"(【清】毛奇龄:《胜朝彤史拾遗记·怀恩安储》卷6);而另一个阁臣刘珝则"密疏力净易储"(【清】毛奇龄:《胜朝彤史拾遗记·怀恩安储》卷6),即坚决反对废立皇太子。(【明】沈德符:《万历野获编·内监》卷6)

刚好此时泰山发生地震,且连震8次,这是泰山自古以来从来没有过的大地震。(《明宪宗实录》卷262~263)按照那时占卜者的说法,这将意味着东宫不稳,必须要有喜事来冲冲,才能化解东宫的劫难。明宪宗一生都很迷信,认为是自己想要废黜皇太子而惹怒了上苍,这才有了泰山连震的天怒警告,由此他最终决定,不仅不废黜朱祐樘的皇太子之位,还要为他选皇太子妃来冲喜,以此安抚上天。成化二十三年(1487)正月初六,明宪宗下令迎娶鸿胪寺卿张峦之女张氏为皇太子妃,随即便为儿子朱祐樘完婚。至此,朱祐樘的太子之位才得以稳固,万贵妃一伙儿的易储阴谋终未得逞。(《明宪宗实录》卷286)

● 第一家庭老妻少夫急速西去,皇太子朱祐樘登基即位,昭告天下

十分巧合的是,四天后的成化二十三年(1487)正月初十,58岁的老太太万贵妃突然薨逝。这事说起来还让人挺不理解的,按照常理来讲,一个长期养尊处优的老女人应该长命百岁才是,可历史事实恰恰不是这样。或许是由于她所生育的皇长子早早夭折的缘故,或许是由于天下第一男人对她极度宠爱的缘故,万贵妃的脾气特别大,专横跋扈,不可一世,尤其容不得底下人有半点儿失误或不恭。可偏偏在成化二十三年(1487)正月初十那天,有个宫女不知因为什么事而触怒了她。她当即暴跳如雷,并死命地责打该宫婢。正打着,她大喘起来,有一口痰堵在喉咙口,一口气上不来,当即倒下。众人慌了手脚,有反应快的赶紧去叫太医,但为时已晚,万贵妃早就没了气。(【明】沈德符:《万历野获编·宫闱·万

贵妃》卷3）

这事发生的前一天,明宪宗率领文武大臣到正阳门外的大祀殿去祭祀天地,就在回来的路上,突然出现漫天大雾。这大雾大到了什么地步呢?即使咫尺之间人们也很难看清对方。对此,朝臣们很为诧异,而皇帝朱见深内心更是焦躁不安,他隐约感到将会有什么事情要发生。可当天倒是平安无事,哪想到第二天,当他来到奉天殿刚在九龙椅上落座,忽然内廷安喜宫有人来报:万贵妃薨逝!闻听此讯,明宪宗差一点儿背过去,花了半天时间才冒出这么一句话来:"万侍长去了,我亦将去矣!"(【明】沈德符:《万历野获编·宫闱·万贵妃》卷3)遂下令:自即日起辍朝七日,以示哀悼,并赐万氏谥号为"恭肃端慎荣靖皇贵妃",葬天寿山西南。除了不能以皇后身份祔葬外,万贵妃的死后待遇几乎超过了皇后。而就在辍朝七日之令下达的第二天,恰为农历正月十一日,有人向朝廷做提醒:正月十五日上元节马上要到了!明宪宗闻听后又马上下令放假十天,由此一来,为了哀悼万贵妃,大明朝廷整整辍朝了十几日。(《明宪宗实录》卷286)

但即使这样,成化天子还是没能从失去"老妈妈"万贵妃的痛苦当中及时地恢复过来。他本来话就少,尤其是在朝堂上面对大臣,一般只说两个字"照例",或说一个字"是",所以大家也很难观察到失去老情人的当朝天子有什么大的变化。但一旦要是离开了大殿和大臣们的视线,回到宫中的明宪宗朱见深往往会呆若木鸡,或坐卧不宁。见此,宫中近侍与宠幸们不断地想着法子为君分忧。梁芳、韦兴、陈喜等宦官日日翻新,进献各式各样的珍奇古玩,想以此来转移主子的注意力;李孜省、邓常恩等传奉官轮番上阵,施展各种法术,想逗皇帝开心;更有继晓、万安等房中术"大师"争先恐后地进呈男女大戏之秘籍,想以现实生活中的肉欲欢愉来转移大明天子的精神痛苦。哪想到这样的"为君分忧"带来了一个最直接的可怕后果,本来已经欢乐过度、身体羸弱的明宪宗经过此番折腾后更加萎靡不振了。不过好在那时大明皇宫里的高人有的是,天子纵情取乐弄坏了身体,番僧领占竹、扎巴坚参、释迦哑儿答、著肌领占等相继登坛授戒,大施法事,为皇帝祈福;赵玉芝、凌中、顾玒等道士杂流更不甘落后,争相竞献金丹仙药,供天子爷享用……

(《明孝宗实录》卷2)

按照此类"高人"们的说法,经过这样的"调理"和"养生",大明天子不仅强健体魄,百病皆除,而且还能延年益寿,长命百岁,甚至活到万岁。可皇帝朱见深在经历了半年多的"折腾"后却感觉并不是如此,而是心悸气短,体虚不堪,随后于成化二十三年(1487)八月十三日开始得了莫名的腹泻病,且来势汹汹,一旦发作起来就没完没了。这时他意识到,照这样的情势发展下去,自己就无法正常视朝了。但为了维稳,成化帝还是给文武大臣下了一道敕谕,说:"朕偶患泄泻,虽止,气体尚弱,欲调理数日,暂免视朝。其日行政务,并谢恩见辞者,皆具奏以闻。"(《明宪宗实录》卷293)

说是调理几天,身体就可以恢复了。但四五天过去了,皇帝朱见深还是不能正常视朝。八月十七日,他不得不再次降敕给大臣们,说:"朕疾渐平复,欲再调理数日",并"命皇太子暂视朝于文华殿,文武百官朝皇太子如常仪。"(《明宪宗实录》卷293)

敕谕下发后,百官们并不惊诧,因为当朝天子总喜欢猫在宫里头,不愿见外人,这是大家都知道的事情,所以当敕谕下达后,谁都没太在意。只有内阁大学士万安、刘吉和尹直在第二天象征性地上了道奏章,对有病在身的皇帝进行了慰问:"伏惟皇上临御二十四年,未尝一日不视朝,忧勤万几,过古帝王远矣。偶婴微恙,今已浃旬,虽渐平复,尤宜加谨调摄。昨日百官钦奉明命,暂朝皇太子于文华门,中外人心,靡不宁妥。皇上正宜少宽宸虑,颐养精神,勉进药食,早致全愈。"明宪宗接到奏疏后让内官出来传谕,说:"览奏具悉,朕今服药,疾已渐减,卿等宜少忧虑,安心办事。"(《明宪宗实录》卷293)

虽然给阁臣的圣谕中说自己身体已逐渐好转,"卿等宜少忧虑,安心办事",但明宪宗自个儿心里很清楚,由于长期纵欲过度所带来的身体严重透支和吃了大量金丹仙药所导致五脏六腑的难受,自己或许将不久于人世,于是他就不露声色地对身后之事作些安排。八月二十一日,感觉自己即将西去的成化帝"召皇太子至,命早即帝位,敬天法祖,勤政爱民,与凡国事之切要者,诲谕备至。太子顿首受命"。口头嘱咐未过24小时,即八月二十二日,皇帝朱见深驾崩于大明后宫,终年41虚岁。(《明宪宗实录》卷293)

十几天后的成化二十三年(1487)九月初六日,18岁的皇太子朱祐樘即皇帝位,颁布了明朝开国以来最长的皇帝登基即位诏书,大赦天下,并定明年为弘治元年(1488)。(《明孝宗实录》卷2)

在明朝前期列帝中,明太祖朱元璋即位诏书278字(详见《明太祖实录》卷29),明惠帝朱允炆即位诏书180字(详见谈迁:《国榷》卷11,朱鹭:《建文书法拟》前编7),明成祖朱棣即位诏书2000多字(详见《明太宗实录》卷10),明仁宗朱高炽即位诏书2230多字(详见《明仁宗实录》卷1上),明宣宗朱瞻基即位诏书1600多字(《明宣宗实录》卷1),正统帝朱祁镇即位诏书2833字(详见《明英宗实录》卷1),景泰帝朱祁钰即位诏书2600字(《明英宗实录》卷183,《废帝郕戾王附录》第1),明英宗复辟即位诏书2630字(《明英宗实录》卷274),明宪宗登基即位诏书3600字(《明宪宗实录》卷1),而明孝宗的即位诏书为明朝开国以来9位皇帝登基诏书中最长的一份,多达4000多字(具体内容详见《明孝宗实录》卷2)。除文字表达方式因素之外,新皇帝即位诏书的字数在相当程度上与他所面临的和所要解决的问题存在着很大的关联。

● **父皇大丧期间,弘治就开始清除李孜省、梁芳、继晓等前朝奸佞近幸**

从4000多字44款的弘治登基诏书的内容来看,明孝宗朱祐樘上台时所要抑制或革除的前朝弊政可谓是包罗万象,有政治、军事、国防、经济、民生、司法、政治等各个层面,虽然没有明白无误地对成化年间为害最甚的宦官、僧道和传奉官等有着何等的处置意见,但在诏书的第41款就明确说道:"给事中、御史职当言路,凡朝廷政事得失,天下军民利病,许直言无隐,文武官员贪暴奸邪者,许指陈实迹纠劾,不许假以风闻,挟私妄言,违者依律治罪。"(《明孝宗实录》卷2)尽管这样的诏书规定远没有前朝景泰时代那样言路大开:"许诸人直言无隐。"(《明英宗实录》卷183,《废帝郕戾王附录》第1)可大明朝廷上下几乎人人都知道,当今新天子就是梁芳、韦眷等宦官和李孜省、继晓等道僧佞幸勾结万贵妃肆意作恶的直接受害者之一,所以在明孝宗发布即位诏书后的第6天,也就是老皇帝明宪宗死后第15天,新天子宣布正式视朝的前一日,给事中韩重、监察御史陈毂以及河南等道监察御史谢秉中等相继上疏,其中以韩重的上疏最为激烈,说理也最为透彻(《明孝宗实录》卷2)。

其疏文说:"通政司掌司事礼部左侍郎李孜省,奸邪小人,逋逃赃吏,潜住京邸,奔竞权门,以书符咒水蛊惑人心,托受篆修斋,希求进用,始则交结太监梁芳、韦兴、陈喜,以为援引之谋,继则依附外戚万喜、万达、万祥,以通幸进之路,误蒙先帝,滥受亚卿。又如太常寺卿等官邓常恩、赵玉芝、凌中、顾玒、顾经、曾克彰、黄大经、江怀、李成等,俱以市井庸流、穿窬小辈,或假金丹为射利之策,或作淫巧为进身之媒,所引奸邪不止此辈。及照法王领占竹、扎巴坚参等,佛子释迦哑儿答、国师舍剌星吉等,俱以西番腥膻之徒,污我中华礼义之教,玉食锦衣,坐受尚方之赐,棕舆御杖,僭用王者之仪,献顶骨数珠,进枯(骷)髅法碗,以秽污之物,冒升赏之荣。太医院掌院事通政使等官施钦、任义、胡廷寅、仲兰、刘文泰、章渊、郑文贵、蒋宗儒、钱宗甫等,俱以庸医滥叨重用,或因进药小效而冒受金帛,或以子弟假通医术而擅开军役。当先帝不豫之时,偏执方药,先后不同,旬日之间,宫车晏驾。罪恶深重,法所难容。伏望皇上独断乾刚,大彰天讨,下各官于狱,明正典刑,以为左道害正之戒。"(《明孝宗实录》卷2)

而监察御史陈毂的上疏除了将李孜省、邓常恩之流与番僧们装神弄鬼、行奸作恶所犯下的罪行做了深刻揭露外,还直接点出了明宪宗遽然驾崩的真正原因,他说:奸僧妖道"书朱字符而入宫,用玉图书而称旨,黄袱进誊写之妖书,朱砂养修炼之秘药,奏青词咒诅于便殿,建寺观震动于乾宫,气焰熏天,名教扫地。领占竹、扎巴坚参等以妖髡而受法王之名,释迦哑儿答、著乩领占等以胡丑而窃佛子之号,锦衣玉食,后拥前呵,斲(斫)枯髅以为法盎,行净至宫,穿朽骨而作念珠,登坛授戒,遂使术误金丹,气伤龙脉,一时寝庙不宁,旬日宫车晏驾。百官痛心,万姓切齿,虽擢发莫数其罪,粉身犹有余辜。太医院官施钦等术非传世之良,滥受尚医之职,平时昧于调护,临事遂至仓皇,投剂乖方,事上不敬。俱乞执送法司,明正典刑,以为臣子不忠之戒。"(《明孝宗实录》卷2)

要说新皇帝朱祐樘的内心如明镜似的,十多年了,自己一直在储君之位上,内有覃吉、怀恩等忠直内官,外有徐溥、李东阳、刘健等正人君子,他们不断地向他讲述朝政之得失,加上他自身就是万贵妃及其同党梁芳、韦眷等成化近侍佞幸所施恶的直接受害者,何尝不知这伙人之恶、之坏?但自小养成的谨小慎微的性格特征又使得他不得不冷静地思考如何处置好眼前的这般情势,在接到言官们的上疏奏章后,新君主弘治帝先这般发话:"李孜省、邓常恩、赵玉芝、凌中、顾玒、顾经、曾克彰、黄大经、江怀、李成引用奸邪,左道害正,宜置诸重罪。但宅忧中,姑从宽,俱谪戍甘州等卫。梁芳、韦兴、陈喜降南京御用监少监,闲住。(万贵妃之弟)万喜降指挥使,万达、万祥降副千户。法王、佛子、国师、禅师、番僧冒滥升赏,縻费钱物数多,命礼部即审处以闻。施钦、仲兰降院使,任义、章渊、刘文泰降院判,郑文贵降御医。蒋宗儒、钱宗甫降医士,胡廷寅削其官。"(《明孝宗实录》卷2)

要说新天子的这般表态,虽说温和了些,但基本格调还是明朗的。因而随着圣旨的下达,朝廷言官文臣们立即把李孜省、梁芳等人的罪行给一一抖了出来。

李孜省原为江西布政司吏员,"待选京职",因贪污之事突发,他不敢回去,躲在京师寻找出路。听说成化天子兴趣广泛,尤为喜好方术,他就学五雷法,"厚结中官梁芳、钱义,以符箓进"。(《明史·佞幸·李孜省》卷307;《明宪宗实录》卷189)那时京城内外屡次出现黑眚,弄得大家人心惶惶。明宪宗听说李孜省能驱鬼召神,就让他来作法,果然从此以后再也听不到黑眚为害事情了。由此皇帝老爷龙颜大悦,于成化十五年(1479)降下特旨,授予李孜省为太常寺丞。(《明宪宗实录》卷189)

圣旨下发后,御史杨守随率领同官立即上疏,表示反对:"自古帝王之御天下,施政必由乎旧章,用人必先于表行。盖政由旧章而后人知遵守,士修素行而后官能称职,是以奸伪自止,流品不杂。我祖宗鼎定天下,凡百政事无不立为定法,垂训后世。如官人也,或由进士,或由吏员,或因才干出身,皆有一定之资格。如祭祀也,罪人不容供事,刑官不令省牲疾病,刑丧不容陪祀,皆有一定之典,则盖酌古准今,历万世而不可易者。近太常寺寺丞缺员,皇上特命听选官李孜省升补。孜省先充布政司吏,枉法受赂,事觉逃匿来

第1章 皇家「黑户」终为「明主」

京,实为未结之囚,于例不宜出入坛庙,以供祀事,且其出身资格止该八品,纵无前罪,应合选用,自有一定资格,于例不宜超越四级,骤迁在京堂上。命下之日,士论沸腾,用此等奸狡赃秽罪人,奉事天地、宗庙赫赫之灵,非徒不能昭格,反为亵渎。伏望皇上追回成命,或明正其罪,或罢归田里。"(《明宪宗实录》卷189)

杨守随等人的上疏立即引起了众多朝廷大臣的共鸣,给事中李俊随即也上言,指出:"(李)孜省本赃吏,不宜玷清班,奉郊庙百神祀。"(《明史·李俊》卷180)由于廷臣反对声一片,明宪宗不得不改任李孜省为上林苑副监。上林苑本是主管皇家园林、负责宫中水果供给等事务的宫廷机构,李孜省被改命为上林苑副监,这样一来反而倒是将他与皇帝的距离给拉近了。加上他本来就能说会道、善于观言察色,每当为皇帝表演符箓驱鬼法术或祭祷时,总能左右逢源,通微达变,甚至妙语连珠,博得大明第一人的极度欢心。时间一长,皇帝朱见深对他愈发喜爱,"日宠幸,赐金冠、法剑及印章二,许密封奏请。益献淫邪方术,与(梁)芳等表里为奸,渐干预政事"(《明史·佞幸·李孜省》卷307)。

要说宫廷政坛冉冉升起的耀眼明星李孜省全是糊弄人的,那也不全符合实际。据说有一次他在宫中当着皇帝的面表演扶鸾术,在一个平整的沙盘上立即变出了"江西人赤心报国"几个字,一下子就把皇帝朱见深等人给震住了。玩的就是要有这种心跳的感觉,皇帝朱见深及其老情人万贵妃等老待在宫里挺闷的,不来点儿新鲜的、刺激的,哪怎么能行? 自此以后李孜省更加受宠。成化十七年(1481)八月,明宪宗让太监李荣传奉圣旨,升李孜省为通政司右通政。(《明史·佞幸·李孜省》卷307)

由于通政司是大明朝廷中枢中的重要机构,一个懂得方术的人居然能获得通政司右通政这样的要职,有着"特殊才能"的各色人等见此纷纷仿效,通过内官引入宫廷,进而得到提拔和重用。史载:"妖人李孜省、僧继晓皆由(梁)芳进,共为奸利。取中旨授官,累数千人,名传奉官,有白衣躐至太常卿者。"(《明史·宦官一·梁芳》卷304;[清]夏燮:《明通鉴》卷34)如邓常恩,江西临江人,"因中官陈喜进";赵玉芝,广东番禺人,"因中官高谅进。并以晓方术,累擢太常卿。玉芝丁母忧,特赐祭葬,大治茔域,制度逾等";顾玒"以扶鸾术,累官太常少卿,丧母赐祭,且给赠诰。故事,四品未三载无给诰赐祭者,宪宗特予之。吏部尚书尹旻因请并赠其父。未几,进本寺卿。其二子经、纶,亦官太常少卿";凌中"以善书供事文华殿,不数年为太常卿。"(《明史·佞幸·邓常恩》卷307)

邓常恩、赵玉芝、顾玒等经常勾结在一起,与宦官相互表里,"相倚为奸",在朝中享有尊显的地位和诸多的特权,因此对于当时的大明政局有着很大的影响。但即使如此,这些人"权宠皆出(李)孜省下",或言之,李孜省在这些传奉官中享有的权力和受宠的程度最大。这就引发了廷臣们将抨击的主要矛头直接指向了他,可人家有皇帝宠着护着,非但没有从官位上掉下来,反倒还在不断地上升。谁要是拎不清这样的形势,那就要成为倒霉蛋了。据明代官史所载,成化十七年(1481)八月,李孜省被提升为通政司右通政时,仅"寄俸于通政司,仍掌上林苑事",但同官的通政司右通政王昶却"以其杂流,颇不加礼貌"。李孜省看出后,"进密帖于内(皇帝处)"。没多久,皇帝朱见深就让太监怀恩传奉圣旨:"调通政司右通政王昶为太仆寺少卿。"(《明宪宗实录》卷219)两年后的成化十九年(1483)十月,明宪宗又让太监萧敬传奉圣旨:"升通政司右通政李孜省为左通政。"(《明宪宗实录》卷245)

而就在这时,其他"杂流人才"邓常恩、赵玉芝、顾玒等都已做到了太常寺卿,顾玒的两个儿子顾经和顾纶也被传升为太常寺少卿。成化帝这般乱来,再度引发大臣们的极大不满。成化十九年(1483)十二月,吏科都给事中王瑞因传奉冗员淆乱仕路而率同官上奏说:"祖宗设官有定员,初无幸进之路,近始有纳粟冠带之制,然止荣其身,不任以职。今幸门大开,鬻贩如市。恩典内降,遍及吏胥。武阶荫袭,下逮白丁。或选期未至,超越官资;或外任杂流,骤迁京职。以至厮养贱夫、市井童稚,皆得攀援。妄窃名器,逾滥至此,有识寒心。伏睹英庙复辟,景泰幸用者卒皆罢斥。陛下临御,天顺冒功者一切革除。乞断自宸衷,悉皆斥汰,以存国体。"(《明史·王瑞》卷180;《明宪宗实录》卷247)

王瑞上疏后,御史张稷、宝应等也上呈奏疏,说:"比来末流贱伎妄厕公卿,屠狗贩缯滥居清要。文职有未识一丁,武阶亦未挟一矢。白徒骤贵,间岁频迁,或父子并坐一堂,或兄弟分踞各署。甚有军匠逃匿,易姓进身;官吏犯赃,隐罪希宠。一日而数十人得官,一署而数百人寄俸。自古以来,有如是之政令否也?"(《明史·王瑞》卷180;《明宪宗实录》卷247)

从上述两次科道官的进谏来看,一次比一次激烈,尤其是张稷、宝应等人的上疏措辞十分尖锐,最后甚至反问皇帝:自古以来,有像我们现在朝廷这样行施政令的吗?明宪宗刚接到奏疏时还十分激动,大声说道:"王瑞等人所言之事,朝廷自有处分。自今仍有奏扰希求进用者,必罪之!"(《明宪宗实录》卷247)

尽管嘴上十分强硬,但皇帝朱见深内心还没有彻底糊涂:要说这事理亏的还是他自己。为了避免言官们再行骚扰,在王瑞、张稷等上疏后的第三天,明宪宗终于下令:"贬李孜省、凌中等四人秩,夺黄谦、钱通等九人官。"(《明史·王瑞》卷180)消息传出,"朝市翕然称快"(《明宪宗实录》卷247)。

可这样的"朝市"形势令人兴奋了没几天,皇帝朱见深又恢复了李孜省左通政的职务,其他的如凌中等传奉官也都一一官复原职。这时,朝臣们才发现,原来当朝天子是逗他们玩的!前番贬谪李孜省等人,只是"特借以塞中外之望,孜省宠固未尝替也"(《明史·佞幸·李孜省》卷307)。

这样大约过了一年的时间,成化二十一年(1485)正月初一,天空出现异常星变,本来就胆怯怕事的明宪宗这下可魂不守舍了。星变发生后的第三天,他给朝廷文武百官下达敕谕,说:"兹者上天垂戒,灾异迭见,岁暮及今正旦星变,有声如雷。朕甚惊惧,惟天道与人事相为流通,必人事乖违,斯天道不顺。尔文武百官皆与朕共天职者,而五府、六部、都察院、大理寺、通政司堂上官及六科、十三道官付托尤重,凡一应弊政及有利于国家生民之事,其各指实陈奏,无或顾忌,朕当采而行之,用回天意。"(《明宪宗实录》卷260)

文武百官接到敕谕后,觉得这是解决成化朝宦官干政、传奉官泛滥和皇帝崇佛佞道等诸多积弊的难得契机,于是户部尚书余子俊、礼部尚书周洪谟、刑部尚书张鎣、大理寺卿田景旸、吏科都给事中李俊、浙江道监察御史汪奎等都各自上疏进谏。其中以李俊等人的上疏最为尖锐,在将近1 500字的上疏中,大约有500字是用来专门抨击李孜省、邓常恩和继晓等方士道流的,其内有言这样说道:"夫爵以待有德,赏以待有功也。今或无故而爵一庸流,或无功而赏一贵幸。祈雨雪者得美官,进金宝者射厚利。方士献炼服之书,伶人奏曼延之戏。掾史胥徒皆叨官禄,俳优僧道亦玷班资。一岁而传奉或至千人,数岁而数千人矣。数千人之禄,岁以数十万计。是皆国之命脉,民之脂膏,可以养贤士,可以活饥民,诚可惜也。方士道流如左通政李孜省、太常少卿邓常恩辈,尤为诞妄,此招天变之甚者。乞尽罢传奉之官,毋令污玷朝列,则爵赏不滥而天意可回矣。"(《明史·李俊》卷180,原文可见《明宪宗实录》卷260)

再说皇帝朱见深这次倒是真的被大天变吓坏了,对于李俊等人谏言,他都予以一一认真批答:"梁方(芳)、韦兴、陈喜姑已之","李孜省降上林苑监左监丞,邓常恩本寺(太常寺)寺丞,继晓革去国师为民,令巡按御史追取护敕诰命,其余(传奉官)已处分矣"。(《明宪宗实录》卷260)

但再次让人没想到的是,仅仅过了10个月,即到成化二十一年(1485)十月时,明宪宗又让太监覃昌传奉圣旨:"升上林苑监左监丞李孜省通政司左通政,太常寺丞邓常恩复职,与诰命……先是以星变降黜传奉官,至是才数月,渐复进矣。"(《明宪宗实录》卷271)大约半年后的成化二十三年(1487)二月,明宪宗再来一次内批:"升通政使李孜省为礼部左侍郎,仍掌通政司事。"(《明宪宗实录》卷287)

而就在此期间,李孜省"恃恩骄恣,有忤己者必害之。工部主事张吉、兵部员外郎彭纲劾之,皆被谪。孜省益自肆,遂谮吏部尚书尹旻及其子编修龙所与往来,太仆少卿张璩、给事中秦升、工部侍郎谈伦、主事王范、翰林院侍讲学士焦芳、修撰曾彦、编修王敕、司经局洗马罗璟、礼部郎中刘绅、员外郎杨荣、吏部郎中郑宏、兵部郎中邹袭等并以次谪降。士大夫皆畏之,亦有阴附以媒进者。于是致仕副都御史刘敷为左都御史、礼部郎中黄景为左通政、南京礼部侍郎尹直为兵部左侍郎、工部尚书李裕为吏部尚书,通政边镛为佥都御史、李和为南京户部左侍郎,其同僚通政司参议元守直、张璞、陈琬俱进品秩,府军前卫都指挥同知高俊、腾骧左卫指挥佥事白锦,皆举将材……"(《明孝宗实录》卷8)

李孜省等奸佞宠臣不仅陷害朝臣,紊乱和败坏朝纲,还勾结梁芳等内官,以建造道观寺院为由,肆意挥霍国库钱财,早就引发了朝廷内外的普遍公愤。成化二十三年(1487)八月,"大黄伞"明宪宗遽然没了,失去了靠山的李孜省、梁芳等立即成为人们共同讨伐的对象。还在先皇帝明宪宗大丧期间,有关弹劾他们的奏疏如雪片般地飞到新天子朱祐樘那里。再说刚刚登基年仅18虚岁的弘治帝,虽然老早就知道李孜省、梁芳这些人之坏、之恶,但因为顾及刚刚蹬腿西行的父皇面子,于是在即位之初只想将这批人从宫廷里清出去了事,可当读罢言官们的弹劾疏文时,他就逐渐地改变了原先的想法,加上这时有个叫蒋琮的印绶监太监可能与梁芳、韦兴等有矛盾,借机在新天子面前慷慨陈词:"(梁)芳等邪术害正,又假造寺观庙塔,费库藏银,不可胜纪",理当重处。明孝宗听后觉得,看来不对李孜省、梁芳等进行严惩还真不足以平息众愤,于是在成化二十三年(1487)十一月戊午日降下圣旨:"逮问住少监梁芳、韦兴、陈喜及谪戍人李孜省、邓常恩、赵玉芝、吴猷、黄大经、黄越等于锦衣卫狱。"(《明孝宗实录》卷7)

这下可好了,昔日不可一世的成化朝奸臣佞幸都一一到锦衣卫大牢里去当牢友了,开始品尝"天子之狱"的滋味,应验了佛教的一句箴言:"善有善报恶有恶报。"李孜省因不胜楚掠,于成化二十三年(1487)十二月底被拷掠至死,邓常恩、赵玉芝等身体尚好,一直被羁押在狱中。(《明孝宗实录》卷8)

而就在李孜省、邓常恩等奸臣佞幸一一认罪服法之际,有人忽然发现,当年作恶多端且让成化天子心花怒发又依依不舍的妖僧继晓怎么没在被严厉处置行列,他又到哪里去了?

继晓,湖北江夏僧人,但实际上他是个混迹于佛教界的花和尚,"始以贪淫欺妄楚府",即说他最初在大明皇家宗室楚王府上骗吃骗喝,甚至还骗睡。终因东窗事发,他溜之大吉,逃亡至京师北京。通过别人介绍,他认识了成化帝跟前的大红人梁芳,"以星命进"。(【明】沈德符:《万历野获编·内监》卷6)但明代官史则说:继晓"以邪术进也"(《明宪宗实录》卷195)。那么这里所说的邪术是什么。"史称继晓屡进邪说,有人所不得闻者,此盖房中淫亵之术也。"一言概之,当时继晓进献的是房中术,难怪明宪宗见了他后"大宠幸,赏赉不赀"(【明】沈德符:《万历野获编·内监》卷6)。

但在表面上,继晓却是以汉传佛教僧人的面目出现的,时常为成化帝说佛讲经,同时又教当朝天子吞云走气,修炼内功。经过一段时间的修炼,明宪宗确实感到自己食欲大增,精神矍铄,于是对这个湖北来的"花和尚"更加喜欢了。成化十五年(1479)十月,皇帝内批继晓为僧录司左觉义。(《明史·佞幸·继晓》卷307;《明宪宗实录》卷195)觉义是大明佛教管理机构中的中下层干部,不过对于入宫才没多久的继晓来说,有着这样的僧官职位已经够有面子的了,他跳过了右觉义而直接任职为左觉义,由此我们可以看出当时的皇帝朱见深对于继晓有多喜欢。也正因为有着这样的缘故,在第二年即成化十六年(1480)十月"赍所赐护持敕"上湖广九峰寺出差时,继晓摆足了架子,上请皇帝下令给沿途的地方官府为他提供驿马、官船、廪饩、丁夫、脚力和家僮等一系列服务,俨然是一副朝廷大员出巡的派头。明宪宗都爽快地答应了,这下可让花和尚好好地风光了一番。(《明宪宗实录》卷208)

也从这时开始,花和尚继晓成了大明天子的"新欢至爱",有三件事情很能说明此问题:

第一件事:明宪宗下令为娼家出身的继晓母亲旌表。继晓母亲原本很低贱,正史说她是娼家女,文人笔记则直接称她为妓女。妓女在明代是入贱籍的,且广受歧视,她的儿孙不能参加科举,也不能当官。可这一切在"万能"的专制皇权面前都可改变。有一次,继晓听到有人在议论,他的母亲是妓女,顿时感觉颜面丢尽,随后找了个机会,向成化帝提出:在母亲家门上悬挂旌旗,以示她为节妇。明宪宗当即就答应了,并令礼部予以办理。但按照当时大明朝廷的规矩,凡是要旌表的,官方都有一套程序要走,起码也得对被旌表者的实际行迹做个调查核实,要是符合官府制定的标准的,那就旌表;要是不符合,那就歇歇。所以当礼部官接到皇帝的指示后,立马就提出了旌表的程序问题。没想到堂堂天子公然不尊规制,下诏指示:"对于继晓母亲,不必去勘察核实,你们礼部下发旌表文件就行了。"(《明宪宗实录》卷244)

就这样,一夜之间,娼妓变成了节妇,这就是传统中国权力的魔术,有谁敢不信!而对于那时已经"漂白"了身世的继晓来说,好事还没打住,就在旌表"娼家女"母亲的第二个月,明宪宗又让太监李荣传奉圣旨:"升僧录司左觉义继晓为左善世。"(《明宪宗实录》卷245)大约一年后的成化二十年(1484)十一月,又升他为"通玄翊教广善国师"(《明宪宗实录》卷258)。一个娼妓出身的老太婆转眼之间变成了"节妇",一个采花大盗"出身"的假和尚在短短几年的时间里居然当到了"国师",这在古今中外的历史上还真是不多见。

　　第二件事:明宪宗居然下令将宫中美女赐给花和尚继晓,供其淫乐。按照汉传佛教的习惯规矩,出家人就该戒色戒欲,六根清净,可继晓偏偏是个淫心不泯之人。据说早在楚王府时,他就偷睡别人的女人。入京受宠后,他表面上经常为一些前来烧香拜佛的漂亮"美眉"热心地讲经说法,遂借着一些由头勾引她们,或强留她们于寺内,日夜交欢。京城百姓家好多良家妇女都受到了玷污,人们呼泣盈途。对于这些宫外的事情,明宪宗听人说起过,起初以为是有人在妒忌和诽谤继晓,但后来他发现问题了。每当继晓入宫讲佛时,只要有宫中"美眉"出现或经过,花和尚的两眼就贼溜溜地转不停。天天与"美眉"欢悦的朱见深见此岂能不知花和尚的心理,随后十分大方地将自己宫中的一些"美眉"赐给了继晓,供他淫乐。(【清】夏燮:《明通鉴》卷35)据说发展到了后来,只要继晓表示出对宫中某个"美眉"喜欢,成化帝就毫不犹豫地慷慨恩赐。仅成化十九年(1483)十月到成化二十年(1484)十月一年间,皇帝恩赐给继晓的"美眉"就达十余名。(【明】何良俊:《四友斋丛说·史三》卷7;【清】夏燮:《明通鉴》卷35)

　　第三件事:明宪宗听信继晓谗言,不顾民力和财力,大肆营建大永昌寺。

　　要说那时京城内外寺院佛堂非但不缺,反倒是泛滥成灾。仅成化十七年(1481)以前北京城里城外皇帝朱见深敕赐的寺观就多达639所。后来又不断兴建,在成化二十年(1484)时,从京城到西山这一路上到处都是寺院佛堂,"相望不绝"(《明宪宗实录》卷260)。就大寺院而言,有大慈恩、大能仁、大隆善和大隆福寺等。但继晓为了宣扬自己的功德美名,"日诱帝为佛事"(《明史·佞幸·继晓》卷307),拼命游说皇帝朱见深在北京西市再建造一座大寺院,取名为大永昌寺,并说要是建了这样的大寺院,就能得到佛神的保佑,也可从此以后国泰民安。明宪宗听了很动心,随即让人核算一下,到底需要花费多少钱。当听说要动用国帑数十万时,他就开始犹豫了。这时,继晓加紧劝说,以三寸不烂之舌终于说动了皇帝。当听到皇帝金口大开,继晓立即吩咐手下人在北京西市开始行动,强行迁徙民居数十家,弄得天怒人怨。(《明宪宗实录》卷257)

恰好这时中原等地区又发生了旱灾,老百姓流离失所,刑部员外郎林俊实在看不下去了,就上疏进言,指斥太监梁芳和妖僧继晓等招权黩货,祸国殃民,并请诛二人,以谢天下。明宪宗看完奏疏后当场大怒,下令将林俊逮捕,并将其打入锦衣卫狱。(《明宪宗实录》卷257)

后军都督府经历张黻听说后马上上疏,说:"今三边未靖,四方灾旱,军民愁苦万状。凡有禄位者,惟恐陛下不得尽闻,不能尽言耳。使言之而反得罪,则远近相传,以言为讳,岂朝廷之福哉?"由此他恳请皇帝朱见深看在林俊愚直的分上,宽恕他的僭越之失。(《明宪宗实录》卷257)哪想到明宪宗连奏疏都未读完就勃然大怒,下令逮捕张黻,并说要将张、林两人都杀了。太监怀恩是当时明廷里头不多有的正直内官,见到两位敢于直谏进言的廷臣将要惨遭大祸,他便拼死相救,最终迫使明宪宗放弃了愚蠢的杀人念头,将张、林两人"各杖三十",然后贬谪林俊为云南姚州判官,张黻为云南师宗州知州。(《明宪宗实录》卷257)

林俊、张黻被贬后,成化朝廷中再也没人敢向皇帝上言进谏了,这样平静的日子过了几个月,狡黠的花和尚继晓从朝廷大臣普遍鄙视的眼神中感受到了不安,"虞祸及",遂于成化二十一年(1485)暮春上请,"乞归养母,并乞空名度牒五百道"。明宪宗接到奏请后批准了他的请求。由此一来,回到湖广老家的妖僧继晓侥幸地躲过了两年后由新旧天子交替所引发的政治变故之旋涡,渐渐地为人们所淡忘。(《明史·佞幸·继晓》卷307)

弘治元年(1488)新春过后,吏科给事中林廷玉受命上湖广宣读朝廷诏书。到了湖北境内,走了一段路程,忽然发现前面道路为一大群人给堵塞了,林廷玉没法前行,只好下车,想探个究竟。只见人群中有一个身穿金龙袈裟的和尚高高地坐着,装模作样地念着经。林廷玉是成化末年的进士,才被朝廷授予吏科给事中(《明孝宗实录》卷6),因而不太认识什么人,于是问身边的驿站工作人员:

"做和尚的身穿金龙袈裟,那可不得了了,这人是谁呀?"驿站的人说:"他呀,你不知道?就是先皇帝十分宠信的花和尚继晓,据说他身上的这件九龙袈裟也是大行天子生前送给他的。"林廷玉听后沉默不语,随后与众人一起继续看那和尚的"表演"。这一次,他又发现了一件十分奇怪的事情,那和尚动不动就要摸摸手臂上用那黄帕包裹的地方。林给事中很好奇地问边上人:"这是干吗?"有人告诉他:"那是当年御手碰过的,所以花和尚继晓用黄帕包起来,以示其特别珍贵。"看到继晓如此大胆地招摇撞骗,林廷玉气不打一处来,办完公事后回到北京,将自己一路上所见到的以及朝廷内外弊政做了一下归纳总结,然后于弘治元年(1488)六月十六日向新天子朱祐樘上言十事。(《明孝宗实录》卷15)

在上言十事中,林廷玉专列一款"同恶异罚,则物论不平",指出:"妖僧继晓、奸恶吏李孜省、方士邓常恩、赵玉芝辈,俱以左道幸进,荷蒙新政首赐斥逐,天下人心无不痛快。然继晓之元恶未正典刑,玉芝父母之违制坟茔犹自如,故亦乞逮治平毁,以示永戒。"(《明孝宗实录》卷15)尤其他特别强调自己亲眼所见"凶妖在道伤害先德",这话的意思是说,继晓的小丑表现岂不是在丢皇帝您家老父亲的脸面?!19虚岁的弘治帝接奏后当即十分恼火,但考虑到要给荒唐父皇遮丑,他没有公开表态,而是秘密命令锦衣卫上湖广去,将继晓给逮到北京来。要说锦衣卫办事,那可谓高效,来回用了7天时间就将花和尚给捕来了。

可对于这一切,外廷大臣并不知晓。就说那个吏科给事中林廷玉在上呈奏疏后,发现新皇帝几天都没给他回音,感觉十分奇怪,想到别人奏疏上呈后很快就有了结果,怎么自己的奏疏递进后就没了下文了呢?于是他在上朝之余留了个心眼,见到专门掌"内外所上章疏下,分类抄出"六科(《明史·职官三》卷74)都给事中宋钦就问了:"上呈奏疏有没有十来天没回音的?"宋钦说:"按当今新天子处理朝政的风格,最多隔一天就批好了,哪有上呈奏疏十来天不批下来的?依我看,你这事十有八九是不成了。你上奏的是什么内容呀?"林廷玉说:"凶妖继晓在道伤害先德……"没等林说完,宋钦就连连摇头,说:"你得赶紧回家换上素服,再到朝廷宿廊待罪吧!"林廷玉听到此,心里打了个冷战,然后便照着宋钦的说法"宿廊待罪"。在宫廷走廊上等了一夜,第二天一大早,有内官从宫中出来,说皇上有旨:"召林廷玉入殿!"忐忑不安的林廷玉入殿后才知道:新皇帝早就看了他的奏疏,并令人将继晓逮到了北京。现在召他入宫去,就是要他诘问继晓,核对事实,随即宣布其罪状。

(【明】谈迁:《国榷》卷41)

弘治元年(1488)十一月二十五日,经刑部拟定,继晓犯有死罪,"妻子流二千里,以犯在赦前,请发原籍为民。大理寺审允。"皇帝朱祐樘有旨:令科道官看详。刑科都给事中陈璚、浙江道监察御史魏璋等交奏:"(继)晓罪大恶极,刑部所拟不当,并请正(梁)芳引进邪人之罪。"明孝宗看完奏章后,"命即斩(继)晓于市,妻子为奴,财产入官。(梁)芳既充军(南京),姑贷其死,命南京守备官重杖之八十,仍充役"。(《明孝宗实录》卷20)

● 裁革传奉官,清理朝廷内外衙门中的冗官赘员

其实梁芳、继晓和李孜省等仅仅是当年明宪宗宠信的奸佞小人中的一小部分,成化中后期,这样的奸佞小人布满了朝廷上下,数不胜数。当然他们一般都有一项或几项特别的技能或称"绝活",为成化天子及其老情人万贵妃提供特殊服务和专门表演,而作为皇帝的要感谢他们,最好的办法就是赐物、赐钱和赐官,前两者好办,叫人从皇家内库里取来,直接赐予就是了。但赐官这事不太好办,因为按照大明祖宗规定,赐官一类的事情必须得经过大明吏部等衙门,而皇帝朱见深偏偏又不想"打扰"他们,于是呼来司礼监太监,让他传奉圣旨,恩赐官爵。这种事情在成化朝开启伊始就有,纵然外延朝官反对声一片,但皇帝朱见深却实在不忍驳了"赤诚忠心"的各路"特殊奉献者"的面子,遂致传奉官不断地涌现,史称当时"取中旨授官,累数千人"(《明史·宦官一·梁芳》卷304)。

数千人到底是个什么样的概念。笔者对《明宪宗实录》中的此类记载做了统计,发现"传奉圣旨"、内批授官的至少有 300 次(《明宪宗实录》卷2~293)。明宪宗在位时间总计约为 23 年 8 个月,即约 284 个月,以此推算,大约每个月成化帝就有 1.06 次内批授官。那么如此频繁、随意内批授官到底授了多少个"传奉官"呢?我们

对明宪宗统治末期近五年中有着相对比较明确记载的内批授官数先做个统计：

成化十九年(1483)一年内，内批授官数为320多人(《明宪宗实录》卷236～247)；

成化二十年(1484)一年内，内批授官数为450多人(《明宪宗实录》卷248～259)；

成化二十一年(1485)一年内，内批授官数为200多人(《明宪宗实录》卷260～273)；

成化二十二年(1486)一年内，内批授官数为400多人(《明宪宗实录》卷273～285)；

成化二十三年(1487)前8个月内，内批授官数为255人(《明宪宗实录》卷285～293)。

由上述近5年(实为56个月)来看，明宪宗总共内批授官人数至少有1 625人，平均每月内批授官人数约为30人。由此推算，成化帝总共当政284个月，内批授官总人数约为8 520人。而根据明代官书记载："太祖钦定官制，自尚书下至杂职，计14 291员，在京官1 188员。"(《明孝宗实录》卷154)额定京官人数为1 188员，成化帝内批授官人数约有8 500人，这就等于是额定京官人数的7倍，由此引发了广大官僚士大夫们的强烈不满。姑且暂不说这些冗官赘员所带来的国家财用的浪费了。成化二十三年(1487)九月丁未日，即明宪宗死后的第15天、明孝宗即位后的第6天，河南等道监察御史谢秉中等上疏说："近年幸门大开，或由异端方术，或以奇技淫巧、琴棋书画，厮养胥徒多夤缘传旨，升授官职，糜耗国用，滥污名器。番僧入中国多至千余人，百姓逃避差役，多令子弟从学番教僧道，官自善世、真人以下不下百数。佛子、法王、大国师例铸金印，供用拟于王者。又京师射利之徒货鬻宝石，制为奇玩，交通近侍，进入内府，支价百倍，币帛钱物车载而出，虚耗府库，请悉追究治罪。"明孝宗接奏后下令：冗官赘员由司礼监和吏部、礼部、兵部以及工部查处，僧官、道官由礼部查处，"鬻宝石者，锦衣卫根究以闻"。(《明孝宗实录》卷2)

第二天，即明宪宗死后的第16天、明孝宗即位后的第7天，吏科等科给事中王质等上言四事：斥异端、罢进献、汰冗官、礼大臣，再次对成化朝泛滥成灾的传奉官问题进行猛烈的抨击。(《明孝宗实录》卷2)同日,云南道监察御史向荣等也上呈疏文,指出:"近年传奉公行,有未谙文学而授以文官,有素无功劳而叨居武职,工匠杂艺亦获进用,致使事文墨执戈矛者艰苦万状,皓首而不获沾一命之荣。宜敕所司查奏革罢。"(《明孝宗实录》卷2)

言官们在上言中将传奉盛行所引发的群臣怨愤之缘由直接说了出来,告诉新皇帝:大批传奉官的出现不仅破坏了大明官吏任用制度,而且还严重挫伤了广大"事文墨执戈矛者"的积极性,败坏了帝国政治社会风气:"法王、佛子假延寿之名,取信朝廷,供具侍从倍于公侯,四外方士闻风仿效,亦获进用,要皆邪魅,或人左道乱正之术,于治何补?况近日先帝不豫,文武臣庶皆斋被一心,分诣各观,开设醮坛,诵经礼拜,竟不能少延一日之寿,以慰臣下迫切之情,则其不足信,可知矣。乞将供具侍从特加裁削,方士之类尽行迸逐。"(《明孝宗实录》卷2)

"文武臣庶皆斋被一心,分诣各观,开设醮坛,诵经礼拜……"这哪像个帝都,分明是佛道"朝圣"中心,对此早就心知肚明的年轻皇帝朱祐樘言简意赅地回复大臣们:"所奏之事朕已让吏部等朝廷衙门去核实、清整,眼下就等回音了。"(《明孝宗实录》卷2)

再说吏部等衙门在经过二十多天的紧张工作后,到成化二十三年(1487)十月初一时终于有了结果,随即上疏说:"传升文职官带俸右通政等官任杰等564员,请如言官所奏并行沙汰。"明孝宗当即下令:"现任额内管事者仍旧,太常寺、太医院堂上官照额以次存留。额外并文华殿书办者再开具上请,其余原有官升职者三品、四品降正从六品,五品、六品降正从八品,七品以下降杂职,俱调外任。原在四夷馆习译出身及太医院供事者,仍留供事;御用监供事者,量留五人。其该降调愿致仕者,照原官致仕;原无官授职者,降边远杂职;愿闲住者,照初职闲住;乐舞生道士出身者,冠带闲住;监生、生员、儒士未授官者,发宁家;有志科举者,听先寄名放回;并令丁忧、养病者,令致仕,俱不许再求进用。其太常寺少卿顾纶、博士成复亨、寺丞萧崇玉、庙官吴猷,俱以邪术欺诳,罪恶尤大,发榆林卫充军。"(《明孝宗实录》卷4)

接着礼部也上疏说,经查前朝"传升僧录司禅师兼左善世等官

120员,道录司真人、高士并左演法等官133员"。明孝宗听后下令:"革去禅师、真人、高士封号。禅师降左善世,真人改左正一,高士改左演法。僧录司止留左善世等官9员金书,道录司留左正一等官8员金书;余僧官110余员,道官120余员,俱带衔闲住。其真人原赐玉冠、玉带、玉圭及银印之类俱夺之。"(《明孝宗实录》卷4)

礼部还奏说:"传升大慈恩等寺法王、佛子、国师等职437人及喇嘛人等共789人,光禄寺日供应下程并月米及随从馆夫、军校,动以千计,多诱中国军民子弟收以为徒,请一切禁革。"弘治帝下令:"法王、佛子降国师,国师降禅师,禅师降都纲,自讲经以下革职为僧,各遣回本土、本寺,或边境居住,仍追夺诰敕、印信、仪仗,并应还官物件,内降职留为大慈恩等寺住持者5人,革职留随住者10人,其汉人习学番教者,不拘有无官职、度牒,俱发回原卫有司当差。如隐冒乡贯,自首改正者,许换与度牒。"(《明孝宗实录》卷4)

同日工部官也上疏,汇报了清查结果:"传升匠官工部右侍郎蒯钢及太仆寺卿杨通、顺天府通判周礼兴等12员,营缮所等衙门所正等官王贵等1358员。"明孝宗下令:蒯钢降为顺天府治中,杨通降为通判,"其余六品者降文思院副使,七品、八品者降军器局副使,九品而下俱革职,与冠带,仍旧应役,月给米一石"。(《明孝宗实录》卷4)

9天后的十月初十,吏部将太常寺、太医院和文华殿等处的冗官赘员情况又一一作了上奏,明孝宗当即做出了处理。吏部再次上奏说:"文职传升官三品该降正六品者4员,通政使任杰、李景华、太常寺卿陈敦、太仆寺卿杨杞,拟各降都司经历;五品降正八品者3员,光禄寺少卿干信、工部郎中朱义、尚宝司少卿严勋,拟降外卫知事,余47员,拟降布政司照磨都司吏目及长官司吏目。"明孝宗批准了吏部的处理意见。(《明孝宗实录》卷4)

以上所处理的都是北京宫廷内外机构里的,明朝实行南北两京制,随着北京传奉官一一被清理,留都南京的清查工作也很快有了说法。成化二十三年(1487)十月十八日,礼部上奏说:"南京各衙门俱因事简,官不全设,其僧道录司、教坊司事务尤简,欲准近日裁革事例,僧录司留右善世、右讲经、左右觉义各1员,道录司留右至灵2员,左右玄义各1员管事,俱用升职在前保举相应者,余皆带衔闲住;教坊司留右韶舞2人,左右司乐各1员管事,亦各用升官在前者,余皆革职。其两京寺观住持,择年深、戒行老成,给札在前者,敕建寺观留2名,敕赐寺观留1名,余皆革罢。僧道系纳银、赈济等项,度牒明白及本地寺观出身者,许令本处寺观住坐,不许仍前四外云游;教坊司俳长于精通乐艺、年深、补充数内,照额挨次留4名办事,余皆革去,俳长仍充色长食粮,协同俳长办事候有缺挨次收补,其余传奉补充者,革去。止照原役食粮当差,并各色色长系精通乐艺者留4名,其余传奉补役及老疾不堪之人,尽数革退。"明孝宗接奏后觉得这个处理意见挺好的,当即予以准奏(《明孝宗实录》卷5)。

又过了4天,即成化二十三年(1487)十月二十二日,兵部上疏说:"传升武官锦衣卫指挥佥事王荣等714员,其分为皇亲、保母、女户、恩荫、录用、通事、勋卫、散骑、匠人、舍人、旗校、勇士、军民人等十四类,仍请行南京兵部及各巡抚巡按一体奏革。"明孝宗肯定了兵部的建议,并命"勋卫、散骑及皇亲锦衣卫指挥同知孙纯宗等51员俱仍旧,其皇亲指挥同知王荣、正千户郭勇、章瑄、张俊、王清、王钦、潘成、岳秀、王敏、姚福员10员降百户,邵安、邵喜降冠带小旗,百户李祥、陈经、万安、万泰革职;保母指挥同知吕永昌、佥事胡瑶、千户张浩等6员,女户百户吴宽、张铭并勇士王端亦仍旧,(其)余女户千户韩全、刘瓒、施仁降百户,百户祝瑢等9员降冠带小旗;恩荫太监韦泰等孙百户韦玺等38员不动,(其)余太监裴当、张敏等侄指挥使张质、千户裴安、裴玺等15员降百户;录用太监孙清侄千户孙通等3员不动,(其)余太监陈玄、覃礼侄千户陈泰、覃安等75员降冠带小旗;其匠艺、舍人、旗校、勇士、监生、军民人等出身传升者,二品降正千户,三品副千户,四品百户,五品冠带总旗,六品冠带小旗,各带俸着役,差操终身。内各项官员原有功升、功袭及原系通事者,仍查其功次,定与职役闻奏,其款目有未载者,止革传升职事,存其旧职云"。(《明孝宗实录》卷5)

而对于军中武职传奉官的清查到十一月中旬才有结果,根据新皇帝先前"裁革传升武职"的指示精神,对于"功升、功袭及通事之类皆以例混降,有品高而降级卑者,有品卑而降级反高者"进行认真核查后,兵部于成化二十三年(1487)十一月辛酉日上疏,请革

"103名传升(武官)品秩而还其原职,或带俸或管伍",弘治帝当即予以批准。而后兵部又上请裁革74名武职传奉官,明孝宗朱祐樘基本上也肯定了兵部的意见。(《明孝宗实录》卷7)

从逮治李孜省、梁芳等奸佞近幸到裁革大批传奉官,弘治新朝廷在基本上清除这些魑魅魍魉后,又立即将整治的目标锁定在与上述这些人沆瀣一气甚至充当他们幕后"党魁"军师的朝廷阁部大僚万安、尹直等人身上。

● 撵走"万岁阁老",更换"泥塑六尚书",整肃朝廷衙门,朱祐樘真是一代"明主"?

万安,四川眉州人,正统十三年(1448)进士,即为那个丢人现眼的俘虏皇帝明英宗的门生,"选为翰林院庶吉士,授编修,升左春坊司直郎,兼编修。寻升右春坊右中允,改尚宝司丞,俱兼编修,转侍讲,升学士、詹事府少詹事,仍兼学士"(《明孝宗实录》卷24)。成化初年,"屡迁礼部左侍郎"。成化五年(1469)五月,内阁阁臣刘定之患病不愈,(《明宪宗实录》卷67)明宪宗遵循祖宗惯例,下令从翰林院学士中推举阁臣候选人。当时在翰林院里有两人都有资格入选,一个是中官李永昌养子李泰,另一个则是礼部左侍郎万安。李泰虽出身于宦官之家,但为人还挺讲哥儿们义气的,因为他与万安是科场同年中进士的,所以两人老早就相识并有了来往。要说李泰的年纪,那可比万安小,但万安看到自己没什么大背景,就将小弟李泰呼为兄长,且以"兄事之"。可能是年少的缘故,李泰为此很是兴奋,自两人来到翰林院任职为同事后,每当有升迁的机会,李泰必定会将万安推在自己的前面。成化五年(1469),阁臣刘定之病重,成化帝下令议简阁臣,李泰依然推举万安在前,并对他说:"你先入阁,我不怕入不了阁。"就这样,万安不费周折地入阁当起了阁老来了。然天有不测风云,人有旦夕祸福,就在这事发生没多久,"兄长"李泰突然患病暴卒,万安闻讯唏嘘不已。(《明史·万安》卷168)

万安入阁时,内阁辅臣已有三人,依次为彭时、商辂和刘定之,而刘定之又于成化五年(1469)八月病卒(《明宪宗实录》卷70),这样一来，万安在内阁中的位次升至第三。依照惯例，位居第三的阁臣万安在数朝老臣彭时、商辂面前是没有什么说话分量的，加上他"无学术，既柄用，惟日事请托，结诸阉为内援"（《明史·万安》卷168）。这话的意思是万安入阁后没什么作为，也没什么能力，但为了巩固自己的官位，他就不停地结交皇帝身边的近幸与宦官作为内援。与众多近幸和内官交往多了，万安掌握的宫廷内部信息自然也就十分丰富了。那时万贵妃宠冠后宫，万安就托与自己关系好的内官向她大献殷勤。但要说宠冠后宫的万贵妃缺什么，那真是无从谈起。不过心细如针的万安还是从与内官们的闲谈中获悉，万娘娘什么都不缺，就是对于自己出身于草根家庭耿耿于怀。对于这样的事情，在已经荣升为翰林学士和内阁辅臣的万安看来，那简直是小菜一碟：自己姓万，万贵妃也姓万，500年前不就是一家人嘛！就如现在"国学"热了，时不时地有人翻着崭新的家谱，声称自己是某某历史名人甚至是帝王将相的后代一般，至于有没有人去考证查问，那只有"傻子"才干的事情啊！不过当年的万阁老还真细心、真谨慎和真谦虚，既然"找到"了与万娘娘为同宗关系，那也不能忘了辈分啊，于是"自称子侄行"。（《明史·万安》卷168）

闻听万阁老居然是自己的子侄，已成为事实上大明"国母"的万贵妃及其娘家人当然是欣喜万分。要说万贵妃娘家人中为之最为兴奋的当数万贵妃二弟——"渣男"万通。万通为人奸诈，头脑特别活络，听说姐夫皇帝的第一辅政机构中万阁老是自己的老本家，"遂以族属数过（万）安家"，即叫万家人多上万阁老家去走动走动。而就在这个过程中，万通妻子王氏的老妈从山东博兴乡下来北京看望自己的女儿，王氏见了老妈便问："想当年我家贫困，有个小妹妹送个了大户人家，你还记得是送给了哪个人家？"王氏老妈若有所思地回答道："我想想看……想起来了，送给了四川眉州姓万的大户人家，这大户人家出了大官，在朝廷当编修，又有人称其为万阁老。"在旁一直听着妻子与丈母娘精彩问答的万通终于坐不住了，难道自己家还有个小姨子在万阁老家？想到这里，他就走出了家门，直奔万阁老府上。再说万安万阁老一听说万通来找失联了N年的小姨子，当即就把自己的一个叫翠儿的小妾给喊了出来，说她就是当年王家送过来的小"美眉"。这下可好了，亲上加

第 1 章 皇家"黑户"终为"明主"

亲,"两家妇日往来。(万)通妻着籍禁内,恣出入,(万)安得备知宫中动静,益自固。侍郎刑让、祭酒陈鉴与安同年不相能。安构狱,除两人名"。(《明史·万安》卷168;《明孝宗实录》卷24)

成化时代京城人们对万安曾有这样的说法:"面似千层铁甲,心如九曲黄河。"(《明孝宗实录》卷24)或言之,谁要是与万安在一起,被他卖了还可能浑然不觉,甚至还帮着他数钱。你要是不信,请看当时的数朝元老彭时和商辂是怎样被他"卖"的:

成化七年(1471)冬天,天空中出现了彗星进犯太微的怪异现象。为此,朝廷上下惶惶不安。"廷臣多言君臣否隔,宜时召大臣议政。"这话的意思是,皇帝每天来朝堂上临朝一下,随即走人,不再像大明皇家祖宗那样,不时地召见阁部大臣商议国事,我们现在朝廷君臣之间的联系和沟通靠着公文往来和宦官传言,以至于许多事务都没有得到很好处理。君臣隔绝,上帝震怒,终有目下天生不祥之象。听到同僚们的议论后,内阁辅臣彭时和商辂等觉得自己应该主动上奏,乞请皇帝召见大臣,商讨国事。前文已述,成化帝不愿意在临朝以外时间里召见大臣,既有他自身生理缺陷的原因,也有他边上宦官捣鬼的因素。明朝永乐以后朝廷政务的处理流程大致是这样的:通政司汇总诸司和百姓奏疏,交予内阁票拟,内阁阁臣看后用小纸条将拟定的处理意见附在奏疏上,再上交给皇帝定夺。皇帝拿到奏疏后,将小纸条拿掉,用红笔批示,习称"朱批"。而在这过程中,皇帝身边的宦官起到了传输和沟通的作用,还有,奏疏什么时候送到皇帝那里?何等样的章疏送上去后会容易通过或被驳回,宦官的权力也是相当大的。一旦要是皇帝与大臣们见面直接沟通了,那宦官所起的作用就会大为降低,因此这些不男不女之人也不乐意让皇帝与大臣们直接见面谈事,经常蛊惑明宪宗:能不见大臣就不见为好。但成化七年(1471)冬天的这次异常天象实在是太厉害了,无论是皇帝朱见深还是他身边的宦官都被吓坏和"吓醒"了,他们觉得内阁辅臣彭时和商辂等人一再上请召见,还真不好再予以拒绝,于是就约定在御殿见面的时间。回头宦官就将这事通知给了彭、商等人,且说:"这是当朝天子第一次与你们单独见面,双方都不怎么熟悉,你们也不要多说什么,想说以后有的是时间和机会呐。"(《明史·万安》卷168)

一晃就到了约定见面的时间,只见彭时领头,商辂、万安随后,三人一起来到了大殿入口处。这时有个宦官走了过来,又一次叮咛道:"你们初次单独见天子,不宜也不必多言。"他边说边将三阁老引上了大殿。而此时明宪宗已端坐在龙椅上,正等着三阁老。三阁老第一次近距离地与皇帝见上面,顿时觉得似乎很陌生,说什么好呢?就从最近的异常天变说起吧。三阁老中彭时与商辂是数朝老臣,相比之下,万安属于小字辈,在这样的场合,小字辈是轮不上说话的。而年轻天子本来就怕见大臣,如今见了,还真不知道说什么为好,既然彭大臣和商大臣说天变,那就顺着他们思路应答:"是的,近来天变可畏,朕已知之,卿等宜尽心。"彭时见到皇帝金口开了,就赶紧接话茬:"昨天有御史上疏说,鉴于天变如此厉害,百姓生活艰难,请求朝廷对京官实行减俸。以小臣之见,文臣可减,武臣未必可行,还是一如既往吧?!"明宪宗听后说:"可以!"彭时和商辂见到皇帝这么谦和,还想将更要紧的事情做上请,没想到尚未来得及开口,只听得与他俩跪在一起的万安在喊:"皇上万岁,万万岁!"他边喊边叩首。熟悉宫廷礼仪的人都知道,这是臣下与皇帝告辞的常规仪式。万安这么一来,弄得彭时与商辂也只好跟着一起喊"万岁!"纵有一肚子的话要说,但他俩也不得不告辞。

(《明史·万安》卷168)

这事的坏影响还不仅仅限于当日,第二天开始,那个引领三阁老入殿的宦官时不时地跟朝臣们说:"你们常常抱怨皇上不召见大臣,等召见了,那三阁老只知道喊皇上万岁,万万岁,什么事也没奏出来!"众臣听后哄堂大笑。自那以后,彭、商、万三阁老有了一个绰号,叫作"万岁阁老",即只会喊万岁的阁老。事情到此还没打住,就说皇帝朱见深,他本来就不愿单独见大臣,自那以后,便以廷臣奏不出什么事情来做理由,再也不愿与大臣单独见面议事了。

(《明史·万安》卷168)

要说三阁老全是万岁阁老,彭时、商辂是被冤枉的,只有万安才名副其实。因为他通过结交皇帝身边的近侍宠幸,早就将最高统治者的底细包括喜怒哀乐都摸得一清二楚。清代学者曾评述他:"其容悦不识大体,且善归过于人。"这是讲万安这个人的坏坏在骨子里头。成化晚年有个叫尹直的大臣入阁了,他想找皇帝朱见深去商量一些事情。万安听说后当即予以制止,并说:"想当年彭时上请召对,召对时与天子一语不合,就叩头呼万岁,以至于让人取笑到现在。我们处理事情时对于不便定夺而要上请的,通常就叫太监来选择,然后再通过他上奏上去,天子没有不允准的,这比见面上奏要强几百倍啊!"(《明史·万安》卷168)

由此看来,这个万阁老实在是个人精,更确切地说是精怪级别的犬儒,也正因为他殚精竭力地迎合最高统治者,交好其近侍宠幸,故而在人生仕途上那可谓是特别顺风顺水。成化九年(1473)他晋为礼部尚书,后改为户部尚书;成化十三年(1477)加太子少保,俄改文渊阁大学士。(《明史·万安》卷168)

不过话得说回来,在他改为文渊阁大学士之前,尤其是在内阁还由历经数朝风浪的正人君子彭时和商辂主掌期间,位居内阁老三的万安纵然时不时地使坏,但还不敢做得太过分。

成化十一年(1475)三月,少保、吏部尚书兼文渊阁大学士彭时病卒(《明宪宗实录》卷139),皇帝朱见深遂于第二月月初下令"吏部左侍郎刘珝、礼部左侍郎刘吉俱兼翰林院学士,入阁办事"。(《明宪宗实录》卷140)这样一来,内阁便由商辂、万安、刘珝和刘吉四人组成,我们姑且称之为四人内阁。这四人内阁维系了两年多,到成化十三年(1477)五月时,因商辂率领同僚上请罢黜西厂,得罪了西厂头目、宫廷大珰汪直,汪太监遂"谮(商)辂尝纳指挥杨晔贿,欲脱其罪。辂不自安,而御史戴缙复颂(汪)直功,请复西厂,辂遂力求去。诏加少保,赐敕驰传归"(《明史·商辂》卷176)。

商辂一走,内阁中资格最老的万安自然晋升为首席辅臣,其他两个资历较浅的阁臣依次为户部尚书兼学士刘珝和礼部尚书兼学士刘吉(《明宪宗实录》卷167)。万安"多结宦官为内援,见所属无问贤愚,惟有内援者则敬之、用之。时内阁三人,刘珝、刘吉,珝狂躁,吉阴刻,皆为天下所轻。时昭德(指万贵妃,笔者注)恣横,好珍玩,中外嗜进者结内臣进宝玩,则传旨与官。以是府库竭,爵赏滥,三人不出一语正救,故时有'纸糊三阁老,泥塑六尚书'之谣。(【明】王鏊:《王文恪公笔记》)

再说当时的内阁,虽只有三个阁臣,却分成两派:万安"与南人相党附",刘珝与吏部尚书尹旻、都御史王越"以北人为党"(《明史·

万安》卷168)。两党之间先后展开了5次激烈的争斗,最终以北党的彻底失败而告终。由此下来,万安为首的南党变得愈加稳固和肆行,遂致朝廷上下出现了"请托公府无处无之,赂入私门无物不有,要职美官,往往用其私人"的不堪情势,成化政治愈发腐败,帝国纲纪愈加混乱。《明孝宗实录》卷15)"当是时,朝多秕政,四方灾伤日告。(成化)帝崇信道教,封金阙、玉阙真君为上帝,遣安祭于灵济宫。而李孜省、邓常恩方进用,(万)安因彭华潜与结,借以排异己。于是(刘)翊及王恕、马文升、秦纮、耿裕诸大臣相继被逐,而(彭)华遂由詹事迁吏部侍郎,入内阁。朝臣无敢与(万)安抵牾者。"《明史·万安》卷168)明代官史也曾描述:"时(廷臣)虽侧目,然未敢有攻之者。"而这样的局面一直延续到了明宪宗去世都未曾有过改变《明孝宗实录》卷24)。

成化二十三年(1487)九月十一日,即老皇帝明宪宗死后第15天、新天子宣布正式视朝的前一天,给事中韩重、监察御史陈毂等言官们率先对李孜省、梁芳等成化朝奸臣佞幸和万喜、万达、万祥等外戚发起猛烈的弹劾。几天后,山东鱼台县县丞徐顼又上疏进言:"先母后(指明孝宗生母纪氏)之旧痛未伸,礼仪未称,请议追谥迁葬。其万贵妃戚属万喜等罪大责微,请重行追究,尽没入其财产。"《明孝宗实录》卷3)对此,当时有廷臣建议:速万氏亲属入宫鞠问。万安听到后十分害怕,随即露出了小人的嘴脸,跟人说:"我早就与万家人不再来往了。"再说内阁次辅刘吉"先与万氏(联)姻,亦自危"《明》谈迁:《国榷》卷41;《明史·万安》卷168),新天子朱祐樘尽管十分清楚这里边的名堂,但因为不愿太多牵扯先君父皇,所以没对自己生母死因作追究,"置不问"。不过,就这样,已将万安、刘吉等人吓得够呛了。就在山东鱼台县县丞徐顼上疏的第二天,万安、刘吉和尹直等内阁辅臣各自上奏,乞求致仕。明孝宗当即回复:"卿等历事先朝,辅导有年。朕今嗣位,方切倚任,宜勉尽职务,辅成治理,所辞不允。"《明孝宗实录》卷3)

年轻皇帝愈淡定,万安等人愈不安。有一天,监察御史汤鼐"诣内阁会敕",万安一见到他心里就发毛,因为这个叫汤鼐的监察御史素来以耿直而著名,且口无遮拦,咄咄逼人。但十多年"一人之下万人之上"的政治生活经验又使得万安自作聪明起来,见到不速之客汤鼐的到来,他立即满脸堆笑地说:"近者诏书里面不欲开言路,我等扶持科道,再三陈说,方添得此一欤。"以万阁老的老谋深算他就是想把自己打扮成忠直之臣的形象,哪想到这一套用到汤御史那里根本就不管用。汤鼐随后上疏说:"人臣之义,善则称君,过则归己。(万)安等乃归过里面,而又佞臣等以扶持之说,不知(万)安所谓里面者将何所指,谓内臣耶?谓朝廷耶?乞追究所指,且治其欺君误国之罪。"疏文上呈后,急性子的汤御史又在第二天向宦官们催问结果。司礼监太监叫汤鼐跪等回音。这下汤御史可火了,责问道:"令鼐跪者,奉旨耶?太监命耶?"司礼监太监被逼无奈,只好上宫里去催了,然后出来说:"皇上叫你等一等。"过了一会儿,太监出来传旨:皇上说了,"若疏留中不出,可归矣"!话音刚落,汤鼐以手拍地,大声说道:"臣所疏皆经国大事,何为不见施行?"【明】王鏊:《王文恪公笔记》,《明史·万安》卷168;《明史·汤鼐》卷180)

其实明孝宗有他的考虑,尤其是在父亲刚刚去世之际就处理内阁首席辅臣,再怎么说都有点儿过分。但随后所发生的一件事情却彻底改变了年轻皇帝原先的想法。成化二十三年(1487)十月份的一天,朱祐樘在宫中整理父亲遗留之物时,忽然发现了一只十分精致的小盒,当即就产生了极大的好奇心:这小盒里会有什么东西呢?打开一看,只见得里边有厚厚的一沓纸,上面写的全是男女床笫之欢的事情,在末尾有这样的落款:"臣安进。"明孝宗看到此,顿时大怒,立即叫来太监怀恩,让他拿了这小盒到内阁去责问万安:"此大臣所为耶?"当着其他大臣的面,万安无地自容,大汗淋漓,伏地叩首。按照当时朝廷里的规矩,大臣一旦有过错,首先要引咎辞职。但万安却死不开口,无意主动提出致仕。怀恩没办法,只好回宫向明孝宗如实汇报。这时御史汤鼐、姜洪和庶吉士邹智等听到了风声,立即列举万安的十大罪状,相继上奏进行弹劾。(《明孝宗实录》卷5、卷24)明孝宗接奏后让怀恩再到内阁去,将诸臣弹劾的奏章读出来,万安边听边"跪而起,起而复跪"(【明】王鏊:《王文恪公笔记》),满身是汗,但仍无去意。面对这样"面似千层铁甲,心如九曲黄河"的无耻小人,身受年轻皇帝重托的老太监怀恩实在忍无可忍,径直走上前去,摘去万安的牙牌,并直截了当地告诉他:

"你可以走了。"万安这才意识到彻底无望了,随后慢慢地离去。但即使这样,他还不知耻,在回乡的途中一步三回头,频频望着天空三台星,梦想奇迹会出现,自己好再回朝当官。可这一切都是痴人说梦,回家待了一年多,71岁的万安终于去见阎王了。(《明史·万安》卷168;《明孝宗实录》卷24)

万安死讯传到北京,他的朝中同事曾这么说道:"万安外宽然长者,而内深刻骨,故竟为一时党首,排挤同进,树植私交……甚至贿通宫禁,垢腾帷簿,而秽声彰于天下矣。厥后,彼亦为宦官挤去。赀至巨万,而为姜膡子妇私窃以奔,天之报之,岂其微哉!"(【明】王鏊:《王文恪公笔记》)

除去万安,人心大快。而就在万安被逐的第二天即成化二十三年(1487)十月二十二日,明孝宗又接受御史姜洪的建议,罢刑部尚书杜铭之职(《明孝宗实录》卷5)。十多天后的十一月初六日,弘治朝廷罢李孜省尝援为族兄弟的吏部尚书李裕之职(《明孝宗实录》卷6);又两天后的十一月初八日,年轻皇帝罢了"因李孜省起用"的都察院右都御史刘敷之职;十天后的十一月十八日,朱祐樘接受吏科左给事中宋琮等人的奏请,罢太子少保、兵部尚书兼翰林院学士尹直和礼部左侍郎黄景之职。(《明孝宗实录》卷7)

上述这些人都因与李孜省、万安等"同恶相济,奸邪贪黩"(《明孝宗实录》卷5)而在成化时期得以进用。弘治帝上台后,六科十三道交章劾奏,予以猛烈抨击。至此,前朝留下来的"纸糊三阁老"只剩下了一个刘吉,"泥塑六尚书"也被"大洗牌",就连都察院的主要领导岗位都换上了新人。对于弘治朝开启后的如此大变局,"时论快之"(《明孝宗实录》卷7),甚至有人惊叹道:"昔日皇家黑户,如今成了一代明主!"

那么历史真的是这样的吗?请看下章"庶政更新 双轨并行"。

第2章　庶政更新　双轨并行

　　明孝宗自登基即位起,仅用了两个月的时间就将前朝淤积下来的污泥浊水给一一清理了出去,随即他又稳步开放言路,虚心纳谏,礼遇文臣,任贤使能,整顿吏治,改进铨选,勤于政事……如此之举在明代中后期皇帝普遍不成器的大背景下显得格外稀罕,因而后世人们往往美誉其为"弘治中兴"。但十分遗憾的是,明代历史上并无"弘治中兴"之说,一来当年明孝宗自己都不承认是"中兴"之主(《明史·李文祥》卷189);二来弘治帝推行"新政"举措的力度有限,几乎没有突破"嗣统守成"(《明孝宗实录》卷107)和"法祖图治"(《明孝宗实录》卷123)的思维框架;三来即使在推行"新政"举措的过程中,皇帝朱祐樘往往也是做一半,留一半,做做停停,或在他极为感兴趣的皇权强化双轨制层面做了更大的努力,故而我们很难认定"弘治中兴"不是伪命题。与其这样,我们倒不如引用当时官方的说法:弘治"更新"。弘治"更新",双轨并行。

● 嗣统守成　"更新"庶政

　　弘治"更新"(《明孝宗实录》卷2)和景泰"中兴"都是笔者从明代官史中找到的可靠的说法,"更新"一词是除旧布新的意思,现在往往引申为旧的去了,新的就来到。而历史上的"中兴"往往是指将已经走上衰亡之路甚至行将瓦解或崩溃的帝国王朝重新给振兴起来,使其富有新的生命力。中国历代王朝中真正有着"中兴之治"

的并不多,为严谨史家所认可的大概就是夏朝的"少康中兴"、西汉的"昭宣中兴"、东汉的"光武中兴"、唐朝的"元和中兴"、明代的"景泰中兴"和清代的"同光中兴"。而对于这样历史概念的辨别,从小就饱读史书的朱祐樘还是十分清楚的。成化二十三年(1487)九十月间,新进士李文祥见到刚刚登基的弘治帝不断地推行"新政"举措,当即兴奋不已,上疏进言,其中有语,将新天子革故鼎新之举美誉成了"中兴再造"。疏入内廷,久无诏下,直到好几天后,朱祐樘才让人去叫李文祥到左顺门去候旨,"以疏内有'中兴再造'语,传旨诘责"。虽李文祥当场"从容辨析",但皇帝朱祐樘仍不接受,而后又下令将他贬谪为陕西咸宁县丞。南京吏部主事夏崇文和工部主事林沂等官员闻讯后相继上奏,竭力论救,但弘治帝还是坚持自己的观点,加上那时内阁辅臣刘吉等人暗中挑拨,终使李文祥远徙陕西。(《明史·李文祥》卷 189)

不就说了句"中兴再造"的话,何至于要发那么大的火呢?当时好多朝廷大臣都很不理解。但随后明孝宗一再向世人所表达的,也确实不是什么"中兴再造"之主。

"弘治初,御史曹璘请削妃谥号;鱼台县丞徐顼请逮治诊视纪太后诸医,捕万氏家属,究问当时薨状。孝宗以重违先帝意,已之。"((《明史·后妃一·恭肃贵妃万氏》卷 113)弘治帝之所以不愿意对加害他和他的母亲之仇人万贵妃及其家人做得太绝,是因为先前发生的那些事情一旦要是追根刨底的话,势必会将他的父皇朱见深的荒唐之事给牵扯出来,无形之中"暴扬先帝之过",这可是自小就"简言慎动"(《明孝宗实录》卷 224)又"纯仁至孝"(《明孝宗实录》卷 61)的朱祐樘所极不愿意看到的。

对于这一点,很早起就在东宫担任老师并与朱祐樘有着十来年师生交往情谊的弘治朝内阁辅臣徐溥似乎看得十分清楚,在上疏奏言中他极为精准地称自己的学生皇帝为"纯诚至孝,嗣统守成"(《明孝宗实录》卷 107)。我们将帝师徐溥的话换个角度来说,从小熟读儒家经典且个性纯诚至孝的朱祐樘继承大位只会做个守成之主,而不可能对前朝的积弊来个彻底的大清除或进行"中兴再造"。而对于这样的新皇帝个性,当时朝廷大臣中很少有人看得清楚,不幸的是有人就此成了无辜的"牺牲品"。

弘治五年(1492)六月，负责监收库料的监察御史彭程因看到了先帝修斋行法用过的皇坛法器还在，感觉十分好奇，于是上疏问道："陛下即位，凡若此数废之殆尽，何为而犹有皇坛器用之制哉？"(《明孝宗实录》卷64)没想到原本温文尔雅的朱祐樘就此大发脾气，"以为暴扬先帝过，立下锦衣狱。给事中丛兰亦巡视光禄，继上疏论之。(弘治)帝宥兰，夺光禄卿胡恭等俸，付(彭)程刑部定罪。尚书彭韶等拟赎杖还职。帝欲置之死，命系之。韶等复疏救，(彭)程子尚三上章乞代父死，终不听。"(《明史·彭程》卷180)

其实弘治帝这般处置也有他的道理，用儒家经典上的说法叫作"子为父隐"(《论语·子路》)，即做儿子的要为自己父亲不好的或言荒唐的言行做隐瞒。可问题是成化朝及其以前的列朝累积下来的弊政那么多，弘治"更新"时代就可以不管它们？若要管，那怎么管法？这些都是当年作为守成之君的朱祐樘所必须面对的大难题。为此，他在下发的敕谕制诰尤其是科举殿试制文中多次表达了这样的心境：

弘治三年(1490)三月丁卯日，明孝宗临御奉天殿殿试现场，作制文曰："……朕膺天命，嗣守祖宗鸿基，宵旰孳孳，思尽宗子之责，比隆古之圣帝明王其行之之序自何而始欤？子诸生饱经饫史以待问，必有灼然之见，其详着于篇，朕将亲览焉。"(《明孝宗实录》卷36)

弘治六年(1493)三月庚辰日，朱祐樘临御奉天殿殿试现场，作制文曰："朕惟三代而下，论守成之君，必以汉文帝为首，史称其时海内殷富，兴于礼义，断狱数百，几至刑措。朕尝慕之，不知文帝何修而能得此？……"(《明孝宗实录》卷73)

弘治九年(1496)三月癸巳日，明孝宗临御奉天殿殿试现场，作制文曰："……朕嗣承大统，图底治平……以上追古帝王，庶无愧于我祖宗功德之大，其所以为根柢者何在？子诸生学道抱艺而来，皆志于世用，宜有以佐朕者，试悉陈之。朕将体而行焉。"(《明孝宗实录》卷110)

弘治十五年(1502)三月丁亥日，朱祐樘临御奉天殿殿试现场，作制文曰："朕膺天命，承祖宗列圣之统一，以临天下，于兹十有五年，夙夜兢兢，思弘化理，非法诸古而不可。然尝考之前代继统之君，守成称贤，莫盛于夏之启，商之中宗、高宗，周之成康之数君者，治绩之美,具在方策,果何道以致之?……诸生绩学明经,通于古今之宜,其具实以对,毋隐言、毋泛论,朕将采而行之。"(《明孝宗实录》卷185)

弘治十八年(1505)三月庚子日,明孝宗临御奉天殿殿试现场,作制文曰:"朕惟自古帝王之致治,其端固多,而其大不过曰道、曰法而已……若汉、若唐、若宋,贤明之君,所以创业于前,而守成于后,是道是法,亦未常有外焉,何治效之,终不能古若乎?我圣祖高皇帝定天下之初,建极垂宪,列圣相承,益隆继述,为道为法,盖与古帝王之圣先后一揆矣。朕自莅祚以来,夙夜兢兢,图光先烈,于兹有年。然而治效未臻其极,岂于是道有未行、是法有未守乎?抑虽行之守之而尚未尽若古乎?子诸生明经积学,究心当世之务,必有定见,其直述以对,毋徒骋浮辞而不切实用,朕将采而行之。"(《明孝宗实录》卷222)

科举殿试出题往往是与当朝天子治国理政过程中所急需要解决的大问题有关,而从上述弘治18年间总计举行的6次科考中的5次殿试作文要求来看,尽管朱祐樘每一次都换个角度说事,但其核心精神始终都没变,即让举子们说说如何继往开来地做好守成之业和辅佐当朝天子,使其成为合格的守成之君。也正因为如此,自明孝宗登极起到他最终离世,整个弘治朝一直所恪守的是"嗣统守成"(《明孝宗实录》卷107)和"法祖图治"(《明孝宗实录》卷123)的治国理念,根本就没有进行过"中兴再造"。于是人们看到弘治年间所推行的政治、经济、社会民生、司法和军事等一系列的"更新"举措中真正"新"的成分并不太多,且实施起来也甚为无力,不过在明朝中后期列帝普遍不成器的大势下,弘治帝的如此之举还是让人耳目一新的,其中最为明显的可能就要首论政治领域的庶政"更新"了。

● 尊祖法圣　勤于国政

由于朱祐樘自小就有着非常的经历,9岁出阁进学起又"谕教严甚,非祁寒盛暑不辍",而东宫辅导首臣典玺局郎官覃吉虽为宦官,但他"温雅诚笃,识大体,通书史,讲论执方,辅导东宫,动作举止悉规以正",经常给皇太子口授《四书》章句和国朝典章。这样的教育时间久了,天性聪颖的朱祐樘便"圣性坚定,圣学缉熙"(《明孝宗实录》卷1),等到上台即位后他自然就以传统儒家理想中的圣君和大明开国先祖为模范,"尊祖敬宗,惇叙彝典,援引稽据,动必以太祖为准"(《明孝宗实录》卷224)。而无论是传统儒家理想中的圣君,还是大明先祖明太祖和明太宗,恰恰是以积极勤政有为而著称于世,对此,明孝宗十分注意尊祖法圣,勤于国政,并为此做出了很多的努力,其具体做法如下:

○ 将内外重要臣僚及其历任简介贴在文华殿墙壁上,以便观览和做及时调整

据明代正史所载:弘治元年(1488)三月乙丑日,即新朝开启后半年不到,明孝宗下令,"命吏、兵二部各疏两京、五府、六部、都察院等衙门堂上官及在外镇守、巡抚、三司、知府并分守、守备官,俱大书职名,注其年籍、历任略节,粘于文华殿壁,以便观览。自是以后二部,每季各具揭帖以进,有升迁或事故去任者,则揭去旧名,以新除者补之"(《明孝宗实录》卷12)。

在明朝中后期列帝中,怠政之君比比皆是,成化帝中晚年崇佛佞道,贪恋女色,不理朝政;正德帝一上台就荒唐游逸,懒于政事;嘉靖帝中晚年迷信方术,追求长生,懈怠政务;万历帝亲政后没多久便"朝讲稀御,封章多滞";天启帝那更是无心政务,整日沉溺于"倡优声伎,狗马射猎"(《明史·宦官二·魏忠贤》卷305)之中。相比之下,弘治帝一上台就举止不凡,将内外重要臣僚及其历任简介贴在文华殿墙壁上,以便观览和做及时调整,这就显得十分另类,也令人敬佩。

○ 十八年如一日坚持早朝,三分之一皇帝生涯中能够做到早午朝兼顾

按照大明祖制规定,皇帝应该每日三次视朝,即每天早、午、晚三次临朝听政。这套制度始于明太祖,经建文、永乐、洪熙和宣德数朝,历时六七十年一直被传承下来,却在正统帝朱祁镇当政时给破坏了,每天早、午、晚"三朝"变为每天早朝"一朝",且就此"一朝"

而言，时间也很短，闻奏处理国事限定为8件，这对于一个乾纲独断又地广人多的大一统专制帝国来说，是极不相称和极不合适的。正统初年，皇帝朱祁镇还是个娃娃，"三朝"变为了"一朝"尚属情有可原。但到了正统中晚期时，英宗皇帝已经成年且亲政了近十载，居然还"无人敢言复祖宗之旧者"(【明】王锜：《寓圃杂记·早朝奏事》卷1)，这不能不说是当时朝政的一大缺憾。而这样的格局到了明代宗朱祁钰登基后有了改变。

景泰元年(1450)四月，"中兴"之主朱祁钰接受了河南道监察御史程昊的谏言，下令恢复大明祖宗时代的早、午、晚三朝制度。(《明英宗实录》卷191，《废帝郕戾王附录》第9)那时的景泰帝"午朝许大臣造膝奏事，面决可否，即施行之"(【明】黄瑜：《双槐岁钞》卷10)。可这样勤政之制的恢复，随着夺门之变的突发和明英宗的复辟却再次遭受破坏。

综观天顺朝的明代官史，午朝、晚朝字样踪迹全无。由此笔者纳闷：当今某些学者在一拍脑袋大加称誉天顺时代的明英宗如何励精图治时，究竟又有何等样的史实依据？

不过历史的有趣之处却是这样的，在复辟皇帝明英宗那里并不怎么看得上眼的皇太子朱见深即帝位后就恢复了皇叔景泰帝及以往列祖列宗的做法，实行每日数次临朝听政，今能查到的明朝官史中有关明宪宗临御午朝的记载有7处(《明宪宗实录》卷59、卷61、卷63、卷70、卷89)，其主要集中在他登极之初的那几年，自成化六年(1470)起，就再也没有这样的记载了。换言之，自那时起，这位宅男皇帝在临御午、晚朝方面已开始懒政。但对于早朝，他还是能坚持不懈的，并没有像后来的子孙那样混账。史称明宪宗每日都临御早朝，即使遇上特别恶劣天气，只要风雷雨雪稍稍减缓一下，他便立马临朝视事，"不废奏引"。要是碰上隆寒盛暑，他也会降下圣旨，适当减少一些朝臣奏事，"以恤卫士侍立之劳"(《明宪宗实录》卷293)。

同为宅男的弘治帝在临朝理政方面似乎比乃父做得还要好一些，或至少说不分伯仲，18年皇帝生涯中朱祐樘对于早朝是"无日不视朝"(陈洪谟：《治世余闻》上篇卷2)。即使偶遇突发事件，他也会跟大臣们打个招呼。弘治十一年(1498)十月甲戌日夜，太皇太后周氏居所清宁宫突发大火,从小就沐浴着皇奶奶养育与保护之恩的朱祐樘听到火警消息后,立即赶赴现场,陪伴太皇太后周氏,不离半步。第二天天刚刚亮,皇帝朱祐樘就派太监萧敬去召内阁阁臣上左顺门听旨:"昨夜清宁宫失火,朕奉侍圣祖母,彻旦不寐,今尚不敢离左右,欲暂免朝参,可乎?"当时内阁首席辅臣、大学士刘健因有事到西山去了,来到左顺门听旨的阁臣就只有李东阳和谢迁两人。两阁臣听完圣旨后当即激动地说:"宫闱大变,太皇太后圣心震惊,皇上问安视膳,诚孝方切,事在从宜,即宣鸿胪寺,免朝一日可也。"萧敬随即复奏,明孝宗这才下令当日免朝。(《明孝宗实录》卷142)

从这个事情中可以看出:与大明列帝相比,明孝宗的君德素养是相当不错的。他不仅对廷臣阁僚比较尊重,而且对祖宗制定的早朝制度也能认真恪守与坚持执行。

相比之下,他对午朝制度的恢复与执行则要显得差一点儿。不过,在明朝中后期列帝普遍怠政的大势下,明孝宗恢复午朝制度这事本身就让人刮目相看了。

弘治元年(1488)闰正月,也就是明孝宗即位后的第四个月,吏部右侍郎杨守陈上言,请复祖宗的午朝制和大小经筵制等。朱祐樘接奏后答复:"(卿)所言皆朝廷切务,朕当举行。"(《明孝宗实录》卷10)随后他便命令礼部制定午朝仪注。

大约两个月后的弘治元年(1488)三月己卯日,礼部进午朝仪注,其中规定:午朝地点设在左顺门,朝务活动顺序依次为:"府部等衙门官照依衙门次第出班奏事,通政使司官照常例引人奏事,三法司官遇有奏事,俱随班其常日承旨,刑部、大理寺郎中、寺正各一员,都察院侍班御史承旨,其余衙门有事者各分官承旨,鸿胪寺官赞奏。事毕彻案,各官退。各衙门官如有机密重诈,赴御前具奏。事毕,驾还。"(《明孝宗实录》卷12)明孝宗当即批准了该仪注,大明午朝制自此再度恢复。

弘治朝的午朝大概坚持了五六年,有史为证:弘治四年(1491)九月甲午日,南京工科给事中毛理等在上言中曾说:"闻陛下临御之初,吏部侍郎杨守陈请遵祖宗旧制,开大小经筵以讲学,御早、午二朝以听政。陛下温言俞允。今四年之间,举行无缺,诚盛事也。

臣等切念守陈之意,以大经筵则礼法竣整,早朝则侍卫森严,君臣之间难以尽情,冀于小经筵,与讲官从容谕说。而午朝可与大臣款曲辩议。今小经筵与大经筵无异,午朝与早朝不殊,君臣间隔如故,岂建言者之初意乎?伏望陛下自今于小经筵敕谕官,将经史中有关于政治之大者,撮其切要,明白直解。圣心若有所疑,乞加详问。于午朝,敕各衙门将紧切事件口奏,仍乞少霁天颜,议其可否。朝退之后,常便殿时召讲官及大臣讲求义理,咨访政事,如守陈之说,则经筵、午朝不为虚文而裨益多矣。有灾地方禾稼伤害,人民困穷,量加赈济,议减税粮,庶免小民流离之苦。"(《明孝宗实录》卷55)

但一年多后的弘治六年(1493)闰五月壬寅日,礼科给事中王纶在上言五事中却这样说道:"午朝既设而复辙,游乐既戒而复萌。伏愿皇上慎终如始,务遵成宪,使法令归一。"(《明孝宗实录》卷76)再过七年后的弘治十三年(1500)六月,南京吏科等科给事中郎滋等以灾异上言六事,其中就"勤圣政"一项专门说道:"近来午朝不举,早朝或至太晏,虽圣驾退后省览章奏或无所妨,而群臣回至衙门已及早餐。凡百公事未免停滞,其视初政,渐觉有异。伏望自今昧爽视朝,勤览章奏,时御便殿,召见大臣,询访治道。"(《明孝宗实录》卷163)而对于这样的谏言,明孝宗却根本就不接受,直至弘治朝结束,午朝再也没有举行过。

由此看来,弘治时代的午朝大致坚持了五六年,而明孝宗当国总计时长为18年,18年中能坚持早、午两朝兼顾的就有三分之一的年份,而坚持早朝则十八年如一日,由此不难看出弘治帝还是比较勤政的,或至少说他在明朝中后期列帝中还算不错的。

○ 对于群臣上呈章疏,弘治帝一般都批给有关部门去处理,较少"留中"

中国传统专制社会越到后期,皇帝就越发专制独裁。明朝自立国后不久废除丞相制起,朱元璋就确立了皇帝既为帝国之主又为政府首脑的绝对专制主义体制。按照老祖宗的这般制度设计,有明一代的皇帝应该是相当忙碌的,他既要每日早、午、晚三次临朝,又要及时批示章奏,回答和处理帝国重要事务问题。但也正因为大明老祖宗构建起来的权力金字塔机构贯彻和强化绝对专制主义,这就使得皇权几乎不受任何约束,于是随着时间的推移,天子不作为和对于臣下章奏不予及时批答或根本不予回复,即明代人所说的"章奏留中"成了历史发展的"必然"与"常态"。

"留中"一词最早出现在永乐朝,据史料所载:永乐晚期,内阁阁臣杨荣上奏,请革"积弊十事",结果"章留中不下"(《明英宗实录》卷69)。而后在明代官史中出现"留中"字样的是在明英宗复辟之后,"天顺二年(1458)五月壬寅"条官史记载:"初正统间,光禄寺日进膳于宫中,瓶、坛、筐、篓皆发出后,往往留中,间有发出,辄为内使取去。至是光禄寺奏,供用器不给。上命进膳器皿随即发出,有隐匿者罪之。"(《明英宗实录》卷291)从严格意义上来讲,这里的"留中"似乎与人们常说的还不完全是一个概念。

到了成化时期,"留中"之事逐渐开始多了起来,不过话得说回来,整个明宪宗当政24年间官史里"留中"的记载有14处。随后弘治朝18年间有"留中"记载的也为14处,不过其中的4处是有关成化朝的(《明孝宗实录》卷14〜卷198)。正德17年间有"留中"记载的达17处(《明武宗实录》卷2〜卷176),嘉靖45年间有"留中"记载的已多达84处,隆庆7年间有"留中"记载的仅为1处,而万历48年间有"留中"记载的竟高达395处,创造大明历史上皇帝懒政的最高纪录(《明神宗实录》卷2〜卷595)。

由此反观,在明朝中后期列帝中,为政18年的弘治帝只有10次"留中"记录。这说明他对群臣上疏,一般都予以批示(至于其中宦官代劳了多少,今人已无法弄清楚了),随即让相关部门去处理,较少"留中"。就此而言,明孝宗还算得上是个比较勤政的皇帝。

○ 弘治中晚期尤其是晚期,皇帝朱祐樘较多召见阁部大臣,商议国事

明孝宗勤政还有一项重要举措,那就是在弘治中晚期尤其是晚期,较多召见阁部大臣,商议国事。

弘治改元之初,"南京兵部主事娄性请遵太祖皇帝用翰林学士宋濂等及太宗皇帝用学士胡广等故事,并成化初年经筵日讲事例,命内阁大臣妙选詹事翰林儒臣,及行取守制养病侍讲谢铎、编修张

元桢、检讨陈献章等,各厚其礼遇,轮直召对,其文武大臣学行超卓者,亦时赐顾问,并择老成清谨内臣、给事左右,使邪佞无得而间,则聪明日广,德业日隆"。新皇帝朱祐樘答复:"好的。"(《明孝宗实录》卷13)随后,工部主事林沂和南京刑科给事中周纮在上言奏事中也都提出,要新天子学习祖宗的做法,除早朝外,还应该"常与群臣亲接,或自以职事奏请裁处,或召对便殿亲赐询访,或亲至文渊阁视所治事。"(《明孝宗实录》卷13)弘治帝接奏后还是一如既往地回答:"好的。"但大臣们就是见不到当朝天子的实际行动,所以后来有关这样的谏言和建议也就少了许多。

弘治十年(1497)三月二十二日早饭过后,司礼监太监韦泰急急忙忙地来到内阁传话,说:"皇上召见四位阁老。"以徐溥为首的四阁老当即问道:"皇上有什么急事吗?"韦泰说:"我也不清楚。"徐溥、刘健、李东阳和谢迁听到此赶紧穿戴好衣冠,迅速来到了文华殿。见到皇帝朱祐樘躺在那里的御榻上,四位阁老立即叩首拜见。没等四位阁老拜见完,弘治帝就说了:"四位爱卿上前来。"徐溥等随即走到御榻旁,而此时司礼监诸太监皆环跪于案侧。朱祐樘说:"今天是想叫诸位爱卿来一起看看章疏文本。"话音未落,诸太监取出文本交与徐溥和刘健,随后将朱砚、朱笔放在了李东阳和谢迁身边,并还给他俩几张小纸片。徐溥和刘健拿到的文本上都已写上"与先生辈计较",即与诸位先生商议讨论的意思。见此,徐、刘两阁老相互议论了一番,随即议定批辞,以次陈奏。皇帝朱祐樘大致瞄了一眼,觉得还可以,当即命令阁老们"录于纸上以进"。这时明孝宗再次仔细阅览批辞,发现有不妥的地方,立即拿起朱笔,"亲批本面,或更定二三字,或删去一二句,皆应手疾书,宸翰清逸,略无疑滞"(【明】李东阳:《燕对录》)。

就在这样的君臣一起批示过程中,明孝宗拿了一个山西巡抚官的题本,环视了一下阁臣,说道:"此欲提问一副总兵,该提否?"徐溥等回对:"此事轻,副总兵恐不必提问,止提都指挥以下三人可也。"朱祐樘却不以为然,说道:"然边情事重,小官亦不可不提耳。"随即御批同意提问一副总兵官。此事刚处理完,朱祐樘又拿了一个礼部的题本,上面已有内阁票拟的一个"是"字,他当即说:"天下事亦大,还看本内事情,若止批一'是'字,恐有遗失。"说完翻开礼部题本看了起来,看着看着他不由自主地感慨道:"从内容来看,诸位先生票拟只需一个'是'字,足矣!"这时阁臣刘健手里拿了另外一个题本说道:"此本事多,臣等将下细看拟奏。"弘治帝随即发话:"文书尚多,都要一看下去也是,闲就此商量岂不好?"诸阁老听到此赶紧说:"好的!"明孝宗随即指着眼前其余的章疏文本说:"此皆常行事,不过该衙门知道耳。"阁老们听到这话,立即叩首告退。而此时皇帝朱祐樘已在吩咐太监们:"给诸位先生吃了茶再让他们走。"当徐溥、刘健等走出文华门时,尚膳监内官们"捧茶以俟",负责该礼仪的章太监远远笑脸相迎:"诸位先生,茶具已经准备好了,请用茶。"曾为该事亲历者的李东阳曾十分感慨地写道:"自天顺至今四十年,先帝及今上之初间,尝召内阁不过一二语,是日经筵罢,有此召,因得以窥天质之明睿,庙算之周详,圣心之仁厚有不可测量者如此。且自是若将以为常,故谨书之,以识事始云。"(【明】李东阳:《燕对录》;【明】陈洪谟:《治世余闻》卷2)弘治朝召对廷臣阁僚商议国事也"实自此始云"(《明孝宗实录》卷123;【明】李东阳《燕对录》)。

弘治十三年(1500)四月,北虏入寇大同,北京戒严,军事形势吃紧。明孝宗"召内阁大学士刘健、李东阳、谢迁至平台,出(英国公张)懋等诸疏,亲赐顾问以次裁决焉。"(《明孝宗实录》卷161)随后又召对兵部尚书马文升,商议国事。对此,当时朝廷内外人们一致称誉。监察御史刘芳等以灾异而上呈谏言,其中就这样说道:"近者兵部尚书马文升蒙赐召对,中外传颂,群情大悦。伏望自滋以往,举行旧典,政可兴革,人当去留,下至闾阎,外至夷狄,事无大小,悉听面陈而斟酌行之。"(《明孝宗实录》卷161;【明】李东阳《燕对录》)

但在接下来的三年时间里,明代官史中并没有弘治天子召对廷臣的记载,直到弘治十七年(1504)春夏之间起,突然醒悟的朱祐樘开始频频召对阁部大臣。对此,当时的文臣陈洪谟曾做这样的记载:"上(指明孝宗)无日不视朝。或三五日朝罢鞭响,上起立宝座上,高声:'兵部来!'于是尚书刘大夏跪承旨,由西陛以进。上退立宝座后,大夏径造上前,语移时。群臣侍班观望,人人欣戴。间或宣都察院,于是左都御史戴珊亦承旨由西陛而登,上立宝座后,或坐辇中,与二臣相与商榷大事,多或移一二时方退。间亦召吏书马文升与语,然比二公稍疏。其与刘公语,尝令左右却立,有欲尽削内官权柄。当时灭九门监门官,及禁革过取商税,皆本于此。其朝臣无大小,皆乐趋朝,以仰承德意。间有语及早朝事,不能答者,就知其懒于朝矣。人自愧悔,盖有不令而自不能安寝者也。"(【明】陈洪谟:《治世余闻》卷2)只可惜如此令人欣喜的局面仅维系了一时,随后皇帝朱祐樘就驾崩了。

综观弘治18年的整个历程,皇帝朱祐樘召对廷臣阁僚不少于23次(【明】李东阳《燕对录》),虽然在明朝中前期列帝中并不算很多,但若将之放在明朝中后期的皇帝队伍当中来做个比较的话,那可以说弘治帝还算得上是个比较勤政的皇帝。

○ 再开经筵制度,接受帝国顶级再教育,鼓励文臣讲官直言进讲

在传统专制社会里,皇帝是否能勤政和改善治政还有一个重要标志,那就是看他是否聿遵成宪,临御经筵。皇帝临御经筵,这是历代文臣的溢美之词,说的白一点儿就是当了皇帝不能不学习,得接受帝国顶级再教育。因为在传统人们看来,皇帝通过经筵和日讲,学习经史典籍,以古为鉴,探求治国之术。弘治元年(1488)五月辛未日,吏科给事中林廷玉在上言中就皇帝临御经筵与召对阁部大臣所议之事做了这样的论述:"自古帝王传心之要方、今政治得失之状、天下军民利病之实"(《明孝宗实录》卷14),皆为君臣在经筵举行和召对时所应该讨论的。由此而言,举行经筵决非是简单地实施帝国顶级再教育,而是皇帝治国平天下或言勤政治国的另一项重要活动。

经筵制度在中国源远流长,早在西汉时就曾有儒臣为汉宣帝讲学石渠阁的历史先例。唐玄宗时设置集贤院,令耆儒日讲经史。宋朝开始正式有了"经筵",形成了每年春二月至五月端午、秋八月至冬至逢单日由讲官轮流入侍进讲的皇帝接受再教育制度。

明朝开国后60多年的时间里,虽有"经筵"之名,但正式像样的皇帝接受再教育制度却一直没有建立起来,其主要表现为一无定期,二无定所。

洪武十五年(1382)九月,已退休的晋府长史桂彦良在上"太平治要"12条中将"经筵"作为治国之要提了出来。他说:"自昔圣主

贤臣治天下之大经大法,具载六经,垂训万世,不可以不讲也。讲之则理明而心正,措诸政事无不得其当。今当大兴文教之日,宜择老成名儒,于朔望视朝之际,进讲经书一篇,敷陈大义,使上下耸听,人人警省,兴起善心,深有补于治化也。"(《明太祖实录》卷148)与宋代"经筵"相比,桂彦良将皇帝接受再教育时间作了缩短,要求每月初一、十五定期进讲。即使这样,自视甚高的明太祖却依然没把这太当回事,心情好时想起了就让人去叫儒臣们来讲讲,没心情的时候就根本不举行。这样的情势一直延续到了永宣时代,大明经筵制度还是没能建立起来。(《大明会典》卷52)

  明朝经筵制度的正式确立是在明英宗第一次当皇帝的正统元年(1436)二月。那时确定下来的经筵官系列及其职责是这样的:①知经筵事,即总体负责经筵讲读事宜,一般是由一员师、保之衔的公侯勋臣和内阁首席阁臣担任此职;②同知经筵事,相当于协助知经筵事负责经筵讲读事宜,一般由殿阁大学士和兼翰林院学士之衔的六部尚书或侍郎担任,人员2~3名;③经筵官,即直接为皇帝讲读经史的讲读官,一般由兼任翰林院修撰以上职衔的部院大臣或国子监祭酒担任,没有人数定额,视具体情况而定;④日讲官,即负责日讲的官员,有殿阁大学士和翰林院侍讲、侍读等;⑤展书官,即专门为皇帝讲读经史的经筵展掩御用书籍的官员,一般由两名春坊官担任此职;⑥侍仪官,即由给事中、御史各两员担任,专门负责经筵的侍仪;⑦供事官,由鸿胪寺、锦衣卫堂上官各一员担任,鸿胪寺鸣赞,锦衣卫扈卫,即负责经筵的司仪和扈卫等事宜。还有"勋臣或驸马一人领将军侍卫"(《明史·礼九·嘉礼三》卷55;《明英宗实录》卷14)。

  经筵讲读分为经筵和日讲两种。经筵又称为月讲,由皇帝到文渊阁或文华殿向内阁阁臣和翰林院学士学习或讨论与研究经史,一般是每年二月到五月、八月到十月逢二的日子,即初二、十二和二十二日举行。日讲也是指内阁阁臣和翰林院学士为皇帝讲述经史,但不受季节限制,随时都可以举行,地点仍然在文华殿。

  正统初元,明英宗接受经筵教育还差强人意,但不久之后便流于形式,那时"虽有经筵之设,不过稽颡一讲辄退,讲者不能尽其余辞,听者不能悉其蕴奥,以故先王政教有所未举,祖宗成宪有所未修,天下利害有所未闻,及北伐罔功天步少艰论者,始咎太监王振专权误国,则已无及矣"(《明英宗实录》卷186,《废帝郕戾王附录》第4)。

明宪宗登基上台后接受廷臣建议,于当年的八月初二日正式开启经筵讲学,但在随后的日子里,这位爱好广泛、欲望多多的大明天子并没有认真地执行好这项帝国顶级再教育制度,"一遇寒暑,即令停止,动经数月"(《明孝宗实录》卷13)。成化朝经筵讲学就此也流于形式,开开停停,虎头蛇尾。

再说从小就谨言慎行又安静好学的朱祐樘在当皇太子时,朝廷大臣早就对他寄予了厚望。弘治尚未改元时,彭城卫千户陈祯、巡按直隶御史姜洪等在上疏言事时便提请新皇帝及早开设经筵,临御进学,"无间寒暑。讲官进说经史宜兼及善恶,庶知所劝惩"(《明孝宗实录》卷7)。弘治改元后没几天,吏部右侍郎杨守陈又上疏,恳请新皇帝"遵用祖宗旧制,仍开大小经筵以讲学,常御早午二朝以听政"。朱祐樘对此回复:"所言皆朝廷切务,朕当举行。"(《明孝宗实录》卷10)第二天,他敕谕礼部,说:"朕惟进学修德以正身,乃治天下之本,兹欲于三月御经筵,其具仪择日,并以合行事宜来闻。"(《明孝宗实录》卷10)

随后的弘治元年(1488)三月十二日,经筵如期开设。十三日,日讲又开启。十八日朱祐樘临御午朝。(《明孝宗实录》卷12)重启的经筵制度与午朝制度在弘治朝自此步入正式运行轨道。

再看当时新皇帝任命的经筵教育的那些老师,"太子太师、吏部尚书、谨身殿大学士刘吉知经筵事,礼部尚书兼文渊阁大学士徐溥、礼部右侍郎兼翰林院学士刘健同知经筵事,礼部右侍郎倪岳,詹事府少詹事兼翰林院侍读学士汪谐、程敏政,太常寺少卿兼翰林院侍读傅瀚、陆钛、周经,国子监祭酒费訚,左春坊左庶子兼翰林院侍读学士李杰,左春坊左庶子兼翰林院侍读张升、谢迁、吴宽,右春坊右庶子兼翰林院侍讲董越、王臣兼经筵官"。刘吉、徐溥、刘健、程敏政、陆钛、周经、谢迁每天都要侍讲侍读,翰林院等衙门儒臣分值侍讲。与此同时明孝宗又"命人傅兼太子太师保国公朱永,襄城侯李瑾,太子太保、吏部尚书王恕,太子太保、兵部尚书余子俊,户部尚书李敏,太子少保、礼部尚书周洪谟,太常寺掌寺事、太子少保、礼部尚书刘岌,詹事府掌府事、礼部尚书邱濬,工部尚书贾俊、都察院左都御史马文升，通政使司掌司事、工部右侍郎谢宇，大理寺卿冯贯，经筵侍班、翰林院侍讲王鏊，修撰王华、李旻，编修张澯、杨杰、刘忠、于材、徐鹏展书，太常寺卿林章，少卿何遛，吏部郎中姜立纲，礼部主事刘询，中书舍人柳楷、周文通书讲章"(《明孝宗实录》卷11)。

从上述长长的任命名单来看，这些弘治"帝师"不仅个个都是硕学鸿儒或言饱学之士，而且绝大多数都是正人君子或言贤德直臣。也正因为如此，在随后的日子里，明孝宗的"务广听纳，以跻世隆平"(《明孝宗实录》卷11)的部分愿望得以实现。

弘治九年(1496)闰三月，少詹事王华鉴于当时皇帝宠信、纵容太监李广和张皇后娘家人损国害民所造成的不堪之势，在日讲时，进讲了《大学衍义》，特别着重讲述了唐朝太监李辅国和张皇后表里用事之史实，并痛加斥之。在场的许多人听到后都为王华捏了一把汗，因为弘治帝的皇后也姓张。但出乎大家意料的是，明孝宗不仅认真听完了日讲，且事后还夸奖王老师讲得好，并命赐食品慰劳之。(《纲鉴易知录》卷70)

弘治十年(1497)二月，皇帝朱祐樘游完了后苑，随即临御经筵。侍讲学士王鏊听说后在进讲中特意讲述了周文王不敢流连游猎的故事，并予以反复规劝。明孝宗听后十分激动，当即夸赞王鏊。为追慕先圣，回宫后他专门将太监李广叫来，跟他说："今天讲官所讲的，就是你们这些人所干之事，以后你们还是好自为之吧。"据说自那以后，朱祐樘再也没到后苑去游玩过。(《明代宫廷杂录汇编·燕对录》卷3)

正因为弘治帝大加鼓励讲官直讲，再加上文臣讲官们又时时规谏，而皇帝朱祐樘从不因此而发怒，前朝沿袭下来的谀颂之风由此一扫而尽。(《明代宫廷杂录汇编·燕对录》卷3)

● 广开言路　处置特殊

前章讲过，弘治帝在登基之初仅将言路放开的范围限制在言官队伍行列，不过同时他又在即位诏书里头昭告天下人们："两京文职官员，自成化十一年以后至成化二十三年九月初六日以前，除被劾并特旨降调外,给事中、御史有因言事及公错并公事讹误,特旨降调者,吏部通查。调者升一级,降者对原品调任,为民者冠带闲住,充军者放回为民。其有司因考察报称贪酷黜为民者,亦与冠带闲住。"(《明孝宗实录》卷2)这实际上是对成化中后期明宪宗拒谏饰非、责罚进谏言官等过失之举的一次大纠正,同时也在客观上鼓励了臣下进言。

○ 弘治朝一开启就复职或升调前朝遭黜的言官,宽容对待甚至鼓励臣下直谏

一个多月后的成化二十三年(1487)十月二十二日,年轻皇帝朱祐樘将带头弹劾李孜省等奸臣近幸、敢于直言的给事中韩重、王质等12个言官直接予以升职。(《明孝宗实录》卷5)

又过了十天后的十一月初三日,明孝宗任命进士郑寓等20人为给事中,这就大大地增加了新朝廷的谏官力量。(《明孝宗实录》卷6)

成化二十三年(1487)十二月癸酉日,大学士刘吉奏举,"致仕御史强珍、南京刑部员外郎林俊俱堪任按察司副使,养病给事中贺钦、云南石旧县知县董旻堪任布政司参议,四川卢山县知县赵艮、云鹤庆军民府推官于大节、四川雅州判官张淮、戴中堪任按察司佥事,云南姚州判官刘昂、陕西临潼县知县徐镛、贵州施秉县知县刘宇堪任知府,待有缺升用"。朝廷吏部为此覆奏,皇帝朱祐樘接受了大家的建议,下令将上述这些在成化朝因进言而被黜斥的谏言者官复原职或进行一定的升调。(《明孝宗实录》卷8)

弘治元年(1488)闰正月上旬,根据新皇帝即位诏书的指示精神,大明吏部对前朝时给事中、御史因上言进谏和公错讹误而被特旨降调的24人进行了复查,结果发现李鸾、何琉等13人"俱调除外任者,于诏例应各升一级",张雄、刘清等8人"俱降除外任者,于诏例应对原品调任",又张海、杨守随、罗璟等3人"俱才识超卓,于诏例应量才举用,其它降调之中亦有才识超卓者,请如例各量才举用"。朱祐樘接到吏部的请求,当即予以了允准。(《明孝宗实录》卷10)

数日后的弘治元年(1488)闰正月癸未日,"吏部奉诏例疏上文

职因缉访讹误调任致仕者十七人,刘淳、彭网、邵贤原任员外郎,调知州;董序、高鉴、张眹、石巍、赵明、苏章、佟珍原任主事,调通判;杨士儆原任中书舍人,调卫经历;朱绅、郑宏、刘绅原任郎中,降知州;董宁原任员外郎,降通判;焦芳原任学士,降州同知;黄杰原任府丞,降府同知"。明孝宗对此答复:"各官既被缉访讹误,九年已满者照例升用,降给者复原品,调别任,余俱改除近地"(《明孝宗实录》卷10)。

弘治元年(1488)三月,南京吏部主事储瓘上疏进谏,说:"本朝开启之时,主事张吉、王纯,中书舍人丁玑,进士敖毓元、李文祥等相继因事直言而遭远谪,以臣之见,拥有这样政治觉悟的人一定不会变节辱身,而今却'皆弃之岭海之间,毒雾瘴气,与死为伍,情实可悯。乞取而置之风纪论思之地,则言论风采必有可观。与其旋求敢谏之士,不若先用已试之人'。"明孝宗接疏后命令"吏部皆起用"。(【清】谷应泰:《明史纪事本末·弘治君臣》卷42)

经由这样一次次的"正本清源"和"拨乱反正",一批批在成化朝因为进谏而遭受责罚的言官,或官复原职,或原品调任,或擢升晋位,弘治朝廷中的正能量由此不断增强和壮大,朝廷内外敢言和直谏之士也就越来越多。

刚上台时弘治帝想在万岁山上盖个棕棚,用来登高望远。有个国子监生叫虎臣的听说后立即上疏劝谏,说:"陛下才即皇位,国家百废待兴,目下最不应该做的就是开建这种莫名其妙的工程。"监生虎臣上疏的消息很快传到了国子监祭酒即校长费訚那里,当即把费校长给急坏了。因为新皇帝登基没几天,根据前朝老皇帝即明宪宗晚年对待进谏者的态度来看,虎臣上疏不仅要给他自己而且还将给国子监带来大麻烦。想到这里,费訚立即给监生虎臣戴上枷锁,并将他捆绑在国子监正堂的树下。哪想到不多一会儿,宫中官校飞驰国子监,叫虎臣上明皇宫左顺门去听旨。内心狂跳得如小鹿一般的虎臣刚来到左顺门,有太监从宫里出来对他说:"皇上看了你的谏言疏文,认为你讲得对,棕棚是不应该盖的,他已下令让人拆掉了。"这事传开后,费訚才知新皇帝虚心纳谏,反倒觉得自己十分惭愧。而虎臣由于敢于直言进谏,顿时名扬京师。而后不久,新皇帝下令,授予虎臣七品官衔,让他到云南枳嘉县去当

知县。(《明史·虎臣》卷164；【清】夏燮《明通鉴》卷36)

与前朝特别任性的独夫皇帝相比，明孝宗在处理纳言进谏问题上显得很另类。一般来说，他对于上言进谏者多能持有包容的心态。即使是较为严重的逆鳞，朱祐樘也不太会予以严厉的责罚，更不会像前朝祖宗那样对进谏者实施残忍且又侮辱人格的廷杖。因此说，自即位起，尽管他将大明朝廷言路开放的范围限定在言官队伍当中，但从实际政治运作来看很快就越出了这样的边界。

最早越出这样界限的是一个叫夏崇文的南京吏部主事，与当时大明朝廷内外相继发出要求清除前朝奸臣佞幸强烈呼声有所不同的是，夏主事在成化二十三年(1487)九月戊申日即明宪宗死后的第十几天上疏朝廷，提出了"君身朝廷之本，朝廷四方之本"的主张。他说："君身正则朝廷正，朝廷正则四方正。伏乞简命学行名臣日侍讲读，万几之暇不时召见，俾详陈祖宗创业之艰难，贻谋之宏远，及军民休戚之情，人才用舍之道，政化隆替之由，封守缓急之地，仍于便殿将祖宗垂示之旧章、历代可鉴之故事，大书于屏，以便观览，更远邪佞以亲正人……"(《明孝宗实录》卷2)

从夏崇文的上言内容来看，话里话外既有着对前朝皇帝不召见大臣议事之怨气，又有告诫刚刚即位的新天子朱祐樘如何做到"君身正则朝廷正，朝廷正则四方正"之义，而这样的上疏进言要是搁在大明老祖宗朱元璋或朱棣、朱瞻基那里，等待夏崇文的可能是不测之大祸。宣德时有个叫陈祚的大臣上书给宣德帝，说如今天下太平，皇帝不应该乐此不疲地游猎玩耍，而要勤于圣学，尤其是宋代理学大师真德秀的《大学衍义》，圣上不妨多读读。一直自命不凡的朱瞻基哪儿受得了臣下的这般进谏，顿时破口大骂："这小子居然说我没读过《大学》，如此瞧不起我，我不能不杀他！"幸好在场的学士陈循还算是个正人君子，听到皇帝这般暴怒，立即跪下磕头，宽慰地解释道："陈祚是个俗里俗气的书生，一直远处穷乡僻壤，不知道陛下您无书不读的。"听到这样顺耳的话，朱瞻基稍稍息怒了点，但最后还是下令将陈祚逮捕入狱，并连坐了陈祚家人十多口。(《明史·陈祚》卷162)

再说夏崇文上疏后，明孝宗尽管读出了疏文中的弦外之音，但他并没有发怒，而是"以其言下所司知之"的方式处理，即将夏崇文

的上疏奏章下发到相关衙门去,让那里的官员们看看该如何处理为好。(《明孝宗实录》卷2)

也正因为明孝宗在对待纳谏问题上有着乃祖乃父不同的态度,所以当时大明朝廷内外的人们都比较乐于积极上言进谏,对于与自己职责毫不相关的国事也提出了许多的意见和建议。譬如,尚未改元的成化二十三年(1487)十一月乙卯日,听选监生许鉴上疏言陈五事,明孝宗基本上都予以接受。(《明孝宗实录》卷7)

这样的事情传开后,没过几天即成化二十三年(1487)十一月辛酉日,彭城卫千户官陈祯也上呈奏章,直抒己见。他说:"科道官以言为责,近年每遭谴责,遂致敢言之士索然无闻。内阁经筵之设,所以博询军民利病,讲求圣贤之道,然朝廷每遇政务当议,内阁大臣未得亲奉天颜面陈得失,经筵亦虚旷弥旬,不过徒设名色而已。天下方镇内外官动以进贡为名,假一科十,而府州县官转相效尤,民力告竭。至如建立皇庄,仍遣内臣董之,为害非细。夫天下一家,尺地莫非王土,又何用皇庄而已。乞令该部通查两京科道等官,但系陈言调除远方,悉令改任近地,以开纳言之门。其可议事并经筵讲说,务令内阁大臣与讲官时赐接见,无所阻隔。仍乞遣官丈量庄田顷亩,悉拨小民佃种起科。通谕各王府并皇亲家自后毋再奏乞庄田,并方镇官毋再进贡方物,永为定制,则天下生民得享太平之治于无穷矣。"(《明孝宗实录》卷7)

中下级军官陈祯上疏一口气说了四件事,且每一件都与皇帝和朝廷密切相关,尤其在说到皇庄制时,他很不客气地说:"夫天下一家,尺地莫非王土,又何用皇庄而已。"其潜台词为大明天子怎么不明事理,这一个个皇庄建立起来是皇帝将自己视为一方土财主,还是有别的什么意思呢?要说这样的进谏也够让人不舒服了,但弘治帝朱祐樘在接疏后却并没有生气,而是将它交给相关衙门去处理。(《明孝宗实录》卷7)

弘治元年(1488)正月庚子日,南京大仆寺寺丞文林上言八事:奏请新皇帝"开言路、谨好恶、察几微、率旧章、简贤材、崇宽厚、勤政事"。明孝宗接奏后"命所司详议以闻"(《明孝宗实录》卷9)。

弘治元年(1488)十一月壬申日,兵部郎中陆容上言八事:"储养台辅、爱惜人才、久任巡抚、教导勋戚、经理京卫、选练禁兵、均平

钞法、慎重会议。"明孝宗接奏后还是"命下其奏于所司。"(《明孝宗实录》卷20)

非职责范围的朝臣都踊跃进谏,本以进言为其自身职责的言官们那就更不甘示弱与寂寞的。成化二十三年(1487)十一月丁巳日,南京工科给事中章应玄等上言五事,乞请当朝新天子"养圣心以端治本""接贤臣以图治道""重爵赏以杜幸门""节财用以固邦本""审舆论以公黜陟"(《明孝宗实录》卷7)。

同一天,巡按直隶监察御史汤鼐也上疏,就整顿大明吏治和官场风气提出了自己的建议。(《明孝宗实录》卷9)

一天后的十一月己未日,监察御史陈孜上言九事:乞请皇帝"谨修身、慎政务、明赏罚、任贤才、选边将、禁奢侈、储钱粮、重农事、实军伍"(《明孝宗实录》卷7)。

大约又10天后的十一月甲子日,巡按直隶御史姜洪也上疏言及八事:正君心、务圣学、纳谏诤、辨邪正、禁近习、黜异端、省进奉、慎始终。(《明孝宗实录》卷7)

又20天后的十二月己丑日,巡按直隶监察御史曹璘上疏直言十事:修圣学、纳谏诤、公任使、释怨女、慎将领、谨细微、节财用、宽租赋、息异端、惜名器。(《明孝宗实录》卷8)弘治元年(1488)三月庚午日,礼科都给事中李孟旸就南方军事防务和朝廷章疏批答而上言五事(《明孝宗实录》卷12)。

弘治元年五月丁亥日,工科给事中夏昂以灾异言十二事。(《明孝宗实录》卷14)

弘治元年十二月丁酉日,礼科给事中王纶陈十事:体天心以修实德、恤人言以集众善、广科目以崇文学、去邪淫以敦大化、严遴选以得真材。(《明孝宗实录》卷21)

明孝宗在接到这些言官们的奏疏后要么"下其奏于所司",要么让朝廷相关部院衙门讨论一番后再覆奏,然后"从其议",将上疏之请执行下去。(《明孝宗实录》卷7~卷21)

在弘治前期的直言进谏进程中,相比于前朝的"纸糊三阁老,泥塑六尚书"(【明】王鏊:《王文恪公笔记》),朝廷阁部寺院大臣的整体面貌也焕然一新。

弘治元年(1488)正月元宵节过后一天,太子太保、兵部尚书

余子俊上言四事:"均选法、广储积、修武备、慎刑罚。"(《明孝宗实录》卷9)

数日后的弘治元年(1488)正月丙辰日,都察院左副都御史边镛上言四事,乞请新天子:纳谏诤、重守令、察大臣。明孝宗接奏后令吏部讨论一番。吏部官员觉得边镛讲得不仅有理且还具有可行性,建议皇帝予以采纳。朱祐樘随即接受了建议。(《明孝宗实录》卷9)

又是数日后的弘治元年(1488)闰正月己巳日,都察院左都御史马文升上言十五事,就朝廷内外诸衙门清理和全面整顿等方面的工作提出了意见,明孝宗接奏后"以所言多切时弊,命所司议处以闻"(《明孝宗实录》卷10)。

大约半个月后的弘治元年(1488)二月丙辰日,都察院左都御史马文升又因漕运之弊给漕军带来的痛苦而专门上言,"乞命所司每船一艘加银二十两,禁约运官及有司科害搜检之弊,庶用惫少苏而转漕无滞"。明孝宗接疏后下旨:"造船银两令工部查处加添,余皆从之。"(《明孝宗实录》卷11)

数月后的弘治元年(1488)七月丙寅日,因贵州仓廒无官管理,巡抚贵州都察院右副都御史孔镛上言:"贵州所设仓廒十九处,在极边卫,分俱籍四川、湖广及宣慰司等衙门,运纳粮米并折支银布,以给军饷,各处官司送纳不时,拖欠数多。乞专命贵州布政司右参政林迪往来提督。"明孝宗接奏后立即批准,并降敕给林迪,特命他专一提督贵州军饷拖欠问题。(《明孝宗实录》卷16)

与都察院右副都御史孔镛上奏的同一天,都察院右副都御史边镛就新皇帝即位上台近一年了还不肯单独召见大臣商议政事而上言责问:"臣尝进言,欲陛下察大臣,以便简任,蒙已俞允,今既数月,未闻所召者何人,所议者何事,岂圣意有所向而在廷诸臣不足以奉行欤?"作为臣下这样问话,要是在明朝其他皇帝当政时极有可能会招来廷杖之罚和严厉的黜斥,甚至弄不好还有杀身之祸,可在弘治时代却不会这样。明孝宗在接到边镛的上言后回复道:"朕有大政事,当召府部大臣面议。不过边镛你在上书中怎么将我家高祖仁宗皇帝的谥号给写错了?"随后他便"下所司知之。"(《明孝宗实录》卷16)

○ 别具一格的弘治言路开放

弘治时代注意开放言路和纳谏进言的事例还有很多,由于篇幅的关系笔者不再做进一步的展开。不过倘若置身于整个明朝历史大背景下来看的话,我们就不难发现明孝宗这种开放言路和纳谏进言很有特色,具体地说有以下几点:

(1) 与前朝列帝相比,新即位上台的明孝宗逐渐开放言路

在以前出版的《大明帝国》系列拙作中,笔者对明代列帝敞开言路和纳谏进言做过较为详尽的考察,明朝开国以后在这方面做得比较好的第一位皇帝就是建文帝。但十分可惜的是这么一位好皇帝只当政了4年,就被他的"好叔叔"朱棣给撵走了,连同整个建文朝的官方文书记载都被清洗得干干净净。所以说至今为止,人们所能看到的明朝官史上有着明确记载开放言路的第一位好皇帝是建文帝的堂弟朱高炽。永乐二十二年(1424)八月丁巳日,明仁宗朱高炽在即位诏书中明确告示天下:"凡军民利病,许诸人直言无隐!"(《明仁宗实录》卷1上)可这位好皇帝也只坐了10个月的帝位宝座就突然"驾崩"了。随后明朝官史上有着明确记载开放言路的第二位皇帝就是小杆子朱祁镇。宣德十年(1435)正月壬午日,明英宗在即皇帝位诏书中昭告世人:"凡军民利病,许诸人直言无隐!"(《明英宗实录》卷1)但事实上那时候的明英宗还是个8岁的娃娃,对于这诏书中所写的,恐怕连字都认不全。等到他有了自己意志和独立行为后,人们所看到的明英宗却是个绝对专制主义者,台前朱祁镇唯我独尊,台后大珰王振弄权,"三年内与其思想与意志不能保持高度一致的朝廷部院大臣一半以上都曾被打入大牢或进行枷号"(详见笔者:《大明帝国》系列之⑪《正统、景泰帝卷》下册,东南大学出版社,2016年5月第1版,P148~186;⑯《成化帝卷》下册,东南大学出版社2017年11月第1版,2017年9月第1版)。由此不难看出,明英宗当政时代大明根本就没有敞开言路,甚至比起前朝列帝时代还可能有过之而无所不及。无限的皇权专制,有限且无力的廷臣进谏,泛滥成灾的犬儒主义……终致大明天子在毫无充分准备的情况下发动了御驾亲征,数十万大明军将士随之命丧土木堡,就连明英宗本人也让瓦剌给俘虏去了。(【明】高岱:《鸿猷录·己巳虏变》卷10)而于国

难之际上台的景泰帝在登上皇帝宝座的那一刻,就明确告示世人:"朝廷及军民中事有未宜及利有当兴、害有当除者,许诸人直言无隐!"(《明英宗实录》卷183,《废帝郕戾王附录》第1)这也是明朝官史上有着明确记载开放言路的第三位皇帝。

至今为止,人们所能看到的明朝官史上有着明确记载开放言路的第四位皇帝是成化帝。天顺八年(1464)三月乙卯日,即明宪宗登基上台的第三个月,在"上慈懿皇太后、皇太后尊号"而诏天下的诏书中皇帝朱见深明示世人:"凡朝廷政治得失、天下军民利病,许诸人直言无隐!"(《明宪宗实录》卷3)而明朝官史上有着明确记载开放言路的第五位皇帝就是我们现在讲到的弘治帝。不过与一上台就将言路放得很宽但在实际上却并没有做到的前朝4位皇帝相比,明孝宗对言路的开放似乎很谨慎,或许鉴戒于成化朝激烈的党争之势,或许是他从小就养成的谨小慎微的个性之使然,朱祐樘在登基即位昭告天下的诏书中只将言路限定在言官队伍的范围。(《明孝宗实录》卷2)这显然是不能满足朝廷内外人们的普遍愿望。

弘治元年(1488)五月甲申日,南京吏部主事夏崇文上章进言,要求新皇帝进一步拓宽言路,他说:"我圣祖设通政司以纳言,置科道以论谏,兼许诸人直言毋隐。今陛下虚心纳谏,同符圣祖,臣庶皆思效忠,但恐忧深者,或过为激切之论,稽古者或泥于时措之宜,欲望圣明从容省览,曲赐包涵,取其意而略其词,采其长而舍其短,天下幸甚。"(《明孝宗实录》卷14)明孝宗接奏后叫廷臣们议议,随后便没了下文。半年后的弘治元年(1488)十二月丁酉日,礼科给事中王纶在上陈十事中以"恤人言以集众善"为目专门说道:"兼听则明,偏信则蔽。近有上言者,以为官非谏官,但陈言利害,不可劾人过恶,是虽开台谏,当言之路,而实箝天下直言之口。乞颁明诏,不但军民利病许诸人直言无隐,而凡人之得失、政之美恶,亦许具实陈奏,其间果有挟私妄奏、撼拾不公者,许科道官参驳弹劾,而以其罪罪之。"(《明孝宗实录》卷21)对于这样的好建议当然无法拒绝了,弘治帝随即回复"从其议",但在实际中他却并没有下诏进一步开放言路。这样一直要过了3年,到弘治四年(1491)下半年时情况才有了变化。

弘治四年(1491)九月丁酉日,皇长子朱厚照出生(《明孝宗实录》

卷55）。弘治五年（1492）三月戊寅日，"以册立皇太子礼成，诏告天下"。在这份昭告天下的诏书后面，皇帝朱祐樘开列了36款"合行宽恤事条"，其中最后一款这样说道："天下军民利病，许诸人直言无隐！"（《明孝宗实录》卷61）由此而言，弘治朝敞开言路具有渐进式的特征，这也是其他列帝时代所不曾有的。

（2）与前朝列帝相比，弘治18年间明孝宗纳谏进言呈现出V字型，即头尾做得比较好，中间相对要差一点儿

历史上一些不算太昏庸的帝王大多数都有一个共同的特点，即在其统治的前期比较清醒、有作为，且还能纳谏，但到了中后期就变了样，原本的清明之君开始颓废荒政，追求享乐，对于臣下的直言进谏往往拒之于千里之外，甚至有时对于一些"拎不清"时势而进谏的臣僚还使用暴力来进行责罚。明孝宗的父亲明宪宗就是这样一个典型的君主。他刚上台时几乎纳谏如流，可到了成化中后期起几乎变了个人似的。前章说过，刑部员外郎林俊和后军都督府经历张黻看到皇帝崇佛佞道，荒淫透顶，就不顾自身得失，上疏直言规谏。可执迷不悟的明宪宗不仅不予接受，反而将他们逮捕下狱，后贬谪远方。（《明宪宗实录》卷257；《明史·林俊》卷194）

成化二十一年（1485）正月，浙江道监察御史汪奎等就当时发生灾变而上言朝廷十事，请求宽宥因言事而得罪被黜诸臣，全数撤还镇守、守备内官，"乞罢建寺而治梁方之罪，取回继晓、追夺度牒、斩首都市，以谢天下"，尽斥传奉官，等等。其中在"尽斥传奉官"一事上，汪奎就这么说道："近年亡命负贩之徒、工艺方术之辈传奉通政司、太常寺、鸿胪寺、锦衣卫中书科、文思院官者，不可胜数，且如顾贤、顾祥、顾兰、顾果、顾俊，太监顾恒之侄也，有何勋劳而俱升锦衣指挥千百户、镇抚之职？李孜省缘事之吏也，有何才能而滥授通政之官，似此之类，难以悉数，俸禄之费，岁以万计，执役之人动以数百，日甚一日，无有纪极，宜令所司悉究传奉之官，尽发原籍闲住，以去冗滥。"（《明宪宗实录》卷260）

不难看出，汪奎的这篇上疏文写得太过于直了点，几乎是在说当朝天子昏聩无能。明宪宗对此恨得咬牙切齿，但鉴于当时天灾刚刚发生，朝廷正广求直言消弭灾变，皇帝朱见深只好压制住了内心的怒火，寻找报复的机会。不久之后，"南京御史张廷瑞、锦衣卫

千户李通复命差错失于面劾"(《明宪宗实录》卷261),汪奎等监察御史对此应该予以当场纠正,但不知是一时没有完全意识到还是由于别的什么缘故,一直到退朝时,汪御史才突然出来纠错。哪想到成化帝"以其怠缓,杖之于廷。居数月,复出为夔州通判,讨平云阳剧贼"(《明史·汪奎》卷180)。

当然这样的事情远不止上述数例,还有许多。据说那时的明宪宗将上疏进谏触怒他的60人的名字写在宫廷屏风上,一旦发现机会来了,便把他们贬谪至远恶之地。广西横州知州敖毓元因灾异星变而响应朝廷中央的号召,积极参政议政,但由于在上疏中他"言时政辞甚激切",触怒了当朝天子,"疏留中不出"。皇帝朱见深等到风头过后便让吏部将他远徙云南河西县(今通海县)当县丞。(《明宪宗实录》卷285)

说那时的成化朝廷早已"言路久塞",皇帝朱见深蜕变成了一个地道的昏君暗主。(《明史·林俊》卷194)

明孝宗朱祐樘在当太子时对于父皇的弊政看得还是比较清楚的,所以一上台他就十分注意敞开言路,由此也就迎来了弘治朝直谏进言的第一波高峰。据当时的大明国史记载,朱祐樘即位之初到改元前后,差不多每天都能接到臣下的奏请,少则一天1~2道建言奏章,多则一天4~5份章疏,譬如成化二十三年(1487)九月戊申日、成化二十三年十月丁卯日和成化二十三年十月戊子日,新天子每天都要接受4道章疏奏请。(《明孝宗实录》卷2、卷4、卷5)

不过随着时间的推移和皇位的稳固,明孝宗在纳谏进言方面也逐渐滑向了乃父乃祖的老路。到了弘治中期时,许多大臣甚至是大家一致认同的奏请与建议也不一定能得到他的接受。

弘治八年(1495)四月,因在张秋修治黄河开工典礼上发生灵异事情,后又听说"辅佐"刘大夏修河的太监李兴等"参随人众饩廪之外,日费银七两,又见同知王珣呈银二千两,不足十日之费",山东按察司副使杨茂元从关爱民生角度出发,上言朝廷,请求取回李兴等人,"专委(刘)大夏",不想就此触及了皇帝朱祐樘心中的忌讳,被下锦衣卫狱。刑科都给事中庞泮等立即上言营救,"十三道(御史)并南京十三道(御史)亦论救之",明孝宗都予以拒绝(《明孝宗实录》卷99)。杨茂元和庞泮等随之遭到了谪降。弘治十年

(1497)四月,兵科给事中王缜和吏部都上言朝廷,乞请给因言事受谪的杨茂元复职,可明孝宗压根儿就听不进去。(《明孝宗实录》卷124)弘治十一年(1498)十一月,翰林院检讨刘瑞和礼科都给事中涂旦等借着天变的机会分别上疏朝廷,再次请求给因言事而获罪的杨茂元等复原职,但明孝宗还是没有接受。(《明孝宗实录》卷143)

弘治十一年(1498)闰十一月,南京给事中赵钦、监察御史张璠等劾奏:"南京掌左军都督府事驸马都尉杨伟、保定侯梁任纵下扰民,后军都督府都督佥事张海营求复任,协同守备武靖伯赵承庆贪婪无耻,中军都督府都督佥事王勇久疾旷官,请各罢黜。"明孝宗接奏后来个反其道而行之,"命俱留办事"(《明孝宗实录》卷144)。

弘治十二年(1499)二月,勘事官、给事中吴世忠等上疏进言:"大同边备废弛皆(巡抚大同赞理军务、都察院右佥都御史刘)瓛及镇守太监孙振、总兵官神英等欺罔所致,请通行逮问。"明孝宗接疏后下令,将刘瓛取回北京别用! 刘瓛至京,"监察御史王鼎复劾之,其疏与瓛改官之命同下,科道再交章,论列谓非黜瓛,无以息物议?"明孝宗回答得很干脆:"不允!"(《明孝宗实录》卷147)

弘治十三年(1500)二月,看到大德显灵宫为皇家做了三天的春祈醮事,当朝天子越来越崇佛佞道,礼科给事中于瑄不无焦虑地上疏皇帝明孝宗,"乞罢其事,且请上躬行节俭,减免赏赉,崇正道、黜邪说,裁革近年僧道官之传升、乞升者"。没想到那时的朱祐樘与他老爸一个德行,执迷不悟,在接到谏言后竟这般回答:"春祈秋谢斋醮,乃本朝旧典。给事中不谙事体,辄来奏扰,本当究问,姑宥之。"(《明孝宗实录》卷159)

弘治中期的如等之势有人曾做过这样的描述:人们"以言为忌,间有言者论事,止拾不急之务,劾人每乘势败之时,致使排斥宠幸、抵触奸回、顾出于吏胥,近习之流,议者盖之。"(《明孝宗实录》卷123)毋庸赘言,明孝宗这样治国理政下去只能重复前朝的故事。不过好在弘治后期,由于近侍阁部大臣刘健、李东阳和刘大夏等人的及时提醒和竭力敦促等诸多因素,皇帝朱祐樘很快地意识到了自己的问题,并迅速改变了做法,时常召见阁部大臣,听取各方面的意见,励精图治。此时的大明朝廷再度出现了弘治改元前后的纳谏进言的"新浪潮"。

综上所述，与前朝列帝相比，弘治这18年间，明孝宗纳谏进言呈现出V字型，即头尾都做得比较好，中间很差。

（3）与前朝列帝相比，弘治帝在面对天灾星变时比较注意自律，也容易接受臣下谏言

在中国历史上尤其是元明清三代，制约皇权的因素少之又少，除了祖制外，大概就要数灾异星变了。一般来说，当灾异星变发生后，只要不是太昏庸的君主都会下诏，让臣下直言进谏，改善治政，但过不了多久，又故态复发，或者鉴于灾异、上天警示而做做样子，明孝宗的父亲明宪宗就是这样的政治操作高手。（详见笔者的《大明帝国》系列之⑯《成化帝卷》下册，东南大学出版社，2017年9月第1版，P514）

而明孝宗在因天灾祸害而下诏求言方面要比乃父甚至乃祖做得好多了。弘治二年（1489）七月癸亥日，早朝结束后，朱祐樘敕谕礼部说："近日京城雨水为灾，南京又奏大风雷雨之异。朕当检身饬行，祗谨天戒。尔文武百官，其各加修省，勉图报称，政事有缺失当举行改正者，斟酌精当以闻。"（《明孝宗实录》卷28）

9日后的七月癸酉日，工部尚书贾俊等以灾异上言八事，明孝宗接奏后"从其议，仍令移文内外衙门，务为撙节财费，减省工役，以苏民困"（《明孝宗实录》卷28）。

12日后的七月丙子日，礼部尚书耿裕等以灾异上言七事：寅畏天戒、减省贡献、停止折纳、革退军厨、慎重教职、均平取士、改调官员。弘治帝回复："寅畏天戒是防微杜渐之意，朕当体行。光禄寺折纳猪准减一千口，军厨仍旧，其余皆准行。"（《明孝宗实录》卷28）

弘治二年（1489）七月丁丑日和5天后的七月癸未日及10余日后八月戊子日，兵部尚书马文升、吏部尚书王恕和内阁大学士刘吉等分别以灾异而上言十三事、七事和七事，皇帝明孝宗"俱从之"（《明孝宗实录》卷28；《明孝宗实录》卷29）。

弘治二年（1489）八月初四日，大理寺卿冯贯等以灾异上言五事：第一，"在京重囚每年霜降会官朝审，而在外五年始一审录，壅积数多，秋后虽令所司审决，其冤抑者多不与辩，情可矜疑。又不具奏请，每年秋后行巡按御史会三司等官，从公研审，如有冤抑，即与辩理"。第二，"诸司审录重囚，有称冤不服者，不过调别司问理，类多拘于成案，果有冤抑，无与辩者。今后凡驳回再问者，请令调

隔别衙门辩理"。第三,"直隶等处凡有情词,多赴京奏告,法司逮问,往来动经年月,淹禁致死者甚多。今后奏告,宜行巡抚、巡按或都司府衙门理就彼归结"。第四,"问重因必须证佐,今强盗赃仗多军校买补人命尸伤,多称锦衣卫检验不会文职,故人多称冤。今后强盗必须见获赃仗,通送法司检验,人命务行法司转勘"。第五,"内外衙门问拟徒罪,轻重失论。今后问拟徒罪,不分军民、舍余,若审有力,与官吏、监生人等亦将杖数徒年计算运灰、纳米赎罪发落"。明孝宗接奏后"俱从之"(《明孝宗实录》卷29)。

(4)弘治帝对于进谏者大体上都比较理性,不实行廷杖,更没有大开杀戒

可能因为自小是苦孩子出身的缘故,明孝宗为人很和善,凡事不太走极端,在治国理政中对于一些"无厘头"的上言直谏,他也能大体上控制住自己的情绪,较为理性地处理问题,不实行廷杖,更没有大开杀戒。这样的皇帝在明朝列帝中还真不多见。

弘治元年(1488)六月甲辰日,"南京户科给事中方向等以雷震南京洪武门脊左吻兽及孝陵道傍柏树,因劾内阁大学士刘吉依阿固宠,徐溥巧图升进,南京守备太监陈祖生、郑强阴险贪恣,成国公朱仪、南宁伯毛文柔懦不立,尚书耿裕纪纲弗严,周洪谟逢迎为悦,侍郎倪岳有玷名教,吕雯庸劣黩货,都御史边镛、太常寺卿翟瑛、右通政陈瑷躐取通显,太仆寺卿李温、少卿林凤狡猾躁竞,太常寺卿掌祭酒事徐琼学识肤浅,通政使张苗不识政体,鸿胪寺卿周昌老懦无为,少卿牛纶久病废职,乞并黜之,以消天变。南京、广西等道监察御史李鼎等亦以为言"(《明孝宗实录》卷15)。

从上述上言的内容来看,南北两京的阁部大臣没有几个能胜任职位的,几乎都要予以撤换。事实上这样的弹劾也不客观、公正,譬如重臣徐溥、周洪谟、倪岳的所言所行虽不能说是洁白无瑕,但他们总体上还是称职的廷臣,可在成化朝久受激烈党争风气影响的言官们眼里,新朝廷开启后的这些权高位重大臣都得要撤换,若进一步说下去,那就是当朝皇帝的眼力出了问题啊!对于这样的奏章,弘治帝接到后并没有大发雷霆,而是耐心地看完,然后做出十分平和的处理决定:"朝廷用人自有公道,所言未必尽实,张苗、周昌、牛纶可令致仕,余仍旧供职。"(《明孝宗实录》卷15)

弘治元年(1488)十月戊申日,"为人狂诞疏,以经画大计名,反复余年,多浮辞不切于事"且为"时人传笑之"的礼科给事中孙孺上陈六事,"每事之目有三:一举贤才以任大事,其目曰旌廉吏、拔异才、奖节义;二理财赋以足大用,其目曰劝农桑、广储蓄、节浮费;三正典礼以一大统,其目曰议典礼、立制度、正六韵;四严兵卫以壮大势,其目曰选将才、教战士、谨边备;五审刑狱以公大法,其目曰原情弊、理冤抑、明律意;六筑城守以设大险,其目曰固城守、通漕运、保江淮"。明孝宗接奏后并没有因为上言者为"狂癫疯子"而没有理睬,而是将其奏章交与礼部。礼部官在经过一番谈论后认为"其言亦有可行者",朱祐樘当即予以接受。(《明孝宗实录》卷19)

与上述户科给事中方向和孙孺上言相比,下面要讲的湖广汉阳府通判李晟的奏事进言那真可谓更加离谱和怪异了。朱祐樘上台后不久,李晟上言说:"臣先为都察院经历时屡上疏,言兵及战车之制,俱未采用。窃念臣学法四十年,悟得兵书奇要,乞开武英殿,召臣一问,残虏不足平。"他还说:"臣专门主攻《六经》大法之战,那才是集千古之大巧。乞请皇帝批准,给臣两个月的时间制造战具,再给三旬时间确立对北疆残虏的作战方略,大致到秋冬之交,臣必建奇功而归。"随后李晟又将自己写的"战法"和"急务"两篇军事兵法一起上呈了上去,其内大致是说"三代以下,惟诸葛亮最巧,韩信、李靖、岳飞皆诈力与苦战非造化之巧,其大言多类此。"(《明孝宗实录》卷21)

对于这样几近荒诞的建言,明孝宗接奏后不仅没发火,反而还让"工部刻期制造(战车)试验以闻"。工部领命后立即投入人才、物力和财力进行战车试造,然后再将其交与"各营文武内外臣于教场试之"。试验下来的结果是:"(李)晟战法大概主用弓弩,而弓弩所发远不过二十步,其车粗重,难于运转,以之守城,不可以御敌;以之出战,一遇坑坎、沙窝乱石,如榆林河套、辽东、五岭、大同、宣府、迤北崎岖之地,皆不便利。"明孝宗听到这样的奏报后有点儿坐不住了,但也没有发大火,仅这样说道:"李晟狂妄自炫,累章烦渎,及试所制战具,皆无益于用,虚费钱粮,法当重治,姑宥之,降四级边方叙用。"(《明孝宗实录》卷21)

要说李晟的上奏还真有几分滑稽闹剧的色彩,倘若换在明朝别的皇帝手里,这个极度自信的军事兵法爱好者即使不被廷杖一通或被送上西天,那也极有可能在锦衣卫大牢里头待上一阵子,然后再充军远边。但在弘治帝当政时,李晟最终因虚费钱粮而被降了四级,贬为云南曲靖卫知事。(《明孝宗实录》卷21)

弘治十四年(1501)三月,湖广襄阳县冠带官张一中上疏"用兵心法",其曰:"请易旗号、盔甲皆为黄色,牌面、环刀皆为虎形,曰黄为中央之土,以克北方之水,虎惊胡马之目,见必惧退,然后以神枪药箭击射之……"后又疏曰:"今之求将,不过将材而已,与其求将材之千万,莫若求将材之一人,必如姜子牙、诸葛亮之流,不礼聘不出,不信任不行,岂同小丈夫然哉?盖以自况也,且请不限旧制,作戎具五端药箭三等,然亦不言其制用之术。"明孝宗接疏后将其下兵部议,兵部说:"其庸妄干进,请罪之。"朱祐樘降旨:放张一中一马,不问其罪。(《明孝宗实录》卷172)

从上我们不难看出,弘治时代臣下上言进谏的环境还是比较宽松的。

(5)明孝宗对于进谏者身份似乎很有讲究,一般来说,职位高的廷臣的进言他大体上多能接受

或许因为自小看到成化时代党争和言官议政的负面因素太多的缘故,弘治帝对于品级较低的言官上呈章疏一般都是先接收下来,再叫朝廷相关衙门机构去议议。而对于位高权重的大臣的谏言则不然,他大多都能当场予以接受和采纳。

弘治六年(1493)五月壬申日,工部尚书贾俊应诏陈五事:第一,"近来内外修造工作太繁,蠹财劳民,宜皆停止";第二,"易州山厂专为内府惜薪司及光禄寺供应而设,近年内府杂役以一派十,悉坐山厂,所司遂以岁用之数充之,及工已完,又仍于本工原拨处上纳,劳费不胜,今后宜改令于本部台基厂收贮,以备别用";第三,"天下王府造坟岁无虚日,一年所费不下数十万,宗枝日蕃,军民日困。今后自郡王以下,宜减半给直";第四,"天下岁造军器岁久,积于无用,多致敝坏,及真定等处积负光禄寺上供器物,俱宜暂且停征,或量减其半"。弘治帝答复:"所言有理,皆准行,修造工作仍备查来奏。"(《明孝宗实录》卷75)

弘治六年(1493)五月丁卯日,吏部左侍郎张悦进言四事:"一

祖宗旧政,讲画精密,品式具备,虽行之万世无弊,不宜轻改,以乱旧章;一今天下之民,率多罢敝,东南财赋所出之地,尤为滋甚,宜薄其税敛,使有余财,轻其徭役,使有余力;一各处荒歉人民流移,宜禁奢华,裁冗滥,节用度,损燕乐,杜无名之爵赏,罢不急之工役;一各处冗官太多,官司罚钱太滥。乞查革禁约。"明孝宗接奏后让礼部进行讨论,礼部官认为:"其言皆可从,乞圣明留意。"朱祐樘随即"纳之"(《明孝宗实录》卷75)。

弘治八年(1495)十一月甲申日,"礼部尚书倪岳等以灾异修省,会同五府、六部、都察院等衙门条陈三十二事",其文长达2230多字。明孝宗接到后不仅耐心地将其读完,且还一一作答:"卿等所言,仰法圣祖,俯接群臣,停减斋醮,朕自有处置。减收粮斛,监收皮张,拟宽调卫,王府军校,灾伤马匹,减造文册,军士月粮,审清刑狱,擅科军士,清除吏弊,禁革科敛,宽宥逃罪,俱令所司掛酌而行。其暂停工役,量减供应,量定拘繁,宽恤追赃,并惩戒邪慝,所司仍覆议具奏,余姑已之。游幸进贡,乐戏原无此事,何得辄为此言?今后会奏事情,务宜从实。"(《明孝宗实录》卷106)

就弘治前期而言,在朝廷部院大臣中都察院左都御史马文升可能是上呈谏言最多的一个,仅弘治元年(1488)一年内,马都御史至少有13次上疏进言,且基本上都被明孝宗所采纳。(《明孝宗实录》卷9～卷21)弘治中晚期,刘大夏、刘健、李东阳等重臣上呈的谏言也多了起来,且多为明孝宗所采纳。(【明】李东阳《燕对录》)

(6)尽管相对于前朝列帝,明孝宗算得上是个善于纳谏的明君了,可事实上他也有禁忌:即自身皇权尊严和父皇明宪宗等软肋不能碰

弘治元年(1488)正月乙丑日,户部员外郎张伦上言二事:第一"惜爵赏",他说:"见内臣每蒙蟒衣、玉带之赐,大臣概进师保之职,以此轻与,恐示人以僭也。愿惜名器之重,操予夺之柄,使人不得以侥幸,果有勋庸显著(同"著")者,始以是褒之。"第二,"免差遣",他说:"窃见天下民伪日滋,狱讼蜂起,有辄登闻状奏,以渎圣听。每差官校人等体勘,以致人心惊疑,地方为之摇动。有盗贼窃发,妖言为幻,每差校尉缉捕,以致妄执平人,希谋升赏者,往往有之。近年设立东厂密查臣僚过失,因而黜罚,其至恩仇分明,致陷无辜

者多矣。伏望圣慈今后在外有事、不系机密重情免差官校,惟责巡抚、巡按等官勘报,其东厂之设,祖宗所无,并宜废罢。"户部员外郎张伦的这份上疏谏言实际上已经触到了明孝宗的皇权软肋,内官是他的主要依靠之一,东厂虽说是明太宗破坏祖制而设立的,但讲到底它与锦衣卫一样,也是维护皇权专制统治的最为主要工具,因此说聪明而又有理性的明孝宗怎么能接受张员外郎的这么个建议呢?所以在接到奏章后他十分巧妙地回复:令"所司知之",随即便没了下文。(《明孝宗实录》卷9)

其实对于当朝新天子的这般心思,还不仅仅是朝廷中层干部户部员外郎张伦没看清楚,即使是身居大明朝廷第一衙门吏部的一把手王恕在新天子刚上台时也没有意识到。弘治元年(1488)七月乙亥日,太子太保、吏部尚书王恕上言:"臣近以疾在告,闻朝廷升用内官颇多,又闻有蟒衣、庄田之赐,不知果由圣意否望裁革之?"明孝宗接奏后回复:"比所升内官以昔时侍春官年久,兹遇节日,量加升赏耳,非有他也,姑置之。"(《明孝宗实录》卷16)

除了维护皇权专制统治的主要工具不可触及外,隐形的皇权象征也不能碰,谁要是不小心碰到了,那可倒大霉了。弘治九年(1496)年初时,岷王上奏:武冈州知州刘逊犯有诸多不法之事。明孝宗接奏后命令锦衣卫前去逮人。六科给事中庞泮等42人和十三道监察御史刘绅等20人闻讯后立即上言说:"岷王上告,说是武冈州知州刘逊犯有不法之事,但实际上事情的原委却不是这样的。岷王之所以要上告是因为武冈州知州刘逊向他供应禄米的时间超期了,当然刘逊的罪责是不可逃脱的,但我们朝廷也不能偏听偏信,更何况岷王上告所涉及的证人要多达几百人。倘若只逮一个刘逊来京,其他证人不逮来,法司部门就很难结案,更何况锦衣卫官校系朝廷亲军,非谋为不轨及妖言重情,祖宗以来未尝轻遣,乞令朝廷法司部门行文到云南当地,让那里的镇巡官员仔细察勘,事情的是非曲直不就很快明了了。"要说这62名言官的上疏说得合情合理,哪想到弘治帝接到言官们的疏文后大为光火,跟边上的人说:"一州官为亲王所奏,方有旨逮问,而科道官辄交章奏阻,为不谙事体",随后下令将庞泮、刘绅等62个言官全部打入锦衣卫大牢。(《明孝宗实录》卷112)

62名言官一起被打入大牢,事情一下子变大了,这不仅在弘治朝极为罕见,即使是整个明朝也是不多有的。要说这事的关键点在哪里?事实上明孝宗在下令关押62名言官时已经说得够明白了,一个州官为亲王所奏,皇帝刚下旨逮问,科道官们就上言反对,这是什么?以下犯上,目无君上!是可忍孰不可忍?明孝宗终于憋不住发作了。当然对于这样的事情,如果再要进行追根刨底地问个是非曲直,在绝对专制政体下这是不可能做到的,不仅不可能做到,反而还会使事态更加恶化。这时吏部尚书屠滽联合了五府、六部、都察院、通政司、大理寺等衙门的官员上奏说:"顷者科道官以言事下狱,内外臣民莫不私忧窃叹,恐于皇上盛德及国家大体不能无损,且皇上即位以来,用言听谏,狂直者每赐优容,抵牾者未尝斥逐。圣德昭彰,已十年于兹矣。今因言事不当,举六科、十三道尽下之狱,此虽庞泮等有以自取,然以十年纳谏之美,而一旦遽有拒谏之名,传之四方,书之史策,臣等所以窃为皇上惜也。况科道乃朝廷之耳目,祖宗建立是官,必选天下直谅敢言之士,一言之善,即赐施行,言而不当,亦不加罪,奖异而优容之,惟以养其敢言之气,若囚繁之、折摧之,中人之资,守道徇义者少,趋利避害者多,彼惟知缄默观望,持禄保位而已。他日脱有大事,谁复为朝廷言之,然则摧辱言官,非人主之利也。"(《明孝宗实录》卷112)

利用朱祐樘一直有着想当明君的心理,将言官们的逆鳞变为顺鳞,屠滽等廷臣们的进言送达御前,朱祐樘当即舒心起来,马上令人将庞泮、刘绅等62个言官给放了。不过从维护自己皇帝的面子角度出发,他还是下令给庞泮、刘绅等62个言官罚俸3个月。(《明孝宗实录》卷112)

不仅对皇帝的权威不能有丝毫的不恭,更不用说是挑战了,就连当朝天子的父亲即已故的先皇帝也不能有半点的隐射。谁要是不了解以孝子自诩的朱祐樘的这般心理,那可就要倒大霉了。

当然像上述这样的案例在弘治朝并不算多,从总体上来讲,在明朝列帝中,明孝宗还算得上是个善于纳谏进言的好皇帝。

纳谏进言是专制政治走向清明昌达的一个不可或缺的重要前提,而在这样的前提之下,任用好的或言正直贤能的官僚又显得尤为重要。

● 礼遇文臣　任贤使能

弘治帝在更新庶政的过程中采取了一项令人敬佩的举措,那就是礼遇文臣,任贤使能。

○ 从猜忌、杀戮到礼遇厚待——大明开国后文臣政治境遇之变化

礼遇文臣,在明朝建国之初仅仅是一种口号,无论是明太祖朱元璋还是明太宗朱棣,他们都对文臣充满了猜忌与敌视,一旦发现文臣学士言行稍有不合意或所谓忤逆的话,轻则施以廷杖,行刑起来,血肉横飞;重则实施极其残酷的杀戮,像永乐之初对待不肯归降的建文朝大臣,魔鬼朱棣采取了惨绝人寰的虐杀和灭绝手段:"灭十族""瓜蔓抄"、挖祖坟、宫刑、火烧活人、油煎等酷刑,创造了中国传统社会封建法西斯暴行的最高纪录(详见笔者拙著《大明帝国》系列之⑦《永乐帝卷》上册,东南大学出版社,2014年1月第1版,第4章　魔鬼肆虐　极权专制)。即使是在篡位登基以后,流氓成性的明成祖朱棣还利用告讦手段,营造恐怖政治氛围,残酷对待上言进谏的文臣学士。史载:永乐帝北巡时,皇太子朱高炽监国,"汉王高煦谋夺嫡,阴结(永乐)帝左右为谗间,宫僚多得罪者。监国所行事,率多更置。(给事中耿)通从容谏帝:'太子事无大过误,可无更也。'数言之,帝不悦。十年秋,有言通受请托故出人罪者。帝震怒,命都察院会文武大臣鞫之午门,曰:'必杀通无赦。'群臣如旨,当通罪斩。帝曰:'失出,细故耳,通为东宫关说,坏祖法,离间我父子,不可恕,其置之极刑。'廷臣不敢争,竟论奸党,磔死。"(《明史·耿通》卷162)还有个给事中叫陈谔的,"永乐中,以乡举入太学,授刑科给事中。遇事刚果,弹劾无所避。每奏事,大声如钟。帝令饿之数日,奏对如故。曰:'是天性也。'每见,呼为'大声秀才'。尝言事忤旨,命坎瘗奉天门,露其首。七日不死,赦出还职。已,复忤旨,罚修象房。贫不能雇役,躬自操作。适驾至,问为谁。谔匍匐前,具道所以。帝怜之,命复官。"(《明史·陈谔》卷162)

有明一代文臣学士受到君主礼遇是从建文时代开始的,但十

分可惜的是这样的历史进程随着朱棣"靖难"南下与夺位的成功而被打断。进入洪宣时代,从小就跟随文臣学士学习传统经典的明仁宗和明宣宗在继任帝位后相继改变了父祖酷待文臣的做法,较为重视和礼遇文臣。不过即便如此,这两代君主身上还是多少保留了祖上的"匪气"和"霸气"。翰林侍读李时勉因上疏提出要皇帝规避女色的谏言而被打得死去活来,最终下了锦衣卫大狱。《明史·李时勉》卷163)戴纶和林长懋是朱瞻基当皇太孙时的老师,两位老先生"以太孙春秋方富,不宜荒学问而事游畋,时时进谏"。朱瞻基知道后十分嫉恨,在继任帝位后没多久,命戴纶以兵部侍郎之衔参赞交阯军务,而林长懋"出为郁林知州。无何,坐怨望,并逮至京,下锦衣卫狱。帝临鞫之,纶抗辩,触帝怒,立捶死,籍其家。诸父河南知府贤、太仆寺卿希文皆被系"。林长懋"在狱十年,英宗立,乃得释"。(《明史·戴纶、林长懋》卷162)

宣德之后是冲龄天子明英宗当政,从正统三年(1438)七月到正统三年十二月,连头带尾只有6个月(实际仅5个月多一点儿),一个乳臭未干的小娃娃竟然将大明朝廷10余个大的部院中一半以上的长官、副长官都关过锦衣卫大牢(除了吏部和工部外)。(《明英宗实录》卷40~卷49)事情至此仅仅开了个头,史书记载说,正统时期"大理少卿薛瑄、祭酒李时勉素不礼(王)振。振撼他事陷瑄几死,时勉至荷校国子监门。御史李铎遇振不跪,谪戍铁岭卫。驸马都尉石璟詈其家阉,振恶贱己同类,下璟狱。怒霸州知州张需禁饬牧马校卒,逮之,并坐需举主王铎。又械户部尚书刘中敷,侍郎吴玺、陈瑺于长安门。所忤恨,辄加罪谪。内侍张环、顾忠、锦衣卫卒王永心不平,以匿名书暴振罪状。事发,磔于市,不覆奏"(《明史·宦官一·王振》卷304)。

正统八年(1443)五月,雷震明皇宫奉天殿,原先天不怕地不怕的小杆子皇帝明英宗却被自家家门口的这场"天打"事件吓得魂不守舍,他祈祷上苍,忏悔自己,并下诏求言,以应天谴。翰林侍讲刘球闻讯后积极响应朝廷中央第一人的号召,"上言所宜先者十事"。但因其疏文中有语:"皇上临御九年,事体日熟。愿守二圣成规,复亲决故事,使权归于一。"这话里话外矛头直指干预国政的宫廷大珰王振,就此刘学士招来了杀身大祸。王振知道后令人"逮下诏狱,属指挥马顺杀球。顺深夜携一小校持刀至球所。球方卧,起立,大呼太祖、太宗。颈断,体犹植。遂支解之,瘗狱户下"(《明史·刘球》卷162)。

有明一代文臣学士大发光彩的当数景泰中兴时代。土木之变发生后,新上台的景泰帝朱祁钰擢升兵部侍郎于谦为尚书,北京保卫战开启时他又任命于谦为总督军务(《明英宗实录》卷184,《废帝郕戾王附录》第2)。一个文官居然能总督大明军务,这在帝国历史上是前所未有的。北京保卫战前夕的正统十四年(1449)十月初,景泰帝再次一口气任命了洪英、朱鉴等近20个文职官巡抚山东、山西、河南、陕西等地各府,并敕令他们"各收所守地方军民男女入城,以防剽掠,其所选官军民壮躬自率领来京策应"(《明英宗实录》卷184,《废帝郕戾王附录》第2)。北京保卫战快要结束时,朱祁钰任"命副都御史王暹、吏部侍郎曹义、礼部侍郎仪铭、工部侍郎张敏、右通政栾恽、大理寺丞薛瑄、太常寺少卿习嘉言、鸿胪寺丞张翔、太仆寺少卿俞纲分守正阳等九门"(《明英宗实录》卷184,《废帝郕戾王附录》第2),后他又"擢进士郑和、赵蕃、杨绍、江真,知县杨寿、刘豫、张祯、董英,监生冯敬、丘逵、韩文、陆祯、陈安俱为户部主事,专理京师各门预备粮储,以房寇临城,户部奏请添置故也"(《明英宗实录》卷184,《废帝郕戾王附录》第2)。

与此同时,朱祁钰还派遣一些朝廷文臣外出提督地方军事,安抚社会,明确要求他们"提督所在都司卫所,操练军马,整搠器械,修理城池。遇有寇贼生发,即调官军相机剿捕,毋令滋蔓,严督所在司府、州、县存恤人民,遇有流移饥窘,设法招抚,安插赈济,毋令失所……"(《明英宗实录》卷186,《废帝郕戾王附录》第4)。

上文中,景泰帝命令外出朝廷文臣"提督所在都司卫所,操练军马,整搠器械,修理城池。遇有寇贼生发,即调官军相机剿捕,毋令滋蔓",这哪是文臣分内的活,分明是新皇帝将文臣当作武臣使用了。不仅如此,景泰帝在随后的岁月中还派遣办事官吏、监生随同文职官员一同北征。《明实录》中就有这样的记载:景泰元年(1450)正月丙申日,皇帝"赏办事官吏、监生何清等一千一百六十人布米有差,以其随文职官员北征回也"(《明英宗实录》卷187,《废帝郕戾王附录》第6)。

更有景泰帝当政后,以大量的文臣充任军中的"参谋""政委",当时官名为"参赞军务""提督守备"。(以上详细内容可见笔者《大明帝国》系列之⑯《成化帝》下册,东南大学出版社,2017年9月第1版,第7章 犬儒成精 党争不宁)

要说那时的皇帝朱祁钰还是一个相对比较正派的皇帝,虽然在"易储"问题上用了点心思,略施小计,且还处置过逆鳞廷臣钟同、章纶和廖庄等(《明史·钟同、章纶、廖庄》卷162),但从七八年在位为政期间所言所行整体来观之,他所倡导的是积极向上的正能量。与此相应,许多积极有为的文臣学士得到了重视,并被一一提拔到了重要的岗位上。这也正是当年景泰"中兴"过程中所一直吟唱的主旋律。

虽说景泰"中兴"不为今人所重视,但它确确实实将一个岌岌可危的大明给拯救了,且还把帝国纳入了一个和平发展的轨道。

然而,十分可惜的是,这样给力的"中兴"改革,随着景泰八年(1457)年初"夺门"之变的突发而戛然而止。

"夺门"之变后复辟上台的明英宗是个睚眦必报的小人,在对待前朝异己势力时无不采用极其血腥高压政策。天顺元年(即景泰八年)正月二十二日,丧尽天良的明英宗冤杀景泰朝少保、兵部尚书于谦和吏部尚书兼东阁大学士王文等,与此同时还杀害了司礼监太监王诚、舒良、张永、王勤,以及钟鼓司内官陈义、教坊司左司乐晋荣。"是时,中官坐诛者甚众,(兴)安仅获免云。"(《明英宗实录》卷274;《明史·宦官一·兴安》卷304)

同一天,复辟皇帝朱祁镇还迫不及待地下令,将户部尚书文渊阁大学士陈循等4位阁部大臣充铁岭卫军,罢户部右侍郎、翰林院学士萧镃,兵部左侍郎、翰林院学士兼左春坊大学士商辂等5位阁部大臣为民,一直在主持中央财政工作的户部尚书张凤被复辟皇帝调任南京户部,刑部尚书俞士悦充军,另一位刑部尚书薛希琏也被调任南京刑部,主持工部工作的尚书江渊充军,另一位兼任工部尚书的老阁臣高谷致仕。吏部尚书王直与礼部尚书胡濙等人眼见自己无法"与时俱进",遂分别于天顺元年(1457)正月底和二月初提出了致仕请求,因他们在迎复、易储等几件事情相对客观地维护过朱祁镇父子的利益,故得以归老善终。景泰朝廷都察院一把手左都御史王文被杀害,另一位左都御史萧维祯被调任南京都察院(《明英宗实录》卷274、卷275)……至此,北京中央朝廷部院被"清剿"一空。

光杀戮、充军还不行,必须得将被杀、被黜者批倒批臭,这是中国传统社会几千年的"光荣"传统,已经当过十四五年皇帝而今复辟上台的明英宗深知其中的"道道"。就在杀害、贬谪于谦、王文、陈循等景泰朝核心集团成员之后,他又令人把这些景泰"奸党"分子的"罪行"榜示天下,用句耳熟能详的话来说:踏上一脚,让他们永世不得翻身!按理说事情做到了这一步也就差不多了。不,复辟皇帝明英宗及"夺门"之变骨干们可都不这么认为,就连内宫里头的孙皇后也有相同的看法。天顺元年(1457)二月初一日,她向大明宗室亲王及中外文武群臣发布制谕,把已经倒台的前朝皇帝朱祁钰骂得猪狗都不如,废其为郕王,并将其撵出明皇宫。19天后,一代有为之君明景帝在悲凉中薨逝。(《明英宗实录》卷275)

差不多与此同时,复辟皇帝明英宗还愚蠢地废除景泰朝革新举措,骤然中止大明"中兴"进程。凡是景泰朝所行之"新政",他都要予以一一废除;凡是景泰帝所做之事,他都要反其道而行之。即位之初的景泰帝尤其注意广开言路,号召臣下直言无隐、群出群力、救国济民,而复辟上来的明英宗却自复登大位起便肆意滥杀,制造严酷、紧张的政治气氛;景泰朝创建团营制,改革大明军制,提高军队战斗力,而天顺朝却罢除团营制,恢复弊端丛生的三大营旧制(《明史·英宗后纪》卷12);景泰帝严抑宦官与锦衣卫,复辟上台的明英宗却宠信和重用宦官,加强锦衣卫特务统治;景泰朝"文武并重",天顺朝却"重武抑文"……

明英宗如此倒行逆施不仅将大明帝国拉回到了他统治过的那个既严酷又紊乱的旧时代,而且也在无意识中为他的皇权专制统治埋下了巨大的祸患。这里尤其要说到的是,天顺之初明英宗一反景泰帝"文武并重"的做法,大行"重武抑文",对于自己复位过程中"立有大功"的石亨、张辄、张輗、曹吉祥、孙继宗、徐有贞、杨善等"夺门"功臣大加擢升和行赏。如此糊涂、愚蠢之举发展到后来形成了这样的不堪之势:夺门功臣"有求",天顺皇帝"必应",遂致魑魅魍魉粉墨登场,其所造成的最为直接的后果为,"夺门"大功臣中文武相轧,本来人数极少的"夺门"文臣徐有贞、许彬等首先被淘汰

第 ② 章 庶政更新 双轨并行

出局,几乎与之相随,天顺前期薛瑄、岳正、李贤、耿九畴、杨瑄和张鹏等许多无辜的文臣学士受到了连累和打抑。(《明史·英宗后纪》卷12)而后格外受到恩遇的"夺门"军事"大功臣"石亨、曹吉祥等却愈发权势熏天,不可一世,并先后密谋发动军事政变。而在这一系列过程中,以天顺五年(1461)曹吉祥、曹钦父子在京城发动的武装叛乱所产生的负面影响最大,它不仅给当时的大明帝都北京造成了极大的破坏,而且也给天顺朝廷制造了极大的恐慌。(《明英宗实录》卷330;《明史·宦官一·曹吉祥》卷304)

也正因为如此,自那时起惊魂未定的复辟皇帝明英宗开始调整治政的指导思想与策略,变"重武抑文"为"文武相维",同时又进一步加强特务统治,对文武群臣甚至普通小民进行严厉的监察。

明英宗强化特务统治在天顺前期主要通过倚重锦衣卫指挥同知逯杲"大力侦办"案件而予以实施的。那时复辟皇帝愈倚重,"(逯)杲益发舒,势出(门)达上。白遣校尉侦事四方,文武大吏、富家高门多进伎乐货贿以祈免,亲藩郡王亦然。无赖者辄执送达,锻炼成狱。天下朝觐官大半被谴,逮一人,数大家立破"(《明史·佞幸·逯杲》卷307)。

如此得力的作恶犬鹰却在天顺五年(1461)曹氏父子发动的叛乱中被杀了,明英宗为此心痛不已。不过没多久,他又将希望的目光寄托在了另一个锦衣卫头目门达身上,"杲死,(门)达势遂张。欲踵杲所为,益布旗校于四方。告讦者日盛,中外重足立,(天顺)帝益以为能。外戚都指挥孙绍宗及军士六十七人冒讨曹钦功,达发其事。绍宗被责让,余悉下狱。盗窃户部山西司库金,巡城御史徐茂劾郎中赵昌、主事王珪、徐源疏纵。达治其事,皆下狱谪官。达以囚多,狱舍少,不能容,请城西武邑库隙地增置之,报可。御史樊英、主事郑瑛犯赃罪。给事中赵忠等报不以实。达劾其徇私,亦下狱谪官。给事中程万里等五人直登闻鼓,有军士妻醖冤,会斋戒不为奏。达劾诸人蒙蔽,诏下达治。已,劾南京户部侍郎马谅,左都御史石璞,掌前府忻城伯赵荣,都督同知范雄、张斌老聩,皆罢去。裕州民奏知州秦永昌衣黄衣阅兵。帝怒,命达遣官核,籍其赀,戮永昌,榜示天下。并逮布政使侯臣、按察使吴中以下及先后巡按御史吴琬等四人下狱,臣等停俸,琬等谪县丞。御史李蕃按宣府,或告蕃擅挞军职,用军容迎送。御史杨瑄按辽东,韩琪按山西,校尉言其妄作威福。皆下达治,蕃、琪并荷校死。陕西督储参政娄良,湖广参议李孟芳,陕西按察使钱博,福建佥事包瑛,陕西佥事李观,四川巡按田斌,云南巡按张祚,清军御史程万钟及刑部郎中冯维、孙琼,员外郎贝钿,给事中黄甄,皆为校尉所发下狱。瑛守官无玷,不胜愤,自缢死,其他多遭戍。湖广诸生马云罪黜,诈称锦衣镇抚,奉命葬亲,布政使孙毓等八人咸赗祭。事觉,法司请逮问,卒不罪云"。(《明史·佞幸·门达》卷307)

赵昌、王珪、徐源、樊英、郑瑛、赵忠、程万里、马谅、石璞、赵荣、范雄、张斌、秦永昌、侯臣、吴中、吴琬、李蕃、杨瑄、韩祺、李孟芳、娄良、钱博、包瑛、李观、田斌、张祚、程万钟、冯维、孙琼、贝钿、黄甄、孙毓……在这么多获罪受处的官员中,以文职官占据绝对多数,这是为何? 史载:天顺后期锦衣卫指挥佥事吕贵曾十分诡异地告诉门达:"武臣不易犯,曹钦可鉴也。独文吏易裁耳。"经这么一点拨,门达茅塞顿开,且深以为然,"故文吏祸尤酷"。(《明史·佞幸·门达》卷307)

也正因为如此,天顺时代,不说地方衙门中的官吏,就是中央内阁阁臣和部院大臣都不敢对当朝天子有半点懈怠或不敬,更不用说是直言进谏了;否则,轻者丢官罢职,重者贬谪远处或毁家丧命,这就造成了当时大明帝国上下犬儒主义再度泛滥和肆行之势。

成化帝上台后除王纶、黜门达、谪牛玉……每一招每一式似乎都予人一种全新的感觉和兴奋,这就是大明历史上的成化"更始"。成化"更始"最为闪亮之处就在于年轻皇帝朱见深一上台就针对天顺朝的种种弊政,推行革故鼎新举措,敞开言路,求言纳谏;拨乱反正,为景泰君臣平反;整顿官场,举贤使能;改革军事,复立团营制;进一步扩大官僚制度文臣化,甚至将领兵作战的军事大任都交予文臣……(以上详细内容可见笔者《大明帝国》系列之⑯《成化帝》下册,东南大学出版社,2017年9月,第1版,第七章 犬儒成精 党争不宁)

新皇帝的这般所作所为给予人们的感觉是,他不像他的那个顽冥不化的父亲明英宗,倒是更类似于他的叔叔、曾经揭橥"中兴"大明之旗的景泰帝。尤其是他践祚之始一扫天顺时代犬儒盛行的颓废之气,广开言路,鼓励大家上言进谏,为国献计献策。这让长

第 ② 章 庶政更新 双轨并行

期处于明英宗专制高压底下的文臣学士们看到了重振大明雄姿的希望之光,大家纷纷行动起来,上谏进言,对帝国内外各类事情纷纷发表自己意见,遂致大明朝廷上下进疏言事之"热潮"滚滚。

但让人始料未及的是,这样的美景仅维系了一两年,随即便被彻底击碎了。成化二年(1466)五月,有个叫罗伦的翰林院修撰满怀激情地给年轻皇帝朱见深写了份数千字的谏言疏文,对当时的朝政提出了批评。(《明宪宗实录》卷30)年轻皇帝朱见深见了谏文后的第二天就下了圣旨:"罗伦枉妄粗疏,难居近侍,吏部其调除外任。"遂将翰林院修撰罗伦外调泉州,叫他出任的也是从六品的福建市舶司副提举。(《明宪宗实录》卷30)而后不久,因元宵节将至,皇帝明宪宗命令翰林院词臣撰写鳌山烟火诗词,以期增加元宵佳节的气氛。不曾想到翰林院编修章懋与同官黄仲昭、检讨庄昶等都以此作为话题,先后上疏进谏,"伏乞将烟火停止,移此视听以明目达聪,省此资财以振饥恤困,则灾沴可销,太平可致。"(《明史·章懋、黄仲昭、庄昶》卷179)成化帝"以元夕张灯,祖宗故事,恶(章)懋等妄言,并杖之阙下,左迁其官。修撰罗伦先以言事被黜,时称'翰林四谏'"。(《明史·章懋、黄仲昭、庄昶》卷179;《明宪宗实录》卷49)

"翰林四谏"事件发生后,成化帝几乎一改昔日平和与宽厚对待文臣学士的态度,凡是上疏言事有所逆鳞,他不是施以廷杖,就是将之下狱或贬官,加上成化中后期党争不宁,大明朝廷上下有着相当多的文臣学士遭受了打抑或贬谪。而成化朝的这般情势一直延续到了弘治帝上台后才算有所改变。

○ 礼遇或言体面对待文臣,在明朝列帝中弘治帝所言所行实属少见

诚如前文所述,从弘治元年(1488)初起,新朝廷对于前朝时给事中、御史因上言进谏和公错讹误而被特旨降调者进行了复查,随即便做出了官复原职或升秩举用的处置决定,这让朝廷内外人们都感受到了莫大的兴奋与鼓舞。(《明孝宗实录》卷10)而后即使在治国理政过程中遇到文臣学士"不适时宜"的上疏进谏或工作上的失误,皇帝明孝宗虽然有时也很不高兴,甚至可以说是厌弃,但他还能较为理性地对待。综观弘治朝的历史,纵然有着相当多的进谏

为朱祐樘所敷衍或拒绝,但谏言者却并没有因此而遭受廷杖之类的责罚,更不用说是杀戮了。弘治帝对于"逆鳞"的文臣学士或犯了公务讳误之官僚的处置通常也就是罚俸、外放或贬谪,给人的感觉总体上还比较体面,因此整个弘治朝在有明一代显得很另类,这也是长期以来人们极度美誉弘治"致治"的一大主要原因吧。

明孝宗礼遇文臣学士最有说服力的例证恐怕莫过于他善待朝廷阁部大臣。时人曾记载弘治帝朱祐樘召见内阁辅臣时"天颜甚霁,问答详悉,蔼然家人父子之风,诚前古所罕见也"(【明】李东阳:《燕对录》)。那么他对待部院及以下文臣学士又是如何呢?

弘治中期边警日紧,有一天,明孝宗在文华殿召见吏部尚书屠滽,跟他说:"治国以御边为急,御边以粮饷为要。今各边总督粮草官,若侍郎、参政、都指挥各一员,都是混管,不分勤惰,以致功罪赏罚,往往失当。老尚书与朕分派地方,使各有所总,而勤惰功罪,因有可考,赏罚亦可施行。"说完,弘治帝让屠滽对各边总督粮草官做个贤愚、高下之分,但屠滽却一时不知如何搭话,紧张又羞惭,脸瞬间红得像红纸,在旁的近侍阉竖见之捂嘴窃笑。这时皇帝明孝宗也有点儿不开心了,但他还是竭力地克制住自己的怒气,温和地跟屠滽说:"你是不是害怕别人会怨恨你?那好,朕自己来弄吧!"说完他亲自动手,"将户部侍郎使统千里,参政、都指挥各统数百里。命自大同、宣府抵宁夏,溪山险阻,某处则搭木乘渡,某处则作梯飞挽,庶士卒不疲,而粮饷易集。睿算井井,若目中事。而侍郎等皆悦服,领敕而去"。再说对于不副旨意的老尚书屠滽,皇帝朱祐樘最终还是给足了他的面子,令人给他喝茶,随后又让他体体面面地回吏部去继续办公。(【明】陈洪谟:《治世余闻》卷2)

弘治后期,都御史戴珊因身体状况不佳之缘故屡次上疏请求致仕,但弘治帝就是不同意,且为此很不高兴。有一天宫廷太监来传话:皇帝召见都御史戴珊和兵部尚书刘大夏,戴、刘两人闻讯后立即动身前往宫里去。而就在前往的途中,戴珊忽然想起,刘大夏是当今天子最为信任的大臣,于是趁着同往的机会跟刘说:"等一会儿见到皇上后,刘尚书得帮老朽说说病退之事。"刘大夏听后没吭声。等见到皇帝朱祐樘后,君臣三人便开始讨论公事。讨论结束,弘治帝突然发问:"尔珊昨日何以又陈老疾求去?"戴珊听到皇

第2章 庶政更新 双轨并行

帝这般发问,马上将目光转向刘大夏,可刘大夏半天都不说一句话,于是他只好硬着头皮自己回答皇帝:"都御史与各道系互相纠劾衙门,若堂上官(这里指戴珊本人)以病不出,恐为御史所劾,不得不奏。珊实有病,不敢假。"皇帝朱祐樘听后说道:"宾客在人家告归,主人恳留之,亦置家事而止。尔何忍拂朕意如是耶?"戴珊听完此番圣语,当即感而流涕,而弘治帝"亦为之感动,上下相对,不能言者久之"。最后还是朱祐樘发话:"你们退下去吧!"戴珊与刘大夏随即告辞,而就在走出皇宫时,早就老泪纵横的戴都御史激动地跟同事刘大夏说:"自此以后,虽死不敢言去矣。"(【明】陈洪谟:《治世余闻》卷3)

戴珊晚年老是生病,明孝宗听说以后"遣医赐食,慰谕有加"(《明史·戴珊》卷183)。

兵部尚书马文升"以疾在告,(弘治)帝使中官挟医视"(《明史·马文升》卷182)。

户部尚书李敏"得疾乞休,(弘治)帝为遣医视疗。"(《明史·李敏》卷185)

弘治十四年(1501)二月十三日,朝退后身体孱弱的文渊阁大学士李东阳晕倒在凳子上,一直到午后才自己慢慢坐起来。明孝宗听说后"特遣内臣,颁赐酒肉、蔬米等物,命医调治"(《明孝宗实录》卷172)。弘治十八年(1505)正月,户部上请:"太子太保、户部尚书兼谨身殿大学士李东阳以病在告满三月","欲如例住俸(即相当于现在的停发工资,笔者注)"。明孝宗回复:"俸不必住,其令安心调理"(《明孝宗实录》卷220)。

张元祯是天顺四年(1460)进士,后为成化朝庶吉士、翰林院编修,参与撰写《英宗实录》,"与执政议不合,引疾家居,讲求性命之学。阅二十年,中外交荐,皆不赴"。弘治朝开启后,朱祐樘召他来京编撰《宪宗实录》,进左赞善。张元祯兴致勃发,写了一篇长达万余字的奏疏,请皇帝以史为鉴,"定圣志,一圣学,广圣智",做个大有作为之主。弘治帝看后很受感动,"颇纳之"。后来因为要奉养老母,张元祯不得不回了老家,居住了很长一段时间。弘治中期,朝廷打算编撰《大明会典》,有人说起了张元祯。弘治帝听后便下令,将他召回北京,让他担任《大明会典》副总裁,并进其为学士,充经筵日讲官。(《明史·张元祯》卷184)但这个张老师的相貌却实在不咋样,身长不足四尺,可能跟武大郎差不多高,且长着一双小眼睛,眼神不好的人见了还以为他在睡觉呐。但就是这么一个"半残疾"的人却声音洪亮,知识渊博,讲起课来谈古论今,滔滔不绝,而听的人无不竦然。据说弘治帝对这位张老师的学问和人品都极为敬佩,看到他个子特别矮,令人特地为他设了一个矮桌子,用作讲席。(【明】陈洪谟:《治世余闻》卷3)像朱祐樘这么有心又细心,在皇帝行列中实在是少见。

当然有人看了上述案例可能会觉得,明孝宗所厚待的都是朝廷部院重要领导,而对于一般的衙门官员和中下层文臣,他也能这么礼遇吗?

弘治、正德时期文臣陈洪谟在他的笔记中曾记载道:"上(指弘治)勤政,每日清晨视朝,遇雨则免。仍令有事衙门堂上官,由廊庑升奉天门奏事。或因走急滑跌,上多不问。尝以通政司、鸿胪寺官奉事繁难,若差错一二字者,有旨不必纠奏。经筵诸讲官失仪,尤加宽慰。闸朝有不到者,多从宽宥,不得已罚俸一月。其体念臣下之仁至矣。"(【明】陈洪谟:《治世余闻》卷2)

弘治十八年(1505)三月,协守延绥副总兵曹雄上言:"故山东布政司左参政李仑及故刑部员外郎孔琦历官清谨,身没之后妻子不能自存。乞量加优恤,以厉臣节。"明孝宗遂"命陕西西安府岁给食米,赡其家"(《明孝宗实录》卷222)。

有个进士叫潘铎的曾上呈奏疏,提出了许多的建言。但奏疏上递后多日没有下文,潘进士为此吓得不轻,以为自己冒犯了当朝天子了。有一天有人跟他说:"皇下宣你上殿!"潘铎当即谎称自己有病去不了,同事见了只好代为具奏。朱祐樘见到潘铎的同事,委婉地跟他说:"潘铎奏疏里有很多的错字,我如果直接批回的话,恐怕会挫伤了他的锐气,所以特地传他来。这样吧,你把我批示过的拿去给他看。"

万历中后期即明孝宗死后将近100年,大明朝廷内外士人还在津津乐道地谈及着这样一件事:"京师百寮出外夜还,必传呼红铺以灯传送,此起于弘治间。孝宗一日夜坐甚寒,问左右:'此时百官亦有宴集而归者否?'左右曰:'有之。'上又问曰:'如此凛冽且昏黑,倘廉贫之吏,归途无灯火为导,奈何?'左右曰:'亦有之。'上因传旨:'此后遇京官夜还,无问崇卑,令铺军执灯传送。'孝宗之曲体臣下如此。"(【明】沈德符:《万历野获编·列朝》卷1)

对于明孝宗如此礼遇和厚待廷臣属僚,弘治朝文臣曾留下了这样记载:"上(指弘治帝)优礼大臣,无大故未尝斥辱。如尚书刘大夏、都御史戴珊辈,往往召至幄中,从容讲论,天颜和悦,真如家人父子。内阁诸臣,皆称为先生。李西涯(指李东阳)有诗云:'近臣尝造膝,阁老不呼名。'盖实录也。"(【明】陈洪谟:《治世余闻》卷3)

在明朝列帝中,像上述这般礼遇或言体面对待朝廷大臣的,除了建文帝,大概就要数明孝宗了。当然明孝宗如此之为不乏有作秀的成分,不过从中我们也能看出他确实不同于有明一代的其他君主,于是人们发现,弘治朝自从开启伊始就呈现出了独特的奇观盛况:朝廷内外人才济济,大明君主任贤使能。

○ 弘治朝廷上下人才济济,大明天子任贤使能

弘治帝即位时宫廷内最让人们切齿痛恨的可能莫过于梁芳、李孜省和继晓等近侍奸佞,而在外廷最令人诟病的可能就要数"纸糊三阁老"和"泥塑六尚书"了。(《明史·刘吉》卷168;【明】吕毖:《明朝小史·成化纪·纸糊泥塑》卷9;【明】王鏊:《王文恪公笔记》)诚如前章所言,随着弘治帝的上台及其所推行的"更新"举措的一一落实,大明宫廷内外的鬼魅魍魉和污泥浊水多被一一清除了出去,由此也换上了一批新的阁部领导。以当时的内阁为例,成化朝的"纸糊三阁老"中万安和尹直相继被撵走,原内阁阁臣只留下了刘吉一人。

刘吉,保定府博野县人,与万安一样,也是正统十三年(1448)进士。入仕后他先为翰林院庶吉士,后"授编修,充经筵官。(景泰中期)《寰宇通志》成,进修撰"。天顺四年(1460),刘吉受明英宗之命,担任皇太子朱见深东宫侍讲官,但没多久以忧告归。成化朝开启时,朝廷编撰《英宗实录》,有人说起了刘吉,明宪宗听后想起了这个刘老师,觉得他水平不错,随即降旨下去,让他到北京来上班。但刘吉说,他丧期还没有服满,乞请终制。成化帝没同意,给刘老师来了个"夺情",并"进侍读",参编《英宗实录》。《英宗实录》编成后,刘吉被升为翰林院侍读学士,兼任当朝天子的经筵老师。这也

是他第二次教朱见深了。从史料记载来看,刘吉很聪明,性格也比较温和,这倒与皇帝朱见深很相似,故而师生之间处得一直都不错,当然受益更多的肯定是这位刘老师了,他"累迁礼部左侍郎。成化十一年(1475)与刘珝同受命,兼翰林学士,入阁预机务。寻进礼部尚书"。皇太子朱祐樘出阁时,刘吉"加太子少保兼文渊阁大学士。"(《明史·刘吉》卷168)

以上是我们所看到的史书记载刘吉的正面,但他还有另外一面,"多智数,善附会,自缘饰,锐于营私",与万安同类,属于地地道道的小人和精怪级别的犬儒。为了能在仕途上步步高升,刘吉不仅竭力迎合当朝天子,攀结宫廷大珰和外戚等权贵,而且还极献媚态。在他攀结的权贵中,万贵妃的大弟弟万喜与他关系最为亲密,双方"缔姻谋为泰山之倚"(《明孝宗实录》卷15)。成化中后期,刘吉为了讨好万喜,甚至向朝廷提出要辞去他的礼部尚书、文渊阁大学士等职务,投奔到万喜门下,去专门伺候他。士大夫邹智在历数万安与刘吉之罪时曾愤怒说道:"少师(万)安持禄怙宠,少保(刘)吉附下罔上,……世之小人也。"(《明史·邹智》卷179)

但就是这样的一个无耻小人却在成化十一年(1475)也进入了大明朝廷中枢决策机构——内阁,与他一同入阁的还有一个也姓刘的学士,他就是刘珝。就此而言,当时的内阁共有三个阁臣,首席阁臣万安贪狡,刘吉阴刻,而刘珝则稍优,"顾喜谭论,人目为狂躁。珝既仓卒引退,而彭华、尹直相继入内阁,安、吉之党乃益固"。(《明史·刘珝》卷168)彭华在内阁干了一年多,因身体不佳实在撑不住了,不得不于成化二十三年(1487)三月"以疾乞致仕"(《明宪宗实录》卷288)。这样一来,到明孝宗上台即位前,内阁只剩下了万安、刘吉和尹直三阁臣。成化二十三年十月,屡遭弹劾的万安被撵回老家(《明孝宗实录》卷5)。大约一个月后的成化二十三年十一月,同样屡屡遭受弹劾的尹直也被迫致仕,"给驿还乡"(《明孝宗实录》卷6)。由此下来,大明朝廷原来的内阁只剩下了刘吉1人了。

○ 黜斥"刘棉花",擢升凝重有度的徐溥为内阁首席辅臣,培植内阁正能量

而就在这个过程中,新皇帝朱祐樘及时地对内阁、詹事府、翰

林院等机构做了调整和增补:成化二十三年(1487)十一月乙卯日,"敕吏部少保刘吉升少傅兼太子太师、吏部尚书,加俸一级,大学士如故;侍郎徐溥升礼部尚书兼文渊阁大学士"(《明孝宗实录》卷7)。同日,又"升詹事府少詹事刘健为礼部右侍郎兼翰林院学士,入内阁参预机务,少詹事兼侍读学士杨守陈,吏部右侍郎、右庶子汪谐,左谕德程敏政俱少詹事兼侍讲学士,左谕德傅瀚、右谕德陆钱、左中允周经俱太常寺少卿兼侍读,侍读学士李杰、左庶子仍兼侍读学士,右谕德谢迁、吴宽俱左庶子兼侍读,仍加俸一级,侍读董越、侍讲王臣俱右庶子兼侍讲,太常寺卿兼正字谢宇工部右侍郎,掌通政司事,录青宫旧劳也"。(《明孝宗实录》卷7)

在这次内阁等机构大调整中,特别引人注目的是"纸糊三阁老"中刘吉不仅未被淘汰出局,反而还"升少傅兼太子太师、吏部尚书,加俸一级,大学士如故"。这是为何?在笔者看来,其主要缘由大致有以下几点:

第一,新皇帝朱祐樘刚刚上台,要是一下子将他父皇简命的内阁大学士全部给换掉,这本身就不怎么妥当,也显得太过分,有"暴扬先帝过"之嫌,而这正是以"嗣统守成"和"聿遵成宪"为治国理政根本宗旨的明孝宗所最为忌讳的。上文提到的监察御史彭程因上疏进谏而遭受到了沉重打击就充分证明了这一点。(《明史·彭程》卷180)

第二,从帝国政务商议、决策的连续性角度而言,新皇帝朱祐樘上台后如果一下子全部更换内阁成员,就很有可能使得新朝开启后诸多政务决策方面出现衔接问题。

第三,在"纸糊三阁老"中,刘吉排名在后,其劣迹并不过于明显,要想把他也一起去掉,似乎理由和证据也并不怎么充分。

第四,弘治改元前后,刘吉表现得很积极,主动拥护新朝廷中央,且本身就与内廷太监有着错根盘节的关系,而这些人又在新皇帝面前及时地为刘阁老美言几句,本来"慎举止"的朱祐樘也就将刘吉给留下了。而极有心计且善于附会的刘阁老在此前后又能恰如其分地与时俱进。他见到新君仁明,刚入阁的徐溥和刘健又都是正派人,虽然自己位居内阁首席辅臣之位,但他十分注意:在徐溥与刘健上呈建言时常常署上自己的名字,以此来博得人们的好

感,甚至有时还会提出一些有益的建议。(《明史·刘吉》卷168)

成化二十三年(1487)十一月癸亥日,刘吉就上疏说:"臣闻天生贤才以资世用,在人君审其高下而举用之,如贤者不用而所用非贤,则拂人心,违天道,而咎征见。恭惟我先帝宽仁之德,知人之明,度越前代帝王远甚。然当时廷臣如给事中贺钦、赵艮、刘昂、董旻,御史强珍、于大节、徐镛、张淮、戴中、刘宇,员外郎林俊等皆因言事忤直及讹误微过,略加谴斥,调出外任,所以使之动心忍性,增益其所不能,此天地生物之仁也。今皇上龙飞,励精图治,中外大臣特加简用,人心欣悦,如贺钦等,人多惜其才,悯其情,而望其起用者。乞敕吏部审其才行,拟升方面佐贰,或知府等官,庶人心益悦而天道顺矣。臣又见近年以来,吏部举用官员太拘资格,徒使才智超卓者疲于岁月,而志不获伸。精力既衰者资格虽及,而用不见效。今后巡抚及布政按察使有缺,宜不拘方面佐贰大小及知府,皆得推举,其品级相应者,吏部仍照例拟升。果其才望可以超拔而品级未相应,则会官举奏,取自上裁。如举用不当,罪有所归。庶几贤才不壅,而众职得人,欲服人心而消天谴,莫有先于此者。"(《明孝宗实录》卷7)

不愧为老政客,刘吉实在会说话,明明是明宪宗谴斥言官、正臣,却被他反说成是先帝故作育人才之仁政,随即又对新天子大唱赞歌。作为"合于宪宗继体守成之道"的明孝宗见到这样的建言疏文,岂有不从之理?而后的十二月癸酉日,吏部覆议:"大学士刘吉奏举降黜官员升用,今酌量致仕御史强珍、南京刑部员外郎林俊俱堪任按察司副使,养病给事中贺钦、云南石旧县知县董旻堪任布政司参议,四川卢山县知县赵艮、云鹤庆军民府推官于大节、四川雅州判官张淮、戴中堪任按察司佥事,云南姚州判官刘昂、陕西临潼县知县徐镛、贵州施秉县知县刘宇堪任知府,待有缺升用。"弘治帝皆从之。(《明孝宗实录》卷8;《明史·刘吉》卷168)

弘治元年(1488)十月庚戌日,内阁大学士刘吉等又上言说:"切见皇上自即位以来,纳谏如流,求贤若渴,留神政务,注意经史,天下之人晓然,皆知圣心勤政务学,绝无玩好之事。不意代王为朝廷懿亲,不体皇上忧勤之至意,乃以海青来献,其为圣德之累,诚非小事,何则海青为物,不过以供田猎之用,无益于国,有损于人……

臣等祗承德意,夙夜怀惭,深虑辅导无状,罪莫能逃。今兹海青虽称至微,代王献谄而奉,皇上不察而受之,又赐以银两表里,诚恐天下之人从此窥见圣意所在,莫不争投所好,以希宠利。臣等缄默不言,死罪莫赎。伏望皇上断自宸衷,却还所进海青,收回赏赐之物,以书报代王曰:'朕不受献也!'如此不惟可以绝天下窥伺之心,抑又可以贻后世称颂之美,则皇上盛德,真可以比隆夏禹、周武王,彼汉文帝又不足言矣。"明孝宗读完谏文后,深以为然,随即给代王去了一封信,并归还了海东青。(《明孝宗实录》卷19;《明史·刘吉》卷168)

弘治二年(1489)二月,因为天旱地震之灾变,明孝宗让儒臣撰写祈祷文以期弭灾。刘吉闻讯后上疏说:"钦蒙皇上命太监韦泰等传奉圣意,以一冬无雪,春初风旱,又四川奏报,地震灾异颇重,欲求所以弭灾之道,且欲致祈祷。臣等仰惟皇上即位以来,维新之政以次举行,今当岁首,虽或天道欠顺,只宜镇静,以安人心,所当虑者,今海内军民困苦,财物匮竭。在京府库空虚,军伍中食粮影占者多,操练得用者少,又加以各处营造不得休息;在外仓廪无粮,饥荒无所赈济,但恐民贫盗起,天下不安。伏愿皇上常思祖宗创业艰难,凡百财物用度皆取于民间,其来不易,须务撙节,有希恩求赏者阻之,有修造工程者止之,乘舆器用,可仍旧者仍之,有进言谗谤暗意倾人者当加屏远,不宜轻信,如此则内政清洁。至于各衙门政事缺失,大臣有直言奏请,一切准行,不为侥幸所惑,庶几天变可弭。若祈祷之事,须待二月半后另议举行,古人有言,应天以实不以文。臣等庸劣,不能尽职辅成圣政,谨述愚见具题。"弘治帝阅完疏文,很愉快地纳之。(《明孝宗实录》卷23;《明史·刘吉》卷168)

弘治二年(1489)八月戊子日,内阁大学士刘吉等以灾异上言七事:溥恩施、举贤才、重教职、定科举、选军职、积边储、稽工程,其中绝大多数都比较有见地,遂为弘治帝所采纳。(《明孝宗实录》卷29)

弘治三年(1490)十月,因土鲁番使者贡狮子回还,弘治帝命令内阁草敕,遣中官送之。刘吉等闻讯后又迅速上言指出:对于番夷"不宜优宠太过,使番戎轻中国"。经由这么一劝说,皇帝原本打算降敕吐鲁番使者之事也就不了了之。而后刘吉又上呈谏言说:"狮子诸兽,日饲二羊,岁当用七百二十,又守视校尉日五十人,皆繁费。宜绝诸兽食,听自毙。"不过这回弘治帝可没有接受。(《明史·刘吉》卷168;《明孝宗实录》卷44)

弘治三年(1490)十一月,鉴于坐稳帝位的明孝宗开始日渐疏于政事,大有重蹈乃父覆辙之兆,"惑近习言,颇崇祈祷事,发经牌令阁臣作赞,又令拟神将封号",内阁大学士刘吉借着星变的机会再次上言进谏道:"迩者妖星出天津,历杵臼,迫营室,其占为兵,为饥,为水旱。今两畿、河南、山西、陕西旱蝗;四川、湖广岁不登。倘明年复然,恐盗贼窃发,祸乱将作。愿陛下节用度,罢宴游,屏谗言,斥异教,留怀经史,讲求治道。沙河修桥,江西造瓷器,南海子缮垣墙,俱非急务,宜悉停止。"明孝宗接疏后回答:"灾变叠见,朕深忧惧思图,消复惟在恤民。今卿等言天寒,军士久劳工役,及烧造内官骚扰地方,诚宜停止其令,金山口、沙河、桥南海子及王府做工军人等,俱与休息。江西烧造磁器内官不必差,庶副朕畏天恤民之意。"(《明史·刘吉》卷168;《明孝宗实录》卷45)

从上述刘吉的一系列上奏内容来看,其对弘治"更新"多有裨益;而从其上奏的结果来讲,皇帝朱祐樘几乎又都能接纳,由此可以这么说,弘治之初的刘吉并非一无是处,或至少说表面上是如此。明代官史为此记载道:刘吉"性沉毅、喜怒不形于色,遇事能断,在内阁最久。上(指明孝宗)始即位尤委任之,恩遇最甚,凡改纪政事,进退人才,言率见听,隐然有内相之重"(《明孝宗实录》卷82)。

尽管如此,但若要说此时的刘吉已经改过自新、脱胎换骨了?非也。相比于成化年间,自进入弘治新时代起刘吉更善于伪装自己,刻意经营,在人们不经意间将政治权术玩得团团转。"孝宗即位,庶吉士邹智、御史姜洪力诋万安、尹直及(刘)吉皆小人,当斥。"刘吉听说后怀恨在心,为了堵住言官们的嘴巴,他建议朝廷不循资格,超擢科道官,"处以不次之位。诏起废滞,给事中贺钦、御史强珍辈十人已次第拟擢,(刘)吉复上疏荐之。部曹预荐者惟林俊一人,冀以此笼络言路"。但言官们似乎并不买他的账,依然攻击不已,"庶子张升、御史曹璘、欧阳旦,南京给事中方向,御史陈嵩等相继劾(刘)吉"。刘吉为此恼羞成怒,数兴大狱,庶吉士邹智、给事中方向囚系远贬,御史姜洪亦被谪官。至此刘大学士尚不解恨,"复与中官蒋琮比,逐南御史姜绾等,台署为空。中外侧目,言者亦少衰"。(《明史·刘吉》卷168;【明】黄瑜:《双槐岁钞》卷10)

而与此相随,刘吉在新朝廷中的地位却在不断地上升着,"自(弘治)帝初即位进少傅兼太子太师、吏部尚书。及《宪宗实录》成。又进少师、华盖殿大学士。(刘)吉柄政久,权势烜赫"。但言官们并没有因此而被吓到,弹劾刘吉的章奏仍不时地上呈着。按照那时不成文的规矩,廷臣遭受弹劾理当自己主动提交辞呈,可刘吉却不然。虽然后来弘治帝也逐渐地发现了这其中的秘密,对刘阁老的眷顾也相应予以减少,但刘吉"终无去志","居内阁十八年","以其耐弹"而遭世人所嘲讽,人称其为"刘棉花"。(【明】黄瑜:《双槐岁钞》卷10;【明】陈洪谟:《治世余闻》卷5;《明史·刘吉》卷168)

刘吉听说人们常常在背后称他为"刘棉花"自然十分恼怒,遂嘱咐手下人打听到底是谁给他取了这么一个难听的外号。经多方打探,刘阁老最终获悉,是国子监里一个"善诙谐"的老举人给他取的诨号。他当即将牙根咬得咯咯响,随后借着灾异求言之机上奏皇帝明孝宗,请求朝廷规定:"今后会试举人,如三入会试而不中者,请不许再入试,俱照本等挨选出身。"(《明孝宗实录》卷29;【明】黄瑜:《双槐岁钞》卷10)不明就里的皇帝朱祐樘当即恩准了刘阁老的建言。时逢大明三年一周期的会试期,各地举子已经云集北京,听说朝廷不允许三次未中者再次参加会试,顿时群情激愤,随后络绎不绝地前往科举主管衙门礼部去请愿。礼部看到形势复杂又严峻,立即向上做了奏请:允许已经来京的举子参加会试,不受三次不中之限。明孝宗接奏后不得不做了临时的调整,"诏姑许入试,后如令"(《明史·刘吉》卷168)。皇帝的这个诏令一公布,广大举人和监生再次表示很不满。这件事情说得透彻一点儿,那就是年轻皇帝被老谋深算的刘大学士当了回枪使,其内心能不有所感悟?!在随后的日子里,朱祐樘逐渐地品出了"刘绵花"的阴损,便开始慢慢地疏远他。

弘治五年(1492),明孝宗想封张皇后弟弟为伯爵,让内阁拟撰皇亲诰券。首席辅臣刘吉闻讯后直接上言,说:"若要封张氏为伯爵,必尽封二太后家子弟方可。"(《明史·刘吉》卷168)朱祐樘听后十分不爽,"使中官至(刘)吉家,勒令致仕"(【明】黄瑜:《双槐岁钞》卷10)。"刘棉花"见到时势大为不妙,且也无法挽回,于是不得不上疏请求自退。皇帝明孝宗是个循例讲理之人,看了刘大学士的疏请后不紧不慢地做出如下处理:让他以少师兼太子太师、吏部尚书、华盖殿大学士之衔退休,"犹令有司月给米五石,岁拨人夫八名,降敕护之还乡"。再说刘吉离开北京回老家的消息传开后,京城里人纷纷走上街头,将他拦住,指着他骂道:"唉,棉花去矣!"而后不久,被"刘棉花"暗中贬谪的张昇等文臣学士被一一召回,"而举人会试亦除禁限"(【明】黄瑜:《双槐岁钞》卷10)。

"刘棉花"被撵走后,弘治朝廷的内阁人事有了一次小小的调整,原居内阁第二、第三位的徐溥和刘健依次向前挪位,而在此之前的弘治四年(1491)十月,明孝宗曾降敕,令太子太保、礼部尚书邱濬兼文渊阁大学士,入内阁参预机务。(《明孝宗实录》卷56)由此一来,到刘吉被迫致仕时,大明朝廷内阁由原来的4人又变成了3人,他们依次为徐溥、刘健和邱濬。

徐溥,南直隶宜兴人,"景泰五年(1454)进士第二人及第,授翰林院编修。英宗复辟,命兼司经局校书,侍东宫讲读。宪庙登极,录旧劳,迁左春坊左庶子兼侍讲,充经筵讲官,纂修《英庙实录》,管武职诰黄,九年秩满,升詹事府少詹事,兼侍读学士,升太常寺卿兼学士,尝遍掌翰林詹事、左右春坊司经局事,历礼部、吏部左侍郎,皆兼学士"。(《明孝宗实录》卷154)

弘治帝即位之初,徐溥首膺简入内阁,参预机务,"旋进礼部尚书兼文渊阁大学士,充《宪庙实录》总裁官,同知经筵事。弘治四年(1491),加太子太傅兼户部尚书、武英殿大学士。七年加少傅兼太子太傅、吏部尚书、谨身殿大学士,进阶光禄大夫柱国。十年充《大明会典》总裁,以疾辞位,不许,免风雨大寒暑朝参"。弘治十一年(1498),皇太子朱厚照出阁进学,朝廷擢升徐溥为少师,"兼太子太师、华盖殿大学士,尚书如故"(《明孝宗实录》卷154)。

徐溥出任内阁首席辅臣是在刘吉被撵之后,由于先前曾为朱祐樘的老师,加上他性格又凝重有度,所以说那时由徐阁老主掌的内阁与皇帝明孝宗之间的关系十分融洽。史称徐溥深受弘治帝器重,在内阁十余年,老成持重,镇以安静,务守成法,与同僚刘健、李

东阳等协心合力,共襄国事。若遇有不该做的事情,他们几人往往共同行动,向上力谏。(《明史·徐溥》卷181)

钦天监革职监正李华为弘治帝岳丈、昌国公张峦选得一块风水绝佳的墓地,皇帝朱祐樘遂以内批授官的形式予以回报——为李华复官。徐溥等听说后立即上言谏诤,说道:"皇上即位以来,未尝有内降。幸门一开,未流安底。臣等不敢奉诏。"(《明史·徐溥》卷181)

弘治八年(1495),太皇太后周氏因为十分思念小儿子崇王朱见泽,想召他来京一聚。深受周太后养育之恩的皇帝朱祐樘听说后,虽然明知这样做本身就是违背了祖制,但碍于情面而不得不同意了。内阁首席辅臣徐溥与尚书倪岳闻讯后立即上谏,竭力予以劝阻,终使周太后打消了原来的念头。(《明史·徐溥》卷181)

不久,越南南部国家占城上奏说:安南侵扰。弘治帝闻奏后欲遣大臣前去调解。徐溥等人获悉后又立即进谏,说:"外国相侵,有司檄谕之足矣,无劳遣使。万一抗令,则亏损国体,问罪兴师,后患滋大。"皇帝朱祐樘看了徐阁老等人的奏言,觉得其言之有理,随即放弃了派遣使臣的打算。(《明史·徐溥》卷181)

弘治八年(1495)十二月,已对道教逐渐沉迷的明孝宗下诏,让内阁撰写三清乐章。徐溥为此上言进谏,说:"天至尊无对。汉祀五帝,儒者犹非之,况三清乃道家妄说耳。一天之上,安得有三大帝?且以周柱下史李耳当其一,以人鬼列天神,矫诬甚矣。郊祀乐章皆太祖所亲制,今使制为时俗词曲以享神明,亵渎尤甚。臣等诵读儒书,邪说俚曲素所不习,不敢以非道事陛下。国家设文渊阁,命学士居之,诚欲其谟谋政事,讲论经史,培养本原,匡弼阙失,非欲其阿谀顺旨,惟言莫违也。今经筵早休,日讲久旷,异端乘间而入。此皆臣等无状,不足以启圣心,保初政。忧愧之至,无以自容。数月以来,奉中旨处分未当者封还,执奏至再至三。愿陛下曲赐听从,俾臣等竭驽钝,少有裨益,非但乐章一事而已。"明孝宗读完奏章后,觉得徐阁老所言极是,当即接受了建议。(《明史·徐溥》卷181)

弘治中期,受中官李广烧炼斋醮之惑,明孝宗越来越沉溺于道教方术,对于视朝理政日渐荒怠,徐溥见此屡屡上疏,极论道:"旧制,内殿日再进奏,事重者不时上闻,又常面召儒臣,咨访政事。今奏事日止一次,朝参之外,不得一望天颜。章奏批答不时断决,或稽留数月,或竟不施行。事多壅滞,有妨政体。经筵进讲,每岁不过数日,正士疏远,邪说得行。近闻有以斋醮修炼之说进者。宋徽宗崇道教,科仪符箓最盛,卒至乘舆播迁。金石之药,性多酷烈。唐宪宗信柳泌以殒身,其祸可鉴。今龙虎山上清宫、神乐观、祖师殿及内府番经厂皆焚毁无余,彼如有灵,何不自保?天厌其秽,亦已明甚。陛下若亲近儒臣,明正道,行仁政,福祥善庆,不召自至,何假妖妄之说哉!自古奸人蛊惑君心者,必以太平无事为言。唐臣李绛有云:'忧先于事,可以无忧。事至而忧,无益于事。'今承平日久,溺于晏安。目前视之,虽若无事,然工役繁兴,科敛百出,士马罢敝,闾阎困穷,愁叹之声上干和气,致荧惑失度,太阳无光,天鸣地震,草木兴妖,四方奏报殆无虚月,将来之患灼然可忧。陛下高居九重,言官皆畏罪缄默。臣等若复不言,谁肯为陛下言者。"

(《明史·徐溥》卷181;《明孝宗实录》卷122)

　　明孝宗接疏后大受触动,当即采纳了徐阁老的谏言,遂于弘治十年(1497)三月御临文华殿,召见徐溥、刘健、李东阳、谢迁等,授以诸司题奏曰:"与先生辈议。"徐溥等拟旨上呈,明孝宗应手改定。事端多者,刘健请出外详阅。弘治帝说:"盍就此面议。"君臣面议结束后,弘治帝朱祐樘让内官赐茶给徐溥等阁臣。"自成化间,宪宗召对彭时、商辂后,至此始再见,举朝诩为盛事。然终(徐)溥在位,亦止此一召而已。"(《明史·徐溥》卷181;《明孝宗实录》卷123)

　　弘治十一年(1498)七月,饱受目疾之苦且已累疏乞归的少师兼太子太师、吏部尚书、华盖殿大学士徐溥再次以老疾为由乞请致仕回乡。弘治帝这回终于接受了已经71岁的老师之辞呈,回复道:"卿宿望重臣,方隆倚任,而屡以疾辞,情甚恳切,特兹俞允,仍赐敕给驿遣官一员送回,有司月给米五石,岁拨夫八名应用,复官其一子为中书舍人。"(《明孝宗实录》卷139)

　　从成化二十三年(1487)十月入阁,到弘治十一年(1498)告老还乡,徐溥在内阁十二年,"从容辅导"。人有过误,他往往予以掩盖,别人不解地问道:"这是为何?"徐溥解释说:"天生才甚难,不忍以微瑕弃也。"在朝期间,屡遇大狱及逮系言官,徐溥总要委曲调剂,而学生皇帝明孝宗也多能采纳他的意见,"天下阴受其福"。史载:徐溥生性至孝,"尝再庐墓。自奉甚薄,好施予。置义田八百亩赡宗族,请籍记于官,以垂永久,(弘治)帝为复其徭役。"(《明史·徐溥》卷181)

○ 钦命另一老师刘健和学术知音邱濬入阁,不料引发内阁辅臣之间的纷争

徐溥告归后,在原内阁中排位第二的刘健依次升格为内阁之首,由此也就成了弘治朝的第三任内阁首席辅臣。

刘健是河南洛阳人,学问深粹,曾得河东薛瑄之传,服膺程朱理学。"举天顺四年(1460)进士,改庶吉士,授编修。"(《明史·刘健》卷181)成化初年,刘健参与《英宗实录》编撰,书成后被提升为翰林院编修,三迁至少詹事,充东宫讲官,受知于当时的皇太子朱祐樘。朱祐樘登基即位后擢升自己的老师刘健为礼部右侍郎兼翰林院学士,令其入阁,参预机务。弘治四年(1491),明孝宗又进刘健为尚书兼文渊阁大学士,累加太子太保,改武英殿大学士。弘治十一年(1498)春,再进刘健为少傅兼太子太傅,旋令其接替徐溥,出任内阁首席辅臣。(《明史·刘健》卷181)

刘健出任内阁首席辅臣时,正值皇帝朱祐樘日趋怠政之际。作为先前的东宫老师现又为内阁领头雁,刘健总是正色敢言,以身任天下之重。弘治十一年(1498)十月,清宁宫突发火灾(《明孝宗实录》卷142),旋太监李广又畏罪自杀。刘健率领同僚李东阳和谢迁等上疏极言:"古帝王未有不遇灾而惧者。向来奸佞荧惑圣听,贿赂公行,赏罚失当,灾异之积,正此之由。今幸元恶殄丧,圣心开悟,而余慝未除,宿弊未革。伏愿奋发励精,进贤黜奸,明示赏罚。凡所当行,断在不疑,毋更因循,以贻后悔。"皇帝朱祐樘接疏后很受感悟,遂"嘉纳其言"。当时太监李广虽已自尽,但他的同党蔡昭等却"取旨予(李)广祭葬、祠额"。刘健听说后又立即上言,对皇帝朱祐樘进行竭力劝谏。(《明史·刘健》卷181)

弘治中期"南北言官指陈时政,频有所论劾",皇帝朱祐樘早已失去了即位之初的致治志向,对于上言科道官大加斥责。刘健与李东阳等利用自身的特殊身份,对学生皇帝朱祐樘进行了耐心的

开导,终致言官多未获罪。(《明史·刘健》卷181)

有个叫江瑢的国子监生不知从哪里听来消息,上奏诬说内阁辅臣刘健和李东阳杜抑言路。皇帝朱祐樘对于这样莫名的指责十分恼火,下令将江瑢投入锦衣卫狱。刘健和李东阳闻讯后迅速上言,以德报怨,力救江瑢。(《明孝宗实录》卷146;《明史·刘健》卷181)

弘治十三年(1500)四月,大同告警,京师戒严。兵部上请甄别京营诸将。皇帝明孝宗为此下令,召阁臣刘健、李东阳和谢迁至平台面议京营诸将之去留,遂"去遂安伯陈韶等三人,而召镇远侯顾溥督团营"(《明史·刘健》卷181)。

弘治十四年(1501)闰七月,"延绥达贼扰边",长期驻扎边地的大明军粮饷匮乏,将士们无心御寇,军事警报频传京师,皇帝朱祐樘为此急得团团转,不停地下诏,让朝廷大臣集议应对举措。刘健等就此进言道:"天下之财,其生有限。今光禄岁供增数十倍,诸方织作务为新巧,斋醮日费钜万。太仓所储不足饷战士,而内府取入动四五十万。宗藩、贵戚之求土田夺盐利者,亦数千万计。土木日兴,科敛不已。传奉冗官之俸薪,内府工匠之饩廪,岁增月积,无有穷期,财安得不匮?今陕西、辽东边患方殷,湖广、贵州军旅继动,不知何以应之。望陛下绝无益之费,躬行节俭,为中外倡,而令群臣得毕献其诚,讲求革弊之策,天下幸甚。"看到如此中肯的谏言,明孝宗当即予以了采纳。(《明孝宗实录》卷177;《明史·刘健》卷181)

弘治十四年(1501)四月,刘健又"以灾异陈勤朝讲、节财用、罢斋醮、公赏罚数事"。这年年底,南京、凤阳等地又突发大水灾,廷臣们为此纷纷上言进谏,匡正时务。可早已失去早年励精图治之志的皇帝朱祐樘却将之留中,久不下达应对令旨。心急如焚的刘健冒着逆鳞的巨大风险,上奏进言,"极陈怠政之失,请勤听断以振纪纲"。见到自己的老师如此真诚敢言,学生皇帝朱祐樘大为触动,遂嘉纳之。(《明史·刘健》卷181)

弘治十五年(1502)十二月,《大明会典》编撰竣工,明孝宗龙颜大悦,加《大明会典》总裁刘健为少师兼太子太师、吏部尚书、华盖殿大学士。与此同时他又对刘健和李东阳、谢迁同赐蟒衣,以示嘉奖。"阁臣赐蟒自(刘)健等始。"(《明孝宗实录》卷194;《明史·刘健》卷181)

皇恩愈隆，权位愈高，弘治中晚期的刘健与李东阳等阁臣处在了一个十分显眼又极受恩遇的地位，但他俩始终没忘自己肩负"致君尧舜上"的历史重任。要说那时的皇帝朱祐樘还真不怎么上进，虽"孝事两宫太后甚谨，而两宫皆好佛、老。先是，清宁宫成，（弘治帝）命灌顶国师设坛庆赞，又遣中官赍真武像，建醮武当山，使使诣泰山进神袍，或白昼散灯市上"。见到自己的学生皇帝朱祐樘的行为几近荒诞，刘健等进谏甚力。弘治十五年（1502）六月，朱祐樘诏拟《释迦哑塔像赞》，刘健力谏反对。弘治十七年（1504）二月，明孝宗又诏建延寿塔于朝阳门外，"除道士杜永祺等五人为真人"。刘健听说后再次上疏，极力予以谏阻，终使皇帝明孝宗的荒唐之举得以中止。(《明史·刘健》卷181)

大约自弘治十七年（1504）春夏起，突然醒悟的明孝宗忽然改变了往日的做法，开始"数召见大臣，欲以次革烦苛，除宿弊。尝论及理财，（李）东阳极言盐政弊坏，由陈乞者众，因而私贩数倍。（刘）健进曰：'太祖时茶法始行，驸马欧阳伦以私贩坐死，高皇后不能救。如伦事，孰敢为陛下言者'"？弘治帝听后大为感触，说道："非不敢言，不肯言耳。"而后他下诏，令户部通核利弊，具议以闻。(《明史·刘健》卷181)

大概也是从这时起，皇帝朱祐樘愈发依赖阁部大臣，而刘健、李东阳和刘大夏等阁部大臣则更为竭情尽虑，知无不言，同心辅政。君臣之间达到如此融洽境地在有明一代中还真不多见。据说明孝宗对刘健等阁臣十分尊重，常呼其为先生而不名。每当刘健等进见时，皇帝朱祐樘往往叫左右之人退下回避，以便他们君臣之间可以畅所欲言，密议政务。而"左右间从屏间窃听，但闻帝数数称善。诸进退文武大臣，厘饬屯田、盐、马诸政"，刘健"翊赞为多"。(《明史·刘健》卷181)。

但十分可惜的是为时已晚，没多久，皇帝朱祐樘因为遭遇了一场医疗事故而急遽归天。临终时他急诏刘健、李东阳等上乾清宫，强打精神坐了起来，"自叙即位始末甚详，令近侍书之"。最后朱祐樘拉住了刘健等人的手，作临终嘱托："先生辈辅导良苦。东宫聪明，但年尚幼，好逸乐。先生辈常劝之读书，辅为贤主。"就此刘健、李东阳等又成了大明新的一朝辅弼大臣。(《明史·刘健》卷181；《明

孝宗实录》卷224)

不过刘健在随后的新朝中并没有发挥着应有的积极作用,由于继承帝位的明武宗是个十分荒唐的皇帝,正德初年,一代名辅刘健被宫廷阉竖大珰刘瑾逐出朝堂,位列奸党之首,削籍为民。(《明史·刘健》卷181)由此反观刘健的一生,其真正起作用的主要还是在弘治中晚期,而在弘治前期他的影响并不大,其缘由有二:第一,那时的内阁首席辅臣不是他,而是徐溥;第二,"器局严整,正己率下"的刘健在阁时遭遇了一个偏激同僚的制约,这偏激同僚其实也十分有名,他就是明代有名的学问家邱濬。

邱濬,又写作"邱浚"、"丘浚",广东琼山人,幼年时丧父,"母李氏教之读书,过目成诵。家贫无书,尝走数百里借书,必得乃已。举乡试第一,景泰五年(1454)成进士。改庶吉士,授编修"。邱濬当上翰林院编修后"见闻益广,尤熟国家典故,以经济自负"。成化元年(1465),朝廷用兵两广,邱濬听说后给当时的内阁首席辅臣李贤上书,指陈形势,献计平乱。李贤看后觉得他的主意不错,遂上呈成化帝。成化帝"命录示总兵官赵辅、巡抚都御史韩雍。雍等破贼,虽不尽用其策,而浚以此名重公卿间"。(《明史·邱濬》卷181)成化中期,邱濬以资晋升为翰林侍讲,参与《英宗实录》编撰,书成后升为翰林院侍讲学士。成化十二年(1476)十一月,《续资治通鉴纲目》书成,参与其编撰且担任重要工作的邱濬被明宪宗擢为翰林院学士(《明宪宗实录》卷165),后迁国子祭酒。那时"经生文尚险怪,濬主南畿乡试,分考会试皆痛抑之。及是,课国学生尤谆切告诫,返文体于正。寻进礼部右侍郎,掌祭酒事。"(《明史·邱濬》卷181)

明孝宗即位上台时,邱濬完成了他的个人专著《大学衍义补》,该书主要讲述治国平天下的具体举措,是在宋儒真德秀的《大学衍义》43卷基础上,"于《大学》八条目中有'格物、致知、诚意、正心、修身、齐家'之要而无'治国平天下之要',乃仿德秀凡例,采辑五经诸史、百氏之言补之,其'治国平天下'之要十有二目,曰正朝廷,曰正百官,曰固邦本,曰制国用,曰明礼乐,曰秩祭祀,曰崇教化,曰备规制,曰慎刑宪,曰严武备,曰驭夷狄,曰成功化。又于十二目之中分条目一百十有九,共为书一百六十卷,又补前书一卷,目录三卷"(《明孝宗实录》卷7)。书撰写完成后,邱濬将之上呈给了皇帝朱祐樘。朱祐樘阅后大为赞赏,遂升邱濬为礼部尚书,"掌詹事府事,修《宪庙实录》,充副总裁,笔削褒贬,多其手出"(《明孝宗实录》卷97)。弘治四年(1491)八月,《明宪宗实录》修成,皇帝朱祐樘给邱濬加衔为太子太保,仍兼礼部尚书。(《明孝宗实录》卷54)同年十月,明孝宗敕命太子太保、礼部尚书邱濬兼文渊阁大学士,入内阁参预机务。(《明孝宗实录》卷56)有明一代尚书入内阁者自邱濬而始,不过那时的邱濬已为71岁的老人了。(《明史·邱濬》卷181)

71岁老人邱濬入阁后,以其《大学衍义补》"所载皆可见之行事,请摘其要者奏闻,下内阁议行之"。弘治帝答复:"可!"或许正因为有着年轻皇帝的欣赏与支持,或许因为几乎一生都在从事教育和文案工作,晚年入阁的邱濬表现得十分褊隘和固执,"尝以宽大启上心,忠厚变士习",但在处理国家政务工作中,他却容不得同僚们的不同意见,"尝与刘健议事不合,至投冠于地。言官建白不当意,辄面折之。与王恕不相得,至不交一言"。(《明史·邱濬》卷181)

弘治六年(1493)朝廷大计群吏,主持该项工作的吏部尚书王恕上奏,请罢2 000名不职官员。邱濬听说后立即提出反对意见,请求对"未及三载者复任,非贪暴有显迹者勿斥",由此说来大约要有90人留任。王恕为此十分恼火,"争之不得",最终向皇帝一再提出了告老还乡的请求。而就在这时,因个人仕途发展不如意的太医院判刘文泰又发起了进攻,"捏词诬奏"王恕"沽直谤君",欲置之于死地。王恕突然想起有人讲过:奸恶小丑刘文泰平日里不管有事没事总爱往大学士邱濬家里跑,由此便怀疑他的弹劾奏章出自邱濬之手。(《明孝宗实录》卷75)且"时议淘淘,谓(邱)濬嗾之,文泰下狱,词果连及濬,濬亦抗疏自辩"(《明孝宗实录》卷97)。给事中毛珵,御史宋惠、周津等听说后交章奏劾邱濬,说他不宜再居于阁臣之位。但皇帝朱祐樘却不以为然,置之不理。(《明史·邱濬》卷181)不过,自此以后,人们"皆不直濬矣"(《明孝宗实录》卷97)。

坦率而言,像上述这样阁部大臣间的意见之争发展到如此之地步,似乎已经是远了一点儿了。要说性格褊隘和固执的邱濬之人品和操行,史书曾赞他廉洁耿介,"所居邸第极湫隘,四十年不易。性嗜学,既老,右目失明,犹披览不辍。议论好矫激,闻者骇愕。至修《英宗实录》,有言于谦之死当以不轨书者"。邱濬闻及当即竭力辩驳道:"土木之变突发,要是没有于公,我大明国家就十分危险了。事久论定,有人强加在于谦头上的诬枉之罪,理当也予以改正。"故清代史学家在为邱濬作传时留下了这样的赞语:"其持正又如此",真叫人感慨万分。(《明史·邱濬》卷181)

○ 弘治中后期朝廷内阁得人:刘健、李东阳、谢迁等被人称为"贤相"

要说邱濬之失主要在于他晚年出任内阁辅臣时言行过于偏激,不过这样的时间也并不长,弘治八年(1495)二月,当了4年的内阁辅臣邱濬突然病逝。皇帝朱祐樘听说后十分悲痛,数日后为填补邱大学士逝去而带来的内阁空缺,遂命吏部会六部、都察院、通政司、大理寺及科道官推举行止端方、学术纯正者六人以闻。当时廷臣们推举了吏部尚书耿裕、礼部尚书倪岳、礼部左侍郎兼翰林院侍读学士李东阳、吏部左侍郎周经、礼部右侍郎傅瀚、詹事府少詹事兼翰林院侍讲学士谢迁等人,皇帝朱祐樘最终还是选定了当皇太子时教过自己的老师谢迁和李东阳入阁,参预机务,让他俩与已为内阁首席辅臣的刘健同阁任事。(《明孝宗实录》卷97)

李东阳,湖广茶陵人,以戍籍居京师。4岁时小东阳就能写一尺见方的毛笔字,景泰皇帝听说后觉得不可思议,遂将之召入宫里当场予以测试,结果发现果不虚传,当即欣喜万分,将他抱了起来,放在自己的膝盖上,并令人拿来了糖果和宝钞赐给他。后来小东阳又两次被召入宫中,讲解儒家经典《尚书》之义,因称旨而被送入京学学习。天顺八年(1464),年仅18岁的李东阳考取进士,遂被选为翰林院庶吉士,后授翰林院编修,累迁翰林院侍讲学士,充东宫讲官。(《明史·李东阳》卷181)

换言之,少年才俊李东阳也是朱祐樘的老师。正因为有着这样的一种特别身份,弘治朝开启后,作为后生之秀的李东阳得到了迅速的擢升。弘治四年(1491),《明宪宗实录》修成,作为该书的主要修撰人之一的李东阳由左庶子兼翰林院侍讲学士进升为太常寺少卿,兼官如故。(《明孝宗实录》卷54)

弘治五年(1492),因天降旱灾皇帝朱祐樘下诏求言。李东阳闻讯后"条摘《孟子》七篇大义,附以时政得失,累数千言,上之"。明孝宗接奏后大为称善。后因"阁臣徐溥等以诏敕繁,请如先朝王直故事,设官专领",皇帝朱祐樘乃升李东阳为礼部右侍郎兼侍读学士,"入内阁专典诰敕"。(《明史·李东阳》卷181)

弘治八年(1495)二月,内阁辅臣邱濬病逝,阁员缺额,明孝宗遂命礼部左侍郎兼翰林院侍读学士李东阳和詹事府少詹事兼翰林院侍讲学士谢迁同值文渊阁,参预机务。弘治十一年(1498)二月,皇帝朱祐樘又进礼部右侍郎兼翰林院侍读学士李东阳为太子少保、礼部尚书兼文渊阁大学士。(《明孝宗实录》卷134;《明史·李东阳》卷181)

弘治十七年(1504),重建阙里庙竣工,奉命往祭回还的李东阳上疏朝廷,对于当时帝国的不堪之状做了如实的描述,并提出整治与更新的建议。(疏文详见《明孝宗实录》卷212)皇帝朱祐樘阅后嘉叹之,随即"悉付所司"予以执行。(《明史·李东阳》卷181)

大致也是从这时起,猛然醒悟的明孝宗再度励精图治,频频召见阁臣面议政事。李东阳与首席辅臣刘健等"竭心献纳,时政阙失必尽言极谏"。李东阳"工古文,阁中疏草多属之。疏出,天下传诵"。弘治十八年,明孝宗突遭医疗事故,临终前急召李东阳、刘健和谢迁等到乾清宫,接受辅弼新君之使命。(《明史·李东阳》卷181)

谢迁,浙江余姚人,成化十年(1474)乡试第一,第二年又中进士,复第一。初授翰林院修撰,后累迁左庶子。弘治元年(1488)春,"中官郭镛请豫选妃嫔备六宫"。谢迁听说后立即上言,说:"山陵未毕,礼当有待。祥禫之期,岁亦不远。陛下富于春秋,请俟谅阴既终,徐议未晚。"尚书周洪谟等也跟着上疏进言,支持谢迁的观点。本来还在犹豫的明孝宗当即被说服,并彻底放弃了另选妃嫔的念头。说来也挺有意思的,谢迁在朱祐樘还是皇太子时就出任过东宫讲官。等到弘治朝开启后,他又为学生皇帝朱祐樘担任过日讲官。而每当日讲时,谢迁"务积诚开帝意。前夕必正衣冠习诵,及进讲,敷词详切,(弘治)帝数称善。进少詹事兼侍讲学士"(《明史·谢迁》卷181)。

弘治八年(1495)二月,邱濬逝去,内阁缺员,谢迁与李东阳同受皇命，入阁参预机务。弘治十一年(1498)二月，时为詹事府詹事兼翰林院侍讲学士谢迁被学生皇帝明孝宗升为太子少保、兵部尚书兼东阁大学士。(《明孝宗实录》卷134；《明世宗实录》卷127)同年十一月，皇太子朱厚照出阁进学，谢迁出任东宫讲官，曾"上疏劝太子亲贤远佞，勤学问，戒逸豫"，皇帝朱祐樘对此大为赞赏。"兵部尚书马文升以大同边警，饷馈不足，请加南方两税折银。"谢迁听说后立即上疏，表示坚决反对，他说："先朝以南方赋重，故折银以宽之。若复议加，恐民不堪命。且足国在节用，用度无节，虽加赋奚益。"那时的吏部尚书倪岳闻讯后也上言，支持谢迁的观点，终使弘治朝廷放弃了对南方加税的打算与计划。(《明史·谢迁》卷181)

弘治末期，慨然有悟的明孝宗欲除弊政，"而内府诸库及仓场、马坊中官作奸黩法，不可究诘。御马监、腾骧四卫勇士自以禁军不隶兵部，率空名支饷，其弊尤甚"。谢迁乘间言之，弘治帝令其拟旨禁约。谢迁当即指出："虚言设禁无益，宜令曹司搜剔弊端，明白奏闻。然后严立条约，有犯必诛，庶积蠹可去。"明孝宗听后觉得其所言甚为有理，随即俞允之。(《明史·谢迁》卷181)

史称：谢迁仪观俊伟，秉节直亮，有大臣风节，在阁时与刘健、李东阳同心辅政。(《明世宗实录》卷127)"见事明敏，善持论"。因而时人为之语曰："李公谋，刘公断，谢公尤侃侃。"天下称此三阁臣为贤相。(《明史·谢迁》卷181；《明世宗实录》卷127)

其实弘治时代任用的贤能大臣何止于上述这几位内阁辅臣，在当时的部院衙门中明孝宗也引入了一批才德高茂、志节忠贞的正人君子，如主管大明帝国干部人事的几任吏部尚书就是这样的典型代表。

○ 成化：两京十二部，独有一王恕；弘治：王恕主政铨选，致使众正盈朝

弘治朝任用的第一位正人君子人事组织部长叫王恕。说起王恕，读过笔者先前出版的《成化帝卷》的朋友想必对他并不陌生。王恕是陕西三原人，正统十三年(1448)进士，入翰林院当庶吉士，后由庶吉士授大理左评事，进左寺副。大理寺是大明朝廷司法复审机构，左评事和左寺副在这个衙门里头都属于中下级官僚，但王

恕并没有因为自己官位不高而得过且过;相反他积极有为,对当时刑罚不适提出了6条建议,在随后朝廷廷议时都获得了通过,由此,王恕之名为大家所熟悉。不久之后,他受命出任扬州知府。不巧的是那时淮扬地区发生了严重的自然灾害,如果等待朝廷批准后再放粮赈济,不知要有多少难民被饿死。王恕当机立断,直接"发粟振饥不待报",就此救活百姓无数。而事后王知府本人也由此受到了朝野的一致好评,天顺四年(1460)因"治行天下第一"而被明英宗擢升为江西右布政使,"平赣州寇"(《明史·王恕》卷182)。明宪宗朱见深即位之初就对地方吏治十分重视,曾"诏大臣严核天下方面官"。当时河南左布政使侯臣等多人被考为不合适继续留任,朝廷为此进行了讨论,有人认为可让江西右布政使王恕来接替侯臣,明宪宗当即接受了建议,遂将王恕调升为河南左布政使。(《明宪宗实录》卷3)

就在这期间,成化朝廷兵发广西,远征大藤峡之乱,年轻皇帝朱见深天天盼着从南方传来平乱捷报,没想到南疆捷报还没接到,反倒来个"南阳、荆、襄流民啸聚为乱"的警报,这下可怎么办呢?当时有人提议,让治政有绩且抚治有方的王恕来专门负责荆襄盗起诸事。朱见深一听到这名字就不假思索地同意了,并于成化元年(1465)三月正式下令:以河南布政使王恕为都察院右副都御史,抚治南阳、荆、襄三府流民。(《明宪宗实录》卷15;《明史·王恕》卷182)

王恕接到皇命后赶紧赴任,可哪想到上任没几天,家乡来人急报:老妈病亡。王恕当即向皇帝请假奔丧。明宪宗接到王都御史的告假请求时,心里可火了,怎么早不丁忧晚不丁忧,偏偏就在节骨眼上王家出了这档子的事?但转而又想到,家有长辈之丧,做儿孙的回去奔丧守制也是天经地义的,更何况大明朝老祖宗朱元璋还曾制定过严格的规章制度,作为朱明皇家的孝子贤孙怎么能不遵照执行呢?想到这里,朱见深立即批示给王恕:"奔丧两月即起视事。"可王恕是个大孝子,他说要守完三年之孝后才复出继续当官做事,这回明宪宗说啥也没同意。两个月后,王恕起复上任。(《明史·王恕》卷182)

王恕起复后"与尚书白圭共平大盗刘通,复讨破其党石龙。严束所部毋滥杀,流民复业。移抚河南。论功,进左副都御史,稍迁南京刑部右侍郎。父忧,服除,以原官总督河道。浚高邮、邵伯诸湖,修雷公、上下句城、陈公四塘水闸。因灾变,请讲求弭灾策。帝为赐山东租一年,畿辅亦多减免。旋改南京户部左侍郎。"《明史·王恕》卷182)

成化十二年(1476),内阁大学士商辂等"以云南远在万里,西控诸夷,南接交阯,而镇守中官钱能贪恣甚,议遣大臣有威望者为巡抚镇压之"。皇帝朱见深接受了建议,乃改王恕为左副都御史,旋进右都御史,并令其巡抚云南。(《明史·王恕》卷182)

王恕巡抚云南时,太监钱能已将当地弄得鸡飞狗跳,天怒人怨。"初,(钱)能遣指挥郭景奏事京师,言安南捕盗兵阑入云南境,(成化)帝即命景赍敕戒约之。旧制,使安南必由广西,而景直自云南往。能因景遗安南王黎灏玉带、宝绦、蟒衣、珍奇诸物。灏遣将率兵送景还,欲遂通云南道。景惧后祸,给先行白守关者。因脱归,扬言安南寇至,关吏戒严。黔国公沐琮遣人谕其帅,始返。而诸臣畏能,匿不奏。能又频遣景及指挥卢安、苏本等交通干崖、孟密诸土官,纳其金宝无算。"(《明史·王恕》卷182。本段引文阅读若有困难,敬请朋友们参阅笔者拙著《大明帝国》系列之⑯《成化帝卷》下册,第6章,一团和气?乌烟瘴气,东南大学出版社,2017年9月第1版)

再说王恕赴任云南查得事实真相后,立即派人前去执拿太监钱能之走狗郭景。郭景早就耳闻王恕的威名,听说他已派人前来缉拿自己,顿感情势不妙,随即畏罪自杀。王恕没能逮住活郭景,而后便上章弹劾其主子太监钱能,说他私通外国,按律当死。皇帝明宪宗接到章奏后遣刑部郎中潘蕃前往云南查勘,钱能乘着朝廷新钦差尚未到达之机开展迂回攻势,派人给北京城里的皇帝老爷朱见深及其宠妃万氏进献珍奇动物——黄鹦鹉。王恕听说后又立即上疏,请求皇帝禁绝进献,并尽发太监钱能贪暴之状,说:"昔交阯以镇守非人,致一方陷没。今日之事殆又甚焉。陛下何惜一(钱)能,不以安边徼。"据说钱能获悉后大为恐惧,急忙又派人上北京去展开活动,让他的内廷近侍同党设法在皇帝面前进谗,将铁面无私的王恕召回。皇帝朱见深本来就庇护奸佞钱能,当听到左右近侍都在说王恕的不是时,他立即发生了动摇,而这时朝中原有的一批正人君子如商辂、项忠等因得罪了大珰汪直早就被罢官离去，已无人出来为王恕说句公道话了，随后便是王都御史自云南被召还，"掌南京都察院，参赞守备机务"。史载：王恕"居云南九月，威行徼外，黔国以下咸惕息奉令。疏凡二十上，直声动天下。当是时，安南纳江西叛人王姓者为谋主，潜遣谍入临安，又于蒙自市铜铸兵器，将伺间袭云南。（王）恕请增设副使二员，以饬边备，谋遂沮"。但就是这样一个有德有能的刚直大臣却在奸佞小人的围攻下被闲置地安排到留都南京都察院任职上。(《明史·王恕》卷182)

王恕被召还后，在南京都察院干了几个月，而后被迁为兵部尚书，"参赞如故。考选官属，严拒请托，同事者咸不悦。而钱能归，屡谮恕于帝。(成化)帝亦衔恕数直言，遂命兼右副都御史巡抚南畿"。要说那时的南直隶情势并不怎么好，"旧制，应天、镇江、太平、宁国、广德官田征半租，民田全免。其后，民田率归豪右，而官田累贫民"。王恕上任后上请皇帝朱见深"量减官田耗，稍增之民田。常州时有羡米，乃奏以六万石补夏税，又补他府户口盐钞六百万贯，公私便焉。所部水灾，奏免秋粮六十余万石。周行振贷，全活二百余万口。江南岁输白粮，民多至破产，而光禄概以给庖人、贱工。又中官暴横，四方输上供物，监收者率要羡入。织造缯采及采花卉禽鸟者，络绎道路"。王恕对此都一一上奏，请求革除弊政，可皇帝明宪宗根本就不予采纳。(《明史·王恕》卷182)

那时"中官王敬挟妖人千户王臣南行采药物、珍玩，所至骚然，长吏多被辱。至苏州，召诸生写妖书，诸生大哗。敬奏诸生抗命"。王恕知道后立即上疏，说："当此凶岁，宜遣使振济，顾乃横索玩好。昔唐太宗讽梁州献名鹰，明皇令益州织半臂褙子，进琵琶杆拨镂牙合子诸物，李大亮、苏颋不奉诏。臣虽无似，有慕斯人。"随后他又尽列王敬等人的罪状。王敬听说后来个诬告反击，并将得罪他的常州知府孙仁也给带了进去。王恕获悉后立即抗章营救孙仁，三疏奏劾王敬。恰巧那时中官尚铭亦发王敬奸状，皇帝朱见深这才下令，将王敬等人下大狱，"成其党十九人，而弃臣市，传首南京。（孙）仁亦得释归"。而后王恕积官至右副都御史，巡抚宁夏。(《明史·王恕》卷182)

成化二十年(1484)，朝廷复改王恕为南京兵部尚书。碰巧那时钱能也在南京,任守备太监,因为先前在云南时曾与王恕打过交道,知道他秉性"刚正清严",所以天不怕地不怕的钱太监"心惮(王)恕不敢肆"(《明史·宦官一·钱能》卷304)。有人见了不无好笑地问道:"钱公公怕人吧?"钱能一本正经地回答道:"王公(指王恕),天人也,吾敬事而已。"再说王恕重回南京后"坦怀待之",而钱能也终以敛戢。

成化二十年(1484)年尾,崇佛佞道的明宪宗在太监梁芳和妖僧继晓的蛊惑下,"建寺西市,逼买居民数十家,工役甚钜,而二人势方炽,无敢言者"。唯刑部员外郎林俊不顾个人安危与得失,直接上疏,对于朝廷失政提出了严厉的批评,并请诛杀太监梁芳和妖僧继晓,以谢天下。明宪宗接疏后顿时大怒,下令将林俊抓起来,打入锦衣卫大牢,后降旨:林俊"不守本职,分外泛言。杖之三十,降边方州判"(《明宪宗实录》卷257)。当朝天子的这般处置使得本来已经杜塞了的朝廷言路更加噤若寒蝉。

而就在这样的不堪情势下,身在千里之外的南京担任兵部尚书的王恕却冒着逆鳞的巨大风险上书直谏,说:"天地止一坛,祖宗止一庙,而佛至千余寺。一寺立,而移民居且数百家,费内帑且数十万,此舛也。(林)俊言当,不宜罪。"据说皇帝朱见深接疏后尽管心里极不舒服,但也拿王恕没辙。而王恕在此以后,又"侃侃论列无少避。先后应诏陈言者二十一,建白者三十九,皆力阻权幸。天下倾心慕之,遇朝事有不可",人们往往就说:"王公为什么不对此讲讲话?"有人听后劝慰道:"别急,说不定王公的上疏章奏马上就要到达京城了。"果然,没过几天王恕的章疏真的来了。为此,当时有歌谣这样唱道:"两京十二部,独有一王恕。"权贵近幸听后人人侧目,皇帝朱见深"亦颇厌苦之"(《明史·王恕》卷182)。

皇帝厌恶臣僚,臣僚即使再正派又有能耐,但最终还是难逃被斥的厄运。成化二十二年(1486)九月,南京兵部左侍郎马显乞请致仕。明宪宗极为爽快地同意了,随即在马显上呈的疏文上作批示,忽然间皇帝想起了,南京兵部……那里不是有个老爱管闲事的尚书叫王恕的,他怎么不退休呢?想到这里,朱见深提起御笔写道:"今南京米贵民饥,尚书王恕参赞机务,胡为坐视,无一策拯济,可见年老无为,革太子少保,亦令致仕。"(《明宪宗实录》卷282)

消息传开,朝野大骇,群情惊愤,莫知其由。工部主事王纯闻讯后迅速上奏,对于当朝天子明宪宗的胡乱处置尤其是对王恕被革去太子少保、以尚书致仕提出了委婉的质疑,哪想到早已对王恕恨得咬牙切齿的朱见深这下可将责罚矛头调向了王纯,"命杖而讯之,已而有旨,纯出位妄言,要求名誉,不必拟罪,送吏部降二级调外任,为贵州思南府推官"(《明宪宗实录》卷282;《明史·王恕》卷182)。

再说被迫提前退休的直臣王恕,那可是声名远扬的刚正清严大臣。他"数为巡抚,历侍郎至尚书,皆在留都(南京)。以好直言,终不得立朝。既归,名益高,台省推荐无虚月"。但终成化一朝,他再也没有被召回起用。(《明史·王恕》卷182)

王恕在老家待了一年多,明宪宗朱见深驾崩,皇太子朱祐樘继承帝位。朱祐樘在东宫时就听覃吉和怀恩等内官讲起过王恕,说他如何刚正又有能耐。成化二十三年(1487)十一月,登基即位两个月不到的新皇帝朱祐樘接受了廷臣们的建议,下令起用致仕的南京兵部尚书王恕为朝廷吏部尚书。(《明孝宗实录》卷6)

就说此时的王恕接到新朝廷的起用诏旨后心里可不怎么乐意,因为自英宗时代起,随着内阁地位的不断上升,朝廷内外的文臣学士往往将入阁视为自己事业奋斗的最高目标和无限荣耀,作为数朝老臣且已名高天下的王恕当然也不例外。但要想入阁可不是你想入就能入得了的,这里边既有入阁人数的限制,又有错综复杂的人事关系,更有当朝天子是否喜欢等至关重要的因素,因而对于大臣来说,能否入阁并不是由他的能力和名望所决定的。从明朝中期内阁组成大势来看,当朝天子喜欢简命自己东宫时代的老师为阁臣,这大概是为了方便决策和政务运行。但早已重望朝野的老王恕却不这么认为,且听人说,巡按直隶监察御史曹璘等都曾上疏朝廷,推荐他入阁,哪想到皇命下达诏旨,让他出任吏部尚书,这就与他原来的理想有着相当的距离。就在赴京途中,王恕"复陈疾乞致仕"。皇帝朱祐樘极力劝慰:"卿老成重望,特兹起用,所辞不允,有疾令所在有司遣医调治,待平复即趣赴京。"(《明孝宗实录》卷8)不久王恕来到北京,明孝宗立即给他加衔太子太保。王恕疏辞,朱祐樘安抚道:"吏部重任,朕特起卿,用典铨衡,以图治理,加

升职事,卿不必辞。"(《明孝宗实录》卷8)

要说老王恕这般谨慎考虑问题不是没有一点儿道理的,因为弘治初年的政治形势十分复杂,虽说"纸糊三阁老"去掉了两个,但为人阴鸷的刘吉还在内阁,且已为首席辅臣,而大明朝廷当时政务运行的程序是,先由部院衙门奏请,内阁再票拟,最后才是皇帝御批。问题就在于当时的内阁由刘吉主掌,从实际地位来讲,王恕等部院大臣处于相对下风位置,自然也就无法很好地实现自己的治国平天下之大志了。所以从陕西到北京的路上,王恕就不停地上疏,乞辞新职。而后来的事实恰恰也证明了他的顾虑并非是多余的。由于当时朝野内外纷纷弹劾刘吉,一致称好和赞誉王恕,本来就是奸佞小人的刘吉从内心深处恨死了王恕,在随后工作中"凡(王)恕所推举,(刘吉)必阴挠之"(《明史·王恕》卷182)。

弘治元年(1488)闰正月,言官弹劾两广总督宋旻、漕运总督邱霁等37人,说他们都应该予以降黜。就实而言,"中多素有时望者"。刘吉闻讯后为了讨好言官,最终目的就是让他们不要再老弹劾自己,遂"取中旨允之",即直接让皇帝内批圣旨,同意言官们的斥黜诉求,这样也就跳过了主掌大明干部人事升降大权的吏部这一关。作为吏部一把手的王恕知道后自然就很生气,"以不得其职,拜疏乞去"。但皇帝朱祐樘不允。(《明史·王恕》卷182)

此事过后没多久,有人上奏说,陕西缺巡抚。王恕推荐河南布政使萧祯,明孝宗却不以为然,下令另选。王恕执奏道:"陛下不以臣不肖,任臣铨部。倘所举不效,臣罪也。今陛下安知祯不才而拒之?是必左右近臣意有所属。臣不能承望风指,以固禄位。且陛下既以祯为不可用,是臣不可用也,愿乞骸骨。"自知理亏的弘治帝读完王恕的奏章,顿时哑然失语,最终不得不采纳了他的建议,令萧祯巡抚陕西。(《明史·王恕》卷182)

王恕执掌吏部时已经72岁,而吏部是主管朝廷上下人事变化的具体衙门,工作极其烦琐。当时有一些言官上奏皇帝,说王恕为数朝老臣,虽然他有贤又有能,但毕竟人老了,"不当任剧职,宜置内阁参大政。最后,南京御史吴泰等复言之"。可皇帝朱祐樘却并不这么认为,就说刚即位那时,他求贤若渴地将老王恕给找了出来,但任用数月下来,心里可不是那个滋味了。要说王恕之贤,那是没得说的。但此人过于自我表现了,动不动就与皇帝唱反调,一旦要是将他调入内阁,那还能做成什么事?尤其随着自身帝位的逐渐巩固,朱祐樘也慢慢地学起了他父亲成化帝的样子来了。因此说言官们提出要将老王恕调入内阁,这是断然不可行的。但从小就"深自潜晦,弗自炫露"的明孝宗又不愿说出自己的真实想法,苦思冥想了好久,终于想到了一个应付的理由:"朕用蹇义、王直故事,官恕吏部,有谋议未尝不听,何必内阁也。"(《明史·王恕》卷182)

要说当朝天子的这般说法还真是挑不出什么毛病,且已十分明确地表示:王恕入阁无望!不过对于贤直老臣王恕来说,无望也就无望吧,既然君主做出如此之安排,作为臣子还是尽可能地做好自己的本职工作。但树欲静而风不止,弘治经筵讲学开启没多久,身体羸弱的明孝宗就显得力不从心,疲于奔命。王恕见之于心不忍,遂"请依故事大寒暑暂停,仍进讲义于宫中"(《明孝宗实录》卷14)。不曾料到就这么一个善意的提议,立即召来了非议,"进士董杰、御史汤鼐、给事中韩重等遂交章论驳",将老王恕弄得左右都不是人,"待罪请解职"。但皇帝朱祐樘却"优诏不许"。王恕再次上言,说:"臣蒙国厚恩,日夕思报。人见陛下任臣过重,遂望臣太深,欲臣尽取朝政更张之,如宋司马光故事。无论臣才远不及光,即今亦岂元祐时。且六卿分职,各有攸司,臣岂敢越而谋之。但杰等责臣良是,臣无所逃罪,惟乞放还。"弘治帝又优诏勉留之。王恕为此"感激眷遇,益以身任国事。方以疾在告,闻帝颇擢用宦官,至有赐蟒衣给庄田者,具疏切谏。中官黄顺请起复匠官潘俊供役,恕言不可以小臣坏重典。再执奏,竟报许"(《明史·王恕》卷182)。

心存天下的老王恕如此作为虽然赢得了朝野上下的普遍称誉,但也引发了内阁首席辅臣刘吉等奸佞小人更深的嫉恨。"刘概妖言案"(后章将详述,笔者注)发生后,刘吉指使他的党羽,对御史汤鼐、曹璘,主事东思诚,知州刘概,理刑知县韩福等一批文臣进行构陷,形势汹汹,很多朝廷大臣吓得都不敢说话,唯王恕"抗章力救",(《明孝宗实录》卷24)由此刘吉益恨王恕,"乃合私人魏璋等共排之"。王恕"先后推用罗明、熊怀、强珍、陈寿、邱甎、白思明等,咸讽璋等纠驳"。不过他也自"知志不得行,连章求去"。可皇帝朱祐樘还是慰留不已,"且以其老特免午朝,遇大风雨雪,早朝亦免"(《明史·王恕》卷182)。

弘治二年(1489)七月,徽王朱见沛向上"乞归德州田",皇帝朱祐樘碍于面子当即予以应允。吏部尚书王恕听说后立即上疏,说:"臣闻徽王得地已不少,兼有本等禄食,凡吉凶之礼、合用之物,又出特赐,其富贵视朝廷不甚远,而顾与军民争尺寸之地哉?乞收回成命,仍以书谕王:谨守见业,恭己俭用,共保无疆之不绪。自今有乞恩泽请地土者,一切报罢,则军民无怨,而国家永安矣。"皇帝朱祐樘婉辞回复:"空闲地军民占据者多,全不稽考,亦非法度。况流通所聚,难保无虞,以此遣官踏勘,非专为王府也,宜悉朕此意。"(《明孝宗实录》卷28)

弘治三年(1490)五月,卢沟桥修成,内官监太监李兴乞升文思院副使潘俊等官。吏部尚书王恕听说后又立即上言,说:"官匠营造,乃其职分。自成化初年以前,修河筑堤并无升官事例。至十九年以后,修筑卢沟桥决口、恭夫人坟墓、大慈恩寺殿宇始滥升匠官,并钦天监、太医院等衙门官日增月益,大坏名器。比因科道之言,一切罢去,识者以为太平盛事。今一但复滥升,如旧人其谓何比者?营先帝山陵,所役军匠至四万人,亦未有升职者,此役较之山陵,不及三分之一。顾欲妄滥升官,甚失轻重之序。况修城等役,今方并兴,若俱照例,其为冗滥,又复如前,岂不为新政之累?"皇帝朱祐樘接奏后"从其言,命给赏有差"(《明孝宗实录》卷38)。

弘治三年(1490)十月,京城河桥修成,太监李兴奏请:"工匠升官者四人,冠带者五人。"这是前所未有的工匠大升赏,吏部尚书王恕为此十分气愤地上奏:"臣等职居铨选,义当尽言,岂意再尽之陈,莫回九重之听。臣等仰窥圣意,岂不知臣等所言,近理第以为业已许之不可更改耳?然朝廷政事苟未得其当,虽十易之不为过,要于其当而后已,不然末流之弊,将有不可救药;若以为前事既往不可追,改自今以始,亦望慎于将来。今后内外官员,但有为人奏乞升官、坏名器者,乞明许科道官参奏执问,庶奔竞可息,名器可重,而赏罚无不当矣。"但皇帝明孝宗不听,敷衍道:"此以后事,朕自有处置。"(《明孝宗实录》卷44)

虽然皇帝不听谏言,但一心为公的王恕却并不气馁,"先后以灾异条七事,以星变陈二十事,咸切时弊"(《明史·王恕》卷182)。

弘治四年(1491)二月，寿宁伯张峦请给勋号并诰券。吏部尚书王恕听说后又立即上言，说："昔钱太后正位中宫五十年，钱承宗始封伯。(张)皇后正位中宫才三年，(张)峦即蒙恩封伯，今又急有此请，恐人情惊愕，有累圣德，乞迟数年，以息人言。"但皇帝明孝宗就是不从，仍"命峦应得诰券封号，照王源例与之，授推诚宣力武臣荣禄大夫柱国、寿宁伯，食禄一千石，子孙世袭，免本身杂犯二死，子一死"(《明孝宗实录》卷48)。

不仅如此，弘治帝还将对张皇后娘家之爱做了进一步的延伸。通政经历高禄是国丈张峦的妹婿，通过张皇后不停地吹枕头风，他超迁为通政司参议。王恕知道后又上言进谏，说道："天下之官以待天下之士，勿私贵戚，妨公议。"(《明史·王恕》卷182)此时的明孝宗越来越不喜欢老王恕，直把他的谏言当作了耳边风。

弘治四年(1491)五月，太医院院判缺员，院推御医徐生一人作候选人。吏部尚书王恕认为：太医院推举一人做候选人，这事本身就不合规矩。但徐生走通门路，让皇帝朱祐樘内批他为院判。消息传出，御医许观上言进谏，说："前此本院会考御医、医士人等有一等、二等之分，名在二等不当越次补官。吏部请于考中一等御医内举用，(徐)生夤缘求升，宜治其罪。"皇帝朱祐樘接奏后回对道："既有前例，吏部仍会礼部、太医院同御药房太监推选。"但吏部尚书王恕却不以为然，上言谏诤道："旧例太医院员缺，先呈本部具奏，乃下本院推举，送部除授，无同内臣推举事例。"明孝宗下令："既不必会选，徐生曾用药有效，升院判。"(《明孝宗实录》卷51)后"文华殿中书舍人杜昌等夤缘迁秩，御医王玉自陈乞进官"，王恕都曾竭力谏阻，但最后还是以失败告终。要说此时的王恕极为郁闷，数次上疏，乞请致仕，但全让皇帝朱祐樘温言挽留给挡回了。(《明史·王恕》卷182)

好在随着弘治五年(1492)秋季的到来，有个消息从宫中传出，让苦闷不堪的王恕略微振奋了一下。长期暗中与他作对的太子太师、吏部尚书、华盖殿大学士刘吉，因拒不为张皇后弟弟进封为伯爵而拟撰皇亲诰券，让皇帝朱祐樘给撑回了老家。古稀之年的老王恕闻及此讯，内心稍稍宽慰了些。(《明孝宗实录》卷66)

可这样的宽心日子没过多久，老王恕又遇到了人生中另一个与他过不去的偏执之人——太子太保、礼部尚书邱濬。前文说过，邱濬是在弘治四年（1491）十月入阁的，那时刘吉还没被罢职，邱为新入阁者，自然位居内阁辅臣之末，因而他也就没有多大的说话余地。但随着时间的推移，一生都在与文案和教育打交道的邱濬之偏执性格又开始张扬起来了。入阁之前，邱濬的职衔是太子太保，以礼部尚书掌詹事，而吏部尚书王恕的职衔也是太子太保，但因为吏部尚书是六卿之长，在朝会及大的礼仪中，王恕往往位居邱濬之上，那时的邱濬没敢说什么。但随着入阁时间逐渐增加，邱濬越来越觉得自己憋屈，而王恕"以吏部弗让"，于是邱大学士愈加不爽。邱、王之间的矛盾逐渐积聚。（《明史·王恕》卷182）

弘治六年（1493）二月，王恕主掌的吏部考察天下官吏，奏上请黜2 000名不职官员，但随后中旨复留者竟达90余员。"既而科道又交章请黜遗漏及宜退而留者"。皇帝朱祐樘复命吏部指实迹，王恕"详疏各官考语及本部访察者以闻"。明孝宗阅疏后发话："但凭考语，恐未为实，仍令照所访广东参政詹雨等事实具奏。"这下老王恕彻底明白了，其所言不用，"且疑当道有弗悦者"，遂"自陈年耄病作，潜毁日至，乞赐归田，以全始终"。皇帝朱祐樘还是一如既往地予以挽留。（《明孝宗实录》卷72）

过了两个月左右，也就是到了弘治六年（1493）四月时，太医院院判刘文泰因求升迁位为吏部所沮而恨上了吏部尚书王恕，随即予以构陷。要说这个叫刘文泰的，还真不是什么好人，平日里朝廷上下但凡有点儿正义感的文臣学士都远远地避着他。但不知是怎么一回事，入阁不久的大学士邱濬却与他十分合得来，于是刘文泰一旦空闲下来，不管有事没事总往邱府跑，然后两人说起话来就没完没了，且还不让第三者听到。据说有一天，邱濬听完刘文泰的一肚子牢骚和愤怒之语后，当即给他指点迷津："王恕刚正清严，经济上、作风上都难以抓他什么把柄，唯独有一个方面倒是可以做做文章。听说他平日十分喜欢'属人作传，镂版以行'。好文章就从这里下手，找个机会在皇帝那里告他个'沽直谤君'之罪名，皇帝要是听到了，肯定会觉得罪名甚大，进而会让人去调查，到那时他老王恕不倒台才怪呐。"刘文泰听后顿时欣喜万分，回到家里"自为奏草"，然后再叫除名都御史吴祯为之润色。刘文泰在这份告讦奏疏中诬称王恕"变乱选法",令人作传又"自比伊、周,于奏疏留中者,概云不报。以彰先帝拒谏,无人臣礼"。就这些指控中,"变乱选法"和"无人臣礼"都是十分要命的诬告,若不加以辨清,其后果不堪设想。老王恕闻讯后立马抗言道:"臣传作于成化二十年(1484),致仕在二十二年,非有望于先帝也。且传中所载,皆足昭先帝纳谏之美,何名彰过。文泰无赖小人,此必有老于文学多阴谋者主之。"在这里王恕尽管没有直接点名幕后指使者,用了"此必有老于文学多阴谋者主之"的说法,但明眼人一看便知,指的是刘文泰经常拜访的阁臣老朋友邱濬。事态的发展到了这一步已经变得十分复杂了,皇帝朱祐樘接奏后下令,将刘文泰打入锦衣卫大牢,严加拷问。不久锦衣卫镇抚司官前来汇报:"正如王恕所怀疑的那样,刘文泰所告多不属实。不过为了慎重起见,还是请皇帝下令,逮邱濬、王恕和除名都御史吴祯等当面对质。"不过此时的皇帝朱祐樘已经很不喜欢王恕了,但又说不出口,于是下令将刘文泰的官职由太医院院判降为御医,并"责(王)恕沽名,焚所镂版",至于案件有关的另一个嫌疑人邱濬则置之不问。(《明史·王恕》卷182)

对于当今天子这样的御裁,老王恕可不买账了,一再上疏,请求辨理明白。可明孝宗哪有什么心思,皆予以拒绝。弘治六年(1493)闰五月,"累乞休致不允"的老王恕再次上疏说:"蒙恩至此,非不勉思报酬,但年垂八十,精力日衰,任既重而势必危,功未成而谤即至,深惟保晚节之难,将恐为终身之累,乞放归田里,以全始终。"皇帝朱祐樘回复:"卿既称有疾,宜加调理,不允休致。"随后王恕"求去益力,上(指明孝宗)乃允之,仍命给驿以行,有司月给米二石,岁拨人夫二名应用"(《明孝宗实录》卷76)。

听说当朝皇帝薄待致仕老王恕,"廷论以是不直(邱)濬"。一年多后的弘治八年(1495)二月,邱濬病亡,刘文泰听说后前往邱府吊唁。邱濬妻子当即将刘文泰赶了出来,且边赶边骂道:"要说交情,假使当年我家相公不为你而与王公交恶,就不会背负不义之名。可事到如今,你还来吊什么唁!"(《明史·王恕》卷182)

再说一代名臣王恕离开大明政治舞台后再次回到了家乡陕西三原,在那里又度过人生的15个春秋。直到正德三年(1508),他才走完了自己一生93年的历程。虽说王恕的最终结局几乎是悄无声息和令人惋惜的,但他对于成化、弘治、正德等数朝所产生的积极影响却实在不可小觑。尤其是在弘治朝,由他主掌的大明人事组织部——吏部引荐了一大批的贤能人才,如耿裕、彭韶、何乔新、周经、李敏、张悦、倪岳、刘大夏、戴珊、章懋等,使得那时的大明二十年间"众正盈朝,职业修理,号为极盛者",至此而言,王恕功莫大焉!(《明史·王恕》卷182)

○ 弘治中后期人事组织部部长、吏部尚书耿裕、倪岳、马文升等都是正直能臣

王恕离开朝廷后半月之余,即弘治六年(1493)六月下旬,皇帝朱祐樘下令,改礼部尚书耿裕为吏部尚书,令他接替王恕的工作。(《明孝宗实录》卷77)

耿裕,河南卢氏县人,南京刑部尚书耿九畴之子,景泰五年(1454)进士,改翰林院庶吉士,授户科给事中,寻改工科给事中。天顺初年,耿九畴任朝廷风纪言路的主要领导都察院右都御史,儿子耿裕被改为翰林院检讨。石亨肆意作恶时,耿九畴无辜受害被贬,耿裕也因此受到了牵连,谪为泗州判官。不久父亲耿九畴病亡,耿裕回家守制三年,起复时补为定州判官。(《明孝宗实录》卷108;《明史·耿裕》卷183)

成化初年,朝廷拨乱反正,言官上言:天顺年间耿九畴、耿裕父子无辜被贬,理应予以平反昭雪。皇帝朱见深接受了谏言,召回耿裕,"乃复除检讨",让他参与《英宗实录》的编撰,该书修成后升其为翰林院修撰,寻迁国子监司业,转祭酒,升吏部右侍郎。后"坐(吏)部尚书尹旻累,停俸者再。"(《明史·耿裕》卷183)成化二十二年(1486),尹旻被人扳倒,耿裕受命接替其位,出任吏部尚书。不过这已经是明宪宗统治的末年了,那时无耻之徒大学士万安与奸佞小人梁芳、李孜省等狼狈为奸,党同伐异,肆意作恶。耿裕为人正派,"素与大学士万安不谐",万安想让自己的江西老乡工部尚书李裕来出任吏部尚书,便与幸臣李孜省等密议,随后编造谣言,中伤耿裕。不幸的是,皇帝朱见深中招,遂改耿裕为南京礼部尚书。耿裕到南京任职一年左右,明宪宗驾崩,皇太子朱祐樘即位,耿裕由南京礼部尚书转为南京兵部尚书,参赞机务。(《明孝宗实录》卷108;

《明史·耿裕》卷183)

弘治改元后,朝廷召拜耿裕为礼部尚书。"时公私侈靡,耗费日广。"耿裕"随事救正,因灾异条上时事及申理言官,先后陈言甚众,大要归于节俭。给事中郑宗仁疏节光禄供应,(耿)裕等请纳其奏。巡视光禄御史田斋以供费不足累行户,请借太仓银偿之。(耿)裕等言,疑有侵盗弊,请敕所司禁防,帝皆从之。南京守备中官请增奉先殿日供品物,裕等不可。(弘治)帝方践阼,斥番僧还本土,止留乳奴班丹等十五人。其后多潜匿京师,转相招引,斋醮复兴。言官以为言,裕等因力请驱斥。帝乃留百八十二人,余悉逐之。礼部公廨火,裕及侍郎倪岳、周经等请罪,被劾下狱。已,释之,停其俸。"(《明史·耿裕》卷183)

弘治三年(1490)五月,撒马儿罕速鲁坛阿黑麻王及土鲁番速坛阿黑麻王各遣使进贡狮子并哈剌虎剌等兽,"陕西镇守太监傅德、总兵官周玉等先图形来,上随遣人驰驿起送。巡按监察御史陈瑶论其糜费骚扰,请却之"(《明孝宗实录》卷38)。时为礼部尚书的耿裕立即上疏,乞请皇帝依从陈瑶之请而治太监傅德违诏之罪,弘治帝不从。"后番使再至,留京师,频有宣召。"耿裕获悉后再次上奏进谏,说:"番人不道,因朝贡许其自新。彼复潜称可汗,兴兵犯顺。陛下优假其使,适遇倔强之时,彼将谓天朝畏之,益长桀骜。且狮子野兽,无足珍异。"明孝宗终于醒悟,随即"遣其使还"。(《明史·耿裕》卷183)

弘治六年(1493)闰五月,吏部尚书王恕告退,皇帝朱祐樘让耿裕接替其职,加太子太保之衔。不过此时的明孝宗已逐渐失去了早期的励精图治之志,怠于政事,成化朝崇佛佞道、内批授官等诸多弊政开始慢慢重现。对此,新吏部尚书耿裕毫不含糊,竭力进谏。"御用监匠人李纶等以内降得官",耿尚书听说后立即上言,劝说道:"先有诏,文官不由臣部推举传乞除授者,参送法司按治。今除用(李)纶等,不信前诏,不可。"给事中吕献等跟着上奏,力谏皇帝收回成命,耿裕随后"亦再疏争",但朱祐樘就是不听。(《明史·耿裕》卷183)

弘治九年(1496)正月,当了两年多吏部尚书的耿裕在郁郁不得志的状态下离开了人世。史称耿裕"为人坦夷谅直,谙习朝章。

秉铨数年，无爱憎，亦不徇毁誉，铨政称平。自奉澹泊。两世贵盛，而家业萧然，父子并以名德称"(《明史·耿裕》卷183)。尽管在吏部主事时间较短，但耿裕给人们留下了很好的印象，他曾在上疏辞文中这样说道："臣明敏不如尹旻，公直不如王恕。"世人听后"以是多之"(《明孝宗实录》卷108)。

弘治九年(1496)正月，耿裕病逝后，接替其位的弘治朝第三任吏部尚书是屠滽。屠滽在群贤云集的弘治时代相对显得比较平庸，在吏部尚书任上干了4年多，于弘治十三年(1500)遽然告退。其起因是这样的：那年五月，因彗星屡见、云南地震和北疆虏情日紧，皇帝朱祐樘下诏修省，朝廷五府、六部等衙门随即条陈十八事：早视朝、勤听政、汰冗员、节财用、省差遣、处庄田、清盐法、申禁例、修武备、壮军威、恤官军、止织造、恤边民、停改造、惜供应、黜异端、警骄惰、防诈伪。明孝宗接奏后回复："卿等所言切中时弊，早视朝、勤听政，朕自有处置。汰冗员、节财用、省差遣、处庄田、清盐法、止织造、恤边民、停改造、黜异端，各衙门查奏定夺，其余俱准行。"(《明孝宗实录》卷162)

而后各部衙门开始了自查整改工作。既然上天降灾、边境又不宁，各衙门的负责人自然有着不可推卸的责任。这时太子太傅、吏部尚书屠滽，太子少保、户部尚书周经，太子少保、礼部尚书徐琼和少保兼太子太傅、兵部尚书马文升等相继上乞致仕。皇帝朱祐樘是个极为讲究体面的人，当然不会马上予以应允了。但对于各衙门的具体情况，他还是想通过召对来了解清楚。而就在这一一召见各衙门头头的过程中，明孝宗"咨以铨衡政事"，吏部尚书屠滽却答非所问，"辄奏向日科道言臣事皆挟私"。朱祐樘听后碍于面子，没有当场对他发火，只是旁敲侧击地说道："科道职司耳目，如何不察是非，轻率妄奏，其具实以闻。"能当上人事组织部部长的屠滽当然听得懂此番圣语，随即惶惧谢罪告退。而后弘治帝让司礼监太监陈宽传旨："屠滽召见奏对，辄言己事，不达大体。既服罪，姑贷之。"(《明孝宗实录》卷162)经过数日考虑，屠滽最终识趣地提出了致仕请求。皇帝朱祐樘答复道："卿职掌铨选，效劳有年，方隆委任，而恳乞休致，特兹俞允。赐敕给驿还乡，有司月给米三石，岁拨夫役四名应用。"(《明孝宗实录》卷162)

就这样,弘治朝的第三任吏部尚书离开了他的职位,而后的第二个月,即弘治十三年(1500)六月,有人上奏:吏部缺尚书,都察院缺左都御史。明孝宗下令,让吏部会官推举。吏部随后会官推举兵部尚书马文升、刑部尚书闵珪、南京兵部尚书倪岳、吏部左侍郎兼翰林院学士吴宽堪任吏部尚书,南京刑部尚书戴珊、提督仓场户部尚书王继、吏部右侍郎韩文、大理寺卿王轼堪任左都御史。就在这时,半路上"杀出两个程咬金"来,监察御史魏英上奏说:"兵部之任非马文升不可",御史高胤先又言:"吏部之任非闵珪所宜。"皇帝朱祐樘听后决定:"加(马)文升少傅兼太子太傅、兵部尚书如故,改(戴)珊为左都御史,仍命推堪任吏部尚书者以闻。"而后廷臣推举倪岳为吏部尚书,皇帝朱祐樘当即予以允准,并命倪岳仍挂太子少保之衔出任新职。(《明孝宗实录》卷163)

倪岳,南京上元人,南京礼部尚书倪谦之子,天顺八年(1464)进士,后改翰林院庶吉士。成化元年(1465),朝廷擢升倪岳为翰林院编修,令其参与修撰《英庙实录》,升俸一级,秩满进侍读,仍升从五品俸,充经筵讲官。后倪岳丁父忧,服阙复任,参与编撰《文华大训》,书成后被选为翰林院学士。成化二十年(1484),倪岳被选为东宫讲读官,由此而言,倪岳也是弘治帝的老师。也正因为有着这样的一层关系,弘治元年(1488),倪岳被擢升为礼部左侍郎。当时礼部的一把手是耿裕,此人"方正持大体",作为副手的倪岳又十分好学,"文章敏捷,博综经世之务",因此,当时的"礼文制度率待(倪)岳而决"。(《明史·倪岳》卷183;《明孝宗实录》卷180)

弘治六年(1493),耿裕调至吏部当领导,倪岳遂代为礼部尚书。时"诏召国师领占竹于四川,(倪)岳力谏,(弘治)帝不从。给事中夏昂、御史张祯等相继争之,事竟寝"。又"时营造诸王府,规制宏丽,逾永乐、宣德之旧。(倪)岳请颁成式。又以四方所报灾异,礼部于岁终类奏,率为具文,乃详次其月日,博引经史征应。劝帝勤讲学,开言路,宽赋役,慎刑罚,黜奸贪,进忠直,汰冗员,停斋醮,省营造,止滥赏。帝颇采纳焉"。(《明史·倪岳》卷183)

倪岳在礼部尚书任上干得好好的,且一干就是3年多。但随后发生的工作调动:给他加太子太保之衔,改为南京吏部尚书,一下子让倪尚书及其朝廷中多数同僚看了一头雾水。不过后来有人道出了事情的原委。倪岳在礼部尚书任上时,手下有个左侍郎叫徐琼,此人老早就开始活动,在走通了张皇后娘家人的门路后,遂谋取代倪岳的尚书之位。刚好弘治九年(1496)时,南京吏部缺尚书,廷推徐琼。可在皇帝朱祐樘在御批时却改为倪岳,让他挂太子太保之衔,前往南京出任吏部尚书。这样一来,北京礼部尚书一职出缺,就由徐琼来担任。要说这个倪岳,还真是个识大体的大臣,在自己被挤对的情势下不怨天尤人,乐于接受朝廷的安排。3年后他被改为南京兵部尚书,参赞机务。又1年后,弘治朝第三任吏部尚书屠滽致仕,倪岳受命接任北京吏部尚书,仍挂太子少保之衔。(《明孝宗实录》卷180)

倪岳出任北京吏部尚书期间,"严绝请托,不徇名誉,铨政称平"。史称:倪岳"状貌魁异,望之如神人,有文武才略"(《明孝宗实录》卷180);又有说他"风采严峻,善断大事。每盈廷聚议,决以片言,闻者悦服。同列中,最推逊马文升,然论事未尝苟同。前后陈请百余事,军国弊政剔抉无遗。疏出,人多传录之。论西北用兵害尤切"(《明史·倪岳》卷183)。

可这样一位好领导却在吏部只干了一年左右便驾鹤西去。弘治十四年(1501)十月,58岁的倪岳突然去世的噩耗传至宫廷,皇帝朱祐樘无比悲痛,遂遣官赐钞治葬,"给驿归其丧,赠光禄大夫、少保"(《明孝宗实录》卷180)。

倪岳去世后数日,皇帝敕命"改兵部尚书马文升为吏部尚书,少傅兼太子太傅如故"(《明孝宗实录》卷180)。由此马文升成了弘治朝第五任吏部尚书,也是该朝最后一任吏部尚书。因马文升一生最为显赫的功绩在于军事,故笔者将他放在兵部尚书条目中详讲。

○ 弘治帝任命的三任兵部尚书余子俊、马文升和刘大夏个个都是贤直才俊

弘治朝首任兵部尚书是仕途多半生涯在北疆度过的余子俊。余子俊是明朝中叶成弘时代的名臣,不过他的主要生平活动时间是在成化朝。明孝宗嗣位后,"以先朝老臣,待之弥厚"(《明史·余子俊》卷178)。在弘治朝开启、朝廷衙门人士大换班的情势下,新皇帝依然让余子俊主政兵部,且还给他加太子太保之衔。(《明孝宗实

录》卷5)由此可见,朱祐樘还真是个知人善任之主。弘治元年(1488)正月,余子俊上言四事:均选法、广储积、修武备、慎刑罚。(《明孝宗实录》卷9)该年年底,他又条陈边防七事,皆为朝廷采纳施行。(《明孝宗实录》卷21)但谁也没想到,随后没多久,即弘治二年(1489)新年过后才一个月,余子俊突然病逝,终年61岁。(《明孝宗实录》卷23;《明史·余子俊》卷178)

余子俊去逝后,接替他工作的也是一位名臣,他就是马文升。马文升是景泰二年(1451)进士,与余子俊、王越为同年,入仕后先后在山西、湖广、南京等地任职,成化四年(1468)巡抚陕西,协同总督都御史项忠平定土官满四之乱,后留在了西北,整饬边备。成化中期,北虏孛罗忽、满都鲁、乩加思兰相继犯边,马文升在黑水口和汤羊岭设兵伏击,重创来犯之敌,后受命接替王越,总制西北三边军务。但没多久马文升又被朝廷调入京师,在兵部担任侍郎即兵部副部长,其间数上辽东整饬当地军务,因不肯阿附奸佞势要而遭谗谪戍远方,直至宫廷大珰汪直落败后才复出。成化晚年,马文升被擢升为都察院右都御史,总督漕运。由于上任之后工作认真,赈济灾民及时,安抚地方有方而为时人所称颂,他很快又被调入北京,出任朝廷兵部尚书。但马文升在此职位上没干满一年,因"与人言于朝有不足",暗指李孜省坏政。奸佞宠幸李孜省听说后立即进行报复,竭力诋毁,马文升遂于成化二十二年(1486)九月被调往南京兵部,参赞机务。(《明史·马文升》卷182;《明宪宗实录》卷282)

明孝宗朱祐樘即位上台时大加起用或言重用前朝贤直能臣,他所开出的前朝贤直能臣第一批名单上的第一个,就是前面讲过的时为致仕南京兵部尚书王恕,第二个便是我们现在要讲的时任南京兵部尚书马文升。年轻皇帝朱祐樘对马文升相当器重,将他调任为北京朝廷都察院左都御史,即让他主管大明的监察工作。(《明孝宗实录》卷6)

再看已过花甲之年的马文升上任后三天两头上呈奏章,对大明朝廷内外诸多弊政都提出了"更新"整饬建议,而弘治帝对此都十分重视,皆予以采纳。弘治元年(1488)六月,皇帝朱祐樘下令,让马文升会同太监傅恭、李良和太傅兼太子太师保国公朱永等通行提督团营操练。半年后兵部尚书余子俊突然病卒,明孝宗遂升

马文升为兵部尚书,仍提督团营操练。(《明孝宗实录》卷23)

当时大明"兵政废弛,西北(蒙古)部落时伺塞下",马文升为此上请弘治帝批准,在对京军进行整饬操练的基础上,"严核诸将校"。就因为这项工作十分劳神,身体一向硬朗的马文升闹出病来了。不巧的是,那时蒙古"小王子以数万骑牧大同塞下",气势汹汹。弘治朝廷听说后万分着急,由于马尚书"以疾在告",朱祐樘苦无应对之策,遂遣中官带上御医到马家去探病,顺便向马文升问计。马文升听后微微一笑,当即说道:"彼方败于他部,无能为。请密为备,而扬声逼之,必徙去。"皇帝明孝宗听后半信半疑,没过几天,北疆派人来报:小王子那数万虏骑已经离开大同远去了。从此以后,皇帝朱祐樘打心底里佩服马文升。(《明史·马文升》卷182)

正北边疆小王子虏骑危险解除后没多久,大明西北边地又开始军事告急了。那时"西北别部野乜克力,其长曰亦剌思王,曰满哥王,曰亦剌因王,各遣使款肃州塞,乞贡且互市"。进贡与互市,说来好听,想当年瓦剌太师也先就是玩足了这等的花样,让大明吃尽了苦头,谁知这野乜克力三王是不是"也先二世"? 陕西巡抚许进和总兵官刘宁由于吃不准形势,也不敢擅自做主,于是向朝廷做了奏请。明孝宗将该事交与兵部讨论,兵部尚书马文升随后回奏说:"互市可许,入贡不可许。"皇帝依之,后来西北边地果然没事。(《明史·马文升》卷182)

弘治五年(1492),吐鲁番发起对大明西北边卫的侵略,"既袭执陕巴,而令牙兰据守哈密,僭称可汗,侵沙州,迫罕东诸部附己"。朝廷为此进行了几次集议,马文升认为:"吐鲁番桀骜不驯,我大明不发起重大军事打击,不足使其畏惧。"于是他建议采用汉朝陈汤袭杀匈奴郅支单于的策略,偷袭和打击吐鲁番。朝廷采纳了他的计策,遂于弘治八年(1495)调罕东、赤斤、哈密兵3 000人为前锋,令汉兵3 000人紧随其后,"持数日粮,间道兼程",奇袭吐鲁番。吐鲁番猝不及防,当即被打得落花流水。(《明史·马文升》卷182,也可参见本书第4章)

弘治十二年(1499)五月,北虏火筛等部"出套之后久在大同、东胜、偏头关等处潜住,时遣轻骑俟间窃入,杀掳人畜"。屋漏偏遇连天雨,就在正北边疆军事形势再度吃紧时,大明西北边地陕西又发生了大地震。兵部尚书马文升闻讯后立即上言,说:"此外寇侵凌之兆。今火筛方跳梁,而海内民困财竭,将懦兵弱。宜行仁政以养民,讲武备以固圉。节财用,停斋醮,止传奉冗员,禁奏乞闲地。日视二朝,以勤庶政。且撤还陕西织造内臣,振恤被灾者家。"明孝宗立即接"纳其言",并迅速下令,将在陕西地方上监督织造的内官一一召回。(《明史·马文升》卷182)

史载:马文升主政兵部长达13年,"尽心戎务,于屯田、马政、边备、守御,数条上便宜"。除了军事方面外,他还对大明帝国其他领域的事务十分关心,向朝廷提出了许多建设性的意见。"国家事当言者,即非职守,(马文升)亦言无不尽。尝以太子年及四龄,当早谕教。请择醇谨老成知书史如卫圣杨夫人者,保抱扶持,凡言语动止悉导之以正。若内庭曲宴,钟鼓司承应,元宵鳌山,端午竞渡诸戏,皆勿令见。至于佛、老之教,尤宜屏绝,恐惑眩心志。山东久旱,浙江及南畿水灾,(马)文升请命所司振恤,练士卒以备不虞。(弘治)帝皆深纳之。"(《明史·马文升》卷182)

弘治中后期,民困赋役,马文升为此专门上言,极陈其害。他说:"今民田十税四五,其输边塞者粮一石费银一两以上,丰年用粮八九石方易一两。若丝绵布帛之输京师者,交纳之费过于所输,南方转漕通州至有三四石致一石者。中州岁役五六万人治河,山东、河南修塞决口夫不下二十万,苏、松治水亦如之。湖广建吉、兴、岐、雍四王府,江西益、寿二府,山东衡府,通计役夫不下百万。诸王之国役夫供应亦四十万。加以湖广征蛮,山、陕防边,供馈饷给军旅者又不知凡几。赋重役繁,未有甚于此时者也。宜严敕内外诸司,省烦费,宽力役,毋擅有科率,王府之工宜速竣。庶令困敝少苏。更乞崇正学,抑邪术,以清圣心;节财用,省工作,以培邦本。"明孝宗阅奏后下令,将马文升的奏章交与所司详议。(《明史·马文升》卷182)

至于马文升的其他各类奏言建议,那简直多得数不胜数。也正因为如此,他在朝廷上下享有很高的威望,"在班列中最为耆硕,(弘治)帝亦推心任之。自太子太保屡加至少保兼太子太傅,岁时赐赉,诸大臣莫敢望也"(《明史·马文升》卷182)。

弘治十三年(1500)五月,屠滽致仕,吏部尚书出缺,廷推马文升。"御史魏英等言兵部非文升不可",弘治帝亦以为然,遂任命倪岳接替屠滽之位,"而加文升少傅以慰之"。一年后的弘治十四年(1501)十月,倪岳突然病逝,明孝宗命马文升接任吏部尚书,"少傅兼太子太傅如故"(《明孝宗实录》卷180)。时"南京、凤阳大风雨坏屋拔木,(马)文升请(弘治)帝减膳撤乐,修德省愆,御经筵,绝游宴;停不急务,止额外织造;振饥民,捕盗贼。已,又上吏部职掌十事。(弘治)帝悉褒纳。一品九载满,加少师兼太子太师"(《明史·马文升》卷182)。

弘治晚期,明孝宗"以将考察(官吏),特召(马)文升及都御史戴珊、史琳至暖阁,谕以秉公黜陟"。当时马文升已近80岁,年高重听,皇帝喊了他几遍,他都没听见。有人上前大声说了,这下他才听清。见此,明孝宗十分感慨,遂命左右搀扶他下阶。但欲论晚年马文升的精神状态,那可没得说的。虽然已过古稀之年,但一旦遇事他依然侃侃而谈,精力不衰。有史家描述,"始文升为都御史,王恕在吏部,两人皆以正直任天下事。疏出,天下传诵。恕去,人望皆归文升"。再看马文升,"有文武才,长于应变,朝端大议往往待之决。功在边镇,外国皆闻其名。尤重气节,厉廉隅,直道而行。虽遭谗诉,屡起屡仆,迄不少贬"。弘治帝驾崩后,正德帝即位,随后便发生大珰刘瑾乱政,老臣马文升由此开始不断遭受诬害,终被除名回乡。(《明史·马文升》卷182)

我们回过头来再说说,弘治时代马文升出任吏部尚书后,其原来的兵部尚书之职出缺,皇帝朱祐樘遂命另一位名臣刘大夏前来接任。

刘大夏,少年才子,20岁举乡试第一,登天顺八年(1464)进士,改翰林庶吉士,"馆试当留,自请试吏。乃除(兵部)职方主事,再迁郎中"。在部期间,虽仅为中层干部,但刘大夏很有担当意识,且十分有主见,不阿近幸势要,也因此遭受责罚。成化十九年(1483),刘大夏被外放为福建布政司右参政,六年后因政绩突出,升为广东右布政使,旋再升为浙江左布政使。(《明武宗实录》卷137;《明史·刘大夏》卷182)

弘治六年(1493),黄河张秋段决口,经吏部尚书王恕推荐,刘大夏被朝廷授予都察院右副都御史之衔,领命治水。事成后他被召为左副都御史,历户部左侍郎。弘治十年(1497),刘大夏"兼左金都御史,往理宣府兵饷"。一年后,他"三疏移疾归,筑草堂东山下,读书其中"(《明武宗实录》卷137;《明史·刘大夏》卷182)。故后来有人又称其为"刘东山"。

弘治十三年(1500)六月,一直兵连祸结的两广地区治理再度严重告急,廷臣们一致认为,解决这样的老大难问题非一般臣僚所能为之,非得要任用刘大夏一类的非常之人。皇帝朱祐樘接受了建议,诏命刘大夏为都察院右都御史,总制两广军务。(《明孝宗实录》卷164)再说刘大夏接到皇命后,立即动身前往两广。两广百姓听说贤直能人刘大夏回来了,莫不欢欣鼓舞。只见得刘大夏一上任就整饬吏治,体恤下人,严禁内外镇守官私役军士,不到一年时间就把两广的社会治安秩序纳入了正规。(《明史·刘大夏》卷182)

弘治十四年(1501)十月,马文升转为吏部尚书,兵部一把手之位出缺,皇帝朱祐樘擢升总督两广都察院右都御史刘大夏为兵部尚书。敕命传至两广,65岁的刘大夏以身体有疾为由上疏力辞,但皇帝明孝宗却坚决不允。这样一来,刘大夏不得不前往北京就任,君臣之间由此开始了近距离的接触与交流。(《明史·刘大夏》卷182)

其实在刘大夏的内心深处尽管有着许多的顾虑,但他也十分清楚:眼前大位上的这个年轻天子虽说疑心病很重,不过从总体上讲还是个不错的君主,于是在随后的日子,无论是分内的还是分外的,他都予以全心关注,一旦发现问题和弊政,就设法上言进谏,力求摒除。时"南京、凤阳大风拔木,河南、湖广大水,京师苦雨沈阴"。刘大夏上请"凡事非祖宗旧而害军民者,悉条上厘革"(《明孝宗实录》卷192)。可皇帝朱祐樘为此十分犹豫,刘大夏见之毫不气馁,随后于弘治十七年(1504)二月又上言敦促,终使明孝宗多为采纳之。(《明史·刘大夏》卷182)

弘治中晚期,忽然醒悟了的明孝宗再次发力,励精图治。当时他下令:"事当兴革者,所司具实以闻。"诸司衙门接到皇命后立即开始行动,将所需兴革之建议一一整理出来,再汇聚在一起上呈上去,总计有十六条,"皆权幸所不便者"。权贵近幸们知道后极尽其所能,拼命阻挠。见到如此态势,弘治帝又犹豫不决,一拖再拖,最后下令，让廷臣们再议议。刘大夏获悉后立即上言，说："事属外廷，悉蒙允行。稍涉权贵，复令察核。臣等至愚，莫知所以。"其实刘尚书不至于"莫知所以"，这是文人委婉说话的一种常用掩饰之辞。自从孩提时代就开始熟读诗书的朱祐樘何尝不知之？又何尝不知刘大夏自我嘲讽至愚，莫知所以之"未言"大义。不久之后，从皇宫里传出圣旨："传奉官疏名以请；幼匠、厨役减月米三斗；增设中官，司礼监核奏；四卫勇士、御马监具数以闻。余悉如议。"当时"织造、斋醮皆停罢，光禄省浮费巨万计，而勇士虚冒之弊亦大减。制下，举朝欢悦"。（《明史·刘大夏》卷182；【明】陈洪谟：《治世余闻》卷2）

弘治中晚期还有一大弊政，即"外戚、近幸多干恩泽"，明孝宗"深知其害政，奋然欲振之。因时多灾异，复宣谕群臣，令各陈缺失"。接到皇命，廷臣中许多人不敢行动，因为谁都知道，响应最高领袖的这等号召所要冒的风险极大，外戚、近幸哪一个都得罪不起。可刘大夏管不了那么多，"复上数事""再陈兵政十害"。一一上疏进呈入宫，许久没有下文，这时的刘大夏似乎也品出了点味道来了，遂上请乞归。可皇帝朱祐樘不同意，竭力予以慰留，并令他将帝国"弊端宜革者更详具以闻"。于是，刘大夏上疏，"举南北军转漕番上之苦及边军困敝、边将侵克之状极言之"。明孝宗读罢疏文后几乎背脊都在发凉了，原来自己治下的帝国军民已困苦到这般地步了吗？为了谨慎起见，他立即喊人将刘大夏召至便殿，问道："卿前言天下民穷财尽。祖宗以来征敛有常，何今日至此？"刘大夏回对："正谓不尽有常耳。如广西岁取铎木，广东取香药，费固以万计，他可知矣。"皇帝又问："那军队里的情况呢？"刘大夏说："军穷得与民差不多。"皇帝不解地追问道："居有月粮，出有行粮，何故穷？"刘大夏说："其帅侵克过半，安得不穷。"听到此，明孝宗长长地叹了一口气，然后说道："朕临御久，乃不知天下军民困，何以为人主！"遂下诏予以严禁。（《明史·刘大夏》卷182；【明】陈洪谟：《治世余闻》卷2）

当然作为兵部第一领导人的刘大夏对于自己兵部相关的军事保卫方面的工作那就更为尽心尽力了，且处置起来极富远见。弘治中晚期，大同屡次发生边警，中官苗逵竭力劝说明孝宗大举出兵北疆,内阁辅臣刘健等听说后全力予以谏阻。听了两种截然不同的意见,朱祐樘一下子犯难了,到底哪一种观点是对的?忽然他想起了兵部尚书刘大夏,随即予以召问。刘大夏入宫后向弘治帝当面坦陈了大明军的不堪现状,力主继续执行老尚书马文升的巩固国防军事策略,并说服了皇帝朱祐樘放弃出兵北疆的打算。(《明史·刘大夏》卷182)

那时,陕西"庄浪土帅鲁麟为甘肃副将,求大将不得,恃其部众强,径归庄浪。廷臣惧生变,欲授以大帅印,又欲召还京,处之散地"。刘大夏听说后坚决反对,建议皇帝褒扬鲁家先世忠顺,听便鲁麟就闲。朱祐樘依之。再说那个叫鲁麟的,"素贪虐失众心,兵柄已去无能为,竟怏怏病死"。由此可见刘大夏的眼力与远见了。弘治帝想宿兵近地为左右辅,刘大夏听说后赶紧进言,说道:"保定设都司统五卫,祖宗意当亦如此。请遣还操军万人为西卫,纳京东兵密云、蓟州为东卫。"皇帝朱祐樘听后觉得甚为有理,当即纳之。(《明史·刘大夏》卷182)

弘治前期马文升主政兵部时曾进行了一些军事改革,但因为触动了军中权贵利益,许多措施都没法执行下去。刘大夏上任后也推行了部分军事改革,尤其是将一些为害不浅的京营监军宦官给革除了,这无疑是捅了宦官阶层的马蜂窝。"中官监京营者"随即编造谣言,将"大字报"张贴到了宫门上,肆意中伤刘大夏。有人看到后将其揭了下来,送给了弘治帝。弘治帝看后十分生气,跟刘大夏说:"宫门上贴此类玩意儿,这难道是外人所为? 一定是宫中那些失去监军权的中官干的!"由此也不难看出,当时大明天子弘治帝对刘大夏是十分信任的。皇帝越信任刘大夏,对他的依赖也就越多。有一天,在召见时明孝宗这样说道:"临事辄思召卿,虑越职而止。后有当行罢者,具揭帖以进。"刘大夏脑子十分清晰,当即回对:"事之可否,外付府部,内咨阁臣可矣。揭帖滋弊,不可为后世法。"弘治帝听后赶紧说:"好,好,好!"(《明史·刘大夏》卷182)

史载:弘治晚期,明孝宗"方锐意太平,而刘健为首辅,马文升以师臣长六卿,一时正人充布列位。(弘治)帝察知(刘)大夏方严,且练事,尤亲信。数召见决事,大夏亦随事纳忠"(《明史·刘大夏》卷182)。

有一天,明孝宗召刘大夏和都御史戴珊问道:"天下何时太平?"刘大夏回对:"求治不宜太急,惟每事与大臣议之,必求其当行之,日久天下自治。"明孝宗听后当即称善。(《明武宗实录》卷137)又有一次,刘大夏"乘间言四方镇守中官之害"。皇帝朱祐樘听后说:"那你就详细说说他们的危害。"刘大夏慢慢道来:"臣在两广见诸文武大吏供亿不能敌一镇守,其烦费可知。"明孝宗随即说道:"然祖宗来设此久,安能遽革?第自今必廉如邓原、麦秀者而后用,不然则已。"而后又说:"镇守之革,诚如卿言,第去之不宜太骤,莫若因其有罪,次第召回,勿补为,愈也。"听到此,刘大夏立即顿首称善。(《明史·刘大夏》卷182;《明武宗实录》卷137)

要说弘治晚期皇帝朱祐樘对刘大夏,那真可谓推心置腹,依赖甚重,甚至在生病期间还单独召见他议事。而刘大夏每被召见,往往长跪于御榻前。皇帝明孝宗先环视一下周围近侍之人,近侍们见之立即引避,由此君臣俩才开始正式对话。对话久了,刘大夏站立不起来,皇帝朱祐樘马上喊来司礼监太监李荣,让他前去扶着刘大夏,将之送出。(【明】陈洪谟:《治世余闻》卷3;《明史·刘大夏》卷182)

有一天早朝时,因通政司奏事中没有兵部的事,刘大夏就站在朝班队伍中没有出列听候,皇帝明孝宗因此也就没见到他。早朝结束后,弘治帝单独召见刘大夏,说道:"今早意欲召尔,因不见而罢,恐为侍班御史劾尔故也。且尔同类中,亦有不乐尔者,自今宜慎之。"由此可见,当朝天子对刘大夏的眷顾是何等之深!"特赐玉带、麒麟服,所赍金币、上尊,岁时不绝。"(【明】陈洪谟:《治世余闻》卷3;《明史·刘大夏》卷182)

而刘大夏也不负弘治天子所望,"忠诚恳笃","忘身徇国,于权幸多所裁抑"。正因为如此,后来正德朝开启时,宫中内官们得势,73岁的一代名臣刘大夏差一点儿被杀,谪戍极边肃州。不过刘大夏对此并不很在意,他有自己独特的人生感悟:"居官以正为先。不独当戒利,亦当远名。"又言:"人生盖棺论定,一日未死,即一日忧责未已。"真是一生正气,一代风范,且名扬海内外。(《明史·刘大夏》卷182)

正德年间有朝鲜使者在鸿胪寺馆遇见刘大夏邑子张生,因而问及刘老先生的起居,说:"吾国闻刘东山(指刘大夏)名久矣。"安南使者入贡曰:"闻刘尚书戍边,今安否?"史家对此感慨道:"其为外国所重如此!"(《明史·刘大夏》卷182)

刘大夏、马文升和王恕等成弘时代声名远扬的贤直能臣,清代史学家在修史时曾对他们做了这样的论述:"王恕砥砺风节,马文升练达政体,刘大夏笃棐自将,皆具经国之远猷,蕴畜君之正志。绸缪庶务,数进谠言,迹其居心行己,磊落光明,刚方耿亮,有古大臣节概。历事累朝,享有眉寿,朝野属望,名重远方。《诗》颂老成,《书》称黄发,三臣者近之矣。恕昧远名之戒,以作传见疏。而文升、大夏被遇孝宗之朝,明良相契,荃宰一心。迨至宦竖乘权,耆旧摈斥,进退之际所系讵不重哉!"(《明史·王恕、刘健、马文升、刘大夏等》卷182)

其实要说弘治朝的名臣还远不止上述内阁、吏部和兵部的这些主要领导,在那时的朝廷其他部院衙门中同样也汇集了一批很有能耐的正直贤臣,譬如弘治朝的五任户部尚书即财政部长李敏、叶淇、周经、佀钟、韩文(有关这五任户部尚书之事我们将在第4章中详讲)和两任刑部尚书即司法部长何乔新、彭韶等就是这样的人物。

○ 忠勤刚介、持论公正的司法部长何乔新、彭韶以及弘治朝"三大老"

何乔新,江西广昌人。他的父亲何文渊是正统、景泰、天顺时代的名臣,永乐十六年(1418)进士,入仕后被授监察御史,历按山东、四川等地。"宣德五年(1430)用顾佐荐,赐敕知温州府。居六年,治最,增俸赐玺书。"后因大臣胡濙举荐,何文渊被擢升为刑部右侍郎,"督两淮盐课。正统三年(1438),两议狱不当,与尚书魏源下狱,皆得释"。明英宗朱祁镇在太监王振的唆使下,打算调集大军远征西南麓川之乱,何文渊获悉后上疏力谏,说:"麓川徼外弹丸地,不足烦大兵。若遣云南守将屯金齿,令三司官抚谕之,远人获更生,而朝廷免调兵转饷,策之善者也。"可小杆子皇帝明英宗哪儿听得进去,依然发兵麓川,"于是西南骚动,仅乃克之,而失亡多"。当时何文渊患有足疾,见自己的主张不为所用暂且不说,国家就此遭受大劫难,他的心里极为难受,遂以疾乞归。(《明史·何乔新传附

何文渊》卷183)

景泰帝即位后,起何文渊为吏部左侍郎,寻进尚书,佐王直理部事。东宫建,加太子太保。那时灾异迭见,给事中林聪等劾何文渊憸邪。"左庶子周旋疏言其枉,聪并劾旋。御史曹凯复廷争之,遂与旋俱下狱。"景泰帝易储时,廷臣起草诏书,苦于没有合适的说辞,何文渊当即随口而出:"父有天下传之子。"就因为这句话,明英宗复辟后大加追究,何文渊听说后十分害怕,随即自尽。(《明史·何乔新传附何文渊》卷183)

何文渊死后,有个同乡人、曾为官侍郎的揭稽乘人之危,告发其子何乔新兄弟。这事说起来还挺绕的,揭稽曾受业于何文渊,也不知怎么的,他与何乔新兄弟处得不愉快,现在见到老师何文渊不明不白地自尽了,当即十分来劲,诬说何老师之死实为其子何乔新兄弟逼迫,且还说何氏兄弟不孝,父亲才死,他们就强迫父亲爱妾改嫁。何乔新闻讯后迅速反击,揭发揭稽当巡抚时,曾推荐景泰朝首倡易储的乱臣贼子黄竑,并代其起草了上请景泰帝的易储疏文。这口水仗打得不歇火,直到何文渊的遗孀爱妾出来断指发誓作证,何家兄弟这才免除了一场大狱。那时,景泰五年(1454)就中进士的何乔新已经官至南京礼部主事,但随后老家传来消息,母亲病亡,这就使得他不得不再次回家守制,"服除,改刑部主事,历广东司郎中"(《明史·何乔新》卷183)。

何乔新在刑部任郎中时,公正执法,不徇私情。大家知道,锦衣卫是皇帝直接掌控的秘密警察,而这些人一旦违法犯罪了,相关衙门的官员往往就睁一只眼闭一只眼,可何乔新却不然。有个锦衣卫卒犯了罪,他照样将其逮捕,并绳之以法。锦衣卫都指挥袁彬曾请托于刑部,意思是高抬贵手,可刑部郎中何乔新却根本就不理睬他,于是袁都指挥"使人捃摭,无所得",由此何乔新名声大起。(《明史·何乔新》卷183)

成化初年,何乔新迁为福建副使。那时福建寿宁县银矿"盗采者聚众千余人,所过剽掠,(何乔新)募兵击擒其魁。福宁豪尤氏杀人,出入随兵甲,拒捕者二十年。福清薛氏时出诸番互市,事觉,谋作乱。皆捕杀之。福安、宁德银矿久绝,有司责课,民多破产"。何乔新为此上奏朝廷,乞请减少福安、宁德银矿三分之二课银。"兴

第2章 庶政更新 双轨并行

化民自洪武初受牛于官,至是犹岁课其租,(何乔新)奏免之。清流归化里介沙县、将乐间,恃险不供赋,(何乔新)白都御史置归化县,其民始奉要束。"(《明史·何乔新》卷183)

正因为在福建地方上做出了很多的政绩,何乔新不久被擢升为河南按察使。而就在河南任上,他赈济灾荒、安抚百姓,为恢复和安定当地社会秩序做了很大的贡献,就招抚附籍的流民竟多达六万余户。成化帝听说后相当高兴,遂升他为湖广右布政使。当时荆州百姓苦于徭役,何乔新上任后"验丁口贫富,列为九等,民便之"(《明史·何乔新》卷183;《明孝宗实录》卷194)。

成化十六年(1480),何乔新被擢升为都察院右副都御史,巡抚山西。一到山西,他发现了当地的一个大问题:边疆地区军民一旦有空就会偷偷地溜出塞关伐木捕兽,要是遇上了南下的北虏,这岂不是大麻烦?!为此他上言朝廷,说:"此辈苟遇敌,必输情求生,皆贼导也。宜毋听阑出,犯者罪守将。"明宪宗接奏后下诏,按何都御史的建议严格实行边禁。而后不久,北虏犯塞,何乔新闻讯后"偕参将支玉伏兵灰沟营,击斩甚众,进左副都御史"(《明孝宗实录》卷194)。那年山西发生大饥荒,饿殍遍野,何文渊见此立即上奏朝廷,请"免杂办及户口盐钞十之四。劾佥事尚敬、刘源稽狱,请敕天下断狱官,淹半载以上者悉议罪"。成化帝接奏后连连称善,"亟从之"。随后不久,他又召何乔新回京,拜其为刑部右侍郎。旋山西大饥,"人相食"。皇帝朱见深再次想起了何乔新,随即命他前往山西去赈济灾荒,"活三十余万人,还流冗十四万户"。等忙得差不多了还朝时,"会安宁宣抚使杨友欲夺嫡弟播州宣慰使爱爵,诬爱有异谋"。何乔新又接受朝廷之命往勘之,"与巡抚刘璋共白爱诬。友夺官安置他府,播人遂安"(《明史·何乔新》卷183)。

明孝宗刚刚即位时,内阁由万安、刘吉等奸佞小人把持着,他们十分忌恨刚正的何乔新,乘着新皇帝才登极、不熟悉"业务"的有利时机,将何打发到南京去当刑部尚书。当时南京沿江已为百姓开垦出来的新洲之地多为中官占夺,这些不男不女之人"托言备进奉费",侵民牟利。刑部尚书何乔新知道后立即上奏朝廷,请求将其归还给百姓耕种。太监怀恩那时还健在,看到贤直的何乔新被外放到南京,心里极为不爽。有一天他上内阁去办事,见到万安和刘吉,当即就发问:"新君践阼,常用正人,胡为出何公?"万安顿时哑然失语。不久,弘治帝开始"更新"政治,黜斥前朝奸佞与庸官。北京刑部尚书杜铭被罢职后,朝廷群臣都以为杜铭的尚书之位该由何乔新来接任,哪知接替万安首席辅臣之位的刘吉耍足了花样,就是不让何乔新回京。直到弘治改元后,新任吏部尚书王恕力荐,皇帝朱祐樘接受了建言,何乔新这才回到京师,出任刑部尚书。(《明史·何乔新》卷183)

但此时何乔新在新岗位上工作得很不顺遂。奸佞小人刘吉仇视正人君子,屡兴大狱。作为刑部尚书的何乔新却始终坚持依法办事,这就使得刘吉的许多阴谋诡计都无法得逞,于是"愈衔恨(何),数摭他事夺俸"。弘治二年(1489),京城发大水,何乔新上"请恤被灾者家,又虑刑狱失平,条上律文当更议者数事",但由于刘吉从中作梗,"悉格不行"。大理寺寺丞出阙,御史邹鲁觊觎已久,并展开了活动。但何乔新却从公出发,推荐郎中魏绅作为其候选人,由此也就引发了邹御史的极度嫉恨。碰巧这时何乔新外家与乡人之间发生官司诉讼,邹鲁听说后顿生歹念,上奏诬说何乔新受赇,曲庇外家。奸佞小人刘吉闻讯后如获至宝,立即取出中旨,下何氏外家于诏狱。就此一来,十分被动的何乔新不得不上疏乞休。虽然不久之后该案案情大白,邹鲁奏劾纯属诬告,朝廷停发了他的两个月俸禄,但差不多与此同时,皇帝朱祐樘又批准了何乔新的致仕请求。(《明史·何乔新》卷183;《明孝宗实录》卷194)消息传出后,正直之士纷纷表示不满,上章奏请复用何乔新,可弘治朝廷都不予以允准。巡按江西监察御史陈诠曾上奏说:"乔新始终全节,中间只以受亲故馈遗之嫌,勒令致仕,进退黯昧,诚为可惜。乞行勘,本官如无疾则行取任用,有疾则加慰劳,以存故旧之恩,全进退之节。"明孝宗接奏后回复:"不许!"(《明史·何乔新》卷183)

11年后的弘治十五年(1502),"忠勤刚介,老而弥笃"的一代名臣何乔新病逝于江西老家,终年76岁。(《明史·何乔新》卷183)再说何乔新死后,弘治朝廷连个褒扬的谥号都没给他,那时刘吉早已去位。因而有人认为,何乔新之所以不能复起和受到不公的待遇,其主要责任还在皇帝朱祐樘身上。

何乔新走后,明孝宗任命彭韶接任其位。

彭韶是福建莆田人,"天顺元年(1457)进士,授刑部主事,升员外郎,尝上疏劾都御史张岐,请召用王竑、李秉、叶盛,下锦衣卫狱。都给事中毛弘等救之,得释,进郎中"(《明孝宗实录》卷96)。那时周太后的二弟周彧仗着自己是当朝天子舅舅的身份,肆意胡为,诬称武强、武邑两县600余顷民田为闲田,并上请奏讨。皇帝朱见深接受了廷臣的建议,派刑部郎中彭韶和监察御史季琮前去覆勘。彭、季两人受命后上京郊走了一趟,然后就直接回北京,上疏自劾犯了"不能步田之罪"。明宪宗一眼看出了两人的良苦用心,为了给蛮不讲理的老娘和那个贪得无厌的二舅一个交代,他一面严责彭韶、季琮"邀名方命,昧于大体,命锦衣卫逮治之",一面趁机驳回了二舅周彧的奏讨(《明宪宗实录》卷71)。再说彭韶和季琮两个好官下狱后,大臣们纷纷出来为之喊冤,"言官争论救,得释"(《明史·彭韶》卷183),皇帝明宪宗随即给他们官复原职,周太后姐弟最终也就白算计了一场。"当是时,彭韶与何乔新同官,并有重名,一时称'何彭'"(《明史·彭韶》卷183)。

　　也正因为彭韶有名又有才,且处事十分公正,不久之后,朝廷升他为四川按察司副使,即相当于四川高院副院长。那时四川刚好发生了几起大案子:"安岳扈氏焚灭刘某家二十一人,定远曹氏杀其兄一家十二人,所司以为疑狱,久不决。"彭韶上任接手案子后一一予以讯实,终使案件真相大白。弘治帝获悉后升他为四川按察使。(《明史·彭韶》卷183)

　　而就在出任按察使期间,彭韶"尽撤境内淫祠。王府祭葬旧遣内官,公私烦费,奏罢之"。那时为讨好当朝天子朱见深及其老情人万贵妃,云南镇守太监钱能进献金灯,"扰道路",身为四川按察使的彭韶听说后十分气愤,遂上疏朝廷,奏劾钱能,可惜皇帝明宪宗没有理会之。不过,自此以后彭韶的好官名声却越来越大。成化十四年(1478),他被擢升为广东左布政使。(《明史·彭韶》卷183)

　　再说彭韶前往广东任职时,那里的情势十分不堪。"中官奉使纷遝,镇守顾恒、市舶韦眷、珠池黄福,皆以进奉为名,所至需求,民不胜扰。"刚直的彭韶见之屡屡上疏朝廷,请求降敕予以制止。成化中后期,太监梁芳威势赫赫,他的弟弟锦衣卫镇抚梁德"以广东其故乡,归采禽鸟花木,害尤酷"。当地官员见之都不敢说什么,唯彭韶"抗疏极论"其害,"语侵"梁芳。梁芳为此恨死了彭韶,屡屡在皇帝面前进谗,肆意进行诋毁。不久皇命下达,将彭韶调任为贵州左布政使。(《明孝宗实录》卷96;《明史·彭韶》卷183)

成化二十年(1484),彭韶被召回北京,升为都察院右副都御史,受命巡抚应天。不久之后又迁为大理寺卿,可他还没有来得及上任,"以论镇守进贡害民",再被改为都察院右副都御史,领命巡抚顺天等府,兼整饬边务。(《明孝宗实录》卷96)

弘治帝即位之初,因廷臣举荐,彭韶再次被召回京城,出任刑部右侍郎。(《明孝宗实录》卷6)那时"嘉兴百户陈辅缘盗贩为乱,陷府城大掠,遁入太湖"。朝廷闻讯后派遣彭韶前去"巡视"。彭韶到达那里时,陈辅之乱已被平定,弘治帝"乃命兼佥都御史,整理盐法。寻进左侍郎。韶以商人苦抑配,为定折价额,蠲宿负。悯灶户煎办、征赔、折阅之困,绘八图以献,条利病六事,悉允行"。弘治二年(1489)秋,彭韶还朝,旋转吏部左侍郎。而此时的吏部主管领导就是前面讲过的数朝名臣王恕,只见得彭韶"与尚书王恕甄人才,核功实,仕路为清"(《明史·彭韶》卷183;《明孝宗实录》卷96)。

在吏部时,除了尽心做好本部工作外,彭韶还一如既往地以天下为己任,不断地上言进谏。"彗星见,(彭韶)上言宦官太盛,不可不亟裁损。因请午朝面议大政,毋只具文。已,又言滥授官太多,乞严杜幸门,痛为厘正。(弘治)帝是其言,然竟不能用。"(《明史·彭韶》卷183)

弘治四年(1491)八月,刑部尚书何乔新被迫退休,皇帝朱祐樘遂命彭韶接任其位。彭韶上任没多久,就遇到了一桩棘手的大案子。庆云侯周寿的亲家、安远侯柳景镇守两广时恣意贪渎,"都御史秦纮发其赃以万计"。明孝宗闻讯后下旨按问追赃。柳景老妈孙氏闻讯后一把眼泪一把鼻涕地向上哭诉:"柳景所犯赃,法司监追,急迫本家,近复被火,偿纳不给,乞赐宽假。"皇帝朱祐樘平日里对权贵近幸最为宽容,听说犯罪者又是养育自己的皇奶奶周太后弟弟周寿的亲家,他当即批示:"所追未足者宥之!"刑部尚书彭韶接到圣旨后迅速上奏说:"昔唐宗元舅郑光官租不入,京兆尹韦澳械其庄吏。宣宗欲宽之,澳谓如此是法,独行于贫户,不可以为法,竟征足之。今柳景无元舅之亲,其赃贿又非负租之比而独得宽释,是臣等守法悭于韦澳也。"可明孝宗却回答说:"事情已经处理,你就不要再追问下去了。"(《明孝宗实录》卷58、卷96)

而后不久,"御史彭程以论皇坛器下狱",彭韶听说后又上疏,全力予以营救,"因极陈光禄冗食滥费状",弘治帝接疏后部分地接受了建议,命令光禄寺以后每年置办御用器皿必须得及时上报,但对于彭韶请求宽宥敢于直言的彭程却置之不理。旋"荆王见潚有罪,奏上,淹旬不下。内官王明、苗通、高永杀人,减死遣戍。昌国公张峦建坟逾制,役军至数万。畿内民冒充陵庙户及勇士旗校,辄免徭役,致见户不支,流亡日众"。彭韶皆一一抗疏极论,但皇帝朱祐樘只是表面应付应付,根本不采纳其谏言。弘治六年(1493)七月,已经屡次乞休的刑部尚书彭韶再次上疏,请求致仕。已经厌烦了老抗疏的彭尚书之扰的明孝宗当即批准之。(《明孝宗实录》卷78;《明史·彭韶》卷183)

史称:彭韶"莅部三年,昌言正色,秉节无私,与王恕及乔新称三大老,而为贵戚、近习所疾,大学士刘吉亦不之善。韶志不能尽行,连章乞休,乃命乘传归。月廪、岁隶如制。明年,南京地震,御史宗彝等言(彭)韶、(何)乔新、强珍、谢铎、陈献章、章懋、彭程俱宜召用,不报"。由此看来,不喜欢彭韶的何止贵戚近幸。就这样,一代名臣彭韶在老家度过了近两年的抑郁生活,于弘治八年(1495)正月病卒于福建莆田。(《明孝宗实录》卷96;《明史·彭韶》卷183)

持论公正的彭韶出任刑部尚书时,大明工部衙门里头也出了一位有口皆碑的廉慎好领导,他就是当时的工部尚书贾俊。

贾俊,束鹿人,以乡举入国学,"天顺中,选授御史。历巡浙江、山西、陕西、河南、南畿,所至有声。成化十三年(1477),自山东副使超拜右佥都御史,巡抚宁夏。在镇七年,军民乐业,召为工部右侍郎"。成化二十一年(1485),贾俊奉敕振饥河南。寻转为工部左侍郎,数月后拜为尚书。"时专重进士,举人无至六卿者,(贾)俊独以重望得之。"(《明史·贾俊》卷185)

明孝宗即位以后对于前朝部院大佬大多做了调整,唯户部的李敏和工部的贾俊等几个朝廷机构的主要领导未做变更。朱祐樘的这般做法,应该说还是很有道理的。时"诸王府第、茔墓悉官予直,而仪仗时缮修。内官监欲频兴大工,(贾)俊言王府既有禄米、庄田,请给半直;仪仗非甚敝,不得烦有司;公家所宜营,惟仓库、城池,余皆停罢。(弘治)帝报可。弘治四年(1491),中官奏修沙河桥,请发京军二万五千及长陵五卫军助役。内府宝钞司乞增工匠。浙江及苏、松诸府方罹水灾而织造锦绮至数万匹。(贾)俊皆执奏,并得寝"。史称贾俊廉慎处事,"居工部八年,望孚朝野"(《明史·贾俊》卷185)。后来历史学家对他做了这样的评价:弘治朝开启后,"尚书王恕、李敏、周洪谟、余子俊、何乔新,都御史马文升,皆一时民誉,(贾)俊参其间,亦称职"(《明史·贾俊》卷185)。

以上我们讲的都是阁部大伽,其实弘治时代的都察院也多有人物,譬如孝宗朝第一任左都御史就是数朝名臣马文升,后来的左都御史白昂(《明孝宗实录》卷75)、王越(《明孝宗实录》卷110)和闵珪(《明孝宗实录》卷112)等也都很不错。有关白昂、王越之事,我们在后面的章节里面要详细讲到。下面就专门来讲讲弘治中后期都察院两位主要领导:闵珪和戴珊。

○ 忠于职守和敢于直言的刑部尚书闵珪和都察院左都御史戴珊

闵珪,《明实录》中写成"闵圭",浙江乌程人,天顺八年(1464)进士,初授监察御史,"出按河南,以风力闻"。成化六年(1470),闵珪被擢升为江西按察使副使,后进广东按察使。久之,他以右佥都御史之衔巡抚江西。那时江西"南、赣诸府多盗,率强宗家仆"。闵珪到任后主张"获盗连坐其主",就此而言要慢慢地解决当地的社会治安问题。不曾想到这样的治安方案不为内阁尹直和万安等人所认可,后者"谋之李孜省,取中旨责珪不能弭盗,左迁广西按察使"(《明史·闵珪》卷183)。

明孝宗即位后听说闵珪这人不错,遂升他为都察院右副都御史,让他巡抚顺天。后来朝廷又将他召回京城,转为刑部右侍郎。两广瑶民再起反叛的消息传至北京时,皇帝朱祐樘把闵珪提升为都察院右都御史,命他总督两广军务,与总兵官毛锐共讨古田僮。时"副总兵马俊、参议马铉自临桂深入,败死,军遂退。诏停俸讨贼。珪复进兵,连破七寨,他贼悉就抚"(《明史·闵珪》卷183)。

弘治七年(1494),因督抚地方有功,闵珪被朝廷擢升为南京刑部尚书,不久之后又召回北京,出任都察院左都御史。弘治十一年(1498),皇太子出阁,皇帝明孝宗给闵珪加太子少保之衔,两年后,又让他代白昂为刑部尚书,再加太子太保。而就在出任刑部尚书期间,闵珪"以灾异与都御史戴珊共陈时政八事,又陈刑狱四事,多报可"(《明史·闵珪》卷183)。

自弘治中期直至正德初期,尽管在相当长的一段时间里闵珪的职位没发生变化,但他审理罪犯和判决案件始终"皆会情比律,归于仁恕"。宣府有个叫李道明的,聚众烧香,当时巡抚刘聪偏听偏信千户黄珍之言,株连了数十家,且谓李道明勾结北虏,将进攻宣府。等到逮讯时,法司衙门发现其多为胡说八道。作为刑部的第一领导,闵珪接手案子后只治李道明一人之罪,将其余无辜者全都予以释放。而朝廷最终也支持了他的判决,令诬告者千户黄珍抵罪,失察巡抚刘聪下狱贬官。(《明史·闵珪》卷183)

弘治中期又发生了吴一贯案,皇帝朱祐樘亲自鞠问,"将置大辟"。闵珪发现案件中有诸多的疑问,遂不计个人安危逆鳞上奏,说:"吴一贯案本身就推案不实,如果要判决,最多也就判他个徒罪。"明孝宗听后脸上挂不住了,当即火气冲冲地反驳闵珪的建议。这时左都御史戴珊及时地"从旁解之",皇帝朱祐樘由此稍微舒心了一点儿,随即下令让刑部重新拟定判决。闵珪领命后"终以原拟"上呈,弘治帝阅后相当恼怒,随后询问知心大臣刘大夏:"这闵珪怎么会是这样的一个人?"同样也是正直贤臣的刘大夏当即解释道:"法司执法,恩归朝廷,似未可深怪。"明孝宗听后默然很久才冒出一句话:"朕亦知珪老成不易得,但此事太执耳。"最终他还是依从了闵珪的判决。(【明】陈洪谟:《治世余闻》卷2;《明史·闵珪》卷183)正德初年,太监刘瑾用事,已过古稀之年的闵珪屡次上疏乞休,皇帝朱厚照批准之。正德六年(1511),82岁的闵珪病逝于老家浙江乌程。(《明史·闵珪》卷183)

弘治朝中后期另外有一个法司衙门领导也非常有名,他就是大明都察院左都御史戴珊。

戴珊,江西浮梁(今景德镇)人,天顺末年,"与刘大夏同举进士。久之,擢御史,督南畿学政。成化十四年(1478)迁陕西副使,仍督学政。正身率教，士皆爱慕之。历浙江按察使，福建左、右布政使，终任不携一土物"。弘治二年(1489)，以王恕荐，戴珊迁为右副都御史，抚治郧阳。时"蜀盗野王刚流劫竹山、平利"，戴都御史会合川、陕之兵，"檄副使朱汉等讨擒其魁，余皆以胁从论，全活甚众"。正因为抚治地方有方，随后不久，戴珊被朝廷召回，出任刑部右侍郎，旋又升为左侍郎，与尚书何乔新、彭韶共事。晋府宁化王朱钟铬淫虐不孝案发生后，相关有司勘不得实，明孝宗遂命戴珊等再去勘查，终将朱钟铬一案查清，处之以"夺爵禁锢"，旋朝廷晋升戴珊为南京刑部尚书。弘治十四年(1501)，朝廷再次召回戴珊，进他为都察院左都御史。(《明史·戴珊》卷183)

弘治十七年(1504)，朝廷考察京官，戴珊廉介不苟合，与吏部尚书马文升秉公甄别。"给事中吴蘂、王盖自疑见黜，连疏诋吏部尚书马文升，并言(戴)珊纵妻子纳贿。"戴珊闻讯后立即上疏乞罢，弘治帝温言慰留。这时御史冯允中等也上奏，仗义执言："(马)文升、(戴)珊历事累朝，清德素著，不可因浮词废计典。"皇帝朱祐樘接奏后下令，将给事中吴蘂、王盖打入诏狱，并命马文升和戴珊举出两言官的阴事。戴珊当即说道："两人逆计当黜，故先劾臣等。今黜之，彼必曰是挟私也。苟避不黜，则负委任，而使诈谖者得志。"听到此，皇帝朱祐樘终于明白事情的真相，遂黜斥了吴、王两言官。(《明史·戴珊》卷183)

弘治晚期，皇帝朱祐樘频频召见阁部大臣，而戴珊与刘大夏两人受召尤多。有一天，戴、刘两人到宫里去，在皇帝身边坐下谈事。皇帝朱祐樘说："现在正是官员述职期间，诸大臣皆杜门不出。像你们两位即使天天会见客人又有何妨?!"说到此，明孝宗从袖子中掏出了两锭白银，边递过去边关心地说道："这一点点银子可能有助于你们的廉洁，你们也不要廷谢了，以免被他人听到后妒忌。"两大臣听后感激得眼泪快要掉出来了。(《明史·戴珊》卷183)

戴珊"以老疾数求退"，但都被明孝宗优诏勉留，"遣医赐食，慰谕有加"。不仅如此，皇帝朱祐樘还跟刘大夏这般说道："主人一定要留客人，客人则强留下，这个戴珊就不能为我强留下？况且我要将天下之事交付给你们去办理，就如家人父子一般。今国家太平尚未完全实现，你们怎能忍心说要归去的话呢？"刘大夏随后将这番话告诉给了戴珊,戴珊听后老泪纵横,边哭边说:"看来我只好死在任上了。"不曾想到一语成谶,弘治帝驾崩后,戴珊"以新君嗣位不忍言去,力疾视事"。但由于工作太过于劳累了,年老体弱的戴珊最终还真的病逝于自己的岗位上。(《明史·戴珊》卷183)

○ 秦纮、王越、马中锡、王鏊……弘治朝廷内外能臣云集,后继有人

除了上面所述的内阁与部院云集了一大批贤德直臣外,弘治帝在位期间,大明朝廷内外还涌现出了相当多的能直臣僚和正人君子。譬如,当时总制陕西军务的户部尚书秦纮、都察院左都御史王越、巡抚宣府都察院右副都御史马中锡、吏部右侍郎王鏊,以及弘治末年出任户部尚书的韩文等都十分有名,且有才干、也很正直。

秦纮,景泰二年(1451)进士,初入仕时为南京监察御史,因不阿权贵而被贬为湖广驿丞。天顺初"以御史练纲荐,迁雄县知县",但又因敢于对皇帝宠幸严格执法而被下诏狱。"宪宗即位,迁葭州知州,调秦州","寻擢巩昌知府,改西安,迁陕西右参政"。成化十三年(1477)"擢右佥都御史,巡抚山西",后"进左佥都御史","迁户部右侍郎"。成化后期秦纮再次遭人诬陷而被外放为广西右参政,旋进福建左布政使。"弘治元年(1488)以王恕荐,擢左副都御史,督漕运。明年三月进右都御史,总督两广军务。"弘治十四年(1501),秦纮被明孝宗提升为"户部尚书兼右副都御史,总制三边军务"。史称"秦纮经略著西陲,文武兼资,伟哉一代之能臣矣"(《明史·秦纮》卷178)!

马中锡,故城人,成化十年(1474)乡试第一,第二年中进士,授刑科给事中。"万贵妃弟(万)通骄横,再疏斥之,再被杖。公主侵畿内田,勘还之民。又尝劾汪直违恣罪。历陕西督学副使。"弘治五年(1492),马中锡被召回京师,出任大理右少卿。"南京守备太监蒋琮与兵部郎中娄性、指挥石文通相讦,连数百人,遣官按,不服。"皇帝朱祐樘遂改马中锡"偕司礼太监赵忠等往,一讯得实。性除名,琮下狱抵罪"。后来马中锡被擢升为右副都御史,巡抚宣府。因"劾罢贪氅总兵官马仪,革镇守以下私役军士,使隶尺籍",就此

得罪了众多权贵,马都御史随即被迫引疾辞归。消息传开,"中外交荐"(《明史·马中锡》卷187)。

王鏊,苏州吴县东山人,自小从父读书,才气横溢,16岁时,"国子监诸生争传诵其文。侍郎叶盛、提学御史陈选奇之,称为天下士"。成化十年(1474)王鏊参加乡试,第二年参加会试,皆中第一,随后在廷试时又中了第三名,被授予翰林院编修。但王鏊并不就此满足,遂"杜门读书,避远权势"。弘治初年,朝廷任贤使能,王鏊被擢升为侍讲学士,充任经筵讲官。"中贵李广导帝游西苑,鏊讲文王不敢盘于游田,反复规切,(弘治)帝为动容。"侍讲结束后,明孝宗跟李广说:"讲官指若曹耳。"王鏊原本与张峦关系不错,但自从张峦之女晋位皇后之后,他便与国丈张峦断绝了往来,以示其节气。也正因为如此,弘治中期东宫出阁进学时,大臣们请选正人为其宫僚,王鏊"以本官兼谕德",寻又转为詹事府少詹事,后又被擢升为吏部右侍郎。弘治十二年(1499),王鏊上陈边计,但不为皇帝所采纳,遂"以亲老乞归省"(《明孝宗实录》卷155。注:《明史》说他"以父忧归",有误,今以《明孝宗实录》为准)。

正德元年(1506)四月,起为吏部左侍郎的王鏊,与韩文等大臣上请明武宗诛杀刘瑾等"八党"。后遇廷推阁臣,王鏊被选入,皇帝朱厚照遂"命以本官兼学士与(焦)芳同入内阁。逾月,进户部尚书文渊阁大学士。明年加少傅兼太子太傅"(《明史·王鏊》卷181)

总之,弘治时代朝廷上下贤才济济,能臣汇聚。对此,清代史学家曾这样论述道:"孝宗之为明贤君,有以哉。恭俭自饬,而明于任人。刘、谢诸贤居政府,而王恕、何乔新、彭韶等为七卿长,相与维持而匡弼之。朝多君子,殆比隆开元、庆历盛时矣。乔新、韶虽未究其用,而望著朝野。史称宋仁宗时,国未尝无嬖幸,而不足以累治世之体;朝未尝无小人,而不足以胜善类之气。孝宗初政,亦略似之。不然,承宪宗之季,而欲使政不旁挠,财无滥费,滋培元气,中外乂安,岂易言哉。"(《明史·何乔新、彭韶、周经、耿裕、倪岳、闵珪、戴珊等》卷183)虽然这样的评述不免有些言过其实,但大致上还算中肯。

● 整顿吏治　改进铨制

除了以上所述之外,在政治领域弘治"更新"还有一大重要举措,那就是整顿吏治、改进铨制或言铨选,其主要体现在以下四个层面:

○ 针对官场上的拖沓作风,弘治帝做出会议决事时间限定,提高行政效率

明朝自开国起,凡有军国大事,都交与朝廷大臣会议,然后提出具体的办法,上呈给皇帝御裁。这大概就是国人津津乐道的中国式民主集中制,其优点就在于可弥补皇帝一人决策之不足。但随着帝国统治的稳固和大明政治场上风气的败坏,大臣会议或言大臣集议也逐渐流于形式,应议的事情有时拖延许久,或敷衍了事,或干脆拒绝不议。这样的情势到了明朝中期时愈发明显。弘治元年(1488)七月,刑科给事中胡金上言,说:"我祖宗成宪,或会举官员,或会问刑狱,或会议政事,此固良法美意。然而所会举之人,所会问之刑,容有未能悉当者,姑以会议一事言之。陛下即位以来,用贤纳善,出于天性,故凡内外臣工,交章累疏,莫不欲罄一得之愚,图报万一言,虽未当亦蒙优纳,中间或有敕,多官会议者,然章下该部,必缓至数旬,积至数章,累至数事,然后报于该议者。至临议之际,诵者不过概论大略,听者或不能周知其详,疏条浩繁,坐起疲倦,类多迁就,莫可致诘,或云此见行条例,或云此泛言难准,甚至以人微而弃其言,以势重而附其说,谓之会议而乃至于如此,岂不有孤陛下采纳之盛心哉?乞敕该部此后凡会议章疏,须预令会议衙门,俱得遍阅事由,无拘章疏多寡,俱在五日内会议,从容论辩,各尽所长,何者为可行?何者为未当?不以人废言,不以言徇势,庶所采者公论,而所行者良法。"(《明孝宗实录》卷16)

可朝廷礼部却认为:刑科给事中胡金的建议太不符合会议的成规,"有半年一议者,有半月一议者,亦有五日内即议者,大要酌事势缓急而为次第也,有会一二衙门议者,有会部、院、省、寺大臣并掌科给事中议者,有兼会公、侯、伯、都督并翰林院、詹事府、国子

监、十三道御史议者,亦因事势轻重而欲各伸所见也。况今天下之广,建言者无日无之,而诸司政务日不暇给,若不拘章疏多寡、事理巨细,俱于五日内议得,无讲说太烦,有妨政务乎"? 但皇帝明孝宗却不认可礼部的这般说法,回复道:"今后有要务关民情者,半月内议之;若利弊诸事果应急议者,限五日内议闻。"(《明孝宗实录》卷16)

当朝天子的这番指示说得很好,可什么叫"要务关民情者"? 什么叫"利弊诸事果应急议者"? 这些都是十分宽泛的说法,没有可操作的具体细则,于是人们看到,在随后的日子里,大明朝廷大臣会议决事的问题仍然没有得到解决。弘治八年(1495)八月,南京礼部尚书童轩在上呈章奏中曾这样说道:"臣闻学古入官议事以制,故我朝每有大政大事,往往下廷臣会议,将以集众见而广聪明也。但廷臣循习旧例,于阙左门下立议片时,遂定其论。顾政有小大,事有难易,大而难者,岂两言之可决哉? 有不可引经而断,或不可越职而言,甲以为可,乙亦从而可;此以为否,彼亦从而否,是则名为集议,而卒出于一人之见而已。臣愿嗣今以往,凡政事有关于宗庙社稷、礼乐征伐以及推举大臣,并法律情罪之有可疑者,俱乞下三品以上廷臣各陈所见,具疏以闻;其四品以下有愿建议者听。然后会其众说,采而用之,庶几有资于圣断之万一也。"明孝宗接奏后下令:命所司知之。(《明孝宗实录》卷103)

经过大约半年时间的酝酿,在接受众臣建议的基础上,明孝宗最终于弘治九年(1496)闰三月给六部和都察院等衙门降下敕谕,对朝廷大臣会议决事时限做出了明确的规定:"凡天下奏事有旨令即看详以闻者,覆奏毋过二日;看详以闻者,毋过三日;若事干他司、须行查者,亦不过十日。"兵部接到敕谕后上奏说:"军机重务,恐覆奏期速,或有乖误,请赐宽假。"弘治帝回复:遇有军机和重大事情,"各宽五日,余仍旧"(《明孝宗实录》卷111)。

自此以后,朝廷大臣会议决事的拖沓作风有了一定的改变,行政效率相对也提高了一些。

明朝中期影响政府行政效率的还有一大问题,那就是衙门迭出,冗官骤生,靡费无数。为此,礼部尚书耿裕等在应诏上言中指出:"官多则民扰,而增设衙门百费纷起,尤为不便。本部自去冬十月至今岁四月,仅半年间该铸开设衙门印信、关防、铜牌已八十有余,似此增设,无岁无之。乞命吏部查天下添设官员及新增衙门,凡有冗滥,悉皆裁省。"(《明孝宗实录》卷75)但正如实施其他"更新"举措一般,明孝宗做了一半就停了下来。在接到耿裕的谏言章奏后,他含糊其辞地回答"仍会官议处",而后便不了了之。

○ 调整官员考察制:在微调京察的同时,将外察权悉收朝廷,大计天下官吏

明代自立国起就形成了一整套严格的考察法,以此来整顿吏治,赏罚官员。具体地说,明代考察分为京察和外察两种。京察,起初并没有规定多长时间举行一次,大约在明朝中叶成弘年间才逐渐定下来,期限为六年,常常是在亥、巳年进行大考核,因为举行地点在京师,故名"京察"。

京察的对象主要是在京的京官。四品以上的官员自己述职,由个人对自己任期内的表现进行一个总结鉴定,但去留还得等皇帝裁处;对五品以下的官员,经过各个衙门考核,对不称职的、不合格的即作出"退休"、降级外调、冠带闲住为民等几种处分,有贪污舞弊行为的要被革职或刑事处罚,但必须造好文册向上奏请。(《明史·选举三》卷71)

如此京官考察之法在天顺八年(1464)时做了一些调整。那时皇帝朱见深下令,将在京五品以下文职官的考察权改由吏部、都察院和内阁共掌(《明宪宗实录》卷7)。四年后的成化四年(1468),明宪宗再次降敕,令京官五品以下者由吏部、都察院会同各衙门掌印官共同考察。(《明宪宗实录》卷59)

弘治元年(1488)三月,新皇帝朱祐樘在肯定成化朝考察之法的基础上下令,将对翰林院官的考察权也交予吏部和都察院掌印官共掌。(《明孝宗实录》卷12)但到了弘治十年(1497)时,朝廷又一次降敕做了变更,将对翰林院官的考察权再次划归其本衙门自行完成,且规定翰林学士免考。(《明史·选举三》卷71)

除了考察权有所变化外,京官考察多少年举行一次?明朝前期似乎一直也没有确切的统一说法。弘治十四年(1501)闰七月,朝廷吏部议覆南京吏部尚书林瀚等所言,并上请说:"在外司府以下官俱三年一次考察,两京及在外武职官亦五年一考选。惟两京

五品以下官十年始一考,察法太阔略,请如(林)瀚等所奏:今后例六年一考察。"明孝宗下令:从之。(《明孝宗实录》卷177)

但弘治帝的这道没有注明"着为令"的圣旨并不具有长久的法律效率,在随后的日子里,大明京察多少年举行一次依然没有完全固定下来,加上那时皇帝朱祐樘命令科道官在京察过程中要先行访察、指实劾奏,以求京察更加公正,不曾想到就此引发了程序的混乱和众臣的不适。如此一来,一直到了弘治十七年(1504)六月,吏部在覆奏吏科给事中许天锡进言时就这样说道:"(京察)旧例十年一次,本部会同各衙门堂上官考核,但恐访察未真,徒为劳扰。乞行两京科道官会同访察,指实劾奏。如有疏虞,本部访实奏黜。于是吏科左给事中任良弼等奏:谓祖宗设府、部、卿、寺等衙门堂上官,以监临众职所属贤否,皆莫能逃。吏部则专以甄别淑慝为务,每官考满,具有各衙门及本部事迹考语,可以参察。凡遇考察之岁,必会各衙门堂上官举察。吏部、都察院又从而斟酌黜陟,鲜有不当。今若一诿诸科道,则是以平昔所监临者,反不如素不纯属之为悉,历年所核实者,反不如一时传闻之得情也。况五品以下官员数既多,职务亦繁,欲人人付于科道,岂能周且当哉?且科道之设,将以补阙拾遗、举正欺蔽,是以每当考察之后,例必纠正,盖使司考察者畏清议而不敢不公,被考察者仗公论而不患不当。今若令科道先行访察,而后本部举奏其于事体,恐亦未安。乞仍敕两京吏部会同各该堂上官照例考察,如有遗漏偏徇,臣等照例纠举,今后或六年、或十年一次取自上裁,着为定例,则行之久远而无弊矣。"(《明孝宗实录》卷213)

监察御史翁理等获悉后亦以为言,朝廷吏部为此再次覆奏,说:"言官纠劾百官不职,系是旧制。后来法纲稍疏,止论列两京堂上大臣,而不及庶官,所以言官建议欲考察两京五品以下官,遂着为十年一次之例。近累会议欲五六年一次,俱奉旨照旧。今科道又所奏如是,乞赐裁处。"明孝宗接奏后回复命令:"仍令两京吏部各会同都察院并各衙门堂上官从公考察,今后每六年一次,着为令。"(《明孝宗实录》卷213)也就从这时开始,大明"京官六年一察之例定矣"(《明史·选举三》卷71)。

与京察对应的叫"外察",外察最初开始于洪武初年,由监察御史、按察司官随时进行考察，及时上奏。除此之外，作为被考察的对象——各地地方官员还得要每年上京城去朝觐皇帝，当面述职和接受吏部的考核。洪武十八年（1385）五月，皇帝朱元璋考虑到"天下府州县官一岁一朝，道里之费得无烦劳"，于是下令给吏部"自今定为三年一朝，赍其纪功图册文移藁簿，赴部考核。吏典二人从其布政司、按察司官亦然，着为令"。这样一来，形成了有明一代地方官三年一次的朝觐制度。（《明太祖实录》卷173；《明史·太祖本纪》卷3）

地方官三年来京一次朝觐，而朝觐制度实行的主要目的是为了整饬吏治。洪武十一年（1378）三月各地官员到京朝觐，皇帝朱元璋指示吏部："考绩之法所以旌别贤否，以示劝惩。今官员来朝，宜察其言行，考其功能，课其殿最第为三等。称职而无过者为上，赐坐而宴；有过而称职者为中，宴而不坐；有过而不称职者，为下，不预宴，序立于门，宴者出，然后退。庶使有司知所激劝。"（《明太祖实录》卷117；【明】皇甫录：《皇明纪略》）

考绩下来为优秀的官员，朱皇帝赐宴；有错误但成绩合格的官员，也有资格品味皇帝恩赐的美味佳肴，但只能站着吃；而既犯了错误又考核不合格的官员，那就得站到门外去，等品尝完美味佳肴的官员出来后，才可离去。朱元璋如此考核官僚、整饬吏治确实奇特。

洪武二十六年（1393），大明朝廷正式规定："各布政司、按察司、盐运司、府、州、县及土官衙门、流官等衙门官一员，带首领官吏（即各级衙门里有品级和有职权的管事吏员，如布政司里的经历、都事、照磨、检校、理问，按察司里的经历、知事、照磨、检校、司狱，府内的经历、知事、照磨、检校、司狱，州里的吏目以及县里的典史等，笔者注）各一员，名理问所官一员，照依《到任须知》依式对款，攒造文册，及将原领敕谕、《诸司职掌》内事迹文簿具本，亲赍奏缴，以凭考核。各衙门先尽正官。正官到任日浅、佐贰官到任日久，必先佐贰官来。若系裁革、未及二十里长州县、止设正官首领官各一员去处，止令首领官吏来朝。其程途远近、各量里路、比照行人驰驿日期起程，本衙门速将起程月日申报。远者不许过期，近者不许预先离职，俱限当年十二月二十五日到京。其来朝官员服色，俱照品级花样，务要新鲜洁净。俱

各自备脚力、不许驰驿,及指此为由科扰于民。"([明]弘治版:《大明会典·朝觐考察》卷13)

我们将上文的外察流程做个简述:各地地方官在入京朝觐前一年的年底,依照《到任须知》中的规定进行编造文册,然后将其与原领敕谕、《诸司职掌》等文簿一起带到京师,以凭考核。各地地方官不论路远路近,既不能预先离职,也不能过期迟到,都必须于朝觐前一年的十二月二十五日来到京城。于第二年的元旦朝见皇帝。朝见结束后,吏部会同都察院一起对各地官吏进行考察,考察结果上请皇帝圣裁。政绩优异者不仅要被褒扬和奖励,而且还很有可能要被擢升;平常者一般都留任,或言官居原职;浮躁浅露、才力不及者,则要被处以降职;贪污不法者,则由法司部门问罪;品质卑鄙、才能低下、昏聩愚蠢的不才官吏,则会被黜斥为民;年老有疾者致仕,不谨者冠带闲住。([明]弘治版:《大明会典·朝觐考察》卷13)。

以上便是外察,也被称为"大计"。如果官员在大计中受到了处分,这是十分丢脸的事情,且"不复叙用,定为永制",即终身不再被叙用(《明史·选举三》卷71)。

大计时被考察的官吏有成千上万,说实在的,无论是最高终裁者大明天子还是掌握官吏擢黜命运大权的朝廷吏部,不可能对每个官吏都进行一一详细的考察,也不可能照着这些官吏的自我述职而予以奖惩,而是要根据他们所做过的政绩由上级做出的评论与鉴定即所谓的考语来进行判定。这就是《明史》上所描述的大计前三年,"州县以月计,上之府,府上下其考,以岁计,上之布政司。至三岁,抚、按通核其属事状,造册具报"((《明史·选举三》卷71)。更确切地说,各地县、州、府皆置立文簿,把做过的事情一一写下来,每个季度再派一名吏典将文簿呈送给上一级主管衙门,直至省级布政司。由此形成了布政司考察府、府考察州、州考察县的层层考察制。省级布政司按理说在地方行政系统中级别最高,权力应该最大,但在实际行政中它也不能乱来。大明朝廷规定:布政司对其属下官吏如果不辨廉能,不察勤惰,甚至玩忽职守,贪渎害民,那么地方省级平行的监察机构按察司则应该负起纠举之职。就明初而言,地方省级按察司权力范围很广,除了监察官吏外,还要掌管好一省的司法刑狱和风纪整顿等。也正因为它拥有的职权范围相当之大,开国皇帝朱元璋随后又派遣了廷臣和监察御史巡按地方,对各地官吏进行监察,以此来牵制按察司。这样的做法到了永乐时代渐成定制,由此一来,地方官吏的监察考核也随之转向了由省级按察司与朝廷派遣的巡按地方的监察御史共同负责。如此格局维系了百来年,到弘治朝才又有了变化。(《明史·选举三》卷71;【明】弘治版:《大明会典·朝觐考察》卷13)

省级按察司与朝廷派遣的巡按地方的监察御史共同考察官吏,其有利之处就在于从理论上来讲多了个考察衙门,被考察官吏更有可能会得到公正的评判。但在实际操作过程中,多衙门考察容易引发扯皮,进而产生官场争斗和造成吏治败坏。鉴此,弘治八年(1495),皇帝朱祐樘接受了臣下的建议,正式下令:将原先实行的省级按察司与朝廷派遣的巡按地方的监察御史共同考察官吏的做法改变为只由中央朝廷吏部负责,其具体做法是:"各处巡抚、巡按会同从公考察布、按二司并直隶府、州、县,各盐运司,行太仆寺,苑马寺等官贤否。如无巡抚,巡按会同清军(御史)或巡盐(御史)考察。如俱无,巡按自行考察。其布政司、按察司及分巡、分守,并知府、知州、知县,并司(如盐运司)、寺(如太仆寺)正官,各访所属官员贤否,开揭帖,送巡抚、巡按,以凭稽考。"(【明】弘治版:《大明会典·朝觐考察》卷13)

弘治帝此项"更新"举措的出发点似乎是很好,这样一来可以加强中央对地方官吏的考察,强化中央集权。但随之带来的负面效应也令人始料未及。本来省级按察司与朝廷派遣的巡按地方的监察御史共掌考察地方官员大权时,考察的公正性就很难做到。现在改为全由中央朝廷吏部等衙门来进行"大计",考察的公正性那就更难以实现了。因为三年一次"大计",所要考察的地方官吏多达上万人,而中央吏部的人力、精力都有限,根本无法对各地来京觐见官吏进行一一详考,只能根据各地巡抚、巡按所上报的材料对布、按两司官吏进行考评,只能根据布、按两司衙门上报的材料对各地省级以下官吏做出鉴定。而一旦巡抚、巡按和布、按两司衙门所上报的材料与评语失实,或模棱两可,那么就很容易造成是非混淆、黑白颠倒。这对于被考者来说即为最大的不公,同时对于帝国吏治来讲也具有极大的破坏性。为此,明孝宗采取了两项补救举措：

第一，在吏部考察地方官时允许朝廷科道官指陈实迹，纠劾补正。

弘治六年(1493)正月，吏部、都察院会同考察天下布、按二司及府、州、县等官，其中年老有疾、罢软、不谨、贪酷、才力不及者和杂职共计2 500余人，请照例罢黜和调用。弘治帝回复："诸考退官俱照旧例行，其方面知府仍指陈老疾等项实迹以闻，毋虚文泛言，以致枉人。府州以下有到任未及三年者，亦通查具奏。"不久，吏部尚书王恕等将各官的具体情况材料做了上报，并这样说道："府州以下官，勤慎尽职者固多，贪鄙无用者不少。贪鄙无用者留一日，则民受一日之殃，若必待三年而后黜之，于彼则固当感激，于民则未免怨嗟。昔人有言：'一家哭何如一路哭？'此殃民误事官虽年浅，亦不可不黜也。"(《明孝宗实录》卷71)

但皇帝朱祐樘却不这么认为，坚持说："人才难得，事贵得实，人贵改过。祖宗爱惜人才，凡百官考满，初任、再任有平常、不称者，俱令复职，必待九年，然后黜降。今或因一人无根之言，而遂革其积勤所得之官，使之泯默，不敢伸理，是岂治世所宜有？尔等皆因袭旧弊不能改正，今姑从所开具者处之。其方面知府年老未满六十，有疾不妨治事，素行不谨在升任之先及见任不谨、罢软、无为，非本部访有实迹，或有巡抚、巡按只是一处开报，并其余官员到任未及二年，非老疾、贪酷显著者，俱留治事。今后朝觐之年，先期行文布、按二司考合，属巡抚、巡按考方面，年终具奏。行下该衙门立案，待来朝日从公详审考察，如有不公，许其伸理，其科道官必待吏部考察后有失当者，方许指名纠劾。"(《明孝宗实录》卷71)

过了几天，吏部遵旨上报了考退复留的州、县以上官员58名。明孝宗为之尚不放心，数日后当各地朝觐官员谒见陛辞、准备回还复任时，他还专门给每个官员降下了一道敕谕，告诫他们："朕惟祖宗受天命为民牧，而以天下生民付于朕。朕受祖宗命，一人不能独治，而以天下生民付尔司、府、州、县之官，俾代朕分治。兹当三年朝觐之期，尔两京畿、十三藩服，若布政司，若按察司，若府、州、县，若运盐、牧马诸司，各述所职来朝，其间固有恪勤官守、克称任用者矣，然疲老不胜任、贪残为民害者，亦往往有之，已令所司慎加简斥。而廷臣犹交章奏劾,必欲悉置尔等于理。朕念人才难得,特用宽宥,俾各归旧任,以图后功。尔等宜省愆思过,尽心效力,绪续往政之善,厘正前事之失,而又推求当务之急,而次第行之,惜民之力而不轻劳,惜民之财而无浪费,惜民之身命而不辄肆残虐。心心为乎国,念念在乎民,事事关乎心,务使人人各得其所,则尔等受朝廷之命为无负,而朕于祖宗付托之命亦不忝矣。"(《明孝宗实录》卷72)

第二,允许被考退的地方官员申诉。

对于这一举措,弘治前期皇帝朱祐樘曾多次做过指示,其目的不外乎确保考察的公平性。但这样美好的愿望就此能实现吗?弘治六年(1493)六月,礼科都给事中林元甫等上奏说:"近奉旨今后朝觐之年考察,如有不公许其伸理。命下未几,奏者踵至,恐岁复一岁,终无止期。今后凡考退并劾退官员,有仍前奏扰者,乞令所司参奏治罪,照例发遣。"明孝宗接奏后将其下发给吏部,让他们去讨论。而后吏部覆奏,说:"三年朝觐,本部会同都察院考察,凡贪酷不职者,必严加黜退,盖以去恶不尽,不足以除天下之害。然人材难得,其恶未著而遽去之,则人心不平,是以圣明许其伸理。但嚚悍狂躁之徒,一见禁令稍宽,辄便饰词妄奏,变乱是非,有伤治体。今后朝觐考察中间,果有黜退不公者,许其伸理,若本无冤抑,摭拾奏扰者,仍照例参问治罪。其科道纠劾,大率多在京堂上及在外方面等官,是非善恶,昭然在人耳目,其去留或断自宸衷,或下所司议处,亦未必有枉,间有伸理者,或虚或实,亦照此例施行。"朱祐樘看完章奏后,当即从之,但"仍命果有冤抑者许伸理。"(《明孝宗实录》卷77)

由此不难看出,弘治君臣在如何处理好朝觐官考察问题上还存在着分歧。而正是由于这样的分歧存在,随后产生的争议就此不断。弘治八年(1495)四月,六科、十三道各自上疏道:"我朝朝觐考察其法最为精尽,盖委之巡抚、巡按,俾报其贤否。又参之布、按二司及直隶州、郡之长,俾究其实。吏部、都察院又迹其岁报殿最,以为朝觐去留之据。如有不当者,则朝野得以非之,科道得以劾之,其不才者岂容幸免,而才能者亦岂致冤抑?近弘治六年朝觐,吏部既会都察院考察,继奉圣旨:'今后三年朝觐,先期行文布、按二司考合属,巡抚、巡按考方面,年终具奏,行部院立案,待来朝日从公详审考察；如有不公，许其伸理。'臣等伏读明诏，诚有以知皇上爱惜人才、慎重黜陟之意，但人心巧伪，所宜深虑，如止委二司考合属，则恐未足以尽访察之公，如部院将所奏立案施行，复恐致漏泄疏虞之弊，如许考退者复恣行伸理攻讦，则群邪横议之门何以塞之？明年朝觐，又当考察。乞一依弘治三年以前故事，而加之以至公至密行之，天下幸甚。"吏部和都察院也随即覆奏科道官之疏言，并请皇帝予以恩准。但明孝宗却答复道："人才固不可轻进，尤不可轻退。苟不得其真，所损多矣。今后考察黜退官员，务从公询访，必得实迹，不可轻信偏听，以致枉人。"(《明孝宗实录》卷99)

直至弘治末年，大明君臣对于如何考察好朝觐官这一问题仍然存在着争议，只不过皇帝朱祐樘站在了绝对优势的地位，将过误的板子打在了处于下风地位的吏部、都察院和各地巡抚、巡按官身上。弘治十七年（1504）五月，他敕谕吏部、都察院，说："三年一次朝觐考察天下诸司官员，甄别贤否，明示黜陟，此我祖宗法古图治之盛典也。比年以来，考察之后，群议藉藉，奏诉纷纭，盖因巡抚、巡按官员开报考语多不得实，而尔等询访稽察亦欠周详，勤敏有为廉直自持者，或被屈抑，贪黩无状夤缘结纳者，或得苟容，以致人无劝惩，士风日坏。夫生民之休戚，系于有司之贤否，有司之不得其人，则民被其害，而愁苦怨叹之声上干和气，即今四方灾异迭见，水旱相仍，率由于此。朕方祗畏天戒，董正庶官，在京群寮已有所处，其在外诸司官员明年正旦适当朝觐考察之期，宜预行各处巡抚、巡按官，将所属司、府、州、县等衙门官员，或才行卓异、政绩彰闻，或贪酷害民、老懦不职等项，逐一从公开报。尔等仍广询博访，备细参详，明白具奏黜陟。若抚按官员仍前徇情，率意开报，不公指实参究，并示黜罚。尔等受兹重托，宜精白一心，秉持公道，毋或有所偏徇，务俾贤否精别，黜陟大明，庶几泽被生民，上回天意，尔等其钦承之。"(《明孝宗实录》卷212)

坦率而言，皇帝朱祐樘的设想确实是很好的，但操作起来就不那么容易了，当然这跟整个帝国社会的风纪又大相关联。因此说，自弘治帝决定变更朝觐官考察权、令科道官指陈实迹纠劾和允许被考退的地方官员申诉起，大明朝廷"大计"骤然间开始产生了诸多剪不断理还乱的纷争。但即便如此，在当时朝廷上下一大批正

人君子和贤直能臣的坚持、恪守下,帝国朝觐考察从整体上来讲还是起到了整顿吏治和廓清政治的作用。我们不妨来看下表:

弘治18年间6次朝觐考察即"大计"黜斥不职官吏情况简表

考察时间	考察对象	考退布政使等地方官员数	考退杂职官员数	史料出处
弘治三年(1490)正月	天下朝觐官	考退老疾、罢软、素行不谨、贪酷在逃的地方官2 543名		《明孝宗实录》卷34
弘治六年(1493)正月	天下朝觐官	考退年老、罢软、不谨、贪酷、才力不及的地方官1 400名	考退杂职官1 135名	《明孝宗实录》卷71
弘治九年(1496)正月	天下朝觐官	考退年老、罢软、不谨、贪酷、才力不及的地方官1 134名	考退杂职官1 221名	《明孝宗实录》卷108
弘治十二年(1499)正月	天下朝觐官	考退年老、罢软、不谨、贪酷、才力不及的地方官1 265名	考退杂职官1 303名	《明孝宗实录》卷146
弘治十五年(1502)正月	天下朝觐官	考退年老、罢软、不谨、贪酷、才力不及的地方官1 219名	考退杂职官1 265名	《明孝宗实录》卷183
弘治十八年(1505)正月	天下朝觐官	考退年老、罢软、不谨、贪酷、才力不及的地方官1 581名	考退杂职官255名	《明孝宗实录》卷220

由上表中的"考退布政使等地方官员数"和"考退杂职官员数"两栏,我们可以算出弘治18年间6次朝觐考察即"大计"黜斥不职官吏总数为14 321名,平均每次黜斥官吏约为2 387名。根据明代编制:从正一品到从九品以至未入流的官员,全国总共有官员24 600名,其中京官为1 944名,地方官为22 709名。就此而言,弘治朝每次考退的官员人数要占到地方官总数的1/10以上。这样的官员黜斥在明朝中期算是少了还是多了?

笔者在之前出版的《成化帝卷》中已经考证过:明英宗前后当政了22个虚年,搞了8次朝觐考核,总共考核黜斥官员为4 143

人,平均每次考核黜斥官员约为 518 人,平均每年黜斥官员人数为约为 188 人。成化 24 年间总共发动 11 场考察天下官吏、去浊黜冗的"政治风暴",考核黜斥官员总数为 22 389 人,平均每次考核黜斥官员约为 2 035 人,平均每年黜斥官员人数约为 933 人。(详见笔者拙著:《大明帝国》之⑮《成化帝卷》上册,东南大学出版社,2017 年 9 月,第 1 版,第 2 章,成化初治,天下更始,P121~131)而弘治 18 年间总共发动了 6 次朝觐官大考察,平均每年黜斥官吏为 795 名。虽说它比不上成化时代平均每年黜斥的官吏人数,但在明代中期历朝"大计"、整饬吏治中还算得上是动作比较大的。因此说,那时的许多正人君子和正直臣僚都得到了升赏和重用,同时又有相当数量的庸官污吏被清出了大明公务员的队伍,吏治也由此有了一定程度的廓清。

○ 实行大臣保举与吏部循资推举相参并用之法,拓宽仕进渠道,力求人才

弘治之前大明帝国官员选拔任用也称铨选主要有两种途径:一是科举,二是荐举。洪武十七年(1384),朝廷下令自此以后科举成式化,但就在此前后,明太祖朱元璋又"命天下朝觐官举廉能属吏始"。因此说整个明代前期虽然科举大行其道,但荐举还是起着很大的辅助作用的。"永乐元年,(明成祖)命京官文职七品以上,外官至县令,各举所知一人,量才擢用。后以贪污闻者,举主连坐,盖亦尝间行其法。然洪、永时,选官并由部请。至仁宗初,一新庶政,洪熙元年,特申保举之令。京官五品以上及给事、御史,外官布、按两司正佐及府、州、县正官,各举所知。惟见任府、州、县正佐官及曾犯赃罪者,不许荐举,其他官及屈在下僚,或军民中有廉洁公正才堪抚字者,悉以名闻。是时,京官势未重,台省考满,由吏部奏升方面郡守。既而定制,凡布、按二司,知府有缺,令三品以上京官保举。宣德三年,况钟、赵豫等以荐擢守苏、松诸府,赐敕行事。十年用郭济、姚文等为知府,亦如之。其所奏保者,郎中、员外、御史及司务、行人、寺副皆与,不依常调也。后多有政绩。部曹及御史,由堂上官荐引,类能其官。而长吏部者,蹇义、郭琎亦屡奉敕谕。(宣德)帝又虑诸臣畏连坐而不举,则语大学士杨溥以全才之

难,谓:'一言之荐,岂能保其终身,欲得贤才,尤当厚教养之法。'故其时吏治蒸蒸,称极盛焉。"(《明史·选举三》卷71)

不过保荐之法使用久了,便弊端百出了,"所举或乡里亲旧、僚属门下,素相私比者",保荐者"方面大吏方正、谢庄等由保举而得罪","而无官保举者,在内御史,在外知府,往往九年不迁"。鉴此,正统前期有人上奏朝廷,请罢保举之法。明英宗接奏后下令:"罢荐举县令之制,专委吏部铨除。"(《明英宗实录》卷89)

正统十一年(1446)十月,巡按浙江监察御史黄裳上言,说:"御史、给事中,国初以来考满黜陟取自上裁。其后考称由吏部奏升方面府正。近年以来,方面府正缺员,率出三品以上廷臣保升。臣思御史、给事中既以纠察参驳为职,苟欲上忠于君,下尽其言,宁无致忤于人,招谴于己,考满待升,求如宋文彦博之荐唐介,吕夷简之举范仲淹者几何人哉?乞敕吏部今后凡遇御史、给事中考满,察其才行果堪方面府正,照例奏请升授,如此则任用皆得其人,而言路益知奋励矣。"明英宗当即肯定了黄裳之言,并下令:以后地方郡守有缺,由吏部从言官当中按例慎选,奏请除授。(《明英宗实录》卷146)

第二年即正统十二年(1447),给事中余忭上呈进言,说:"太祖、太宗之时,选官俱由吏部奏请,或循资铨注,或不次超擢,仕版得忠良之辈,豪门无奔兢之徒,由是百官励翼,庶职修明,此铨选之典所以经久而尽善也。逮至宣宗之时,世道亨嘉,犹谓未至,贤才效用尚虑有遗,乃命大臣旁求俊乂。凡布、按二司官及知府有缺,悉令三品以上京官保举,此固朝廷励精图治之盛心。然立法之初,未尝不善,特行之既久,不能无弊,故其所举或乡里亲旧,或僚属门下,素相私比者……遂至贤否混淆,尚何以激劝人心也哉。此保举之例,惟权时宜,不可以久行也。臣惟昔之铨衡或未精,是以先帝因时宜而改为保举之例。今之保举既未公,伏望皇上亦因时宜而复遵祖宗之旧典。乞敕吏部,遇有方面府正员缺,即具奏取自上裁,或令于见任堪升官内荐拔,或令于听选相应官内推举,严加审察,务合至公;若吏部所拟有私,许六科、十三道纠劾。如此,则恩出于上,弊消于下,臣僚各思修职而治功为易成矣。"(《明英宗实录》卷150)但朝廷大臣吏部尚书王直和英国公张辅等却不以为然,他们说:"方面郡守,保举升用,称职者多,未可擅更易。"(《明史·选举三》卷71)明英宗支持了王、张等大臣的主张,当即这般说道:"保举官既称职者多,且依旧行,其间徇私滥举者,朝廷自有裁处。今后果有蝇营狗苟者,许御史、给事中指劾。吏部仍究方正等原犯有无赃罪以闻。"(《明英宗实录》卷150)

既然保举之法没有被废除,依然继续在使用,那么其所产生的弊端自然也就无法避免。正统十三年(1448)七月,巡按河南监察御史涂谦上言,说:"窃见内外官员于始任之时,多有持志节勤政事,以希望大臣举荐。及荐授方面知府,不三二年间,即改前操,往往累及举主。乞敕该部暂停举保之例,仍遵洪武、永乐旧制,凡方面知府员缺,从吏部于内外九年考满官内,选其才识优长、志行卓异者升授,或皇上亲擢朝臣才德素著者任用为便。"(《明英宗实录》卷168)明英宗接奏后下令:"从之。"由此,大臣举官之例遂罢。(《明英宗实录》卷168;《明史·选举三》卷71)但不久之后又有反复。

正统十四年(1449)九月初,景泰帝登基即位,在昭告天下诏书中所列32条合行事宜,专门开列"贤才必资荐举"1条,其中说道:"今后方面及风宪官、郡守、御史悉依宣德年间令,在京三品以上官举保任用,不限原任年月深浅,但举才德堪其任者,如或徇私、谬举,连坐举主之罪。"(《明英宗实录》卷183,《废帝郕戾王附录》第1)由此保举之法得以恢复。但就如上文所述的那样,保荐法弊端百出,景泰朝大臣们为其存废问题也曾展开了激烈的争论,皇帝朱祁钰于景泰三年(1452)十二月做出了折中圣裁:"方面郡守务欲得人,所以朝廷尝令大臣举保,又令吏部推选,行之已久,不能尽当。今后惟布政使、按察使有缺,令会三品以上官连名共保,其余还令吏部访求推选,务从公道。"(《明英宗实录》卷224,《废帝郕戾王附录》第42)

成化五年(1469),"科道官复请保举方面(官),吏部因并及郡守。帝从言官请,而命知府员缺仍听吏部推举"(《明史·选举三》卷71)。一年后的成化六年(1470)六月,皇帝朱见深鉴于保荐之制多有未当,乃谕吏部官员说:"今方面多缺员,尔等务选任得人,每缺推举两员来闻,不必会官保举。着为令。"(《明宪宗实录》卷80)但半年后的成化七年(1471)正月,都察院左都御史李宾上疏说:"贤才屈在下僚,上不见知,无由自达。乞敕在京文臣四品、五品管事官及六科、十三道官各举所知,如知州缺则于州同知、判官、知县等官,知县缺则于县丞、主簿、教职等官内,各举一人。该部再加详察,遇缺除用,仍各注举主职名,日后犯赃连坐。"明宪宗接疏后"从之"(《明宪宗实录》卷87)。由此,保举之法再次大行。(《明史·选举三》卷71)

明孝宗即位上台之初沿用成化朝的做法,弘治三年(1490)八月,太子太保、吏部尚书王恕等上言说:"前此两京三品以上文职大臣各奉旨举堪为布政使及按察使者一人,今简用将尽。本部欲自行推举,与各官举而未用者兼用。"皇帝朱祐樘回复:"既所举者简用将尽,仍令各官不拘资格推举备用,其资格相应如参政可升布政、副使可升按察使者,则听本部循资推举,与各官所荐者并疏以闻。"(《明孝宗实录》卷41)由此开启了弘治时期大臣保举与吏部循资推举相参并用之格局。但即使如此,铨选流弊还是没能得以除去。

弘治三年(1490)十一月,吏科给事中郑寓上疏进言,说:"近奉旨,两京大臣不拘资格,各保堪任布政、按察使者一人,其资格相应者,则吏部自行推举兼用。然大臣保举出于公者固多,溺于私者亦不少。如大理卿马贯之举于大节,侍郎陈政、谢宇、边镛之举朱汉、张抚、朱瓒,众论皆以为不胜其任。夫所举而贤者,固宜量才升用;不升其任者,亦宜降调示戒。今后布政、按察使有缺,乞止令吏部循资推举,或不次举用,庶几消奔竞之风。"明孝宗接疏后命吏部看详以闻。吏部随后覆奏道:"方面官员自成化六年(1470)以后,俱本部自行推举,(不过)保举之门太多,则未免有如郑寓所言之毙,但寓所劾于大节等四人,虽非全才,中间或风节可观,或廉介可取,其未升者,量其才识而用之;其已升者一时难遽降调,如后此果不称职,降调未晚。"弘治帝发话:"人才难知,各官保举得人固多,其命仍旧保举。"(《明孝宗实录》卷45)

弘治十二年(1499),明孝宗"复诏部院大臣各举方面郡守。吏部因请依往年御史马文升迁按察使、屠滽迁佥都御史之例,超擢一二,以示激劝,而未经大臣荐举者亦兼采之。并从其议。当是时,孝宗锐意求治,命吏、兵二部,每季开两京府部堂上及文武方面官履历,具揭帖奏览。第兼保举法行之,不专恃以为治也。正德以后,具帖之制渐废。嘉靖八年(1529),给事中夏言复请循弘治故事,且及举劾贤否略节,每季孟月,部臣送科以达御前,命着为令。

而保举方面郡守之法,终明世不复行矣。"(《明史·选举三》卷71)

○ 开启科举每科馆选常态化和内阁九卿翰林化

诚如上文所述,明代官员选拔任用最为主要的途径是科举,而科举发展到弘治时代,除了将成化末年"南北各减二名,以益于中"(《明史·选举二》卷70)的取士额数比例做了改正外,整体上还是沿袭了前朝宪宗时代的做法,会试与殿试的"扩招"额数定格为300名,弘治三年(1490)二月、弘治六年(1493)二月、弘治九年(1496)二月、弘治十二年(1499)三月和弘治十五年(1502)三月皆是如此,(《明孝宗实录》卷35、卷72、卷109、卷148、卷185)但不知道为何弘治十八年(1505)三月多录取了3名,变为303名(《明孝宗实录》卷222)。要说孝宗朝对科举的最大贡献,那就是在科举顶端出路方面开启了每科馆选常态化。

科举顶端出路在明朝开国以后大致形成了这样的习惯做法:除了殿试后选拔出来的最为优秀的一甲三人即状元、榜眼、探花直接授予翰林官外,其他次优秀者是否再要考选为庶吉士一直没有统一的说法,有时想起来了就做,想不起来就不做。为此,弘治六年(1493)四月,兵科给事中涂旦上言,说:"永乐甲申间命学士解缙选进士曾棨等二十九人,俾读书文渊阁,自后相陈,遂为故事。我朝人才之盛,多由于此,乞循祖宗旧制,合今礼部所取进士抡选之,改为庶吉士,入翰林院读书。抡选之法在精采择,以抑其滥进,严考试以探其心术,限年岁以责其进学。"礼部为此覆奏道:"选择教养之法,累朝已有成规,惟在敕内阁大臣参酌历科事例举行耳。"明孝宗接奏后说:"好的,就照此执行吧。"(《明孝宗实录》卷74)

但实际上弘治帝并没有立即让人去操办,过了10天左右,即到了弘治六年(1493)四月甲辰日,内阁大学士徐溥等再次为此上言道:"比给事中涂旦建议,欲选新进士改庶吉士,入翰林院读书。惟庶吉士之选,自永乐二年以来,或间科一选,或连科屡选,或数科不选,或合三科同选,初无定限,每科选用或内阁自选,或礼部选送,或会吏部同选,或限年岁或拘地方,或采誉望,或就廷试卷中查取,或别出题考试,亦无定制。自古帝王皆以文章关乎气运,而储才于馆阁以教养之。本朝所以储养之者,自及第进士之外,止有庶吉士一途。凡华国之文与辅世之佐，咸有赖于斯。然而或选或否则有才者，未必皆选。而所选者又未必皆才。若更拘于地方、年岁则是以成之才或弃而不用，而所教者又未必皆有成。请自今以后立为定制：一次开科一次选用，待新进士分拨各卫门办事之后，俾其中有志学古者，各录其平日所作文字，如论策、诗赋、序记之类，限十五篇以上于一月之内，赴礼部呈献。礼部阅试讫编号封送翰林院考订，其中词藻文理有可取者，按号行取本部，仍将各人试卷、记号、糊名封送，照例于东阁前出题考试。其所试之卷与所投之文相称，即收以预选；若其词意钩棘而诡僻者，不在取列中间。有年二十五以下，果有过人资质，虽无宿构文字，能于此一月之间有新作五篇以上，亦许投试；若果笔路颇通，其学可进亦在备选之数。每科不必多选，所选不过二十人。每选不必多留，所留不过三五辈，如此则所选者多是已成之才，有所论撰便堪供事，将来成就必有足赖者。如是则预列者无狗私之弊，不预者息造言之谤。臣等皆出自此途，引进后贤储之馆阁，以报国厚恩，乃其职也。"《明孝宗实录》卷74。特注：《明史》将这事写作弘治四年是错的，今以《明孝宗实录》为准）

明孝宗接奏后"从其请，命内阁同吏、礼二部考选以为常"（《明孝宗实录》卷74）。自此以后，有明一代除了"自嘉靖癸未至万历庚辰中间有九科不选"和"崇祯甲戌、丁丑复不选"外，但凡殿试后朝廷必定要举行翰林院庶吉士考选，即当时人们所称的馆选。换言之，从弘治中期起，科举每科馆选开始呈现出常态化。（《明史·选举二》卷70）

科举每科馆选常态化既表明了明朝中后期最高统治当局对人才储备的重视，同时也反映出文官系统上端"高学历、高文凭"要求的时代发展趋势，即翰林进士化和内阁九卿翰林化。

明朝"永宣以前翰林不拘进士出身，若方孝孺、杨士奇、胡俨辈俱非进士，至天顺间用李贤议，特重进士科，翰林非一甲及庶吉士不得预矣"（【明】徐复祚：《花当阁丛谈·官制》卷1，清借月山房汇钞本）。而弘治朝开始实行科举每科馆选常态化，不仅使得翰林进士化进程得以加速，而且还让内阁与部院九卿走上了翰林化之路。对此晚明时代曾有人这样说道："内阁九卿，国初原无拘出身之例，成弘间入阁必由翰林,吏部左右堂必用翰林一人,礼部非翰林不用,兵部正堂必由巡抚,左右堂必南北各一人,都察院正堂必由御史。"(【明】徐复祚:《花当阁丛谈·官制》卷1,清借月山房汇钞本)清代史学家在研究明史后也指出:有明一代自中期起"非进士不入翰林,非翰林不入内阁,南、北礼部尚书、侍郎及吏部右侍郎,非翰林不任。而庶吉士始进之时,已群目为储相。通计明一代宰辅一百七十余人,由翰林者十九。盖科举视前代为盛,翰林之盛,则前代所绝无也。"(《明史·选举二》卷70)

而就在这样的科举每科馆选常态化和内阁九卿翰林化的过程中,弘治朝首创进行的另外两项朝政活动对其又起到了催化、加速的作用,并由此引发了不曾料想到的后续影响。

其一为尚书入阁:弘治四年(1491)十月,明孝宗敕命吏部太子太保、礼部尚书邱濬兼文渊阁大学士,入内阁参预机务。(《明孝宗实录》卷56)后世学者为此曾说:"按宪章类编云,弘治四年冬十月,命礼部尚书邱濬兼文渊阁大学士典机务,先是召入阁者,皆侍郎而下,未有以尚书入者。尚书入阁,自(邱)濬始;按官制沿革云,景泰以前至尚书不复入内阁,弘(治)正(德)以后,遂以尚书为入阁之阶梯。"(【清】王正功:《中书典故汇纪》卷1,民国嘉业堂丛书本)换言之,已趋翰林化的内阁实际地位到这时又一次得到了提升。

其二为廷推阁臣:弘治八年(1495)二月,邱濬病逝,内阁出缺,明孝宗令吏部会同六部、都察院、通政司、大理寺及科道官廷推阁臣,而后廷推出来的礼部左侍郎兼翰林院侍读学士李东阳和詹事府少詹事兼翰林院侍讲学士谢迁被简命入阁。(《明孝宗实录》卷97)不知道是出于有意还是无意,弘治朝这般首创阁臣廷推的做法,实际上为帝国中央选官与晋升开辟了一条相对规正的"进士→翰林→六部→内阁"之"新路径"。大明内阁和众多部院大僚自此以后逐渐地固化于翰林词臣群体中选拔,当然这同时意味着一般的科道官对于阁部高位再也无法企及了。明朝中后期的翰林词臣与科道官之间的纷争就此开始日趋激烈化。

更有令人意想不到的是,这样的高层官僚选拔群体固化还带来了"连锁反应":在随后的历史发展过程中,越来越多的贫寒举子由此陷入了不利上升的困境。何炳棣先生曾指出:"明初的综合情势环境对贫寒的人出奇的有利,在第一个次时期洪武四年至弘治九年(1371—1496),这些寒微举子占了进士总数的大半。随着时代的前进,官员家庭能享受的各种有利条件,使他们不可能不占上风。"[【美国】何炳棣(Ping-ti HO), The Ladder of Success in Imperial China, Columbia University Press,1964:P111]当然这样的后续影响是弘治君臣开始实施"更新"时所无法料想到的,是历史多种力量作用的结果。

其实无论是政治层面改进铨制,整顿吏治,尊祖法圣,勤于国政,扩开言路,礼遇文臣,任贤使能,还是在经济民生、社会控制和军事安全等层面实行一系列革故鼎新(因篇幅问题,这些内容将在后面的第3章和第4章内详述),弘治帝在进行"法祖图治"和"更新庶政"的过程中,一直都殚精竭虑地贯彻着一个核心精神,那就是强化君主专制主义中央集权,其最为主要的做法是,完善内重外轻的权力金字塔双轨并行管理体系。

● 双轨并行　内重外轻

● 大明老祖宗设定的权力金字塔结构:由内廷—君＋外廷、各地万臣组建起来的单轨制体系

明朝自开国起,老祖宗朱元璋就不断地调整帝国权力结构的设计。洪武九年(1376)五月,明太祖下令,改地方行中书省为承宣布政使司,"设布政使一人,正二品;左右参政各一人,从二品;改左右司为经历司,设经历一人,从六品;都事检校各一人,从七品;照磨管勾各一人,从八品;理问所正理问,正六品;副理问,从七品;提控案牍省注"(《明太祖实录》卷106)。当时全国各地布政司管辖范围的划分,大致仍沿袭了元朝各行省所辖地区,除南京直辖外,共设12个布政使司,它们是北平、山西、陕西、河南、山东、浙江、江西、福建、广西、四川、广东、湖广。洪武十五年(1382),增置了云南布政使司,这样就变成13个布政使司(《明太祖实录》卷143)。永乐十一年(1413)又增置贵州布政使司,但随后永乐帝迁都北京,正式确立与稳定南北两京制,由此一来原本的北平布政使司从省级布政

使司中"提升",增进了一个贵州布政使司,刚好又维持了原本的13个布政使司的建置。自此以后整个明代地方省级布政使司一直维持这样的建置格局。

在布政使司之外,朱元璋在地方上同时还设立了其他两司,它们共同形成了地方权力的"三司分立"。"三司"就是指地方上最高的三大权力并行机构,它们的长官就是人们俗称的封疆大吏。"三司"具体指:承宣布政使司,设左右布政使各一人,正二品,掌管一省的民政和财政;提刑按察使司,以提刑按察使(简称按察使)为长官,"掌一省刑名、按劾之事。纠官邪,戢奸暴,平狱讼,雪冤抑,以振扬风纪,而澄清其吏治"(《明史·职官四》卷75),即负责一省的刑狱诉讼与监察;都指挥使司,以都指挥使为长官,"掌一方之军政,各率其卫所以隶于五府,而听于兵部"(《明史·职官志五》卷76),即主管一省的军事。都指挥使司除了设立前面说到的13个布政使司地区外,明朝还在边疆少数民族地区广为推广。

这样一来,原本由一个衙门——行中书省长官总揽的大权现在被朱元璋拆到了三个平起平坐的衙门的三四个长官手中,它们各司其职,互不统属,互相牵制,又各自直属中央朝廷。一旦遇到重大事情,必须在布、按、都三司长官会议上讨论,上报给中央有关的部院。由此而言,地方官的权力也大为削弱,中央集权得到了加强(《明史·职官志》卷72、卷75)。

差不多与此同时或稍后,明太祖又对中央朝廷权力机构进行了一系列的设计和调整。洪武十三年(1380)新年伊始爆发了所谓的"胡惟庸谋反案",朱元璋立马将全国的最高行政管理机构中书省给废了,并从此彻底地废除丞相制。随后,老辣的朱皇帝又将眼光盯上了让他"牵肠挂肚"的大都督府,干脆也来个"了断",将大都督府一分为五,设中、左、右、前、后五军都督府。用老朱皇帝的话来说:"如此则权不专于一司,事不留于壅蔽。"(《明太祖实录》卷129)五军都督府的权力是平等的,谁也号令不了谁。在朱元璋的内心深处:原来大都督府只有左右2个都督长官,现在五军都督府中的每一都督府都设有左右2个都督长官,一共10个,各自领着统属的都司、卫、所军队。这样一来,中央最高军事机构的权力就被分散开了,万一有1~2个都督有异心或不臣之心,还有8~9个都督稳定着呐。

但即使到了这一步,朱皇帝还是觉得不保险,于是做出进一步规定:五军都督府只管领兵和兵籍管理,没有调兵权;兵部只管军官的铨选与军令;调兵权由皇帝直接安排,"征伐则命将充总兵官,调卫所军领之,既旋则将上所佩印,官军各回卫所"(《明史·兵一》卷89)。明代人将其概括为"兵部有出兵之令,而无统兵之权,五军有统兵之权,而无出兵之令……合之则呼吸相通,分之则犬牙相制"(《明》孙承泽:《春明梦余录·五军都督府》卷30)。

这就是说,一旦有战事,某个被任命为总兵官的将领,凭着皇帝的谕令与兵部的手续证明,到都督府下属的卫所去领兵、出征。战争结束时,该总兵官将军队归还给卫所,将印奉还给皇帝。要是没有皇帝的命令,任何领兵的卫所都不能将部队做任何的调动。这样大明的军队始终掌握在皇帝的手中,由此以皇帝为首的中央集权得到了大大的加强。

朱元璋在大明帝国初期对军队系统进行改革的同时,对全国性的军事也做了精心的布置。洪武二十六年(1393),全国"共计都司十有七,留守司一,内外卫三百二十九,守御千户所六十五"(《明史·兵二》卷90)。内地除了京师南京(洪武年间48卫,有军士20余万人)作为军事布置的重点以外,其他地方上相对布置的军事力量要小一点儿,只在军事要隘之处设立卫或所。而边疆地区则是重点布兵对象,尤其是大明帝国的北疆。

即便已经做得相当周全和缜密了,但疑心病十足的明太祖还不放心,遂于洪武十五年正式挂牌成立锦衣卫特务机构,直接归属于皇帝掌控。(《明史·兵一》卷89)"锦衣卫主巡察、缉捕、理诏狱,以都督、都指挥领之,盖特异于诸卫焉。"(《明史·职官五》卷76)

《明史》对锦衣卫的职责作了概括:"锦衣卫,掌侍卫、缉捕、刑狱之事,恒以勋戚都督领之,恩荫寄禄无常员。凡朝会、巡幸,则具卤簿仪仗,率大汉将军(共一千五百七员)等侍从扈行。宿卫则分番入直。朝日、夕月、耕耤、视牲,则服飞鱼服,佩绣春刀,侍左右。盗贼奸宄,街途沟洫,密缉而时省之。"(《明史·职官五》卷76)

这就讲了锦衣卫有两个方面的职责:第一个是担负了仪銮司掌管卤簿仪仗的任务;第二个也是最为重要的即承担起保卫皇帝

安全的工作,其中有皇帝日常生活、出行等方面的安全和秘密侦察帝国境内潜在的危险。

锦衣卫系统最高长官为指挥使,一般是由皇帝心腹或勋戚担任。其下有17个所,"中、左、右、前、后五所,领军士。五所分銮舆、擎盖、扇手、旌节、旛(幡)幢、班剑、斧钺、戈戟、弓矢、驯马十司,各领将军校尉,以备法驾。上中、上左、上右、上前、上后、中后六亲军所,分领将军、力士、军匠。驯象所,领象奴养象,以供朝会陈列、驾辇、驮宝之事"(《明史·职官五》卷76)。

17个所分置官和校,官有千户、百户、总旗、小旗等7人,他们一旦死了就由体格健壮的亲属子弟来继承他们的职业,要是没有合适的亲属子弟的话,就从民户中选拔,但必须是"政治清白"的民户才有这样的资格;校就是校尉力士,又名"缇骑",这部分人是锦衣卫系统真正的做事者,一般是从民间挑选出没有恶疾和过错的成年男性来担任,最为主要的工作除了"擎执卤簿仪仗及驾前宣召官员、差遣干办"外,就是专司秘密刺察。(《明史·职官五》卷76;《明史·兵一》卷89)

在完成上述一系列重大机构的设计与调整后,晚年明太祖敕谕文武群臣曰:"自古三公论道,六卿分职。自秦始置丞相不旋踵而亡,汉唐宋因之,虽有贤相,然其间所用者多有小人,专权乱政。我朝罢相,设五府、六部、都察院、通政司、大理寺等衙门,分理天下庶务,彼此颉颃,不敢相压,事皆朝廷总之,所以稳当。以后嗣君并不许立丞相,臣下敢有奏请设立者,文武群臣即时劾奏,处以重刑。"(《明太祖实录》卷239)明太祖永远地废除丞相制,由"府、部、都察院分理庶政,事权归于朝廷"(《明史·太祖本纪三》卷3)。唯恐有失,朱元璋随后又在《祖训》中再次强调:对于祖宗规制,"以后子孙做皇帝时,并不许立丞相。臣下敢有奏请设立者,文武群臣实时劾奏,将犯人凌迟,全家处死"(《皇明祖训·首章》)。

经过数十年的精心设计与反复调整,大明老祖宗最终确立起了皇帝既为帝国之主,又为政府首脑的绝对君主专制主义帝国管理体系。

至此,如果站在历史纵向角度来进行回望,我们就不难发现,大明老祖宗设计和定局的金字塔权力结构是以内廷—君+外廷、各地文武万臣＋锦衣卫……组建起来的以君主绝对专制主义为中心的单轨制帝国管理体系。而这样的单轨制帝国管理体系在有明一代只存在于洪武、建文两朝，随后便在永乐朝开始发生变异。

● 由内廷一君＋外廷、各地万臣组建起来的单轨制体系向着内廷一君＋内外万臣组建起来的双轨制体系转化

朱元璋死后，合法皇位继承人朱允炆登极称帝，实施宽仁"新政"，大明由严寒的冬季逐渐地转向了和煦的春天。可天不遂人愿，魔鬼朱棣发起了"靖难"战争，推翻建文政权，"悉指（建文）忠臣为奸党，甚者加族诛、掘冢，妻女发浣衣局、教坊司，亲党谪戍者至隆、万间犹勾伍不绝也。抗违者既尽杀戮，惧人窃议之，疾诽谤特甚"。于是"陈瑛、吕震、纪纲辈先后用事，专以刻深固宠。"（《明史·刑法二》卷94）

○ 乱臣贼子朱棣在"靖难"成功前后就看上了特殊人群——宦官

因为自己皇位来路不正，生怕背后别人议论和反对，加上童年时代留下的严重心理创伤，朱棣自进入南京城起，就对朝廷上下、文武百官甚至黎庶草民都充满着极度的猜忌，而时不时地传来建文帝出逃在外的消息更使得篡位登极的永乐帝如坐针毡。为了稳定与巩固来之不易的皇帝宝座，朱棣除了灭绝人性地大肆虐杀所谓的建文"奸党"、重用酷吏与大兴告讦之风外，还特别注意强化由他"老爸"开创的锦衣卫特务统治。故《明史》说："明兴，创设锦衣卫，典新军，昵居肘腋。成祖即位，知人不附己，欲以威詟天下，特任纪纲为锦衣，寄耳目。纲刺廷臣阴事，以希上指，帝以为忠，被残杀者不可胜数。"（《明史·佞幸》卷307）

可朱棣的如此举措在实施了十多年后似乎并没有完全达到他预期的目的，酷吏与告讦政治造成了许许多多无辜者被冤杀，大明朝人心惶惶；宠臣奸佞纪纲统领的锦衣卫尽管侦破了许多"大案""要案"，但没有一个是与失踪了的建文帝直接挂上钩的。尤其可恶的是，锦衣卫头子纪纲还真不是东西，皇帝授予他那么大的权

力,可他倒好,不仅没搞出令人满意的结果来,反而在暗中图谋不轨,"多蓄亡命,造刀甲弓弩万计"(《明史·奸佞》卷307)。自小就有严重心理创伤的朱棣敏锐地感觉到:光靠锦衣卫一支特务机构还不够,一旦它的权势太大了可就麻烦多多,不是有句俗话叫"养虎为患"嘛,最好的办法是给锦衣卫找个制约、抗衡的力量,做到相互刺察!那么这些人得到哪里去找呢?

　　对于这样的难题,雄才大略的政治家朱棣只要稍稍发挥一下自己的聪明智慧就能搞定。要说朝中大臣,尽管他们个个都很有能耐,但似乎与永乐帝总隔了一层,最够贴心的还是狗儿之类的宦官。从北京一直打到南京,这一路上除了燕军将士攻城掠地、亡命博弈以外,还不是因为有着比正常男人身上少了一点儿的不男不女之内侍的处处"照应",才会那般顺遂。"初,成祖起北平,刺探宫中事,多以建文帝左右为耳目。"(《明史·刑法三》卷95)永乐朝开启后,肩负特殊使命的宦官郑和下西洋、杨三宝出使尼八剌(今尼泊尔)以及侯显等出使西番、西域等等(《明史·侯显》卷304),几乎没有一次不成功的,再有内侍仇纲及时告发大逆贼纪纲"谋不轨"……想到这些,朱棣的内心无比兴奋,宦官多好啊,一来他们"忠心耿耿";二来他们没有正常男人的那种需要——女人带来的快乐,他们消受不了,因而也就不用担心大明皇宫后院内的"自留地"被人偷偷"耕种",金银财宝多了,他们也没用,这些绝子绝孙的人儿不会有更多的需求。对了,就重用此类既无妻儿牵挂又无男欢女爱之欲的人吧,且最为妥当,让他们去办理绝对机密的皇差真是再合适不过了。

　　想到这些,朱棣的头脑中闪现出这样一个念头:创办一个类似于锦衣卫新的特务机构,让他们去刺察包括锦衣卫在内的大明帝国所有的人群。不过转而一想,觉得似乎又不行,大明那个死去的高皇帝曾经竖了一根"高压线"——"祖制"规定:宦官不得干政!

　　○ 魔主漠视祖宗制定的宦官之禁,或明或暗地大加重用不男不女之人

　　大明开国皇帝朱元璋早年身处民间草野时曾目睹了元朝宦官专横及其带来的祸害,切身感受了宦官之恶,故而在他登极前后常

跟人说道："此曹善者千百中不一二,恶者常千百,若用为耳目,即耳目蔽;用为心腹,即心腹病。驭之之道,在使之畏法,不可使有功。畏法则检束,有功则骄恣。"鉴于此,还是吴王时的朱元璋就十分注意对宦官的防备及其人数规模的控制,"明太祖既定江左,鉴前代之失,置宦者不及百人"(《明史·宦官一》卷304)。

即使是在大明帝国建立后,朱元璋还竭力将内廷宦官人数控制在一千人左右。不过就说这一千来号人,数目也不小了,要是不实行严格的制度管理,岂不乱套？老朱皇帝想得就是周到,"迨末年颁《祖训》,乃定为十有二监及各司局,稍称备员矣"。即对宫中宦官实行定岗定员,这也就是明初实施的内监二十四衙门编制。(《明史·宦官一》卷304;《明史·职官志三》卷74;【明】刘若愚:《酌中志》卷16;【明】沈德符:《万历野获编补遗·内官定制》卷1;丁易:《明代特务政治》,群众出版社,1983年12月第1版;温功义:《明代的宦官和宫廷》,重庆出版社,2000年5月第2版)

虽然洪武时期内廷宦官队伍粗具规模,但皇帝朱元璋始终保持着高度的警惕。洪武元年(1368)三月丙辰日,他对近臣说:"吾见史传所书,汉唐末世,皆为宦官败蠹,不可拯救,未尝不为之惋叹。此辈在人主之侧,日见亲信,小心勤劳,如吕强、张承业之徒,岂得无之？但开国承家,小人勿用,圣人之深戒。其在宫禁,止可使之供洒扫给使令传命令而已,岂宜预政典兵？汉唐之祸,虽曰宦官之罪,亦人主宠爱之使然。向使宦者不得典兵预政,虽欲为乱,其可得乎？"(《明太祖实录》卷31;【明】余继登:《皇明典故纪闻》卷2)

从历史的经验教训出发,明太祖规定不让宦官们有机会接触到政事与兵权,仅让他们洒扫庭院或干些跑腿的活儿。他认为,只有做到这样,那些阉竖即使想作乱也找不到机会了。

一年后的洪武二年(1369)八月己巳日,大明制定内侍诸司官制,朱元璋再次告诫吏部官员:"朕观《周礼》所记,未及百人。后世至逾数千,卒为大患。今虽未能复古,亦当为防微之计。古时此辈所治,止于酒浆、醯醢、司服、守祧数事。今朕亦不过以备使令,非别有委任。可斟酌其宜,毋令过多。"(《明太祖实录》卷44;【明】余继登:《皇明典故纪闻》卷2)

正因为具有这样的清醒认识,所以洪武年间朱元璋再热衷于政治运动与权力斗争,但他一直坚持任用"政治面貌清白"的锦衣卫做自己的工具,坚决摒弃宦官,其政治远见不能不令人佩服。即使这样,朱元璋对宦官势力潜在的威胁,依然保持着清醒的头脑与敏锐的警觉,洪武末年在制定《皇明祖训》时他专门定制:宦官"不得兼外臣文武衔,不得御外臣冠服,官无过四品,月米一石,衣食于内庭。尝镌铁牌置宫门曰:'内臣不得干预政事,预者斩。'"(《明史·宦官一》卷304)

底层人出身的朱皇帝就是务实,他在《祖制》中对宦官严厉抑制和坚决打击落实到了实处:内官与外臣不得有文移往来,不得互通消息;内臣不得兼任外廷文武官衔,不得服用外臣冠服;内官最高官阶不能超过四品;每月供给内官的食米不能超过一石……鉴于历史上屡次出现宦官干政和颠覆皇权的经验教训,朱元璋又特别注重两大禁条:"内臣不得识字"和"内臣不得干预政事"。在他看来,宦官不识字等于是睁眼瞎,对于大明帝国的政事也就无法干预了。但是过了没多久,朱元璋还是觉得不保险,于是他就命人铸造了一个大铁牌,将它竖立在宫门口,上面镌有:"内臣不得干预政事,预者斩。"(《明史·宦官一》卷304)

规章制度是好,可再好的规章制度也要人去遵守和执行,如果不执行,那就等于没制定。对于这样浅显的道理朱元璋是再清楚不过了,作为开国之君,他率先严格执行。因此洪武朝的宦官还是相当守规矩的,宦官之禁执行得也不错。(《明史·宦官一》卷304)

明朝第二位皇帝朱允炆是个十分聪明又极具深邃眼光的有道之君,他一上台就推行"建文新政",以此来取代皇爷爷朱元璋实施的苛政与严政,从而深得民心。尽管"建文新政"似乎什么都想尝试改革,但朱允炆就是不改他皇爷爷严抑宦官的国策,甚至执行起来比他皇爷爷更加严厉。他曾经下诏令:内臣外出之际如稍有不法,地方官府有权也有义务将这些违法宦官绑缚起来,押往京城,交由朝廷处置;在内廷,朱允炆对宦官们管束得则更为严厉,稍有忤逆就严惩不贷。(《明史·宦官一》卷304)

正因为如此,建文帝朱允炆可大大得罪了宦官们。朱棣发动"靖难"时,一些宦官就开始密谋"投奔"新主子,因为他们老早就听说朱元璋的"好儿子"燕王朱棣一直对宦官很信任、很倚重。朱棣尚在北方折腾时,南京明皇宫里就有宦官偷偷地给朱棣送情报。

当燕军南下逼近江北时,朱允炆皇宫里的一些宦官不再满足于泄露机密当内奸了,而是乘人不备逃到朱棣的军营中,"漏朝廷虚实",充当燕军南下的军事导盲犬。由此,朱棣"靖难"更加顺遂并最终篡到了梦寐已久的大位。(《明史·宦官一》卷304)

至此我们可以这么说,宦官对朱棣之"爱"由来已久,而朱棣对宦官之好也是有目共睹的。"靖难"成功后,明成祖不仅一次次地犒劳杀人如麻的"靖难"英雄们,而且还要对曾经有功于自己的宦官们表示点什么,或者至少改变一下洪武、建文两朝以来宦官们战战兢兢的生存状态,但大明高皇帝架起的"内臣不得干预政事,预者斩!"的政治高压线还在,天才皇帝朱棣当然不敢明目张胆地去破坏。不过人们常说,制度是死的,而人是活的,既然明的不行或者说行动起来可能要冒很大的政治风险,那么暗的或半暗的又有何妨?!于是,自篡位登极起,"文皇以(宦官)为忠于己,而狗儿辈复以军功得幸,即位后遂多所委任。永乐元年,内官监李兴奉敕往劳暹罗国王。三年,遣太监郑和帅舟师下西洋。八年,都督谭青营有内官王安等。又命马靖镇甘肃,马骐镇交阯。"(《明史·宦官一》卷304,列传192)

朱棣一上台就这么频繁地将重任委以宦官并派遣他们出使域外(朱元璋遣内使外出偶尔为之),这本身就与朱元璋制定的、朱允炆忠实执行的严抑宦官之国策背道而驰,这就是一个口口声声要"恢复祖制"的"大孝子"的真实嘴脸。不过,在传统中国社会里,光有这样的嘴脸还不行,还必须要有"枪杆子"作为后盾,朱棣就拥有,所以当时大明帝国的话语权全在他那儿。他曾这样强词夺理地狡辩道:"朕一遵太祖训,无御宝文书,即一军一民,中官不敢擅调发。"(《明史·职官三》卷74,志第50)话是说得娓娓动人和"完美无缺",但如果我们将其与朱元璋限定的宦官"工作范围"做个对比的话,一切就不言而喻了。老朱皇帝曾规定宦官之职:"此曹止可供洒扫,给使令",即将其当作劳作机器;"好儿子"朱棣则将其视作为心腹使者,大明"祖制"自此而坏。

○ 一代"圣君"打开了大明帝国的"潘多拉魔盒"——宦官之禁

社会学研究者曾描述过这么一个现象:一个女孩子只要迈出

了卖春第一步的话,那么以后就会有N次的卖春,我们现在讲的永乐皇帝朱棣实际上就是这么一个卖春女。由于自己宠信宦官尝到了许多的甜头,更是由于永乐朝前期受命外出的宦官贡献卓著,所以朱棣在日后的治国理政中更是对他们刮目相看和委以重任。

明成祖的这番用心似乎还颇有"远见",永乐十四年(1416)纪纲"谋不轨",幸亏早先布置好的"眼线"内使仇纲的告密,大案才得以及时告破。(《明史·奸佞·纪纲》卷307,列传第195)由此看来朱棣暗中破坏"祖制",重用与宠信宦官在永乐中期就已经成了事实。

被人美誉为一代"圣君"的如此做法,实际上等于打开了潘多拉魔盒。潘多拉是古希腊神话中宙斯创造的第一个女人,在她下嫁给普罗米修斯弟弟伊皮米修斯后整个肚子都没空过,相继生了7个儿子。宙斯知道后做了一个盒子,命名为"潘多拉之盒",将那7个孩子全封在了盒子里,母亲潘多拉知道以后不干了,思子心切,她不顾宙斯的告诫,竟然偷偷地打开了盒子,于是贪婪、杀戮、恐惧、痛苦、疾病、欲望等7个孩子纷纷跑了出来,自此开始,人类再也不得安宁,历尽苦难。

如果我们将制定严抑宦官之国策的朱元璋视为大明帝国宙斯的话,那么打开明朝"潘多拉魔盒"的罪魁祸首和乱臣贼子非明成祖朱棣莫属了,何以见得?

(1) 从政治隶属关系上看朱棣给宦官松绑,使宦官系统独立

要说在对待宦官问题上,大明开国皇帝朱元璋确实要比明太宗朱棣技高一筹,他不仅制定了许多针对宦官的禁令和严惩措施,而且在政治隶属关系上也动足了脑筋。

尽管在创建大明帝国时朱元璋推出一系列不同于以往朝代的新国策,但在宦官的隶属关系问题上,他还是借鉴历史,继承了中国古代有益的政治文化遗产。按照儒家经典《周礼》的说法,宦官统于冢宰(可能类似于后世的宰相)。明初朱元璋废除了宰相制,因此洪武朝开始的内廷宦官归口到专门管理官员人士关系的吏部(相当于后世的人事部与组织部)管理。明人沈德符曾这样说:"本朝内臣俱为吏部所领,盖周礼冢宰统阉人之例,至永乐始归其事于内,而史讳之。"(【明】沈德符:《万历野获编补遗·内官定制》卷1)

永乐以后历帝都是明成祖的子孙,他们对于用卑劣手段夺取

皇位，接着又破坏"祖制"的"始祖"朱棣之不利言行当然要忌讳了。对此，今人也不难理解，我们感兴趣的是明代学者沈德符所说的，原本隶属于吏部的宦官系统"归其事于内"，这个"内"指什么呢？翻阅《明史·职官志》和刘若愚的《酌中志》等史料，今人可知：明人所指的这个"内"实际上是指内廷司礼监。换句话来说，永乐朝起宦官们不再归属于吏部管辖，而是独立成系统，直接听命于内廷宦官首脑机构司礼监，即司礼监取得了宦官人事权与升降奖惩权。

宦官系统的独立和宦官权势的增大，这为以后宦官干政、害政扫清了道路上的障碍，以及提供了制度层面的必备条件。

那么，内廷司礼监究竟是个什么样的机构？前面我们讲过，明初朱元璋创设了内监二十四衙门，而司礼监就是后来被人称为"内廷第一衙门"的，"司礼监今为十二监中的第一署，其长与首揆对柄机要，金书秉笔与文书房，则职同次相……其宦官在别署者，见之必叩头称为上司。"(【明】沈德符:《万历野获编补遗·内官定制》卷1)之所以如此，是因为司礼监不仅在大明宦官系统具有独特重要的地位，而且还在帝国政治中产生了很大的影响。

前文说过，明初废除宰相制，集权于君主一人之手，但偌大的一个大明帝国政务丛脞，就皇帝一人再三头六臂也忙不过来，外臣不可信任，于是经常伴随身边的宦官尤其是司礼监的掌印太监和秉笔太监自然就成为皇帝首选的政务处理帮手。掌印太监很多时候是由一人担任的，而秉笔太监常常多达八九人，他们的主要职责有二（宣德以后）：第一，批答大小臣工的一切章奏，即"批朱"。"凡每日奏文书，自御笔亲批数本外，皆众太监分批，遵照阁中票来字样，用朱笔楷书批之，间有偏傍偶讹者，亦不妨略为改正。"(【明】刘若愚:《酌中志·内府衙门职掌》卷16)第二，传宣谕旨。"国制司礼监九人，其掌印者一，如首揆……其八人则季轮二人管事，凡内之传宣，外之奏请属焉。"(【明】徐复祚:《花当阁丛谈》卷1)

说到这里，细心的读者朋友可能会发现这么个问题：不是开国皇帝朱元璋定下的"祖制"中规定：宦官不准识字！怎么后来的宦官不仅识字了，而且还替皇帝批阅奏章和传宣谕旨，直至干预政事？还有，究竟谁在率先破坏高皇帝的"祖制"？

(2) 朱棣首破宦官读书识字之禁，为明代宦官干政铺平了

道路

要说最先破坏"祖制"的人,说来大家可能还真不敢相信,他就是口口声声一直叫嚷着要"恢复祖制"的朱元璋的"好儿子"朱棣。

长期以来,人们往往将宣德元年(1426)明宣宗设立内书堂作为宦官断文识字的标志。"初,太祖制,内臣不许读书识字。后宣宗设内书堂,选小内侍,令大学士陈山教习之,遂为定制。用是多通文墨,晓古今,逞其智巧,逢君作奸。"(《明史·宦官一》卷304)

究实,这种说法不够正确,明代宦官识字实际上是从永乐时代就开始了。清人夏燮在《明通鉴》中这样记载说:"(永乐时期)听选教官入内教习之。"【清】夏燮:《明通鉴》卷19)《明史·宦官传》说:永乐中期,英国公张辅(张玉之子)出征交阯,俘虏了一批交阯人,其中有一些长得很俊美的男童,张辅将他们挑选出来给阉割了,然后再送到明皇宫中去当小宦官。而这些小宦官中以范弘、王瑾、阮安、阮浪四人长得最为俊秀,加上他们聪明、伶俐,很得永乐帝的喜爱。朱棣一高兴就给他们找来了先生,在宫中教他们识字。数年后,这几个俊美的小宦官通文墨,熟经史,朱棣就让他们干些文案工作。(《明史·宦官一》卷304;【明】沈德符:《万历野获编·赐内官宫人》卷6)

(3) 在宦官人数机构编制上放任自流——宦官帝国是怎样"炼"成的?

与政治隶属关系上给宦官松绑和给宦官读书识字密切相关的是,朱棣打开了大明"潘多拉魔盒"——宠信宦官、破坏"祖制";第三个方面表现为:在宦官人数机构编制上放任自流。

朱元璋尽管在宦官人数编制上并没有做出过确切的规定,但他对宦官采取的严抑和打击的做法,使得洪武时期的宦官人数控制得还是相当合理的,大约在1 000人。

朱棣本来就特别喜欢宦官,永乐朝一开始就有好多差遣由宦官来担当,就连肩负特殊使命出使域外一类的大事,也交由宦官来负责,因此永乐朝宦官人数比起洪武与建文时期有了急剧的增长,有人估测可能要有好几千人。到了明宪宗时一下子突破了10 000人:"监局内臣数以万计,利源兵柄尽以付之,犯法纵奸,一切容贷。"(《明史·彭韶》卷183)

尤其是明中期以后宦官人数呈几何级数增长,明崇祯时仅大明宫中宦官就达 70 000 人:"(明亡)时,中珰七万人皆喧哗走,宫人亦奔进都市。"(【清】王誉昌:《崇祯宫词》)这个数字还没加上分散在全国各地的宦官,有人认为明末至少有宦官 100 000 人。清圣祖玄烨在康熙四十八年(1709)曾谕大学士:"明季事迹卿等所知,往往纸上陈言。万历以后所用内监,曾有在御前复役者,故朕知之独详。明朝费用甚奢,兴作亦广,其宫中脂粉钱四十万两,供应银数百万两,至世祖皇帝登极,始悉除之。紫禁城内砌地砖横竖七层,一切工作俱派民间。宫女九千人,内监至十万人。"(【清】余金:《熙朝新语》卷4,据徐锡龄、钱泳《熙朝新语》校)

一个国家有 10 万人当宦官,我们再查一下明末全国人口数是 51 655 459(明熹宗朝)。(梁方仲:《中国历代户口、田地、田赋统计》,上海人民出版社,1980 年 8 月第 1 版,P200)我们以男女比例均衡的理想状态来计算,大约 25 827 729 男人当中有 100 000 人当宦官了,平均下来大概是 258 个男人当中就有 1 个宦官,这是一个什么国度?"宦官帝国"!

(4) 增设无恶不作的宦官特务机构东厂——"特务帝国"之强化

由于对外廷臣僚很不信任,同时又为了强化绝对君主专制主义统治,明成祖朱棣扯起不变更祖制的大旗做幌子,另设新的宦官特务机构东厂,使之与外廷特务机构锦衣卫形成相对格局。"东厂之设,始于成祖。锦衣卫之狱,太祖尝用之,后已禁止,其复用亦自永乐时。厂与卫相倚,故言者并称厂卫。初,成祖起北平,刺探宫中事,多以建文帝左右为耳目。故即位后专倚宦官,立东厂于东安门北,令嬖昵者提督之,缉访谋逆妖言大奸恶等,与锦衣卫均权势,盖迁都后事也。"(《明史·刑法三》卷95;《明史·成祖本纪三》卷3)

一般来说,东厂特务头子都是由皇帝的心腹宦官担任,皇帝颁发给他的关防(长方形的官印)要比其他宦官衙门隆重得多,东厂关防通常要有 14 个字:"钦差总督东厂官校办事太监关防",而其他宦官奉差关防仅几个字:"某处内官关防。"不仅如此,皇帝还要另给东厂特务头子一枚密封牙章,凡是东厂特务侦察到某事要向上密报,首先必须将其封起来,然后用密封牙章钤封了再上奏。这样做就是杜绝了一切外泄的可能性,加上宦官本身就是皇帝贴身的奴才,一旦刺察到什么事情就可以迅速地直接送达皇帝的手里,君主专制主义得到强化。

东厂特务头子全称是"钦差总督东厂官校办事太监",一般人念起来不顺溜,干脆就将之简称为"提督东厂",东厂内部人称之为"厂公"或"督主"。督主下设掌刑千户1人,理刑百户1人,这两人都是从锦衣卫那里调拨过来的,有时亦称之为"贴刑"。再往下就是掌班、领班、司房等,这些人相当于我们现在讲的"中层干部",他们共有40人,分12颗。而真正在外面从事侦察缉访的还有役长和番役。役长又称"档头",共有100多人,按子丑寅卯等分为12颗,每个役长各自统领番役几人,番役又叫"番子",还称为"干事",相当于我们现在讲的一般特务,一共1000多人,他们都是从锦衣卫中挑选那些"最轻黠猥巧者"来充任。(【明】刘若愚:《酌中志·内府衙门职掌》卷16;《明史·刑法三》卷95)

明朝自永乐开始历代皇帝对宦官都极为亲善与信任,东厂的创设及其势力的发展就是建立在这样的基础之上的,因此东厂特务权力与侦察缉访范围相当广泛,上至皇家帝国大事,下至寻常百姓的家长里短,只要他们认为有价值的都会一一侦缉上奏。"每月旦(第一天),厂役数百人,掣(抽取)签庭中,分瞰官府。其视中府诸处会审大狱、北镇抚司考讯重犯者曰听记。他官府及各城门访缉曰坐记。某官行某事,某城门得某奸,胥吏疏白坐记者上之厂曰打事件。"(《明史·刑法三》卷95)

由于东厂特务主要刺察的是臣民之阴事,就此而言,正派人是不乐意或干不好此类事的,于是在社会边缘地带混迹的人成为东厂特务们青睐的对象,也只有这些一天到晚游手好闲的社会"边角料"人群才会热衷于别人的阴事,因此流氓、地痞之流很自然地成为东厂特务们的合作对象或言"业余特务""编外特务";特务们往往出钱给地痞流氓,从而购买到常人所得不到的"信息",由此骗钱、挟私报仇者层出不穷。"京师亡命,诓财挟仇,视干事者为窟穴。得一阴事,由之以密白于档头,档头视其事大小,先予之金。事曰起数,金曰买起数。既得事,帅番子至所犯家,左右坐曰打桩。番子即突入执讯之。无有左证符牒,贿如数,径去。少不如意,捞治之,名曰干醉酒,亦曰搬罾儿,痛楚十倍官刑。且授意使牵有力者,有力者予多金,即无事。或靳不予,予不足,立闻上,下镇抚司狱,立死矣。"(《明史·刑法志三》卷95。参阅丁易:《明代特务政治》,群众出版社,1983年12月第1版)

东厂特务之所以有如此大的权势,关键在于两个方面:第一,永乐开始东厂就拥有对大明帝国所有臣民的刺察、刑讯等特权;第二,东厂特务有着"得天独厚"的权位优势。一般来说,东厂特务"打"到事件以后,要写一份情况报告,回到东厂后交给东厂特务头目"厂公",但"厂公"因为事务繁忙常常不在东厂办公,那么就交给厂公的心腹宦官,心腹宦官会将这个报告下发至司房,略作润色或删改后上呈给皇帝。上呈程序极为简捷,无需烦琐的手续,事情紧急,哪怕半夜里要上呈,也不妨碍事——明皇宫东华门如果被关了,东厂宦官就将报告从门缝里塞进去,里面的人接到后不得延迟,三步作两步地赶赴皇帝居所,立马呈上。因此说,无论天下发生什么事,身居内宫的皇帝老爷却都知道得一清二楚,"以故事无大小,天子皆得闻之。家人米盐猥事,宫中或传为笑谑,上下惴惴无不畏打事件者"(《明史·刑法三》卷95)。

换成通俗一点儿的话来说,大明帝国上下无论你有多高的地位,也无论大事小事都在皇帝的"关注"之下。比起外廷特务机构锦衣卫来说,东厂的开设,无疑标志着永乐朝开始大明君主专制主义再度得到了强化,同时也意味着宦官势力开始渗透大明的司法领域。

而几乎与之同时,内廷宦官系统的独立和司礼监地位的隆升,又使得大明内官势力在政治上获得了至关重要的地位。尤其是司礼监地位的隆升及其成为内廷系统的首脑衙门,让专制君主迅速找到议处国事政务的最为亲近和最为依赖的"助手"。由此再发展,到了宣德时"朝廷政令不由朝官,皆出自司礼监"(吴晗:《朝鲜李朝实录中的中国史料》上编,卷5)。

当然,永宣时代宦官之禁这个"潘多拉魔盒"打开后,被放出的魔鬼还不止上述这些。有明一代"中官四出,实始永乐时。元年,李兴等赍敕劳暹罗国王,此奉使外国之始也。三年,命郑和等率兵二万,行赏西洋古里、满剌诸国,此将兵之始也。八年,敕王安等监都督谭青等军,马靖巡视甘肃,此监军、巡视之始也。及洪熙元年,以郑和领下番官军守备南京,遂相沿不改。敕王安镇守甘肃,而各省镇皆设镇守矣。宣德四年,特设内书堂,命大学士陈山专授小内使书,而太祖不许识字读书之制,由此而废。"(《明史·职官三》卷74)

除了政治、司法和军事外,永宣时期宦官势力还向着经济领域里渗透。明成祖当政时期,宦官已经掌握了宫廷的岁办和采办大权,从中牟利。平定安南之乱后,朱棣命"中官马骐以采办至,大索境内珍宝,人情骚动,桀黠者鼓煽之,大军甫还,即并起为乱"(《明史·外国二·安南》卷321)。到了宣德年间,宦官的魔手开始逐渐掌握经济行政部门。永乐时期朝廷曾在广东、福建和浙江设立了三个市舶司,用来接待外国来使和控制勘合贸易。但随着时间的流逝,这些市舶司的行政实权逐渐地落到宦官的手中,"犒待之仪,贡输之数,主于中官。职提司者不过检视之而已"(【明】张邦奇:《张文定甬川集·西亭饯别诗序》)。差不多与此同时,宦官又开始掌控苏州、杭州和南京的织造,"宣德元年,巡按浙江严崇高奏称:'内官内使于浙江市买诸物,每物置局,拘集动扰,供给繁劳'"。《浙江通志·名宦》)"每物置局"和实施市买,这说明当时的宦官势力已经控制着经济行政的实权。

由此我们不难看出,自永乐到宣德,大明帝国权力金字塔结构体制开始为之一变,由内廷一君+外廷、各地文武万臣组建起来的单轨制体系早就向着内廷一君+内外万臣构建起来的双轨制体系转化,并随之逐渐形成了绝对君主专制之下内外相制和内重外轻之格局:内廷有司礼监,外廷有内阁;内廷有东厂,外廷有锦衣卫和三法司;内廷有外派地方的守备太监、镇守太监,外廷有派往地方的总督、巡抚……

● 内廷一君+内外廷万臣的金字塔权力结构双轨制体系的完善

自永宣时期开始转型为内廷一君+内外万臣组建起来的权力结构双轨制起,后经由正统、景泰、天顺、成化等数朝的发展,到弘治时这种权力金字塔结构的内外相制和内重外轻的体制已趋于完善,并渗透到大明帝国的方方面面。

○ 内廷司礼监、文书房——外廷内阁、翰林院、詹事府

明代内阁始建于永乐初年,据当年的首批内阁阁僚杨士奇记载:"太宗皇帝初正大统,故翰林之臣不及十数人,诏吏部及翰林举文学行谊才识之士,授职其中。士奇首膺简擢,赐五品服,肇建内阁,简七人专典密务。"(【明】杨士奇《三朝圣谕录·序》)

不过那时的内阁参政议政的权力还很有限,一方面永乐皇帝十分独裁,一般不允许别人有异议,加上他常常北巡,带上杨荣、胡广和金幼孜等,组成了实际上的"新内阁班子",密议机务,这样就使得与蹇义、夏原吉等一起辅佐皇太子朱高炽留守南京监国的杨士奇等阁臣在相当一段时间内失去了参议权;另一方面永乐时代内阁大学士的品秩都不高,以朱棣最初任命的7个阁臣而言,品秩最高的就是当时"大明第一才子"解缙,入阁前他是六品,入阁后升了点儿,但也不过五品,大约相当于一个知府(地级市市长)的行政级别。7人中位居末位的胡俨入阁前是从七品,连一个县太爷的级别还不到。他们直接为皇帝办事,介于皇帝与六部尚书之间,而他们的行政级别反而不如六部长官(朱棣恢复"祖制":尚书与侍郎一般是正二品或从二品官)。对此《明史》说得极为到位:"虽居内阁,官必以尚书为尊。"(《明史·职官一》卷72,志第48)这样的格局显然不利于朝廷有效行政。

朱棣死后,已经看出问题症结所在的皇太子朱高炽,自登基起就开始不断地提升阁臣的品秩、地位与权力。在即位后即永乐二十二年(1424)八月己未日,洪熙帝朱高炽下令恢复正一品武官"三公"即太师、太傅、太保和从一品文官"三孤"即少师、少傅、少保,并"命(蹇)义为少保,仍兼吏部尚书,二俸俱给";同日他还将文渊阁大学士兼翰林院学士杨荣升为太常寺卿(正三品),将文渊阁大学士、翰林院学士金幼孜升为户部右侍郎(正三品),将左春坊大学士杨士奇升为礼部左侍郎(正三品),兼任华盖殿大学士,将前右春坊大学士兼翰林院侍读黄淮升为通政使司通政使(正三品),兼武英殿大学士。当时还特别指示:上述四人只执掌内阁,参与决策机务,不理新升官职内的事务,也就是说,这四人所升的职务是虚衔。

(《明仁宗实录》卷2)

大约一个月后,明仁宗又将少保兼吏部尚书蹇义升为少傅(从一品),将礼部左侍郎兼华盖殿大学士杨士奇升为少保(从一品),将太常寺卿兼文渊阁大学士、翰林院学士杨荣升为太子少傅(正二品),兼谨身殿大学士,将户部右侍郎兼文渊阁大学士、翰林院学士金幼孜升为太子少保(正二品),兼武英殿大学士。(《明仁宗实录》卷2)

这样一来,永乐时期一直是五、六品官秩的内阁阁臣在明仁宗当政后的40天内迅速地赶上与超过了六部尚书。金幼孜、杨荣的品秩与正二品的六部尚书相当,而杨士奇的品秩竟然超过,甚至与文官品秩最高的从一品吏部尚书蹇义相同。至此为止可以说,内阁阁臣的品秩与地位已经有了大大的提高。

不过话得说回来,杨士奇、杨荣和金幼孜等内阁阁臣所升的少保、太子少傅、太子少保之类的官衔都是虚职,对于朝廷行政还是有着很大的不便。为此明仁宗朱高炽在永乐二十二年(1424)十二月首先将杨荣任命为工部尚书(《明仁宗实录》卷5)洪熙元年(1425)正月又"升通政使兼武英殿大学士黄淮为少保、户部尚书,仍兼武英殿大学士;加少傅兼华盖殿大学士杨士奇兵部尚书;太子少保兼武英殿大学士金幼孜礼部尚书。俱三俸并支,仍掌内制。"(《明仁宗实录》卷10)

内阁阁臣杨荣升为工部尚书,杨士奇升为兵部尚书,金幼孜升为礼部尚书,黄淮升为户部尚书,杨溥升为太常寺卿,原本大明中央官僚机构中最有地位与权势的官衔即为六部尚书,也就是六部的长官,现在让内阁阁臣给兼任了。这不仅表明明仁宗对内阁阁臣越来越信任与重用,而且也意味着内阁的地位与权势已开始渐渐地超过了六部;更有一个很大的潜在影响,那就是内阁阁臣兼任六部长官,在不设内阁官属即在不破坏"祖制"的前提下,内阁取得了参与国家大事的决策权即参政议政的合法权力。换言之,内阁参政权或言决策权日趋常规化与制度化。

明仁宗隆升内阁阁臣的地位与权力,很大程度上是由于他对永乐时代因为自身缘故而被无辜关押和惩治的杨士奇、杨溥等阁臣怀有特殊的情感;当然也不排除这样的因素,那就是明仁宗要让

第 ② 章 庶政更新 双轨并行

这些久经考验的忠诚阁臣为君"减负",为国分忧。

对于皇祖、皇考的这番机构与权力设计,从小就在大明皇宫里长大的朱瞻基还是颇为心领神会的。继位登基之后,在承袭了父皇朱高炽时代内阁构建的基础上,明宣宗稍作部分调整。洪熙元年(1425)闰七月,根据杨溥的建议,他撤销弘文阁,命侍讲王进、编修杨敬、五经博士陈继、给事中何澄四人回翰林院,杨溥调入内阁,与杨士奇等人共事。(《明宣宗实录》卷6)要说那时候的内阁还真发挥起了参政议政的重要作用,不过这样的日子并不长,随着司礼监的地位隆升与权力增大,内阁反而位居其下。

前文已述,宣德时期朝廷政令多出自司礼监,由此而言,那时的内廷司礼监已成为大明金字塔权力结构中枢的核心衙门。"凡内官司礼监掌印,权如外廷元辅;掌东厂,权如总宪;秉笔、随堂视众辅。各设私臣掌家、掌班、司房等员……文书房,掌房十员。掌收通政司每日封进本章,并会极门京官及各藩所上封本,其在外之阁票,在内之搭票,一应圣谕旨意御批,俱由文书房落底簿发。"(《明史·职官三》卷74)

上述这段史料讲到了与司礼监相匹配的另一套内廷机要秘书班子,或称为司礼监的预备机构——文书房。文书房共有10个掌房宦官,他们负责御批章疏的收发和落底存根。因此说其工作十分重要,一般是要从"文化太监"中挑选出来的"人才"才可胜任。这些在文书房任职的宦官未来的最好出路就在于升入司礼监任职,而大明以后的传统习惯是"凡升司礼者,必由文书房出,如外廷之詹(事府)、翰(林院)也"(《明史·职官三》卷74)。

而到了司礼监要是干得好或混得好,弄个掌印太监当当,升为司礼监首脑,其权势绝对要超过外廷的内阁首辅(嘉靖时官史上称首辅,笔者注),并与内阁首辅对掌朝廷机要;掌管东厂的太监,权如总宪;而秉笔太监与随堂太监以及文书房头头就相当于外廷内阁中的次辅和众辅。

这样一来,自宣德年间起大明天子就拥有两套辅政体制,即外廷的内阁与诸部院衙门,内廷的司礼监及其统领的内监机构,有根无形之线将它们串在一起,那就是绝对专制皇权。而这样的帝国中枢权力结构双轨制经过一段时间的磨合与发展,到明英宗正统年间时大体定局。其运行模式大致是这样的：如果有诸司衙门和老百姓要上呈奏疏或上书，这些章疏首先都要密封后才能递交给通政司，通政司将其送达内廷的会极门，在那里由太监接纳，再转呈给皇帝或交由内阁，这时内阁阁臣就可"密揭"，即向皇帝秘密进言论事，也就是前文所说的阁臣参政议政，或由皇帝召集重臣廷议，或由阁臣之间商议，形成初步的意向，由阁臣中的首辅或皇帝最为信任的阁臣起草，即为票拟；再报呈给皇帝检阅批红，皇帝御批几本，其余就交司礼监掌印太监或秉笔太监代行朱批。完成后再由六科给事中核对，要是正确无误了，就下发给中央各部院衙门去直接执行。(《明史·职官三》卷74)

  不过在实际操作过程中，皇帝与内阁阁臣之间并不能经常形成一致性的意见，相反他们之间往往有矛盾；很多情况下皇帝的旨意仅代表他个人，而内阁阁臣既要顾及政治形势和社会舆论道德，又要照顾到皇帝的意愿，还有就是要遵循儒家政治伦理与治国准则。因此当发现皇帝旨意如果真的实施会带来很大的不利后果时，他们往往会进言劝谏，或利用手中的封驳权加以阻止，这是明代内阁制具有的阻止皇权肆意胡为的合理内核。但内阁朝臣进言劝谏成功与否，这就要取决于皇帝的个人性格、品德和是否动用了绝对专制皇权。

  而相比于内阁，司礼监太监是皇帝的家奴，虽然在内书堂学习过，但比起自幼就接受儒家正统教育，且以实现"治国平天下"作为终身奋斗目的的内阁朝臣，他们大多缺乏道德操守，专以迎合皇帝意志为己任，因而在大多数皇帝看来，这些不男不女的人才是令人最为舒心的，也是最为放心的，使用起来也要比那些有着相对独立主见的内阁朝臣要顺手多了。因此，当内阁票拟后的章疏送达御前，皇帝老爷忙不过来或因心情不好而不想办公时，司礼监太监就成了他的最佳帮手或言私人秘书。

  从司礼监与内阁的这种表象相似的工作来看，它们都是皇权的辅助工具，但内阁票拟是处于初定政策、政令阶段，而司礼监太监代替皇帝批红则处于拍板定局阶段，两者并没有站在同一起跑线上。因此从本质上来讲，内阁受制于司礼监，当司礼监发出挑战时，内阁根本就无法抵御。明末清初大思想家黄宗羲对此做过精辟的论述："入阁办事者，职在批答，犹开府之书记也。其事既轻，而批答之意，又必自内授之而后拟之，可谓有其实乎？吾以谓有宰相之实者，今之宫奴也。盖大权不能无所寄，彼宫奴者。"(【清】黄宗羲：《明夷待访录·置相》)而明英宗亲政前后内阁"三杨"败于王振和王振擅政专权莫不充分证明了这一点。

明英宗之后，即位的明宪宗又是个极为宠信内官的君主，这样一来，经由数十年发展起来的宦官势力到了明孝宗即位当政时早已根深叶茂、蔚为壮观。而作为其首脑机构的司礼监，那就更成为首屈一指的朝廷中枢核心衙门，其权势完全压盖或言超过了外廷的阁部衙门，并呈现出了积重难返之势。

成化二十三年(1487)十一月，监察御史陈玏在上言奏事中就曾这样说道："国家政务，我太祖、太宗既设司礼监掌行，又命内阁大学士共理，内外相维，可否相济。近来政务之决，间有大学士不与闻者。今后政务，不分大小，俱下司礼监及内阁公同商确，取自圣裁。其有极重大者，乞敕多官计议，奏请区处。"(《明孝宗实录》卷7)明孝宗接奏后"命下其奏于所司"(《明孝宗实录》卷7)。

这里我们姑且暂时不论陈玏所言之太祖设立司礼监目的之谬，就其奏请弘治帝应该办的事情而言，将国家政务交予司礼监与内阁"公同商确"，而皇帝朱祐樘却将陈玏的章奏下发"所司"，这在今人看来简直就是张冠李戴，说白了，那就是新皇帝不愿意改变前朝沿袭下来的重司礼监、轻内阁的做法。两个月后的弘治元年(1488)闰正月，吏部右侍郎杨守陈也为此做了进言，说："若有大政，(朝廷)则召阁及府部大臣于文华殿会议，必人人尽其谋，事事求其当，其余章疏止召内阁面议可否。其各官奏对之余及辞见之际，陛下宜俯降辞色，而于时政、人才、民谟、土俗无一不询，无一不知，使贤才常集于目前，视听不偏于左右，则资于外者博，而致治之纲举矣若。"(《明孝宗实录》卷10)

我们将杨守陈的这段话做个浓缩：皇帝处理国政要务不应该偏听偏信那些内廷近侍所说的，而应当召见内阁和府部大臣商议。明孝宗对此回答："所言皆朝廷切务，朕当举行。"(《明孝宗实录》卷10)但随后他便将之扔到了爪哇岛上。于是在接下来的日子，大臣们所遭遇的是与美好愿望截然相反的情势。弘治三年(1490)十二月,吏部左侍郎彭韶在上奏中这么描述道:"内臣在上左右,人所畏惮,今兵马、仓储细大之事,尽付其手,凡有章奏,无不先允而后议,该部承行不复审处,是失政体也。至有殴人致死者,竟不诘问,狱成复宥,无所忌惮,是失利威也;耗财妄费,不惟不禁而又助之,死者或给还葬银,存者或许盖祠讨地,第宅、服食逾制,声势移人。"(《明孝宗实录》卷46)

从彭韶的这番描述中我们可以清楚地看到,当时以司礼监为首的内廷宦官势力有多横!而相比之下,内阁和内阁大学士及部院大臣在国家政务处理中则显得无足轻重。而这样的情势到了明孝宗统治中后期还是没有多少改变。弘治十三年(1500)四月,礼科都给事中宁举等因灾异而在上陈十事中就"延接群臣"一事专门说道:"视朝、经筵之外,未闻与大臣相接,政事裁决止于章疏之出入,命令宣布不过近侍之传言。请自今退朝之暇,日御便殿,省览天下奏疏,事体重大者,即召内阁及诸大臣咨议,仍于科道各轮给事中、御史一二员随入侍班。凡一切政务先令该衙门大臣议处,然后咨诸内阁大臣可否之。陛下亲决其是非,果于公议允协,即赐施行。事有决失听,其开陈虽有成命,亦许执奏,如大臣畏避不肯尽言,及言有未当,科道官随即纠正,以通上下之情,以防壅蔽之患。"(《明孝宗实录》卷161)

明孝宗接奏后依然使用他的老办法,"命所司详拟以闻。"(《明孝宗实录》卷161)说白了,弘治帝自有主意:"你们说你们的,本皇帝做自己的。"见此,有人或许会要问了,不是说明孝宗勤于政事,频频召对内阁辅臣和部院大臣议处政务,怎么弘治朝大臣老说当朝天子委政于司礼监为首的内官势力呢?

我们不妨来回顾一下明孝宗在18年的皇帝生涯中召见阁部大臣议事的次数。相比于父亲明宪宗和儿子明武宗等皇帝而言,明孝宗在位期间召见阁部臣僚算得上是次数比较多的皇帝了。但若要真的做个统计的话,你就会发现:其总数大致为23次,其中弘治十年(1497)1次,弘治十三年(1500)1次,再有就是弘治十七年(1504)和弘治十八年(1505)的21次。(【明】李东阳《燕对录》)既然召见阁部大臣次数有限,那弘治这18年间,皇帝朱祐樘又主要靠谁来辅佐而使得无比繁重的国事朝政正常运行的?显然是以司礼监为首的内廷宦官！对此,明孝宗似乎怡然自得,乐此不疲,甚至到了猛然醒悟的晚年和自己生命将要终结之际,还导演了一出司礼监与内阁共受顾命的大戏。弘治十八年(1505)五月庚寅日,"上(指明孝宗)大渐,晓刻,遣司礼监太监戴义召内阁大学士刘健、李东阳、谢迁甚急,至乾清宫东暖阁御榻前……于是太监扶安、李璋捧纸及砚,(戴)义执朱笔跪于榻前,陈宽、萧敬、李荣俱跪于床下。上命义书于片纸……"(《明孝宗实录》卷224)

○ 内廷东厂——外廷锦衣卫、三法司

司礼监之外,宦官系统权势炙手可热的衙门机构自然就要数东厂了。前文说过,东厂特务头子叫提督东厂,其直接听命于皇帝,地位近次于司礼监掌印太监,但一旦他向皇帝奏事,即使是司礼监掌印太监也得要退避,由此可见其权位之重了。提督东厂之下有"掌印太监一员,掌班、领班、司房无定员。贴刑二员,掌刺缉刑狱之事。旧选各监中一人提督,后专用司礼、秉笔第二人或第三人为之。其贴刑官,则用锦衣卫千百户为之"(《明史·职官三》卷74)。而东厂的侦察权力大至"缉访谋逆妖言大奸恶等,与锦衣卫均权势"(《明史·刑法三》卷95);小至暗中监视民间打架斗殴、偷鸡摸狗,无所不包。理性而言,它不仅侵夺了外廷刑部、都察院和大理寺等三法司的权力,而且还与大明老祖宗创设的老牌特务机构锦衣卫相维相制,使得帝国臣民生活在双重特务恐怖统治之中。

对此,自明孝宗登基即位起,南京、陕西等道监察御史缪樗、户部员外郎张伦、刑部典吏徐圭等朝廷内外臣僚相继上疏奏言,痛斥东厂之害。其中的刑部典吏徐圭在上疏中通过自身亲历而直接爆出了东厂对于大明帝国司法领域侵夺与破坏的不堪之状,他说:"皇上令三法司、锦衣卫会问,而三法司畏惧东厂,始终莫敢辩明,必待群臣鞫之朝堂,乃不能隐……臣在刑部三年,每见鞫问盗贼,多因东厂、镇抚司所获,其间有称校尉挟仇诬陷者,有称校尉为人报仇者,有称校尉受首恶之赃而以为从令傍人抵其罪者,东厂一切不问,惟任巡捕官校擅用刑罚,迫之诬伏。刑官不过据其词以拟罪,纵使洞见真情,孰敢擅更一字。"(《明孝宗实录》卷120)而户部员外郎张伦在上言中则通过对当时社会不安与政治秩序混乱的大胆揭露,进而进言恳请弘治帝恢复明太祖之制,废罢东厂。他说:"窃见天下民伪日滋,狱讼蜂起,有辄登闻状奏,以渎圣听。每差官校人等体勘,以致人心惊疑,地方为之摇动;有盗贼窃发,妖言为幻,每差校尉缉捕,以致妄执平人,希谋升赏者,往往有之。近年设立东厂密查臣僚过失,因而黜罚,其至恩仇分明,致陷无辜者多矣。伏望圣慈今后在外有事,不系机密重情免差官校,惟责巡抚、巡按等官勘报。其东厂之设,祖宗所无,并宜废罢。"(《明孝宗实录》卷9)

但自小起就生活在内廷宦官层层"保护"之中的皇帝朱祐樘,对于东厂所带来的危害根本就无法理解,于是废罢东厂就成了一句空话。非但如此,明孝宗还要授予它与锦衣卫更多的重任。弘治改元后不久,皇帝朱祐樘让太监覃昌传旨:"在京诸司朝廷政事,祖宗俱有成宪,今后五府、六部、都察院、通政司、大理寺等衙门务须遵守,毋得互相嘱托,有亏公道。如内外官敢有写帖子嘱托者,内官连人送与东厂杨鹏,外官送与锦衣卫朱骥,奏来处治。若容隐不奏者,事发俱治以重罪。"(《明孝宗实录》卷11)

原本由都察院和吏部共同掌管的朝廷衙门的风纪整顿,现在皇帝朱祐樘却将之交予内外廷两个特务机构:内官连人送与东厂,外官送与锦衣卫。也由此可见,弘治时代内外廷两大特务机构的权力又有了进一步的延伸和增大,且还往往是内廷东厂之势盖过了外廷锦衣卫。

○ 京军:皇帝贴身太监＋提督内臣＋掌营内臣＋坐营内臣——公侯勋臣＋提督军官＋坐营军官＋……

与上述之势相仿,自永宣时代起到明代中期,内廷宦官势力还向着大明军队系统不断地渗透,使得军权多被皇帝代表宦官所控制。

明代军队主要由三部分组成,即京兵、边兵和卫所兵。其中京兵在明朝前期最为朝廷所重视。京兵中除了锦衣卫等十二卫为天子亲军而无所隶属外,其余的统称为京营。京营在永乐年间分设成三大营,即五军营、神机营和三千营。"五军、神机各设中军、左右哨、左右掖;五军、三千各设五司。每营俱选勋臣二人提督之。其诸营管哨、掖官,曰坐营,曰坐司。各哨、掖官,亦率以勋臣为之。

又设把总、把司、把牌等官。又有围子手、幼官、舍人、殚忠、效义诸营,俱附五军营中。"(《明史·职官五》卷76)当然皆由勋臣提督的大明京营也不能不加以严密监视和控制,于是从永乐时代起,大明天子在五军营设提督内臣1人,三千营设提督内臣2人,神机营设坐营内臣1人,监枪内臣2人。(《明史·兵一》卷89)后来京营体制有所变化,而皇帝又在提督内臣之外增设了掌营内臣(《明宪宗实录》卷260),并加强京营操练和进行其他军事活动。而一旦京营操练和其他军事活动开启,大明天子除了委派都察院左都御史提督团营操练外,还往往在"每营设内外官各一员,令其坐营管操"(《明孝宗实录》卷15)。

弘治元年(1488)六月,朱祐樘在命都察院左都御史马文升提督团营操练时就曾赐敕,这样说道:"因五军、三千、神机三大营官军,有名无实,役占数多,曾命内外官员会同清理,拣选精壮官军十二万,分为十二营操练,每营用内外官各一员,坐营管操,既又重加拣选补换。兹命尔同太监傅恭、李良、太傅兼太子太师保国公朱永、太保兼太子太傅襄城侯李瑾通行提督,务令各营官军常川操练,马匹如法喂养,器械必须整齐,武艺必须精熟。使人人可以临阵应敌,折冲御侮,不至如往时虚应故事,乃为尽职。然欲得其勇力,在养其锐气,尔等尤须加意抚恤,不许该管官员科扰役占。"(《明孝宗实录》卷15)

除了各营设有内外坐营官外,朱祐樘还不嫌其烦,在对提督京营操练军事的内外文武臣僚做出安排的基础上,又命令贴身近侍太监傅恭、李良等前去"通行提督",且将他们的序位置于保国公朱永和襄城侯李瑾之前,说白了就是实行绝对的多重监军。(《明孝宗实录》卷15)比起永宣时代来说,这样的做法就使得京营各级武官都受到了内臣的监视,不留任何京营"监控"的盲区,皇权专制主义再度得到了加强。

另外,弘治时代还整顿和强化御马监军事力量。御马监是明代宦官二十四衙门十二监中的一个,明初只"掌御厩马匹"(《明太祖实录》卷161)。但在朱棣篡位后情况有了变化,"永乐中复设亲军指挥使司十二卫,又选天下卫所官军年力精壮者,及虏中走回男子,收作勇士,常数千余人,俱属御马监,更番上直,委心腹内外官统领,其盔甲、器械俱异他军。"(《明孝宗实录》卷130)不过,自成化以来,御马监的亲军军事力量大为削弱,"勇士精壮者少,其数乃至九千之上,每郊祀驾出,勇士盔甲与各营无异,禁兵渐至废弛。此外虽有将军围子手,不过于早朝侍卫,退朝后即散回家,皇城之内防奸者无几,其守卫皇城各门官军疲弊尤甚"。为此,弘治十年(1497)十月,兵部尚书马文升上奏朝廷,请求对御马监禁军进行清理整顿,以此来强化其军事力量。明孝宗接奏后降旨:命"御马监掌印内臣同提督勇士并腾骧四卫营太监,将见在勇士并四卫操军,逐一拣选年力精壮者各若干名,编次成伍,并选老成头目","照依旧规操练上直毋得视常怠忽"!(《明孝宗实录》卷130)

○ 各省各镇各地:总镇太监+镇守太监+分守太监+守备太监——总督大臣+总兵官+分守将领+守备将领

朝廷对于京营和禁军不断强化内臣监视和加强军事力量,那么对于边兵与外地同样也不例外。永乐时代起,朝廷对于边疆重镇地区重新进行了"战区"划分,在此基础上实行一个重要边镇战区设立一个总兵官的做法。但疑心病十足的明成祖随后又很不放心,于是派遣了一个个镇守内官前去监视。由此推广开来,大致到了明英宗正统时期,大明帝国"各省各镇无不有镇守太监"(《明史·职官三》卷74)。

除此之外,朝廷还派遣了很多内臣出外监视,而这些受命出外监视的内臣比起镇守太监来说地位要低一点儿,监视地方的范围相对也要小一些,时人称其为分守太监。甚至还有其地位与管理范围再小一点儿的,就叫做守备太监。当然这样的分类是相对而言的,在明朝中期,很多人对此还不怎么搞得清楚,就如当今满大街都是老总,反正你就这样喊着总没错。而弘治帝上台时所面对的,正是这样混乱的局面。对此,朱祐樘在成化二十三年(1487)九月的即位诏书中予以了规范:"武臣与内臣同守一方、一省者,皆名镇守,挂印武臣得名总兵官,副参皆名协守;副参武臣与内臣同守数城并大关者,皆名分守。其余武臣与内臣同守一城者,皆名守备,已有定例,体统不紊。兵部查有僭称镇守并总兵官名色及妄请关防符验者,悉令改正缴还,原有关防者换与。其镇守等官奏带家

人头目,止许五名,过多者查取回京。"(《明孝宗实录》卷2)

不过在大臣们看来,新朝廷的这般做法还不行,应该依照太祖皇帝设立的规制,将那些派往各地的镇守、分守、守备内官给一一撤回来。成化二十三年(1487)十一月,南京、陕西道监察御史缪樗等在上言八事中就"复旧制"一事专门说道:"《皇明祖训》内官之设,止于供事内府。今地方机务、边城要地及钱粮、课办、市舶等事,内官率多干预。乞敕廷臣议处,凡在外镇守、分守、守备内官照正统年间原设者斟酌去留,南京守备止择清谨者一人,与文武大臣共理留务,余各关、各局量留二名监督,虽内府库局衙门亦乞俱照原额设官,禁其收受钱粮,不得刁艰需觅,凡有公务一从该部干理。"(《明孝宗实录》卷6)

刚刚即位的皇帝朱祐樘那时还打算"以太祖为准"(《明孝宗实录》卷224),积极有为一番,于是接受了御史缪樗等人的建议,撤减了部分镇守、分守、守备等内官。但随后不久他就发现,从强化极端专制主义皇权角度来看,太祖"旧制"还不如太宗"违制",遂开始不仅向各省各地再一一派遣镇守一类的内臣,而且有时在一个省内还增设了好几个他的内廷奴才,层层叠叠。譬如云南、山东、辽东和四川等省份本来早就设有镇守太监,但朱祐樘就是不厌其烦地在这些省份及其地区又增设了镇守太监和分守太监,叠床架屋,靡费财用,损政害民。对此,五府、六部等衙门的朝廷大臣在弘治十一年(1498)十一月应诏上言三十四事中就予以竭力地规谏,请求皇帝召回多设的内廷宦官。(《明孝宗实录》卷143)

大约一月之后的弘治十一年(1498)闰十一月,兵部在覆奏朝廷府部等衙门所言裁冗员、革添设、省工作、苏民困、明禁例、恤官军、祛民害、省滥选等八事中又专门说道:"正统间,各处虽有镇守等内臣,然其数尚少。成化以来,临清、金齿、腾冲添设镇守三员,辽阳、建昌、燕河、营马、兰谷添设分守四员,蓟州、永平、宣府、大同各城堡又添设守备十五员,此皆宜取回别用者。况以提督湖广太岳太和内臣而兼分守行都司等处,看守广东珠池内臣而兼管廉、琼等地方,此皆止宜令如旧专理一事者。"(《明孝宗实录》卷144)

对于这样的上言进谏之回复,明孝宗要么来个"卿等所言,令所司各查参处分"(《明孝宗实录》卷143),要么干脆就说:"镇守、分守等内臣……仍旧不动。"(《明孝宗实录》卷144)说得更为直截了当一点,你们大臣说你们的,本皇帝依然我行我素。非但如此,朱祐樘还进一步地完善镇守、分守和守备一类监视和制约地方的外派内官系统。

弘治初年,在派遣太监蔡用前往广西访取孝穆皇太后即朱祐樘生母之亲属时,曾"敕总镇两广太监韦眷,总督军务、巡抚右都御史宋旻,总兵官安远侯柳景,并镇守广西太监刘昶,巡按监察御史,都、布、按三司等官……"(《明孝宗实录》卷10)从明朝官史的这般记载来看,那时的大明帝国不仅在地方上将镇守太监监视总兵官、巡按监察御史,分守太监监视分守将领,地方都、布、按三司等官以及守备太监监视守备将领等内外相维体制做了进一步的完善,而且还开创了总镇太监监视总督军务大臣的先例,这就使得朝廷在地方上构建起来的内外相制和内重外轻的双轨制体系更加完备。

○ 弘治时代内廷宦官势力渗透经济生活领域具体部门和机构,监视和制约外廷派出的臣僚

可能更令今人不可思议的是,明孝宗还继承了父祖的衣钵,在提督市舶、税监、采办、粮税、矿关、监工、监器、织造、监督仓场、管理库藏等诸多经济生活领域的各个具体机构与部门不断地增遣内官,实行监视和制约。《明史·职官三》卷74)

当然这里还有个过程,说来也挺有趣的。成化二十三年(1487)九月,朱祐樘在登基即位诏书中公布更新恤下合行事条中曾专列一款:"兰州、临清镇守,四川管银课,江西烧造饶器,广东新添守珠池内官,悉令回京,提督大岳太和山潘记,浙江市舶提举司林槐,并原守珠池内官各照旧,俱不许分守地方兼理海道,敕书缴换。"(《明孝宗实录》卷2)随后他又对前朝派往一些地方和部门的内官做了撤回。但没过多久,明孝宗又走上了父祖之老路,甚至还有过之而无不及,他一边在接受臣下的裁撤内官之建议,一边又在人们不经意间增派内官分赴各地。弘治十三年(1500)四月,监察御史刘芳等因灾异而上言十事,其中就"汰冗员"一事专门说道:"在外各省、各边添设水利、屯田分守、守备等官,在京仓场、库局并各厂、九门添设总督、提督、监督等官,又乞恩传升各官,比之祖宗时,

第 ② 章 庶政更新 双轨并行

俸给糜费数倍。乞敕各该衙门通查内外添设并传奉等官,除事体重大者,量与存留,其余一遵旧制革去。"(《明孝宗实录》卷161)

监察御史刘芳的这段上言中提到了一些经济生活具体机构和部门的新内官职务,如总督、提督和监督等,而这样的内官职务在前朝是没有的。成化末年,户部尚书余子俊和礼部尚书周洪谟在上疏言事中所言及,朝廷派往在京仓场、马房等处的监管宦官只称为内官,且其人数似乎也不多(《明宪宗实录》卷260),但这一切到弘治朝开启后不久就有了变化,尤其是弘治中期后上述这些经济生活领域的具体机构和部门的监管宦官已添设了好多内廷总督、提督和监督,且其行政级别很高,人数也很多。(《明孝宗实录》卷161)

当然明孝宗的这般做法无非是要强化对于这些重要地方和重要部门的专制皇权之控制,因为在他看来,只有让自己的内廷奴才去监管,大明天子才能对帝国每个地方、每个部门和每个机构了如指掌,由此也就能防止在外各处臣僚的舞弊。

总之,自永宣时代起,经过近百年的发展,到弘治帝当政期间,在"更新"庶政的同时,从中央到地方、从政治到司法、军事、经济诸多领域,甚至直至各地和各具体部门与机构,大明天子朱祐樘将内廷一君+内外廷万臣的金字塔权力结构双轨并行制体系做了进一步的完善,从而也就使得内外相制和内重外轻格局的极端皇权专制主义再度得到了强化,并深刻地影响了以后的大明帝国历史。

第3章 安定民生 夯实国本

在中国传统社会里,"民惟邦本,本固邦宁"(《尚书·五子之歌》)的治国指导思想由来已久,但凡历史上有所作为的帝王或者是头脑清醒的守成之君都会将之当作执政的一项重要信条,明孝宗自然也不例外。弘治年间在朝廷内外一批贤直能臣的辅佐下,以宽民固本的"致治之君"汉文帝为榜样的朱祐樘,在推行政治"新政"举措的同时,又在经济民生等领域实施了一系列的"更新":注意节用,减免进贡;减赋省工,舒缓民痛;关注"收运",落实"额定";改革茶马,调整盐法;赈济灾荒,招抚流亡;兴修水利,发展经济……弘治朝如此之举不仅在一定程度上改善了国计民生,而且也夯实了大明国本。

● 严峻形势 法祖图治

朱祐樘上台即位时,明朝立国已有100余年,经由100余年的发展,按理说大明帝国的经济民生状况应该得到了很大的改观,可历史事实却并非如此,而是呈现出相反之状。明朝中期有一批大臣在奉命修订《大明会典》和编撰《明实录》时发现:洪武时期天下田土8 496 000顷(《明世宗实录》卷102),到朱祐樘即位时只剩下了1 253 821顷(《明孝宗实录》卷8),土地流失额数为7 242 179顷,其流失率约达85%;若以《明太祖实录》中记载的洪武二十四年(1391)全国田土数3 874 746顷为准(《明太祖实录》卷214),其土地流失率也约达54%。与此相随,税粮收入方面存在着相似的情况:洪武二十四年全国税粮额数为 32 278 983 石(《明太祖实录》卷214),到明孝宗上台那一年全国能征收的税粮已减至 26 321 329 石(《明孝宗实录》卷8),其流失率虽没有田土那么大,但也约达 18%。

再以天下户口数而言,洪武后期全国户数为 10 650 000 户(《明世宗实录》卷102),到成化二十三年(1487)十二月即明孝宗上台之初却已降至 9 102 630 户(《明孝宗实录》卷8),其流失率约为 15%。人口数也有相似的情况,洪武后期全国人口数为 60 540 000 口(《明世宗实录》卷102),到朱祐樘上台时已减至 50 207 134 口(《明孝宗实录》卷8),其流失率约为 17%。

可能出乎人们意料的是,在户口数、土地数和税粮数不断流失和持续下滑的情势下,大明帝国吃皇粮的队伍却在日益壮大,甚至有的阶层还呈现出疯长的态势。

就武职官员人数而言,洪武初年全国武职官员共有 28 000 余人,到弘治之前的成化年间已增至 81 000 人,(《明世宗实录》卷102)其纯增长率接近 190%。再说文职官人数增长,虽然没有武职官增速那么快,但到明朝中期时也已"冗员日多,职守日紊,数亦难稽",(《明世宗实录》卷102)。

而在大明帝国坐吃皇粮队伍中,人数增速最快的可能就要数朱明皇家龙子龙孙了。明初洪武年间,"山西惟封晋府一王,岁支禄米一万石",到明朝中期时晋府"增郡王、镇国(将军)、奉国将军、中尉而下,共二千八百五十一位,岁支禄米八十七万有奇"(《明世宗实录》卷102)。由 10 000 石增至 870 000 石,换言之,一个晋王府的绵延与发展所带来的经济负担增长率为 8 600%。明初仅洪武一朝分封的藩王就有 24 个(《明史·诸王一、诸王二、诸王三》卷116~118),若按照 8 600%增长率来计算,到成化、弘治之际,国家支付给他们的俸粮禄米应该为 20 880 000 石。(为了方便说事,在这 24 个藩王中有个别后来夭折或断嗣的没做扣除,笔者特注)永乐以后,大明皇家宗室的繁衍与增速相对减缓,但历经 6 朝 6 帝,到明孝宗即位上台前后,大明皇家分封的藩府亲王也有 26 人。(《明史·诸王一、诸王二、诸王三》卷116~118)由此推算下来,当时明廷支付给这些龙子龙孙的俸粮禄米大致在 40 000 000 石上下。而明孝宗即位那年大明帝国征收到的税粮数才 26 321 329 石(《明孝宗实录》卷8),如果将它们全部用于支付给藩府亲王做俸禄,那还得要差 1 300 多万石。当然后来分封的藩府亲王繁衍后代的速度没有洪武开国时分封的 24 个藩府宗室那 8600% 繁衍增速快,所以明廷虽为之十分头疼,但还没有达到实在无法忍受的地步。

　　套用一对数学上的概念来讲,经过明朝前期百年的发展,帝国吃皇粮队伍里的人数呈几何级数增长,而提供皇粮的人力、物力和财力即前面讲的户口数、土地数和税粮数却呈算术级数下滑或言流失,如此背向而行之势若不大加遏制或进行断腕式的大改革,大明不仅会被拖垮,国计民生将愈发艰难,而且也会使其统治基础和帝国根本遭受毁灭性的破坏。对此,自小就"圣性聪颖"的朱祐樘从即位那刻起似乎就已意识到了问题的严重性。在成化二十三年(1487)九月初六日颁示昭告天下的即位诏书中,他列出了 44 款"更新恤下之典合行事条",其中有关如何解决好国计民生的就达 25 款。(《明孝宗实录》卷2)而这样的事情在相隔五年和十一年后一再出现,弘治五年(1492)三月戊寅日,在"以册立皇太子礼成诏告天下"诏书中,明孝宗又一次开列了 34 款"合行宽恤事条",其中涉及国计民生的竟达 22 款。(《明孝宗实录》卷61)弘治十一年(1498)十二月壬子日,在"以清宁宫灾"昭告天下的诏书中,皇帝朱祐樘再一次开列了 28 款"宽恤事宜",而其中有关国计民生的就多达 14 款。(《明孝宗实录》卷145)

　　之所以会一而再再而三地通过昭告天下诏书的形式开列那么多有关国计民生的"合行事条",那是因为皇帝朱祐樘十分清楚"民惟邦本,本固邦宁"(《尚书·五子之歌》)的传统治国理念,打从即位那刻时他一直在表达着这样的一种愿望,以宽民固本的汉文帝一类"致治"之君为榜样(《明孝宗实录》卷73、卷110、卷185、卷222),"法祖图治"(《明孝宗实录》卷123),使自己治下的大明帝国"吏称其职,民安其业"(《明孝宗实录》卷34)。而为了实现这样的理想目标,自上台起除了在政治层面施行诸多"新政"之外,弘治帝还不断地在经济领域推行"更新"举措,改善国计民生,夯实国本。其具体内容分述如下:

第 3 章　安定民生　夯实国本

● 注意节用　减免进贡

明孝宗从父亲明宪宗手中接过来的大明帝国可谓是朝纲紊乱，民穷财尽。幸好经过整顿后的大明新朝廷中，正人君子占据了多数，这些人不断地提醒、敦促年轻皇帝注意节用，减免进贡，舒缓民痛，以作为天下之表率。

○ 注意对文武官员赏赐的减量、常常取消节日百官大宴

明孝宗注意节用是从他登基即位那刻起就开始的。按照明朝永乐以后形成的惯例，新皇帝在即位时要对文武百官进行一番大范围的赏赐，而这样大范围赏赐的规格还不能低。但有鉴于成化末年帝国经济乏力和国空民穷的实际现状，朱祐樘在上台即位时就相当注意行赏的分寸。与前朝皇帝和后来皇帝相比，他的赏赐有了一定的"减等"。

譬如，天顺八年（1464）二月丁亥日，明孝宗父亲明宪宗即位时对在京文武群臣军民人等赏赐为："公、侯、驸马、伯白金三十两，一品、二品二十五两，三品十五两，四品十二两，五品十两，六品八两，七品六两，八品、九品四两，杂职三两。侯、伯子孙幼未袭爵及无子孙而有母妻存者，各五两，优养军官母妻见存者人各二两，将军、旗校、军匠人等各二两，操备及见营造官军官，自一品起二十五两递降，至杂职三两止……"（《明宪宗实录》卷2）

明孝宗即位时的赏赐为："公、侯、驸马、伯，人赐银二十两，一品、二品十五两，三品十两，四品八两，五品六两，六品、七品五两，八品、九品四两，杂职三两。故侯、伯子孙未承袭者及无子孙承袭而有母或妻存者，人各五两，优养军官母妻见在者，各二两；将军、旗军、勇士、力士、校尉、养马小厮、军匠、驯象军奴人等各二两，操备及营造官员一品、二品至杂职同前，操偹等顷旗军各二两，优给幼官及鳏寡老疾军官，一品、二品六两，三品四两，四品、五品三两，六品至九品二两，杂职一两……"（《明孝宗实录》卷2）

再看明孝宗之后的明世宗即位赏赐是："公、侯、驸马、伯每员银三十两，文武官员一品、二品二十五两，三品十五两，四品十二

两,五品十两,六品八两,七品六两,八品、九品四两,杂职三两。侯伯亡殁其子孙未承袭者及无子孙承袭有母妻存者,每名银五两,优养军官母妻见存者,每名银二两,将军、旗军、勇士、力士、校尉、养马小厮、军匠、驯象军奴人等每名银二两,操备及营造官员一品、二品银二十五两,三品十五两,四品十二两,五品十两,六品八两,七品六两,八品、九品四两,杂职三两……"(《明世宗实录》卷2)

不难看出,成化和嘉靖登基时上自公、侯、驸马、伯的赏银为30两,下至杂职的赏银为3两,而弘治在登基时做了减量,分别为20两和1两,就此为大明朝廷节省了不小的开支。

弘治帝自登基即位起还经常性地取消百官宴,譬如,弘治元年(1488)正月庚戌日上元节宴(《明孝宗实录》卷9)、弘治元年九月己巳日重阳节宴(《明孝宗实录》卷18)、弘治二年五月壬戌日端阳节宴(《明孝宗实录》卷26)、十一月冬至节宴(《明孝宗实录》卷32)、十二月迎接新年正旦节宴(《明孝宗实录》卷33)、弘治三年正月戊辰日上元节宴(《明孝宗实录》卷34)、六月丁酉日万寿圣节宴(《明孝宗实录》卷39)、十月乙亥日冬至节宴(《明孝宗实录》卷44)、十二月迎接新年正旦节宴(《明孝宗实录》卷46)、弘治四年正月壬辰日上元节宴(《明孝宗实录》卷47)、五月庚辰日端阳节宴(《明孝宗实录》卷51)、十月辛酉日冬至节宴(《明孝宗实录》卷56)、十二月迎接新年正旦节宴(《明孝宗实录》卷58)……但凡节日大宴,弘治帝的态度很明朗:能免则免,"赐以节钱钞"予百官,以此来杜绝穷吃海喝式的铺张浪费,这也为大明帝国省去了较大一笔的开支费用。

○ 裁减冗费,节省内廷开支

由注意对外廷官员赏赐的减量和常常取消节日大宴,在一批贤直朝廷大臣们的不断提醒和敦促下,弘治帝又将目光转向了内廷日常开支的节省上。

成化四年(1468)以前,内廷每年所用甘松香料为1 635斤,后来逐渐增至1 885斤,到成化十一年(1475)时已达2 685斤。换言之,仅仅过了六七年的时间,内廷所用的甘松香料已纯增加了1 000多斤。再看光禄寺所用的牲口数变化也有着相似的情况:正统年间光禄寺每年所用的各种牲口数为40 000只,后来逐年增

第 3 章 安定民生 夯实国本

加,到成化四年时奏准每年不得超过100 000只。但到成化十六年(1380)以后又有了变相的增加:用鸡3 000只折合猪3 000只,用鹅500只折合羊500只,"添派湖广等处买办,以小易大,价过十倍"。这无疑是给广大百姓增加了额外的负担。明孝宗上台后先摸清底细,随后下令:将内廷所用的甘松等香料数减至成化四年的数目,同时又规定:原纳的鸡、鹅不准再折合为猪、羊,其数量也必须控制在100 000只以内。(《明孝宗实录》卷10)

成化时期,内府收纳黄蜡增至120 000斤,浪费甚多。弘治元年(1488)二月,明孝宗下令予以减少,规定内府每年收纳黄蜡不得超过85 000斤。(《明孝宗实录》卷11)

弘治六年(1493)闰五月,光禄寺卿胡恭等上疏说:"本寺供应琐屑,费出无经,乾明门猫11只,日支猪肉4斤7两,肝1副;刺猬5个,日支猪肉10两,羊247只,日支绿豆2石4斗3升、黄豆3升2合。西华门狗53只,御马监狗212只,日共支猪肉并皮骨54斤;虎3只,日支羊肉18斤;狐狸3只,日支羊肉6斤;虎豹1只,支羊肉3斤;豹房土豹7只,日支羊肉14斤。西华门等处鸽子房日支绿豆、粟谷等项料食10石,一日所用如此,若以一年计之,共享猪肉、羊肉并皮骨35 900余斤,肝360副,绿豆、粟谷等项4 480余石。臣等仰惟皇上临御以来,凡百钱粮悉从减省,以宽民力,惟前项牲口料食仍旧支送,以无益之事,费有用之财,即今各处灾伤人民艰窘,若不痛为减省,则民财日耗,有伤和气,灾异无从而弭矣。"疏入,上纳之,御马监二异狗并群狗七十七只,俱令退出支食,牲口房杂鸡八十六只、鹅四十一只、鸭九十六只、花猪二十一口,俱送光禄寺供应,余皆仍旧。"明孝宗接疏后下令:"御马监二异狗并群狗77只,俱令退出支食,牲口房杂鸡86只、鹅41只、鸭96只、花猪21口,俱送光禄寺供应,余皆仍旧。"(《明孝宗实录》卷76)

弘治十五年(1502)五月己丑日,"光禄寺卿王珩等奉旨查其西华门等处各色牲口、禽鸟及支用料食之数,乞量为减省,以节财用"。礼部随后覆奏:"光禄寺费用浩繁,诚所当节,凡鸟兽之无益于用而有费于财者,乞或杀或纵,无夺民食,其有不可纵杀者,亦宜减其料食之半,并先次所查逐日用度,亦宜并为裁处。"明孝宗当即接受了建议,不过出于谨慎起见,他随后指示:对光禄寺"内外官员人等每日饮酒饭及西华门等处所畜鸟兽料食数目"作进一步的核查、清点。(《明孝宗实录》卷187)三四个月后,西华门等处所畜鸟兽料食数目核查、清点完毕,光禄寺官员为此专门上疏条陈120事。弘治帝接疏后又亲自查对,逐节御批:"有仍旧者、有减半者、有停止者、有减十之三四者、有事完停止者、有事完仍旧者,西华鹰犬不堪者纵放之,御马监山猴食减半,乾明门虎去之,杂鸽等食减三之一,山羊及绵羖羊减半,送外羊房,杂兔尽放之,南海子中猫之不堪者亦纵放之,西安门大鸽送杂鸽房,食亦减三之一,其仍旧存养者,食以量减之。"(《明孝宗实录》卷191;《明史·食货六》卷82)

而对于光禄寺中官冗员的裁撤,明孝宗在随后所表明的态度也不含糊。弘治之前成化朝时,光禄寺增加宦官工作人员住家的长随80余员、传添汤饭的150余人。像光禄寺这样冗员积聚所带来的结果,不仅是人浮于事,而且也使得"天下常贡不足于用,乃责买于京师铺户。价直(通'值')不时给,市井负累"。对此,弘治中后期兵部尚书刘大夏利用灾异天变之机,上奏朝廷,乞请裁减中官。弘治帝朱祐樘接受了建议,随即大革光禄寺内的宦官人数,就仅此一项为大明帝国每年节省白银800 000余两。(《明史·食货六》卷82)

○ **皇帝另类**:时常吃素,带头节俭,反对铺张浪费

裁减冗费,注意节用,这样的举措贯彻到别人那里似乎十分名正言顺,但一旦要是直接落实到专制帝国大家长皇帝个人身上那可谓比登天还难。其实这也是中国传统社会最为常见的"景观",尤其是在一个王朝的中后期。不过这样的王朝中后期常见"景观"在大明弘治朝却似乎较难见到。可能是由于自小那段特殊的经历和苦孩子出身的缘故,明孝宗朱祐樘一生都比较简朴,这就使得他在普遍奢侈、甚至荒淫无道的明朝中后期列帝中显得比较另类。有文人笔记记载说:"人主御膳用素,惟孝宗朝为甚。每月必有十余日斋。"(【明】沈德符《万历野获编·历朝》卷1)明代官史也记载道:明孝宗上台后曾下旨:"自正月初一日至十二月二十七日,但遇御膳进素日期,俱令光禄寺禁屠断宰者,凡一百一十一日。"(《明孝宗实录》卷185)

每年 111 天即近 1/3 的时间弘治帝在吃素,这下可为大明朝廷节省了一大笔的御膳开支。而大明光禄寺供应御膳的标准往往是固定不变的,为此皇帝朱祐樘专门下令:"进素之日所用膳内猪、羊、鸡、鹅时价银数,各封藏寄库",后又让光禄寺寺丞刘宪带了这笔节省下来的银子上陕西诸镇去招募土兵,当时共招得土兵 10 376 名,土兵每人领得赏银 5 两。(《明孝宗实录》卷 185)

除了饮食从简外,弘治帝对于平日生活中的其他方面也十分注意节俭。有一次,他在宫中无意间发现了一些可能是用来捆扎贡品的"进仓索",侍奉太监见了觉得没用,打算将它们扔掉。朱祐樘知道后立即予以制止,令人送到光禄寺去存放起来。(【明】谈迁:《国榷》卷 45)

宫廷内府的节省或浪费,若从表象来看,似乎仅为当朝天子的个人喜好之影响所及,无关大局。但历史实际之情形则大不然,节省与浪费,一紧与一松,关系可大了。对此,那时的一些朝廷大臣就予以了充分的注意,弘治元年(1488),都察院左都御史马文升在向皇帝上言十五事时就曾这样说道:"一应供应之物,陛下量减一分,则民受一分之赐。"(【清】谷应泰:《明史纪事本末·弘治君臣》卷 42)随即他"请敕户、礼、工三部各查内府衙门自洪武至正统间供用之物及工价银两,某年用若干,某年增若干,取自宸断,量加减省,以为定例,不许各衙门再奏增添"(《明孝宗实录》卷 10)。

当时的朱祐樘才登基没多久,虽然十分赞同马文升的建议,但因为顾忌甚多,并未将之完全推行下去。后因屡次发生天变灾异,在弘治十五年(1502)时,他才最终下足决心,革除积弊,就此使得光禄寺等内廷衙门每月减去浪费白银 100 000 余两。可这样的局面未维持多久,内廷衙门又"旧疾"复发。对此,已经调任为吏部尚书的马文升实在看不下去了,再次向皇帝上奏,专论节省用度和宽恤民困的重要性与必要性。明孝宗接奏后将之交予户部讨论。户部官随即上疏说,马文升所言极是,"光禄寺厨料近年会派数多,今后乞减十分之二,其供用库黄白蜡、叶茶之类亦请如旧例减免"。朱祐樘见到大臣们意见一致,当即说道:"岁荒民贫,朕实痛心,各衙门支用物料,务从节约,不许泛滥妄费。"(《明孝宗实录》卷 208)

○ 罢停或减少皇家采办和进贡奉献,禁止借上贡之名祸害百姓

皇帝自身注意节用,在朝贤能大臣又时不时地提醒、敦促,按理说宫廷冗官冗费和铺张浪费等现象就会得以根本改观,帝国百姓负担与痛苦也会大为减轻,可历史情形却并不如此。因为自成化朝起大明宫廷内外活跃着一批近侍佞幸,他们往往打着为皇家采办和进贡奉献的旗号,巧取豪夺,中饱私囊,祸害百姓。对此,在当皇太子时就有所反感的朱祐樘在登基即位后立即予以大力整治。

成化时由于"宫掖之间颇尚玩好"(《明孝宗实录》卷6),"太监梁芳、韦兴、张轩、莫英、陈喜先后以献珍珠,得宠一时,后宫器用以珍宝相尚,京师上下亦然。芳等益搜访于民间,物价腾踊,一珠至数十金市者,皆乘以取富。于是指挥使张纪、指挥佥事任义、千户冯宇、沈达、百户杨春、所镇抚徐昌、袁凯,与贾人冯谦、王通、李祥、王智、夏线儿等,日求采供献至。"如此之势发展到后来终致奇葩场面出现:"弃千金仅易一珠,献才宝辄沾一命。镇守、守备、内官征敛民财,远市珍异花鸟,进贡络绎于道。"(《明孝宗实录》卷6)

明孝宗即位后的弘治元年(1488)闰正月,言官们纷纷上言,对乐此不疲地进行采办和进献的奸佞近幸发起了猛烈的奏劾,痛斥他们祸国殃民。明孝宗接奏后说道:"(张)纪等交结内侍,进献珍玩,盗支内府财物数多,虽遇赦难,依常例(张)纪、(任)义、(冯)宇、(沈)达俱发辽东铁岭卫,(杨)春等六人发口外开平卫,俱永远充军,(徐)昌、(袁)凯革职,调永宁卫。"(《明孝宗实录》卷10)

才即位几个月的弘治帝之所以要采取这般激烈的做法,说到底就是他要向世人表明新朝廷罢免进献与体恤下人、减轻民痛的新治政精神。可长时间生活在成化时代"体制内的人"却并没有一下子"拎清"这等新形势,而是来了个"外甥打灯笼"——照旧。

弘治元年(1488)八月己亥日,巡抚甘肃右副都御史罗明上言说:"甘肃镇守、分守内外官,因近有传奉不次之擢,竞尚贡献,各遣人于所属边卫派取方物,名以采办,其实扣除军士月粮、马价,或巧取番人犬马,珍奇等物以充,又起膳乳等房,佥派厨役,造辨(同

第3章 安定民生 夯实国本

"办")酥油等物。及起军之时沿途骚扰,不可胜言。自皇上嗣登大宝已有停免之诏,奈何守臣不体圣心,仍蹈旧辄兼年例进贡,未蒙停免。乞一切罢之,以苏边困。"朱祐樘接奏后很以为是,当即这么说道:"进贡之事应遵照朕即位诏书之例而予以停免,甘肃边地偏远,可能许多人还不知道我新朝廷停免之诏,礼部马上移文下去,使其周知。"(《明孝宗实录》卷17)

欲论甘肃镇守、分守内外官是真不知新朝廷罢免进献之诏?恐怕是未必如此。因为在专制皇权"体制内的人"个个都心领神会:哪个皇帝不爱美色珍玩,哪个君主不喜进贡奉献?!只不过有的君主心急,一上台就利用自己拥有的至高无上的权力,迅速派人四处采办;但也有的君主却含而不露,等着"拎得清"的臣下送货上门。弘治改元之际,拥有这样想法的还大有人在,而大明皇家宗室晋府代王朱成炼就是这些人当中反应最快的一个"拎得清"者。

弘治元年(1488)十月,有人上奏:代王朱成炼派人给侄孙皇帝朱祐樘送来了稀有之物——猎鹰海东青,供当朝皇帝游猎戏耍之用。弘治帝闻奏后不但归还了海东青,而且恭恭敬敬地回信,对于退收进献之物予以了详细的说明。(《明孝宗实录》卷19)

要说登极之初的明孝宗那可谓是"明君"形象,他"纳谏如流,求贤若渴,留神政务,注意经史,天下之人晓然,皆知圣心勤政务学,绝无玩好之事"(《明孝宗实录》卷19)。

新天子能有如此不凡举止,或许在很大程度上要归结于成化年间他在当皇太子时典玺覃吉和太监怀恩等人的正确辅导。(《明孝宗实录》卷1、卷10)据说朱祐樘的父亲明宪宗在位当时就特别喜爱松江织造的大红细布。这种大红细布名为布,实际上是由细绒一点点地织成,工作程序繁复,费时又费力,一年下来也织不了多少匹。当时朝廷规定:松江每年进贡1 000匹。皇帝明宪宗拿到后觉得十分珍贵,当即赐予了皇太子一些。哪想到皇太子朱祐樘却"谢不御",并说:"这细布太珍贵了,即使用数匹高级文锦也难换它一匹,臣不忍穿用!"等到自己登基上台了,朱祐樘立即下令:停止松江进贡大红细布!(【清】查继佐:《罪惟录》卷32)

湖广原本没有进献鱼鲊之例。成化七年(1471),为讨好当朝天子,镇守那里的太监开始征收鱼鲊,当时上贡给朝廷的就达

2 517斤。后来逐年增多，到成化十七年(1481)时已增至20 122斤，光征用湖广当地的船只就要12只，这不仅给湖广地区的百姓增加了一大负担，而且也给沿途带来了很大的骚扰。弘治二年(1489)四月，新天子明孝宗接受了臣下建议，"命镇守内官造办如成化七年之数，船止用二艘，科扰需索为害者罪之"(《明孝宗实录》卷24)。

除了停止或减少俗界小民"一切额外贡献"外，即位之初的明孝宗还注意到了罢免"神界"僧道的进贡奉献。其实这也是针对成化弊政而实行的一项更新举措。

成化帝在位时崇佛佞道，僧道势力由此发展得尤为迅速。以武当道界为例，永乐时期武当山食粮道士不过400人，到成化时已增至800人，另外还有道童1 000余人。为了博取最高当局者的欢悦，提督武当山太监韦贵等不断地向成化朝廷上贡茶、梅、黄精、竹笋等，"俱非永乐十四年所定常贡之数"，而此类贡物也皆由当地百姓所出。"又太监陈喜别带道士三十余人，俱领敕护持，往往离本宫百余里外深山之中，或擅创庵观，或寄住民家，甚至招集无赖，强占土田，不遵提督等官约束……"就此而言，胡作非为的太监陈喜和数量猛增的"武当山供给道士及额外进贡"已成了当地民生的一大祸害。为此，弘治初年巡抚湖广都御史梁璟就上言朝廷，请求迅速革去这些成化朝沿袭下来的秕政和弊端。明孝宗接奏后非常干脆地下令："追回原敕，额外者递还原籍，庵观拆毁，田土归之旧主。"(《明孝宗实录》卷24)

○ 允许贡物折合银两，在京就近购买，罢停灾区上贡，严禁敲诈勒索

诚然，对于额外进贡奉献予以革除或减免，说起来和做起来都名正言顺和理直气壮；而对于那些给广大民众带来痛苦的所谓额内必需供应物品，明孝宗也予以减免或罢停。

弘治五年(1492)六月甲辰日，四川按察司知事王勉上奏说："天下岁办白粮、木植、颜料、皮张、纸札、布绢之类甚多，民困于转输，而内府或有余，京城亦可以买办。乞令内府及光禄寺等衙门供应之物，除白粮外，其余悉暂停解，惟收其直，庶公私两利。"明孝宗

第 3 章 安定民生 夯实国本

接奏后当即采纳了建议。(《明孝宗实录》卷64)

弘治六年(1493)闰五月丁酉日,工部覆奏:"吏部右侍郎周经乞停征灾伤地方颜料、铜铁、油漆、胶蜡、丝麻、皮张、翎毛等物,宜移文所在诸司,令已征者照数起解;未征者暂行停止,以候秋成。"皇帝朱祐樘接奏后回答:"从之。"(《明孝宗实录》卷76)

弘治六年闰五月庚申日,通政使司右通政毛伦上言:"各处上纳皮张、颜料及各色钱粮,必于该收衙门通赂贿,始得进纳。额外之费视常数率至再倍,以致小民受累,国课常逋。乞严加禁约,以祛奸弊。"工部随之覆奏:"请听监收科道官劾奏及被害之人自行陈告,庶几前弊可革。"明孝宗也接受建议,随即下令:照此执行下去。(《明孝宗实录》卷76)

允许远地上贡物品折合银两、罢停灾区上贡、严禁地方官在验收上贡物品时敲诈勒索……明孝宗登基后采取的如此更新举措,在一定程度上纾解了广大底层民众之痛。不过要说那时给天下民众带来痛苦的远不止上述这些,还有比之更甚者,其中最为时人所痛切的可能就要数"赋重役繁"了。(《明孝宗实录》卷103)那么以"致治之君"自期的一代"明君"明孝宗又将如何面对呢?

● 减赋省工　舒缓民痛

"赋重役繁"中的"赋"指的是田赋税收,其征收凭证为鱼鳞图册。笔者在《大明帝国》系列之②《洪武帝卷》中册中对鱼鳞图册制度已做过介绍。洪武初期朱元璋"命户部核实天下田土",然地方"富民畏避徭役,往往以田产诡托亲邻、佃仆,谓之'铁脚诡寄',久之相习成风,乡里欺州、县,州、县欺府,奸弊百出,谓之'通天诡寄'。于是,富者愈富,而贫者愈贫"。洪武帝发现情况后十分恼怒,随后派遣"国子生武淳等往各处,随其税粮多寡,定为几区。每区设粮长四人,使集里甲耆民,躬履田亩,以量度之,图其田之方圆,次其字号,悉书主名及田之丈尺、四至,编类为册,其法甚备,以图所绘状若鱼鳞然,故号'鱼鳞图册'"。(《明太祖实录》卷180)。

● **大明前期百年赋役与民生之路：由"轻徭薄赋"变为"繁徭重赋"**

鱼鳞图册制度的实施与推行,使得大明帝国在很长一段时间内可以"按图索骥"地征收赋税,这既遏制住了豪民富户偷税漏税,同时也减轻了普通民众的税收负担,较大程度上起到了限制滥肆摊派的作用。(拙著《大明帝国》系列之②《洪武帝卷》中册,第六章 立纲陈纪 关注民生,东南大学出版社,2014年1月出版)仅此而言,明代百姓的税收负担并不算重,大致维系在"赋税十取一"的程度,加上明初政治严酷,各级衙门里的官吏相对比较廉洁,社会风气简约,百姓们在正税之外所要付出的也比较少。且为有产者才有负担,无产者无需缴纳。(《明史·食货二·赋役》卷78)但随着帝国的日渐稳定、政治环境的变坏和社会风气的腐败,小民们的赋税负担变得越来越重。

弘治中期名臣马文升在向皇帝上呈的奏章中就曾这样说道:"自古以来,税收通常为十税一,本朝开国时也曾如此,可现在我大明百姓却要缴纳的田赋为十税四五。"为什么会这样呢？马文升随即解释说:如果小民们将税粮全缴纳到京城来,大致是每石税粮,少则用银八九钱,多则一两二钱；丰年用粮八九石才能换银一两；歉收之年就只得向富户豪门借贷了,而事后还必须得加倍偿还。以前京师仓库钱粮还比较容易交纳,现在形势可大变了。小民们在交纳税粮时必须得打点相关衙门里的官吏,否则就会有说不清道不明的麻烦与啰嗦事情。有些小民们很乖顺,打点就打点吧,但随之令人哭笑不得的事情出现了。现在的官员眼界都很高,一点点的钱财根本不在他们的眼里。所以小民们所支付的用来打点官吏的钱财之数往往要超过其所上缴国家税粮之数。至于像丝、绵花绒、阔布、大绢等类物料,缴纳起来那就更难,非经暗通官衙的缴纳"专业户"——揽头,小民们还真的无从下手。所以我们京师米粮价格即使再低,一旦遇到地方上小民们来京缴纳税收了,它就立即飙升起来。地方一个布政司征银百万余两,而备用马价、抬柴夫役、京班及诸司官柴薪、皂隶、驿递马驴、船只等所要花费银子竟达

第 **3** 章 安定民生 夯实国本

数十万两。其他买办颜料、织造缎匹等供用之物还不在数中。江南兑运京仓和各衙门的米粮,过去每石运过来只需花费一石粮价格的费用,而如今却要花到二石以上,甚至三四石者,遂致"桑枣尽鬻,而丝绢不免;田亩尽卖,而税粮犹存;赋重民困,未有甚于此时者也"不堪局面的出现。(《明孝宗实录》卷103)

以上所述的为"赋重"或称"重赋",与其齐头压顶的还有"役繁"或称"繁役"。这儿所说的"役"是指徭役。明初朱元璋立国时在建立基层里甲制度的基础上曾编造《赋役黄册》,以此作为大明帝国佥派徭役的主要依据。(《明太祖实录》卷135)按照那时的规定,大明徭役分为三等:里甲、均徭、杂泛。"以户计曰甲役,以丁计曰徭役,上命非时曰杂役,皆有力役,有雇役。"一般来说,男子16岁算成丁,就得开始服役,到60岁才免役。而明初开始确立的徭役佥派核心精神是,根据丁粮多少将民户划分为三等,故而又被称为"三等人户法"。其具体划分标准为:"其如有父子三丁以上,田粮十石以上,或虽止一、二丁,田种不多,而别有生理,衣食丰裕,以仆马出入者,定为上丁;其有三丁以上,田种五石上下,父子躬耕足食,及虽止有一、二丁,田种不多,颇有生理,足勾衣食者,为中丁;其有一、二丁,田种不多,力耕衣食不缺,辛苦度日,或虽止单丁,勤于生理,亦勾衣食者,为下丁;若其贫门单丁,或病弱不堪生理,或佣工借贷于人者,为下下丁。"(【明】陈子龙、徐孚远:《皇明经世文编·胡端敏公奏疏二·为定籍册以均赋役疏》卷134)

按照大明祖宗规制,《赋役黄册》每隔十年更造一次,这样也就重新编排一次徭役。但随着大明帝国的日趋稳定和政治生态环境的逐渐败坏,十年更造一次《赋役黄册》成了一种形式。更是由于富户豪门勾结地方里胥,肆意舞弊,逃避徭役,加上人数众多的生员们也享有免役特权,终使徭役重负越来越多地落在小民百姓头上,于是怪异的一幕幕也随之出现。那些无权无势的社会底层人物如军匠、厨役和官医等编畸零户,被地方官员当作了殷实之户而编为坊长、厢长、甲长等,以此来应付上级官员的检查,蒙混过关。而这些编畸零户本身就生活艰难,一旦被编为小得不能再小而又必须得进行"义务劳动"的芝麻官后可就更没法过日子了,他们要么卖儿鬻女,要么外出当流民。(拙著:《大明帝国》系列之⑫《正统、景泰帝卷》下册,东南大学出版社,2016年5月,P286)这就是正统时期人们常说的"差贫放富"。"差贫放富"的最终结果只能是越来越多的底层百姓没法生活。(《明英宗实录》卷6)

底层百姓没法生活,或卖儿鬻女,或外出当流民,可帝国徭役又必须由人来承担,于是从正统年间起在南方地区逐渐流行起了"鼠尾册"均徭法。"鼠尾册"均徭法最初是由一个叫夏时的佥事官在江西创立的。其做法是,根据丁粮的多少分派徭役,丁粮多的大户或殷实之家被编排在册子的前面,以当重、难之役;丁粮少的小户或贫寒之家被编排在册子的后面,以当轻、易之役;商贾市民家底殷实但无田产的,可出钱以佐银差。此法后来为"他省仿行之,役以稍平"(《明史·食货二·赋役》卷78)。

可"役以稍平"的"鼠尾册"均徭法实行一段时间后,到明孝宗时又出问题了。弘治八年(1495)八月辛未日,工科给事中童瑞以灾异上陈六事,其中谈到:"近年以来,地方徭役佥派轻重失伦,出入莫考。被编排在鼠尾册之前的上户坐食自如,而位次在后的下户却被差不绝。乞行所司斟酌丁粮,以定差役。"明孝宗接奏后"命所司看详以闻",即叫相关衙门拿个处理意见出来。(《明孝宗实录》卷103)

但十分遗憾的是,许多日子过去了,相关衙门却一直没能拿出个合适的处理意见来。其实这也难怪相关衙门,因为那时大明徭役体制已变得十分复杂、名目繁多。据正史记载,其有二三十种。而在这二三十种中为大家耳熟能详的是里正和甲正或称里长和甲长。大家千万别误解了,那时充任乡村芝麻官的里正和甲正可都是义务劳动的,绝不像现在社会里只要当个什么长就是拿钱的官儿,哪怕是当个厕所所长说不定还是个什么级别的官员,更不像现在某些乡长、村主任那般牛气冲天,贪污几千万,包养一大堆的"二奶""三奶"。也正因为当里正、甲长这样小得不能再小的芝麻官不仅不来钱,反而还要"赔钱",所以时间一长,大家就想方设法要推掉这样的徭役。

除里长、甲正外,大明常见的徭役还有二十多种:在以万石粮为一粮区内催征、经收与解运田赋税粮的"粮长",解送供应物料的"解户",负责征收雇用马船(即为运送官员或装载官物的船只)费

第 3 章 安定民生 夯实国本

用的"马船头",供会同馆、驿站役使的"馆夫",跟从官员、供其役使的"皂隶",为官府衙门提供门前服务的"门子",在光禄寺、太常寺和诸王府等衙门提供酒宴服务的"厨役",在地方州、县为官府所役使的"斗库",为官府提供烧炭所需柴火的"斫薪",专门为官府搬运柴炭的"抬柴",为公共水利建设服务的"修河",为官府修建粮仓的"修仓",为官府提供搬运上供物料而进行义务劳动的"运料",在各地接递所运输官物的"接递",为驿站往来公差提供役使服务的"站夫",在急递铺专门投递紧急公文的"铺夫",负责运河水闸开启、河道修浚的"插浅夫"……还有负责皇家陵园建筑物维修和看管的"陵户",为光禄寺种菜的"园户",在明皇宫边上南海子为皇家养鱼的"海户",负责修缮功臣庙和历代帝王庙并筹备祭祀的"庙户",在京师旛竿、蜡烛二寺充当供应夫役的"旛夫"。甚至还有一些专门由市民们来承担的徭役,如有事听官府差遣、无事在衙门伺候官员的"祗候",为官府牢狱看门的"禁子",在巡检司当差、负责治安的"弓兵",等等,实在是名目繁多,数不胜数。《《明史·食货二·赋役》卷78;参见郭厚安:《弘治皇帝大传》,辽宁教育出版社,1994年8月第1版,P144~146)至于工役之繁,"自营建两京宗庙、宫殿、阙门、王邸,采木、陶甓,工匠造作,以万万计"(《明史·食货二·赋役》卷78)。

● 弘治朝减免赋税,裁抑繁役,罢停"不急之务",纾解民痛

也正因为如此,以"致治之君"自期的明孝宗从即位起就对赋重役繁问题大加留意。在内外贤直大臣的辅佐、敦促下,他不断发布谕旨,减免赋税,裁抑繁役,以此来纾解民痛。

在成化二十三年(1487)九月壬寅日发布登基即位诏书时,弘治帝专列"更新恤下"合行事条44款,在其中的第5款中就做出这样的规定:"成化二十一年十二月以前,各处拖欠税粮、马草、秋青草束、屯种子粒、农桑、丝绢、门摊商税、户口食盐、米、钞诸色课程、银课、鱼课,差发金银供用、厨料果品并上林苑监牲口等项,并一应岁办、买办,采办物料、药材,除已征在官者,照旧送纳;未征之数,尽行蠲免。"第36款又规定:"近年以来,天下军民财力困竭,各处一应造作,除城垣、墩台、关隘、仓厫、运河等项,例该修理及有修理

未完者，所司指实具奏定夺外，其余内外衙门修建寺塔、庵观、庙宇、房屋、墙垣等项，一应不急之务，悉皆停止，不许擅自移文兴工，差去盖造襄府内外官员，着同巡抚官，提督，布，按二司委官照旧制修盖，其在外军卫有司，非奉朝廷明文，一夫不许擅役，一钱不许擅科，违者治以重罪。"(《明孝宗实录》卷2)

弘治元年(1488)八月，南京守备太监蒋琮上奏说："臣近过德州间怨叹之声满路，皆言都御史张鼎创为新法，于真定、河间等陆路十有余里筑长垣、掘壕堑，欲以御盗，不知旷野沙洼，高下不一，一经风雨，立就坍塌。况两墙夹路中间狭隘，若遇强贼数十为群，则前行者先受其害，不惟妄费人力，抑且贻患将来。当此农月，不当兴不急之务。"兵部为此覆奏。明孝宗发布谕旨："官得其人，盗贼自息。筑墙掘堑，徒尔劳民，所司可即移文谕(张)鼎止之。"(《明孝宗实录》卷17)

弘治二年(1489)七月癸酉日，工部尚书贾俊等因天变灾异向皇帝朱祐樘上疏，提出了八条省工罢役的建议：第一，"各王府郡王以下及郡县主等建造府第例俱给价。今宗室日蕃，将有不胜其给者。况各府自有禄米庄田，请此后房价视原数止给其半"。第二，"各王府第舍、仪仗非甚敝坏者，请令自行修葺，不许轻奏，劳费财力"。第三，"内官各监局近来派办物料，比常数有加至五六倍者，请敕所司撙节减省"。第四，"近来营造颇多，此后在京内外衙门惟仓库、城池、桥梁、道路损坏，有必不得已者，请量加修葺，其墙垣、廨舍当修筑者，各衙门自为区画"。第五，"本部旧设尹儿湾、杨村南北掘河、五厂岁办芦苇供用，属武功卫委官管理。近奸弊滋多，请止令本部管闸主事代领"。第六，"天下军卫岁造军器，请令巡按、分巡、分守官捡括，果有贮积多余处所，自弘治三年为始停免二年"。第七，"各监局军民匠多通识字人等作弊、妄开见役、为在逃，往往行勾扰害，请此后犯者均治以罪"。第八，"灾伤处所住坐及轮班匠失班者，自弘治二年七月为始，请容令自首住坐者，送原衙门收充；轮班者免其罚役"。明孝宗接疏后，全部准奏，唯恐不周，还"令移文内外衙门，务为撙节财费，减省工役，以苏民困"(《明孝宗实录》卷28)。

弘治三年(1490)正月，"南京内府花园上元、江宁二县岁拨夫二百,供浇灌之役,民颇被其扰。左都御史马文升及应天府丞冀绮请罢之。守备太监陈祖生等因陈累朝种树及夫役增减之数,乞存留如旧"。弘治帝接奏后一时拿不准主意,遂将该事交与南京工部议处。南京工部右侍郎黄孔昭随后上言:"种树以备宗庙荐新之用,园丁亦难尽革,请如天顺八年诏例,仍岁拨夫八十名。"明孝宗觉得他讲得有理,最后拍板:从 200 名役夫中减去了 120 名。(《明孝宗实录》卷 34)

弘治五年(1492)三月戊寅日,在册立皇太子昭告天下诏书中明孝宗开列了 35 款合行宽恤事条,其中第 4 款规定:"各处拖欠税粮、马草、秋青草束、屯田子粒、农桑、丝绢、门摊商税、户口盐钞、鱼课茶课、差发银两、折粮、诸色颜料,并供用厨料、果品等项,除已征在官外,其小民拖欠未征者,自弘治二年十二月以前,尽行蠲免。见今差去催偿主事等官,就着回京。其去岁各处奏报灾伤,曾经覆勘明白,户部奏准照例递减,仍令征纳者,俱照巡抚、巡按等官勘定,分数悉与除豁,以苏民困;其有已征在官者,准作本户下年之数,有司官吏敢有将已征,捏作未征者,治以重罪。"(《明孝宗实录》卷 61)第 9 条规定:"各处先年为因灾伤、小民拖欠税粮、草束、马匹、物料等项,有司畏罪捏作已征,及虚文起解后,虽遇赦例,以在官之数,仍前追征,不与分豁者,诏书到日,巡抚、巡按官务要用心查勘是实者,悉免追征。"(《明孝宗实录》卷 61)第 12 条规定:"光禄寺供应牲口,各该司、府、州、县有年远拖欠,除追征见在官者仍令解纳,其余未完者,自弘治元年十二月以前,悉免追征,及顺天府磨户拖欠光禄寺白面,见奏监追未完,果系只身贫难,并逃亡死绝者,悉皆蠲免。"(《明孝宗实录》卷 61)第 14 条规定:"各处王府及镇守、巡抚并司、府、州、县,但有私自佥报菜户、鱼户、柴夫、屠户等项,终岁供办负累小民者,诏书到日,即便放免;若有例该佥者,所司具奏定夺,顺天府所属人民多有私自投充陵户、海户及勇士、校尉、厨军,躲避粮差,负累见在人户贫难者,所司查出,除本役外,其户下人丁,悉照旧纳粮当差,以后不许私自投充。"(《明孝宗实录》卷 61)第 20 款规定:"近年以来,内外营造土木之工太繁,劳人伤财,军民嗟怨。今后除不得已工程责限修理,其余但在得已并不急工作,俱暂停止。"(《明孝宗实录》卷 61)

弘治六年(1493)五月丁卯日,吏部左侍郎张悦上言四事,弘治帝全部予以采纳,其中有一事便是"杜无名之爵赏,罢不急之工役"(《明孝宗实录》卷75)。

弘治六年五月癸酉日,礼部尚书耿裕等应诏上陈八事,其中有一事也是请求弘治帝下令,罢停不急工役。(《明孝宗实录》卷75)

弘治六年闰五月甲辰日,因天旱久不雨,明廷降敕求言。太常寺少卿兼翰林院侍讲学士李东阳响应号召,上奏3000余言,其中有语:"金水河、昌国公坟等处,特令偿完夫,有司以停止为请,朝廷以督并为名,恐名实相违,无以昭示天下。乞俟两泽既降,秋气稍凉,再图修治,其余不急之务,仍照往年诏旨,一切停罢。"(《明孝宗实录》卷76)

……

像上述弘治帝主动降旨和臣下上请并得批准的减免赋税、裁抑繁役、罢停"不急工役"和"不急之务"一类的,在《明孝宗实录》中至少有百余处记载。那么其实际执行情况又是如何的呢?弘治初期还算不错,但到了中后期起情势就不妙了,"役繁"与"赋重"又接踵而至,"相生相伴"。

有史为证:弘治八年(1495)八月丁丑日,因各地相继发生灾异,太子太保、兵部尚书马文升在上奏朝廷的奏章里指出:"今天下之民,河南者因黄河迁徙,不常岁起夫五六万,每夫道里费须银一二两,逐年挑塞以为常。近因修筑决河,又起河南、山东夫不下二十万。江南苏、松等府挑浚海道,亦起夫二十万。南北直隶、河南、山东沿河沿江烧造官砖及湖广前后修吉、兴、岐、雍四王府,用夫、匠役不下五十余万。江西前后修益、寿二王府,山东青州修衡王府,二布政司又该用夫数十万。先后用银岂止数百万两。今两广用兵,民之供运馈饷者,不知几何。山、陕之民,供给各边粮饷,终岁劳苦尤甚。及今派天下各王府校尉、厨役、斋郎、礼生,每当一名,必至倾家荡产。即今在京各项工程亦众,操军连岁少休,及在外诸司官私造作者亦多。里河一带直抵南京,近因三次亲王之国,接应夫役不下数十余万,役繁民困,未有甚于近岁者也。此等事情关系甚大,乞通行各处守臣,思朝廷委托之重,体皇上恤民之仁,边仓粮价斟酌定夺,比前量减银数。而各边管粮官亦不可多收,及下

第3章 安定民生 夯实国本

所属凡遇分派税粮,将京边粮料先尽上户,次及中户起运,下户人等俱作存留。其征收之时,亦须酌量缓急,次第催纳,不许严刑峻法,逼民逃窜。一钱不许擅科,一夫不许擅役。仍乞敕湖广、江西先次修造王府宫作急完备,不许迁延,并谕今次差去湖广、江西、山东修盖王府宫,相度各府城池,若是城狭人密,不必拘北方王府周围丈尺,如修筑已就,将原起人夫或分班做工,或疏放一半,仍查内外节年修盖派出料物;若工程已完未曾送纳者,准作后来应用,不必再派。如此民虽不能尽遂休养,亦可少苏困敝。更乞节财用省造作,以培植邦本,崇正学、抑邪术,以端澄圣心。庶几天意可回,灾异可弭,而国家万万年无疆基叶实在于是。"明孝宗接疏后很是肯定,"命所司看详以闻"。(《明孝宗实录》卷103)

用句通俗的话来说,当朝天子自己没辙,却叫相关衙门讨论讨论,看看有没有什么好主意。一边是不得不举行的国家公共建设、边疆军事设施建设和漫无边际的王府宫殿修造,一边是场面上极为讲究"忠孝""亲亲"和"仁爱"的弘治帝想要减免赋役、裁抑繁役、罢停"不急工役",在这不可调的矛盾中,相关衙门还能有什么好的选择?!所以事情的最终结果只能是拖着再说了。

一晃两年多时间过去了,伴随着"赋重",大明帝国"役繁"之状不仅没有改变,而且还呈现出进一步恶化的趋势。弘治十年(1497)九月,因安陆州发生大雨迅雷等异常天变,镇守湖广总兵官镇远侯顾溥等上奏朝廷说:"臣会同抚、按及都、布、按三司等官议谓:天变之感召也,必由人事。长沙往年既有草木之妖,今安陆又有迅雷之变,虽所以致之者,莫知其由。然不击他处,而独击王门(即吉王府端礼门,笔者注),岂偶然哉?意者土木太过,役重赋繁,人心嗟怨。以是上干和气,故耳。盖吉府房屋造自成化初年,今仅二十余年,初议修补价银不过七八千两。王少之,奏遣内外官员一依崇府式样修盖。于是前后宫殿、两廊各门、房屋墙垣展大鼎新,计用过物料百数十万,银米亦余数万,岁拨夫、匠三万余,兴工四年,止成急修房屋七百余间,其余工程漫无纪极。况雍王府第方欲兴工,岐府营造未毕,及各边城垣、墩堡俱欲修筑,此皆不可已者。"由此顾溥等向皇帝朱祐樘建议,命令各王府不准增扩府第,大搞建设,如有急修的,尽快修完;可缓的,暂且缓行,或者朝廷给予料价,

让各王自行修造。(《明孝宗实录》卷129)

明孝宗一接到奏章头就大了,上述中除了岐王、雍王是他的弟弟外,其他几个如吉王朱见浚和崇王朱见泽等还都是他的叔叔,虽然他们的岁数不大,比皇帝也长不了几岁,但辈分搁在那儿。按照大明皇家祖制规定,这些地方藩王、天生龙种,根本就不用从事任何职业,每天饭来张口衣来伸手,闲得慌了没事干,就去找地方上的漂亮"美眉"一起乐乐,只要不弄出人命大案来,糟蹋一些百姓家的姑娘,多大的事啊!现在可倒好,这些皇家兄弟和叔叔玩起建造王府藩邸竞争赛,漫无止境,何日才是尽头啊?明孝宗想下令制止,但碍于"亲亲"情面又不好说出口,无奈之下只好使用老办法,将事情交与相关衙门去讨论。(《明孝宗实录》卷129)

就如上文所说的那样,事情明摆在那儿,当朝天子自己不决断,相关衙门能说什么呢?这样的情势一直延续到了弘治末年,猛然大悟的朱祐樘再度励精图治,可一次"意外的错误用药"却要了他的性命,于是"赋重役繁"的老问题只能留给后来的皇位继任者了。

不过若从更为广阔的视野角度来看,弘治时期对于赋役这一大"疑难重症"的处理,朱祐樘君臣还是作出些贡献的。除了上面所述之外,当时的大明朝廷还关注税粮"收运",落实漕运"额定"。

● 关注"收运" 落实"额定"

这里所说的"收运"是指帝国各地田赋的征收、储存和运输及其相关的一些问题。在以前出版的《大明帝国》系列中,笔者已经详述过这方面的内容,在此再做个简单的概述。

◉ 明朝前期百年税粮制度的演变及其改革所留下的问题:
收运拖欠

明代田赋的征收是以米麦为主,兼收丝绵、棉花、棉布、麻布、绢等。这是朱元璋立国时定下的规矩。洪武九年(1376)四月己丑日,明廷规定:"天下税粮,令民以银、钞、钱、绢代输。""每银一两、钱千文、钞一贯,折输米一石。小麦则减直十之二。棉苎一匹,折米六斗,麦七斗。麻布一匹,折米四斗,麦五斗。以丝绢代输者,亦各以轻重损益,愿入粟者听。"(《明太祖实录》卷105)愿意缴纳米麦还是丝绵、棉花诸物,听其自便,"于是谓米麦为本色,而诸折纳税粮者,谓之折色。"(《明史·食货二·赋役》卷78)

永乐时"天下本色税粮三千余万石,丝钞等(折色)二千余万。计是时,宇内富庶,赋入盈羡,米粟自输京师数百万石外,府县仓廪蓄积甚丰,至红腐不可食。岁歉,有司往往先发粟振贷,然后以闻。虽岁贡银三十万两有奇,而民间交易用银,仍有厉禁。"(《明史·食货二·赋役》卷78)

由于明初帝国政府规定,金银不是法定的货币,因此交易中金银被严厉禁止当作交换媒介。仁宣以后,国家渐趋稳定,社会经济得到了很大发展,商品流通日益繁荣,尤其是国内大宗交易和海外贸易的发达,使得金银逐渐取得了法定货币的地位,成了日趋常用的货币。

正统元年(1436),都察院右副都御史周铨上奏朝廷说:"北京各卫官员的俸粮在南京支取,历来都是由朝廷委派官员南下办理,但由于南北两京间的路程太遥远了,南京俸粮若直接运往北京来,费用实在太大,于是最为常见的做法就是用南京的俸米去交换货物,贵买贱售,十不及一。朝廷为此白白浪费了禄米钱财,而各官又不得实惠。乞请朝廷批准,在浙江、江西、湖广、南直隶(明初的南京,其包括今天江苏、安徽和上海)不通舟楫之处,各随地方所产之物,折收布、绢、白金,然后再解送北京充做俸禄。"当时巡抚江西侍郎赵新和参赞南京机务、少保兼户部尚书黄福亦有是请。小皇帝朱祁镇接奏后不甚明了事情的原委,便问当时的户部尚书胡濙:"祖宗时有过这样的事情?"胡濙回答说:"太祖皇帝尝行于陕西,每钞2贯500文,折米1石;黄金1两,折20石;白金1两,折4石;绢1匹,折1石2斗;布1匹,折1石。各随所产,民以为便。后又行于浙江,民亦便之。"(《明英宗实录》卷21)正统帝听后说,既然祖宗时有过先例,那就照着做吧。于是朝廷定下了这样的折算率,米麦1石,折银2钱5分。南京、浙江、江西、湖广、福建、广东、广西米麦共400余万石,折银100万余两,"入内承运库,谓之金花银。其后概行于天下"。也就是说,从这时起金银开始取得了法定货币的地位。(详见笔者:《大明帝国》系列之⑫《正统、天顺帝卷》下册,东南大学出版社,2016年5月第1版,P301～302)"自起运兑军外,粮四石收银一两解京,以为永例。诸方赋入折银,而仓廪之积渐少矣。"《明史·食货二·赋役》卷78;《明英宗实录》卷21)

以上所述的是明朝前期征收田赋的大致情况。有人见此或许要问了,那征收田赋的标准是多少呢?明初"太祖定天下官、民田赋,凡官田亩税五升三合五勺,民田减二升,重租田八升五合五勺,没官田一斗二升。惟苏、松、嘉、湖,怒其为张士诚守,乃籍诸豪族及富民田以为官田,按私租簿为税额。而司农卿杨宪又以浙西地膏腴,增其赋,亩加二倍。故浙西官、民田视他方倍蓰,亩税有二三石者。大抵苏最重,松、嘉、湖次之,常、杭又次之。洪武十三年命户部裁其额,亩科七斗五升至四斗四升者减十之二,四斗三升至三斗六升者俱止征三斗五升,其以下者仍旧。时苏州一府,秋粮二百七十四万六千余石,自民粮十五万石外,皆官田粮。官粮岁额与浙江通省埒,其重犹如此。"(《明史·食货二·赋役》卷78;《明英宗实录》卷21)

苏州一府所要上缴的田赋秋粮居然与整个浙江省上缴的税粮总数相等,松江(即今日上海市)次之,这是何等的苛政!重赋苏松,重赋江南,将江南人压得几乎喘不过气来,老魔鬼朱元璋至死都没对此做出根本性的改变。

宽仁之君朱允炆即位后及时地纠正了洪武暴政,下诏强调:"国家有惟正之供,江、浙赋独重,而苏、松准私租起税,特惩一时之顽民,岂可定则以重困一方?宜悉与减免,照各处起科,亩不得过一斗。田赋既均,苏松人仍得户部。"(【明】朱鹭:《建文书法拟》正编,5页;《明史·恭闵帝本纪》卷4)

可这样的好皇帝当政不到四年,就被魔鬼叔叔朱棣赶下了台。随着永乐朝的开启,建文"新政"全部被革除,"浙西之赋复重"(《明史·食货二·赋役》卷78)。江南人民再次坠入水深火热的苦难深渊之中。

苏松等江南地区出了问题,但问题严重到了什么地步?继任暴君朱棣之大位的新皇帝朱高炽还不清楚,于是就派了广西右布

第3章 安定民生 夯实国本

政使周幹到江南苏、常、嘉、湖等府考察民情与社会。数月后即洪熙元年(1425)闰七月,周幹回到北京,向刚即位的明宣宗(明仁宗朱高炽即位不到一年时间就突然驾崩,其皇位由皇太子朱瞻基继任,即历史上的明宣宗,笔者注)报告说:"江南诸府好多老百姓都逃亡了,我问乡间耆老,这是为什么?'皆云由官府弊政困民及粮长、弓兵害民所致。'像吴江、昆山等地的民田租赋,旧制每亩上交5升;小户人家租种大户人家田地的每亩要交私租1石(即官田租赋的1倍)。后来因为大户私田被没官了,就按照私租1石减2斗,也就是收取80%。原先赏赐给公侯驸马他们的顶级良田,每亩旧租也是1石,但后来他们出事了,田地被没入官府,官府的田赋就按照私租的比例即每亩1石来征收。田赋取私租1石的80%,老百姓已经承受不了了,更何况现在要征收到1石,即100%(约每亩上交粮食近400市斤,不论年份荒熟)。如此下来,老百姓要么饿死,要么就逃亡,除此之外,别无他路啊!仁和、海宁和昆山等地还经常遭受海水倒灌的侵害,官民田受灾的就有1900多顷,这些地方10多年前的田赋还没有收上来。田地浸泡在海水里,这田赋从何而来?皇上,您就将没收之田、公侯还田等类的官田之田赋一律就以50%起收,每亩不要超过6斗,至于被海水浸泡的田地,就一律免征赋税了。只有这样,江南的老百姓才会有安宁的日子。"(《明宣宗实录》卷6;《明史·食货二·赋役》卷78,据黄云眉先生的《明史考证》对原文作了校正)

重赋江南所产生的直接结果是江南人民背井离乡,流落四方,国家直接掌控的自耕农数量急剧减少。如苏州府下属的太仓州洪武二十四年(1391)编造黄册时,在籍户数为8986户,到了宣德末年时只剩下1569户,而实际核查下来只有738户,也就是说逃剩下来的人只是原来人口数的约8%,还不到洪武时期的一个零头!(《明宣宗实录》卷6)自耕农的大量逃亡不仅带来了经济的严重破坏与社会治安问题,而且还造成了江南地区拖欠政府的赋税急剧增长,直接影响到了大明帝国的经济命脉。

正是在这样的情势下,宣德五年(1430)二月,明宣宗下令:"各处旧额官田起科不一,租粮既重,农民弗胜。自今年为始,每田一亩旧额纳粮自一斗至四斗者,各减十分之二;自四斗一升至一石以上者,减十分之三,永为定例。"(《明宣宗实录》卷63)随后的当年五月,他又擢升况钟等九位正直能干大臣出任江南等地的地方知府,其中行在礼部郎中况钟为苏州知府,户部郎中罗以礼为西安知府,兵部郎中赵豫为松江知府,工部郎中莫愚为常州知府,户部员外郎邵旻为武昌知府,刑部员外郎马仪为杭州知府,刑部员外郎陈本深为吉安知府,监察御史陈鼎为建昌知府,监察御史何文渊为温州知府,"俾驰驿之任",一场以江南为重心的地方整顿与改革就此拉开了帷幕。(《明宣宗实录》卷66)

在这场诸多地区开展的整顿与改革中,江南巡抚周忱与苏州知府况钟工作做得最为出色。他们相互支持,"曲计减苏粮七十余万,他府以为差,而东南民力少纾矣。(周)忱又令松江官田依民田起科,户部劾以变乱成法。宣宗虽不罪,亦不能从。而朝廷数下诏书,蠲除租赋。持筹者辄私戒有司,勿以诏书为辞"。由此下来,苏松等江南地区重赋问题还是没有得到很好解决,以至于到了宣德末年时,"苏州逋粮至七百九十万石,民困极矣"(《明史·食货二·赋役》卷78)。

也因为如此,正统初元,在张太皇太后和"三杨"、胡濙等辅政大臣的共同努力下,明英宗朝廷开始考虑对江南地区实行田赋税收减负。正统元年(1436)闰六月丁卯日,北京行在户部上奏说:"浙江、直隶苏松等处减除税粮数目已命重核,尚多不实,盖缘各司、府、县官不念朝廷供给,惟知掠美沽名,以致仓廪岁用不敷,请移文各处巡抚侍郎并司、府、县官,用心核实其官田,准民田起科,每亩秋粮四斗一升至二石以上者,减作二斗七升;二斗一升以上至四斗者,减作二斗;一斗一升至二斗者,减作一斗。明白具数,送部磨勘。"明廷允准其请,且命谕:"各官审核,务循至公,不得欺官损民,以招罪咎。"(《明英宗实录》卷19)至此,江南地区人民"乃获少苏"(《明史·食货二·赋役》卷78)。

但从实际情况而言,江南地区百姓的赋税负担还是过于繁重,且各地起科征额与方法还不一致,这样的问题在浙江省反映得尤为特出。景泰七年(1456)九月,浙江右布政使杨瓉上奏:"浙江起科粮额则例不一",乞请朝廷出面"约量归并"。当时在位的是景泰帝,这位在大明中期历史上较有作为的"中兴之主"(《明英宗实录》卷224,《废帝郕戾王附录》第42)迅速诏令"镇守浙江兵部尚书孙原贞等查理,并例以闻"。而后不久户部覆奏孙原贞等制定的"征粮则例",景泰帝随即批准、颁行。(《明英宗实录》卷270,《废帝郕戾王附录》第88。特注:清代张廷玉等人编撰的《明史》将这事说成是天顺年间明英宗朝廷所为,谬也)

景泰朝廷批准、颁行的"征粮则例"主要内容为:"起科重者,征米宜少,运纳宜近;起科轻者,征米宜多,运纳宜远。官田每亩科米一石至四斗八升八合,民田每亩科米七斗至五斗三升者,俱每石岁征平米一石三斗;官田每亩科米四斗至三斗,民田每亩科米四斗至三斗三升者,俱每石岁征平米一石五斗;官田每亩科米二斗至一斗四合,民田每亩科米二斗七升至一斗者,俱每石岁征平米一石七斗;官田每亩科米八升至二升,民田每亩科米七升至三升者,俱每石岁征平米二石二斗。"(《明英宗实录》卷270,《废帝郕戾王附录》第88)

对于这样的一次减赋整顿,有人曾评价说:"凡重者轻之,轻者重之,欲使科则适均。"不过即使做到这样,也依然留下了一些问题,"亩科一石之税未尝减云"(《明史·食货二·赋役》卷78)。

我们将上面这话换个说法,即大致到明英宗复辟和明宪宗当政之际,"亩税一石"的田赋征收标准额数始终未曾被突破,加之其征收缴纳过程中还要加交"耗粮"(即交运过程中的损耗)。就此而言,帝国小民的赋税负担还真是不轻,一旦要是遇上天变灾异,那他们就根本无法生存。民生得不到保障,各地田赋税粮征收自然也就不能到位,甚至还出现严重拖欠现象,并有着不断蔓延之势。对此,自明英宗起,大明朝廷就开始陆续派出"总督粮储"官到问题比较突出的地方去专门着手予以解决。(《明英宗实录》卷115)

正统时期最早派出的"总督粮储"官是通政使李暹,其职责范围是"提督京仓粮储"(《明英宗实录》卷11)。随后,都督金事武兴受命前往湖广"总督粮储"(《明英宗实录》卷81)。与此差不多同时,户部右侍郎刘琏奉敕前往宣府等地赞理军务,"总督粮储"(《明英宗实录》卷115)。而作为大明帝国田赋税粮上缴最多的地区——南直隶,其"总督粮储"工作则相继由工部尚书周忱(《明英宗实录》卷197,《废帝郕戾王附录》第15)、都察院右都御史轩𫐐(《明英宗实录》卷217,《废帝郕戾王附录》第35)、南京通政司右参议丁澄(《明英宗实录》卷241,《废帝郕戾王附录》第59)等人负责。到了天顺、成化之际,该地区的

"总督粮储"工作又分别由户部尚书张凤(《明英宗实录》卷275)、都察院右佥都御史李秉(《明英宗实录》卷284)、左都御史轩𫐐(《明英宗实录》卷304)和右副都御史周瑄(《明宪宗实录》卷24)等人主持和负责。此段时间内新添的"总督粮储"地区就是陕西省,其工作主要负责人为陕西右参政娄良(《明英宗实录》卷356)。

● 弘治朝解决税粮收运流弊问题的诸多努力

明孝宗上台后不仅沿用了父祖的做法,而且还对于"总督粮储"地区范围作了进一步的增扩。弘治元年(1488)闰正月,他"命山西布政司右参议王盛总督粮储"(《明孝宗实录》卷10);弘治三年(1490)二月,"升巡抚河南都察院右副都御史杨理为工部右侍郎,总督粮储"(《明孝宗实录》卷35);弘治三年九月,命人前往四川松潘地区"总督粮储"(《明孝宗实录》卷42)。

除此之外,为了改变税粮拖欠、收运困难和国家粮储短缺的不堪局面,以及实现安定民生和稳固国本的根本目标,弘治君臣还在以下几个方面做出了努力:

○ 明确"总督粮储"官的职责,禁革税粮收运中的奸弊

尽管英宗、宪宗时期在一些地区设立"总督粮储"官,但至于该官的具体工作重点与细务,朝廷并没有予以明确的规定。弘治元年(1488)闰正月,明孝宗在任命山西布政司右参议王盛为"总督粮储"官之敕文中专门作了指示:"比闻山西所属递年拖欠粮草数多,王府及各卫所禄米俸粮拨给不足,预备仓全无蓄积,饥民无以赈济,而管粮官多有受贿、纵容粮里书算人等弊多端,兼以所在军卫刁蹬官舍旗军,包揽挟制,不肯上纳,以致粮草往往拖欠,而所收者尤多亏拆。究其所以,盖由无官专管故也。今命尔专一提督,禁革奸弊,其府、州、县管粮官并提调正官,如有摧征违限及纵容各仓官攒通同势豪军民人等作毙者,事发干碍军职并文职五品以上,参奏逮问;其五品以下,听尔径送本司理问。尔受兹专委,须夙夜尽心,廉谨自持,催督以时,出纳惟公,俾粮储足用,民不告劳,斯称朕委任之意。"(《明孝宗实录》卷10)

○ 明确规定税粮收讫交运的具体截止期限，以期遏制地方上的恶意拖欠

这事说起来或许要归功于一个叫施胜安的浙江乌程县民，弘治二年(1489)十二月，他上言朝廷，说："我们湖州府秋粮征收过程中存在着舞弊现象，一些有头有脸的人物常常与里书串通起来，有意拖延缴纳时间，目的就是想等待朝廷'宽恤'之令下达，这样便可逃脱缴纳之责。乞请朝廷降敕，对于税粮缴纳收运做出具体的截止期限规定。"朝廷户部接到上请后，觉得甚是有理，回想起大明立国后对于税粮缴纳收运之截止还真没有确切的期限规定，一般来说都是按照惯例行事。也正因为如此，一些地方上能拖则拖，今年的拖到明年，明年的拖到后年，而乌程县民施胜安上言针砭时弊。由此户部官商议决定，采纳施胜安的建议，上请弘治帝批准颁示天下，规定每年"八月初旬会计定行，各府、县九月初旬造花户实征，中旬填写由帖，十月初旬开仓，十二月终收足"(《明孝宗实录》卷33)。

○ 减少征收税粮正额之外的加耗，舒缓民生

本来从传统的法理上来讲，税粮正额数上缴足了，就意味着小民应尽的义务也完成了。但这仅仅是理论上的，而从实际角度来说，这正额税粮还必须经过长途跋涉，运到官府指定的地方，最终可能抵达京师北京或边疆地区，至于中间所产生的费用包括运输损耗，自然也就由小民来埋单了，而官府往往在征收正额税粮的同时加收"耗粮"或称"耗米"(《明英宗实录》卷9)。前文已述，明初老魔鬼朱元璋制定的祖制中重赋于江南，田赋正额重压下的百姓们本来就不堪忍受了，还要叫他们另外缴纳耗粮，这无疑是雪上加霜。因此明朝前期，江南地区的社会经济始终都得不到很好的恢复和发展，民生问题成了当时大明帝国的一大痛点。为此，弘治二年(1489)，明孝宗下令："应天府上元等七县官田粮每石减耗米二斗五升，民田每亩劝出米二升。镇江府丹徒县官田粮每石减耗米二斗二升，民田每亩劝出米二升；丹阳县官田粮每石减耗米二斗，民田每亩劝出米一升；金坛县官田粮每石减耗米二斗，民田每亩劝出米一升二合。太平府当涂等三县官田粮每石减耗米二斗五升，民

田每亩劝出米一升。宁国府宣城等六县官田粮每石减耗米三斗，民田每亩劝出米一升。广德州并建平县官田粮每石减耗米二斗，民田每亩劝出米一升五合。"（【明】万历版：《大明会典》卷17）

弘治十一年（1498）四月辛巳日，巡抚南直隶都御史彭礼上奏说："苏、松、常三府地狭赋重，又于赋外加耗，以备供应，民力不堪。请将岁例起运京师折麦折草银七万六千八十余两存留本处供用，并将兑运耗米稍加节减。"朝廷户部说："折麦草银原系正额，难准存留。但三府民力已竭，宜以今年及明年者暂赐存留，不为例。如欲节减兑运耗米，则乞令彭礼径自处分。"明孝宗最终降旨，让彭礼自行处分，这实际上也就同意了减少苏松耗米征收的请求，百姓生计由此得到了舒缓。（《明孝宗实录》卷136）

○ 扩大田赋税粮货币化的范围，减少原本已经重赋且又遭灾的江南地区田赋税粮的征收

明初帝国政府要求各地小民缴纳的田赋，若从剥削形态来说属于实物地租，这是商品经济不发达和帝国政府严控金银作为流通货币的必然产物。诚如前文所述，正统以后，大明社会经济有了一定的发展，"金花银"逐渐取代了实物地租，成了南京、浙江、江西、湖广、福建、广东、广西等省份小民们上缴田赋税粮的主要替代物。明孝宗上台后适应这样的社会发展趋势，对于上缴田赋税粮货币化的地区做了进一步扩大。弘治元年（1488），朝廷率先在河南、山东、山西、陕西及北直隶等地试行改革（《明孝宗实录》卷10）。弘治二年二月，明孝宗正式"命（北方）山东、河南二布政司起运保定、涿、易、良乡等仓夏税秋粮，自弘治二年以后本色与折色中半收纳，折色石收银七钱，视米值高下，准给官军俸粮，而省其余以备存积，其旧欠该征者，石折收银四钱，从户部请也。"（《明孝宗实录》卷23）

不仅如此，弘治朝廷还下令，对原本已经重赋且又遭灾的江南等地区已经实行货币化的田赋税粮实行减收。弘治五年（1492）七月丁酉日，户部上言："江南苏松等府连岁荒歉，民间兑运粮米每石用银二两。而北直隶、山东、河南岁供宣府、大同二边粮料，每石亦用银一两。前弘治四年，苏州府兑运粮米已准将五十万石，折收银

五十万两,冀纾民困。今年请再行之,其应天、松江、镇江、常州、池州、太平及杭、嘉等府,亦请于兑运粮内折收四十八万六千八百九十石银价,灾重者每石收银七钱,稍轻者收银一两。俱解部转发各边,淮北直隶等三处岁供之数,其三处岁运各边粮料如折收之数,暂请改输京仓,庶几费省而事易集。"(《明孝宗实录》卷65)明孝宗当即予以允准。自此以后,凡遇上灾荒,朝廷一般都采取折银方式收取较轻的赋税,"而折价以六七钱为率,无复至一两者"(《明史·食货三·漕运、仓库》卷79)。由此我们不难看出,明孝宗在宽政治国和安定民生等方面做得还是很实在的。

○ 禁止税粮交运过程中包揽行为,减轻百姓纳税负担,加强漕运仓粮监管

弘治十一年(1498)十一月,总督粮储、户部尚书王继上言三事,其中第一件事就是请禁包揽。他说:"山东、河南起运京仓税粮,在京势家先期直至所在地方包揽,名曰'会粮'。其不才(地方)官往往听其请求,多增粮价,与之分用;或有势家就中途要挟抑勒,(百姓)含冤无所控诉。"由此王尚书恳请弘治朝廷下令予以严禁。明孝宗接奏后"命所司看详以闻"(《明孝宗实录》卷143)。

这事虽然后来没有明确的结果,但明孝宗还是沿用了老祖宗的做法,命令专职人员前往城门要津去加强对漕运仓粮监收管理,甚至还派遣朝官郎中和佥事上"各边监收"(《明孝宗实录》卷168),在大同等地的各城仓场另"设监收判官"(《明孝宗实录》卷175),其目的就在于强化监管,制止权贵势要的巧取豪夺,以期解决好粮储与出纳。

要说这样的做法对于一般官吏倒是有着一定的管控作用,但对于来自皇帝身边的人却没有什么效果。弘治十六年(1503)十一月,监收长安等门仓粮的南京户部员外郎李嘉祥上疏说:"先时粮米入城,守门内官每千石索过门钱千文,以后渐加,今或有至万余者,又往年盘粮,例差内官一员,所取不过银二三两,名为茶果钱。今每门增内官一员,每员索银二十两,或有至三四十两者。此外巧立名色,百方诛求,日肆鞭棰,其最甚者为内官李通、左监丞马瑞,乞明正其罪,以励其余,仍榜于各门禁之,尤乞裁省盘粮内官员额,

庶几少宽民力。"明孝宗接奏后将其章奏下发给法司衙门,法司衙门官员认为,李嘉祥所言极是,"请如奏施行"。可明孝宗继承了祖上宠信内官的"光荣"传统,凡涉及此类人的不法之事最终都不了了之。当然这事也不例外,朱祐樘有旨:"命查勘明白以闻。"(《明孝宗实录》卷205)

不过,若要说弘治朝做事全是有头无尾,那也不见得。在落实前朝成化时期制定的漕运额定数量一事上,明孝宗还是做得实实在在的。

● 落实漕运额定,确保切实可行

漕运本不该成为问题,"(明)太祖都金陵,四方贡赋,由江以达京师,道近而易";"洪武元年北伐,(朱元璋)命浙江、江西及苏州等九府,运粮三百万石于汴梁。已而大将军徐达令忻、崞、代、坚、台五州运粮大同。中书省符下山东行省,募水工发莱州洋海仓饷永平卫。其后海运饷北平、辽东为定制。其西北边则浚开封漕河饷陕西,自陕西转饷宁夏、河州。其西南令川、贵纳米中盐,以省远运。于时各路皆就近输,得利便矣"。(《明史·食货三·漕运、仓库》卷79)

但自"靖难"军进入南京城那天起,篡位皇帝朱棣压根儿就没想在"父亲"定都的地方久留,迁都北京的念头早就形成。(详见笔者《大明帝国》之⑧《永乐帝卷》下册,东南大学出版社,2014年1月第1版,第9章)而要迁都北京,这势必会造成中华帝国政治中心与经济中心之间的严重背离和行政成本的急剧增大,最为迫切的是要解决元朝时就已凸显出来的北方粮食物质的短缺问题。纵观大元历史,元帝国统治者主要运用漕运手段试图予以解决,但实际上整个元朝在很长一段时间内运河是不通畅的,于是南粮北运主要还是依靠海运。那时每年漕运到元大都的粮食也不超过30万石。明初朱元璋高瞻远瞩,定都南京,每年运往北方的军需粮饷约在70万石,"洪武中,航海侯张赫、舳舻侯朱寿俱以海运功封,岁运粮700 000石,止给辽左一方"(【清】谷应泰:《明史纪事本末·河漕转运》卷24)。可到了"永乐元年八月乙丑日,平江伯陈瑄总督海运粮49万

第3章 安定民生 夯实国本

石,赴北京、辽东,以备军储"(《明太宗实录》卷22)。用这个数字来对照洪武朝漕运要差20多万石,若按照后来明朝漕运额数400万石作参考,那就差约350万石,换言之,当时北方缺粮大约在350万石。怎么来解决这个问题?重新疏通大运河!

从永乐九年(1411)起,明成祖朱棣先后派遣了工部尚书宋礼和总兵官陈瑄等,相继征发了数十万劳力,花了四五年的时间,疏通了会通河、黄河古道和清江浦等,终于在永乐十三年(1415)时将南北大运河给重新浚通了,由此使其成为大明帝国南粮北运最为安全、最为便捷的通道。(《明史·陈瑄》卷153;【清】谷应泰:《明史纪事本末·河漕转运》卷24;《明史·成祖本纪二、三》卷6~卷7;参见姚汉源:《中国水利发展史》,上海人民出版社2005年8月第1版,P313~439)

当时漕运主要采用的是"支运"法,而所谓的"支运法"是指江西、湖广和浙江等南方省份的税粮由民夫运到淮安仓,然后让南直隶和浙江官军将其挽运到徐州仓,再由山东和河南官军挽运到北京近郊的通州仓,"岁凡四次,可三百万余石,名曰支运"(《明史·食货三·漕运、仓库》卷79),也称"转运"(【明】郑晓:《今言》卷2)。支运法中的"支","不必出当年之民纳";而"纳者,不必供当年之军支。通数年以为衰益,期不失常额而止"。但支运法运行数年后,因"官军多所调遣,遂复民运,道远数愆期"。(《明史·食货三·漕运、仓库》卷79)

宣德四年(1429),漕运总兵官陈瑄和户部尚书黄福上奏朝廷,请复支运法。明宣宗允准了他们的建议,命令江西、湖广、浙江等地150万石的税粮由民夫运抵淮安仓,南直隶的苏、松、宁、池、庐、安、广德等地274万石的税粮由民夫挽运到徐州仓,南直隶的应天、常、镇、淮、扬、凤、太、滁、和、徐等地220万石税粮先由民夫运抵临清仓,再由官军分别接运到北京、通州两仓。简言之,这实际上是永乐时期支运之法的修整,其运行两年后人们还是觉得不怎么方便,尤其是"江南民运粮诸仓,往返几一年,误农业"。(《明史·食货三·漕运、仓库》卷79)

于是从宣德六年(1431)起,朝廷接受相关方面的建议,命令民夫只要将税粮运到淮安或扬州的瓜洲渡口兑给或言交割给官军就行了,不过在兑给官军时民夫必须要按地区的远近缴纳一定的加耗,即为加交兑运费。当时吏部尚书蹇义召集廷臣们一起讨论,并最终制定出了官军兑运民粮加耗则例:以地区之远近为差,湖广税粮每石加耗 8 斗,江西、浙江税粮每石加耗 7 斗,南直隶税粮每石加耗 6 斗,北直隶税粮每石加耗 5 斗。"民有运至淮安兑与军运者,止加四斗,如有兑运不尽,仍令民自运赴诸仓,不愿兑者,亦听其自运。军既加耗,又给轻赍银为洪闸盘拨之费,且得附载他物,皆乐从事,而民亦多以远运为艰。于是兑运者多,而支运者少矣。"(《明史·食货三·漕运、仓库》卷79;《明宣宗实录》卷84)

但兑运法运行一段时间后又冒出了一堆的问题:"军与民兑米,往往恃强勒索。(宣德)帝知其弊,敕户部委正官监临,不许私兑。已而颇减加耗米,远者不过六斗,近者至二斗五升。以三分为率,二分与米,一分以他物准。正粮斛面锐,耗粮俱平概。运粮四百万石,京仓贮十四,通仓贮十六。临、徐、淮三仓各遣御史监收。"(《明史·食货三·漕运、仓库》卷79)可这样的皇权强干预只能一时解决问题,一旦监察干预有所松懈,老毛病就开始改头换面地出现了。天顺中后期"兑运法行久,仓入觊耗余,入庾率兑斛面,且求多索,军困甚"(《明史·食货三·漕运、仓库》卷79)。

对此,新即帝位的明宪宗在上台后接受了漕运参将袁佑的建议,于成化元年(1465)下令:收粮者在收粮时只能以平斛为准,不能加尖;每石税粮加耗只能收 5 升,不能多收,更不能敲诈勒索,否则"许令巡仓御史参奏究问"(《明宪宗实录》卷23)。

成化七年(1471),皇帝朱见深又接受了应天巡抚官和漕运官的建言,令户部会官商议并最终决定,将弊端百出的兑运法改为长运法。所谓"长运法"即江南民夫只要将税粮运到南京长江边,交予漕运官军就行了,而不必再运往瓜洲和淮安,但条件是除了要交纳加耗外,每石漕运税粮还必须要增加 1 斗米作为渡江费。数年后,明宪宗再次下令,将淮安、徐州、临清和德州四仓支运的 70 万税米都改为水次交兑。至此兑运法完全为长运法所取代。长运法中的"长运"是指官军进行南粮北运时的运输路程加长了,而江南地区的民夫在缴纳适量费用之后便可了事,这不仅仅减少了他们的劳役之苦,而且还节约了运粮时间,进而确保农时,对于农业生产与经营都十分有利。明朝漕运官军长运遂为定制。(《明史·食货三·漕运、仓库》卷79)

成化时期对于漕运的定制还有两项内容：一项是每年漕粮运往北京的额数定为400万石，但笔者查阅官史后却发现，整个成化朝每年运抵北京的漕粮都没有达到这个数，不知这是为什么。另一项则是成化朝规定了漕运粮船到达北京的期限：北直隶、河南、山东为五月初一日，南直隶江北为七月初一日，江南为八月初一、浙江、江西、湖广为九月初一日。"通计三年考成，违限者，(负责漕粮运输)运官降罚。"(《明史·食贷三·漕运、仓库》卷79)

　　至此，跟着感觉走、摸着石头过河的明代漕运大体上完备了制度建设。不过，正如人们经常所说的那样，制度再好，要是不认真贯彻执行，那什么样的美好愿望都不可能实现。综观成化朝的漕运实际，400万石额定目标数始终没有达到。(可参见下表)

　　明孝宗上台后的第二个月，即成化二十三年(1487)十月，户部会同朝廷其他各部、都察院和漕运官等议上漕运事宜14条：其中的第1条就是请示漕运额数是否依然为400万石？明孝宗不仅明确做出肯定的指示，而且还令人着手予以落实。(《明孝宗实录》卷5)自此以后，400万石必须完成的漕运额定数在弘治朝给"定格"了下来，并影响了以后的历史。(详见下表)

明代历朝漕运税粮数额变化表

明朝纪年	公历	漕运数量（石数）	史　料　出　处
永乐七年	1409	1 836 852	《明太宗实录》卷99
永乐八年	1410	2 015 165	《明太宗实录》卷111
永乐九年	1411	2 255 543	《明太宗实录》卷123
永乐十年	1412	2 487 188	《明太宗实录》卷135
永乐十一年	1413	2 421 907	《明太宗实录》卷146
永乐十二年	1414	2 428 535	《明太宗实录》卷159
永乐十三年	1415	6 462 990	《明太宗实录》卷171
永乐十四年	1416	2 813 463	《明太宗实录》卷183
永乐十五年	1417	5 088 544	《明太宗实录》卷195
永乐十六年	1418	4 646 530	《明太宗实录》卷207

(续表)

明朝纪年	公历	漕运数量（石数）	史料出处
永乐十七年	1419	2 079 700	《明太宗实录》卷219
永乐十八年	1420	607 328	《明太宗实录》卷232
永乐十九年	1421	3 543 194	《明太宗实录》卷244
永乐二十年	1422	3 251 723	《明太宗实录》卷254
永乐二十一年	1423	2 573 583	《明太宗实录》卷266
永乐二十二年	1424	2 573 583	《明仁宗实录》卷5下
洪熙元年	1425	2 309 159	《明宣宗实录》卷12
宣德元年	1426	2 398 997	《明宣宗实录》卷23
宣德二年	1427	3 683 436	《明宣宗实录》卷34
宣德三年	1428	5 488 800	《明宣宗实录》卷49
宣德四年	1429	3 858 824	《明宣宗实录》卷60
宣德五年	1430	5 453 710	《明宣宗实录》卷74
宣德六年	1431	5 488 800	《明宣宗实录》卷85
宣德七年	1432	6 742 854	《明宣宗实录》卷97
宣德八年	1433	5 530 181	《明宣宗实录》卷107
宣德九年	1434	5 213 330	《明宣宗实录》卷115
宣德十年	1435	4 500 000	《明英宗实录》卷12
正统元年	1436	4 500 000	《明英宗实录》卷25
正统二年	1437	4 500 000	《明英宗实录》卷37
正统三年	1438	4 500 000	《明英宗实录》卷49
正统四年	1439	4 200 000	《明英宗实录》卷62
正统五年	1440	4 500 000	《明英宗实录》卷74
正统六年	1441	4 200 000	《明英宗实录》卷87
正统七年	1442	4 500 000	《明英宗实录》卷99
正统八年	1443	4 500 000	《明英宗实录》卷111
正统九年	1444	4 465 000	《明英宗实录》卷124

(续表)

明朝纪年	公历	漕运数量（石数）	史料出处
正统十年	1445	4 465 000	《明英宗实录》卷136
正统十一年	1446	4 300 000	《明英宗实录》卷148
正统十二年	1447	4 300 000	《明英宗实录》卷161
正统十三年	1448	4 000 000	《明英宗实录》卷173
正统十四年	1449	4 305 000	《明英宗实录》卷186,《废帝郕戾王附录》第4
景泰元年	1450	4 035 000	《明英宗实录》卷199,《废帝郕戾王附录》第17
景泰二年	1451	4 235 000	《明英宗实录》卷211,《废帝郕戾王附录》第29
景泰三年	1452	4 235 000	《明英宗实录》卷224,《废帝郕戾王附录》第42
景泰四年	1453	4 255 000	《明英宗实录》卷236,《废帝郕戾王附录》第54
景泰五年	1454	4 255 000	《明英宗实录》卷248,《废帝郕戾王附录》第66
景泰六年	1455	4 384 000	《明英宗实录》卷261,《废帝郕戾王附录》第79
景泰七年	1456	4 430 070	《明英宗实录》卷273,《废帝郕戾王附录》第91
天顺元年	1457	4 350 000	《明英宗实录》卷285
天顺二年	1458	4 350 000	《明英宗实录》卷298
天顺三年	1459	4 350 000	《明英宗实录》卷310
天顺四年	1460	4 350 000	《明英宗实录》卷323
天顺五年	1461	4 350 000	《明英宗实录》卷335
天顺六年	1462	4 350 000	《明英宗实录》卷347
天顺七年	1463	4 000 000	《明英宗实录》卷360
天顺八年	1464	3 350 000	《明宪宗实录》卷12

(续表)

明朝纪年	公历	漕运数量（石数）	史料出处
成化元年	1465	3 350 000	《明宪宗实录》卷 24
成化二年	1466	3 350 000	《明宪宗实录》卷 37
成化三年	1467	3 350 000	《明宪宗实录》卷 49
成化四年	1468	3 350 000	《明宪宗实录》卷 61
成化五年	1469	3 350 000	《明宪宗实录》卷 74
成化六年	1470	3 700 000	《明宪宗实录》卷 86
成化七年	1471	3 350 000	《明宪宗实录》卷 99
成化八年	1472	3 700 000	《明宪宗实录》卷 111
成化九年	1473	3 700 000	《明宪宗实录》卷 123
成化十年	1474	3 700 000	《明宪宗实录》卷 136
成化十一年	1475	3 700 000	《明宪宗实录》卷 147
成化十二年	1476	3 700 000	《明宪宗实录》卷 160
成化十三年	1477	3 700 000	《明宪宗实录》卷 173
成化十四年	1478	3 700 000	《明宪宗实录》卷 185
成化十五年	1479	3 700 000	《明宪宗实录》卷 198
成化十六年	1480	3 700 000	《明宪宗实录》卷 210
成化十七年	1481	3 700 000	《明宪宗实录》卷 222
成化十八年	1482	3 700 000	《明宪宗实录》卷 235
成化十九年	1483	3 700 000	《明宪宗实录》卷 247
成化二十年	1484	3 700 000	《明宪宗实录》卷 259
成化二十一年	1485	3 700 000	《明宪宗实录》卷 273
成化二十二年	1486	3 700 000	《明宪宗实录》卷 285
成化二十三年	1487	4 000 000	《明孝宗实录》卷 8
弘治元年	1488	4 000 000	《明孝宗实录》卷 21
弘治二年	1489	4 000 000	《明孝宗实录》卷 33

(续表)

明朝纪年	公历	漕运数量（石数）	史料出处
弘治三年	1490	4 000 000	《明孝宗实录》卷46
弘治四年	1491	4 000 000	《明孝宗实录》卷58
弘治五年	1492	4 000 000	《明孝宗实录》卷70
弘治六年	1493	4 000 000	《明孝宗实录》卷83
弘治七年	1494	4 000 000	《明孝宗实录》卷95
弘治八年	1495	4 000 000	《明孝宗实录》卷107
弘治九年	1496	4 000 000	《明孝宗实录》卷120
弘治十年	1497	4 000 000	《明孝宗实录》卷132
弘治十一年	1498	4 000 000	《明孝宗实录》卷145
弘治十二年	1499	4 000 000	《明孝宗实录》卷157
弘治十三年	1500	4 000 000	《明孝宗实录》卷169
弘治十四年	1501	4 000 000	《明孝宗实录》卷182
弘治十五年	1502	4 000 000	《明孝宗实录》卷194
弘治十六年	1503	4 000 000	《明孝宗实录》卷206
弘治十七年	1504	4 000 000	《明孝宗实录》卷219
弘治十八年	1505	4 000 000	《明武宗实录》卷8
正德元年	1506	4 000 000	《明武宗实录》卷20
正德二年	1507	4 000 000	《明武宗实录》卷33
正德三年	1508	4 000 000	《明武宗实录》卷45
正德四年	1509	4 000 000	《明武宗实录》卷58
正德五年	1510	4 000 000	《明武宗实录》卷70
正德六年	1511	4 000 000	《明武宗实录》卷82
正德七年	1512	4 000 000	《明武宗实录》卷95
正德八年	1513	4 000 000	《明武宗实录》卷107
正德九年	1514	4 000 000	《明武宗实录》卷119

(续表)

明朝纪年	公历	漕运数量（石数）	史料出处
正德十年	1515	4 000 000	《明武宗实录》卷132
正德十一年	1516	4 000 000	《明武宗实录》卷144
正德十二年	1517	4 000 000	《明武宗实录》卷157
正德十三年	1518	4 000 000	《明武宗实录》卷169
正德十四年	1519	4 000 000	《明武宗实录》卷181
正德十五年	1520	4 000 000	《明武宗实录》卷194
嘉靖元年	1522	实运 3 560 000	《明世宗实录》卷21
嘉靖十一年	1532	实运 1 900 000	《明世宗实录》卷145
嘉靖二十一年	1542	实运 2 614 115	《明世宗实录》卷269
嘉靖三十一年	1552	实运 2 332 837	《明世宗实录》卷392
嘉靖四十一年	1562	实运 2 632 610	《明世宗实录》卷516
隆庆元年	1567	实运 3 522 982	《明穆宗实录》卷15
隆庆二年	1568	4 000 000	《明穆宗实录》卷27
隆庆三年	1569	4 000 000	《明穆宗实录》卷40
隆庆四年	1570	实运 2 768 980	《明穆宗实录》卷52
隆庆五年	1571	实运 3 707 265	《明穆宗实录》卷64
万历三十年	1602	实运 1 381 500	《明神宗实录》卷379
泰昌元年	1620	实运 2 631 341	《明熹宗实录》卷4
天启元年	1621	实运 2 474 723	《明熹宗实录》卷18
天启二年	1622	实运 2 688 928	《明熹宗实录》卷29
天启三年	1623	实运 2 688 928	《明熹宗实录》卷42
天启五年	1625	实运 2 998 240	《明熹宗实录》卷66

综观上述《明代历朝漕运税粮数额变化表》，我们不难看出，大明漕运之数在历朝不尽相同，最低的是永乐十八年（1420），漕运数为 607 328 石（《明太宗实录》卷232），最高的为宣德七年（1432），漕运数为 6 742 854 石（《明宣宗实录》卷97），两者之间相差了 6 135 526 石。那么多少漕运数额才最为合适呢？从上表数据来看，大致在

400万石上下。可自永乐迁都以后,漕运数额一直在变化,没有固定下来。到了成化时代虽然有了明确的定额,但实际上并没有达到定额,只有到了成化二十三年(1487)下半年明孝宗登基上台后才真正落实到位。

漕运额度定在400万石,相对于成化前期实际运数3 350 000石和成化后期实际运数3 700 000石已增加了不少,且成化前期和后期的实际漕运数额比起大明成祖时代的漕运平均数额本来就已高出了很多,如此大幅度地提高漕运数额对于百姓和漕军来说,无疑是增添了极大的负担,加之当时采用的兑运法弊端百出,于是在成化七年(1471),大明朝廷下令改革漕运,将兑运法变为长运法。要说这样的漕运改革好不好?当然有好的一面了,那就使得百姓的负担和劳役减轻了不少,但同时也带了另外一面,即增加了漕运官军的劳苦。如何来解决这样新出现的问题呢?当时成化朝廷规定:"漕运军人许带土产,换易柴盐。每船不得过十石。违者,盘检入官。"(【明】万历版:《大明会典·会计三·漕运》卷27)

这原本是一项带有福利性质的利好政策,但在向来不讲究恪守原则的中国传统社会里,一项善政执行下去没多久往往就变了样。由于进行超长距离的运输,漕军军士极其劳苦,有的甚至连生活也得不到保障。现在可好了,朝廷允许搭载地方土特产到北方去变卖,换些小钱,一些漕军领导见此便动起了歪脑筋,将漕船中比较好的南方米粮给偷偷地卖掉,等到了接近北京时,再向京郊管粮巡仓官员和各仓邻近的豪门势要购买差等的北方粮食,来个以次充好。甚至有的管运指挥官为了能使自己迅速地挤入富民阶层,竟然倒卖漕粮、借贷数千两银子进行个人投资,收效全归自己,亏空则由国家来承担。对此,成化朝廷数次降敕予以严禁,譬如成化二十一年(1485),明宪宗就曾规定:"管运指挥等官有借债至一千两以上者,革去冠带;五千两者,住俸;一万两者,降一级,不许管军管事。"(【明】万历版:《大明会典·会计三·漕运》卷27)

但由于成化中后期朝纲松弛,吏治腐败,纵有皇帝降敕严禁,但实际收效却微乎其微,遂致漕运情势愈发恶化,这下可苦了最为底层的漕运军士。据弘治元年(1488)二月都察院左都御史马文升上言所述,当时困扰漕运军士之苦的有三者:第一,造船之苦。原来造船都是由工部给价,"湖广、江西、浙江运船,本布政司造,南京南直隶运船,淮安清江提举司造,河南、山东、北直隶运船,临清、卫河提举司造,价皆给于工部,或有损坏亦为缮治"。但是近年工部不能按时给价,于是漕运总兵官请求领价自造。可谁想到,工部又对漕运"军士不加意爱护,议令本部出料四分,军卫出三分,旧船准作三分,然军卫无从措办,皆军士卖资产、鬻男女"。第二,往来之苦。漕军"正军逃亡数多,而额数不减,俱以余丁充之。一户至有三四人应役者,每年春初兑粮,至八九月以后始回卫,劳苦万状。船至张家湾又顾(通"雇")车船剥,多称贷以济用,来春复然"。第三,科害搜检之苦。漕运军士借贷银钱,军中把总等军官往往对其索取成倍的利息;军士要是自带土特产想换取些薪米,却又被扣上违禁的"帽子",多为军官没收或抢夺。于是马文升奏请弘治帝允准:"每船一艘加银二十两,禁约运官及有司科害搜检之弊,庶用愈少苏而转漕无滞。"明孝宗接奏后当即降旨:"造船银两令工部查处加添,余皆从之。"(《明孝宗实录》卷11)

而对于漕军中倒卖漕粮和以次充好等弊端,弘治三年(1490),明孝宗在接受臣下建议的基础上也做出了规定:"各处兑过粮米务照原兑样米上纳。若官军人等将原兑好米沿途粜卖,却籴陈碎及插和沙土、糠秕、粗谷等项抵数者,验出,将各该指挥等官参送,旗军径送刑部,查照侵盗边粮事例问拟,仍换好米上纳。"(【明】万历版:《大明会典·会计三·漕运》卷27)

弘治十年(1497)十二月,皇帝朱祐樘接受巡按监察御史夏景和的建议,下令"申严各边势家揽纳粮草之禁",其中规定"自行上纳者,粮草入官,仍坐应得之罪;若转卖与人者,主家及说合之人连坐,更将各人所得财物监追完日,腹里者发边卫充军;各边者,调极边守哨;私买知情者,既治其罪,仍籍其所纳粮草;其主使权要,听巡抚、巡按等官纠劾"。(《明孝宗实录》卷132)

但由于漕运之弊是历史遗留下来的老大难问题,非皇帝下达诏书禁令所能一下子解决得了的,且还涉及地方赋税漕粮的交运。就说交运过程而言,其间一旦要是有个迟缓和闪失,漕运之军与地方衙门就相互扯皮,没完没了。为此,明孝宗在弘治八年(1495)时做出具体规定:地方布、按二司及直隶府、州、县主管赋税漕粮的官员应该督促所属抓紧收运,每年年终时将赋税漕粮集中于起运的水岸边上,等候来年正月交兑。如果违限一年到两年的,记过还职;如果连续违限三年及其以上的,以疲软不职之罪送吏部论处。各地分巡、分守管粮官员有违限的,以十分为率,五分不完者,也照例处置。要是管运官有连续三年违限的,听漕运衙门黜退。弘治十二年(1499),明孝宗又命令户部会同兵部及漕运都御史等官考察运粮各卫所指挥、千百户,"廉干有为者存留管事,贪婪无为者革退,另选相应官代补。"【明】万历版:《大明会典·会计三·漕运》卷27)

在弘治时代要说最为详尽的漕运之禁,那就得数弘治十三年(1500)朝廷做出的5项规定,其中第1项规定:"运粮卫所各置文簿一扇。凡兑过粮数并脚米多寡、一应盘费使用及侵欺债负等项,逐一附写。事完之日送漕运衙门查究。"第2条规定:"官军漕运将正耗粮米照数交兑,不许折收轻赍及中途粜卖。违者,军余欠十石、小旗欠五十石、总旗欠一百石以上者,俱问发边卫哨瞭;百户欠三百石、千户欠五百石、指挥欠一千石、把总都指挥等官欠三千石以上,俱问发原卫带俸差操。若总欠数多,总督漕运总兵等官另行奏请定夺。原卖官粮,责付领运交纳,所得价银,入官。"第3项规定:"凡势豪举放私债、交通运粮官,挟势擅拏官军,缚打凌辱,强将官粮准还私债者,问罪。属军卫者,发边卫充军;属有司者,发口外为民。运粮官参究治罪。"第4项规定:"凡漕运船只,除运军自带土宜货物外,若附带客商势要人等酒、面、糯米、花草、竹木、板片、器皿、货物者,将本船运军并附载人员参问发落,货物入官,其把总等官有犯,降一级,回卫带俸差操。民运船不在此例。"第5项规定:"凡杨村、蔡村、河西务等处,如有用强拦截民运粮船,在家、包雇车辆、逼勒多出脚钱者,问追给主,仍发边卫充军。"【明】万历版:《大明会典·会计三·漕运》卷27)

而后的弘治十七年(1504),皇帝朱祐樘又发布敕令:"把总等官敢有指称打点、馈送、计船科取,许被害旗军具告,漕司提问。如将己物稍派各船,希图觅利,或揽客商货物,取其雇值,或寄装在京势豪人等土产,负累旗军出陪脚价,亦许首告所在官司,照例尽数入官。"【明】万历版:《大明会典·会计三·漕运》卷27)

通过上述这些较为详尽的禁令细则的发布、贯彻与执行,大明漕运军士的困苦有了一定的缓解,漕运之弊也相对有所减少。与之相随,漕运效率得到了提高。综观弘治朝18年,南粮北运抵达京师之数额一直稳定在400万石(见上表),由此看来,明孝宗"更新"天下、安定民生和夯实国本还是取得了一定成效。

当然弘治朝安定民生和夯实国本之举尚不止于此,年轻皇帝朱祐樘在朝廷一批贤直能臣的辅佐和推动下,还改革了茶马制度,整顿盐法。

● 改革茶马　调整盐法

明代茶马制度最初是由朱元璋在开国时确立的,其主要贸易区域是在内地与藏区相交地带。而元末明初的藏区概念不等于我们今天所说的西藏,还应该包括青海、四川、甘肃等部分地区,范围极为宽广。这里高山连绵,地势险峻,主要的生产以畜牧业为主,农业种植以耐寒抗旱和生长期短的青稞为主,由此藏区人们的生活食物结构中,肉食和青稞占据了大头,而"腥肉之物,非茶不消,青稞之热,非茶不解"(【明】陈子龙、徐孚远:《皇明经世文编·王氏家藏文集·呈盛都宪公抚蜀七事》卷149),因此说藏区人特别需要内地的茶叶。而对于明朝来说,出于对北方蒙古战争的需要,也急需藏区出产的良马,此时"兵力有余,唯以马为急"(【明】王世贞:《弇山堂别集·市马考》卷89),于是从大明帝国西疆与北疆的整体战略考虑:"盖西陲藩篱,莫切于诸番。番人恃茶以生,故严法以禁之,易马以酬之,以制番人之死命,壮中国之藩篱,断匈奴之右臂,非可以常法论也"(《明史·食货四·盐法、茶法》卷80)。这里所说的"匈奴"指的是北方蒙古,整个这段史料大概是讲:掌控住西番必需的茶叶,就等于卡住了他们的喉咙,也就断了蒙古人的右臂。因此说明代自洪武开国起就十分重视汉藏之间的茶马贸易,其意义非同寻常。

● 明朝前期茶马贸易的百年之路

明朝茶马贸易由当时官方机构茶马司负责管理,洪武时期开设的茶马司主要有6个:位于今甘肃天水的秦州茶马司(后改为西宁茶马司)、今甘肃临夏的河州茶马司、今甘肃临潭的洮州茶马司、今四川叙永的永宁茶马司(后改在四川天全设立雅州碉门茶马司)、今四川松潘地区的岩州茶马司和广西设立的庆远裕民司等(《明史·职官四》卷75)。从这些茶马司的分布地域来看,当时明朝的茶马贸易主要还是集中在川陕地区(甘肃、宁夏在明初都还没有独立成省,隶属于陕西行省)。

茶马贸易,顾名思义就是以内地茶叶换取藏区的马匹。据史料所载,这样的贸易在唐宋时代就有了。明初洪武时期,朱元璋曾派宦官赵成到河州去买马,因为内地与藏区所用的货币不同,明朝不得不改用绫罗绸缎、丝帛和巴茶同藏人交换马匹,藏人大悦。明太祖获悉后,随即命令河州守将保护茶马贸易,给藏人丰厚的贸易利润,由此河州等地茶马贸易日益发展壮大起来。到洪武十一年(1378)时,仅河州、秦州两处的茶马司所买到的马匹就达1 691匹(【明】王世贞:《弇山堂别集·市马考》卷89)。按照那时的茶马贸易比率:大致是30斤茶叶就能换得一匹良马(《明太祖实录》卷217),因此说,茶马贸易的利润是相当之高的。明廷规定:全国各地的茶农或茶商在向官方宣课司缴纳1/30的课税后,即可自由贩卖了。为此,洪武年间在陕西、四川和京师应天府、苏州府、常州府、镇江府、徽州府和广德府以及浙江、湖广和广西等产茶区都曾设立了茶叶收税机构茶课司,确立各地的茶课税额。这样一来官府的收入是增加了,但管控的茶马贸易中,明朝官方掌控的良马增加数量却大受影响。对此,洪武朝采取了以下措施:

第一,推行"马赋差发"。洪武十六年(1383)正月,朱元璋给松州卫指挥金事耿忠颁发敕谕,说:"西番藏区之民归附我大明,成为帝国子民已经很久了,可我们从来还没有向他们征收过什么赋税徭役。听说他们那里盛产良马,我大明就以他们那里土地的多少作为其贡赋的依据,凡是3 000户人家的有3户贡出1匹良马,4 000户人家的有4户贡出1匹良马,以此作为当地的特定的赋税徭役,也让他们知晓尊君亲上,奉朝廷之礼啊!"这就是明史上有名的"马赋差发"(《明太祖实录》卷151)。

"马赋差发"令发出后,"诸蛮夷酋长来朝者,悉献其所乘马",朱元璋下诏"以钞偿之"(《明太祖实录》卷151)。换句话说,朱皇帝不让西番人吃亏,尽管强制征马了,但大明还是以丰厚的经济利润予以"偿还"。不过这里有个问题,那就是大明宝钞似乎在西番人那里不受欢迎,于是朝廷就改为以茶易马。

通过"马赋差发",大明帝国果然得到了许许多多的西番良马,但就此茶马私自贸易的问题还是没能得到解决。为此,明廷还使用如下几种手段:

第二,严控茶叶生产与流通,即明代的榷茶制。洪武时期对于靠近藏区的陕西汉中府各地茶园的茶农,除了让他们缴纳茶课外,其余茶叶全部由官府来收购,其他地区的余茶由商人去收购。官府征收的茶课和收购的余茶,统称叫官茶,直接用于茶马贸易;商人收购、贩卖的茶叶叫商茶。商人买到茶叶后还不能直接贩卖,一来要向官府的宣课司缴纳"三十取一"(《明史·食货四》卷80)的商品税;二来要向官府交钱申请茶引(相当于茶叶贸易特许凭证),"商茶每一百斤为一引,输官钱千文,其不及引者,纳六百文,给由帖,帖六十斤,量地定程以卖"(【清】傅维鳞:《明书·食货》卷82)。通过了这两关后,商人方可将茶叶运到官府指定的地点去出售,也可交给陕川地区的茶马司,茶马司给予一定的报酬。

第三,在《大明律》中专设律条,严厉打击贩卖私茶:"私茶出境与关隘失察者,并凌迟处死。"(《明史·食货四·盐法、茶法》卷80)茶农将茶叶卖给没有茶引的商人,"初犯笞三十,仍追原价没官;再犯笞五十;三犯杖八十,倍追原价没官"(《大明律集解附例·户律·课程》卷8)。

第四,实行金牌信符制度。洪武晚年,朱元璋派遣特使前往甘肃、西宁、临洮、河州、岷州、巩昌等西北陕川地区去,给当地藏族各部颁发金牌信符,也叫"金牌勘合"(《明太祖实录》卷251)。金牌信符上面的篆体文字为"皇帝圣旨",左边为"合当差发",右边为"不信者斩"。当时明廷一共颁发了41面金牌信符,其中给洮州火把藏思囊日等族金牌4面,其纳马额数为3 050匹;给河州必里卫西番29族金牌21面,其纳马额数为7 705匹;给西宁曲先、阿端、罕东、安定四卫,巴哇、申中、申藏等族金牌16面,其纳马额数为3 050匹,且在"下号金牌降诸番"之后,还将"上号藏内府以为契,三岁一遣官合符"。(《明史·食货四·盐法、茶法》卷80)由此一来,西番诸族必须得持有金牌信符并按照明朝官方指定的地点与方式进行茶马贸易,否则就属于不法行为,要被治以重罪。(《明太祖实录》卷225;【明】杨一葵:《裔乘·西夷》卷3)明初西番地区的茶马贸易通道有二条:一条出河州,一条出碉门。当年朝廷令人运茶500 000斤,获马13 800匹(《明史·食货四·盐法、茶法》卷80)。

总之,通过榷茶制、马赋差发制和金牌信符制等,大明帝国将茶马贸易牢牢地掌控在自己的手中。史载:西番各族"明初设安定、阿端、曲先、罕东、赤斤、沙州诸卫,给之金牌,令岁以马易茶,谓之差发。沙州、赤斤隶肃州,余悉隶西宁。时甘州西南尽皆番族,受边臣羁络,惟北面防寇"(《明史·西域二西番诸卫》卷330)。换言之,通过茶马贸易及其相关的一系列举措的贯彻和实施,大明帝国大体上掌控住了西域诸番,最终将斗争的焦点锁定为具有巨大潜在威胁的北方蒙古残余势力。这也正是当年老朱皇帝的老辣之处。

不过这样特别的边贸制度并非完美无缺,从本质上来讲,茶马贸易是一项由大明帝国操控的、违背经济规律且带有浓烈政治强迫色彩的非常国策。我们不妨以当时的茶马比价来说事。洪武十六年(1383)八月壬午日,兵部上奏:"定永宁茶马司以茶易马之价,宜如河州茶马司例,凡上马每匹给茶四十斤,中马三十斤,下马二十斤。"明太祖从之。(《明太祖实录》卷156)洪武三十年(1397)七月辛未日,朱元璋跟户部尚书郁新等说:"陕西汉中以茶易马,每马约与茶百斤,岁给茶三百万斤,可易马三万匹,宜严守关隘,禁人贩鬻其四川松茂之茶。"(《明太祖实录》卷254)洪武朝官史记载的茶马贸易的比价大概也只有这两处了,由此很多经济史研究者认为,明初马茶比价大致在1:40~1:100之间,即1匹马的价格大致相当于40~100斤茶叶的价格。如此贸易可实在称得上是"贵茶贱马"。"贵茶贱马"所带来的后果在明初洪武时期尚不太明显,但时间一长,人们发现的问题可多了:

第一,茶叶走私越来越多,且越来越猖獗。

由于茶马贸易中"贵茶贱马",大明帝国可以坐收渔利,获得极为丰厚的报酬。正如人们所常说的那样,趋利是人性的本能,既然茶马贸易能带来暴利,那么一些胆大的商人就不惜冒着杀头的危险去贩运私茶,偷偷地来到地形复杂无比的西疆边地进行私下交易,就连洪武帝女婿欧阳伦这样的显贵势要后来竟然也干起了这类勾当,洪武三十年(1397)因案发他被皇帝丈人朱元璋处死(《明太祖实录》卷253)。

　　明成祖朱棣篡位成功后,为了解决自身皇位合法性焦虑问题而实施"怀柔远人"政策,"递增茶斤",即提高茶马贸易中茶的比重,西番诸族知道后蜂拥而至,遂致"市马者多,而(官)茶不足"的局面出现。既然官茶不足,而皇帝朱棣又想要得到更多的西番良马,于是他下令稍开茶禁。哪知茶禁稍开,茶叶走私和茶马私自贸易立即开始变得越来越多,也越来越猖獗,由此造成了茶马贸易中两者之间比价反向失衡,"碉门茶马司至用茶八万余斤,仅易马七十匹,又多瘦损"。为此,明成祖又不得不下令"申严茶禁,设洮州茶马司,又设甘肃茶马司于陕西行都司地。(永乐)十三年特遣三御史巡督陕西茶马"。但即便如此,大明帝国还是未能遏制住茶马私自贸易的猖獗之势。(《明史·食货四·盐法、茶法》卷80)

　　第二,茶马私自贸易猖獗,金牌信符制度随之渐趋废弛,且难以"重振雄风"。

　　明太祖朱元璋在推行金牌信符制度后没多久就驾鹤西去了,随后便发生了长达4年的"靖难"战争。经过亡命的博弈,魔鬼朱棣最终篡得了大位。为了掩盖篡位的罪恶性和标榜继承大统的合法性,明太宗朱棣在登基后立即遣使四处,昭告世人:自己才是"一遵祖制"的大明皇位"正宗继承人"。永乐元年(1403)五月戊戌日,他"遣行人往四川碉门、黎、雅,陕西河州、临洮诸处,禁约私茶,以遵(先皇)旧制也"(《明太宗实录》卷20下)。永乐三年(1405)十二月乙酉日,他又对手下兵部大臣做了这样的指示:"河州、洮州西宁诸处与西番易马,朝廷本推诚抚纳远人,皆与好茶。闻近时守边头目人等多用恶谬茶欺之,甚者侵损其财物。彼虽淳厚,不肯陈告,然心未必能平。来年其遣金牌信符给西番为验,使比对相同,即纳马,如洪武中例,不可后期。仍榜谕边地官民,以朝廷怀远之意。今后马至必与好茶,若复欺之,令巡按监察御史采察以闻。"(《明太宗实录》卷49)

　　尽管篡位皇帝反复声明要继续推行高皇帝的金牌信符制度,但由于那时茶叶走私已经十分严重,加之大明官方茶马司主持的交易中茶与马的比价不合理等因素,遂致越来越多的汉藏相邻地区茶马贸易毋须经由大明官方而就在民间私自进行与完成,这也就致使明初立国起开始推行的金牌堪合或称金牌信符制的废弛。永乐十四年(1416),鉴于大势所趋,明成祖不得不令:停止实施茶马贸易中的金牌信符制。这一停就停了10余年,宣德十年(1435)年初,刚刚接任皇帝大位的小杆子皇帝明英宗在辅政大臣的建议下,决定下令恢复实行金牌信符制。但由于那时"番人为北虏侵掠,徙内地,金牌散失,而茶司缘边槖军缺乏运,止以汉中岁办并巡获私盐四五万易马,其余远地一切停止,金牌亦不复给,听其以马来贡而已"(《古今图书集成·经济汇编·食货典·茶部总论》卷292)。这样一来,金牌信符制在明英宗时代恢复实施了并没多久,又陷入了废弛状态。金牌信符制废弛后,茶叶走私和茶马私自贸易就变得愈发厉害,大明茶马贸易陷入了恶性循环"怪圈"之中。

第三,大明帝国官茶越来越少,茶马司主持下的官方垄断贸易难以为继。

明初开始的茶马贸易中的官茶一般来说有两条来源途径:一是官运,即官府组织军民、人夫等进行长途运输,但由于"所费浩大"(《明宣宗实录》卷67),不为帝国政府所常用。二是商运。商运运作模式在明初也有两种:其一为"纳米中茶"。"纳米中茶"最早出现于洪武末年,其具体做法是,因一时灾害或战乱明朝官方号令商人们运输一定数量的粮食到指定的地点。作为回报,帝国政府给予一定数量的茶叶,让他们运输到汉番相间的茶马司去,其间允许在正茶之外携带些私茶,任由其发卖与赢利,这就是明史上的"纳米中茶"。不过此乃为一时权宜之计,并没有形成定制。(《明史·食货四·盐法、茶法》卷80)其二为"运茶支盐"。"运茶支盐"是指商人在缴纳一定数量的钱后,从官府那里领取茶引和茶由,然后根据这些茶引和茶由运输相应的茶叶到官方指定的茶马司去,接受那里官方的验收与核实,通过后会收到官方给出的一定数量的盐引,随即拿了这些盐引到两淮或两浙等产盐区去兑盐,兑到盐后再上大明官方指定地点去贩卖赢利,这叫做"运茶支盐"或"中茶支盐"。"中茶支盐"大概始于洪宣之际,"宣德中,定官茶百斤,加耗什一。中茶者,自遣人赴甘州、西宁,而支盐于淮、浙以偿费"。但是商人们往往在"中茶支盐"过程中"恃文凭恣私贩,官课数年不完。正统初,都御史罗亨信言其弊,乃罢运茶支盐例,令官运如故,以京官总理之"(《明史·食货四·盐法、茶法》卷80)。

● 弘治朝茶马贸易的清整与改革

"罢运茶支盐例"即喊停商运,恢复官运,可官运所费浩大,效率低下,加之金牌信符制度渐趋废弛,民间私茶贸易屡禁不止和边地卫所制度的逐渐破坏,终致明朝中期出现了"茶马司所积渐少,各边马耗"(《明史·食货四·盐法、茶法》卷80;《明孝宗实录》卷40)的不堪局面。正是在这样的情势下,即位才没多久的弘治帝对沿袭百年且已弊端百出的茶马贸易制度开始进行整顿与改革。

○ 召商中茶

弘治三年(1490)七月戊寅日,巡按陕西监察御史李鸾上言:"西宁等三茶马司为贮茶、以易番马而设。比年以赈饥,故开茶易粟,其为民则便矣,而茶马司所积渐少。今各边马耗而诸郡岁稔,无事于易粟以赈。请于西宁、河西二茶马司各开报茶四十万斤,洮州茶马司二十四万斤,召商中纳,每引不过百斤,每商不过三千斤,官收其十之四,余者听其货卖,总之可得茶四十万斤,约易马可得四千匹,数足即止。"(《明孝宗实录》卷40)

李鸾在上章奏言中讲了这样的一个事实,目前西北茶马司所贮茶叶严重不足,官方垄断的茶马贸易无法正常进行,而大明边防又时不时地吃紧,战马紧缺。往年纳粟中茶是为了解决陕西等地的饥荒问题,而如今西北各边诸郡农业丰收,无需再进行纳粟中茶。由此他奏请朝廷批准,实行与以往不同的运茶新政策——召商中茶,以解目前茶马司所贮茶叶严重不足的燃眉之急。召商中茶的具体做法是,请于西宁、河西二茶马司各自开报茶40万斤,洮州茶马司24万斤,召商中纳,即官方让商人运送茶叶,但又不能任由商人随意中茶,而要从总量上进行控制:中茶总额数定为40万斤,大约可换马4 000匹,"每引不过百斤,每商不过三十引。"(《明史·食货四·盐法、茶法》卷80)与此同时,为了调动商人运茶的积极性，李鸾提出将利润的60％让给他们，大明官方得40％之利，"数足即止"。朝廷户部觉得这个建议不错，就上报给了当朝天子，明孝宗随即批示："准奏！"（《明孝宗实录》卷40）

召商中茶实际上是将民间商业资本引入明朝官方茶马贸易体系，而商业资本一旦引入，它所产生的后果是官方所无法料想到的。实行召商中茶后，商人们利用中茶的合法外衣，大肆运送私茶，遂致"私茶难禁，而易马不利"。（《明孝宗实录》卷157）弘治十二年（1499）十二月，巡按陕西监察御史王宪上言朝廷说："国家于河州等处设茶马司收茶，以易番马，大得制御之道"，但"自中茶禁开，遂令私茶莫遏，而易马不利。请停粮茶之例。异时或兵荒，乃更图之"。（《明史·食货四·盐法、茶法》卷80；《明孝宗实录》卷157）明孝宗接奏后答复："粮茶既有误易马，其停之。"（《明孝宗实录》卷157）

但事态的发展绝非像明孝宗君臣想象的那样简单：召商中茶想开就开，想关就关，关停召商中茶，就能遏制住私茶贸易之势了。"四川茶课司旧征数十万斤易马。永乐以后，番马悉由陕西道，川茶多泡烂。乃令以三分为率，一分收本色，二分折银，粮茶停二年。延绥饥，复召商纳粮草，中四百万斤。"陕西召商中茶又开后，私茶贸易更加猖獗。见此，御史王绍上言，请求朝廷再次下令禁止，"并罢正额外召商开中之例"。明孝宗随即接受了谏言，但就此而言，大明西北边地"私茶莫遏"和"易马不利"的局面并没有得到好转。（《明史·食货四·盐法、茶法》卷80）

○ 召商买茶

正是在这样的情势下，弘治帝接受了刘大夏的推荐，擢升南京太常寺卿杨一清为都察院右副都御史，派他前往陕西，对茶马贸易等诸多制度实行清整与改革。（《明孝宗实录》卷194）

杨一清是个具有"好谈经济大略"的人才，通过科举入仕，曾任中书舍人，后迁为山西按察佥事，"以副使督学陕西"。"在陕八年，以其暇究边事甚悉。入为太常寺少卿，进南京太常寺卿。"（《明史·杨一清》卷198）由此看来，弘治十五年（1502）十二月，皇帝朱祐樘选派杨一清上陕西去督理马政，还真是个明智的决定。

再看杨一清一上任就显得与众不同，他先做了个实践测算，用

1 570两官银去买茶,结果买到了78 820斤茶叶,然后再用这些茶叶与西番诸族进行交换贸易,最终换到了90匹马。那么,这90匹马如果直接用银子去买,大致要花费多少呢?根据当时的市场行情至少得花费7 000余两。两者一比较,杨一清发现:用官银去买茶再进行茶马贸易,这一种交换方式还是有着丰厚的利润空间的,于是他上请弘治朝廷批准,实行召商买茶。至于召商买茶的具体方案,杨一清在给弘治帝的奏章中这样说道:"臣今年闰四月内,又经出给告示,招谕陕西等处商人买官茶五十万斤,以备明年招繁之用。凭众议定:每茶一千斤,用价银二十五两,造蒸晒、装篰、雇脚等项,从宽计价银五十两,令其自出资本前去收买,自行运送各茶马司,交收明白,听给价银。"(【明】杨一清:《杨一清集·茶马类》,中华书局,2001年版,P87)

按照杨一清的这个改革方案精神,既然大明官茶、官运都无法有效进行了,那么干脆就将这一块的事务交与商人们来解决,即由商人们自行出钱、出人和出力,将各地的茶叶运送到茶马司来,茶马司按照"每茶一千斤,用价银二十五两"计算,外加蒸晒、装篰、雇脚等项费用,宽松地计算当付官银50两。召商买茶每年都得举行,"官贸其三之一,每岁茶五六十万斤,可得马万匹"(《明史·食货四·盐法、茶法》卷80)。那么在这过程中商人如何获利呢?出身于商品经济相当活跃的江南地区的督理陕西马政杨一清,向皇帝提出了一个利好商人的附带建议:允许他们"每茶千斤,带附余茶五十斤,备正数不足,这正数足,遂给之,谓之酬劳也"。(【明】杨一清:《杨一清集·茶马类》,中华书局,2001年版,P88)

1 000斤官茶正数之外,官方允许商人携带50斤茶叶作为正数之补。以此类推,如果购买、运送10 000斤正数官茶,那么在没有损耗的情况下商人也只能得到500斤茶叶之利。500斤茶叶,按照当时的行情只能换得75两银子,除去成本,商人们获利还不到10%,而大明官方将10 000斤正茶给卖了,可以坐收1 000两银子,其利润率为200%。(王晓燕:《官营茶马贸易研究》,民族出版社,2004年版,P211)官商一对比,利益分配悬殊,时间一长,"商人有不愿领价",即商人不愿接受大明官方的这个方案。正是在这样的情况下,杨一清于正德元年(1506)上奏朝廷,建议"以半与商,令自卖。遂着为例永行焉"(《明史·食货四·盐法、茶法》卷80)。至此,可以说大明西北茶马贸易改革取得了阶段性的成功。

○ 清除积弊

为了确保茶马贸易的正常进行,自开国起,大明帝国的历代君主都十分注意对其加强监察,坚决打击茶叶走私。洪武时朱元璋就规定,每年"自三月至九月,月遣行人四员,巡视河州、临洮、碉门、黎、雅。半年以内,遣二十四员,往来旁午"(《明史·食货四·盐法、茶法》卷80)。永乐十三年(1415),明成祖"差御史三员,巡督陕西洮州、河州、西宁茶马司三处,收贮官茶,易换番马"(万历版:《大明会典》卷210)。宣德十年(1435),英宗朝廷"乃定三月一遣"(《明史·食货四·盐法、茶法》卷80)。景泰时期一度恢复洪武时代的"行人"巡察制度,但没多久又废止了。成化三年(1467),明廷再次"命御史巡茶陕西。番人不乐御史,马至日少。乃取回御史,仍遣行人,且令按察司巡察。已而巡察不专,兵部言其害,乃复遣御史,岁一更,着为令"(《明史·食货四·盐法、茶法》卷80)。

从上述史实的考证来看,弘治以前的百年历史进程中,大明朝廷委派巡察茶马贸易的官员不外乎行人和监察御史。行人在洪武时代所定的品级很低,只有正九品,左右行人则更低,为从九品。(《明太祖实录》卷132)而在茶马贸易中主持茶马司日常事务的主要官员大使和副使也分别只有正九品和从九品。由于官微又薪低,但其所负之责却很大,既要收贮和管理川陕运来的茶叶,又要主持与西番诸族的茶马贸易,甚至还得要防止茶叶走私,这些身处天高皇帝远的川陕经济不发达地区的茶马司大使和副使等官吏,在仕途升迁无望、经济收入久久得不到改善的情况下,往往会自觉或不自觉地参与到茶叶走私的行列中去。为此,明廷派出行人前去巡察,但行人与茶马司大使为同等品级,从官位品级角度来讲,他还真管不了什么事情。所以自永乐朝始列代皇帝更多地叫监察御史兼管茶马司。监察御史为正七品官,地位要高于茶马司大使和副使,由他来管事那真可谓名正言顺。但朝廷在委任监察御史时还往往让他肩负多重巡察任务,至于茶马司的事情与茶叶走私,是他兼管的一部分。于是就出现了弘治时代杨一清所描述的那种难堪局面:"行人职微无权,人罔知惧,委实虚应故事;御使巡按一方,事务繁多,恐管理不周。"(【明】杨一清:《杨一清集·茶马类》,中华书局,2001年版,P90)而茶叶走私者对于大明茶禁及其相关的严厉处罚压根儿就没当回事,"其视充军甘如饭食,罪至于徒,已非轻典。而陕西军民宁从三年之徒,不肯出杖罪之赎。盖各处充发军人及摆站哨瞭囚徒,随到随逃,以为常事。上司亦尝立法查考,卒莫能革。其逃回者,又复贩茶。屡犯不悛,玩法至此,可谓极矣。"(【明】陈子龙、徐孚远:《皇明经世文编·杨一清〈为修复茶马旧制以抚驭番夷安靖地方事〉疏》卷115)

那么怎样来破解这样的难题和走出这样的困局呢?弘治十六年(1503)五月,杨一清上奏朝廷:"请取回巡茶御史。凡茶马之事,皆责任本官,候事有成效,然后仍差御史巡察,三年一代。"(《明孝宗实录》卷199)"自弘治十八年为始,听臣于各官内,自择有风力才干一员,常川于临洮府住札(同"驻扎"),不许别项差占,专一往来巡视,严禁私茶,痛革通番积弊。部覆听委按察司官一员,专一巡视,一年而更。一年满日,仍择委一员代之。"(【明】陈子龙、徐孚远:《皇明经世文编·杨一清〈为修复茶马旧制以抚驭番夷安靖地方事〉疏》卷115)

杨一清在上奏的疏文中还建议弘治朝廷做出规定:今后凡"有将私茶潜逞边境兴贩交易,及在腹里贩卖与进贡回还夷人者,不拘斤数,事发并知情歇家牙保,俱问发南方烟瘴地方卫分,永远充军"(【明】陈子龙、徐孚远:《皇明经世文编·杨一清〈为修复茶马旧制以抚驭番夷安靖地方事〉疏》卷115)。

对于杨一清的上请建议,明孝宗全盘予以接受,召回御史,且还降下了这样的圣旨:"杨一清既职专,马政各衙门官员俱不许干预沮(同"阻")挠。"(《明孝宗实录》卷199)即皇帝朱祐樘全权委任杨一清大力整顿大明西北茶马贸易与马政。(《明史·食货四·盐法、茶法》卷80;万历版:《大明会典》卷210)

杨一清对西北茶马贸易与马政(详见下章)的改革前后大致进行了四五年(从弘治十五年到正德元年),在这四五年间,上全皇帝朱祐樘,下至兵部尚书刘大夏、给事中徐番、夏遂等都曾给予大力支持,加上杨一清自身有才,终致大明西北茶马贸易与马政一改昔日颓废的景象,呈现出面貌焕然一新的格局。据记载:弘治十六年

(1503)时,大明在茶马贸易中换得了西番马2 488匹,弘治十七年换得6 343匹,弘治十八年换得4 298匹,正德元年换得5 948匹,总计换得西番马为19 077匹。(【明】杨一清:《杨一清集·茶马类》,中华书局,2001年版,P97~102)这些西番马随后都被送往陕西三边当作战马,于大明国防与国本"不为无补"(【明】陈子龙、徐孚远:《皇明经世文编·杨一清〈为总奏修理马政〉疏》卷115)。

我们换个角度来说这事,经过弘治朝的召商中茶和召商买茶等模式的不断探索以及杨一清主持的西北茶马贸易和马政整顿与改革,大明帝国茶叶走私得到了一定的遏制,茶马贸易也有了相当程度的恢复和发展。更有杨一清采取了大体适应明朝中期商品经济发展之势的改革,以及召商中茶的推行,从事实上废止了茶马贸易中劳民伤财的官茶官运制度,这就在一定程度上安定了民生和夯实了国本。

与茶马贸易有着相似情况的,还有传统的盐法在明朝中期时也呈现出了种种弊端。对此,明孝宗朱祐樘在即位后没多久就开始着手予以清整与改革。

● 大明盐法演变之①户口食盐官卖制的兴与亡

明朝盐法也是由洪武帝朱元璋建立起来的,它以灶户制度为基础,将盐业生产、管理和分配等都直接掌控在国家手中,是一种垄断性的国家专卖体系。具体地说,灶户们生产出来的食盐全部由大明国家来收买处理,大明国家将食盐分为两部分来处理:一部分通过户口食盐法,分送到各地州、府、县,按户口派卖,计口征收宝钞或钱粮,这叫官卖制;而另一部分则用于开中法,即与商人进行粮食、马匹等项的交换。其具体做法是:商人将粮草运到大明官方指定的边疆军镇后,官方根据该商人运送粮草的数量与距离的远近发给一定数量的国家专控的盐引。商人在取得盐引后上官府指定的盐场去支取由灶户生产出来的食盐,然后再到官府指定的地区去贩卖,以此获利,这就是明代经济史上的"开中法",也称"通商制"。(详见拙著:《大明帝国》系列之②《洪武帝卷》中册,东南大学出版社,2014年1月版,P533)

洪武时代的如此盐法建制是有着一定的时代背景的,那时大一统帝国经历了大战乱,自然经济大衰退,国家军事边防时不时地吃紧,社会急需安定,而帝国中央政府又腾不出很多的财力、物力和精力来解决这些问题,于是就迫不得已地实施此类应时性的举措。但随着大明帝国的逐渐稳定,社会经济的发展,商品交换的日渐增多和大明盐法实施中作为交换主要媒介之一的大明宝钞不断地贬值,到明朝中期时,无论是食盐官卖制还是开中法都开始频频亮起了红灯,这表明大明立国之初的洪武盐法建制必须要做出相应的调整。那究竟怎么进行调整呢?

我们先来讲讲户口食盐官卖制。

户口食盐官卖制又称"食盐配给制"或"户口食盐法",明初由皇帝朱元璋下令在帝国境内推广,其具体做法是,按照每户人口多少,帝国政府配给相应数量的食盐。人口多的人户,帝国政府多配给些食盐;人口少的人户,帝国政府少配给些食盐。官运官销,军民人户都没有讨价还价的余地,每户必须得按照自家人口多少向国家上缴相应的配给食盐的"报酬"——大明宝钞,这些都是定死的,不可随意变更。但在洪武时期,户口食盐法似乎并没有完全推向全国每个角落,有的地方又因实行开中法而逐渐废止。到了明成祖朱棣篡位后,该法才在全国各地通行起来。有史为证,永乐二年(1404)七月庚寅日,都察院左都御史陈瑛上言:"岁比钞法不通,皆缘朝廷出钞太多,收敛无法,以致物重钞轻。今莫若暂行户口食盐之法,以天下通计人民不下一千万户,军官不下二百万家。若是大口,月食盐二斤,纳钞二贯;小口一斤,纳钞一贯,约以一户五口,季可收五千余万锭。行之数月,钞必可重。"朱棣接奏后命令户部会同群臣集议。经过讨论,大家都认为推广户口食盐法是个不错的主意,只是觉得陈瑛提出的每户配给食盐数量太多,"但大口令月食盐一斤,纳钞一贯;小口月食盐半斤,纳钞五百文,可以行久"。篡位皇帝朱棣听后认为可行,随即以此诏令下去予以实施。(《明太宗实录》卷33;《明史·食货五·钱钞》卷81)

也就从这时候起,户口食盐法才通行于全国,成为维持大明宝钞信用的一种主要补救办法。户口食盐法在明初推行时是以纳钞为交换媒介,譬如,永乐时朝廷规定:"盐每大引一百贯"(万历版:

《大明会典·库藏二·钞法》卷31），但由于此套体系为官运官销的绝对专控机制，其运营的好与坏除了以皇帝为首的专制帝国政府外已无人敢过问，因此自永宣以后逐渐出现了这样的不堪局面：官方盐课司数年不发运食盐，而逆来顺受的小民百姓却依然要交纳大明宝钞，以此作为支付户口食盐的费用。这样情势到了正统初期时更为恶化，以至于那时的小杆子皇帝明英宗在辅政大臣的建议下不得不发出了如下敕谕："永乐年间因钞法不通，令民照口数纳钞，支与官盐。递年钞法通行，民纳盐钞如旧，盐课司十年五年无盐支给，民人纳钞艰难，宜减半收钞，以苏民力。"（《明英宗实录》卷56）

由此看来，最迟到正统初年时，户口食盐法实际上已经被废弛，为户口食盐纳钞早就沦为了小民百姓必须要完成的一项帝国赋税任务。这样的事实在大明官方史书中有着大量的记载：

正统四年(1439)九月癸丑日，行在户部上奏："贵州布政司言所属镇远等府、普安等州并金筑安抚司诸种苗蛮，不能买卖生理，户口食盐钞无从办纳，乞赐免征。"明英宗接奏后允准之。（《明英宗实录》卷59）

正统七年(1442)十月，山东滨州儒学训导吾豫上言："滨州、武定二州并沾化等七县，洪武中岁丰钞少，户口食盐折纳布匹。近连岁灾伤，有司仍征布，民益凋敝，请如别州、县纳钞。"英宗朝廷也允准了吾豫的奏请。（《明英宗实录》卷97）

正统九年(1444)二月，山东掖县上奏："连年旱潦，人民艰难。乞将该征户口食盐米折钞，每米一石折钞一百贯。"户部覆奏，皇帝朱祁镇准奏。（《明英宗实录》卷113）

景泰三年(1452)七月，皇帝朱祁钰下令，"免广东肇庆府所属无征租课米共五万六千八百二十余石，户口食盐钞共五万七千六百五十余贯，以其民被贼杀掠，地土多荒故也。"（《明英宗实录》卷218,《废帝郕戾王附录》第36）

景泰五年(1454)三月，明代宗降旨，"免直隶大名府所属去年被灾地亩米麦一万五千三百五十石有奇，绵花三千四百七十余斤，草三十万四千一百余束，课米一百八十七石，户口食盐钞十六万一千五百五十贯，绢三百二十八匹"（《明英宗实录》卷239,《废帝郕戾王附录》第57）。

成化元年(1465)十一月,南京户部左侍郎陈翌上言弭灾救荒三事,其中的第一件事就是讲"户口食盐钞征收"问题,他说:"洪武、永乐间征纳虽多,不分软烂。正统十四年虽遇恩例减免一半,俱用生钞,民间无从得之,往往以米易换纳官,以致逼民逃窜。乞自成化年为始,更加减免,以苏民困……"(《明宪宗实录》卷23)

成化三年(1467)十月,明宪宗"命四川户口食盐钞暂改收米,每口钞六贯为米一斗,以兵部尚书程信言兵饷不足故也"(《明宪宗实录》卷47)。

成化二十年(1484)六月,巡按山西监察御史周洪等上奏说:"山西平阳府等州、县自冬徂春,雨雪不降,风沙漫野,播种良艰。军民阻饥,饿莩流移者甚多。乞敕所司以今年柴炭银、绫绢、户口食盐岁办等料,俱暂行停止,以苏困苦。"工部覆奏,明宪宗准之。(《明宪宗实录》卷253)

弘治元年(1488)二月,户部上请并取得明孝宗同意,派遣两京御史及主事一员,"监收崇文门宣课分司,并南京上新河税课司商税,其河西务、临清、淮安、扬州、苏州、杭州、九江、金沙洲钞关,并张家湾、临清、淮安、扬州、苏州、杭州、刘家隔、正阳镇税课司局,各委府、州佐二官,一员监收,凡课程除崇文门、上新河、张家湾及天下税课司局仍旧钱钞兼收外,余钞关税课司局、天下户口食盐,每钞一贯折收银三厘,每钱七文折收银一分,类解本部,其存留者,准折本处官军俸粮,照在京例,每银一两折钞七百贯"(《明孝宗实录》卷11)。

弘治六年(1493)四月,"内府承运库告缺少供应金银。户部请借太仓银十万两应用,移文天下催取弘治二年至五年折粮银两以充之。复奉旨集廷臣议,拟上三事,以为通融理财之法"。其中第一件事即为"折钱钞","谓天下户口食盐钱钞,今后每钞一贯,折征银三厘,钱七文折银一分,当解京者径入内帑,当存留者留本处,准官军俸粮,计解京之数,大约一岁可得银二十二万三千余两"。皇帝朱祐樘当即予以了批准。(《明孝宗实录》卷74)

弘治九年(1496)七月,因辽东地远和钱钞旧不通行之故,"户部请以直隶永平府岁输辽东户口食盐钱钞,自弘治九年以后,俱折收银两,每钱七文,折银一分;钞十贯,折银三厘"。皇帝朱祐樘批

复：允准！(《明孝宗实录》卷115)
……

从上述史料及其相关资料中我们可以看出：

第一，自永宣之后，尽管户口食盐法已经被废弛，但小民们却一直在上纳"户口食盐钞"，其已成为帝国政府剥削和掠夺小民的一种变相赋税。

第二，"户口食盐法"开始实施时征收大明宝钞不分生熟，但从正统十四年起一律改收生钞，而小民们手中多有熟钞即烂钞，无奈之下，只得以米易换生钞(《明宪宗实录》卷23)。这在无形中就"户口食盐钞"一项无厘头的杂税征收大为加重了人们的负担。

第三，帝国小民为"户口食盐"最初缴纳的是大明宝钞，但随后便变得五花八门。洪武时期官府允许部分穷困地区用布匹或"以土产物代输"(《明太祖实录》卷59)，永宣时期出现了米粮一类的替代物，自正统时期起钱粮折纳逐渐多了起来。当然帝国各地情况还很不一致，到底以何物来替代大明宝钞作为户口食盐钞来上缴，一般都要上请朝廷同意。那么究竟为何会出现如此令人眼花缭乱的户口食盐钞折纳物和替代物？这里边就有个十分关键性的缘由，那就是大明宝钞急剧贬值。

在以前出版的《洪武帝卷》中册中笔者已述，明朝开国皇帝朱元璋及其子孙光注意了大明宝钞的面值与防伪，却并没有像元世祖忽必烈时代的精英们那样看到了货币背后的无形之手。纸币的发行是以一个国家的金银储备量为基准，不能滥发。一旦发行出去，就得考虑它们是否能以金银或丝兑换过来；要是发现兑换有困难了，就得赶紧刹车，否则就成了滥发纸币，最终导致纸币的彻底贬值，废纸一堆。而明朝前期大明宝钞偏偏"走"的就是这样的一条"不归路"。洪武九年(1376)，大明宝钞与其他货币财物的换算是这样的：1贯＝铜钱1 000文＝白银1两＝1石米，1两黄金＝4贯＝4两白银。(《明太祖实录》卷105)到洪武二十三年(1390)，15年间大明宝钞贬值到了面额(即规定可兑铜钱数)的1/4，到洪武二十七年(1394)即将近20年的时间，大明宝钞贬值到面额的1/6以下。永乐元年(1403)，官兵俸米1石已可折支纸币10贯，当时米价1石不足1贯，则纸币贬值已到了面额的1/10以下。洪熙元年

(1425),1石俸米可折支纸币25贯,贬值程度较前又加倍了,约为1/25。景泰元年(1450),官兵俸银每两折支纸币500贯,即纸币贬值已到面额的1/500以下。成化初年,由于"钞法久不行",1贯新钞贬值到了连10文铜钱都不如,而1贯旧钞仅值1～2文铜钱,"甚至积之市肆,过者不顾"(《明宪宗实录》卷27)。到弘治元年(1488)时,1贯大明宝钞大约只能兑铜钱1文。(汪圣铎:《中国钱币史话》,中华书局,1998年4月版)

正因大明宝钞不断地贬值,由此它也就成了烫手的山芋,连其发行者帝国政府都不想要了,所以明朝中期历代君臣总想着法子,以土特产、布匹和钱粮等替代财物来征收"户口食盐钞"这项变相的赋税,直至成化、弘治之间的金银出现。

第四,大致自正统以后,随着商品经济的发展、金银取得合法的货币地位,帝国赋役征收由实物逐渐改为了白银,大明户口食盐钞的征收也在往着这个方向发展,终于在成化、弘治之际以折纳白银的形式渐居主导地位。就当时的实际而言,这还是帝国政府一笔相当可观的收入。据成化二十一年(1485)巡抚辽东左副都御史马文升在应诏上言的疏文中所言,大明朝廷若"于天下户口食盐钞俱收折银,通计一年亦可得银百万余两"(《明宪宗实录》卷262)。

也正因为收入可观,所以明朝历代君主都不愿废止早已名不副实的户口食盐法,即使是以"宽仁"和"至孝"著称于世的明孝宗也不例外。要说明孝宗在这事上的积极作用,无非是适应时代商品经济发展之大势,应时而为,接受臣下建议,允许折银代钞,充实国库,稳固国本。明朝的户口食盐法在弘治以后又苟延残喘了半个多世纪,直"至嘉靖末年,创立条鞭,不分人户贫富,一例摊派,不论仓口轻重,一并伙收,甚将银力二差与户口盐钞并之于地"(《明神宗实录》卷58)。也就是说,到嘉靖末年时,因江南地区推行一条鞭法,"户口食盐钞"和银差、力差之役一并被摊入土地赋税中征收。至此,户口食盐法才算完全退出历史的舞台。

● 大明盐法演变之②开中法由纳粟中盐到纳银中盐

就在户口食盐法苟延残喘之际,差不多与其一起诞生的"孪生姐妹"开中法也面临着极为严峻的考验。

○ 明朝前期的开中法及其流弊

前文说过,明朝在推行官运官销的户口食盐法之同时,将灶户们生产出来的大部分食盐用到了开中法中去。开中法在明太祖开国之初就已经开始实行。洪武三年(1370),山西行省上言:"大同粮储,自陵县(今山东德州市陵城区)运至太和岭(今山西马邑),路远费烦。请令商人于大同仓入米一石,太原仓入米一石三斗,给淮盐一小引。商人鬻毕,即以原给引目赴所在官司缴之。如此则转运费省而边储充。"洪武帝朱元璋准之,遂开启"召商输粮而与之盐,谓之开中。其后各行省边境,多召商中盐以为军储"。即自此而始,"盐法边计,相辅而行。"(《明史·食货四·盐法、茶法》卷80)

查阅明朝官方史料,我们发现:明朝前期实施的开中法具有如下几个特征:

第一,明朝开中法是由明太祖朱元璋一手创立起来的,最先在北方边地施行,然后逐渐地向南疆等地推开。到洪武晚期时,除了东边海疆外,北、西、南诸边地都施行了开中法。(《明太祖实录》卷59、卷81、卷105、卷150、卷198、卷224、卷244;《明太宗实录》卷11……)

第二,明朝前期开中法是以纳粮中盐为主,但也有"纳马中盐"。正统三年(1438)正月,宁夏总兵官都督同知史昭上奏说:"宁夏边军缺马骑操者众,今访知延庆、平凉等处官员军民之家养马成群,宜出榜招之,令将马匹赴官中盐,验马以定引数。"明英宗接奏后将该事交与行在户部、兵部会合讨论,两部最终议定:"上马一匹,与盐百引;中马一匹,与盐八十引,听于陕西地方鬻之,其马匹送总兵官都督史昭、参赞军务右佥都御史金濂处公同验收。"朱祁镇当即批准了这个方案。(《明英宗实录》卷38)自此而始,明朝历史上就有了纳马中盐。"既而定边诸卫递增二十引。其后河州中纳者,上马二十五引,中减五引;松潘中纳者,上马三十五引,中减五引。久之,复如初制"(《明史·食货四·盐法、茶法》卷8;《明英宗实录》卷252,《废帝郕戾王附录》第70)。

但从总体来看,纳马中盐在明朝开中法中不占主导地位,纳粮中盐才是其最为常见形式。

第三，开中法自创立后，其纳粮中盐之比率并不是一成不变的，而是根据时势的变化不断地加以调整，且各朝还不一致，甚至在同一个皇帝当政的前期与后期也不太一样。譬如，洪武前期在湖广靖州、崇山两卫纳粮中盐的，"每米二石，给淮盐一引"。但由于"米贵盐轻"，在实施一段时间后出现了"商人稀少"的尴尬局面。为此，湖广布政使司上奏朝廷，请求降低纳米数量。朱元璋接奏后当即批准了建议。(《明太祖实录》卷129)

北疆万全原定召商中盐之例："每引纳米四斗。"但由于该地位"临极边，路当冲要"，纳粮至此极为不易，"则例既重，商旅不至"。宣德二年(1427)十一月，镇守万全的右卫都指挥黄直上言：乞请"如宣府、大同，酌量轻减，则人必争趋，军储可充"。明宣宗朱瞻基接奏后将此事交与户部讨论商议，最终议定："万全左右二卫开中淮浙盐，每引纳米三斗，不拘次支给。"(《明宣宗实录》卷33)

从整个明朝前期历史来看，纳粮与中盐之比率总体上有着减轻的趋势。

第四，明朝前期的开中法是以灶户制度稳定和商人纳米纳粟等物资缴纳来换取官府盐引为前提基础，而大明官方则通过盐业专控和经济利益引诱等手段，将道路崎岖、路途遥远而运送物资又极为困难这个巨大的包袱转给了商人，实行行政、边政、盐政与商业之间的"巧妙"结合。若要从本质上来讲，它是帝国专制政治的一种延伸，或言之，盐政、商业服务于行政、边政，商业与经济服务于政治和军事，这在明初洪武与永乐两朝表现得尤为突出。

朱元璋时代大明军南征北讨，平定四方边疆，开中法服务于这样的一系列军事物质需求。朱棣自篡位起就心心挂念迁都北京，时时都在为此做好准备，就在篡得大位的第二个月即建文四年(1402)八月，他下令"悉停天下中盐，专于北平(永乐元年即改为北京，笔者注)开中"。从这时开始，大明开中法更多地服务于帝国政治。而这样的时间过程很长，直到永乐中期还在继续进行。明代官史对此曾做这样的记载：永乐十年(1412)正月，两淮都转运盐使鲍浑等上言："近年朝廷以营造，召商中纳北京盐粮。乞仍令各处罢中，往岁所中盐者，亦令停支。今淮、扬二府人民每岁食盐五万余引，亦宜暂停。候北京罢中，然后给与。"明成祖准之。(《明太宗实录》卷

124)

由此不难看出,在大明这样崇尚绝对专制政治的国度里,开中法只不过是帝国专制魔主的附庸或言婢女、丫鬟而已,其一举一动都要随时服务于帝国政治或军事。

第五,虽说开中法在明初军事、政治和经济等诸多方面发挥了积极的作用,但由于其创设者完全站在自身角度来对制度具体环节及其相互之间衔接进行了过于理想化的设计,这就不可避免地导致了在以后的岁月中其所产生的问题多多。

按照明初祖宗的设计:"编置勘合及底簿,发各布政司及都司卫所。商纳粮毕,书所纳粮及应支盐数,赍赴各转运提举司照数支盐。转运诸司亦有底簿比照,勘合相符,则如数给与。鬻盐有定所,刊诸铜版,犯私盐者罪至死,伪造引者如之,盐与引离,即以私盐论。"(《明史·食货四·盐法、茶法》卷80)

对于这样的一系列环节我们做个梳理:第一步:大明官方编置开中的勘合和底簿,发往各布政司和都司卫所去;第二步:中央下令各地,让商人等按照朝廷规定的开中具体要求,纳粮到指定的边镇或军事要隘地区去,一旦粮食运到,当地官方着手验收粮食和清点数量,并结合商人运输路途的长短,再依据朝廷的具体规定,给予商人一定数量的盐引;第三步:商人带了官府给的盐引到转运提举司去准备提盐,转运提举司拿出朝廷下发的底簿进行比对,只有勘合相符、朱墨字号相同,方可如数发盐给商人;第四步:商人在取到食盐后再开始运输,到官方指定的地方去销盐赢利。(万历版:《大明会典·盐法三·盐法通例》卷34)明朝官方将开中法的这些具体规定都"刊诸铜版",谁要是违反了,即为犯了私盐罪,论处起来,死罪难逃。伪造官方盐引以及盐引和食盐两者分离,皆以犯私盐罪论处。(《明史·食货四·盐法、茶法》卷80)

这样的开中法看似十分完美,但其中有个必不可少的大前提,即官方掌控下的盐场灶户们能源源不断地生产出足够的食盐。为确保实现这样的目标,明朝政府建立了极为严格的专业灶户制度,但同时也予以了相应的政策性照顾。具体地说,当时规定:灶户与军户、匠户一样,"役皆永充"(《明史·食货二·赋役》卷78)。这就是说,某些人群一旦被定为灶户就得世代世袭制盐,而为了能使灶户们专心尽力地多生产食盐,明初帝国政府又为他们提供了相对比较"优厚"的待遇:"(明初)给草场以供樵采,堪耕者许开垦,仍免其杂役,又给工本米,引一石。置仓于场,岁拨附近州、县仓储及兑军余米以待给,兼支钱钞,以米价为准。寻定钞数,淮、浙引二贯五百文,河间、广东、海北、山东、福建、四川引二贯。灶户杂犯死罪以上止予杖,计日煎盐以赎。"(《明史·食货四·盐法、茶法》卷80)

当然灶户们也没有白享受这么多的政府"照顾",他们必须得生产出相当数量的食盐,并以盐课的形式交给官府,这在当时被称为正盐。正盐生产以外,灶户们剩余劳动所生产的食盐叫做余盐,按照现代人的想法,这些余盐就该属于灶户们了?! 不全是,或者说在明朝开国之初还是这样的。但随着大明政权的日趋稳定,帝国吏治渐趋腐化,灶户们原本在生产食盐的同时,为了改善生活而兼营了一些官方免征赋税的土地,后来也开始为官府课以赋税,并以粮草来交纳。由此一来,灶户们的积极性就大受影响,负担重了,其所生产的食盐就不太可能有大增长。可偏偏从这时起大明帝国当局又想法多多,下发的开中诏令如雪片般地飘来,这就造成了开中诏令急速增加与灶户们生产的食盐相对有限之间的矛盾。而这样的矛盾反映在实际运作中便是纳粮中盐与下场支盐之间的严重脱节,由此商人们也不仅要遭受纳粮中盐中的运输之苦,更要忍受守支食盐难之痛。这样的状况在明成祖篡位之初就已经出现。永乐元年(1403)十一月,户部上奏说:"近来有商人于诸城纳米中盐者,虽未支盐而官以给引目,此非旧制,当追其引目,罢支所中盐。"皇帝朱棣回复说:"商人米既入官,则当偿盐,不偿是罔民而夺之。商人本钱未必皆己所有,有卖其生产、有先捐数倍之利告假于富室而尽勤劳,以米其所望非小,岂可夺之引目?勿追所中盐,悉还之,但今后须循旧例。"(《明太宗实录》卷25)

不过,像上述这种中盐商人守支困顿之状在永乐时还不普遍,到了宣德时期可就多了起来。再说那时的食盐生产,由于不堪重负,煎盐灶丁纷纷逃亡,盐业生产由此大受影响。而地方官府为了完成盐课任务,往往会不遗余力地对煎盐灶丁进行勾补,或设立总催和盐甲头目等实行现场监管。(《明宣宗实录》卷79)但如此基层小官的设立,不仅没能让食盐生产得到大幅度增长,反而成为其正常运作的拖累,因为这些总催、盐甲头目一类的"芝麻官""多朘削灶户",终致在多重压榨下的灶户们愈发贫困,到正统时"逋逃者多"之势愈发厉害,就南直隶松江府一处所欠国家盐课多达 600 000 引,"民诉于朝,(明英宗)命直隶巡抚周忱兼理盐课。忱条上铸铁釜、恤卤丁、选总催、严私贩四事,且请于每年正课外,带征逋课。帝从其请。命分逋课为六,以六载毕征。"(《明史·食货四·盐法、茶法》卷80)

○ 明朝中期解决开中法流弊的常股存积之制和破解中盐守支难的种种努力

但更多的地方出现的问题是"商人有自永乐中候支盐,祖孙相代不得者"(《明史·食货四·盐法、茶法》卷80)。即说从永乐时代到正统时期前后长达二三十年时间里,居然有一大批纳粮中盐的商人没有取到食盐,英宗朝廷不得不"议仿洪武中例,而加钞锭以偿之,愿守支者听。又以商人守支年久,虽减轻开中,少有上纳者,议他盐司如旧制,而淮、浙、长芦以十分为率,八分给守支商,曰常股,二分收贮于官,曰存积,遇边警,始召商中纳。常股、存积之名由此始。"(《明史·食货四·盐法、茶法》卷80)

明代官史对于新出现的这种常股和存积之制则解释得更为清楚,"商旅中盐,有不次支给者,谓之存积;有循次守支数十年者,谓之常股。"(《明英宗实录》卷280)这就是说,常股是用来支付历年积欠商人开中引盐和正常的开中引盐,而存积则用于边疆有警时召商中纳,以解决边疆粮草等军用物质一时之紧缺。按照当时朝廷的设计,常股按次支给食盐,但价格低;存积则不按次支给食盐,即可以提取现货,但价格高。这是一种既要解决历史遗留问题又不能影响眼前边饷等军用物资接济的权宜之计。根据商人唯利是图的本性,明廷以为这样一来,中盐商人们会更多地选择常股。哪知守支了数十年的商人们实在顾不了那么多了,"争趋存积",遂致"常股壅矣"(《明史·食货四·盐法、茶法》卷80)。

景泰时期,鉴于"边圉多故",朝廷不得不修改正统时期的中盐守支比例,将常股与存积之间的比例8:2改为了4:6,且规定"中纳边粮,兼纳谷草、秋青草,秋青草三当谷草二。"(《明史·食货四·盐法、茶法》卷80)由此,边疆军需物资是大为增多了,但中盐商人守支难问题却依然没有得到解决。

与上述举措实施差不多同时,明廷也尝试着其他方法来解决中盐守支难问题:

第一,用加额的优惠来引导中盐商人转场支盐,或兼场支盐,想以此来清理历年的盐引积欠。譬如:正统五年(1440),英宗朝廷"令年远客商、中盐未支者,每引给资本钞三十锭;愿守支者,听"。正统八年(1443)又下令允准:"永乐、洪熙、宣德年间,客商原中淮、浙、长芦运司引盐愿兑支河东、山东、福建运司者,每一引支与二引;不愿者,听其守支。"(万历版《大明会典·课程三·盐法三·盐法通例》卷34)

第二,政府出钞给商人,以此来冲消部分纳粮盐引。成化十九年(1483)八月,户部上奏朝廷,说:"正统十四年(1449)以前,客商所中盐全未支者,每引于所在有司给钞三十锭,以偿其资本。景泰元年(1450)以后愿关钞者听,但天下运司及提举司盐课价直(同"值")有贵贱,所纳则例有多寡。今一概关钞,人心未平。宜准淮盐三十锭例递减,两浙、广东、四川、云南者,每引二十五锭,河南、长芦、福建、山东者二十锭。""不愿者,听照旧守支。"明宪宗接奏后觉得这个主意不错,随即降旨予以执行。(《明宪宗实录》卷243)

第三,进一步强化盐禁,严厉打击食盐走私。如景泰二年(1451)八月,因当时"私盐多而官盐为之阻滞",户部在上请7条所禁事项中就提出了4条有关细化盐禁和严厉打击走私食盐的举措。如第1条规定:"各处灶丁多有通同该管官员,不将已煎盐课入官,而私卖于人。今后务令逐季催督,足备年终类奏。如有逋负,于官员考满之时罢俸追完,方许赴部。"第2条规定:"官私舟车往来,俱令巡盐、巡河御史等官严加搜检,如有夹带私盐,则人坐以法,舟车没官。"第3条规定:"盐司官吏于收盐之际,多倍其数,及至放支受商旅货贿,亦倍其数。其批验盐引所掣官员亦图贿赂,苟为文具,不行究竟,宜令巡盐等官严加伺察。犯者谪戍极边。"第4条规定:"起运南北京官盐及商旅卖盐,南京于龙江关批验所掣过赴江东门报名,南京户部委官覆视,果无夹带私盐,方许入城。北京于张家湾批验所掣过赴崇文门报名,本部委官覆视。"(《明英宗

实录》卷207,《废帝郕戾王附录》第25)

第四,收买或变相收买灶户余盐,充作正盐,缓解纳粮中盐的压力。这个方法也最早施行于景泰、天顺之际,那时大明户部就纳粮中盐难支问题向朝廷提出了3条建议:第1条:"淮、浙、长芦运司所属多系滨海,不产五谷,盐既禁严,恐贫乏,灶丁生计艰难。今后除煎办本家课程之外,果有余盐,许送本盐课司交收,却于附近有司官仓给米麦,以偿灶丁。淮盐每引八斗,浙盐六斗,长芦盐四斗。"第2条:"各处盐场原有山场、滩荡,供采柴薪烧盐。近年多被权豪侵占,宜悉令还官。如有怙终,令巡按御史究治。灶户有缺,或于有司佥补,或于见在灶丁多者分补。"第3条:"商人支盐卖毕,即将截角退引赴官告缴封送。各该盐司通类解部。若愆期不缴,盐司移文追问。"(《明英宗实录》卷207,《废帝郕戾王附录》第25)

对于上述这些做法,明宪宗和明孝宗在上台后相继予以了继承与发展。成化七年(1471)正月,浙江巡盐监察御史李镕上奏,就当时盐法利弊提出了这样的建议:"盐课有存积、有常股。正统十三年以前,两浙盐课存积二分,常股八分,存积数少而催办之课常过其数,每遇开中,存积者朝来暮去,无所壅滞,常股者亦不过守支数年而可得。正统十四年存积增至四分,景泰元年又增至六分,自后因循不改,以致存积数多,而催办之课不及其数。每遇中纳,不分存积、常股,俱各守支十余年,是以客商鲜少而边储缺乏。请今后开中,仍照正统十四年例,先尽办完存积四分,每年终巡盐御史,督同分司官称盘见数,另廒封贮,候商到便支,不许该场擅自开封那移别用。如遇该派客商到场,亦令于常股六分内挨次支给,若有不敷,陆续设法追给,亦不许搀越。"(《明宪宗实录》卷87)

明宪宗接受了李镕的主张,下令下去予以实施。但谁也没想到,中盐商人守支淤积问题非但没有得到解决,反而呈现出愈发严重之势,这究竟是为何?《明史》一语中的地说道:"宪宗末年,阉宦窃势,奏讨淮、浙盐无算,两淮积欠至五百余万引,商引壅滞。"(《明史·食货四·盐法、茶法》卷80)

性格内向害羞的明宪宗在位24年间因为抹不开面子,经常为外戚、宦官和佞臣等权贵势要批条子,让他们坐收"盐利",终致成化末年,仅两淮都转运盐使司积欠的盐课多达5 000 000引。查阅大明祖宗旧制：朱元璋洪武年间两淮都转运盐使司岁办正盐为352 576引(万历版：《大明会典·课程一·盐法一》卷32)，那么明宪宗末年其所积欠的多达5 000 000正课盐引则需要14年才能办完。

○ 弘治朝对开中法进行改造：以余盐补充正盐，以纳银中盐代替纳粟中盐

这是何等的压力?! 弘治元年(1488)七月己丑日，在派遣兼任都察院左佥都御史的户部左侍郎李嗣、刑部右侍郎彭韶前往两淮、两浙清理盐法的敕文中，才即位没多久的明孝宗不无感触地说道："近闻运司盐课递年亏欠，客商往往不肯报中，原其所以皆因始则买窝中纳，多费资本，及到支盐之处，又被官赏官卖。长芦夹带及官豪势要有力之家挨撑，一时无盐支给，守候年久，只得借债买盐，抵充官课，照引发卖，盘费又加数倍，此客商受亏之毙也。其盐课亏欠，亦由各场灶丁多缺，有司不即佥补，山场、草荡多被豪势占据，仓廒锅盘年久损坏，不能修治。灶丁艰窘，无所赈恤，而又总催人等倚恃豪猾，客商到场，勒要财物，不然任其自买，全不为理。灶丁所煎盐课又强收，私家潜卖与人，或答应势要。比较之际，不过虚出通关，申缴上司，此盐课不完之弊也。由是官盐不足，私盐盛行，加以运司姑息逢迎，御史因循不理。盐法既坏，边储欲充难矣。今特命尔督同巡盐御史并运司官，亲历各场，查盘清理，禁革奸毙(通'弊')：①除官赏官渎、长芦夹带，已有诏条禁止外，其余但有官豪势要顶名报中，嘱托有司，多买私盐，装载大包，强掣挽卖等毙，悉照近日奏行事理，逐一查出，人孥问罪，盐没入官；②不许容情纵放，亏欠盐课，务将总催人等责限杖并追完。总催中间有递年豪猾，不惧法度，虐害灶丁，侵欺盐课者，正身连当房、家属牢固解京问发充军，家下房产并直钱物件，悉准折易盐补课；③灶丁有缺，督令有司佥补，山场、草荡踏勘，不许占据，仓廒锅盘损坏，措置物料修理，灶丁艰窘，设法赈济；④客商应给盐者，即便给与，不许所司刁蹬；⑤各该行盐地方，有别省盐越界来卖，及盐徒兴贩私盐者，行令所在有司，严加缉补，一应割剩并还官，盐斤悉作正课，挨次给与守支客商；⑥每年所收盐课，务查见实数完足，毋令似前虚出通关申缴；⑦此外有该载不尽之事，听尔便宜处置。军民职官有犯并运

司各场官吏人等，有贪婪、作弊者，除三品奏请，其余就便拏问如律；⑧运司场官果有廉能守法公道行事者，亦量加奖劝。尔为朝廷大臣，受兹委托，必须尽心竭力，使盐法兴举，奸弊革除，商贾疏通，边储给足，斯为称任。如或纤毫怠慢公道，妨废事寖名隳，责亦难辞。尔其钦之。故谕。"(《明孝宗实录》卷16)

再说受命清理两淮盐法的户部左侍郎李嗣可不含糊，在经过一番认真调查和细致核实后，向弘治朝廷提出了两项改革建议：

第一，以盐课完成情况来考核盐官。李嗣上请皇帝："令各处巡盐御史稽察各年盐课至次年六月不完者，官攒分司官停俸，任内三年不完者，递降一级，运使六年不完者如之。"(《明孝宗实录》卷23)

第二，以余盐补充正课。李嗣说："两淮运司自宣德至成化末，积欠盐课五百余万引，而近日有劝借盐商银米赈济之令，但成化十五年以前各场已无盐可征，请令应支商人买灶丁余盐，以补官引。而免其劝借，十六年至二十年者，虽无盐课，犹有盐价可支不足之数，亦令买补而酌量劝借。二十一年至二十三年者，已征盐课八十一余，亦次第可完，商人不得别买余盐，仍劝借如数。其弘治元年、二年未开盐课，请令各边姑停开中，候本司征课完日，户部差官同巡盐御史于本司发卖，而以其价银三之二充边储，留其一以补商人未支之价。庶少宽贫灶之困，而盐课亦自此可清。"(《明孝宗实录》卷25)

通俗地说，李嗣的改革方案是：先将朝廷召商开中之事放一放，集中力量解决历年积欠商人盐引问题，让商人买余盐来弥补正盐官引之不足，同时又在此过程中，政府将商人买余盐所缴纳银钱这部分收入的2/3充作边储，1/3支付给历年已经中引但未能支盐的商人，以补其盐价，这样就可逐步地回收过去的积引，商人守支难的问题也就有望解决了。

明孝宗在接到李嗣的奏请后，将其交与户部讨论。户部随后上奏皇帝说："(李)嗣累次所陈清理事宜，皆筹画无遗策，此奏尤可久行，请命(李)嗣回部治事。"弘治帝允准其奏，并下令实施和推广改革方案。(《明孝宗实录》卷25)"由是以余盐补充正课，而盐法一小变。"(《明史·食货四·盐法、茶法》卷80)

但数十年的积弊岂能是一两项改革措施的实施和推广而能一下子解决得了的。李嗣改革方案实施后,商人守支之难似乎得到了一定程度的缓解,但从根本上来说问题还是没有得到解决。于是商人不愿意报中,而边饷匮乏又连连告急,就在这万般无奈的情势下,户部尚书叶淇向朝廷提出了新改革方案:"请召商纳银运司,类解太仓,分给各边。"(《明史·食货四·盐法、茶法》卷80)具体操作细则随着皇帝批准新改革方案的下发而为人们所知晓,其中有规定:"每引输银三四钱有差",按照当时的价格行情,这3~4两白银大概可以购买2石粟,这是弘治年间1引的价格,而明初洪武时"1引纳银不过8分",永乐年间1引也不超过这个价,而纳粟似乎更低,大致为2斗5升。(【明】张萱:《西园闻见录·户部·盐法前》卷35,哈佛燕京学社)前后比较,弘治时已经比永乐时增加了8倍。但因为商人们实在苦于守支之难了,所以大家也顾不了官方盐引时价之高,纷纷前去纳银中盐,"一时太仓银累至百余万"(《明史·食货四·盐法、茶法》卷80)。

诚如上述所言,纳银中盐并非是什么新生事物,若从根本上来讲,在大明老祖宗那里早就有了,只不过那时所占的比例极小,因而文献中也就很少提到明初的纳银开盐之事。"成化间,始有折纳银者,然未尝着为令也。"(《明史·食货四·盐法、茶法》卷80)这就是说,成化时期纳银中盐已经在部分地区实行,但大明朝廷并没有下令作为一种制度而予以推广开来。到了弘治中期时,叶淇为此专门上请,明孝宗随即批准,这才使得大明开中法开始发生根本性的改变,即由原先从巩固边防和开发边疆角度出发而实施的带有战时应急性的非常规政策向着常规国家赋税转变。如果以前推行的纳粮中盐是盐政与边政的有机结合的话,那么弘治中期开始实行的纳银中盐则为另一种盐政与财政巧妙的结合。换言之,纳银中盐的实施和推广不仅适应了明朝中期商品经济发展的大势,减轻了商人及其雇用劳工运输纳粮的痛苦,而且还充实了大明国库,就那时的国家财政收入而言,国库太仓中的银子一下子增至1 000 000余两,这是何等令人欣慰之事啊!(《明史·食货四·盐法、茶法》卷80)

○ 不曾料想到的纳银中盐之弊和明孝宗的矛盾做法

不过明朝盐法的这一大变也并非完美无缺,原先朝廷着眼于充实国防,自纳银开中之法实施、推广后,由于商人们不需要再运输和缴纳粮草等军需物资到边疆地区去,只要向有司缴纳相当数量的银子就能获得官方盐引,由此边疆地区的军需物资连连告罄,加上"各边开中商人招民垦种"的商屯也因此戛然而止,撤业回还,"菽粟翔贵,边储日虚矣"(《明史·食货四·盐法、茶法》卷80)。

更令人"意想不到"的是,纳银开中法推行数年后,大明盐政愈发糟糕。弘治十四年(1501)四月,户部官在上奏皇帝朱祐樘的奏章里这样说道:"天下之事,贵乎正本清源。盐法在祖宗之时最为严密,边方有警,一行开中,商人趋赴。由此刍粮充足,事无废弛。近年以来,王府遂食盐之请,织造开卖盐之端,此等一得关支,辄假钦赏、钦赐名色,附带私盐,漫无纪极,横行江湖,侵夺货卖,公法大坏,奸宄日滋,官盐阻滞,商人不应,皆是故也。为今之计,宜选差重臣,前去两淮整理,痛加禁革,务令盐法疏通,公私称便,奸宄尽除,成绩昭著。"(《明孝宗实录》卷173)

在这份奏章中,户部官员点到了盐法大坏的根本就在于权贵势要乞请、奏讨盐引,走私食盐,侵夺货卖。如果要追根刨底地问下去的话,那就是上文说到的老问题:朝廷开中诏令不断增加与灶户们生产的食盐相对有限之间的矛盾。而朝廷开中诏令不断增加的问题关键就在于皇帝把控不严,不过户部官们没敢直说,或言来个月朦胧鸟朦胧,将话题突然转移到了选派重臣前去两淮等地清理盐政、禁革流弊等层面上。而能力与魄力皆有限的皇帝朱祐樘在接奏后就此照准,经人推荐,他擢升南京鸿胪寺卿王璟为都察院右佥都御史,命令他前往两淮清理盐法。(《明孝宗实录》卷173)

在王璟临行前,明孝宗赐之敕文,敕文这样说道:"祖宗设立盐法,本以足边储而济军饷,以省挽运之劳,其为利甚博,其立法甚严。近来法令纵弛,奸宄日滋,盐徒兴贩,而巡捕不严,课额亏损,而侵欺罔治。势要占中而商人之守支不前,小灶贫难而豪强之吞噬不已,加以公差等项人员假托名目,夹带私贩,漫无纪极,以致盐法大坏。商贾不通,即今各边声息紧急,军马供饷浩繁,开去盐引,减轻价直,而出榜召商,全无告中,毙(弊)已至是,可不痛为清革?况两淮盐利最厚,从来接济边饷,全借于此。今特命尔前去,公同巡盐御史,严督运司官员,将彼处盐法逐一整理,询访民瘼,禁革奸毙,抚恤小灶,锄治豪强,缉捕私贩,严谨秤掣,查盘递年盐课,追究侵欺亏折,势要占中者,照例裁革;商人守支者,依期拨给,其一应公差人员假托名目,夹带私贩者,依法盘诘参究,私盐入官。其余利所当兴、毙所当革,敕内该载未尽者,悉听尔便宜处置。事体重大者,奏请定夺。军民职官有承委误事者,轻则量情责罚,重则拿问如律。应奏请者,指实参奏。尔受兹委任,尤须秉公持正,殚心竭力,务俾宿毙(弊)尽革,盐法疏通,边饷得济,毋或因循卤莽,徒事虚文,责有攸归,尔其钦承毋忽。故谕。"(《明孝宗实录》卷173)

尽管弘治帝希望殷切,且都察院右佥都御史王璟能力也不错,工作又认真,但终弘治一朝盐法之坏的局面并没有得到根本性的改变。至武宗即位之初时,"盐法日坏"(《明史·食货四·盐法、茶法》卷80)。

不过再怎么说,弘治朝对于盐法的改革在总体上还是有所贡献的,尤其是明孝宗下令推行纳银开中法是适合明代中期的社会发展趋势的,多少还是减轻了商人和下层民众的负担与痛苦,同时又大大地充实了帝国的国库,这就在相当程度上稳定了大明的国本。

当然,若要说上述这些举措的影响面很大很大,那也谈不上。在整个弘治朝实施安定民生和夯实国本的所有措施中涉及范围最广的,恐怕就要数"赈济灾荒,招抚流亡"和"兴修水利,发展经济"了。

● 赈济灾荒 招抚流亡

在中国历史上,只要不是太过于昏聩,面对突发的天灾人祸,在位君主往往会采取一定的方式赈济灾荒,招抚流亡,以期国家实现长治久安。明孝宗从即位起就以"更新"和"守成致治"自期,对于如此治国之术自然心领神会,并予以不遗余力地实施、推行。

坦率而言,弘治帝在位期间,气候条件与自然情势并不算好,各种灾害纷至沓来。据清代学者统计，弘治18年间所发生的水灾、旱灾、冰雹、风灾、虫灾、蝗灾和地震等要比嘉靖45年间所发生的都要多，尤其是地震在弘治时期几乎每月都发生。(详见《明史·五行志一》卷28~卷30)。

● 面对罕见的多灾，弘治帝不断地降下敕谕，赈济灾荒，救民水火

面对这样严峻的形势，弘治帝不断地降下敕谕，采取多种途径赈济灾荒，招抚流亡。

成化二十三年(1487)十月，户部官上言："今岁天下卫、府、司、所、州、县奏水旱灾凡800余处，请下抚按等官严督所司核实。"明孝宗当即允准，并于随后下令赈灾。(《明孝宗实录》卷4)

弘治元年(1488)七月，"以灾伤免湖广布政司弘治元年分起运应天、安庆、庐州夏税295 300石有奇。"(《明孝宗实录》卷16)

弘治元年(1488)十月，"以旱灾免河南、开封等五府并汝州今年夏税麦139 066石，丝80 420两，并逃绝户无征麦50 809石，丝30 123两，宣武等七卫夏税子粒麦7 731石，并逃故无征麦690石有奇"(《明孝宗实录》卷19)。

弘治元年(1488)十月，"时湖广、四川灾伤，言事者屡以为言。户部尚书李敏请量出帑银赈济，因条上召商中盐、入粟补官、赎罪之策，并请借贷于蜀府及马湖诸土官，以助有司赈济。上(指弘治帝)从之，仍命送太仓银50 000两于四川，命浙江送折粮银100 000两于湖广"(《明孝宗实录》卷19)。

弘治元年(1488)十月，"免湖广武昌等卫屯粮5 250石有奇，以旱灾故也"(《明孝宗实录》卷19)。

弘治二年(1489)三月，"以旱灾免直隶镇江府弘治元年秋粮81 225石有奇，草73 798包有奇。"(《明孝宗实录》卷24)

弘治二年(1489)六月，"以旱灾免应天府及直隶徽州、太平、宁国、安庆、池州五府并广德州弘治元年分秋粮米165 134石，草484 268包，直隶建阳、新安、安庆、宣州四卫屯粮5 926石有奇"(《明孝宗实录》卷27)。

弘治二年(1489)七月,户部尚书李敏上奏:"河间、永平二府近被水灾,请分遣郎中陈瑗等往赈之,户给米一石,如近日京城例。其溺死者加一石,无主者官为掩埋,贫不能自存者,量为修葺庐舍,并免夏秋粮税。"明孝宗允准之,并"命给畿内贫户二麦种各一石,令及时播种"。(《明孝宗实录》卷28)

弘治二年(1489)十月,"户部郎中江汉、王宏归自四川,各上赈济事迹,汉领成都、保宁、顺庆三府,嘉、梅、潼、雅、邛等五州及龙州宣抚司,成都、利州、宁川等六卫,保宁等五守御千户所抚,赈过饥民、流民41 250户、878 758口米,若谷共支过225 820余石,银99 450余两。本部原拨湖广兑运粮200 000石,及江西、云南原折色银200 000两,尚收贮以待支用。(王)宏领叙、夔、重庆、马湖四府,泸州及永宁、酉阳二宣抚司九姓长官司,赈过饥民140 170户,1 699 699口,米谷支过249 046石,银163 039两。"(《明孝宗实录》卷31)

弘治二年(1489)十二月,"以水灾免直隶保定等五府今年秋粮119 400余石,草2 289 570束,绵花34 034斤,保定等十二卫屯粮22 300余石。"(《明孝宗实录》卷33)

弘治二年(1489)十二月底,"以水旱灾免河南、开封等六府并汝州麦213 340余石,丝119 960余两,宣武、彰德等八卫、所麦20 900石有奇。"(《明孝宗实录》卷33)

弘治三年(1490)正月,"以水灾免直隶永平府所属州、县弘治二年秋粮十之五,草束十之六,及直隶永平卫屯粮十之四,卢龙卫十之七,东胜左卫并兴州右屯卫俱十之五,开平中屯卫十之八,山海、抚宁二卫俱十之六。"(《明孝宗实录》卷34)

弘治三年(1490)正月,"命减价粜京仓及各府预备仓粮,以济贫民:京通二仓粜粳米300 000石,真定粜预备仓粟250 000石,保定、河间各100 000石,大名80 000石,顺德50 000石,广平40 000石;粳米石五钱,保定、河间粟石四钱,真定三钱五分,顺德、广平、大名各三钱。其银俱贮之有司,候秋成复籴补所出之数。"(《明孝宗实录》卷34)

弘治三年(1490)二月初,"以水灾免河南、开封等六府并汝州弘治二年分秋粮375 008石,草482 270余束,及怀庆等八卫屯粮6 030余石。"(《明孝宗实录》卷35)

弘治三年（1490）二月中，户部以水旱灾上奏："请免直隶淮安府弘治二年分秋粮米96 700余石，草267 340余包，扬州府米、豆共48 540余石、草87 480余包，凤阳府米74 930余石、草154 100余包，湖广郧阳府夏税麦3 280余石，襄阳府麦22 770余石，荆州府麦7 850石，郧阳及襄阳二卫麦共3 662石，河南南阳府麦43 120余石，丝25 350余两，南阳卫、所属三千户所并守御邓州唐县二千户所麦8 610余石。"明孝宗准奏。（《明孝宗实录》卷35）

弘治三年（1490）二月，"以水灾免直隶苏州府崇明县弘治二年分秋粮米5 260余石，草6 430余包。"（《明孝宗实录》卷35）

弘治三年（1490）三月，"以水旱灾免直隶淮安、扬州、凤阳三府及凤阳等卫、所弘治二年米豆294 030余石，草510 850余包，发太仓银10 000两赈给顺天府东安等县达官、舍余人等及粜永丰等仓粮，每米一石官收价四钱五分"。不久顺天府上言："固安、文安二县饥民独多，贫不能籴。请暂将永丰等仓粮验口给赈，每口月支米二斗，与银兼支，秋收抵斗还官。"明孝宗接奏后毫不犹豫地批准了。（《明孝宗实录》卷36）

弘治三年（1490）四月，上林苑监上奏："蕃育、良牧二署，人户近被水灾，逃移过半。乞并加赈恤。"弘治帝"命令户部以钱850 000赈之"。（《明孝宗实录》卷37）

弘治三年（1490）七月，"以灾旱免南京广洋等二十七卫屯粮之半"。（《明孝宗实录》卷40）。

弘治三年（1490）九月，"以旱灾免山东东昌府弘治三年夏税十之四，济、兖、青、莱、登五府及济南等四卫、武定等四守御所税粮各十之三"。（《明孝宗实录》卷42）。

弘治三年（1490）十月，"以旱灾免河南开封府弘治三年夏税麦134 737石，丝78 517两，河南府麦66 494石，丝38 466两，南阳府麦3 915石，丝2 266两，彰德府麦18 213石，丝10 372两，卫辉府麦15 553石，丝8 924两，怀庆府麦66 175六石，丝38 501两，汝州麦34 713石，丝20 166两，及宣武、陈州、睢阳、彰德、怀庆、弘农、河南、洛阳、归德九卫并嵩县守御等三所屯粮麦22 694石有奇。"（《明孝宗实录》卷44）

弘治五年（1492）二月，"以水灾免苏、松、嘉、湖等府、卫粮草子粒有差,其非全灾者,暂停征纳,以三分为率,自弘治五年为始,每年带征一分"(《明孝宗实录》卷60)。

弘治五年(1492)六月,"以水灾免直隶庐、凤、淮、扬四府,徐、滁、和三州及凤阳等十七卫,所弘治四年税粮有差"(《明孝宗实录》卷64)。

弘治五年(1492)七月,户部上言:"旧例凡灾三分以下者,税粮不免;三分以上,递减之。比顺天府所属州、县以旱灾,核实数告,间有不当免者,但京畿民困,尤宜加恤。今年夏税请照数悉与蠲免。"皇帝朱祐樘允准之。(《明孝宗实录》卷65)

弘治九年(1496)二月,"以水灾免直隶徐州弘治八年秋粮33 000余石,草44 600余包,及徐州左等二卫屯粮1 270余石"(《明孝宗实录》卷109)。

弘治十四年(1501)十二月,户部覆奏:"请行蓟州拨仓粮50 000石、通州仓粟80 000石、德州、临清仓粮各40 000石、天津三仓粮15 000石,听分派俱灾州、县支给,其灾伤各处见收在官应解钱粮、物料并柴夫、马价等项银两,亦许查取应用。又顺天等八府灾轻而积粮多,请借支于灾重粮少之处,俟秋成后抵还。开封等四府米银不敷支给,许于河南布政司及无灾州、县借拨,凡供应买办银两并拖欠庄田子粒俱暂停止,各处卫、所屯粮有积蓄多者,许预支明年军粮五月,以平米价。"明孝宗俱从之。(《明孝宗实录》卷182)

......

● **弘治朝赈济灾荒的三大特点**

与大明其他朝相比,弘治朝赈济灾荒具有如下几个特点:

○ 确立"损上益下"的赈济灾荒宗旨,扎扎实实地将之贯彻于行动当中去,十八年如一日,终使弘治朝位居有明一代减免税粮数之首

弘治朝的这个施政宗旨最早是在弘治三年(1490)二月由明孝宗亲自提出的。那年二月甲午日,因南直隶江北地区和湖广、河南等省份发生大面积水旱灾荒,户部拟就了一份赈济方案,并做了上

呈,"请免直隶淮安府(等)弘治二年分秋粮",但可能是由于上请蠲免赋税数额和用于赈济灾荒费用较大的缘故,这些管理大明财政的老爷都十分担心,怕皇帝不允准。可让他们没想到的是,明孝宗阅奏后不仅马上批准了赈灾免税方案,而且还这般告诫道:"国赋固有定法,然岁有丰凶,凶岁义当损上益下,若必欲一概取盈,仓廪则实矣,如病民何?奏中所拟甚当,朕意悉从之,仍谕有司,使贫民各沾其惠。"(《明孝宗实录》卷35)

要说明孝宗在位时所行之政多少给人有一种魄力不够、精力不济之感的话,那么他在赈济灾荒、安定民生方面所表现出来的却是实实在在的例外。上面所引的朱祐樘谕旨的意思是:纵然国家赋税征收有着一定的规章,但人得讲理,年份不同,每年的收成也不一样,有丰有歉。歉收之年,国家财政赋税应该减少些,尤其对于因灾而歉收了的小民百姓可万万不能亏待啊!如果不分丰歉一概按原定税额去向他们强收,大明国库是充实了,但小民百姓却如何生活?所以说对于受灾地区原定的赋税,朝廷宁可少收些,甚至不收,怎么也得让灾区的黎民百姓感受到一点儿朝廷的温暖和恩惠。

从明孝宗的这番"损上益下"谕旨中,我们不难看出,其内含有浓烈的"仁政""爱民"思想。而这样的"恤民"思想在大明开国皇帝朱元璋立纲陈纪的过程中就有所体现(《明太祖实录》卷26),只不过后来他的子孙们大多没有好好地将之贯彻、执行于实际行动当中去。当然也有例外,像建文帝朱允炆和明仁宗朱高炽在这方面就做得比较好,只可惜他俩在位时间太短了。现在明孝宗承袭了祖上的"仁政""爱民"思想,并扎扎实实地贯彻到行动当中去,十八年如一日,并取得了一定的成效,这实在是难能可贵!(详见下表)

明代历朝减免天下税粮数变化表

明朝纪年	公历	年减免额(石数)	史料出处
洪熙元年	1425	62 059	《明宣宗实录》卷12
宣德元年	1426	68 402	《明宣宗实录》卷23
宣德二年	1427	104 879	《明宣宗实录》卷34

(续表)

明朝纪年	公历	年减免额（石数）	史料出处
宣德三年	1428	11 806	《明宣宗实录》卷49
宣德四年	1429	21 579	《明宣宗实录》卷60
宣德五年	1430	746 144	《明宣宗实录》卷74
宣德六年	1431	60 591	《明宣宗实录》卷85
宣德七年	1432	797 552	《明宣宗实录》卷97
宣德八年	1433	182 378	《明宣宗实录》卷107
宣德九年	1434	7 393	《明宣宗实录》卷115
宣德十年	1435	217 388	《明英宗实录》卷12
正统元年	1436	430 982	《明英宗实录》卷25
正统二年	1437	122 793	《明英宗实录》卷37
正统三年	1438	83 436	《明英宗实录》卷49
正统四年	1439	20 353	《明英宗实录》卷62
正统五年	1440	590 692	《明英宗实录》卷74
正统六年	1441	1 029 502	《明英宗实录》卷87
正统七年	1442	1 351 410	《明英宗实录》卷99
正统八年	1443	541 640	《明英宗实录》卷111
正统九年	1444	737 821	《明英宗实录》卷124
正统十年	1445	149 410	《明英宗实录》卷136
正统十一年	1446	587 298	《明英宗实录》卷148
正统十二年	1447	229 990	《明英宗实录》卷161
正统十三年	1448	748 408	《明英宗实录》卷173
正统十四年	1449	279 412	《明英宗实录》卷186,《废帝郕戾王附录》第4
景泰元年	1450	1 159 650	《明英宗实录》卷199,《废帝郕戾王附录》第17
景泰二年	1451	未 载	《明英宗实录》卷211,《废帝郕戾王附录》第29

(续表)

明朝纪年	公历	年减免额（石数）	史料出处
景泰三年	1452	136 716	《明英宗实录》卷224,《废帝郕戾王附录》第42
景泰四年	1453	48 977	《明英宗实录》卷236,《废帝郕戾王附录》第54
景泰五年	1454	1 307 381	《明英宗实录》卷248,《废帝郕戾王附录》卷第66
景泰六年	1455	1 761 865	《明英宗实录》卷261,《废帝郕戾王附录》第79
景泰七年	1456	2 454 270	《明英宗实录》卷273,《废帝郕戾王附录》第91
天顺元年	1457	90 543	《明英宗实录》卷285
天顺二年	1458	136 027	《明英宗实录》卷298
天顺三年	1459	2 721 674	《明英宗实录》卷310
天顺四年	1460	439 556	《明英宗实录》卷323
天顺五年	1461	392 942	《明英宗实录》卷335
天顺六年	1462	7 496 819	《明英宗实录》卷347
天顺七年	1463	842 166	《明英宗实录》卷360
天顺八年	1464	564 894	《明宪宗实录》卷12
成化元年	1465	2 528 061	《明宪宗实录》卷24
成化二年	1466	2 497 396	《明宪宗实录》卷37
成化三年	1467	1 205 580	《明宪宗实录》卷49
成化四年	1468	1 015 879	《明宪宗实录》卷61
成化五年	1469	540 362	《明宪宗实录》卷74
成化六年	1470	312 660	《明宪宗实录》卷86
成化七年	1471	290 060	《明宪宗实录》卷99
成化八年	1472	815 000	《明宪宗实录》卷111
成化九年	1473	677 050	《明宪宗实录》卷123
成化十年	1474	346 230	《明宪宗实录》卷136
成化十一年	1475	319 740	《明宪宗实录》卷147

(续表)

明朝纪年	公历	年减免额（石数）	史料出处
成化十二年	1476	194 840	《明宪宗实录》卷160
成化十三年	1477	1 073 040	《明宪宗实录》卷173
成化十四年	1478	677 055	《明宪宗实录》卷185
成化十五年	1479	815 038	《明宪宗实录》卷198
成化十六年	1480	201 085	《明宪宗实录》卷210
成化十七年	1481	937 100	《明宪宗实录》卷222
成化十八年	1482	480 336	《明宪宗实录》卷235
成化十九年	1483	694 107	《明宪宗实录》卷247
成化二十年	1484	569 028	《明宪宗实录》卷259
成化二十一年	1485	1 085 900	《明宪宗实录》卷273
成化二十二年	1486	160 960	《明宪宗实录》卷285
成化二十三年	1487	7 896 339	《明孝宗实录》卷8
弘治元年	1488	7 989 729	《明孝宗实录》卷21
弘治二年	1489	8 794 859	《明孝宗实录》卷33
弘治三年	1490	8 933 568	《明孝宗实录》卷46
弘治四年	1491	69 073 986	《明孝宗实录》卷58
弘治五年	1492	7 984 897	《明孝宗实录》卷70
弘治六年	1493	8 796 789	《明孝宗实录》卷83
弘治七年	1494	7 687 698	《明孝宗实录》卷95
弘治八年	1495	7 878 769	《明孝宗实录》卷107
弘治九年	1496	8 749 659	《明孝宗实录》卷120
弘治十年	1497	8 946 768	《明孝宗实录》卷132
弘治十一年	1498	8 785 896	《明孝宗实录》卷145
弘治十二年	1499	9 995 687	《明孝宗实录》卷157
弘治十三年	1500	9 876 597	《明孝宗实录》卷169
弘治十四年	1501	8 967 968	《明孝宗实录》卷182

(续表)

明朝纪年	公历	年减免额（石数）	史料出处
弘治十五年	1502	8 986 896	《明孝宗实录》卷194
弘治十六年	1503	8 798 797	《明孝宗实录》卷206
弘治十七年	1504	8 989 899	《明孝宗实录》卷219
弘治十八年	1505	665 498	《明武宗实录》卷8
正德元年	1506	324 031	《明武宗实录》卷20
正德二年	1507	170 111	《明武宗实录》卷33
正德三年	1508	2 175 313	《明武宗实录》卷45
正德四年	1509	523 360	《明武宗实录》卷58
正德五年	1510	618 178	《明武宗实录》卷70
正德六年	1511	1 310 698	《明武宗实录》卷82
正德七年	1512	705 886	《明武宗实录》卷95
正德八年	1513	307 849	《明武宗实录》卷107
正德九年	1514	161 060	《明武宗实录》卷119
正德十年	1515	573 733	《明武宗实录》卷132
正德十一年	1516	1 246 414	《明武宗实录》卷144
正德十二年	1517	1 271 082	《明武宗实录》卷157
正德十三年	1518	907 414	《明武宗实录》卷169
正德十四年	1519	2 568 923	《明武宗实录》卷181
正德十五年	1520	1 487 015	《明武宗实录》卷194
嘉靖元年	1522	未载	《明世宗实录》卷21
嘉靖十一年	1532	未载	《明世宗实录》卷145
嘉靖二十一年	1542	未载	《明世宗实录》卷269
嘉靖三十一年	1552	未载	《明世宗实录》卷392
嘉靖四十一年	1562	未载	《明世宗实录》卷516
隆庆元年	1567	9 098 690	《明穆宗实录》卷15

(续表)

明朝纪年	公历	年减免额（石数）	史料出处
隆庆二年	1568	2 349 352	《明穆宗实录》卷27
隆庆三年	1569	未　载	《明穆宗实录》卷40
隆庆四年	1570	未　载	《明穆宗实录》卷52
隆庆五年	1571	未　载	《明穆宗实录》卷64
万历三十一年	1603	未　载	《明神宗实录》卷391
万历三十三年	1605	未　载	《明神宗实录》卷416
万历四十一年	1613	未　载	《明神宗实录》卷515
泰昌元年	1620	未　载	《明熹宗实录》卷4

从上表中我们不难看出，在大明帝国近300年的历史中，弘治朝减免税粮不仅数额最高，而且还一直居高不下。在以前出版的系列拙著中，笔者已述：明朝前期洪武开国、正统与景泰交替之间都是极端天气频发时期(详见拙著：《大明帝国》之⑫《景泰、天顺帝卷》上册，"从洪武到天顺明代官史中有关太阳黑子活动的记载"，东南大学出版社，2016年5月，P268～269)，但这两段时间内大明朝廷蠲免赋役税粮的额数都不是很高。洪武时期属于国家初创之际，我们完全可以理解那时的帝国最高当局的行为。而正统与景泰交替之间又正是大明发生国难之际，朝廷蠲免税粮额数最高的年份是景泰七年，其数为2 454 270石(《明英宗实录》卷273，《废帝郕戾王附录》第91)，相比于同属于极端天气与灾害频发的弘治十八年间蠲免税粮额数最低的年份——弘治七年的7 687 698石(《明孝宗实录》卷95)，也要少掉5 000 000多石。再看晚明时代，除了隆庆元年蠲免税粮最高，其为9 098 690石(《明穆宗实录》卷15)，与弘治十八年间每一年蠲免税粮数额大致相近；其他年份都远远没有达到这样的程度。至此我们完全可以这么说，无论是从蠲免税粮数额最高的单个年份——弘治四年蠲免数额多达69 073 986石(《明孝宗实录》卷58)来看，还是以列年通计而论，明孝宗时代绝对是大明帝国历代蠲免税粮最多的时期。要知道，弘治时代尽管有着很多的自然灾变，但其程度远

没有正统、景泰和万历等几个时期那么严重,由此反观,我们不能不说明孝宗是明朝历史上最"仁慈"和最"恤民"的一代君主。

○ 修复祖宗的预备仓制度,推行量化并将其与官员的考核、陟黜相结合

大明开国时,朱元璋在全国范围内建立了两种预备仓:一种叫军储仓,主要设立在京师南京(20所,后增至41所)、中都临濠、北平等天下重镇地方以及边境要地。军储仓,顾名思义就是满足军队需要;社会意义更大的就是后一种叫预备仓,它纯属为救济灾民而设置的。这种预备仓在全国各地都有,但在各个省(当时叫布政司)设立的预备仓主要是供支付官吏俸禄之用的,而只有四散在各府、州、县乡村的预备仓,才是真正专业的救济灾民的仓储府库。"洪武间各府、州、县皆置东、西、南、北四仓,以贮官谷,多者万余石,少者四五千石,仓设老人监之,富民守之。"(《明宣宗实录》卷91)这种仓储举措很像我们20世纪70年代农村中普遍设立的椭圆形屯粮仓库制度,其最早可能是由一个叫张致中的工部当差者在洪武十年(1377)提议的,朱元璋当即予以接受,并开始实施,到洪武二十七年(1394)时全国各地的预备仓救济体系已趋十分完善。生怕官衙里的官吏乘机中饱私囊,朱元璋规定各地在置办预备仓仓储粮时要特别注意:在丰年粮食低价时由地方百姓推选德高望重的耆民出去买粮,粮食买回入仓后还要看护,那就得由地方富民来负责(《明太祖实录》卷111、卷231)。这样一来就减轻了大多数普通百姓的负担,一旦遇到灾荒,开仓赈济,使"民得足食,野无饿夫"。洪武时期的这项工作做得很到位,且十分有效。洪武二十六年(1393),仅湖广德安府孝感一个县的预备仓粮就达11 000石。(《明太祖实录》卷227)

但朱元璋的这项"善政"祖制在后来的岁月里并没被长久、很好地继承下来,随着大明帝国的稳定和吏治的日渐腐败,地方预备仓制度已经变得形同虚设。对此,清代学者在研究明史后这样写道:"预备仓之设也,太祖选耆民运钞籴米,以备振济,即令掌之。天下州、县多所储蓄,后渐废弛。于谦抚河南、山西,修其政。周忱抚南畿,别立济农仓。他人不能也。正统时,重侵盗之罪,至金妻充

军。且定纳谷千五百石者,敕奖为义民,免本户杂役。凡振饥米一石,俟有年,纳稻谷二石五斗还官。"(《明史·食货三·漕运、仓库》卷79)

换句话来说,到明朝中期时,大明帝国预备仓制度早已见不到原来的模样了。为此,成化三年(1467)六月,兵部左侍郎兼翰林院学士商辂在向朝廷上言八事时就这样说道:"臣切见各处预备仓所储米谷,本以赈济饥民,每岁官司取勘口数,里老止将中等人户开报,其鳏、寡、废、疾无所依倚者,一概不报。盖虑其无力还官负累陪纳故也。今后各处预备仓,饥民关过米谷,不拘丰中年,岁通取息一分,有系鳏、寡、废、疾无所依倚之人,不必追征,将所收之息,抵补其数。抵补之外或有余剩,自作正数入仓,仍乞令巡按、分巡等官,严督府、州、县正官放收之际,务在亲行提调,痛革出纳之弊,庶几官无虚废,民得实用。"(《明宪宗实录》卷43)

原本预备仓的设置是为了救济灾民的,不论其富、贫、鳏、寡、废、疾,但由于中等人户以下的草民大多在事后都无力偿还救济粮,所以害怕"负累陪纳"的地方里老和基层干部一般都不愿意对他们实施救济,由此一来,预备仓救济就名不副实。商辂提出这样的改进建议:请求朝廷下令,让各地预备仓对于接受过救济的灾民在事后"丰中年"还粮时加收一分利息,而对于鳏、寡、废、疾无所依倚之人就不必追征救济粮,以收来的利息抵偿其数。倘若抵偿之后还有多余,就将它作为正数,予以入仓。如此工作都要各地巡按、分巡等官"严督府、州、县正官放收之际,务在亲行提调"。明宪宗接奏后觉得商辂讲得很有道理,"嘉其言有理,命所司看详覆奏"。但随后却没有确切的下文,一直到三年后的成化六年(1470)八月,在廷臣的辅佐下,畏惧天变的皇帝朱见深不得不下诏,对基层预备仓制度作出了进一步的"规范":"各处预备仓粮本以赈济饥民,近来有司通同下人作弊多端,民不受惠。今后务要验实放支,抵斗收受,不许过取,合干上司,宜用心提调、督察,毋事虚文。"(《明宪宗实录》卷82)

看了上述诏令,不由得让人想起耳熟能详的反腐自查自纠条文,其实际效果就毋庸多言。这样又过了一年,到成化七年(1471)七月时,鉴于各地预备仓呈现出愈加颓废之势,大明户部为此专门向皇帝朱见深上了一道奏章,说:"国初郡县设预备四仓,支给官钱,籴粮收贮,以备饥荒赈济,秋抵斗还官。其后因循有名无实,朝廷虽屡差官振举,然有司视为泛常。况今各处奏报灾伤比之去年尤甚,请推选风宪重臣二员,巡视京畿并行天下巡抚官及布、按二司,督令府、州、县修举预备仓,以备荒歉。"明宪宗接奏后觉得户部的主意甚好,随即下令:都察院副都御史杨浚前往"直隶顺天等八府整理(预备仓),其余有巡抚处,则委巡抚官;无巡抚处则令司府、州、县、卫、所正官整理,务在随宜设法,不许扰民。其司府以下官有怠慢无成效者,听巡按御史纠劾。"(《明宪宗实录》卷93)几乎与此同时,成化朝廷又下发敕令到各地:要求每里都设预备仓,其储粮不得少于300石。(《明孝宗实录》卷149)至于能否做到和如何进行相关的奖惩,当时朝廷并没有明确做出什么规定。由此可想,这样的最高指示几乎等于一张废纸。

一转眼就到了明宪宗仙逝、明孝宗即位上台,弘治三年(1490)三月,已当了四年皇帝的朱祐樘接受南京给事中罗鉴的奏请,对前朝遗留下来的预备仓制度历史问题做出具体的改革要求:"命天下州、县预备仓积粮以里分多寡为差,10里以下积粮至15 000石者为及数,20里以下者20 000石,30里以下25 000石,50里以下30 000石,100里以下50 000石,200里以下70 000石,300里以下90 000石,400里以下110 000石,500里以下130 000石,600里以下150 000石,700里以下170 000石,800里以下190 000石。及数者,斯为称职;过额者,奏请旌擢;不及者罚之。各府、州正官亦视其所属粮数足否,以为黜陟。其军卫亦略仿此数,以量示劝惩。"(《明孝宗实录》卷36)

弘治帝将地方官员陟黜与预备仓制度建设是否达标直接挂钩起来,这下就不用担心朝廷的"恤民""仁政"思想贯彻不到位了。哪想到如此赈济灾荒、安定民生的得力举措推行了7年,到弘治十年(1497)十一月时又有人出来上奏,将推行"新政"过程中所遇到的问题给一一描述了出来:"近例军卫每一百户,所以积粮三百石为及数;有司每十里以下,以积粮万五千石为及数,并三年一查盘,有司积粮少三分者,罚俸半年,五分者一年,六分以上者,考满时降用。军卫不及三百石者停俸。至是有以边卫贫困,无从积粮,军官有终任不得支俸为言者。"(《明孝宗实录》卷131)

原本一项惠民的"仁政"举措,没想到落实下去会带来这么多的问题,更有让人始料未及的是,"新政"实施后穷困边远地区不仅没有积粮,就连军队里的官兵粮饷都成了问题,这下可怎么办? 弘治帝一时没了主意,遂将该事交与户部官去讨论。经过讨论,户部尚书周经等上奏说:"自古常平义仓,俱权量国用,多寡随宜,未尝著为定数,一切趣办。我朝洪武间诏预备仓粮,支给官钞和籴,以备凶荒。正统以来,许将囚犯赎罪米收入,皆无定数。其富民入粟,亦听情愿,不许逼抑。成化七年始有每里积粮三百石或五百石之例,然不及数者,尚未有罚。弘治三年乃有今例,盖不问其所取之由,而但责其所积之数,使其法例之外别无措置者,从而罚之得无过当乎? 况少六分以上及全无粮者,有未满九年或升或黜以去,既未及降,亦不曾罚;少三分、五分者颇积有粮,反得罚俸,轻重之间尤为失宜。及查盘时,又有旧官去任,新官初到,两难罚俸者,要之,此法未为无弊。宜自今通行各处巡抚、巡按官遇盘粮时,审核各州、县、卫、所除义民自愿纳粟、囚犯赎罪外,但有空闲官地、湖池俱已取租,及赃罚纸价引钱等,凡非起解支剩无碍官钱,俱已尽数籴粮,三年内不足原数,果无措置者,俱免停俸参究;若例可区画而怠事,或将例内所储那移侵克者,罪之;如例其米及查盘之期当去任者,须申本管上司查盘无碍,方许离任;违者治罪,则积考有方,罚必当罪,可以经久而无弊矣。"(《明孝宗实录》卷131)

明孝宗看了周经的奏章后十分满意,随即下令下去,让各地照此执行。(《明孝宗实录》卷131)坦率而言,周尚书的这个改革建议,仅从理论上来看,那简直是无懈可击。但若要将之贯彻于实际操作,人们很快就发现了问题:怎么才能把控好中央新政策的这个"度"呢? 百思而不得其解。与其这么为难着,倒不如照着以前朝廷公布的预备仓建设量化标准去做。至于预备仓里的储粮要是达不到国家标准的话,那可怎么办? 其实这也不难解决,直接去向小民百姓逼要,只要当官的自己官位能保住且最好还能不断地往上升迁,至于用了什么手段,就都显得无关紧要了! 正因为地方官员中有着这样的公开秘密,其属下的子民们可遭罪了,原本一项很好的惠民政策在执行了没多久就变了样。弘治十二年(1499)四月,户部在覆奏刑科给事中李举上疏奏言时这样说道:"国朝有预备赈济仓粮之设,而原无定数。至成化七年有每里三百石之数,而未有以此为升擢、黜罚者。至弘治三年始,令有司考满官员,积粮及数者升擢,太少者黜罚。以故,有司或掊克以为功,而人民坐横敛以益困。请今后勿以粮数之足否为考满之殿最,而亦不可使有司于预备赈济之事漫不加意,致令散敛无法,丰凶无备,其有类是者,请仍论之以法。"(《明孝宗实录》卷149)

户部覆奏李举提出的这些建议,用一句话来概括,那就是要将原来已经量化了的储备仓制度建设要求再次给模糊化,只强调有司衙门用心储粮,否则依法论处。这时已经陷入改革泥潭的明孝宗别无他法,只得接受李御史的建议,并下令下去照此执行。整个弘治朝的储备仓制度量化改革至此也就差不多走到了尽头。

不过话得说回来,尽管弘治朝的此项改革最终来了个虎头蛇尾,但由于那时的吏治总体上还可以,所以说储备仓制度改革举措的实施与落实也使得相当数量的小民百姓在一定程度上受到了实惠,这当然不能不予以肯定。

○ 采取多种办法,灵活赈济灾民,注意对度过灾荒之民实行税粮暂缓追征

赈济灾民最为直接的做法就如上引史料中所述那样,帝国政府蠲免赋税,或调拨粮食、棉衣等物资到灾区予以救济;还有较为间接的做法,即发动社会各种力量实施就近救济。这种方法在明初时就有,只不过不太常见而已。但自正统以后一下子就多了起来,因为那时大明帝国正处于非常时期,自然灾害频频光顾,蒙古瓦剌大举南下,正统皇帝朱祁镇轻率做出决定,统兵亲征,不料兵败土木堡,当了俘虏,随后领着敌军一次次地来到北疆叩关。由此大明北疆地区形势愈发告急,军需物饷又极为紧缺,正是在这样的不堪情势下,已被推上皇帝大位的明代宗朱祁钰不断地降下敕令,发动社会各种力量赈济北疆:

景泰元年(1450)六月,皇帝朱祁钰"命诸处生员于倒马、紫荆关纳粮者,给与冠带,有志科目者仍许入试"(《明英宗实录》卷193,《废帝郕戾王附录》第11)。这就是说,凡是帝国各地官学里的生员即学生,有愿意将自家的粮食运到北疆倒马关和紫荆关的,景泰朝廷给

与荣誉性的冠带;若还有人想通过科举入仕的,朝廷"仍许入试"。

景泰元年(1450)十一月,明廷制"定纳粮冠带则例":"大同二百五十石,山西四百石。"(《明英宗实录》卷198,《废帝郕戾王附录》第16)这道敕令所涉及的范围则更为宽广:只要有人愿意将250石自家粮食运到大同,或将400石粮食运到山西的,朝廷便给予荣誉性的冠带。

景泰二年(1451)五月,因"(北疆)口外雷家站新筑城池见缺粮料",户部官上奏,"乞令在京报纳粮草,请给冠带之人运京粮二百五十石赴彼收贮,完日一体冠带"。皇帝朱祁钰当即批准之,并下令予以执行。(《明英宗实录》卷204,《废帝郕戾王附录》第22)

从官学生员到普通人群,景泰朝为了解决北疆军需物饷紧张问题,将社会动员层面做了前所未有的扩大,这对于大明度过非常国难时期起到难以估量的作用。

景泰帝的如此做法又为后来的帝国统治者所仿效和继承。成化十四年(1478)八月,因南北各地频频发生天变灾异,而朝廷又拙于进行直接救济,于是皇帝朱见深不得不下旨,让群臣们直谏进言。户部尚书杨鼎等"奉旨议上救灾事宜",其中就提出了这样的建议:"顺天府、北直隶、山东阴阳、医学、僧道官缺俱,令纳米二百石,径许入选,免送所司考试。各府、州、县、卫、所两考役满吏典纳米一百石者,送拨京考;一百五十石者,本处辏补,三考送部冠带;三百石者,免其京考,即与冠带办事。军民舍余人等入米五十石以下者,以礼旌犒;一百石或银五十两者,冠带荣身;四百石以上者,冠带立石旌异。"正被天变灾异弄得焦头烂额的明宪宗一接到杨鼎的奏请,当即批示"悉从之,且命所遣官尽心理事"。(《明宪宗实录》卷181)

接任明宪宗大位的明孝宗上台后对于前朝发动各种社会力量及时实施救灾的"恤民"精神更是予以发扬光大。弘治二年(1489)二月,四川发生较大面积的饥荒,有人提议:"将蜀王原乞土地利息税司课程劝扣一年,更请(蜀)王量借谷种、银两,以应急用,而于秋收归偿。"明孝宗降敕指示:"所借银谷就准劝扣利银之数。"(《明孝宗实录》卷23)同月,耳闻四川饥荒之讯的兵部尚书余子俊上奏朝廷,请调漕运税粮200 000石入川救济,并派遣漕运参将郭鋐整兵

护送。弘治帝接奏后当即予以批准。(《明孝宗实录》卷23)

同年十一月,总督漕运都御史李昂上请:"淮、凤等处岁荒,募人纳米赈济,给冠带散官,如成化十六年例。"皇帝朱祐樘准之。(《明孝宗实录》卷32)

弘治四年(1491)正月,明孝宗"命于两广开中广东及海北二盐课提举司盐二十五万引,以备赈济,广东十五万引,广西十万引,从总督都御史秦纮奏也。"(《明孝宗实录》卷47)

弘治四年十一月,巡抚南直隶都御史倡钟上言:"江南今岁水旱相仍,苏、松等处低田伤于水,而徽、宁等处高田伤于旱,将各府岁纳纻丝、纱罗、绫绢、绒线……等物暂且停止,其苏、湖二府今岁兑军粮米,请以五十万石折价收银,一石止折银七钱,军民有愿纳银入粟,量给散官、冠带,或纪名于籍,建坊牌以表之名。府、县有罪应赎者,俱令纳米于被灾处所,以备赈济,并许墅钞关所收三年、四年未解银钱以助之。"(《明孝宗实录》卷57)

弘治六年(1493)闰五月,巡抚山东都御史王霁上奏:"山东二麦无收,乞准去岁例,仍以临清钞关今岁夏、秋、冬三季船料钞折米赈济,俟年终乃止。又往岁奏:募各处军民纳银赈济,四十两至一百五十两者,给授冠带、散官有差,限今年八月而止,以道远价重,应者绝少。今宜令山东布政司出给空名札,付分官赍赴湖广、江西、福建、浙江、河南五布政司,召人上纳,每布政司以一千道为率,仍递减其银数,庶人乐趋赴而饥民获济,亦至年终而止。"户部为此覆议。明孝宗从之。(《明孝宗实录》卷76)

弘治十六年(1503)八月,巡抚江西都御史林俊上疏奏言:"江西蓄积寡而寇盗多,欲募人纳银七千两者,授七品散官;五千两,授八品;四千两者,九品;二千两者,冠带;老疾监生减十之三,廪膳生员减十之二;不愿冠带,愿立表义坊者,出谷二百石。银发各县籴谷,每十里积谷万石贮之,仓名曰常平,如秋成谷贱,六石籴入,春夏谷贵,五石四斗粜出;秋成五石籴入,春夏四石五斗粜出,省其余以备耗。今社长开报贫民每下止买一钱,以杜奸毙,更查弘治十四年、十五、十六年放过饥民谷,量追其半,另贮米;极贫者尽蠲之。卫、所常年亦用此法,卫积一万石,所二千石,更劝社民各立义仓、义冢、义学,名曰阜俗三义,尽扁一义者,书一义之门,二义、三义称是义仓之略。社中富民任其出谷,六百石或四百石别储一仓,极贫利一分,次贫利二分,春借秋还,转相赒助。"户部为此覆奏,明孝宗回复:"从之!"并命林俊用心举行,勿徒事虚文。(《明孝宗实录》卷202)

弘治十六年十月,凤阳中卫指挥佥事武灏等上奏说:"本处灾伤,军民缺食。今年坐派成造军器,乞暂停征,候丰收之时,照数补造。"工部为此覆奏。皇帝朱祐樘从之。(《明孝宗实录》卷204)

弘治十六年十一月,兵科给事中杨一溙上奏:"各处兵荒,欲将不急之征量减一二年,缘岁例藤黄等料已奏请停征,及将被灾地方逋负,俱候来年麦熟时征解,自此之外,难再减免,惟乞令内府监局不急之工、无益之费,一皆停罢,则财用自节,民力自省矣。"工部为此覆奏,明孝宗从之。(《明孝宗实录》卷205)

弘治十六年十一月,户部覆奏南京监察御史王良臣所言,说:"今各处灾伤,而淮、扬、庐、凤等处尤甚,良臣所言,欲暂借钞关银两、赃罚财物收贮粮价水充,及存积余米以为赈济之资,欲停征马价、马匹及夏秋税粮,并岁办军需屯种子粒,凡百夫役盐灶积逋,以苏民困。饥民有流离他所者,恐啸聚为非,请通行所在官司存恤,明年东作之时,贫民有不能自备牛种者,请令所司量与赈给,其言俱可施行。"明孝宗当即予以批准。(《明孝宗实录》卷205)

弘治十七年(1504)闰四月,侍郎高铨、都御史张缙等上奏:"应天府地方灾重,(请)命去年奏拟充军粮米折银未征者俱暂停征,仍令户部查处南京诸冗食之当裁减者。"明孝宗下令:准奏!(《明孝宗实录》卷211)

从以上所引的史料中我们可以看出,对于地方受灾,弘治朝廷除了通过官方渠道予以急救外,还沿袭了前朝的做法,"募人纳米赈济,给冠带散官",或让人将这样的义民义举"纪名于籍,建坊牌以表之名",甚至还发动社会边缘人群——有罪之人"纳米于被灾处所,以备赈济",特许将附近钞关所征收的银钱紧急调拨到灾区去赈灾,更有"创造性"之举——遣官赍敕远赴未受灾的南方数省去发动社会各阶层,"召人上纳",即将南方义民之义举推向北方,以赈济灾荒。

除此之外,弘治朝廷还曾下令,对于度过灾荒的百姓粮实行税粮暂缓追征,甚至不征,这在大明历史上也不太多见。明朝自开国起,每当较大天变灾异发生后,一般皇帝都会下发暂缓征收税粮的敕谕。但一旦灾荒度过了,当朝天子或相关衙门就会迫不及待地对尚未完全得到休养生息的灾民进行税粮补征或追征。而在这一点上,弘治帝又做得比较好,一般来说,凡是地方发生灾荒,朝廷往往下令给相关衙门:对于那里的税粮征收,能缓则缓,能免则免。譬如,弘治三年(1490)九月,巡抚顺天等府都御史徐怀上奏说:"顺天府先年赈济粮银例当追征还官,但今年虽颇收,而民犹不给。若一概追征,必有逼勒之苦。乞先令衣食稍给之家征十之五,其次征三之一,极贫者暂为停征,庶小民可以苏息。"明孝宗接奏后当即回复:"赈济所以援民,民尚不给,又复追征,是重困也。户部即如奏施行,务俾贫民稍安,待来年再议。"(《明孝宗实录》卷42)

"待来年再议",即为等待来年再说,这是我们中国人的习惯说法,在大多数情况下,到了来年也就不会再有下文了。

像上述弘治朝廷的这般做法在大明帝国历史上还真是不多见。由此有人认为,皇帝朱祐樘的庙号为"明孝宗"似乎不太确切,应该称他为明仁宗。无奈前朝祖宗中已经拥有了这样的庙号了,再说"孝"与"仁"之间的意思差异其实也不大。当然我们这样说事似乎说远了点儿,还是回归到老话题——弘治朝赈济灾荒、招抚流亡。

● **沿袭祖宗之法,设置抚治官,招抚流亡,因地制宜做出应对流民举措**

赈济灾荒说到底有两个关键点:一个要及时,另一个要落实到位。一旦要是错过了最佳赈济时间或落实不到位,那么灾区百姓即使没被活活饿死,也早就成了四处流浪乞讨的流民。

流民问题在明朝开国之初就有,只不过那时人数还不多,加上朱元璋十分注意恢复和发展社会经济,强化户口管理,所以明初流民终未成为社会之患。延及永乐时代,该问题呈现出日益严峻之势,那是由于被某些人歌颂为"千古圣君"的朱棣发动"靖难"战争所导致的。永乐元年(1403)正月,北平布政司上奏说:辖区内"诸郡流民复业者,凡十三万六百余户"。130 600户,按照古代家庭平均每户5口来计算,估计当时仅北平一省的流民就多达65万多人。这么多流民虽然在朱棣登基半年后被安置复业,可永乐帝却并没有因此放心,命令"户部令有司加意绥抚,勿重扰之"(《明太宗实录》卷16)。

其实除了北平外,永乐时代由于皇帝朱棣好大喜功、征战无度等因素,大明帝国其他各地较大范围内的流民问题都没能得到很好解决。到了宣德时期,由朱棣一手调教出来的好皇孙朱瞻基上台后更多地恪守皇爷爷之成宪,针对各地发生的自然灾害和不断出现的流民,他一方面命人赈灾济荒,救民水火;另一方面派遣巡抚、巡按出视灾区,招抚流民。因此,从永宣时代总体而言,就同今日消防队员灭火似的,一旦火大了就用水浇一浇,大明统治者对待流民问题就这样凑合整治着。

明英宗即位之初,顾命辅政的"三杨"和胡淡为代表的老臣都历经明初数朝风雨,娴熟"仁宣之治"的"恤民之道"。正统四年(1439)闰二月,他们辅弼明英宗"增置北直隶及山东、山西、河南、陕西、湖广五布政司招抚逃民官六十四员"(《明英宗实录》卷52),后来又将政策放宽,"蠲其(指流民)逋租,复(免除赋税徭役,笔者注)之二岁"(《明英宗实录》卷55)。这样一来,不少逃民纷纷返乡复业。据正统五年(1440)正月巡抚河南、山西侍郎于谦的奏报,当时抚定河南、山西及南北直隶流民多达34 000多户。(《明英宗实录》卷63)到该年年底,山西又招抚流民11 000多余户(《明英宗实录》卷71),招抚流民复业在一定程度和一定范围内取得了成功,民生问题也得到了部分性的解决。

坦率而言,正统年间,尽管小杆子皇帝朱祁镇在许多军国大事处置方面不咋的,但在对待流民问题上还是比较理性的、相对妥帖的,他没有采取后来成化年间的笨做法——派兵强押流民返乡归籍,激化矛盾,加上在流民最多的中原和西北地区,他委派了为时人所称颂的贤官良吏于谦和陈镒,这两钦差尽心安抚,全力防范,终致整个正统年间北方地区的流民没有形成大乱。史载当时的于谦在开封委任同知王靖,在南阳委任同知汪庭训,在汝宁委任通判周海,在陈州因为那里的逋逃之民尤众,增设了知州一员,"俱令不预府、州事,专任抚绥,无致失所,或非为生事"。除此之外,于谦又

在陈州、项城壤地与凤阳相接两界之交处增设了两个巡检司,专人专职管理流民事宜。(《明英宗实录》卷132)

与山西、河南疏解流民相对应,正统朝廷还应镇守陕西右都御史陈镒等上请,针对荆襄地区流民集聚的"老大难"问题,命令巡抚湖广、河南和陕西等地的朝廷钦差挑选和委派各省的三司长官,"亲诣所属督同府、州、县官,从实取勘(流民),善加抚绥赈恤"(《明英宗实录》卷132)。正统帝还一再告诫:"民流徙而至于非为者,亦安集失其道耳。今岂可徒致意于防范之严,而不加优恤哉,其自明年为始,免逃民复业者粮差三年。"(《明英宗实录》卷132)

或许知道自家老祖宗是如何乘着元末社会动荡与流民成潮的有利时机夺得天下之奥秘,或许真的懂得流民问题处置不好将会带来严重的后患,正统帝在即位后采取了一系列举措来应对和解决流民这一历史大难题,从总的来说还是有效的。整个正统年间流民潮始终未成大乱,即使在大明天子被俘、帝国统治摇摇欲坠的危急时刻,距离土木晴天大霹雳的事发地不远的山西、河南和陕西等流民聚集地区,也没有发生什么大变乱或大骚动,因此说正统帝在对待流民的处置问题上还是相对得体的。

不过话得说回来,相对得体并不等于完全解决问题,因为各地形成流民问题的最为重要缘由就在于帝国特权阶层和豪门富户对土地等经济资源的巧取豪夺,将小民百姓从土地上"挤对"走。如果这样的关键问题不解决,那么流民成潮问题的解决也就仅得了一时或一地,而不可能予以全面地彻底根除。非但如此,用不了多久,他们又会被迫与土地相脱离,成群结队,流浪乞讨,相拥成潮。明英宗末年,仅聚集于荆襄地区的流民就达十几万人。(【清】谷应泰:《明史纪事本末·平郧阳盗》卷38;【明】谈迁:《国榷》卷34;《明宪宗实录》卷19)延及成化初元时又有了增加,"永乐、宣德迨今(成化初年),流移之众岁集月聚(于荆襄),巢穴其中,无虑百万"(《明宪宗实录》卷93)。

上百万的流民聚集于荆襄,个别有政治野心的人乘机从中煽风点火,酝酿发动反明起义。而刚刚继任皇帝大位的成化帝在并不十分明了实际情势的状况下,贸然接受了一些大臣的错误建议,下令对荆襄地区动用武力,终致那里的流民在一个叫刘通的人领导下,于成化元年(1465)年底公然打出了反叛大旗,这就是明朝中期历史上有名的荆襄流民第一次起义。虽然这次起义很快被镇压下去,但由于当时朝廷当局没有及时采取合适的善后应对举措,遂致5年后的成化六年(1470)十一月荆襄地区再次爆发了流民大起义。这也就是明朝中期历史上有名的荆襄流民第二次起义。该次起义一直坚持到成化七年(1471)下半年,终为都察院右都御史项忠统领的大明军所镇压。(详见拙著:《大明帝国》系列之⑮《成化帝卷》上册,东南大学出版社,2017年9月第1版,P221~247)

  起义镇压后,成化朝廷接受了翰林院检讨张宽的建议,将聚集于荆襄劫后余生的流民"械归故里,适值溽暑,因饥渴而死,妻女被掠,瘟疫盛行,船夫递解者,惧其相染,故覆舟于江……计死者九十余万人"(《明孝宗实录》卷48)。不过,好在后来明宪宗采纳了国子监祭酒周洪谟提出的就地安置流民策略,即历史上所说的"流民图说",派出了有口皆碑的循官良吏、左副都御史原杰前往那里去招抚和治理,增"设湖广郧阳府,即其地设湖广行都司、卫、所及县"(《明宪宗实录》卷160),终致那时起荆襄再也没有发生过大的社会动乱。

  但这并不意味着流民问题就此彻底解决好了。若从本质上来说,流民问题形成的根本原因就在于经营规模小和生产简单的小农经济自身抗压抗灾能力薄弱,经不起任何大风大浪,尤其是在严重的自然灾害面前更显得不堪一击。就说抚治郧阳都御史原杰去任后,明廷又派出了大员接替其职,专治荆襄地区。明孝宗即位之初,湖广、陕西和贵州等省份相继发生天灾,荆襄及附近地区的流民随即骤增。为此,当时抚治郧阳都御史郑时于弘治二年(1489)七月向朝廷上奏,说:"自川陕、湖、贵岁荒之后,皇上念穷民流徙之苦,屡降德音,令所司加意抚恤。臣等虽未能尽劳来安集之道,今流民在湖广郧、襄、荆三府已成家业愿附籍者57 824口,未成家业愿回原籍者13 546口,在行都司已成家业愿附籍者2 111口,未成家业愿回原籍者1 622口,在陕西汉中府已成家业愿附籍者5 246口。其愿附籍者,请照例存留抚驭,三年之后乃议差科;愿回原籍者,给与行粮发遣。不然,恐致意外之忧。"明孝宗接奏后觉得郑时的建议甚好,当即予以了允准,并下令给相关衙门照此执行。(《明孝宗实录》卷28)

弘治四年(1491)二月,已升为礼部尚书的周洪谟上言十事,其中就"抚流民"一事向弘治朝廷建议,令"流民与各郡县相邻者……听其附籍,仍复九年。待其安定,然后征之。远而不可附籍者,仿晋南雍州松滋县故事,设州县、置官吏、编里甲、建庠序,以治教之。今流民在在有之,四川、湖广尤多。凡流民所在,宜令附籍,量为赈给,宽徭省刑,承绝户田地者,使纳其粮;刀耕火种者,免之,则流民即良民矣。"(《明孝宗实录》卷48)

要说礼部尚书周洪谟的这个"抚流民"建议有什么新意,那还真谈不上来,但周尚书这个人很有意思,在朝廷上以喜欢提意见而著称,加上他资格老,一般来说他所提出的建议,年轻皇帝朱祐樘都会接受。只是周洪谟在此次上奏后没几天就突然死了,因而他的进呈谏言随后也就没了下文。好在那时弘治朝廷中与皇帝同心图治的贤直大臣多多,针对各地不断涌现的流民,他们为君分忧,提出了这样的建议:仿效荆襄地区的做法,在灾害频频出现、流民数量居高不下地区也设置专员进行抚治。明孝宗接受了进言,并于弘治八年(1495)在河南布政司添设参政一员,令其专门抚治当地流民;而后又令河南分巡汝阳道佥事兼理流民安置,由抚治郧阳都御史节制。(《明孝宗实录》卷102)

不仅如此,皇帝朱祐樘还十分注意对于出任这些地方抚民官的甄别挑选和真诚告诫。弘治八年(1495)七月,他在擢升江西吉安府知府顾福为河南布政司右参议、令其前往南阳抚民时,并专门赐之敕文,予以铮铮告诫。(《明孝宗实录》卷102)

除了对灾害频频出现且流民数量居高不下的特别地区设置专员进行抚治外,弘治帝还下令,让朝廷相关衙门集体讨论巡抚地方都御史上陈之事,对各地流民等问题因地制宜地做出应对举措。如弘治二年(1488)五月,"陕西巡抚、巡按等官以西延、平庆、临巩等府、州、县并西安等二十卫、所连岁荒旱,军民逃亡者众,请下户部议措备粮草之策"。户部上言:"陕西民前逃亡者至八万七千余户,军逃亡者至一万九千余名,自朝廷多方赈济,逃民复业者已五万九百余户,军复伍者已一万三千余名。今荒田不耕者尚多,请暂给有力之人耕种。原粮一石,岁暂收银一钱,草一束收银五厘,以备官吏师生及旗军人等俸粮之用。俟本主复业,仍旧给还。"明孝

宗接奏后当即予以允准。(《明孝宗实录》卷26)

又如，弘治三年(1490)九月，"户部会议漕运各处巡抚都御史所陈事宜"，就山东、山西等地区的流民及其相关问题拟出了12条应对建议，其中对于山西流民所遗留下来的问题，户部提出了这样的解决方法："山西逃移人户抛荒田土，近例许所在人民佃种，如江南减征事例，每粮一石折银二钱五分，草一束折银二分，三年后照额征纳。今乞令三年后仍从减轻，例如逃户复业者事，如额征收。"而对于山东流民所遗留下来的问题，户部则提出了不同的应对建议："山东德州、临清、东平、济宁、曹州等州、县寄住各处流民，置有产业者，令给下帖，定拨里分应当徭役；其有不愿附籍，欲规避差徭者，皆发回原籍。"明孝宗接到户部的建言后立即予以允准。(《明孝宗实录》卷42)

也正因为朝廷上下应对及时，举措适当，所以整个弘治时代流民及其相关问题多能得到了较好地解决，社会秩序相对比较稳定。

而在明孝宗实施安定民生和夯实国本的所有措施中，与上述"赈济灾荒、招抚流亡"几乎同样具有很广影响的还有一项重要举措，那就是"兴修水利、发展经济"了。

● 兴修水利　发展经济

有明一代兴修水利力度最大、范围最广的当数洪武朝，其次为永宣时期和弘治时代，换言之，明初祖宗时代大修的水利工程经历了近百年的历史，到明孝宗朱祐樘在位时才再次为朝廷所重视，开启了重修和整治。

弘治时代重修和整治的水利工程主要有黄河、都江堰、河南伊、洛等渠、苏松水道和宁夏古渠。

● 整治黄河，确保漕运

黄河水患自古就有，但由于隋唐以前，黄河与淮河各自分开东入大海，所以一旦黄河决口，"不过坏民田庐"。(《清》谷应泰：《明史纪事本末·河决之患》卷34)但自宋中叶以后，黄河向南汇入淮河，夺道入海,由此河决成为大患。元朝定都北方,其粮食物用有相当大的一部分靠着大运河从南方运输过去,一旦黄河发生决口,河水泛滥,就会将帝国财政经济输血管——南北大运河给拦腰截断。元顺帝至正四年(1344),黄河白茅堤溃决,元顺帝征发民众对此进行修浚,没想到最后将大元帝国给"修"没了。明初洪武、建文两朝定都南京,大运河在大一统帝国经济财用领域中所起的作用并不大,黄河之患问题也因此不那么突出。

可自永乐迁都北京后,大明帝国北方粮饷财用短缺问题一下子凸显了出来。正是在这样的情形之下,永乐帝朱棣命令工部尚书宋礼负责大运河北段即会通河的疏浚工程,与此同时又派遣兴安伯徐亨、工部侍郎蒋廷瓒会同金纯在河南祥符鱼王口到中滦这一带开挖黄河古道,接着由宋礼配合,将黄河水改走其古道,以缓减它的水势,平稳地流入了与运河相交地段,这样既解决了运河水量不足问题,又减缓了奔腾黄河水的水势,防止其倒灌运河。"自是河循故道,与会通河合而河南之水患息矣。"(《明太宗实录》卷117)大运河畅通了,治黄与保漕取得了双效。(《明史·宋礼》卷153,详见笔者《大明帝国》系列之⑧《永乐帝卷》下册)

这样大致太平了30余年,到正统十三年(1448)七月时,黄河河南段卫辉八柳树突发决口,"漫流山东曹州、濮州,抵东昌,坏沙湾等堤,伤民田庐无算"(《明英宗实录》卷168),再"夺济、汶入海。寻东过开封城西南,经陈留,自亳入涡口,又经蒙城至淮远界入淮"(【清】谷应泰:《明史纪事本末·河决之患》卷34)。消息传到北京,正统帝命令工部右侍郎即建设部副部长王永和前去治河,主修沙湾等堤。(《明英宗实录》卷168)

可谁知这个王永和修河修了5年,到景泰三年(1452)时,皇帝都换了3年了,河却还没有修好。那年九月,为之"昼夜在心,不遑安于寝食"的景泰帝朱祁钰特命太子太保兼都察院左都御史王文为治河特使,让他接替王永和。(《明英宗实录》卷220,《废帝郕戾王附录》第38)

就说这个左都御史王文与兵部尚书于谦等数人是景泰朝最为得力的干将,那时的他不仅为都察院左都御史即正职总检察长,还入阁参与机务(《明英宗实录》卷226,《废帝郕戾王附录》第44),兼任东宫老师,根本不可能长期待在治黄工程前线。这样大约过了一年时间,到景泰四年(1453)十月,皇帝朱祁钰发现:治黄特使必须得换人,那么派谁去最为合适?在文渊阁廷臣集议时,有人提出了一个"上知天文下知地理"的"大才子"人选,他就是景泰、天顺时期十分有名的人物徐有贞。徐有贞即为土木之变后主张南逃的那个徐珵,因为名声不好,他改名叫徐有贞,当时任职为右春坊右谕德兼翰林院侍讲。景泰帝知道其人有才,当即采纳了廷臣的建议,升徐有贞为都察院右佥都御史(可能相当于检察长助理),"往治沙湾"。(《明英宗实录》卷234,《废帝郕戾王附录》第52)

要说徐有贞是"大才子",还真不假。自从接受皇命后,他来到了治黄工地上前前后后看了一大圈,找出问题来了,随即上请朝廷。景泰帝当即批准了徐有贞的修河方案。(【清】谷应泰:《明史纪事本末·河决之患》卷34)

景泰七年(1456)十二月,治黄工程终于竣工,左佥都御史徐有贞回到朝廷。景泰帝立即召见他,"顾问良久,奖劳甚至",并命吏部特升他为都察院左副都御史。(《明英宗实录》卷273,《废帝郕戾王附录》第91)

景泰朝整治黄河的成功,不仅为大明帝国南粮北运解决了交通运输上的大问题,而且还"资灌溉者为田百数十万顷"(【清】谷应泰:《明史纪事本末·河决之患》卷34),即为黄河沿岸的民生经济的恢复和发展提供了较为可靠的保障。

不过,此次治河与永乐时期的那一次有着很大的相似之处,即没有彻底解决好问题。这样大约又过了30年,到明孝宗上台当政时,黄河"决开封,入淮。复决黄陵冈,入海"。后不久又"河决原武"(【清】谷应泰:《明史纪事本末·河决之患》卷34;《明孝宗实录》卷24~卷26)。

肆无忌惮的黄河水淹没了沿河两岸的郡县,使得当地百姓流离失所,挣扎于死亡线上。明孝宗接到河南守臣的奏报后迅速降下敕令:"黄河冲决,民居荡析,朕深愍念,其即行巡抚官督所司,役五万人修筑,务使河复故道,不为民害,以副朝廷救灾恤患之意。"(《明孝宗实录》卷26)

以弘治帝圣旨中的意思来讲:动用50 000民工修治黄河,恢复古道。可是以户科都给事中张九功为代表的朝臣在听说后却不以为然,随即上奏说:黄河为害,自古有之,治理起来还十分麻烦,且收效不大。尤其这样,倒不如将经常受灾严重的开封等地的居民迁走,以避水患。(《明孝宗实录》卷27)

明孝宗在认真听取和综合各方面意见后决定:摒弃迁徙主张,坚决治黄,以绝水患,随后便于弘治二年(1489)九月任命南京兵部左侍郎白昂为户部左侍郎,令其修治河道。(《明孝宗实录》卷30)

白昂领命后立即动身,前往黄河决堤与泛滥现场逐一查看,"由淮河相度水势,至于河南中牟等县,见其上源决口,水入南岸者十之三,入北岸者十之七。南决者,自中牟县杨桥等处,至于祥符县界析为二支:一经尉氏等县,合颍水,下涂山,入于淮;一经通许等县,入涡河,下荆山,入于淮。又一支自归德州,通凤阳之亳县,亦合涡河,入于淮。北决者自原武,经阳武、祥符、封丘、兰阳、仪封、考城诸县,其一支决入金龙等口,至山东曹州等处,冲入张秋运河,去冬水消沙积,决口已淤因(塞),并为一大支,由祥符之翟家口,合沁河,出丁家道口等处,俱下徐州"。(《明孝宗实录》卷34)

针对黄河这样的流经南北分行之大势,白昂认为:"合颍、涡二水而入于淮者,其间各有滩碛,水脉颇微,宜疏浚以杀河势;合沁水而入于徐者,则以河道浅隘,不能容受,方有漂没之虞,况上流金龙等口虽幸暂淤久,将复决,宜于北流所经七县筑为堤岸,以卫张秋。"(《明孝宗实录》卷34)

白昂将自己的治河思路拟成方案,随后上呈北京,与此同时,他还乞请朝廷命令黄河沿岸的地方衙门在治水过程中予以配合。皇帝朱祐樘接奏后都一一予以允准。随后白昂又举荐了南京兵部郎中娄性,让他协理治河,"乃筑阳武长堤,以防张秋,引中牟之决以入淮,浚宿州古睢河以达泗,自小河西抵归德饮马池,中径符离桥而南,皆浚而深广之。又疏月河十余,以杀其势,塞决口三十六,由河入汴,汴入睢,睢入泗,泗入淮,以达于海,水患稍息。昂又以河南入淮,非正道,恐不能容,乃复自鱼台历德州至吴桥,修古河堤,又自东平北至兴济凿小河十二道,引水入大清河及古黄河以入海。河口各作石堰,相水盈缩,以时启闭。"(【清】谷应泰:《明史纪事本末·河决之患》卷34)

白昂的这般治河,概括地说就是南北分治,东南以疏导为主。

这看似"对症下药"的"整治工程"在竣工后的一年多,即弘治五年(1492)七月,黄河张秋段又决口了。"时河溢沛、梁之东,兰阳、郓城诸县皆被其患。复决杨家、金龙等口东注,溃黄陵冈,下张秋堤,入漕河与汶水合而北,行张秋堤。"(【清】谷应泰,《明史纪事本末·河决之患》卷34)由此,"漕流绝"(《明史·河渠三·运河上》卷85)。

我们将上面史料换个角度来表述:此次黄河在张秋决堤,不仅淹没了沿岸郡县,祸及周边四省,而且还冲入大运河,直接影响到大明漕运的正常进行。对此,闻讯后的弘治帝予以高度重视,特命吏部和工部推荐两员大臣前去治河。当时大明朝廷主管人事组织工作的是吏部尚书、数朝名臣王恕,他推举了工部左侍郎陈政和南京工部右侍郎萧祯,并"请令兼宪职,以便行事"。明孝宗选择了陈政,并于弘治五年(1492)八月令其兼都察院右佥都御史,"总理河南等处水道"。(《明孝宗实录》卷66)

就在陈政出发前,皇帝朱祐樘又赐之敕文,对于相关事项予以告诫。(《明孝宗实录》卷66)而陈政领命后岂敢怠慢,立即赶赴黄河决堤与泛滥现场,并从山东、河南等地征调了数万役夫与劳工,打算择时开工,修筑堤防。这时有个叫沈钟的山东按察司副使看不下去了,当即给弘治帝上奏说:"臣提调所属学校,自济南至兖州,第见郊野萧条,场无稼穑,流民扶老携幼,呻吟道路,盖由今岁山东天久不雨,曹、濮一带,黄河冲决。朝廷遣工部侍郎陈政巡视河决,役夫数万,修筑堤防。臣窃谓:堤防不可不修,而民情亦不可不念。今天气渐寒,役夫止月给米三斗,其衣裳单薄,将必有受冻而死者,欲乞暂停工役,俟来春二三月后,即并督成之,庶民不深怨,而事亦易集。"(《明孝宗实录》卷69)

明孝宗接到这样的奏请,当即头疼不已,屋漏偏逢连夜雨,什么样的坏事都赶在一起了,该怎么办? 想了好一阵子,弘治帝还是使用以往的习惯做法,将沈钟的奏章下发至工部去覆议,即让工部官员拿个主意。工部官员也清楚,这样的事情太不好办了,哪个事情都不能耽误,但问题关键还在于要看"总理河南等处水道"的都察院右佥都御史陈政如何行事了,于是他们就把沈钟奏请之事通过公文形式告知了陈政,让他"酌量处置"(《明孝宗实录》卷69)。陈政接到公文后,也觉得情势难以处理,思来想去,最终决定:暂缓开工修筑堤防,先制订一个详尽的治河方案,上奏给朝廷,这样一来一去,在新年开春季节差不多就可以开工治河了。主意拿定后,陈政又上河决现场认真地考察了一圈,随后给弘治帝上了一个奏章,说:"臣历山东、河南,会守臣行视水势",发现"(黄)河之故道有二,一在荥泽县之孙家渡口,经中牟县朱仙镇,直抵陈州;一在归德州之饮马池,与凤阳府亳县地相连属,旧俱入淮,今已淤塞,因致上流冲激,势尽北趋。自祥符县地名孙家口、杨家口、车船口,兰阳县地名铜瓦厢决为数道,俱入运河,以致张秋一带势甚危急。自堂邑至济宁,堤岸多崩圮,而戴家庙减水闸浅隘,不能泄水,亦有冲决。今欲浚旧河,以杀上流之势,塞决河,以防下流之患;修筑堤岸,增广闸座,已集河南丁夫八万人,山东丁夫五万人,凤阳、大名二府丁夫二万人,随地兴工,分官督役"。(《明孝宗实录》卷72)

可谁也没想到,陈政上奏后没几天就突然病卒,这下治河之事又被耽搁了。心急如焚的明孝宗马上下令,"命会荐才识可用者三四人,务在得人,不限内外。于是吏部尚书王恕等荐工部右侍郎谢绶、南京工部右侍郎萧祯、四川布政司左布政使何鉴及(刘)大夏皆可用"。面对多个候选人,弘治帝一头雾水,不知道选谁为好,随即跟人事组织部长王恕说:"今日治河,不但恐其为民害,抑恐有妨运道,致误国计,所系尤非轻,必得通古今、识地势、有巧思者久任之,而后可。汝等举此四人,孰可以允当是任,于中宜定拟一人,或再推可用者以闻。"王恕听后当即推荐刘大夏,认为他最有才干,也最为合适,"而大理寺右少卿马中锡、南京通政使司左通政郑纪亦次之,请简命一人以往"。朱祐樘立马接受了建议,并于弘治六年(1493)二月丁巳日擢升时任浙江布政司左布政使刘大夏为都察院右副都御史,令其"修治决河"(《明孝宗实录》卷72)。

唯恐不周,在刘大夏上任时朝廷下发的敕书中,皇帝朱祐樘语重心长地说道:"朕闻黄河自宋元以来,与淮河合流,由南清河口入海,所经河南、山东、南北直隶之境,迁徙不常,屡为民患。近年汴城东南旧道淤浅,河流北徙,合于沁水,势益奔放。河南之兰阳、考城,山东之曹县、郓城等处,俱被漰没,逼近张秋,有妨运道。先命工部侍郎陈政,会同各该巡抚、巡按等官,设法修理。今几半年,未及即工,而政物故,有司以闻。朕念古人治河,只是除民之害。今日治河,乃是恐妨运道,致误国计,其所关系,盖非细故。且闻陈政所行,多有非宜。故诏有司会举,佥以尔(刘)大夏名闻,故特升尔为都察院右副都御史,往理其事。尔至彼,先须案查陈政所行事务,酌量其当否,当者绪续之,否则改正之。会同各该巡抚、巡按,都、布、按三司及南北直隶府、州掌印官,并管河官,自河南上流及山东、两直隶河患所在之处,逐一躬亲踏勘,从长计议。何处应疏浚,以杀其势;何处应修筑,以防其决,及会计合用桩木等料有无,而设法分派;军民夫役多寡,趁时起集;必须相度地势,询访人言;务出万全,毋贻后患。然事有缓急,而施行之际,必以当急为先。今春暮运船将至,敕至尔即移文总督漕运、巡河、管河等官约会,自济宁循会通河一带,至于临清,相视见。今河水漫散其于运河,有无妨碍;今年运船往来有无阻滞,多方设法,必使粮运通行,不至过期,以失岁额粮运。既通方可溯流寻源,按视地势,商度工用,以施疏塞之方,以为经久之计,必须役不再兴,河流循轨,国计不亏。斯尔之能,此系国家大事。凡敕内该载不尽事理,尔有所见,或人言可采,听尔便宜而行,一应文武职官,敢有怠慢误事者,轻则量情责罚;重则文职五品以下,迳自送问刑衙门问理;四品以上并方面军职参奏。尔受朝廷重托,尤当昼夜筹画,勉图成功,不许苟且粗率,劳民力于无用,糜财用于不赀,以致生他变,仍须抚恤下人,使皆乐于趋事,则工易完人不怨,斯无负于委任,其勉之慎之!"(《明孝宗实录》卷72)

刘大夏是明朝中期的名臣和能臣,见到皇帝给他的敕文长达近千言,自然知道其中的分量了。而当他到达黄河决堤与泛滥现场转了一圈后顿时就傻眼了,时值春夏之交,"漕舟鳞集"(《明史·河渠三·运河上》卷85),即说漕运之船密密麻麻地堵在了一起,这下可怎么办呢?幸好刘大夏是个有才干的人,只见得他眼珠子一转,一个主意蹦了出来,"先自决口西岸凿月河以通漕"(《明史·河渠三·运河上》卷85)。随后他沿着黄河岸边上下千余里逐一查看情况,召集河南、山东两省的地方官员一起商议,最终决定"河流湍悍,张秋乃下流襟喉,未可辄治。治于上流,分道南行,复筑长堤,以御横波,且防大名、山东之患,候其循轨,而后决河可塞也"(【清】谷应泰:《明史纪事本末·河决之患》卷34)。

刘大夏将自己的治河方案拟好后,便派人上呈给了朝廷,请求皇帝批示。而皇帝朱祐樘从小起就一直待在宫里头,哪里懂得怎么治理河道,不过好在他知人善任,且常常纳谏如流,在接到刘大夏从治河现场发出的奏报后,他立即审阅并予以允准。说得再白一点儿,被人称誉为"中兴之主"的明孝宗其实与其他帝王没什么两样,他急着要的是功成欢悦的结果。可这样的结果,让他等了将近一年半还没有等到。弘治七年(1494)五月,急不可耐的弘治帝再次降下圣旨:"命内官监太监李兴、平江伯陈锐往同都御史刘大夏治张秋河决",并赐之敕文,进行告诫和催促。(《明孝宗实录》卷88)

在敕文中皇帝朱祐樘又一次强调:天下水患,"黄河为大,国家之计,漕运为重",即将恢复和保障漕运畅通以及治理黄河水患当作了国计民生的大事。既然朝廷拥有了这般认知态度,君主专制体制下所拥有的魔力也就自然发挥着神奇的效率了。弘治七年(1494)五月丁巳日,明孝宗"命发山东、河南及直隶扬州等府官银三万一千八百余两,助修张秋决河之费,其役夫月口粮四斗五升,俱以附近州、县预备仓粮给之"(《明孝宗实录》卷88)。同日,因太监李兴、平江伯陈锐奏请,皇帝朱祐樘允准:工部"将本部原贮抽分银二万两,运送都御史刘大夏,为修河之用;凡河南、山东在官钱粮,除送运外,其存留者悉听取用";如还不足,就"以浙江、芜湖二抽分厂银之半济之。其山东、河南京班人匠,亦听存留应役,修理闸座、石坝、堤岸"。(《明孝宗实录》卷88)随后九月甲辰日即十八日,明孝宗又"命以河南、山东、北直隶起运大同、宣府粮,改拨京仓者,每石省扣银一钱,总五万二千两有奇,及临清州商税钱钞,并本年秋冬二季者,约万五千两,俱听修筑张秋工所支用。从都御史刘大夏等请也。"(《明孝宗实录》卷92)

有了朝廷的这般全力支持,领命"修治决河"的都察院右副都御史刘大夏"发民丁数万于上流西岸,凿月河三里许,属之旧河,使漕通,不与河争道。乃浚孙家渡口,别开新河一道,导水南行,由中牟至颍州东,入于淮。又浚祥符四府,营县淤河,由陈留至归德,分为二道,一由宿迁小河口,一由亳州涡河会于淮……"【清】谷应泰:《明史纪事本末·河决之患》卷34)

这样的治河工程进行到弘治七年(1494)年底时有了初步的结果——"筑塞张秋决口功成",随之,张秋改名为安平镇。皇帝朱祐樘闻及喜讯,"遣行人赍羊酒往劳之,以黄陵冈工程未可即也,命工部集议以闻"。工部经过讨论后上奏说:"张秋决口虽已塞完,但今天寒土冻,恐来春冻土融化,或雨水泛溢,复有后患,其黄陵冈在张秋上流,亦宜筑塞,但水势汹涌,随筑随决,恐非一时所能成功,请仍留(李)兴、(平江伯陈锐、都御史刘大夏)等三人,来春量起丁夫,再培筑张秋决口及新旧河岸,务令坚厚,以期永久。其东昌、临清、德州一带河道,亦须逐一经理,复讲究黄陵冈事宜可疏可筑,相机而行,必求允当而后已,俟事毕,兴、锐具奏先回,大夏仍会同各巡抚等官,用心修理,如贾鲁河、孙家渡口、四府营并马雄家口等处,亦宜再加疏筑,使运道疏通,以为经久之计。"(《明孝宗实录》卷95)

明孝宗接奏后同意工部的建议,"命安平镇等处河道及南旺湖水利仍令兴、锐、大夏设法疏筑,修浚功完,具奏待报回京"(《明孝宗实录》卷95)。于是从弘治八年(1495)正月十日起,刘大夏等开启了"黄陵冈及荆隆等口七处"筑塞工程,"黄陵冈居安平镇之上流,其广九十余丈,荆隆等口又居黄陵冈之上流,其广四百三十余丈,河流至此宽漫奔放,皆喉襟要地。诸口既塞,于是上流河势复归兰阳、考成,分流经徐州、归德、宿迁,南入运河,会淮水,东注于海。而大名府之长堤,起河南胙城,历滑县、长垣、东明等处,又历山东、曹州、曹县,直抵河南虞城县界,凡三百六十里,荆隆口等处新堤起于家店,及铜瓦厢、陈桥,抵小宋集,凡一百六十里"(《明孝宗实录》卷97)。工程历时一个多月,到弘治八年(1495)二月二十五日正式竣工,"其石坝俱培筑坚厚,而溃决之患,于是息矣"(《明孝宗实录》卷97)。

治河工程完成后,为防止后患,弘治八年(1495)十月中旬,内官监太监李兴、平江伯陈锐、都御史刘大夏上奏河防粮运六事:第一,"漕河水利全借泰山诸泉,每年夏秋潴畜南旺等湖,至旱干时以济粮舟。近豪强军民或决堤泄水,以图栽莳,或阻遏泉源,以资灌溉,乞照先年侍郎白昂奏行事例禁治"。第二,"南北运河止是汶水分流接济,春夏旱干,水源微细,必借各闸积水,以时启闭,庶可行船。往往官员随到随开,以致粮运阻滞,乞申明列圣诏旨,严加榜示"。第三,"管河官员责任太轻,事多掣肘。乞敕河南管河副使张鼐、大名府带管堤防参政李瓒,俱照管河、管屯官事例,常川巡视,听其便宜行事,巡抚等衙门不得有所阻挠"。第四,"安平镇、黄陵冈、荆隆口及新筑于家店以下堤防,俱用人守视,水涸则积土备用,水涨则防护修筑。若有重大工程,临时调附近丁夫,协同修理"。第五,"大名府所筑长堤,必须递年增修,庶保经久。乞行参政李瓒以所属堤北人户,编定班次,每年农隙之时调发若干,增修一月疏放。堤北军屯与寄居人户,亦一体从轻编定,轮流调发,庶免起夫科扰之弊"。第六,"济宁迤北南旺、开河、戴家庙一带,比之他处最要,而安平镇地方土脉疏薄,新筑决口尤须提调官员不时检点。今自济宁直抵通州,相去一千八百余里,而天津北上,逆水尤难,若止责与一人提调,恐致误事。乞敕该部依臣等前奏,仍分其地为三,南北各设工部郎中一员,中间增设通政一员提调"。(《明孝宗实录》卷105)

明孝宗接奏后都一一照准。而后不久,他又采纳太监李兴等的建言,"升山东布政司左参政张缙为通政司右通政,提调沙河至德州河道"(《明孝宗实录》卷95);"升河南布政司右参议张鼐为河南按察司副使,专治河道;大名府知府李瓒为山东布政司右参政,仍掌府事,兼防守河堤。"(《明孝宗实录》卷98)由此一来,整治河患和确保漕运成了一项经常性展开的重要工作,黄河与运河沿岸的百姓生活从此逐渐安宁下来,社会经济开始恢复、发展。

● 治理都江堰与浚治河南伊、洛等渠堰

就在弘治朝治黄保漕整修工程开启后没多久,从西南方向传来了同为乞请整治水患的奏报。弘治三年(1490)三月,四川地区的巡抚都御史丘鼐上言朝廷,说:"成都府灌县旧有都江大堰,乃汉(注:其实是战国)李冰所筑,溉民田者,其利甚博。后为居民所侵占,日以湮塞,乞增设宪臣一员,专领其事,俾随处修筑陂塘、堤堰,以时蓄泄,庶旧规可复,地利不废。"皇帝明孝宗接奏后下令,擢升刑部员外郎刘昊为四川按察司佥事,提督水利,并赐之敕文,予以了告诫。(《明孝宗实录》卷36)

西南都江堰修浚后隔了两年多,即在弘治六年(1493)十月,巡抚河南都御史徐恪向朝廷上奏说："河南府有伊、洛二渠,彰德府有高平、万金二渠,怀庆府有广济渠及方口堰,许州有枣祇河渠,南阳府有召公等渠,汝宁府有桃陂等堰,其它故渠废堰,在在有之,浚治之功,灌溉之利,故老相传,旧志所载,不可诬也。虽行分守等官疏导,然事非专,难以责成,请敕布政司抚民参政朱瑄专领其事。"(《明孝宗实录》卷81)弘治帝接奏后命令河南布政司抚民参政朱瑄专管河南省内各故渠与废堰的浚治,并赐之敕文,也予以了告诫。(《明孝宗实录》卷81)

● 整治苏松水道和浚凿宁夏古渠

苏松是大明帝国最大的粮仓,可这个地区的水利自永乐年间夏原吉奉命进行大规模整治后,到弘治时已有百来年没有大修浚了,以至于当地每年都水患不断,这不仅使得苏松百姓深受其害,而且还影响到大明帝国税粮的征收。弘治七年(1494)七月,吏科给事中叶绅上言道:"国家粮饷,率仰给东南,而顷者,苏、松、常、杭、嘉、湖诸郡水道湮塞,甚为农事之患,乞命官往治之。"巡按监察御史刘廷瓒亦以为言。明孝宗接奏后下令,"命工部左侍郎徐贯兼都察院左佥都御史,往同巡抚都御史何鉴协心经理",并赐之敕文,曰:"朕惟直隶苏、松、常,浙江杭、嘉、湖六府数年以来屡被水灾,园田潦没,庐舍漂溺,民既无以聊生,财赋何自而出。今特命尔会同彼处巡抚都御史,亲诣其地,逐一踏勘,如果前日之水道形迹具存,今日之水患实由于此,即于所在司、府、州、县,量取丁夫、钱粮,督同委官人等以次兴工,修筑疏浚。凡敕内该载不尽事宜,听尔便宜处置。文武职官军民人等有负才识、谙晓水利者,悉听委用职官。敢有违慢乖方、徇私废事者,五品以下径自提问,应奏请者参奏施行。其兴功之际,务审水道利害、人情从违,固不可畏难退避、失经久之良图,亦不可凿空妄为,致小民嗟怨,殚心毕虑,利国便民,斯不负朝廷委任之意。"(《明孝宗实录》卷90)

工部左侍郎兼都察院左佥都御史徐贯领命后,深感责任重大,自己一个人难以担负起来,于是向皇帝提出,"以工部主事祝萃自随,往会巡抚都御史何鉴与浙江按察司水利佥事雷士旃等,分地兴工"。明孝宗允准之。(《明孝宗实录》卷99)随后徐贯便带着工部主事祝萃等赶赴苏、松,在当地官员和耆老的陪同下视察水道,查明水患缘由:"常熟有白茆港,苏、松诸水多由以入海。顷年江口涨沙,积为平陆,水失故道,故东南多水患。"对此,工部主事"(祝)萃自乘小舟,往来究水源委,乃命苏州府通判张旻分疏各河港之水潴之大坝,旋调役夫先于白茆开动沙面,乘退潮之势,决大坝之水冲激之,沙泥漂流殆尽,潮水荡激,日益深阔,水入海无碍。又命浙江左参政周季麟修嘉兴旧堤,易之以石三十余里,又增筑湖州长兴等处堤岸七十余里。"(《明孝宗实录》卷99)

苏、松水利整治工程进行了将近一年,到弘治八年(1495)四月时大体竣工。这时,工部左侍郎兼都察院左佥都御史徐贯给弘治帝上了份奏章,汇报了整治情况与政绩。其奏文是这样说的:"东南,财赋所出,而水患为多。永乐初命户部尚书夏原吉疏浚之,地方蒙利,然当时以吴淞江淤沙浮荡未克施工,逮今九十余年,港浦堙塞为患滋甚。臣承命以往,相度地势,盖杭、嘉、常、镇为水之上流,苏、松水之下流。上流不浚,无以开其源;下流不浚,无以导其归。于是分派工程,督同委官人等疏浚。吴江长桥一带,茭芦之地,导太湖之水,散入淀山、杨城、昆承等湖泖,又开吴淞江并大石、赵屯等浦,泄淀山湖水由吴松(淞)江以达于海,开白茆港并白鱼洪、鲇鱼口等处,泄昆承湖水,由白茆港以注于江,又开斜堰、七镰、盐铁等塘,泄杨城湖水,由七丫港以达于海。下流疏通,不复壅塞。开湖州之娄泾,泄西湖天目、安吉诸山之水,自西南入于太湖,开常州之百渎,泄溧阳、镇江、练湖之水,自西北入于太湖。又开各处斗门,以泄运河之水,由江阴以入于大江。上流疏通,不复堙滞矣。是役也,计修浚过河港、泾浜、湖塘、斗门、堤岸,凡135道,役夫216 280有奇,给过口粮153 507石,桩木料价860两。"(《明孝宗实录》卷99)

而就在苏、松进行水利工程大整治行将成功时,兵科都给事中杨瑛、巡抚都御史何鉴等向朝廷上奏说:"比以江南水患,遣工部侍郎徐贯奉敕往治之。窃闻东南水患,近年特甚。高田下地均为一壑,早禾晚稼,率成一空,男妇号呼,饿莩枕藉,加之风雨坏屋,居民压死。今所差大臣,若专事疏浚而不以赈贷为急,恐待哺之民,救死不赡,纵或迫于刑威,勉强趋赴,然屡馁之躯,亦难效力。乞申命徐贯,会同巡抚都御史何鉴,会计苏、松等府、县仓库储积,差官赈济。若所积不足,或量留上年粮价,或暂免今年田租,然后斟酌事宜,兴起大众,则民敏于赴工事,易于就绪矣。"朝廷户部为此覆奏道:"备荒事宜,先已有处分,宜更行徐贯、何鉴协心共事。"明孝宗允准之,并命徐贯协同赈济。(《明孝宗实录》卷92)当时赈济苏州并嘉兴、湖州等府、县贫民1 208 603口,给过米342 147石、麦1 409石、谷221 974石、银3 953两。"于是民颇获安,东南水患,亦自是少衰息矣。"(《明孝宗实录》卷99)

水利工程大整治固然必不可少,但更为重要的还是平日里要多加维护,而要做到这样,必须得派遣专员进行负责。弘治八年(1495)七月,明孝宗擢升常州府通判姚文灏为工部都水司主事,命其专治苏、松等七府水利,并赐之敕文。(《明孝宗实录》卷102)

姚文灏领命后经过一年的实地调查和研究,于弘治九年(1496)七月专门向朝廷提出了六条建议:第一,"设导河之夫。苏、松、常、镇沿江近海诸港浦潮沙之积有常,而疏导之功不继,所以患多而利少,前代或设撩清之夫,或置开江之卒,专一浚治,不限时月。近岁役夫皆临期取于里甲,而无经制。小民劳扰,吏缘为奸,富者累年不役,贫者无岁不差。乞将各府导河夫役,悉照江北运河及浙西海塘夫例,每年于均徭内定拨,专一用工,庶几无患"。第二,"发济农之米。宣德初巡抚侍郎周忱建议,苏、松等处田地虽饶,农民甚苦,其修筑圩岸、开浚沟渠类,皆乏食,遂于各府设济农仓,积贮余米,每年百姓修浚沟圩,支给赈助。历岁既久,名存实废,水旱之备日弛,公私之积渐微。乞申明旧例,每年修圩治渠之日,量给农民一月食,所费不多而利实宏博"。第三,"给修闸之钱。臣历考浙西水功,未有不赖官钱而成。故前代提督之使任内,往往有用缗钱数十万者。今江北运河及各洪闸每年额收椿草等钱,以备应用。惟臣所治无一钱之畀,况各处闸坝颓废颇多,修理工价动以千计,非得官钱,决不可为。乞自今修理闸坝合用料价,请于府、县,无碍官钱支用,庶无废事"。第四,"开议水之局。臣闻浙西水利,国之大事。宋儒胡瑗教授苏湖,尚且置斋教学者讲此。范仲淹知苏州,亦尝令所司每年秋冬讲求利害,春二月用工修浚,诚以他州之官来治此州之水，不资讲究，何以施为。乞于苏州府开一局，访求境内素习水利者四五人，每岁初冬至局，行移各府治农通判，皆来会集备议利害及修治方略，一月而罢事，似微而效则大也"。第五，"重农官之选。臣又观范仲淹水利议曰，苏湖常秀，膏腴千里，国之仓廪，数郡之守，宜择精心尽力之吏，不可以寻常资格而授。况今治农官专理农田水利，尤宜慎选。乞将各府治农通判俱于进士内选用，治农县丞俱于举人内选用，果有成绩应内补者，照例行取；应外转者，比众超迁，如此则任用得人而水利自广矣"。第六，"专农官之任。臣惟浙西水事与三时务农之功相表里，非其它土木之役必待农隙而为，故各府治农官虽终岁勤动，尚不能举其职。近年以来，例以闲官目之，或差遣勘事，或委令捕盗职，既不专事难为效。乞今后府、县治农官，俱照推官例，不许别差，专一治水与农庶，责任有归而偷惰无所容矣"。弘治帝接奏后，除了开局议水利之建议外，其他都一一予以允准。（《明孝宗实录》卷 115）

整治与赈济并驾齐驱，修浚与维护相辅相成，经过此番努力，江南苏、松地区的水患问题终于得到了解决，老百姓生活安定了下来，社会经济也开始有所发展。

而就在江南苏、松整治水道时，被人誉为西北"小江南"的宁夏水利也出了大问题。那时巡抚当地的都御史王珣上言朝廷说："宁夏古渠三道，东汉、中唐并通。惟西一渠傍山，长三百余里，广二十余丈，两岸危峻，汉、唐旧迹俱堙。宜发卒浚凿，引水下流。即以土筑东岸，建营堡屯兵以遏寇冲。请帑银三万两，并灵州六年盐课，以给其费。"王珣还"请于灵州金积山河，开渠灌田，给军民佃种"。对此，明孝宗"一并从之。"（《明史·河渠六·直省水利》卷 88）

● 发展经济　惠及民生

其实无论是兴修水利，确保漕运，关注"收运"，落实"额定"，注意节用，减免进贡，减赋省工，舒缓民痛，还是改革茶马，调整盐法，赈济灾荒，招抚流亡……弘治朝廷如此种种努力"更新"，对于当时大明帝国经济发展与民生改善究竟还曾起到什么作用？我们不妨先来看看下表：

明代历朝田地数、税粮数变化表

明朝纪年	公历	田地数（顷）	税粮数（石）	史料出处
洪武十四年	1381	3 667 715.49	26 105 251	《明太祖实录》卷140
洪武二十四年	1391	3 874 746.00	32 278 983	《明太祖实录》卷214
建文四年	1402	3 874 746.00?	30 459 823	《明太宗实录》卷15
永乐元年	1403	3 874 746.00?	31 299 704	《明太宗实录》卷26
永乐二年	1404	3 874 746.00?	31 874 371	《明太宗实录》卷37
永乐三年	1405	3 874 746.00?	31 133 993	《明太宗实录》卷49
永乐四年	1406	3 874 746.00?	30 700 569	《明太宗实录》卷62
永乐五年	1407	3 874 746.00?	29 824 436	《明太宗实录》卷74
永乐六年	1408	3 874 746.00?	30 469 293	《明太宗实录》卷86
永乐七年	1409	3 874 746.00?	31 005 458	《明太宗实录》卷99
永乐八年	1410	3 874 746.00?	30 623 138	《明太宗实录》卷111
永乐九年	1411	3 874 746.00?	30 718 814	《明太宗实录》卷123
永乐十年	1412	3 874 746.00?	34 612 692	《明太宗实录》卷135
永乐十一年	1413	3 874 746.00?	32 352 244	《明太宗实录》卷146
永乐十二年	1414	3 874 746.00?	32 574 248	《明太宗实录》卷159
永乐十三年	1415	3 874 746.00?	32 640 828	《明太宗实录》卷171
永乐十四年	1416	3 874 746.00?	32 511 270	《明太宗实录》卷183
永乐十五年	1417	3 874 746.00?	32 695 864	《明太宗实录》卷195
永乐十六年	1418	3 874 746.00?	31 804 385	《明太宗实录》卷207
永乐十七年	1419	3 874 746.00?	22 248 673	《明太宗实录》卷219
永乐十八年	1420	3 874 746.00?	32 399 206	《明太宗实录》卷232
永乐十九年	1421	3 874 746.00?	32 421 831	《明太宗实录》卷244
永乐二十年	1422	3 874 746.00?	32 426 739	《明太宗实录》卷254 下
永乐二十一年	1423	3 874 746.00?	32 373 178	《明太宗实录》卷266
永乐二十二年	1424	3 874 746.00?	32 601 206	《明仁宗实录》卷5 下

(续表)

明朝纪年	公历	田地数（顷）	税粮数（石）	史 料 出 处
洪熙元年	1425	4 167 707.3	31 800 234	《明宣宗实录》卷12
宣德元年	1426	4 124 626.68	31 312 839	《明宣宗实录》卷23
宣德二年	1427	3 943 343.22	31 250 110	《明宣宗实录》卷34
宣德三年	1428	4 113 137.21	30 249 936	《明宣宗实录》卷49
宣德四年	1429	4 501 565.99	31 331 351	《明宣宗实录》卷60
宣德五年	1430	4 140 680.28	30 610 898	《明宣宗实录》卷74
宣德六年	1431	4 180 462.41	30 300 315	《明宣宗实录》卷85
宣德七年	1432	4 244 928.80	29 102 685	《明宣宗实录》卷97
宣德八年	1433	4 278 934.49	28 957 227	《明宣宗实录》卷107
宣德九年	1434	4 270 161.93	28 524 732	《明宣宗实录》卷115
宣德十年	1435	4 270 172.43	28 499 160	《明英宗实录》卷12
正统元年	1436	4 373 187.60	26 713 057	《明英宗实录》卷25
正统二年	1437	4 323 180.28	26 979 143	《明英宗实录》卷37
正统三年	1438	4 322 125.54	27 036 776	《明英宗实录》卷49
正统四年	1439	4 323 150.80	27 066 285	《明英宗实录》卷62
正统五年	1440	4 322 468.17	27 079 421	《明英宗实录》卷74
正统六年	1441	4 317 742.45	27 069 361	《明英宗实录》卷87
正统七年	1442	4 242 118.57	27 085 921.6	《明英宗实录》卷99
正统八年	1443	4 242 818.89	27 100 926	《明英宗实录》卷111
正统九年	1444	4 249 516.65	27 134 213.4	《明英宗实录》卷124
正统十年	1445	4 247 239.00	27 155 958	《明英宗实录》卷136
正统十一年	1446	4 245 699.39	27 014 779.5	《明英宗实录》卷148
正统十二年	1447	4 248 705.37	26 197 238	《明英宗实录》卷161
正统十三年	1448	4 153 218.33	26 722 902	《明英宗实录》卷173
正统十四年	1449	4 350 763.16	24 212 143	《明英宗实录》卷186，《废帝郕戾王附录》第4

(续表)

明朝纪年	公历	田地数（顷）	税粮数（石）	史料出处
景泰元年	1450	4 256 303.16	22 720 360	《明英宗实录》卷199，《废帝郕戾王附录》第17
景泰二年	1451	4 156 375.60	23 320 780	《明英宗实录》卷211，《废帝郕戾王附录》第29
景泰三年	1452	4 266 862.00	26 469 679	《明英宗实录》卷224，《废帝郕戾王附录》第42
景泰四年	1453	4 267 036.47	26 602 618	《明英宗实录》卷236，《废帝郕戾王附录》第54
景泰五年	1454	4 627 341.88	26 840 653	《明英宗实录》卷248，《废帝郕戾王附录》第66
景泰六年	1455	4 267 339.00	26 853 931	《明英宗实录》卷261，《废帝郕戾王附录》第79
景泰七年	1456	4 267 449.23	26 849 159	《明英宗实录》卷273，《废帝郕戾王附录》第91
天顺元年	1457	4 241 403.43	26 848 464	《明英宗实录》卷285
天顺二年	1458	4 263 599.00	16 852 695	《明英宗实录》卷298
天顺三年	1459	4 199 028.42	26 845 117	《明英宗实录》卷310
天顺四年	1460	4 262 748.69	26 852 575	《明英宗实录》卷323
天顺五年	1461	4 242 010.70	26 287 376	《明英宗实录》卷335
天顺六年	1462	4 245 983.24	24 716 887	《明英宗实录》卷347
天顺七年	1463	4 293 503.91	26 629 492	《明英宗实录》卷360
天顺八年	1464	4 724 302.73	26 348 660	《明宪宗实录》卷12
成化元年	1465	4 727 426.00	26 349 998	《明宪宗实录》卷24
成化二年	1466	4 727 185.00	26 651 343	《明宪宗实录》卷37
成化三年	1467	4 778 706.21	26 509 931	《明宪宗实录》卷49
成化四年	1468	4 755 031.72	26 657 968	《明宪宗实录》卷61
成化五年	1469	4 776 572.73	26 385 725	《明宪宗实录》卷74

(续表)

明朝纪年	公历	田地数（顷）	税粮数（石）	史料出处
成化六年	1470	4 776 721.10	26 304 871	《明宪宗实录》卷86
成化七年	1471	4 778 931.60	26 372 066	《明宪宗实录》卷99
成化八年	1472	4 778 950.70	26 384 170	《明宪宗实录》卷111
成化九年	1473	4 778 980.10	26 409 050	《明宪宗实录》卷123
成化十年	1474	4 778 990.80	25 939 080	《明宪宗实录》卷136
成化十一年	1475	4 778 990.00	26 396 978	《明宪宗实录》卷147
成化十二年	1476	4 778 995.83	26 461 397	《明宪宗实录》卷160
成化十三年	1477	4 778 997.69	26 471 020	《明宪宗实录》卷173
成化十四年	1478	4 778 980.10	26 409 056	《明宪宗实录》卷185
成化十五年	1479	4 778 950.70	26 388 623	《明宪宗实录》卷198
成化十六年	1480	4 779 972.80	26 482 438	《明宪宗实录》卷210
成化十七年	1481	4 779 985.70	26 481 746	《明宪宗实录》卷222
成化十八年	1482	4 781 688.30	26 462 564	《明宪宗实录》卷235
成化十九年	1483	4 782 081.20	26 780 715	《明宪宗实录》卷247
成化二十年	1484	4 861 498.10	26 779 261	《明宪宗实录》卷259
成化二十一年	1485	4 881 121.90	26 581 584	《明宪宗实录》卷273
成化二十二年	1486	4 881 900.68	26 783 344	《明宪宗实录》卷285
成化二十三年	1487	1 253 821.00	26 321 329	《明孝宗实录》卷8
弘治元年	1488	8 253 881.00	26 346 309	《明孝宗实录》卷21
弘治二年	1489	8 254 881.00	26 754 248	《明孝宗实录》卷33
弘治三年	1490	8 254 881.00	27 844 370	《明孝宗实录》卷46
弘治四年	1491	8 255 881.00	26 933 255	《明孝宗实录》卷58
弘治五年	1492	8 255 881.00	27 685 408	《明孝宗实录》卷70
弘治六年	1493	8 255 881.00	26 935 353	《明孝宗实录》卷83
弘治七年	1494	8 256 881.00	28 825 748	《明孝宗实录》卷95

(续表)

明朝纪年	公历	田地数（顷）	税粮数（石）	史料出处
弘治八年	1495	8 266 781.00	27 751 788	《明孝宗实录》卷107
弘治九年	1496	8 267 881.00	28 844 942	《明孝宗实录》卷120
弘治十年	1497	8 267 881.00	26 786 485	《明孝宗实录》卷132
弘治十一年	1498	8 267 981.00	27 676 646	《明孝宗实录》卷145
弘治十二年	1499	8 268 981.00	28 578 565	《明孝宗实录》卷157
弘治十三年	1500	8 269 981.00	27 948 768	《明孝宗实录》卷169
弘治十四年	1501	8 269 992.00	28 887 777	《明孝宗实录》卷182
弘治十五年	1502	8 357 485.00	27 944 465	《明孝宗实录》卷194
弘治十六年	1503	8 307 489.00	28 887 586	《明孝宗实录》卷206
弘治十七年	1504	8 416 862.00	27 788 886	《明孝宗实录》卷219
弘治十八年	1505	4 697 233.16	26 794 024	《明武宗实录》卷8
正德元年	1506	4 697 233.16	26 794 024	《明武宗实录》卷20
正德二年	1507	1 697 233.16	26 794 024	《明武宗实录》卷33
正德三年	1508	4 697 233.16	26 794 024	《明武宗实录》卷45
正德四年	1509	4 697 233.16	26 794 024	《明武宗实录》卷58
正德五年	1510	4 697 233.16	26 794 024	《明武宗实录》卷70
正德六年	1511	4 697 233.16	26 794 024	《明武宗实录》卷82
正德七年	1512	4 697 233.16	26 794 024	《明武宗实录》卷95
正德八年	1513	4 697 233.16	26 794 024	《明武宗实录》卷107
正德九年	1514	4 697 233.16	26 794 024	《明武宗实录》卷119
正德十年	1515	4 697 233.16	26 794 024	《明武宗实录》卷132
正德十一年	1516	4 697 233.16	26 794 024	《明武宗实录》卷144
正德十二年	1517	4 697 433.16	26 794 024	《明武宗实录》卷157
正德十三年	1518	4 697 233.16	26 794 024	《明武宗实录》卷169
正德十四年	1519	4 697 233.16	26 794 024	《明武宗实录》卷181

(续表)

明朝纪年	公历	田地数（顷）	税粮数（石）	史料出处
正德十五年	1520	4 697 233.16	26 794 024	《明武宗实录》卷194
嘉靖元年	1522	4 387 526.20	28 850 443	《明世宗实录》卷21
嘉靖十一年	1532	4 288 284.95	28 850 443	《明世宗实录》卷145
嘉靖二十一年	1542	4 289 284.95	22 850 599	《明世宗实录》卷269
嘉靖三十一年	1552	4 280 358.15	22 860 595	《明世宗实录》卷392
嘉靖四十一年	1562	4 311 694.70	22 840 595	《明世宗实录》卷516
隆庆元年	1567	4 677 750.11	15 418 922	《明穆宗实录》卷15
隆庆二年	1568	4 677 750.11	24 468 490	《明穆宗实录》卷27
隆庆三年	1569	4 677 750.11	26 817 845	《明穆宗实录》卷40
隆庆四年	1570	4 677 550.11	26 817 845	《明穆宗实录》卷52
隆庆五年	1571	4 677 750.11	26 817 845	《明穆宗实录》卷64
万历三十年	1602	11 618 948.81	28 369 247	《明神宗实录》卷379
泰昌元年	1620	7 439 319.83	25 793 645	《明熹宗实录》卷4
天启元年	1621	7 439 319.83?	25 793 645	《明熹宗实录》卷17
天启三年	1623	7 439 319.83?	25 793 645	《明熹宗实录》卷42
天启五年	1625	7 439 319.83?	25 793 645	《明熹宗实录》卷66
天启六年	1626	7 439 319.83?	25 793 645	《明熹宗实录》卷79

（注：①表中从建文四年到永乐二十二年因明朝官史未载田地数，笔者参用了洪武二十四年之数；②泰昌元年以后明朝官史又未载具体的田地数，上表中的天启朝数据是以泰昌元年的来做参考；③弘治十八年田地数不知为什么一下子流失了接近一半，有待于进一步研究）

　　从上表中我们可以看出，弘治朝官方簿籍上的田地数额在有明一代历史上位居第一，从弘治元年到弘治十七年，田地数一直是在 8 253 000 顷以上，非但如此，还呈现出了逐年增加之势，由弘治元年的 8 253 881 顷，一直到弘治十七年增至 8 416 862 顷，这比"仁宣致治"时期的田地最高数额 4 501 565.99 顷还多了近 4 000 000 顷，其增长率大致为 87%。再将之与朱祐樘即位时田地流失率约85%(本章开始时已述)做个比较,我们发现弘治朝挽回的田地流失数额竟然高达7 240 000余顷。由此看来,弘治"更新"还是挺有效的。

从常理角度来讲,既然大明的流失田地被成倍"找回",那么帝国征收到的税粮数也应该翻倍啊。但十分遗憾的是,在查阅上表时却发现,从弘治元年到弘治十七年之间明朝官方征收到的税粮数额维系在26 346 309石到27 788 886石之间,这样的数字尽管在明朝中后期历朝中算得上是极高的了或言最高了,但比起"仁宣盛世"时期税粮数最高的永乐二十二年的32 601 206石,还差了4 800 000多石,大致与那个时期税粮数最低的即宣德九年的28 524 732石相近。再看明代中期以来历朝税粮数额变化,从正统到景泰再到天顺和成化,大明帝国征收到的税粮数一直在2 600 000~2 700 000石之间徘徊,始终没有突破28 000 000石大关。(具体数据见上表)而明孝宗当政的第7年即弘治七年开始就突破了28 000 000石的"瓶颈",随后近十年间,弘治朝征收到的税粮大体接近或超过此数额。(《明孝宗实录》卷95、卷120、卷157、卷182、卷206)由此看来弘治时期的经济发展还是取得一定成就的。

我们再来看看第二个方面:大明帝国民生状况有何变化?请看下表:

明代历朝户数、人口数变化表

明朝纪年	公历	户 数	人口数	史 料 出 处
洪武十四年	1381	10 654 362	59 873 305	《明太祖实录》卷140
洪武二十四年	1391	10 684 435	56 774 561	《明太祖实录》卷214
洪武年间	泛指	10 650 000	60 540 000	《明世宗实录》卷102
建文四年	1402	10 626 779	56 301 026	《明太宗实录》卷15
永乐元年	1403	11 415 829	66 598 337	《明太宗实录》卷26
永乐二年	1404	9 685 020	50 950 470	《明太宗实录》卷37
永乐三年	1405	9 689 260	51 618 500	《明太宗实录》卷49
永乐四年	1406	9 687 859	51 524 656	《明太宗实录》卷62

(续表)

明朝纪年	公历	户数	人口数	史料出处
永乐五年	1407	9 822 912	51 878 572	《明太宗实录》卷 74
永乐六年	1408	9 443 876	51 502 077	《明太宗实录》卷 86
永乐七年	1409	9 637 261	51 694 769	《明太宗实录》卷 99
永乐八年	1410	9 605 755	51 795 255	《明太宗实录》卷 111
永乐九年	1411	9 533 692	51 446 834	《明太宗实录》卷 123
永乐十年	1412	10 992 436	65 377 633	《明太宗实录》卷 135
永乐十一年	1413	9 684 916	50 950 244	《明太宗实录》卷 146
永乐十二年	1414	9 689 052	51 618 209	《明太宗实录》卷 159
永乐十三年	1415	9 687 729	51 524 436	《明太宗实录》卷 171
永乐十四年	1416	9 822 757	51 878 172	《明太宗实录》卷 183
永乐十五年	1417	9 443 766	51 501 867	《明太宗实录》卷 195
永乐十六年	1418	9 637 061	51 694 549	《明太宗实录》卷 207
永乐十七年	1419	9 605 553	51 794 935	《明太宗实录》卷 219
永乐十八年	1420	9 533 492	51 446 434	《明太宗实录》卷 232
永乐十九年	1421	9 703 360	51 794 228	《明太宗实录》卷 244
永乐二十年	1422	9 665 133	52 688 691	《明太宗实录》卷 254 下
永乐二十一年	1423	9 972 125	52 763 178	《明太宗实录》卷 266
永乐二十二年	1424	10 066 680	52 468 152	《明仁宗实录》卷 5 下
洪熙元年	1425	9 940 566	52 083 651	《明宣宗实录》卷 12
宣德元年	1426	9 918 649	51 960 119	《明宣宗实录》卷 23
宣德二年	1427	9 909 906	52 070 885	《明宣宗实录》卷 34
宣德三年	1428	9 916 837	52 144 021	《明宣宗实录》卷 49
宣德四年	1429	9 848 393	53 184 816	《明宣宗实录》卷 60
宣德五年	1430	9 778 119	51 365 851	《明宣宗实录》卷 74
宣德六年	1431	9 705 397	50 565 259	《明宣宗实录》卷 85
宣德七年	1432	9 633 294	50 667 805	《明宣宗实录》卷 97
宣德八年	1433	9 635 862	50 628 346	《明宣宗实录》卷 107

(续表)

明朝纪年	公历	户 数	人口数	史 料 出 处
宣德九年	1434	9 702 322	50 627 456	《明宣宗实录》卷 115
宣德十年	1435	9 702 495	50 627 569	《明英宗实录》卷 12
正统元年	1436	9 713 407	52 323 998	《明英宗实录》卷 25
正统二年	1437	9 623 510	51 790 316	《明英宗实录》卷 37
正统三年	1438	9 704 145	51 841 182	《明英宗实录》卷 49
正统四年	1439	9 697 890	51 740 390	《明英宗实录》卷 62
正统五年	1440	9 686 707	51 811 758	《明英宗实录》卷 74
正统六年	1441	9 667 440	52 056 290	《明英宗实录》卷 87
正统七年	1442	9 552 737	53 949 951	《明英宗实录》卷 99
正统八年	1443	8 557 650	52 993 882	《明英宗实录》卷 111
正统九年	1444	9 549 058	53 655 066	《明英宗实录》卷 124
正统十年	1445	9 537 454	53 772 934	《明英宗实录》卷 136
正统十一年	1446	9 528 443	53 740 321	《明英宗实录》卷 148
正统十二年	1447	9 496 265	53 949 787	《明英宗实录》卷 161
正统十三年	1448	9 530 933	53 534 498	《明英宗实录》卷 173
正统十四年	1449	9 447 175	53 171 070	《明英宗实录》卷 186，《废帝郕戾王附录》第 4
景泰元年	1450	9 588 234	53 403 954	《明英宗实录》卷 199，《废帝郕戾王附录》第 17
景泰二年	1451	9 544 954	53 433 830	《明英宗实录》卷 211，《废帝郕戾王附录》第 29
景泰三年	1452	9 540 966	53 507 730	《明英宗实录》卷 224，《废帝郕戾王附录》第 42
景泰四年	1453	9 384 334	53 369 460	《明英宗实录》卷 236，《废帝郕戾王附录》第 54
景泰五年	1454	9 406 347	54 811 196	《明英宗实录》卷 248，《废帝郕戾王附录》第 66
景泰六年	1455	9 405 390	53 807 470	《明英宗实录》卷 261，《废帝郕戾王附录》第 79

(续表)

明朝纪年	公历	户数	人口数	史料出处
景泰七年	1456	9 404 655	53 712 925	《明英宗实录》卷273，《废帝郕戾王附录》第91
天顺元年	1457	9 406 288	54 338 476	《明英宗实录》卷285
天顺二年	1458	9 469 340	54 205 069	《明英宗实录》卷298
天顺三年	1459	9 410 339	53 710 308	《明英宗实录》卷310
天顺四年	1460	9 420 033	53 747 400	《明英宗实录》卷323
天顺五年	1461	9 422 323	53 748 160	《明英宗实录》卷335
天顺六年	1462	9 309 966	54 160 634	《明英宗实录》卷347
天顺七年	1463	9 385 213	56 370 250	《明英宗实录》卷360
天顺八年	1464	9 107 205	60 499 330	《明宪宗实录》卷12
成化元年	1465	9 105 960	60 472 540	《明宪宗实录》卷24
成化二年	1466	9 202 718	60 653 724	《明宪宗实录》卷37
成化三年	1467	9 111 688	59 929 455	《明宪宗实录》卷49
成化四年	1468	9 113 648	61 615 850	《明宪宗实录》卷61
成化五年	1469	9 119 888	61 727 584	《明宪宗实录》卷74
成化六年	1470	9 119 891	61 819 814	《明宪宗实录》卷86
成化七年	1471	9 119 912	61 819 945	《明宪宗实录》卷99
成化八年	1472	9 119 970	61 821 232	《明宪宗实录》卷111
成化九年	1473	9 120 161	61 823 480	《明宪宗实录》卷123
成化十年	1474	9 120 195	61 852 810	《明宪宗实录》卷136
成化十一年	1475	9 120 251	61 852 891	《明宪宗实录》卷147
成化十二年	1476	9 120 263	61 853 281	《明宪宗实录》卷160
成化十三年	1477	9 120 278	61 853 581	《明宪宗实录》卷173
成化十四年	1478	9 126 272	61 832 198	《明宪宗实录》卷185
成化十五年	1479	9 210 690	71 850 132	《明宪宗实录》卷198
成化十六年	1480	9 127 928	62 456 993	《明宪宗实录》卷210

(续表)

明朝纪年	公历	户 数	人口数	史 料 出 处
成化十七年	1481	9 128 119	62 457 997	《明宪宗实录》卷 222
成化十八年	1482	9 222 389	62 452 677	《明宪宗实录》卷 235
成化十九年	1483	9 202 389	62 452 806	《明宪宗实录》卷 247
成化二十年	1484	9 205 711	62 885 829	《明宪宗实录》卷 259
成化二十一年	1485	9 205 860	62 885 930	《明宪宗实录》卷 273
成化二十二年	1486	9 214 144	65 442 680	《明宪宗实录》卷 285
成化二十三年	1487	9 102 630	50 207 134	《明孝宗实录》卷 8
弘治元年	1488	9 113 630	50 207 934	《明孝宗实录》卷 21
弘治二年	1489	9 406 393	50 302 769	《明孝宗实录》卷 33
弘治三年	1490	9 503 890	5 030 784	《明孝宗实录》卷 46
弘治四年	1491	9 807 173	50 503 356	《明孝宗实录》卷 58
弘治五年	1492	9 901 965	50 506 325	《明孝宗实录》卷 70
弘治六年	1493	9 906 937	50 539 561	《明孝宗实录》卷 83
弘治七年	1494	9 909 725	50 614 196	《明孝宗实录》卷 95
弘治八年	1495	10 100 279	50 678 953	《明孝宗实录》卷 107
弘治九年	1496	10 201 183	50 727 539	《明孝宗实录》卷 120
弘治十年	1497	10 205 358	50 765 185	《明孝宗实录》卷 132
弘治十一年	1498	10 304 374	50 805 375	《明孝宗实录》卷 145
弘治十二年	1499	10 306 285	50 827 568	《明孝宗实录》卷 157
弘治十三年	1500	10 402 519	50 858 937	《明孝宗实录》卷 169
弘治十四年	1501	10 405 831	50 895 236	《明孝宗实录》卷 182
弘治十五年	1502	10 409 788	50 908 672	《明孝宗实录》卷 194
弘治十六年	1503	10 503 874	50 981 289	《明孝宗实录》卷 206
弘治十七年	1504	10 508 935	60 105 835	《明孝宗实录》卷 219
弘治十八年	1505	12 972 974	59 919 822	《明武宗实录》卷 8
正德元年	1506	9 151 773	46 802 050	《明武宗实录》卷 20
正德二年	1507	9 144 056	55 906 806	《明武宗实录》卷 33

(续表)

明朝纪年	公历	户数	人口数	史料出处
正德三年	1508	9 143 709	59 425 208	《明武宗实录》卷45
正德四年	1509	9 143 919	59 514 145	《明武宗实录》卷58
正德五年	1510	9 144 095	59 499 759	《明武宗实录》卷70
正德六年	1511	9 152 180	60 446 135	《明武宗实录》卷82
正德七年	1512	9 181 754	60 590 309	《明武宗实录》卷95
正德八年	1513	9 370 452	63 284 203	《明武宗实录》卷107
正德九年	1514	9 383 552	62 123 334	《明武宗实录》卷119
正德十年	1515	9 383 148	62 573 730	《明武宗实录》卷132
正德十一年	1516	9 380 123	62 573 736	《明武宗实录》卷144
正德十二年	1517	9 379 090	62 627 810	《明武宗实录》卷157
正德十三年	1518	9 379 182	62 664 295	《明武宗实录》卷169
正德十四年	1519	9 379 081	62 695 812	《明武宗实录》卷181
正德十五年	1520	9 399 979	60 606 220	《明武宗实录》卷194
嘉靖元年	1522	9 721 652	60 861 273	《明世宗实录》卷21
嘉靖十一年	1532	9 443 229	6 1712 993	《明世宗实录》卷145
嘉靖二十一年	1542	9 599 258	63 401 252	《明世宗实录》卷269
嘉靖三十一年	1552	9 609 305	63 344 107	《明世宗实录》卷392
嘉靖四十一年	1562	9 638 396	63 654 248	《明世宗实录》卷516
隆庆元年	1567	10 008 805	62 537 419	《明穆宗实录》卷15
隆庆二年	1568	10 008 805	62 537 419	《明穆宗实录》卷27
隆庆三年	1569	10 008 805	62 537 419	《明穆宗实录》卷40
隆庆四年	1570	10 008 805	62 537 419	《明穆宗实录》卷52
隆庆五年	1571	10 008 805	62 537 419	《明穆宗实录》卷64
万历三十年	1602	10 030 241	56 355 050	《明神宗实录》卷379
泰昌元年	1620	9 835 426	51 655 459	《明熹宗实录》卷4
天启元年	1621	9 835 426	51 655 459	《明熹宗实录》卷17
天启三年	1623	9 835 426	51 655 459	《明熹宗实录》卷42

(续表)

明朝纪年	公历	户 数	人口数	史 料 出 处
天启五年	1625	9 835 426	51 655 459	《明熹宗实录》卷 66
天启六年	1626	9 835 426	51 655 459	《明熹宗实录》卷 79

从上表中我们可以看出,弘治 18 年间帝国政府掌控的编户齐民数在 9 113 630～12 972 974 户之间,尤其是在弘治八年突破 10 100 279 户数后,在往后的十年间帝国人户数一直维系在 10 100 000 户以上,这是明朝中后期的最高纪录,弘治十八年登记在籍的户数额竟高达 12 972 974 户,与"永宣之治"时代户数最高年份的 11 415 829 户相比,还多出了 15 570 00 余户。(具体数据见上表)

但十分有意思的是,那时统计到的人口数却呈现出异样状况:从弘治元年到弘治十八年这 18 年间,全国人口数在 50 207 934～60 105 835 口之间变化,这样的数据在明代中后期历朝人口统计数上属于中上等水平,比起之前的成化时期和之后的正嘉隆时期都要少掉将近 10 000 000 口。(具体数据见上表)那么,这究竟又是为什么?根据明朝官史记载,有明一代人口数最高纪录是成化十五年的 71 850 132 口,最低纪录为正德元年的 46 802 050 口。换言之,弘治时代大明帝国的人口数量不仅没有上升,反而减少了 25 048 082 人,这到底是怎么一回事呢?

对此,有人曾作了这样的解释:"户口所以减者,(明朝中期名臣)周忱谓投倚于豪门,或冒匠窜两京,或冒引贾四方,举家舟居,莫可踪迹也。"(《明史·食货一》卷 77)嘉靖八年六月,奉命修订《大明会典》的詹事霍韬等在向当朝天子上言中曾这样分析道:官方掌控的田地数和人口数流失极多,"非拨给于藩府,则欺隐于猾民,或册文之讹误,不然,何至此极也?"(《明世宗实录》卷 102)

但即使如此,我们还不得不承认弘治时代的民生状况总体上还是得到了改善。就如前文所述的那样,弘治时代自然灾害特别多,无年不灾,因此有人干脆称其为"明清小冰期"阶段。明孝宗对此采取的一项重要策略是,每年都加大力度,蠲免税粮,赈济灾荒。而这样的每年蠲免税粮数又至少要在 7 000 000 石以上,这就创造了大明帝国历史上蠲免税粮的最高纪录。(详见本章《明代历朝减免天下税粮数变化表》)如此空前绝后的善政举措之落实使得大批挣扎于死亡线上的受灾草民得以活命。与之相随,大明帝国各地的社会秩序也因此得到了相对的稳定。一个最为直接的史实依据是,与都曾爆发相当规模的农民和流民起义的前朝或后世相比,弘治朝总的来讲还是比较太平的,这无疑是一大历史进步。

另外,还有一大历史进步是,弘治帝"宽仁"治国,适应时代发展趋势,改革茶马,调整盐法,赈济灾荒,招抚流亡,重编《黄册》(下章将详述),铸造"弘治通宝"(《明孝宗实录》卷196)……不仅使得帝国民生有了一定的改善,而且也让前朝(主要是在成化朝)已经开启的赋役折银化、马政折银化和盐政折银化的历史进程得到了催化和加速,这就大大地促进了大明帝国商品经济的发展和繁荣。

弘治末年去世的苏州文人王锜曾这样描述姑苏城的变化:"吴中素号繁华,自张氏(士诚)之据,天兵(指明军)所临,虽不被屠戮,人民迁徙实三都、戍远方者相继,至营籍亦隶教坊。邑里潇然,生计鲜薄,过者增感。正统、天顺间,余尝入城,咸谓稍复其旧,然犹未盛也。迨成化间,余恒三四年一入,则见其迥若异境,以至于今,愈益繁盛,闾檐辐辏,万瓦甃鳞,城隅濠股,亭馆布列,略无隙地。舆马从盖,壶觞罍盒,交驰于通衢。水巷中,光彩耀目,游山之舫,载妓之舟,鱼贯于绿波朱阁之间,丝竹讴舞与市声相杂。凡上供锦绮、文具、花果、珍羞奇异之物,岁有所增,若刻丝累漆之属,自浙宋以来,其艺久废,今皆精妙,人性益巧而物产益多。至于人材辈出,尤为冠绝。作者专尚古文,书必篆隶,骎骎两汉之域,下逮唐、宋末之或先。此固气运使然,实由朝廷休养生息之恩也。人生见此,亦可幸哉。"(【明】王锜:《寓圃杂记·吴中近年之盛》卷5)

其实那时的商品经济繁荣还不限于苏州这样的通衢大镇,一些郊县也受其渗透。弘治十八年状元顾鼎臣出身于昆山一个中低收入的家庭,其父"顾翁曾为小贾鬻线"。小贾鬻线不仅让顾老头就此养活了全家,且还能拥有了一个使女"青衣"。57岁那年,顾老头乘着大奶不在时来了回老牛吃嫩草,不久"青衣"产下了一子,即后来的状元顾鼎臣。(【明】于慎行:《谷山笔麈·杂闻》卷15)昆山诸方面条件在江南地区算不上很好,但像顾鼎臣父亲那样"小贾鬻线"居然能过上小资生活,由此可见那时当地的商品经济已经十分发达。

其实像这样的情况在帝国其他地方也有,当时沿着南粮北运的主干道一直向北直至帝都,由大一统帝国官方力创的漕运经济所催生出来的商品经济同样也十分繁荣。(《明孝宗实录》卷153)

由此我们可以这么说,从总体上来看,弘治帝治国是很得民心的,那时大明经济是有所发展的,帝国国本是稳固的。史称:弘治晚年,"中外臣民方翕然望治,(朱祐樘)忽罹大变,肝胆摧裂,哭临之日,赞礼已毕,而俯伏号恸,顿不能起。梓宫所过道傍,老稚无不悲痛,暨奉迎神主至土城行殿,群臣瞻望御容,哭声振野,其得人心之深如此。"(《明孝宗实录》卷224)

明孝宗画像1

明孝宗画像2

明孝宗画像3

明孝宗画像4

明孝宗画像5

明孝宗画像6

今人所绘明孝宗之画像

明宪宗生母、
明孝宗奶奶周太后

明孝宗嫡母、
明宪宗的王皇后

明孝宗唯一的
妻子张皇后

唐寅画作《簪花宫女图》

唐寅画作《红叶题诗仕女图》

明四家之一的文徵明书法

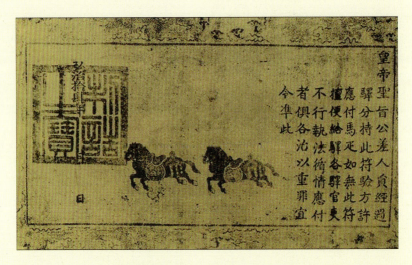

弘治年间明代官方符验——驿站出驿

弘治年间铸造的
"弘治通宝"

明四家之一的唐伯虎画像

吴中四公子之一的祝允明之草书1

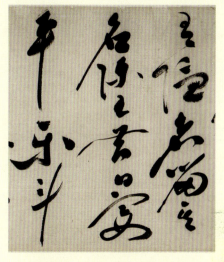

吴中四公子之一的祝允明之草书2

本书作者已经出版的《大明帝国》①~⑯册

江阴徐霞客纪念馆提供的徐经夫妇画像

唐寅画作《吹箫图》

唐寅画作《赏菊图》

唐寅画作《嫦娥执桂图》

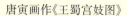

唐寅画作《王蜀宫妓图》

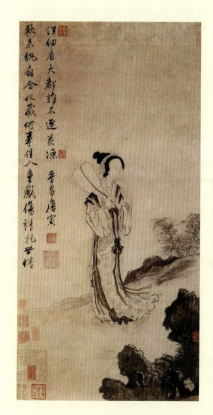

唐寅画作《秋风纨扇图》　　唐寅画作《陶穀赠词图》（台北故宫博物院藏）

唐寅画作《小庭良夜图》

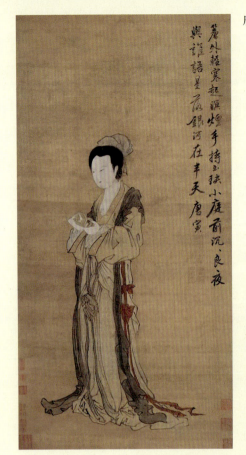

唐寅画作《新娘的嫁衣》

大明帝国系列 ⑱
The Great Ming Empire XVIII

弘治帝卷 下

The kind-hearted Emperor Zhu Youcheng seemed weak after trying twice to achieve the country's stability and peace
(Volume 2)

马渭源 著
Ma Weiyuan

东南大学出版社
SOUTHEAST UNIVERSITY PRESS
·南京·

图书在版编目(CIP)数据

大明帝国.弘治帝卷：全2册/马渭源著.—南京：东南大学出版社,2020.1
 ISBN 978-7-5641-8115-4

Ⅰ.①大… Ⅱ.①马… Ⅲ.①中国历史—研究—明代 ②朱祐樘(1470-1505)—传记 Ⅳ.①K248.07 ②K827=48

中国版本图书馆 CIP 数据核字(2018)第 274428 号

大明帝国.弘治帝卷下（Hongzhidi Juan）下

著　　者：	马渭源
出版发行：	东南大学出版社
出 版 人：	江建中
责任编辑：	谷　宁
社　　址：	南京市四牌楼 2 号(邮编　210096)
经　　销：	全国各地新华书店
印　　刷：	南京玉河印刷厂
版　　次：	2020 年 1 月第 1 版
印　　次：	2020 年 1 月第 1 次印刷
开　　本：	890 mm×1240 mm　1/32
印　　张：	23.25　彩插 16 页
字　　数：	595 千
书　　号：	ISBN 978-7-5641-8115-4
定　　价：	89.00 元(上、下卷)

(若有印装质量问题,请直接与营销部联系,电话:025-83791830)

目　录（下册）

第4章　维稳为上　巩固国防

- 维稳至上　守成良方 ……………………………………… 343
- 君臣上下　抑制势家？ …………………………………… 344
  - 弘治朝抑制兼并或言打抑势家及其特点 ………… 345
  - 历任户部尚书奉行相同宗旨：努力抑制势家，弥补孝宗治政之短板 …………………………………………………… 349
  - 对待权豪势要肆意妄为，弘治君臣有时巧妙地各唱红脸与白脸 …………………………………………………… 359
- 重造黄册　理清职责 ……………………………………… 362
  - 大明立国百余年，黄册旧弊尚未来得及除去，新病又在不断地产生 …………………………………………………… 363
  - 整顿黄册制度，理清各自职责，确保社会整体稳定 … 368
- 统一章法　恤刑慎罚 ……………………………………… 373
  - 首成汇编《大明会典》（弘治十年三月～十五年十二月）… 374
  - 司法统一《问刑条例》（弘治五年～弘治十六年）…… 378
  - 慎罚恤刑　责得其平 …………………………………… 386
- 防御为上　巩固国防 ……………………………………… 396
  - 弘治帝当政时，大明军事国防已到了非得严加整饬不可的地步 …………………………………………………… 396
  - 弘治前中期大明军事国防之整饬与"更新"：防御为上　巩固国防 …………………………………………………… 405
  - 第三任兵部尚书刘大夏上台后继续推行防御为上、巩固国防的战略 …………………………………………………… 453

第5章　聿遵成宪　诸患并存

- 聿遵成宪　"更新"受限 …………………………………… 463
  - 弘治"更新"与整饬后继乏力，事出有因 ………… 464
  - 孝宗之"孝"更多体现在"聿遵成宪"，弘治"更新"由此受限 …………………………………………………… 468
- 诸王宗室　贪残日炽 ……………………………………… 475

- ● 本来拱卫朝廷的宗藩迅速演变成为帝国不堪承受的累赘和"病痛" ……………………………………………………………… 476
- ● 弘治时寄生虫似的龙子龙孙更加贪婪、更加腐化 ………… 481
- ● 孝宗皇帝"聿遵成宪""亲亲"有加；藩府宗室作奸犯科，无所不为 ……………………………………………………………………… 494
- ● 大明皇家凤女及其配偶也没闲着：淫乱、凶杀、抢劫、强取…… ……………………………………………………………………… 521

- ■ 皇亲贵戚　为患不息 …………………………………… 524
  - ● 最为严厉的皇宫"家法"与弘治以前三股逐渐坐大的后妃外戚势力 ……………………………………………………………… 525
  - ● 弘治朝：老牌外戚周氏恩宠不衰，新宠外戚张氏一路飙升，愈发猖狂 ……………………………………………………………… 529

- ■ 内外宦官　祸害多端 …………………………………… 545
  - ● 朱祐樘上台之初对宦官势力略加抑挫，旋又聿遵成宪，对他们厚爱有加 ……………………………………………………………… 545
  - ● 弘治年间凡是与宦官有关的，明孝宗总会予以格外的关照，庇护多多 ……………………………………………………………… 548
  - ● 内廷宦官势压外廷大臣，弘治朝莫名大案屡屡发生 ……… 554
  - ● 宦官近侍牵线搭桥，传奉冗官再度泛滥 …………………… 576
  - ● 明孝宗时代宦官数量激增，民间自宫猎獗，社会风气大坏 ……………………………………………………………………… 580
  - ● 宦官魔爪伸向经济领域，吸取民脂民膏，祸害帝国各地 …… 587

第6章　图治遽止　遗憾纷至

- ■ 再度发力　励精图治 …………………………………… 593
  - ● 弘治帝治国理政的特别轨迹：法祖图治、面目一新→松懈怠政、危机四伏→再次发力、励精图治 ………………………………… 593
  - ● 为什么弘治晚期，明孝宗会再度发力、奋励致治？ ……… 627
  - ● 弘治末年，明孝宗再次发力，励精图治 …………………… 636

- ■ 戛然而止　遗憾纷至 …………………………………… 652
  - ● 身为大明帝国第一人，皇帝也会遭遇"医疗事故"？弘治帝是被暗害？ ……………………………………………………………… 652
  - ● 遗憾多多　实难细说 ………………………………………… 657

后记 ……………………………………………………………… 701

第 4 章　维稳为上　巩固国防

自登极即位起,在周围正直能臣的辅佐或影响下,素来"简言慎动"的明孝宗以守成祖宗基业为根本,以维护"和谐"和"稳定"为宗旨,不仅在调整政治、经济和民生等方面推行一系列的"更新"举措,而且还在社会控制、帝国管理和国防巩固等方面做了很大的努力。他下令抑制势家,编撰《大明会典》《问刑条例》,实行慎罚恤刑,重新攒造黄册,理清职责,考黜将校,续行武举,清理军伍,勾补军力,续行募兵,佥选民壮,整饬武备,改革马政,兴复哈密,修筑边墙,甚至打破常规,起复王越,奇袭贺兰山,顿挫北虏嚣张气焰,派遣大军捣巢河套……那么弘治如此之举实施得究竟如何?其最终结果又是怎样?

● 维稳至上　守成良方

就如当年明宪宗接手明英宗大位一般,明孝宗朱祐樘登极即位时所接手的大明帝国也是一副烂摊子,但见得他一上台就开始清除朝廷中的污泥浊水,多次通过颁发昭告天下诏书的形式,列出合行事条总计不下百余款(《明孝宗实录》卷2、卷4、卷145),除弊兴利。

而在新皇帝开列出这么多的合行事条中,不是事关国计民生的,就是涉及治政得失、社会稳定和军事防卫的,加之,在此过程中天子朱祐樘又纳言进谏,时不时地调整治政举措,以"为祖宗守得法度在,惟恐有失"为根本,以维护"和谐"和"稳定"为宗旨,面对历史遗留问题,不断地进行探索"更新",力求长治久安。但时间一长,他便发现:帝国上下积弊甚厚,非一朝一夕所能解决得了的,还必须得"旁询博访,务穷根节","痛加厘革"。而要做到这样,势必会引起太多的波澜和震动,甚至还可能会将前朝父祖所行秕政置之于人们的非议旋涡之中,这恰恰又是个性"仁孝"的明孝宗所极不愿看到的,于是他"含洪隐忍不欲太骤,思渐复祖宗之旧,省察克治又必自身始"(《明孝宗实录》卷224)。在经过一段时间的细致观察和理性思考后,皇帝朱祐樘终于领悟到了一条治国的道理:"吾人若不自家管束,谁能管得?"(《明孝宗实录》卷224)

这话的意思是,在专制政体下,以君主为首的权位高势能者若不自我管束好自己,还有谁能管得住?!要说一个专制君主能有这样的醒悟,还真是不多见。据明代正史所载:明孝宗自小起就"慎举止"(《明孝宗实录》卷1),即说他有着较好的素养,在当皇太子时,言行举止十分谨慎,深为讲官文臣赞誉。当了皇帝后,他也不张狂,对待朝廷大臣彬彬有礼,这在明朝列帝中实属罕见。退朝闲处时,朱祐樘也是衣冠整齐、正襟危坐。即使是像放置文房四宝一类的小事,他也会叫身边的宦官近侍弄得妥妥帖帖、端端正正,随后便跟人说:"人凡事皆当如此!"再说平日里的弘治帝非常留心公私开支,讲究节俭,"惜财用,进贡包索,积于宫中者,左右欲弃之,特命光禄寺收贮,以备杂用。宫中所畜牲口,日给粟豆,皆有常籍,有所增减,心亲笔记"。(《明孝宗实录》卷224)

特别令人敬佩的是,拥有无限权力的一代君主明孝宗"尤重名义,每论及后世青史,必为悚然,申谕讲臣,令悉心敷析,勿为顾忌"。他曾跟内阁大臣说:"凡当行事,卿等不为朕言,谁敢言者?"(《明孝宗实录》卷224)弘治天子这番话的意思是:作为皇帝的极重要的辅臣助手,你们阁臣对于天子和朝廷当行之事要是不说,还有谁敢说呢?言下之意颇有这样的几分含义:"朕虽为天子,但也要自律和自我约束,且还应该接受亲近大臣的监督和规谏。"(《明孝宗实录》卷224)

● 君臣上下 抑制势家?

注意自身言行和所施之政,且严于律己,在"吾人若不自家管束,谁能管得?"这种难能可贵思想的指导下,弘治帝由己及人,十分留心对身边之人和朝廷内外臣僚的任用与管控。就如前面第1章和第2章中所述的那样,弘治朝一开始除了清除宫廷内外奸佞近幸外,还广开言路,任贤使能,加强监察,澄清吏治。尤其值得称道的是,针对前朝宦官与厂卫势力猖獗所带来的不堪之势,皇帝朱祐樘上台后较为注意对他们进行管束,特别是对锦衣卫的抑制,弘治朝做得相当成功。对此,明代人记载说:"孝宗皇帝仁圣,委法秋官御史台廷尉,尝曰:'与我共天下者,三公九卿也。'以故缇骑逆,自敛不敢有所为,而其帅如季成、李珍、赵鉴亦后先逡巡守禄俸而已。"(【明】王世贞《锦衣志》)即使是宦官及其特务机构东厂在那时也不敢过于任意行事,这在明代中后期历史中还真是不多见。

● **弘治朝抑制兼并或言打抑势家及其特点**

其实要说管好朝廷内外,对于一个"正君明主"来说相对还比较容易做到,因为那时的大明朝已经立国100多年,祖制章法有的是,只要当朝天子认真执行下去就是了。不过对于有些特别的人群对象,那可不怎么好办。他们不是皇亲国戚、宗室藩王,就是与皇帝走得特别近或占据十分重要位置的权豪势要(《明孝宗实录》卷2),一旦这些人越礼犯分和违法乱纪了,因为身份与地位搁在那里,所以处置起来还真不那么简单。但要是不处理的话,大明的纲常法纪就会被大为破坏,社会矛盾不断积聚,帝国和谐稳定与长治久安也就无从说起。为此,自登基即位起,在朝廷内外一批正人君子的影响和敦促下,弘治帝对权豪势要们进行了一定程度上的打抑。

成化二十三年(1487)九月壬寅日,明孝宗在登基即位诏书中专列一款,即第14款规定:"各处地土、山场、湖荡,军民开垦管业已久,近年以来,多被权豪势要之家及奸诈无藉之徒侵占投献,虽有禁约事例,多不遵守,以致小民受害无伸。诏书到日,限一月以里退还,敢有不遵,并今后仍前侵占投献者,许被害之人告理,照例治以重罪。"(《明孝宗实录》卷2)

几天后的辛亥日,在下令为父皇成化帝营建山陵即茂陵的同时,为了防止小民被劳扰和侵害,弘治帝专门给茂陵工程建设的总负责人太监黄顺、李良和太傅兼太子太师保国公朱永等人降下敕令,告诫道:"尔等须同心协力,区画有方,抚恤得宜,作急用工,俾人劳逸均而事易集,庶副委任之重。其管工内外官并头目人等,敢有役占、卖放及交收物料、贪图刁蹬、酷害下人者,轻则尔等重加惩治,重则指实奏闻区处。"(《明孝宗实录》卷3)

正因为新皇帝一上来就不断地发出要抑制权豪势要兼并土地以及其他形式的侵占行为的强烈信号,那些在政治场上极善于见风使舵的权位失势者,尤其是在前朝时曾势焰熏天的奸臣佞幸们当即看出了不同于以往的朝政新风向,为了减少自身的麻烦和改变刚刚被新皇帝处置后的窘境,他们纷纷主动退出原先霸占的土地及其他经济资源。而弘治朝廷也由此开始,在不引发大震动、大麻烦的前提下,不仅对失势了的前朝奸臣佞幸,而且还对当朝权豪势家所实施的土地兼并等一系列经济侵夺行为进行了抑制,具体史实分述如下:

成化二十三年(1487)十月庚午日,户部上奏:"南京闲住右少监陈喜辞还所赐浚县卫河西岸退滩地,其中多有夺诸小民者。今宜下所司阅实,如系民间征粮之地,仍给主管业;无粮者,给贫民佃种,从轻起科。"明孝宗准之。(《明孝宗实录》卷4)

成化二十三年十月壬申日,"南京闲住右少监梁芳辞还原赐和远官店及永清县庄田"。弘治帝下"诏以店赐都督同知张峦,庄田令有司守视"。(《明孝宗实录》卷4)

成化二十三年十月癸未日,"尚衣监太监廖屏养病,辞还先赐保定府定兴县庄田百七十二项有奇"。明孝宗"命户部遣人守视"。(《明孝宗实录》卷5)

成化二十三年十月辛卯日,户部上言:"前锦衣卫指挥万喜等辞退所赐庄田,尚有涿州等四处隐匿未辞,宜俱追入官。"弘治帝准之。(《明孝宗实录》卷5)

成化二十三年十二月己巳日,户部上言:"成化中万喜等辞还钦赐庄田内河间府三所,已赐都督同知张峦,余顺天、保定等处十所,俱奉旨令有司守视,峦复并乞管业。"明孝宗"命有司守视如旧"。(《明孝宗实录》卷8)

弘治元年（1488）三月，曾因精通黄白术，通过尚衣监太监李禧"进荐"而官升太常寺四品散官的河南钧州小民、奸佞米忠"还钧州，挟势害人，以贱直市邻人居，又匿所贷于氏白金不还。于氏发其事，至是事觉"。明孝宗"命逮下锦衣卫狱鞫治之"。（《明孝宗实录》卷12）

弘治二年（1489）正月丁卯日，明孝宗"命户部以天顺中所赐故太监叶达固安县田二百二十五顷入官别用，并通查先蒙赐田今病故者，各开具以闻"（《明孝宗实录》卷22）。

弘治二年正月庚辰日，巡抚江西右副都御史李昂劾："宁府内官、仪宾人等多纵家人置庄田、夺民产，而税粮仍令民输，军校复骚扰为民害，乞加禁止。"朝廷都察院覆奏，明孝宗下令准奏。（《明孝宗实录》卷22）

弘治二年二月癸巳日，明孝宗"命以原赐故太监金兴肃宁县田二百一十顷给民佃种，亩征银三分"（《明孝宗实录》卷23）。

弘治二年三月己卯日，明孝宗"命下锦衣卫百户甄刚于狱，以恃太皇太后戚属，累违例奏乞民地为庄田也"（《明孝宗实录》卷24）。

弘治二年五月甲申日，巡按直隶监察御史许锐上奏："镇守、守备官多役占屯田正军，以余丁屯种，极为费扰。请令巡按御史阅粮册，以正军屯种，余丁、杂差有役占者，听御史纠举。又紫荆等关有土人反为逃军乡导者，请明立禁例，民发边卫充军，军发极边。"明孝宗皆予以准奏。（《明孝宗实录》卷26）

弘治二年六月甲辰日，监察御史许锐上言："势要之家，往往以老病之马卖于边关，冒支官价，乞通行禁约。"明孝宗下旨："今后买马，镇巡等官谕所司公同估直，势家仍蹈前弊者，御史劾治之。"（《明孝宗实录》卷27）

弘治二年九月，礼科给事中孙孺等奉旨清查畿内诸已故太监庄田，发现"中间有转卖、寄托及佃户自占者，凡2718顷有奇"。户部为此"请籍之于官，召民佃种"。弘治帝"命不及20顷者，仍与管业人耕种，准民田例征粮；20顷以上者，量除5顷；30顷以上者，每30顷递除5顷，并留与见管业人耕种纳粮，不愿耕种者听，余地并收入官，召人佃种"。（《明孝宗实录》卷30）

弘治二年九月辛酉日，户部上奏："今岁各皇亲、公、侯、驸马、伯及太监庄田,乞照附近民田被灾分数为收租之数,不许过取厉民。"皇帝朱祐樘闻奏后颇为感慨地说道:"皇亲及公侯等官,岁有常禄,岂可复与百姓争利?奏中所拟,悉准施行,如有过取者,必论以法。"(《明孝宗实录》卷 30)

弘治三年(1490)四月戊子日,户部上言:"各王府自郡王、郡主以下,至仪宾等官禄米,俱有定数。近多妄引事例,乞以折色改本色。今各处灾伤,减免税粮不少,而宗支蕃盛,禄米日增,止给本色一半犹惧不敷,若俱听其陈乞,何以堪之?伏乞裁之以义。"明孝宗准之。(《明孝宗实录》卷 37)

弘治三年闰九月癸巳日,因刑科给事中胡金上言,大明朝廷专门下令:"禁藩府及勋戚势要之家无故奏讨地土及授人投献者。"(《明孝宗实录》卷 43)

弘治六年(1493)五月壬申日,因兵部尚书马文升等上言进谏,明孝宗"差官于南北直隶并浙江等布政司,会本处三司屯田官逐一清查,果卫所无军,听舍余或民人承种,照例纳粮,以给军士,不许他费"(《明孝宗实录》卷 75)。

弘治八年(1495)六月癸丑日,巡按陕西监察御史张泰上奏:"甘州屯田肥饶者,多为太监总兵等官占据,而官军则含怨陪粮,衣食不足,何以责其御敌?又有甘州城北湖可以牧马,亦为各官所据,请遣官会镇、巡等官清出给军,庶可以养其锐气。其宁夏、榆林等边请一体清查。"明孝宗接奏后降旨:"令巡按监察御史会同查勘拨给,不许仍前占据。"(《明孝宗实录》卷 101)

……

综观上述及其相关史料我们不难看出:第一,弘治朝廷抑制兼并或言打抑势家之事主要发生在弘治前期,中后期时皇帝朱祐樘又在重复前朝父祖辈的故事:面对权豪势要不断的土地乞讨,当朝天子往往抹不开面子,有求必应(《明孝宗实录》卷 101~卷 219);第二,弘治朝抑制兼并或言打抑势家所清理出来的土地并不多,其威势也不足,大明自英宗时代开启的土地兼并迅猛势头到弘治时代并没有得到真正的遏制和扭转;第三,弘治朝抑制兼并或言打抑势家所打抑到的大多是已经失势了的前朝奸臣佞幸和宦官,而对于当朝的权豪势要甚至皇室自家都没有根本性的触动。

有个事情很能说明问题,弘治二年(1489)七月戊寅日,户部尚书李敏等上疏说:"皇庄之设,在祖宗时未有,正统间以诸王未封,供用浩繁,不欲重征小民,又见彼时地广民稀,因其闲地立庄,以资供用。诸王之国,地仍归官,其后因袭,遂有皇庄之名。且普天之下,莫非王土。若以此地为皇庄,则其余者,非朝廷之土乎?今若革去管庄之人,拨付小民耕种,亩征银三分,岁可得银三万八千余两,比之官校掌管所得尤多,以此银归之内帑,充各宫用度,则不显立皇庄之名而有实用之效矣。其勋戚、太监等官下役投充管庄家人,亦宜尽革,就于居民、佃户择其年高有行者掌管,如例征银,有司收完,听各官家人领用,则受田之家,享自然之利,佃田之人免剥害之苦,尚何天意之不可回哉?"(《明孝宗实录》卷28)

明孝宗接疏后回复:"皇庄留与朕弟诸王,其余功臣等项田土管业已定,难令有司督办,俱如旧。今后管庄之人敢有生事害人者,听巡按御史指实参奏,从重治之。"(《明孝宗实录》卷28)说白了,弘治帝对于当朝权豪势要和皇室自家的土地兼并根本就不敢去触及。

不过话得说回来,无论弘治朝廷所进行的抑制兼并或言打抑势家有着这样和那样的不足,但它所产生的积极影响也不能忽视:

第一,弘治朝抑制兼并或言打抑势家在一定程度上"维修"了大明帝国经济机制,增加了国家的部分收入。

第二,与抑制土地兼并同时并举的,还有弘治朝对于其他侵占国家与小民利益的行为进行了一定程度的打抑,这对于当时渐趋紧张的倚强凌弱社会关系起到了一定程度上的缓和作用。

第三,虽说弘治帝为人处世比较"宽厚",虽说他在统治中期开始逐渐疏于朝政纲纪的管理,但由于那时朝廷所用之人多为贤直大臣,加上皇帝朱祐樘本人又较能纳言进谏,所以弘治朝抑制兼并或言打抑势家的"短板",在一批正直能臣的不断努力下还是得到了一定程度上的弥补。

● **历任户部尚书奉行相同宗旨:努力抑制势家,弥补孝宗治政之短板**

自第一任户部尚书李敏起,抑制兼并或言打抑势家几乎成了弘治朝户部历任主管领导一贯坚持的一项基本原则。

○ 第一任财政部长李敏因不阿权贵最终不得不提前退休

李敏,湖广襄城人,景泰五年(1454)进士,授监察御史,明习律法,有时名。天顺初年,李敏奉敕抚定贵州蛮,回还后巡按畿内,"以蓟州饷道经海口,多覆溺,建议别开三河达蓟州,以避其险,军民利之"。成化初年,李敏升为浙江按察使,寻以忧去,服阕改湖广,转山西布政使,升都察院左副都御史,巡抚大同。时虏骑出没塞下,掩杀守墩军。李敏"伏壮士突擒之。修治垣堑,敌不敢犯"(《明孝宗实录》卷48)。成化十五年(1479)被朝廷召为兵部右侍郎,四年后李敏因病告归。那时河南发生大饥荒,在家养病的李敏听说后立即向朝廷"条上救荒数事"。朝廷知其贤能,处事公心,遂诏起为都察院左副都御史,巡抚保定诸府。成化二十一年(1485),李敏受命督抚漕运,一年多后被召回京城,拜为户部尚书。(《明宪宗实录》卷286)

弘治朝开启后,新皇帝朱祐樘对于朝廷诸衙门的主要领导几乎都做了更换,但就李敏和贾俊等为数不多的几个衙门主要领导未做变更。这不仅是由于李敏在国家财政经济管理等方面拥有较强的才干,而且还因为他忠诚为国,不阿权贵,公正处事。

弘治二年(1489),户部尚书李敏等以灾异上言:"畿内皇庄有五,共地万二千八百余顷;勋戚、中官庄田三百三十有二,共地三万三千余顷。管庄官校招集群小,称庄头、伴当,占地土,敛财物,污妇女。稍与分辩,辄被诬奏。官校执缚,举家惊惶。民心伤痛入骨,灾异所由生。乞革去管庄之人,付小民耕种,亩征银三分,充各宫用度。"弘治帝接奏后"命戒饬庄户。又因御史言,罢仁寿宫庄,还之草场,且命凡侵牧地者,悉还其旧。又定制,献地王府者戍边"。(《明史·食货一》卷77)

北京崇文门宣课司税,多为权贵势要所侵渔。户部尚书李敏见此甚为着急,遂奏请朝廷,增设御史主事监视,以防国有财产进一步流失。可早已与权贵势要沆瀣一气的御史陈瑶闻讯后却诬奏李敏聚敛。李敏随即上疏辩解并乞归,其曰:"臣自任户部以来,值天下灾伤,国用不足,夜不安枕。近御史陈瑶以崇文门宣课司增差御史主事监视收税一事,劾臣为聚敛盗。臣切惟宣课司与赤历文簿皆国初所设立。近来废弛已甚,公费多归私门,官吏动辄被害,顷因都御史马文升建议,本部覆奏准行,因增差御史主事监收税课,乃是遵用旧制,不敢有所增损。今御史乃劾臣如此,臣惟养猫所以捕鼠,不咬鼠而咬鸡,在物所不取;蓄犬所以防盗,不吠盗而吠宾,在人所深恶。朝廷设置御史,欲其激浊扬清,纠奸邪而扶持良善也。陈瑶于奸邪不纠,而反害良善,何以示公道而服人心哉?陈瑶行止人所共知,臣不与之较矣。但加臣以民贼之名,臣何颜复立于朝?乞放归田里,别选贤能,以膺重任。"皇帝朱祐樘接疏后安慰李敏:"卿掌国计,忧勤效职,方隆委任。陈瑶一时之言,无足介意,不允休致。"(《明孝宗实录》卷22)但李敏并不因此就安稳了,数日后他再次上奏说:"近御史陈瑶以崇文门收税,谓臣开利源为聚敛,又目臣为民贼。臣陈乞休致,蒙恩勉留,然不敢谢恩就职,盖以结怨于人故也。大凡税课,皆势要京官之家或令弟侄家人买卖,或与富商大贾结交,经过税务,全不投税,一旦差官监收,不得遂其私意,切齿恨臣,盖已结怨于权豪矣。御史陈瑶不知何意,奏欲革罢,诋臣为民贼,臣具奏论辩,亦以猫犬喻之是,又结怨于言官矣!窃恐谗言将至,祸不旋踵。伏望怜臣老病,早放归田。"明孝宗依然予以慰留:"卿为国任怨,未免人言。但尽心职务,朝廷自有公论,所辞不允。"(《明孝宗实录》卷22)

对主张打抑势要而遭受委屈的财政部长李敏进行空洞的抚慰,而对于违法乱纪的罪魁祸首及其帮凶却极度宽容,明孝宗如此之为致使权贵势要愈发张狂。不久之后,"贵戚请隙地及鹰房、牧马场千顷",李敏闻讯后执意不允,贵戚的愿望由此落空。后来李敏又请革皇庄,主张将皇庄的土地交给农民耕种,国家以每亩征收3分银两来对农民进行课税,由此一来,大明国库收入也会增加不少。至于权贵势要的庄田也采取这样的做法。但皇帝朱祐樘没采纳。(《明史·李敏》卷185)

弘治四年(1491)正月,李敏得疾乞休。弘治帝不忍他离开,特地派出御医为他医治。但李尚书坚决要求退休,皇帝朱祐樘实在没办法,只好同意他回乡"调理"(《明孝宗实录》卷47),并"诏敏乘传归。未抵家卒"(《明史·李敏》卷185)。

○ 第二任财政部长叶淇坚决抑制权贵势要，改革盐法，开源节流

户部尚书李敏走后没几天，明孝宗下令，任命户部侍郎叶淇接替他的老领导李敏之位。

叶淇，直隶山阳县人，与李敏同年，都是景泰五年（1454）进士，授监察御史，"历升广西按察司佥事、陕西副使、按察使，擢都察院佥都御史，巡抚山西。未几，改大同赞理军务，建议设井坪千户所，及减加征草、罢土兵戍边之不便者。弘治元年，召为户部右侍郎，（弘治四年）至尚书，加太子少保"（《明孝宗实录》卷178）。

要说这个叶淇，那也是刚正不阿的能臣，他一上来担任户部尚书就坚定地执行抑制兼并或言打抑势家的政策。"奸民献大名地为皇庄，（叶）淇议归之有司。内官龙绶请开银矿，淇不可。帝从之。"（《明史·叶淇》卷185）

弘治六年（1493）五月壬辰日，户部尚书叶淇等应诏上陈三事，其中两件事是有关抑制权豪势要的：第一，裁省无名给粮。他说："王府郡王校尉各三十名，总各府而计之，无虑万数，多系富民营充，既蠲其差，又给其粮，诚为妄费，请行天下各王府，惟时钦赐校尉子孙承继者，许支粮如旧，自余有司所佥及民间投充者，止蠲差役，不得支粮。"第二，禁革收受子粒。他说："天下王府及在内功臣之家，皆有庄田管庄者，收租时往往正额外横取数倍，侵克入己。请令各庄田及牧马草场佃户照徽府例，输于本管州、县，而后令各该人员来领，不得仍前自索扰人。"明孝宗接奏后回复："所言有理，俱准行。"（《明孝宗实录》卷75）

弘治九年（1496）正月己丑日，承运库太监龙绶等上奏："本库缎匹缺用，请支长芦盐二万八千引，令本库内官于两淮鬻之，以供织造。"户部尚书叶淇等闻讯后立即覆奏："盐课得利，惟两淮居多，故各边开中商人乐于应令。若此例行，则价减而利微，应令者少。万一边方有警，将何以给？所得甚微，所损甚大，盐法将自此而坏矣。惟将两淮余盐每引易银一两，可得二万八千两以备织造支给。"弘治帝接受了叶尚书的建议，"令每引增银二钱"。（《明孝宗实录》卷108）

叶淇在户部尚书任上六年期间抵制权贵侵占土地，改革盐法，

采取诸多措施开源节流,但很多都没有结果。史称叶淇"亮直有操执,历官皆有能声,其在户部尤能惜财用"(《明孝宗实录》卷178)。

弘治九年(1496)四月,叶淇因病告退,数日后朱祐樘擢升吏部左侍郎周经为大明户部尚书(《明孝宗实录》卷112),这是弘治朝第三任财政部长。

○ 第三任财政部长周经刚介方正又好强谏,宦官、贵戚皆惮而疾之

要说这位新任财政部长周经,那也是个了不起的忠直贤臣。

周经,山西阳曲人,南京刑部尚书周瑄之子,不过他可不像现在的某些"官二代""官三代"那样靠着父祖之荫谋得高位的,而是通过自身努力一步步地上来的。天顺三年(1459),周经参加乡试,中举人,第二年参加朝廷会试和殿试,中进士,改翰林院庶吉士,授检讨。成化中,历侍读、中允,侍孝宗于东宫。由此而言,周经也是明孝宗朱祐樘的老师。因此在弘治改元后,这位周老师的仕途还蛮顺的,先是以东宫恩升为太常寺少卿兼侍读,后于弘治二年(1489)被擢为礼部右侍郎。时"中官请修黄村尼寺,奉祀孝穆太后。土鲁番贡狮子不由甘肃,假道满剌加,浮海至广东"。周经闻讯后上言谏阻,终使黄村尼寺毁,"却贡不与通"。弘治四年(1491),周经被调任吏部右侍郎,寻转任左侍郎。(《明武宗实录》卷61;《明史·周经》卷183)

吏部虽位居朝廷诸衙门之首,但也是最容易得罪人的机构。通政经历沈禄是张皇后的姑婿,正因为有着这样一层特别的关系,沈经历就想通过皇帝内批的形式擢升为通政司参议。当时,主管帝国人事组织工作的吏部一把手是贤能耿直的老尚书王恕,因有病在告,张皇后与沈经历知道后想乘此良机把事情给办了。可让他们万万没有想到的是,当中官传旨擢升沈禄为通政司参议时,吏部左侍郎即第一副部长周经站了出来,坚决反对内批授官,说:"非面承旨,又无御札,不敢奉诏。"后他又与吏部尚书王恕相继上疏力谏,"事虽不能止,朝论韪焉"(《明史·周经》卷183)。不久之后,有灵寿奸民献地于中官李广,主管大明财政的户部官抵挡不住,身为人事组织部副部长的周经听说后立马倡导朝廷九卿上疏力争,最终

将献地者绳之于法。而对于当时唯恐避之不及的张氏外戚骄横势力，周经也敢于直言阻遏，曾上奏进谏道："外戚家无功求迁，无劳乞赏，兼斋醮游宴，滥费无纪，致帑藏殚虚，宜大为撙节。"(《明史·周经》卷183；《明武宗实录》卷61)

弘治八年(1495)，因发生灾异天变，明孝宗下令，让廷臣们上疏条陈朝廷为政之失。文武大臣领命各自行动起来，然后汇聚一起，将最为主要的失政归纳了几条，其中就皇帝朱祐樘平时老喜欢听小曲、看戏剧一事说得最为尖锐，"语尤切直"。明孝宗阅疏后顿时受不了了，"密令中官廉草奏者"。那时的吏部尚书是新上来不久的耿裕，听说皇帝派人在秘密调查，他立即上疏，直接说道："上疏疏文落款上呈者第一个机构是吏部，不用查了，就是我耿裕起草的。"身为耿裕副手的吏部左侍郎周经听后赶紧补充道："疏文草稿出自我周经之手，要是有罪的话，我来抵罪。"人们听说后莫不对这两位贤直大臣肃然起敬。再说皇帝明孝宗事后也觉得自己理亏，自那起他对吏部的这一、二把手更加敬重了。也正因为如此，当弘治九年(1496)四月户部尚书叶淇因病告退时，朱祐樘立马想到，让周经来接替叶淇（吏部尚书耿裕已于3个月前病卒，笔者注），不久，又给他加太子少保之衔(《明史·周经》卷183)。

周经出任户部尚书时，皇帝朱祐樘已怠于政事，纵容贵戚(主要是张皇后家)势要和宦官势力损国害民。就此等情势，朝廷行政执行衙门中，户部的日子最不好过。史称：当时"户部尤奸蠹所萃，挟势行私者不可胜纪。少不如意，逸毁随之"。但周经上任后"悉按祖宗成宪，无所顾。宽逭缓征，裁节冗滥。四方告灾，必覆奏蠲除。每委官监税课，人多者与下考，苛切之风为之少衰。"(《明史·周经》卷183)

弘治十年(1497)四月，有个宫廷奉御叫赵瑄的为了拍当朝皇帝朱祐樘及皇太子朱厚照的马屁，竟然信口雌黄地将河北雄县一大块土地指称为荒地，然后再"投献"给东宫做庄田。周经知道后据理力争，终使俸御赵瑄下了诏狱。镇抚司官随即上奏，要求弘治帝派出官吏前往雄县去勘查。周经获悉后再次上言进谏，说："太祖、太宗定制，闲田任民开垦。若因奸人言而籍之官，是土田予夺，尽出奸人口，小民无以为生矣。"但这回皇帝朱祐樘可没接受周尚书的意见,仍然派出官吏前往雄县去勘查。不久被派去堪查的官吏与当地巡抚高铨"回应"大明天子:"所谓的闲田只有70顷,而且全部与民田交错在一起。"听了这样的结果,明孝宗终于心服,遂以周经的建议,"令管业如故",将土地仍交予当地百姓,并治了赵瑄的投献之罪。(《明史·周经》卷183;《明孝宗实录》卷124)

弘治十一年(1498)四月,"雍王祐枟乞裁革衡州府税课司及衡阳县河泊所原设官吏,而以二处岁办课钞赐本府管业供祀"。皇帝朱祐樘接奏后一时不知道如何处理,便将章疏交与户部去讨论。经过讨论,户部尚书周经领衔上奏说:"亲王岁禄万石,足给公私之费。而二衙门税课例充本处文武官折俸,此祖宗成宪,万世不可改者,宜勿许。"明孝宗当即降旨:"自今诸额办钱粮衙门,各王府不得请求,着为令。"(《明孝宗实录》卷136)也就说,从这时起,朝廷再次明确:"四方税课,王府不得请。"(《明史·周经》卷183)

由于"(周)经刚介方正,好强谏,虽重忤旨不恤。宦官、贵戚皆惮而疾之"(《明史·周经》卷183)。"一时贵戚近幸有所陈请,一裁以法,皆敛不得肆。"(【清】谷应泰:《明史纪事本末·弘治君臣》卷42)

明代官史也说:周经主政户部"严条约,革宿弊,剖决如流,郎吏皆叹服,以为难及。中官织造于南京者,屡以引盐榷课为请,赖(周)经奏裁省甚多。大内张灯取外帑银三万两,(周)经言不可以小民脂膏供耳目之玩,乃命以明年内库岁额偿之。近戚贵幸有所陈请,一裁以法,皆敛不得肆而怨日益深"(《明武宗实录》卷61)。具体地讲,户部尚书周经得罪的近戚贵幸有太监赵荣和蔡用、雍王朱祐枟、崇王朱见泽、兴献王朱祐杬、张皇后弟弟寿宁侯张鹤龄……(《明孝宗实录》卷158~161)

虽然为堵住大明帝国国有财产流失和减轻百姓负担等方面做出了很大的贡献,但周经本人却因此而遭受了极大的诬害。太监李广自杀后,弘治帝"得朝臣与馈遗簿籍,大怒。科道因劾诸臣交通状,有及(周)经者"。周经随即上疏说道:"昨科道劾廷臣奔竞李广,阑入臣名。虽蒙恩不问,实含伤忍痛,无以自明。夫人奔竞李广,冀其进言左右,图宠眷耳。陛下试思广在时,曾言及臣否。且交结馈遗簿籍具在,乞检曾否有臣姓名。更严鞫广家人,臣但有寸金、尺帛,即治臣交结之罪,斩首市曹,以为奔竞无耻之戒。若无干涉,亦乞为臣洗雪,庶得展布四体,终事圣明。若令含污忍垢,即死填沟壑,目且不瞑。"但明孝宗接疏后仅慰留慰留,就是不为他公开辩白与正名。(《明史·周经》卷183)而从实际情况来看,周经是被冤枉了的,他的年轻同僚、正人君子王鏊在笔记中曾这么说道:"初李广得幸于上,嗜进者皆趣之。广败,籍其家,朝臣鲜不与通,故有白米黄米之说,惟公(指周经)无一刺与通。"(【明】王鏊:《王文恪公笔记》)

弘治十三年(1500),天现彗星,云南发生地震,皇帝朱祐樘"下诏修省"。太子太傅、吏部尚书屠滽,太子少保、礼部尚书徐琼、少保兼太子太傅、兵部尚书马文升和太子少保、户部尚书周经等部院大佬都为此相继上疏乞归,明孝宗只批准了周经一人。(《明孝宗实录》卷162)消息传开,"廷臣争上章留之,中外论荐者至八十余疏,前此未之有也"!(《明武宗实录》卷61)但弘治帝似乎已经铁了心,让周经走人。就这样,刚介方正、直言强谏且又能坚持秉正执法的周经周尚书"竟以不合去"(《明武宗实录》卷61)。随后他便在家乡度过了人生的最后10年。正德五年(1510),周经病逝于山西阳曲,终年71岁。(《明史·周经》卷183)

周经提前退休后,皇帝朱祐樘任命侣钟接替其位。

○ 第四任财政部长侣钟屡屡触及权贵势要的利益,最终也不得不提前内退

侣钟,山东郓城人,成化二年(1466)进士,初授监察御史,巡盐两淮。按浙江还,掌诸道章奏。那时太监汪直已逐渐开始猖狂,暗示言官侣钟奏劾马文升。侣钟当即回答说:"马文升正人君子,没什么好弹劾的。"汪直听后气坏了,随后向皇帝进谗,这下侣钟可倒大霉了,遂被杖阙下。不过好在而后都御史王越发现,侣钟这人不错,便向上做了推荐。皇帝朱见深遂擢升侣钟为大理寺丞,旋再迁他为右少卿,令其巡视保定诸府。数月后,又擢升他为右副都御史,巡抚近畿河间等地。那时"河间濒海民地为势家所据",侣钟知道后立即上奏朝廷,"夺还之"。因在地方巡视有政绩,侣钟随后没多久被朝廷召回,升任刑部右侍郎。就在这时,前来北京养老的老妈死了,侣钟不得不丁忧,并顺便找了条漕运船,将老妈的尸体搭

运回山东去安葬。而就在这过程当中,督漕总兵官王信听人说,倪钟动用漕船运载母亲尸体,立即向朝廷做了奏报,倪侍郎就此下了大狱。倒霉的事情到此还没完,这时有人出来检举:倪钟与吏部尚书尹旻不仅是同乡,且还是同党。而当时内阁首席辅臣万安最为痛恨的就是以尹旻为首的北党,就此倪钟被贬二秩,为云南曲靖知府,后改徽州,旋"复入为大理寺左少卿"(《明史·倪钟》卷185)。

弘治初年,倪钟受命"以右副都御史巡抚苏、松诸府,尽心荒政"。不久之后他又被召为户部侍郎,总督仓场,寻改吏部。弘治十一年(1498),倪钟迁为都察院右都御史。弘治十三年(1500),户部尚书周经被迫提前退休,皇帝朱祐樘擢升倪钟为户部尚书。可能因为早期仕途的坎坷,倪钟在出任户部尚书之初显得要比周经、叶淇和李敏等少了些锋芒,但随后其耿直的秉性还是展露了出来。弘治十五年(1502),在上天下会计之数的疏文中,他这样说道:"常入之赋,以蠲免渐减,常出之费,以请乞渐增,入不足当出。正统以前军国费省,小民输正赋而已。自景泰至今,用度日广,额外科率。河南、山东边饷,浙江、云南、广东杂办,皆昔所无。民已重困,无可复增。往时四方丰登,边境无调发,州、县无流移。今太仓无储,内府殚绌,而冗食冗费日加于前。愿陛下惕然省忧,力加损节。且敕廷臣共求所以足用之术。"(《明史·倪钟》卷185)

弘治帝接疏后深以为然,随即让廷臣们议出具体办法来。廷臣们经过讨论,"议上十二事,其罢传奉冗官,汰内府滥收军匠,清腾骧四卫勇士,停寺观斋醮,省内侍、画工、番僧供应,禁王府及织造滥乞盐引,令有司征庄田租,皆权幸所不便者"。此疏上呈后,皇帝朱祐樘将其留中数月不下,倪钟见之,"乃复言之。他皆报可,而事关权幸者终格不行"。(《明史·倪钟》卷185)但倪钟等并不为此而气馁,在随后的岁月里又继续不懈地努力。

有奸商投靠明孝宗舅子外戚张鹤龄,"乞以长芦旧引十七万免追盐课,每引纳银五分,别用价买各场余盐如其数,听鬻贩,(弘治)帝许之。后奸民援例乞两淮旧引至百六十万"。倪钟闻讯后立即上言,力持不可。只可惜皇帝朱祐樘根本就不听,"自此盐法大坏,奸人横行江湖,官司无如何矣"。(《明史·倪钟》卷185)

弘治晚期的倪钟等屡屡触及权贵势要的利益,甚为其忌恨。

弘治十七年(1504)二月，东厂特务突然"发现"了侣钟儿子侣瑞受贿之事(《明孝宗实录》卷108)。按照惯例，作为父亲的侣钟对此应负有连带责任，遂屡次上疏乞休。五月，皇帝朱祐樘正式批准侣尚书的退休请求。(《明孝宗实录》卷212)

数月后，弘治朝廷改南京参赞机务兵部尚书韩文为户部尚书(《明孝宗实录》卷218)，这也是弘治朝第五任财政部长。

○ 第五任财政部长韩文主掌国计二年，力遏权幸，权幸深疾之

要说韩文，那也是个刚直能臣。据说韩文是宋朝宰相韩琦的后代，"生时父梦紫衣人抱送文彦博至其家，故名之曰文。成化二年举进士，除工科给事中。核韦州军功，劾宁晋伯刘聚，都御史王越、马文升等滥杀妄报。寻劾越荐李秉、王竑。语颇涉两宫，帝怒，挞之文华殿庭。已，进右给事中，出为湖广右参议。中贵督太和山，干没公费。文力遏之，以其羡易粟万石，备振贷。九溪土酋与邻境争地相攻，文往谕，皆服。阅七年，转左。"(《明史·韩文》卷186)

弘治改元，吏部尚书"王恕以(韩)文久淹，用为山东左参政。居二年，用倪岳荐，擢云南左布政使。以右副都御史巡抚湖广，移抚河南，召为户部右侍郎。母丧除，起改吏部，进左。十六年拜南京兵部尚书。"(《明史·韩文》卷186)

韩文官拜南京兵部尚书当年，南直隶江北地区发生大灾荒，"米价翔踊"。韩文闻讯后马上上言，请求预发3个月军饷。户部官听说后表示很为难。韩文当即说道："救荒如救焚，有罪，吾自当之。"户部官听到有人愿意来担责，随即便发廪160 000石粮食。要说这160 000石粮食一发下去，"奇迹"顿时出现：米价回落了。(《明史·韩文》卷186)

正因为韩文敢于担当，处事又有能耐，所以他在南京任上只干了一年多一点，就被明孝宗调回到了北京去，于弘治十七年(1504)十一月正式就任户部尚书之职。(《明孝宗实录》卷218)

不过这时的情势可不太好，以皇后张氏娘家两兄弟为代表的权豪势要们变得愈发猖狂，动辄狮子大开口，"外戚庆云、寿宁侯家人及商人谭景清等奏请买补残盐至百八十万引"。新任户部尚书韩文听说后立即上疏，痛斥盐政之弊，并对奏请补买残盐之行为进

行了大力抨击。明孝宗接疏后"嘉纳"之,只可惜还没有来得及贯彻实施,一场"医疗事故"夺去了他的生命。所幸的是,韩文的这些意见后来被写入了明武宗的登极即位诏书里,其中有语:"盐粮以济边饷,国用所急。近年以来,钦赏数多及被内外势要罔利之人奏讨、奏买,存积常股并盘割私余,及风雨消折等项,盐斤搀越支买,夹带私贩,以致盐法阻坏,商贾不行。诏书到日,各该巡盐、巡按御史即便从实查理,除已支卖外,其未支挚者,俱各住支还官。今后行盐各照地方,不许越境贩卖各边开中引盐及籴买粮草。俱不许势要及内外官员之家求讨、占窝、领价上纳。巡抚管粮等官徇情受嘱者,许巡按御史指实纠举。"(《明武宗实录》卷1)

可这么一个一心为国、不阿权贵的好财政部长只在任上待了两年,到明武宗正德初年时被人给撵走了。其根本缘由是"(韩)文司国计二年,力遏权幸,权幸深疾之"(《明史·韩文》卷186)。

● 对待权豪势要肆意妄为,弘治君臣有时巧妙地各唱红脸与白脸

除了上述五任户部尚书外,弘治朝其他部院领导及其下属的中层干部,甚至连品级较低的科道官,很多人都从各自不同的角度,通过上疏奏事、直言进谏和清议等形式,对当时权豪势要的土地兼并和其他各种侵占行为展开了有力的抵制,甚至是打抑。

弘治九年(1496)九月,鉴于权豪势要愈发猖狂以及周太皇太后娘家兄弟长宁伯周彧和张皇后娘家兄弟寿宁侯张鹤龄两家之间发生聚众斗殴事件所产生的恶劣影响,吏部尚书屠滽率六部、都察院等衙门的领导集体上奏,说:"昔宪宗皇帝尝诏,勋戚之家不许占据关津、桥梁、水陂,及设肆鬻贩,侵夺民利。违者,听巡城、巡按御史及所在有司执治以闻。盖不惟矜恤小民,而实保全勋戚,仁之至义之尽也。皇上即位以来,所以亲九族子万姓者,惟先帝是遵是训。而勋戚之家不能恪遵先诏,仰体圣心,纵令家人开设店肆,邀截商人货物,自都城内外坊市及张家湾、河西务等处,一切民利悉侵夺之。臣等伏睹,永乐间榜例,王公之家仆从不过二十人,一品不过十二人。今勋戚家人多者以百数,乖违旧制,殊非所宜,其间

多有市井无赖,乘机附势,冒名以觅利者,然利散于群小,怨归于一身,非计之得也。迩者长宁伯周彧、寿宁侯张鹤龄两家,以琐事忿争,聚众竞斗,喧传都邑,上彻宸居。盖因平日争夺市利,已蓄忿心,一有所触,遂成仇敌,失戚里之观瞻,损朝廷之威重。皇上闻之,宁不有动于中乎?盖市肆之设起,百姓之怨结,戚属之仇怨,积而愈深,仇结而不解,则他日意外之虑,难保必无。"(《明孝宗实录》卷117)

最后,屠滽等上请:"伏望皇上特降纶音,戒谕勋戚,俾各修旧好,以光戚里,毋因小利而失大体,毋听逸言而间亲义,仍仰遵先帝诏旨:凡有店肆者,悉皆停止;商贾之徒,听其各安生理,毋蹈前非。更敕都察院揭榜禁戒,若有称勋戚家人,扰害商贾,侵夺民利者,听巡城、巡按御史及所在有司执治。应奏请者奏请逮治,各加以重罪,仍考永乐间榜例,将勋戚家人量为裁定,人数不得滥收。其见存者,皆具名在官,使冒名生事者,易于分别。庶百姓无意外之虞,皇亲享安静之福矣。"(《明孝宗实录》卷117)

再说当时的言官们即六科给事中和十三道监察御史闻讯后,"亦以是为言"。皇帝朱祐樘看到朝臣们的意见如此之一致,当即"嘉纳之,命速揭榜禁谕,不得仍前纵容为害,周彧、张鹤龄聚众斗殴事,令各具实以闻"。(《明孝宗实录》卷117)

弘治帝的禁谕发出后,以张皇后娘家兄弟为首的外戚及其他权豪势要稍稍收敛了一阵子,但随后又开始张狂起来,尤其是张鹤龄和张延龄兄弟,为人处世毫无底线,浅薄无耻,贪婪成性。有一次,他俩纵容家奴抢夺百姓土地和房屋,"篡狱囚,数犯法",弄得鸡犬不宁。姐夫皇帝朱祐樘听说后派了刑部侍郎屠勋和太监萧敬前往事发地去一一调查清楚,随即按律将作恶的张家家奴给定了罪。在做完这些事情后,萧敬等人回到北京,向弘治帝复命。哪知萧太监讲得起劲,张皇后在暗中听得可谓是怒不可遏,当即冲到皇帝丈夫朱祐樘面前大发"母老虎"之威。明孝宗向来就怕皇后张氏,看到那天这番架势,当即也表示了对萧敬的"愤怒"。等了一会儿,张皇后走了,朱祐樘又将萧敬给召来,当面称赞道:"你说得对!"随即下令赐给他黄金。(《明史·外戚·张峦》卷300)

弘治十八年(1505)三月,户部主事李梦阳、给事中吴世忠等上书指摘弊政,洋洋洒洒写了数万言,其中指斥张皇后娘家兄弟寿宁侯张鹤龄的文字尤为激烈,说他"招纳无赖,罔利贼民,势如翼虎"。张皇后的母亲金夫人和张鹤龄听说后恨死了李梦阳等人,于是"日泣诉于上前",即天天在弘治帝跟前哭诉。本来性格温和的弘治帝被弄得实在没办法,只好下令将李梦阳等人下狱。消息传开,舆论哗然,科道官们交章论救。而张皇后母亲金夫人却依然在女婿皇帝面前又哭又闹,要求将李梦阳治以重罪。这回好脾气的弘治帝再也无法忍受和迁就了,当即大怒,将面前桌子都给掀翻了,然后拂手而去。过了一会儿,有法司官员将所谓的李梦阳罪情之词做了上呈,请求皇帝批示处理意见。明孝宗毫不犹豫地提笔批示:"梦阳复职,罚俸三月。"(【清】谷应泰:《明史纪事本末·弘治君臣》卷42;【明】谈迁:《国榷》卷45)

这事过后没多久,有一天,弘治帝游南宫,两个小舅子张鹤龄和张延龄在听到宫里召唤后,于夜晚时分前去作陪喝酒,当时皇后张氏及其母亲金夫人和皇太子也在场。酒宴进行了一半时,张皇后、皇太子和寿宁侯张鹤龄母亲金夫人等出去更衣,皇帝朱祐樘见此机会,立即示意左右近侍回避,单独召见张鹤龄,低声跟他说了好一阵子话,"左右莫得闻",只是远远看见张鹤龄摘掉了帽子,头触地,"盖因梦阳言罪寿宁也"。也自那时起,张鹤龄稍稍收敛了一点儿。(《明史·外戚·张峦》卷300;【清】谷应泰:《明史纪事本末·弘治君臣》卷42;【明】谈迁:《国榷》卷45)

南宫夜宴过后的一天,弘治帝下令,召兵部尚书刘大夏入宫商议事情。见到自己信赖的刘尚书来到便殿,皇帝朱祐樘立马问道:"最近外廷舆情如何?"刘大夏满面春风地回对:"大家听说李梦阳被释,朝廷内外一片欢悦。皇上神圣文德,就如这天地一般广厚。"明孝宗听后十分兴奋,随后又颇为深沉地说道:"梦阳上疏文中有'张氏'两字,朕左右之人见后便说,这些话是冲着中宫皇后而来的呀。朕当时听了觉得已经没有办法了,只好下令,先将李梦阳给关到大狱中去。等到法司部门将所谓的李梦阳罪情之词送上来时,朕试着询问左右之人:应该怎么批示?有人就说:'李梦阳这人太狂妄,应该将他廷杖处置,然后再放了他。'朕猜想这些人都想重责李梦阳,甚至还有可能企图将他置于死地,以此来博取中宫及其家

第4章 维稳为上 巩固国防

人的欢悦。可朕偏不遂他们心愿,而是批示:释放李东阳,并让他复职,同时也不让法司部门再给他拟定什么罪名了。"听到这儿,刘大夏顿首谢道:"陛下行此一事,尧、舜之仁也!"(【清】谷应泰:《明史纪事本末·弘治君臣》卷42)

尽管这样的事情很快就过去了,但每当人们回想起时,常常会唏嘘不已:李梦阳,一个小小的正六品户部主事,竟敢于上疏指斥当朝"国母"及其娘家人,这在整个大明朝历史上还真是不多见。不过在弘治时代,这样的事情还不是孤例,甚至还有比李梦阳品秩更小的官员也敢与不断耍横的权豪势要"作对",换言之,以其微薄之力来抑制豪门势要。弘治十七年(1504)二月庚申日,监察御史王士昭上奏说:"京城设铺甲、火夫,以防火盗。比年以来为势家所役,财匮于供应,力疲于奔走。乞下所司痛革其弊。"兵部为此覆奏。明孝宗接奏后批示:"京城火甲实多负累艰苦,敢有仍前借倩私役,需索科扰者,法司具实以闻。"(《明孝宗实录》卷208)

虽说上述这样的事例并不是很多,加上皇帝朱祐樘自身"性宽厚,虽屡申禁,不能尽执法"(【清】夏燮:《明通鉴》卷36)。但正如前文所述的那样,弘治朝廷广开言路,任贤使能,如此下来,反倒在相当程度上对皇帝朱祐樘自身个性弱点所带来的治政之失起到了一定的弥补作用。因此从整体角度来看,那时的豪门势要还是受到了一定程度的抑制。与此相随,受豪门势要侵害的国家与百姓利益在弘治君臣的共同努力下得到了相应的保护,原本日趋紧张的社会关系也有了相对的舒缓。

不过话得说回来,抑制兼并或言打抑势家所涉及的层面和影响的范围毕竟不够宽广,如何从社会整体角度来理清各自职责,营造和谐、稳定的社会环境,以此来确保大明帝国的长治久安?就此,弘治帝在位期间还采取了这样一项"更新"举措:重造黄册、理清职责。

● 重造黄册　理清职责

明代的黄册制度相当复杂,在先前出版的《大明帝国》系列之②《洪武帝卷》中册中已做了详述。但为了照顾本书独立成为一体,笔者在此将之再做个简述。

- **大明立国百余年,黄册旧弊尚未来得及除去,新病又在不断地产生**

明太祖朱元璋在洪武十四年(1381)正月下令给全国,在建立基层里甲制度的基础上编造《赋役黄册》,由此开始全面推行黄册制度(《明太祖实录》卷135)。

黄册制度仍以一家一户作为单位,要求每户如实填写《清册供单》,其包括户主籍贯、姓名、年龄和全家丁口以及所谓的"事产"即房屋、土地、山林、河塘等不动产的面积和动产牛、羊等牲畜数,应该缴纳的税粮数,等等。其中事产与丁口两栏里头又分为四项:上次登记之数额叫"旧管",上次登记后增加的叫"新收",上次登记后减掉的叫"开除",现有的数额叫"现在",极为详尽,政府看了这个《清册供单》,便可将天下小民的状况完全掌控起来。各户供单填好后交给甲首,甲首在核实无误后交里长,里长在核实无误后将一里的供单集中起来,开始编订成册,每册开篇有一张里甲人户总图,鳏夫、寡妇、孤儿等不能承担国家赋役的,则被列在总图后面,成为"畸零"。成册后,一式四份,然后里长将其呈送给当地的县衙,县衙留下一册保存,将其余三册连同该县里的丁口、事产统计总册一同交到上一级衙门——府里头,以此类推,府、布政司直至中央户部,各衙门各自保存一册。每本黄册长、宽为40厘米,重约2公斤,内有1里110户。地方政府的那几份"黄册"的封面是用青纸包起来的,所以人们喊它为"青册",但习惯上我们将之与中央户部的那份一起统称为"黄册"。送中央户部的那一份户籍册是用黄纸做册面的,所以叫作"黄册",或者叫"户口黄册",用今天的话来表达,那就是"户口簿"。黄册是大明帝国向人民征收赋税和佥派徭役的最主要依据,所以又被人们称为"赋役黄册"(《明太祖实录》卷135、卷203;[清]乾隆敕修:《续文献通考·田赋考》卷5)。

正因为黄册的编造关系到大明帝国的人口管理、赋役佥派、财税收入等诸多层面,所以洪武皇帝朱元璋对此极为重视,曾发出狠话:"若官吏、里甲通同人户,隐瞒作弊,及将原报在官田地不行明白推收过割,一概影射、减除数额者,一体处死;隐瞒人户,家长处死,人口迁发化外"(万历版:《大明会典·户部·黄册》卷20)。

其实编造黄册不仅仅涉及帝国人口管理、赋役佥派和财税收入,而且还事关大明子民的谋生职业与社会稳定问题。按照黄册制度的要求,除了卫所现役将士之外的所有人都应该被编入里甲,其大致分为民户、军户、匠户、灶户等,在册籍上一一注明每户的户类,也就是该户谋生的职业,说白了这是户口赋役总册。如果按照职业分类的话,当时还编造了各种不同户类的专业户口簿,交给对口的上级主管部门保管,如军户的专业户口簿叫军籍册,由大明兵部保管,匠户的专业户口簿叫匠籍册,交大明工部(相当于建设部)与内官监保管,灶户的专业户口簿叫灶籍册,交盐运司保管,民户没有再造册。民户中除了当时社会群体主干农民外,还包括儒、医、阴阳等户;军户中又分校尉、力士、弓、铺兵;匠户中分厨役、裁缝、马船等,"濒海有盐灶"(《明史·食货一》卷77)。这种分类有点儿类似于当代我们的户籍管理,不过不像现在户籍管理大致将人分为两大类:农业户口和非农业户口(近年听说我们国家的户籍制开始改革了,笔者注),而是分成了许多种类。

大明洪武中期黄册制度创建时,朱元璋还曾规定:每隔10年造一次黄册。但随后他的子孙们似乎并没有十分严格地按照老祖宗的旨意去做,永宣时代官史对这方面的记载含糊不清。明英宗第一次当皇帝时倒是搞过一次黄册攒造,那是在正统七年(1442)。官史记载说:正统六年(1441)三月壬子日,行在户部官上奏:"正统七年例当重造赋役黄册,请预申明旧章,榜示天下,令民遵守。"小皇帝朱祁镇答复:"从之。"(《明英宗实录》卷77)正统七年(1442)后过10年理应为景泰三年(1452),那也是攒造黄册的年份。但景泰元年(1450)十二月,巡按浙江监察御史黄英在上言三事中却说了这样的话:"各布政司田土自洪武初差监生分区丈量,造《鱼鳞图》,本府、州、县里各存一本,今世远无存,明年例该重造黄册,请仍举洪武丈量图本之法,庶田粮得清,小民不困。"(《明英宗实录》卷199,《废帝郕戾王附录》第17)这里的"明年例该重造黄册"中的明年当指景泰二年(1451),与前述的景泰三年(1452)相差一年,而在随后的官史中又有记载:景泰二年三月乙巳日,户部上奏:"景泰三年,天下郡、县例应重造赋役黄册,本部欲将正统七年原定册式并今议合行事宜备榜,遣人乘传赍赴直隶及各布政司、府、州、县。今依式造完进呈。"(《明英宗实录》卷202,《废帝郕戾王附录》第20)

由此看来,景泰三年(1452)才是真正重造黄册的年份。我们就以此推算,再过10年,当为天顺六年(1462)。但在天顺六年的官史中并没有再造黄册的记录,一直到了天顺八年(1464)时才有这样的史料记载:那年十月,户部上奏新皇帝朱见深,说:"浙江等八布政司所属府、县岁造赋役黄册,自天顺八年正月以后过期不至,皆司、府、州、县官吏因循作弊所致,请行巡按御史并诸按察司各论以罪。"(《明宪宗实录》卷10)

至此,我们不难看出,朱明皇家子孙们并没有十分严格地执行祖训规定。十年一次黄册攒造是如此不准时,那么黄册攒造过程中的流弊和人口户籍变化所带来的一系列问题就更不用说能处理得好了。譬如赋税在征收过程中往往不能及时落实到位,徭役佥派也早已变味,"差贫放富"现象随处可见,底层百姓失去生机而沦为流民的越来越多,社会不稳定分子不断地积聚、运动。(《明英宗实录》卷6)

虽然后来景泰朝与天顺朝都曾对此采取了一定的应对举措,但由黄册制度所引发的一系列流弊和危害却并没有因此得到很好的铲除。不仅如此,甚至有些地方还出现了日益猖獗的害民事情,官员与豪门富户"狥私作弊,指甲作乙,以有为无,以无为有",终使赋役愈发不均,词讼愈发增多(《明英宗实录》卷216,《废帝郕戾王附录》第34)。天顺时有衙门官员上奏说:"近年以来有等军户刁徒又将同姓平民妄指作洪武间同共军户,往往牵告动扰官府",而一旦问及,既扰民又伤财(《明英宗实录》卷278)。

为此,明宪宗上台后加大了对全国黄册再造过程中出现流弊的惩治力度,命令各地"巡按御史并诸按察司各论以罪"(《明宪宗实录》卷10)。成化十七年(1481)八月,他又下令,擢进士陈震为南京户科给事中,专门清理南京后湖(即今天的玄武湖)的黄册库,以此来加强黄册管理。(《明宪宗实录》卷218)

但十分遗憾的是,成化朝对于黄册管理与整顿也就仅此而已,加上成化中后期,皇帝朱见深愈发荒淫,懒于政事,终致大明黄册制度中的旧弊尚未来得及除去,新病又开始不断地产生,这不仅影响到帝国的赋税收入和徭役佥派,而且还对社会的和谐和稳定构成了危害。具体地说,其主要反映在下列两大方面:

第一,由于在赋税征收和徭役佥派过程中"诡寄""飞洒"和"差贫放富"之事日渐增多,这就使得富者愈富、贫者愈贫,加之自然灾害不断爆发,终致越来越多的底层百姓因在本地失去了生机而被迫沦为了流民。与此相对应,帝国政府掌控下的编户齐民数量日益减少,社会不和谐和不稳定因素不断地积聚。

我们不妨来比对一下下面两组数据,或许就能看出一些问题:洪武十四年(1381),即大明尚未完全统一时,帝国政府掌控的户数为 10 654 362 户,人数为 59 873 305 口(《明太祖实录》卷140);统一后 100 多年的成化二十三年(1487),大明朝廷所掌控的户数反降为 9 102 630 户,人口数减至 50 207 134 口(《明孝宗实录》卷8)。换言之,经过 100 余年的历史发展,大明帝国掌控的户数和人口数分别下降了 17% 和 19%。当然,实际情形还远不止如此,因为有许许多多农民在本地无法生存的情况下,被迫流亡到外地去谋生,往往又不会上原地官府去注销户口,且官府也绝不会同意他们这么做。因此说,从洪武开国到明代中期,帝国政府掌控的编户齐民减少之百分比可能要高达 20%～30%。这绝非是危言耸听,否则成化初年流移于荆襄等地的百万流民(《明宪宗实录》卷93)从何而来?

流民骤增,政府掌控的编户齐民不断地流失,这不仅大大地增加了社会不安定因素,而且也使得帝国政府的赋税收入和徭役佥派大受影响。我们不妨再来比对一下下面两组数据:洪武二十四年(1391),大明帝国政府登记在册的田地数为 3 874 746 亩,征收到的税粮数为 32 278 983 石(《明太祖实录》卷214)。经过 100 多年的历史发展,到成化二十三年(1487)时,官方记载的田地数已减至 1 253 821 亩,征收到的税粮数也减至 26 321 329 石(《明孝宗实录》卷8),其减少的百分比分别为 67.6% 和 19%。

见此,有读者朋友可能要说,大明田地流失确实令人触目惊心,但税粮数的减少似乎还能说得过去。不过笔者在此强调的是,就如前文所述,明朝自立国起就确立了赋役定额制,即每府、每县、每厢的赋役都有一定的定额数,且必须得完成,而地方上的豪猾之徒和富有大户又往往采取各种手段来逃避国家规定的赋役,加之自然灾害的频频光顾,使得许许多多农民失去了在本地继续生存的能力,迅速地沦为流民。由此下来他们与豪猾富户原本应该承担的国家赋役就得由尚未迁徙的普通人来代理赔纳。而这些代理赔纳之人要么老老实实地充当冤大头,要么想尽办法予以逃避,遂致五花八门的奸弊随之而生。尤其是在成化后期,一些头脑特别活络者不仅贿赂地方里老一类的基层领导干部,竭力规避当时当地的赋役负担,而且还将目光投向了此项制度的"总根源"——大明黄册库,通过收买他人,"改洗黄册",即篡改黄册信息,来个一了百了。(《明宪宗实录》卷249)

所有这些不仅使得大明帝国的赋税收入和徭役佥派很受影响,而且对社会的和谐和稳定还构成了很大的危害。

第二,明朝中期起,由于军事屯田制的破坏和军官、豪强势要的肆意侵夺、奴役,使得世兵制下的大明官军逃亡现象越来越普遍,国家军事防卫力量也随之变得越来越不足,由此对帝国长治久安构成了极大的隐患。

逃军问题在明初时就有了,到宣德、正统之际变得越来越严重。而针对逃军之弊,大明帝国政府还真没少花心思,一方面通过立法,严惩官军旗校,如规定:"小旗逃所隶三人,降为军。上至总旗、百户、千户,皆视逃军多寡,夺俸降革。"(《明史·兵四·清理军伍》卷92)另一方面,通过派遣官员到各地去清勾逃军。但随着明朝中期的到来和大明政治的日趋腐败,清勾逃军却往往成为清军官员肆意敛财和谋求晋升的好机会。为了完成上级领导下达的清军指标,清军官员时常会无端地扩大清军的对象和范围,把同姓名者、宗亲和邻里都给一一网罗进去。谁要是想摆脱当军的厄运,就得乖乖地掏钱出来。随之,更为怪异的场面出现了:本是该勾补为军的人一旦出了钱,清军官员就把他放走;而不该被勾补为军的人却因为无钱贿赂而成了"清"出来的"逃军",随后被押往军营里头。当然其家人要是脑子活络的话,当即砸锅卖铁,甚至到处举债、凑足钱财前来"孝敬"清军官员。清军官员见钱眼开,在尚未到达军营时就把"逃军"给放了,这样一来,不仅可以侵吞缺额军士的粮饷,而且还可以借口再出去清军敛财,形成永无休止的"逃军→清军→逃军→清军"之怪圈。久而久之,一些脑袋瓜子灵活和反应快的军户悟出门道来了,与其贿赂欲壑难填的清军官员,还不如从根本上做起,即从乡村基层领导里长、甲长那儿入手,将他们给"喂饱"了,在户籍再造时将自己的军籍给偷偷地除去。而这样的事情在宣德以后的明朝中期逐渐成了当时的公开秘密。对此,成化、弘治时代的大臣周经在上奏朝廷的奏章中就曾如此说道:"清勾军役,洪熙以前,其弊在军旗;宣德以后,其弊在里胥。弊在军旗,其里分住址犹不能没,军丁尚可寻;弊在里胥,则姓名乡井俱各混乱,军丁遂至消耗。虽在内差御史,在外司、府、州、县各有委官,但其间有慢事不省之人,是以近年兵部既有住俸之罚,又有降职之责,然人心喜进,而恶黜故,往往以疑似者为正身,以亡绝者为见在,民之被冤,岂可胜道。乞行各处查照宣德年间文册比对,三十年同者为准。"(《明孝宗实录》卷75)

按照周经的设想,查照放置在南京后湖中的《军籍黄册》,若发现30年来同为军户的即行勾补出来为军。但我们中国人实在聪明,最高当局尚未敲定处置方案时,有人早就想到了这招。成化二十年(1484)二月辛未日,"应天府民张成等代人充后湖库役,累受人财,改洗黄册"。哪知这个叫张成的可能是做贼心虚,在进行黄册篡改过程中露出了马脚,随即让人给逮住了。南京户部就此将案件上报给了中央,说:"国初以天下版籍为重,令有司十年一造黄册,于后湖不通人迹之处建库收贮,其后法制渐备,特设给事中主事二人,总理其事,及巡视防守之人更番不缺。凡天下军民奏告户籍不明者,于此查验。其库锁钥藏于内府,有开船过湖者,赴内府关领,事毕交收,法至周密。近岁急忽,以致小人乘机为弊,是宜置之重典,比盗制书,不分首从,皆斩律。后有犯者,并依此例处罪,仍揭榜禁约为便。"当朝天子朱见深接报后将"事下都察院,以所奏宜从,既而以(张)成等具狱上"。明宪宗"命即诛之,仍枭首示众"。(《明宪宗实录》卷249)

● 整顿黄册制度,理清各自职责,确保社会整体稳定

张成篡改黄册之事败露了,那么尚未败露的李成、王成之流暗

中篡改了哪些黄册呢？看来还是很有必要对黄册进行一番清理整顿，甚至再造，以此来厘清各自职责，否则大明掌控的军户数和编户齐民数将会愈发减少，社会不和谐和不稳定因素将会愈加积聚。就此，弘治帝自上台即位起就采取了如下几项举措：

○ 下令清整、修缮和扩建南京后湖黄册库，从根子上加固黄册制管理

自黄册攒造起，大明帝国政府就予以高度的重视。按照当时的规矩，一旦黄册编好了，就送到中央户部，户部将它们存放在有着严密看守的南京后湖即玄武湖梁洲册库内。要说那时的后湖与世隔绝，大明帝国曾设立"巡湖职役"，专门负责守护黄册库。不仅如此，还对进出后湖人员及其在黄册库工作之人进行严格的安全管理。在通常情况下，一般人员是根本无法进入后湖的，除非取得了特许。但即使被特许进湖的人也不是想进就能进去的，必须得一大早赶往太平门外的湖口检查处，去接受严格的盘查，作好登记，然后再乘上指定的班船入湖。后湖的班船通常逢一、逢六的日子才有，要是在后湖工作人员得了什么急病怎么办？对不起，谁叫你运气不好，要生病也得挑一、六的日子啊！除此之外，黄册库内及其周围严禁火烛，即使是在晚上，守库人员也不能点灯。见此，可能有人要问了：那库内工作人员总要生火烧饭吃吧？可以，但必须得将厨房建在没有册库的荒洲上。明朝官史曾做过这样的记载："初洪武中，设黄册库于玄武湖中，户部委官同给事中一员管理，五日一晒晾籍册，及有事查理，移文内府，请钥方许过湖。"（《明孝宗实录》卷19)

清代人编的《明史》则说得稍微详细些："每十年有司更定其册（指黄册，笔者注），以丁粮增减而升降之。册凡四：一上户部，其三则布政司、府、县各存一焉。上户部者，册面黄纸，故谓之黄册。年终进呈，送后湖东西二库庋藏之。岁命户科给事中一人、御史二人、户部主事四人厘校讹舛。其后黄册只具文，有司征税、编徭，则自为一册，曰白册云。"（《明史·食货一·户口》卷77)

明代黄册库制度管理的松弛自永宣时代开启，到成化、弘治之际已被糟蹋得快要面目全非了。弘治元年（1488），南京监察御史

余浚上奏朝廷,说:"近岁守备人员于边湖滩岸开垦作田,致湖面淤塞,人得往来,如此之状已与国初建立的黄册库严密管理制度相距甚远,乞请朝廷降敕给南京户部,让他们委派官员前去后湖等地勘查、改正。"弘治朝廷允准其准,南京户部也随即派出主事卢锦,与给事中方向一同前去管库。哪想到这个叫卢锦的户部主事可能是经济头脑太活络了,在领受上级命令后,与给事中方向"于库傍洲上垦田种植蔬瓜,又于湖滩放牧牲畜,及擅伐芦苇"。有人见了很不理解,问他们干吗要这样做?他俩回答说:"换点儿银两,好用来修理黄册库。"这事后来传到南京守备太监陈祖生那里,陈太监立即命令巡捕百户崔升前往后湖,将库夫姜信等抓来审问,这才了解了事情的大致原委。随后陈太监将该事上报给中央朝廷。朝廷大臣为此展开了争论,有人认为前面南京监察御史余浚上奏或许有问题,但更多的人则认为,是南京守备太监陈祖生与御史之间存在矛盾,"更相奏讦",由此该问题悬而未决,"狱讼连年,纷纷不止。"(《明孝宗实录》卷19)

"狱讼连年,纷纷不止",可有个铁的事实摆在了大家的面前,后湖中的大明黄册库太旧、太乱和太小了,如果不加以清查整理、修缮和扩建,那么加强黄册库制度管理也就无从说起。但要知道,清查整理与修理扩建黄册库可得要花大钱,而成化帝两脚一蹬走了,将空空如也的国库留给了新皇帝朱祐樘,这下弘治帝可拿什么来做事?在大臣们的冥思苦想和不断出谋划策下,弘治三年(1490)闰九月丙申,明孝宗下令:"发南京龙江盐仓批验所余盐五十万斤有奇,鬻银为查理后湖黄册之费。"(《明孝宗实录》卷43)弘治四年(1491)七月壬午日,皇帝朱祐樘又"命增盖南京后湖库30间(于玄武湖中洲),以原库收贮黄册盈满,明年将造册故也"(《明孝宗实录》卷53)。弘治十三年(1500)十一月,"增造南京后湖库房13间,贮天下户口黄册,以旧库盈满故也"(《明孝宗实录》卷168)。

○ 遵循祖制,下令重造黄册,并作出详尽的规定

前文已述,明朝祖制:黄册攒造十年为一周期,笔者查到当时官史有确切记载的明代中期黄册攒造年份为天顺六年(1462)、成化八年(1472)、成化十八年(1482),以此类推,明孝宗当政期间黄

册攒造的年份当为弘治五年(1492)。而从弘治朝的实录与官书记载来看,明孝宗君臣不仅以此准时行事,而且还提前早早地做了准备,对攒造黄册做了详尽的规定。

弘治三年(1490)因大臣所奏,明孝宗下令:"各处大造黄册,俱责成分巡、分守、知府正官。其州、县监造官,不拘正佐,但推选行止端庄、年力精锐、干办明敏者专管。仍先令里书抄写原本旧管,交监造官。即拘排年里甲亲供似册供词,细开人口正耗税粮出入户籍缘由。其有旧本宿弊,许自首改正免罪。监造官参详考订,攒造册稿,然后别选谙晓书手,依稿誊写。定限二三月完送本府,知府亲自磨对,仍拘原供排年里甲覆审明白,申送分巡、分守处辨验、印封、类解。如经该官吏不用心查对,里书故将原册改抹,致有丁口增减、田粮飞走、户籍错乱者,本犯发附近卫所充军,里书发口外为民。若干碍监造官员,亦治以枉法重罪。其黄册字俱照题本字样,真楷书写。事完,选委司府官员率领各属经该官吏,定限年终到部,送后湖查考。中间查有洗改字样,过违限期,先将差来人问罪。若事干军伍、税粮重情,一体查究,照例处治。其黄册俱用厚纸背面,如法装钉。仍于册内乡都图里之上书写某府、州、县、里、保军、民、匠、灶等籍,易于查究。"(万历版:《大明会典·黄册》卷20)

弘治四年(1491),皇帝朱祐樘又降下敕令,对即将开始的大造黄册做进一步的指示:"先年造册之时,有将丁口漏报,或税粮诡寄,户籍那移者,许先行备开缘由,自首本管州、县,申详合干司、府,查对相同,明白改正、免罪。其官吏、里书人等如有通同作弊,照例问罪。造册完日,州、县各计人户若干,填写帖文各一纸,后开年月,并填委官、里书人役姓名,用印钤盖,申达司、府知会,给发各户亲领执照,使知本户旧管新收开除实在丁粮各若干,凭此纳粮当差。下次造册,各户抄誊似本,开报州、县、以为凭据。"(万历版:《大明会典·黄册》卷20)

○ 接受臣下建议,利用重造黄册之机,攒造总册,革除、杜绝黄册制度运行中的积弊

明孝宗在位期间第二次攒造黄册是在弘治十五年(1502),这时距离上一次黄册攒造已有十年,在这段时间里,大明朝廷上下又

发现了黄册制的好多问题：

弘治十三年（1500）正月己卯日，巡按福建监察御史胡华上言说："福建地方十年里长中间应役未半年，即便逃移，以至解军、解料，动至破家，皆缘官吏通同里书放富差贫之弊。乞通行两直隶并各布政司，今后轮当造册之年，令有司预先逐户查审供结，某户田粮新收、开除数目，各图甲首，某里足备，某里缺少。如一里长以十，甲首为则，十里长以一百户为率。户有贫难，以殷实者全替，甲有缺少，以分析者补凑。使彼此不至多少，则贫富适均，而差遣平矣。"他还说："徭役不均之弊，在在有之。候点之日，宜照十年一次轮当，务令正官亲点，仍须查照军黄二册，以革诡寄田粮之弊。除官吏、生员之家，照见行事例，及斗米单丁优免外，其余尽数编派，不许空下丁粮，编佥、听差等项及算计概县徭役应用价银，轮佥丁粮银以丁粮之多寡，为徭役之重轻，榜示于外，使里书不淂（得）那移，官府不得侵克，行令依式审编，造册缴报。乞通行福建并直隶、浙江等处悉照施行。"（《明孝宗实录》卷158）

弘治十三年（1500）七月甲戌日，南京吏部等衙门尚书秦民悦等在以星变上言中也有这样的奏请："有司黄册，凡遇军户宜备开充军来历卫所、年分（同"份"），而军册宜开重造岁月，庶便查究，及照南京兵部武库司所贮洪武、永乐以来军籍年久浥烂，乞命修庋如法。"（《明孝宗实录》卷164）

明孝宗对于这样的建议大多都予以采纳，随即下令："攒造黄册系军户者，务备开某户、某人及于某年月日、为某事、发充某卫所军。其有事故等项亦备细开具，以便查考。"（万历版：《大明会典·黄册》卷20）

差不多与此同时，弘治帝还对即将开启的新一轮黄册攒造做出更加详细和严格的规定：凡军、民、匠、灶等籍人户必须得开具清楚，不得马虎、舞弊，否则就要被治罪。尤其是对军户，明孝宗特别予以关注，要求南京后湖管理官员，将明初以来的黄册军籍备开年份，各省攒造一本军籍总册，各布政司、都司和清军官员也将籍册造成总册，立文存档。凡是以后遇到升任事故，以此查考。省以下的州、县在攒造黄册时，如有将军籍改为民籍和析户不明、弄虚作假的，查考总册，对舞弊者予以严惩。（《明孝宗实录》卷164，万历版：

《大明会典·黄册》卷20)

　　通过重造黄册,严格把关,理清军、民、匠、灶诸户户籍,分明各自应尽的职责,虽说弘治朝这般做法的最为主要的目的还是扩大赋税、力役和兵役的来源,且没有什么新意,尤其是对军户、灶户等人户的清理,无疑是让他们依然套上沉重的户籍身份枷锁,但就从整个社会角度而言,明孝宗君臣的如此之举,毕竟将黄册及其相关制度在运行过程中所带来的流弊缩小到了一定的范围内,防止连累其他户籍的"无辜"者,这就有利于确保大明帝国整体的稳定和社会的和谐发展。《明实录》中的有关数据就证明了这一点,我们不妨参阅本书《明代历朝户数、人口数变化表》,便会发现:自永乐二年至弘治初年这近百年间,除了永乐十年和永乐二十二年(洪熙帝当政)这两年外,大明帝国的户数始终没有突破 10 000 000 户,但到了弘治八年时,大明朝廷掌控的户数就开始升至 10 100 279 户,人口数升至 50 678 953 口(《明孝宗实录》卷107)。自此以后,几乎年年都在增长。到弘治末年时,大明帝国户数已增至 10 508 935 户,人口数也增至 60 105 835 人。(《明孝宗实录》卷219,参见第3章中的《明代历朝户数、人口数变化表》)

　　由此,我们可以这么说:弘治时代帝国民生经济有所发展,大明秩序整体上还是比较稳定的,社会也相对和谐。当然,这样局面的出现自然离不开朝廷上下人们的共同努力,更需要一系列规章制度和法律条规的贯彻执行和"保驾护航"。可问题是,那时的大明行政规章和法律条规却又偏偏流弊百出。对此,弘治君臣又将如何面对和处置?

● 统一章法　恤刑慎罚

　　诚如前文所述,从即位那刻时,明孝宗所追求的就是以守成祖宗基业为根本,以维护大明稳定、巩固帝国根基为终极目标,做个承前启后的一代明君。但随着治政岁月的增加,他逐渐发现:经过百年历史的演变,大明朝的方方面面都与祖宗时代有着很大的不同,而要想守住好祖宗的基业,还必须对先前各朝设置的百司机构及其通行的主要行政规章、法律法令之损益情况做个统一的整理、归类和汇编,使之适合于时代发展的需要。

● 首成汇编 《大明会典》(弘治十年三月～十五年十二月)

明初,皇帝朱元璋鉴于元末吏治腐败、祸害百姓,最终导致亡国的经验教训,在开国之际就大加整饬吏治、严刑督责百官和制定《大明律》《授职到任须知》《责任条例》等一系列司法、行政等方面的法律法规的同时,又积极开展各项"制礼作乐"活动。史载:"明太祖初定天下,他务未遑,首开礼、乐二局,广征耆儒,分曹究讨。洪武元年,命中书省暨翰林院、太常司,定拟祀典。乃历叙沿革之由,酌定郊社宗庙仪以进。礼官及诸儒臣又编集郊庙山川等仪,及古帝王祭祀感格可垂鉴戒者,名曰《存心录》。二年,诏诸儒臣修礼书。明年告成,赐名《大明集礼》。其书准五礼而益以冠服、车辂、仪仗、卤簿、字学、音乐,凡升降仪节,制度名数,纤悉毕具。又屡敕议礼臣李善长、傅瓛、宋濂、詹同、陶安、刘基、魏观、崔亮、牛谅、陶凯、朱升、乐韶凤、李原名等,编辑成集。且诏郡、县举高洁博雅之士徐一夔、梁寅、周子谅、胡行简、刘宗弼、董彝、蔡深、滕公琰至京,同修礼书。在位三十余年,所著书可考见者,曰《孝慈录》,曰《洪武礼制》,曰《礼仪定式》,曰《诸司职掌》,曰《稽古定制》,曰《国朝制作》,曰《大礼要议》,曰《皇朝礼制》,曰《大明礼制》,曰《洪武礼法》,曰《礼制集要》,曰《礼制节文》,曰《太常集礼》,曰《礼书》。"(《明史·礼一》卷47)

明成祖篡位后于建文四年九月制定了《功臣死罪减禄例》和《武官军士赎罪例》(《明太宗实录》卷12下)。而后列朝又产生了一批行政、司法以及调整社会关系的法规。这样一来,到明朝中期就出现了"累朝典制,散见叠出,未会于一"和诸司百官难于查询的不利格局。对此,早在"英宗睿皇帝复辟之时,尝命内阁儒臣、纂辑《条格》,以续《(诸司)职掌》之后,未底于成"。(【明】正德:《御制〈大明会典〉序》)

这事随后被拖延了30年,到弘治十年(1497)时,以汉文帝一类的理想守成之君自期的明孝宗感到很有必要将此事给做成。这年三月,他敕谕少傅兼太子太傅、吏部尚书、谨身殿大学士徐溥,太子太保、礼部尚书兼武英殿大学士刘健,礼部右侍郎兼翰林院侍读学士李东阳,詹事府詹事兼翰林院侍讲学士谢迁等,说:"朕嗣承丕绪,以君万邦,远稽古典,近守祖宗成法,夙夜只惧,罔敢违越。惟我太祖高皇帝创业定制,所以为子孙计者至矣。御制之书,连篇累帙,宏纲众目,极大而精,随制随改,靡有宁岁,后所施行,未尽更定。迨我太宗文皇帝继正大统,益弘远图,列圣相承,至于皇考,皆因时制宜,或损或益,盖有不得不然者,期不失乎圣祖之意而已,顾其条贯,散见于简册卷牍之间,凡百有司,艰于考据,下至闾里,或未悉知。皇祖英宗睿皇帝尝有志纂述,事弗克竟,以遗朕躬,是不可缓。兹欲仰遵圣制,遍稽国史,以本朝官职制度为纲,事物、名数、仪文等级为目,一以祖宗旧制为主,而凡损益同异,据事系年,汇列于后,梓而为书,以成一代之典,俾天下臣民咸得披诵,庶几会极归极,底于泰和。尔等其各殚心力,详录而谨书之务,使文质适中,事理兼备,行诸今而无弊,传诸后而可征,以称朕法祖图治之意。尔等其钦承之,故谕。"(《明孝宗实录》卷123)

在降下敕谕编撰大典的同时,明孝宗任命徐溥、刘健、李东阳和谢迁为总裁官,太常寺卿兼翰林院侍讲学士程敏、改翰林院侍读学士兼左春坊左谕德王鏊、翰林院侍讲学士杨守阯为副总裁官。徐溥等人当即领命,随后又上言:"臣等奉敕纂修书籍,必须断自宸衷,赐以名目,使中外有司晓然,知圣意所在,纂修者有所依据,承行者易于遵奉。"明孝宗听后欣然提笔,当场命名所纂修书籍叫《大明会典》。(《明孝宗实录》卷123)

《大明会典》纂修工作开启后不久,皇帝朱祐樘忽然发现:这么大的一个"工程"就靠眼下这般配置人员,明显是人才资源不足,遂于弘治十年(1497)八月又下令:命太常寺少卿兼翰林院侍读学士李杰、太常寺少卿兼翰林院侍讲学士焦芳充任纂修《大明会典》副总裁(《明孝宗实录》卷128),并让相关衙门予以全力的支持和提供相应的帮助。

这样一来,《大明会典》的纂修工作开展得可顺利多了,在花了将近6年的时间,即到弘治十五年(1502)年底时,大功告成,翰林院将其呈献给当朝天子。弘治帝龙颜大悦,亲自来到明皇宫正殿——奉天殿,由文武百官朝服侍班,在极其隆重的仪式中,接受了《大明会典》。随后皇帝下令,"赐总裁等官少傅兼太子太傅、户部尚书、谨身殿大学士刘健等宴于礼部,命英国公张懋及六部尚书、都察院左都御史侍宴"(《明孝宗实录》卷194,注:《大明会典》原第一号总裁官徐溥于弘治十二年九月戊辰日病卒,见《明孝宗实录》卷154),"典极隆重"(【明】沈德符:《万历野获编·列朝》卷1)。

随后,皇帝朱祐樘又"以纂修《大明会典》成,敕吏部加总裁官、少傅兼太子太傅、户部尚书、谨身殿大学士刘健为少师,兼太子太师,吏部尚书、华盖殿大学士、太子少保、礼部尚书兼文渊阁大学士李东阳为太子太保,户部尚书兼谨身殿大学士、太子少保、兵部尚书兼东阁大学士谢迁为太子太保,礼部尚书兼武英殿大学士、副总裁、吏部左侍郎兼翰林院学士吴宽礼部尚书,仍兼学士,掌詹事府事,南京吏部右侍郎杨守阯为本部左侍郎,加俸二级。"(《明孝宗实录》卷196)

不仅如此,明孝宗还于弘治十五年(1502)十二月十一日亲自为《大明会典》作序,其序文说道:"朕惟自古帝王君临天下,必有一代之典,以成四海之治,虽其间损益沿革,未免或异,要之不越乎一天理之所寓也。纯乎天理,则垂之万世而无弊。杂以人为,虽施之一时而有违,盖有不可易焉者。唐虞之时,尧舜至圣,始因事制法。凡仪文数度之间,天理之当然,无乎不在。故积之而博厚,发之而高明,巍然焕然,不可尚已。三王之圣,禹汤文武,视尧舜固不能无间,而典制寖备,纯乎是理则同,是以雍熙泰和之盛,同归于治,非后世之所能及也。自秦而下,世之称治者,曰汉、曰唐、曰宋,其间贤君屡作,亦号小康。但典制之行,因陋就简,杂以人为,而未尽天理,故宋儒欧阳氏谓其治出于二,其不能古若也,夫岂无所自哉!洪惟我太祖高皇帝,以至圣之德,驱胡元而有天下,凡一政之举,一令之行,必集群儒而议之,遵古法,酌时宜,或损或益,灿然天理之敷布,神谟圣断,高出千古。近代积习之陋,一洗而尽焉。我太宗文皇帝、仁宗昭皇帝、宣宗章皇帝、英宗睿皇帝、宪宗纯皇帝,圣圣相承,先后一心,虽因时损益,而率由是道。百有余年之太平,端有在矣。朕祇承天序,即位以来,蚤夜孜孜,欲仰绍先烈,而累朝典制,散见叠出,未会于一。乃敕儒臣,发中秘所藏《诸司职掌》等诸书,参以有司之籍册,凡事关礼度者,悉分馆编辑之。百司庶府,以序而列。官各领其属,而事皆归于职,名曰《大明会典》。辑成来进,总一百八十卷。朕间阅之,提纲挈领,分条析目,如日月之丽天,而群星随布。我圣祖神宗百有余年之典制,斟酌古今,足法万世者,会粹无遗矣。特命工锓梓,以颁示中外,俾自是而世守之,不迁于异说,不急于近利,由朝廷以及天下,诸凡举措,无巨细精粗,咸当乎理而得其宜,积之既深,持之既久,则我国家博厚高明之业,雍熙泰和之治,可以并唐虞、轶三代,而垂之无穷,必将有赖于是焉。遂书以为序。"(【明】弘治版:《御制〈大明会典〉序》)

但十分不幸的是,《大明会典》纂修成后还没来得及颁行,弘治帝就驾崩了。正德四年(1509),大学士李东阳"删润而登之板",即对此进行了校订和刊行。(【明】沈德符:《万历野获编·列朝·重修会典》卷1)这就是人们所知的正德版《大明会典》。嘉靖八年(1529),明世宗朱厚熜令阁臣霍韬等对其续修,将弘治十六年至嘉靖初元二十余年间的内容给增补进去,但那时"张永嘉、桂安仁、夏贵溪等为政,以故如宗献王,如分郊,如四禘,如改制冠服,俱详载新制,而旧仪反略焉。又,礼部仪司所列大行皇太后丧礼一款,则兴献王之章圣蒋后,反居太祖孝慈马后之前。至其后又皆严分宜(即严嵩)总裁,徒知取媚主上,而紊礼逾法则极矣。进呈御览之后,世宗留之禁中,不制序,不发刊,圣意深矣"(【明】沈德符:《万历野获编·列朝·重修会典》卷1)。万历四年,明神宗命张居正、申时行等主持重修会典,后于万历十五年修成并刊行,此为后世通行的四修万历版《大明会典》。(【明】沈德符:《万历野获编·列朝·重修会典》卷1)

暂且不再继续讨论弘治版的《大明会典》在后来岁月中有着怎么的命运,在此有一点必须要指出和强调的是,明孝宗下令编撰此部大典,是大明帝国历史上第一次对前朝列帝时代的国家管理典章制度做了统一总结、归类和汇编,"俾自是而世守之……由朝廷以及天下,诸凡举措,无巨细精粗,咸当乎理而得其宜,积之既深,持之既久,则我国家博厚高明之业,雍熙泰和之治,可以并唐虞、轶三代,而垂之无穷"(【明】弘治版:《御制〈大明会典〉序》)。换言之,这是弘治实现以守成祖宗基业为根本、以维护帝国和谐稳定和长治久安为宗旨的"法祖图治"与继往开来的一项必不可少的"更新"举措。(《明孝宗实录》卷123)

当然,对于一个有着相当历史的大一统帝国的管理,仅在典章制度方面进行整理、类编,以及下令统一使用,这还远远不够。作为一代"贤明"的守成之君,皇帝朱祐樘对此自然十分清楚。(《明孝宗实录》卷222)就在让人纂修《大明会典》差不多同时,他又下令开启了另一项社会管理控制方面的厘正、汇编"工程"——统一《问刑条例》。

● 司法统一 《问刑条例》(弘治五年~弘治十六年)

明朝统一的法律制度是在太祖皇帝朱元璋时代建立起来的。而从明初的法制建设来看,帝国的法律主要是由三大块组成:第一块是《律令》,第二块是《大明律》,第三块是《大诰》。

○ 明朝前期的法律大典与"一依《大明律》科断"

明初法律三大块中最早问世的是《律令》及解释《律令》的《律令直解》——中国历史上第一部普法教材或普法教科书(《明太祖实录》卷28;《明史·刑法一》卷93),其主要使用于洪武初年,随后朱元璋于洪武六年(1373)、洪武七年(1374)、洪武九年(1376)、洪武十六年(1383)和洪武二十二年(1389)多次命人对《大明律》进行修订、增删,到洪武二十二年(1389)时,"比年律条增损不一,在外理刑官及初入仕者,不能尽知,致令断狱失当"。鉴此明太祖"命翰林院同刑部官取比年所增者,参考折衷,以类编,附旧律。《名例律》附于断狱下,至是特载之篇首,凡三十卷四百六十条……书成,命颁行之"(《明太祖实录》卷197)。

这洪武二十二年律是在非常时期制定出来的,比起前几次修律来说明显加重了刑罚,而在此期间明太祖朱元璋又不厌其烦地不断颁发《大诰》(也称《御制大诰》)系列,权作《大明律》的补充,为"法外之法",其时重刑主义、恐怖主义弥漫着洪武帝国的上空。这样一来一直到了洪武晚年,一系列大规模的政治运动逐渐走向尾声,朱元璋似乎也感到自身君主专制主义统治下的江山社稷差不多稳固了,很有必要对正在通用的重典之法作些修改,于是在洪武二十八年(1395)宣布:过去对于奸顽刁诈之徒的法外加刑只不过是"权时处置,顿挫奸顽,非守成之君所用常法"(《明太祖实录》卷239;《皇明祖训·祖训首章》)。在他的首肯支持下,皇太孙朱允炆改定"畸重者七十三条"。朱元璋曾语重心长地跟皇位继承人朱允炆说:"吾治乱世,刑不得不重;汝治平世,刑自当轻,所谓刑罚世轻世重也。"(《明史·刑法一》卷93;《明史·恭闵帝本纪》卷4)

经过30年的不断"打磨",到洪武三十年(1397),行将就木的明太祖宣布:有明一代法律大典——《大明律诰》最终编纂成功,随即"刊布中外,令天下知所遵守"(《明太祖实录》卷253)。且在其留下的《祖训》里还不忘谆谆告诫:"凡我子孙,钦承朕命,勿作聪明,乱我已成之法,一字不可改易"(《明太祖实录》卷82;《明史·刑法一》卷93);若"群臣有稍议更改,即坐以变乱祖制之罪"(《明史·刑法一》卷93)。

"自《(大明)律诰》出,而《大诰》所载诸峻令未尝轻用。其后罪人率援《大诰》以减等,亦不复论其有无矣。"(《明史·刑法一》卷93)

洪武三十一年(1398)闰五月,皇太孙朱允炆即位,鉴于《大诰》条目中的法外用刑有害于"情法适中"和"宽仁"的"新政"精神,在其登基诏书中宣布:"今后官民有犯五刑者,一依《大明律》科断,法司遵守,无深文。"(【明】姜清:《姜氏外史》)"无深文"三字已从实质上含而不露地宣告,废除《大诰》苛条。

谁曾想到,魔鬼朱棣随即发动了武装叛乱,赶走建文帝。为了巩固篡夺而来的皇位,明太宗朱棣不仅宣布恢复洪武旧制,恢复《大明律诰》中的原《大诰》36条的实际效力,而且还进行大肆杀戮,实行极端恐怖主义,并屡发谕旨,训诫臣民:"太祖高皇帝新制《大诰》三编,使人知趋吉避凶之道,颁行岁久,虑民间因循废弛。尔宜申明仍令天下诵读,遇乡饮则讲解如旧。"(《明太宗实录》卷10下)

朱棣的这般倒行逆施之举很不得人心,弄到最后连上苍都看不下去了。永乐十九年(1421)四月初,迁都不到100天,北京新皇宫三大殿突发"天火烧"(《明太宗实录》卷236)。一代魔主为此吓得不轻,三天后他不得不颁发"施行仁政"的诏书。在这份诏书中魔鬼君主朱棣单列一款,规定:"法司所问囚人,今后一依《大明律》拟罪,不行深文、妄行榜文条例!"(《明太宗实录》卷236)

历史进入洪熙、宣德时代,尤其是明仁宗在位期间一扫永乐酷虐之风,大行宽仁之政,《大诰》四编和《大明律诰》中的36条,一律被废止不用。由此而始,《大诰》也逐渐地为人们所淡忘。(以上参自张晋藩:《中华法制文明的演进》,中国政法大学出版社,1999年11月第1版,P469)到明朝中后期时,有个文臣叫霍韬的就曾这么说道:"洪武中,令天下生员兼读《诰》《律》《教民榜文》","民间子弟早令讲读《大诰三编》,今生儒不知《诰》《律》久矣","宣德、正统以后,遂渐废坏,循至迩年,所存无几"。(《明世宗实录》卷83)

《大诰》实际效力终止后,大明帝国断罪量刑的主要依据是《大明律》,这不仅仅是明太祖朱元璋的祖制所规定的,也是后世列帝如建文、洪熙、宣德和正统等一再宣布所强调的:"诸司所问囚犯,今后一依《大明律》科断,不许深文,违者治罪!"(《皇明诏令》卷7~卷10)

"一依《大明律》科断",虽然甚好。但社会在发展,时代在变化,如果长期一成不变地恪守朱元璋的祖训训条:"凡我子孙,钦承朕命,勿作聪明,乱我已成之法,一字不可改易",那么到子孙后代那里时就会出现帝国社会实际与大明法律大典之间的严重"脱节",甚至是矛盾冲突。如何解决好如此之"脱节"和矛盾冲突,这就成了洪武之后明朝列帝所不得不面对的大问题。

○ 对百年"条例"进行清整,统一而成《问刑条例》,作为断罪量刑的依据

其实要说我们中国人还真是特别"聪明"和"灵活",虽然有着这样那样的祖宗之制和传统规章要遵守,但自数千年前起我们的国人就十分讲究"变通"。这样的民族传统到了明朝时自然也会得到很好继承,甚至发扬光大。大约在唐宋之际,中华帝国的最高统治集团阶层"发明"了这样的奇法妙招:在一代律典不变的前提下,以皇帝"敕"令断案来弥补律典中的法律条文之不足,这在当时的行政、司法和社会实际生活中有个专门的名词,叫做"例"。对此,立国起就以"参酌唐宋"的朱元璋及其子孙们自然心领神会,大凡遇到《大明律》中无法找到相应的律条时,首先由臣下呈请、奏告,当朝皇帝"斟酌损益,着为事例"(【明】徐学聚:《国朝典汇》卷180)。

从一时来看,"例"的出现,司法难题倒是迎刃而解了。但随着时间的推移,这样的"例"或称"条例"就会越来越多。笔者查阅了明代前期7部实录,在大明立国后的120多年时间里,就"赎罪""宽恤"事项的"例"多达20余"部",详见下表

永乐伊始至成化末年新增的"赎罪""宽恤"事项之"例"

定例明代纪年	公元纪年	条例名称	史料出处
建文四年九月	1402	《武官军士赎罪例》	《明太宗实录》卷12下
永乐十一年五月	1413	《运粮赎罪例》	《明太宗实录》卷140
宣德元年五月	1426	《贵州土人断罪例》	《明宣宗实录》卷17
宣德二年四月	1427	《诬告之人老幼残疾男妇罚钞赎罪例》	《明宣宗实录》卷27
宣德二年七月	1427	《岷州、洮州、河州、临洮纳米赎罪例》	《明宣宗实录》卷29
宣德三年三月	1428	《陕西西安府纳米赎罪例》	《明宣宗实录》卷40
宣德四年正月	1429	《(全国)纳米赎罪例》	《明宣宗实录》卷50
宣德四年二月	1429	《陕西宁夏诸卫罪人加米赎罪例》	《明宣宗实录》卷51
宣德五年九月	1430	《在外罪囚赎罪例》	《明宣宗实录》卷70
宣德五年十一月	1430	《辽东纳米赎罪例》	《明宣宗实录》卷72
宣德六年七月	1431	《四川纳米赎罪例》	《明宣宗实录》卷81
正统元年九月	1436	《兰县等处仓纳粮赎罪例》	《明英宗实录》卷22
景泰元年闰正月	1450	《山西所属罪囚于大同纳米豆赎罪例》	《明英宗实录》卷188,《废帝郕戾王附录》第6
景泰二年二月	1451	《宽恤条例》	《明英宗实录》卷201,《废帝郕戾王附录》第19
景泰六年七月	1455	《在京法司并北直隶囚米运米赎罪例》	《明英宗实录》卷256,《废帝郕戾王附录》第74
成化二年二月	1466	《纳豆赎罪例》	《明宪宗实录》卷26
成化二年八月	1466	《纳马赎罪例》	《明宪宗实录》卷33

(续表)

定例明代纪年	公元纪年	条 例 名 称	史 料 出 处
成化十二年七月	1476	《京操官军逃亡罪例》	《明宪宗实录》卷155
成化十四年九月	1478	《隐匿贼情罪例》	《明宪宗实录》卷182
成化十七年五月	1481	《挟诈得财罪例》	《明宪宗实录》卷215
成化十九年十月	1483	《窃盗三犯罪例》	《明宪宗实录》卷245

从上表中我们不难看出,平均大约每过5～6年,大明就有1部新的赎罪例诞生,于是因律起例、律外生例和因例生例之势愈发不可遏制,遂致条例越来越繁芜,而由此产生的弊端也就越来越严重。时至成化帝上台之际,以"更始"天下自期的新皇帝,在天顺八年(1464)正月二十二日昭告天下的即皇帝位诏书中,不得不再次明确规定:"凡问囚犯,今后一依《大明律》科断,照例运砖、做工、纳米等项发落,所有条例并宜革去,及不许深文妄引参语,滥及无辜。"(《明宪宗实录》卷1,注:清代人修的《明史》将其记载为成化元年的事情,这是错误的)

"今后一依《大明律》科断",从原本的司法公平和公正的原则精神角度来讲虽然是不错的,但就如上文所说那样,《大明律》是100多年前的产物,而帝国社会发展到了成化、弘治时代已完全不同于过去了,如果想一味地按照《大明律》断罪量刑,不仅不容易做到,而且会出现"出入人罪"、轻重失衡、奸吏行私和刑法大坏的不堪之势,最终还是不得不要回到向皇帝上请这条老路上,即利用"条例"来解决。成化七年(1471)三月,陕西按察副使邓本端就曾上言,谈及了当时这般情势:"在京三法司有比律罪名,奏请者朝入暮出,所以情罪允当,人无冤滞。至于天下大小问刑衙门应比律者,以奏请待报,动经岁时,辄将所犯牵强合律,甚至出入人罪。乞敕法司集议检阅已行比律条例及有不尽者,定议通行;奏请或刊附律后,或名《大明比律》颁行天下,庶情罪适宜,而人无冤滞。"(《明宪宗实录》卷89)

这大概是成化朝最早一次提出的要对"比律条例"进行统一清整,但当时的皇帝明宪宗并没有予以允准。这事后来一直拖着,拖了将近20年，到朱祐樘登基即位时，大明司法系统出现的紊乱现象越来越严重。弘治元年四月丁未日，有个叫鲁永清的右评事在上言中描述了当时的这样一番司法情形："刑官问囚拟议不当，处断不一，或舞弄条贯，或纽合文法，或律有正条而拟不应，或畏避权势而拘于成案，或信凭参语定罪而不论招情，皆可资为出入刑狱，用是不平，请悉依律例拟议，科断重罪，律无正条，比律上请，毋概议不应。若畏避权势，止拘成案，信凭参语定拟罪名，及供招之外，妄加参语，变乱成规者，从给事中、御史举劾。御史有违，从都察院查究。"他还说："近日刑官不问罪囚轻重、狱事大小，动委所司勘问，或数月而后报，贪缘颠倒，害不可言。有淹禁多或五六年，往往连及无辜，死于犴狱。请申明律令，除应检踏者，其余悉照《诸司职掌》行提紧关干证之人，亲自问理。有仍前故违、展转行勘者，从给事中、御史举劾。御史有违，从都察院查究。"（《明孝宗实录》卷13）

虽然明孝宗接奏后"悉从之"（《明孝宗实录》卷13），但大明司法系统积弊深厚，非皇帝一道诏旨所能解决得了的。弘治三年（1490）十二月，礼科给事中王纶也上言说："近年问刑新例滋多，人难遵守。继今请一据律令，其律令所不载者，奏请上裁，如见行事例有可行之久远者，请令法司删定，颁示天下。"朝廷三法司也为此覆议上奏说："律者百世之定法，例者一时之权宜，例所以辅律也，人情变态不常，事例轻重不一，有情重律轻者，虽徒流而发遣充军，有情轻律重者，虽绞斩而准其收赎，或初议从重，后因民俗稍变而复议从轻，或初议从轻，后因人不知惧而复议从重，沿革损益，因时制宜，难以尽革，亦难删定。继今凡有奏议刑狱条例者，但令法司会议斟酌，务上合律意，下通民情，然后条陈奏请上裁，着为事例。"明孝宗当即接受了建议。（《明孝宗实录》卷46）

正是在这样的朝廷上下都要求清理和整顿问刑条例、改革大明司法的不断高涨的呼声中，弘治四年（1491）二月己巳日，皇帝朱祐樘降敕给刑部、都察院、大理寺，说："朕惟刑以辅治，用之贵得其平。刑平则善有所劝，恶有所惩，而人心服，天道和；不平则不足以劝善惩恶，而人心不服，天道乖，灾变之来诚有不能免焉？曩因天道示异，曾敕天下诸司，审录重囚发遣，遇情可矜疑及准辨者，奚翅十数百人。虽曰勿拘成案，原问官亦不坐罪，此特广仁爱之意，欲全民命尔。其间实有讯鞫不真而失入可罪者,然亦有无可矜疑而强为出脱者,要之,皆非大中至正之道。兹当万物发生之时,朕体天地好生之德,以为刑者,民命所系,与其宽之于终,孰若谨之于始?故特戒敕尔等各加敬慎,仍行南京三法司及天下大小问刑衙门:今后问刑之际,务必存心以仁恕,持法以公平,察辞辨色,详审其情,罪所当重者,重之以惩恶,毋务姑息而不顾纵恶长奸之非;罪所当轻者,轻之以宥过,毋事苛刻而致有抑郁称冤之叹。其或证验无凭,情隐难明者,尤当加意推究,毋或传致于一时,而冀不坐罪于他日,如此庶不背古圣人钦恤之训,而于朕刑期无刑之治亦有裨益焉?尔等其钦承之,毋忽,故谕。"(《明孝宗实录》卷48)

弘治帝的这份敕谕降下没几天,有个叫韩佑的刑科给事中以灾异而上疏言事,请定条例,乞请"将自成化元年以后见行事例,斟酌轻重,取其有补于法律所不及者,去繁从简,分为六目,与《大明律》并行,使天下臣民永为遵守"(《明孝宗实录》卷48)。明孝宗接疏后将之转至刑部去讨论研究。

弘治五年(1492)七月壬午日,刑部尚书彭韶等以鸿胪寺少卿李鐩请删定《问刑条例》,遂上言说:"刑书所载有限,天下之情无穷,故有情轻罪重,亦有情重罪轻,往往取自上裁,斟酌损益,着为事例。盖比例行于在京法司者多,而行于在外者少,故在外问刑多至轻重失宜,宜选属官汇萃前后奏准事例,分类编集,会官裁定成编,通行内外,与《大明律》兼用,庶事例有定,情罪无遗。"明孝宗看了彭韶的奏文后,觉得他的建议很好,遂正式下令编纂统一的《问刑条例》。(《明孝宗实录》卷65)

几天后,南京户科给事中杨廉因灾异而上呈谏言六条,其中谈到:"近年以来,例条过多,以致问刑之官,或不周知,或任意援引,是以议拟,虽同发落实异。乞敕三法司会同各衙门博议,十中取一,不事繁多,仍乞万几之暇,重加窜定,俾与《大明律》并行。"(《明孝宗实录》卷65)

半月之后的弘治八年(1495)三月,湖广按察司佥事冯镐也提出了自己的建议:鉴于"问刑条例浩繁,乞令六部等衙门将见行例,每件摘出要略,类编成帙,发顺天府及各处按察司刊布。如有新例,续附其后,使奸吏不得弄法"。明孝宗接奏后也将之转至刑部

去讨论商议。(《明孝宗实录》卷98)

弘治十年(1497)三月,兵科给事中王缜上陈四事,其中有语:"近日法网太密,条例太繁,或无辜而罗织系狱,或微罪而淹禁累月,宜加宽恤。"明孝宗当即接受了谏言,并"命所司知之"(《明孝宗实录》卷123)。

弘治十二年(1499)四月,南京兵科给事中杨廉又上奏说:"臣闻……太祖高皇帝肇造之初,特命御史中丞刘基、翰林学士陶安等详定《律令》,且谕之曰:'立法贵简,若条绪繁多,可轻可重,吏得夤缘为奸。'圣祖重律厌例之意,昭然可见矣。百三十年于兹,律行既久,条例渐多,自笞、杖、徒、流,无有无例者。近又伏睹诏书,谓法司条例太多,人难遵守,命法司查议定夺,革其猥冗。陛下重律厌例之意又可见矣。臣以为详定律令固难,而查议条例亦甚不易,非深于经者,不足以议律;非深于律者,不足以议例。国初奏定律条,用御史中丞、刑部尚书,又兼用翰林学士,不能无意,望特敕法司,选委素有经术、深明律意御史、郎中、员外郎、评事等官,专理其事,限以期月,一惟以太祖立法贵简之训为主,近日诏旨冗琐,悉为革去。圣裁既定,颁行天下,使刑官有所遵守,无敢异同,则刑期无刑,端有望于今日矣。"(《明孝宗实录》卷149)

明孝宗再次接受了杨廉的建议,遂命兵部尚书白昂等会同九卿,将历年增加的问刑条例中经久可行者议定后向上呈报。但随后弘治帝又觉得"狱事至重",必须得让朝廷九卿集体来讨论与商议,方为妥帖。而与此同时,他自己也开始进行逐条审阅,并"摘其中六事,令再议以闻"。九卿受命后又一次进行了认真的审阅和讨论,最终一致认为:这6条不好再改了。皇帝朱祐樘接受了建议,遂定统一的《问刑条例》279条,"通行天下,永为常法",并于弘治十三年(1500)二月布告朝廷内外。(《明孝宗实录》卷159;《明史·刑法一》卷93)

统一删定而成的《问刑条例》颁布后,大明各级法司衙门有了统一的断罪量刑之依据,这对于帝国上下来说都是件大好事。但是在具体的司法实践中,有人发现这部新定的《问刑条例》并非十分完善,甚至可以说是有着一定的瑕疵的。弘治十六年(1503)十二月辛丑日,户科给事中孙祯上言进谏,说:"新颁《问刑条例》比之律令过严,如《律》纵放军人歇役者一名,杖八十;每一名加一等。《例》则额设军伴之外,多占五名以下者,降一级。《律》私借官马,或转借与人,及借之者,各笞五十,验日追雇,赁钱入官,计钱重者,坐赃论,加一等;《例》则私借及转借与人五匹以下,降一级。既曰:自五以下,则占役一军,占乘一马,皆当从降级,例科断矣,以此绳人,将无所措其手足,请重加校定,俾协于中。"朝廷法司官员闻讯后覆议,说"《条例》皆奉有成命,难以改更,其借占人马数不及五者,请如所奏,仍依律论断。"(《明孝宗实录》卷206)明孝宗接受了建议,下令照此执行。"自是以后,律例并行而网亦少密。"(《明史·刑法一》卷93)

《问刑条例》从弘治五年(1492)年正式开始清理、整顿和编撰,到弘治十六年(1503)才最终修订完成,历时11年,这样算起来比《大明会典》编撰的时间还要长。由此可见,弘治朝廷对于这部全国性统一法规编定的重视与谨慎。加之为人"仁恕"的当朝天子朱祐樘亲自出面逐条审阅,而参加编定的朝廷大臣又"深明律意",在删繁就简、根据律义斟酌取舍的过程中,力求律例之间和例例之间消除矛盾,从而使得奸官酷吏任意援引和法律轻重不一的现象大为减少,部分实现了明孝宗的治国愿望:"刑以辅治,用之贵得其平。刑平则善有所劝,恶有所惩,而人心服,天道和。"(《明孝宗实录》卷48)这话换成现代人们的表述,即司法公平和公正可以消除一些潜在的麻烦与隐患,维护大一统帝国的和谐与稳定。

● 慎罚恤刑　贵得其平

要说弘治朝能拥有这样的"成就",纵然其缘由有许多,但最为关键的还是离不开皇帝朱祐樘在治国实际中贯彻了比较理智的司法主张:"刑者,民命所系,与其宽之于终,孰若谨之于始?……问刑之际,务必存心以仁恕,持法以公平。"(《明孝宗实录》卷48)

上述这番话用现代汉语来表述,那就是说:刑罚,人命相关,与其最终采取宽恕的处置方式,还不如最初开始时就慎之又慎。所以说一旦接手刑事案件,当官的尤其要持有仁恕之心,而运用法律处理案件,最难能可贵的是要做到处置公平。那么要是当官的做不到这样或无法知道其是否真的做到了，帝国最高统治者又将会如何处理呢？

自洪武开国起明朝就形成了"三覆奏"制度。洪武十六年正月，明太祖朱元璋向刑部尚书开济、都御史詹徽等做出指示："自今凡有论决，必再三详谳覆奏而行，毋重伤人命。"(《明太祖实录》卷151)有人认为，这是有明一代"三覆奏或言五覆奏"制度的肇启。

到了永乐时代，大明中央司法系统逐渐形成了重大死刑案件的"三覆奏与五覆奏"制度，即对一些重大的死刑案件要上奏给皇帝3次、后来发展为5次，最终取得皇帝的"圣裁"后方可发落，或是开刀问斩(《明史·成祖本纪三》卷7)。这一方面反映出明朝皇权专制主义在司法领域中的渗透与强化，但另一方面也体现了对生命的重视，这是时代的进步。

○ 切实做好每年的两京"热审"工作

永乐时代还有一项慎罚恤刑制度开始形成，那就是"热审"。"热审"的"热"是指天气大热之前，一般在农历小满以后的10来天内，皇帝任命太监会同三法司官员组织热审班子，审理狱中的囚犯，实际上就是"清清监狱"。这是因为将一些较轻罪犯与死刑重犯一起关在牢里，监狱条件恶劣，天热拥挤心燥，容易出事。所以一般热审是这样处理的：犯了笞罪、杖罪的，打几下就放人；犯了徒罪和流罪及以下的，减等发落；重罪囚犯即被初拟为绞刑或斩刑的，或可矜疑的，则要将具体的案件情况写好上奏给皇帝，请旨定夺。(《明史·刑法二》卷94；《明代司法初考》第139页)

"热审"之名是后来明清之际才有的，但它"始永乐二年，止决遣轻罪，命出狱听候而已。寻并宽及徒流以下"。仁宣时期"热审"搞得很热闹，宣德皇帝动辄决遣一二千囚犯，但一般对于死刑犯不做最终裁断，要等到秋后算账，即"秋审"。这是因为秋审发生在每年霜降后的深秋季节，吻合自然界的秋冬百物萧杀之象，当时人们认为审判与处决犯人是"顺应自然"之事，这是"天人感应"思想在明清时代的延续。明宪宗即位上台后继承了祖宗的做法，并有所发展。史载："成化时，热审始有重罪矜疑、轻罪减等、枷号疏放诸例。"(《明史·刑法二》卷94)

上面这句话的意思是,明宪宗当政后,朝廷会官"热审"还不仅仅是"清清监狱",而且对重罪矜疑犯也做处理。成化二年(1466)六月,因为天气炎热,皇帝朱见深就敕令三法司:"见监罪囚除真犯死罪外,余备其狱词来上,毋令淹滞。"当时热审决遣的罪犯有55人。(《明宪宗实录》卷31)

成化二十年(1484)四月天热,明宪宗又指示朝廷大臣会审三法司、锦衣卫现监囚犯,笞罪以下的当场释放,徒、流罪以下的减等处理,而对于重囚和情可矜疑罪犯则先枷号示众,再将其狱词上呈圣裁。当时都察院与刑部上报的这类罪犯总人数有53人,其中死罪可矜者33人,子妇不孝父母上告而复息词者14人,尤其后者即犯下"不孝罪"的在那时是属于大罪,按律将要被处死。但经过热审,皇帝终裁:免死充军的35人,发往口外为民的2人,降等处杖罪的11人,只有5人因强盗罪和不孝罪坐实而被处死。我们换个说法,大约有91%的人从原本含含糊糊的死刑判决中捡到了一条命。(《明宪宗实录》卷251)

再说到了弘治朝开启后,以"宽仁"著称的皇帝朱祐樘就更加重视"热审"了。每年四月初夏到来之际,"以天气炎热",弘治帝总会发出敕令,命"两法司、锦衣卫"等组成会审班子,对两京"见监问罪囚"进行热审。整个弘治18年间从未间断过,这就显得弥足珍贵了。(《明孝宗实录》卷13、卷24、卷38、卷50、卷62、卷74、卷87、卷99、卷112、卷124、卷136、卷149、卷161、卷173、卷186、卷198、卷211、卷223)

○ 认真对待每年的"秋后算账"——两京"秋审"

与"热审"相对应的,在那时也甚为人们所关注的另一种朝廷会审叫"秋审"。秋审一般被认为开始于明英宗时代,那时皇帝朱祁镇降敕规定:"自天顺三年为始,每岁霜降后该决重囚,令三法司会多官审录,永为定例。"(《明宪宗实录》卷10)但在随后的天顺四年、五年、六年和七年的明朝官史中,笔者却并没有找到霜降后多官审录重囚的记载。究其缘由,恐怕是复辟后的明英宗依然没有改掉他那浮夸的大明正统龙种的坏毛病吧。而相比于好表面维稳的父亲明英宗,性格比较温和的明宪宗则显得务实一些。天顺八年(1464)深秋,大明三法司上奏,提出了是否要遵照天顺帝钦定的霜降后多官审录重囚的圣旨行事？明宪宗当即答复：永为遵制，并令太保会昌侯孙继宗和吏部尚书王翱等会官"审录重囚，得情真罪当无词并有冤枉情可矜疑者，以闻。上命情真罪当者，如律处决；情可矜疑者，杖一百，发充边卫军。"(《明宪宗实录》卷10)由此开启了有明一代霜降后多官审录重囚制度的正常运行，这就是明清之际人们俗称的"秋审"之由来，但当时还没有"秋审"之名，而有"秋审"之实："南北二京重囚，每年霜降后，俱会官审录。"(《明宪宗实录》卷23)

那么这样的每年一次"秋审"有何积极意义？一般来说，"秋审"主要审理的对象都是刑部和都察院"见监死罪重囚"。这些人大多被指控犯有死罪或疑似犯有死罪，成化朝廷为了体现其"宽厚"的"人本"精神，往往召集公侯伯和五府、六部、通政司、大理寺等衙门官员及科道官于午门或承天门等地，共同审理死罪重囚，并拟出发落决定，再上报给皇帝圣裁。与此相似，陪都南京也要每年举行一次"秋审"，情况大致与北京"秋审"相同。由于这类大会审主要是体现朝廷的"宽厚"精神，所以往往会分两三个等级来处理，最终真正被处死的人并不算多。以成化二年(1466)十月"秋审"为例，当时刑部"见监死罪重囚"为166人，都察院为33人，两者总计为199人。经过"秋审"，最后被判决处死的"情真罪当当决者"，刑部为60人、都察院为24人；"情可矜疑并从末减或重鞫"者有115人，也就是大约有58%的死罪重囚免于被处死。(《明宪宗实录》卷35)

当然个案缺乏说服力，我们不妨再来看成化九年(1473)十月的"秋审"。这年刑部、都察院"见监死罪重囚"总数为80人，最终判定"情真罪当者"，即被处于死刑的为46人，"情可矜疑者"，即免于处死而被发配充军的为34人，也就是说约有43%的死罪重囚免死了。(《明宪宗实录》卷121)

综观成化朝的死罪重囚免死率大概是在50%上下浮动，换言之，约有一半的死罪重囚从鬼门关给拉了回来，这在一定程度上反映出成化初治时，朝廷"宽厚""恤民"宗旨还是落实到位的。但如此之事到了成化中后期就做得相对要差一些了。

为人处世本来就比较宽厚的朱祐樘在接任帝位后，对于父祖辈实行的又一项体现朝廷恤刑慎罚精神的"秋审"制度不仅予以了继承，而且还年年将之执行到位。每当九十月间深秋到来之际，弘治帝总会降旨，命令刑部、都察院等法司衙门等组成会审班子，对两京"见监死罪重囚"进行"秋审"，从而使得约有60％以上的死罪罪囚免死或减轻处罚，弘治"宽仁"的治政精神也由此得到较好的恪守和落实。(《明孝宗实录》卷18、卷31、卷44、卷56、卷68、卷80、卷93、卷105、卷117、卷130、卷142、卷155、卷167、卷180、卷191、卷204、卷215、卷216)

其实无论是秋审还是热审，朝廷会官进行司法复审，其难度还是不小的，且时间也十分有限，一般都要在一天内结束。而在这一天内所要进行复审的案件往往又很多，涉及的人犯少则百十来个，多则数百号，来得及全给审清？几乎不太可能。为此，弘治十七年(1504)二月，兵科给事中潘铎上奏说："故事：每岁会官审录重囚，率以一日竣事，然人命至重，今该审之囚众多，如拘以一日，则不得从容详审，衔冤地下者能保其必无乎？昔我太宗文皇帝因刑部等衙门大辟囚三百余人复讯，皆实请决，乃召府部及六科，谕之曰：'三百余人未必皆得其情，若有不实，则死者衔(同"衔")冤。尔等更审之，一日不尽，则二日、三日，虽十日何害？'此我祖宗好生之仁，万世所当遵也。乞令今后会审，不必拘以一日，务在从容研审，使无冤枉。"朝廷法司衙门也为此覆奏。明孝宗接奏后下令，破除一天会审旧例，直至会审案件彻底审清为止，这无疑又是一个历史的进步。(《明孝宗实录》卷208)

○ 继续执行成化朝开启的五年一次遣官审录天下罪囚制度

有了"秋审"和"热审"，南北两京重囚的司法公平性和公正性相对有了一定的保障。但两京之外的帝国区域又那么大，而"天下司、府、州、县见系囚犯多有冤抑，以致感伤和气"。换言之，地方司法公平性和公正性如何也能得到保障？成化时期起大明朝廷中的有识之士为此提出了有益的建议。成化元年(1465)十一月，南京户部左侍郎陈翌在上言"弭灾救荒"三事中就呼吁朝廷"简命素有名望、谙晓律法御史、郎中、寺正等官，分历天下，将一应轻重罪囚，从公审录"(《明宪宗实录》卷23)。

当朝天子朱见深在阅读了陈侍郎的奏章后，随即将之交予相关部门去讨论。但由于地方灾情和边疆军情等不断告急,朝廷遣官审录天下罪囚之事一拖再拖,一直拖到了成化八年(1472)上半年时才算有结果。这年四月,明宪宗在综合各方面意见后最终做出决定,敕命刑部郎中刘秩、金文、伍希渊、周菷、冯俊、刘恕,员外郎武清、徐演、许盛、周重,大理寺正刘瀚、王轼,寺副王进、魏政等14人,"分往南北直隶并浙江等处,会所在巡按御史及三司官审录罪囚。"(《明宪宗实录》卷103)也就从这时起,大明帝国又开启了一项慎罚恤刑的新制度,即确立五年一次遣官审录天下罪囚之制。(详见笔者拙著:《大明帝国》系列之⑮《成化帝卷》上册,东南大学出版社,2017年9月第1版,P170～172)

明孝宗上台即位后承袭了前朝的做法,坚持实施5年一次遣官审录天下罪囚的制度。当时有大臣对5年一周期提出了质疑,弘治六年(1493)五月,有个叫林元甫的礼科都给事中在应诏上言中就这样说道:"天下重囚一年秋后一审决,五年遣官一审录,矜疑多从末减。乞勿俟五年之期,特敕法司选差属官,或敕各处抚巡等官,毋拘成案审录,上请释放。"弘治帝接奏后没表态,将之交由相关衙门去讨论,而后便没了下文。(《明孝宗实录》卷75)

大约一年后的弘治七年(1494)三月,礼科都给事中吕献又上言,说:"每岁初夏例纵释系囚,笞杖轻重,多从宥免;徒流以下,减等发落;重囚情可矜疑者,具奏定夺。正所以长民命而寿国脉也。但此例独行两京,而未及天下。乞敕三法司议拟,南北直隶则巡按官督同诸府、县官,各布政司则镇巡官会同三司官,各准两京例,各于四月虑囚,庶刑狱无冤。"(《明孝宗实录》卷86)户科右给事中王纶等闻讯后也上奏,表示自己与吕献具有相同的观点。明孝宗接奏后下令:"命法司议处闻奏。"法司大臣领命后立即进行讨论,然后上奏说:"旧例:在外罪囚五年一差官审录,今请不拘此例,每年四月以后各处抚按等官会审,八月以里类奏,其有酷刑官,请降调边远;法外刑人至死者,除名为民。"但皇帝朱祐樘接奏后却并不完全认可这样的建议,他说:"酷刑官员,其令巡抚等官严加访察,依法问拟,奏闻处治,不许轻纵。会审差官,仍照旧例行。"(《明孝宗实录》卷86)

这样一来又过了一段时间,到了弘治中后期时,有个叫刘孟的礼科左给事中再次提出,请将遣官审录天下罪囚的5年一次周期改为每年一次,但最终还是被当朝天子朱祐樘给否定了。(《明孝宗实录》卷143)

之所以会出现这样的格局,我想其主要缘由可能有两个方面:第一,朝廷派往各地去的巡抚、巡按等官,原本都有特定的使命,其所要管理的事务本来就有很多,如果再叫他们每年夏秋两次会官审理地方刑事案件,这势必会造成其原本使命就没多少时间去执行、完成好了。而5年一次会官审录地方罪囚,相对而言,时间上就显得比较充裕一点。第二,诚如前文所说,皇帝朱祐樘治国理政最为主要的理念是"法祖图治"(《明孝宗实录》卷123),即对前朝的习惯做法与典章制度能不改就不改了,免得像建文帝那样落下"变乱祖制"的罪名,这可万万使不得的。由此人们看到,终弘治朝18年间,5年一次遣官审录天下罪囚制度一直都在传承、执行着,没做什么改变。

○ 通过行政、司法等多种途径确保慎罚恤刑和刑得其平精神的贯彻

既然5年一次遣官审录天下罪囚制度有着不合理的成分,而当朝天子又不愿意做改进,那慎罚恤刑精神又怎么能在弘治朝的司法实践中得到贯彻和体现的?在笔者看来,弘治帝大致是通过以下几种途径与方法来实行他的司法理想的:

第一种途径与方法:接受朝廷大臣谏言,及时剔除大明司法系统的不合理因素。

弘治二年(1489)八月初四日,大理寺卿冯贯等以灾异上言五事:第一,"在京重囚每年霜降会官朝审,而在外五年始一审录,壅积数多,秋后虽令所司ударно决,其冤抑者多不与辩,情可矜疑,又不具奏请,每年秋后行巡按御史会三司等官,从公研审,如有冤抑,即与辩理"。第二,"诸司审录重囚,有称冤不服者,不过调别司问理,类多拘于成案,果有冤抑,无与辩者。今后凡驳回再问者,请令调隔别衙门辩理"。第三,"直隶等处凡有情词,多赴京奏告,法司逮问,往来动经年月,淹禁致死者甚多。今后奏告宜行巡抚、巡按或都司府衙门理就彼归结"。第四,"问重因必须证佐,今强盗赃仗多军校

买补,人命、尸伤多称锦衣卫检验不会文职,故人多称冤。今后强盗必须见获赃仗,通送法司检验;人命务行法司转勘"。第五,"内外衙门问拟徒罪,轻重失论。今后问拟徒罪,不分军民、舍余,若审有力,与官吏、监生人等,亦将杖数、徒年计算运灰、纳米赎罪发落"。明孝宗接奏后"俱从之",并下令予以落实。(《明孝宗实录》卷29)

第二种途径与方法:在不改变5年一次遣官审录天下罪囚制度的前提下,适当做些变通。

弘治十三年(1500)四月辛丑日,刑部覆奏户科给事中邱濬所言审录罪囚事,说:"两京罪囚每岁夏月有恩命审录,秋后又会官重审,及五年又命太监等官会审,已有成法,宜如旧行,其各布政司审录,不必待至明年,请如(邱)濬所奏,一暂行之,此后仍五年一次差官。"明孝宗欣然予以接受。(《明孝宗实录》卷161)

第三种途径与方法:在地方上请重大案件、刑事案件终裁时要格外小心处理,减轻处罚,尤其谨慎对待死刑的处置。

弘治二年(1489)四月,巡按广东监察御史周南等上言:"前擒获叛贼三百九十三人,在狱日久,恐生他变,请悉诛之,其妻子给功臣之家为奴。"都察院覆奏其事。皇帝朱祐樘发话:"据奏中所具事实,俱宜置之死,但众中岂无可矜疑者,锦衣卫即差人驰驿,令巡抚都御史秦纮等再加详审,分别等第,奏来处治。"(《明孝宗实录》卷24)

弘治五年(1492)二月,巡按福建监察御史吴一贯等拟上龙溪县贼温文进等罪状,说:"(温)文进等倡乱一方,攻破两县,反状已明,情犯深重,贼首凌迟处死者四人,兄弟同居之人及知情故纵处斩者百一十三人。"都察院覆奏请。明孝宗接奏后"命大理寺堂上官一员,往会镇守、巡按、三司等官鞫审,如有胁从及情罪可矜疑者,与之辩理,毋拘成案;其情真罪当者,即依拟处决。"(《明孝宗实录》卷60)

弘治十二年(1499)六月,监察御史王哲上奏说:"臣巡按广东,见有犯罪迁发口外为民者,以跋涉万里,且风土不宜,往往疾病道死,是以家人聚哭,如临刑之苦。管解人役,亦悲怨无已。请今后两广及云南、贵州、四川、福建犯应迁发口外者,悉改拨本处附近卫所充军。"兵部也为此上奏说:"充军之罪,甚于迁发,如以边远之迁发,易近地之充军,恐人情亦有所不堪。请下所司,自今问断迁发罪人,有自愿本地充军者,听;不欲者仍口外为民。"明孝宗觉得这个意见不错,当即就接受,并下令予以执行。(《明孝宗实录》卷151)

弘治十七年(1504)八月丁丑日,巡按河南监察御史吴学上奏说:"死罪囚可矜疑者八人。"皇帝朱祐樘降旨:"俱免死充军,内系人命者一人,仍杖一百发遣。"(《明孝宗实录》卷215)

弘治十八年(1505)正月,巡按直隶监察御史陈恪上奏:"死罪囚情可矜疑者九人。"刑部为此覆奏。明孝宗下旨:"情有可矜者八人,各免死,发边远充军;内干系人命者杖而遣之,童子王重阳所犯,事由其父,释之。"(《明孝宗实录》卷220)

不过话得说回来,在18年的治政过程中,以"宽恕"著称的明孝宗并没有一味宽恤,对于一些危害很大且影响特别恶劣的重大刑事犯罪,他还是加大了惩处力度。

弘治九年(1496)二月,北京城里发生了这样的一个案件。有个叫马纪的奸民听人说起,有一户家里人的小媳妇长得特别漂亮,他顿时垂涎三尺,就想着自己要好好地享受一下美女带来的愉悦。无奈那家人家家里看得紧。这样过了段时间,在一个月黑风高的夜晚,马纪纠集了恶少马聪、马云等人,手持砍刀等凶器,强闯那漂亮女人家,当场将她给强奸了,且还抢劫了她家中一些值钱的东西。临走时这些为非作歹的人渣又突发恶念,把那个已被奸污了的漂亮女人给劫持了出来,弄到大街上,然后开始轮奸。等做完这些恶行时,天快亮了。这几个人渣一合计,决定抬着漂亮女人,去敲街边酒肆的门,想进去再次肆意淫乐一番。哪知酒肆的伙计早从门缝中看到了外面的不堪之景,立即拼死抵门不让进。马纪等人渣见到自己的恶念无法遂行,当场扔下美女,拼命逃窜。正好这时,皇城巡逻者闻讯及时赶到,当即将诸人渣给一一抓捕归案。朝廷三法司随后接手了案件,进行认真审理,拟判马纪和马聪等犯有强奸罪,按律宜处以绞刑,最终上报给了皇帝朱祐樘终裁。明孝宗"以(马)纪凶恶异常,蔑视法度,命即斩之枭首于市,家属俱械发边卫,永远充军。(马)聪等处绞,(马)云逮问"(《明孝宗实录》卷109)。

北京人渣轮奸案处理后大约两年,即弘治十一年(1498)八月,山东乐陵县也发生了一起恶性刑事案件。有个叫洪海的和尚,走街串巷,以卖药为业。乐陵县有个县民叫吕通,其妻董氏是个老病号,久医未愈,家人听说僧洪海的医治水平不错,当即将他请到了家里,为董氏治病。嗨,神奇的事情发生了,这董氏的老毛病一下子给僧洪海治好了。按理说,病人身体好了,医治者就该走人。哪想到这个僧洪海住了很长一段时间就是毫无去意。主人吕通想了想,叫来了自己的儿子,让他跟僧洪海学医。而这学医可不是短时间内所能完成得了的事情,于是僧洪海在吕家一住就住了很久很久,遂与吕通妻子董氏和吕通侄儿媳妇张氏私通。非但如此,为了能得到更多的淫乐快感,僧洪海还装神弄鬼,自称精通佛法,在吕通女眷中大肆进行渲染,吕通侄儿媳妇张氏和妯娌云氏相继入迷,成了花和尚的忠实性伙伴,尤其是那个张氏对僧洪海那简直爱到了痴狂的地步。花和尚见到时机成熟,便告诉张氏,他有一种药,吃了后会立即快乐无比地成仙。张氏信之,接过"仙药",将其和入面里。而吕家其他人都不知道这面里有药,吃完面后药性发作,"无男妇少长率昏迷眩乱,各持杖相击",当场死了11人。案件发生后,当地按察司进行了鞫问,然后做出判决:僧洪海"坐杀一家非死罪三人,律凌迟处死"。不过当时也有人对僧洪海没有直接杀人提出了异议。案件就此上报到了中央朝廷。明孝宗审阅后下令:依照相应律条,重处僧洪海!(《明孝宗实录》卷140)

  对于危害很大且影响特别恶劣的轮奸案和蓄意杀人案,以"宽恕"著称的明孝宗并不手软,且往往下令予以加重处罚;而对于"死罪囚情可矜疑者"则表现出另外一番态度,常常降旨慎罚或减轻处罚。若仅从表象来看,弘治帝如此司法行政所释放出来的信息是"同罪异罚";但从司法实际效果来看却并不是这样,他所要重点打击的是那些危害很大且影响特别恶劣的刑事犯罪,而对于危害不大或定罪依据不足的所谓死罪罪囚,他还是网开一面的。之所以会这样区别对待,我想其根本目的无非是为了宽解民情,舒缓社会关系,稳定帝国统治。用皇帝朱祐樘自己的话来说:"朕惟刑以辅治,用之贵得其平。"(《明孝宗实录》卷48)或另一种表述:"朕惟刑狱重事,自古帝王必致谨于斯,盖以刑得其平,则足以辅治弼教,而召天地之和;刑失其平,则冤抑无伸,感灾致沴,亦有所不免焉。朕为民主,仰体上天好生之心,每于刑狱,特加慎重。"(《明孝宗实录》卷

50)

由此看来,弘治帝"慎罚恤刑"和"贵得其平"的司法思想还是十分值得肯定的。

当然上述这些都是大明帝国境内的治理,那么对于大明帝国境边尤其是国防方面,弘治帝又采取了何等"更新"举措来实现他的守成"致治"理想目标的?

● 防御为上　巩固国防

在先前出版的系列拙著中笔者已述:自洪武开国后,经建文、永乐、洪熙、宣德数朝发展,到明英宗亲政开始尤其是土木堡之变后,大明帝国由原先的上升态势转变为了下滑收势,或言由战略进攻型转变为战略防御型,而这样的转变是在明宪宗当政时期大体完成或言基本定型的,也是无奈的选择。(详见笔者拙著:《大明帝国》系列之⑯《成化帝卷》下册第八章 "拱手而行　转型鉴定",东南大学出版社,2017年9月第1版)若更为具体地说,如此转变之大势伴随着成化中后期政治紊乱、经济枯竭等各方面问题尖锐化而变得愈发严峻,至弘治帝上台当政起已到了非得严加整饬不可的地步。

○ 弘治帝当政时,大明军事国防已到了非得严加整饬不可的地步

诚如前章所述,弘治帝上台当政后逐渐放开言路,朝廷内外臣僚针对成化朝遗留下来的政治、经济和军事等各方面弊政发表各自不同的观点和建议。前两者我们在前面的章节里已经讲过,在此不再赘述,现就后者即军事之弊细说一下:

○ 明朝中期军界高层领导普遍腐败无能,各边军事将领玩忽职守

弘治元年(1488)闰正月,监察御史陈璧上言奏劾:"保国公朱永奸贪久著,襄城伯李瑾谋勇无闻,而付以大将之权,左都督范瑾屡战屡北,失机坏事而昏夜乞哀,营求复用,斯三人者身既不正,何

以帅人？各边将士又有甚于此者，姑以耳目所及者言之。成化二十一年席英、王永二剽贼耳，出入京城，如蹈无人之境，未闻将士有能擒获之者；成化二十三年，广宁伯刘璿、都督陈瑛卫护梓宫，军机不密，致无赖之徒入队杀人，甲卒环视，莫敢谁何。及今罪人未获，况今边方之兵未撤，丑虏之心尚骄，而兵备废弛如此，可不惧哉？宜治刘璿辈不密之罪，罢朱永辈匪材之权，以为武臣之戒。仍敕兵部公同内阁及九卿、科道官，将京营边将量其材力功过，具实疏闻，仍申役占之条，慎练习之法，则将士得人，而兵武益振矣。"（《明孝宗实录》卷10)

大明军界高层领导之所以普遍腐败无能，"朝廷之将，率多膏粱"（《明孝宗实录》卷38)，说到底是由制度造成的。明初开国皇帝朱元璋曾对开国将领说："朕赖诸将，佐成大业。今四方悉定，征伐休息，卿等皆爵为公侯，安享富贵，当保此禄位，传之子孙，与国同久。"（《明太祖实录》卷59)正因为立国之初大明老祖宗规定：勋臣子孙可以世袭职位或变相世袭职位，所以随着时间的推移，担任大明帝国军界高层领导职务的大多数都是膏粱子弟。而这些膏粱子弟不仅自身一无所能，而且还往往是破坏纲常法纪的罪魁祸首。我们举个例子来说事，就在监察御史陈璧上言奏劾后5个月，即弘治元年（1488)六月，又有人上言奏劾宁阳侯陈辅有罪。宁阳侯陈辅为何许人也？他因为犯了什么事而要被追究治罪？

我想还是得从头说起。第一代宁阳侯叫陈懋，凤阳府寿州人，其父陈亨是当年洪武与建文之际镇守松亭关的一员大将，但他吃里扒外，暗通乱臣贼子燕王，在"靖难"战争之初害死了松亭关守将都指挥卜万（《明史·卜万》卷142)，随后便投靠了燕王朱棣，并跟着他南下"靖难"，在山东济南与建文朝大将平安"战铧山，大败。创甚，舆还北平。进都督同知。成祖还军，亲诣亨第劳问。其年十月卒。成祖自为文以祭。比即位，追封泾国公"（《明史·陈亨》卷145)。

陈亨有个小儿子叫陈懋，"初以舍人从军，立功为指挥佥事。已而将亨兵，功多，累进右都督。永乐元年，封宁阳伯，禄千石。六年三月佩征西将军印，镇宁夏"。后来他多次跟随明成祖北征蒙古，立有战功，进封为宁阳侯。"成祖之崩于榆木川也，六军在外，京师守备虚弱。仁宗召（陈）懋与阳武侯薛禄帅精骑三千驰归，卫

第4章　维稳为上　巩固国防

京师。命掌前府,加太保,与世侯。宣德元年,从讨乐安。还,仍镇宁夏。三年奏徙灵州城。得黑白二兔以献,宣宗喜,亲画马赐之。懋在镇久,威名震漠北。顾恃宠自恣,干没钜万。屡被劾,帝曲宥之,命所司征其赃。懋自陈用已尽,诏贷免。"(《明史·陈亨》卷145)

陈懋一直活到84岁,"靖难功臣至天顺时无在者,惟(陈)懋久享禄位,数废数起,卒以功名终"。陈懋死后,因长子陈晟有罪,宁阳侯爵位就由次子陈润来继承。陈润死后,次弟陈瑛继承爵位,"减禄之半,嗣侯。十六年而(陈)晟子(陈)辅已长,乃令(陈)辅嗣,瑛免为勋卫"(《明史·陈亨》卷145)。

至此我们可以看出,这个叫陈辅的宁阳侯是个地地道道的"军三代"。他15岁时就继承了家族爵位,过着锦衣玉食的生活,腐化、荒诞的闹剧随之在宁阳府一一上演。陈辅小的时候,家里长辈给他安排了两个侍女,主要是为他料理生活,哪想到刚刚进入发育期的陈家大少爷陈辅,却将这两个可能跟他妈妈岁数相近的侍女都给占有了。陈母邓氏看到儿子特别喜好男女之欢,就在他15岁继承家族爵位的那一年,托人到驸马都尉杨伟家去说媒,想聘娶其女杨氏为儿媳妇。聘礼下好后,邓氏找人批了下八字,并选了个黄道吉日,随后便是等着未来儿媳妇杨氏过门。做母亲的规划得倒是挺好的,可犹如发情公猪一般的儿子陈辅却等不及,他看上了另外一个小美女,涞水人郝荣之女郝氏。郝荣是草根出身,其女被"采入"宁阳侯府内充当内庭侍女,可能因为长得漂亮的缘故,陈家少爷陈辅老早就将目光锁定在她身上了。听到母亲邓氏为自己订的那门亲,杨家大小姐要过一段时间才能迎进门,陈辅心里可一万个不乐意,天天吵着要母亲邓氏将与驸马都尉杨伟家订婚的事情给隐瞒起来,随即与草根郝荣之女郝氏结婚。陈家大少爷结婚后,大家都以为宁阳侯府从此就安宁了,哪想到这陈辅可是个十足的花花公子。他出门在外时又看上了纪玉之女纪氏,并出钱将她买回家来做小妾。这事过后没多久,陈辅对纪氏也不感兴趣了。此时他的目光又不停地在自家府第上下服务的年轻女性身上转悠,随即将她们给一一"搞定"。见到自己的丈夫如此荒淫无度,正妻郝氏可受不了了,她规劝丈夫不要再这样乱来。没想到陈辅当即大发雷霆,怒斥郝氏一通。这还不算,他随后又从窗子夹缝中放暗箭，想一箭射死郝氏。郝氏为此深受惊吓，大病了一场。病愈后她继续与陈辅论理。这时宁阳侯府女一号、陈辅母亲邓氏怕自己儿子吃亏，马上叫人去喊郝氏母亲张氏来，当面提出退婚。陈辅看到母亲这般袒护自己，于是愈发猖狂，先令人将郝氏绑起来，随即用大木棍使命地打，然后再将她撵回娘家去。此事过后没多久，小妾纪玉之女纪氏因对"共用丈夫"的荒淫行为实在看不下去，就说了一些规劝之语。哪想到陈辅非但不听，反而将纪氏也狠狠地痛打了一顿，且还百般侮辱。这时宁阳侯府女一号、陈辅母亲邓氏又参与其中，也对纪氏进行肆意辱骂。纪氏又惊又辱，随即上吊自尽。两个小美女"走"后，施恶者陈辅没有一点儿忏悔之心，此时他所想到的是老妈邓氏为他攀的那门亲，随即叫人到驸马都尉杨伟家去再正式下聘礼。可能是由于与宁阳侯府相隔距离远的缘故吧，杨家人居然对陈辅的恶行丑事一无所知。等到小美女杨氏进入陈家门时，这才晓得自己的丈夫原本是个极其荒淫又凶残的恶徒，于是通过娘家人将宁阳侯府所发生的一切原原本本地上奏给了弘治朝廷。(《明孝宗实录》卷15)

明孝宗知道后令大臣们会议定罪，左都御史马文升等奏："陈辅荒淫残忍，所犯非常据法而议，罪在不宥。"弘治帝接奏后下令将宁阳侯陈辅下狱，随后"黜为民"，但皇帝又留了一句："其原爵俟有子日议之。"这一年陈辅才18岁。(《明孝宗实录》卷15)

一个18岁的少年如此作恶、如此荒淫，要不是因为娶了拥有"通天"告状本领的驸马都尉之女，想必他也不会被朝廷处置，更不可能被"黜为民"，而是风光无限地继续当他的宁阳侯，且还极有可能被朝廷中央安排到大明高层军事领导岗位上去。前文已述，第一代宁阳侯陈懋就是这样的一个"过来人"(《明史·陈亨》卷145)。

所以说，弘治元年闰正月监察御史陈璧上言奏劾，说保国公朱永、襄城伯李瑾和左都督范瑾等大明军事高级领导如何腐败无能，这实在是算不上什么。再说上梁不正下梁歪，既然大明帝国军界高级领导如此不称职与无能，那各地的军事领导又会好到哪里呢？

弘治元年(1488)三月庚午日，礼科都给事中李孟旸在上言中对此有过这样的一番描述："(各地)镇守太监、总兵、都御史又各拣选听候跟随官军，多至千余名，彼此不得禁治，临阵对敌，此辈常

第4章 维稳为上 巩固国防

后,论功行赏乃独居先,甚者各植私党,转祸为福,以致边务不协。都御史为纠劾之官,战伐或非所长,若失机等事,与总兵等官概治以罪,恐有惧罪隐匿贼情之弊。"由此这位李都给事中乞请朝廷"行(文)各镇巡等官常饬兵备,毋致怠玩。各清军御史某年清解某处军人若干,备行彼处,清军御史一一查究卫所卖放者,治以重罪,仍行各镇,除副参、游击、奇兵、游兵外,余悉听总镇等官操练调度,都御史止许提督操练,禁革奸弊、将官有失机等事,悉许纠举。"(《明孝宗实录》卷12)

弘治十三年(1500)四月,监察御史刘芳在上奏建言中也有相似的说法:"各边军士百死一生,得获虏级,每被总镇等官跟随头目攘为己功,设或失律,又多隐匿,其阵亡并被虏之家不蒙恤典,而总镇等官百计夤缘求免罪戾。赏罚不行,以致人心愤结,多不用命。"刘芳为此乞请"将辽东等处失律总镇、副参等官逮系来京,明正其罪,其官军阵亡并被虏之家量加优恤,此后军士斩获虏级,若总镇等官纵容头目攘夺报功,头目照买功事例充军,总镇等官一体罢黜。"(《明孝宗实录》卷161)

至此我们不难看出,成化、弘治之际,大明军界高层领导普遍腐败无能,各边军事将领玩忽职守已属于一种"景观"常态。

○ **大明帝国各地卫所军士差役百出,逃军频频,军事力量大为削弱**

军士差役和逃军几乎是一对孪生姐妹,大明开国不久就有这个问题。逃军,现在人可能会不理解,我不想当兵了,复员退伍、转业不就得了,弄不好还能到地方上弄个官当当,干吗要逃呢?这就是今人对历史的迷惑与不解!其实在历史上当一般的小兵可没什么好命,因为一旦入了军籍,那你家就得世代当兵,不好变更。比方说,老子是当兵的,儿子不管长成啥模样,即使是弱不禁风的书生还得要当兵,这就是明代历史上的世袭兵户制。世兵制实行有个经济大前提,那就是在军中推行屯田制。明初屯田制搞得还不错,但随着时间的推移和大明政权的日渐稳定,帝国政治和军事领域内腐败也开始升级,军中长官往往利用手中权力肆意侵占屯田,奴役军士。这样一来,经济没有着落且常年受差役的军士们生活可惨了。不过其中有些头脑活络者就开始想方设法一走了之，这就是逃军的由来。逃军之事发生后，官方凭着专业的军籍黄册前去追逃和"勾补"，这样的事情早在洪武、永乐时期就有了。到宣德元年，明廷正式开启清军活动，即清查军籍黄册与军队实际人数及粮饷数，以此来清除军中的腐败与军官的贪污，进而正确地掌握全国军事、屯田和卫所等具体状况。(《明宣宗实录》卷13)但由于涉及的面相当之广，从军队到地方，从北疆到两广，几乎每个地方都在开展清军，所以"清"出来的问题也特别多。剪不断理还乱，宣德中后期由于帝国政界与军界更趋腐败，大明清军成了一笔谁也弄不清的糊涂账。

更为糟糕的是，明英宗上台后尽管继承了乃父宣德帝的做法，继续派人清军，但实际上其收效甚微，甚至反而到了清军越"清"越糊涂、越"清"逃军越多的地步。据官史所载：正统初年的清军、勾军的成功率连20%～30%都不到(《明英宗实录》卷46)。正统末年，清军、勾军的成功率不仅未升反而降至10%以下(《明英宗实录》卷170)。那么为什么会出现这样令人哭笑不得的尴尬局面？笔者认为，除了军队卫所制度本身存在的问题外，还有两个方面的因素不容忽视：

第一，明初开始实行的军士南北籍异地驻守制度本身就有瑕疵。明人章潢曾这样说道："国初卫军籍充垛集，大县至数千名，分发天下卫所，多至百余卫，数千里之远者。近来东南充军亦发西北，西北从军亦多发东南。然四方风土不同，南人病北方之苦寒，北人病南方之暑湿。逃亡故绝，莫不由斯。道里既远，勾解遂难。"(【明】章潢：《图书编》卷117)

第二，军队与地方相关的各级长官肆意贪渎、受贿连连，使得本该清楚明了的清军、勾军成了一笔难以搞清楚的糊涂账。据明代官史记载：正统九年(1444)三月有人上奏检举："府军前卫指挥佥事鹿麟受枉法赃，卖放操军三十九名。"明英宗接奏后十分恼怒，下令给鹿麟枷百斤大号，于教场示众，而后又将他发往辽东铁岭卫充军，并以此作为对犯有相同之罪者的处置范例。可即使这样严厉，还是有人"前腐后继"、作奸犯科。正统九年(1444)九月，"都察院录京卫指挥、千百户二百二十二人受赂放军"。这次犯事者不仅是人数多了，且还是在京的军队官员，正统帝似乎考虑到了对他们"谨慎"处置的必要性，随即下令："此属论罪俱当死，姑宥之，再犯不宥。"(《明英宗实录》卷121)

正是正统帝对故意放纵逃军的军官们实行差别性处置，在客观上使得军中腐败和逃军问题不仅屡禁不止，反而愈发严重。据官史所载，正统时期，有个叫李纯的监察御史巡视辽东时发现：当地的一个百户所"原设旗军一百十二人者，今止存一人"。也就是说编制上的120人，现在逃军人数已达119人。(《明英宗实录》卷47)

帝国政府要勾军、清军，各级军官老爷们却来个"捉放曹"，这是为什么？缘由有三：其一，军官老爷们通过"捉放曹"可以向逃军及其家属索取贿赂；其二，放走了逃军，但军黄册上的军士名额和卫所军士名额却依然保留着，于是帝国下拨的年例银就少不了，而手中握有大权的军官们则可侵占逃军月粮；其三，逃军问题越严重，军官们获取勾军等美差的可能性也就越大，并能通过此差再好好地捞一笔。于是大明帝国清军越"清"越糊涂，越"清"逃军越多，不停地在逃军→勾军→清军→逃军……的怪圈里打转。

历经景泰、天顺和成化数朝，大明清军越到后来越是"清"不清楚，加上各地卫所的军官们肆意奴役和盘剥，使得饱受欺凌的在伍军士愈发难以忍受，他们往往乘着军官们不注意或其他的机会两脚开溜。由此下来，帝国军士人数越来越少，军事力量大为削弱。到成化与弘治交替之际，这样的状况不仅继续存在，而且还呈现出了愈发恶化的趋势。

弘治元年(1488)三月，礼科都给事中李孟旸在上言进谏中就曾这样描述道："两广边徼重地军政废弛，行伍缺乏，而广州特甚。然亦不独广州，天下皆然。各卫所军士差役百出，将领不知抚恤，往往变名易姓，逃避他所。"(《明孝宗实录》卷12)

地方卫所逃军之势如此严重，那中央朝廷的京军会好一点儿吗？弘治时期有个叫刘芳的监察御史以灾异上言十事，其中讲道："京师根本之地，而军士逃亡者过半。况有各仓斗级并军匠看厂、养豹等项差役，俱属内府衙门，不归营伍，其锦衣、腾骧等卫军士不下十余万人，又不系操练之数……"(《明孝宗实录》卷161)

○ 武备废弛,军用物资久缺,军中从上到下一片混乱、腐烂,边关时失

弘治初年,兵部主事欧钲上言军政六事,对于当时大明军事武备废弛、自上而下一片混乱、腐烂和苟且做了生动的描述:第一,清军伍:"谓祖宗开国之初,每卫设军不下三四千人,百余年来逃亡过半,皆因簿籍无稽,吏缘为奸,姓名乡贯俱不可考,宜令清军监察御史逐一查明,别造新册,以备屡省。"第二,操官军:"谓祖宗立法,卫所相属,四时训练,使之耐寒暑、习劳苦。近来掌印领操等官,苟且玩愒,习为故常,或纵之归休,或役之私用,演武厅将台鞠为蔬园,卒有不虞,何以备御?宣行巡抚、巡按及分巡、分守、守备官,每遇应操之期,按临校试勤者有赏,惰者有罚,以期成效。"第三,修城池:"谓良乡、涿州在京师肘腋,止有土城而无石郭。正统末年,北虏深入,如蹈无人之境,方今无事之时,宜豫为之计。"第四,支月粮:"谓祖宗之时,征调南北直隶、河南、山东各卫所官军于京营操备,在途之日给与口粮,使足其所欲,而忘怀土之私。近因仓库空虚,是法遂废。宜复其旧。"第五,选贤能:"谓近来将匪其人,武备渐弛,间有任使,无可裁择。乞命本部于听选,并各卫见任额内简其可用者,移而用之。"第六,修军器:"谓武库所藏兵仗,已经五六十年岁久而坏。宜令所在有司以时省视修补,每遇三秋,给与军士教试。"(《明孝宗实录》卷72)

军界武备废弛还体现在军纪松懈,士气涣散,莫名地发生踩踏事件。弘治二年(1489)正月丁亥日,"京城德胜门晏启赴操军士,争门踩死者十七人。锦衣卫带俸都指挥金事王泰坐督视无法,下法司赎杖还职"(《明孝宗实录》卷22)。

原本天下精锐之师的京军如今却几乎成了乌合之众或言"惊弓之鸟",那么地方上尤其是北疆地区的军事武备和防务会好一点吗?其实也好不到哪里去,弘治时代兵部尚书马文升曾在上呈皇帝奏章中这样说道:大明开国至今已有100余年,"承平既久,兵政废弛","将懦兵弱"(《明史·马文升》卷182)。

上述这番话用今天时髦的方式来表述,那就是软件出了问题,那么硬件方面的情势又是如何?成化二十三年(1487)十二月,即

明孝宗刚即位那时,有个叫葛萱的监察御史就告诉新皇帝"军粮久乏",边饷多缺。(《明孝宗实录》卷8)而原本属于国有的北疆及其附近地区的马房、草场和官地等也多被权贵势要所侵占。(《明孝宗实录》卷3)弘治六年(1493)二月,有人举报山西参将王升私自强占官地和官房,皇帝朱祐樘获悉后下旨追查。山西镇巡官奉旨查勘后发现:这个叫王升的军官一个人就私占偏头等关土地408顷、官房560余间。(《明孝宗实录》卷72)

边关领导无视自己的军事守卫"天职",却一门心思地想着一夜暴富,试想这样的边防军队能保家卫国吗?明代当时的官史留下了这样的记载:

弘治元年(1488)七月,"降辽东都司都指挥同知周琳为都指挥佥事,指挥同知等官高英等七人各降级有差,以虏入铁岭,地方守备不设及失于传报也"(《明孝宗实录》卷16)。

弘治二年(1489)二月,"降陕西按察司兵备副使边完为云南布政司左参议,坐兵备兰州虏入寇掠也"(《明孝宗实录》卷23)。

弘治二年八月,"虏入宣府、赤城等墩,掠军士八人,被伤者二人。兵部请治守备等官、都指挥宋辅等罪"(《明孝宗实录》卷29)。

弘治二年九月,"虏屡入大同玖川岭及大尖山等墩,虏百户一员,杀掠军民十二人。兵部劾分守参将李玙、太监石岩等失于防守,及镇守太监覃平、巡抚都御史许进、总兵官神英、刘宁坐视之罪"(《明孝宗实录》卷30)。

弘治十二年(1499)十一月,"虏入宁夏境,杀百户一人,旗军二十四人,伤四十八人,掠马八十匹。兵部请行巡按监察御史将都指挥以下停俸,俟防冬毕,按罪闻奏。镇巡等官亦请量示罚治"(《明孝宗实录》卷156)。

......

弘治中期,兵部尚书马文升在向朝廷上呈的奏章中就北京密云及其周围地区遭受北虏入寇说过这样一番话:"弘治初,守边官军贪功启衅,遂致(北虏)频年侵寇,大约密云境二十四次,马兰谷境七次,燕河营境十七次,密云关外官军逻卒多为虏杀,贼皆步入,如蹈无人之境,恐其久而习玩,导虏为患。"(《明孝宗实录》卷156)

由此可见,那时大明北疆国防还真不让人省心。不过,要说从成化向弘治转变之际大明北疆上最大的国防失利,那可能就要数哈密之失了。

○ 大明西北边疆出现较为严重的"塌方",哈密卫为吐鲁番占领

哈密本是大明帝国西北边陲的七卫之一,明英宗天顺末年,哈密忠顺王孛罗帖木儿被弑,因其无子,"王母弩温答失力署国事,为(北虏)乩加思兰所破"。成化初年,强盛起来的吐鲁番,"挟哈密、赤斤诸夷,王母不从,遂见掠及劫金印去。罕慎窜苦峪城,众或归附居肃州,亦有随土鲁番去者"。当时大明朝廷虽然采取了一些应急举措,但毫无实效,终使吐鲁番国王速檀阿力"始轻中国,益侵内属诸卫矣"。(【清】谷应泰:《明史纪事本末·兴复哈密》卷40。有关这方面内容下文将详述)

至此我们不难看出,与政治、经济诸多领域的情势相仿,弘治帝即位时,大明军事国防也已到了非要大加整治不可的地步了。

● 弘治前中期大明军事国防之整饬与"更新":防御为上　巩固国防

对此,锐意图治的明孝宗自即位起不久就不断地发出敕令,对大明军事国防作了很多的具体指示。弘治元年(1488)闰正月,就北疆山西等地区的边饷储备问题,他专门敕令山西布政司右参议王盛总督粮储,并赐予敕文,要求对边关将领与地方官员包揽挟制、营私舞弊、侵民害军等行为予以严惩。(《明孝宗实录》卷10)

5个月后的弘治元年六月,鸿胪寺右少卿李鐩上奏说:"京营操练旧以文武大臣协同提督,顷年以来,止用武职总兵而文臣不与,乞于文职大臣内简命一员,往任其事,或遇有警,即同征剿,则文武相资,而戎务有备矣。"明孝宗当即接受了建议,随后命令都察院左都御史马文升提督团营操练,且赐之敕文,对京军操练、军力役使和纪律整顿等方面做出了详细的规定。(《明孝宗实录》卷15)

又10日左右后的弘治元年七月丙寅日,因西南边疆军饷拖欠问题,巡抚贵州都察院右副都御史孔镛上言说:"贵州所设仓厫十九处,在极边卫,分俱籍四川、湖广及宣慰司等衙门,运纳粮米并折

支银布,以给军饷,各处官司送纳不时,拖欠数多。乞专命贵州布政司右参政林迪往来提督。"明孝宗接受了孔镛的建议,而后降敕给贵州布政司右参政、专门提督当地边疆粮饷的林迪,其敕文说:"近闻贵州仓廒无官管理,连年拖欠,今特命尔专一提督,尔须设法催征所属税粮,并往来湖广、四川,会同各该管粮官员催督该纳贵州仓库粮米、银布,务在依期完足,毋得似前拖欠,所在府、县、宣慰司等衙门管粮官员并提调正官,敢有怠玩,不即完纳,及纵容粮里人等,将钱粮侵欺借贷、各仓官缵斗级有与卫、所官旗人等串同,虚出通关,挟制包揽作弊等项事发干碍军职并文职五品以上,指实具奏拏问,其余官员人等有犯,就便拏问,依律照例发落。尔须夙夜尽心,廉谨自持,催征以时,出纳惟公,俾粮储足用,民不告劳,斯称委任。如或因循怠忽,以致迟误,罪不轻宥。"(《明孝宗实录》卷16)

从弘治元年(1488)闰正月到七月,在这半年的时间内,身处和平岁月里的皇帝朱祐樘为军事国防问题连降3道敕令,应该说这是非同寻常的,且从这3道敕令的内容来看,既有切实可行的具体要求,又有一定的奖惩措施,如此之举透露出新天子要对大明军事国防实施整饬与"更新"的急切期盼与愿望。而这样的愿望之表露还不止于此,同时也体现在自弘治朝开启始,皇帝朱祐樘极为注意帝国兵部尚书的人选上。

弘治朝第一任兵部尚书是长期在北疆地区担任行政与军事领导工作的数朝老臣余子俊。明孝宗即位时,作为老兵部尚书的余子俊虽然已至人生的暮年,但他的"忧勤为国"之心却"始终不变"(《明孝宗实录》卷23)。在新朝开启后不久,即弘治元年(1488)十二月,他就大明加强北疆"工防边事"提出了系统的防御整饬方案,共计有7条具体建议(《明孝宗实录》卷21),其核心宗旨是以军事整顿与防卫为主、打击为辅,这倒与从小就谨小慎微的明孝宗性格特征很对路子。于是人们看到,在接到余子俊的上言奏请后,皇帝朱祐樘毫不犹豫地批准了,接下来便是付诸行动(《明孝宗实录》卷21)。

哪想到只半月之余时间,即弘治二年(1489)二月庚戌日,太子太保、兵部尚书余子俊突然病卒。(《明孝宗实录》卷23)由此一来,皇帝朱祐樘不得不要重新挑选兵部尚书。在经过一番细致考虑与权衡利弊后,他将目光投到了同样也是数朝老臣的马文升身上。

○ 第二任兵部尚书马文升上台，弘治朝军事国防整饬与更新大幕就此拉开

马文升是景泰二年(1451)进士，能文能武，正直又有才干，历事景泰、天顺、成化、弘治、正德五朝，曾协助总督都御史项忠平定土达满四之乱，后受命接替王越，总制西北三边军务。成化十四年(1478)，辽东巡抚陈钺冒功胡为，引发激变，马文升奉命抚定，后因遭朝廷奸佞诬陷，谪戍远方。成化晚年他被擢升为都察院右都御史，总督漕运。旋又因奸人李孜省诋毁，他被外放到南京出任兵部尚书，参赞机务。(《明史·马文升》卷182；《明宪宗实录》卷282)

弘治帝上台即位之初就将马文升从南京兵部尚书调任为北京朝廷都察院左都御史，让他主管大明帝国的监察工作。(《明孝宗实录》卷6)一年后，兵部尚书余子俊病卒，明孝宗遂调马文升接任其职。(《明孝宗实录》卷23)

要说那时的大明北疆军事防务形势还真不容乐观："承平既久，兵政废弛，西北部落时伺塞下。"(《明史·马文升》卷182)其实在出任兵部尚书之职前，曾在陕西巡抚多年、时任都察院左都御史的马文升就十分关注北疆形势。弘治元年(1488)五月，他向新皇帝朱祐樘进言道："陕西甘凉乃古左贤王之地，汉武始取之立酒泉、张掖等郡，以断匈奴右臂。然汉唐之末，皆不能守，宋则全失之。至是我朝立行都司，太皇文皇帝命官镇守。正统初，虏酋朵儿只伯为患，赖靖远伯王骥、定西侯蒋贵克平之。天顺间孛来、毛里孩为患，诱败宁夏副总兵仇廉，丧师数万，自是虏入河套，寇抄不已。成化二十年以后，甘凉又时被侵扰，每入必获厚利而去，我军未尝一挫其锋。且陕西之路可通甘宁者，止兰州浮桥一道，贼若以数千人据河桥，则粮运难通，援兵难进，而甘凉难守，关中亦难保无虞矣。今甘凉兵疲粮少，乞预为处分，以免后患。"(《明孝宗实录》卷14)

至于西北延绥地区的边防军事情势，弘治二年(1489)正月，时为都察院左都御史的马文升也曾上言说："去冬询问延绥边情，知虏骑俱在河套。今边墙住牧射猎，通事与语，云明春欲来进贡，切惟此虏部落分散，固不足深虑。但我武备不振，刍粮不足，亦所当忧……今此虏居于河套，不见剽掠，声言欲贡，意在缓我之兵，即春

初进贡,必以往年从榆林由偏头关而来为词,彼既入贡,余众在套从容就草牧马。比及彼回,草芽已茂,马膘已壮,必借言河冰已开,不肯出套,倘乘此入寇,何以御之?宜敕延绥镇巡等官操练军马,严加防御;令通事与彼讲说,既欲进贡,宜早出套,从大同赴京,若又以由榆林为词,必大张兵势,或设奇谋,务逐彼出套,不可容之久住,贻患边方。"(《明孝宗实录》卷22)

当时锐意致治的年轻皇帝朱祐樘对于这样一位曾经多年巡抚北疆的数朝老臣之进言十分重视,每当奏章送达后,他都会下达命令,让兵部官集体讨论讨论,看看有什么好的解决方案。而弘治二年(1489)年初朝廷兵部尚书的突然出缺,恰好为马文升军事领导才能的施展提供了一个较好的机会和平台。只见马文升上任后忘我地工作着,在进行大量的调查研究后,于弘治二年七月向明孝宗一口气上言了十三事:严饬武备、斟酌会议、处置操官、处置逃军、优恤补役军士、拨补杂差军士、革冒滥、慎刑法、汰老疾、严谨守卫、节省应付、禁革宿弊、定优免。(《明孝宗实录》卷28)一月后的弘治二年(1489)八月,马尚书再一次上奏,对大明军政积弊提出了改革建议。(《明孝宗实录》卷29)

从马文升不断上奏所谈到的内容来看,其所要整饬与"更新"的范围几乎涉及了大明军事与国防的方方面面。这倒与才登基不久且锐意致治的年轻皇帝朱祐樘之期盼和愿望大相吻合,所以人们看到,当这一类以整饬、"更新"军事与国防为主要内容的奏章送达明皇宫里时,皇帝都毫不犹豫地一一允准。由此而始,弘治朝军事国防整饬与"更新"大幕正式拉开。

马文升主政兵部期间大明帝国军事国防整饬与"更新"主要有以下几个方面:

○ 考黜将校,续行武举

由于之前出任大明都察院左都御史,曾提督过京军十二团营,马文升在当上兵部尚书后不久就上请弘治帝批准,不仅对京军进行操练,而且还对在京的将校实施较为严格的考核,并一次性地罢黜不称职将领30余人。此事在当时的大明中高层军事领导中引发了不小的震动。而后不久京师突发大水,马文升又上疏朝廷,提出了除弊兴利十余事,不承想到就此得罪了一大拨子的既得利益者,"奸人蓄怨,欲加害"。据说当时就有人在夜间带了弓箭,偷偷地溜到马文升家的大门口,企图实施行刺。更有甚者将诽谤马文升的传单绑在了弓箭上,射入大明皇宫的东长安门内。皇帝朱祐樘闻讯后,立即下令给锦衣卫予以缉捕,并为马文升配备了12名骑士警卫,以此来确保他出入安全。而此时的马文升感到自己受不起如此厚重的皇恩,几次上疏乞请退休,但皇帝朱祐樘说什么也不答应。(《明武宗实录》卷63;《明史·马文升》卷182)

马文升主政兵部期间第二次对军中领导进行较为严格的大考核是在弘治十一年(1498)。这年闰十一月,平江伯陈锐上言进谏,说:"京营把总等官职任非细,乞敕兵部会同该营总兵官从公考选。其年力精壮、才识谋勇者,仍留管事;老病贪婪者,黜退差操,别于听缺数内取补。然考选之时,尤贵才识老成,勿拘骑射一事而已。以后五年一次考选,如例施行。"明孝宗接到奏章后将其下发给兵部。兵部尚书马文升随后覆奏,说:"平江伯陈锐的建议甚好,朝廷应该组织班子,对京营中的军官进行大考核。"皇帝朱祐樘随即降下圣旨,命令马文升会同英国公张懋等朝廷大臣一起考察京营中的军官。就此次考察结果来看,其力度还是挺大的:指挥张铎等343人军官职务不变,指挥鲍俊等67人被罢黜,署都指挥金事李清等77人补缺。(《明孝宗实录》卷144)

马文升主政兵部期间第三次对军中领导进行较为严格的大考核是在弘治十四年(1501)。这年四月,在上请皇帝批准后,马文升"会同司礼监太监陈宽、英国公张懋等阅试各营侯、伯、都督骑射韬略,及把总等官骑射能否。既而试之,往往持弓不能发矢,甚则有堕弓于地者,继询韬略,俱不能答,乃疏其等第以请,且谓永顺伯薛勋,应城伯孙继先,兴安伯徐盛,成安伯郭宁,泰宁侯陈璇,武进伯朱洁,都督金事孙贵、支玉,都指挥金事李瑾等皆宜重加究治,把总指挥杨振等宜逮问,及宣城伯卫璋、建平伯高霔皆称病不赴,请黜之。"(《明孝宗实录》卷173)皇帝朱祐樘获悉大明军中中高级将领这般无用,遂"命一等者,计中一矢,赏钞一百贯;二等者,夺俸一月;三等者,夺俸两月。自后阅试不能者,必重治之。璋、霔罢坐营,振等罢其把总,且各官皆有统领责任,如何不谙韬略,兵部其议处

第4章 维稳为上 巩固国防

之"。马文升领命后与各官做了一番研究,而后又上"请刊印《武经总要》一书,颁赐在京武职大臣及各边将领,俾资其智识"。明孝宗立即予以批准,并"命各给《武经》《七书》一部,令其讲习总要已之。"(《明孝宗实录》卷173)

大明军中大量不称职的武官被考核淘汰出局,那么由谁来填补这样的空缺呢?当时的兵部及其相关衙门想通过一定程序"就地取材",选拔一部分军中优秀人才。但十分遗憾的是,承平已久,军中优秀人才实在不好找。于是人们纷纷将目光投向了祖宗之制,即武学与武举上。

明代武学和武举早在洪武建国之际就有了,朱元璋曾下令"武臣子弟于各直省应试"(《明史·选举二》卷70)。但这样的武学教育在当时主要限于大明故都南京等地。

永宣时代开始,大明军中中高级领导日渐腐化,一天到晚忙乎的不是保家卫国的正事,而是大搞自家的经济创收和乱搞男女关系。(参见笔者《大明帝国》之⑪《正统、景泰帝卷》上册,东南大学出版社,2016年5月第1版)这样的腐败之势到了明英宗在位时愈发严重。对此,成化朝开启后,以"更始"天下为其使命的明宪宗朝廷在复立团营制的同时,就着力寻找途径和采取举措,在"红彤彤"背景家族之外培育和选拔一些优秀的军事人才,把他们逐渐地提拔到领导岗位上来。其中有些举措影响还较大,如开设武举和在京师创办京卫武学。(参见笔者《大明帝国》之⑮《成化帝卷》上册,东南大学出版社,2017年9月第1版)而几乎与其同时,成化朝廷又公布了武举之法。(《明宪宗实录》卷10)

但从实际落实角度而言,武举的开设与成功运行却破费周折。这事一直到成化十四年(1478),明宪宗十分宠信的太监汪直上奏,请"设武科乡、会试,悉视文科例",皇帝朱见深才正式予以批准。(《明史·选举二》卷70)然而十分可惜的是,后来随着汪直的落败,武举的落实和操作进行再也没人过问。

明孝宗上台后"更新庶政",武学和武举又一次为人所关注与重视。弘治元年(1488)四月辛丑日,礼部在会官议覆工部主事林沂所陈四事而上言奏请时就这样说道:"今天下承平日久,将不得人,军多逃亡。兵之精壮者,身役私门,不肯事事;老弱之在役者,衣粮不时,器械不利,内外屯兵之地,又有坐营、镇守、分守、守备、内官,盖朝廷以为私人而托之心腹者也。臣伏见祖宗之时,东征西伐,无思不服,固未尝有此,自有此制以来,平居则陵轹将师,使节制不专临事,则疑谋怯敌,使师失其律,幸而成功,则冒夺以为己有,多拥士卒,以办月钱,则行伍空矣。交通无籍,以纳粮草,则仓场虚矣。臣愿储将材、修武举、严滥选之罪,革监军之号,则兵之积弊可去矣。"明孝宗接奏后"俱从之"(《明孝宗实录》卷13)。

不过,随后可能是由于兵部尚书人事发生变动的缘故,大明武学和武举之事并没有得到进一步的落实。这样一来,到了弘治六年(1493)闰五月,平江伯陈锐在上陈五事时再次提请朝廷关注与重视武学和武举,其疏文中如此说道:"两京武学,铨选儒官教养武职子弟,比来生徒庸劣,盖由师道不尊,学规废弛所致。臣等间尝考试诸生,有入学三五年,《武经》《七书》尚不能讲解记诵者,甚至有经年不肯肄业者,况原选六百人,今止二百余人。乞命兵部会同各营总兵官拣选不堪者,送营差操,将各营见操幼官应袭舍人内,拣选资质可教者送学,务足原数。兵部该司官每十日一员下学,稽考所读经书课程勤惰,量为惩治,仍令吏部遇有教官员缺,务选学问老成者除授,果能教导有方,宜录其功迹擢用,否则降黜。其大臣下学考试,亦须每月一次,以后武举之时,先策略而后骑射,若学识无可取者已之。南京武学亦照此例。"明孝宗接疏后将其下发给兵部覆议。随后兵部尚书马文升上奏说:"应该予以实行!"弘治帝当即批示:"准奏!"(《明孝宗实录》卷76)

但从军事领导人才挑选的实际操作角度来看,马文升却似乎更倾向于各地各级官司衙门的举荐。弘治九年(1496)六月丙申日,在就整饬大明京军与军事武备等事宜而上言进谏中,马文升提出了这样的建议:"通行天下诸司,但习熟韬略、弓马绝伦,或有出众奇才堪为将官者,不分行伍士卒,或草野之人,俱听举用,有司以礼送部,本部通将节次所举未用将材,并原系将官不失因机革去职任者,会同府、部、科道等官,逐一评议,可当何任,具名奏闻,以次酌用。举到奇才,会官考试,照武举事例擢用。更敕团营提督内外大臣,今后凡遇春秋三、九月常操之期,预奏择日,限在十五日以前,其操习一遵旧法,五日之内,走阵下营二日,演习武艺三日,其执旗掌金鼓之人,须选年力精壮、耳目聪明者。造册在官,无得频换。至若斩马长刀,摧锋破敌,全藉此器,京营原无师授,乞令陕西镇巡官于在城操军内,拣选谙晓马步刀法者二十四名,应付口粮、脚力,于十二营,每营拨与二名,以一教十,以十教百,待其习熟放回。弓箭手于内府该库收贮官弓,内每名给与一张,其马匹尤须加意操习,使驰逐合度。若兵勇将良,武备修举,加以仓库充实,虽有外侮,不足虑矣。"弘治帝接疏后说道:"卿等所言,切中时弊,其悉行之。"(《明孝宗实录》卷114)

弘治朝对于武举的人才选拔,官史上留下的记载并不太多,大致在弘治十五年(1502)八月时皇帝朱祐樘曾下诏给"两京府部各举将才","南京户部右侍郎郑纪因疏请设武举科,中外以三年一次,乡试征聘名儒,以司考较。初场试以《武经》《百将传》《诸家兵法》,试其论策七篇;次场试以古今阵势、兵车、名物,俾其画图贴说,各驻制度,行使之法,俱糊名易书,定为三等;末场则于教场试其弓马、枪刀,以观其勇力,择日揭晓。以上二等送会试,下等者发原卫;肄业者,照原袭品级递降。其公、侯、伯之子,则许径入会试。会试之法亦如之,下等送在京武学肄业,上、中二等请于内院设教场,圣驾临御幄,文武大臣分侍,先试以弓马,次及阵势,拔三人为一甲,即令袭其祖父官爵,二甲、三甲者为冠带舍人,给以应得俸粮,分各边随总兵官听用,一岁更一边,诸边历遍,又经战一二次,保送袭职,则人人自奋,将材不必举荐而可得矣"。弘治帝接疏后又一时拿不准主意,将其下发给兵部讨论。兵部尚书马文升随后上言:"以武举已有举行之典,亦足激励人心,不必轻易纷更,但当申饬所司耳。"可这回明孝宗没有全听他的话,而是这般说道:"自今有堪应试举者,务留心搜访,从公可试,毋视为故事。"(《明孝宗实录》卷190)

正因为当朝天子对于武举、武学等军事人才储备选拔制度寄予了很大的希望,两年后的弘治十七年(1504)十月,大明朝廷举行武举考试时一下子就录取了30余名举子,这在那个武举初创时期还真是不多见。当时兵部官上奏说:"武举取中许泰等八人,答策俱优,马步共中六箭以上,例宜升署职二级;陈宽等三人马步中箭合式,但答策未优,韩玺等二十四人答策可观,但中箭未尽如式,例各宜升署一级,请如文举引见,赐宴主席等故事,以礼振作。"明孝宗接奏后不仅予以全部允准,而且还十分高兴地说:"武举重事将材,须从此出,可特引见,赐宴光禄寺,仍送羊酒,令尚书刘健主席。今后三年一次举行,不中者许再试,不必拘定次数,其礼制有未悉者,尔兵部仍酌处以闻。"(《明孝宗实录》卷217)

将武举视同文举,明孝宗对于军事将才的渴求可见一斑。但十分遗憾的是,这位明君在下达此项令旨后不到一年就驾崩了,由此大明武学与武举再次经受了折腾与反复。

○ 清理军伍,勾补军力

军事将才缺失诉求于武学、武举和荐举,而冷兵器时代确保战争胜利最为主要力量之一的仍是军中军士,但军士人数严重不足,那可怎么解决呢?自弘治朝开启后,大明朝廷继续沿用和改进前朝的做法:清理军伍、招募士兵和增补民壮。我们现在先讲第一种方法:清理军伍或简称清军。

在上文中我们已讲过,明朝前期的清军状况是越清越少。在明英宗第一次当皇帝末期,大明清军的成功率只有约10%(《明英宗实录》卷170),后经景泰、天顺和成化三朝,到弘治帝上台时,帝国清军情况并没有什么好转。那时朝廷向各处派出了许许多多的清军御史,专门从事清军活动。除了下令给各处衙门,让他们予以配合外,明孝宗还让人从国子监中抽调部分监生,协助官员进行"清军、清黄、续黄、写诰及天财库办事等项"工作。(《明孝宗实录》卷21)差不多与此同时及稍后,巡抚顺天等府都御史徐怀、南京后军都督府经历周广荣、管巾帽局事太监黄瑜、兵部主事莫骢等朝廷内外大臣对清军分别提出了许许多多改进建议。(《明孝宗实录》卷47、卷57、卷61、卷71)而这些建议有不少为朝廷所采纳,并贯彻于实际行动中去,这就使得弘治朝开启后的清军工作效率大致维系在明英宗时代的水平。明代官史记载:弘治六年(1493)三月乙酉日,兵部尚书马文升上奏说:"天下布政司清出军伍,以十分为率,陕西约有三分以上,云南、贵州、湖广二分以上,广东、山东、江西、四川、福建、河南、北直隶俱不及二分,浙江、南直隶俱不及一分。"(《明孝宗实录》卷73)

由此我们不难看出，当时大明各地清军的平均有效率还是徘徊在10%上下。当然，能取得这样的"成果"，在明朝中期国法纲纪普遍松弛的情势下算是很不错了。不过话得说回来，清军过程中所带来的一系列问题也不容忽视：

第一，清军官员和管军官员大玩"捉放曹"游戏，中饱私囊。

据弘治八年（1495）三月壬寅日湖广按察司佥事冯镐上奏所言："天下卫所军数消乏，皆因管军官员作弊，或夺其田庄而纵之逃。今后清军御史清出该解军丁，即并家属给与解人，径解原卫，该管按察司或巡按御史交割，转发补伍，按察司管屯官即查原有田庄者给与住种，巡按并分巡、分守官仍稽考有蹈前弊者，参问降级。"（《明孝宗实录》卷98）

第二，清军往往与官员的官俸和考绩相挂钩，遂致祸害四方，民无安宁。

针对全国诸多地方清军不力皆因"各官苟且玩愒"之势，弘治六年（1493）三月，兵部尚书马文升上请"当治其罪，乞如例罚布、按二司清军官俸一月，府、州、县清军官俸三月"。即将清军工作成效与官员官俸、考绩直接相挂钩，明孝宗当即准奏之。（《明孝宗实录》卷73）由此一来，各地各级的领导干部都削尖了脑袋开展所谓的"清军"，而其所带来的后患也实在令人震惊。

弘治八年（1495）十二月戊辰日，南京礼部尚书童轩在上呈疏言中这样描述道："至若清军之扰，尤为不堪。御史及布、按等官往过来续所拘亲邻佃户、递年里老人等，动以万计候俟，拘留辄经旬月，春夏妨其耕耘，秋冬夺其收获。"（《明孝宗实录》卷107）对此，童轩一语中的地指出："清军一事，虽曰急务，但所清之军，自洪武、永乐以来，远者百余年，近者数十载，而正身之存者少矣，其子孙年深必多，更名避地不可卒识，间有清出亦千百之一二耳。所得之军甚少，所扰之民实多。乞敕兵部转行天下所司，凡逃军有经三十年以上者，悉免清勾。凡有愿投军籍者，覆视无碍，许于本处卫所注籍，则民扰可除而军伍亦易补矣。"可当时锐意致治却又"动必以太祖为准"的明孝宗根本就不肯接受这个建议，下其章疏于"所司知之"（《明孝宗实录》卷107）。

第三，清军清到后来，由于推行的考核举措愈趋严格，官员们为了完成上级下派的指标，做好数字文章，往往滥竽充数，甚至还将民籍中的普通百姓逼认为军，由此引发地方骚乱。

中国官场上的人向来就擅长做数字文章游戏，一旦上面定出指标，下面便能做得十分"出色"。弘治八年（1495）八月辛未日，工科给事中童瑞以灾异上陈六事，其中就清军一事这样说道："京城投军者多无借之徒，恐调用之时逃移、诈死、转换、顶名，且无籍可查，虚糜军粮。乞敕所司逐一清查，重勘，相同方令着役。"（《明孝宗实录》卷103）

针对清军过程中出现的如此种种乱象和怪事，弘治中后期，明孝宗在大臣们的建议下，除了下令严格规范清军行为外，还想从根本上铲除逃军形成的渊薮，并进一步细化各级官员清军的奖惩指数。弘治十二年（1499）十二月，他接受兵科给事中杨廉的建议，下令：今后一旦有什么工程建设，就"于三大营摘拨，不得奏取团营军士；违者，许言官指名劾治。更令沿边守臣，各选招土兵养而教之，岁终具上其数，仍移文天下清军所司，尽心清解军壮，其新军到伍，卫、所官员毋利其有，毋怠其防，以致逋逃，违者绳之以法。"（《明孝宗实录》卷157）与此同时，鉴于"各处布政司及府、州、县清军官多不用心，故清出军少"的不堪之势，弘治帝接受兵部的建议，严督各级官员实行规范清军，且还下令规定："各清军御史或巡按御史，今后以十分为率，不及三分者，布、按三司清军官停俸两月，府、州、县清军官停俸三月；其不及一分者，布、按二司清军官停俸三月，府、州、县清军官并司、府、州、县吏逮治。"（《明孝宗实录》卷195）

为了执行上级规定和完成上级下派的指标，弘治中后期"各处清军御史惟欲取足军数，一概勾扰，害不可言"（《明孝宗实录》卷222），甚至"将好百姓逼认"（《明孝宗实录》卷163）为军。有个叫任文献的监察御史到浙江去清军，因处置不当还引发了群体暴乱事件，"所连逮千余人"（《明孝宗实录》卷192）。

从浙江等地的群体暴乱事件中，明孝宗君臣似乎吸取了些教训。弘治十六年（1503）四月，因江西九江府知府刘玘奏请，皇帝朱祐樘接受了兵部的覆奏，下令规定："各处清军御史严督各府委官稽核究治，其卫、所册勾逃军，自宣德四年以前，则止照名清理，对款登答以后者，仍照原定三分之数。"（《明孝宗实录》卷198）

第四，清军既然越来越难，与之相随，官员想捞油水的机会也就变得越来越少，于是大家都在敷衍着，即使偶尔勾到"逃军"，也"随解随亡"(《明孝宗实录》卷144)。

弘治十年(1497)六月辛未日，南京吏部尚书倪岳等在上陈修省二十事中就这样描述道："南京各卫、所军丁困于役使月钱之类，父子、兄弟一无空闲，或未出幼者三人朋为一丁，甚至无丁者，犹令其出银，穷促日甚。"(《明孝宗实录》卷126)

既然仍在卫、所的军士处境是这般悲惨，其他人耳闻目睹后自然会千方百计地逃避"勾补为军"。如此下来，哪里还有什么军可清的了。也正因为无军可清，"各处清军御史多取道还家，到未久即造三年册籍，以为满限"。对此，有人上奏朝廷，"乞查其(指清军御史)在任行事，并回京起程日期，实历三年，方许考称，仍蹈前弊者究治之"。皇帝朱祐樘拿不准主意，便将该事下发给都察院讨论，都察院随后覆奏："旧例清军御史三年更代，今后有差去时，不可过期，回时必须满限，违者听本院考察黜退，以戒不职。"明孝宗准奏，"仍命今后清军并巡按等御史回京一体施行"。(《明孝宗实录》卷130)

皇帝老子要搞清军，底下的臣子不得不执行，于是上下都敷衍着。即使偶尔逮住了个把"逃军"，大家谁都不在意，终致"各处清军之弊，随解随亡"。(《明孝宗实录》卷144)。

虽然到弘治晚期时，大明朝廷又对清军事宜做了进一步的规范，但就是没有从根本上加以废止。与之相随，大明军力增补的根本问题依然没有得到解决。为此，弘治朝廷不得不寻找另外的途径来予以补救：继续推行祖上实施过的募兵法，改进民壮佥补。

○ 继续推行募兵之制　改进民壮佥补之法，增补国防力量

有明一代募兵制最早可能萌芽于宣德末年。宣德九年(1434)十月，明宣宗朱瞻基"榜谕边境，有愿奋勇效力剿贼立功者，许赴官自陈"(【明】王圻《续文献通考》卷122)。而有明一代正式开启募兵制应该是在正统皇帝即位之后。《明史》说："正统二年(1437)，始募所在军余、民壮愿自效者，陕西得四千二百人。"(《明史·兵三·边防、海防》卷91)但《明实录》中则讲得似乎更早些，据"正统二年六月

壬戌"条所载："镇守陕西都督同知郑铭募军余、民壮愿自效者，四千二百人，分隶操练，人给布二匹，月粮四斗。时有榜例令召募故也"(《明英宗实录》卷31)。

不过那时的募兵制可能还处于初级阶段。明代大规模的募兵应始于景泰时期。正统十四年(1449)九月甲辰日，也就是北京保卫战开始前的半个月，景泰帝朱祁钰正式任命了15个朝廷官外出，前往中原地区去募兵，而这样规模性的募兵在明朝开国后的历史上还从来没有过。(《明英宗实录》卷184,《废帝郕戾王附录》第2)

正统十四年(1449)十二月初，在尊上圣皇太后、皇太后及册立皇后、贵妃昭告天下的诏书中，明代宗朱祁钰专列一款："各处民壮起程赴京者，就令该管官司管领，在于本处操练，暂自守御，以俟有警，调赴京师策应。所司谕以事定仍旧宁家为民，切勿疑有编入军伍之意，庶民知所信从。"(《明英宗实录》卷186,《废帝郕戾王附录》第4)

景泰帝在这段指示中首次以大明帝国最高当局者的名义，明确规定"事定仍旧宁家为民"，即告诉全国人民，招募民壮为兵是有"限定"的，其中一个限定就是时间上的限定，事完为止；另一个限定就是"身份"上的限定，民壮为兵，事情结束后民壮照样可以继续为民，不像当兵那样为世袭制。这就明确划分了招募民壮为兵与旧有军户世兵制之间的区别。"世兵制是指国家从人民中划定一部分，令他们专门承担兵役，在军者终身为兵，父死子继，兄终弟及，成为世代为兵的兵役世家。"这实际上是一种落后的兵役制度，已逐渐为历史所淘汰。而募兵制是指"国家或地方以出钱雇佣的形式集结兵员，是一种雇佣兵制"。原则上，应募当兵者乃出于自愿，应募者须具备一定的年龄、体力和技能条件，受雇佣的时间也有约定，募值一般应包括应募金和定期发给的粮饷等主要部分。(参见陈高华、钱海皓总主编《中国军事制度史》,王晓卫主编《兵役制度卷》,大象出版社1997年8月第1版,P6、P11)

由此我们来看，景泰朝初期的招募民壮为兵，几乎都能与上述募兵制特性一一对上号。由此可以说，景泰朝廷的如此大规模之举是大明历史上的一次大的军事制度变革。自此以后，募兵制逐渐地取代了军户世兵制的地位，成了明朝中后期集兵的最为重要的方式。(《明英宗实录》卷189,《废帝郕戾王附录》第7)

但这样的一项适应时势的兵制改革和其他景泰"中兴"举措随着一场莫名其妙的南宫之变的突发而被迫中止,随之上台复辟的明英宗是个睚眦必报的绝对小人和昏庸之主。这不仅仅表现在他对待前朝异己势力所采取的血腥高压政策上,而且也反映在他复辟上台后愚蠢地废除景泰朝革新举措,骤然中断了大明"中兴"进程。

不过幸运的是,明英宗复辟后只干了7年的皇帝工作就病逝了,接替他皇位的是皇太子朱见深,可能令黄泉路上的老爷子明英宗没想到的是,儿子朱见深上台后在李贤、彭时和商辂等正直大臣的辅佐下,拨乱反正,"更始"天下(《明宪宗实录》卷1),恢复景泰"中兴"诸多举措,如广求直言,宽政恤民,平反冤狱(主要为景泰朝君臣昭雪),整顿吏治,改革军事,复立团营……(可详见笔者拙著:《大明帝国》系列之⑮《成化帝卷》上册,东南大学出版社,2017年9月第1版)包括恢复募兵制,并对其有功者实行奖励和升赏。据明代官史记载:成化时期大明朝廷曾规定,"募满百人"以上者,若已有冠带,则"可递升一级,无冠带者给以冠带;募止七十人以下者","亦可给冠带,加食米一石,俱令领所募听调剿寇"。(《明宪宗实录》卷157)

正因为有着朝廷的积极倡导与鼓励,当时的募兵工作在有些地方还取得了一定的成功。以辽东为例,到成化十二年(1476)十二月时,辽东都司招募到的兵士就有2 700名,广宁招募到的兵士也有1 800名。(《明宪宗实录》卷160)

不过话得说回来,像辽东地区招募到的这4 500名兵士的身份还是挺有问题的。据当时整饬辽东边备、兵部右侍郎马文升所言,他们"俱金复、海盖等卫余丁"(《明宪宗实录》卷160)。换句话来说,这4 500多名被招募来的兵士原本就是世袭军户制中的余丁。至此有人可能要问了:那为何普通百姓家的成丁男子多不太愿意去应募为兵?问题关键还在于,应募为兵者一旦应募了,就会被编入大明军中的卫、所内,"他日逃故",却依然要被勾补。说白了,这就与世袭军户制下的军没有多大差别。(《明宪宗实录》卷160)

如此陋习与积弊一直被沿袭下来,到明孝宗上台即位后,尽管当时的朝廷大加推行募兵制,但"各边募兵应募者既少,且未必可用"(《明孝宗实录》卷164)。对此,皇帝朱祐樘在弘治十四年(1501)

十月时接受了臣下的建议,对募兵者与应募者的待遇与奖励都做了改进和提高,其中规定:"所募兵不限汉、土番、夷人,给银五两,册内三丁选一者,人给三两,各与粮赏,仍免舍余一丁助之。见任百户、副千户能募兵百人,正千户募兵五十人,指挥佥事、指挥同知募二百名者,各升一级,至指挥使而止。都指挥佥事及同知募二百五十人,亦各升一级,至都指挥使而止。为事立功、戴革职间住者,能募百人,悉与复职除罪,即各统其所募之兵。"(《明孝宗实录》卷180)

要说弘治朝的这个募兵之法,那可谓诱人得很。但令人遗憾的是,在实际执行过程中却并没有取得预期的效果。诚如前文所述,其问题的症结还在于所募之兵不愿意归入原本大明官军管理系统,即充当事实上的军。弘治十七年(1504)十月,巡按山东监察御史余濂在上呈奏章中将这个症结的"秘密"给说破了(《明孝宗实录》卷217),只可惜明孝宗还没有来得及着手予以处理和解决,就往黄泉路上赶了。(下章将详述)

既然募兵收效不大,那么明朝中期的军力增补主要通过什么方法来解决呢?这就是笔者下面要讲的明代另一种逐渐盛行的集兵制度——佥补民壮。

上文讲过,民壮本是维护地方社会治安的民兵,由于在正统与景泰之交发生了非常国难,因而他们才被明朝官方佥补和征调到了保家卫国的军队行列中去,由此也就增强了大明的军力。但若要从身份本质来说,民壮还是属于民,因而他们的地位要高,战斗力也相对要强。按照景泰时的朝廷规定:在为国家服役一段时间后,被征调的民壮应该予以放回,可在实际操作过程中却并非如此。尤其是天顺、成化年间,朝纲紊乱,政治腐败,军纪松弛,被征调的民壮有没有被及时放回,这几乎成了无人过问之事。一晃就到弘治朝,在大家不经意间,有人发现了这个历史上的"老"问题,并向朝廷提了出来。弘治十二年(1499)五月,刑科给事中李举在上言奏章中说:"山西民壮戍守三关,今已四十余年。雁门关实西北要害之地,而偏头关尤为孤悬保障,若悉放免,万一虏寇侵陵,何以捍御?况今虏众悉在大同、宣府境外住牧,似未可放免。宜令所司加意存恤,候边围无警,议奏处分。"兵部尚书马文升赞成这样的

建议，随即向皇帝朱祐樘覆奏。明孝宗批示："从之。"(《明孝宗实录》卷150)

为国家服役四十余年的民壮，按照最高统治者的旨意，因边事日棘而要他们继续戍守下去，这哪是原本意义上的民壮呀，分明成了戍守边关的军了。前面我们说过，民壮从身份角度来说还是民，既然是民，那他们还得要尽民的义务啊。由此下来，一般普通百姓家的成丁男子都不太愿意去当民壮。有人不久就发现了这个问题，弘治七年(1494)十月，礼科给事中孙孺为此专门上呈奏章，"请令州、县至七八百里以上者，每里佥民壮二名，五百里者三名，三百里以上者四名，百里以上者五名。若原额数多者，仍因旧俱于丁粮相应之家，选年力精壮者以充籍，其年貌在官有军卫地方，则抚民等官率领于教场内，与军士一体操练；无军卫处则别置教场，如邻封有警，许更调应援，给以行粮，每名免户下二名杂役以助之。若老死及全户消乏者，另为佥补。巡按及分巡等官各以时简阅，仍禁有司役占、卖放之弊"。兵部尚书马文升覆奏此事，皇帝朱祐樘随即准奏。(《明孝宗实录》卷93)

弘治七年的这个佥补民壮之法的最大特点是按地方里数来佥派民壮，这样一来民壮人数就不愁不增加了，且为了安抚他们，朝廷"给以行粮，每名免户下二名杂役"，还"禁有司役占、卖放"。(《明孝宗实录》卷93)此法推行下去，效果果然明显。据当时的官史记载：弘治十年(1497)七月，"大同西路威远卫皆极边，原拨官军五千操守，比来物故数多，见在操守止有千六百余人，虽调山西民壮千三百人戍守……"(《明孝宗实录》卷127)

此段史料告诉我们：当时戍守在大同西路威远卫的官方军队人数有1 600余人，民壮有1 300人。换言之，民壮几乎占了威远卫国防守卫力量的一半。

弘治十三年(1500)六月丙戌日，兵部上奏："近奉旨召募在京军余，应募者少，请会同诸营内外提督官于殚忠、效义二营选舍余精锐者五千人，三千营一千人，团营五千人及行巡抚都御史于真定等六府选民壮五千人，并优免户丁徭役，令操练以备调用。"(《明孝宗实录》卷163)

从马文升主管的兵部上奏内容来看，大明京营精锐重组军数为16 000人,其中真定等六府佥补来的民壮数就有5 000人,这几乎占了重组京营精锐总数的1/3。

我们再来看看当时各地卫、所中的民壮比例数。弘治十四年(1501)十月乙丑日,兵部就"户部左侍郎李孟阳所言实军伍事"而上奏说:"祖宗时天下都司、卫、所原额官军二百七十余万,岁久逃故者十六七,致军伍空虚,防御不足。本部前此常奏,选天下民壮三十余万,又查出天下卫所舍人、余丁八十八万,又于西北诸边召募土兵无虑数万,俱掺练备用。是皆随宜益兵之计。然五军之中毙端百出,逃亡病故日以益多,请如(李)孟阳所奏,自今清军御史俱奏,令分督所属如例清查,毋虚应故事,所属有阻挠者,边卫充军。有司不掺练民壮并私役杂差者,如役占军人罪。"明孝宗准奏。(《明孝宗实录》卷180)

这段史料是说,大明祖宗时代全国都司、卫、所额定军数为270多万人,已逃掉60%～70%,现查出全国各地卫所的舍人、余丁近90万人,应增补民壮30多万人。换言之,在那时各地重组起来的120万官军中,30多万民壮就占了总数的约1/4。(《明孝宗实录》卷180)

弘治十五年(1502)五月,大理寺左寺丞刘宪奉旨前往陕西招募土兵,在延绥招得10 376人,在宁夏招得11 000人。(《明孝宗实录》卷187)

至此我们不难看出,明孝宗时代的大明帝国无论是京军还是驻守地方的军队,民壮在其中所占的分量已经大为增加,并有渐居主导地位之势。

不过我们对此也不能过于乐观,还应该看到佥补民壮及其使用过程中所带来的负面影响。就在弘治七年新佥补民壮之法推行后一年后,即弘治八年(1495)十一月,礼部尚书倪岳等因灾异修省而会同五府、六部、都察院等衙门条陈三十二事,就"停佥民壮"一事这么说道:"近令各省点佥民壮,而吏胥为奸,民心愁怨。今后除山、陕边方并编佥已定者,及福建汀州、江西赣州等处,宜从巡抚、兵备等官斟酌点用,其余腹里无事地方,请悉停止,俾各归农。"但皇帝朱祐樘没接受建议。(《明孝宗实录》卷106)

3年后的弘治十一年(1498)十一月,礼科左给事中刘孟在上言六事中也提出了同样的建议与请求:"江西南昌等府地方无大盗贼,民壮之设,实为累民,乞为停止。"弘治帝接到章疏后将其下所司知之。(《明孝宗实录》卷143)

事隔没几天的十二月己酉日,巡抚山东都御史何鉴上奏说:"天下府、州、县民壮欲十年一次审编,间有老疾者,俱许佥换,照例优免,仍严禁所司以时操习。若防守城池之外,有私役跟随及别项差遣者,各依例重罚。"(《明孝宗实录》卷145)

从巡抚山东都御史何鉴上呈的这个奏章内容来看,明初立国起用以辅助地方治安的民壮,到了明朝中期时已经完全演变为帝国小民们必须要服的杂役了,且为10年佥编一次,甚至连老弱病者都不能幸免。由此何鉴乞请朝廷下令:适当佥换,照例优免,并严禁军官私役和任意差遣。弘治帝在兵部尚书马文升等人的不断建议下,不仅应允了何鉴的奏请,而且还降下谕旨,对佥补民壮之法做了修正性的规定:"十年佥换之时,本户见有壮丁十名以上、家业富厚者,仍于本户佥取,再应当一代事故之日,不许再佥。中间有仕宦子孙、军匠、灶籍,量加优免。系正统、景泰、成化初年者,欲告更替,亦许佥换。"(《明孝宗实录》卷145)

弘治十五年(1502)六月,兵部覆奏:"大理寺右寺丞吴一贯所言宽民壮事,请分班次,以节其力;禁科罚,以省其财,事简盗希之处,则年分以四班,县大盗多之处,分为二班。行令所司依期督操防御,其科差私役者,严加禁治。"明孝宗"从之"(《明孝宗实录》卷188)。

弘治十六年(1503)四月,巡抚大同都御史刘宇上奏说:"今太原府各县民壮备御大同西路者,户下每名原所免粮七石,每石折银八钱,类计大同行都司,改拨屯军代之备冬,而以其银扣补屯粮之数。"随后巡抚山西都御史魏绅也上言说:"太原民壮备御大同威远者,原编佥时止免杂差,无免粮例。今民壮不能办银,惟其役力宜仍旧便。"兵部覆奏,明孝宗准奏之。(《明孝宗实录》卷198)

拒绝罢停佥补民壮之役,在不断接受臣下建议的基础上,弘治朝廷积极清除其中的流弊,终致各地民壮犹如一股股溪水,源源不断地汇入大明军事国防队伍,由此也就使得帝国的军力有了较好的补给和充实,这在相当程度上巩固了大明的国防。

○ 整饬武备，改革马政

弘治时代，巩固国防除了及时补充军力即俗称的人力资源外，还有一项极为重要的举措，那就是充实边备或言整饬武备。

弘治九年（1496）六月丙申日，兵部尚书马文升等上疏说："天下之安危系武备之修否，我太祖高皇帝以武功定天下，凡私役一军、私借一马者，皆有重罚。虽有兴造，竟不劳军，三十余年海内晏然。太宗文皇帝迁都北平，于武备尤为注意，故出塞千里，胡虏远遁。宣德以来，武备渐弛。迨至正统，民不知兵，所以有土木之败。迩来天下无事，京军疲困，战马消耗，兵器不精，操练无法，而北虏进贡，词诘骄倨，安知无潜蓄大举入寇之谋乎？夫京师以大同、宣府为藩蓠，其至京师不过数程。至于密云、蓟州尤为密迩，若不蚤为之处，仓卒有警，将何以济？伏望皇上念京师军马，乃朝廷自将之兵，居重驭轻，所系甚重。今后凡有兴造，诸司不得奏拨团营军。违者听科道官劾奏，更乞著为定例。其三大营做工官军，令内外管工官员，督令速完，不得迁延私役，仍于每营再拣精锐马步军各二千，以为上等之兵，遇警动调；其逃亡之数，本部仍行清军官用心清理，如不及数，考满之日不许升用，仍乞降敕赍付清查草场给事中等官，其三大营各选差年老知因官员同去，将永乐年间原拨各营牧马草场，拘集地邻取勘明白，就为丈量，每营原该地几顷，内耕种几何，闲牧几何，已耕者见是何主。系亲王者，另拨无碍地补还，退出草场牧马。其余不分内外势要之家，俱令退出。若军民私自耕种者，论之如律，仍立石镌刻四至，以示久远。诸人不得奏请，违者治之。今后马军有将料豆预卖与人及私雇官马与人者，俱于教场门外枷号半月，仍送法司问罪，与雇马之人照例罚马一匹，亲管官若有侵欺料豆五石以上及擅拨马五匹以上与人骑者，降一级；料豆至十石、马至十匹以上者，降一级，调外卫带俸差操。其军官人等，若有私买军士料豆、下仓关支至二十石以上者，俱发边卫充军。更乞敕户部，将京营马匹冬春六月支与草束，三月、一月本色草束，二月折色银，每月三钱；仍令工部通查内府各库见收军器，如或不足，令内府兵仗局成造精致盔甲、腰刀、斩马刀、长牌、弓袋各二十，事送浙江等处交收为式，各将所属卫、所并有司该办军器料物征收一二年之数,就委各府卫官提调局匠,如式造作,免造长枪四根,折造斩马刀一把,团牌改造长牌,弓箭则照宣德、正统年间式样造成,解部送库。若造作不如法,三司并各府、卫委官照例降级。仍通行天下诸司,但习熟韬略、弓马,绝伦或有出众奇才堪为将官者,不分行伍士卒,或草野之人,俱听举用,有司以礼送部,本部通将节次所举未用将材,并原系将官不失因机革去职任者,会同府、部、科道等官,逐一评议,可当何任,具名奏闻,以次酌用。举到奇才,会官考试,照武举事例擢用。更敕团营提督内外大臣,今后凡遇春秋三、九月常操之期,预奏择日,限在十五日以前。其操习一遵旧法,五日之内,走阵下营二日,演习武艺三日。其执旗掌金鼓之人,须选年力精壮、耳目聪明者,造册在官,无得频换。至若斩马长刀,摧锋破敌,全藉此器,京营原无师授,乞令陕西镇巡官于在城操军内,拣选谙晓马步刀法者二十四名,应付口粮、脚力,于十二营,每营拨与二名,以一教十,以十教百,待其习熟放回。弓箭手于内府该库收贮官弓,内每名给与一张,其马匹尤须加意操习,使驰逐合度。若兵勇将良,武备修举,加以仓库充实,虽有外侮,不足虑矣。"(《明孝宗实录》卷114)

明孝宗接疏后当即降旨:"卿等所言,切中时弊,其悉行之。"随后大明军事国防领域内的新一轮武备整饬工作又开展起来了。(《明孝宗实录》卷114)

笔者在以前出版的系列拙著中曾说过:在以冷兵器占主导的传统社会里,一个国家军事实力是否强盛主要是看它的军队的士兵人数和军事作战工具如马匹、弓箭、刀、剑等数量的多少。而在这数者中,军用马匹的足够配备则显得尤为重要。明太宗朱棣曾说:"古者掌兵政谓之司马;问国君之富,数马以对。"(《明太宗实录》卷15)明末大思想家顾炎武也曾说过:"马于兵政为最大,故古以司马为官。"(【明】顾炎武:《天下郡国利病书》卷71)

明代自立国起为了确保马匹的来源而制定了独特的马政制度,其主要包括两种供马途径:官方养马和民间养马。官方养马在明朝前期很发达,但到中期以后就不行了。"按明世马政,法久弊丛。其始盛终衰之故,大率由草场兴废。太祖既设草场于大江南北,复定北边牧地:自东胜以西至宁夏、河西、察罕脑儿,以东至大同、宣府、开平，又东南至大宁、辽东，抵鸭绿江又北千里，而南至各卫分守地，又自雁门关西抵黄河外，东历紫荆、居庸、古北抵山海卫。荒闲平埜（同"野"），非军民屯种者，听诸王驸马以至近边军民樵采牧放，在边藩府不得自占。永乐中，又置草场于畿甸。寻以顺圣川至桑干河百三十余里，水草美，令以太仆千骑，令怀来卫卒百人分牧，后增至万二千匹。宣德初，复置九马坊于保安州。于是兵部奏，马大蕃息，以色别而名之，其毛色二十五等，其种三百六十。其后庄田日增，草场日削，军民皆困于孳养。弘治初，兵部主事汤冕，太仆卿王霁，给事中韩祐、周旋，御史张淳，皆请清核。而旋言：'香河诸县地占于势家，霸州等处俱有仁寿宫皇庄，乞罢之，以益牧地。'虽允行，而占佃已久，卒不能清。南京诸卫牧场亦久废，兵部尚书张鏊请复之。御史胡海言恐遗地利，遂止。京师团营官马万匹，与旗手等卫上直官马，皆分置草场。岁春末，马非听用者，坐营官领下场放牧，草豆住支，秋末回。给事御史阅视马毙军逃者以闻。后上直马不出牧，而骑操马仍岁出如例。"（《明史·兵四·马政》卷92）

以上所述的是自开国到弘治时百余年间明朝官方养马由盛转衰的大致经过，而与此相关，大明帝国还推行了民间养马，那么其具体情况又是如何的呢？

明初洪武时代，鉴于"所司因循牧养失宜"，朱元璋下令将很大一部分官方养马改为民间牧养。（《明太祖实录》卷97）由此而始，养马就成了帝国百姓的重要义务。具体地说，有三种养马形式：其一为种马，"种马者以马为种，视母骡驹，选驹搭配，余则变卖入官，会典所称孳牧"；其二为表马，"表马者以种马骡驹表其良者起解以备用也"；其三为寄养马，"寄养马者以解表者发寄民间牧养以备用者也"。（【明】杨时齐：《皇朝马政记》）

与上述3种养马形式相对应，大明官方对马政的考察也有3项要求，那就是种马要孳息，表马要好，寄养马要能用。如果做不到，那就得要赔偿。细细说，每一项要求都有具体的标准。洪武时期对于种马孳息的要求是"岁课一驹"，即养马者必须要保障每年每匹母马能产出一头小马来，否则就要向官府赔偿。（《明太祖实录》卷79）这是何等的苛政！

而表马是指养马户将自以为养得好的马匹送到指定的官府衙门去,让其印烙、分表,即所谓的解表。暂且不说这解表一路上的盘缠费用,就是到了马政官那里接受点视(清点检查)时还要受到各式各样的敲诈勒索。寄养之累与其很相像,由于解表来的马匹,政府不一定马上就用,往往要将其寄养在老百姓那里,日后一旦取用时,如果发现寄养的马匹瘦了或病了或与过去不一样了,那就得要赔偿,由此马政官也好上下其手。明人曾这样记述道:"江北表马之役,最称苦累;而寄养之户,尤多败困。要其所以,则侵渔多而费用繁也。"(【明】谢肇淛:《五杂俎》卷4)

明朝前期的民间养马诸弊沿袭了80余年,直到景泰帝上台时才为朝廷所直面并予以了部分革除。正统十四年(1449)十二月初十日,新皇帝朱祁钰在上皇太后尊号、册封皇后而诏告天下的诏书中明确表示,要竭力清除马政之流弊。其曰:"凡官员公差出外印烙、分俵(同"表")、点视马匹,不务马政修举如何,惟以需索财物为务,今后马不蕃息,膘不肥壮,并罪曾经印烙、分俵(同"表")、点视之人。敢有科敛财物,靠损养马人户者,必罪不宥。"(《明英宗实录》卷186,《废帝郕戾王附录》第4)而后景泰帝又接受臣下的建议,专门颁发了两条谕旨,旨在消除马政中的民害,其一:"景泰间言者谓侯、伯及内官多事贿赂,马政凋耗。宜止差御史印俵(同"表"),(景泰)朝廷从之"(《明英宗实录》卷279)。其二,景泰三年(1452)二月,朱祁钰接受太仆寺卿李实的奏请,下旨规定:"儿马十八岁、骒马二十岁以上,免算驹。"(《明史·兵四·马政》卷92)

经过一系列的努力,景泰中后期大明马政渐趋合理,社会民生经济领域里的流弊得到了一定程度的清除。但十分可惜的是,景泰"中兴"改革及其所带来的"红利"随着"夺门"之变的突发和明英宗的复辟而被一一废止。(详见笔者拙著:《大明帝国》系列之⑭《景泰、天顺帝卷》下册,第5章"石曹之变 天顺顺天?",东南大学出版社,2016年5月第1版)

一晃就到了成化、弘治时代,马政这个弊端丛生的历史老大难问题再次引起了朝廷上下的重视与关注。

成化二年(1466),在大臣们的建议下,明宪宗"以南土不产马"而下令"改征银"。由此,有明一代的马政开始发生一小变,由民间养马逐渐转为纳银代马。成化四年（1468），明廷"始建太仆寺常盈库，贮备用马价。是时，民渐苦养马。"（《明史·兵四·马政》卷92）成化六年（1470）八月，巡视真定等府吏部右侍郎叶盛在上奏便民事宜中这样说道："今日民间最苦养马，破家荡产皆马之故。旧例牝马一匹，每年取一驹。当时马足而民不扰者，以刍牧地广，民得以为生，马得以自便也。厥后豪右庄田渐多，养马日渐不足。洪熙元年改为两年一驹，成化元年又改三年一驹，马愈削而民愈贫，然马不可少。于是又复两年一驹之例，夫纳马有数，用马不赀。虽有智者，无善处之术。方今京营各边缺马，取给民间孳牧，所缺之马，虽亦追陪于军，而军多艰苦，又不能偿，仍复给之。于是马愈不足，民愈不堪。为今之计，欲宽民间之马，必有以处军中之马，然后其弊可除也。"（《明宪宗实录》卷82）由此叶侍郎"请敕边镇随俗所宜，凡可以买马足边、军民交益者，便宜处置。"（《明史·兵四·马政》卷92）明宪宗接奏后，"以其言有理，命该部参酌以闻"（《明宪宗实录》卷82）。恰巧当时马文升巡抚陕西，"又极论边军偿马之累，请令屯田卒田多丁少而不领马者，岁输银一钱，以助赔偿。虽皆允行，而民困不能舒也。"（《明史·兵四·马政》卷92）

一转眼到了弘治时代，那时都察院右副都御史萧祯巡抚陕西，发现那里的马政多半处于荒废状态，于是从务实的角度上奏乞请朝廷"减行太仆寺官"。但时任兵部尚书马文升等却不赞成，就此向上覆奏道："洪武中设陕西甘凉行太仆寺，永乐间复于平凉设苑马寺，所属有长乐、灵武、同川、威远、熙春、顺宁六监，开城等二十四苑，各置官属，凡茶马并番夷贡马悉送寺苑收牧。平凉地广善水草马大蕃息，牧常数万匹，足充边用。正统以后，边备渐弛，北虏知平凉饶马，屡入寇掠马以去，马遂日耗，久之遂裁革。同川等四监、泰和等十九苑，今所存寺监官，言者每请裁革，是惜小费而忘备边之大计，恐马政遂废不可复矣，请量裁省为宜。"明孝宗接奏后做了折中处理："裁革陕西行太仆寺少卿一员、寺丞一员，苑马寺少卿一员、寺丞三员，长乐、灵武每监监副二员"（《明孝宗实录》卷24），而后他又给萧祯降下敕谕，"令（其）加意督察"（《明史·兵四·马政》卷92）。

弘治三年（1490）四月丙申日，明孝宗又专敕巡抚陕西都察院右副都御史萧祯，说："朕惟兵戎之用，莫先于马，而马之所畜，必有其地。洪武、永乐间,陕西、辽东各设苑马寺,专领孳牧,当时官得其人,提督有方,每寺所畜官马不下二三万匹,足供各边之用。自正统十四年惊扰之后,无官查考,遂致耗废。凡遇边方缺马,动辄来京奏讨,所费不赀,且各寺所设官员,与其养马军丁、牧马、草场,视昔不减,而马数之畜迥异如此,盖挚乎官之得人与否也? 近因廷臣建议,修举马政,虑各寺种数少,宜先添补,已准差官赍银12 000两,前去陕西,督同布、按二司,委官收买种马2 000匹,交送陕西苑马寺领养,作种孳牧,依例算驹,行太仆寺官每年照例印烙。敕至,尔宜用心提督,严加比较,务臻实效,以裨国用,必使数十年之废政一朝修举,斯见尔能。该寺官有公勤廉慎、尽心职务、事有成效者奏来旌擢,如仍前因循废事者,指名具奏黜罢,以示劝惩。尔其钦承之,故敕。"(《明孝宗实录》卷37)

从最初巡抚陕西右副都御史萧祯上请"减行太仆寺官",到明孝宗令人赍12 000两银子上陕西买种马,在一年多的时间,大明朝廷对于当时马政的态度发生了很大的变化,即由消极接受客观事实转变为积极面对。令人感到欣慰的是,这还不仅仅针对陕西一地,而是面向全国范围,就此而始,弘治朝的马政整饬与改革大加开展起来。

弘治三年(1490)四月庚子日,巡按浙江道监察御史陈金上奏说:"浙民有充远驿马头者,多为彼处土人所苦,其毙万端,欲令就本处有司纳马价及工食草料之费,类解彼处,有司定与则例,马驴铺陈各三年一易,马铺陈分上中下三等,上者给银十五两,中十二两,下十两,俾驿官自买站船,每年一小修,三年一大修,十年一造,各以时给价,仍申报所司知之,亦不得令土人自索取。"兵部尚书觉得陈金的意见可行,"请通行天下"。弘治帝"从之"(《明孝宗实录》卷37)。

弘治三年(1490)八月戊戌日,太仆寺少卿彭礼上言:"近奉敕凡州、县寄养马匹瘦损倒失者,命立限责偿,遇赦不免。臣窃思之,欲惇不赦之信,莫若先赐宽假,请自今年四月以后责偿如例,其弘治元年正月至今年四月,每马一匹,止令偿银三两,则人户乐于输纳官吏,易于征求,十分之中朝廷亦可得三分之利,犹愈于初欲尽取而卒无所得也。臣又访之人情,纳银易纳马难,若每孳生马一匹,止令纳银七两,解贮本寺,听候买马给军,则催征之中,常寓宽恤之意,马亦不致大耗矣。"明孝宗接奏后拿不准主意,遂将其交与兵部去覆议。兵部尚书马文升等随后上奏说:彭礼的建议可行,"但偿还三两者宜增为五两,七两增为十两。"(《明孝宗实录》卷41)弘治帝当即予以允准。

弘治六年(1493)七月丁酉日,兵部会官讨论太仆寺卿彭礼等所陈马政事宜,随后上奏说:"自古牧马多在监苑,未闻寄养于民间。今寄养马驹,岁课无穷,而民间户丁生长有限,以有限之丁责无穷之驹,民困何由而苏!请今定种马之额止 100 000 匹,岁取驹 25 000 匹,永为定额,不复增添。驹存其高壮者,以备岁用;其不堪者,变卖价银,贮之太仆寺,以俟他用。如有物故,即令补足,遇赦不免,是可为久远之计。"明孝宗"从之"(《明孝宗实录》卷78)。由此,大明马政又发生一小变。

弘治十六年(1503)二月己亥,巡抚南直隶都御史彭礼上奏:"近例养马,府、县以十分为率,生驹不及八分者,管马官逮问。然应天、太平等府江南之地,不产好驹,而印烙之官必欲取定八分之数,无驹者皆务买补,每匹价至十两。其不中者发令转卖,追价二两;验中者责养于民,经一二年,当起解时,又验不中,则追价十两,马因有印,人怀疑畏,止可卖价二两,而不足之数,仍取偿于民,则计初买印烙,至后卖陪补,共价余二十两,是一驹而科征两马之价。请于应天各处每岁应课驹而无本色者,追银六两解用,庶便于民。"兵部为此覆奏道:"原议八分之例,专为北直隶、河南、山东而设,自今应天等府印烙马驹,不必限以八分,但点验果系孳生好驹,量与印烙,听候补种取用;其倒死追陪本色不堪者,每匹令变卖,与倒死者各征银三两,亏欠者陪之,如迁延逾年不纳者,或亏欠者诈为倒死者,各追银十两解部,转发太仆寺买补支用。以后每年起取江南备用马,则稽该派数除豁,不必加派。"明孝宗允奏。(《明孝宗实录》卷196)

在弘治朝的一系列马政改革中,要说力度最大的可能就数杨一清在陕西主持的马政整饬及其相关的改革了。不过这时大明朝廷兵部尚书已不再是马文升,而是刘大夏了。

马文升主政兵部时在整饬武备方面除了上述的改革马政外,还曾上奏请得皇帝朱祐樘允准,清理屯田和打造新的作战武器——拒马木。史载：弘治六年（1493）七月，兵部尚书马文升上言清理屯田，户部为此覆议："请移文天下巡抚、巡按，督同管屯官，检核各该卫所屯田，凡原额顷亩若干，中间被势要占种，或顽军盗卖，及今清出还官者若干，其王府已调护卫遗下屯田被占种者，亦俱核实闻奏。"明孝宗接受了建言，遂下令："屯田，国家重事，积弊年深，即行各官逐一清查，奏来处置，毋得仍前扶同怠忽。"（《明孝宗实录》卷78)弘治十三年（1500）六月，兵部尚书马文升又上奏，请"命造拒马木二千架，竹簰二千面，衮刀五十把，为武备之用"。明孝宗随即应允，并令人予以打造。(《明孝宗实录》卷163)

既然弘治朝通过不断整饬和"更新"，逐渐地做好了国防军事作战的准备，那说什么也应该对于当时帝国边防头号危险势力——时不时发动南下犯边和入侵的北虏予以迎头痛击，或从更加宽广的视野角度来讲，揭橥"法祖图治"和"动必以太祖为准"大旗的明孝宗应当调整思维，将原先的大明国防守势战略改变为攻势战略，并付诸行动。要说在弘治中后期历史中还真是有过这样的军事行动，确切地说，明孝宗当政期间大明帝国在北疆上进行了三次较大规模的军事作战：第一次是兴复哈密；第二次是王越奇袭贺兰山；第三次是朱晖等率领大军围剿套虏。我们先讲第一次军事行动：兴复哈密。

○ 兴复哈密——明军第一次正式深入西域，修复西疆——弘治八年十一月

哈密所在地为今天新疆哈密市，距离嘉峪关约1600里。(《明史·西域一·哈密卫》卷329)汉朝时这里是"伊吾庐"，唐朝时为伊州，明初为故元肃王兀纳失里的封地，主要居民为畏兀儿、回回和蒙古族人。

◎ 哈密与大明帝国之间关系的演变

洪武中晚期，哈密为大明甘肃总兵官宋晟和都督刘真所镇服，幽王别儿怯帖木儿和国公省阿朵尔只等近1500号人被斩，王子别列怯部1730人归降大明。(《明史·西域二·西番诸卫·哈梅里》卷330)永乐初年，哈密肃王兀纳失里病死，王位由他的弟弟安克帖木

儿继承。大明新君朱棣一上台就发出了主动示好的抚谕,欢迎哈密等国人前来大明朝贡和进行"边市"贸易。永乐元年(1403)十一月,哈密王安克帖木儿遣使臣马哈木沙浑都思等来南京朝见永乐皇帝,入贡良马190匹。朱棣令人先挑选出其中最好的10匹送到御马监去,其余的全部送往边关地区,供守边将士使用;同时为了回谢哈密王的一片诚意,永乐皇帝对安克帖木儿和他的来使都予以了厚赐。(《明太宗实录》卷25)第二年也就是永乐二年六月,哈密王安克帖木儿上请永乐皇帝,要求大明赐给他一个王爵的封号。朱棣命令礼部尚书李至刚等大臣进行廷议,最终决定封安克帖木儿为忠顺王,"并赐之彩币"(《明太宗实录》卷32)。当年年尾,安克帖木儿为了感谢大明君主,又派了专使前来南京谢恩,朱棣又"命赐钞及袭衣绮帛"。(《明太宗实录》卷36)自此以后,哈密成了大明帝国的藩属国,双方建立起了较为密切的关系。

而就在此前后,大明帝国又在哈密及其周围地区建起了西北七卫或称西北诸卫。西北诸卫说起来最初是由老皇帝朱元璋在长城西端嘉峪关外的大明西北边陲建设起来的几个军事驻扎地,到底那时建有几个卫?有人说7个,也有人说8个,由于史料记载模糊,故不得详知。现在可知的是洪武五年在今天甘肃张掖设立的甘肃卫是大明帝国在西北地区设立的第一个卫,随后又设立了安定卫、阿端卫和罕东卫以及曲先卫等,但这些卫时有撤并,到朱元璋晚期时只保存3个卫。

朱棣上台后的第三年"命置沙州卫"及而后设立赤斤蒙古卫,(《明史·西域二·西番诸卫·赤斤蒙古卫》卷330)永乐四年(1406)三月,明成祖下诏"复置曲先卫"(《明史·西域二·西番诸卫·曲先卫》卷330;《明太宗实录》卷52)。

永乐时期设立的最西北的卫为哈密卫,因其所处的地理位置十分重要,大明朝廷予以相当的重视。永乐三年(1405)初,哈密忠顺王安克帖木儿被漠北鬼力赤毒死,因无子嗣位,皇帝朱棣以"其兄子脱脱为(忠顺)王,赐玉带"和金印,"令为西域之襟喉,以通诸番之消息。凡有入贡夷使、方物,悉令此国译文具闻"(【明】马文升:《兴复哈密国王记》)。永乐八年(1410)忠顺王脱脱暴卒,朱棣"遣官赐祭",同时又封脱脱的堂兄弟兔力帖木儿为忠义王。(《明太宗实

第4章 维稳为上 巩固国防

录》卷120,更详细内容可见笔者拙著:《大明帝国》系列之⑧《永乐帝卷》下册,东南大学出版社,2014年1月第1版,第8章)洪熙元年,兔力帖木儿卒,明廷再次遣官赐祭,并"命故王脱脱子卜答失里嗣忠顺王"。宣德三年,明朝"以卜答失里年幼,命脱欢帖木儿嗣忠义王,同理国事。自是,二王并贡,岁或三四至,奏求婚娶礼币,命悉予之。正统二年,脱欢帖木儿卒,封其子脱脱塔木儿为忠义王,未几卒。已而忠顺王亦卒,封其子倒瓦答失里为忠顺王。五年遣使三贡,廷议以为烦,定令每年一贡"(《明史·西域一·哈密卫》卷329)。

从明朝前期整个历史来看,哈密与内地中央朝廷一直保持着良好的关系。就此而言,当时的大明帝国掌控住了西域通道上的"咽喉",史称"天方等三十八人贡,必取道哈密"。而大明有了哈密,"译上诸番贡表,侦察相背"(【明】陈仁锡:《皇明世法录·哈密》卷81)。明代时曾有人一语道破了"天机":哈密归顺,"一断北狄右臂,二以破西戎交党;外以联络戎夷,察其逆顺而抚驭之,内以藩屏甘肃,而卫我边郡"(【明】胡世宁:《胡端敏公奏议》卷1)。由此看来,其意义确实是非同寻常。

但这样的局面到了明英宗亲政起就开始逐渐有了变化。那时在位的哈密忠顺王倒瓦答失里及其父亲都十分昏庸,且还十分自大,先后构怨"西土鲁番,东沙州、罕东、赤斤诸卫",并与之相互交兵侵扰,瓦剌首领也先乘机发兵围攻哈密,"杀头目,俘男妇,掠牛马驼不可胜计,取王母及妻北还,胁王往见,王惧不敢往,数遣使告难。(明廷)敕令诸部修好,迄不从,惟王母妻获还"(《明史·西域一·哈密卫》卷329)。正统中期,瓦剌太师也先"复取(忠顺)王母妻及弟,并撒马儿罕贡使百余人掠之,又数趣王往见。王外顺朝命,实惧也先。(正统)十三年(1448)夏,亲诣瓦剌,居数月方还;而遣使诳天子,谓守朝命不敢往。天子为赐敕褒嘉。已,知其诈,严旨诘责,然其王迄不能自振。会也先方东犯,不复还故土,以是哈密获少安"(《明史·西域一·哈密卫》卷329)。

天顺四年(1460),接任倒瓦答失里忠顺王之位的卜列革卒,因其无子,"亲属无可继",哈密王位由此开始出现空缺。明廷马上遣使哈密,"命国人议当袭者。头目阿只等言脱欢帖木儿外孙把塔木儿官都督同知,可继。王母谓臣不可继君,而安定王阿儿察与忠顺王同祖,为请袭封"(《明史·西域一·哈密卫》卷329)。皇帝明英宗对此拿不准主意,一拖再拖,一直也没有处理这事,直到他归西去。

明宪宗上台即位后也没有迅速着手处置该事,这样一直拖到了成化三年时,哈密人再次上奏"请立(忠义王外孙)把塔木儿(为王)。以(老)王母不肯,(哈密)无王者八年。至是头目交章请,词极哀"。明宪宗接奏后不得不做出决定:"命哈密故忠顺王脱欢帖木儿外孙、都督同知把塔木儿为右都督,摄行国王事",并"赐之诰印"(《明宪宗实录》卷41;《明史·西域一·哈密卫》卷329)。

成化八年,干了实际国王工作五年不到的把塔木儿死了,他的儿子罕慎请求嗣职。皇帝明宪宗下令许之,但"不命其主国事,国中政令无所出"(《明史·西域一·哈密卫》卷329)。而就在哈密处于非常之际时,它的邻邦吐鲁番乘机发难了。

◎ 吐鲁番与大明帝国之间关系的演变

吐鲁番位于哈密之西1 000余里,距离嘉峪关约2 600里。"汉车师前王地。隋高昌国。唐灭高昌,置西州及交河县,此则交河县安乐城也。宋复名高昌,为回鹘所据,尝入贡。元设万户府。"(《明史·西域一·吐鲁番》卷329)

永乐四年(1406),明朝遣使前往别失八里,道经吐鲁番,"以彩币赐之"。吐鲁番酋首万户赛因帖木儿还算识时务,派了使节前往南京谢恩,并向大明天子永乐帝进贡玉璞。不久之后,吐鲁番"番僧清来率徒法泉等朝贡"。当时明成祖正"欲令化导番俗",对于番僧清来等人的到来十分高兴,遂"授为灌顶慈慧圆智普通国师,徒七人并为土鲁番僧纲司官,赐赉甚厚"。自此以后,无论是吐鲁番俗界首领还是神界番僧,都会隔三差五地遣使前来进贡名马、海东青以及其他地方特产,而大明皇帝"亦数遣官奖劳之"(《明史·西域一·吐鲁番》卷329)。永乐二十年(1422),吐鲁番酋首万户尹吉儿察与哈密一起向大明贡马1300匹。明太宗朱棣闻讯后龙颜大悦,立即下令对其进行厚赏。但此后不久,尹吉儿察为别失八里酋歪思所逐,无处可去,只得"走归京师"。永乐帝觉得他可怜,遂命他"为都督佥事,遣还故土"。尹吉儿察为此十分感激大明,洪熙元年(1425),他亲自率领部众前往京城朝贡,宣德元年(1426)依然如此。而此时的大明天子也"待之甚厚"。可让人没想到的是,这个叫尹吉儿察的在回吐鲁番后没多久,不幸染病身亡。不过好在继承其位的儿子满哥帖木儿也没忘大明的恩德,于宣德三年(1428)亲率部众前来京城朝贡。一晃十余年过去了,正统六年(1441),大明朝廷忽然发现,吐鲁番已有十来年没来朝贡了,便托西域别国使臣在回还时带上皇帝恩赐的钱币及其他宝物,捎给吐鲁番新酋首巴剌麻儿。巴剌麻儿接到明廷的赐物后,可能觉得不好意思,随后也遣使入朝进贡。(《明史·西域一·吐鲁番》卷329)

时至正统、景泰交替之际,吐鲁番日益强大,在相继吞并邻近的火州、柳城等国后,它的酋首也密力火者开始做起了大邦君主的梦想,"遂僭称王"。不过此人还算拎得清,为了能得到内地的财物,他继续与明朝保持着朝贡贸易关系。景泰三年(1452),也密力火者和他的妻子及部下头目都各自遣使入贡。天顺三年(1459),吐鲁番再次遣使入贡,明廷随后也派遣了指挥白全、都指挥桑斌等出使其邦。要说此时双方之间的关系,至少在表面上还是维持着"友好"往来的格局。(《明史·西域一·吐鲁番》卷329)

到了成化元年(1465)时,礼部尚书姚夔见到吐鲁番来使人数越来越多,从节省国用的角度出发,上奏皇帝,乞请额定吐鲁番来使次数与人数。明宪宗接奏后将此事交与廷臣集议,最终大家议定:"土鲁番三年或五年一贡,贡(使)不得过十人。"但吐鲁番对于大明财物的无限欲望和扩张的野心却并没有就此而得到抑制。那时新上台的酋首阿力不仅对明朝朝贡贸易的限制十分不满,也对朝廷恩赐的都督金事之衔不屑一顾,遂直接自称速檀,即苏丹,而且还将贪婪的目光盯上了久无国主、日益衰落的哈密,就想着一口将它给吞了。不过苏丹阿力也清楚,哈密的后台是大明,所以说要想吞并哈密,首先得要掂量一下大明朝廷的分量。成化五年(1569),苏丹阿力派遣使臣进贡,"奏求海青、鞍马、蟒服、彩币、器用"。礼部官为此上言说:"苏丹阿力派人奏讨的这些东西中多有违禁之物,我大明不能全给。"皇帝朱见深接受了建议,仅赐彩币和布帛。没想到此事过后没多久,苏丹阿力又派人来奏讨忽拨思筝、鼓罗和高丽布等稀有之物。大明朝廷再次进行集议,最终决定:不给!但并没有就此及时降敕,对其痛加斥责。这下可让阿力大致

掂出朝廷的分量来了。(《明史·西域一·吐鲁番》卷329)

◎ 吐鲁番对哈密的公然侵掠与强行占领(成化八年～弘治八年十一月)

成化八年(1472),苏丹阿力调兵遣将,对哈密诸地发起了猛烈的进攻,并将其一一占领。第二年正月,吐鲁番军攻陷哈密卫城,"执王母,夺金印,以忠顺王孙女为妾,据守其地"(《明史·西域一·哈密卫》卷329;《明宪宗实录》卷115)。就在这兵乱中,有个叫马黑麻者的哈密回回人乘着敌兵疏忽之际,偷了一匹马,迅速跳上马背,然后向赤斤蒙古卫方向逃去。到了那里,他便托赤斤蒙古卫的人将哈密国难之事火速上报到明朝甘肃守臣那里。甘肃守臣都督同知鲍政等闻讯后又火速上奏朝廷。(《明宪宗实录》卷115)成化九年(1473)四月,大明朝廷接到奏报,立即"命边臣谨戒备,敕罕东、赤斤诸卫协力战守"。随后不久,皇帝明宪宗又派"遣都督同知李文、右通政刘文赴甘肃经略。抵肃州,遣锦衣千户马俊奉敕往谕"(《明史·西域一·哈密卫》卷329)。

这时,哈密城早已被吐鲁番军占领。苏丹阿力将妹夫牙兰留下来镇守,他自己则带了哈密老王母和哈密忠顺王的金印等返回了吐鲁番。锦衣卫千户马俊闻讯后立即赶往吐鲁番,向阿力宣读大明天子的敕谕。要说此时的阿力哪会听得进皇帝的敕谕,"抗词不逊",并下令将马俊羁押起来。大约过了一个多月,忽然有一天,牙兰从哈密赶到吐鲁番,找大舅子阿力说:"最近听人讲,明朝要调兵三万即日西来!"阿力听后很为惊讶,不过随后他又迅速地反应过来,下令下去,让人把马俊等给放了出来,并立即设宴予以款待。宴会期间,阿力还令人将哈密老王母给抬出来,让朝廷特使马俊等人看看,其潜台词是:"我阿力并没有对哈密老王母做什么,她还是好好的。"而此时的哈密老王母想说但又不敢说,当天夜里乘着吐鲁番人不注意时,她派手下人溜出了城,火速赶赴肃州,将她的遭遇和马俊等人的情况告诉了驻扎在肃州的都督同知李文和右通政刘文,并说:"为我奏天子,速发兵救哈密。"李文和刘文获悉后立即十万里加急上奏朝廷。明宪宗接奏后"檄都督罕慎及赤斤、罕东、乜克力诸部集兵进讨"(《明史·西域一·哈密卫》卷329)。

都督罕慎和罕东、罕东等部首领接到大明天子的命令后不敢懈怠,在李文等人的协调下,向着吐鲁番方向进发。成化十年(1474)冬,诸路兵马到达卜隆吉儿川时,有谍报说:"阿力已经集结了所有兵马,打算孤注一掷,并暗结别部图谋袭掠罕东、赤斤二卫。"听到此,李文等不敢再前行,遂"令二卫还守本土,罕慎及乜克力、畏兀儿之众退居苦峪",而他自己则率军回还肃州,并将此事上报给了朝廷。明宪宗随即"命罕慎权主国事,因其请给米布,且赐以谷种"。(《明史·西域一·哈密卫》卷329;《明宪宗实录》卷180)

吐鲁番长期强占哈密,明廷对此毫无办法,只好命令边臣为哈密人另行修筑苦峪城,并"移哈密卫于其地"。成化十八年(1482)四月,哈密都督罕慎联合罕东、赤斤二卫,总计人数 10 000 来人,随即率领他们夜袭哈密城。吐鲁番守军头目牙兰猝不及防,逃之夭夭。都督罕慎"乘势连复八城",遂"归旧城居之"(《明宪宗实录》卷226;《明史·西域一·哈密卫》卷329)。甘肃总兵官王玺等闻讯后将捷报上呈给朝廷,并"请封罕慎为(忠顺)王,且言土鲁番亦革心向化,与罕慎议和,宜乘时安抚,取还王孙女及金印,俾随王母共掌国事,哈密国人亦乞封罕慎。"(《明史·西域一·哈密卫》卷329)没想到成化朝廷却以"境土新复,人心未固,金印未获"为由,拒绝了上请,只升罕慎为左都督,"仍掌卫印,总理国事"。(《明宪宗实录》卷235)

弘治元年(1488)二月,因"哈密人再疏请封",新皇帝明孝宗遂"封哈密卫左都督罕慎为忠顺王"(《明孝宗实录》卷11)。而就在这时,吐鲁番内部也发生了变化,老苏丹阿力死了,他的儿子阿黑麻继任苏丹之位,这可是个比老苏丹阿力更为阴险凶狠的野心家,不过那时很多人还不知道他的坏,而阿黑麻一上台时也挺会装的,假意主动提出,与哈密缔结秦晋之好。忠顺王罕慎对此毫无防备,遂为其所杀。随后阿黑麻让姑父牙兰领军占据哈密之地,同时也为了欺骗朝廷,他又派遣使臣若无其事地前往大明去朝贡,谎称自己与罕慎已经缔结婚姻,请朝廷赐予蟒服等。(《明史·西域一·哈密卫》卷329)

不过事情的真相很快就像长了翅膀一样飞了出去,当吐鲁番使臣来到甘州时,弘治朝廷已经获悉:哈密新忠顺王罕慎遇害了。按照历来的习惯做法,附属国国主无辜被杀,宗主国朝廷理当对加害者进行严厉声讨和重重惩罚。可那时的皇帝明孝宗谨小慎微,在接到罕慎遇难的消息后,只是"谕土鲁番贡使,令复还侵地,并敕赤斤、罕东,共图兴复"。阿黑麻见之觉得明廷好糊弄,于是对皇帝的敕谕根本就不予理睬,且愈发猖狂自大。那时有个叫阿木郎的哈密都指挥曾向大明求救,见到大明官方左顾右盼,当即明白:求救无望,只能靠自己了。要说人在绝境中能多动脑筋,说不准还真能想出办法来了。阿木郎在经过一番仔细观察后发现:这个吐鲁番苏丹阿黑麻也实在是太自大了,只留下姑父牙兰,外加16人驻守哈密,这岂不是天赐良机?!想到这里阿木郎立即集结自己部下,"请边臣调赤斤、罕东兵,夜袭破其城,牙兰遁去,斩获甚多"(《明史·西域一·哈密卫》卷329;【明】马文升:《兴复哈密国王记》)。

强占的哈密城一转眼就丢了,不过吐鲁番苏丹阿黑麻只当什么事也没发生,继续向大明朝廷派遣使臣,入京进贡。明孝宗"乃薄其赐赍,或拘留使臣,却其贡物,敕责令悔罪",与此同时明廷还令人在哈密忠顺王家族中寻访合适的王位继承人,后访得一个叫陕巴的王族子孙最合适,就打算立他为王。这时,吐鲁番苏丹阿黑麻逐渐发现形势似乎不太对劲,遂于弘治三年(1490)派遣使臣前来大明边境叩关,表示"愿献还哈密及金印,释其拘留使臣"。明孝宗下令:"纳其贡,仍留前使者。"阿黑麻见到大明态度逐渐变得强硬起来,不得不将所占领的哈密土地和忠顺王印做了归还。而差不多与此同时,弘治朝廷也采纳了兵部尚书马文升的建议,将扣押的吐鲁番使臣给释放回去。随后马文升又上言说:"西域地区杂居着各类民族,但他们一向畏惧蒙古人。哈密原有回回、畏兀儿、哈剌灰三类种族,北山又有小列秃、乜克力相侵逼,非得蒙古后裔镇之不可。现在有人已经找到安定王族人陕巴,据说他是故忠义王脱脱的近属从孙,就此而言,这个叫陕巴的人可做哈密之主!"一直犹豫不决的明孝宗听了马尚书的这番话后终于拿定主意了,恰巧这时"诸番亦共奏陕巴当立",于是大明朝廷于弘治五年(1492)二月正式下诏,立"陕巴为忠顺王,赐印诰、冠服及守城戎器,擢阿木郎都督佥事,与都督同知奄克孛剌共辅之"。(《明史·西域一·哈密卫》卷329;《明孝宗实录》卷60)

按理说从此以后哈密可太平了,但实际情形却并非如此,因为那时陕巴政权是拼凑起来的,底下有些立有军功的将领很不满毫无寸尺之功的陕巴当他们的忠顺王,大家不停地向陕巴讨要赏赐,但又得不到,于是怨恨淤积。都督佥事阿木郎干脆带了乜克力人去抢夺吐鲁番牛马,哪想到这下可将祸给闯大了。阿黑麻听说哈密人来抢掠牛马,当即将牙根咬得咯咯响,遂于弘治六年(1493)春"潜兵夜袭哈密,杀其人百余,逃及降者各半"。陕巴与阿木郎守着大土台,拼死守了3天3夜,眼看快要守不住了,还是阿木郎脑子活,赶紧派人上乜克力、瓦剌两部去讨救兵,不承想到这救兵还没来得及赶到,就在路上被吐鲁番军队给打败了。而此时的吐鲁番苏丹阿黑麻愈发凶狠,下令猛攻大土台,活捉陕巴,支解阿木郎,然后又令姑父牙兰镇守哈密国土(【明】马文升:《兴复哈密国王记》;《明孝宗实录》卷74),"并移书(大明)边臣诉阿木郎罪"。这时,吐鲁番先前几次派遣来京朝贡的使臣写亦满速儿等40余人还都没回,大明边臣"以其(指阿黑麻,笔者注)书不逊,且僭称可汗,乞命将遣兵先剿除牙兰,然后直抵土鲁番,馘阿黑麻之首,取还陕巴。否则降敕严责,令还陕巴,乃宥其罪"。弘治帝接到边臣奏报与上请建议后又拿不准主意,随即将其下发廷议,"廷议从后策,令守臣拘贡使,纵数人还,赍敕晓示祸福"。明孝宗采纳大臣的主张,下令"廷推大臣赴甘肃经略"。(《明史·西域一·哈密卫》卷329;【明】马文升:《兴复哈密国王记》;《明孝宗实录》卷74)

◎ 马文升等谋划收复西北重镇,彭清统领明军夜袭哈密,大明威振西域

就在哈密事变消息刚刚传至京师时,内阁礼部尚书大学士邱浚(又写为邱濬)找到兵部尚书马文升,跟他说:"西陲事重,须公一行。"马文升当即回答:"边方有事,臣子岂可辞劳?但西域贾胡惟图窥利,不善骑射,自古岂有西域为中国大患者?徐当静之。"邱濬说:"有谶言,不可不虑!"马文升听后深以为是。所以当皇帝明孝宗下令廷推大臣赴甘肃经略时,马尚书自告奋勇,上"请自往"。但大臣们却不以为然,说:"哈密一方事耳,今北虏在边,四方多故,公往甘凉,四方边事付之何人?"最终大家商议下来还是决定,"以兵部右侍郎张公海、都督佥事缑谦领敕率写亦满速儿等往经略之"。

【明】马文升:《兴复哈密国王记》;《明史·西域一·哈密卫》卷329)

可兵部右侍郎张公海和都督佥事缑谦都是庸人,领敕西行途中一直心里在打鼓,不知道该怎么办。当来到甘州后他们就再不敢向前走了,随即叫上一路同行的吐鲁番使臣写亦满速儿,让他带上翻译上吐鲁番去,向苏丹阿黑麻宣读大明天子的敕谕,叫他归还侵占的哈密国土。在做完这事后,张公海和缑谦等朝廷特使便在甘州边关等消息了。这一等可等了好久,直到弘治七年(1494)时终于有消息来了:"阿黑麻遣使叩关求贡,诡言愿还陕巴及哈密,乞朝廷亦还其使者。"张公海和缑谦两人也未做任何分辨和处理,就直接将之上报给了朝廷,并"请再降敕宣谕"。朝廷大臣获悉后迅速展开了讨论,大家觉得:"先已降敕,今若再降,有伤国体,宜令海等自遣人往谕。不从命,则仍留前使,且尽驱新使出关,永不许贡,仍与守臣檄罕东、赤斤诸部兵,直捣哈密,袭斩牙兰。如无机可乘,则封嘉峪关,毋纳其使。陕巴虽封王,其还与否,于中国无损益,宜别择贤者代之。"皇帝朱祐樘听到大臣们这般议论,不禁犯起迷糊了:"既然是不是由陕巴来当忠顺王与我大明没多大关系,那现被吐鲁番占领的哈密城一旦归还,那我大明又将如何处置之?"廷臣说:"陕巴乃安定王千奔之侄,忠顺王之孙,向之封王,欲令镇抚一方尔。今被虏,孱弱可知,即使复还,势难复立。宜革其王爵,居之甘州,犒赉安定王,谕以不复立之故。令都督奄克孛剌总理哈密事,与回回都督写亦虎仙,哈剌灰都督拜迭力迷失等分领三种番人以辅之。且修浚苦峪城堑,凡番人散处甘、凉者,令悉还其地,给以牛具口粮。若陕巴未还,不必索取,我不急陕巴,彼将自还也。"听到这里,明孝宗终于明白了,随即下令,让张公海和缑谦按照廷臣集议的方案行事:"逐其贡使,闭嘉峪关,缮修苦峪城,令流寓番人归其地,拜疏还朝。"(《明史·西域一·哈密卫》卷329)

弘治朝廷的这一敕令对于张公海和缑谦两个庸人来说那真是喜从天降,随后他俩便按照敕旨精神一一行事,在大致处理得差不多时就动身回京。弘治八年(1495)正月时,两人回到北京。朝廷言官们见到这一对活宝去了一趟西北,哈密之事什么也没办成,大家愤怒了,"交章劾其经略无功,并下吏贬秩,而哈密终不还"(《明史·西域一·哈密卫》卷329)。

与言官们的愤怒奏劾和其他朝廷大臣不停地争议有所不同的是,兵部尚书马文升一直在"锐意谋兴复"哈密,因为在他看来,像吐鲁番苏丹这般"桀骜,不大创终不知畏,宜用汉陈汤故事袭斩之"。在经过一番认真调查和摸底后,马尚书发现军中指挥杨翥十分熟悉番情,于是"召询以方略。(杨)翥备陈罕东至哈密道路,请调罕东兵三千为前锋,汉兵三千继之,持数日粮,间道兼程进,可得志"。闻听于此,马文升当即大喜,随后便将拟订好的进兵作战思路与方案上奏给了弘治帝。要说此时的皇帝朱祐樘早已对兴复哈密失去了信心,忽然听到数朝老臣、兵部尚书马文升有着如此奇妙计策,当即欣喜万分,并马上允准了他的进兵方案。(《明史·马文升》卷182)

弘治八年(1495)十一月,巡抚甘肃右佥都御史许进接到朝廷的进军哈密之令后立即开始付诸行动,分守肃州副总兵彭清统领明军,"由南山取快捷方式,驰至罕东,急调番兵齐足"【明】马文升:《兴复哈密国王记》),然后冒着风雪日夜兼程赶至哈密城下,以迅雷不及掩耳之势发起猛烈进攻。吐鲁番守军头目牙兰正在睡梦中,忽然听到外面一片喊杀声,当即从床上滚了下来,随后拼命往外逃窜。而此时的大明军已从四面发起了猛攻,没多一会儿就攻破了哈密城,"获陕巴妻女",然后分兵把守要害,"抚降余众而还"。"自明初以来,官军无涉其地者,诸番始知畏。"(《明史·西域一·哈密卫》卷329)兵部尚书马文升闻讯后也不无自豪地说:"(此役)仅斩首六十余,而威大振于西域。"(【明】马文升:《兴复哈密国王记》)

再说吐鲁番苏丹阿黑麻做梦都没想到明朝会来这一手,但早已膨胀了的野心决定了他绝不甘于失败。就在哈密城被收复后没多久,阿黑麻调集大量兵马杀奔过来,想予以夺回。要说这时的哈密城"屡破,遗民入居者旦暮虞寇",现在看到阿黑麻军队又杀回来了,大家只好把心一横,坚守城池。但由于城池实在是太破太烂了,要想长时间守住它,还真不那么容易,于是"诸人自以穷窘难守,尽焚室庐,走肃州求济。边臣以闻,诏赐牛具、谷种,并发流寓三种番人及哈密之寄居赤斤者,尽赴苦峪及瓜、沙州,俾自耕牧,以图兴复"(《明史·西域一·哈密卫》卷329)。

要说吐鲁番苏丹阿黑麻这般穷兵黩武,肆意作恶,受害的可不止于哈密一邦，西域诸国都有不同程度的利益受损。尤其是大明帝国因战事频仍而实行闭关绝贡政策，使得西域诸国得不到其所需的内地货物，于是大家都怨恨起了阿黑麻，进而给他施压。而阿黑麻主政的吐鲁番自身也没有得到多大好处，反复折腾，兵连祸结，国力大损。正是在这样的情势下，弘治十年（1497）十一月，苏丹阿黑麻"还陕巴及哈密之众，乞通贡如故"。明廷为此展开了讨论，多数大臣认为：吐鲁番攻占哈密已有 20 余年，大明自弘治七年闭关绝贡至今也有 4 年，现在阿黑麻要是真心悔过的话，就应该送上番文文书，否则的话，朝廷就"不可骤许"；再说"陕巴前议废，今使暂居甘州，俟众头目俱归心，然后修复哈密城垒，令复旧业"。明孝宗对于这样的廷议十分赞许，随即令人执行下去。但随后不久，皇帝朱祐樘又觉得，西域番人之事还真不好就这么处理了，在近侍太监的建议，他下令起复前朝时长期在北疆抗击北虏入侵的文臣大英雄"王越总制三边军务兼经理哈密"（《明史·西域一·哈密卫》卷329）。

数朝老臣王越接受皇命后格外谨慎，在经过一年多的调查研究后，于弘治十一年（1498）九月向朝廷上了一份奏章，提出了与众不同的建议："哈密不可弃，陕巴亦不可废，宜仍其旧封，令先还哈密，量给修城、筑室之费，犒赐三种番人及赤斤、罕东、小列秃、乜克力诸部，以奖前劳，且责后效。"皇帝明孝宗接奏后都一一予以允准。"自是哈密复安，土鲁番亦修贡惟谨。"（《明史·西域一·哈密卫》卷329；《明孝宗实录》卷141）"诸番无警，边方底宁，而九重亦纾西顾之忧矣。"【明】马文升：《兴复哈密国王记》）

说到此，有读者朋友可能要问了：王越是谁？他怎么会有这么深邃远大的战略眼光？

○ 弘治帝起复军事奇才王越奇袭贺兰山，顿挫北虏嚣张气焰（弘治帝十一年七月）

在先前出版的《成化帝卷》中我们已经讲过，王越是明朝中期极为少有的军事天才，但说来奇怪，他原本是个文臣，景泰二年（1451）中了进士，历经景泰、天顺和成化三朝，久久不得志。不过话得说回来，是金子总会发光的。成化中前期大明朝廷组织了数次大规模的搜套和复套行动,然皆以事实的失败而告终,当时受到连累之责的王越被明宪宗"不经意"地留在了西北三边,让他总督军务。而自小就喜爱兵法且"多力善射"的王越就此而始调整了大明军的战术思维,集中优势兵力,对北虏实施以牙还牙的策略,打好军事奇袭之战,进而在心理上击垮敌人,先后取得了崖窑川之捷、开荒川之捷、柏油川之捷(《明孝宗实录》卷145)、红盐池大捷(《明宪宗实录》卷121;《明史·王越》卷171)、威宁海子大捷(《明宪宗实录》卷201;《明史·王越》卷171)、大同之捷(《明宪宗实录》卷213)等一系列重大军事胜利,成化帝在接到捷报后龙颜大悦,遂"封(王越)奉天翊卫推诚宣力守正文臣,持进光禄大夫柱国、威宁伯,食禄一千二百石,本身免二死,子孙世袭,仍追封三代"(《明宪宗实录》卷202;《明史·王越》卷171)。要说那时的王越,真可谓光彩无比,荣极一时。(详细内容见笔者的《大明帝国》系列之⑮《成化帝卷》上册,第4章 戡乱北疆 大筑边墙,东南大学出版社,2017年9月第1版)

但随后不久,他开始走背运了,成化中晚期因与同样有着军事爱好的宫廷大珰汪直和同为北方籍的吏部尚书尹旻等过从甚密,遂为当时的内阁大学士万安为首的朝廷大臣所忌恨,加上王越自身又"自负豪杰,骜然自如","为礼法士所疾"(《明史·王越》卷171)。"(成化)帝是时益知(王)越、(汪)直交结状。大学士万安等以越有智计,恐诱直复进,乃请调越延绥以离之。两人势益衰。明年(即成化十九年),直得罪,言官并劾越。诏夺爵除名,谪居安陆,三子以功荫得官者,皆削籍,且使使赍敕谕之。越闻使至,欲自裁,见敕有从轻语,乃稍自安。"(《明史·王越》卷171)

坦率而言,军事奇才、文臣王越在成化十九年(1483)获罪遭黜实在是冤枉,虽说他与做了不少坏事的太监汪直等经常走到一起,但他本人并没做什么不好的事情,只不过是对当时的礼法太不在意,加上他自身特别有才,而有才的人往往特别自负与自傲,这在庸人成群、奸佞当道的成化中晚期朝廷中自然也就无法容身。无法容身大不了就外放到地方上去任职,但内阁大学士万安和朝廷言官们却实在害怕颇有智谋的王越会"诱(汪)直复进",于是从当朝天子内心深处不可言及的隐讳入手,来个一抹到底。杰出军事天才王越就此被夺爵除名,谪居安陆,他的3个儿子也被削籍。这

在当时看来处理得似乎很好，但随着时间的推移，理性的人们却发现，对王越的处置太过了。（《明史·王越》卷171）

一晃11年过去了，在安陆的王越虽说"饮食供奉拟王者，射猎声乐自恣，虽谪徙不少衰"，但他的内心却是十分苦闷，想当年自己为大明帝国立下了那么大的军事功劳，且也没犯什么事，居然莫名其妙地落到了这般田地……他越想心里越觉得憋屈，虽然新皇帝明孝宗上台后大赦天下，自己也跟着沾了点儿光，由"安置"地安陆回到了河南老家，但再怎么讲以前的那些莫须有罪名还得要说说清楚！见到弘治帝上台后"更新"举措迭出，王越实在忍不住了，于是"屡疏讼冤"。可让他万万没想到的是，这一次次的上疏讼冤都如泥牛入海。最终他意识到了，自己过去锋芒毕露，无形之中得罪的人太多，因此说在朝那些昔日同事出来帮忙说情看来是指望不上了，为此他托人做了打听。要说弘治朝除了外廷官外，内廷有个叫李广的太监很受皇帝的宠爱。王越听后立即开始行动，凭着他的机灵劲儿没花多长时间，他就将李广给搞定了，随后情势也发生了变化。（《明史·王越》卷171）

弘治七年（1494）二月，皇帝朱祐樘拿着王越屡疏讼冤的疏文，叫廷臣们议议看该怎么处理。廷臣们拿不准主意，来了个滑头做法，将王越的功劳一一写了出来，然后上请皇帝圣裁。皇帝朱祐樘早就听李广等人说过，王越是个少有的军事奇才，被闲置了这么多年实在可惜，于是借着廷臣会议上请的机会而下令："复王越为都察院右都御史，致仕"，"并复其子春为正千户，时仍为百户，俱原卫、所带俸"。（《明孝宗实录》卷85）那时王越快70岁，从成化十九年（1483）远离政坛起，他已被耽搁了整整11年，心有不甘啊，人生有多少个11年？王越越想心里越着急，于是"复结中官李广"。李广也清楚，像王越这样极有争议的人想东山再起，在满朝都是"道德君子"那里是通不过的，于是他暗示皇帝明孝宗只能通过非常渠道——传奉圣旨，即让皇帝下达专门的圣旨予以任命才能成事。明孝宗当即接受了建议，遂于弘治九年（1496）闰三月丁卯日降旨："召致仕都察院左都御史王越掌都察院事。"（《明孝宗实录》卷111）

哪想到，弘治帝的这个诏旨一出，立即在朝中引发了炸锅似的反响。弘治九年（1496）四月，吏科都给事中季源等人首先上言说：

"近者都察院左都御史缺,吏部承命会推大臣才望堪任者四员上请,盖已重其选矣。两月未蒙圣断,意必特重此选,不轻委任也。及命下之日,不用会推四人,乃假传奉,起用王越,人心惊骇,众论沸腾。越先因变乱成法,乖张政体,引惹边衅,贻患地方等事,蒙先帝圣断,发遣安陆州为民。后以自陈放回原籍,久之复以自陈,复左都御史致仕,恩已极矣。今又传奉起用,揆之国法,诚所不当,且本官年逾七十,纵在朝着例应致仕。况怨积人心,获罪先帝,岂可复起,以膺重寄乎?都察院所以肃百僚、贞百度,一旦以有过之人,由传奉起用,则已且不正,何以正人?乞收回成命,仍令致仕"。(《明孝宗实录》卷112)

紧接着王鼎等监察御史们也一一上奏,对于皇帝起用"犯了严重错误"的王越出任大明都察院左都御史表示坚决反对,且还乞请"将王越并荐誉之人明正其罪,昭示天下"。皇帝朱祐樘根本没料到,起用一个王越会引起这么大的反对浪潮,于是下令,让吏部组织廷臣对此进行集议。集议结果:"具陈(王)越前后履历功罪,且请从科道言,收回成命。"明孝宗对此无可奈何,只得"命越仍旧致仕。"(《明孝宗实录》卷112)

就在朝廷为是否起复王越为都察院左都御史而大加争执之际,大明宿敌北虏却在边地愈发肆意胡为,侵掠作恶。要说那时在帝国北疆上实施侵扰和造成危害最大的当数小王子、火筛和亦卜剌因王等部。他们要么驻牧河套时不时地展开骚扰,要么上宣府、大同、延绥等边关乘人不备发起进攻。弘治十年(1497)五月,小王子进犯北京密云县境内的湖河川,明军指挥刘钦等27人战死。(《明孝宗实录》卷125)接着小王子等又进犯大同,守卫边关的大明军同样也战败。七月,火筛等部侵犯甘肃沙窝堡,巡抚甘肃都御史吴珉对此毫无应对之策,纵使敌军大肆掳掠。坏消息一一传到北京,兵部尚书马文升上言说:"三边之地应该如成化年间那样设立个总制官,进行统一调度和指挥,这样才能确保大明西北边疆军事行动的胜利。"皇帝朱祐樘当即说"好",随即下令让廷臣们推荐总制官。在朝大臣们先拟了3人,后又拟了4人,但没有一个合皇帝朱祐樘之心意。这时吏部尚书屠滽反应过来了,迅速将王越名字给拟上。弘治帝接奏后马上降敕,"加致仕左都御史王越太子太保,总制甘凉各路边务,兼巡抚地方,命巡抚甘肃都御史吴琠回京别用"(《明孝宗实录》卷130)。

要说这时的王越已是72岁的老人了,可他接到皇帝的敕命后立马精神抖擞地前往西北三边之地去,先进行实地考察和细致调查,然后于弘治十年(1497)十二月向朝廷上奏说:"甘凉孤悬一隅,军士疲乏,难以克敌。有警欲调延绥、宁夏两镇,并请解巡抚之任。"皇帝朱祐樘本来就对老王越有好感,知道他是个难得的人才,于是对他的上奏都一一予以恩准,遂"命甘肃、宁夏、延绥三边军马,俱听(王)越总制调用。巡抚甘肃都御史,命别推堪任者充之"(《明孝宗实录》卷132)。随后又"赐太子太保、都察院左都御史王越诰命,阶光禄大夫,勋柱国"(《明孝宗实录》卷134)。

王越是个性情中人,见到当朝天子对自己宠恩有加,又全权托付西北三边事务,便更加精神百倍,全力以赴地投入破敌杀虏的军事行动当中去。在经过一番认真研究后,王越发现:经常上大明边地发动侵扰掠夺的北虏,其老巢就在贺兰山后。(《明史·王越》卷171)于是他于弘治十一年(1498)七月,"自宁夏遣将,分路发兵:延绥副总兵、都指挥同知朱瑾领兵二千出南路,宁夏镇守太监张僩、总兵官都督同知李俊领兵2000出中路,副总兵都指挥使张安、监枪右监丞郝善领兵2000出北路,(王)越居中制之。张安、郝善分为二哨,北哨行50余里,至花果园遇贼,击之,斩13级;南哨至蒲草沟,贼望见,畜产遍野,弃不顾,急从沙窝遁去,7人不及走,斩之。其1人衣甲居幞甚整,意其酋也。合兵追至大把都,贼集其众,分为三面,并力驰突。我军下马,用枪铳御之。贼稍却,骑乘势急击之,斩10级。日晡,张安收兵回,伏兵道傍,贼来袭,遇伏走。郝善领兵,截其去路,复追斩8级,又追至柳沟儿,斩3级。贼西遁,乃还宁夏城。凡得贼首42,骆驼19,马122,牛羊器仗千数"(《明孝宗实录》卷139)。

这就是明史上有名的贺兰山大捷。消息传至北京,皇帝朱祐樘顿时欣喜万分,听说王越等人夜袭虏营,"斩首百余级"(《明孝宗实录》卷145),他当即下令给王越"加少保兼太子太傅"(《明孝宗实录》卷145)。而此时已经屡历政治风浪的王越听到喜讯后并没有忘乎所以,而是继续克勤职守,"遂条上制置哈密事宜"(《明史·王越》卷

第4章 维稳为上 巩固国防

171)。

有句古话说得好:"树欲静而风不止。"那时已经古稀之年的老王越只想留个好名声于世,所以贺兰山大捷后他一反自己以往的张扬做法,低调处事。可让他没想到的是,在取得军事大捷后的一个月左右,即弘治十一年(1498)十二月,从北京传来了一个坏消息:太监"李广得罪死,言官连章劾(李)广党,皆及(王)越"。老王越听说后忧愤不已,于当年年底卒于甘州。当朝天子朱祐樘闻讯后为之叹息,虽说王越在朝为人诟病不已,但他是个少有的军事天才,且为大明帝国屡立下奇功。想到这里,明孝宗下令:"赠太傅(予王越),谥襄敏,赐祭葬如例。"(《明孝宗实录》卷145;《明史·王越》卷171)

要说大明天子这般对待王越大体上还算公正,但王越在朝廷中的同僚们却没有这么"友善"和理性,大家基本上都对他持否定的态度,那么问题出在哪里呢?前文已述,王越自身天赋甚好,长得一表人才,高高的个子,且言谈举止时不时地透出着不同凡俗的气息,可以说是才情风发超逸,因而一般的人都不太在他的眼里,于是在无形中得罪了不少人。加上他"聪慧绝人,慷慨自许"(《明孝宗实录》卷144),"居常喜奢华,自奉若请侯王"(【明】张燧:《千百年眼·王威宁御士》卷12),这些都为当时的礼法所不容。但非常之人自有非常之能、非常之量和非常之举。

据说有一次,王越领军经过陕西西安,朱明皇室秦王听说后立即设宴款待,席间秦王还让一些美艳的歌伎出来演奏乐曲助兴。王越听着听着,两眼就再也没离开过这些美女了。等到演奏结束时,他就跟秦王说:"下官为秦王默默效劳了好久,难道秦王殿下没一点儿回报给下官?"秦王自然明白这话的意思,当即下令将这些美女赐给王越。王越从此以后也就不管什么礼法与纲纪,美美地在军中享受着美女带来的愉悦与快乐,不过他还没忘记军中的兄弟。有一天,大雪纷飞,王越坐在行帐中的围炉边,由美艳的歌伎陪伴着喝酒、听曲。忽然间,一个浑身都是雨雪的千户官从侦查北虏敌情的边地赶回来报告情况。王越听说后立即叫他进来,"与谈虏事甚晰"。谈着谈着,王越拿起了酒杯,叫千户官喝下,然后继续谈。谈到兴奋之际,王越就叫美女出来边弹琵琶边给千户官敬酒,随后一起干杯。紧接着再谈,谈得实在太兴奋了,王越用手指着那些从秦王府要来的美女中最为漂亮的一个,问千户官:"你要这个吗?我给你就是了。"千户官听后诚惶诚恐,不停地磕头。而王越说到做到,当即下令,将最漂亮的美女送给千户官。"自是千户所至,辄为效死力。"(【明】张燧:《千百年眼·王威宁御士》卷12;《明史·王越》卷171)

其实何止于将一个心爱美女赐给自己的部下,王越"御军恤下,财往来若流水,笼罩豪杰,不知所从,人皆愿为之死"(【明】张燧:《千百年眼·王威宁御士》卷12)。且他又"久历边陲,身经十余战,知敌情伪及将士勇怯,出奇制胜,动有成算"(《明史·王越》卷171)。明代官史曾做这样的描述,说王越聪明绝顶,"事一见即决,久膺帅寄,凡边徼险易、虏情真伪、将士强弱,历历在胸,臆遇敌意度安闲计定而后发,颠倒才智,中自为操纵,而人乐为之用,其所拔擢后往往多为名将。赋诗属文,草奏判案,虽仓卒立就,俊逸可观"(《明孝宗实录》卷145)。

可以这么说,在成化、弘治年间,甚至在整个明朝中期,王越的军事才干绝对是一流的,他所取得的军事胜利也可谓最大,其影响力甚为深远。"(《明孝宗实录》卷145)。但十分可惜的是,当时大明朝廷内外的人们大多都没有意识到王越的了不起。加上王越本人又"急于功利,自负其才,至破崖岸为之中多机变,人莫能测,坐是为士论所非。然河套、贺兰之捷,实有功于边,论者概指为开衅生事,亦过矣。自后守边出帅者,多庸懦无能,而冒功费财者滋甚,求如越比盖,亦难其人焉"(《明孝宗实录》卷145)。清代史学家也曾说过:王越"胆智过绝于人",只可惜"越在时,人多咎其贪功。及死,而将馁卒惰,冒功糜饷滋甚,边臣竟未有如(王)越者"(《明史·王越》卷171)。

○ 无奈结局——大炮打蚊子:朱晖率十万大军捣巢河套,却只杀了三个北虏

这又何尝不是如此?!就在王越死后3个月,镇守太监任良、总兵官都督金事李杲和巡抚辽东都御史张玉等,听说古稀老人王越统领西北三边将士奇袭北虏大本营,立了奇功,受到朝廷的升

赏，顿时内心就像小鹿一样蹦跳，也想着如何立功受赏。无奈自身能力不行，"辽东总兵官李杲，始由参守宣府，有罪不诛，调守兹任，体肥髀疡，不能骑射，在镇年久，卧享富贵，颇肆骄淫；都御史张玉材非抚御，不能禁革奸弊，群下不畏，同事轻侮；太监任良刚愎自用，贿利是求，以致边备废弛，胡虏凭陵……"（《明孝宗实录》卷157）

不过我们中国人自古以来就很聪明，也特别能办事，没有条件创造条件也要上。在经过一番精心策划后，上述几位守边大佬就于弘治十二年（1499）三月派了个翻译官，让他上朵颜三卫去，说大明边关最近开市了，欢迎大家去"互市"。不知底细的"泰宁、福余两卫头目脱火乃等男妇三百余人到边互市"，当即遭到了明军的掩杀。然后几个守边大佬就冠冕堂皇地向朝廷报捷，说："正月中虏众分道入寇，我军御之，连三捷，先后斩首三百级，全胜而归。"（《明孝宗实录》卷153）

辽东守军官兵一向羸弱，吃败仗是常有的事情，如今突然间爆出冷门来了，居然斩获北虏首级300余人，比军事奇才王越领导的西北三边官军还要有能耐，这是真的吗？也许做假做得太过了，辽东三战三捷的"喜讯"一传到北京，立即在朝廷中引发热议。兵科给事中戴铣上疏曰："朵颜三卫归附已久，世受国恩，虽驯狎狼虎，故性犹存，不免常为边患。然朝贡之礼不废，藩屏之劳亦多在。我处之当与制御北虏不同，要使之畏威怀德，然后为善。承平日久，边备隳废，守臣率多庸劣，失机偾事。今年正二月间，辽东守臣捷音三至，上功积三百十八级，马畜、器械所获无算。据其所奏，似有非常之功，数十年来仅见此举……"更有人怀疑：辽东三战三捷本身就是子虚乌有。正当大臣们争议不歇之际，巧了，"朵颜三卫来贡，朝廷遣大通事指挥使杨铭等审之"。这不审不要紧，一审审得让人吓了一大跳，那所谓的三战三捷原本就是一场阴谋诱杀，且被诱杀的全是无辜的老百姓，这还得了。皇帝朱祐樘听了汇报后觉得事情复杂，为了谨慎起见，他下令让都察院右副都御史顾佐上辽东去好好调查核实一番。（《明孝宗实录》卷153）

顾佐是弘治十二年（1499）八月从北京出发的，到辽东倒不需要多少时间，但随后调查案子可费时了。由于镇守太监任良和总兵官都督佥事李杲等人百般阻扰，相关证人大多畏惧而不肯出来作证,终致顾都御史的调查一再受挫,一个并不复杂的案子花了近半年才算大致弄明白。弘治十三年(1500)正月中旬,顾佐自辽东返京,随即上奏说:"总兵官李杲、太监任良、都御史张玉令亲信总旗鲁麟等,转督锦州、义州备御官鲁勋、王玺,计诱泰宁夷人入给盐米,因以醉取之,斩首二百六十九人。继又转督宁远守备官崔鉴、镇夷守备官鲁祥、镇静堡提调官钱英,俱用鲁勋之策,斩首四十四人。"兵部尚书马文升等"议以(李)杲等素无镇御之略,而以诈取藩篱之夷,是失向化之心,请正其法"。皇帝明孝宗接奏后下令:"(鲁)勋等罪宜重治,但事无证佐,又干人众,姑从轻处治;勋及王玺、鲁麟各降一级,带俸差操,杲、良、玉降敕切责,余俱免追究,其升赏事俱置不行。"(《明孝宗实录》卷158)

一个牵扯300余条人命的大案子就这样大事化小、小事化了了,从表面来看,事情的是非曲直大致弄清楚了,但为人处世都比较"宽厚"的皇帝朱祐樘对宦官和中高级军官却予以格外开恩,这在无形之中助长了大明朝廷内外的不正之气。尤其是那些贪婪成性却又毫无能耐的北疆军官见到当朝皇帝如此"宽恕"和"仁慈",大家也就谁都不会太经意边防事务,得过且过,跟着感觉走。

弘治十三年(1500)四月,北虏火筛部自大青山出发,兵分数路进攻山西威远卫。游击将军王杲登上城墙瞭望,发现只有20来个北虏骑兵,心想:"这是立功受赏的好机会啊,千万不能让别人抢去了。"于是他立即下令:出击!这时守备都指挥邓洪觉得情势似乎不对劲,马上出来制止。可立功心切的王杲怎么也听不进去,继续指挥手下军士往外冲去。北虏火筛部见到明军上钩了,便开始慢慢地将他们引入伏击圈,这时由7 000余名骑兵组成的北虏主攻队伍冲杀了过来,顿时将大明军一分为五。明军官兵猝不及防,当场大乱,大约有1 000多名军士被杀,52名裨将死于战乱,"被伤及抢掠人畜无算,舆尸满路,众口嗷嗷,皆以为王杲邀功所致数十年来,无此丧败。"(《明孝宗实录》卷161)。

消息传至北京,朝廷震惊,皇帝下令对相关责任人进行追究。同时又鉴于北虏火筛部已窜至京师不远的山西边地,明孝宗随即下令:北京戒严!而就在这时,"兵部以大同边报叠至,再以总兵及提督军务等官请",朱祐樘马上"命平江伯陈锐挂靖虏将军印、充总兵官，太监金辅监督军务，户部左侍郎许进兼都察院左佥都御史提督军务，都督刘宁充副总兵，杨玉充左参将，太监姚举监枪，俱往大同御寇，各赐敕遣之"(《明孝宗实录》卷161)。

总兵官、平江伯陈锐是当年建文朝叛徒陈瑄的后裔。因投靠叛贼燕王朱棣立有功劳，"靖难"之役后陈瑄被封为了平江伯(《明太宗实录》卷12上)，总督漕运(《明史·成祖本纪三》卷7)。陈锐是靠着祖荫当上军事高官的，说到底他既无军旅成才经历，又无军事作战韬略，叫他领兵出征，痛击来犯之强敌北虏，这本身就是件可以料想到结果的事情。只见得陈总兵官受命后，带了大队人马浩浩荡荡地来到了山西大同。这时入侵的北虏火筛部已经进入山西境内，四处烧杀抢掠，涂炭生灵。陈总兵官却对此视而不见，听而不闻，只要求部下据城固守，不许出击。由此下来，一月之余，山西成千上万人的生命财产白白给陈锐等人断送了。弘治十三年(1500)六月，内阁大学士刘健等上奏说："虏寇扰边日久，朝廷命将出师，到彼已逾一月，未闻出奇制胜，少挫贼锋，诸将怯懦无谋，不足依仗，诚如圣谕，但今武职大臣亦未见有才勇超卓可当重任者。乞再降敕切责陈锐等，令其奋勇设策，务图成功。其大同总兵官王玺怯懦尤甚，众心不附，恐终误事，乞以游击将军张俊代之……"皇帝朱祐樘当即接受了建议，下令将太监金辅、平江伯陈锐等召回，"命太监扶安监督军务，保国公朱晖挂征虏大将军印、充总兵官，都督佥事神英充右参将，再领京营官军五千，往大同等处征剿虏寇"(《明孝宗实录》卷163)。数日后明孝宗又改太监苗逵监督军务，"命都察院右都御史史琳提督大同等处军务"，并赐之敕文，托付重任。(《明孝宗实录》卷163)

前任总兵官、"军N代"陈锐是个纨绔子弟，此次新换上的总兵官朱晖可要好一些？朱晖是保国公朱永的儿子，在以前出版的《成化帝卷》下册中我们已经讲过，朱永本身就是个"军三代"，没什么大的军事才干，靠着祖荫和机缘巧合混到了高位。朱晖继承了父亲朱永的保国公爵位，一下子由饭来张口、衣来伸手的公子哥儿，"军四代"上升为大明帝国的军事脊梁，在孝宗朝时担当起大任来。当弘治十三年(1500)六月他受命出任总兵官，领兵出征北疆时，行人司行人王雄等向朝廷提出：选任将帅必须得谨慎！可为"法

祖图治"所羁绊了的明孝宗哪里听得进去。(《明孝宗实录》卷166)

弘治十四年(1501)三月,有人传言:"北虏今年不往东边去抢掠了。"西北延绥镇巡官听说后便意识到:既然北虏不往东边去,那么接下来很有可能就要进攻边备相对薄弱的西北三边,由此他们上请增援。兵部尚书马文升接到消息后立马拟订了一份调兵方案,上呈给了皇帝。明孝宗当即就批准,并下令将之下发到西北三边等地去。三边镇巡官看到朝廷敕文后顿时发愁,因为调兵方案中有相当多的兵马要从多个地方调集过来,若要调齐,这是猴年马月的事情,于是他们火急火燎地又给朝廷上奏说:"北虏随时都会发动进攻,我三边之地危在旦夕。"对此,兵部尚书马文升提议:"本路军马不足,虽有调集之兵,然分布诸地,卒难会集,请敕原拟监督太监苗逵、总兵官朱晖、提督都御史史琳师师待报启行,仍敕甘凉游击将军赵铉领兵三千,同会于固原,协力征剿。"(《明孝宗实录》卷172)明孝宗马上予以允准,并随后下令:太监苗逵监督军务、保国公朱晖挂印充总兵官、都御史史琳提督军务、太监朱秀管领神机铳炮、都督同知李俊、都督佥事杨玉、神英、李澄充左右参将,统领京营官军,开往西北三边去。(《明孝宗实录》卷173)

要说这一次出征的军事领导总兵官朱晖、监督军务太监苗逵和提督军务都御史史琳等还真都是"人物","连十万之师,受专征之寄"(《明孝宗实录》卷176),却在出征路上磨磨蹭蹭,甚至还逗留不前,一会儿说军用粮饷和军士人数不够,需要增加,一会儿又说与北虏作战军中需要配备专门的翻译官。明孝宗知道后都一一满足了他们。这样好不容易花了数月的时间,这支大军才开到西北边地。可让人失望的是,本来肩负救人于水火的朝廷特派增援官军,却在总兵官朱晖等人的领导下偏守一隅,龟缩不出,任由北虏肆无忌惮地抢掠和杀人放火。直到弘治十四年(1501)七月,北虏破坏得差不多了,其势焰也有所减弱时,朱晖和苗逵等大明高级军事领导才决定:兵分五路,"从红城子墩出塞,乘夜捣虏巢于河套。虏已先觉,徙家北遁。军还,斩首三级,得所授故敕三道,骆驼五、马四百二十六、牛六十、羊千八十、器械二千五百有奇"。紧接着,他们抓住分分秒秒将此"军事大捷"上报给朝廷。(《明孝宗实录》卷176)

皇帝明孝宗接到"捷报"后自然十分开心,下令奖赏有功者。

要说"军四代"、总兵官朱晖等领兵出征漫不经心，打起仗来像个缩头乌龟，但对邀功请赏却表现出少有的热情，且还极善于弄虚作假。自弘治十四年(1501)七月到十一月，朱晖、苗逵和纪功盐察御史王用等上报河套捣巢之役中有功将士多达10 000余人，这在当时的朝廷内外立即引起了轩然大波。兵部尚书马文升等为此做了一定的删减，定拟升赏4 450余人。可皇帝朱祐樘却叫再拟，"将行大赍"。兵部为此覆奏："官军捣巢，虽有微劳，但斩首之功止于三级，倘若赏赐太厚，既与内外舆情不合，又会使得流弊无穷。"明孝宗遂"命官军人等照原拟升赏，内奋不顾身并被伤者二百十人，各升署一级，赏太监苗逵、保国公朱晖、都御史史琳各彩币二表里、白金二十两……"(《明孝宗实录》卷181)

皇帝口谕传至内阁，内阁大学士刘健等听后拒绝拟旨，他们解释说："有旨令拟升赏捣巢功次，欲将奋不顾身二百一十员名特升署职一级。臣等看得兵部三次议拟，极言军功升职，必论首级，系祖宗定制。彼处所获首级止于三颗，今拟升七人，赏四千余人，其奋不顾身等项又比赏加赏，已为过厚，足以激励人心。若又升职太滥，则恐将来军前俱各仿效冒报敢勇当先、奋不顾身等项，以图侥幸升职，谁肯着实向前杀贼？弊端一开，末流难塞，此诚为国大计。若臣等苟且阿顺，则是该部为朝廷守法，而臣等职在辅弼乃反坏之，罪无所逃，以此不敢轻易改拟。乞圣明采择。"(《明孝宗实录》卷181)

随后兵科都给事中屈伸等人也上言说："保国公朱晖等徒膺专征之寄，竟无敌忾之功……（北虏）拥四万余骑，从花马池入掠固原、平凉等处，杀死官军一千人，虏去人畜几有十万，当时沿边聚将，各成屯兵，若主将申严号令，必能用命一战，何至畏避如此……当时廷臣愤其怯懦，屡曾奏劾。皇上降旨切责，至于再三。而晖等不思感激，固为身谋，累称贼势过河，日渐移兵东向。延绥守臣则称黄河虽冻，贼尚在套，晖等亦称套中有贼行，议处不知在套之贼。晖等能保其不复犯边与否？而所谓议处者其谋略竟何如也？观其进退无计之，奏益见推奸避事之情，况会议班师，始奉成命，随征军士已在国门，又不知晖等何从预知宸衷之，欲振旋而先遣士足还家也。又查户部前后解边应用银两已及八十余万，而各省调发并召中等项,料亦不下此数,其捣巢所获贼首止于三级,而奏报功次一万有余,是费银五十万两,易一胡人无名之首,假使斩一房酋如火筛者,或俘馘千百,恐竭天下之财亦不足以供其费,而报功者又不知当至几万万也。夫晖出自勋荫缪总兵戎,不思奋死以立功,顾乃拥兵以自卫,损朝廷之威重,长夷人之猖狂……"最后,屈伸说道:"对于总兵官朱晖和太监苗逵一行人,朝廷不仅不能予以重赏,而完全应该处治重刑。(《明孝宗实录》卷183;《明史·屈伸》卷180)

要说当时朝廷上下对于大炮打蚊子似的朱晖、苗逵征讨北房进行批评和抨击的,就数兵科都给事中屈伸说理说得最为透彻,也最为到位。但皇帝朱祐樘根本就不予理睬,因为在他看来,北房很难对付,朱晖、苗逵等能领兵出征已经很不错了,再说他们虽无大功,但也有苦劳,于是他下令:除了厚赏那10 000来名"有功"将士外,对朱晖、苗逵等还进行格外的升赏,并将他们调回京城,提督京军团营。(《明孝宗实录》卷183~200)

● **第三任兵部尚书刘大夏上台后继续推行防御为上、巩固国防的战略**

非但如此,曾经立志"法祖图治"又谨小慎微的弘治帝此时也逐渐地萌起了要对自己上台以来一直施行的整个北疆军事与国防安全策略做些调整的念头。弘治十四年(1501)十月,太子少保、吏部尚书倪岳病卒(《明孝宗实录》卷180),朝廷第一衙门第一领导岗位由此出缺,明孝宗在经过一番考虑后,将老兵部尚书马文升给调了过来。当时马文升多大岁数? 76 岁。快 80 岁的老人还在军事边务日棘的兵部担任主管领导,这似乎不怎么合适,也显得暮气沉沉,加上那时宫廷宠幸太监苗逵已从西北三边回到了京城,三天两头地在皇帝面前吹嘘捣巢河套之爽,当时还只有 32 岁的明孝宗听后自然不免心中痒痒的,直觉告诉他:北疆制房和兵部事务最好还是由年轻一点儿的臣僚来主管为好。在经过一段时间的反复考虑后,朱祐樘终于拿定了主意,于弘治十四年(1501)十月底即马文升调离兵部后的第 9 天下令:"升总督两广都察院右都御史刘大夏为兵部尚书"(《明孝宗实录》卷180),由此刘大夏成了大明弘治朝的第三任兵部尚书。

○ 新任兵部尚书刘大夏沿着老尚书马文升的巩固国防军事战略思路而行事

刘大夏，前章我们说过他，他是湖南华容人，比马文升小11岁，天顺八年（1464）进士，在兵部当过职方司主事、郎中，"明习兵事，曹中宿弊尽革；所奏覆多当上意，尚书倚之若左右手"（《明史·刘大夏》卷182）。曾因不阿近幸势要，刘大夏遭受责罚。成化后期和弘治初年，他被外放为福建布政司右参政、广东右布政使和浙江左布政使。（《明武宗实录》卷137；《明史·刘大夏》卷182）弘治六年（1493），黄河张秋段决口，刘大夏受命治水，功成后"往理宣府兵饷"。弘治十三年（1500）六月，总督两广军务、都察院左都御史邓廷瓒病卒，（《明孝宗实录》卷163）明孝宗命令廷臣们推荐合适人士前去补缺。经过一番讨论，大家一致认为，鉴于两广地区"盗贼"不断的严峻形势，朝廷应该派遣"忠诚恳笃"、才干优长的刘大夏前去继任才最为合适。皇帝朱祐樘接受了建议，随即下令："升养病户部左侍郎刘大夏为都察院右都御史，总督两广军务，兼理巡抚。"（《明孝宗实录》卷164）敕命送达刘府，只见刘大夏二话没说，只带了两个家童当即上路了。"广人故思大夏，鼓舞称庆。大夏为清吏治，捐供亿，禁内外镇守官私役军士，盗贼为之衰止。"（《明史·刘大夏》卷182）

而就在总督两广军务兼理巡抚任上干得风生水起之时，刘大夏忽然接到皇帝朱祐樘擢升自己为大明兵部尚书的敕命。从真实的内心角度而言，他还不怎么愿意迁任新职，于是就以有病在身为名，上疏请辞。可皇帝朱祐樘却认准了他，说"卿才行老成，誉望素著，特兹简命，有疾宜善调理，勉赴委任"，且还专门派人上广东，将刘大夏请到北京去。刘大夏没办法，只好跟随来使一起北上，到了北京后他"复具疏辞"，明孝宗"命趋视事"（《明孝宗实录》卷188）。由此一来，刘大夏也就不好再推托了，只得干起兵部尚书的工作。而此时皇帝朱祐樘十分好奇：要说刘大夏有才，这是没得说的，且他还是个一心为国为民的循官良吏，这是大家都知道的事情。不过本皇帝自登基以来也没冷落过他、亏待过他，怎么会在擢升他为兵部尚书前后,他要一再以有病在身为由,推辞不干?在随后的召见过程中,明孝宗留了个心眼,有一次问刘大夏:"朕数用卿,数引疾何也?"刘大夏听后立即叩首,然后慢慢道来:"臣老且病,窃见天下民穷财尽,脱有不虞,责在兵部,自度力不办,故辞耳。"弘治帝听后沉默良久。(《明史·刘大夏》卷182)

再说刘大夏出任兵部尚书之时,还真不是大明国防风平浪静的好时候。那时帝国北疆边事正日益趋紧。北虏时犯辽东,时犯大同、宣府,时犯西北三边。鉴于王越之后,三边之地缺乏有能耐的大臣总制和指挥各路明军,有效抗击北虏的入侵,弘治十五年(1502),大明朝廷起用已经致仕了的秦纮为户部尚书兼都察院右副都御史,总制三边军务。要说这个秦纮,他是数朝老臣了,又是个贤能官员,接到朝廷敕命后"驰至固原,按行败所。躬祭阵亡将士,掩其骼。奏录死事指挥朱鼎等五人,恤军士战殁者家。劾治败将杨琳等四人罪,更易守将。练壮士,兴屯田,申明号令,军声大振。"(《明史·秦纮》卷178)

北虏见到大明西北边地有备,便将进攻的重点转向了辽东和京师正北的边关。弘治十五年(1502)夏,"敌入辽东清河堡,至密云,旋西掠偏头关。秋,复以五千骑犯辽东长安堡,副总兵刘祥御之,斩首五十一级,敌乃退。"(《明史·外国八·鞑靼》卷327)

弘治十七年(1504)三月,北虏小王子遣使阿黑麻等6 000人赍书求贡,大同守臣为此上奏。朝廷只同意他们2 000人入贡。(《明孝宗实录》卷209)但随后所谓的入贡使者又迁延不至。到六月初,北虏小王子扎营于"大同、宣府边外,联络三四十里",甚至还闯入大同境内,"杀掠墩军"。当地守臣火速上报朝廷,请求派兵增援。明孝宗命令"延绥并偏头关守臣急发兵应援"(《明孝宗实录》卷213)。

处理完大同紧急事务后,皇帝朱祐樘在宫中跟太监苗逵说:"你说这北虏就那么难对付?"苗逵说:"那就看怎么说了,想当年保国公朱晖统领大军痛击北虏时,我在边上可看得清楚,这些北虏强贼其实也没什么可怕的,听到我大明军发起进攻的号角声,他们吓得连滚带爬向北逃窜。"明孝宗听至此,顿时来了劲,打算派出京军,上大同去好好教训一下这些可恶的北虏。但依照传统的规制,皇帝做出重大决定和下发诏旨,必须得召集内阁臣僚等一起商议,然后再票拟、核准,最后才下发下去执行。既然有了出动京军的打算,明孝宗随即下令,马上将大学士刘健、李东阳和谢迁等召到暖阁议事。(《明孝宗实录》卷214)

阁臣们到齐后,皇帝朱祐樘拿出"情词甚急"的大同镇巡官上呈的奏本,只见其上面写有这样的字样:"虏贼掘墩杀军,延绥游奇兵累调未至,乞增兵补马。"众阁臣看后一下子震住了。而此时一向脾气温和的皇帝朱祐樘已经控制不住自己的情绪了,颇为激动地说道:"我边墩台,贼乃敢挖掘;墩军皆我赤子,乃敢杀伤;彼被杀者,苦何可言?朕当与做主。京营已选,听征二万,须再选一万。整理齐备,定委领军名目,即日启行。"内阁首席辅臣刘健听到这里不由得开口了:"皇上重念赤子一言,诚宗社之福,京军亦须整点,但未宜轻动。"可此时的朱祐樘可谓更加来劲了,他不停地追问:"你们说怎么不可以派出京军去讨伐这些强贼?"阁臣谢迁回对道:"边事固急,京师尤重,居重驭轻,亦须内顾家当。"但明孝宗还是十分激动。这时另一位阁臣李东阳出来劝说:"近日北虏与朵颜交通,潮河川、古北口地方甚为可虑。今闻贼在大同稍远,欲往东行,正不知何处侵犯。若彼声西击东,而我军出大同,未免顾彼失此,须少待其定徐议所向耳。"听到此,弘治帝的内心稍稍平复些,但还是有情绪,随即跟三阁臣说:"此说固是,今亦未便出军,但须预备停当,待报乃行,免致临期失误。"刘健等回对道:"圣虑甚当。"随后三阁臣退出暖阁,"乃拟选京军三万,令兵部推委领军官以闻"。(《明孝宗实录》卷214;【明】李东阳:《燕对录》)

再说明孝宗与阁臣们商议后,又令人将兵部尚书刘大夏召来讨论出兵之事,没想到刘大夏与阁臣们的意见一样,他也说京军不可轻出。(【明】李东阳:《燕对录》)弘治帝听后十分好奇地追问:"前些年你在两广任职时听说过保国公朱晖、太监苗逵领军出征延绥,捣巢河套取得军事大捷?"刘大夏相当巧妙地回答说:"臣闻之,所俘妇稚十数耳。赖朝廷威德,全师以归。不然,未可知也。"听到此,明孝宗沉默了一阵,然后又问道:"太宗频出塞,今何不可?"刘大夏说:"陛下神武固不后太宗,而将领士马远不逮。且淇国公(指永乐时将领丘福,笔者注)小违节制,举数十万众委沙漠,奈何易言之。度今上策惟守耳。"当时都察院都御史戴珊也在场,对刘大夏的说法"亦从旁赞决"。明孝宗听后想了又想,最后还是明白过来了,京军不可轻出!随后他不无感慨地说道:"要是没有你们,朕几乎误了大事!"(《明史·刘大夏》卷182;【明】陈洪谟:《治世余闻》卷2)

从上述弘治君臣对于是否出兵北疆大同的讨论中,我们不难看出,经过十几年的"更新"与整饬,即使到了明孝宗统治的中晚期,大明军事国防衰退之势尚未得到完全的扭转和改变,用兵部尚书刘大夏的话来说:"将领士马远不逮。"但高居云端的大明天子朱祐樘却似乎对此并不怎么清楚,为此君臣之间产生了很大的意见分歧。不过有幸的是,长年累月蜗居在宫中的皇帝朱祐樘还是个明君,最终还能完全明白、醒悟过来,并接受了相对务实和稳妥的阁部大臣之建议,放弃自己一时的激动之念,继续推行整饬和巩固国防的策略。

由此我们也可以这么说,尽管弘治中晚期主管大明军事与国防事务的兵部发生了领导层的"新旧交替",但新上任的弘治朝第三任兵部尚书刘大夏基本上还是沿着老尚书马文升的巩固军事国防思路而行事的。当然这也是符合当时大明帝国的实际情势,同时又与明孝宗"法祖图治"(《明孝宗实录》卷123)的治国方针相吻合。

弘治十六年(1503)五月,京师大旱,刘大夏借机上言:"兵政之弊,未能悉革。"明孝宗叫他一一开陈上来。刘大夏立即条上十事,皇帝朱祐樘"览奏嘉纳,命所司一一行之"。(【清】谷应泰:《明史纪事本末·弘治君臣》卷42)

鉴于当时北疆边情日紧,明孝宗"欲宿兵近地为左右辅",即想在北京附近地区准备好部队,一旦京师有警,立即召之左右支援。刘大夏对此十分赞成,并提议:"保定设都司统五卫,祖宗意当亦如此。请遣还操军万人为西卫,纳京东兵密云、蓟州为东卫。"弘治帝听后当即称好,随后便下令予以执行。(《明史·刘大夏》卷182)

可以这么说,在弘治帝的大力支持下,自刘大夏执掌兵部起,大明帝国又推行了许许多多积极整饬和巩固军事国防的举措,除了上述几项外,还有像"定都司领班官比较法"(《明孝宗实录》卷192)、整顿地方都司卫所的军官与军职(《明孝宗实录》卷197)、大修边墙和上请厘革众多"非祖宗旧而害军民者"(《明史·刘大夏》卷182),

第4章 维稳为上 巩固国防

等等,其中大修边墙对后世影响最大。

○ 修筑边墙,加强边防

笔者在以前出版的系列拙著中已经说过,有明一代大修边墙是从成化朝开始的,到了弘治时代,由于大明帝国军事国防衰退之势尚未得到完全扭转和改变,而北虏诸部中曾在成化朝经常骚扰大明北疆的酋首亦思马因刚死,新"入寇者复称小王子,又有伯颜猛可王。弘治元年夏,小王子奉书求贡,自称大元大可汗。朝廷方务优容,许之。自是,与伯颜猛可王等屡入贡,渐往来套中,出没为寇"。(《明史·外国八·鞑靼》卷327)

正鉴于如此严峻的北疆国防压力和大明军队将庸兵弱的实际情势,当时朝廷上下再次集体无意识地将有效抵御北虏侵掠的希望寄托在了大修边墙上。弘治七年(1494)十一月,兵部在上奏进言中所提出的主张在那时极具有代表性,其这样说道:"比来各边虏数入寇,每得厚利,皆由墩台疏阔、烽火不接及守墩军士困惫所致。乞谕各边镇巡等官,相视地形修理墩堠。沿边每十里,或七八里为一大墩,五里、四里为一小台。大墩守军十人,小台五人。自边至城,每十里或八里止用大墩筑墙围之,环以壕堑,留一小门,拨夜不收五人戍守,遇警接递传报。凡遇寇近边,天晴则举炮,天阴昼则举烟,夜则举火,总兵等官仍为预定烽炮之数,着为号令,使各城将官以此为验领军截杀。其守墩军必简精壮者,分为二班,每月一更。若无水之处,则修水窖一所,冬蓄冰,夏藏水。每墩预采半月柴薪于内给用,免致汲水采薪为贼所掠。本城将官每半月一次行边点阅,巡哨提调墩台官仍不时往来巡视。若近边军士屯种之处,则修筑小堡一座,量贮粮刍,令按伏马军三五百于其中,庶有警,可以防御。"(《明孝宗实录》卷94)

按照上述这种颇具代表性的说法:北虏之所以能屡次入寇侵掠,那是由于大明北疆上边墙设施建设不够完善、军事城堡与墩台疏阔等不利因素所造成的,就此而言,目下大明应当所做的就是大修边墙等军事设施。明孝宗接奏后觉得这个建议不错,当即就予以了允准。其实要说弘治朝修筑边墙早在朱祐樘即位之初就已经开启了,只不过那时的修筑规模从总体角度来看还不是很大,到了弘治中后期时才逐渐"做大做强"。

成化二十三年(1487)十月,"筑大同窦家坊等堡十四座"(《明孝宗实录》卷5)。

弘治二年(1489)四月,"修滹沱河、白马口及近城堤共三千九百余丈"(《明孝宗实录》卷24)。

弘治二年七月,"修蓟州冷口、喜峰口、潘家口、青山口、义院口、一片石、箭筈岭、沙坡谷、猪圈头等处墩台、城堑、廨舍……"(《明孝宗实录》卷28)。

弘治二年八月,"修紫荆、倒马关城垣、隘口、墩台"(《明孝宗实录》卷29)。

弘治三年(1490)六月,"甘肃修筑边墙"(《明孝宗实录》卷39)。

弘治三年七月,"命修筑蓟州等处关隘八十八处"(《明孝宗实录》卷40)。

弘治五年(1492)八月,"增筑甘州谭家堡及老鹳窝堡城垣、墩台"(《明孝宗实录》卷66)。

弘治六年(1493)二月,巡按山东监察御史李善奏:"臣见辽东边墙,正统二年始立,自后三卫夷人假以放牧,潜入河套,间行剽掠,且边墙阻辽河为固,濒河之地,延亘八百余里,土脉碱卤,秋修春颓,动费巨万,夏旱水浅,不及马腹,冬寒冰冻,如履平地,所在城堡,畏贼深入,遂将良田数千万顷弃而不佃,况道路低洼,每遇雨水,泥泞不通。倘开原有警,则锦义、广宁之兵不过遥望浩叹而已。臣询之故老,云有陆行旧路,自广宁抵开原约三百余里,兼程不二日可到,地形高阜,土脉滋润,有古显州城池,遗址犹存。为今之计,莫若开旧路,展筑边墙,起广宁棋盘山,直抵开原平顶山,移分守八百里之兵,聚守三百里之地,以锦义为西路,广宁为中路,辽阳为东路,开原为北路,四路声势相接,一路有警,则三路之兵分投应援,如常山之蛇,首尾相应。如是则暂劳永逸,而九重无东顾之忧矣。"(《明孝宗实录》卷72)。

弘治七年(1494)正月,"改作陕西肃州嘉峪关,易土以砖,扁曰镇西楼"(《明孝宗实录》卷84)。

弘治七年三月,"山西镇守太监刘政,按察司兵备副使胡汉,守备署都指挥王儒、刘淮修筑偏头关边墙一百二十五里,补黄河边墙二千六百余丈,添筑宁武墩堡十座,挑浚横山壕堑长二里,添筑雁关墙及铲削壕堑共五十八处"(《明孝宗实录》卷86)。

弘治八年(1495)六月,"增筑宣府永宁、雕鹗二堡间石墙四十余里,墩台十七座,堡一座"(《明孝宗实录》卷101)。

弘治八年十月,"大同镇巡等官奉旨修理边墙,东至宣府西阳河,西至偏头关,延袤六百三十五里,至是功成"(《明孝宗实录》卷105)。

弘治八年十二月,"展榆林城。初榆林止一小堡,屯兵以备冬。景泰中增设镇巡等官,遂为西北巨镇,后又增榆林一卫,居人渐繁,旧城狭隘弗能容,乃徙千数百家于城外。至是,巡抚都御史熊绣请展其城。从之,命增广千二百余丈"(《明孝宗实录》卷107)。

弘治十年(1497)三月,"初辽东镇巡官奉命修治边墙营堡,七年未成。兵部移文按劾之,于是镇巡官劾奏:副总兵罗雄,参将焦元、王铭,都指挥郑雄等三十五人,及指挥等官夏忠等百六十人罪。命罚罗雄等俸三月,郑雄等两月,夏忠等宥之。令急修完以闻"(《明孝宗实录》卷123)。

弘治十一年(1498)五月,因镇守辽东太监任良等奏请,大明开始修缮为霖潦所坏的广宁边墙(《明孝宗实录》卷137)。

弘治十四年(1501)七月,整饬蓟州等处边备都御史洪钟奏潮河川功成。上遣司礼监太监李璋、工部右侍郎张达阅视之。敕曰:"近该都御史洪钟奏潮河川新开功成,旧河水势分泄可免冲决,砌城筑台可御房寇,又所砌墙内得地数百顷,可拨军士承种,以益边储。又于蓟州、永平、山海一带修筑长城五万余丈,堤岸三百余里,墙堡亦以百计,欲乞差官阅视加赏"(《明孝宗实录》卷176)。

弘治十四年十月,"大同守臣奏:修完边城墩台(即时人俗称的大边和小边)"(《明孝宗实录》卷180)。

弘治十五年(1502)四月,"山西守臣以修筑边墙及偏头关大边墙及宁武关墩堡事竣闻"(《明孝宗实录》卷186)。

弘治十六年(1503)二月,总制陕西军务户部尚书秦纮奏请朝廷批准,开始修筑花马池迤西至小盐池边堑城墙二百里,"每二十里增筑一小堡,周四十八丈"(《明孝宗实录》卷196)。

弘治十六年三月,巡抚辽东都御史张鼐等督人修筑辽东山海

关至开原瑷阳堡边墙1 000余里。(《明孝宗实录》卷197)

弘治十七年(1504)二月,督理马政都御史杨一清上奏朝廷批准,开始修缮陕西苑监长乐、广宁等十四营城堡和开城、黑水等十八营城堡。(《明孝宗实录》卷208)

弘治十七年闰四月,总制陕西军务户部尚书秦纮上奏:"臣尝督修诸边城堡一万四千余处,边堑六千四百余里。于靖虏金汤及打狼川诸要地益设险隘,以阻寇冲;又造车给铳以备战守,谨绘图以上……"(《明孝宗实录》卷211)

弘治十七年八月,朝廷允准经略边务、工部左侍郎李鐩督人修缮古北口边方西至墓田谷关东至山海关庙山口墙垣一千五百余里、关寨营堡二百四十余处。(《明孝宗实录》卷215)

弘治十八年(1505)六月,经略山海关、工部左侍郎李鐩回京上经略事迹:"起庙山口迄于密云墓田谷关,展出荒地五十顷二十亩,修边墙二万四千七百九十余丈,濠沟三千三百余丈,墩台、敌台、城楼、营堡等项共一百七十余座,营房三百八十余间,所用夫力计四百九十余万工,马价匠价银计二千二百九十余两,夫钱二十八万一千九百余文,口粮二万四千三百余石。"(《明武宗实录》卷2)

从上述明代官史记载来看,大致在马文升与刘大夏新旧兵部尚书交替之际,大明帝国又一度兴起了大规模兴修边墙的热潮,而在这个热潮中,规模较大的工程有:弘治十四年(1501)兴建的潮河川工程和蓟州、永平、山海一带修筑的长城50 000余丈;弘治十六年(1503)总制陕西军务、户部尚书秦纮开始督人修筑花马池迤西至小盐池的边堑城墙两百里,以及同年巡抚辽东都御史张鼐等开始督修辽东山海关至开原瑷阳堡边墙1 000余里;弘治十七年(1504)闰四月,总制陕西军务、户部尚书秦纮督修城堡14 000余处、边堑6 400余里,以及同年经略边务、工部左侍郎李鐩督人修缮古北口边方西至墓田谷关东至山海关庙山口墙垣1 500余里。就这几项大工程所修缮的边墙总里数来看,不仅远远超过了成化朝大修边墙的长度,而且还比我们国人传统概念中的万里长城还要长出许多。由此我们完全可以这么说,弘治朝是大明帝国大修边墙的第二个高潮时期,而明孝宗君臣的如此作为,对巩固大明国防无疑是有着积极贡献的。

○ 力荐杨一清开展西北马政整饬与改革

除了上述这些之外,刘大夏在主政兵部时还力荐杨一清,让他上西北去整顿与改革那里的马政,"清出实有草场、荒熟地共128 473顷有奇,清勾、拨补、招募、改编军人2 343名,银买茶易、追补孳生马匹并驹共11 871匹,修完马营、城堡共19处,衙门、仓廒、马厩、屋宇共4 100余间,选设操丁1 000名,给与盔甲、弓矢,委官操练,无事牧马,有警调用"。又"开武安苑草场地2 966顷,招募、改编军人345名"(《明武宗实录》卷25),且还不断地与境外少数民族进行茶马贸易,仅弘治末年与正德初年换得西番良马就达近20 000匹。(【明】杨一清:《杨一清集·茶马类》,中华书局,2001年版,P97~102)这就为大明北疆防卫和稳固储备了大量的战马和做好了军事作战的准备。对此,杨一清本人也不无自豪地说:"今草场地复,牧军数增,城堡相望,苑厩罗列。孳牧之规,稽考之法,粗皆就绪。将来虽不敢望如云锦成群之盛,其于陕西三边战马,不为无补。"(【明】陈子龙、徐孚远:《皇明经世文编》卷115,杨一清:《为总奏修理马政疏》。有关杨一清西北马政改革的具体内容,我们将在随后出版的《正德帝卷》中作详述)

改革马政,整饬武备,考黜将校,续行武举,清理军伍,勾补军力,续行募兵,佥选民壮,兴复哈密,修筑边墙,打破常规起复王越,奇袭贺兰山,顿挫北房嚣张气焰,派遣大军捣巢河套……弘治朝通过这一系列的军事"更新"与整饬,使得大明在一定程度上巩固了国防,稳定了帝国社会。

不过话得说回来,从弘治朝"更新"庶政的总体角度来讲,军事国防领域内所进行的整饬与"更新"的力度还是很有限的。大明军队中军力不足、中高层领导腐败堕落、军事武备松弛等诸多至关重要的问题都没有得到根本性地解决,其与宦官祸害、勋戚作恶和宗室贪残等构成了当时帝国长治久安的四大隐患与祸害。那么后三者隐患与祸害又为何不为人称"中兴之主"的明孝宗除去,它们将如何危害大明帝国?请看下章。

第5章 聿遵成宪 诸患并存

朱祐樘9岁起出阁读书,读的是中国传统社会中长期占据思想统治地位的儒家经典。众所周知,儒家经典学说以"仁"为核心价值体系,但"孝"也享有十分崇高的地位,是齐家治国平天下的基础。而深受儒家学说长期熏陶的朱祐樘又特别喜欢以传统理想君主自期和自许,自从即位那时起,在"更新庶政"和"法祖图治"(《明孝宗实录》卷123)的旗号下,他一方面贯彻和落实儒家"仁爱"基本精神的"亲亲、尊尊、长长"等具体的行为规范;另一方面又"聿遵成宪","为祖宗守得法度在,惟恐有失"(《明孝宗实录》卷224),如此下来,确实为自己赢得了"至孝"的美名,但同时也束缚了他与臣下的手脚。这就使得本来危害甚深的诸多帝国大患都没有得到很好地处理,尤其是宗藩、外戚、宦官和军事等方面所产生祸患格外凸现(军事问题在上章中已述,本章主要讲述前三大祸患)。弘治为政,"宽恕为本",聿遵成宪,诸患并存。

● 聿遵成宪 "更新"受限

在前面几章中,我们说过,自即位上台起,明孝宗就对大明政治、经济、司法、社会、军事与国防等诸多层面进行了"更新"与整饬。读者朋友看后是否有这样的感觉,欲论皇帝朱祐樘个人素养和为君品行,那算得上是很不错的,但为何弘治年间的这些"更新"与整饬举措推行下来,总让人有一种后继乏力的感觉?

● 弘治"更新"与整饬后继乏力,事出有因

在笔者看来,弘治"更新"后继乏力的主要缘由有三:

第一,朱祐樘自小受到万贵妃的迫害,"孝宗之生,顶寸许无发,或曰药所中也"(《明史·后妃一·恭肃贵妃万氏》卷113)。在娘胎时就营养不良,出生后又东躲西藏,即使"哺粉饵饴蜜",也要"藏之他室",使"(万)贵妃日伺无所得"。(《明史·后妃一·孝穆纪太后》卷113;【明】黄瑜:《双槐岁钞》卷10)这样的生活条件与环境造成了朱祐樘成年以后的身体素质很不好,以至于他连日常临朝视事和召对阁部大臣议事,都会时不时地出现力不从心的尴尬局面。(下章将详述)要知道在绝对君主专制时代,皇帝身体不佳与精力不济,这对于美好治国愿望的实现是相当不利的。

第二,朱祐樘孩提时代受人迫害,后在祖母周太后的保护下逐渐长大。但童年时代的那些阴影和自小形成的谨小慎微的心理特征却一直在影响着他,直至他最终归西。

在以前出版的系列拙作中已述,虽说朱祐樘的父亲朱见深治国的中晚期荒于政事,宠信奸佞,尊佛崇道……但从整体来看,他还算不上是个十足的昏君,即使是到了成化末年朝廷内外情势已经相当不堪之际,朱见深也在有意或无意间"保存"了相当一部分贤直名臣,如王恕、马文升、刘大夏、李敏等。这就在客观上为后来的弘治"更新"与整饬做好了准备。不过话得说回来,这些客观上被"保存"下来的贤能人才在历经前朝屡次风浪之后,不是他们的意志和锐气被消磨了一大半,就是人至黄昏或言耄耋之年,譬如弘治朝开启后名臣王恕已经70多岁,马文升也六十几岁了,刘大夏小一点儿,大致50岁。(《明史·马文升》卷182;《明史·刘大夏》卷182;《明武宗实录》卷63、卷137)而从小就谨小慎微的朱祐樘最初看中和重用的恰恰就是这些人,让他们来实施和推进大明的庶政"更新",加上弘治帝他本人也不是个意志特别坚定的人,这就不可避免地使得当时的庶政整饬出现了后继乏力的不佳局面。

第三,朱祐樘自小起就接受正统的儒家思想教育,而正是儒家思想与伦理,既成为他后来治国理政的主要理论指导,但同时又在

具体运用过程中成为束缚他"更新"与改革的桎梏。那么为什么会出现这样的一种悖论式的结果呢？问题的关键就在于儒家思想与理论本身就存在一定的缺陷。

在传统儒家理论中，"仁"为其核心价值，那何谓"仁"？学生子贡曾有过这样的疑问："如有博施于民而能济众，何如？可谓仁乎？"老师孔子说："何事于仁？必也圣乎！尧舜其犹病诸。夫仁者，己欲立而立人，己欲达而达人。能近取譬，可谓仁之方也已。"《论语·雍也》到了孟子那里，"仁"的概念又有了发展："君子所以异于人者，以其存心也。君子以仁存心，以礼存心。仁者爱人，有礼者敬人。爱人者，人恒爱之；敬人者，人恒敬之。"《孟子·离娄下》第28章）这就是传统儒家"仁者爱人"的来源。从孔孟的阐述中我们不难看出，"仁者爱人"中的"爱人"不等于基督教的无差别的普世之爱，而是由此及彼的有差别的爱。由"仁者爱人"之说延伸出另一个儒家学说中的重要概念叫"孝"，"孝"是"仁"的根本，儒家经典中有着这样的一段论述："其为人也孝弟（通"悌"），而好犯上者，鲜矣；不好犯上，而好作乱者，未之有也。君子务本，本立而道生。孝弟也者，其为仁之本与！"《论语·学而》那么什么叫"孝"？有个叫樊迟的学生曾问："何谓（孝）也？"老师孔子回答："生，事之以礼；死，葬之以礼，祭之以礼。"《论语·为政》又说："父在，观其志；父没，观其行；三年无改于父之道，可谓孝矣。"《论语·学而》孔子这段话的意思是：看一个人孝不孝，不仅仅要在他父亲在世时，观察他的志向；在他父亲去世后，观察他的行为；如果他父亲去世三年后，他依然不改志向与行为，那就说明这个人是个孝子。

这里有个问题必须要提到：要是父亲做了不好的事情，做儿子的该怎么办？儒家经典中曾有这样一段论述："叶公语孔子曰：吾党有直躬者，其父攘羊，而子证之。孔子曰：吾党之直者，异于是，父为子隐，子为父隐，直在其中矣。"《论语·子路》即说做儿子的对于父亲所做的不好之事要"隐"，反之也然。

再有，依照传统儒家的理论，"孝"有着许多具体的体现，即"亲亲、尊尊、长长"。那什么叫"亲亲、尊尊、长长"？儒家经典记载说："亲亲也，尊尊也，长长也，男女有别，此其不可得与民变革者也。"《礼记·大传》即说，以亲人为亲近，以尊长为尊敬，以年长为长辈，

第 5 章 聿遵成宪 诸患并存

男女不同，要区分对待。

倘若我们以此来考察明代历史上的朱祐樘所作所为，就会发现在他离世之后朝廷大臣给他议定的庙号为孝宗，那真是再贴切不过了。明代官史记载说：弘治帝在位期间，"尊祖敬宗，惇叙彝典，援引稽据，动必以太祖为准，恒曰：'吾为祖宗守得法度，在惟恐有失。'闻太宗《永乐大典》贮于文楼，取置宫中，时自省览。又尝命内阁，录累朝御制诗以进。在宪宗时栗栗只畏，进学修德，无少暇逸。嗣位后念太皇太后拥佑之恩，皇太后鞠育之德，每日各一朝谒，侍之顷拜稽如礼，有问必跪而后对。太皇太后尝不豫，躬侍汤药，竭诚致祷，弗遑宁处。清宁宫灾，亲为扶掖，左右慰悦，彻夜不寐，暂请居仁寿宫前殿，而亟敕所司修建宫殿，不越岁而成。太皇太后感其孝诚，两赐诰谕，以表扬盛德。痛孝穆皇太后不逮养，追崇迁葬，曲致其诚，念外氏宗亲不得，敕遣内外官求访，虽有诈冒，未尝色悔。既久无验，乃仿徐王例，立冢嗣之……"（《明孝宗实录》卷 224）

弘治帝如此立家治国虽然能赢得朝野上下的一片称赞，但与此同时一味要成为孝子贤孙和"法祖图治"（《明孝宗实录》卷 123）的思想与理念也束缚了皇帝朱祐樘的手脚，使得他"聿遵成宪"（《明孝宗实录》卷 12），只做个守成之君。于是人们看到，在 18 年的皇帝生涯中，即使明知一些对国家和百姓都有害的弊端，但只要涉及"亲亲、尊尊"一类对象的，明孝宗就没胆量和魄力加以彻底清除。而这样的事情自他一上台时就遇到了。

在前章我们已经讲过，成化帝大丧期间，大明朝廷就开始清除李孜省、梁芳、继晓等前朝奸佞近幸，当年迫害朱祐樘母子的贵妃万氏虽然已经不在了，可"依凭宫壸，凶焰肆行"（《明孝宗实录》卷 15）的万喜等万氏兄弟还位居后军都督同知（《明宪宗实录》卷 257）等高位。对此，廷臣们纷纷上疏，要求新天子进一步追究"借万喜等为内援"的李孜省一行人所结交的"外家"。尚在情绪之中的新皇帝朱祐樘接到疏文后马上下令，将"万喜降指挥使，万达、万祥降副千户"（《明孝宗实录》卷 2）。

朝廷发生这么大的事情，在地方任职的官僚们也早就耳闻了。成化二十三年（1487）九月丁巳日，山东鱼台县县丞徐顼上疏说：

"先母后之旧痛未伸,礼仪未称,请议追谥迁葬。其万贵妃戚属万喜等罪大责微,请重行追究,尽没入其财产。"按照一般人的思维,当年受尽了苦难甚至差一点儿被害死的朱祐樘,这回当了皇帝总该要好好地收拾一下加害者,即使现在加害者不在世了,但那些靠着她蹿至高位的娘家人也未尝不可成为新天子泄愤、报仇的对象啊。可出乎人们意料的是,内心逐渐恢复平静和理智的弘治帝并没有立即痛下狠手,在接到县丞徐顼的上疏文后只是这样回复:"追谥迁葬,朝廷先已有定议。万喜等罪状,礼部会官再议。"礼部官接到皇命后会集朝廷文武大臣进行了集议,"以为宫闱之事不可臆度,在内宜敕中官,密访贵妃宫中近御人等以求的实,在外逮万氏亲属曾入宫闱者,下锦衣卫狱,会官鞫问"。明孝宗看到礼部这等奏请后,当即说道:"此事皇太后、母后宣谕已明,凡外间无据之言难凭访究,又万喜等原所受官职、房产,已准辞退,其累次所赏金银及违禁器物及支过内府价银,令尽数还官,如隐寄不实,追问不宥。"(《明孝宗实录》卷3)

对于大仇人的娘家人,当朝天子竟然这般处置:大事化小,小事化了,在朝大臣中很多人看了很不理解。成化二十三年(1487)十二月丙子日,监察御史曾璘上疏,直截了当地指出:"贵妃万氏有罪,请告于先帝迁葬,削其谥号。"弘治帝依然不紧不慢地回复:"朕自尽心,削谥迁葬事,其止勿复言。"(《明孝宗实录》卷8)

读到此,或许有读者朋友要问了,那明孝宗为什么要这样对待万氏家族呢?清代学者曾一语中地指出:"孝宗以重违先帝意,已之。"(《明史·后妃一·恭肃贵妃万氏》卷113)这话是说,从小就在儒家思想熏陶下长大的朱祐樘只想当个传统社会的理想人君和大孝子,不去过多地追究和处罚万氏家族,实际上就是不想让已经作古了的父亲明宪宗难堪。因为按照儒家理论的说法:对于父亲之过、之丑,做儿子的如果想做个孝子,那就应该采取"隐"的做法。以此类推,对待祖宗及其祖制成宪,也应该以聿遵为尚!可就是有人对新皇帝的如此心态没有看懂,于是不该出现的一幕幕悲剧随之不断地上演。

● 孝宗之"孝"更多体现在"聿遵成宪",弘治"更新"由此受限

就如当年成化帝即位之初一般,弘治帝上台之初还比较谦虚、锐意进取,一再表态要大臣们上言进谏。当时朝廷内外大小官员不断地上呈章疏,对于前朝积弊予以一一抨击和指摘,不过大家说起话来还多比较委婉,即使要讲到具体的某事,也往往就事论事,最多大不了将已经被处置了的奸恶佞臣李孜省、继晓之流"再踩上一脚",臭骂一通。其实这是中国特色的政治领域中的一大潜规则,也是官场上经常使用的一大秘密法宝。但对于入仕才不久的新科进士彭程来说,却并不一定能够弄明白:这究竟是为什么?

○ 监察御史彭程因上言所及前朝成化帝修斋行法之器而被弘治充军,怪否?

前章已经提到过,弘治五年(1492)六月,监察御史彭程从本职监察工作——监管接收库料过程中发现的问题向皇帝朱祐樘上疏说:"臣监收库料,见光禄寺制造皇坛器用,不知皇坛之义何所取,询之于人,乃先帝修斋行法之所其造此器,所以待朝廷不时之需也。臣窃谓陛下即,凡若此数废之殆尽,何为而犹有皇坛器用之制哉?夫光禄寺钱粮悉民之膏血,用得其宜犹恐病民,况置之无用之地。顷者李孜省、继晓倡为邪术,虚耗民财。先帝信之笃而礼之勤者,无他意,在希福与寿于无疆也。彼二人者罪恶深重,蒙陛下置之典刑,人心称快,则祸害之来,二人尚不能自免,又焉有福寿于人之理哉?万一陛下有此举,也望遏之于将萌,杜奸邪,崇正道;无此举,也当治臣下逢迎为悦之罪。使陛下好尚得以别白于天下。"疏文送达内廷后,一向脾气比较温和的弘治帝见后顿时勃然大怒,随即发话:"先帝为李孜省等所误,事已往矣。彭程乃暴扬于章奏之间,无人臣礼。锦衣卫执付镇抚司鞫之。"(《明孝宗实录》卷64)

不就是对前朝皇帝迷信道术所用器皿发表了一番个人的看法,监察御史彭程却为此突遭大祸,被下锦衣卫狱。这还不算,没过几天皇帝朱祐樘又下令,叫大明法司部门给彭程拟罪。当时刑部尚书彭韶是个贤能的大臣,对入仕才不久的彭程无意中触到了

年轻皇帝的软肋而遭罪颇为同情，心里想着：这又有多大的事呀？！于是在接到皇命后他就给彭程拟定了一个较轻的处罚——赎杖，然后上呈给了朝廷。要说皇帝朱祐樘那时的心里其实也明白："彭程没犯什么大事，现在拟处对他实施赎杖也差不多了，可就有一点实在让人无法容忍的是，他将先皇帝之丑暴扬于章奏之间，这可是一向以儒家理想人君自许的本皇帝所绝对不能容忍的。"想到此，弘治帝下令：继续关押彭程！（《明孝宗实录》卷64）

该发火的已经发了，该处罚的也已经处罚了，主管大明司法的刑部尚书彭韶觉得，即位之时起就被人们寄予致治厚望的年轻皇帝，如此没完没了地关押一个进谏的言官很不合适，于是找了个机会进呈疏文，委婉地说道："监察御史彭程监收光禄寺钱粮，近以疏论修斋器用，下锦衣卫狱，移文本部拟罪。（彭）程为御史，论谏乃其职事，但不能极言见今本寺钱粮消乏之由，却称弊端所起、援引往年李孜省等事，致触圣怀，伤念先帝，诚为有罪。然原其心不过欲因事纳忠而已，仰惟朝廷清明，臣等于此际忝备卿佐，每叹为千载难遇，但思四海之大，日引月长，民穷财尽，又未尝不惕然深惧也。且以光禄寺言之，支费泛滥，钱粮缺少，凡一应牲口、油果等物，悉皆赊买，久无可还；各色铺行，往往逃窜。及今若不樽（同"撙"）节，恐无以善其后。乞令本寺将每日支费之数，不分公取私取，备开上陈，取自圣心，何者当减？何者当削？痛加裁省，则群情震慑，退无言，不过岁时之间，自可充积不匮矣。臣等偶因由狱所及，辄敢妄陈。伏望圣慈将彭程并光禄寺事从容处置，以悦人心，天下臣民不胜幸甚。"明孝宗接疏后回复："每日支费令光禄寺开数来奏。"但对于彭程如何发落却闭口不谈。（《明孝宗实录》卷64）

彭程是盛夏时节入狱的，一晃在狱中待了4个多月，转眼间深秋到了。按照大明历来的规矩，深秋时就要进行秋审决狱。为此，刑部尚书彭韶召集廷臣，对于一些悬而未决的疑案、大案进行了会审，然后将它们一一上呈给皇帝裁决。皇帝朱祐樘看了会审的结果，随即降旨："李兴致死人命数多，处斩；彭程并家属发隆庆卫充军。"圣旨下达后，朝廷一片哗然。五府六部衙门官员和英国公张懋等上疏说："李兴酷暴罪固不可逭，然其致死者多有罪之人，若处（李）兴以死，则凡故杀故勘者，又将何以罪之？彭程以言为职，虽

第5章 聿遵成宪 诸患并存

论事未免过当,原其心亦出于忠恳,若置(彭)程充军,则凡奸贪枉法者,又将何以罪之?"吏部尚书、数朝老臣王恕还专门上疏,对皇帝的裁决提出了异议。皇帝朱祐樘接疏后做了部分修改,随即降旨:"李兴酷刑罪当死,汝等既累章论奏,姑从轻,杖之百,并家属发极边烟瘴地充军。今后出巡御史,凡事务遵宪纲,不许任意妄为,敢有酷暴如李兴者,必诛不赦。彭程仍充军。"(《明孝宗实录》卷68)

要说李兴与彭程都被处以充军,从当时人们的情感来说,李兴因公致死人命数多,加上他在陕西时"过为崖岸,视方面如无人,虽都御史亦凌之,事必欲出其上,故及于祸",所以大家还多能接受这样的结果。而对于彭程被处以充军,朝廷上下除了皇帝朱祐樘外,莫不予以同情。曾经有人想出了这么一招,让彭程的老母亲出面,"以年老无他子乞留(彭)程侍养",即从皇帝朱祐樘想当孝子贤孙的心理作为切入点,使他由此及彼地萌发恻隐之心,收回成命,或豁免彭程充军。南京工科给事中毛珵等曾为此积极上言说:"臣下进谏,当赐优容导之,言犹或依违罪之,谁敢复谏?且言有工拙,意皆忠恳,周昌以桀纣比高帝,陆贽以仁义谏德宗,当时之君皆知听纳,以其同出于忠耳。今彭程之言虽甚狂妄,原其心亦出于忠,陛下当取其心而略其言也。昔刘禹锡附王叔文得罪当远贬,裴度以其母老言于宪宗,禹锡得改连州。陛下圣德,非唐中主可比,而彭程之罪,又与禹锡不同。伏望少赐衷悯,曲加宽恤,使彭程母子得以保全,天下知陛下以其母故而宥其子也。"但皇帝明孝宗却铁了心要杀鸡给猴看,要臣下明白他作为孝子必须得为自己的父亲"隐"过遮丑,所以最终还是拒绝了上请(《明孝宗实录》卷68)。

再说这个彭程所遭遇的实在让人感觉其憋屈,他被充军广西后,连老天爷也为此生气不已,连续半年多都不下一滴雨,"亢旱逾时,田苗枯槁,民庶惊惶"。就此,有人上报给了朝廷,皇帝朱祐樘听后甚为恐慌,遂于弘治六年(1493)四月下诏求言:"凡军民利病时政得失,有可以兴革者,尔文武群臣并科道官仍条奏来闻,务臻实效,毋事虚文,用佐朕之不逮庶人事以修,而天意可回。"(《明孝宗实录》卷74)

皇帝求言诏书下达后,吏部右侍郎周经、工科给事中柴升、兵部尚书马文升、工部尚书贾俊、户部尚书叶淇、礼部尚书耿裕、礼科都给事中林元甫等一批朝臣迅速行动起来,相继上疏进言,对当时的帝国积弊和朝政之失提出了许多中肯的意见,但就是不敢对彭程充军之事再说什么。只有礼科都给事中林元甫在应诏上陈七事中顺便带了一下:"御史彭程因言光禄妄费,触犯先帝充军。然原程之心无他,惟欲修己职而节财用,乞宥之。"(《明孝宗实录》卷75)明孝宗看完林元甫的疏文后没吭气。随后太常寺少卿兼翰林院侍讲学士李东阳也给皇帝上呈了一篇长达4 000来字的疏文,就异常天象规劝朱祐樘应允"群臣交章请赦彭程",但还是没有得到正面的回音。(《明孝宗实录》卷76)最后连一些在外出任巡抚的都御史和监察御史,如巡抚保定等府都御史张琳(《明孝宗实录》卷76)、巡按湖广监察御史田濬(《明孝宗实录》卷77)和南京监察御史宗彝等(《明孝宗实录》卷95),也都在上疏建言革除弊政时对言官彭程被谪之事提出了个人的看法,请求皇帝朱祐樘"宥狂妄"(《明孝宗实录》卷77),并如弘治开启之初那般纳谏进言,但明孝宗皆不予接受。

就这样,彭程被充军了好多年,一直到他的儿子彭尚"随父戍所,遂举广西乡试"后,皇帝朱祐樘可能觉得自己在处理这事上有些过分,但又不能不维护自己的面子,遂以彭母年老需要有人赡养为借口,将彭程给放回。"其后,刘瑾乱政,追论(彭)程巡盐时稍亏额课,勒其家偿。(彭)程死久矣,止遗一孙女。罄产不足,则并女鬻之,行道皆为流涕。"(《明史·彭程》卷180)

彭程的不幸遭遇告诉人们,弘治朝进行再多的更新与整饬,就是对前朝皇帝及其相关的是非都不能触及,就连提都不能提。那么再往前追溯,大明祖上的是非及随着时代变迁大明祖制在实施执行过程中所产生的流弊是不是也不能触及?答案当然是肯定的。只不过在弘治朝刚开启时大家对此还不怎么清楚,直到有人撞上后才逐渐地明白过来。

○ 明孝宗之"孝""孝"到了家,父祖之是非及祖制流弊都不能触及

前章已述,朱祐樘刚即位时就发布诏旨,号召大家直言进谏。有个监察御史叫曹璘的见到后十分激动,遂上呈疏文,说:"(明宪宗)梓宫发引,陛下宜衰绖杖履送至大明门外,拜哭而别,率宫中行

第5章 聿遵成宪 诸患并存

三年丧。贵妃万氏有罪，宜告于先帝，削其谥，迁葬他所。"明孝宗接到疏文后"纳其奏，而戒勿言贵妃事"。曹璘见到新皇帝如此言而有信，顿时心花怒发，随后又"请进用王恕等诸大臣，复先朝言事于大节等诸臣官，放遣宫中怨女，罢撤监督京营及镇守四方太监"，且还建言："梁芳以指挥袁辂献地建寺，请令袭广平侯爵。以数亩地得侯，勋臣谁不解体，宜亟为革罢。"（《明史·曹璘》卷180）明孝宗又一次接受了曹御史的建议。新皇帝的这般处置对于一个七品芝麻官来说，那是多么的鼓励啊！

弘治元年(1488)七月，鉴于当时发生的一系列异常天象，监察御史曹璘又一次上言进谏："近日星陨地震，金木二星昼现，雷击禁门，皇陵雨雹，南京内园灾，狂夫叫阊，景宁白气飞腾，而陛下不深求致咎之由，以尽弭灾之实。经筵虽御，徒为具文。方举辄休，暂行遽罢，所谓'一日暴之，十日寒之'者。愿日御讲殿与儒臣论议，罢斥大学士刘吉等，以消天变。臣昨冬曾请陛下墨衰视政，今每遘节序，辄渐御黄袗，从官朱绯。三年之间，为日有几，宜但御浅服。且陛下方谅阴，少监郭镛乃请选妃嫔。虽拒勿纳，镛犹任用，何以解臣民疑。祖宗严自宫之禁，今此曹干进纷纭，当论罪。朝廷特设书堂，令翰林官教习内使，本非高皇帝制。词臣多夤缘以干进，而内官亦且假儒术以文奸，宜速罢之。诸边有警，辄命京军北征，此辈骄惰久，不足用。乞自今勿遣，而以出师之费赏边军。"（《明史·曹璘》卷180）

曹璘一口气讲了五六件事情，即提了五六条意见，其中就成化以来内官日渐猖狂一事而专门说道："内官内使近又特设书馆，命翰林词臣教之。词臣多缘此而显擢，内官亦假儒术以文奸，乞罢内官之倚任，革内馆之教书，一遵成宪，出宸断，亲近儒臣，以求治道。"这回明孝宗看完奏章后可不高兴了，他说："讲学、持孝、听言，与郭镛用事，朕自有处置。大臣进退，前此有成旨。内馆教书设立已久，如何废之？……况奏内言多轻率，字复讹别，宜治以不谨之罪，姑置不问，下所司知之。"（《明孝宗实录》卷16）

虽然监察御史曹璘没被朱祐樘当场治罪，但随后为朝廷"降旨谯让"，不久令他"出按广东"。而就在广东任职期间，曹璘拜访了当时的理学大家陈献章，"服其言论，遂引疾归。居山中读书，三十年不入城市"(《明史·曹璘》卷180)。

因为上请"乞罢内官之倚任,革内馆之教书,一遵成宪",一不小心触及了当朝天子及其祖上之失和隐痛,致使一心想做孝子贤孙和理想之君的明孝宗不仅不接受谏言,而且还以"不谨"的罪名,即上呈奏章中有错别字为由头来给曹璘治罪,最终又来个十分"大度"的宽宥,这实际上是给那些"乱说话、瞎提意见"的大臣来个下马威,在无形之中也告诉人们:本朝皇帝、前朝皇帝和大明祖制及其相关之事、相关之人,这些都是大明的"根本"和"大体",是帝国最大的政治,断然不可随意触及或对之不恭,更不用说是更新和改变了。谁要是不懂或疏忽大意了,那就有你好看的。

○ 知县王岳"莫名"被拖到大兴隆寺前罚跪,弘治帝竟然还要让他冠带闲住

弘治三年(1490)八月的一天,理刑知县王岳路过大兴隆寺,可能因为事情紧急的缘故,他没下马,径直走了过去。哪想得到突然间有人把他从马背上给拽了下来,随即拖到大隆兴寺前去罚跪。这时一个被人称为监斋公公的来到了王知县面前,盛气凌人地开始数落王知县的失礼不敬之罪。王岳顿时一头雾水,幸好有个叫袁安的小宦官在场给他提个醒:眼前这个监斋公公叫李彪,他是代替当朝天子来大兴隆寺监督修斋的。王知县听到此还是懵懵的,不是本朝开启时当今皇上清除前朝积弊,驱逐奸佞与佛道之流,怎么现在他也步前朝皇帝的后尘?王岳想问但又不敢问,内心憋屈得很。监斋长随李彪见此可更来气了,下令让人看着,逼迫王岳长跪着。(《明孝宗实录》卷42)

理刑知县王岳被迫长跪佛寺前,那他的皇差不就被耽误了,还是内使袁安反应得快,迅速奔到宫里去向主管领导太监韦鲜作了汇报。韦鲜听后立即下令,将理刑知县王岳给放了。按理说,这事到此为止也就过去了,但有个监察御史叫任仪的听说后,心想:肩负皇差的理刑知县王岳被宦官拖去跪拜佛寺,这实在有失体统,情绪激昂之际他也没有好好地核实一下,随便上章奏劾。皇帝朱祐樘接奏后下令给锦衣卫镇抚司,让他们逮人鞫问此事。这一鞫问问出个阴差阳错来了,简单地说就是监察御史任仪将人与事给

第5章 聿遵成宪 诸患并存

搞混了，且将大兴隆寺误写为庆寿寺。皇帝朱祐樘听了锦衣卫的汇报后十分来气，下令：将任仪也下大狱。这时任仪的同僚武清等人不干了，马上上奏予以营救。明孝宗见到这等情势，赶紧发话："(任)仪举劾乖谬，不得无罪。(武)清等不待处分，辄为申解，亦当坐以回护之罪，姑宥之。"谕旨下达后，法司部门以此判决："任仪调陕西中部县知县，王岳冠带闲住，李彪问拟如律，袁安等释之。"（《明孝宗实录》卷42）

在上述4个被处置的人当中，监察御史任仪因奏劾有误而被同品外放，大体上还能说是罚当其罪。内使袁安本来就没罪，释放他也是应该的。但李彪和王岳的最终结局却并不符合"常理"，明朝中期宦官势力日炽，宫廷长随李彪仗势欺人，强迫理刑知县王岳长跪大兴隆寺前，这在当时看来，又是多大的事，却要被处以蹲大牢。当然最为冤屈的就要数理刑知县王岳，他还没弄明白究竟自己为何要长跪佛寺前，又被一抹子到底，由七品廷臣变成了冠带闲住者。你说这能不让人为之叫屈吗?!那么问题出在哪里？我们不妨做下历史"回放"：

明孝宗上台起就以儒家理想人君自许且以这样的姿态登上历史舞台的，父亲成化帝大丧尚未结束，他就开始大加收拾宫廷中的奸佞邪恶和打击旁门左道，尊儒崇学。至于是不是真的按照儒家理想中的明君标准去做了？那只有他自己清楚了。他派遣长随李彪到大兴隆寺去监斋，这是后来事情穿帮后的说法，就实而言，很可能就是明孝宗让李彪代他去拜佛。谁想到这个李彪太拎不清、太招摇了，将本该可以秘密做好的事情给弄得地球人都知道了，弘治帝能对他不恼火吗？（《明孝宗实录》卷42）当然要说在这件事情上最令大明君主恼火的还是理刑知县王岳，要不是他不下马径直而过，怎么会惹恼监斋长随李彪呢？再有，就这个王岳，说来也是朝廷的臣僚，难道对前朝敕建大兴隆寺究竟是座什么样的寺庙一点也不知？

大兴隆寺是在明孝宗爷爷明英宗手里修建起来的。正统十三年(1448)二月，当时还是小杆子的明英宗朱祁镇在宫廷大珰王振的蛊惑下，"命役军民万人重修，费物料钜万，既成，壮丽甲于京都内外数百寺，改锡今额，树牌楼，号'第一丛林'，命僧作佛事，上(指

明英宗)躬行临幸。"(《明英宗实录》卷163)

弘治朝开启时,朝廷高调表态:要"更新"天下。监察御史司马垔见之怦然心动,遂上疏"请拆毁天下寺观",当然这司马御史所说的天下寺观中也包括"第一丛林"大兴隆寺在内。皇帝朱祐樘在接到疏章后将该事交与礼部讨论,礼部官随后覆奏说:"两京朝天宫、大报恩寺、大兴隆寺及三茅山、大岳太和山、龙虎山各宫观,俱系朝廷敕建,神乐观、僧道录司及各僧纲道纪等司,又系武洪中设立,其僧道官并僧道乐舞生亦有额数,今欲一切厘正,事体重大。乞下廷臣会议。"明孝宗见到礼部这般覆奏,当即发话:"既系祖宗旧制,不必会议。"(《明孝宗实录》卷21)

我们将上述弘治君臣的"对话"做个"慢放"就不难发现:礼部官将洪武祖制与永乐以后的变异之制分得还是比较清晰的,可这一切到了以儒家理想人君和孝子贤孙自许的弘治帝朱祐樘那里就被混为一谈了,在他看来:凡是祖宗之成宪,都是不容置疑的,更毋庸说讨论及做适应时势的改革了。正因为有着"聿遵成宪"(《明孝宗实录》卷12)和"法祖图治"(《明孝宗实录》卷123)这样的思维定势占据绝对的主导地位,因而自上台即位起,明孝宗对于"亲亲、尊尊、长长"一类的儒家行为规范与要求都十分注意予以严格地恪守,由此也就使得人们看到:在"聿遵成宪"和不可变易的传统伦理与思想指导下,弘治朝开展与进行的整饬与"更新"常常出现"自相矛盾"和处处受限的尴尬局面。弘治"更新",诸患并存。今举其三大者详说如下:

● 诸王宗室　贪残日炽

诸王宗室,按照洪武祖制所给予的定性来说,应该是大明帝国的藩屏。明初朱元璋"惩宋、元孤立,乃依古封建制,择名城大都,豫王诸子,待其壮,遣就藩服,用以外卫边陲,内资夹辅"(【清】夏燮《明通鉴》卷3,参见《皇明祖训·法律》)。洪武三年(1370)四月,明太祖朱元璋将10个儿子和1个从孙分封为藩王。为此,他昭告天下:"朕荷天地百神之佑,祖宗之灵,当群雄鼎沸之秋,奋起淮右,赖将帅宣力,创业江左,……朕惟帝王之子,居嫡长者必正储位,其诸子

第 5 章　聿遵成宪　诸患并存

当封以上爵。分茅胙土,以藩屏国家。"(《明太祖实录》卷51;《明史·太祖本纪第二》卷2)

● **本来拱卫朝廷的宗藩迅速演变成为帝国不堪承受的累赘和"病痛"**

自从那时起,有明一代凡有皇帝龙仔产出,只要能存活到成年,就会被分封到地方上当藩王。"明制,皇子封亲王,授金册金宝,岁禄万石,府置官属。护卫甲士少者三千人,多者至万九千人,隶籍兵部。冕服车旗邸第,下天子一等。公侯大臣伏而拜谒,无敢钧礼。亲王嫡长子,年及十岁,则授金册金宝,立为王世子,长孙立为世孙,冠服视一品。诸子年十岁,则授涂金银册银宝,封为郡王。嫡长子为郡王世子,嫡长孙则授长孙,冠服视二品。诸子授镇国将军,孙辅国将军,曾孙奉国将军,四世孙镇国中尉,五世孙辅国中尉,六世以下皆奉国中尉。其生也请名,其长也请婚,禄之终身,丧葬予费,亲亲之谊笃矣。"(《明史·诸王传》卷116)

洪武开国时确立的分封制这株罂粟花,经由永乐开始实施的"推恩法"已向全国各地蔓生开来,与之相随,诸侯藩王对大明帝国构成的潜在危害也时不时地暴露出来。鉴此,明廷自建文朝开始就不断地变幻着花样,削弱、限制地方藩王势力,特别是永宣以后分布于各地的大明龙子龙孙们受到的限制与禁忌越来越多,他们不准干涉地方行政事务,不准随便走出藩地范围,不准随意来京朝见,不准出仕参政,不准从事士农工商之业,不准与官府交结,藩王出城不得二王相见……如此下来,龙子龙孙们最好的也是最为可行的娱乐就是在自己的藩地里找乐子。而在这样的找乐子过程中,男女之欢成了他们的"至爱"。由此大明皇家宗室人口呈几何级数成倍地繁衍,远远要高于一般的平民。

在这巍巍壮观的大明皇家宗室人口队伍中,最为显贵和最为显眼的就要数皇家直系子孙。依照分封祖制的规定:除皇太子外,诸皇子成年后即被分封到帝国各地,各自拥有相当可观的军事力量,开府治事,拱卫皇室。诚如上面引文中所述的那样,这些被分封的第一代藩王称为亲王,亲王以下宗室爵位依次为郡王、镇国将军、辅国将军、奉国将军、镇国中尉、辅国中尉、奉国中尉(《明史·食货六》卷82;《明史·诸王传》卷116),若再加上前面的亲王,共计为八等。我们以分封的皇帝诸子即第一代藩王及其繁衍的儿子郡王为例来说事,明初从洪武到宣德共有25个皇子被分封为亲王,到明英宗统治的晚年,有学者计算出当时的大明宗室郡王已发展到了184人(白新良、王琳、杨效雷:《正统帝、景泰帝列传》,吉林文史出版社2004年11月第2版,P52),其增长倍数为8。而从明英宗末年到明孝宗即位前后,至少又有15个皇子出生并随后被封为了藩王,(《明史·诸王四》卷119)由此我们大致可以推断出那时的大明宗室郡王在300人上下。

与此相应,皇帝的女儿、孙女儿等也分八种,"凡皇姑曰大长公主,皇姊妹曰长公主,皇女曰公主,亲王女曰郡主,郡王女曰县主,孙女曰郡君,曾孙女曰县君,玄孙女曰乡君"(《明太祖实录》卷233;《明史·礼八·嘉礼二》卷54)。

如果我们将上述皇帝家儿孙系列即诸子藩王以8倍数增长的速度来推算皇帝女儿、孙女儿系列及她们的驸马、仪宾等增长人数,两者相加大致可以得出这样一个数字,到明英宗后期时大明宗室人口大约在10万人。(白新良、王琳、杨效雷:《正统帝、景泰帝列传》,吉林文史出版社2004年11月第2版,P52)若再以此推算,到明孝宗即位时,大明皇家宗室总数可能不下14万人。

对于红彤彤家族人口这般迅猛增长,大明天子表示出极度的兴奋:"宗室子孙众多,国家之庆。"(《明宣宗实录》卷58)但高兴归高兴,麻烦事也随之不断地涌现。依照祖制规定,这些由"红色家族"孕育出来的龙子龙孙不仅有着相当的政治与社会特权,如亲王地位"下天子一等",即使贵为朝廷的公侯大臣见了此等龙子龙孙都得要行跪拜大礼,而且还拥有十分优厚的经济生活待遇,如洪武祖制规定,岁给亲王禄米10 000石,郡王2 000石,镇国将军1 000石,辅国将军800石,奉国将军600石,镇国中尉400石,辅国中尉300石,奉国中尉200石,公主及驸马2 000石,郡主及仪宾800石,县主及仪宾600石,郡主及仪宾400石,县君及仪宾300石。亲王、郡王一旦受封后,朝廷就得负责为其建造藩第,要是亲王的话,还得要为其营建配套的山川社稷坛等祭祀场所;与此同时又得为他们铸造印信、金符,赐予册诰、冠服等。一旦藩王之国,大明朝廷就得赐予田地、乐工、乐器、祭器和仆役等。没过多久,藩王王子出生,朝廷就得赐名;等到王子初长成,朝廷就得赐婚、赐爵、赐禄;遇到其生病时,就得赐医、赐药;遇到国家喜庆,朝廷更是理所当然要对其赏金赏银;而一旦去世了,还得为其缀朝数日,并遣员致祭,赐予美谥……

所以由此一来在开国皇帝老祖宗朱元璋眼里:"凡自古亲王居国,其乐甚于天子!"何以见得?因为亲王的"冠服、宫室、车马、仪仗亚于天子,而自奉丰厚,政务亦简。若能谨守藩辅之礼,不作非为,乐莫大焉!"而天子则不同,他要"总揽万机,晚眠早起,劳心焦思,唯忧天下之难治。此亲王所以乐于天子也!"(《皇明祖训·祖训首章》)

可朱子朱孙们却不认同老祖宗的观点,他们总觉得自己是世界上最为憋屈的人,于是不断地提出额外要求,越礼犯分,巧取豪夺,甚至潜蓄逆谋,干犯国法。本来是用以拱卫朝廷的皇家宗室就此演变成了大明帝国不堪承受之累赘和无法忍受之"病痛"。

早在正统年间,大明天子的叔叔、叔祖、姑姑、姑婆们就开始不断地无理取闹,惹是生非,今天这个皇叔叔要移藩,明天那个皇姑姑想预做活人墓,还有的吃饱了撑得实在没事干,就在藩邸内外糟蹋女人和残害小民、小官,间或还闹出藩府内兄妹乱伦之活丑,更有皇家宗室争当兼并土地、掠夺经济资源的急先锋,甚至还有的向小民们直接征收赋税,肆意役使,杀鸡取卵……最让大明朝廷恼怒的是,正统、景泰交替之际,广通王和阳宗王阴谋发动武装叛乱,虽说这场活闹鬼式的丑剧很快被帝国政府给搞定了,但各地龙子龙孙花样百出的越轨犯分还是不断地冒出,大明中央朝廷应接不暇,按住葫芦浮起瓢。(读者朋友如想了解更为详细内容,可参阅笔者拙著《大明帝国》系列之⑫《正统、景泰帝卷》下册,第3章,积弊交集　正统危机,东南大学出版社,2016年5月第1版)

如此之状经由天顺、成化两朝近三十年,到弘治帝即位时已呈现出愈发严峻的态势。当时令大明朝廷最为头疼的一件事情就是皇家宗室队伍越来越壮大,帝国政府的负担也就越来越重。弘治六年(1493)五月,工部尚书贾俊在应诏上陈数事中曾这样说道:

"天下王府造坟岁无虚日,一年所费不下数十万,宗枝日蕃,军民日困。今后自郡王以下,宜减半给直。"(《明孝宗实录》卷75)

仅皇家宗室造坟一项费用就要大明国库开支出数十万两银子,这是何等重的负荷啊!更有令人瞠目结舌的是:弘治八年(1495)五月己亥日,巡抚山西都御史顾佐上言:"山西分封宗室独繁于他省,亲王、郡王、将军至郡、县等主母虑千余,岁禄七十七万有奇,递年修治第宅,工价亦至数万。况地临各边,州、县供亿,刍粮动以百万计,频年被灾,军民疲敝已极。乞照周、唐二府事例,第宅令其自造,庶几民困少苏。"(《明孝宗实录》卷100)

就一个山西省内的大明皇家亲王、郡王、将军乃至郡主、县主等宗室成员人数多达千余人,而帝国政府每年要支给他们的禄米为77万多石。这77万多石是个什么样的概念呢?我们换个角度来说事,当时朝廷规定:南粮北运年额数为400万石。如果山西发生大灾荒,那么大明朝廷就得要将400万石漕运粮中的约1/5支付给山西境内的大明皇家龙子龙孙们享用。由此下来,大明帝国文武百官的俸禄和军队的军饷又从何得以保障呢?

面对如此严峻的形势,明孝宗自上台起广开言路,不时采纳臣下的建议,裁减冗费,革除或罢免额外进贡奉献,注意节用,裁抑繁役,罢停"不急工役",命令各王府不准增扩府第和大搞建设,如有急修的,尽快修完;可缓的,暂且缓行,或者朝廷给予料价,让各藩府宗室自行修造……(《明孝宗实录》卷129,详见本书第3章)与此同时,针对已经蔚为壮观的皇家宗室队伍人数还在不断地发展、壮大的状况,弘治君臣也想采取一定举措予以抑制。

弘治五年(1492)八月,巡抚山西都御史杨澄等上奏说,晋府仅庆成王生育的子女就已多达94人,"恐其中有收养异姓之弊",由此乞请朝廷下令,查勘此事,并限制郡王以下的宗室享用女性性伴侣之数。明孝宗接奏后将该事交与礼部去查处。礼部经过一番查勘后覆奏道:"庆成王名下的那94个子女都是他的亲骨肉,他们不是由王妃、夫人所生,就是由宫人、室女等性伴侣所产,没有什么假冒的。"明孝宗听后当即发话:"既然这么多子女都是庆成王家自己生的,那就不必过问他是否冒领禄米之事了,更不必去追征,就准作以后年份该支之数。至于郡王以下宗室享用女性性伴侣之数以多少为宜,还是由你们礼部会官来讨论讨论看,先拟订一个方案,然后再奏闻上来。"礼部领命后召集廷臣进行讨论,随即向上覆奏道:"郡王自正妃外,妾媵(即陪嫁的婢女、侍女等性伙伴,笔者注)不得过四人,各将军不得过三人,中尉不得过二人。"弘治帝马上批准了这一方案,并下令下去予以执行。(《明孝宗实录》卷66)

因为国家越来越不堪承受宗室繁衍所带来的沉重负担,中央朝廷才不得不采取措施,想通过减少皇家宗室性伙伴来适当地控制一下生育的龙仔数,但是大明祖制成宪又赋予了藩府宗室拥有极高的地位和诸多的特权,而享受美女所带来的快乐在这些红彤彤的家族子孙那里实在是算不上什么事情,于是出现了这样的一出出滑稽对台戏:一边弘治朝廷要求减少美女性伴侣的敕令下发到各地藩府,而另一边饱食终日无所事事的朱子朱孙们照样随性所欲,毫无节制地去找"美眉"们寻欢作乐,紧随其后的便是皇家宗室人数繁衍得越来越多。皇家宗室人数繁衍得越来越多,帝国政府的负荷就越来越重。当然这里边也有一些宗室因为没能及时领取到国家给予的俸禄而陷入贫困状态,但从整体角度来讲,到弘治中期时,宗藩繁衍而带来的沉重负荷已成了大明中央朝廷所不得不要正视的一大严峻问题。为此,当时的礼部尚书耿裕等曾上奏说:"天下王府封册、婚葬、居第、食禄等费,皆出内帑,与下民供亿。本部查,自今年正月至四月,郡王、将军下至夫人、仪宾受封、薨逝已八十余人。夫天下地有定所,赋有定额,加之水旱频仍,人民凋耗而宗室之费日增,计三月数尚如此,一年可知,推而至于百年之久,又将焉出?宜下文武大臣会议务为善后之计。"(《明孝宗实录》卷75)

明孝宗接奏后下令:会官议处!但鉴于大明祖制的神圣性,参与讨论的朝廷大臣谁也不敢提出全新的改革方案来。要知道大明历史上曾有过这样惨痛的教训,想当年建文朝君臣就因为对洪武祖制做了一些修正,哪料到随后召来了灭顶之灾,蓄谋已久的燕王朱棣以维护祖制和"清君侧"为名,发动了"靖难"之役,用军事武力摧毁了建文朝廷。"殷鉴不远",对于通今博古、饱读诗书的弘治朝大臣来说,大明老祖宗的那些事不可多言,这一点大家心里都明白得很,加上当朝天子明孝宗又自幼"慎举止"(《明孝宗实录》卷1),"动必以太祖为准"(《明孝宗实录》卷224)。于是弘治朝对宗室藩府费用开支之整治与改革的讨论最终也只能是不了了之了。

● 弘治时寄生虫似的龙子龙孙更加贪婪、更加腐化

不仅如此，向来以儒家理想人君和孝子贤孙自许的明孝宗，在面对寡知廉耻和欲壑难填的宗室藩府提出的种种不合理要求时，往往从"亲亲、尊尊、长长"角度出发来满足他们。这不仅使得大明帝国经济与社会秩序遭受了破坏，而且也使得朱子朱孙们更加寄生化、更加贪婪腐化。其主要体现在以下几个方面：

○ 藩府宗室争先恐后奏讨土地，加剧明朝中期的土地兼并

弘治三年(1490)正月，明英宗儿子、当朝天子朱祐樘的八叔徽王朱见沛上奏说："河南鹿邑县有无粮地7300余顷，乞赐管业。"侄儿皇帝接奏后命令户部行勘，结果发现，这7300多顷土地哪是什么荒地，全由"军民开垦成业者"，但碍于皇叔的面子和对"亲亲"一类说教的遵循，侄儿朱祐樘下令："既军民开垦成业，准照例起科。每岁有司收粮内拨10 000石与王，令府中人自运。"唯恐不周，他还"以书谕(徽)王"。但皇叔朱见沛却并不因此而满足，不久之后又"请加赐不已"，弘治帝"复有旨加1 000石"(《明孝宗实录》卷34)。

同样因奏讨，弘治四年(1491)正月，皇帝朱祐樘下令："赐岐王祐棆永清县信安镇地575顷。"(《明孝宗实录》卷47)同年十月，又下令"赐益王顺天府望军台地500亩"(《明孝宗实录》卷56)。弘治五年(1492)二月，又"赐益王望军台地200顷。"(《明孝宗实录》卷60)同年九月，"赐秀府顺义郡主东安县地27顷"(《明孝宗实录》卷67)。弘治六年(1493)五月，朱祐樘命令，将"丰润县加南等社庄田以500顷赐衡王管业"(《明孝宗实录》卷75)。弘治七年(1494)四月，衡王上奏："前赐丰润县庄田有不堪耕种者"，明孝宗"命于余田内再拨150顷给之"(《明孝宗实录》卷87)。弘治十年(1497)五月，户部上奏说："先前皇上将永清县庄地550余顷赐给小弟弟寿王朱祐楮，但寿王府的人说，那一大块地是牧马草场地，无法耕种收租，请更换涿州等处空地540余顷。"明孝宗二话没说，当即就予以允准。(《明孝宗实录》卷125)因奏讨，弘治十二年(1499)六月，明孝宗"以丰润县

田500顷赐荣王,从其请也"(《明孝宗实录》卷151)。弘治十三年(1500)正月,"赐寿王四川保宁府田403顷有奇"(《明孝宗实录》卷158)。弘治十三年(1500)七月,"再赐岐王德安府田612顷有奇"(《明孝宗实录》卷164)。

弘治中期,鉴于大弟弟兴王朱祐杬,即后来的嘉靖皇帝父亲即将之国,皇帝朱祐樘不仅赐予他盐引和河泊所课钞,而且在赐地做王庄以供俸禄之用等方面格外予以照顾。当时巡按湖广监察御史王恩上奏给朝廷说:"湖广各王府庄田很多,如果放任他们自行征收租税,只怕引发相互之间的攀比和竞争,百姓负担也因此而变得愈发沉重。"由此他请求朝廷下令,让地方官府衙门统一征收,再送各王府,以免横敛之害。明孝宗接奏后觉得这个建议很好,当即就予以了允准。哪想到皇帝圣旨下达没多久,兴王朱祐杬就向皇帝哥哥上奏说:"本府庄田与他府有粮民田不同,请得自征。"明孝宗居然没叫人核查就答应了他。(《明孝宗实录》卷147)

一年后的弘治十三年(1500)二月,兴王朱祐杬得寸进尺地向皇帝哥哥奏讨湖广京山县近湖淤地1350余顷,朱祐樘接奏后又毫不含糊地答应了他的请求。户部尚书周经等听说后立即进谏说:"前项地土其住种之人1750余户,世代为业,虽未起科,然借此以贴办税役。若归王府,必生怨尤。今宜从轻,每亩征杂粮2升,岁计2704石,以补岁支不足之数。"但弘治帝却不认可这样的建议,他说:"这1350余顷田地又不是赐给兴王作为永久产业的,仅仅是让他享有收税之利。"见到本来很明事理的当朝天子在大弟弟讨要土地问题上变得如此"糊涂",周经赶紧做进一步的解释:"市井小民虽一物之微,夺彼与此尚生忿争,况世守之业乎?且王府军校倚势侵凌,轻则逼迫逃移,重则激生他变。乞将前地每岁所征杂粮内以1000石输府,则皇上亲亲仁民两得之矣。"但明孝宗就是不同意周尚书的建议,以"业已赐王"为借口,下令"姑已之"。对此,耿直的户部尚书周经还是逆鳞上谏道:"近湖淤地自朝廷视之甚轻,自民视之甚重。若尽属王府,则照亩收租,此九潦一收之地,何以能给?虎狼军校苦加追责,或怒不能供纳,必欲自佃,又将驱其人、夺其产。今湖广襄阳安陆地方流贼白昼劫掠,正与淤地相接。此等愚民既无常产,衣食所迫,亦未必肯为沟中之瘠也。乞俯从臣

等之议。"明孝宗终不肯接受谏言,"仍命依前旨行"。(《明孝宗实录》卷159)

见到哥哥朱祐杬奏讨到了好大一块地,岐王朱祐棆和雍王朱祐枟等也眼馋了,随即一一依葫芦画瓢上奏讨要。皇帝朱祐樘接奏后思忖着:既然给了大弟弟那么多的田地,怎么说也不能不给小弟弟一些,于是在弘治十一年(1498)六月下令:"赐岐王德安府田300顷"(《明孝宗实录》卷138),弘治十二年(1499)六月,又下令"以衡州府蒸湘水等山场湖塘10处赐雍王,从其请也"(《明孝宗实录》卷151)。

对于农渔经济用地想着法子要奏讨兼并,那么对于帝国政府牧马草场用地呢?自然也要占有了。当然充当这类兼并土地的急先锋还不限于宗室藩府,就连大明皇家自身和权贵勋戚也在其中忙得不亦乐乎。如此情势的发展到弘治中期时,中央朝廷终于意识到了问题的严重性。弘治十年(1497)二月,明孝宗命令科给事中周旋、监察御史张淳等勘查牧马草场用地情况,"既遍诣诸州、县,勘报于朝。至是复各疏论牧地事宜,谓古者牧马冬厩夏庼,顺时调燮。今霸州等处草场极目荒墟,人马无所栖息,所以士卒不乐就牧,多至逃亡,宜缘其边界量立铺舍、香河等县地,俱为势家侵占。霸州等处俱有仁寿宫皇庄,陛下以天下为养,岂必数百顷之庄?乞罢之,以益牧地。三河县五军营草场一处,多宣德间归附达官住种,生齿既繁,渐至失所,宜简其材力可用者,量任之边方,以尽安远之道"。明孝宗接奏后觉得不好处理,尤其是对周太后仁寿宫皇庄还真不知该怎么办?遂将事情交与兵部讨论。兵部讨论后觉得,既然属于非法侵占,那就应该予以清退。但弘治帝听后却说:"设草场牧战马乃军国重事,废弛年久,今既清查明白皇庄并仁寿宫及亲王等庄所侵占者,俱照数退出。牧马合行事宜,兵部更议拟以闻。亲王庄地户部查无碍地,给易之。"(《明孝宗实录》卷122)

皇帝连自己宫廷皇庄都愿意清查出去,就是对藩府宗室还得要考虑另外予以补偿。正因为有着帝国第一人的如此"亲亲"和纵容,弘治年间大明皇家宗室兼并土地越来越猖狂,由此所带来的危害也就变得越来越大。弘治六年(1493)闰五月,太常寺少卿兼翰林院侍讲学士李东阳在上奏中这样描述道:"奸民恶党竞指空闲田地,以投献为名,藩王势家辄行陈乞,每有赐予,动数百顷。得请之后,标立界至,包罗村落,发掘坟墓,诉讼之牒,缠绵岁年,冤号之声,震动远迩。夫生齿既众,地岂有遗?凡以空闲为请者,皆欺也。朝廷虽屡颁禁令,俞允继之,投献者谪罚相仍,而陈请者终于得地,岁复一岁,何时而已?臣愿自今以后,除官有籍册者,上俟处分,其称为空闲辄乞管业,更不赐许使陈情者无效,则投献者自止矣。"(《明孝宗实录》卷76)

要说廷臣李东阳这样的建议还真是不错,但固守"亲亲"一类说教的弘治天子却根本就不予采纳,遂致藩府宗室奏讨愈演愈烈,土地关系愈发紧张。

○ 藩府宗室奏讨河泊所税收、盐引之利,损害大明帝国财税收入

按照大明祖制规定:藩府宗室根本就没有享受河泊所税收和盐引之利的特权,但这一切到明英宗天顺年间开始有了变化,而后形势变得越来越严峻,帝国财税收入由此大受损害。

弘治二年(1489)九月,明英宗儿子、当朝天子朱祐樘的六叔吉王朱见浚上奏说,他在成化年间向皇帝哥哥朱见深乞请增加经济收入,朝廷就赐以湘阴县河泊所岁收课钞,当时讲好三年后还给政府。现在都已经三年多了,"请为永业"(《明孝宗实录》卷30)。朝廷户部官获悉后坚决予以否定,并提醒皇帝朱祐樘:"例不当与。"哪想得到明孝宗从"亲亲"角度出发说了这样的一句话:"别以湘潭县河泊税课赐之。"(《明孝宗实录》卷30)

弘治六年(1493)二月,兴王朱祐杬上章朝廷,奏讨湖广安陆州一河泊所课钞。皇帝朱祐樘便"命以安陆州赤马野猪湖河泊所课钞赐兴王府,从王请也"(《明孝宗实录》卷72)。

弘治六年十一月,六皇弟益王朱祐槟请赐"江西清江镇税课局岁课",皇帝朱祐樘下令给之。(《明孝宗实录卷82)

弘治十一年(1498)四月,"雍王祐枟乞裁革衡州府税课司及衡阳县河泊所原设官吏,而以二处岁办课钞赐本府管业供祀"。朝廷户部认为:"亲王岁禄万石,足给公私之费。而二衙门税课例充本处文武官折俸,此祖宗成宪,万世不可改者,宜勿许。"这回明孝宗接受了户部的建议,拒绝雍王对河泊所税收的奏讨,并下令:"自今

诸额办钱粮衙门,各王府不得请求,着为令。"(《明孝宗实录》卷136)

弘治十一年闰十一月,吉王朱见浚又一次上奏:"乞以湘阴县河泊所岁课给本府。"户部官为此覆奏道:"这样的事情不符合祖制规定,不可答应。"明孝宗接受了建议,遂令:"今后各处额办税课,俱不许陈乞。"(《明孝宗实录》卷144)

弘治十二年(1499)五月,六皇弟益王朱祐槟再次请赐"江西建昌府岁以税课司课钞"。对此,发出禁止乞讨税课戒令半年不到的弘治帝又自食其言,允准了益王府的奏请。(《明孝宗实录》卷150)

除了争先恐后地奏讨河泊所税收权外,那时的藩府宗室还将贪婪的眼光盯到了大明经济专控领域——盐业之利。

弘治五年(1492)六月,兴王朱祐杬上章朝廷,奏讨盐引。明孝宗下令"给兴王两淮余盐岁1 000引"(《明孝宗实录》卷64)。十个月后,兴王朱祐杬再次上章讨要盐引,弘治帝又一次慷慨地给了他"食盐岁1 000引"(《明孝宗实录》卷74)。

弘治十五年(1502)二月,因奏讨,明孝宗"赐泾王食盐1 000引,命西淮运司岁以价银1 200两给之"(《明孝宗实录》卷184)。

弘治十五年三月,朱祐樘"赐汝王祐椁河南获嘉辉县地26顷,衡王祐楎山东寿光潍县地1 214顷有奇,荣王岁支两淮余盐1 000引,各从其请也"(《明孝宗实录》卷185)。

○ 藩府宗室竞相奏讨俸禄自行征收权,加重对百姓的剥削

按照祖制旧例,各地宗室藩府的岁禄是由地方官府从官仓中直接拨予,但这样的直接拨予对于宗室藩府来讲没什么油水可捞,于是他们都想方设法绕开官府直接向老百姓征收赋税加耗。中国老百姓很老实,怕见官府里的人,更不用说是比官员政治地位要高得多的藩府王爷,他们见了没有一个不害怕的。老百姓怕藩府王爷,藩府王爷正好上下其手,在征收正税之外,叫王府里的人再收取加耗,或者搞什么折钱名堂,反正花样百出,获利多多。

最早搞这鬼名堂的是靖江王朱佐敬,宣德年间朱佐敬派了家中的宦官到地方州、县里去征收税粮。征收税粮,顾名思义,征收的应该是粮食,可朱佐敬下令不要本色即粮食,而要小民们将粮食加倍折算成铜钱银两,这下可把小民给坑苦了,大家偷偷地上访。

宣德帝知道后很为恼怒，敕令广西布、按二司和巡按御史严厉监督靖江王府，只要发现其有再犯的，执送京师来。但宣德帝后来很快就驾崩了，即位上来的是冲龄天子朱祁镇，靖江王朱佐敬压根儿就没把娃娃皇帝放在眼里，继续实施他的新税粮征收办法，并获得了巨大的经济效益。据说当时的禄米税粮每石被折钱700文，甚至有的时候高达1500文，"比时价增加三四倍"（《明英宗实录》卷68）。

各地宗室藩府见到靖江王自行征收带来了丰厚的经济利益，也纷纷向中央打报告，要求自收岁禄。正统二年（1437）四月，松滋王朱贵烚上奏朝廷，请求自收禄米1000石，刚登基的正统帝随即予以了批准。（《明英宗实录》卷29）松滋王的弟弟宜城王看到哥哥经济效益大为提高了，也开始蠢蠢欲动。正统五年（1440）六月，他上奏正统帝，请求"如兄松滋王事例，拨附近府、州、县税粮，自行收受"。明英宗随即也予以了允准（《明英宗实录》卷68）。而后辽府、晋府、代府等宗室藩府一一争相仿效，毫无节制，自收增效。如此下来，老百姓的日子可就越来越难过了。据明代官史记载，到明英宗复辟后的天顺四年（1460）时，宁王与各郡王禄米都不接受本色即米麦，"每石勒取白银一两五钱，间收本色，每石加耗米八斗"（《明英宗实录》卷320）。我们就以"间收本色"来看，"每石加耗米八斗"，即说小民们缴纳税粮的负担增加了80%。

这样的情势在以后的历史发展中更趋恶化，大约经过30来年的时间，到明孝宗当政时，藩府宗室庄田上小民们的税粮等类的负担又增加了几倍。弘治六年（1493）五月，户部尚书叶淇等在应诏上言中这样说道："天下王府及在内功臣之家，皆有庄田管庄者，收租时往往正额外横取数倍，侵克入己。请令各庄田及牧马草场佃户照徽府例，输于本管州、县，而后令各该人员来领，不得仍前自索扰人。"明孝宗接受了叶淇的谏言，遂下令"准行！"（《明孝宗实录》卷75）

可此事过后没多久，五皇弟岐王朱祐棆上奏，请求在王庄上自行管业，即自行收取租税。皇帝哥哥朱祐樘接奏后居然不顾自己刚刚发布的禁行戒令，当即允准了岐王的奏请。"命下之日，物议纷然"，户科都给事中卢亨等为此于弘治十二年（1499）八月上言进谏道："国之所恃以安者土地人民而已，必得人心之和而后土地可保。今宗蕃勋戚陈乞庄田者，岁无虚月，管庄之人攫取民财，势如狼虎……(今)秋收在迩，民必惊扰，挈家逃匿，场圃尽空。王府收租新定则例行之未几，辄自变之，使天下王府皆相效尤。许之则失小民之心，不许则有厚薄之嫌。乞收回成命……令有司征收如故。"明孝宗接奏后如不明是非的昏君一般地回复道："此事业已行矣，所言已之。"(《明孝宗实录》卷153)

弘治十三年(1500)二月，与当朝天子本身关系不错的兴王朱祐杬向上奏讨湖广赤马、野猪两湖间近1 352顷湖地，并还讨要这个地方的租税自行收取权。户部尚书周经知道后坚决反对，明孝宗拒谏，"仍命依前旨行"(《明孝宗实录》卷159)。

三个月后的弘治十三年(1500)五月，因天变弘治朝廷下诏求言，朝廷五府六部等衙门在条陈18事中这样说道："天下各处空闲地土多被王府并内外勋戚之家奏为庄田，户部奏准每亩征收子粒银3分，俱送各该州、县收贮，业主差人关领。近来奏乞太滥，又有不照前例起科者，如寿宁侯河间府地土内有沙碱妨占等项，每亩征银5分。又如兴王分外奏乞湖广赤马、野猪二湖淤地1 300余顷，内有军民1 700余家，住种年久，所司踏勘明白。得旨俱与王管业，既令自行管业，则虎狼军校恣意诛求，势所必至。伏望皇上仍将河间地土、湖广淤地照例每亩征银3分，各该有司收贮，待业主差人关领，其家人、军校不许违例自征。"但醉心于当个所谓的儒家理想人君的明孝宗却从恪守"亲亲"一类的儒家行为规范出发，婉拒了五府六部等衙门的集体上请(《明孝宗实录》卷162)。这不仅使得他先前发布的禁止藩府宗室自行租税收取管理的戒令形同废纸，而且也在事实上提高了他们对俸禄自行征收权追逐的"热情"，从而也就加重了对百姓的剥削。

幸亏弘治朝所任用的官员大多都比较忠直，对于藩府宗室带来的拖累与危害，大家在力所能及的范围内多予以限制。弘治十二年(1499)九月，户部上奏说："凡亲王薨，所遗母妃、子女、宫眷给养赡米岁200石，郡王者100石，镇国、辅国、奉国将军者俱50石，镇国、辅国、奉国中尉者俱30石，各候子长袭封日停止。郡王而下无子者，养之终身。其郡王及将军母妃、夫人、淑人有亡故，及女已受封者，各减10石。中尉恭人、宜人、安人有亡故，及女已受封者，各减5石。宫人亡者，每1人减5石，请着为令。"明孝宗准奏(《明孝宗实录》卷154)。

弘治十六年(1503)二月,巡视江西的南京都察院右佥都御史林俊发现了藩府宗室禄米征收的诸多弊端及其给百姓所带来的危害,遂上奏朝廷说:"江西诸王府禄米近例俱征本色,其实收银3倍,民甚病之。"户部为此拟订了一个方案:"今后亲王岁该10 000石者,量收本色2 000石,余每石折银1两;郡王、将军150石,其余每石折银8钱,如不愿收本色者,俱与折色。"明孝宗反复考虑户部的方案,最终还是予以了允准。(《明孝宗实录》卷196)

○ 藩府宗室利用一切机会,想方设法掠夺、压榨和奴役帝国军民

在以前出版的系列拙作中,笔者已经说过:明朝前期,凡有藩府宗室的地方,老百姓的日子就不得好过。这样的历史积弊与危害到了成化与弘治之际变得愈发严重。

弘治元年(1488)十月,巡抚山东都御史钱钺等上奏说:"东昌、兖州、济南三府人户,原领鲁府羊3100余只,为之饲养。今60余年,纳毛至10余万斤,纳羔至60余万只,人户逃亡垂尽,而每年一征毛、三年一征羔为害尚未已。"明孝宗将奏章下发给礼部,礼部援例覆奏。皇帝朱祐樘最终拍板:"令各办种羊原数还本府护卫并仪卫司军校领养,无重为民患。其人户逃亡者,官为买补。"(《明孝宗实录》卷19)这样一道皇帝圣旨用一句话来概括,那就是即使积弊再多,但藩府宗室的利益却一点儿也不能受损。

弘治二年(1489)正月,巡抚湖广右副都御史梁璟上言说:"前奉旨修理襄府,今工完者已十七八,但德安诸府、县岁歉,夫匠难于佥解,而督工太监张兴等原带来匠官人等50余人,月支廪饩约用银150余两,所费悉出于民,诚为艰困。乞召兴等还而释军民之赴役者,惟令本府护卫军校、余丁以渐修理,功亦可就。"(《明孝宗实录》卷22)

明孝宗还是使用老办法,将该事交与相关的工部去讨论。工部随后覆奏,说都御史梁璟的建议可行,弘治帝当即予以允准。而后德安诸府修建者由朝廷派遣的军民人等改为当地藩府护卫军校和余丁。换言之,什么人都可以吃苦受罪,就是藩府宗室可万万不能怠慢。《明孝宗实录》卷22)

弘治九年(1496)二月，有个叫徐恪的巡抚都御史上奏朝廷说："永乐、宣德年间营建伊、赵等府，规制丰俭适中。近皆任情增造，工役无期，且营建未久者，又复缮修。乞令如吉府累经修造者，止给以未完料价，令本府自修；若见造雍府及以后封国，俱察照伊府等府式样营建，庶上有定式，下有定守。"徐都御史还以自己巡抚之处所获得的情况惊呼道："湖广营建诸王府第工费万亿，财力俱殚！"由此他上请朝廷"定规制以建宗藩"（《明孝宗实录》卷109）。明孝宗接奏后"下其奏于所司"，即叫相关衙门讨论，随后没了下文。

弘治十年(1497)九月，因夏季发生特别严重自然灾害造成大量人畜死亡和雷击吉王府端礼门吻兽并后金柱头，镇守湖广总兵官镇远侯顾溥等上言进谏道："（雷击）不击他处，而独击王门，岂偶然哉？意者土木太过，役重赋繁，人心嗟怨，以是上干和气，故耳。盖吉府房屋，造自成化初年，今仅二十余年，初议修补价银不过七八千两，王少之，奏遣内外官员一依崇府式样修盖。于是前后宫殿、两廊各门、房屋墙垣展大鼎新，计用过物料百数十万银，米亦余数万，岁拨夫、匠三万余，兴工四年，止成急修房屋七百余间，其余工程漫无纪极。况雍王府第方欲兴工，岐府营造未毕，及各边城垣、墩堡俱欲修筑，此皆不可已者。若吉府房屋未建者可缓，亦宜减省，少节民财。再照旧赐兴府、郓梁二府遗田三千八百三十九顷亩、芦洑长河湖课三百七十余两，俱有原额定数。近者奏各王府并军民侵占，委三司等官踏勘拨还。比之原额已过数倍，而本府官属又将邻近小户开垦纳粮并多余田地，一概谓其侵占，欲行拨还，及各王府先年奏赐地亩，亦欲丈量分拨，以此文移纷纭，告讦不止，将来必致争竞杀人，贻患非小。伏望陛下仰畏天变，俯念小民，敕该部议处，通行各王府，将府第原议急修者并工修完，可缓者暂行停止，或量给料价，如郡王、将军事例，听其自修，其原赐田地、湖地勘给数目已足者，即令造册奏缴，其余各王府先年奏讨并小民自行开垦起科纳粮者，听从执业，不得分外踏勘扰人，以少苏民困。"（《明孝宗实录》卷129）明孝宗接奏后"命下其言于所司"，随后又不了了之。

不仅不抑制藩府宗室的无度追求与生活奢靡，素来讲究"亲亲"和以儒家理想人君自许的朱祐樘还要加倍优待他的手足兄弟和大明皇家亲族。弘治七年(1494)，明孝宗发布命令，对于亲王前往封地去,除了依照祖制惯例行事外,朝廷还要派遣官员予以一路护送,以示亲爱(《明孝宗实录》卷149)。这就使得本来位近人主的亲王及其奴才愈发猖狂。

按照以往的习惯做法,亲王之国,朝廷不仅要给予丰厚的赏赐和相当多的费用——总数可达二三十万两银子,而且还让相关部门提供无偿的车船人夫服务。从常理角度来讲,这已经是隆遇至极了。但亲王们往往还不满足,一旦走出京城,尤其是过了通州后,就如明火执仗的土匪强盗一般,敲诈勒索,无所不为。弘治八年(1495)八月,当朝天子六弟益王朱祐槟即将之国,鉴于以往的不堪之状,吏科给事中胡易委婉地上奏朝廷说:"往者亲王之国,王府官属及军校分为四运,先后启行,经过府、县,恣意需索,多者费至二三百金。至于驿递衙门应付之外,亦皆馈遗六七十两,又多买私盐渡江,假重亲王,令有司领卖,不惟民受艰苦,抑为亲王令德之累。今益王之国,乞遣御史二员管运,敢有踵袭前弊者,执奏区处。"(《明孝宗实录》卷103)

亲王及其身边的奴才们竟敢如此肆意勒索、胡作非为,那朝廷派遣一路护送的官员为何不出来阻谏一下? 这种事说白了就是谁也不愿意多管,且也不敢管。现在吏科给事中胡易提议朝廷增派御史二员进行一路"管运",可皇帝朱祐樘却不认可该建议,遂"命御史不必遣,就委护送太监及本府长史承奉严加禁治,不许仍前作弊"(《明孝宗实录》卷103)。

当朝天子这般不痛不痒的处置不仅未能遏制住亲王们及其身边奴才的嚣张气焰,反而使得他们愈发不能自已,且还相互攀比。弘治十一年(1498)十二月,明孝宗九弟寿王朱祐榰即将之国,有关部门奉旨,"依益王事例,给船七百艘、车千四百六辆、宫人不支廪、给军校四人共一车,车给银二两四钱,令自雇用"。寿王府承奉、长史等闻讯后就跟主子寿王讲:"您的五哥兴王朱祐杬和六哥岐王朱祐棆启行时,船九百余艘,军校二人用车一辆。"寿王听后心里很不平衡,随即上奏皇帝哥哥朱祐樘,要求照着兴王、岐王之国时的规格办理。兵部闻讯后反对这么做,说:"前二府出京之后,官校暴横,甚于狼虎,虽方面官亦被凌轹,余船则装载私盐,余车则多索银两,经过地方不胜烦扰,坏乱盐法,重困斯民,此不可以为例。且郑、淮、荆、襄、梁五府皆仁宗皇帝之子,宣宗皇帝之弟,彼时之国,所用船不过二三百艘,而军校俱无车两(辆)。德、秀、吉、崇、徽五府,皆英宗皇帝之子,宪宗皇帝之弟。彼时之国,船亦多不过七百余艘,军校无车,两宫人无廪给,而各府亦远涉江湖,从容至国。比来所用车船,比之宣德、成化中已增数倍。若不立为定制,将来之弊,殆有不可胜言者。此后亲王之国,请给船照吉府例,多不过七百艘,官员、军校俱照益府例,军校每四人一车,官员照合得车数,每两(辆)银二两四钱,送本府长史司交收给散,令其自雇。王府物件并内官行李,俱与本等车两(辆),勿得多取钱物,军校口粮计其程途,总于在京官仓支给。其之国南方者,果粮数不足,至南京再与补支。拽船人夫,亲王并妃船,每船下水五十名,上水八十名,其余装载物件,每船上水二十五名,下水十五名。本府官员船,上水二十名,军校船,上水十名,下水俱五名。其宫人食米就于本府禄米内支给。经过有司止供柴薪,不必逐驿应付廪给。若赴河南、山东者,船只斟酌随时减去,如有投托王府,乘势装载私货者,治以重罪。着为令。"明孝宗接到兵部的奏言后觉得其讲得甚有道理,遂"命今后俱照此例行,王府辅导官敢有拨置奏请者,治罪不宥"(《明孝宗实录》卷145)。

本想是以兴王、岐王两个哥哥的规格来为自己之国时做派场的,未料到当朝天子哥哥不批准,这下寿王朱祐榰心里可不爽了。幸好他身边的承奉宋祥、赵凤和典膳时俊等宦官及时上来为主分忧:"俗话说得好,老天为你关上一扇门,就会为你打开一扇窗,只要我们动动脑筋、想想办法,机会还是有很多的。"寿王朱祐榰听了这么一番劝导后,脸上顿时由阴转晴,随即吩咐手下这些奴才在随他之国途中"见机行事"。这下可好了,承奉宋祥、赵凤和典膳时俊等一行人所到之处,捆绑官吏,肆意拷掠,令其奉献茶果钱。"州、县不胜荼毒,率鸠贷富民钱以应之。"到山东临清时,州吏已打听到德州送给寿王的银钱将近300两,遂将此告诉了兵备按察司副使陈璧。但耿直的陈璧却不信这个邪,拒绝送贿,这下可让宋祥、赵凤等人给恨上了。按照规制,亲王所到之处,当地的官吏们都得要前去朝见。兵备按察司副使陈璧听说寿王来临清了,就不得不跟着在当地的镇、巡官一起去拜见寿王。这时,承奉宋祥站在寿王

第 5 章 聿遵成宪 诸患并存

的边上,远远望见陈璧来了,立即吩咐手下人,一哄而上,将陈璧打得血流满面。朝廷命官被打成这样,在场的护送太监梁义看了看,感觉再不制止或许要闹出人命来了,于是他下令:"住手!"这才中止了一场血腥的群殴。差不多与此同时,"各船军校亦执梃登岸,毁居民屋舍,抢掠货物,城中为之罢市"。(《明孝宗实录》卷156)

鉴于事态越弄越大,护送太监梁义觉得应该将此向朝廷做个奏报。而就在此时,寿王朱祐榰可能也意识到玩过火了,于是将被打得满脸是血的陈璧叫来,假惺惺地予以慰问,并令护送太监梁义当场笞打肇事元凶宋祥和赵凤。可陈璧与临清军民并不吃这一套,随即"奏其事于朝,且盘获(宋)祥所贩私盐63 000余引"。明孝宗接奏后"遣给事中邱濬等往验之",发现皆为事实,但他仅下令将宋祥、赵凤"解京送司礼监奏请处治",而对其他涉案者都没做什么大的处理,含含糊糊地将该事给了了。(《明孝宗实录》卷156)

当朝天子这般宽松处置,寿王一行人见后便更为肆无忌惮,只要他们所过的地方,就连地皮也要刮掉一层。弘治十二年(1499)四月,湖广按察司副使陈寓上言:"近寿王之国,道经武昌府,随行太监梁义等五员,工部员外郎及南京工、户、礼三部主事各一员,义等五员通同承奉宋祥等共折收夫价银一千余两。至蕲、黄、岳、荆等府皆然,所得银两动以万计。请令后亲王之国,止差谨饬太监一员,其它并部官俱免遣,合行事宜令所在官司整理,则事体不妨,而民亦少安。"(《明孝宗实录》卷149)

仔细阅读上述这份上请,我们就会发现其中很有技巧,聪明的湖广按察司副使陈寓表明态度,在拥护太监护送亲王的前提下,将批评与斥责的对象锁定在无关大局的朝廷派遣官员护送一事上,这样既告诉了当朝天子:御弟在途经湖广地界时刮地三尺,又提出了防止此类事情以后再发生的建议。明孝宗接奏后不知怎么处理,随即将其交与工部去讨论,工部随后上奏说:"亲王之国,原无差官例,自弘治七年始有之,况差去官员别无他事,徒增烦扰。今后请仍如旧例,本部与南京工部不必差官。"弘治帝接受了建议,下令对于亲王之国,朝廷从此以后就停止派遣官员护送了。(《明孝宗实录》卷149)

既然已经流弊百出的"祖制"是根本不能触及的,那么弘治朝廷的任何"更新"与整饬举措也就只能治标而不治本了。而藩王宗室虽说一辈子也大致只有之国那一次特别风光的机会，一旦到了藩邸，没有朝廷的特许，他们是不能随便走动的，但本身已经位近人主的特殊地位也足够使他们随意找个借口或理由来进行掠夺、奴役和压榨帝国军民。譬如，他们暗中令人投献，然后对民田进行公然抢夺，占作王庄；拆毁民房，修建王府；开设店铺，强买强卖；奏讨盐引，掠夺税收；走私食盐，侵夺商利……在这么多的胡作非为当中，最令人害怕的可能要数藩府宗室勒索民金服役"校尉"了。当时巡按河南监察御史杨纶曾这样说道："各王府害人多端，而民金役校尉，被害尤甚。"(《明孝宗实录》卷161)

依照大明祖制规定："校尉之设，所以为王仪卫；将军止用从人。"(《明宪宗实录》卷275)从人和仪卫无论在名分上有多大的不同，但实际上这些藩府宗室的校尉所起的作用都差不多，无非是做导引出入和使令之役而已。明朝前期拨给藩府宗室的这类校尉一般由两个部分组成，京军中拨一小部分，地方驻军中拨大部分。成弘之际，大明军中逃军越来越多，军队本身人数就严重不足，所以一般碰到亲王之国时需要配备校尉，朝廷除了象征性地从京军中抽拨一些外，更多的还是让地方官府衙门对民间百姓实施金派，包括一些老的藩府宗室中的校尉或因病故或因逃亡而出现缺额时，基本上都采取这个办法来予以补缺。要说这种新做法的好处就在于便于操作，且更适合于当时当地之实际，但欲说这里边是不是有什么有利可图？那就无从谈起了。然而这一切在藩府宗室看来却不是这样的，他们往往趁着校尉金替之际上下其手。最为常见的做法就是，这些被分封在地方上的龙子龙孙常常贿赂当地的州、县官，不管校尉在府时间长短，一概以老疾报请更换。而地方州、县官本来就怕藩府宗室，现在又受了他们的贿赂，哪有不为他们金换校尉之理?！而一旦新金换来的校尉到府了，藩府宗室在第一次见面时就公然向他们索要银子，少则80两，多则100两到120两，这是当年十分时髦的"见面礼"。勒索到见面礼后，藩府宗室还要每月向服校尉役的平民百姓索取10两到12两银子的"好处费"。所以说那时的平民百姓真可怜，只要踏入藩府宗室服校尉役当差，即使家里再殷实，也用不了几年就会倾家荡产、妻离子散。到那时，藩府宗室觉得这个"校尉"已经榨不出什么大油水来了，就再逼迫其交上30两到40两银子，然后将他退回，随即开启下一轮的金换。与服校尉役同命相怜的还有厨役、斋郎、礼生等。所以说，那时谁的家人要是被金上到藩府宗室去服役，那就会全家老小抱头痛哭，其景令人目不忍睹。弘治中期时太子太保、兵部尚书马文升借着天变之机向朝廷上言道："金派天下各王府校尉、厨役、斋郎、礼生，每当一名，必至倾家荡产……亲王之国，接应夫役不下数十余万，役繁民困，未有甚于近岁者也。"(《明孝宗实录》卷103)

可皇帝明孝宗囿于"亲亲"一类的说教，在接到马文升的奏疏后"命所司看详以闻"，随即便不再过问了。弘治十一年（1498）五月，又有臣僚上奏，痛陈藩府宗室校尉私自金充之危害，由此恳请朝廷想办法予以解决。但明孝宗故作糊涂，张冠李戴地"命各王府校尉私自金充者，止量免本户民差，不得支粮"(《明孝宗实录》卷137)。弘治十三年（1450）四月，巡按河南监察御史杨纶等在上言十事中再次痛斥"民金役校尉，被害尤甚，乞敕该部通行天下巡抚、巡按官出榜晓谕，各布政司并各长史司以后校尉应役，俱以四十年为期，或委有事故，果本户无丁，方许行文布政司金点中下丁多人户补役，其或仍蹈前非者，从重究治"。明孝宗接奏后依然"命所司详议以闻"(《明孝宗实录》卷161)，随后又不了了之。

● **孝宗皇帝"聿遵成宪""亲亲"有加；藩府宗室作奸犯科，无所不为**

其实以朱祐樘的"圣性聪颖"(《明孝宗实录》卷1)而言，对于藩府宗室的危害怎么会不知，但他就是回避这样的问题。不仅如此，在治国理政过程中他还时刻竭力维护大明皇家宗室的权威与尊严，谁要是不小心触及或冒犯了，哪怕是极度轻微的，那也有你好看的了。

○ 弘治帝"亲亲"和"尊尊"：千错万错，大明皇家龙子龙孙不会有错

弘治七年（1494），皇帝朱祐樘的大弟弟兴王朱祐杬将要之国，

兵部派遣员外郎莫骢去准备车船。兴王府官员听说后提出了车船加倍的要求，莫骢没有理睬，只是按照惯例进行操办。为此兴王朱祐杬大为恼火，上奏皇帝哥哥，诬称莫骢办事延误，且还不肯拜见他，请求朝廷对莫骢进行处罚。明孝宗接奏后降旨：等车船一类事情办好、兴王之国后，兵部将事情调查清楚再奏报上来。不久之后兵部上奏说："凡在京文武官非奉奏准，事例不敢私见亲王，且骢亦未尝误事。"但明孝宗听后好似一个不明是非的昏君，下令下去，让锦衣卫去逮治莫骢，后令其"赎杖还职"。其实在这件事情上，皇帝朱祐樘之所以要这么做，不是他不辨是非，而是为了维护大明皇家宗室所谓的尊严。至于臣下有没有罪、有没有受冤，那就显得无关紧要了。（《明孝宗实录》卷93）

这样的事情在弘治朝还不止偶尔发生一次，时隔两年后又有一大批朝廷内外臣僚不知不觉地充当起了冤大头。弘治九年（1496），湖广武冈州知州刘逊获悉岷王朱膺钰纵容手下人恣意作恶，当场就采取了措施，予以裁抑，同时因地方国库空虚，他打算对支付给岷王府的俸禄做个延缓。骄横无比的岷王朱膺钰知道后当即勃然大怒，马上派人上奏朝廷，给知州刘逊罗织了一大堆的罪名，请求朝廷治罪刘知州。皇帝朱祐樘接到老本家的奏章后命令锦衣卫火速赶往湖广武冈州去，将刘逊逮至京城来鞫问。这时，六科给事中庞泮和十三道监察御史刘绅等言官们闻讯后纷纷上奏，说："岷王止因禄米愆期，遂至抵牾，（刘）逊罪固不能逃，而朝廷不宜偏听，且所奏事，干证人犯几百人，今止逮逊至京，而证佐不在，则为单词，法司亦难归结，且锦衣卫官校系朝廷亲军，非谋为不轨及妖言重情，祖宗以来未尝轻遣，乞令法司行镇巡官员察勘，则事之曲直自不能揜。"但皇帝朱祐樘哪里肯接受谏言，当即愤愤地说道："一州官为亲王所奏，方有旨逮问，而科道官辄交章奏阻，为不谙事体。"随后他下令：将六科给事中庞泮等42人和十三道监察御史刘绅等20人通通打入锦衣卫大牢。（《明孝宗实录》卷112）

这下可好了，数十号言官全被逮捕入狱，六科衙门和都察院十三道衙门几乎为之一空，这可是不得了的大事啊！五府、六部、都察院、通政司、大理寺等衙门的官员见此进行了一番商议，然后在吏部尚书屠滽的带领下集体上奏说："顷者科道官以言事下狱，内外臣民莫不私忧窃叹,恐于皇上盛德及国家大体不能无损,且皇上即位以来,用言听谏,狂直者每赐优容,抵牾者未尝斥逐。圣德昭彰,已十年于兹矣。今因言事不当,举六科、十三道尽下之狱,此虽庞泮等有以自取,然以十年纳谏之美,而一旦遽有拒谏之名,传之四方,书之史策,臣等所以窃为皇上惜也。况科道乃朝廷之耳目,祖宗建立是官,必选天下直谅敢言之士,一言之善即赐施行,言而不当,亦不加罪,奖异而优容之,惟以养其敢言之气。若囚繁之、折摧之,中人之资,守道徇义者少,趋利避害者多,彼惟知缄默观望,持禄保位而已。他日脱有大事,谁复为朝廷言之,然则摧辱言官,非人主之利也。"(《明孝宗实录》卷112)

再说明孝宗见到这么多的大臣联合起来上奏,且从奏文所述来看,确实是自己做得有点儿过分了,于是想借着这么个机会,找个体面的台阶下,将事情给了了。在读完奏章后,他想了一会儿,然后下令:将被关在锦衣卫大牢里的庞泮等60多号言官全给放了,不过随后他又加了一句:让他们每人罚俸三个月!这样做的目的是为了表明错的还是这些言官,只是皇帝"大度"才将他们给放了。(《明孝宗实录》卷112)至于那个倒霉蛋刘逊被逮至京城,关在锦衣卫大牢里,过了好久才被放出,贬为四川行都司断事,专理刑狱。(《明史·刘逊》卷180)弘治十六年(1503)二月,他又被迁为湖广按察司佥事。(《明孝宗实录》卷196)

刘逊、庞泮等人无辜蒙冤之事再次警示人们,什么明君治下的"太平盛世",但凡与大明皇家宗室有关的人与事,无论其中有着怎样的是非曲直都是不重要的,重要的是千万不能去触及这些人的权位与颜面。明孝宗统治的中后期,一些聪明的朝廷大臣终于悟出了这其中的秘密,随后也就在事务处理过程中避免了"惹火烧身"悲剧的出现。

弘治十五年(1502)八月,"御用太监金辅、杨雄、樊清奉命送泾王之国,长史张显、范兆祥、承奉韦瑢、张贤等沿途多有征索,驿官不胜榜笞,至有自溺死者"(《明孝宗实录》卷190)。驿官自溺而死,在泾王一行人看来,这样的小蚂蚁死了也是白死,压根儿就没把它当回事,大家继续前行。行至天津时,泾王朱祐橓和太监金辅等又想着怎么多勒索点儿钱花花,见到自己坐的黄船旁有一大拨子被强征来拉船的纤夫,主奴几个人顿时会心地笑了,随后泾王发出命令:减少拉船的纤夫100名,但前提条件是这100名纤夫必须得每人交出数十两银子才能回家。这时承奉韦瑢和长史张显见到主子在"搞活经济",马上开始学样,将原本擅自增加的纤夫遣散,当然绝不会忘记在遣散前好好地敲诈他们一下。要说这些被强征来的纤夫本来就穷,其中有两个人因为家里实在拿不出钱来,当场被韦瑢手下内使李顺给活活杖死。死者家属闻及噩耗,立即赶到御用太监金辅那里告状。金辅见到已经闹出两条人命来了,感觉还真不能不过问一下,于是召集船上的人一一讯问。忽然间发现内使李顺家人也在,这是严重违制的,金太监当即命令三卫官将他们拿下。三卫官中的仪卫正张播可能与内使李顺、承奉韦瑢关系不错,看到李顺家人被逮,立即"以擅执王府从人"为由向泾王告状。尚未弄清楚是非曲直的泾王当场下令,让随身校尉去擒捕执行金太监之命的三卫官。三卫官中的指挥贺勇等听说泾王随身校尉来逮人,当即害怕透顶,趁人不备,来个脚底下抹油,逃往天津卫城,然后关闭城门,"遂二日不朝"。由此"黄船留六日而发,殿后者复群掠柴市居民货物"(《明孝宗实录》卷190)。

这时,御用太监金辅见到情势愈发恶化,感觉再耗在天津,不知还会弄出什么事情来,于是下令:不管三七二十一,自己乘坐的船只先行。按照他的设想:只要自己的船只走了,泾王一行也会跟上的。可让金太监没料到的是,为追查打死两个纤夫一案而结下梁子的承奉韦瑢却在暗中拼命地与他作对。韦瑢跑到泾王跟前,检举揭发金辅收贿,"专制拨夫"。泾王朱祐橓虽说年纪小,但对银子十分感兴趣,又听说金太监船只先走了,当场就很恼火,随后派人向皇帝哥哥告状,说金辅"始至府即由中门入,读诏踞(倨)慢,在途专擅欺侮"。而太监金辅听说后也不甘示弱,采取相同的手法——向朝廷奏说:承奉韦瑢和长史张显等贪暴,泾王受他们的蛊惑,不明事理。由此一来,双方"前后各数疏"。皇帝朱祐樘弄不清孰是孰非,只好派出东厂特务前去秘密调查,终于发现内使"李顺等系死役夫之事"。这时弘治帝可火了,当即下令:将李顺等逮至京城拷治,并派遣工科右给事中周玺、刑部郎中毛实等再去进一步勘查事实。(《明孝宗实录》卷190)

工科右给事中周玺和刑部郎中毛实接到皇命后虽然感觉头大,但在朝那么多年的经历也让他们长了见识。在前往天津调查清楚太监金辅和承奉韦瑢、张贤以及长史张显、范兆祥等人诸多违法犯罪之事后,他俩如实向皇帝朱祐樘做了奏报。至于泾王的事情,这两位朝廷特使就做了特别的"艺术处理",仅说:"天津散夫时,(泾)王止令如例,盖上体圣明节用爱人之心,下防左右生事扰民之弊,奏有不实,终非本心,必承奉、长史掩饰蒙蔽之过,且(韦)瑢尝阻(金)辅启请,于王前称呼尔我,其纵肆可知,请重治其罪。"明孝宗接到这样的奏报,看得很舒心,遂"命锦衣卫逮系瑢等至京鞫治之,辅等俟至京日令司礼监奏请处治,指挥贺勇等二十八人,仓(沧)州吏目韩天爵等三人及军余十八人,俱连逮罪坐有差。"(《明孝宗实录》卷190)。

皇帝朱祐樘的这般处置再次给人的感觉是:大明皇家金枝玉叶是万万碰不得的,他们即使有过,那也是受了身边奸人蛊惑而致。正因为有着这样特别的思维及其所营造的特别政治遇境,弘治年间大明皇家宗室成员几乎毫无顾忌,做下了很多骇人听闻的违法犯罪案件。

○ 改元不久,山西代府和晋府相继爆出三大系列人命案,弘治帝几乎一无作为

分封在山西太原的代王朱桂是明太祖朱元璋的第十三子,自之国起他与他的儿孙们就一直没安分过,不时干出一些杀人越货、欺男霸女的事情来。对此,当时的大明朝廷做了一些处理:将他们召至京城,"降敕责戒",并一度"革其三护卫及官属",后来见到他们"稍敛戢",又"复护卫及官属"。正统十一年(1446),老朱桂薨世,"世子逊煓先卒,孙隐王仕壥嗣。景泰中,尝上言总兵官郭登守城功,朝廷为劳登。天顺七年薨。子惠王成鍊嗣"(《明史·诸王二》卷117。更为详细的内容可见笔者拙著《大明帝国》系列之⑫《正统、景泰帝卷》下册,东南大学出版社,2016年5月第1版,P261~165)。

代王朱成鍊有个庶长子叫朱聪沫,从小就脾气暴躁,且很没教养,但因为出身在红彤彤的家族里,所以很早就被封为武邑王。这下可好了,封为武邑王后的朱聪沫离开了父亲,自己带了些人生

活。有一次，他在喝酒，喝得已经差不多了，忽然听到边上演奏曲子的乐工好像没演奏好，当即出手便打，一下子把那个乐工给打死了。这事后来传到朝廷，朝廷下令革除朱聪沬的武邑王爵位。一晃几年过去了，转眼便是弘治二年(1489)，老代王朱成鍊突然害病死了，这下代府就没有主人了。弘治朝廷当即决定，让已经被废为庶人的朱聪沬暂摄代府事，为老代王朱成鍊发丧。可让大明朝廷上下都没想到的是，就在老代王朱成鍊大丧期间，做儿子的朱聪沬居然"置酒作乐召妓者歌舞，极诸淫纵"。按照古时候人们的丧制礼仪规定，朱聪沬的行为已构成了严重的犯罪。代府内有个内使赶紧前去规谏，可朱聪沬非但不接受，反而还将那内使暴打了一顿。还有个宦官可能不太拎得清，在朱聪沬嗜酒纵欲时说了一些劝导性的话，哪想得立即招来大祸。朱聪沬令人将那坏他好事的宦官给绑起来，以石鼓压胸，用装满沙子的袋子盖住他的嘴巴，没多一会儿就把人给弄死了。就用这种折磨人的酷刑，朱聪沬不知弄死了多少条人命。王府内承奉通保见到这般情景，趁着大家不注意，偷偷地溜了出去，然后拼命向北京方向奔去。等朱聪沬反应过来，为时已晚，他派出的典膳胡宽追到北京，承奉通保已向皇帝告状完毕。皇帝朱祐樘接报后，立即通知山西镇巡等官进行核实。不久山西镇巡等官上奏说：代府承奉通保举报之事属实。这下明孝宗可坐不住了，当即愤怒地下令："朱聪沬稔恶弗悛，故违祖训，难居藩辅，降为庶人，并宫眷迁之太原城内居住。敕乐昌王聪浧摄管府事。"(《明孝宗实录》卷40)

山西太原代府发生恶性案件后一年之余，即弘治四年(1491)十一月，同在山西太原的晋府突然间也爆出了两大系列人命案子来了。这第一大系列人命案子是，晋府宁化王朱钟鈵平日里撑饱了没事干，与太原左卫军马健经常混在一起，时间一长，他竟然与马健的妻子、小妾勾搭成奸。但就此还不满足，朱钟鈵经常让人出去转转，看看哪家媳妇长得漂亮，然后叫马健找个名目，将这些漂亮的美女骗到王府来睡觉，且睡了很长时间也不把她们放回。再说这些美女的军人丈夫知道后大多也是敢怒而不敢言，唯有军人郝俊等少数几个很有男人气势，冲到宁化王府去讨要自己的女人。宁化王朱钟鈵听说有人来向他要还"美眉"，当即火冒三丈，提了金骨朵棰奔出府门，冲到郝俊等军人跟前，二话没说，抡起金骨朵棰就砸，一下子砸死了8人。边上有人想劝劝，已近疯狂的宁化王朱钟铉什么也听不进去，又抡起金骨朵棰就砸，这下可好了，又死了9人。宁化王朱钟铉前后砸死了17人，该有人出来管管？没人，谁也不敢来管位近天子的藩府宗室之事。再说当今天子又极为讲究"亲亲"，还有哪个大傻子自个儿出来找死呢？而正是这种集体无意识的沉默，客观上助长了朱钟铉的嚣张气焰。就在杀了17人后没多久，朱钟铉突然发现自己父亲的小妾李素真怎么长得这般性感、妖艳，此等尤物不抢到自己府上来乐乐，岂不是美女浪费资源?! 想到这儿，朱钟铉也顾不得乱不乱伦，立即令人将李素真拉到自己宫里头，随后便开始美妙的床笫之欢（《明孝宗实录》卷57）。

床笫之欢固然美妙，但做贼者必心虚，晋府宁化王朱钟铉在做了这么多的恶事、坏事后，心里也开始打鼓：会不会有人向朝廷告状？要说山西地方衙门里的官员个个都被吓破了胆，哪个敢？忽然间他想到了老与自己过不去的弟弟——镇国将军朱钟𬭁，对，就是他，很有可能他要向朝廷告状。俗话说得好，先下手为强，马上给他点儿颜色看看，让他老实一点儿。想到这，朱钟铉立即叫人带上工具，到镇国将军朱钟𬭁府上去，将他的府门给砸了。再说镇国将军朱钟𬭁被突如其来的砸门给弄蒙了，花了好长时间才缓过神来，原来幕后指使者就是自己的兄长，想想实在气人。今天他们居然来砸门，那明天说不定就要来杀人，想到这里，镇国将军朱钟𬭁立即派人火速赶往北京，向朝廷检举揭发自己的哥哥宁化王朱钟铉所犯下的诸多不法之事。朱钟铉听到风声后"亦讦钟𬭁不孝嫡母，僭服蟒衣，奸通乐妇诸事，又托舍余李恺窃写钟𬭁所讼词，令教授张珊造词奏辩"。明孝宗接奏后一下子头大了，弄不清谁说的是真话，谁说的是假话，遂将该事交与山西巡抚等官鞫问。山西巡抚官得到朝廷敕令后壮了胆，不久就把事情的是非曲直给弄清楚了，然后上报给皇帝朱祐樘。朱祐樘下令："以钟铉奸收父妾，强夺人妻，又残酷棰死人命数多，革去冠带、禄米，令戴头巾闲住。钟𬭁奸凌乐妇，不能奉母，蔑礼僭分，革去禄米三之二，仍俱降敕切责。"至于涉案的军人马健等11人俱被处死，其他相关的几个小军官要么被降职，要么被充军边卫，"教授张珊等二人下按察御史逮治

之"。(《明孝宗实录》卷57)

弘治四年(1491)十一月,同在山西太原的晋府突然间闹出的第二大系列人命案子是,晋府庆成王长子朱奇浈"狎昵(昵)太原右卫指挥佥事李学等,盗关军粮并银绢等物。军人刘珏、金荣、陈贤与小旗沈清谋讼之"。不料,这几个军人密谋之事被百户黄玺发觉了,黄玺立即将消息泄露给太原右卫指挥佥事李学。李学听后当场傻了眼,因为倒卖军粮等事一旦要是给朝廷知道了,那就不得了。这时百户黄玺给他出主意:目前最好的办法就是将刘珏等军人给抓起来,罪名可以编一个,叫"尝盗发河东郡君冢",然后再给他们各杖一百,看哪个还跑得动出去告状。指挥佥事李学听后觉得此计甚妙,立即付之行动,将军人刘珏等个个打得哭爹喊娘,随即关入大牢。这下可让李学等放心了,这些人挨了一百杖,得花多长时间才能恢复?想到这,庆成王府的人立即大笑起来。可令他们没想到的是,这高兴得没多长时间,忽然有人来报:"军人刘珏等越狱逃跑了!"李学立即下令:"追!"太原右卫上下官兵纷纷行动,四处搜捕。与刘钰一起密谋的军人陈贤逃得慢,一下子给逮住了。这下可好了,李学等人将所有的怒火都发在陈贤身上,使用酷刑没命地折磨他,并将他平时关系不错的总旗汪脱、王伦和军人朱进也给牵连进去,然后进行一一扑杀。这下可差不多了?没有,李学发现,小旗沈清与军人刘钰曾一起密谋,现在他也逃了,遂"诬清盗祖庙祭器"而下令追捕他。小旗沈清逃得快,没被逮着。李学便派人冲到他家里,将他的妻子齐氏、家里佣人郝朗及其妻傅氏一同给逮来,要他们交出沈清。这几人说不知道,李学就让人给他们施以炮烙之刑。炮烙之刑是商代末年使用的酷刑,因为特别残酷,自西周起就被淘汰出局了,现在居然让庆成王府给使用上了,真是残酷之至!但即使这样,还是没能获得沈清的确切下落信息。为此,李学让人改用竹签刑,即以竹签钉入人的指甲。可能是由于施刑时间太长的缘故吧,身体相对赢弱的沈清家佣人郝朗的妻子傅氏当场死于受刑过程中。在外出逃的沈清及其儿子闻讯后立即奔向北京,向朝廷告状。李学听到风声后竭力唆使庆成王上奏朝廷,谎称沈清上告是诬告,乞请朝廷将他们父子俩送回。再说弘治朝廷向来优渥藩府宗室,一听说是诬告,且认为这是藩府内部之事,当即

就将人交还给了庆成王府。这下可好了,沈清父子俩被押回太原,儿子先被捶死,父亲沈清随后也被缢杀。(《明孝宗实录》卷57)

这时,曾经与沈清、刘珏等一起密谋,准备揭发庆成王不法诸事的军人金荣在狱中听到了消息,估摸着自己要是不逃出去,必将也会遭到虐杀。想到这里,他使出浑身解数,逃出监狱,与弟弟金通一起将李学"等诬杀人命及其家子弟与王府婚配失伦诸不法事"上奏给了朝廷。李学听说后立即派人逮捕金通,并将他捶杀于狱中。"至是死者之家各诉于官,所司具实以闻。"明孝宗接奏后令人核查,发现众人所告皆属实,遂不得不下诏:"以(朱)奇浈听人拨置,捶死无辜七人,革去冠带,令带头巾读书,不许理府事,并庆成王婚配失序,俱降敕切责。李学等十一人俱依拟处决,其效尤暴横,侵盗钱粮,吓抢其财物,仪宾等官项伦等三十一人纳米完,仍革去冠带闲住。百户臧缜等七人各降一级,调四川茂州卫食粮差操。总旗陈子成等十人各降一级,与军人周敬等十三人俱押发陕西凉州卫,转发沿边墩台守哨。"(《明孝宗实录》卷57)

○ 岷府朱膺钲淫遍"小妈",杀死数十人,强奸、逼死弟媳,明孝宗只是将他交由南渭王府老王爷管摄

庆成王府连连残杀人命案处理完毕,这时已近弘治四年(1491)的年底,皇帝明孝宗看看快要过年了,就想松口气,休整一下,哪想到忽然又有人来报,说岷府南渭王府也出大事了。南渭王长子朱膺钲性格暴戾,且什么人都不在他的眼里,故而"所为多不法"。按照古时候的规矩,有身份的男人可以拥有一定数量的女人,尤其是王爷,那就更不用说了,即使他已经年过花甲,但照样可以美美地啃啃身边一堆的美女"嫩草";即使这些美女"嫩草"只有二八芳龄,那也是王府内王爷随时都可以享用的性玩伴——其他任何人皆不得染指,同时她们还是未来王爷的"小妈"。从中国传统社会的伦理角度来讲,未来王爷哪怕与这些"小妈"年龄相近,并有了爱慕之情,但相互之间断不能有肌肤之亲,即使是意淫也不行。可这样的纲常伦理对于岷府南渭王长子朱膺钲来说又算得了什么,一旦空下来,他就去瞧瞧父亲房中哪个"小妈"长得漂亮,就弄她来睡觉。一些胆小的"小妈"见到他就怕,陪睡就陪睡吧。但

也有一些"小妈"可不干了,想想自己陪老王爷睡过了,再陪未来王爷睡,这都成了什么?朱膺鉟见到漂亮"小妈"不肯,抡起棰子就将她捶死,或者将其绑在柱子上用箭射死。边上有人出来劝阻,朱膺鉟便把他也给打死,为此,南渭王府上下死了男女数十人。(《明孝宗实录》卷58)

对于长子朱膺鉟如此作恶,岷府南渭王老王爷居然一无作为,这下可大大地助长了他的嚣张气焰。朱膺鉟有个弟弟叫朱膺钞,兄弟俩自小就玩不到一起,哥哥朱膺鉟为此总想着要弄死弟弟,"尝置毒于食,欲杀之弟"。可能是朱膺钞命大,没被杀成。读到此,读者朋友或许要问了:做哥哥的何至于要做得这么绝?个中原因之一是弟弟朱膺钞的媳妇赵氏长得特别漂亮,做哥哥的老早就惦记着这个弟媳妇了。只要弟弟不死,做哥哥的就没法堂而皇之地占有漂亮弟媳。而食物下毒偏偏又没能毒死弟弟,这下做哥哥的朱膺鉟可没耐心了,干脆直接将弟媳妇赵氏抢到自己的屋里来睡睡,睡了几天觉得没味了,将她放回,然后过了几天又想起赵氏美女,叫人再去将她抢来陪睡,如此这般,弄得整个南渭王府鸡犬不宁。南渭王府老王爷看看实在没办法,只好劝说小儿子朱膺钞带着自己的漂亮媳妇到别处去住,这样也好避开大儿子朱膺鉟的兽性发作。再说朱膺鉟见到弟弟、弟媳都不在府邸内,顿时十分光火,随后令他更加恼怒的是,外面有不断流言传来:大伯子强奸弟媳妇,这是多丢人的事情啊,连禽兽都不如!朱膺鉟越听越觉得难受,心里想着:干脆来个一不做二不休,对外诬称弟媳妇赵氏与他人通奸,然后带人出去寻找弟弟、弟媳妇新住处,逼迫赵氏自缢,以达到杀人灭口的罪恶目的。而就在这个过程中,弟弟朱膺钞的妈妈目睹了这一切。哥哥朱膺鉟发现现场有人,当即将她也给杀了,然后再带人包围了弟弟朱膺钞的屋子。朱膺钞急忙跳墙出逃,直奔永州府告状。永州府衙官员立即将事情上奏给了朝廷。皇帝朱祐樘接奏后"命巡按监察御史及二司官会勘,太监刘雅入府拘宫人,鞫讯得实。刑部议拟上闻"。按说此时应该好好地惩治一下朱膺鉟了,但明孝宗仅做出这样的处置:将朱膺鉟交由南渭王管摄,"(朱)膺钞奏事亦有不实,减禄米三之一,被烝宫人令自尽,其党恶群小处决者一人,杖一百发边远充军者十五人"(《明孝宗实录》卷58)。

岷府南渭王长子朱膺钲屡屡作恶之事处理完后，弘治帝过上了两个月的清静生活，到了第二年的二月底开始，大明皇家藩府宗室又相继爆出三大案件来了。

○ 弘治五年代、周、荆三府又相继爆出三大系列恶性案件

这第一大案件是弘治五年（1492）二月的代府辅国将军朱成鈚的胡作非为案。朱成鈚从小不学好，一副无赖样，加上嗜酒如命，脾气又暴躁，是当时方圆数十里内出了名的恶霸。这个恶霸心邪且还十分残忍，服侍他的美女小妾一旦做了他不称心的事情，就会"被棰楚，或以刀自刺死"。按照中国人的传统礼俗，父亲死了，做儿子的理当居丧守制，但朱成鈚闻听父丧噩耗后却压根儿就没把它当回事，饮酒作乐一切照常进行。后来听人说，由于他的身份是庶子，因而在分配财产时要比嫡长子少了许多，朱成鈚当即将牙根咬得咯咯响，遂与嫡长子争夺起家产来，"数从母叔周茂、校尉王然、胡海等人嫡母靳氏府抢夺金银器及田约"。嫡母靳氏"执杖逐之"，没想到反被恶棍朱成鈚所驱逐。在占领父亲、嫡母府室后，朱成鈚立即展开搜寻，将府室内所有值钱的全部收归己有。至此为止还不满足，看到亡父遗下的几个年轻的"小妈"，朱成鈚立即动起了歪脑筋，将她们一一给卖了（《明孝宗实录》卷60）。

朱成鈚干了这么多的坏事、恶事后臭名远扬，当时有个州民叫姜福贤的，因为与自己的哥哥姜福山有矛盾，遂诡言姜福山与其亲家刘江、薛堂等接受了靳氏的贿赂，大搞魇魅之术，诅咒代府辅国将军朱成鈚早早死掉，随即又将这等胡言乱语告到了当地的官府衙门去。这下可好了，原本没影子的事情一下子给弄大了。朱成鈚听说竟有这等事情，立即派人将姜福山等数人逮来拷掠。由于用刑手段极其残忍，姜福山等屈打成招，旋死于堂上。姜妻刘氏闻讯后立即奔赴京师讼冤，"靳氏亦以成鈚凶恶闻"。朱成鈚听说后反咬一口，"复诬奏靳氏不法"。弘治朝廷弄不清是非，遂将事情交与"山西镇巡官验治，具实以请"。这时明孝宗终于明白了案件的真情，随即下旨："（朱）成鈚故违祖训，为恶多端，情罪深重，姑从轻，赐敕切责，降为庶人，仍敕怀仁王严加约束。福贤处斩，茂、然、海各杖一百，并家属发贵州都匀卫充军。"（《明孝宗实录》卷60）

弘治五年(1492)藩府宗室爆出的第二大案件是周府清河王朱同镳携带自家小美女夜游引发的伤害案。那年八月的一天,可能因为天气炎热的缘故,周府清河王朱同镳觉得老待在府里没劲,就想到带两个心爱的小美女宫人李氏和孟氏出外溜溜,这时也在府的宫人孟氏之父孟宣和厨役左亮等提出,要求一起去玩玩。朱同镳二话没说,就带了他们出门了。哪想得出门没多久,他们就碰上了巡夜的小甲。巡夜小甲可认真了,见到男男女女一拨子人夜里不睡觉在外乱逛,当即就予以阻止。这下可将清河王朱同镳给惹怒了,他当即命令厨役左亮等把巡夜小甲给逮了起来,押到清河王府去,然后叫宫人李氏和孟氏用剪刀各剪掉巡夜小甲的一只耳朵。这明显是一起非法用刑、伤害人身案,皇帝朱祐樘听说后"以(清河)王狂纵残忍,宜治以重典,姑降敕切责,仍敕周王约束之,镇巡官严加防守。孟宣、左亮各杖一百,孟、李二氏令镇守太监蓝忠入府杖之"(《明孝宗实录》卷 66)。

弘治五年(1492)藩府宗室爆出的第三大案件是荆王朱见潚作恶胡乱案。荆府荆靖王朱祁镐一生生了 3 个儿子:长子朱见潚,次子朱见溥,三子朱见溵。朱见潚与朱见溥系同母所生,但他俩关系并不好,因为母亲魏氏即荆靖王妃偏爱小儿子朱见溥,凡是什么金银贵重之物都要加倍赏赐给他,这就引起了长子朱见潚的不满。(《明史·诸王四》卷 119)一转眼,荆靖王朱祁镐薨世,长子朱见潚嗣位,大肆的报复由此开始。朱见潚先将自己的母亲魏氏禁锢起来,然后逐渐地减少她的衣着饮食,让她抑郁而死。至此,做儿子的朱见潚还不解气,在母亲大丧期间草草办事,连出殡也不让她从正门出,而是令人从边门小洞将她的灵柩抬出去下葬。接着朱见潚又派人上都梁王府去邀请弟弟朱见溥来府一起比赛射箭。弟弟朱见溥不知其中有诈,接到哥哥的通知后高高兴兴地来了,谁知一进入荆靖王府,就被人绑了起来。这时同胞兄长朱见潚才从暗处慢慢走出,边走边奸笑着,手里还拿了一把铁尺,走到弟弟跟前,便开始死命地捶击。弟弟朱见溥哪受得了这般酷刑,当即边哭边求哥哥饶了他。朱见潚嫌弟弟的哭声难听,便让人用衣服将他的嘴巴给塞住,然后继续不断地捶打。没多一会儿,朱见溥就没了声音。做哥哥的朱见潚怕弟弟诈死,就叫人用铁火箸从他的肛门口插入,当

即血流满地。(《明孝宗实录》卷67)

○ 拔出萝卜带出泥：荆靖王虐杀兄弟，强奸弟媳和民女……且还潜蓄异谋

在整死弟弟后，朱见潚派人上都梁王府去，向弟媳何氏报丧，说弟弟朱见溥在骑射过程中因为马突然受惊而掉了下来，让马给踩死了。何氏不知实情，当即跟着来报丧的人一起上荆靖王府，想朝见王太妃。朱见潚立即派出妾婢去"接迎"何氏，何氏不知其中有诈，当即被诱入别室。这时，朱见潚突然出现在她的眼前，何氏想逃，但实在无处可逃，当场被眼前的这位大伯子给强奸了。自那以后，朱见潚"遂拘留不遣"，想要何氏来服务，随时都可以叫到。这样的日子久了，朱见潚逐渐觉得有点儿腻，想换个"新鲜"的，忽然间眼前出现了另一个美女的倩影，她就是朱见潚堂弟朱见潭的妃子茆氏。其实朱见潭一家对于朱见潚的歹念早就已经有所意识，母亲马氏处处设防，竭力保护儿子和儿媳。这下可让朱见潚恼火了，见到自己的叔母这般不遂己愿，他马上令人将她逮到荆靖王府里，剃掉她的头发，弄得她男不男女不女，见不了人，然后再"棰之百余"。在干完这等恶事后，朱见潚突然想起还有更为紧要的事情要做，当即令人将堂弟朱见潭逮来，将他与他的母亲马氏捆绑在一起，再用装满泥土的袋子压在他们的脸上，没多一会儿就把这母子俩给蒙压死了。在清除一个个障碍后，朱见潚便让人将堂弟媳妇茆氏械系荆靖王府内，并把她给强奸了(《明孝宗实录》卷67)。

而与此差不多同时，荆靖王朱见潚又纠集一批恶少，每日厮混在一起，要么大玩骑射游戏，要么擅自溜出蕲州城，过江游逸。一旦听说哪家小美女长得标致，他立马派人前去强抢，然后带回府中慢慢地享受。朱见潚还"干没官粮，网罗货利，库藏聚敛，动以万计"。因看不顺眼同族里的镇国将军朱见浣兄弟俩，他居然下令减少对他们的食物供应，最终把这俩兄弟给活活饿死了。就在这时，老荆靖王的三儿子即朱见潚的同父异母之弟樊山王朱见澋逐渐发现，情势似乎越来越不对劲了：大哥如此收拾自家兄弟、堂兄弟，那下一个目标将要轮上我樊山王了？朱见澋想到此，立即向朝廷上了一道密疏，将大哥朱见潚所犯下的罪行都给说了出来。明孝宗

接疏后命令法司衙门勘鞫,结果发现皆为事实。这时皇帝朱祐樘可坐不住了,当即派遣太监白俊、驸马都尉蔡震前往蕲州荆靖王府邸,将恶贯满盈的朱见潚逮至京城。几乎与此同时,弘治帝又令人将朱见潚所犯之罪向各地的藩王做了通报,让皇家宗室来议议,该如何进行处置。(《明孝宗实录》卷67)

再说朝廷法司部门自从接受案件起,虽然很快就查出了案情的真相,但在给荆王朱见潚拟罪时谁都格外小心,不敢多言一句,因为当朝天子特别讲究"亲亲"啊。由此一来,从弘治五年(1492)九月案情基本查清一直拖到了十二月底,皇帝朱祐樘亲自来到文华门,召集廷臣"会鞫荆王见潚罪状",这才使得大家敢动手,弄出了一份拟罪判决书。随后便以皇亲领衔、朝廷文武百官共署的名义奏给弘治帝,说:"法莫严于祖训,而乱法悖训者,自绝于天潢;道莫大于人伦,而反道败伦者,难容于圣世。罚赏至公,亲疏无间,兹荆王罔遵宪典,大肆凶残,败度败礼之非日加,维藩维翰之功何在?拒先帝遗诏,而匿哀主婚,不忠于上,憾母妃偏爱,而非礼事葬,不孝于亲;手刃同气,而乱其妃,戕害骨肉,而夺其禄;信术士妄谈,而窃怀觊觎之心,僭子午改府,而略无避忌之,意收亡命之人为爪牙,保冒籍之人为心腹,盗卖系官钱粮不赀,强夺受聘子女甚众,因私恨而棰杀叔妾,惑风水而暴露父棺,肆意妄为,无所不至,纲常为之败坏,伦理几于绝灭,天理不容,奸情败露。荷蒙皇上不忍遽诛,爰命廷臣按其所为之状,遍敕亲王议其所处之宜。群臣集议于朝,佥曰:'当刑。'诸王论列于国,皆云:'不赦!'伏望皇上奋乾刚之断,鉴物议之公,施天讨有罪之刑,显王法无亲之义,示法天下,垂戒将来。"(《明孝宗实录》卷70)

明孝宗接奏后裁定:"(朱)见潚悖违祖训,灭绝天理,戕害骨肉,渎乱人伦,得罪于天地、祖宗。诸王议其罪大恶极,当置于法。今亲王、文武大臣及科道官又交章劾奏,法当处死。但念亲亲不忍加刑,从轻曲宥,削王爵,降为庶人,锢之西内。其辅导官员阿顺逢迎,致王犯罪,俱罢黜之。"(《明孝宗实录》卷70)

从皇家祖制角度来讲,这样的终裁大体上还是吻合大明祖宗成宪的。但就在此御裁做出之前,皇帝明孝宗还降旨,命令被荆靖王朱见潚玷污了都梁王妃何氏自尽,削除同样被辱的朱见潭妃子茆氏的封号与冠服，"以见潪举奏不早，亦不尽实，减其禄三之一"。（《明孝宗实录》卷67）这着实令人一头雾水。但如果细细想想，也能理解，因为都梁王妃何氏长期被大伯子朱见潚奸淫，她肚子里或许已有小生命，而这样的小生命一旦出世，这大明皇家的脸面往哪里搁？再有朱见潭的妃子茆氏的封号与冠服被削除，也有着相同的缘由。至于什么都没有了的茆氏以后将如何面对现实生活，那可不是大明皇家所管的事情，自古以来，女人就是衣服。至于对朱见潪的减禄处罚，皇帝朱祐樘恨就恨在他迟迟才向朝廷奏报，让大明皇家丢尽了脸面。而对于恶贯满盈的朱见潚，按照祖制处置，一般是要押往凤阳关入高墙内，但弘治帝似乎不愿将脸面丢到南方去，下令将他禁锢在皇宫西内。（《明孝宗实录》卷70）

当朝天子越想遮丑，早已禽兽都不如的一些皇家宗室就越觉得有机可乘。在皇宫西内被禁锢了近一年，朱见潚"想"起了很多的事情，遂于弘治六年（1493）九月向朝廷"复奏其弟樊山王见潪不法事"。朱见潪听说后赶紧反击，也上奏揭发哥哥所犯下的诸多不为人知之罪。明孝宗接奏后弄不清楚谁说的是真的，遂"命太监韦宁、大理寺右寺丞王嵩、锦衣卫都指挥佥事陈云往核之"。不久太监韦宁等复命回奏说："（朱）见潚多置弓弩、筑土山、操演船马、广积生铁、收器械。其子祐柄相济为恶。（朱）见潚亦有淫虐诸事。"弘治帝当即说道："见潚戕害诸弟，逼奸弟妇，棰死弟母，灭绝天理，伤败彝伦，又潜蓄异谋，其诸不法事，不可悉数，穷凶极恶，天地所不容，国法所不宥，即令自尽。内使宋贵等逮问如律，其祐柄、见潚事，仍会皇亲等官议处以闻。"而后，他又下令："以见潪发见潚异谋，潜削荆楚大害，功亦可嘉且光，已减岁禄三之一。今小过姑宥之，以祐柄义不得复为世子，并其余子女，俱从降革，安置于武昌城内，有司照例养赡，敕楚王严加约束。"（《明孝宗实录》卷80）

弘治七年（1494）三月，二次奉命南下湖广查勘的司礼监太监韦宁、大理寺丞王嵩、锦衣卫都指挥陈云回京覆奏：朱见潚所说的弟弟"樊山王见潪与楚府永安王等事情俱系诬捏"，而朱见潪揭发的哥哥朱见潚诸不法事皆一一坐实。明孝宗接受了廷臣的建议，命"荆靖王次嫡孙都梁王祐橺宜进封荆王，以奉国祀"，同时又令朱见潚的子女等依例降革，并降敕给都梁王朱祐橺，说："今特敕尔拘召世子祐柄、虞城王祐榻、洛安王祐橙、广济王祐桡到府,令其北跪面谕敕旨,革去封爵,俱降为庶人。铜陵、绩溪二郡主并仪宾及宫眷有封号者,亦从禁革,迁发武昌城内,各量拨房屋居住,照例给与柴米等物养瞻"(《明孝宗实录》卷86)。

至此,历时近两年的荆靖王朱见潚施恶谋逆一案的审理清查工作才算真正画上了一个句号。这样一来,"平静"日子过了一年,到弘治八年(1495)春夏季节时,从郑府和晋府又分别闹出了泾阳王和晋府宁化王淫乱、杀人两大系列案件来了。

○ 郑府泾阳王、晋府宁化王俩活宝又作恶:淫乱、杀人……无所不为——弘治八年

郑府泾阳王的世子朱见溢是当时当地的"名人",这个"名人"之所以有名倒不是因为他有什么才能,而是自小起就有着让一般人都说不出口的嗜好,即特别喜好男女之事。在刚刚有点儿发育时,朱见溢就把身边的宫人和女佣全给搞了。母亲泾阳王妃张氏发现后,除了自己经常盯着,还派人时刻看着他,让他无法得逞。就因为此,朱见溢从内心深处恨透了自己的老妈。一转眼几年过去了,老妈泾阳王妃张氏薨世,做儿子的朱见溢理应居丧守制,哪想到这个藩府少爷居然杀了一条狗,用布将它裹起来,然后埋到了自家的后花园里去,再叫人弄些酒肉,假模假样地祭奠起来。不久,成化帝驾崩的国丧消息传来,作为皇家至亲的藩府宗室应该立即举哀,可朱见溢却"朝夕临无戚容",只当什么事也没发生。由于国丧期间各地市场都禁止屠宰,每日都要饮酒作乐的朱见溢见买不到动物之肉,遂下令杀了自家养的鹿来做下酒菜。就这么一个目无纲常法纪的"王Ⅳ代"后来继承了泾阳王位,由此变得更加肆无忌惮,"信用内使王锦及左右群小",居丧期间几次将娼妓召至府中日夜淫乐。不过朱见溢在这事上还算有些"良心",对于那些给自己带来肉体快乐的娼妓没忘予以一定的"快乐回报"。有一天,他突发奇想,要将正妻、新泾阳王妃郭氏的服饰拿去送给娼妓穿用。郭氏一听说当场就急坏了,因为这不仅仅是服饰,而且还是大明朝廷钦定她的身份之象征,怎么能随便给妓女?她双膝跪地,苦苦规谏,边哭边劝。朱见溢之当即暴怒,猛地一把抓起郭氏,然

第 5 章 聿遵成宪 诸患并存

509

后死命地把她往宫门上撞。所幸郭氏年轻,当场没被撞死。朱见溢随后令人"绝其饮食,又笞杀其从婢"(《明孝宗实录》卷98)。

在这以后,泾阳王朱见溢又听校尉陈玉说,亡母即老泾阳王妃张氏之妹长得如花似玉,凡男人见了没有不流口水的,朱见溢随即决定"欲纳其母妃女弟为妾",这事说白了就是乱伦,自己母亲的妹妹即小姨怎么能嫁给外甥呢?可朱见溢管不了这么多,下令将小姨强娶过来做"N奶"。要说这个泾阳王不仅好淫,而且还好酒。好淫的对象就是他看中了的女性,抢到手就能成"好事";而好酒的对象必须要自个儿掏钱去买了,朱见溢嫌烦,就让府中的厨子到市场上去赊酒。一回两回还行,时间一长,厨子"不胜督责",自缢而亡。由于过度追求奢靡生活,朝廷给予的俸禄和赏赐都不够用,朱见溢便向富商大户借贷,由此在外的欠债越来越多,那怎么办呢?这位王爷还真有办法,让人去向富商大户提亲,"招其子为仪宾",即将富商大户家的儿子招为王府的女婿,但"又不请命于朝",这是严重违反祖制的。所有这些丑事恶行后来为郑府王爷知道了,"郑王令长史吴勤、徐继芳上奏",恰好此时朱见溢的正妻郭氏之兄郭信也向朝廷控告妹婿。皇帝明孝宗这才知道郑府泾阳王那里闹出大事来了,遂令当地镇巡官鞫讯此事,发现皆为事实。为此,大明都察院于弘治八年(1495)三月具狱以闻。皇帝朱祐樘听后说道:"(朱)见溢荒淫不孝,且听信群小,逼人至死,违法多端,姑从轻革爵,令戴头巾闲住。仍敕郑王切责之。陈玉等十六人导王为非,悉发边卫,永远充军。"(《明孝宗实录》卷98)

泾阳王这般肆意作恶,弘治朝廷弄清事实以后也仅予以革爵,令其戴头巾闲住,即贬为庶民。皇帝朱祐樘的如此"亲亲"不仅没能很好地惩治罪犯,确保地方的社会安定,反而在客观上助长了这些无耻之徒的嚣张气焰。因此说弘治朝如此治理藩王宗室之举,只能是按下葫芦浮起瓢了。

前文我们讲过,弘治四年(1491)时因为虐杀17人、大肆淫乱而被革去宁化王爵位,贬为庶民的那个朱钟铴,后来并没有改过自新,而是"凶残益甚",更加荒淫。由于一天到晚实在没事可干,朱钟铴就带了手下一些喽啰出去溜达,一旦听说有女人长得好看的,立即把她强抢回府。有的女人不顺从、不配合,或激烈反抗,朱钟鋿"辄痛加棰楚",或令人给她砍足、剃掉头发,弄成不男不女样,大加侮辱,或用装满泥土的袋子去压她的漂亮脸蛋,前后折磨死了六七人。校尉吴刚、白宗善于逢迎,很受主子喜爱,每当入宫时,朱钟鋿总叫他们与自己的正妻宁化王妃武氏和婢妾们一起做爱,有个婢女觉得实在羞耻,死活都不从,朱钟鋿立即把她给杀了。宁化王府老王妃赵氏听说后,既惊又恐,不久就害病死了。朱钟鋿生母刘氏看到儿子这般荒淫无度和肆意作恶,就在其饮宴之时说了几句,规劝儿子好好做人。哪想到朱钟鋿还没有听完就抓起桌子上的酒器往自家母亲身上砸。幸亏刘氏反应快,当场躲开,酒器没砸着。宁化王府有个陈姓老太婆得了精神病,时不时会发作,大呼小叫。朱钟鋿觉得她烦人,命令手下人将她衣服剥光,绑在树上,然后用烧红了的铁绳缠在她身上烙。老宁化王有个年轻漂亮的遗孀李氏,说来她也是朱钟鋿的"小妈"呐,可朱钟鋿却管不了这些。有一天他淫念顿起,想要与"小妈"李氏乐乐。可李氏脑子清楚,与这样一个"儿子"发生两性关系,那就要犯下"十恶"大罪了,这可万万使不得!朱钟鋿见到"小妈"李氏不从,立即操起木棒揍她,且还用锥子刺她。对待自己的母亲和"小妈"尚且如此,那么朱钟鋿对待王府中那些没地位的侍女奴婢就更不用说了。这些饱受侮辱和惨遭毒打的婢妾因不胜其苦,相约在一个晚上集体逃出宁化王府。她们走到大街上没多久就遇到了巡逻的人,当场给逮住了,随后便被告到了山西当地的衙门里去。镇守太监刘政、巡抚都御史张敷、巡按御史白鸾等闻讯后马上派人上北京,向皇帝做了奏报。皇帝朱祐樘命令太监罗禄、大理寺丞王鉴之和锦衣卫指挥佥事叶广等前往山西太原,会同都御史顾佐一起鞫问此案。(《明孝宗实录》卷106)

朱钟鋿听说朝廷派出联合调查组来了,立即派人打探消息,很快就摸清了情况:这个联合调查组的领头人物是太监罗禄,遂"使其徒曹锦以重贿,祈脱罪不得"。太原地方不大,朱钟鋿在台前幕后的所言所行很快就被人知晓了。再说那些从宁化王府逃出的侍女奴婢怎么不知道自己主子的阴损、歹毒,所以当她们被带到公堂上受审时,没有一个人敢说什么。而这也正是接受了贿赂的太监罗禄所需要的结果,罗太监以侍女奴婢们无证言为辞,对朱钟鋿所做的恶行来个大事化小、小事化了。由此一来,宁化王府依然是朱

第 **5** 章 聿遵成宪 诸患并存

钟鏳肆意横行的天下。为了掩盖宫闱淫乱之丑行，朱钟鏳竟想出了这么一个恶念：诬说自己的弟弟朱钟镝与嫂子武妃通奸，并拿了木棒将武妃及其儿子痛打一顿。朱钟鏳的生母刘氏实在看不下去了，拼着老命前来护救儿媳和孙子。不承想几近癫狂的朱钟鏳见到自己老妈上阵来了，马上就用嘴巴去咬她的肩膀，老太太刘氏痛得受不了，当场瘫在了地上。做儿子的朱钟鏳还不放过她，马上从边上捡起一根木棍，对着老妈肩膀上的伤口使命地捶击，刹那间鲜血如注，染红了老太太的衣服。至此，朱钟鏳依然不肯罢休，马上去找自己的弟弟朱钟镝，要他承认与嫂子武妃通奸。朱钟镝不从，哥哥朱钟鏳就没命地打他，"棰掠几死"。眼看着又要闹出人命来了，宫人张喜儿等赶来护救，这下可好了，人越集越多，朱钟鏳残害母亲、妻子、儿子及王府中侍女奴婢之事才算彻底暴露。皇帝朱祐樘接到山西地方上来的奏报，遂于弘治八年（1495）十一月"复命太监陈宽、刑部侍郎戴珊、锦衣卫指挥同知王佺覆按得实"，又"犹恐其冤，命诸廷臣于诸王馆会鞫之"。众廷臣在都察院的主持下经过会审和讨论，最终将会议结果上报给皇帝，说："钟鏳妃武氏执不承奸，事涉暧昧。生母刘氏有悔言，而其余所犯皆实，请重行国法，以为宗藩戒……"明孝宗为此回复道："钟鏳不孝、淫乱事情尚在可疑；但闺门不正，违法多端，不宜君国，降为庶人，送凤阳高墙内，禁锢终身，仍命有司给其薪米。武氏革去妃号，令回府养其姑。逃出宫婢悉杖，送浣衣局。吴刚、白宗蛊惑宗藩，导之为恶，他罪亦重，皆处斩……罗禄、王鉴之、叶广、刘政姑宥之。"（《明孝宗实录》卷106）

从上述明孝宗的御裁来看，真可谓是荒唐透顶，朱钟鏳做下这么多的罪恶与淫乱之事，居然"尚在可疑"，而他的正妻武妃被人淫乱了，反倒被革去妃号，回府侍养婆婆；其他受辱宫婢还要接受杖刑，送浣衣局当劳工。一代"明君"竟然会如此是非不分、颠倒黑白？

其实在弘治帝看来，"牺牲"些女人又算得上什么，重要的是大明祖宗传下来的"红彤彤"血脉要清要真；要说藩府宗室成员变坏，坏就坏在他身边出了吴刚、白宗一类奸人，所以将他们处斩那可谓天经地义，而大明龙子龙孙一定要保护好，只要他们不谋逆造反，再大的事也能化小。当朝天子这般对待藩府宗室，大明地方上岂会安宁?

朱钟鉌案件处理完后一月之余,即弘治九年(1496)二月,江西地方衙门也派人到北京来奏报:宁府钟陵王宫中发生内乱之事。

○ 宁府钟陵王嗜好野花,紊乱王府;石城王府龙子龙孙个个都是淫棍恶魔

宁府钟陵王朱觐锥原有正妻王妃陈氏和小妾李氏等一堆美女服侍,但这些美女可能因放不开的缘故,很不讨朱觐锥的喜欢。有个叫凌胜的新建县百姓因为看到做宦官的很吃得开,于是自己找人阉割下体,就此他成了阉者,随后便主动投到钟陵王府去"当差"。朱觐锥见凌胜善解人意且还能说会道,遂托付他到淮安去办事。因为老早就有人说起,淮安那里不仅是大明漕运总督衙门所在地,而且也是富商大贾的快乐大本营,而在这快乐大本营中据说放得开的美女多得数不胜数。于是钟陵王朱觐锥就托凌胜前去瞧瞧,最好弄个绝色"美眉"回来。再说这个凌胜是什么人?人中之精啊!很快他就从淮安买下一个如花似玉的"美眉",并把她带回了钟陵王府。钟陵王朱觐锥见后顿时魂不守舍,由此而始天天与她在一起待在宫里头,甚至还叫人家喊她为李妃。藩王正妻才可以称为妃,这个新买来的李氏充其量也只能当个小妾。如果将她也称为王妃了,那么朱觐锥的正妻王妃陈氏又将处于何等地位?不过好在王妃陈氏似乎并不在乎这些,就此称新来的"美眉"为李妃,钟陵王府中原本还有个小妾"李妃",且她已为朱觐锥生了个儿子,那该怎么办?从淮安新来的李氏十分妒忌,天天在钟陵王朱觐锥那里诋毁小妾李氏。朱觐锥耳朵根子软,听多了,也就不辨是非,将小妾李氏逮起来打了一百杖,然后又把她的双手给铐了起来,不让她吃饭、喝水。小妾李氏生的孩子还小,只有三岁,由于见不到母亲,天天哭着要妈妈。朱觐锥嫌烦,令人将他关在别的房间,没几天孩子就被饿死了。小妾李氏听说儿子死了,悲啼不已,朱觐锥令人"又杖之百"。李氏实在无法忍受下去了,乘着夜深人静想自尽,不料被看守她的人发现。看守者十分同情李氏的遭遇,"恐罪及己,乃群聚而逃"(《明孝宗实录》卷109)。

小妾李氏逃走后,钟陵王朱觐锥并没派人出去寻找和追捕。

有人看出来了其中的"秘密"：钟陵王喜好外面买来的"野女人"。有个叫谢祖的南昌卫军余受命在外为钟陵王朱觐锥做买卖，有一次看见一个舞女长得天仙一般，当即就将她给买了下来，然后再送给钟陵王朱觐锥。钟陵王朱觐锥见后很是喜欢，天天与她一起玩。玩了一段时间后，忽然这舞女生起病来了。钟陵王朱觐锥嫌烦，随即将该舞女退还给了谢祖。谢祖有老婆，且还是一只母老虎、醋坛子。见到自己丈夫将一个生病的漂亮"美眉"带回家，她立即大发雷霆。谢祖看看这小"美眉"无法在他家安身，只好硬着头皮再将她献给钟陵王朱觐锥。(《明孝宗实录》卷109)

买美姬宠作王妃，娱乐娱乐；买舞女玩了又还之，随后又纳之，来来往往，影响可大了。南昌当地的镇巡等官闻讯后"具实以闻"。皇帝朱祐樘接到奏报后"以(钟陵)王滥收妾媵，致令嫉妒不和，丑声外彰，又饿死幼男，有失父道，本当重治，姑从轻革禄米三之一，仍赐敕切责之，(谢)祖杖一百并家属发边卫充军，(凌)胜杖八十发原籍当差，宫人逃者给亲完聚。"(《明孝宗实录》卷109)

其实以当时的地位而言，像宁府钟陵王这样身份的人玩女人再多，也没什么了不得的。但这个朱觐锥动不动就来个真格的，将她们一一纳入宫中，这就极有可能紊乱了大明皇家血统，当朝天子朱祐樘火就火在这儿，所以他才会革去钟陵王朱觐锥禄米的三分之一。至于他们的娱乐生活和社会政治地位等当然不改变了，且不仅不改变，还要一以贯之地予以"亲亲"，这就使得大明皇家宗室的越轨犯罪之事越来越多，层出不穷。

宁府石城恭靖王朱奠堵有个儿子叫朱觐镐，未等到册立，就一命呜呼。石城王妃吴氏倒是肚子挺争气的，一下子为共用丈夫朱奠堵生了两个儿子朱宸浮和朱宸浦。陪嫁女安氏生了一个儿子叫朱宸润，姜氏也生了一个儿子叫朱宸潸。庶子朱宸润比嫡子朱宸浮年长，按照祖宗规制，石城王的王位就应该由嫡子朱宸浮来继承，这至少在场面上不会引起太大的纷争，但从实际内心角度而言，庶出的朱宸潸和朱宸润兄弟才不服气呢。而嫡子朱宸浦因为与哥哥朱宸浮系同母所生，自然两人也会走到一起。由此石城王府内很早起就形成了对立的两个阵营。这两个阵营中的任何一个成员都不是什么好东西，各自纠集了一些趋炎附势的坏人，经常干些违法乱纪的事情,"或互伺阴事识之"(《明孝宗实录》卷154)。

朱宸浮在诸兄弟中算是年少的,但他的心眼并不比哥哥们少,且还有着异常性取向,小小年纪居然与自己伯伯之小妾勾搭成奸。见到大家没什么大反应,他干脆就将这个"婶婶"带到自己府上去快乐了。不过过了段时间,可能是觉得口味单调了,朱宸浮就跟手下的人说了自己的心意。手下那些混混立马开始行动,到处打探哪家女人长得漂亮,随后便将她们强抢过来,送给朱宸浮享受。朱宸浮见到这些被强抢来的美女不顺从,或因其他小过,立即施以拷打,且往死里打,"甚至令人执而缢之,或惧责自赴井死,死者凡九人"。再说庶子朱宸澗和朱宸漕兄弟俩也没闲着,"尝以忿杀人,又纵下为害,与妓淫乱"。朱宸澗曾看中一个小尼姑,趁人不注意时偷偷将她弄到府上淫乐。朱宸浦与乐工王锦经常厮混在一起,时不时地说些荤段子,后来觉得不过瘾,要找个女的一起练习练习。刚好这时侍女木香进来,朱宸浦马上拉了她上床,与王锦一起共享快乐。一回、二回……时间一长,朱宸浦觉得没劲,换着"与刘润仔者共卧"。有个侍女叫春妹的觉得很好奇,两个男人在玩什么?乘着四周没人,她偷偷地看着,不承想被主子朱宸浦发现了。恼羞成怒的朱宸浦逮住了春妹一顿暴打,然后逼她吞食盐巴,最终把她给吃死了。(《明孝宗实录》卷154)

庶子朱宸澗因为年长,很早就有了儿子,朝廷给他儿子赐名的敕文到达时,嫡子朱宸浮抢先开启敕文,发现与自己无关,当即将它扔在地上。为此,受辱的朱宸澗从内心恨死了同父异母的弟弟朱宸浮。不久之后,朝廷下发的老石城王朱奠堵所生的嫡长子朱觐镐的端隐王赠谥册文也到达府上,按理说这是府中家族里的大事,大家应该好好聚聚,可朱宸澗为了报复朱宸浮而不入他的府第谢恩。刚巧这时朱宸澗想收回一笔借给富民涂秀家的银子,没想到催了好多遍都没用,由此他就怀疑是同父异母的弟弟朱宸浮在暗中使的坏,于是就"与所厚仪宾顾官祥条所记宸浮过恶,并诬宸浮器服僭拟乘舆,阴谋不轨,及烝祖父妾数十事,令人驰告之"。朱宸浮听说后也不示弱,派了一个姓熊的人赴京奏告庶兄朱宸澗及其母亲的罪状,说他母亲安氏与和尚海洪通奸,二庶兄朱宸漕"令张夫人马腾与顾官祥淫乱",等等。再说那个姓熊的为朱宸浮跑腿回来后汇报完事情,按理说他应该离开回家去,可哪想到这人是个无赖,赖在朱宸浮家不走,"数与侍女蔷薇等三人通(奸)"。当然这样的事情也逃不过对立阵营里的那一双双雪亮的眼睛,随之朝廷也知道了这些事情。皇帝朱祐樘下令,让"江西镇巡官勘报"。朱宸浮、朱宸澜和朱宸潓获悉后"奏辩不已,更以恭靖王次室余氏、王氏、吴妃及安氏、姜氏为名,前后各十余奏"。明孝宗被弄得头大,遂"命司礼监太监赵忠、大理寺左少卿王鉴之,往会巡抚等官按之",发现其虚实各半,随后太监赵忠等上疏朝廷,陈述朱宸浮等人的罪状,并将熊姓无赖给带了进去。几位钦差拟判:熊姓无赖"坐离间懿亲、污乱宫壶,当斩;(群小)敖福、陈富、胡端杀人,为从当绞;顾官祥拨置王府,吴元寿行止有亏当杖,又拨置主文纵横害人当充军者58人,而陈瓒、颉宾、唐曙、廖直之情尤重,私自官投入王府,当解京再问;火者15人而邓庆新之罪为首,其他当徒杖者复18人"。明孝宗接奏后遂于弘治十二年(1499)九月做出御裁:"宸浮、宸澜革爵,降为庶人;宸潓、宸浦革禄米三之二,仍降敕切责之;顾官祥、吴元寿各杖四十,革职为民;蔷薇等三人及唐会全各杖八十,并木香俱改正给亲。"熊姓无赖、敖福、陈富、胡端依律处决,"陈瓒等五十八人,俱发广西边卫,永远充军。而瓒及颉宾、唐曙、廖直仍杖一百发遣,其余准议"。(《明孝宗实录》卷154)

○ 唐府新城王大施炮烙酷刑,周府和庆成王府内对立两阵营斗得像"乌眼鸡"

宁府石城王府内乱凶暴一案处理过后5个月,即弘治十三年(1500)二月,唐府新城王也爆出骇人听闻的人命大案来了。唐府新城王朱芝坦可能患有多疑症,时不时觉得府上的东西少了,尤其是禄米。经过一段时间的观察,他发现军余朱茂有盗取禄米的嫌疑,随即将他逮起来严刑拷打。军余朱茂有冤无处可说,乘着间隙逃跑了。朱茂一跑,新城王朱芝坦可火了,派人冲到他家里,将他的儿子给绑来,关在东马棚里。见到自己的儿子被抓了,朱茂的妻子当即就急坏了,迅速赶到新城王府去求情,但朱芝坦不为所动。朱妻绝望透顶,从新王府出来时刚好路过东马棚,仔细观察了一下,发现四周没人,立即奔了过去,将儿子给偷偷地放了。不多时,新城王朱芝坦发现朱茂的儿子不在了,顿时火冒三丈,随后派人上朱家,骗朱妻说:愿意谈谈如何减免对朱茂的处罚。朱妻信以为真,跟着来人一起上新城王府去了,哪知刚进去,就被人五花大绑了。这时新城王朱芝坦奸笑地走了出来,身边还带了自己的长子朱弥镜,逼迫朱茂的妻子交出丈夫与儿子。朱妻扛着不说,朱芝坦无计可施,就叫长子朱弥镜给她施以炮烙之刑。可怜朱茂的妻子受尽了折磨,体无完肤,没多一会儿就咽了气。前文说过,炮烙之刑是先秦时代的酷刑,早就被废了一千余年,居然在堂堂的大明皇家宗室中又出现了,且还闹出了人命案来。朝廷刑部知道后上请皇帝朱祐樘,请求依法论处。弘治帝发话:"芝坦妄用炮烙惨刑,致死无辜人命,弥镜不能以礼谏父,乃助恶伤人,当重治以罪,姑从轻革去爵号,仍敕唐王严加管束。"(《明孝宗实录》卷159)

像上述这样集中精力施恶于外人的事情在那时并不为多,更多的是皇家宗室内部相互之间斗得像乌眼鸡似的。弘治十三年(1500)八月前后,周府惠王家族内诸子之间的争斗就是这样一个"典范"。周府第一代主人周橚是明太祖的第五子,年轻时也十分顽劣,且很不守法,先后被父皇朱元璋和兄长朱棣收拾过,而后就比较"懂事"、守规矩了,也由此而始,朱橚的子孙后代在河南开封繁衍下来。到成化朝时,周府由周惠王朱同镳主掌府事。朱同镳因为没有嫡子,便立了庶长子朱安㴐为世子,这就引起了其他庶子义宁王朱安浃和平乐王朱安泛的不满。偏偏父亲朱同镳是个不太喜欢管事的人,这下可让不安分的儿子们找到了可乘之机。世子朱安㴐"等竟为非度,各置囹圄刑具,招集无赖,为私人击断亡讳。而安泛尤甚"。父亲朱同镳发现儿子们不太对劲,就对他们训斥了一番。没想到世子朱安㴐当场表示不从,这下可把父亲朱同镳给惹怒了。而就在这个关键时刻,平乐王朱安泛乘机进谗,说了好多世子朱安㴐的坏话,朱安㴐知道后立即反击,兄弟之间的矛盾由此越积越大。不久周惠王朱同镳薨世,府内外一些趋炎附势的小人因为平时与平乐王朱安泛有矛盾,乘着新周王朱安㴐上位之际,大加献媚,诋毁朱安泛,说他"私坏社稷坛,营私第"。朱安泛也逢人就说新周王朱安㴐因父亲要废他的世子之位而投毒弑父,"烝父妾宋金台,与弟妇安定王张妃、聊城王刘妃乱",且还派人上北京去将

第5章 聿遵成宪 诸患并存

此上奏给了朝廷。明孝宗获悉后将此"下河南镇抚等官勘报"(《明孝宗实录》卷165)。

就在双方争斗进入白热化时,朱安瀍突然因病薨世,周王之位由他的尚未成年的儿子朱睦橮来继承。朱安泛目睹形势的急剧变化,立即展开攻势,乘机欺凌侄儿与嫂子。他的兄弟义宁王朱安浂配合哥哥,诬说嫂子作风不正,侄儿朱睦橮这颗种子的来源有问题,故而不当嗣位。皇帝朱祐樘听到风言风语后顿时很为恼火,遂于弘治十三年(1500)八月派了太监魏忠和刑部侍郎何鉴前去按治。平乐王朱安泛本来就是随便编造谣言的,见到朝廷正儿八经地派了工作组来查了,当即十分惊慌,遂"益诬世子毒杀惠王并世子妃淫乱,所连逮千人"。最终事情查清,刑部侍郎何鉴等上奏朝廷说:义宁王朱安浂和平乐王朱安泛上奏所言皆为诬告。这下皇帝朱祐樘可更火了,下令"废安泛为庶人,幽凤阳,安浂亦革爵"。其他的涉案者也被一一处置。(《明孝宗实录》卷165;《明史·诸王一》卷116)

周府对立两派斗得不可开交时,庆成王府镇国将军朱钟镪家里的两派也在蠢蠢欲动了。镇国将军朱钟镪没有嫡子,只有朱奇㵭、朱奇溢等五个庶子,其中朱奇溢排行最小。可能因为朱钟镪偏爱小儿子的缘故,朱奇㵭等四个兄弟抱团敌视小弟弟朱奇溢。朱钟镪在世,大家都不敢怎么的。后来他病死了,朱奇㵭等四个兄弟就开始行动,驱赶小弟弟朱奇溢母子,将他们撵到外面去居住,随即便占据其府邸。按理说这事到此为止也就差不多了,但没想到的是由此牵扯出了一件男女之事。在占据小弟弟朱奇溢的府邸后,朱奇㵭等四个兄弟天天叫人唱歌跳舞,以示庆贺。有个一直在朱奇溢府上唱歌的瞎子杨瑀,因不知最近发生变故的底细,依然亲昵地称呼朱奇溢母亲的名字,这下可让朱奇㵭等四个兄弟逮住了把柄。幸好朱奇溢府上原来的下人反应快,及时地做了通报,朱奇溢的母亲获悉后立即带了相好杨瑀夜奔平阳避难。但这样的避难仅避得了一时,很快就消息走漏了,并传到了朝廷。前文说过,皇帝明孝宗最关心的是大明皇家宗室的血脉纯正问题,当听说镇国将军朱钟镪的遗孀居然有了相好,他立即暴怒不已,令人迅速予以按治。不久案件基本查清,弘治帝遂于弘治十四年(1501)十月下令,将瞎子杨瑀处决,让朱奇溢母亲自尽;至于朱奇㵭等四个兄弟

"姑宥之,仍各革禄米三之一,敕庆成王严戒谕之。其教授陈贵、杨经等下山巡按御史逮治其罪。"(《明孝宗实录》卷180)

○ 楚府辅国将军朱均锘搞活家族内部男女生活,周府辅国将军朱同镦嫖妓生三子,辅国将军朱成铍三兄弟同淫一"美眉"……大明皇家宗室早成了淫乱魔窟

庆成王府镇国将军家里发生孤儿寡母被撵受辱之事后的一年左右,即弘治十五年(1502)十月楚府永安懿简王家族里也闹出了内乱丑事。永安懿简王的儿子、镇国将军朱季城有个儿子,叫朱均锘,自小就不学好,脾气又暴躁,想怎么的就怎么的,是个地道的恶赖。后来长大了,按照祖制规定,他被封为了辅国将军,这下可就不得了了。朱均锘有两个堂兄朱均镏和朱均铬,皆因病早亡,留下了两位寡嫂独守空房。从常理来说,作为堂弟的朱均锘理应保护好这两位嫂子,但令人大跌眼镜的是,朱均锘却天天上两个嫂子的房里去长时间地进行"保护"。两个寡嫂起初很不情愿,但日子一多也就默认了。再说朱均锘占有两个嫂子后,突然有一天又发现自己父亲的小妾余氏是个天生尤物,于是有事没事老往她那里跑,"或延过其第,通宵不返"。侍女銮英发现情况不对劲,就将之告诉了楚王。楚王马上把事情上奏给了朝廷。明孝宗接奏后"命司理监太监扶安、都御史陈璘往验之"。这倒好,楚府辅国将军朱均锘对此一点儿也不忌讳,凡是自己与嫂子们的那些事以及自己如何"烝庶母余氏"的奸淫之事都如倒豆子似的倒给了朝廷特别调查组听。皇帝朱祐樘获悉后下令:"均锘罪恶深重,及余氏俱令自尽,王氏、杨氏忍耻不首,革其封号,仍令本府约束,其助均锘为恶者,唐宋等五人俱充军。"(《明孝宗实录》卷192)

像楚府辅国将军朱均锘这样搞活自己家族内部男女生活的在当时的皇家宗室中绝不属于少数,但此人之笨就笨在连寡嫂和"小妈"都不放过,从传统礼法角度来讲,那就属于乱伦了,这在极为讲究"聿遵成宪"和"法祖图治"的明孝宗看来是绝不能容忍的,所以朱均锘最终落得了被迫自裁的结局。而与此相对,其他一些有着相同花花肠子的藩府宗室成员似乎要做得隐秘些,或者说聪明些。弘治十六年(1503)三月,有人举报:周府辅国将军朱同镦的三个儿

子朱安泛、朱安液、朱安溵不应该享受朝廷的封禄,因为他们的母亲是妓女。朱同锲听说后当场就急坏了,马上上奏朝廷,强调三子皆为他播的种子,没有什么正宗不正宗的。皇帝朱祐樘接奏后感觉很不好处理,随即将之交与礼部去讨论。礼部集议后上疏说:"朱安泛等所出不正,但朝廷已经降敕封爵了,如果再收回成命似乎也并不妥当。"明孝宗为此最终不得不下令:继续给妓女所生的三个皇家龙仔支禄,但同时又降谕下去:"今后但系娼及不良妇所出,俱不得请封,如有朦胧奏请者,并治辅导官罪。"(《明孝宗实录》卷197)

当朝皇帝的这般处置纵然有着万般的无奈,但在藩府宗室成员看来,只要不做乱伦的事情,搞再多的女人又有多大的事啊!弘治十六年(1503)七月,代府镇国将军朱成鈚可能感到厌倦了,叫来了辅国将军朱成鈚和他的弟弟朱成铜、朱成鈚,让他们化装成普通百姓,将长期待在镇国将军府内为自己提供性服务的乐妇郭氏给送走。"三将军"受命后倒也挺讲信用的,偷偷地将郭氏送出城,随即返回。而就在返回时,这三人你一言我一句地讲起了郭氏的漂亮,说着说着,大家都觉得就这么放走一个大美女,实在是太可惜了,于是"追还淫之。守臣发其事"。明孝宗接奏后"命姑释成鈚等不问,而削成鈚岁禄之半,仍备敕责之辅遵守,卫官皆坐罪如律"。(《明孝宗实录》卷201)

同样是与不明不白的女人发生两性关系,皇帝朱祐樘对他们实行"同罪异罚",这在普通人看来着实有点儿费解。不过仔细想想,如此御裁多少还是有着几分道理的。辅国将军朱成鈚之所以被削禄一半,关键在于他与弟弟朱成铜和朱成鈚同淫一女,这种事情即使是在500年后十分开放的今天,还是要被人们认定为淫乱。当然腐化与淫乱这类事情在明朝中期的皇家宗室内司空见惯,只不过辅国将军朱成鈚等三人干那事时不太注意情景场合,让人给发现了,且还被上告了。其实那时没被发现或过了一段时间才被发现的这类丑事才多呐。不过最让人"大开眼界"的还不止于此,笔者在阅读明代官史时发现:成化、弘治之际,几乎一向给人正面形象的大明皇家公主、郡主、县主……及其配偶们也在偷偷地"快活"着。

● 大明皇家凤女及其配偶也没闲着:淫乱、凶杀、抢劫、强取……

大明皇家公主、郡主、县主……及其配偶们也在偷偷地"忙活"?读到此,读者朋友可能要大为惊讶了:怎么可能是他们?对,就是他们!中国有句古话,叫"贫穷起盗心,富贵思淫乱"。大明老祖宗朱元璋在为他的龙子龙孙确立极高的政治地位与优渥的经济待遇的同时,也为他的皇家宗室凤女们及其配偶的优越地位与生活建立了可靠的制度保障。洪武二十八年(1395),老朱皇帝在"更定亲王岁赐禄米"时就做出这样的规定:"(赐予)公主及驸马二千石,郡主及仪宾八百石,县主及仪宾六百石,郡君及仪宾四百石,县君及仪宾三百石,乡君及仪宾二百石。皇太子次嫡子并庶子既封郡王,必俟出阁然后岁赐与;亲王子已封郡王者,同女俟及嫁然后岁赐与,亲王女已嫁者同郡王,嫡长子袭封郡王者,岁赐比始封郡王减半支给。"(《明太祖实录》卷242)

除了按照祖制规定支付岁禄外,明代中期起,列朝天子还往往给皇家宗室凤女及其配偶赐田,弘治帝也不例外。如:弘治二年(1489)三月,"以东安、良乡二县田60余顷赐驸马都尉黄镛,而以镛原受赐永清县田208顷,赐皇亲锦衣卫指挥纪贵"(《明孝宗实录》卷24)。弘治二年五月,"命以原赐故崇德长公主庄田300顷给其子锦衣卫副千户杨玺,预支弘治二年俸米麦1 000石,亦免还官。从驸马都尉杨伟请也"(《明孝宗实录》卷26)。弘治三年(1490)三月,"给仁和长公主三河县庄地215顷有奇"(《明孝宗实录》卷36)。同年闰九月,"赐淳安大长公主饶阳县庄田160顷有奇"(《明孝宗实录》卷43),"赐秀府顺义郡主永清县庄田27顷"(《明孝宗实录》卷43)。同年十二月,"赐固安郡主固安县附郭地50顷。郡主,景皇帝女也"(《明孝宗实录》卷46)。弘治七年(1494)二月,"赐重庆大长公主通州田13顷"(《明孝宗实录》卷85)。同年三月,"赐永康公主顺义县地231顷有奇"(《明孝宗实录》卷86)。弘治八年(1495)三月,"增赐顺义郡主东安县庄地31顷有奇"(《明孝宗实录》卷98)。弘治九年(1496)二月,"赐仁和长公主安州田14顷有奇"(《明孝宗实录》卷109)。同年四月,"赐仁和长公主直隶清苑、安肃二县田57顷有奇。从其请也"(《明孝宗实录》卷112)。弘治十年(1497)十一月,"赐德清长公主冀州庄田474顷55亩"(《明孝宗实录》卷131)。弘治十一年(1498)三月,"赐德清长公主衡水县地130顷有奇"(《明孝宗实录》卷135)。同年十一月,"命以宛平县地7顷有奇给太康公主坟所管业,并给坟户10户、守视旗军40名"(《明孝宗实录》卷143)。弘治十七年(1504)十一月,"赐仁和长公主武清县利上屯地294顷"(《明孝宗实录》卷218)。

既有岁禄,又有赐地,外加朝廷时不时地赐钱、赐物,可以这么说,大明皇家凤女及其配偶的生活不仅衣食无忧,而且还极为优哉游哉。生活优哉游哉,淫欲便会横流。说到淫欲,人们往往说就男人们特好此,其实啊,女人也一样。

弘治九年(1496)正月,镇守陕西太监刘琅上奏朝廷说:"秦府会宁县君自从死了老公仪宾胥钦后耐不住寂寞,与奸民杨鼎勾搭成奸,经常出外到凤翔地方上去鬼混。虽然现在她已经回府了,但发生这样的事情玷污了大明皇家宗室的名声。乞敕各王府:凡郡主、县君有孀居者,除年老有子外,但系年幼无出者,宜令聚处一府,拨老成内使并年长宫人守视,不许擅自出入,致有他虞。"礼部为此覆奏:"宜如所请,若有他虞,罪坐守视之人,仍行彼处军卫有司一体防范。"(《明孝宗实录》卷108)

明孝宗接奏后令人彻底调查会宁县君的不轨之事。这下可好了,案子查下去,大明皇家宗室凤女的华丽画皮顿时被剥去,一个活脱脱的淫妇荡妇形象展现在人们的眼前:原来与会宁县君偷欢的奸夫还不止杨鼎一人,另有一个叫樊瑛的,他也是大明皇家宗室的仪宾,且与会宁县君丈夫胥钦还曾走得很近。胥钦一度向他借过不少钱,可后来又未能还上。为此樊瑛很生气,天天上胥钦家去催债,最终债没催还成,反倒将欠债人胥钦给逼死了。不过这个樊瑛也没全损失,就在催债过程中,他与欠债人胥钦的老婆即会宁县君给好上了。再说这个会宁县君自从与樊瑛好上之后就盼着日日夜夜能拥有鱼水之欢,而对于"老江湖"樊瑛来说那简直是无法忍受的。因为在他看来,偷几次腥还是挺有快感的,至于天天缠在一起,那只有傻子才会这么干呐!就在这般极度难熬的日子里,会宁县君"又为家人杨萧诱出潜与之通"。由此皇家凤女通奸淫乱之事越出了宗室府邸的范围,为凤翔地方上的人们与镇守陕西太监刘琅等所知晓。不久之后朝廷也获悉此事,遂令陕西镇巡官展开调查。在案件基本查清的基础上,明孝宗让中央法司部门做进一步的核实,最终他御裁:"命赐(会宁)县君自尽,(樊)瑛、(杨)萧俱处斩,(会宁)县君父辅国将军(朱)公鏶革去禄米之半。"(《明孝宗实录》卷127)

诚然,像上述会宁县君这样的皇家宗室凤女通奸淫乱之事在那时还不算普遍,但也不属于偶发事情,只不过这样的丑事有没有被人发现和告发。要说弘治时期皇家宗室凤女"分支系列"中做下的作奸犯科之事最多的,还是她们的配偶及其家人。

弘治中期,有个叫史策的人被选为吉府仪宾,"尚吉府善化郡主"。但因为当时的善化郡主和仪宾史策都还年少,吉王就委派了内官王胜为他们把家。按理说,有人帮着把家,那是件大好事。可时间一长,双方之间的矛盾也就逐渐多了起来。弘治十五年(1502)正月,史策"以朝贺不至被责",怀疑内官王胜在暗中搞了鬼,随即对他产生了极大的怨恨。史策父亲史元谋知道后率领家人,趁着黑夜闯入仪宾府,将熟睡中的王胜给杀了,且还瓜分了他的私人财产。凶案发生后,法司部门展开了调查,很快锁定了凶犯,并拟判"(史)元谋杀人为首,律斩",仪宾史策胁从,"杖一百,徒三"。皇帝明孝宗"以律轻情重,命杖策一百而削其官",即对史策处以杖刑一百,并令其"革职闲住"(《明孝宗实录》卷201)。

弘治十七年(1504)三月,有人告发:庆成王府仪宾李实"与同府仪宾刘璠等邀截运夫,兑收禄米及分外盗支者,不少州、县被其骚扰且将十年"。堂堂大明皇家宗室女婿居然合伙干起强盗才干的活儿,且一干就是十年,这实在令人匪夷所思。不过更有让人意想不到的是,这个叫李实的仪宾"以其父讼及己也,怒弗与食者几两月,父贷于人,以食岁将尽,以牛肉馈之,父方病,食之遂剧,数日死狱中"。随之他又"诬奏太原知府冯清受贿,虐禁瘦死其父"。弘治朝廷接奏后"下巡抚官覆问,乃尽得其情,坐实常人盗仓库、钱粮得财者,律绞,准徒五年,且劾其因争折粮、陷父非命,宜从重治狱"。明孝宗最终裁决:将李实废黜为民,"刘璠等各治罪有差"。(《明孝宗实录》卷209)

弘治十八年(1505)二月,又有人告发:"潞城王府崇信郡君仪宾张翼,平居不养父母,父常开设市宅,僦人以自给。翼复私取其僦直,父怒而殴之,翼遂往诉于郡君父镇国将军成鋆。成鋆子辅国将军聪、灏在旁,闻之怒。是夜乘醉持杖至翼家,索其父不获,莫泄其忿,适门外有卧者,遂棰之,其人扶归而死。"弘治帝获悉后"命张翼革职为民,聪、灏革爵闲住,仍敕潞城王约束之。"(《明孝宗实录》卷221)

……

综上,弘治朝时无论是藩府宗室的龙子龙孙,还是皇家凤女及其配偶的"分支系列",除了极少数知礼守法外,绝大多数不是凶神恶煞,就是欲魔淫棍。换言之,明初太祖皇帝朱元璋想用来拱卫中央朝廷的宗藩——有人称之为帝国的"根本",在经过数十年的历史发展后,到明英宗时代时不仅早就堕落为饭来张口、衣来伸手的寄生虫,而且还成了帝国不堪承受的累赘和"病痛"。(详见笔者拙著:《大明帝国》系列之⑫《正统、景泰帝卷》下册,东南大学出版社,2016年5月,第1版,P247~283)而这样的情势到了弘治时非但没有好转,反而呈现出愈发恶化的趋势,成为危害和毒化大明帝国社会的一大毒瘤或言罂粟花。之所以会这样,一方面是由于长期历史流弊积重难返的缘故,另一方面更是因为那时的当朝天子朱祐樘在治国理政过程中过分讲究和贯彻"聿遵成宪""亲亲"一类的教条所导致的必然结果。于是人们看到,整个弘治年间在"法祖图治"的旗号下,明孝宗对于为非作歹的藩府宗室这样的毒瘤或言罂粟花非但不能除去,反而还要"亲亲"地予以"护植",甚至"关爱有加"。而只有当这样的毒瘤或言罂粟花"茁壮成长"得过于出格——譬如开始谋反、谋逆时,他才会出手治一治,而如此"治一治"所起到的实际效果与影响却实在是微乎其微。

与藩府宗室相类,弘治时代让"聿遵成宪"和讲究"亲亲"的皇帝朱祐樘同样手下留情,甚至可以说是关爱有加的还有两大毒瘤或言祸患——外戚和宦官。

● **皇亲贵戚 为患不息**

明朝开国时,太祖朱元璋鉴于历史上屡次出现女祸和外戚干政的经验教训，"立纲陈纪，首严内教"（《明史·后妃》卷113）。洪武元年(1368)，他在命儒臣修女诫时就曾跟翰林学士朱升说道："治天下者，修身为本，正家为先。正家之道，始于谨夫妇。后妃虽母仪天下，然不可使预政事，至于嫔嫱之属，不过备执事、侍巾栉，若宠之太过，则骄恣犯分，上下失序。观历代宫阃，政由内出，鲜有不为祸乱者也！夫内嬖惑人，甚于鸩毒，惟贤明之主能察之于未然，其他未有不为所惑者。卿等为我纂述《女诫》及古贤妃之事可为法者，使后世子孙知所持守。"（《明太祖实录》卷31）

● 最为严厉的皇宫"家法"与弘治以前三股逐渐坐大的后妃外戚势力

正是从上述这样的认知角度出发，洪武帝制定了有史以来最为严厉的"家法"，规定"天子及亲王（之）后妃、宫嫔等，必慎选（民间）良家子而聘焉，戒勿受大臣所进，恐其夤缘为奸，不利于国也"（《明太祖实录》卷52）。这是对后妃们的来源做了"硬性"规定。那么对于"美眉"们入宫以后又将进行如何管理？洪武初年，太祖朱元璋建立极为严格的宫官女职制度，在宫中设立六局一司，"局曰尚宫、尚仪、尚服、尚食、尚寝、尚功，司曰宫正，秩皆正六品。每局领四司，其属二十有四，而尚宫总行六局之事。戒令责罚，则宫正掌之。官七十五人，女史十八人，视唐减百四十余人，凡以服劳宫寝、祗勤典守而已。诸妃位号亦惟取贤、淑、庄、敬、惠、顺、康、宁为称，闺房雍肃，旨寓深远"（《明史·后妃》卷113）。

明代官史记载：洪武三年(1370)五月，朱元璋"以元末之君不能严宫阃之政，至宫嫔女谒私通外臣而纳其贿赂，或施金、帛于僧道，或番僧入宫中摄持受戒，而大臣、命妇亦往来禁掖，淫渎亵乱，礼法荡然，以至于亡，遂深戒前代之失，着为令典，俾世守之：皇后之尊，止得治宫中嫔妇之事，即宫门之外豪（通'毫'）发事不预焉。自后妃以下至嫔侍、女使，小大衣食之费，金银钱帛、器用百物之供，皆自尚宫奏之，而后发内使监官覆奏，方得赴所部关领。若尚宫不及奏而朦胧发内官监，监官不覆奏而辄擅领之部者，皆论以死。或以私书出外者，罪亦如之。宫嫔以下遇有病虽医者，不得入宫中,以其证取药而已。群臣、命妇于庆节、朔望朝见中宫而止,无故即不得入宫中。人君亦无有见外命妇之礼。"(《明太祖实录》卷52)洪武五年(1372)六月,皇帝朱元璋又"命工部造红牌镌戒谕后妃之辞悬于宫中,其牌用铁,饰字以金,仍造宫中佩用象牙牌四十有九,以坤宁、厚载字为号,黄、红、青、绿、绒为绦"(《明太祖实录》卷74)。

正因为皇宫"家法"甚严,且还悬牌镌戒谕示,使宫中之人时刻警惕,"是以终明之代,宫壸肃清,论者谓其家法之善,超轶汉、唐。"(《明史·后妃》卷113)

这是从总体而言的,具体地说,明初"高皇后从太祖备历艰难,赞成大业,母仪天下,慈德昭彰。继以文皇后仁孝宽和,化行宫壸,后世承其遗范,内治肃雍。"(《明史·后妃二》卷114)明仁宗的诚孝皇后张氏也不错,"始为太子妃,操妇道至谨,雅得成祖及仁孝皇后欢"。等到皇帝老公明仁宗死后,儿子明宣宗即位当政时,她"遇外家严,弟(张)升至淳谨,然不许预议国事"。即使是在自己儿子明宣宗驾崩、新即皇帝位的孙子明英宗才9虚岁这样的非常时刻,有大臣上请她垂帘听政,但张太后还是毅然决然地加以拒绝,并深有意味地说道:"毋坏祖宗法!"(《明史·后妃一·仁宗诚孝皇后张氏》卷113)少傅、兵部尚书兼大学士杨士奇曾跟张太后说:"都督张升(即张太后弟弟)平日存心公正,非其余可比。令议国事,诚出公论。况升历事列圣,皆知其贤,每有巡幸,必命留守。伏惟太皇太后无以亲凡弟为嫌,仍令与议军国重事。"张太后听后不仅不同意,且还"令写敕戒之"(《明英宗实录》卷2)。

有明一代,后妃与外戚势力逐渐坐大大致自明英宗亲政之后开始。尤其是土木堡之变发生后,皇帝朱祁镇被俘,大明京城内外流言四起,"人心恟恟"(《明英宗实录》卷181),大臣们打算拥立皇弟郕王朱祁钰为帝,想以此来稳定帝国的局势。岂料明英宗朱祁镇的"老妈"孙太后在这个非常时刻却根本不顾国家与民族的大义,百般阻挠。后见到情势即将失控,她才不得不同意和批准朱祁钰登基即位。(详见笔者拙著:《大明帝国》系列之⑬《景泰、天顺帝卷》上册,东南大学出版社,2016年6月,第1版,第1章)"景帝即位,尊为上圣皇太后。时英宗在迤北,数寄御寒衣裘。及还,幽南宫,(孙)太后数入省视。石亨等谋夺门,先密白太后。许之。英宗复辟,上徽号曰圣烈慈寿皇太后。明兴,宫闱徽号亦自此始。天顺六年九月崩,上尊谥曰孝恭懿宪慈仁庄烈齐天配圣章皇后,合葬景陵,祔太庙。"(《明史·后妃一·宣宗孝恭皇后孙氏》卷113)

而就在孙太后权势愈发显赫之际,她的娘家兄弟也随之沾光。孙太后的哥哥叫孙继宗,"宣德初,授府军前卫指挥使,改锦衣卫。景泰初,进都指挥佥事"。景泰三年(1452),孙太后父亲、会昌伯孙忠卒,孙继宗继承了会昌伯爵位。"天顺改元,(孙继宗)以夺门功,进侯,加号奉天翊卫推诚宣力武臣,特进光禄大夫、柱国,身免二死,子免一死,世袭侯爵;诸弟(显宗、绍宗、续宗等)官都指挥佥事者,俱改锦衣卫。"(《明史·外戚》卷300)但即使如此,外戚孙氏一门还不满足。作为大国舅的孙继宗在天顺政局尚未完全稳定时就公然向外甥皇帝讨要恩赏:"臣与弟显宗率子、婿、家奴四十三人预夺门功,乞加恩命。"对此,昏聩的明英宗只好乖乖地答应。"由是(孙)显宗进都指挥同知,子(孙)瑆授锦衣卫指挥使,婿指挥使武忠进都指挥佥事,苍头辈授官者十七人。(天顺元年)五月,命督五军营戎务兼掌后军都督府事。"(《明史·外戚》卷300)

然而出人意料的是,随后没多久贪得无厌的大国舅孙继宗又在暗中唆使左右之人,为他们孙氏一门讨要更多的皇家恩赐。不过,这一次外甥皇帝明英宗似乎有所警觉或言醒悟,但不知道接下来该如何面对和处理此事,于是找来内阁首席辅臣李贤商议:"孙氏一门,长封侯,次皆显秩,子孙二十余人悉得官,足矣。今又请以为慰太后心,不知初官其子弟时,请于太后,数请始允,且不怿者累日,曰:'何功于国,滥授此秩,物盛必衰,一旦有罪,吾不能庇矣。'太后意固如此。"(《明史·外戚》卷300)要说这个叫李贤的内阁首席辅臣,那可是历经正统、景泰和天顺数朝政治大浪的特别聪明的"过来者",在听完了当朝天子的一番表述后,他一边稽首,一边机智地回对道:"当今太后拥有这样的襟怀和眼光,实乃大明社稷之幸!要说我大明朝自开国以来一直恪守的祖制中确有这样的规定:外戚不典军政!"明英宗听懂了李贤的话中话,赶紧为自己过去的草率行为辩解道:"当初朕也没想让国舅孙氏执掌大明京军,只是内侍说:京营军非皇舅无可属!朕这才做出了那般任命决定的,当时皇太后也没对此表示反对。但就为这事,她老人家现在还后悔不已。"李贤听到此,立即附会道:"幸好会昌侯孙继宗等还算淳谨,不过像这样任命外戚典掌军政的事情,今后绝不能作为成例而再次出现。"(《明史·外戚》卷300)

明英宗与李贤的这番对话隐喻多多,但其中的一个基调还是可以看得出来的,那就是要特别谨慎对待外戚,以防万一。天顺中期,"锦衣逯杲奏英国公张懋、太平侯张瑾及继宗、绍宗并侵官地,立私庄"。皇帝朱祁镇接奏后"命各首实,(张)懋等具服,乃宥之,典庄者悉逮问,还其地于官。石亨之获罪也,继宗为显宗、武忠及子孙、家人、军伴辞职,帝止革家人、军伴之授职者七人,余不问。五年,曹钦平,进太保。寻以疾奏解兵柄,辞太保,不允。"(《明史·外戚》卷300)

成化朝开启后,皇帝明宪宗"命(孙)继宗提督十二团营兼督五军营,知经筵事,监修《英宗实录》。朝有大议,必继宗为首。再核夺门功,惟继宗侯如故。乞休,优诏不许。(成化)三年八月,《实录》成,加太傅"。成化十年(1474),兵科给事中章镒上疏说:"(孙)继宗久司兵柄,尸位固宠,亟宜罢退,以全终始。"孙继宗闻讯后知趣地"上疏恳辞,(成化)帝优诏许解营务,仍莅后府事,知经筵,预议大政。复辞,帝不许,免其奏事承旨"。成化十五年(1479),孙继宗病卒,大明历史上第一股较为强劲的、"参议国是"的外戚势力就此淡出政治舞台。(《明史·外戚》卷300)

与此差不多同时,大明朝又逐渐发展和壮大起了两股较强的外戚势力,一股是以明宪宗的老情人万贵妃为后台的万氏家族,另一股是以明宪宗的生母周太后为后台的周氏家族。

成化初元,万贵妃大弟弟万喜为姐夫皇帝朱见深擢升为锦衣卫指挥使,"与弟通、达等并骄横"(《明史·外戚》卷300)。成化十四年(1478),明宪宗又升大舅子万喜为锦衣卫都指挥同知,二舅子万通为指挥使,三舅子万达为指挥佥事。"通少贫贱,业贾。既骤贵,益贪黩无厌,造奇巧邀利。中官韦兴、梁芳等复为左右,每进一物,辄出内库偿,辇金钱络绎不绝。通妻王出入宫掖,大学士万安附通为同宗,婢仆朝夕至王所,谒起居。妖人李孜省辈皆缘喜进,朝野苦之。通死,帝眷万氏不已,迁喜都督同知,达指挥同知。通庶子方二岁,养子方四岁,俱授官。"(《明史·外戚》卷300)换言之,为后世人们所激烈指摘和抨击的成化朝许多秕政,如内官采办,科敛民财,宠信近幸,崇僧佞佛,沉溺方术,传奉肆行,西厂遂立,滥施酷刑,等等,虽说这些不能全部归责于万贵妃及其兄弟,但也不能说与其完全不相干,或多或少还是有着关系的。(详见笔者拙著:《大明帝国》系列之⑯《成化帝卷》下册,第5章,东南大学出版社,2017年9月,第1版)

成化朝日益壮大的另一股后妃与外戚势力是以明宪宗的生母周太后为后台的周氏家族。周太后是明英宗的妃子、明宪宗的生母,北京昌平人,天顺元年(1457)被封为贵妃。明宪宗即位后,周贵妃被尊为皇太后,人称周太后。成化二十三年(1487)四月,"上徽号曰圣慈仁寿皇太后。孝宗立,尊为太皇太后"。史载:明宪宗在位时"事太后至孝,五日一朝,燕享必亲。太后意所欲,惟恐不欢。至钱太后合葬裕陵,太后殊难之。宪宗委曲宽譬,乃得请"(《明史·后妃一·孝肃周太后》卷113)。

正因为有着这样强势的生母皇太后,她的两个弟弟即明宪宗的两个舅舅在成化朝时也十分猖狂。周太后之父叫周能,天顺朝时被授"锦衣卫千户,赐赉甚渥"。但没多久他就死了。周能死后,他的正千户之职由长子即周氏的长弟周寿继袭。"宪宗践阼,擢左府都督同知。成化三年封庆云伯,赠能庆云侯。寿以太后弟,颇恣横。时方禁勋戚请乞庄田,寿独冒禁乞通州田六十二顷,不得已与之。尝奉使,道吕梁洪,多挟商艘。主事谢敬不可,寿与哄,且劾之,敬坐落阳。十七年进侯,子弟同日授锦衣官者七人,能追赠太傅、宁国公,谥荣靖。"(《明史·外戚》卷300)周能的二儿子即周太后的二弟弟周彧,"成化时,累官左府都督同知。二十一年封长宁伯,世袭"。(《明史·外戚》卷300。详见笔者拙著:《大明帝国》系列之⑯《成化帝卷》下册,第5章,东南大学出版社,2017年9月,第1版)

周氏家族和万氏家族虽然在宪宗朝都十分显赫,甚至可以说是"称雄"于戚畹勋贵行列,但如此"双雄"的格局随着成化二十三年(1487)下半年的到来而发生了变化。

● **弘治朝:老牌外戚周氏恩宠不衰,新宠外戚张氏一路飙升,愈发猖狂**

在前章里我们已经讲过,成化二十三年(1487)八月下旬,明宪宗驾崩。十余日后的九月初六日,皇太子朱祐樘登基即位,大赦天下,以下一年为弘治元年。又五天后,在朝廷大臣的不断建议和敦促下,新皇帝明孝宗开始清理和革除成化朝秕政(《明孝宗实录》卷2),"斥诸佞幸侍郎李孜省、太监梁芳、外戚万喜及其党,谪戍有差。冬十月丁卯,汰传奉官,罢右通政任杰、侍郎蒯钢等千余人,论罪戍斥。革法王、佛子、国师、真人封号"(《明史·孝宗》卷15)。后又相继黜斥与李孜省等佞幸之徒狼狈为奸的内阁首席辅臣万安和阁臣尹直,"下梁芳、李孜省于狱"(《明史·孝宗》卷15)。

就在这革除前朝秕政、清理成化宫廷的过程中,为李孜省等奸佞之徒引入"幸进之路"的万喜、万达和万祥等诸兄弟也被"牵"了进去,由于他们的大姐姐即万贵妃早在成化二十三年(1487)正月之初就已暴卒(《明宪宗实录》卷286),外戚万氏兄弟当时就没了过硬的靠山,所以新上台的皇帝朱祐樘处置起来就少了许多干扰和顾虑。成化二十三年九月十一日,弘治帝接受臣下建议,将锦衣卫都督同知万喜降为指挥使,都督同知万达和指挥同知万祥都降为副千户。(《明孝宗实录》卷2)数日后朝廷内外大臣又提出:万贵妃戚属万喜等罪大责微,请求新皇帝予以重治,"尽没入其财产"。对此,明孝宗降旨:"万喜等原所受官职、房产,已准辞退,其累次所赏金银及违禁器物及支过内府价银,令尽数还官,如隐寄不实,追问不宥。"(《明孝宗实录》卷3)不过在随后朝廷追还赐地和赐物的过程中,万喜等大耍无赖手段,"隐匿未辞",加上其先前与李孜省、梁芳等狼狈为奸,肆意作恶,由此而引发了朝廷上下更大的愤怒,最终被处以"夺职为民"。当时新皇帝有旨:"原赐金银及违禁器物尽输官。"可万喜等还是抱着侥幸心理,"多所隐匿。缉事者发其事,下法司问,奏喜等当赎徒宁家"。(《明孝宗实录》卷11)就在这关键时刻,"与(万喜)缔姻谋为泰山之倚"的阁臣刘吉"犹为营救"。明孝宗为之思虑再三,随后下达宽宥之令,命万喜等削职为民。就此,外戚万氏退出了历史舞台。(《明孝宗实录》卷15)

外戚万氏退出历史舞台,对于大明来说不啻为一件大好事,但这并不意味着在新朝中外戚势力就此衰退下去了,恰恰相反,在明孝宗的"亲亲"与特别照顾下,它又迅速地壮大起来。

○ 天大地大皇奶奶恩情最大,明孝宗"亲亲"老牌外戚周氏家族

弘治朝得以迅速地壮大起来的外戚势力也有两大股,第一大股就是上文已述的以明宪宗生母、明孝宗祖母周太后为后台的周氏家族势力。在前章中我们已经讲过,由于明孝宗朱祐樘自出生起就有着非同寻常的经历,也幸亏后来有了奶奶周太后的保护与照顾才得以最终"修得正果"。虽说这中间生母纪氏突然暴卒,在幼小的朱祐樘内心留下了无法磨灭的创伤,但奶奶的"出现"与疼爱,多少还是缓解了他内心的焦虑。而自6岁起直到18岁大婚为止,朱祐樘又有12年的时间与周太后生活在一起,加上隔代亲的缘故,这祖孙俩人的感情是特别深。(下章将详述)皇帝朱祐樘对周太后感情深,那么对她的娘家兄弟即外戚周氏家族自然也就格外予以"亲亲"了。

弘治元年(1488)闰正月,即位上台半年不到的皇帝朱祐樘下令,"命皇亲庆云侯周寿、长宁伯周彧、瑞安伯王源各岁加禄米一百石,皆给在京本色"(《明孝宗实录》卷10)。

这里说明一下,瑞安伯王源是明宪宗正宫王皇后的弟弟,按照传统惯例,做儿子的朱祐樘在即位之初应该对嫡母的娘家人予以"亲亲"——增加年禄,而就在此过程中,他不仅没忘要带上奶奶周太后的娘家人,而且还将他们名列在前,由此也不难看出新皇帝对周氏家族的重视了。对此,皇亲庆云侯周寿等老早就看出来了,在弘治朝开启没多久,利用自己的姐姐周太后的特殊地位,向新皇帝来个狮子大开口。弘治六年(1493)九月,周寿假模假样地上言,请求承买宝坻县官地1200顷。皇帝朱祐樘吃不透这个大舅公如此上奏有没有跟他的姐姐周太后商量过,但想想自己也不能不懂得人情世故,于是当场来了这么个处理:令人在宝坻官地内拨500顷给大舅公"管业",即让周寿坐享500顷田地的税粮收入,至于其余700顷田地"仍留别用"。(《明孝宗实录》卷80)但贪婪的周寿对此很不满意,过了一段时间,他又上奏说:"尚有七百余顷,欲以私钱易之。"朝廷户部官闻讯后十分气愤,马上上奏皇帝,指出:"(周)寿幸联贵戚,常禄之外时承厚赏,先所赐地得利已多,乃复贪求,冀得再赐,以填溪壑之欲,非保富贵之道,所请宜勿许。"但弘治帝却不接

第5章 聿遵成宪 诸患并存

受谏言,最后还是将那剩余的700余顷田地全赐给了周寿。(《明孝宗实录》卷131)

利用自己老姐的特殊地位,在四五年的时间里,外戚庆云侯周寿轻而易举地占有了1 200顷即120 000亩田地,成了当时的超级大地主。不过,这还仅仅是经济上的周家之富,而在我们中国,人们向来讲究富贵双全。在那时的周寿眼里,虽然自己老早就继承了父亲的庆云伯爵位,后又升格为庆云侯,已故的老父亲周能也被追封为宁国公,"前母甄氏为宁国夫人,母高氏为庆云侯太夫人"。但母亲高氏这个庆云侯太夫人的名分还不够显贵,应该与前母甄氏一样追封为宁国公夫人。弘治十二年(1499)十一月,高氏卒,周寿"复以追封宁国夫人为请"。朝廷吏部官听说后甚为惊讶,上奏皇帝说:"高氏为(周)能继室,前无继室,亦从夫爵例。"其潜台词是,既然已经追封甄氏为宁国公夫人了,那么从惯例角度来讲,作为继室的高氏是不能再被追封为宁国公夫人了。可皇帝明孝宗听不进吏部官的谏言,"(以)特许之,并赐以诰命"。(《明孝宗实录》卷156)

经济上特别优渥、政治上大加尊崇,外戚周氏就此在弘治朝成了特别的阶层,而这样特别的阶层自身品行又大有问题,虽说他们在当时不直接过问大明国是,但在朝期间对帝国政治纲纪的负面影响却实在不容小觑。弘治十四年(1501)正月,皇帝朱祐樘举行郊祭,以庆云侯周寿为首的随驾队伍远远地落在了屁股后头,三三两两,很不像样。为此鸿胪寺官员上言奏劾。当朝天子弘治帝也因此很不开心,下令叫他们各自陈述失礼之状,但随后又考虑到了是大舅公周寿领的头,最终还是没对他们做深究,仅这样说道:"郊祀重事,各官何得不随驾赴坛,放肆怠惰,法当重治,姑宥之,各罚俸一月。"(《明孝宗实录》卷170)

当朝皇帝格外开恩,但皇亲国戚周寿等却不知好歹,或言不领这个情。郊祭事件过后半年左右,即弘治十四年(1501)七月癸丑日,庆云侯周寿等领衔的750号朝官居然朝参不到。鸿胪寺和锦衣卫官员当即将他们的名字一一开列了出来,并上奏给了皇帝。皇帝朱祐樘一看,又是大舅公周寿领衔,马上下令:"姑宥之!"(《明孝宗实录》卷176)

将近两年后的弘治十六年（1503）五月，"庆云侯周寿坐令义孙奏事不实。有旨诘问，又误以义孙为外孙，凡两上疏待罪，俱宥之，乃称病，令其子璋谢"（《明孝宗实录》卷199）。

弘治十七年（1504）正月，"庆云侯周寿等791员朝参不到。鸿胪寺、锦衣卫奏上。得旨：'各官懒惰朝参，本当究问，姑宥之，仍各罚俸一月。'"（《明孝宗实录》卷207）

要说弘治帝对于周氏等外戚之家那真是格外关照，"亲亲"有加。就在这些人不断失礼出错、越礼犯分之际，皇帝朱祐樘还对他们不断地予以隆升。弘治十六年九月，"加太保、庆云侯周寿，太傅、瑞安侯王源，寿宁侯张鹤龄，长宁伯周彧俱太保，进封建昌伯张延龄为建昌侯"（《明孝宗实录》卷203）。至此，周寿和周彧兄弟俩并为侯伯，位列三公，这样的事情在大明历史上真可谓是前所未有的。（《明史·外戚》卷300）

孝宗皇帝格外"亲亲"，外戚势力愈加肆无忌惮。由此人们看到，弘治年间无论是老牌外戚周氏家族，还是新宠外戚张氏兄弟，他们个个都贪得无厌，得寸进尺，甚至相互之间还展开了疯狂的土地兼并和经济掠夺的"竞赛"，并由此引发了相互间的争斗。

庆云侯周寿曾"与建昌侯张延龄争田，两家奴相殴，交章上闻。又数挠盐法，侵公家利，有司厌苦之"（《明史·外戚》卷300）。

再说周寿的弟弟周彧也是个活宝，"弘治中，外戚经营私利，（周）彧与寿宁侯张鹤龄至聚众相斗，都下震骇"。为此当时的户部尚书屠滽偕九卿上言皇帝朱祐樘，说："宪宗皇帝诏，勋戚之家，不得占据关津陂泽，设肆开廛，侵夺民利，违者许所在官司执治以闻。皇上践极，亦惟先帝之法是训是遵。而勋戚诸臣不能恪守先诏，纵家人列肆通衢，邀截商货，都城内外，所在有之。观永乐间榜例，王公仆从二十人，一品不过十二人。今勋戚多者以百数，大乖旧制。其间多市井无赖，冒名罔利，利归群小，怨丛一身，非计之得。迩者长宁伯周彧、寿宁侯张鹤龄两家，以琐事忿争，喧传都邑，失戚里之观瞻，损朝廷之威重。伏望纶音戒谕，俾各修旧好。凡在店肆，悉皆停止。更敕都察院揭榜禁戒，扰商贾、夺民利者，听巡城巡按御史及所在有司执治。仍考永乐间榜例，裁定勋戚家人，不得滥收。"科道官们"亦以为言"。皇帝朱祐樘见到朝堂上有这么多的臣僚上言进谏,当场应允了舆情,但随后又在弘治十八年(1505)进升大舅公周寿为太保,二舅公周彧见此立即提出,要将自己的爵位提升为侯。"吏部言封爵出自朝廷,无请乞者,乃止。"(《明史·外戚》卷300)

弘治十七年(1504)三月初一日,周太后驾崩,(《明孝宗实录》卷209;《明史·后妃一·孝肃周太后》卷113)外戚周氏兄弟顿时失去了大靠山。正德四年(1509),周寿卒,周家势力逐渐衰落下去,并开始淡出人们的视野。而就在此前后,以明孝宗正妻张皇后为后台的张氏外戚势力开始一路飙升,愈发猖狂。(《明史·外戚》卷300)

○ 弘治帝惧内,新宠外戚张氏家族一路飙升,愈发猖狂

张皇后,北直隶兴济人,父亲张峦以县学生应贡为国子生。成化二十三年(1487)正月,即明宪宗驾崩前半年,朝廷选定张峦女儿张氏为皇太子妃,并擢升他为鸿胪寺卿。(《明宪宗实录》卷286)成化二十三年十月初十日,即朱祐樘即皇帝位后一个月,皇太子妃张氏被册立为皇后(《明孝宗实录》卷4)。张氏之父张峦也由此被"超拜荣禄大夫、中军都督府都督同知"(《明孝宗实录》卷66)。

一个平民因为家产尤物,外加运气好,在一年不到的时间里飙升至荣禄大夫、中军都督府都督同知,该满足了吧?没有。成化二十三年(1487)十月壬申日,"南京闲住右少监梁芳辞还原赐和远官店及永清县庄田"。消息传出,张峦就想着如何将其变为他家所有,女婿皇帝朱祐樘知道后,"诏以店赐都督同知张峦,庄田令有司守视。"(《明孝宗实录》卷4)大约两个月后的一天,户部官上言:"成化中万喜等辞还钦赐庄田内河间府三所,已赐都督同知张峦,余顺天、保定等处十所俱奉旨令有司守视。"国丈张峦闻讯后"复并乞管业",但这一回女婿皇帝并没有满足他的愿望,而是"命有司守视如旧"(《明孝宗实录》卷8)。

弘治三年(1490)闰九月,从"亲亲"和"尊尊"角度出发,明孝宗"授安昌伯钱承宗(明英宗正妻钱皇后娘家侄孙,笔者注)推诚宣力武臣、荣禄大夫、柱国、安昌伯,食禄一千石,子孙世袭,免杂犯死罪二次,子孙免一次,赐诰券,曾祖父、伯祖父、父俱赠安昌伯,曾祖母、伯祖母俱赠夫人,母封太夫人。"(《明孝宗实录》卷43)已为荣禄大夫、中军都督府都督同知的张峦听说后十分眼馋,随即通过"宝贝"女

儿、皇后张氏向上表达了自己的意思。女婿皇帝朱祐樘觉得,既然自家皇爷爷明英宗正妻之娘家人享受到了如此多的朝廷厚恩,那么作为当今皇后的娘家人也不能不拥有啊。当时的吏部尚书王恕是个有着大局意识的忠直大臣,听说皇帝又要厚赏张氏家人,他立即上奏进谏道:"昔钱太后正位中宫五十年,(侄孙)钱承宗始封伯。(张)皇后正位中宫才三年,(张)峦即蒙恩封伯,今又急有此请,恐人情惊愕,有累圣德,乞迟数年,以息人言。"可明孝宗根本就听不进去,遂"命(张)峦应得诰券封号,照(明宪宗正妻王皇后之弟)王源例与之,授推诚宣力武臣,荣禄大夫,柱国,寿宁伯,食禄一千石,子孙世袭,免本身杂犯二死、子一死"(《明孝宗实录》卷48)。随后又"赠皇亲寿宁伯张峦故妾汤氏为安人,并赐祭,不为例。从(张)峦妻夫人金氏请也"(《明孝宗实录》卷55)。弘治五年(1492),"以建储恩",皇帝朱祐樘又进封老丈人张峦为寿宁侯,"号加翊运阶,加特进光禄大夫,禄加二百石,仍赠其三代,赐诰券,子孙世袭,其它恩赉之盛,先后戚畹莫与为比"。(《明孝宗实录》卷66)

要说这个叫张峦的还真是有福,5年不到的时间就升为了侯爷,与大明朝开国之际出生入死的军事武将们同埒,你能说他没有福?不过有句老话说得好:"福气福气,有福有气。"即说有福气的人,必须是有福又有气,光有福没有气,全都白搭。我们现在讲的这个张峦就是个有福而没有气之人,纵然他与他的家人费尽心机地向皇帝讨要到了想要的一切,但自己的"命"却与他开了个天大的玩笑。弘治五年(1492)八月,岁数并不大的张峦在当了5个月的寿宁侯后就一命呜呼了。(《明孝宗实录》卷66)

寿宁侯既不寿,而后他的家又不宁。由于家庭教养的缺失,张峦的两个儿子张鹤龄、张延龄同他们的姐姐张皇后狼狈为奸,肆意妄为,将贪婪与权势的结合发挥到了极致的地步。说到这事,过去很多研究者往往认为,这是由于皇帝朱祐樘与皇后张氏极为恩爱所导致的。可历史的实际却并不是如此,在下章中我们将专门讨论这个问题。说得直白一点儿,在较大程度上是因为大明天子朱祐樘惧内,这才引发了弘治年间外戚张氏恣意横行格局的出现。就如我们民间一般,但凡惧内家庭里头常常出现的情形是女人说了算,与之相随,她的娘家人也会令人刮目相看,甚至有时还让人

第5章 事遵成宪 诸患并存

望而生畏。由此我们也可以这么说，弘治年间外戚张氏兄弟及其家人的专横与猖狂，虽然主要是有着张皇后的背后撑腰与内援，但十分"惧内"和过于讲究"亲亲"的大明天子朱祐樘同样也负有推脱不了的责任。外戚张氏的专横与猖狂主要体现在：

◎ 张鹤龄、张延龄兄弟疯狂进行土地兼并

张峦死后，弘治朝廷拨了翠微山30顷土地给他营造坟茔，在兴济老家为张氏建造了一座十分豪华的家庙。(《明孝宗实录》卷67)尤其是张峦坟茔的营造，其规格之高、范围之广，是其他任何皇亲所不敢企及的。工程建设是从弘治五年(1492)九月开始的，但造了好几年还没有造好，朝廷大臣刑部尚书彭韶等为此曾向上作了反映："昌国公张峦茔域，比诸皇亲，相去悬绝，特遣大臣督军营造，棰楚贫穷，追征办纳，逃窜者既烦勾解，阙少者又劳添补，展转相寻，无时休息。"皇帝朱祐樘接奏后回复道："昌国公坟茔已有成命，督令速完。"(《明孝宗实录》卷75)当朝天子这番话的潜台词是：什么百姓之苦，什么国计民生，这些在"亲亲"国丈面前都显得无关紧要，张峦坟茔的营造必须尽快弄好。

正因为明孝宗"亲亲"有加，所以外戚张氏自弘治初年起就非常张狂，欲求无厌，得寸进尺。张家长子张鹤龄继承了父亲张峦的寿宁侯爵位，本身就有年禄1 200石。但姐夫皇帝朱祐樘对他格外照顾，于弘治六年(1493)正月下令："命寿宁侯张鹤龄禄米如其父峦例，岁支本色七百石于南京，二百石于京仓，折色三百石于京库。"(《明孝宗实录》卷71)而后不久，弘治又给他加禄400石(《明孝宗实录》卷208)。可大舅子张鹤龄对此并不满足，利用自己姐姐皇后的地位优势向姐夫皇帝讨要大片田地。皇帝朱祐樘没办法，只好下令，将直隶肃宁等县418顷即41 800亩田地赐给张鹤龄，作为他的庄田。但张鹤龄得地后依然不满足，随后就叫管庄人向四边拓展，一下子将庄田拓展到了1 121顷即112 100亩。除此之外，他还对庄田上的租户征以重税，不承想到就此引发了极大的争执和管庄者打死人命案来。皇帝朱祐樘闻讯后派遣巡抚都御史高铨等内外官前去"核实并丈量地土顷亩"，这一核实就核出问题来了，大国舅张鹤龄实际拥有的庄田数比皇帝赐予的整整多出了70 300

亩。于是高铨回京上奏说："其可常耕者止如前数,余皆妨占沙碛,虽间有退滩暂垦者,遇涝则复荡然,宜令征租如故。"弘治帝听后说道："以1 121顷尽赐鹤龄,其可常耕者亩征租银5分,妨占并沙碛中有可耕者亦征租如例。"(《明孝宗实录》卷157)

见到哥哥大肆兼并土地,争当顶级大地主,作为弟弟的张延龄也不甘落后。按照惯例,父亲张峦的寿宁侯爵位由长子张鹤龄继承,未得到爵位继承的小儿子张延龄也被朝廷授予了中军都督府都督同知之位。弘治八年(1495)四月,姐夫皇帝朱祐樘又"敕封中军都督府都督同知张延龄为建昌伯",并下令规定:张延龄的禄米照"瑞安侯王源例,岁支本色700石,折色300石"(《明孝宗实录》卷99)。这样计算起来,张延龄的岁禄就达1 000石。弘治十七年(1504)二月,明孝宗在给大舅子寿宁侯张鹤龄增加岁禄至1 600石时,也给小舅子建昌侯张延龄增禄600石,由此兄弟俩并起并坐,年禄皆为1 600石。(《明孝宗实录》卷208)

但即便如此,张延龄也不满足。弘治中后期,他通过自己的皇后姐姐说情,向姐夫皇帝朱祐樘讨要到涿州等处庄田750顷即75 000亩(《明孝宗实录》卷196)。随后他又耍出手段,让已经衰落了老皇亲孙瓒即明英宗娘舅孙忠之孙孙瓒的遗孀周氏出面,"请以原赐并自垦庄田四五处,改赐其婿建昌伯张延龄为业"。朝廷户部闻讯后认为:"田界未清,恐侵损于民,宜委覆实。"但皇帝朱祐樘根本就不接受建议,直接下令将老外戚孙家的庄田送给小舅子张延龄。(《明孝宗实录》卷202)由此也就埋下了后来张家、孙家和周家几大皇亲之间田地纠纷之祸根。

除了在直隶及其周围等北方地区大肆兼并土地外,张氏兄弟还将魔爪伸向了南方地区。为此,南京监察御史余敬等在上言七事中曾这样指出:"皇亲之家占小民之田,网天下之利,狼贪虎噬,漫无纪极。近闻又侵占泰州光孝等民粮田土,道路喧传,民心惊骇。宜敕所司急归此田于民,而置投献者以法,仍敕寿宁侯张鹤龄等遵守法度,其家僮辈投籍姓名于官而禁其出入,无籍之徒悉与斥逐,仍行各处官司一体禁约,毋事侵夺。"皇帝明孝宗接奏后"命下其奏于所司",说白了,他对御史余敬的谏言只当没说。(《明孝宗实录》卷190)

姐夫皇帝一味纵容,舅子张氏兄弟愈发猖狂,土地兼并由此也就变得愈演愈烈。而这样愈演愈烈的土地兼并发展下去,势必会造成新宠张氏家族与老牌外戚之间的矛盾冲突。

弘治十七年(1504),张氏兄弟与会昌伯孙忠的孙子孙瓒和曾孙孙铭、庆云侯周寿为庄田边界问题打起了官司。明代官史记载道:"初赐皇亲会昌伯孙忠永清县义河、宝坻县把门城、老鸦口田2481顷。后孙氏宠衰,乃以把门城田1200顷赐太监辰保。久之,辰保卒,皇亲庆云侯周寿奏乞之。寿方贵幸,乃展改四至,益占孙氏田。忠曾孙铭袭侯爵,与叔指挥瓒等各分赐地,铭与其侄贤私以500顷易寿银450两。丰润县柳科港内有牧马草场,岁征银市马;玉田县萝卜窝、香河县横水、三湾田共10000余顷,皆办纳粮银之数,铭等各佃其中。皇亲建昌侯张延龄妻,瓒继室周氏女也。瓒卒,周氏自陈无嗣,乃以义河、老鸦口两处所有田400余顷,更援柳科港诸处孙氏田,俱混作己业,辞界延龄,上(指明孝宗,笔者注)不知而允之。其地与寿连者稍侵寿界,毁其封堆。时寿宠渐衰,延龄方贵幸,寿心不平,两家奴仆遂相掊击。寿、延龄各奏其事,上命户部左侍郎王俨、左少监朱信、锦衣卫都指挥佥事叶广勘量以闻。"(《明孝宗实录》卷210)

户部左侍郎王俨等人经过勘查后回京汇报说:"(周)寿原赐地附余者,多周氏辞界延龄,地内有牧马草场及多包军民者。铭、贤盗卖赐地价,寿递年花利收银2000两,俱当还官。寿、延龄纵容下人擅毁封堆,通宜究问,两家奴仆拟徒杖罪有差,而当寿家者独重。"明孝宗听后一时拿不准主意,当即将该事交与户部和都察院覆议。户部与都察院官员经过讨论后形成的意见大致与王俨的相同,皇帝朱祐樘听后说道:"(周)寿等俱皇亲并周氏俱宥之。贤等逮治如律,寿所乞把门城田1200顷,今再赐800顷,俱令管业;铭、寿利息及价银免追,其田500顷并把门城余地、老鸦口、柳科港、横水三湾、萝卜窝、义河等田,俱周氏辞退之数,宜赐延龄。其交纳太仆寺马价办纳粮银俱除之。"随后他下令,让王俨等再上永清县去,"仍依数拨给明白,具图以闻"。不久王俨办完皇差回京覆奏:"把门城等地内新增民地屯田223顷有奇,尚办赋役。"朱祐樘听后马上下令"蠲之,亦赐延龄"。(《明孝宗实录》卷210)至此,这场打到帝国最高当局者那里的官司告个段落。经此御裁,老牌外戚周寿得地2 000顷,新宠外戚张延龄得地16 705顷,会昌伯孙忠的曾孙孙铭只得了220顷田地(《明孝宗实录》卷210)。

疯狂进行兼并土地的目的,无非是为了追求土地收益的最大化,但是土地收益总有一个较为适当的限额,否则就等于杀鸡取卵。弘治中期,户部尚书周经等为此上奏说:"凡王府、勋戚之家庄田,例亩征银3分,上下称便。昨奉旨:张鹤龄庄田,亩征银5分。恐继此有效尤奏渎者,许之,则伤民;不许,则有不均之叹,且所核地可常耕者止如旧额。今妨占沙碛中堪种者,亦令如例征租,恐管庄之人诛求无厌,威逼贫民,将来狱讼当甚前日。乞收还成命。"但皇帝朱祐樘对于周经的劝告根本就不当一回事,只是敷衍道:"堪种者仍照前旨起科,妨占沙碛者仍令内外官覆勘闻奏。"(《明孝宗实录》卷157)

◎ 新宠外戚张氏家族与老牌外戚周氏家族竞相染指商业,侵蚀民利

弘治六年(1493)四月,被枕头风吹晕了头的明孝宗下令,"命以宝源店后房76间赐寿宁侯张鹤龄管业"(《明孝宗实录》卷74)。3年后的弘治九年八月,朱祐樘又下令:赐外戚张氏家族女主人即张皇后母亲金夫人宝源店房67间。(《明孝宗实录》卷116)

鉴于新宠外戚张氏和老牌外戚周氏等家族染指帝国商业领域越来越多,"民利悉侵夺之",当时朝廷六部、都察院等衙门的官员在吏部尚书屠滽的带领下集体上言进谏,说:"昔宪宗皇帝尝诏:'勋戚之家不许占据关津、桥梁、水陂,及设肆鬻贩,侵夺民利。违者,听巡城、巡按御史及所在有司执治以闻。'盖不惟矜恤小民,而实保全勋戚,仁之至、义之尽也。皇上即位以来,所以亲九族、子万姓者,惟先帝是遵是训。而勋戚之家不能恪遵先诏,仰体圣心,纵令家人开设店肆,邀截商人货物,自都城内外坊市及张家湾、河西务等处,一切民利悉侵夺之。臣等伏睹永乐间榜例:'王公之家仆从不过20人,一品不过12人。'今勋戚家人多者以百数,乖违旧制,殊非所宜,其间多有市井无赖乘机附势、冒名以觅利者,然利散于群小,怨归于一身,非计之得也。迩者长宁伯周彧、寿宁侯张鹤

龄两家，以琐事忿争，聚众竞斗，喧传都邑，上彻宸居。盖因平日争夺市利，已蓄忿心，一有所触，遂成仇敌，失戚里之观瞻，损朝廷之威重。皇上闻之，宁不有动于中（通'衷'）乎？盖市肆之设，起百姓之怨结，戚属之仇怨，积而愈深，仇结而不解，则他日意外之虑，难保必无。伏望皇上特降纶音，戒谕勋戚，俾各修旧好，以光戚里，毋因小利而失大体，毋听谗言而间亲义，仍仰遵先帝诏旨：凡有店肆者，悉皆停止；商贾之徒，听其各安生理，毋蹈前非。更敕都察院揭榜禁戒：若有称勋戚家人，扰害商贾、侵夺民利者，听巡城、巡按御史及所在有司执治；应奏请者奏请逮治，各加以重罪。仍考永乐间榜例，将勋戚家人量为裁定人数，不得滥收。其见存者，皆具名在官，使冒名生事者，易于分别。庶百姓无意外之虞，皇亲享安静之福矣。"六科十三道言官也随之上奏，"以是为言"。明孝宗接奏后"嘉纳之，命速揭榜禁谕，不得仍前纵容为害"。至于老牌外戚周彧和新宠外戚张鹤龄两家聚众斗殴以及破坏商业之事，"令各具实以闻"，随后就没了下文。(《明孝宗实录》卷117)

◎ 外戚张氏家族与老牌外戚周氏家族争先恐后插手国家盐业，牟取暴利

盐业是明朝立国起就确立的国家专控行业，通过实施开中法、盐引制度，大明帝国获得极其丰厚的利润。有明一代勋戚权贵插手这个能带来丰厚利润的专控行业——盐业大致是从宪宗朝开始的。成化十五年(1479)九月，万贵妃二弟"渣男"万通向姐夫皇帝奏讨两淮余盐5 000引。(《明宪宗实录》卷200)成化十八年(1482)十一月，明宪宗让太监李荣传达圣旨："赐锦衣卫千户徐达淮盐30 000引。达，万通之家人也。"(《明宪宗实录》卷234)

弘治中前期伸手向朝廷讨要盐引的主要是藩府宗室，但自中后期起，大明皇家外戚也加入了这个特殊的讨要者行列，其中最为猴急的就要数老牌外戚周氏和新宠外戚张氏。弘治十六年(1503)十一月，老牌外戚庆云侯周寿家人周洪等以商人名义巧妙地向上奏讨："乞纳银于户部，报中两淮运司风雨消折盐课，欲随场买补。"户部听说后覆奏："查无风雨消折盐，而实征册所载盐课，又专以备边储之用，不可许。"但弘治帝因为抹不开面子，在接到奏章后即

"命于实征册内以80万(盐)引"赠与皇奶奶周太后娘家人(《明孝宗实录》卷205)。

这事随后被新宠外戚张鹤龄听到了,他立即学样,指使家人杜成、朱达等上奏,请买长芦、两淮盐96万引。对此,工科左给事中张文等专门上疏指出:"(周)寿及(张)鹤龄、(张)延龄,肺腑至亲,休戚攸同,不图忠义,专事货财,希恩传奉,滥私亲党,原其初心不过富贵,但富贵之极,骄奢淫佚,所自生也。皇上上体太皇太后,下念圣子与夫力微之怆、渭阳之感,推念数亲,均加恩眷,特一转移间耳,不然臣恐爱之愈至,骄纵日甚。正如饥者而食之毒,鲜不害也。近日两家家人朱达、杜成、周洪等陈乞两淮、长芦盐引若干万,万一王府皇亲及左右贵幸之人援例奏请,拒之则业已赐人,从之则盐引有限,何以为处?初(朱)达等命下,其门如市,将灶丁见煎盐引收发,商人守支愈难,出场则舟楫相望,奸伪百出,私门日富,国计日亏。乞寝前命,重治达等。"(《明孝宗实录》卷210)但明孝宗并没有接受张给事中的建议,而是答应了周、张两家外戚的请求,让他们支盐牟取暴利。

户科都给事中韩智等见此很为着急,遂于弘治十七年(1504)十二月上言进谏,说:"各场残盐,乃风雨消折,正宜蠲免,以苏灶丁之苦。若从其请,则尽被勒取,正课必亏。况救荒饷边,悉资于此。今(周)寿等富贵已极,不当更附益之,以损国计。"监察御史常赐等也随后上疏,力言不可让皇亲支盐:"课有定额,价有定则,从(周)寿等之请,则价减而课亏,何以为兵荒之备?一不可法者。天下之公,厚于戚畹,则法不均,何以示天下?二不可利者。人所同趋尽归势要,何以来天下之商?三不可者。淮、扬各处贫灶未苏,再加皇亲之害,则逃移殆尽,何以为久远之图?四不可者。"当时户科给事中刘茝亦进言道:"盐法之始乃为边储急用,平时未可以开易。先年理财者急于小利,利源一开,趋者如蚁。商人朱达等夤缘奏扰,皆始议开易者之罪也。今之皇亲下侵商利,为朝廷敛怨于民,盖把持行市,逼买灶盐,则害灶丁;残盐行则正课亏,商人经年坐守,则害商人;不附卷籍、不搭别场、任其所之,皆得贸易,则害运司;生事扰民,莫敢谁何,则害有司;或遇兵荒,素无厚积,召商不至,何以为谋,则害国计。"针对言官们的一一上言,户部为此还专门向皇帝朱祐樘覆奏："请收回成命,以惠天下。"可皇帝朱祐樘却经受不了张鹤龄等人的"再三疏乞",旋以自己已有同意支给之成命为由,再次拒绝了廷臣们的谏言和建议。(《明孝宗实录》卷219)

于是从弘治十七年(1504)开始,数万盐引源源不断地流入新宠外戚张氏家族和老牌外戚周氏家族手中。直到明孝宗驾崩时,张、周两家皇亲讨要的"残盐"还没支完。弘治十八年(1505)九月,户部尚书韩文上请提议:凡尚未提取的食盐,一律停止支给。可新即皇帝位的明武宗却不予接受,仍听其"买补"(《明武宗实录》卷5)。

◎ 张鹤龄、张延龄兄弟越礼犯分,恣意妄为,最终也将自己送上了不归路

国丈张峦死后,本来就比较讲究"亲亲"的明孝宗在张皇后的巧妙引导下,一而再再而三地厚待国舅张鹤龄、张延龄及其家人。姐姐张皇后引导有方、运作得力,而姐夫皇帝朱祐樘既"惧内",又讲究"亲亲",如此下来就足够把大明皇家新贵外戚张氏家族抬到了无以复加的高度,张鹤龄和张延龄这两个国舅能不傲视一切、肆意胡为吗?史载:"(张)鹤龄兄弟并骄肆,纵家奴夺民田庐,篡狱囚,数犯法。(弘治)帝遣侍郎屠勋、太监萧敬按得实,坐奴如律。敬复命,(张)皇后怒,(弘治)帝亦佯怒。"(《明史·外戚》卷300)明明查清了案件和锁定了罪魁祸首,但作为皇帝的朱祐樘却居然不敢当面立即处理,明孝宗的这般作为无疑大大地助长了张氏兄弟的嚣张气焰。

弘治九年(1496)五月,寿宁侯张鹤龄领衔的朝官有470人"朝参不到",鸿胪寺和锦衣卫的官员为此上奏皇帝,予以纠劾。皇帝明孝宗见到是国舅张鹤龄领的头,当即发话:"各官怠惰朝参及注门籍而公座者,俱宜究治,姑贷之。"(《明孝宗实录》卷113)

弘治十三年(1500)四月,又是寿宁侯张鹤龄领衔的文武官员568人"朝参不到",御史魏英等劾之。弘治帝下旨:"各官失误朝参,甚是懒惰,法当究问,姑宥之。"(《明孝宗实录》卷161)

可以这么说,凡是与张鹤龄、张延龄兄弟有关的违反乱纪事情或案件,皇帝朱祐樘几乎都不予以追究。相反,谁要是出来纠劾张氏兄弟,明孝宗就责罚谁。不过对于弘治帝的这个"软肋",当时好

多朝廷大臣似乎还不甚明白,于是一个个直言之臣不幸"中枪躺倒":弘治十一年(1498)十一月,监察御史胡献奏劾寿宁侯张鹤龄和太监韦泰犯有不法之事(《明孝宗实录》卷143),结果让皇帝朱祐樘下了锦衣卫大牢,后被外放为湖广蓝山县县丞(《明孝宗实录》卷144)。监察御史武衢得罪了寿宁侯张鹤龄,"坐以罪名,举朝皆知其情,无敢言者"(《明孝宗实录》卷143)。还有"给事中吴世忠、主事李梦阳皆以劾(张)延龄几得罪"(《明史·外戚》卷300)。

正因为如此,张鹤龄、张延龄兄弟越到后来就越狂妄,凭着自己与当朝天子之间最近的姻亲关系,张氏兄弟"出入宫廷无忌",即任意出入禁中。(【明】谈迁:《国榷》卷43)有一次,张鹤龄、张延龄兄弟到宫中与皇帝一起喝酒。喝到高兴时,明孝宗将自己的皇冠摘了下来,放在一边,而后不久,上厕所去了。张鹤龄见此,趁机把皇冠拿过来,戴在了自己的头上。这不仅仅是酒后失礼,而是犯了大不敬之罪。要是搁在明初洪武年代,张鹤龄不被剥皮,也得被满门抄斩或戍边,可在特别讲究"亲亲"的弘治帝那里,如此妄为的国舅却什么事也没有。由此张鹤龄兄弟愈发胆大,"倚酒眄宫人"(【明】谈迁:《国榷》卷43)。

可能酒后看宫中"美眉"还没看够,弘治十年(1497)三月的一天,利用入宫观灯的机会,张氏兄弟又偷偷地欣赏起宫中美女来了。侍立在边上的太监何鼎早就发现了这两个活宝所干的好事,如今又见到他俩这般无耻和猖狂,他站在御帷外,压制住了怒火,想"持大瓜(一种武器)棰之"。不料皇帝朱祐樘最为宠信的宫廷太监李广走漏了消息,最终还是让张氏兄弟给逃脱了。但耿直的何鼎并没有就此作罢,第二天便上疏皇帝,竭力予以劝谏:"祖宗法度,外人不得妄入宫禁,近外戚观灯禁城,无所畏忌,事在必惩。且上若用臣,必有以报。"(【明】谈迁:《国榷》卷43)张皇后获悉何鼎告发她的两个弟弟,立即去找她的皇帝老公,以何太监平时所犯的一些小失误为由头,要求明孝宗对他进行严惩。前文说过,弘治帝本来就惧内,现在这只"母老虎"居然找了上来,于是赶紧下令,将何鼎交与锦衣卫拷问。刑科给事中庞泮、御史黄山和户部尚书周经等闻讯后相继上疏,对何太监进行援救,但明孝宗一概不理。最后太监李广"迎中宫(即张皇后)意,杖鼎死之"(【明】谈迁:《国榷》卷43)。

再说何鼎死后，皇帝朱祐樘仔细想想，也觉得他死得冤，于是命人以礼收葬，"勒石以祭"（【明】谈迁：《国榷》卷43）。从这件事情的最后处理来看，弘治帝对于张氏兄弟的胡作非为还是有所意识的，只是由于怕老婆的缘故才任由事态的恶化。当然他也知道对于肆意妄为的张氏兄弟应当予以一定的警告。史载，有一天，弘治帝"游南宫，（张）鹤龄兄弟入侍。酒半，皇后、皇太子及鹤龄母金夫人起更衣，因出游览。帝独召鹤龄语，左右莫得闻，遥见鹤龄免冠首触地，自是稍敛迹"（《明史·外戚》卷300；【明】谈迁：《国榷》卷45）。

不过从当时整体之势来看，外戚张氏兄弟的任意妄为几乎都没有受到什么大的约束。这不仅使得那时的弘治"更新"大打折扣，同时也在客观上将张氏兄弟送上由张狂走向疯狂、灭亡的不归之路。

弘治十八年（1505）五月，皇帝朱祐樘驾崩，皇太子朱厚照即位，张皇后就此升格为慈寿皇太后，张鹤龄与张延龄兄弟成了当朝天子的舅舅。当年八月，明武宗"加太保、瑞安侯王源，太保、寿宁侯张鹤龄俱太傅，建昌侯张延龄、崇善伯王清俱太保，仍各岁加禄米三百石"（《明武宗实录》卷4）。嘉靖二年（1523）八月，新天子明世宗"进封皇亲寿宁侯张鹤龄为昌国公"（《明世宗实录》卷30）。10年后为人极其浅薄且"颇肆骄横"的弟弟张延龄被人告发"阴谋不轨"，明世宗下令，将他逮捕入狱。哥哥张鹤龄"居第相连，坐视不谏，责亦难辞"，因而也被革去爵位，"降南京锦衣卫指挥同知，闲住，夺岁俸"（《明世宗实录》卷155）。嘉靖十六年（1537），因有人告发"张氏咒咀魇魅事有迹"，张鹤龄随即也被打入大牢，并瘐死于诏狱。（《明世宗实录》卷208）嘉靖二十五年（1546）十月，在大牢里待了10余个年头的张延龄被斩于西市。（《明世宗实录》卷316；《明史·外戚》卷300）。至此，曾经威势赫赫、不可一世的外戚张氏家族从大明帝国的舞台上彻底消失了。（有关外戚张氏家族灭亡更为详尽的内容，请参见即将出版的《正德帝卷》和《嘉靖帝卷》）

外戚张氏家族最终落到这般田地，果然是由帝国最高权力中心发生转移而引发出来的"附带性"结果，但从这事本身角度来讲，又何尝不是张氏兄弟肆意妄为、作恶多端所自找的。当然，如果要从更早的根基上去寻找缘由的话，谁能说将外戚张氏送上不归歧路的,不正是当初皇帝明孝宗对他们手下特别留情或言过于"亲亲"和一味纵容的结果吗?!

其实,弘治年间让"聿遵成宪"的皇帝朱祐樘手下特别留情或言"关爱有加"的还有另外一大特殊的群体,那就是大明宫廷内外的宦官。

● 内外宦官　祸害多端

在前面第2章中已经讲过,自乱臣贼子朱棣打开内官之禁这个"潘多拉魔盒"后,明朝宦官势力开始呈现出疯长之势,经过百年历史的发展,到明孝宗上台之时,已经渗透到了大明帝国的政治、经济、军事、司法和社会等各个领域,势焰熏灼、祸害多端。那么人称一代"明君"的弘治帝对此是否采取了大力打抑的举措?许久以来,好多人都认为"中兴之君"明孝宗在这方面很有作为,甚至有人干脆就这么说道:"明孝宗对宦官严加管束,东厂、锦衣卫再也不敢任意行事了,只能奉守本职……这是明中后期其他朝代所罕见的现象。"(网上360百科"明孝宗"词条)那么历史真相正是这样吗?

● 朱祐樘上台之初对宦官势力略加抑挫,旋又聿遵成宪,对他们厚爱有加

要说明孝宗即位之初打抑宦官势力,那还真有其事。成化二十三年(1487)十一月,朱祐樘接受另类内官、印绶监太监蒋琮的谏言,下令逮捕宦官"梁芳、韦兴、陈喜及谪戍奸人李孜省、邓常恩、赵玉芝、吴猷、黄大经、黄越等于锦衣卫狱"(《明孝宗实录》卷7)。不过,确切地说,之所以会有这样的事情,那是因为宦官梁芳、韦兴等前朝宠幸奸佞做得实在太过分了,将好端端的大明宫廷弄得乌烟瘴气,人神共愤。用那时候人们的话来说,他们以"邪术害正,又假造寺观庙塔,费库藏银不可胜纪"(《明孝宗实录》卷7),罪大恶极,公愤难平。而作为新即位的皇帝明孝宗不能不对如此前代淤积下来的污泥浊水做些清理,否则就很难赢得人心,稳定统治。但即便在这样的清理过程中,大明新天子朱祐樘还极为手下留情。对此,成化

二十三年(1487)十一月,巡按直隶监察御史汤鼐在上疏进言中直截了当地指出:"太监萧敬、李荣曩因科道弹劾罢黜后,夤缘复用,遂掇拾言者之罪贬窜殆尽,致言官皆委靡不振而内外小人益肆奔竞,伏望明正典刑,勿事姑息,及将传奉得官之人编发烟瘴边方,以示戒于天下。"明孝宗接疏后答复:"萧敬已别用,李荣亦调孝陵神宫监去矣,其余官员贤否进退,公论已定。下其奏于所司。"(《明孝宗实录》卷7)

这里说到的萧敬和李荣都是宫廷中的重量级大珰。萧敬生于明英宗正统三年(1438),很早起就入宫当内使,天顺末年升至太监。(《明英宗实录》卷359)成化时进入司礼监,"自是数废数起,凡四秉笔,四掌印"(【明】王世贞:《弇山堂别集》卷4)。成化二十年(1484)正月,吏科都给事中王瑞等上言奏劾:"比东厂太监尚铭有罪,已蒙皇上置之于法,京城内外人人大悦。臣等以谓,不去其党,将来之患未可知也。盖尚铭旧为太监汪直所引,得入东厂;近为太监李荣、萧敬所引,得入司礼监,且司礼监乃朝廷机密重地,岂可同恶相济,引用匪人,以损圣治耶?"(《明宪宗实录》卷248)但皇帝明宪宗并没有接受谏言,更没有对萧敬做出任何处分。明孝宗上台后,除了上面说到的言官汤鼐外,还有巡按直隶御史姜洪、吏科都给事中张九功、监察御史杜忠等也都先后对萧敬和李荣等大珰发起奏劾:"司礼监太监萧敬憸邪奸险,强辩饰非,作聪明,伤善类,乞黜之,以消天变。"朱祐樘接奏后很不耐烦地回答:"汝等劾人,不遵宪纲,萧敬已有前旨处置,何为复劾? 今后再不许奏扰。"(《明孝宗实录》卷46)就这样,大太监萧敬"巍然不动",坐镇在新天子的内廷当中。

与萧敬相比,李荣稍稍有些不同。他生于宣德五年(1430),10多岁时进入内廷,后在明宪宗当政中期升为太监。成化十四年(1478)十月,明宪宗令李荣等前往平凉,勘问汉阴王冒报宗籍之事。因他办事"得体",旋被调入司礼监。(《明宪宗实录》卷183;【明】李东阳:《大明故司礼监太监李公(荣)墓志铭》)成化十五年(1479)四月,皇帝朱见深让司礼监太监李荣传达圣旨:"吏部听选官李孜省升太常寺寺丞。"对此明代官史曾做这样的说明:"孜省初为布政司吏,受贿既历京考得冠带,其事始发当为民,以罪匿京师。闻时所向在道法,乃从人学雷法,私托太监钱义、梁芳,以符箓进宠幸寝,加因

与芳等相表里为奸恶,盖始于此。"(《明宪宗实录》卷189)

尽管这样的官史记载中只说了奸佞李孜省与宦官梁芳等"相表里为奸恶",但自宠幸李孜省起,皇帝朱见深大行"传奉",崇僧佞道、魂迷方术……而如此行事大多是由李荣来传旨操作的,由此人们也往往将李荣视为李孜省、梁芳等奸佞宠幸的同类。成化二十年(1484)正月,东厂太监尚铭落败,李荣与萧敬被参劾为他的同党,但皇帝明宪宗只说"朝廷自有处置",随即便没了下文。(《明宪宗实录》卷248)一年多后的成化二十一年(1485)闰四月,已调任为内官监太监的李荣受命镇守山东,"兼莅临清等处地方"。可没多久,他又被成化帝改为南京司礼监太监,守备南京。(《明宪宗实录》卷265)

明孝宗即位之初,李荣被"调孝陵神宫监"(《明孝宗实录》卷7)。随后又没多久,他再次被调入北京明皇宫内廷,任司礼监太监,并于弘治五年(1492)四月受命前往徽王府,去处理那里发生的"不遵祖宪"之事。(《明孝宗实录》卷62)

李荣和萧敬这两个与人神共愤的前朝奸佞宠幸梁芳、李孜省等有着扯不清关系的大珰,尚且在弘治初年受到如此多的关照和厚爱,由此我们也就不难想象,当年明孝宗"更新"庶政之际,清除前朝宫廷污泥浊水的力度还是有限的。换言之,弘治朝开始后宦官势力并未受到大挫,相反,他们在新皇帝的特别照顾或言厚爱下继续茁壮成长。

有一件事情很能说明问题,弘治元年(1488)四月的一天,掌尚宝司事左通政李溥和尚宝司司丞胡恭、奉御姜荣,因为朝廷办事要用宝印而来到了奉天门,而就在这简单的履行公务过程中,相互间由于言语不合,内廷奉御姜荣挥起拳头,当场将外廷官左通政李溥打得满脸是血。在旁的尚宝司司丞胡恭不仅不拉架,事后还将这当作笑话告诉给了中书舍人孙廷臣。说者可能无心,而听者却有心。要说这个叫孙廷臣的,先前曾想补个尚宝司丞之缺,通过关系活动了一番,新天子朱祐樘也同意了,哪想到主管领导干部人事工作的吏部官员出来反对,"以传奉得官,不可中止",随后他们安排了胡恭出任尚宝司司丞之职。为此,孙廷臣心里既恨吏部,又怨胡恭等。所以当听说尚宝司官员出事了,他顿时兴奋不已,随即将该事捅到了皇帝那里。皇帝朱祐樘听后很恼火,命令相关衙门调查此事。再说掌尚宝司事左通政李溥和尚宝司司丞胡恭见到朝廷为内廷奉御姜荣打人事情开始调查了,立即"共匿其实",案件鞫问由此陷入了僵局。明孝宗知道后下令:将奉御姜荣追加为鞫问对象,先对到案三人分别予以一一审讯,然后再进行对质。很快案件审清了,法司部门拟判内官姜荣处以徒罪,李溥和胡恭坐以杖刑,"俱赎罪还职"。皇帝朱祐樘对此并不认可,随即做出御裁:宦官姜荣行凶打人,"辱四品朝官于奉天门,甚为不法","令司礼监杖二十,降小火者";李溥"忍辱不言,有玷朝列",处以"冠带闲住";胡恭"准拟廷臣之奏"(《明孝宗实录》卷13)。

在此笔者要提请大家注意:这样的事情发生在弘治元年(1488)四月,正值新皇帝清除前朝宫廷污泥浊水之时,在大明皇宫的正大门——奉天门,一个外廷中高级官员被宫廷低级内官打得"破鼻流血",暂且不说他当场不敢还手,而事后在有关部门进行调查时这位官员居然还要隐瞒事实。由此不难看出,那年代的宦官有多狠!再从刚即位的皇帝朱祐樘对该事的处置来看,尽管他对行凶内官实施了杖刑,并将他降为内廷低等仆役——这在弘治朝也属于不多见的事例,但同时又对被打的朝官进行了处理,说他有辱于朝班行列,令其冠带闲住,这叫什么事?

其实从后来弘治朝历史的实际来看,"聿遵成宪"的明孝宗完全秉承了明太宗朱棣以来的列宗之衣钵,在对待宦官问题上的所作所为,与乃父明宪宗、乃祖明英宗等并没什么大的差别,不是对他们关爱有加,就是手下特别留情。

● **弘治年间凡是与宦官有关的,明孝宗总会予以格外的关照,庇护多多**

弘治改元之初,南京户部员外郎周从时上言进谏,说:"陛下即位以来,进退人材,各得其道。比因科道之言,凡在外巡抚方面等官不职者,已降调有差。然而在内太监等官亦有甚不职者,如汪直、钱能、蔡用辈各宜置之于法,追其赃货,以充给边、救荒之用,仍将南北各监管事并各处镇守内臣,察其善恶,以为去留,天下幸甚,宗社幸甚。"按理说这本是一项很好的建议，哪想到在宦官们的挑唆下明孝宗根本就不予接受，相反还以奏疏中的"宗社"两字没有越格置顶、犯有大不敬为由，命令"刑部逮治其罪，已而释之"。（《明孝宗实录》卷14）

正因为当朝天子拥有这般认知和意识，所以从弘治朝开启时起大明朝廷内外的宦官们就是十分猖獗。弘治元年（1488）五月，南京守御浦子口指挥崔钰被守备太监陈祖生活活打死，崔母汪氏诉之于朝廷。陈祖生听说后立即上奏，竭力狡辩，并诬称汪氏受人指使。明孝宗派遣锦衣卫指挥佥事杨刚等人南下，与南京法司部门共同鞫问此事。很快案件查清楚了，这纯粹是守备太监陈祖生肆意妄为而做下的罪恶，但皇帝明孝宗最终却"以祖生擅于私第棰人，奏词又多不实，当置之法，以守备任重，姑释之"（《明孝宗实录》卷14）。

弘治元年（1488）与二年交替之间，南京给事中周纮、御史张晟检查南京操军，发现军中缺席者居然多达十分之三，随即做了上报。南京守备太监陈祖生知道后马上与军中主帅成国公朱仪等密谋，巧舌如簧地蛊惑明孝宗。明孝宗没能分辨出是非来，反将周纮和张晟做了处理。为此，南京都察院左副都御史章律上疏进言，竭力予以劝谏。但明孝宗接疏后却根本就不予理睬。（《明孝宗实录》卷22）

弘治二年（1489）二月，南京监察御史姜绾等奏劾南京守备太监蒋琮犯有变乱成法、妒害大臣等十大罪状，刑部也为此覆奏，说太监蒋琮"处事乖方，以致言官劾奏，第所言禁罪必须覆按，请移文南京刑部，会同都察院、大理寺等官勘处奏报"。明孝宗接奏后下令："如议行之！"（《明孝宗实录》卷23）太监蒋琮听到消息后立即开始反击，派人迅速赴京上奏，参劾姜绾等人，并为他自己辩解。由此一来，卷入案子的人越来越多。一年后的弘治三年（1490）正月，大明都察院会同刑部共议此案，遂上奏说："（姜）绾等行事多失，有乖风纪。（蒋）琮累陈辩辞，诬陷人罪，及太监陈祖生、郑强等各因袭受献洲场之类，并南京刑部侍郎阮勤、都察院佥都御史虞瑶、大理寺卿吴道宏、寺丞屠勋拟罪不当，致仕南京工部尚书程宗、见任侍郎黄孔昭因袭前弊，俱宜逮治。具琮与绾等讦奏词所连及者百余人，经年未结，官吏人民皆失职业，乞早为决断。"明孝宗裁断："御史不顾大体,构词讦奏,烦渎朝廷。姜绾、刘逊、余浚、孙纮、缪樗、纪杰、方岳各降一级,刘恺降二级,俱调外任;(太监)蒋琮亦有不实,姑宥之;陈祖生、郑强、钱能、李荣、程宗免问。"(《明孝宗实录》卷34)

消息传开,物议沸腾。湖广道监察御史张宾、户部尚书李敏和太子太保、吏部尚书王恕等先后上奏进言,说:"姜绾等劾蒋琮者四,琮亦奏辩者六,其违法同,其烦扰朝廷亦同,奏诉不实亦同。狱成,绾等降外任而琮独不问,是琮与绾等罪同而罚异,似非公平正大之体也。"明孝宗固执己见,始终不肯改变御裁,回答道:"朕以蒋琮守备重任,不宜轻动,非有他也,其勿复言。"(《明孝宗实录》卷34)

弘治四年(1491)正月,"巡抚大同右佥都御史许进与分守太监石岩不相能,各讦奏诸不法事"。皇帝朱祐樘接奏后下令,让礼科给事中袁达、刑部郎中韩绍宗前去调查、勘问。太监石岩感觉事态不妙,立即上奏,诬称新来的调查官员礼科给事中袁达与巡抚大同右佥都御史许进为同党。皇帝明孝宗阅奏后居然不辨是非,马上改派都察院左佥都御史李介、大理寺左少卿杨澄、锦衣卫指挥使季成等三位朝廷大员前去勘问。在经过一番细致又艰辛的调查取证后,三位钦差最终勘查清楚了事情的原委,然后"具疏其实":太监石岩多支马价、扣官粮偿私债;许进奏事亦稍有不实。要说案件进展到这一步已十分明朗,既然讦奏双方都有问题,那就"各打五十大板",但皇帝朱祐樘却在御裁时仅将太监石岩召回京城,并未做出进一步的处理,而对都御史许进则做了降职处分,远调山东,出任兖州知府。(《明孝宗实录》卷47)

弘治十年(1497)十二月,礼部祠祭司郎中王云凤等跟随弘治帝上南郊去祭祀,就在回来的路上,王郎中感觉走路有点儿累,就改为骑马。没想到就这么一件微不足道的事情却让东厂校尉给告了,说他不该在皇帝后边骑着马走。朱祐樘听后起初并不在意,但左右近侍说多了便来了火,随即下令:将王云凤打入诏狱。(《明孝宗实录》卷132)那么,这件荒唐事情的症结出在哪里呢?史书记载说:王云凤曾上疏朝廷,请弘治帝斩了招权纳贿、作恶多端的宫廷大珰李广。李广听说后恨死了王云凤,于是"嗾校尉诬王(云凤)驾后乘马,下诏狱。群珰议助广,为上言,重其罚"。内阁首席辅臣徐溥获悉后立即上疏争之,说:"余闻天子驾后,从千乘万骑,未闻罪乘马者,尔辈欲借此快忿,外廷宁无抗辩者邪?"【明】焦竑:《玉堂丛语·侃直》卷4)见了徐阁老的上奏所言,明孝宗忽然发现自己的处置确实欠妥,但为了维护皇帝的脸面,最后还是下令:将王云凤从锦衣卫狱中放出,对他进行从轻发落,"降为河南陕州知州"【明】焦竑:《玉堂丛语·侃直》卷4)。

弘治十一年(1498)十一月,宣府镇守太监刘清上奏说:"'巡抚宣府都御史马中锡以关严废弛,势要之人往往私起关文,赴京交通贿赂,辎重往来,骚扰道路,奏请设立号簿于巡抚衙门,以为符券,给付使者,方许入关',但这样一来对于宣府军事防务工作的展开甚为不便。由此乞请朝廷废除新行的通关符券制。"皇帝明孝宗接奏后将刘太监的章奏下发给兵部。兵部在经过一番认真调查研究后上奏说:"马中锡所言有益关隘,不宜辄罢,此后镇守、总兵、巡抚官会奏差人,不必挂号,其镇守、总兵等官虽起符验关文,不系军务者,仍如中锡所议。"可皇帝明孝宗在御裁时却接受了太监刘清的上请观点,将刚刚开始实施的由马中锡提出的通关符券制给废了。(《明孝宗实录》卷143)

同年十二月,"盗劫湖广桃源县狱,囚人有被杀死者。事闻,上以镇守太监刘雅、总兵官镇远侯顾溥奏报稽缓,诘问其故"。镇守太监刘雅等发现情势不好,立即"上疏伏罪"。皇帝朱祐樘见到刘太监上呈疏文后,马上下令:宽宥其罪!(《明孝宗实录》卷145)

弘治十二年(1499)十月,江西地方上有人上告:南昌府衙里部分官员合伙受贿。明孝宗听后很是惊讶,随即派人前去调查,很快就查得了事实的真相:江西按察司副使吴琼曾延聘南昌府学生刘希孟为自家的家庭教师,但这个刘希孟不好好地教书,却与吴家人沆瀣一气,招权取贿。刚好他有个府学同舍的同学叫张应奇的,也是个混子,正事不做,专干下三滥的勾当——盗葬乡民王珍家的坟地。为此,王珍十分气愤,将之上告到了南昌府,请求府衙老爷下令,让张应奇迁葬。张应奇仗着自己同学在江西按察司副使吴琼家中担任家庭教师的有利之势,先贿赂吴家人,进而让吴琼过问此事,其结果就不用多说了。但做贼心虚的张应奇至此还是觉得不保险,刚好提学佥事苏葵从郊县视学回府,他立即又将该事诉诸苏葵。苏葵与张应奇原本就熟悉,见到张应奇今天突然有求于自己,他想都没想，当即"为下其词于府"。再说乡民王珍听到风声后顿感憋屈死了，明明是自家的坟地，转眼之间就成了他人的，且还有府衙官员的认定，是可忍孰不可忍。在周围人唆使下，王珍来到南昌地方上实际权力最高人物镇守太监董让那里告状。董让接状后立即下令，逮捕张应奇、刘希孟进行拷问，并诱引他俩供出按察司副使吴琼和提学佥事苏葵合伙受贿之事，随后又把该案上奏给了朝廷。皇帝明孝宗接奏后"命刑部郎中盛洪等往会巡按监察御史鞫之"。但刑部郎中盛洪等到南昌复查案件时却发现，事情并不像镇守太监董让上奏所说的那样，不过鉴于宦官势焰日炽，盛郎中也不得不做出合乎时势的判决：按察司副使吴琼"以考察冠带闲住"，"与家人同罪，拟赎徒，仍冠带闲住"；提学佥事苏葵本职是主管学校教育，接受张应奇嘱托，"为下其词于府"属于"违制受词，拟赎杖还职"，但吴、苏两人"皆犯在赦前，免科"；太监董让"违例受词，亦以赦免劾"；作为府学学生刘希孟和张应奇"俱行止有亏，例为民"。盛洪拟好判词，就派人上呈给了朝廷。皇帝朱祐樘看了判词，觉得盛郎中很会办事，当即允准了他的奏请。说到此，读者朋友或许会惊讶：这么一件小案子弄得这么繁复，有这个必要吗？其实要说这事本身不复杂，不就是民间田土之争，之所以一直被捅到了皇帝那里，明代官史曾留下了这样的记载："初(苏)葵尝以事忤(董)让，让欲因此陷之，颇以言胁按事者，后穷治无所得，故卒得免云。"(《明孝宗实录》卷155)由此也不难看出当时宦官之患、之横了。

弘治十四年(1501)四月，内使刘雄经过扬州的仪真，当地知县徐淮没能及时接待。刘雄为此十分恼怒，渡江后将该事诉诸南京守备太监傅容。傅容又将之上奏给了明孝宗。明孝宗听后命令械系刘淮，交与锦衣卫拷讯。消息传开后，"给事中许天锡、监察御史冯允中皆上疏请宥(徐)淮，而六科十三道亦继以为言"。但朱祐樘就是不允，刑部官只好"拟淮赎杖还职"，明孝宗最终御裁：徐淮不赎杖还职，"对品调除边方"(《明孝宗实录》卷173)。

弘治十五年(1502)六月，六科十三道交章劾奏："云南金腾镇守左监丞孙叙、江西镇守太监董让、辽东梁玘、山西陈迨不职，俱乞回京，别选人更代。前辽总兵官定西侯蒋骥及今降调叙州知府陈瑶罪重罚轻，乞照王玺、洪汉等事例降革。"弘治帝将奏章交与兵部讨论，兵部随后上言，说言官们所奏合情合理，应该予以应允。可朱祐樘却下令：云南金腾镇守左监丞孙叙不必取回，江西镇守太监董让、辽东梁玒、山西陈逵等宦官"待勘报至日闻奏"；前辽总兵官定西侯蒋骥和叙州知府陈瑶已处分过，暂不做处理。(《明孝宗实录》卷188)

数日后因响应朝廷的积极参政议政之号召，监察御史车梁上章说："东厂、锦衣卫捕得强贼，皆往取供招，方奏送拟罪。法司避嫌，不敢异议，其间岂无含冤以死者？请自今有所捕得，毋令具招，止连人赃奏送法司推问，庶无枉滥。"弘治帝接到章奏后将其下发到"所司看详"。东厂领导知道后立即上奏辩解，说："车梁的叔叔先年犯了罪行，被我们东厂揭发过。作为他的侄儿，车梁此次上言实乃挟私妄言。"朱祐樘闻讯后又不辨是非地下令：将车梁打入锦衣卫镇司鞫问。消息传出，户部给事中徐昂上疏，"谓求言未几而处系言官于狱，所损非细，乞簿其罪而速出之。已而刑科给事中于珇、监察御史金供等皆继以为言。"在强大的舆论压力下，弘治帝最终做了让步，令车梁赎杖还职。(《明孝宗实录》卷188)

弘治十六年(1503)十一月，南京户部员外郎李嘉祥在监收长安等门仓粮时发现了问题，随即上言说："以前粮食输入京城，每1000石守门内官就收取过门钱1000文，后来逐渐增加，乃至现在有的已增至10 000文。还有，往年盘粮常常派遣内官1员，其所取'茶果钱'也不过为二三两银子。而如今每门又增设内官1员，每员索取银子达20两，整整比过去翻了约10倍，有的甚至索取高达30~40两，那就比过去翻了近20倍。除此之外，守门内官们还往往巧立名目，百般求索，日肆鞭棰，最为贪婪和凶残的要数内官李通和左监丞马瑞，乞请朝廷明正其罪，揭榜于各门，裁省盘粮内官人数，这样也好让民力舒缓一下。"明孝宗接奏后将其下发至法司部门讨论，法司部门随后上言："请如奏施行。"但朱祐樘却回复说："让人好好查勘明白奏来再说。"(《明孝宗实录》卷205)

弘治十七年(1504)五月，"云南景东卫指挥吴勇侵盗官银千余两，图所以自脱者，因其时有云雾昏晦，遂张大其事，称是日天黑昼晦，居民瞑目冻饿。镇守太监刘昶等皆信而奏之"。皇帝朱祐樘接到刘太监的奏章后下令，让南京刑部左侍郎樊莹前往云南勘查明白,"有发其伪者,莹具以闻"。明孝宗"命逮治之,布政使李韶、按察使王弁等以勘报稽违,各罚俸一月",但未对同样失职的镇守太监刘昶做出任何处置。(《明孝宗实录》卷212)

以上我们考察了皇帝朱祐樘处置的弘治时期所发生的一些与宦官有关的事情或案件的最终结果,想必大家都能看出:弘治帝在位期间根本就没有大抑宦官势力,恰恰相反,他对他们关爱有加,照护多多。正因为如此,整个弘治年间宦官们还是势焰熏灼,牛气冲天的。

● **内廷宦官势压外廷大臣,弘治朝莫名大案屡屡发生**

弘治初年起由于新皇帝朱祐樘比较注意广开言路,任贤使能,更新"庶政",当时的朝廷云集了一批"磊落光明,刚方鲠亮"的能臣。而在这些能臣中已历经景泰、天顺和成化等数朝政治大浪且为大明立下很大军事功劳的老臣马文升,那正可谓德高望重,甚至有人干脆就称他为廷臣之领袖。史载:马文升"有文武才,长于应变","功在边镇,外国皆闻其名"。(《明史·马文升》卷182)弘治中期他任太子太保,"屡加至少保兼太子太傅(正一品),岁时赐赉,诸大臣莫敢望也"(《明史·马文升》卷182)。

○ 外廷九卿之首不能与太监同台阅军,皇帝心腹大臣说话躲躲闪闪,怪否?

就是这样一位外廷九卿之首、正一品的重量级大臣在宫廷大珰面前有着怎样的地位呢?有一次,边报:"北房火筛寇边,势甚猖獗。"皇帝朱祐樘让马文升去教场阅兵,又命司礼监太监李荣同阅。到了教场,马文升想与李荣并坐同阅,按理说这是再正常不过的事情了,可太监李荣不同意,马文升"往返言再三",但最终还是不行,于是只好各居一幕,交替检阅。对此,时人颇为感慨地说道:"夫以保傅之官,掌本兵之柄,又值弘治之世,而宦官乃若此,其可骇也矣。"(【明】陈洪谟:《治世余闻》卷2)

当然上述这个例子中的马文升,说起来在弘治朝还算不上是当朝天子最为喜欢和最为信任的大臣。弘治中后期最让天下第一人喜欢和信任的外廷官是兵部尚书刘大夏。那么刘大夏能不能与内廷大珰 PK 一下呢？答案是：不能且也不敢。有例为证：

弘治十五年(1502)六月，皇帝朱祐樘接受建议，召都察院右副都御史、总督两广军务的刘大夏回京，出任朝廷兵部尚书。可刘大夏老说自己有病，迟迟不肯上任(《明孝宗实录》卷188)，最终因实在拖不过去，才来到北京。皇帝明孝宗听说后立即予以召见，问他："朕累召用尔，尔因何累以疾辞？"刘大夏回答道："臣待罪两广，委的年老多病。况见近年四方人穷财尽，易于生变，兵部掌朝廷机务，万一变生，臣才不足以了此事，忧惧不敢来。"听到此，皇帝朱祐樘"默然久之"，然后说道："尔乃尽心办事。"刘大夏叩首告退。过了几天，弘治帝又在宫中召见刘尚书，问他："尔言天下民穷财尽，自祖宗以来，征科赋敛，俱有常制，何以近年民穷财尽？"刘大夏生怕隔墙有耳，当场来了个说一半掐一半："近年征敛，恐不止常制。姑以臣巡抚地方言之，如广西取铎木，广东取香料，费用钱粮，动以万计。"皇帝朱祐樘还想听下去，但发现刘尚书不说了，于是追问："铎木是军中要用的急务，不得已取之。尔尝奏来，已令停止了。今后但有分外的征敛，便令该衙门来说，再斟酌定夺。"刘大夏只是轻声应诺，并不敢多说一句话。(【明】陈洪谟：《治世余闻》卷2)

但即使这样，皇帝朱祐樘还是对刘大夏极其信任和欣赏。刘大夏的同僚曾有这样的一番描述："盖时大臣不平刘独蒙眷顾。有'偏听生奸，独任成乱'之语，因左右(内侍)闻于上。"(【明】陈洪谟：《治世余闻》卷3)换言之，在当时外廷阁部大臣中，就数刘大夏最为皇帝明孝宗所宠信和爱护了，这是当时朝廷内外的公开秘密，而身处内廷、拥有与天下第一人零距离优势的宦官们自然也就对此再清楚不过了。但即便如此，作为宠信之臣的刘大夏还是一点儿都不敢大意，更没有得意忘形，相反格外地小心谨慎，因为他清楚地意识到，自己与皇帝之间的关系再铁，也比不上宦官与他之间的距离近。所以每当与皇帝谈事时，只要涉及宦官的，刘尚书要么不说，要么吞吞吐吐，说一半掐一半。对于这个方面，刘大夏自己也曾说过，在向弘治帝提出应革或应兴的军国大事时，但凡属于外朝的，一般都能顺利地得到允准；而只要稍稍涉及宦官或言权幸的就很容易梗住，甚至根本就无法实行。弘治晚年，有一次，朱祐樘让司礼监太监陈宽等去京营拣选坐营近侍内官,后又突然想起叫兵部尚书刘大夏也去"参预其事"。刘大夏听后不敢介入,说:"国朝故典,外官不得干预此事。"说完他就愣在那儿,迟迟不退去。朱祐樘见到刘尚书这般模样,当即笑道:"岂忧此曹他日害卿耶?有朕在上,何忧之有?"但刘大夏还是没有告退之意,这时弘治帝想到了个变通的办法,叫英国公张懋与刘大夏一起去,这下才算将事情给打发过去。(【明】陈洪谟:《治世余闻》卷3)

再说皇帝要拣选坐营近侍内官的消息传开后,一向懒散惯了的京营内官们都很害怕,怕就怕外朝官来了动真格,于是各自想方设法逃避这样的拣选活动。有个叫岑璋的太监凭着自己与皇帝朱祐樘不错的关系,私下请求不参加拣选。朱祐樘当场就答应了他,但随后又令人将刘大夏召来,说:"若岑璋临期不至,当据法处置。"刘大夏当即惊讶地说道:"既然已有旨应允了,那我们就不必再依法议处太监岑璋临期不至之罪了。"弘治帝说:"朕也是一时抹不开面子答应了他,不过还没有下达谕旨呀,等一等你们赶紧补个本章,朕前面口头说过的不能算是有旨了。"一晃就到了拣选那一天,太监岑璋果然没来,正偷着乐啊,哪知这时的刘大夏和陈宽已经上章奏劾:"岑璋抗命不遵,理应按律法办!"奏章上呈入宫,明孝宗顷刻批出:"本当拿问,且饶这遭。"太监岑璋闻讯后顿时傻眼了,既惊又恐,"众近侍皆自此检束不敢肆"。(【明】陈洪谟:《治世余闻》卷3)

不过从这件事情上刘大夏也得到了启示,皇帝朱祐樘表面看上去似乎和蔼可亲,但骨子里却很会耍手腕,于是在随后的国是商议过程中他更加谨慎,尤其是在同皇帝交谈时,一旦涉及宦官的,那就十二分小心。有一次,户部上奏说:"各边有警,守臣求增兵饷,但我们户部不能听人家说增加钱粮就予以增加了,且国库里也没有那么多的钱粮给他们,乞请皇帝明示。"皇帝朱祐樘接奏后令人去召刘大夏入宫,问道:"永乐间频年举兵北征,况大兴营造,费用无赀,当时未闻告乏。今百凡俱从减省,何以反不足用?昔人云天下之财,不在官则在民,今安在哉?"刘大夏回对说:"祖宗时民出一文,公家得一文之用。今取诸民者数倍,而实入官者或仅二三。"从小起一直在宫里待着的明孝宗很不理解地追问:"那这些钱到了哪里去?"刘大夏不敢说,由于涉及宦官,他只好示意皇帝斥退左右侍从。弘治帝依之,然后迫不及待地追问:"朕正想与你好好讨论一下这事,你说说看这些钱到底到了哪里去了?"刘大夏想说但还是不敢说,正进行激烈的思想斗争,皇帝又在催促了,"诘之至再"。刘大夏被逼催得实在没办法,仓卒之间只好举一两件事情来说事:"臣往年在两广时,曾通以省城中文武官俸给,与某官一二人岁用,计之犹不相当。此亦以侵民财之一端也。"在这据事说理中刘大夏含含糊糊地谈到:两广文武官员的全部俸禄支给数还够不上"某官一二人岁用",暗指镇守宦官大肆贪渎。这下皇帝朱祐樘终于听懂了,当即说道:"曾有人说今天下应该裁革此官,熟思之,自祖宗来,设置已久,势难遽革。况中间如某某,亦尽有益于地方。莫若今后有缺,必求如某者用,不得其人则姑停止之。"(【明】陈洪谟:《治世余闻》卷3)

几乎逼着"宠臣"刘大夏说出了真情,但皇帝朱祐樘又为自己重用宦官的失政竭力辩解,打着所谓"聿遵成宪"的旗号,就是不谈太祖和建文两朝祖宗严抑阉竖的做法。不过他所说的"势难遽革"和积重难返一类的话倒是说得也实在,至于讲某个宦官如何之好,"亦尽有益于地方",那是为他自己不信任外廷官僚、宠信与重用宦官作掩护的。所以我们完全可以这么认为,至弘治晚期前,明孝宗并没有铲除宦官这一大祸害的想法,恰恰相反,他所要信赖和依靠的正是这类特殊的群体,并以此来维护和巩固自己的统治。

○ 弘治时期由宦官引发、参与或一手炮制的五起云山雾罩大案

于是人们看到,大明弘治年间依然有着与前朝相似的宦官兴风作浪之大案不断地冒出。笔者曾对此做了一番统计,那时宦官引发、参与或制造的云山雾罩大案不少于5起,它们分别是南京守备太监蒋琮奏劾案、妓女满仓儿归属案、宫廷大珰李广自杀究治案、都御史韩重弹劾太监梁氾案和张天祥掩杀夷虏案。

◎ 南京守备太监蒋琮奏劾案——弘治元年(1488)~弘治七年(1494)五月

太监蒋琮是弘治初年十分有名的一个内廷官大佬,人很聪明,"稍通书史,好延接人士,自以为人莫己若"(《明孝宗实录》卷92)。即

以为别人都不如自己，充其量也就是自负过头，但蒋琮这人个性上还"喜事好动，欲以躐取通显"，这就很不好了，容易惹是生非，因此有人称他为宦官队里的"海瑞"（胡丹：《大明那些九千岁》第2册，太白文艺出版社，2016年10月第1版，P151），这宦官"海瑞"在明朝官史里出场时就麻烦缠身。

成化十五年（(1479)）闰十月，负责打理海子（皇宫中的湖泊，蒙元人没见过大海，占领中原后见到大的湖、河就叫海或海子，明代沿袭其称呼，笔者注）的内官蒋琮在自己府第私自多留了两天，按照现代的说法，至多属于旷工性质，但可能因为蒋琮平时"喜事好动"，也可能是属于汪直的西厂一条线的，这下可让东厂特务头子尚铭给盯上了。尚太监立即命令手下人将蒋琮逮了起来，送到锦衣卫镇抚司去鞫问。当时锦衣卫直接主管该类事情的是指挥佥事赵璟和卫镇抚李琏，两人接手案子后没发现有什么特别的，不就是旷工两天吗，随即向皇帝朱见深做了简单的汇报。哪想到尚铭知道后不依不饶，指控赵璟和李琏徇情，奏请皇帝命令他俩重新审查蒋琮案。这一复查也没查出什么大问题来，无非是蒋琮经常经由东安门。但尚铭闻讯后还不死心，认为赵璟和李琏不仅徇情，而且还犯有理刑不严之过，并要求皇帝将他们都予以治罪。明宪宗明白这事里边的是是非非，当即宽宥了赵、李等人之罪。（《明宪宗实录》卷196）

那么内官蒋琮旷工两日到底有多大的事？凡是有常识的人都能判断出来。不过通过这样鸡零狗碎的小事情、小案件，我们大致也能看得出来，"喜事好动"的蒋琮在那时还真不为他的内廷同行所喜欢。弘治帝上台之初清除前朝奸佞宠幸，将宫廷大珰梁芳、韦兴、陈喜及奸人李孜省、邓常恩等或谪戍或闲住。此时，已为印绶监太监蒋琮看得还不解气，于成化二十三年（1487）十一月上奏说："梁芳、李孜省等以邪术害正，又假造寺观庙塔，浪费国库银两数不胜数，真是罪大罚轻，理应给予他们重重处罚。"当时新皇帝正在"更新庶政"的兴头上，忽然接到蒋太监的进言，顿时十分高兴，立即下令将梁芳、李孜省一行人逮回京城，打入锦衣卫大牢，接受更为严厉的处罚。后"（李）孜省不胜楚掠至是死，而（邓）常恩、（赵）玉芝犹系狱云"（《明孝宗实录》卷8）。

要说当时梁芳、李孜省等都是"死虾一只"了，但他们盘踞在宫中那么多年，已经建立起了相当复杂的人脉关系网，现在蒋琮一奏劾，来了个痛打落水狗，那些尚未被处置的梁、李一伙儿同党不能不升腾起对蒋太监的厌恶，于是流言四起，蒋琮也于弘治元年（1488）春夏调离北京，前往留都南京，出任那里的司礼监太监。以前我们说过，司礼监是内官系统的领导机构，新皇帝朱祐樘在自己改元之初就让蒋琮到陪都去当内官大领导，由此可见这主奴之间的关系还是很铁的。（《明孝宗实录》卷17）

再说这个蒋琮从北京出发，一路乘船南下，"喜事"的个性又使得他张扬起来。弘治元年（1488）八月丁巳日，他派人上奏皇帝说："扬州仪真地方罗肆桥旧有通江港，可开闸放船。成化间巡河工部郎中郭升奏浚通河，面置二闸，潮满则开，潮退则闭，船只经过，无复盘费损伤之患。时有奸豪侵占牵路，于沿河水次起盖浮铺为买卖者，恐斯闸一开，必致拆改，往往以河水易泄为辞，欲隳其成。升因力辩浮议，条陈五利，冀以行之久远，而司漕运者误听奸词，擅行筑塞，致令往来舡艘仍前受害。近坝居民谓为得计，就于临河牵路起盖文天祥祠宇，欲使后来不敢轻易改拆，而守备指挥亦于闸上擅自盖亭，索取财物。乞依前修浚开放，及将奸豪侵占牵路所盖铺店、祠宇俱为拆改，则奸弊可革，便利可兴。"明孝宗读完奏文后"命巡抚官会同总兵官从公勘议以闻"。（《明孝宗实录》卷17）

一天后的弘治元年（1488）八月己未日，蒋太监再次上进谏言："臣近过德州间，怨叹之声满路，皆言都御史张鼎创为新法，于真定、河间等陆路十有余里筑长垣，掘壕堑，欲以御盗，不知旷野沙洼，高下不一，一经风雨，立就坍塌。况两墙夹路，中间狭隘，若遇强贼数十为群，则前行者先受其害，不惟妄费人力，抑且贻患将来，当此农月，不当兴不急之务。"明孝宗接奏后说道："官得其人，盗贼自息，筑墙掘堑，徒尔劳民。所司可即移文谕鼎止之。"（《明孝宗实录》卷17）

大约10天后，南京守备太监蒋琮又派人上奏说："户部每年三月选差属官一员自通州抵仪真催督漕舟，不奉敕书，责轻人玩，乞请差官时持敕而行。"弘治帝又答应了。（《明孝宗实录》卷18）两天后，蒋琮再次上奏："自张家湾至仪真坝增设巡河等官数多，乞取回，以其事各委所在官司带管便。"弘治帝将奏章交与吏部处理。

吏部官随后回奏说:"各官因事增设,似难裁革。"可明孝宗还是命令他们"查永乐以来各官名数以闻"。吏部官不久覆奏,皇帝朱祐樘"命革沽头闸主事并南直隶巡河郎中,其事委两淮巡盐御史兼管,余如旧"(《明孝宗实录》卷18)。

就这样,太监蒋琮一路南下,一路上奏言事,而言事、奏事势必会触及一些既得利益者,其内在隐藏的风险不可想象,但那时的蒋太监颇有舍我其谁的感觉,根本就没有意识到麻烦就在眼前。到了南京明皇宫内廷上班,屁股尚未坐热,太监蒋琮忽然获悉,有人将他给告了。所告之事是这样的:"洪武中,设黄册库于玄武湖中,户部委官同给事中一员管理,五日一晒晾籍册,及有事查理,移文内府请钥,方许过湖。近岁守备人员于边湖滩岸开垦作田,致湖面淤塞,人得往来。"而蒋琮来南京之时,玄武湖黄册库由户部主事卢锦和给事中方向共同掌管着,因为闲得没事干,这两位仁兄就在黄册库旁的洲地上开垦土地,种植蔬瓜,又在湖滩上放牧牲畜,砍伐芦苇去卖,换取银两,以此作为修理黄册库之费用。原守备太监陈祖生听说此事后,命令百户崔升捉拿黄册库夫鞠问,然后将该事上报给了朝廷。南京监察御史闻讯后也奏劾守备太监陈祖生等所犯不法之事。朝廷刑部尚书何乔新以为,守备官与御史更相奏讦,必有欺弊,请行南京三法司逮卢锦等覆实;御史所奏守备管事,令南京户部亟勘以闻。皇帝朱祐樘批准了何尚书的建议,下令下去予以执行。恰巧这时有个叫郭镛的太监受弘治帝的委托,上广西去寻访皇帝生母纪氏的娘家,路过南京,顺便游玩一番。也不知是什么原因,郭太监对黄册库和玄武湖十分感兴趣,找了条船,私自去游玩了。这事被南京给事中韩重知道后,便以星变为名,上奏朝廷,请求斥退擅游帝国皇家禁地的太监郭镛和负有监管不力的新任守备太监蒋琮。这便是蒋琮来南京后遭到的第一次参劾。(《明孝宗实录》卷19)

蒋琮来南京后遭到的第二次参劾是在四个月的弘治二年(1489)二月,事由同样是令人几乎一头雾水。长江南京段有一大片国有芦场,系军民开垦,"办纳粮课及各窑厂采取供用柴薪",为内府三厂所有。成化初年,江浦县沿江田地多为江水淹没,但江中露出了6块沙洲,属于无主土地,附近居民在请得官府同意后对此做了开垦,以补沉江田亩之数。在6块沙洲附近的瓦屑坝下有废弃的官房酒楼一处,石城门外有湖池一所,"旧尝收积木料及蓄放水獭、老鸦",被人利用起来后也能每年挣上150两银子,"于守备厅公用"。有奸民为了讨好当时的守备太监黄赐,将沙洲及其附近区域全部妄指为无主土地,并将之投献给了内府三厂。由此一来,耕种沙洲土地的农民没了生活来源,却还要承担原来的岁额租课,于是大家组织起来进行上访。这事拖了很久很久,从太监黄赐当守备到太监张本当守备一直都没有解决,现在蒋琮刚来南京当守备,接手的就是这样"一个烫手的山芋"。只是他还不甚清楚时,有人就将事情捅到了皇帝朱祐樘那里。朱祐樘知道后很认真地对待,下达诏书,"令投献山场湖荡地土悉归于民",并"下南京监察御史姜绾等覆按"(《明孝宗实录》卷23)。

再说守备太监蒋琮听说对自己颇有好感的皇帝下旨,让官秩只有七品的南京监察御史姜绾来审理该案,顿时心里有了稳操胜券的感觉,遂以个人便条的方式,嘱咐姜绾把沙洲土地断给内府三厂,但姜绾没有搭理。接下来蒋琮又连续几次派人送去便条,"使断归三厂"。哪想到姜绾非但不卖蒋太监面子,还联合南京都察院的监察御史们联名上疏奏劾,说他"以守备重臣与小民争利,假公事以饰私情,用揭帖(这里应该解释为便条)而抗诏旨,扬言阴中,协以必从"。随后又历数了蒋琮变乱成法的十大罪状,其具体内容为"欲以内臣为言官,一罪也;妒害大臣,妄奏都御史秦纮,二罪也;怒河闸官失于迎送而欲奏罢之,三罪也;滥批词状送各衙门,不由通政司,四罪也;分差内官于钱粮处所,纵其侵渔,五罪也;按季取受班匠工银,六罪也;收留罢闲都事林时用,拨置害人,七罪也;官员稍不顺承,辄查脚色,阴加察访,惊疑人心,八罪也;妄奏主事周琦管库,欺罔朝廷,九罪也;保举罢革内臣,窃陛下之权,使恩归于己,十罪也"。最后姜绾等说道:"今士夫侧耳,人人自危,军民负苦,怨声载道,乞下琮于理,明正其罪,以为怀奸坏事之戒。"(《明孝宗实录》卷23)

姜绾的弹劾奏章送达御前,皇帝朱祐樘下令将其下发给刑部。刑部随后覆奏,说:蒋琮"处事乖方,以致言官劾奏,第所言琮罪必须覆按,请移文南京刑部,会同都察院、大理寺等官勘处奏报"。明

孝宗命令"如议行之。"(《明孝宗实录》卷23)

此时蒋琮听说自己被参劾了那么多的罪行,当即十分恼怒,随后上疏自辩,说自己"在京尝劾奏江西奸人李孜省等罪状,黜其党与,守备南京又尝纠发诸司过犯,以此诸人连谋构陷。因条析绾等所言而泛及御史刘恺、方岳及南京诸司违法事,且谓刑部尚书何乔新、主事曾望宏皆孜省同乡奸党,而绾亦江西人,以故乔新不详虚实,附和加参"。皇帝朱祐樘接到蒋太监的自辩奏章后下令:"行南京并勘",即叫南京法司部门一并查清,由此案子所涉及的人越来越多。刚好那时因擅游帝国皇家禁地——玄武湖黄册库的太监郭镛回到北京,因先前被言官御史孙纮等参劾,他憋足了火,利用自己与皇帝的亲近关系,当即将户部主事卢锦和给事中方向占种湖田等事也给捅了出来,并控诉南京"言官蒙蔽不发,请遣官覆按"。明孝宗听到此顿时恼怒不已,遂命"太监何穆、大理寺少卿杨谧、锦衣卫指挥杨纲偕往"南京勘问。(《明孝宗实录》卷31)

在经过一番调查取证后,太监何穆、大理寺少卿杨谧、锦衣卫指挥杨纲等基本上查清了案件的真相,随即上奏朝廷,说蒋琮"不当占管投献芦洲湖地、私嘱勘官及擅收班匠工银,而所评御史等官违法事及何乔新、曾望宏为李孜省奸党,其言皆诬;(姜)绾等不当道辱监生及失举卢锦占种湖田事,而所劾蒋琮违法事,如妄保内臣、批发状词,亦多不实,请并加逮问"。此时朝廷都察院因为畏惧宦官势力而做出如下拟判:将言官姜绾、金章、刘逊、孙纮、纪杰、曹玉、谭肃、徐礼、余浚等逮捕下狱,宦官蒋琮"所占官房酒楼地悉归"官方(《明孝宗实录》卷31),治事依旧。皇帝朱祐樘准之。(《明孝宗实录》卷34)

消息传开,舆论哗然。"刑科都给事中陈璚、监察御史伊宏等各上疏争之,谓如按事者(指太监何穆等)则琮与御史皆当下狱,如都察院议则俱合待勘,罪同法异,难以服人;且以一内臣而置御史十人于狱,台院为空,传之四方,殊累大体。礼科都给事中韩重等亦以为言。"可皇帝明孝宗就是不接受。而几乎与此同时,一大批被牵连进案子的南京官员遭到了贬谪处分:应天府府尹杨守随降为广西布政司右参政,南京刑部郎中赵璧降为江西吉安府通判,南京大理寺左寺正闻钊降为湖广华容县知县,南京户科给事中方向降为云南多罗驿驿丞。(《明孝宗实录》卷34)言官姜绾、刘逊、余浚、孙纮、缪樗、纪杰、方岳各降一级,刘恺降二级,俱调外任。"绾调桂阳州,逊沣州,浚平度州,纮胶州,樗莒州,杰同州,岳泰州,俱判官;恺浏阳县县丞。"与此相对,宦官阵营却"巍然不动",皇帝发话:"蒋琮亦有不实,姑宥之。陈祖生、郑强、钱能、李荣、程宗免问。"(《明孝宗实录》卷34)

但事实上太监蒋琮与言官姜绾互劾一案至此并没有真正结束,弘治三年(1490)正月戊寅日,湖广道监察御史张宾等上奏曰:"法者天下之公,万世不可易者也。近太监蒋琮与御史姜绾等奏讦,情同而罪不同,何以示劝惩于将来?况南京根本重地,琮阴险奸邪,暴横生事,岂宜久居是任?"刑科给事中赵竑等亦以为言,但皇帝朱祐樘还是不接受谏言。(《明孝宗实录》卷34)这时朝廷重臣户部尚书李敏等也上奏说:"政令归一则人心悦服,否则人心不服而国体乖。今姜绾等与蒋琮所奏事情各有不实,绾等降谪,琮独有免,是政令不一也。知者谓御史烦扰朝廷,不知者谓御史纠劾内臣得罪,不伤国体乎?"明孝宗回复:"业已处分矣。"李敏还不罢休,"复以为言"。皇帝朱祐樘说:"朕以蒋琮守备重任,不宜轻动,非有他也,其勿复言。"(《明孝宗实录》卷34)

几天后,数朝老臣、太子太保、吏部尚书王恕上言进谏道:"南京守备太监蒋琮与御史姜绾等讦奏失实,俱有罪。今绾等降外任,侍郎黄孔昭亦以勘事罚俸,琮乃独蒙恩宥,人多不平,乞追还前旨,以消物议。此事近屡有言者,奉旨辄以事既发落罢之。臣惟人之大伦,君臣也,父子也,臣所学者忠孝之道,今臣亲已去世,虽欲孝谁为孝?幸有圣天子在上且身居臣邻之地,匡辅谏诤是其职也,是以政治阙失知无不言,言无不尽,期于补阙而成美。若陛下曰可,臣亦曰可,陛下曰否,臣亦曰否,则非陛下起臣之意,亦非臣之志也,夫事未得其当,虽十易之不为过,要于其当而后已,若谓已发落者不可易,则古所谓从谏如流者,岂皆未发落事乎?"但皇帝明孝宗就是不接受谏言,说:"朕以守备重任,不宜轻动,何为复如此说?"(《明孝宗实录》卷34)

帝国最高当局者这般庇护,宦官势力就愈发张狂。弘治七年(1494)五月,个性"喜事"的蒋琮又上章奏劾南京兵部郎中娄性,说他犯有"逞威擅权,欺凌军职,承委修运河辄于宿州禹庙后创建生祠,塑己像其中,及假托修造会同馆、武学,侵克在官皂隶银诸不法事"。皇帝朱祐樘一听到南京官场上又有人出事了,当即命令刑科给事中任伦、刑部郎中盛洪、锦衣卫千户赵良和御史刘玮等南下前去勘问。就在案件勘问期间,太监蒋琮又上奏,说娄性"潜易案卷",朝廷派来的专案组成员任伦等人"阿附掩饰",且奏"南京兵部员外郎袁燫侵欺马快船价"。因"事亦连(娄)性,性具疏自辩"。形势之发展犹如弘治初年一般,或许还会引发南京官场上更大的"地震"。而就在这个节骨眼上,有个叫石文通的南京广洋卫指挥同知给朝廷上了个奏章,弹劾守备太监蒋琮,说他犯有"开掘聚宝山,有伤皇陵王气,及殴死商人、占役军匠、侵夺官地、私造马船诸罪"。蒋琮听说后除了自我申辩外,还"屡奏不已,株连蔓引几数百人,遂成大狱"。这时皇帝明孝宗接受了刑部的建议,派遣司礼监太监赵忠同大理寺右少卿马中锡、锦衣卫都指挥佥事杨荣等前往南京会勘,最终将案件查清。娄性"坐入己赃,革职为民;南京兵部主事姚玺为(娄)性补易案卷,赎徒还职,余坐罪有差。时南京兵部侍郎王继以不举燫罪,为(赵)忠等所奏,继适考满至京,遂逮就都察院狱,拟赎杖还职,命有继罪。(蒋)琮等俱逮问,所掘聚宝山口令南京守备等官填补"(《明孝宗实录》卷88)。

再说蒋琮被捕后,因为平时特别喜欢多事,且十分张狂,到处惹是生非,所以为他说话的人少之又少。而皇帝朱祐樘尽管以前一直都很喜欢他,但当听说这位守备太监居然"开掘聚宝山,有伤皇陵王气"时,他最终还是下定了决心要予以严惩。弘治七年九月,明孝宗下达谕旨:"蒋琮掘断聚宝山脉,打死人命,违法多端,本当处死,姑宥之,发孝陵充净军种菜。"从此,蒋琮从大明帝国政治舞台上消失而去。明代官史对他的这样结局留下了这样的记载:"(蒋)琮稍通书史,好延接人士,自以为人莫己若,南京科道等官忤之者多得罪,众忿疾之而莫能去也。初琮讦性时,疑二当道者庇之,扬言欲举二家不法事。二家恐,因文通欲奏琮,遂潜令增入开掘聚宝山事,始得正其罪云。"(《明孝宗实录》卷92)

坦率而言,太监蒋琮算不上什么大奸大恶之人,甚至还有几分"清流"的色彩,他之所以屡屡上章奏劾,无非是为了逞能扬名,但从有关他的整个案件来看,时跨七年、前后牵连数百名官员,其间宦官势力基本上没有受到打击,由此不难想象弘治前期宦官们有多横、多牛!

◎ 妓女满仓儿归属案——弘治九年(1496)十二月

满仓儿是彭城卫千户吴能的女儿,吴能很早就把她卖给了张媪。张媪又把她卖给了张氏,并骗她说:这是周皇亲家。后来张氏带着满仓儿到山东临清住了3年,回来后将她卖给了乐工焦义,乐工焦义随后又把她转卖给乐工袁璘。这样一晃几年下来,当初的黄毛丫头满仓儿已发育成了亭亭玉立的大姑娘,乐工袁璘买到手后顿时起了歹念,就想着让眼前的这个大姑娘成为自己的摇钱树,遂逼良为娼,于是满仓儿沦落为妓女。这时吴能已经死了很久,有人在花街柳巷看到了满仓儿,就把这事告诉了吴能的妻子聂氏。聂氏起初还不信,但说者言之凿凿,后来她还是相信了,并开始在花街柳巷寻找,最终还让她给找到了。按理说,母女离别了这么多年,如今能相见,抱头痛哭不用说,接下来就是想方设法赎身回家。可哪想到,当了妓女的满仓儿满肚子都是对自己母亲的怨恨,见了也不肯认。聂氏没法,只好叫上自己家里的儿子吴政带了一拨子的人,冲到妓院去抢人。蛮好的一棵摇钱树,眼看就要被人抢走了,乐工袁璘岂会善罢甘休,当即向聂氏索要10两银子,作为满仓儿的赎身费。聂氏觉得这个要求太过分了,自己将女儿领回家居然还要被勒索一大笔钱,这是哪门子的事?!于是双方争执起来,一直闹到了官府。刑部郎中丁哲与员外郎王爵等人受命共理其事,很快将事情的原委给查清楚了,随即做出了判决:满仓儿归聂氏。乐工袁璘听到这样的结果当即表示不服。再说主审官刑部郎中丁哲本来就对袁璘逼良为娼的恶行极为反感,现在又听到他不服判决,当即"重加笞楚",可没想到的是,这个袁璘身子骨单薄,没打几下,"越数日死"。(《明孝宗实录》卷120)

从传统的法理角度来讲,本来这是一起民事纠纷案子,现在乐工袁璘一死立即变成了一桩人命刑事案件。消息传开后,有关各方都蠢蠢欲动。先是袁璘的妻子向官方讨要袁之尸体,官方仵作即相当于现在的公安局刑事检尸官不肯随便就给。袁妻当即愤懑

第 5 章 聿遵成宪 诸患并存

565

不已,逢人便说刑部官之坏,消息由此越传越广。东厂太监杨鹏的侄儿曾淫于满仓儿,如今听说她与淫窟魔主袁璘卷入官司,便迅速出动,教唆袁璘的妻子将案子告到杨鹏那里。杨鹏接到案状后立即下令,逮捕聂氏和张氏等,并对她们进行了审讯。张氏妄称满仓儿是她的妹妹,生于临清民家,至于聂氏之女早已被卖到了周皇亲家。其他相关证人也因为畏惧东厂的势焰和锦衣卫镇抚司的刑罚,都照着张氏的说法供认。杨鹏遂以此结案上奏。弘治九年(1496)十二月,皇帝朱祐樘下令:将涉案人员、证人以及案件最初审理的主审官等通通打入锦衣卫大牢,再进行鞫问。不久锦衣卫镇抚司上奏说:原案件主审官丁哲苛刻偏狗,欧死无辜,副审官王爵依阿枉断,"乞各正其罪"。弘治帝"以事关伦理人命,令三法司、锦衣卫务究其实",并让人到周皇亲长宁伯周彧家去讨要所谓的满仓儿。周家人听后一头雾水,随即告诉皇差:没买过什么聂氏之女,也不知道什么满仓儿。"而聂氏、张氏各执一辞,狱久不决。"就在这时,皇帝朱祐樘发话:"复命府部大臣及科道官廷鞫之。"张氏和满仓儿见到事情弄到了这一步,已经没法再隐瞒,只好当场全部招认。都察院奏随即上奏,拟判:"丁哲因公事殴人致死,罪当徒,王爵、聂氏及其儿子吴政和女儿满仓儿皆不应从重罪,当杖。"(《明孝宗实录》卷120)

  案件繁复不已,至此应该结案了?让人没有想到的是,此时有个小人物出来打抱不平了,他就是刑部典吏徐圭。徐圭上疏说:"(丁)哲断女狱甚允当。而杨鹏之侄尝淫于是女,且以他事憾(丁)哲,意图报复,乃因袁璘病死,欲陷(丁)哲于死地。令贾校尉者密告女,俾异词而与校尉刘胜共执聂氏考掠,使诬伏,因枉称刑官偏酷,故勘致死无辜。而镇抚司互相蒙蔽,证成其狱。皇上令三法司、锦衣卫会问,而三法司畏惧东厂,始终莫敢辩明,必待群臣鞫之朝堂,乃不能隐。且既知此女为聂氏所出,则此女自诬其母,罪不容诛,而仅拟之以杖,(丁)哲与吴政等皆无罪被诬,而反加之以徒,一事之中,轻重倒置,盖东厂之势为群臣所畏如此。臣在刑部三年,每见鞫问盗贼,多因东厂、镇抚司所获,其间有称校尉挟仇诬陷者,有称校尉为人报仇者,有称校尉受首恶之贿而以为从傍人抵其罪者。东厂一切不问,惟任巡捕官校擅用刑罚,迫之诬伏。刑官不过据其词以拟罪,纵使洞见真情,孰敢擅更一字。往者臣虽知之,犹未敢必以为然。今以(丁)哲事观之,始信之深而为昔年枉死诸人嗟叹不已。夫如是,岂不致伤天地之和气乎?乃知四方灾异迭见有由然也。臣愿陛下革去东厂,戮杨鹏叔侄并贾校尉及此女于市;刘胜等及镇抚司官谪戍极边,子孙不许承袭;丁哲、王爵、孔琦、陈玉各进一阶以酬被诬受辱之苦;各官及聂氏淹禁日久,乞以诸罪人财产偿其所费,则天意可回、太平可致矣。如不革东厂,则推选谨厚中官,如陈宽、韦泰者以当此任,仍选大臣一员与之共理。其镇抚司理刑不必专用锦衣卫官,乞推选在京各卫一二人及刑部主事一人共莅其事,或三年、六年一更,则巡捕官校莫敢作弊,岂复有擅用刑罚、诬及不辜者乎?臣披肝露胆,直言至此,顾一介微躯,左右前后皆东厂、镇抚司之人,岂能免于虎口?与其死于虎口,孰若死于朝廷之手?愿斩臣首而行臣言,仍给臣妻子传食,护送骸骨以归,则臣身虽死心亦安矣。"(《明孝宗实录》卷120)

小人物,大丈夫,说出话来掷地有声,且有理有节,可一向对宦官们厚爱有加的明孝宗哪里听得进去,相反还这样说道:"徐圭假以建言为由,词语妄诞,都察院其考讯之。"都察院迎合了皇帝的意志,遂以徐圭奏事不实为由,拟判他赎徒还役。大理寺随后"审允以闻"。可皇帝朱祐樘还对这样的判决大为光火:"都察院奉命鞫问,何不具实奏请?大理寺又辄审允?各令具疏以对。"见到皇帝又发怒了,朝廷法司官员赶紧上疏请罪,弘治帝"宥之",但"仍罚都察院左都御史闵珪、右副都御史杨谧俸各三月,大理寺卿王轼、左少卿王嵩、左右寺丞王鉴之、何钧俸各一月,徐圭赎徒毕发原籍为民。"(《明孝宗实录》卷120)

弘治帝这般糊涂断案最终引发了群臣的不满,以刑科都给事中庞泮为代表的言官们纷纷上奏进言,说:"(丁)哲等鞫问狱词,覆奏已余三月,尚未得旨。系狱者凡三十八人,其间亦有连逮轻罪者,皆不得释,或贫乏孤寡,天寒岁迫,无食无衣,诚可矜悯。臣仰窥圣意,特以此事前后不同,真伪难信,故欲迟留日月,访察详明,真明慎用刑之深意也。但因禁日久,人情不堪,况府部大臣荷国厚恩、居股肱之任,何心何颜忍负陛下,乃于一乐妇之贱,敢为欺蔽而不以实闻乎?脱异日果廉得有别女曰满仓儿者出,彼将何所逃其罪乎？揆之情理，决可信不疑，请不必过劳圣虑，为此踟躅也。"但明孝宗根本就听不进意见，"乃命满仓儿杖毕送浣衣局，丁哲给偿袁璘埋葬之费，发原籍为民，（初审陪审官）王爵及孔琦、陈玉俱赎杖还职。"(《明孝宗实录》卷120)

◎ 宫廷大珰李广自杀究治案——弘治十一年(1498)年尾

李广是弘治中前期最为宠幸、最有权势又作恶多端的大太监。他之所以大为受宠，在很大程度上跟当朝皇帝朱祐樘笃信佛道很有关系。在前章中我们已经讲过，朱祐樘在当皇太子时就读佛经，曾被太监覃吉发现过。(《明史·宦官一·覃吉》卷304)一个人年幼时读过佛经，长大以后再读读，那是自然而然的事情。加上朱祐樘母亲怀孕时营养不良以及被万贵妃灌过堕胎药物，所以由这个苦命女人生出来的大明第九位皇帝的身体一向就不怎么好，下章我们将详述。身体不好的人很多都喜欢求神拜佛，这在我们中国人看来是再正常不过了。当朝天子有着这样的嗜好意向，经常在他身边转悠的近侍们自然也就心领神会。为了逢迎这位帝国第一人的心意，内官监太监李广很早起就将一些自称精通佛道之术的"高人"偷偷地引入宫中，"以符箓祷祀蛊帝，因为奸弊，矫旨授传奉官，如成化间故事，四方争纳贿赂。又擅夺畿内民田，专盐利巨万。起大第，引玉泉山水，前后绕之。"(《明史·宦官一·李广》卷304)明代官史也记载："李广以丹术符水见宠任，权倾中外。"(《明孝宗实录》卷103)

有个富商土豪之子叫袁相的，听说太监李广权倾宫廷内外，忽然有一天来了灵感。因为当时人们都在传言，宫中有位公主将要挑选驸马，袁相便托人去接近和贿赂李广。令人心跳的是，这钱还真没白扔，不久宫中传话出来：为公主选的驸马定了，就是"富二代"袁相。一转眼婚期快要到了，但宫内宫外却物议沸腾，"科道交章劾（李）广罪且请黜（袁）相"。皇帝朱祐樘也听人说起，袁相可不是什么好东西，是个地地道道的纨绔子弟，倘若真要将皇家公主嫁给这样的人，其结果可想而知，于是明孝宗降下谕旨："袁相黜回，驸马别选；因诘责太监萧敬并杨穆、韦记受命选婚，乃以不谨，致有人言，法当究治，姑贷其罪。"(《明孝宗实录》卷103)但对于招权纳贿、肆意贪渎和进行暗箱操作的太监李广，弘治帝却不忍处理，反倒要科道官们"指陈实迹"。受贿者逍遥法外,局外人怎么能掌握得了他的受贿犯罪证据呐?这事最终也就不了了之。由此也不难看出太监李广在当朝天子心目中的地位了。(《明孝宗实录》卷103)

再说弘治中期的朱祐樘与乃父明宪宗朱见深还真没什么大差别,"时李广以修炼服食之说进,中外以为忧而无敢言者"(《明孝宗实录》卷122)。而就在这样的情势下,曾任东宫老师、时为内阁首席辅臣的徐溥打破了沉默,于弘治十年(1497)二月甲戌日上呈谏言,对弘治即位以来所产生的种种弊政做了较为尖锐的批评,最后相对委婉地说道:"伏愿陛下严早朝之节,复奏事之期,勤讲学之功,优接下之礼,远邪佞之人,斥诬罔之说,则圣德日新,圣政日理,亿万年太平之业可保无虞矣。"见到过去的老师如此批评自己,从小就是乖乖孩的明孝宗"嘉纳之"(《明孝宗实录》卷122)。至于后来行动上是否予以落实,那可是另一回事了。换言之,在皇帝朱祐樘内心深处:老师的话就当作耳边风,你说你的,我做我的,只要面子上过得去就好了。

正因为当朝天子有着这般心理,以太监李广为代表的宦官势力从未得到很好抑制,反倒是愈发嚣张。弘治十年(1497)四月,礼科左给事中叶绅等在上陈"修省八事"中专门列出了与李广有关的三事:其一为禁传奉,"谓太监李广以千户王英选用乳保为之传升指挥,以周玉、李恕仆隶厮役为之乞升官职,以致文武官多不由所司而选,名器之滥莫甚于此,乞行裁革";其二为黜异端,"谓太监李广荧惑圣心,召集道流,以致黄白修炼之术、丹药符箓之伎杂进并兴,伤风坏教,乞加黜罢"。其三为去大奸,"谓太监李广有大罪八:一、诳陛下以烧炼之名而进不经之药;二、为皇太子立寄坛之名而有暧疏之说;三、拨置皇亲,希要恩宠;四、盗引玉泉,经绕私第;五、首辟幸门,大肆奸贪;六、太常卿崔志端、真人王应祷,皆称广为教主、主人,而广为传升官职、求赐玉带,要结邪人,玷辱名器;七、畿甸百姓疲惫已极,乃假果户为名,侵夺土地,几至激变良民;八、东南民力困竭亦甚,凡有输纳,巧取其利,以致远方之民倾荡家产。他如近而驸马贵戚事之如父,外而总兵镇守呼之为公,乞置之于法,以为后戒。"(《明孝宗实录》卷124)

面对这么多指陈实迹的奏劾,皇帝明孝宗该好好地处理?就

如前文所说的，与乃父有着相同的德性，朱祐樘降下谕旨："姑置之"，意思是暂且这样，以后再说吧。（《明孝宗实录》卷124）

当朝天子越姑息、越宠爱，李广等宦官就越猖狂、越显摆。弘治十年（1497）年底，李广上奏：在即将到来的新春元宵节，朝廷应该大放烟火，以示当今大明为盛世之治。明孝宗听后十分欢喜，立即下令叫工部去操办。但因为费用太多，工部官随即提出了异议："所须物料为费不赀，况今两广、陕西边情未宁，凤阳等处盗起，各处灾异迭见，似此无益之费，请暂赐停免，或量为节损，以体上天人爱之心，以昭恭俭之德。"一向在外廷大臣面前以"明君"自许的朱祐樘接到工部官的谏言奏章后顿时发愣，思虑再三，最终还是下令：烟火照放，但其费用减掉三分之一！（《明孝宗实录》卷131）

就因为这事，太监李广一度心里极为不爽。弘治十一年（1498）七月，他又向皇帝上言：在钦安殿等处开设斋醮时要竖立大旛竿，以示皇家之气派。工部尚书徐贯听说后立即表示反对，以"非祖宗旧制，且宫禁之内不宜用此"为由，阻止了荒唐闹剧的上演。（《明孝宗实录》卷139）可太监李广还不罢休，为了能更好地显摆自己的能耐和表达对皇帝的一片忠心，他随后提出在万岁山上修建毓秀亭和增修乾清宫西室，弘治帝当即就予以了允准。要说这样的工程一旦开工起来，花费的银子就像流水一般，据说当时一下子就花去了银子1 000 000两，奴役劳作军士达9 000人。按理说这样劳民伤财的工程一旦建成了，最高统治者就要大为开心一番。哪想到毓秀亭一处工程修建完成后，大明皇宫里就出事了。明孝宗的宝贝女儿太康公主得了天花，天花在那时代是难以治好的疾病，尽管皇家御医使足了劲，但太康公主的病情仍不见好转。太监李广当即提出：给小公主喝符水，以仙界神灵来驱赶邪魔。这下可好了，小公主喝了符水没多久就死了，宫中顿时骚然。恰巧这时太皇太后周氏居住的清宁宫又发生了火灾，宫廷上下为此议论纷纷，大家都说之所以接二连三地发生凶事，都是因为毓秀亭修建的年月时辰不好，冒犯了太岁所致的。太皇太后周氏听到后发怒道："今日李广，明日李广，兴工动土，终致灾祸。"李广听说后万分恐惧，连当朝天子最为尊敬的老奶奶都在发火了，自知不免于祸，随即服毒自杀。（《明史·宦官一·李广》卷304）

李广自杀后,他的宫中同事司设监太监蔡昭为之请祠额、祭葬。皇帝朱祐樘毫不犹豫地答应了,并下旨让内阁票拟祭文。内阁大学士刘健知道后立即上疏表示反对,他说:"内臣祠额、祭葬,近年以来虽或有之,乃朝廷善褒功之意,实非常典。今李广之死,罪恶贯盈,万口称快,皆谓其欺罔之情、赃滥之迹,悉已败露。圣心昭鉴,必正其罪,以为奸邪不臣之戒。而乃赐之祭葬,又赐之祠额,是使欺罔赃滥之人与忠谨善良者混而无别,诚恐上累圣德,下拂人心,其于国典政体关碍不细。所乞祠额及祭文,臣等未敢拟进。"(《明孝宗实录》卷142)面对阁臣有理又有节的反对理由,内心依旧眷恋忠实奴才李广的皇帝朱祐樘思索再三,最终来了个折中处理:"命祭文仍旧撰进,祠额已之。"(《明孝宗实录》卷142)

弘治十一年(1498)十二月,都察院、府、部等衙门以"太监李广招权纳贿,赃物累钜万计,庄田盐货尤多,乞籍其所有,尽没于官"(《明孝宗实录》卷144)。有人在此前后甚至提出,要求究治"诸交结李广者"(《明史·宦官一·李广》卷304),但明孝宗都不予以允准,由此可以看出,太监李广在皇帝心目中的地位有多高!

◎ 都御史韩重弹劾太监梁玘案——弘治十五年(1502)

韩重是弘治中期巡抚辽东的都御史,辽东是大明北疆边防的重心区域,也是帝国君主派遣宦官重点监管的地区。由于该地地形复杂,气候严酷,经济文化发展水平远不及关内,各族人群相交混居,其大片区域又直面劲敌鞑靼和朵颜三卫,因此在这非常地区长期担任军事职务的将领们和肩负监军之职的镇守内官多不法,他们或狼狈为奸,肆意贪残;或各自专横跋扈,为所欲为,招权纳贿,祸害军民。而作为外廷官在这天高皇帝远的地方出任巡抚,大多都没落到什么好结果,弘治年间"辽抚自徐贯后,历张岫、张玉、陈瑶、韩重四人,多得罪去"(《明史·张鼐》卷186)。我们现在讲的这个韩重是在弘治十四年(1501)十二月以都察院左副都御史之衔出任辽东巡抚的。(《明孝宗实录》卷182)

在经过近半年的观察、调查后,左副都御史韩重上奏"劾奏镇守太监梁玘贪暴不法及自劾不职"。皇帝朱祐樘接奏劾章后将其交与兵部讨论研究,兵部随后覆奏:鉴于涉及的人物权高位重,应该再派人上辽东去做进一步的调查后再下结论。明孝宗允准了这个建议,遂"命给事中邹文盛及刑部郎中杨茂仁往同巡按审勘以闻"(《明孝宗实录》卷187)。

就说给事中邹文盛和刑部郎中杨茂仁组成的"中央调查组"刚出发,获悉被人奏劾的镇守辽东太监梁玘也派人上奏朝廷,为自己的行为进行辩解,"且诉(韩)重之短"。此时的韩重又"与总兵杨玉奏(梁)玘私役军士出关樵采,为虏所杀,法宜究问"(《明孝宗实录》卷194)。

辽东镇、巡官之间的相互攻讦引起了朝廷的不安,"兵部以边方多事,而边臣不和,恐误大计,请急更之"。皇帝朱祐樘这回倒是及时听取了意见,下令"征还镇守辽东太监梁玘及巡抚都御史韩重,别举堪任者代之"(《明孝宗实录》卷190)。

而就在梁玘和韩重相互掐得难解难分之际,给事中邹文盛一行人到达了辽东,在经过一番细致勘查后,"中央调查组"大致弄清了事情的真相:镇守太监梁玘贪残刚愎,"倚势为害,军职见者必先以贿乃许入,无者辄系笞之。有所差遣,即使人随索其贿。闻民有良马,必贱市之。多夺民田,至280余顷,以军余佃之。又占军余270,余人纳钱而免其役。广宁城内外及山海关旧有店舍,商人过者皆倍其征所得货物,令市肆转货而厚征其入,稻麦及他货亦然,良马常数十匹,边徼若之"。都御史韩重履任新职巡抚辽东,当即发现了梁太监的诸多恶行,遂"劾奏其罪"。梁太监听说后立即反咬,诬陷韩重。因为涉案的不仅有外廷文臣都察院左副都御史韩重,还有令当朝天子厚爱有加的宦官大珰梁玘,所以"中央调查组"的主管领导邹文盛和杨茂仁不敢有半点儿马虎,反复认真核实梁、韩互劾之事,最终验实:梁玘所劾之事皆诬,而其所犯之事"皆如(韩)重言,惟三岔河商店误言为玘所占,及所使樵采者非关外地,失于核实",随即他们"具疏以闻"(《明孝宗实录》卷194)。

皇帝朱祐樘接到章疏后将其下发到刑部,刑部随后覆奏:"请逮系玘、重,会都察院、大理寺、锦衣卫杂治之。"明孝宗允准,并下令逮捕韩重和梁玘。就这样,并没犯什么罪、仅仅因为上奏时将地名搞错了的巡抚辽东都御史韩重被关到了锦衣卫大牢里,且一关就关了好几个月,而作恶多端的太监梁玘却在此时耍起了无赖,

"屡奏病甚,乞俟稍瘥就狱",皇帝朱祐樘居然"许之"。一晃数月过去了,负责该案会审的刑部官员实在觉得有点儿对不起韩重,但又畏惧宦官势焰和顾忌当朝天子对他们的偏爱,遂上言说:梁玘罪状已明,不必与韩重置对,而韩重久系,"请先拟罪出之"。朱祐樘允准之。弘治十五年(1502)十二月,韩重赎徒还职(《明孝宗实录》卷194),后改为巡抚湖广。(《明孝宗实录》卷203)而太监梁玘却一直逍遥法外,"养病"一直养到了弘治十六年(1503)九月时,"复乞宽假"。这时一向脾气比较温和的皇帝朱祐樘终于忍不住开口发话了:"梁玘既久病,免逮问,降三级,送长陵司香。"(《明孝宗实录》卷203)

无罪廷臣入狱遭罚,有罪宦官免逮轻罚,弘治朝如此行政执法,宦官势焰岂会不嚣张,不信再看下面一例。

◎ 张天祥掩杀夷虏案——弘治十六年(1503)正月~弘治十七年(1504)十一月

张天祥是辽东都指挥佥事张斌的孙子,张斌因犯罪而被撤职。后来他的孙子张天祥按照朝廷规定,交纳了一定的粟米,继承了爷爷的官职都指挥佥事,"备御广宁前屯卫"。但爷爷张斌仍想着要官复原职,至于用什么手段,那就顾不了那么多了,遂与孙儿密谋,梦想通过劫杀来建立奇功,使得他们张家门庭更加光彩荣耀。(《明孝宗实录》卷202)

弘治十六年(1503)正月,镇守辽东太监朱秀、都督佥事杨玉、巡抚都御史张鼐上奏说:"去岁十二月,泰宁三卫虏贼夜寇瑞昌堡境,射伤建州入贡夷人及摽掠驿传车牛。宁远备御都指挥张天祥等闻讯后立即率军奔向事发地,掩杀、斩首虏贼38级。"朝廷接报后当即降敕,对朱秀、杨玉、张鼐和张天祥等进行了奖励。(《明孝宗实录》卷195)

但巡按辽东监察御史王献臣却对此持怀疑态度,正巧这时张斌妻弟辽东广宁前屯卫致仕指挥使杨茂和他的儿子杨钦找上门来,告发张天祥滥杀无辜。这究竟是怎么一回事?原来这个杨茂父子与张天祥之间有矛盾,听说泰宁卫虏骑营地被袭,就来到巡抚辽东监察御史王献臣处一口咬定说张天祥滥杀,并添油加醋地乱说了一番。王献臣听后也没有细细调查，随即于弘治十六年（1503）三月将杨茂父子所说的上奏给了朝廷。其奏文是这样写的：泰宁三卫虏骑在靠近辽东城墙处扎营，并向明朝方面索要盐米。当时广宁卫守备都指挥张天祥等正伏兵在那里，看看泰宁三卫虏骑那副样子不像是来劫杀扰边的，于是就与他们对起话来。通过对话，张天祥获悉建州夷的进贡使者已到达了石河铺，遂迅速派遣家僮张通等前去射杀，而后又偷袭了泰宁三卫营，"杀获幼男百余人，又获告语达子首八级，其营内所斩首、烧毁九十颗，而转卖官军幼男、达妇首二十余级，得银二千余两"（《明孝宗实录》卷197）。

前后两个多月，从同一个辽东地区送来了战况内容截然不同的两份奏报，皇帝朱祐樘看后一下子蒙了，随后叫来兵部官员看看到底是怎么一回事。兵部官员接到命令后，反复比对两份奏报，然后覆奏道："御史王献臣所奏与朱秀、张鼐等镇巡官先次报捷事相背驰，请遣官按核。"明孝宗当即依之，遂派遣以大理寺左少卿吴一贯和锦衣卫都指挥佥事杨玉为首的中央朝廷"调查组"前往辽东勘问。（《明孝宗实录》卷197）

朝廷"调查组"尚未到达辽东时，巡按辽东监察御史王献臣因"擅委军政官及令军士导从出城游山赋诗，为缉事者所发，逮下锦衣卫狱"，后又被降调为福建上杭县县丞，而他的原职位则由余濂来接任。（《明孝宗实录》卷199）这样一来，先前与案件勘查有关的人给换掉了，吴一贯、杨玉和余濂等反倒很容易地查清了张天祥案件的真相，随后"依谋杀人造意律"拟判张斌斩刑，"（张）天祥依从而加功律，（杨）茂依诈为指挥使司文书律，（杨）钦依投匿名文书律，各绞"。（《明孝宗实录》卷202）但拟判后没多久，案件的主角张天祥死于狱中。张天祥叔叔张洪闻讯后到处托人鸣冤叫屈。消息传到北京，皇帝朱祐樘听说后密令内廷东厂特务前往辽东，偷偷调查该案。不久东厂特务回还奏报，说：吴一贯、杨玉为首的中央"调查组"勘问和审理的多属诬枉。对于东厂的如此奏报，皇帝明孝宗深信不疑，并打算彻底推翻吴一贯和杨玉为首的中央"调查组"的审理和判决结果，将所有涉案者和主审官、陪审官都提解到北京明皇宫午门前来进行会审。（《明孝宗实录》卷214）

弘治十七年（1504）七月，朱祐樘在皇宫暖阁召见大学士刘健等谈事,谈着谈着就将话题转到了辽东的这个案子上,他说:"辽东张天祥事亦是大狱。今欲令明白。今天祥虽死,张斌尚坐死罪,昨张洪又诉冤抑。"刘健回对:"此事乃御史举奏、法司会勘,张洪诉本。又该都察院覆奏,令御史审勘矣。"没等刘健说完,明孝宗从袖口中拿出了东厂缉事揭帖,说:"已令人密访其情,看来该案的审理与判决都有问题啊。当时御史王献臣止凭一指挥告诱杀情词,吴一贯等亦不曾亲诣,止凭参政宁举等勘报,事多不实。今欲将一干人犯提解来京,令三法司、锦衣卫于午门前会问,方见端的。"(《明孝宗实录》卷214;【明】陈洪谟:《治世余闻》卷4)说着他将东厂揭帖递给了刘健,并叫他赶紧去票拟谕旨。刘健回对:"东厂揭帖不可行于外面,先经都察院会勘后好了再议吧。"(【明】陈洪谟:《治世余闻》卷4)

第二天,皇帝朱祐樘叫太监陈宽、萧敬再召内阁大学士刘健、李东阳和谢迁等,责问他们为何阻扰提解吴一贯等至京,刘健当即回答说:"此案已经法司部门勘问,他们都是公卿大夫,其言足取信。"明孝宗立即反驳:"先生辈且未可如此说,法司官若不停当,其身家尚未可保,又可信乎?"这时在旁的大学士李东阳针锋相对地回答道:"士大夫未必尽信,但可信者多,其负朝廷者不过十中一二耳。"大学士谢迁也回对说:"事须从众论,一二人之言恐未可深信。"见到阁臣们对东厂特务都持有怀疑的态度,皇帝朱祐樘就更为不快了,说道:"先生辈此言皆说不得,此事密切,令人到彼处体访得来,谁敢欺也?"诸阁臣听后只好说:"此事干证皆在彼处,如全部提解来京,恐劳人动众耳。"看到阁臣们还在反对自己,皇帝朱祐樘当即大动肝火,厉声说道:"此乃大狱,虽千人亦须来,若事不明白,边将谁肯效死?"见到当朝天子如此发怒,阁臣们再也不敢说什么东厂的不是了,只好顺着皇帝的话题,说:"赏罚朝廷大典,臣等愚见,正欲皇上明赏耳。"朱祐樘随即说:"赏罚事重,朕不敢私,但欲得其实情。若果系扑杀,贪功启衅,岂可从之? 若果有功被诬,须为伸雪。"君臣如此对话了好久,什么结果也没有,后见到皇帝朱祐樘"龙颜少霁",刘健等阁臣才慢慢退出宫去。(【明】陈洪谟:《治世余闻》卷4;《明孝宗实录》卷214)

第三天,弘治帝又召见刘健、李东阳、谢迁等阁臣,从容地说道:"昨因张天祥事,先生辈言文职官不负朝廷,亦不应如此说,文官虽是读书明理,亦尽有不守法度者。"刘健当即回对:"臣等一时愚昧,干冒天威。"李东阳也说:"臣等非敢谓其皆不负国,但负国者亦少。"谢迁补充道:"文官负国者,臣等亦不敢庇护,必欲从公处置。"听到诸阁臣如此表态,皇帝朱祐樘微微笑了一下,说:"亦非谓庇护,但言其皆能守法,则不可耳。"随即他反复说道:"此事当如何发?初欲传旨,先生辈谓别无事由,猝然改命。猝者,暴疾之意,此亦未为猝也。"诸阁臣回对:"臣等见都察院本已批出无行,只欲事安稳耳。"朱祐樘听后说:"缉访之事,祖宗以来,亦有旧规。今令东厂具所缉事,题本批行。"刘健等阁臣以为"不如传旨,乃命拟旨,将吴一贯等提解至京"。(【明】陈洪谟:《治世余闻》卷4;《明孝宗实录》卷214)

弘治十七年(1504)十一月,吴一贯等被逮至京城,皇帝朱祐樘亲自来到午门,其目的大概是想发泄对文臣们的不满情绪,表示自己坚决支持东厂的做法是对的,正因为有着这样的思维,弘治帝拟判吴一贯等死刑。幸亏当时三法司主审官都御史戴珊和刑部尚书闵珪都属于明事理的正派大臣,立即开始竭力营救。(【明】陈洪谟:《治世余闻》卷4)最终明孝宗御裁:原主审官吴一贯降为云南嵩明州同知,副主审官杨玉降为广南卫副千户带俸,余濂外谪为云南布政司照磨,原案疑告者王献臣贬为广东都许马驿驿丞。至于张天祥案的其他涉案人员也都有了一定的判决处理。(《明孝宗实录》卷218)

从以上弘治朝5起大案的前后经过来看,但凡案件发生或审理过程中,只要宦官势力插手或渗透,本来还可称得上明事理的一代"贤君"明孝宗立马变得是非混淆、黑白颠倒,这究竟又是为何?在笔者看来,从根本上来讲,是弘治帝本人带着有色眼镜看人,因而在处理事情或案件时他的权衡天平"不由自主"地往着宦官群体倾斜。由此我们可以说,弘治时代皇帝朱祐樘"对宦官严加管束,东厂……再不敢任意行事,只能奉守本职"(网上360百科"明孝宗"词条)的说法是没有史实依据的,恰恰相反,那时的宦官群体势焰还是相当嚣张的。

● 宦官近侍牵线搭桥,传奉冗官再度泛滥

而从弘治时代嚣张的宦官势焰所涉的层面来看,其远不止于上述的监察、司法和军事等领域,还渗透、危害到了大明帝国的政治、社会和经济等方方面面。

那时宦官势力渗透和危害大明政治,除了代表皇帝出任各处镇守、巡守官外,最令人诟病和痛恨的当数这些不男不女之人与权贵近幸沉瀣一气,时不时在皇帝面前充当说客,穿针引线,使得一度得到清理的传奉冗官又卷土重来或言再度泛滥。说到传奉冗官,读者朋友可能会想起笔者在前章及以前出版的《成化帝卷》中已经详述过了,那可是明宪宗当政时代的一大秕政,可不是说新皇帝明孝宗即位时早就将之清理掉了吗?

不错,弘治尚未改元之际,在宫廷上下一大批正直臣僚的积极支持和配合下,新皇帝朱祐樘曾下令,让各衙门清查传奉冗官。当时查出:传升文职官带俸右通政等官任杰等 564 员,传升僧录司禅师兼左善世等官 120 员,传升道录司真人高士并左演法等官 133 员,传升大慈恩等寺法王、佛子、国师等职 437 人及喇嘛人等共 789 人,传升匠官工部右侍郎蒯钢及太仆寺卿杨通、顺天府通判周礼兴等 12 员,传升营缮所等衙门所正等官王贵等 1 358 员,传升武官锦衣卫指挥佥事王荣等 714 员(《明孝宗实录》卷 3~卷 5),总共累计被清查出来的传奉官不下 5 000 人。那么这样大规模的清查,到底有没有清干净呢?没有,笔者曾根据成化朝的实录推算出,整个成化年间皇帝内批授官的总人数约为 8 520 人。(推算过程可详见笔者拙著:《大明帝国》之⑯《成化帝卷》下册,第 6 章 一团和气?乌烟瘴气!,东南大学出版社,2017 年 9 月第 1 版)由此观之,弘治帝上台之初清除污泥浊水时并未将传奉冗官给清除得干干净净,非但如此,就连这 5 000 来名一时被清出的传奉官后来也有相当一部分被保留了下来,或暂时离开一下,避避风头,过段时间再回来。见此,有人可能要问了:那明孝宗为何不来个干净彻底的"大扫除"?在笔者看来其原因有三:

第一,弘治帝朱祐樘个人魄力不够,做事往往瞻前顾后,左顾右盼,用今人话来说,他活得很累。譬如对于周太后娘家的赐地及其所带来的危害,有关衙门曾上奏指出过,并请求加以厘正。明孝宗接奏后觉得"难于违志,迟疑不决者累日。(周)太皇太后闻之曰:'皇帝为国守法,奈何以吾家事挠之?'亟遣内臣谕意。上(指朱祐樘)欣然奉命,归其地于官,而别给闲地,如数补之"(《明孝宗实录》卷224)。

第二,在传奉官中有一些人还不能一下子全部清理出去,譬如太医院掌院事通政使施钦、任义、胡廷寅、仲兰、刘文泰、章渊、郑文贵、蒋宗儒、钱宗甫等,都属于"专业技术性领导干部",一旦要是将他们全清理了,还能很快找到拥有如此"高超医学本领"的医生来为皇帝和他宫里的人看病?众所周知,中国传统医学有一大特征,那就是运用阴阳调和的原理进行治疗,而这样的治疗过程本身就需要较长的时间,且不易把控。有时所谓的疗效还得要靠权威高势能者吹和捧,虽然人们普遍都认为中医能治本、治根,但要是一下子说出哪个中医一定是水平高或低,还真不那么容易做到。所以当成化帝刚死那时,礼科等给事中韩重等上疏指出:"太医院掌院事通政使等官施钦、任义、胡廷寅、仲兰、刘文泰、章渊等,俱以庸医滥叨重用,或因进药小效而冒受金帛,或以子弟假通医术而擅开军役。当先帝不豫之时,偏执方药,先后不同,旬日之间,宫车晏驾。罪恶深重,法所难容。伏望皇上独断乾纲,大彰天讨,下各官于狱,明正典刑,以为左道害正之戒。"(《明孝宗实录》卷2)新皇帝朱祐樘却并不以此为然,但迫于当时的大势,他对这些前朝的医生传奉官稍稍降了点儿官职,不过随后不久又加以了重用和传升:施钦以通政司右通政之衔掌太医院事,刘文泰任太医院院判,成了帝国皇家医学界的大领导。不过,极具讽刺意味的是,这些在新皇帝眼里为不可或缺的医学界大佬、成化朝起就不断得到擢升的传奉官却最终要了弘治帝朱祐樘的命。(《明孝宗实录》卷224;《明武宗实录》卷1)

第三,明孝宗个人兴趣广泛,琴技书画无所不爱,而外廷大臣往往将这一类视为雕虫小技,不值得一提,这就使得本身生活相对呆板和无趣的弘治帝只能从那些拥有奇技淫巧的传奉官那里找到乐趣。从这一角度来讲,弘治帝与他的父亲还真有着很大的相似性。于是人们看到,在弘治朝刚开局清理前朝奸佞宠幸尚未清除干净时,新皇帝对传奉之途又网开一面。如弘治二年(1489)九月,先通过宦官进行暗示,随即太医院院使施钦上言说,太医院冠带医生陈俊、宫良、宁铨、吴绶、聂鳌、朱俊等"数人俱御药房用药有效者"。弘治帝马上降旨,传升"冠带医士陈俊、宫良、宁铨、吴绶为本院御医,聂整、朱俊为吏目"(《明孝宗实录》卷30)。

对于弘治帝如此对待传奉官,当时朝廷内外一大批臣僚纷纷上言进行谏阻,监察御史司马垔(《明孝宗实录》卷24)、被人称为"内廷海瑞"的宦官长随何鼎(《明孝宗实录》卷27)、南京户科给事中罗鉴(《明孝宗实录》卷31)、北京六科给事中和十三道监察御史(《明孝宗实录》卷43、卷48)、太子太保、吏部尚书王恕(《明孝宗实录》卷44)、吏部左侍郎彭韶(《明孝宗实录》卷48)等,先后以天变灾异等为由上言,乞请皇帝对传奉之途严加杜绝,痛于厘正。而明孝宗在接奏后往往"命下其奏于所司",即将奏章下发给相关衙门。说白了,这样做无非是想表示:你们廷臣说你们的,他皇帝要做的还是一切照做,且乐此不疲,从弘治元年(1488)一直到弘治十八年(1505)"坚持不懈"。

那么整个弘治18年间到底内批了多少传奉官?明代官史对此没有十分确切的记载,不过根据孝宗朝实录中"弘治十四年(1501)八月甲寅"条所记的"吏部和兵部各自复奏"传奉文武官员数为近1 200人(《明孝宗实录》卷178),结合"弘治十五年(1502)八月己酉"条记载南京监察御史余敬上言所述"锦衣卫等衙门传奉官无虑数千员"(《明孝宗实录》卷190),笔者推测,至弘治末年为止,传奉文武官员数至少在2 000～3 000人之间。2 000～3 000人之间的传奉官数,虽然比起成化朝内批授官总数8 520人要少了5 000人左右,且在弘治朝也没有产生如前朝李孜省、继晓一类祸害过大的宠幸奸佞,但传奉官的"卷土重来"不仅仅"縻费廪禄,殊失祖宗建官本意"(《明孝宗实录》卷27),而且也败坏了帝国的铨选之法,"亏损名器"(《明孝宗实录》卷136),使得"天下仕进之人,或事诗书,或勤案牍,或冒锋镝,或劳筋骨辛苦积年,未得一职,而奔竞之人一由传乞,遽列阶衔"(《明孝宗实录》卷154),况"积岁既久,弊端滋起,赏格虽行,而杂流有时并进,军功虽录而淫巧间与同升,遂使章服混及于胥徒,金紫滥纡于杂艺,将士解体,豪杰隳心"(《明孝宗实录》卷92)。

更为甚者,为传奉升赏而进行牵线搭桥的宦官和贵戚近幸势力也因此愈发壮大,进而影响和危害帝国政治等领域。我们不妨

第5章 聿遵成宪 诸患并存

以前面说过的明孝宗宠幸太监李广为例来说事:《明实录》中"弘治十一年(1498)十一月乙卯"条记载:因李广牵线搭桥而得以传升的传奉官就达50余人(《明孝宗实录》卷143)。试想其他年月李广和其他宦官及贵戚近幸所"引入"的传奉官又有多少?且正如大家所知道的那样,传奉官大多没什么操守,一旦传奉升职后,他们自然而然地倒向宦官近幸一类人群,随着时间的推移很容易发展成如成化末年那般之势:"群小用事,闾阎贩夫,夤缘其请,率以传奉得官,一时名器,大为亏坏……"(《明孝宗实录》卷51)

非但如此,弘治朝的宦官势焰熏灼还危害了当时的社会风气。

● 明孝宗时代宦官数量激增,民间自宫猖獗,社会风气大坏

明代宦官数量到底有多少,这是一个至今为止谁也没能完全说得清楚的问题。开国皇帝朱元璋严抑宦官,有人估测那时的宦官人数控制在1 000人左右。永乐帝打开"潘多拉魔盒"后,宦官人数就有了急剧的增长,有人估测当时有好几千人。而后又经过了较大的发展,到成化朝时大明宦官队伍已突破了10 000人。(《明史·彭韶》卷183)

从永乐到成化,帝国宦官人数与势力迅速猛增,其活动的范围与区域也越来越广,由永宣时代奉使外国,将兵监军、巡视与镇守各省及北疆重镇,(《明史·职官三》卷74)到正统、景泰和天顺时期向着更宽广的领域发展和渗透:除了领命在各边巡守外,他们还在浙江、江西、福建、陕西等内地省份和重要地区担任镇守,巡视、监督地方(《明宪宗实录》卷1),甚至插手中央与地方的司法监察——有明一代宦官参与热审也在此时正式登台。(《明英宗实录》卷79)

在经济领域,明英宗时代的内官们不仅受命整理盐法(《明英宗实录》卷38),分赴各地"采办物件头畜","烧造磁器","织造纻丝、纱、罗、绫、䌷"(《明宪宗实录》卷1)和在京城九门、"张家湾宣课司、崇文门分司每遇商货贩到"抽分收钞(《明英宗实录》卷42),还会同户部官员"巡视、提督在京及通州直抵临清、徐州、淮安仓粮,并在京象、马、牛、羊、房屋、仓场、粮草"(《明英宗实录》卷133),与侯、伯"印俵孳牧马驹"(《明英宗实录》卷279),以及南下两广和云南等地"收买黄

金、珍珠、宝石诸物"(《明英宗实录》卷287)……

虽然这样的宦官势力蔓延在成化帝上台之初受到了一定的抑制(《明宪宗实录》卷1),但随后没多久,逐渐失去进取之心的明宪宗重蹈乃父之覆辙,甚至还有过之而无不及。他崇僧佞道,宠幸奸佞,魂迷方术,醉心享乐。与之相随,成化朝诸弊尽显,宦官四出,采办遍地、皇庄林立,传奉肆行,杂流云集,西厂猖獗……(《明史·宦官一》卷304)由此,宦官势力和宦官队伍有了空前的发展和壮大,至成化末年时"监局内臣数以万计,利源兵柄尽以付之,犯法纵奸,一切容贷"(《明史·彭韶》卷183)。

明孝宗即位之初,在清除李孜省、梁芳、继晓等前朝奸佞宠幸和"更新庶政"的同时,对于成化以来日益腾升的宦官势力也曾予以一定程度的打抑。如,成化二十三年(1487)九月壬寅日,在发布即皇帝位诏书中新朝廷规定:将派往"苏、杭、嘉、湖并应天府"等各处督造"纻丝、纱罗、绫䌷等项"的内官召回京城,禁止在外镇守、分守、守备内外等官"假以进贡为名,侵取民间皂隶,出办银两,贻害地方",悉令"兰州、临清镇守,四川管银课、江西烧造饶器,广东新添守珠池内官"回京……(《明孝宗实录》卷2)成化二十三年(1487)十一月戊戌日,弘治帝下令:"革京通等处仓场总督太监二员,京通二仓及淮安、徐州、临清三仓监督内官七员,俱天顺元年以后增设者也"(《明孝宗实录》卷6)。

但话得说回来,弘治帝打抑宦官势力的力度也很有限,就在他即位后一个多月的成化二十三年(1487)十一月己酉日,南京陕西等道监察御史缪樗等上奏八事,其中之一就谈"复旧制"。缪御史说:《皇明祖训》中"内官之设,止于供事内府。今地方机务、边城要地及钱粮课办、市舶等事,内官率多干预。乞敕廷臣议处,凡在外镇守、分守、守备内官照正统年间原设者斟酌去留,南京守备止择清谨者一人,与文武大臣共理留务,余各关、各局量留二名监督,虽内府库局衙门亦乞俱照原额设官,禁其收受钱粮,不得刁难需觅,凡有公务,一从该部干理"。明孝宗接奏后"命下其奏于所司"(《明孝宗实录》卷6)。这话说得通俗一点儿,缪御史说了等于白说。

弘治元年(1488)四月,国子监生张裕上疏言:"镇守、守备内官除辽东、大同、宣府、延绥等边境宜如旧,其余河南等腹里地方俱乞取回别用。又天下有司行乡饮酒礼,齿德不称者,或滥与宾席有齿德者,或终身不与,况酒食太丰,非敦本化俗之意。乞命所司禁止。"礼部会议,以为河南等处不惟添设内官数多,而巡抚等项官亦多,有因事添设者宜待事宁之日取回别用,其广东镇守太监韦眷虽亦系边方,然特为民害,宜别选公廉勤慎者代之。若乡酒礼则宜申明禁约。明孝宗回复:"韦眷并河南等处镇守内官且不动,余准议。"(《明孝宗实录》卷13)

数日后礼部会官议覆工部主事林泝所陈四事,其中说道:"今天下承平日久,将不得人,军多逃亡,兵之精壮者身役私门,不肯事事,老弱之在役者衣粮不时,器械不利。内外屯兵之地,又有坐营、镇守、分守、守备内官,盖朝廷以为私人而托之心腹者也。臣伏见祖宗之时东征西伐,无思不服,固未尝有此。自有此制以来,平居则陵轹将师,使节制不专,临事则疑谋怯敌,使师失其律,幸而成功则冒夺以为己有。多拥士卒以办月钱则行伍空矣,交通无籍以纳粮草则仓场虚矣。臣愿储将材、修武举、严滥选之罪,革监军之号则兵之积弊可去矣。"明孝宗接奏后敷衍了一番,随后就不了了之。(《明孝宗实录》卷13)

其实上述中无论是御史缪樗和主事林泝的谏言,还是国子监生张裕的建议,它们都提到了明太祖和明太宗的祖宗成宪问题,而这恰恰是明孝宗自登基即位起就竭力标榜所要遵循的。但从弘治朝开启后的历史事实来看,皇帝朱祐樘非但没有像大明官史所美誉的那般"动必以太祖为准"(《明孝宗实录》卷224),甚至连另开一统的太宗朱棣的旧制成宪也未能恢复,如上引国子监生张裕提议:复永乐之法,仅在边疆地区设立镇守、守备内官,撤销内地省份的差遣宦官。但皇帝朱祐樘哪肯接受!(《明孝宗实录》卷6)更令人郁闷的是,明孝宗常常反其道而行之,不断地升赏宦官,且还予以竭力庇护。(《明孝宗实录》卷16、卷52、卷85、卷93)

翻阅弘治朝官史,但凡遇到朝廷内外大臣上请裁撤内官以及由宦官衍生出来的机构,皇帝明孝宗基本上都予以否定,非但如此,他还时不时地予以增设。由此一来,经过10多年的积累和发展,大明帝国的宦官队伍有了快速的壮大。

弘治十年(1497)五月癸丑日,工部郎中王寿上奏说:"盔甲厂岁造盔甲军器等凡三千六百有奇，正统间两局原役军民匠合五千七百余人，当时内外提督官止太监、内使、侍郎各一员。迩年以来，匠役逃亡三去其一而内官增添几二十员，役占者多，供事者少，乞将内官取回，止留一员提督，军器物料各岁减其半；若物料已收有余者准下年之数，逃匠移文清解仍每季差科道官一员会本部堂上官考验，庶宿弊可清，财不妄费。"工部覆奏。皇帝朱祐樘有旨："提督等官俱留办事，此后物料照成化二十三年减革例行，人匠照例役使，不许过多，差官考验仍旧。"（《明孝宗实录》卷125）

我们将上面的史料做个提炼：正统年间所设"内外提督官止太监、内使、侍郎各一员"，到弘治十年（1497）时"内官增添几二十员"。从这样的史实记述中我们大致可以看出，当时的宦官长官急剧增长率约为200％。当然孤证说明不了问题，我们不妨再来看看下面史料：

弘治十七年（1504）五月甲午，户部上奏四项革弊弭灾事宜，其中有三项是与宦官有关的，如第二项"革冗员"，奏言说："近年各仓库、门房添设内臣太多，贪贿之状难以名言，宜照旧每处量留一二员，余俱取回。"第三项"清库弊"，奏言说："甲字十库收受各省布绢诸物，永乐时止有五库，库设内官一员，后增库为十，官亦如之。库有铺户，不过六十人，季终则换，库夫不过一百二十人，年终则换。近来父出子入，更历五六十年，遇有钱粮，百计吓取。如纳布、绢、丝、绵，每斤匹索银五分，银朱靛花每百斤索银三十两，换补者倍之。臣闻松江一府岁使用银七八千两，余可知矣。添设内官多者八九员，势家贵戚亦来分用，今日之弊，无大于此者。宜照旧每库量留一二员，同科道官验收，库夫、铺户依旧金换，违者罪之。"第三项"知马数"，奏言说："各马房马数不许人知，祖宗一时用兵之权耳。近司其事者以是藉口，以为侵克草料之谋，任其虚报，坐派粮草。乞敕各官季终以见在马数开进御览，下之本部，臣等凭此会计草料，每月同委官点马支放，如有沮废者，劾奏治罪。"明孝宗接奏后发话："各处管事内官查永乐、正统年原额并今见在员数以闻，余准议。"而后户部覆奏："原额不过三十余员，近添至三百三十一员。"皇帝朱祐樘接奏后怎么也舍不得对宦官进行裁减，随即敷衍，"命司礼监查奏定夺"。（《明孝宗实录》卷212）

上述这段史料告诉我们：永乐、正统年间各处管事内官原额不过30余员，到了弘治时代已经增至331员，其增长率为111％。虽说这个增长率比起上面讲到的200％增长率低了许多，但我们也不妨以此来个折中算法，从明成祖、明英宗到明孝宗时代，大明帝国宦官人数增长率大致在111％到200％之间。前文已述，成化朝时宦官队伍已经突破了10 000人，由此推算：弘治时代的宦官人数可能在10 000~20 000人之间，这该是何等样的规模啊！

除了宦官自身队伍扩大外，这些皇帝奴才的配员和随带的仆人人数也在急剧增长。弘治十七年（1504）闰四月，镇守河南太监刘琅奏乞皂隶、柴夫，皇帝朱祐樘"特与皂隶五十名"。消息传开，六科十三道官交章上言："柴薪皂隶本为外官养廉而设，自来内官劳效，亦唯厚加赏赐，且名数多寡，视官职崇卑，虽尚书极品不过十二名而止，而琅之所得四倍尚书。况此门一开，陈乞者将纷然而至。乞收回成命，仍加敕责，俾知所警。"明孝宗看看情势不对，赶紧将该事交与与之相关的兵部去讨论。兵部随后覆奏，"以为各官言出忠恳，宜赐施行"。但皇帝朱祐樘还是"命以三十名与之"。（《明孝宗实录》卷211）

言官们已经讲得十分清楚，柴薪皂隶之制本为外官养廉而设，且廷臣中的最高行政长官尚书即今人所说的部长，也只能配备12名皂隶、柴夫。可皇帝明孝宗闹腾了半天，最终还是恩准给予镇守太监刘琅的皂隶、柴夫人数是尚书的250％，这哪是打抑宦官，分明是厚爱有加！

一个地方省级镇守太监光皇帝恩准配备的皂隶、柴夫就有30人，这是多么的气派和荣耀啊！一旦从京城出发前往镇守之地，其所带来的扭曲的社会效应将是什么呢？今人不得全知，但有一点可以确信：宦官在那时早已成了香馍馍，由此引发了畸形的社会风尚：自宫。

自宫之风起始于永乐时代，篡位皇帝朱棣极端残暴，大行肉刑，与之相随，自宫之风悄然兴起，为此魔鬼朱棣曾下"严自宫之禁"令。（《明太宗实录》卷239）明仁宗刚即位时，"长沙府民，有自宫求为内侍者"。皇帝朱高炽说："游惰不孝之人，忍自绝于父母，岂可在左右？发为卒戍边。"洪熙元年（1425），明宣宗登极，敕书内云:"在京工人犯罪被刑,剜刺已成残疾者,即与开除差役。"这一年行在工部奏:"旧经阉刺银匠周阿佛等七十六人,自陈老疾乞免役。"朱瞻基说:"刑余之人,其称老疾必不妄,令免役闲住。"(《明宣宗实录》卷3)由此看来,"肉刑在太宗朝未除也。至本年有军民任本等数人,自宫求用"。明宣宗降旨:"皇考时,有自宫者皆发戍交趾,此人尚敢尔耶? 即循例发遣。"随后不久,"宣宗又下太仆卿戴希文子怀恩,及前翰林庶吉士成敬于蚕室,岂仅禁自宫,而腐刑仍用耶? 宣德以后始废论腐,英宗禁自宫尤严,犯者俱成极边"(【明】沈德符:《万历野获编·内监》补遗卷1)。

宣德十年十月,锦衣卫镇抚司录见监罪囚以闻。小皇帝明英宗"诏释内官并自净身者十三人",并随后下令:禁止自宫现象再次出现。(《明英宗实录》卷10)

皇帝禁令是一回事,至于人们是否完全遵守,那还得要看那时的社会价值取向。众所周知,正统时代大珰王振牛气冲天,宦官势力日渐壮大,虽说当朝天子不时降下严禁自宫诏旨,但还是不断有怀揣着成为"王太监第二"之梦想的人们,不惜自身或自家子孙肉体的痛苦而纷纷实施自宫,"多希进用"(《明英宗实录》卷19、卷22、卷45、卷52、卷72、卷81、卷129、卷136、卷152、卷154)。而这样的事情一旦为正统朝廷所发现,处置起来都十分严厉,因此说那时的自宫之风还不算太厉害。

进入景泰时期,由于国家处于保家卫国、抵御外辱的非常状态,好多公侯伯权贵勋戚乘着国难混乱之机大肆"擅收阉者",这就大大引发了自宫风气的再度兴盛,那时连大明军中之人也有自宫。对此,新朝廷不断地降下旨令,坚决予以禁止。

发动南宫之变抢夺皇位的明英宗复辟期间,由于朝廷格外厚遇曹吉祥等宦官近侍,加之忠国公石亨、会昌侯孙继宗、广宁侯刘安等权贵势要大加擅收自宫之人(《明英宗实录》卷291),终使已经受挫了的自宫之风又强劲起来。对此,复辟朝廷曾予以严抑和打击。

不过话得说回来,无论当朝天子明英宗如何严抑自宫,已经有了相当基础的自宫之风非但没能被抑制下去,反而呈现出愈演愈烈之势。据当时的明代官史记载来看,天顺年间动不动就有几十号自宫者上求进用(《明英宗实录》卷304、卷317、卷335),而这样的情势一直到成化初期还在延续和发展。如成化元年(1465)八月,"山东即墨县民于旺等71人俱自宫求进,命执送锦衣卫狱罪之,发充贵州边卫军"(《明宪宗实录》卷20)。大约自成化六年(1470)起,自宫求进者人数开始突破百人规模,呈现出迅猛增长之势。成化六年二月,"有自宫求进者共206名"(《明宪宗实录》卷76)。成化十三年(1477)三月,"自宫以求用者积900余人"(《明宪宗实录》卷164)。成化十五年(1479)二月,"自宫者至2 000人群赴礼部,乞收用"(《明宪宗实录》卷187)。成化十六年(1480)七月,礼部上奏说:"自宫者至1 000余人,喧扰官府,散满道路,乞照旧例,令巡城御史、锦衣卫、五城兵马等官逐回原籍宁家。"成化帝回复:"可,限五日外,再有喧扰并容留潜住者,一体逮治不宥。"(《明宪宗实录》卷205)成化二十三年(1487)六月,"礼部以自宫人3 000余妄引敕谕事例在部告扰,乞行禁处"。明宪宗"命巡城御史、锦衣卫、五城兵马司逐之,以10日为限,寺观并势要军民之家有容匿者,治以罪"(《明宪宗实录》卷291)。

  明孝宗当政之初,自宫之风似乎有所减弱,但随后不久又开始反弹起来,且还十分猖獗。

  弘治三年(1490)正月,"襄阳之邻境频年旱荒,民有自宫者王俊等16人,襄王见淑奏乞留府应用"。礼部上言:"俊等故违禁例,长史不能谏王,请并治以罪。"弘治帝"命逮问俊等罪,讫仍发原藉为民,长史姑宥之。"(《明孝宗实录》卷34)

  弘治三年(1490)四月,明孝宗下令将原拟充军或遣回原籍为民的自宫者626名,皆发南海子编充海户。(《明孝宗实录》卷37)

  弘治五年(1492)十二月,礼部奉旨查奏:"先年自宫发遣充军宁家者内于刚等2246名,年籍相同周英等838名无从查核,又杜刚等212名不系先年发遣之数。"明孝宗"命于刚等发充南海子净军种菜,周英并杜刚等送户部编充海户,常令筑墙、种菜当差,逃者杀之。仍命礼部榜谕:'今后敢有私自净身者,本身并下手人处斩,全家发边远充军,两邻及歇家不举首者同罪,有司里老人等时加访察,有即执送于官,如有容隐,亦治罪不贷。'"(《明孝宗实录》卷70)

  弘治朝也算得上是严惩自宫了,但正如人们常说的那样:道高一尺,魔高一丈。那时的自宫者不仅不畏惧朝廷的严惩处罚禁令,而且还主动地送上门，纷纷前往大明午门外去击打那专门用于蒙冤申诉的登闻鼓，以求进用，这实在令人哭笑不得。

弘治六年（1493）正月丙戌日，有自宫者数百人击登闻鼓求进用。明孝宗"命锦衣卫并五城兵马执送镇抚司，根究治罪，以给事中魏玒违例接鼓，状下刑部，鞠问如律。"（《明孝宗实录》卷71）

弘治六年（1493）五月戊寅日，"安肃县人韩清等300余人复冒禁入京，击登闻鼓求进。礼部劾之，下镇抚司鞠问，送法司拟罪"。皇帝朱祐樘下令对自宫者拟判轻罚的法司官员予以处罚，并命"主使自宫及下手之人仍严限督捕之"。（《明孝宗实录》卷75）

最令今人可能觉得不可思议的是，弘治朝时还有亲妈对自己的儿子实施阉割，希冀进用。弘治六年五月，"军人马英妻罗氏自宫其幼男马伍，同居人丁买等发之"（《明孝宗实录》卷75）。

自家老妈阉割亲生儿子、数百名自宫者成群结队敲击登闻鼓以求进用，在大明帝国历史上出现如此前所未有的奇葩事情和"盛况"说明了什么？如果正像传统人们所说的那样，什么弘治中兴时代宦官势力遭受大抑，那么当时的人们也不会屡犯朝廷禁令、不顾自身肉体的痛苦而自宫为阉，以求进用吧。恰恰相反，那时的宦官势力在不断地上升，其业界人员自然也就成了社会追逐和仿效的对象。尤其是在中国这样没有多少宗教信仰的国度里，人们的价值取向基本上都是唯物的。要是当宦官的没有很大的权势和无利可图的话，想必当时的人们也就不会趋之若鹜了。

● 宦官魔爪伸向经济领域，吸取民脂民膏，祸害帝国各地

弘治年间宦官在经济领域的祸害其实不比前朝减弱多少，自皇帝朱祐樘登基起，这些特别的人群借着管理皇庄和王庄、外出采办和督造、镇巡地方、监督仓库收粮等各式各样的机会，奏讨盐引、贩卖私盐、兼并土地、索贿受贿、鱼肉百姓，无恶不作。

○ 巧取豪夺，兼并土地

弘治时代宦官对土地的兼并一点儿也没放松，他们往往利用办皇差的机会，狐假虎威，巧取豪夺军民土地。

弘治二年(1489)七月,户部尚书李敏等因灾异之变而上疏皇帝,说:很长一段时间以来,管理皇庄和王庄的"官校人等往往招集无赖群小,称为庄头、伴当、佃户、家人名目,占民地土,敛民财物,夺民孳畜,甚至污人妇女,戕人性命。民心伤痛入骨,少与分辩,辄被诬奏。"(《明孝宗实录》卷28)那么谁能拥有这么大的能量来诬奏?除了尚书李敏提到的"官校"外,还有就是受命办皇差的皇帝之奴才——宦官。当然如此诬奏所要达到的目的无非是为了吓退人们,从而在经济上捞到好处——宦官近幸们乘机占有土地,这是很久以来的公开秘密。弘治朝官史记载说:成化二十三年九月辛亥日,"保定府黑洋淀地100余顷,原系三千营牧马草场,为本营太监廖屏、带俸指挥万通占种,保国公朱永奏其事。遣给事中夏昂会同御史周南往勘。至是报,上命复之"。(《明孝宗实录》卷3)

弘治二年(1489)四月癸巳日,巡抚甘肃都御史罗明上奏说:"甘州官军积欠秋青草,而总、镇等官各据草湖相传为业,请令退出给军采草饲马,而各官量给数顷。"户部议定并上报给皇帝批准:"给太监200顷,总兵官百50顷,副总兵、监枪内臣各7顷,其余百顷以分给军士。各官既有饲马资,不得复支仓场草料。"(《明孝宗实录》卷24)

不过像上述这种兼并土地的手法毕竟档次不高,有些大牌的宦官完全可以大大方方地通过"合法"的渠道取得大片的田地,进而成为大地主。譬如太监陆恺就是这样一个牛人。

弘治元年(1488)五月,神宫监太监陆恺向皇帝朱祐樘奏讨土地。明孝宗下令,将保定府定兴县等处200顷田地赐予他。(《明孝宗实录》卷14)弘治四年(1491)五月,太监陆恺再次上请赐田,明孝宗命赐定兴县地172顷有奇。户部不肯,皇帝"以恺奉陵寝有劳,命姑从宽量与之"(《明孝宗实录》卷51)。弘治九年(1496)二月,陆恺第三次奏讨土地,朱祐樘又以故太监白俊武清县庄田76顷有奇赐之。(《明孝宗实录》卷109)两个月后的闰三月,陆恺第四次奏讨土地,明孝宗以故太监覃昌武清县庄田64顷赐之。(《明孝宗实录》卷111)

○ 争相奏讨、贩运私盐,破坏国家专控经济

占有土地果然能生利,但这样的生利周期性长,且还有自然灾

害的风险,那做什么样的事情能保证挣大钱呢？从成化朝起,很多勋贵势要和宦官近幸就将贪婪的目光盯在了大明帝国专控的经济行业——盐业,通过向皇帝奏讨盐引和办理公差之机额外私吞等手段,把国家的盐业之利源源不断地引入私人腰包。一旦要是你挡了他们的财路,那就有你好看的了。弘治朝也不例外。

弘治六年(1493),工部主事盛应期在山东济宁管闸,太监李广家人贩运私盐,经过济宁时,听人说起,盛应期六亲不认,他们赶紧将所运食盐丢入河里,迅速逃走。而后正好有南京进贡内官诬奏盛应期"迟误荐新船只",太监李广听后觉得有机可乘,旋添油加醋地向皇帝诬言一番。明孝宗下令,将盛应期下狱,后贬谪其为云南安宁驿驿丞。(《明孝宗实录》卷131)

正派又有能耐的好官徐恪以右副都御史之衔巡抚湖广时,"适藩王之国,中使载盐数百艘,抑市于民。恪捕其为首者置于法,盐久格不得售"(《明孝宗实录》卷197)。恼羞成怒的宦官随即唆使其同党在皇帝朱祐樘跟前诽谤徐恪。一年后,徐恪突然被内批为南京工部右侍郎——实为极大的羞辱。为此,徐恪"以升职不由外廷论荐,上疏自明,且求退甚力。朝廷勉留之,乃供职十一年,引疾乞休致"(《明孝宗实录》卷197)。

○ 监收仓关,敲诈勒索

弘治十一年(1498)十一月,监察御史胡献上奏说:"京、通二仓总督监督内臣,但遇收粮,每粮万石,索银十两,以每年军粮四百万石计之,人得银四千两;又各占斗给二三百人,使纳月钱。且监督收粮自有户部委官,此等内官只是坐受银两,有害无益。臣愿陛下尽行革去,只留一人,使掌敕书,则军斗获少息矣。京操军士来自数千里外,苦不可言。而总兵、坐营、都司等官,各分人己,使纳月钱,此何理也？乞严加痛革,以苏军士之困。"(《明孝宗实录》卷143)皇帝朱祐樘接奏后"下所司知之",即敷衍一下了事。

弘治十六年(1503)十一月,有位外廷官受命监收长安等门仓粮,曾上疏说:"过去每千石粮入城,守门内官索取千文,如今却增至万文之余；过去盘粮一般只差遣一名内官,其索取不过二三两茶果钱,现在每门又增设一员内官,而每员内官索取的银子已上升到了二十两,有的甚至高达三四十两,乞请皇帝降旨予以严禁。"皇帝朱祐樘接疏后下令:"命查勘明白以闻",即又来敷衍一场。(《明孝宗实录》卷205)

○ 采办督造,科害军民

弘治三年(1490)八月,巡抚云南都御史王诏等上奏说:"故镇守太监王举不遵诏例,造作奇玩器物,额外进贡,请以其物之重大难致如屏风、石床之类发本处库藏收贮,金银器皿熔化之,与宝石、珍珠、象牙、漆器等物,解送户、工二部备用,其寄养象只堪充仪卫者解京,不堪者付与近边土官,令出马以给驿递。"明孝宗下旨,令其一并解送来京。(《明孝宗实录》卷41)

弘治十五年(1502)七月,礼部覆奏:工部右侍郎李鐩所言止进贡以杜科罚事,谓:"各处镇守内外官,不以保障地方,爱养元元为心,乃假进贡以求容悦。在南方者有禽鸟、花木、鲜奇品货之贡,在北方者有马匹、果品等物之贡,名为自行备办,其实因而科,率军民被害不知纪极。请如鐩所奏,谕令各官:今后额外贡进尽行停止,违者并治以罪。"(《明孝宗实录》卷189)

○ 镇守巡视地方,搜刮民脂民膏

弘治三年(1490)五月,总督两广都御史秦纮上言:"内官和武将总镇两广者,多纵私人,以扰商贾,居私家以理公政,滥杀无辜,交通土官为奸,请严加禁绝。"(《明孝宗实录》卷38)

弘治八年(1495)九月癸卯日,进士高台上奏:"方今镇守官类多带从人,广营第宅,又恣其下营谋书记,主写文案,包替卒役,永充班头,需索民财,侵扰商人,阻坏盐法,亏害驿递,奸民又因之投充行户,以避徭役,骚扰地方,其害不一,乞皆禁止。"明孝宗"命下所司知之"(《明孝宗实录》卷104)。

弘治十一年(1498)十一月,兵科给事中艾洪上言:"各处镇守太监皆奇敛横索,以积货财为计,利归内官,则怨归朝廷,其流毒生民,贻患国家,盖有不可胜言者。乞赐查究,其系祖宗朝设者,虽未能遽废然,亦当痛加戒饬,以革其弊;其余添设地方,俱宜量取回京。"明孝宗"下所司知之"(《明孝宗实录》卷143)。

弘治时期，"内官吉庆出守金齿路，选京师恶少从行，括民财不遗锱铢，势若掳掠，所收货皆宝石，择最珍者椟以自随，籍扃一室，昼夜守之，群傔垂涎不能得，日谋所以死庆者。会庆病渴，各傔禁水弗与，医来私赂之，进金石药，庆燥极，呼亲信出椟中宝易水活命，得宝者复驰去不顾，庆突地而号，发焦肤裂死。从者各载货逃去，尸蛆逾月，官司方为瘗之。成化中无足论，若孝宗朝号极治，而中官之横至此，即滇南一方，而普天可知矣。"（【明】沈德符：《万历野获编·内监》补遗卷1）

南京守备太监刘琅"自陕西、河南镇守至金陵，贪婪益甚，资积既厚，于私第建玉皇阁，延方外以讲炉火。有术士知其信神异也，每事称帝命以动之，饕其财无算。琅有玉绦环，值价百镒，术士绐令献于玉皇，因遂窃之而出。或为诗笑曰：'堆金积玉已如山，又向仙门学炼丹。空里得来空里去，玉皇元不系绦环。'"（【明】陈洪谟：《治世余闻》卷8）

不过若要将上述史料记载中的这些内官与弘治朝宠幸大珰李广做个比较的话，那简直就是根本不值得一提。弘治十一年（1498）十月，"内官监太监李广之死，有中使至其舍，得簿籍以闻，皆中外官馈遗广者，或黄米若干石，白米若干石"。当朝天子大感不解地说："此妄也，吾尝至广第，岂足以容是米哉？"左右近侍内官赶紧解释道："所谓黄米者金也；白米者银也。馈遗者恐人知，故为此隐语耳。"（《明孝宗实录》卷142）

一个皇帝跟前当差的奴才居然受贿黄金若干石，银子若干石，要是当时有福布斯财富榜的话，我看这位宫廷内官大佬绝对会位居榜首。所以弘治十一年（1498）十二月乙未日，都察院在上呈给皇帝的奏章中说："故太监李广招权纳贿，赃物累钜万计，庄田盐货尤多。"（《明孝宗实录》卷144）看来这绝非为虚语，而是事实。

内外宦官，祸害多端；皇亲贵戚，为祸不息；藩王宗室，贪残日炽……孝宗治政，聿遵成宪，诸患并存，"弘治"受损。非但如此，到弘治末年时，大明帝国呈现出了令最高统治者未曾想到的另外一番景象："两畿人民频年困于灾伤，况为庄田、牧马、柴炭及马快等船丁夫所苦，穷愁怨叹……若山西、陕西连年供亿军兴，云南、两广发兵征剿贼寇，山东、河南、湖广、四川、江西重造孔庙，并诸王宫殿,民之财力大有不堪;浙江、福建等处派办各色物料比旧加增,官库所积往往取解赴京,率皆空虚……"(《明孝宗实录》卷203)"比来各处灾异频繁,而应天淮、扬、庐、凤、江、浙、湖、湘等处,苦于饥荒,北畿之民苦于应办,江西之民苦于力役,苏松之民苦于赋贡,松潘等处及南北沿边苦于夷虏,加以寇盗生发,贪残横行,赋役无艺,民失生埋。"(《明孝宗实录》卷206)

这是弘治十六年(1503)年底前,南北两京大臣在上呈给朝廷奏章中描述的其亲眼所见之状,由此我们可以这么说,"聿遵成宪"和"法祖图治"的明孝宗花了十六七年的时间整饬和"更新"帝国庶政却并没有真正让大明弘治起来,反倒是忧患多多。那么这位有着较好声誉的明朝中期一代"明君"在随后的时间里又将如何面对与处置呢?请看下章"图治遽止 遗憾纷至"。

第6章 图治遽止 遗憾纷至

大凡历史上的帝皇只要不是太混的话,一般都会在其治政之前期有所作为,中后期则往往会贪图享乐,怠政淫逸,最终弄得稗政百出,危机四伏。但从小就有着非常经历且又深受传统儒家理想熏陶的明孝宗朱祐樘的治国理政之路却与之不同,即位初期他"更新庶政""法祖图治",中期则怠政逸乐。而随后发生的种种情势之变化,又使得他猛然间清醒地意识到:自己治下的大明帝国并没有真正走上弘治大道,而是向着与原本理想相反方向滑行,于是再度发力,励精图治。可没料到,一场突如其来的"医疗事故"却要了他的命。弘治图治,遽然而止,遗憾多多,难以细说。

● 再度发力 励精图治

弘治帝晚年再次发力,励精图治,说到这样的话题,读者朋友很可能会觉得好笑,不是早就有人定性"弘治中兴",怎么到了末年的明孝宗还要励精图治?其实这正是长期以来人们对弘治朝历史和弘治帝治国理政之路的误读。

◉ 弘治帝治国理政的特别轨迹:法祖图治、面目一新→松懈怠政、危机四伏→再次发力、励精图治

笔者在前章中已经详述,皇帝朱祐樘在上台即位之初还是挺

不错的,整饬朝纲,"更新"庶政,奋励致治。但这样令人欣喜的局面仅维持了一段时间,随后渐渐发生了改变。弘治二年(1489)三月,监察御史司马垔因天变灾异而上呈谏言,其中有语:"臣近闻于道路,有曰传奉之途又将开矣,中外奏疏颇不亲览矣,前所斥内臣将取用矣,蟒衣玉带又滥与矣,耳目之好又将举矣,言事忤旨者又将罪责矣。陛下天性聪明,必无此事,然防微杜渐不可不严。臣又闻有旨:令南京织造阔副画绢,若果有之,伏望陛下留心于天下之大计,绝意于耳目之玩好,则敬德日隆,天眷日笃,宗社灵长之福,端在此矣。"(《明孝宗实录》卷24)

司马御史这般进谏显然是针对皇帝本人之过的,但此时已坐稳了帝位的朱祐樘却学起了他老爸明宪宗的样,将奏章下发所司知之。这叫什么?牛头不对马嘴。说白了,他无心于此,随后的结果可想而知。弘治六年(1493)五月,工科给事中柴升应诏上陈朝廷应办二事:一为"省灾异":"今四方灾变,守臣非不奏报,恐万几之烦未能遍及。乞敕内阁大臣分类条上省览,如涉军民里务,并召府部大臣面与商确,庶得以尽群情之异同,亦因以辨人才之优劣。"二则为"纳忠谏",谓"皇上初政,从谏如流。三二年来,渐觉小异。如西番贡狮,群论当却,今尚育禁中;如四方游食奸盗投充勇士等役,群论当汰,今延蔓愈众;又如日晏始听朝政,无故辄免经筵,西苑观游之乐,南城流连之戏,与夫别宫外宠之无名赏赉,释道杂流之夤缘传奉,群论已切,多未改革。乞敕礼部会官详议,悉与施行。"(《明孝宗实录》卷75)

柴给事中所述的也是针对皇帝朱祐樘本人的。可已经蜕变成"老油条"的明孝宗接奏后根本就没把这当回事,依然"命所司看详以闻"(《明孝宗实录》卷75)。而就在此前后,南京监察御史张昺、内阁首席辅臣刘吉等朝廷内外大臣都一一向上进呈谏言。大家对皇帝意见比较大的有这样几点:章奏没有及时批答或留中,传奉官开始"回潮"与逐渐泛滥,天子耳目玩好不断增多,忤旨言事受罚者日渐见众,尤为大臣们所着急的是,当朝皇帝早上视朝太迟、经筵久旷和不召见阁部臣僚商议国是。弘治帝在接到这类谏章后一般都能表面上表示愿意接受,或言不拒绝,但随后依然是我行我素。这样一来,时间长了,进谏者就越来越少。(《明孝宗实录》卷36)

弘治八年（1495）六月，一向凝重的昔日东宫老师、内阁第一辅臣徐溥也终于忍不住上疏，对于皇帝早朝越来越迟一事专门提出了规谏，并在最后说了这样一番话："伏望皇上远法祖宗旧规，近复弘治初年事体，每于黎明视朝，乘此早凉入宫奏事，则上可调适圣体，下使侍卫人等得以早休，四方外夷有所观法，亦敬天勤民之一事也。"史载：徐阁老的章疏送达御前，皇帝朱祐樘"嘉纳之。"（《明孝宗实录》卷101）但随后又没了下文。

半年后的弘治八年十二月，见到学生皇帝仍然迟迟临朝，且还痴迷佛道，徐阁老徐溥再次上言劝谏道："臣等待罪此地（指内阁），积岁累时，今经筵早休，日讲久旷，异端邪说，得以乘间而入，此皆臣等讲读不勤，辅导无状，不能事事规正，以启陛下之圣心，保陛下之初政，忧愧之至，无以自容。近数月来，凡奉中旨处分其合理者，自当仰承德意，不敢违越问，于民情有干治体相碍，亦不敢苟且应命，以误陛下，未免封还，执奏至再至三，迹似违忤，情实忠爱，似此者多，伏愿陛下垂日月之明，廓天地之量，俯加鉴察，曲赐依从。臣等益当勉策驽钝，庶几少有裨益。"（《明孝宗实录》卷107）

对于别的大臣上疏还能打个哈哈，敷衍一番，但对于从小一直教到大的徐老师、徐阁老的进谏可得要当回事，"涵养充实"的明孝宗在接到章疏后又"嘉纳之"，并说：这个意见提得好，本皇帝要好好采纳。那么弘治帝真的采纳了吗？没有。

又是半年后的弘治九年（1496）六月，徐阁老再一次上呈疏言，说："窃见视朝时候比旧渐迟，近日尤甚。皇上圣体至重，宜及早凉而出，日色既高，暑气渐盛，似非所宜。两班文武官员曝立日中，或面发赤红，或汗流浃背，此皇上所亲见也。至若午门外侍卫执役人等，俟候既久，困惫不胜，有弃兵卸甲，仰身高卧者，有昏晕倒地，搀扶出外者，朝贡外夷亦有混同，坐卧不就行列者。此等情状，皇上不得而见也，非惟不得而见，恐亦不得而闻也。况今圣节在迩，天下司、府、州、县官员进表将到，观瞻实多；北虏小王子使臣朝贡有期，谲诈难测，中间岂无识事体知典故之人，传之四方，播之外国，不无轻视朝廷，抑恐致生他变。此虽一事，所系非轻，臣等不言罪亦大矣。"最后徐溥劝谏道：以大明圣祖神宗早朝勤政之例为"圣子神孙万万世所当法守也。伏乞圣明留意。"（《明孝宗实录》卷114）

第 6 章　图治遽止　遗憾纷至

明孝宗接到徐阁老的疏文后还是十分有礼貌地说:"好的,朕接受这个谏言!"可随后依然是那副老样子。大约又过了半年,即弘治十年(1497)二月,性情温和的徐溥再一次上言进谏劝导,说:"臣等伏睹陛下临御之初,讲学修德,敬天勤民,无所不至。天下之人,皆以为尧舜之治可指日而俟也。近年以来,视朝渐迟,或日高数丈,殊非美事。臣等已尝屡言,不敢渎论。内殿奏事,旧制每日二次,若有紧急事情不时闻奏。今止一次,遂以为常。批答之出,动经累日,各衙门题奏本或稽留数月,或竟不发出,事多壅滞,不得即行。且本朝列圣,自洪武以至天顺年间,时尝面召儒臣,咨议政事。今朝参之外,不得一望天颜,所以通达下情者,惟在章奏。又不以时断决,其于政体,实为有碍。至于经筵、日讲,所以明义理、是非之端,陈古今治乱之迹,成就君德,裨益治通,惟在于此。今每岁进讲不过数日,去年春夏日讲止得三次,秋冬经筵止得一次,较之初政似有不同……工役繁兴,科派重叠,财谷耗竭,兵马罢敝,生民困穷,日甚一日,愁叹之声上干和气,荧惑失度,太阳无光,天鸣地震,草木妖异,四方奏报殆无虚月……"最后徐溥依然苦口婆心地规劝学生皇帝朱祐樘改弦更张,重回弘治初政之路。(《明孝宗实录》卷122)

明孝宗接奏后也依然口头上"嘉纳之",至于行动上的落实,直到弘治十二年(1499)九月徐溥去世时还没有开启。按照那时的惯例,内阁第一辅臣离去,第二辅臣依次进位。弘治中期,徐溥去后内阁首席辅臣是大学士刘健。刘健与徐溥一样,不仅是朱祐樘当皇太子时的老师,同样也是弘治朝经筵辅导官和内臣辅臣,因此无论从资格还是位势,他都负有辅佐之重任。自弘治十三年(1500)四月起,刘健刘阁老就皇帝视朝太迟和廷臣朝参奏事太少等老问题开始不断地上言,劝谏学生皇帝:"切惟自古愿治之君,必早朝晏罢,日省万几。是以祖宗视朝,俱在黎明以前,每日奏事二次,俱有一定时刻。窃见近来视朝太迟,或至日高数丈,奏事不定,或至昏黑方才散。本朝参侍卫人等,俟候疲惫,四夷朝贡人众,有失观瞻;各衙门文书政务,多致耽误。况今边方多事,丑虏纵横,辽东诱杀起衅,仇报不已,抢杀无算;延绥、大同官军丧败数至千百,兵疲将弱,难以支持;四方灾异,奏报相仍;云南地震,倒坏房屋一万有余,压死军民千数；各处民穷财尽，盗贼成群；京畿干旱，夏麦已枯，秋田未种，根本之地，尤为可虑。此正皇上忧勤惕励不遑暇食之时也。臣等辅导无状，实切忧惭，展转于中，不敢缄默。伏望皇上念祖宗创业之艰难，思今日保守之不易，怠荒是戒，励精是图，朝参奏事，悉复旧规，随事省览，因言采纳，以回天意，以慰人心，岂惟臣等之幸？实宗社生民之幸也。"明孝宗接奏后"纳之"(《明孝宗实录》卷161)，但随后便没了下文。

大约两年半后的弘治十五年(1502)八月，内阁大学士刘健又上言说："迩来勤励之志渐异于前，每日早朝不过数刻而起鼓，或至日高，宫中奏事止得一次而散本，或至昏黑，侍卫本之人筋力疲惫不得休息，百司庶府之事文书壅滞不得施行，一事之决，动逾旬月；一令之出，随辄废弛，群寮玩习，视为例如此，而欲久安长治，保无祸乱，恐亦难矣。臣等屡常言之，虽荷优容，旋复如故，夫祸乱未形，固宜言不见信，若祸乱既作，诚恐悔亦无及……"最后他希望学生皇帝于"清明之际，视朝听政，省览万几，一如即位之初，守而勿替，则威权在已，奸弊不生，刑政日清，灾异自弭，而圣治可保于无疆矣"。(《明孝宗实录》卷190)

明孝宗朱祐樘接奏后笑容可掬地"纳之"，但随后将之扔到了爪哇岛上。3个月后的弘治十五年十一月，内阁大学士刘健又一次上奏说："比者各处灾异叠见……各衙门奉旨言事……兴利除害，救灾补弊，汲汲行之，犹恐不逮，而乃迟留久滞，多至四五月，少不下一两月。事多牵制，不得施行。中外臣民日夜悬望，臣等忧惧莫知所为……兹当民穷财匮之时，抚绥之道、经理之事，有所未尽，而毙日益积，害日益深，天之谴告正在于此。非惟臣等忧之，五府、六部之臣莫不忧之，六科、十三道莫不忧之。皇上独以为不足忧乎？近来奏事，止得一次，而又多至日晡，各衙门接本官员或伺候竟日不得而回。堂堂朝廷，万几所在，如此举措，恐非所以勤励天事也。臣等之忧日甚一日，固尝屡以为言，而前项数本关系尤重，故不避烦渎，昧死再陈。伏愿圣衷惕然，警动奋发，干断速赐批行，仍于每日乘早奏事，严饬群臣，痛加策励，以上回天意，下慰民情，宗社幸甚。"(《明孝宗实录》卷193)

明孝宗接奏后再一次"嘉纳之"，可就是不在行动上予以落实。

刘健刘老师不甘心，随后又向学生皇帝上言道："我太祖高皇帝自谓，星存而出，不敢惰。太宗文皇帝自谓朝退未尝辄入宫中，不敢暇逸。列圣相承，宫中奏事，每日朝退一次，未初一次也，时刻不差。陛下即位之初实遵旧制，近年只奏一次，而又早晚不时。今冬以来，因东宫进药，上廑圣虑数日之间，奏事益晚。今经两月未复前规，或散本不及，日已昏黑。内外各衙门题奏，累二三日方得抄行，文案壅滞，政令稽缓，未有甚于今日者。臣等窃惟天下之事，至繁至重，且如惠泽之颁布，早一日则民先沾一日之恩；刑狱之断决，迟一日则人多受一日之苦。况骄虏得志，边患方殷，消息事机，在于顷刻。若一概迟延，所系非小。臣等内怀忧惧，食未甘味，寝不安席，因循展转，未敢辄以为言。今闻储宫康复，圣情悦豫，伏望陛下思祖宗付托之隆，念臣民仰赖之切，每日朝退及日中，乘神思清明、志气未倦之时，将各项章奏详加省览，早赐裁决，以振清平之气象，以贻永远之规模，使臣等得效涓埃，亦少逭旷废之责，不胜忧愧，激切之至。"（《明孝宗实录》卷 193）

诚如先前对待徐阁老进谏一般，皇帝朱祐樘对于刘阁老奏言也总能"嘉纳之"，但随后同样便没了下文。而就在此之前，兵科给事中张弘至对于弘治初政与中期之政做了 8 个方面的对比，虽说这样的对比不一定完全正确，但大致上还能让人看出个前后是非之端倪来："陛下……惟登极之初，裁革传奉官 500 余员，何近年来寖复举行，如匠官张广宁等一次传升至 120 余员，少卿李纶指挥张玘等两次传升至 180 余员，虚縻禄俸，滥污名器，此与初政异者一也；登极之初，首黜异端，进逐番僧佛子，追斩妖僧，何近年来斋醮不绝，縻费万计，此与初政异者二也；登极之初去邪无疑，如大学士万安、吏部尚书李裕朝弹夕黜，干断凛然，何近年来有被劾数十疏，如礼部尚书徐琼等，陛下犹赐优容，政务废弛，物情阂塞，此与初政异者三也；登极之初，圣旨有曰：'朕有大政，当召府部大臣面议'，何近年来未闻延召？君臣道隔，治体不张，此与初政异者四也；登极之初取回添设镇守烧造诸内臣，实苏民困，何近年来渐复差遣已回者，不久复去裁革者，又复重添，生事扰民，莫此为甚，此与初政异者五也；登极之初，慎重诏旨，虽左右近幸不敢轻为奏扰，何近年来陈情乞恩者，率令所司看详闻奏，及所司奏有窒碍者，圣断又复准行,幸门一开,夤缘无忌,此与初政异者六也;登极之初,兵部申明旧制,令该科存记,后有妄比事例,夤缘乞升者,指实奏闻处治,何近年来乞升者相继,如梁玺等八员升署都指挥佥事,郭鉉升都督同知,已经参奏,未蒙采纳,恩幸布路,名器日轻,此与初政异者七也;登极之初,光禄寺备办供应尚见节约,复有诏旨悉从减省,何近年来每多增添,不闻裁抑,动辄那借太仓银、赊取铺户物料、糜费浩繁,此与初政异者八也。凡此皆陛下已行者,乞敕该衙门厘正举行,务臻实治,特在陛下心身一转移之间耳。"(《明孝宗实录》卷157)

要说此时已有十几年皇帝工龄的明孝宗,对于自己的老师且还是内阁首席辅臣的徐溥、刘健之进谏尚不能予以真正接纳和落实,那更别提一个比七品芝麻县官还小的给事中之上疏谏言了,只见他接疏后匆匆地瞄了一眼,随即便"下所司知之"(《明孝宗实录》卷157),然后一切照旧。而这样的情势一致延续到了弘治十六年(1503)年底时还没有什么根本性的改变。换言之,在弘治"更新"庶政开启不久后的十余年间,皇帝朱祐樘本人并没有真正地坚持勤于政事,励精图治,将"新政"举措一一贯彻到底,这岂不是跟他从小就形成的谨言慎行之个性和"为祖宗守得法度在,惟恐有失"的"法祖图治"理念相悖了?倘若不是,这究竟又是为什么?在笔者看来,弘治帝之所以会有如此之为,其根本缘由就在于:

○ 绝对的专制→绝对的权力→绝对的随性→绝对的滥用

法国有名的启蒙思想家、法理学家孟德斯鸠曾说:"一切有权力的人都容易滥用权力,这是万古不易的一条经验。有权力的人们使用权力一直到遇到有界限的地方才休止。"(【法】孟德斯鸠:《论法的精神》上册,P154,商务印书馆1982年版)

孟德斯鸠的这番箴言告诉我们,任何拥有权力的人即使是自诩为真理化身者,在没有制约的情况下都会滥用权力,皇帝自然也不例外。而在中华帝国的历史发展进程中,秦朝开始就确立了大一统专制主义中央集权制度,皇帝拥有了至高无上的权力。但即便如此,从秦汉时代至唐代,专制皇权还有着一定的制约因素。比如丞相制度的存在,其本身就具有对皇权的制约作用。汉武帝时田蚡为丞相,"当是时,丞相入奏事,坐语移日,所言皆听。荐人或起家至二千石,权移主上"。这是说丞相田蚡入宫坐着向汉武帝奏事,而这一坐可能坐了整整一天,但皇帝还不能发火,只好耐心地听着;丞相举荐之人出任高官,皇帝也不能不同意。有一次,汉武帝实在耐不住了冲着丞相田蚡说:"君除吏已尽未?吾亦欲除吏。"(【汉】司马迁:《史记·魏其武安侯列传》卷107)

隋唐时代将原先的丞相府一分为三,即确立"三省六部制",其设计宗旨就是将原来过于集中的宰相权力进行"三分":中书省是中枢决策和最高出令机构,主要负责从皇帝那里取旨、起草诏令;门下省是参谋、制约的机构,主要是审核中书省所草拟的皇帝诏敕,如果有异议就有权封驳中书省所拟。换句话来说,凡是军国大政,都由中书省预先定策,并草拟好诏敕,交给门下省审议并向皇帝复奏,然后再交付给尚书省颁发执行,这是从上到下的权力运行中的分权机制;倒过来,从下到上呢,如果地方上或中央各部门有事要上呈奏章,重要的就必须要先通过尚书省再交给门下省去审议,门下省认为可以的,才送中书省呈请皇帝批阅或草拟批答;门下省如果认为皇帝批答不妥,则有权驳回修改。(【宋】黎靖德:《朱子语类》卷128)由此可见,唐朝时专制皇权还是有着一定制约的。

宋代时从表象来看,其承继了唐朝的传统,在中央权力机构的设置方面是一如唐制,而实际上宋代将国家的行政、军事、财政三大部分权力分割到了三省中的中书省、枢密院和三司,这就形成了宰相、枢密院长官枢密使和三司长官"计相"三司,使他们三者之间的事权不相上下,不相统摄。而在宰相的设置上,一来宋朝往往设置比唐朝还要多出好几个的宰相,二来在设置唐朝意义上的三省长官为相的同时,宋朝还设立了"参知政事"作为副宰相,来分割宰相的权力,应该来说,宋朝的宰相制度是一个重要的变化时期,宰相设置的几度变化体现了皇权的强化,但宋代多人出任宰相和副宰相这种根本的分权精神还是保留了下来。虽然宋朝的三省从制度上的最初并存,到南宋中后期逐渐地演化成一省了,但宰相制度始终存在着,无论怎么说都是对皇权起到一定的制约作用。而这样的一省宰相制度随后又为元朝所承继、改造和利用。(详见笔者拙著:《大明帝国》系列之②《洪武帝卷》中册,第7章,东南大学出版社,2014年1月)

朱元璋开创大明帝国后,借着所谓的胡惟庸谋反之事大做文章,罔顾史实、巧舌如簧地说道:"昔秦皇去封建,异三公,以天下诸国合为郡县,朝廷设上、下二相,出纳君命,总理百僚。当是时,设法制度,皆非先圣先贤之道。为此,设相之后,臣张君王之威福,乱自秦起。宰相权重,指鹿为马。自秦以下,人人君天下者,皆不鉴秦设相之患,相从而命之,往往病及于国君者,其故在擅专威福。"(【明】朱元璋:《高皇帝御制文集·敕问文学之士》卷10;【明】黄佐:《南雍志·谟训考下》卷10)洪武十三年(1380)正月,在处死丞相胡惟庸时,明太祖宣布废除在中国历史上延续了1 500多年的宰相制,宰相之职由皇帝自己来兼任,君权与相权集于一人之手,君主专制主义达到了历史新高。

换言之,自那时候起,位于全国权力金字塔的塔尖的大明天子,既是帝国的最高之主,又是政府的首脑,其权力几乎不受任何之约束。皇权不受任何约束,即拥有绝对的权力。英国著名的政治思想家阿克顿勋爵对于这样的权力结构有着精辟的阐述:"All power trends to corrupt, and absolute power corrupts absolutely."译文应该为:"权力导致腐败,绝对专制导致绝对腐败。"这也就是著名的阿克顿定律。(参见【英】阿克顿:《自由与权力》,商务印书馆2001年1月版,P342,原中文版译文不确切,在此已作修改)

而有明一代自永乐起又进一步强化绝对专制皇权,宠信和重用宦官,逐渐确立从中央到地方的权力机构双轨制,使得宫廷奴才成了维护绝对专制皇权的核心力量和支柱。这样的情势经过100余年的发展,到明朝中期时变得愈发"完善"。因而人们见到那时候的皇帝爱怎么干就怎么干,世上已无人能左右得了他。不过,由于自小起接受的正面教育占了主导地位,加上对于父亲在位期间出现的弊政有着一定的切身感受,所以登基即位之初在对皇帝工作充满新鲜好奇之心的驱使下,明孝宗确立了传统社会理想守成"圣君"作为自己的奋斗目标,"聿遵成宪""法祖图治""更新庶政"。可一旦时间稍久了点儿,他便发现:原来皇帝工作很枯燥、很无味,加上自身身体状况不佳,很难应对日理万机的工作,于是就来个消极怠政。因为明代确立的是绝对君主专制体制,所以随意使用皇权,随意让人传旨,升赏近幸和派遣内官外出监管、采办,等等,这都是当时绝对专制主义皇帝家的事情。换言之，绝对的专制确保绝对的权力，绝对的权力导致绝对的随性，而绝对的随性必然会导致绝对的滥用。

○ 弘治帝身体一直不太好，在明代列帝中可能是最差的一个

从明朝列帝整体情况来看，明孝宗可能是个人素养与品德最高的一个，但同时也是身体状况最差的一个。在前章中我们已经说过，朱祐樘自从娘胎里形成生命起就遭受不幸，"万贵妃知而恚甚，令婢钩治之"（《明史·后妃一·孝穆纪太后》卷113），即说万贵妃让人给朱祐樘生母强制灌入堕胎药，后来明孝宗的头顶上有一寸左右的地方不长头发，"或曰药所中也"（《明史·后妃一·恭肃贵妃万氏》卷113）。到了出生以后，东躲西藏暂且不说，小朱祐樘被"哺粉饵饴蜜"，即说他虽为皇子，却靠着饴糖蜂蜜一类勉强活了下来。（《明史·后妃一·孝穆纪太后》卷113）明清之际的史学家查继佐在《罪惟录》中曾记载说："孝穆（指纪氏）侍上（指明宪宗）内藏，生孝庙，虽监（张）敏露之，太皇白之，上不敢令万（贵妃）知，托宫墙纪往视。孝庙自败垣出，时尚束布裙。上问：'谁为汝衣？'曰：'姐姐。'问：'何食？'曰：'干盐饭。'上侧然。仁寿宫太后抚养之。"由此我们大体可以认定，明孝宗先天受损，后天童年又营养不良，虽然后来6岁时被皇奶奶接去抚养，开始过上了好日子，但这个皇奶奶即周太后长期吃斋念佛，又在相当程度上影响了小朱祐樘。小朱祐樘在东宫当皇太子时常常喜欢偷读佛经，（《明史·宦官一·覃吉》卷304）并形成了以素为主的生活饮食习惯，即使他后来当了皇帝也依然如此。明代后期文人笔记记载说："人主御膳用素，惟孝宗朝为甚。每月必有十余日斋。"（【明】沈德符：《万历野获编·历朝·御膳》卷1）一个月当中十几天都是吃素，明孝宗的身体之弱可想而知。

对此，明朝官史也有一定的反映。成化二十三年（1487）十一月壬戌日，也就是18岁的朱祐樘继承皇帝大位两个月不到，他便下令免朝（《明孝宗实录》卷7）。弘治二年（1489）八月戊申日和己酉日，才20岁的明孝宗又下令两日免朝。（《明孝宗实录》卷29）十月丙午日，他再下令免朝。（《明孝宗实录》卷31）

当时已有大臣敏锐地感觉到，年轻皇帝身体可能有问题。弘

治二年(1489)十月丙戌日,南京户科给事中罗鉴等以灾异而上言四事时就曾这样说道:"乞视朝之余,数召大臣,切劘治道,日亲儒学,调护圣躬。"(《明孝宗实录》卷31)5个月后的弘治三年(1490)三月,内阁大学士刘吉等在上言进谏中则说得更加明白:"最近臣等在阅读言官刘聪等人的奏本,奏本中的建议归纳起来不外乎两点,一是请皇上勤于经筵进学,二是请皇上早出视朝。不过臣等觉得,皇上圣体禀赋与先帝不同,先帝壮盛充实,一般大臣有什么奏请和讲学时间长一点,他一点儿也不显得困倦。而皇上您圣质清纯,一旦有什么欢庆宴乐活动,就不免要受累了。伏愿自今以后念祖宗付托、储副继嗣为重,于凡宴乐、游观及所嗜好之事,悉从减省;于讲学、视朝之暇,惟安静身心,保养天和,调摄饮食、衣服、饥饱、寒暖之节,则圣体日壮,福庆弥增,左右或有请先帝故事游乐者,皇上必以太祖、太宗典故斥退之,盖祖宗令节宴游自有时,皇上取法于祖宗可也。又臣等每日侍朝之际,拱听玉音似为微弱,各官承旨亦未免听闻不真,伏望今后玉音稍加洪亮。至于北虏使臣朝见之日,尤乞留意宣谕,臣等不胜惓惓至愿。"(《明孝宗实录》卷36)

刘吉的这番话至少向我们透露了两个信息:第一,明孝宗身体远不如他的父亲明宪宗,一参加欢庆娱乐活动就会身体不好;第二,弘治帝说话声音轻。其实不仅在刘吉的上呈奏章中说到当朝天子玉音微弱,同时代的文臣陈洪谟在笔记中也有相同的记载:"旧例通政司奏事,各衙门承旨,惟刑部、都察院同为一法司,并立听候。如旨云'法司知道',两衙门俱跪而应。若止云'刑部知道',惟刑部堂上官承旨。云'都察院知道',惟都察院官承旨。玉音微低,不免混听,则具本认罪。时白司寇昂(即刑部尚书白昂)每次不差,闵都御史珪(即都御史闵珪)屡差,俱蒙温旨不究。李阁老东阳与闵俱甲申进士,因会同年席上谓闵曰:'今早年何以又差?'闵答曰:'某一时听不真。'李曰:'白公只有一耳,何以听真?年兄有两耳,何听不真?'众皆愕然。李徐笑曰:'刑部字止一耳,都察院非两耳而何?'一座辗然称善。"(【明】陈洪谟:《治世余闻》卷2)

由此看来,弘治帝说话声音轻是当时不争的事实。而在我们现实生活当中,如果你仔细观察的话就会发现:说话声音轻的人,往往是中气不足,他的身体状况也不见得会好到哪里去。就此而言,当时的官史中有着很多弘治帝体弱多病的史实记载。

弘治四年(1491)九月丙戌日,朱祐樘突发感冒,"传旨欲调理数日,暂免视朝"。大学士刘吉等闻讯后于第二天具奏问安。弘治帝回复:"朕今服药,疾势暂退。卿等各安心治事,文武群臣英国公张懋等上奏批答亦如之。"(《明孝宗实录》卷55)十几天后的戊戌日,他又传旨谕诸司,说:"朕疾虽平,但气体尚弱,更须调理数日,且免视朝。"(《明孝宗实录》卷55)

不就是一场感冒,休息了12天还不行,再要调理数日。由此可见,当时只有22岁的明孝宗之身体也够差的了。

弘治十三年(1500)八月底的辛亥日,内阁大学士刘健等上言:"今早太监萧敬传示圣意,夜来大祀社稷,因圣躬偶有微疴,遣官行礼。臣等仰惟皇上一身为天地神人之主,正宜保重,因疾遣官,乃是一时权宜,于礼无碍,而圣心犹歉然不宁,尤见敬事神明之诚,必能昭格于上。臣等窃闻:医书有云,诸疮痛痒,皆属心火。今年暑气倍常,恐有余热未退。伏愿皇上善加调摄,早遂康复,以慰臣民之望。臣等犬马之忧,不胜惓切。"明孝宗"慰答之"(《明孝宗实录》卷165)。

四个月后的弘治十三年(1500)十二月底,内阁大学士刘健等上言:"今早太监李荣传示圣意,因连日奉侍两宫勤劳,少须调理,今日视朝稍迟,特谕臣等知之。臣等仰见圣孝笃至而不忘勤政之心,无任欣幸,伏望善加调摄,用保安和,尤望圣明常存此念,早朝宴罢,躬理万几,儆戒无虞,不自暇逸,以慰中外臣民之望,岂惟臣等之幸,实宗社无疆之休也。"(《明孝宗实录》卷169)

弘治18年间朱祐樘最严重的一次生病是在弘治十五年(1502)与十六年(1503)交替之间。当时官史记载:弘治十五年(1502)十二月辛亥日,"时上(指明孝宗)偶感风寒,传旨暂免视。朝文武大臣各具奏问安"。朱祐樘回复:"朕服药调理,气体渐和,卿等具奏问安悉忠受,所司知之。"(《明孝宗实录》卷194)6天后,文武大臣复有奏问安,并这样说道:"今天气隆寒,乞若时谓护视朝之期,请再宽旬日。凡臣下应引奏及谢恩见辞人员,请暂令所司封进请旨。"明孝宗回答说:"览宽卿等言俱悉诚意,事应引奏见辞,谢恩者各具奏以闻。"(《明孝宗实录》卷194)

弘治帝这一次生病一直到第二年的正月底还没好,史书记载:弘治十六年(1503)正月乙未日,内阁大学士刘健等上言:"伏自圣体违和以来,一月有余未得瞻奉天颜,臣等犬马之忧,殊切恋慕,连日太监陈宽等传示:'圣体日就康复,视朝有期。'瞻奉非远,不胜忻忭。窃意新愈之际,尤宜倍留圣意,善加调摄。盖凡疾疢之作,必由起居之不时、饮食之失节、喜怒之乖常,而荣卫不顺,其轨脏腑不得其职,精神不安其舍之所致也,是以保身之术,调摄为上,医药为次之。今气体初愈,未全复常,倘保获欠足,小有触犯,则虽有医药亦难为力……"(《明孝宗实录》卷195)

一个人身体好又具有积极向上的进取之心,自然就会有所作为;但若他身体虚弱,即使有再大的雄心壮志,那也白搭,退一步来说,哪怕是正常工作,恐怕他也很难做得好。对于自身体弱多病,朱祐樘十分明了,在当时流行的心学影响下,由养心入手,进而发展为养病,随之,拥有绝对权力的帝国第一人也就逐渐怠政、荒政,沉迷于养生爱好与逸乐的世界里。

○ 尽管弘治帝并不好女色,但个人喜好还是挺多的,因此他平时很"忙"

就如当今宅男宅女一般,明代中期以后绝大多数的皇帝都喜欢待在宫里头,悠哉乐哉。见此,很多读者朋友或许会感到好奇:过去又没有网络,长年累月待在宫里头有什么意思?其实这正是我们普通人所无法理解的。皇帝朱祐樘因为身体不好,不能长时间进行正儿八经的学习或工作,所以他平日里经常忙活一些自小就形成的独特喜好。

◎ 弘治帝一生中的第一大喜好是学习医学和养生

我们民间有句老话,叫久病成医。这就是讲一个经常生病的人由于自己注意调理和对医理的熟悉,很容易成为医学行家或爱好者。现在我们讲的明孝宗就是这么一个人。明孝宗的医学知识极可能是从太医院的医生那儿学来的,因为身份搁在那里,昔日为皇太子,如今为大明帝国第一人,一旦有个头疼脑热的,给他看病的首先是太医院里的医生和院领导。体弱多病的皇帝时不时地召

第 6 章 图治遽止 遗憾纷至

唤，太医院里的医生和院领导自然也就为当朝天子所熟悉了。弘治元年(1488)八月，礼部奉旨会考太医院医士，请留吴绶等20人，御药房供事李宗周等15人退回太医院应役。明孝宗命令于退回之数中再留朱佐等5人。(《明孝宗实录》卷17)至于为什么要再留朱佐等5人，明代官史没说理由，笔者推测，大概皇帝对这5人的医学本领还是认可的。弘治二年(1489)九月，太医院院使施钦上言："陈俊等6人因为是属于前朝的传奉官而被降职，供事于御药房用药，皆有效，请予以升赏。"明孝宗随即下令，"升太医院冠带医士陈俊、宫良、宁铨、吴绶为本院御医，聂整、朱俊为吏目。"(《明孝宗实录》卷30)

弘治四年(1491)五月，太医院院判出缺，按照惯例应该由太医院向上推荐1名候选人，吏部审核认可后，该候选人即可赴任。但当时太医院推荐了一个叫徐生的御医，徐御医的同事许观闻讯后出来举报：先前本院会考御医、医士，并声明考试成绩居于二等者不当越次补官，徐生考试成绩只有二等，故而他不能作为院判的候选人。吏部听说后上"请于考中一等御医内举用"。明孝宗发话："既有前例，吏部仍会礼部、太医院同御药房太监推选。"吏部随即覆奏说："旧例太医院员缺，先呈本部具奏，乃下本院推举，送部除授，无同内臣推举事例。"皇帝朱祐樘获悉后很不高兴，说道："既不必会选，徐生曾用药有效，升院判！"科道官听说后也纷纷上奏，弹劾徐生。明孝宗接奏后气愤地回对说："御医专以用药有效为功，(徐)生用药曾效，因此升职，尔等何乃有此言。"(《明孝宗实录》卷51)

由上我们不难看出，皇帝朱祐樘对于太医院的医疗工作者及其医学知识还是有着一定了解的。那时的官史也曾记载说："时上(指明孝宗)好医药"(《明孝宗实录》卷202)。怎么个喜好法？史载：弘治中后期皇帝朱祐樘曾到北京南城去，在太监张愉开设的药局里制作药丸，随后将它们赏赐给臣民服用。由此因事被降职为太医院官生的奸佞小人刘文泰得到了鞍前马后奉承大明天子的机会，遂"以此被宠赏赐无算"。那时弘治帝兴致盎然，泼墨挥毫，为药局题写了匾额，甚至还给人开起了药方来。(《明孝宗实录》卷202)

如此这般下来还觉得不过瘾，皇帝朱祐樘又让司礼监太监萧敬上翰林院和太医院去传旨，叫他们将他极为喜欢的旧本《本草》

删繁补缺，纂辑成书，以便阅读和使用。但因为大学士刘健等对太医院拟派官生刘文泰等纂修、誊录《本草》一事提出了委婉的质疑和不学无术的刘文泰只想"攘以为功"而故意推逶，弘治帝最终还是让掌太医院事右通政施钦组织人员"自行纂修"。施钦领命后"遂具官生并儒士、画士47人名上"，在取得允准后于北京南城开局纂修《本草》。(《明孝宗实录》卷202)《本草》一书大概纂修了两年，一直到明孝宗死后、明武宗上台之初才大功告成。(《明武宗实录》卷4)

◎ 弘治帝一生中的第二大喜好就是读书和编书

可能是由于身体不好的缘故，朱祐樘从小起就喜欢读书，"在宪宗时（朱祐樘）栗栗，只畏进学修德，无少暇逸"(《明孝宗实录》卷224)。除了阅读传统的儒家经典和皇家顶级教育规定的读物外，他还喜欢看佛经。当了皇帝后，明孝宗"闻太宗《永乐大典》贮于文楼，取置宫中，时自省览。又尝命内阁，录累朝御制诗以进"(《明孝宗实录》卷224)。

喜欢读书的人一般来说他的文化素养都不会低，尤其身为帝国第一人是个读书爱好者，那么对于帝国文化来说无疑是一大幸事。明孝宗爱好读书，且喜欢编书。弘治时代由皇帝出面组织相关人士编辑出版的书籍，除了《明宪宗实录》和前面讲过的《大明会典》、《问刑条例》和《本草》外，还有两部大书，一部叫《历代通鉴纂要》，此书大概是在弘治十六年(1503)前后由内阁大学士刘健、李东阳等领衔主编(《明孝宗实录》卷202)，南京太常寺卿张元祯(《明孝宗实录》卷204)、掌詹事府事礼部尚书兼翰林学士吴宽(《明孝宗实录》卷214)、左春坊左庶子张天瑞(《明孝宗实录》卷215)等文臣负责具体的实际事务。《历代通鉴纂要》一直到正德二年(1507)六月时才编纂完成(《明武宗实录》卷27)。

另一部大书叫《诗海珠玑》，它可能相当于现代人所说的历代诗歌选集。因为相比于阐述治国大道的儒家经典来说，诗歌在正统士大夫的眼里"无补治道"，所以皇帝朱祐樘没敢"惊动"当时在朝的硕学鸿儒，而是通过传旨的方式，将在朝廷文华殿、鸿胪寺、光禄寺和太常寺等机构任职和办事的文职人员组织起来，进行集体纂修。弘治十六年(1503)十月，纂修《诗海珠玑》开工，皇帝朱祐樘令人传旨，升"文华殿办事、鸿胪寺左少卿周惠畴，光禄寺卿张骏，太仆寺少卿李纶，太常寺寺丞张晖，鸿胪寺右寺丞高岱，尚宝司司丞华英，中书舍人仝泰、杨立、纪世梁，鸿胪寺司仪署署丞朱天麟、鸿胪寺序班王杲、李凤、何祚、董泽、任鼐、王荣、胡楫、仝鈫、周文达、沈澜、卢伯良、袁赞官各一级，令吏部查拟应授职事"。哪知吏部接旨后立即进谏，反对皇帝编撰此书和擢升相关的编撰人员，说："诗韵小书，无补治道。本朝凡升授官员，武职必真有军功，文职必因其出身，循资渐进，乃各论奏授职，虽馆阁修书，非事体重大者，亦赏而不升。今以无益之书而辄升级加禄，窃恐医卜技艺之流援以为例，一有征劳，辄觊优典。他日末流，何有止极？乞收回成命，庶几少救其弊。"言官们听说后更是不甘落伍，吏科都给事中王洰、监察御史顾潜等亦交论其事。明孝宗"俱不允"。这时吏部只好再次上言说："昨成命已下，其间如张骏、纪世梁及王杲、李凤等十三人，亦自知事小功微，传升非美事，俱具奏辞免升职，此十三人者请另行奏处。今拟周惠畴为光禄寺少卿，李纶为太仆寺卿，张晖、华英鸿胪寺少卿，高岱太仆寺寺丞，仝泰、杨立大理寺评事，朱天麟鸿胪寺主簿，袁赞鸿胪寺署丞，俱带俸仍旧办事。"明孝宗认为这样的处理还不到位，遂"特命周惠畴升尚宝司卿，余各准拟升授。"(《明孝宗实录》卷204)这本书在明孝宗在世时就完成了编撰工作，也可算得上是他对文学史的一个贡献。

◎ 弘治帝一生中的第三大喜好是酷爱绘画、书法和戏曲

可能是受到父亲明宪宗的影响，朱祐樘对于绘画似乎也有着特别的喜好，在即位后没多久就下令给"各处守臣访取画士"，这儿所说的"画士"，就是相当于我们今天经常看到的那些头上戴了八角帽、身上穿戴着稀奇古怪的"画家"。不过古时候的"画士"可不像现在"画家"那样，随便弄张画出来，找一些托儿，轻轻松松地挣上几百万，甚至上千万。那时的画士不仅挣不到什么大钱，且身份地位还低下，这是由于中国传统社会长期轻视技艺等不当制度所造成的。不过明孝宗在这一方面似乎很另类，比起乃父来更加执着，弘治初年就让人在全国各地访取技艺精湛的画家，送入宫中，

然后传旨擢升他们为官员,并拜他们为师,学习绘画。为此还引得朝廷内外臣僚的非议。弘治七年(1494)十一月,工科右给事中柴升上言说:"臣往时闻有令旨,各处守臣访取画士,以为风闻,不敢妄言。及见山东副使杨茂元所奏,内司礼监太监覃昌等传旨,始得其实。臣窃以此等事端断非圣心之所乐为,或出于左右之人阴谋巧伺,误投圣听,特陛下不察,遂成其私耳。已而山西镇守太监刘政奏送画士白玺等十八人,俱送御用监,是则画士之索不止山东,殆将遍于天下矣。无乃陛下真欲充耳目之玩、侈心志之好邪?仰惟皇上临御以来,不役耳目,百度惟贞,何乃一旦转移,遂至于此。纵使万几之暇将欲游心翰墨,玩情图籍,亦惟求之秘府所藏,何暇纶音招延,四方宣播?诚非所以崇圣德、扬休声也。况比来天灾时变,在处水旱虫荒,是皆不能不贻九重之忧,奚暇留意于此!伏望大施刚断,将取来画士仍各遣回,未来者止令勿来,庶不眩惑群听,有坏清明之政。"工部官员闻讯后也覆奏说:"画士访求,虽若细务,四方观听,所系匪轻,且此辈倘蒙收录,朝夕乘间,亦足上移圣心,乞如升所言。"明孝宗接奏时内心十分坚定,但场面上还是比较委婉地回答:"待各处送到时处置。"(《明孝宗实录》卷94)而后,兵科给事中蔚春也上言进谏,乞请皇帝黜斥画士,施行"正事",朱祐樘接到章奏后命所司知之。(《明孝宗实录》卷95)

弘治朝时来到朝廷供事的画士可能有很多,其官位有百户官,也有千户官,这是明孝宗通过传旨而授予的官职,从制度程序的合法性来讲是有问题的,因此也就引起了朝廷内外大臣的非议与不满。(《明孝宗实录》卷164)但朱祐樘对此基本上不予理睬,甚至还与之对着干。弘治十七年(1504)三月,"锦衣卫带俸指挥同知、画士殷偕自陈年老,乞命其子宏代职"。兵部闻讯上奏说:"以旧制非军功不世袭,偕夤缘图冀非望,不可许。"明孝宗"特许其代"。圣旨下达后,兵部尚书刘大夏等又执奏:"以爵赏天下公器,非人主所得私此等安坐而食,既得美官又传之子孙,边方将士闻之谁不解体,且引唐德宗官献瓜果者,纳陆贽言而止以为喻。"但弘治帝就是不接受刘大夏的谏言,"乃命(殷宏)为锦衣卫百户仍带俸"(《明孝宗实录》卷209)。由此可见他对画士殷偕父子的喜欢了。

在我们生活中,与绘画常常相提并论的是书法艺术,明朝也不例外。明孝宗在喜爱上绘画的同时,对书法艺术也愈发痴爱。明代官史记载:弘治十一年(1498)六月,皇帝朱祐樘"命故翰林学士沈度孙世隆为中书舍人,内阁制敕房办事。盖上善书,雅好度书法,尝有旨命访其子孙。至是,礼部以世隆应诏遂有是命。"(《明孝宗实录》卷138)当时有文臣这样说道:"上(指明孝宗)好写沈字,盖沈学士名度字民则,松江人,以善书名于先朝。某筮仕时,自左顾门接出题本,窃观朱批清逸丰润,询之先达,云:'此御笔也。'实类沈体。又闻尝命礼部征其子姓,得度四世孙世隆,特授中书舍人。且宣索其家,得其遗像卷,因抚而叹曰:'沈先生出矣。'卷有杨文定溥所著传,文贞士奇、文敏荣、金文肃幼孜、胡祭酒俨、曾学士棨诸赞。并留内府,不复降出。"(【明】陈洪谟:《治世余闻》卷1)

从上述的记载来看,弘治帝不仅是书法家沈度的"粉丝",而且还能写一手的好字。但凡练过书法的人都知道:要想写好字,第一要有好心态,第二要经常练习。加上书画等类的艺术珠联璧合,明孝宗对之又钟情有加,如此下来也就难怪他在宫中忙得不亦乐乎。弘治中期有个叫叶绅的言官曾一语道破了当朝天子怠于政事、荒于圣学的秘密:"迩来经筵稀御,日讲不举,画工、琴士承恩于便殿,教坊杂剧呈技于左右,此圣学所以少怠也。"(《明孝宗实录》卷124)

酷爱绘画、书法、乐曲和戏剧,喜欢读书、编书和学习医学,注重养生,这是一个人的个人喜好与习惯,本来是无可厚非的。但在一个几乎没任何因素制约的绝对君主专制社会里,位居权力金字塔塔尖上者的个人喜好或随性之举都可能会引来意想不到的危害或言灾难。明孝宗拥有这么多的喜好,从常理角度来说无非是向文化艺术界和医学养生界的专业"大师"学习学习,或者将他们请到宫里来当面请教。但在中国这样极其讲究等级的专制国度里,要想把没有身份地位的人请到宫中,就必须得将他们的身份与地位做些晋升和提高。而对于身份与地位的提升,当时大明帝国又有着相当严格的条件限制和程序规定。譬如:文职必由科举,再经吏部办理相关程序和手续;武职必由军功,再经兵部办理相关程序和手续。不过有一条特殊的路径可做变通,那就是皇帝特批,即皇帝直接下达圣旨,封官晋位。这些由皇帝直接下达圣旨而得以封官晋位的人在当时有个专门的名字叫"传奉官",爱好多多的朱祐樘父亲朱见深经常使用此项"绝活","造就"了一批批的传奉官,于是戏子、画师、技工、算命先生、方士、道士、和尚、国师、喇嘛、房中术高手……一一走进了明皇宫,三教九流和社会边角人物都成了大明天子的座上宾。弘治朝开启时新朝廷曾一度予以清除,但随后不久,同样兴趣爱好广泛的明孝宗朱祐樘也步起了乃父的后尘,一次次地命令中官传旨,将一个个文化艺术、医学养生、佛道方术和建设营造、采办织造等诸多领域的"超级大师""杰出贡献者"都塞进了大明公务员的行列,遂致传奉官再度泛滥。对此,朝廷内外文武官员一再进言:"祖宗稽古建官,各有定额。近年始有额外传升、乞升之官,陛下登位之初,亦尝深知其弊而痛革之矣。然去者未几,而复进革者。未几而复传前此……今复传升不已,文职则少卿、寺丞等官,武职则指挥、千户等官。夫士子砥砺名节,武人冲冒矢石,积以岁月,始得一阶。今杂流末艺,乃坐而得之,文武之士,孰不解体?乞俱革去新升职衔,仍令以旧职役供事,庶幸门可塞,而民困可苏。"(《明孝宗实录》卷157)

但弘治帝对于这样的谏言要么不从、不听,要么就说"各官(指传奉官)俱内府供办有劳,既升用矣,其置之"(《明孝宗实录》卷157)。正因为当朝天子拥有这般态度,所以弘治时的传奉官人数呈现出直线上升之势,弘治十二年(1499)九月以前为 540 余人(《明孝宗实录》卷154),弘治十二年十二月时为 790 余人(《明孝宗实录》卷157),弘治十三年(1500)五月时文职为 841 人,武职为 266 人,总计已达 1 107 人(《明孝宗实录》卷162),弘治十四年(1501)八月时文职为 890 余人,武职为 290 余人,总计达 1 180 余人(《明孝宗实录》卷178)。弘治十五年(1502)八月,监察御史余敬上言说:"锦衣卫等衙门传奉官无虑数千员。"(《明孝宗实录》卷190)幸门大开,传奉不已,这不仅破坏了大明官僚选用制度,"縻费廪禄"(《明孝宗实录》卷136),而且还直接危害了帝国的政治与社会风气。这也正是当时弘治朝廷内外臣僚所竭力抨击乞升传奉的根本原因之所在。

不过与上面所讲的明孝宗三大喜好相比,下述弘治天子的两大"喜欢"及其所带来的一系列大动作则更为引发帝国上下普遍的负面反响。我们先讲弘治帝的第四大喜好:修斋建醮或言崇佛佞道。

◎ 弘治帝的第四大喜好是修斋建醮或言崇佛佞道

若仅从表象来看,在这一点上朱祐樘与乃父朱见深就一个样,但实际上这父子俩人还是有着一定差别的。明宪宗喜欢修斋建醮和崇佛佞道主要是为了长生和追求肉欲欢悦,而体弱多病的明孝宗朱祐樘求神拜佛则更多的是为了保命和养生。前面我们已经讲过,朱祐樘受皇奶奶周太后和父亲明宪宗的影响,从小就喜欢读佛经,而佛教中独特的防病、治病理念与方法对于明孝宗来说似乎有着极大的吸引力。佛教认为,人的疾病有两种,一种是身病,一种是心病,它们之间的关系是心病决定了身病。具体地说,由于人们有着不当的心理和错误的认识从而会产生种种不当的言行,而种种不当的言行最终又会导致身体疾病的出现。对此,当时的文臣曾记载说:"上(指弘治帝)体稍不佳,即诵诗云:'自身有病自心知,身病还将心自医。心若病时身亦病,心生元是病生时。'其善于颐养如此。"(【明】陈洪谟:《治世余闻》卷1)不难看出,朱祐樘对佛教的修身养性还是相当精通的或言十分喜欢的。爱屋及乌,当朝天子对于佛教界自然也就会予以格外的恩遇。

弘治朝开启时朝廷曾大规模地斥逐前朝僧道、方士,番僧中只留了乳奴班丹等15人。不过那些被逐的僧道并不就此善罢甘休,而是削尖了脑袋,想尽各种办法潜住京师,明孝宗对此来个猫头鹰睡觉,睁一只眼闭一只眼。这下可好了,潜住京师的佛僧"转相招引,斋醮复兴,糜费渐广"。朝廷大臣为此纷纷上疏奏劾,朱祐樘将其疏文下发礼部,礼部会官讨论后覆奏:"恳请皇帝采取刚即位时的做法,斥逐佛道。"明孝宗为之降旨:"修斋建醮以后都要减省,番僧只留182人,其余全部遣回。"(《明孝宗实录》卷48)

从表面来看,似乎当朝天子部分地接受了群臣的建议,但实际上这道圣旨的负面效应太大了,一来原先弘治朝开启时修斋建醮已被认为非法,现在一下子又变成合法了;二来原先只留了15个番僧,现在将额度一下子放宽到了182人,整整增加了10多倍。也就从这以后,明孝宗走上了乃父朱见深的崇佛佞道的老路。弘治六年(1493)九月,他让太监韦泰传旨:"行取四川光相寺番僧国师领占竹来居大慈恩寺。"(《明孝宗实录》卷80)弘治九年(1496)正月,明孝宗又传旨:"升灌顶大国师札巴坚参及国师释迦哑而塔为西天佛子,番僧升右觉义并都纲者七人,道录司左正一王应琦等三人,俱复真人、高士原职。"(《明孝宗实录》卷108)

就如上述史料中所记载的,弘治帝在崇佛的同时还佞道,道教与佛教有着很多相似或相近的说教,譬如消灾祈福,修身养性等,不过,在传统中国社会里,人们之所以会喜欢与"信仰"道教,或许更大程度上是因为该教声称能制造长生不老之仙药——最为常见的场面是道士们烧炼仙丹、施以符水。而明孝宗自即位起就表现出对此类事情的特别喜好。弘治元年(1488)七月癸未日,南京监察御史张昺等在上言中就点破了皇帝的内心秘密:"方士、浮屠虽曰远斥,而符书尚揭于宫禁,番僧旋复于京师,是异端复兴之渐也。"(《明孝宗实录》卷16)

虽说当时朱祐樘在表面上接受了张御史的谏言,但在行动上却反其道而行之。随着时间的推移,精通仙丹烧炼的道家人士相继进入北京明皇宫,与佛僧一起,成了弘治帝的座上客。在弘治八年(1495)左右,太监李广"以丹术符水见宠任"(《明孝宗实录》卷103),而皇帝朱祐樘此时愈发痴迷于修斋建醮和烧炼服食。朝廷大臣见之无人敢言,唯内阁大学士徐溥上呈疏言,予以规谏:"向来颇闻有以修斋设醮、烧丹炼药之说进者。夫斋醮之事,乃异端惑世求利之术,圣王之所必禁。宋徽宗崇信道流,科仪符箓,一时最盛,及金兵围城,方士郭京犹诳称作法,卒使乘舆播迁,社稷失守,求福未得,反以召祸。今内庭禁地,修建不时,赏赉无算,黜退道官复升真人,赐以玉带,恩宠服色过于公卿,远近传闻,无不骇异。至若烧炼之事,其害尤惨,盖金石之药性多酷烈,一入肠腑,为祸百端。唐宪宗药发致疾,遂殒其身,虽杖杀柳泌,何救于事?惟汉武帝始虽迷惑,终知悔悟,谓天下岂有仙人,尽妖妄耳。于是文成、五利之徒相继诛死,故虽海内虚耗,亦以寿终。今龙虎山上清宫、神药观、祖师殿及内府番经厂,皆焚毁无遗,神如有灵,何不自保?天厌其伪,亦已甚明。况依方而炼,计日而待,所成者何丹,所验者何药?如其无效,则圣明所照亦可以洞悟矣。若亲儒臣,明正道,行善政,自足以感召嘉祥,培益圣寿,永享和平之福,何假于彼异端之说哉!且自古奸臣佞人蛊惑君心以自肆其欲者,必以太平无事为言。祸

第 **6** 章 图治遽止 遗憾纷至

患一来,悔之无及。"(《明孝宗实录》卷122)

明孝宗接疏后"嘉纳之",但在实际行动上却依然我行我素。据说那时太监李广特别受宠,他"荧惑圣心,召集道流,以致黄白修炼之术、丹药符箓之伎杂进","伤风坏教"(《明孝宗实录》卷124)。弘治十一年(1498)秋,因事触怒太皇太后,李广畏罪自尽,皇帝朱祐樘听说后"意其藏必有奇方秘书,即令内侍搜索",结果长生不老奇方秘书没搜到,却"搜得一帙纳贿簿"(【明】陈洪谟:《治世余闻》卷2;【明】尹直:《謇斋琐缀录》卷8)。这就引出了后面我们将详述的李广贪腐受贿大案来。

当时许多大臣都提出,要求深究和严惩行贿大臣,明孝宗却瞻前顾后,无心于此,而对修斋设醮却一往情深。弘治十三年(1500)五月,朝廷五府、六部等衙门官员在上疏中指出:"频年以来,崇尚僧道,广作斋醮,遣真人王应祹赍领银两,前去武当山、龙虎山修斋设醮,又显灵宫因陈应循广买地基,开拓修饰,一次斋醮,则赏赐过倍。又数遣人出外烧香祈祷。王应祹等素无道术,又乏行检,乞断自宸衷,毋惑邪议。凡为异端者,悉皆斥逐,各处修斋者一切停止。"(《明孝宗实录》卷162)

同年六月,南京吏科等科给事中郎滋等以灾异上言道:"近来僧道所叨内帑之费,或滥玉带之赐,或光禄寺日用食卓(同"桌")数百,南京成造器皿十余万,取香数十万斤,皆为斋醮而设。"乞请皇帝"移僧道之费,以给军士;减斋醮之设,以足边储"。可弘治帝哪里听得进去,在接到奏章后,将其下所司知之,只当郎给事中没说。(《明孝宗实录》卷163)

弘治帝喜爱修斋设醮,终其一生都不悟。弘治十七年(1504)二月,他下旨:"朝阳门外修建延寿塔一座并殿宇、廊庑、墙垣,命内阁撰敕,令司礼监太监李荣、内官监太监李兴提督建造。"内阁大学士刘健等听说后立即上言进谏,说:"臣等仰惟陛下圣明,不意有此举措,闻命惊惶,夜不能寐。窃念佛老鬼神之事,无益于世,有损于民。臣等已尝累陈,不敢多渎。今举其明且切者言之,前代人主信佛者,无如梁武帝而饿死台城,宗社倾覆。信道者,无如宋徽宗而身被拘囚,毙于虏地。本欲求福,反以致祸,史册所载,非臣等所敢妄言。在祖宗朝僧道有定员,寺观有定额,不过姑存其教,未尝妨政害民，所以治天下者，惟尧舜周孔之道而已。今寺观相望，僧道成群，斋醮不时，赏赉无算。竭天下之财，疲天下之力，势穷理极，无以复加。夫以天纵圣明，洞见物理，乃空府藏而不惜竭民膏。而不恤者，盖谓其能祈福消灾，庇民护国也。近年以来，灾异迭见，南畿、浙江、湖广、陕西诸处大旱，人民失所，江西各府盗贼纵横，广西土官侵占地方，四川番夷扰害，边境达贼在套复图寇掠，祸患之多，难以枚举，不知其所祈者何福？所消者何灾？护国庇民，其功何在？今者造为延寿之名，上惑圣听，而陛下信其游说，辄与施行，尝闻尧舜之寿，皆过百岁，当时未有僧道，未有塔寺，不知谁与延之？陛下德合天道，政协民心，则和气致祥，圣子神孙自可享万万岁无疆之寿，何假于僧道塔寺之力哉？若建塔造寺果可以祈国家之福、延君上之寿，则臣等虽家出资财、身就工役，亦且为之何暇与之校论是非，称量利害，但决知其无是理尔。祖宗朝间有塔寺之举，但当时官有余财、民有余力，虽终无益，亦未大损。今内库急缺缎匹，太仓银数渐少，光禄寺行价累年赊欠，各边粮草所在空虚，灾伤地方饿死盈途，逃亡相继，赈济官员束手无措，尤为窘急，而塔寺之费动以数万，若省修建之财为赈济之用，即可以活数百万生灵之命，岂非祈福延寿一大功德哉！且民之病，远在天下，陛下恐不得而闻，军之病近在目前，乃陛下所亲见。今班操官军岁少一岁，正以各项工役累力陪钱，宁犯官刑，苟逃性命，朝廷屈法容恕，差官催督，尚未肯来。若又闻此大役，则今岁春班到者益少，堂堂京营无人操备，设有不测，陛下谁与守哉？臣等每思弊政之来不能力救，惭惧交并。今事关撰述，若苟为承顺，以上累圣聪，下妨治化，则臣等身自坏之。误国之罪，虽万死不足赎矣！伏望陛下大奋乾纲，特收成命，将前项塔寺即为停止，其敕书免令臣等拟撰，宗社幸甚，生民幸甚。"（《明孝宗实录》卷208）当时朝廷"府部大臣及科道等官亦交章论奏，请罢其役"。明孝宗看到廷臣们都出来反对了，只好自找台阶下，说："卿等言是，其即停止之。"（《明孝宗实录》卷208）不过，这时距离他归西去已经不远了，由此也可见弘治对佛老神仙是何其深情眷注！

◎ 弘治帝的第五大喜好是讲究逸乐和追求奢侈

在我们社会中往往有着这样一种现象：苦孩子出身的人长大以后多能保持勤俭朴素的习惯，但也有因为生活条件的改善与地位的提高，开始随着时代的潮流而追求所谓的高品位和高档次，我们现在讲的弘治帝大概就是属于这样一类人。小时候有着一段非常的经历，这样的一段经历对朱祐樘一生都有影响。就个人生活习惯而言，他当了皇帝后还比较朴实，譬如前面讲过的，一月当中有十几天时间在吃素，这就很能说明问题。但同时还有另外一面，自从被父亲明宪宗接出西内后，朱祐樘开始过上锦衣玉食的生活，而成化时代的大明朝廷上下已经十分奢靡腐化，长期生活于这样环境中的朱祐樘耳濡目染，渐渐讲究逸乐和追求奢侈也就不足为怪了，尤其当他成为拥有绝对专制权力的大明天子后，想不奢侈和不逸乐也难啊！

按照大明与周边诸国形成的朝贡贸易惯例，每过一段时间，邻邦小国要向大明进贡一些珍禽奇兽或稀有土特产，而大明则往往赐予丰厚的赏赐以作回报，这就是至今为止有些人还在津津乐道的"万邦来朝"。弘治二年（1489）十一月，两广总镇等官派人向朝廷报告："中亚撒马儿罕国王阿黑麻王遣使从满剌加国取路，进狮子、鹦鹉等物至广州，恳请皇帝陛下指示如何处置。"才接任帝位两年的朱祐樘听后立即发话："撒马儿罕入贡按照惯例应该是从我大明西北的甘肃进来，接受验收，现在怎么绕道到南边的满剌加再从两广进入？更何况进贡的还是珍禽奇兽，朕不受献。与之业务相关的礼部应该移文两广总镇等官，将撒马儿罕阻回。"礼部随后上奏说："夷使虽违例进贡，然不可绝之已甚，宜薄给赏赐，并量回赐阿黑麻彩假表里等物，以答其意，使知朝廷怀远之仁。"明孝宗接奏后觉得礼部说得有理，遂依之行事。（《明孝宗实录》卷32）

这大概是弘治帝当政后接受的第一批珍禽奇兽。西域人探测到大明新天子的喜好后随即又进贡了数十匹宝马，朱祐樘按照惯例照单全收。消息传开，朝廷言官们可不干了，立即上言进谏。弘治三年（1490）正月，南京监察御史张泽上奏说："西域胡人成化中尝进狮子等兽为中国害。今圣明临御，复进异马数十匹，以尝皇上嗜好,冀遂其往来互市之图。若不抑之于始,四夷闻之必相率来贡,蠹耗中国无有穷已。乞如周武王却旅獒,汉文帝却千里马故事,拒而绝之,俾四夷晓然,知朝廷不贵异物之意。"明孝宗"命下其奏于所司"(《明孝宗实录》卷34)。

此事过后没多久,陕西镇守太监傅德、总兵官周玉等派人来报:"撒马儿罕速鲁坛阿黑麻王及土鲁番速坛阿黑麻王各遣使(进)贡狮子并哈剌虎剌等兽",并献上西域人进贡的狮子、老虎的图画。明孝宗当即下令,派人"驰驿起送"。巡按监察御史陈瑶听到风声后马上上奏,力"论其糜费骚扰,请却之"。朱祐樘接奏后将这事交与礼部讨论,礼部随后覆奏说:"宜量容一二人赴京,依例给赏,其余使人并所贡兽一切却回,量给犒劳,且劾镇守等官,以为圣明在御,屡却外夷贡献异物德等,不能奉顺德意,顾为尽图奏进,请治以罪。"弘治帝可没全接受礼部官的建议,当场这样说道:"尔等所言是,既贡使将至,陕西不必阻回。今镇巡官止起送一二人来京,其余给与口粮,令住城内候事完,量与赏劳,发遣还国。狮子等每兽日止给一羊,不许妄费,傅德等姑贷其罪,仍移文谕之"(《明孝宗实录》卷38)。

弘治帝这般处置对外关系应该说是没什么问题,但没想到的是,前来大明进行朝贡的夷虏们都打着这样的小算盘:走,弄几只狮子、骆驼什么的,到大明去,吃香的喝辣的全由这个"大傻子"来买单,非但如此,这个"大傻子"还会给出狮子、骆驼价值几倍、几十倍的赏赐,何乐而不为? 对于怀着非常目的来到陕西边地进贡的贡使及其所带来的问题,大明礼部官员很快就了解了事态的真实情况,随即向皇帝上奏说:"陕西行都司起送撒马儿罕等处贡使数多,在边则亏耗军储,沿途则骚扰驿递,暨到京则会同馆无安歇之所,光禄寺患供应之难,恐因循日久,滥冒愈甚,请令巡按监察御史查究守边抚夷官及起送者之罪,仍敕甘肃镇巡等官:今后夷人进贡须审实放入,若时月人数有违旧例者,谕之使回。"明孝宗本来就对狮子什么的并不太感兴趣,现在听人说夷邦进贡珍禽野兽会带来这么多的麻烦,当即下令:准允礼部所奏,并"着为例"(《明孝宗实录》卷40)。

与上述接受进贡珍禽奇兽有些相类,明代官史记载:弘治帝很喜欢"游幸"和"乐戏"。弘治八年(1495)十一月,礼部尚书倪岳等以灾异修省,会同五府、六部、都察院等衙门条陈三十二事,其中就有一事是直接针对当朝天子逐渐怠政而提出的:"近日视朝颇晏,听纳颇难;经筵稀御,用度渐侈,游幸渐频,进贡之止者复来,乐戏之斥者复取……"出乎大家意料的是,弘治帝对于其他30余事几乎全认账,唯独"游幸"一类事情予以否认,他惊讶地说道:"游幸、进贡、乐戏,原无此事,何得辄为此言?今后会奏事情,务宜从实。"(《明孝宗实录》卷106)

一年后的弘治十年(1497)四月,礼科左给事中叶绅等上陈修省八事,即对弘治治政提出了8条谏言。其中第一条是"敏听断",叶绅说:"迩来听断少滞,视朝时晏,鳌山观灯,或彻晓不休,宫中燕享,或竟日乃已,此圣政所少倦也。乞撙节之而一遵初政。"第二条是"御经筵",叶绅这样说道:近年来皇上临御经筵稀少,画工、琴师经常献技于皇宫便殿,这可不好,"乞罢斥之而亲近儒臣"(《明孝宗实录》卷124)。明孝宗对此的回答是:"御经筵、敏听断……朕已行矣,余姑置之。"(《明孝宗实录》卷124)

上述这些大臣们所指摘的当朝天子的不当嗜好,归纳起来大概就是讲弘治中期明孝宗喜欢游玩、观灯、画画和听听小曲,如此喜好在500年后的当今社会里那可称得上是高档次的文化享受,可在传统士大夫眼里简直就是不成体统,也不是一个有道之君所应该为之的,而皇帝朱祐樘之所以要矢口否认或"狡辩",我想其根本缘由也在此。再说游玩和观灯一类的娱乐活动,尤其是鳌山灯会大概也就是一年一次,弘治年间一旦有这样的活动,皇帝朱祐樘往往要去陪皇奶奶周太后等一起游玩,所以说将游逸的板子全打在当朝天子身上似乎也有些牵强。更何况这位皇帝爷自小就"深自潜晦,弗自炫露"(《明孝宗实录》卷1),个性并不张扬,有着随大流的性格倾向,有时甚至比他的父亲明宪宗还要好说话。譬如在前章中已述,当与朝廷大臣发生意见分歧时,明孝宗虽然一开始很执拗,但后来还是依了朝廷大臣的意见。

同样在内廷中,个性并不张扬的明孝宗对于身边的宦官不仅很宽容,而且在很大程度上还认同他们的一些主张。譬如前面讲过的弘治中期不断冒出的传奉官,要是没有宦官近侍的"进言",这几乎是很难想象的。再说那时明廷上下的风气早已发生了变化，追求奢靡、讲究档次与排场逐渐成了时代的"主旋律"。对于宫中宦官近侍来说，能摊上为皇帝办事的差使，不仅意味着自身受宠神气，而且还隐含着可以收到滚滚财利，于是许多原本在宫中"止可供洒扫"(《明史·职官三·宦官》卷74)的内官们不断地变着花样，缠着当朝天子，以求得采办、织造、修建等美差。这就在无形之中把皇帝朱祐樘推上越来越讲究逸乐、追求奢侈和损国害民的歧途，也引发了朝廷内外大臣不断的批评与指摘。

弘治六年(1493)十月，陕西西安府知府严永浚以陕西甘肃织造彩妆绒毾上疏说："灾变之来，必以类应。时两愆者，泽未流也。陛下请近取禁幄服御之物，远取工作司局之费，合而验之，则德泽流滞，皎然可见。臣顷尝再至陕西杂造局见前二次降来图样，令本处织造彩妆绒毾四十九匹，其先次坐派二十五匹，行布政司支银买办物料，及顾倩匠作织造，已费用银二千余两，尚未完结。今又以复坐二十四匹，未可停缓，欲依原降织造以进。臣不知陛下珍爱此物之多，必欲供上用欤，则可一袭，再袭而止，欲备赏赉欤，则其色其象又非群下所敢当。陛下必谓财取之官，工取之局，数虽累十，亦不为过。然不知财者，天地间有限之物，不在于民，则在于官，顾所取使司二千余两，皆扣除州、县皂隶斋夫之所出办，孰非民之财乎？又使司比来积欠各边军士冬衣布花，无虑百十余万。向使移所取以益所欠，则十分之一，未必无补，传曰：一夫向隅，满座为之叹息。今以百余家，男不暇耕，女不暇蚕，穷年营办，以供七十人之织，民之不堪，亦已甚矣。昔唐太宗令京师及益州诸处供奉御器，及诸王服饰，因马周历陈民怨而止，明皇诏造银盏子妆具二十事织绫二千匹，因李德裕上疏极论而罢。使陛下发令之始，进言有马周，则此事必潜消于内团局之际，抗论有李德裕，则此事必立罢于外。然二者既皆不复救矣，及今正恤人言之时，犹未可以止邪？"明孝宗接奏后将之下工部讨论，工部官随后覆奏："边方供亿钜繁，旱荒民困，请如永浚奏，加意优恤。"但皇帝朱祐樘没有采纳，而是"命已织完者，遣人解送供用；未织完者，暂止之。"(《明孝宗实录》卷81)

弘治十一年(1498)五月，户部尚书周经等上奏说："近奉旨以内织染局罗缎缺用，命浙江运司支盐价银二万引，付太监韩义、麦秀织造。惟天下盐运司之设,专为军饷计也。近年以来,官盐则为亲王之所陈乞,私盐则为内官之所夹带。成化时取充赏赐所费甚钜,以致价贱利微,商人不至,一遇边患,束手无策。然而本色犹堆积,以需开种折色,犹送京以济边急,则初设遗意犹存也。今织染局复为举,臣恐弊端日起,国计日坏。伏读《皇明祖训》有曰:内府饮食常用之物,官府上下行移,不免取办于民,是以文繁生弊,故设酒、醋、面、织染等局于内,取其不劳民而便于用。由是观之,则各局供应诸物,岁有定数。织造乃其常职,若曰取用有加,则南京、苏、浙已于例外织造;若曰匠役不足,则其平日招取者不下千余,皆食廪饩,所为何事?是缎匹未必缺,而乃导陛下以劳民伤财之事,以重违祖宗垂示之典,况臣等先以旱灾请停织造,已奉圣明自有斟酌之谕,则此举者,或恐圣心偶未之思耳,不然则祖宗之法如此之善,其训如此之严,而圣心纳言如此之近,盐法之系于民命,边方者如此之重且急也,何忍以一时之小费而不惜?此四者之尽废耶?"弘治帝回复:"盐价业已准行,但织造不急用者,内织染局官再奏来处置,户部覆虑内臣遂援此为例,请断其后。"随即他又降旨:"盐价除今岁外,此后只岁以五千引给之。"(《明孝宗实录》卷137)

同年十一月,礼科都给事中涂旦等上言:"近者差内官往苏杭等处织造缎匹,陕西等处织造羊绒、织金彩妆、曳撒秃袖,江西烧造各样磁器,俱极淫巧,又取福建丝布,追督甚急。况各处连年灾伤,边方多事,重以骚扰,百姓何以堪命?伏望一遵旧制,非常额者,一切停止;不宜停止者,责期进纳。所遣内官,通行取回,庶可以宽民力。"明孝宗接奏后回复:"令所司斟酌以闻。"(《明孝宗实录》卷143)

弘治十三年(1500)正月,工部尚书徐贯等上奏说:"近岁织造改样纻丝纱罗等数至万计,工未就绪。今又令苏杭等府织各色花样一千五百余匹,每匹价银有多至四五十两者。奇巧过多,费用不赀。皇上敬天勤民,崇尚俭朴,必无此事。盖由司其事者先意开导,以为希宠之地,而不恤百姓之艰难,奢靡之害政故也。况近年以来,上天示戒不一,此正皇上侧身修行子惠困穷之时,岂宜复有此举,伏望断自宸衷,不惑群议。凡前项织造一切停免,天下幸甚。"明孝宗降旨:"不允!"(《明孝宗实录》卷158)

弘治十三年(1500)四月,礼科都给事中宁举等以灾异上言说:

"陕西织造绒褐袍服，大为一方之害。夫褐乃毛布，非至贵者所宜服用，且差去内臣所领人匠，俱费供给，而丝缕并挑花，人匠又取之江南，计其工价，每绒褐一匹，所费不下一二百两。况今陕西边报日至，民力已竭，岂能堪此？及苏杭等处织造近来颁降花样数万，追征尤急。乞将织造绒褐暂为停止，内臣人等俱各取回，并将苏杭等处屡颁花样省减，以宽民力。"弘治帝接奏后大打太极，"命所司详拟以闻"。(《明孝宗实录》卷161)

同年五月，五府、六部等衙门上奏："近差内臣往陕西织造上用各色羊绒，又自弘治七年起至十三年止，南京、苏、杭差内官织造上用各色织金纻丝，共八万四千七百六十匹。乞将各处差去织造内臣取回，停止工作，以苏民困。"明孝宗接奏后命令所司查奏定夺，实际上就是不予接受谏言。(《明孝宗实录》卷162)

同年七月，巡抚陕西都御史熊翀上言："顷蒙遣官织造各色织金彩妆羊绒共五百余匹，近织成才二十匹，工程已阅十月，费用已逾万两，而织造物料工役悉取给于四方。今天象示戒，胡虏猖獗，陕西榆林、宁夏烟火连接，仓庾匃饷，在在空虚。夫以服御而比之边民，孰为轻重，以织造而较之，修攘孰为缓急？伏望断自宸衷，取回内臣，罢其织造，此亦回天意、消边患之一事也。"弘治帝不允。(《明孝宗实录》卷164)

弘治十四年(1501)二月，"时司设监奏改造龙毯、素毯一百四件。工部覆奏，谓此毯虽一事，然所用羊毛则取之山陕，绵纱等料则取之河南，毯匠则取之苏松，成造则拟式于南京。动经数载，劳费百端。乞特赐停止，以恤民困，不然亦请俟边事宁息、民力少苏议之"。明孝宗降旨："令陆续成造！"(《明孝宗实录》卷171)

与上述织造有着相同情况的还有弘治朝大兴土木或言修造。虽然那时特别巨大的土木工程建设未见于正史记载，但滴滴答答的中小型修造工程还是在不断地上马。弘治七年(1494)十月，明孝宗"命遂安伯陈韶领官军万人修内府万春、寿安等宫及各处殿宇、房屋、墙垣、桥梁，从内官监太监李广言也。时钦天监以年岁不利，请候弘治十年兴工，而兵部尚书马文升、英国公张懋等亦合词奏云：武备盛衰，国家安危所系。近来各处兴造已拨军士一万四千有奇，况京操者春往秋来，无有休期，加以月粮减去四斗，或有经年不曾支给,中间亦有余丁抵充正身,比及到营,差役无穷,劳苦万状,故每岁到京之数十仅三四,虽有严法,莫能禁止。其团营军士居重驭轻,所系甚大。比来亦多逃亡,若更差拨,必至误事。今钦天监既称年岁不利,计去兴工之日止是二年,乞俟预备物料,临期修盖,庶于人情事体为便"。但弘治帝却不接受谏言,命人继续修造。(《明孝宗实录》卷93)

弘治十一年(1498)五月,英国公张懋为首的府部大臣上言进谏,说:"顷岁工役太繁,内而寿安、钦安宫,西七所、毓秀亭之修建,外而神乐观、太仓城楼及皇亲屋宇之创造。近者又于兴济县建真武祠,使三军壮气耗于转输之勤,万民膏血浪为土木之饰,又改造织金彩妆闪色诸罗缎纱,织造羊绒彩妆闪色诸衣物,计其工料价银所需不下百万。中官缘此规利,有司缘此剥下,其织造中亦有东宫所服用者,奇巧靡丽,皆祖宗以来之所未有。况东宫方在幼冲,睿性未定,当示以恭俭之德,不当以奢靡导之。伏望于前项工役已行者,损其规制;未行者悉令停免。至于织造之过侈,中官之督造亦皆停止取回,实天下之大幸。而臣等之至望也。"明孝宗接奏后回复:"卿等所言有理,即今天气向炎,工役未完者待督工官奏来停免,缎匹完造、织造及已派者,仍旧输纳,此后节省事宜,朝廷自有斟酌。"(《明孝宗实录》卷137)一句话,当朝天子就是不接受谏言。

坦率而言,大致自弘治中期起,随着明孝宗的怠政疏学,由他最终点头拍板的大明朝廷开支也越来越大,这也是当朝大臣指摘他讲究逸乐和追求奢侈的一个重要佐证。

弘治十三年(1500)五月,五府、六部等衙门因天变灾异而上陈18事时就"节财用"专门讲道:"光禄寺岁用果品等料、牲口等物,每年该部会派各有定额。近为赊买行户物价,屡借用太仓官银,数年间将至10万两。又内承运库收各处折粮及矿课等项银两,每岁户部进入自有定数,近者额外三次取入太仓官银应用,共130万两。前项银悉皆征取于民,所以备兵荒之用,不宜别项支费。今者宴赉、斋醮十倍于前,又有内官、外戚、僧道之赏。伏望特敕该寺堂上官,会同巡视科道等官,将供应之数逐一查出,明白具奏;诸凡无名之赏及斋醮等费,悉皆停止;今后该寺不许借支太仓银两⋯⋯"(《明孝宗实录》卷162)明孝宗接奏后发话,让所司衙门"查奏定夺",

说白了,他委婉地予以拒绝。

皇帝听不进意见,一般大臣就不敢再上奏了。弘治十四年(1501)闰七月,曾任朱祐樘老师的内阁大学士刘健上言进谏,说:"延绥达贼扰边,王师久驻粮饷缺乏,上厪庙议,屡遣廷臣而计无所出,开中引盐则盐法已坏,商贾不前;鬻卖官吏则名器徒亵,实用亦寡;邻方籴买则货轻脚重,运送艰难。至如附近挖运民已不堪,逃亡相继。外患未除而内地先弊,夫官军一出。辄已阙乏如此,设使经冬及春贼势不解,不知何以给之?一方用兵尚且窘急如此,况辽东虏势大张,边患方作;湖广、贵州军旅继动,不知何以应之?臣等每思至此,食不下咽,窃惟天下之财,其生有限;若非节蓄于平日,岂能骤集于一时。近年以来,用度太侈,光禄寺支费增数十倍,各处织造降出新样,动千百匹;显灵、朝天等宫,泰山、武当等处修斋设醮,费用累千万两。太仓官银存积无几,不勾给边,而取入内府动四五十万。宗藩、贵戚求讨田土占夺盐利,动亦数十万计。他如土木工作、物料科派、传奉官员俸钱、皂隶投充匠役月粮、布花岁增月益,无有穷期。财用之匮,率由于此,当紧急阙乏之时,犹不为儆省、节缩之计,将至大坏,极弊莫能救药,其为祸患何可胜言。向来大小衙门陈言,会议事有干碍内府及王亲贵戚者,无问可否,概令照旧。臣等屡尝因事规诤,虽荷优容,未尽采纳。伏愿皇上念国计之艰,悯民力之困,躬行节俭,减省供应,绝异端无益之费,停内府不急之工,仍敕各衙门:凡有救荒革弊之策画一具奏,特赐准行其事,关财用者尤加之意,则邦本既固,国用自舒,内治既修外攘自举,而区区夷虏之患不足虑矣。"(《明孝宗实录》卷177)

对于刘老师刘阁老的谏言,从小就谨言慎行的弘治帝不敢不接受,当即予以"嘉纳之",但就是没有落实到实际行动上,遂致大明帝国经济财政等方面的形势愈发不佳。弘治十六年(1503)四月,户部奉旨会文武大臣及科道官议上"足国裕民"之策十二事,其中就"实内帑"一事这样说道:"旧例内承运库收贮金,以造上供之物及各王府实册之用,银以准折军官俸粮等用之。近年费出无经,如妆造武当山等处神像,费金不止千数。各寺观修斋、赏赐等项,岁费银不止万数。以故户部陆续进库金,通计一万七千余两,银一百余万两,又数太仓银百九十五万两,而该库犹每告乏。乞凡用金如造上供之物及各王府实册事,有不容已者,敕该监官悉遵旧制支用,不用浪费及以妆造神像。凡用银如圣诞、各宫千秋节、春祈秋报事所当行者,敕该库官照常例取用,不得侈滥及修设无益斋醮,每岁终仍差司礼监官一员查弄具奏。"就"省供应"一事,众臣奏曰:"光禄寺每岁牲口,旧拟价银五万两,近年杀牲之多,縻费之极,借过户部太仓银十万三千余两,久而未偿。乞将近侍长随、宦官、人匠、国师等卓(同"桌")面酒席之费通行减革,庶额办之银可足供用,而旧借之数可渐补还。"还有就"节香蜡"一事大臣们这般说道:"内府供用库速香初取于南京库,后速香用尽,以黄速香代之。又尽,以黄熟香代之,未尝派民买办。弘治七年以来,该库称乏,令广东并顺天府买办四万八千斤黄蜡。正统初年岁计三万斤,弘治元年派八万五千斤,今则至十一万斤,买添又九万余斤矣,岂司其事假公营私、浪费无稽。昨奉旨已减定黄腊(同"蜡")之数,而速香乃番国远方之物,非可常有,卒难买办,乞请该库官爱惜撙节,如不足以黄速香、黄熟香代用,勿更令民买补,每岁终仍令司礼监官查数具奏。"(《明孝宗实录》卷198)

由于当朝天子对于自己的喜好处置不当或言随性处置,特别是他修斋建醮或言崇佛佞道、讲究逸乐和追求奢侈,加上帝国的历史隐患问题一直都没有得到很好地解决,这就使得弘治中后期的大明财经出现了严重问题,国库空虚,入不敷出,赋役繁重,民生艰难。弘治十五年(1502)年底,户部因当年"天下灾伤、粮税减损而国家出无经,乃会计其嬴(同"赢")缩之数"而上奏说:"比年有遇事故停减,而岁入不及原额者,有逐年加添,而岁支过于原额者,至有一岁所入,不足以供一岁支用者。其停减者,如漕运米400万石,除天津、蓟州岁收30万石,京、通二仓岁收370万石,每岁该放支338万石。成化二十一年因腹里灾伤并延绥等处缺储,将额内米粜225万石。弘治七年因张秋河决,寄收临清仓89万石,后因运船迟误,寄收天津仓40万余石,加河南、山东、山西起运京边粮料,岁有定额。八年因地方灾伤,山东少起0.8098万石,河南少起3.8039万石,山西少起13.72万石,又如内府供用库、内官监、光禄寺、酒醋面局岁收粳糯米13.0450万石,仅足用十二年,奉诏蠲米0.5223万石,旋告不足而复征补,此停减之略也。其加添者,如军官折俸银,景泰六年一季支1.3余万两,弘治十四年一季支13.909万余两,多12.7万两。军士冬衣布花,成化十三年支19.68万余匹,弘治四年支23.03万余匹,多3.345 7万匹。锦衣卫官军月粮,成化五年月粮支2.69万余石,弘治十五年月支4.56万余石,多1.87万余石。武骧右卫勇士月粮,成化八年月支0.159万余石,弘治十五年月支0.315万石,多0.156万石。象马等房料豆,弘治四年岁支23.94万余石,十四年岁支29.06万余石,多5.12万石。草束,四年岁支761.05 28万束,十四年支904.541 6万束,多101.986 3(实际为143.488 8)万束。他如外承运库,十四年收绢27.828 7万匹,本年放支31.237 2万匹,多支绢3.407 5(实际3.408 5)万匹。又如内承运库,先年进金止备成造金册支用,银止备军官折俸及兵荒支给,近年累称不足,金则以税粮折纳及于京市买过0.838 6万两有奇,五次取太仓银共195万两,甚至将河西务钞关船料改拟折银进纳。光禄寺先年会派厨料、牲口,各有定数,俱足一岁供用,近来数次借太仓银共10.343万两。又如各边,先年除原派料草外,岁该送银48万两,自弘治十三年用兵以来,大同、宣府、巡绥类解过银425.02万余两,开中盐661.31万余引,茶900万斤。举行纳官等例三十余件。又如各运司岁办盐课,初止备兵荒之用,近各王府岁支食盐价银0.128万两,织造近支过盐6万引、银6万两,此加添之大略也。此皆在内者。在外如河南岁存税粮102.724 0万余石,本处诸司并各王府岁支116.539 0万余石,少粮14万余石;山西岁存税粮50.147 2万石,本处诸司、各王府岁支179.876 6石,少粮29万石,虽各有折色数亦不多。湖广等处大率类此,是官用已不足矣。在民者,如山东、河南、北直隶解边折粮,先年榆林每石不过二钱五分,宣府不过八钱五分。近因边方多事,故征本色,每石用银至一两八九钱,各处开地先年许民开种,帮贴粮差。近为王府勋戚乞请至1万余顷。又如内府供用等库,速香、黄腊(同"蜡"),岁输有定额。近令广东添买速香至4.5万斤,各司府添买黄腊(同"蜡")至11万斤。顺天府人买速香0.3万斤,黄腊(同"蜡")8万斤,是民财已一耗尽矣。常入之赋,或以停减而不足;常用之数,又以加添而过多。则知在外在内,一岁所入,俱不足以供一岁所出。况以灾伤迭见,供亿频繁平。我朝洪武间建都金陵,当时供给南京为重,各边次之。自永乐中定跸燕都,其后供给京师为重,南京次之,各边又次之。然洪武时,供给南京止于湖广、江西、浙江、应天、宁国、太平及苏、松、常、镇等处,供给各边止于山西、陕西及河南、山东及北直隶等处。今天下惟陕西、山西、云南、贵州、广东、广西、四川、福建及隆庆、保安二州钱粮俱在本处存留。起运边方,内福建、广东,止有起运京库折粮银,其湖广、江西、浙江,及苏、松、常、镇、庐、凤、淮、扬既供南京,又供京师,北直隶、河南、山东既供京师,又供各边。又正统以前,国家费用减省,民之输纳不出常额之外。自景泰至今,供应日盛,往往于额外加征,如山东、河南之增纳边粮,浙江、云、广之添买香蜡,皆昔所无者。若计近日之用,以逆将来之费,诚有可忧者矣。往者时岁丰登,运河易达,边方无调发,州、县无流徙,有司得以籍先年之积,制一岁之用。今太仓无数年之积,而冗食日加于前,内帑缺见年之用,而给费日加于后,郡、县旱潦之不时,边方请给之不已,万一漕运迟误,边郡有警,则京储求岁入 370 万之数,边饷边须 400 万两之银,亦已难矣。不幸复加数千里之水旱,连十数万之军旅,又将何所取给哉?伏望皇上悯天下民物凋弊之甚,念财赋需用之急,特敕府部院寺大臣并科道官输忱画策,疏列奏请,以候采择。"(《明孝宗实录》卷 192)

  明孝宗接奏后下令"会官议处以闻"。大约半年后的弘治十六年(1503)四月,户部会同文武大臣提出了 12 条足国裕民的具体举措:重京储、慎库藏、实内帑、省供应、度边饷、清盐法、均禁例、处药料、节香蜡、戒掊克、处存留、恤灾伤。而这 12 条举措所针对的问题概括起来就是要当朝天子打抑勋戚权贵,恤民固本,裁革传升冗员,不再滥赏厚赐,不再修斋建醮,不再大兴土木,等等。(《明孝宗实录》卷 198)换言之,廷臣们要求弘治帝将个人的喜好控制在适当的范围内,疏远佛老神仙,放弃游逸,抑制勋贵,规范规章,开源节流,注意经济与民生……但这一切对于以明孝宗为首的既得利益统治阶层来说又是何其难也!

● **为什么弘治晚期，明孝宗会再度发力、奋励致治？**

不过随着弘治十六年(1503)冬季的过去和弘治十七年(1504)春季的到来，陶醉于逸乐奢侈和舒适养生生活中的明孝宗开始幡然醒悟，再度发力，励精图治，由此也就引发了当时大明朝政的变化。那么这一切究竟又是为何？

○ 经年累月大面积的天灾人祸

与户部会同文武大臣及科道官讨论并上呈足国裕民12策差不多同时，南京吏部尚书林瀚等在上言奏章中对当时大明各地的形势做了这样的描述：南北两京百姓连年困于灾伤，又为庄田、牧马、柴炭及马快等船丁夫役所苦，穷愁怨叹。山西、陕西成年累月供应北疆边备，云南、广东和广西忙于征剿地方贼寇和少数民族反叛，山东、河南、湖广、四川、江西等省份的老百姓困于建造王府宫殿和孔庙，民力耗尽。浙江和福建的小民们受累于没完没了的各色物料派办，地方官库金银皆已取解赴北京，"率皆空虚"。(《明孝宗实录》卷203)

3个月后的弘治十六年(1503)十二月，礼部官员在汇报工作时也对皇帝朱祐樘这样说道："好长一段时间以来，各地灾异频繁，南京应天府和浙江、湖广等地苦于饥荒，北京顺天府及其周围地区苦于应办，江西苦于力役，南北沿边苦于夷虏，就连'人间天堂'苏松之地的百姓也困于繁重赋贡而无法生理，哀怨不息。"(《明孝宗实录》卷206)

如此糟糕的情势在一个多月后的弘治十七年二月兵部尚书刘大夏的上言中再次被提及："江北江南诸府灾伤太甚，陕西往岁困于用兵，江浙诸省困于多事。"由此他"乞命巡抚、巡按官蠲减租役，专务生养，尤望陛下躬行节俭，痛自裁抑，凡织造、土木、斋醮、传奉之类，皆为罢省。臣民居室、舆马、服食逾制之类，皆行禁革。"(《明孝宗实录》卷208)

刘大夏是弘治中晚期最为皇帝信任的大臣，按理说最为信任的大臣都在说形势很糟糕了，皇帝朱祐樘就应该立即有所作为才是。但就在刘尚书上奏前的几天,依然沉醉于修斋建醮、礼佛崇道和追求长生不老逸乐生活中的明孝宗还曾下令,让司礼监太监李荣和内官监太监李兴在北京城朝阳门外提督建造延寿塔和殿宇、廊庑、墙垣等。在遭到朝廷大臣的坚决反对后,明孝宗虽然不得不收回了成命,但内心深处并没有因全国性形势之不堪而发生根本性的转变,于是在回答刘大夏的奏请时仅这般说道:"各处地方灾伤重大,民生困苦,朕甚悯恻,卿等所言深切时弊,事有当行者,其明白议拟以闻。"(《明孝宗实录》卷208)

不过,随后接二连三发生的事情极大地加速了皇帝朱祐樘内心的转变。

○ 周太后突然驾崩及其合葬祔庙之事带来的启示

周太后是明孝宗皇祖明英宗的妃子,在以前出版的《成化帝卷》中已经说过,周太后是明英宗皇位继承人明宪宗的生母,与共用老公明英宗可能相差近10岁。英宗归西时,她只有34虚岁,比儿子朱见深所宠爱的女人万氏即后来册封的万贵妃还小1~2岁。成化六年七月朱祐樘出生时,周太后40岁。成化十一年朱祐樘为父皇朱见深从西内接出,随即为周太后"育之宫中,食饮居起,亲为保抱"(《明孝宗实录》卷1),那时她才46岁。前章说过,朱祐樘来到周太后宫中时刚刚失去亲生母亲纪氏,才6虚岁。一个6虚岁且失去了亲生母亲的男孩能及时地沐浴到奶奶之爱,这是朱祐樘不幸童年中的一大幸。再看皇奶奶周太后对皇孙儿关爱有加,"省视万方"(《明史·后妃·孝肃周太后》卷113),不仅让他躲过了万贵妃一伙儿的暗害,而且还给予了女性特有的母爱,使得小朱祐樘从此以后健康地成长。

也正因为此,后来的朱祐樘一生都感激皇奶奶。成化二十三年(1487)九月,在即位后没几天就敕谕礼部给亲生母亲上尊号的同时,明孝宗也为皇奶奶周太后上了一个极好的尊号"圣慈仁寿太皇太后"。(《明孝宗实录》卷3)

弘治二年(1489)十月十一日是周太后60岁的生日,皇孙儿、当朝天子朱祐樘下令给相关部门,为周太后举行了极为隆重的仪式,庆贺60大寿。庆贺当天,弘治帝亲率诸亲王为祖母祝寿,并在

午门举行了庆贺大宴。(《明孝宗实录》卷31)

弘治七年(1494)七月,一向身体不错的周太后突然害起病来了,且一病就是半年之余。明孝宗为此终日忧心忡忡,除了正常临朝视事和处理政务外,每天一旦空下来就往皇奶奶宫中去问安,并亲自过问她的饮食起居,还为她请了宫中最好的太医去医治,甚至夜里起来向上苍祈祷,盼望皇奶奶早日痊愈康复。在此期间的弘治八年(1495)正月,按照惯例,朝廷本该举行庆成大宴,但心里老惦记着病中皇奶奶的明孝宗根本就没有什么心思,遂下令取消庆成宴。(《明孝宗实录》卷96)

弘治十一年(1498)十月甲戌日,周太后居住的清宁宫突发大火,皇帝朱祐樘闻讯后立即赶了过去。按理说在现场灭火救人忙一阵子也就结束了,可明孝宗却陪伴了皇奶奶一整夜,直到天亮时才想起,自己早上还得要去临朝视事,于是立即吩咐太监肃敬上左顺门,去跟内阁辅臣说:"昨夜周太后居住的清宁宫失火,朕奉侍她老人家一夜都未合眼,现在还不敢离她一步,今天早上的早朝能不能免了?"(《明孝宗实录》卷142)

一个成年人对自己的奶奶能做到这样的孝顺、贴心,实属不易。而从中我们也不难看出弘治帝与祖母之间的关系还真不是一般的隔代亲。

不仅如此,弘治帝在位期间对皇奶奶周太后的娘家人也特别优渥,"是时外戚以恩泽封者,太后家最盛"(【清】查继佐:《罪惟录》列传卷2。详细内容可见前章)。

弘治帝在位期间对于外戚宗室和近幸勋贵格外优渥,引发了朝廷大臣的普遍不安和激烈批评。而每当这样尴尬的局面出现时,出乎人们意料的是,昔日在成化朝时蛮不讲理的周太后却格外大度,且还讲原则、讲大局。弘治元年(1488)正月,皇帝朱祐樘下令,将600余顷的土地赐给周太后所建的大慈延福宫,作为其香火钱。大臣们听说后纷纷上言,以为万万不可。周太后听说后"亦自以为不可",终使明孝宗改命户部招民耕种。(《明孝宗实录》卷9)

弘治八年(1495)七月,周太后"以年高,欲召崇王来见"。按照大明祖制规定,藩王是不能随便召见入京的。但皇帝朱祐樘碍于皇奶奶的面子不得不"命驰敕召之"。内阁大学士徐溥等听说后立即上言反对,明孝宗拒谏,朝廷科道官闻讯后交章上疏谏阻,四日后,皇帝终于降下圣旨:"朕将各官前后剀切之情具达于圣祖母,已得命免王来矣。"(《明孝宗实录》卷102)

弘治九年(1496)七月,周太后二弟长宁伯周彧与张皇后弟弟寿宁侯张鹤龄两家,"以琐事忿争,聚众竞斗,喧传都邑"。大臣们为此纷纷上言,要求治之以法。但明孝宗既不愿因此而伤了周太后的心,又不敢公开惹怒自己的老婆张皇后,当即置之不理。周太后获悉后说:"奈何以我故戠皇帝法!使归地于官。"(《明孝宗实录》卷117;《明史·后妃·孝肃周太后》卷113)

就是这么一个疼爱当朝天子且常常为皇孙儿设身处地考虑问题的皇奶奶周太后,在弘治十七年(1504)三月初一日突然驾崩了,皇帝朱祐樘闻讯后恸哭不已,命令礼部具仪以闻,告讣于诸王,并将其遗诏颁发于天下。(《明孝宗实录》卷209)

周太后死后的第15天,弘治帝在西角门召见内阁大学士刘健、李东阳和谢迁,讨论她的合葬祔庙之事。因为老太太身份特别,当年进入明皇宫时并不是皇帝明英宗的正妻,而是相当于我们现在社会里人们常说的"小三"角色,但她后来很"讨巧",亲生骨肉朱见深即明孝宗的父亲当了皇帝,随即便弄到了"皇太后"的名分,与明英宗正妻钱氏"慈懿皇太后"大体相当。成化四年(1468)六月慈懿皇太后钱氏突然病逝,按照古时候一帝一后礼制,像钱太后这样明媒正娶的宫中第一女主人死后是可以合葬祔庙的,可十分好强的周太后却利用自身的优势,对亲身儿子成化帝和朝廷大臣发难,要将钱太后另葬别处,这样就为她自己百年之后合葬明英宗裕陵做好准备,当即遭到了朝廷上下的一致反对。最后她的儿子明宪宗来了个折中处理,将钱太后葬于裕陵的左侧,右侧则留给周太后。36年后的弘治十七年(1504)三月周太后驾崩,她的宝贝孙儿明孝宗拿出裕陵图,与大学士刘健、谢迁、李东阳等一起查看,看着看着,发现了问题:"(裕)陵有二隧,若者室,若者可通往来,皆先朝内臣所为,此未合礼。"这段话的意思是,周太后在钱太后祔葬一事上表面做了让步,但在营造山陵时却令人暗中做了手脚:钱太后的坟墓与明英宗的裕陵相距数丈,且两者之间的玄堂做成不通的;而裕陵右侧即为预留给周太后作为墓穴的,其玄堂则与裕陵是相通的。明孝宗见了这样的裕陵图后当然心里很不爽了,认为如此做的墓穴"窒则天地闭塞,通则风气流行",于是打算下令将钱太后的坟墓与明英宗裕陵之间的玄堂打通。但钦天监官员听说后赶紧上言,说:"通隧上干先帝陵堂,恐动地脉。"阴阳家也认为,再动陵墓隧道恐怕不利于大明皇家子孙。明孝宗听后不得不打消了开工动土的念头,但有明一代"二后并祔自此始矣"!(《明史·后妃一》卷113;《明孝宗实录》卷209;【清】查继佐:《罪惟录·皇后列传》卷2;【明】沈德符:《万历野获编·帝后祔葬》卷3)

合葬之事不得已妥协了,但在祔庙问题上弘治帝却十分坚持原则。所谓祔庙,就是将后死者牌位升入太庙,附祭于列祖列宗。根据明代礼制,只有皇帝和皇帝的原配死后,其牌位才可进入太庙,而妃子是不能祔庙的。周太后原本是妃子,以礼她的神主即牌位就不该进入太庙。但为了慎重起见,皇帝朱祐樘还是召见了刘健、李东阳、谢迁等内阁臣僚,多次进行了讨论。刘健说:"祔二后,自唐始也。祔三后,自宋始也,汉以前一帝一后。曩者定议合祔,孝庄太后居左,今大行太皇太后居右,且引唐、宋故事为证,臣等以此不敢复论。"弘治帝听后说道:"二后已非,况复三后!"谢迁插话:"宋祔三后,一继立,一生母也。"明孝宗可不以为然,当即态度鲜明地说:"事须师古,太皇太后鞠育朕躬,朕岂敢忘?顾私情耳。祖宗来,一帝一后。今并祔,坏礼自朕始。且奉先殿祭皇祖,特座一饭一匙而已。夫孝穆皇太后,朕生母也,别祀之奉慈殿。今仁寿宫前殿稍宽,朕欲奉太皇太后于此,他日奉孝穆皇太后于后,岁时祭享,如太庙。"(《明史·后妃一·孝庄钱皇后》卷113;【清】夏燮:《明通鉴》卷35)而后他下令在宫中奉先殿旁建造奉慈殿,迁生母孝穆太后和皇奶奶周太后神主祭于此,孝穆太后居左室,周太后居中室,"不祔庙,仍称太皇太后"(【明】李东阳:《燕对录》;《明史·后妃一·孝肃周太后》卷113)。

就为了这样的事情,弘治帝曾4次召见阁臣反复商议。时人为此曾留下了这样的评述:"孝庙初年,平台、暖阁时勤召对,君臣上下如家人父子,情意蔼然,虽都俞盛朝何以加此!至陵庙一事,则以关系纲常,尤深注意,区画周详,皆断自宸衷,勤勤恳恳,归于至当,非聪明仁孝之至,孰能若此者乎!"(【明】李东阳:《燕对录》)

我们将上面这事换个角度来说,周太后是皇帝朱祐樘一生都要感激的亲人,但就是这样一生都要感激的亲人却在太平之世和皇帝的眼皮底下做下了这般不合规制之事,那么普天之下还有多少不为一直以传统理想致治之君自期的弘治帝所知的不合规制和不对劲的事情?

○ 心腹阁臣李东阳的上疏进言及其自责引发当朝天子的深思

就在周太后合葬祔庙之事尚未完全了结时,有人从山东来报,曲阜孔庙重建工程竣工,请朝廷派人前去祭祀。明孝宗接报后遂命内阁大学士李东阳南下往祭,顺便让他一路上关注一下沿途形势。弘治十七年(1504)五月底,李阁老从曲阜回京,随即上疏他一路所见所闻及他个人的看法:"臣备员内阁,饕任腹心,左右辅导,乃其常职。比者钦承使命,远涉川陆,有所闻见,不敢缄默,谨披沥肝胆,为陛下言之。臣自四月以来,经过里河、天津一带,适遇天时亢旱,风霾屡作,夏麦枯死,秋田未种。运船不至,客船稀少,曳缆之夫,身无完衣。荷锄之人,面有菜色,极目四望,可为寒心。临清、安平等处,盗贼纵横,杀人劫财者在在而是。传闻青州劫夺尤甚,各该地方官员随捕随发,各处回贼,百十成群,白昼公行,出没无忌。又闻南来人言:淮、扬诸府十分狼狈,或掘食死人,或贱卖生口,流移抢掠,各自逃生。运粮官军,殷坝剥浅,艰辛万倍,人心惶惶,无知所措,以至江南、浙东荒歉之地方数千里,朝廷虽差官赈济,减耗折粮,拆东补西,得不偿失,且民户消耗,军伍空虚,官军无旬月之储,俸粮有累年之欠。夫东南为财赋所出,一岁之荒已至于此。北地贫薄,素无积蓄。今年再歉,则将何以堪之。国家承平富庶百有余年,一时之荒,已不堪处。设有不测,又将何以处之?言及于斯,可为痛哭。臣本庸愚,生长都邑。曩于成化年间省祭原籍,公干南京,再经此地,始知民生愁苦之状,郡、县凋敝之由,以今校昔,十倍于前。则臣虽久处官曹,日理章疏,犹有不得其详者,仰惟陛下聪明睿知,卓冠群伦,而居于九重之上、深宫之内,小臣百执事知之不敢言,言之不敢尽,细微幽隐之故岂得而尽闻之?亦岂得而尽信之哉?臣尝访之道路,询之官吏,皆言粮草、税课岁有常额,而冗食太众，国用无经，差役频繁，科派重叠，木植、颜料，凡百之物，岁无虚月。内府钱粮交纳使用，更无纪极。京城修造前后相仍，做工军士累力陪钱，每遇班操，宁死不赴。势家巨室，田连州、县，征科过度，请乞无厌。亲王之国，供亿之费，每至二三十万，修斋挂袍，开山取矿，作无益以害有益者，间复有之，加以贪官酷吏，肆虐为奸，民力困穷，嗟怨交作，天灾叠（同"迭"）降，固有由然。他如游手之徒，号称皇亲，名目附搭盐船，声言各处马头，起盖店房，网罗商税。缘国家建都于北，仰给南方，商贾惊疑，大非细故。织造内官，纵使群小，采打闸河官吏，赶捉买卖居民，骚扰动地。又臣所目击者在途如此，到彼可知，若此之类，未易枚举。臣闻天下之患，常在于上下之情不通。今闾阎之情，郡、县不得而知也。郡、县之情，庙堂不得而知也。庙堂之情，九重亦不得而知也。是皆始于容隐而成于蒙蔽，容隐之端甚小，而蒙蔽之祸甚深，大坏极弊皆由于此。臣既尽知而不尽言，恐陛下终不得而知也。臣窃以为，今日之民生疲弊已深，而国用之匮乏已极，若事事而蠲之，则不可尽免；时时而赈之，则不可胜给。臣请以所见，喻之节用度如闸河然节一分，则上有一分之益，广储蓄如源泉然积一分，则下有一分之利，惟在圣心一转移之间而已。臣在山东伏闻，陛下以灾异屡见，戒饬群臣痛加修省，又特降纶音，令各衙门开查弊政，远近欢动，歌颂圣明，以为太平之几，端在于此。臣窃念往时，诏旨频降，章疏毕陈，而事关内府贵戚，每为掣肘。如去年户部等衙门、后府等衙门，今年兵部等衙门会奏事件，及吏、兵二部查奏传奉乞恩各一本，皆经时阅岁，不赐施行。臣恐今次所开，又成故纸，如圣谕所谓虚应故事者，则民情何时而慰，天变何时而弭乎？伏望陛下廓离照之明，奋乾纲之断，查照前项节次奏本，催督今次开具事情，凡民情时弊有当兴当革者，详加采择，期在必行，尤望躬行节俭，力省浮费，惜无名之官赏，停无益之工作，以先天下以慰生民，则变歉成丰，化灾为福，可以延宗社万万年无疆之休矣。臣燮理无状，辅导罔功，凡臣所陈弊政，皆臣之责，除别疏自劾外，谨具此以闻。"（《明孝宗实录》卷212）

弘治帝接疏后答复："卿所言深切时弊，足见忧国至意，事当行者，所司查议，明白开具闻奏。"李东阳随后上呈自劾之疏，说："迩者灾异日甚,致厪宵旰,下谕臣工,令其内省愆尤,自陈弊政,此古帝王克谨天戒,上下交修之心也。臣时方奉敕祭告阙里,即欲具本自劾求退,缘公务未毕,不敢远烦天听。今臣既回京,复命谨陈,愚悃上彻渊衷。臣窃惟内阁之职,所以辅导君德,参预政机,任重责深,实难胜举。臣以庸才弱质,遭际圣明,备位于兹,已十年矣,而勋劳罔着,咎过益增。近时以来,纪纲缓弛,风俗倾颓,或用舍违宜,或刑赏失当,官帑空乏而费用愈奢,民力困穷而征科益急,诸司弊政,实亦多端。臣职在论思预闻进止,或开陈未至无以自明,或持议不坚中为所夺,凡此之咎,非臣而谁?昔人谓:观大臣之贤否在天下之治乱。臣自考其迹,较之初任,渐不如前,以人事言之,则可退矣。人事之与天道相为流通,召和致灾,各有攸应,故周以燮理寅亮责在公孤汉,以灾异策免,亦有故事。臣自省其征,较之往岁,大有不同,以天变言之,亦可退矣。臣之初志,不揣驽劣,本欲效劳,中觉其难,亦尝因疾求退,及累荷温纶曲加慰勉,犹冀强图后效,以报深恩。玩愒因循,又逾四载。今考诸人事,征诸天变,乃至于斯,而年日就衰,疾不时作,头目昏晕,齿牙动摇,意气徒存,精力不逮,虽欲再加驱策,实有未能用是。仰乞圣慈俯垂矜察,容臣休致,以尽余生。臣又闻处至难之事者,必得非常之才,尤望陛下时简名贤,代居臣位,使得输宣心力展布猷为,必能下拯民穷,上回天意,实国家之幸,抑亦臣之幸也。"(《明孝宗实录》卷212)

要说大才子李东阳的上疏言事水平确实很高,先是将自己从北京到山东一路所见所闻向皇帝做了直接的描述:天灾迭降,民不聊生,军伍空虚,国用无经,差役频繁,科派重叠,贪官酷吏,肆虐为奸,细户小民,嗟怨交作,内外宦官,祸害多端,皇亲贵戚,为祸不息,藩王宗室,贪残日炽,纪纲松弛,刑赏失当……然后他将朝廷上下如此失措不堪之状归结为自己辅导无方,且说"较之初任,渐不如前",由此恳请当朝天子看在他体弱多病的分上,让他回去养病,另选名贤入阁接任,辅导圣君,励精图治。有学问的人说起话来慢条斯理,仅说自己没什么本事,且现在还不如以前。这明讲的是自己,暗指的是当今皇帝治政不如即位伊始。同样从小就饱读诗书的朱祐樘见到这样的阁臣上疏自责难道会不懂?当然不是了!极有可能在内心深处激起了波澜,但"简言慎动"的个性又决定了他不可能立即做出什么举动,而是十分温和地回复李阁老:"灾异示戒,正宜上下交修,卿职司辅参,方切倚毗,岂可引咎求退,所辞不允。"(《明孝宗实录》卷212)这话的含义是:天变灾异厉害得很,我正需要你们来辅佐,殚精竭虑,同舟共济,你怎么能引咎求退,这可万万使不得!

○ 弘治晚年,大明军事防卫问题多多与北疆屡屡告急

正当明孝宗打算与大臣们一起想方设法共渡难关之际,大明军事防卫系统与北疆地区又屡屡传来令人着急的消息。弘治十七年(1504)五月壬寅日,兵部在覆奏礼科都给事中李禄及监察御史饶榶所言之事时说道:"将官有缺,多以纳赂而得,及至镇所则大肆掊克,以偿前费,请痛加禁革,今后有缺,务令所司从公推举,疏名以请;各处镇守内外官私带人役数多,生事扰民,请令巡按官查勘各官,例外者俱发回原役……"(《明孝宗实录》卷212)

弘治十七年(1504)六月辛巳日,有人来报:"北虏小王子营于大同、宣府边外,联络三四十里。"兵部为此上奏说:"北虏近年于大同、陕西得利以去,况今势盛于前,志必骄横,而各关军士困于私役险阻,多至废弛。请敕廷臣才堪经国者三四员,分往诸边,督同各守臣,相勘边关废缺之处,随即修葺,其有制驭方略,因革事宜,驰奏以闻。各关守备官有不胜任者易之,庶几有备无患。"明孝宗当即发话:"边关事重,即会官推选见任,或致仕官三四员,令分行整饬,不许视常怠忽误事。"(《明孝宗实录》卷213)同日,"有自虏中逃回者报:虏有异谋"。(《明孝宗实录》卷213)

说起北虏,弘治帝就有一种如鱼刺鲠在喉的难受,尤其是最近几年,北疆上常常冷不丁地窜出一些北虏强贼,他们疯狂地杀掳抢劫一番,然后风驰电掣地跑了,弄得大明只能干跺脚。当然,如此之事还算不上有多严重,最让朱祐樘着急和揪心的是,大明军自身不行,如果北虏有一天发起大举进攻,其结果还真不堪设想。想当年正统末年,朱祐樘的皇爷爷明英宗就是因为做事轻率,准备不足,结果他自己当了北虏的俘虏暂且不说,最让人心悬的是,大明帝国差一点儿没了。想到这些,朱祐樘的脑子一下子清晰多了:天灾人祸,兵连祸结,国虚民穷,刑赏失当,上下不和……看来还照着

第 6 章 图治遽止 遗憾纷至

老样子"法祖图治"肯定是不行,必须得重新振作精神,励精图治。

● **弘治末年,明孝宗再次发力,励精图治**

明孝宗再次励精图治主要通过两种方式予以实施:一种方式是频频召对阁部大臣,商讨经国大事。据明代官史与文臣笔记所载,从弘治十七年(1504)三月周太后去世前后到弘治十八年(1505)五月明孝宗突然遭遇不测而西去,在这一年多一点儿的时间里,身体一向羸弱的弘治帝朱祐樘可能有近30次召对阁部大臣进行商讨(《明孝宗实录》卷209~卷224;【明】李东阳:《燕对录》),而这样的情况在明朝中后期的历史上实属罕见;另一种形式是及时批复或直接允准臣下的上言奏请,较少留中章奏。具体地说,在这段时间里明孝宗再次发力、励精图治所涉及的层面大体有以下几个:

○ 加强北疆边备与整饬帝国军事

弘治十七年(1504)六月二十二日,有人上报:据从北虏军营中逃回来的人讲,"虏有异谋"。这时早朝已退,皇帝朱祐樘获悉后立即在暖阁召见内阁大学士刘健、李东阳等,说:"虏情谲诈,可密切译审,大通事且勿使近前。"又说:"边关粮草,须与刘大夏说,用心整理。"两阁老齐声说"好的",刘健忽然进言道:"京营总兵须要得人。"弘治帝说:"往年如陈韶、王镛辈已退二三人矣。"刘健讲:"须用曾经战阵者。"明孝宗听后并不认可,说:"未必要经战阵,但要有谋略耳。"李东阳当即表示支持皇帝的观点,说:"圣谕甚当,有谋略与经战阵者须兼用乃可耳,但京营官军有名无实,前年选听征一万,及再选一万,便不能及数矣。"朱祐樘说:"军士须管军官抚恤,不可剥削。"李东阳回对:"诚如圣谕,但近年官军做工太多,既累身力,又陪钱使用。外卫轮班皆过期不至,正为此耳。"弘治帝说:"宣德以前军士皆不做工,内官监自有匠人。"李东阳赶紧进言:"皇上明见,朝廷养军本以拱卫京畿,岂为工役?今后工程乞为减省,养其锐气,庶缓急有济。"明孝宗听后随声说好,稍停了一下,又说道:"坝上强贼十分猖獗,可令刘大夏设法擒捕,北山又有靠山王者,据险为恶,辇毂近地,不可不除此患。"李东阳回复:"昨兵部奏,差指挥二人领官军五百，正为坝上强贼，而一应诸贼并在其中矣。"明孝宗又说："先生辈是腹心大臣，有事须说，如昨日所进揭帖，不说时如何得知。"李东阳和刘健等说"好的"，随即告退。(《明孝宗实录》卷213；【明】李东阳：《燕对录》)

3天后的六月二十五日，为派遣何人前往北疆边关去整理粮草一事，弘治帝又召刘健、李东阳至暖阁商议。一见到两阁老到，皇帝朱祐樘就从袍袖中取出了一份拟好的官员任命文本，指着侍郎顾佐的名字说："是常差干事，力量颇弱，恐不能了此。"刘健等回答道："户部尚书秦纮行取尚未至，左侍郎王俨可用，但见署印，故臣等拟差右侍郎(顾佐)。惟皇上裁择。"明孝宗说："王俨固好，但掌印须留管家当。顾佐亦不必动，凡有事二人商议乃得停当。各衙门官先生辈知之，可推有才力者，不必拘定户部。"又说："各关可止用一人，恐官多民扰。"刘健等回对："各关相隔甚远，非一人可了，巡关御史亦是二人，若差郎中二人亦可耳。"皇帝朱祐樘听后微微点了点头，随即说道："你们讲得都有道理。"而后两阁老告退，"拟管仓侍郎陈清、刑部右侍郎李士实以进"。(【明】李东阳：《燕对录》)

9天后的七月初四日，为是否大规模派出京军前去痛击北虏之事，弘治帝再召阁臣刘健、李东阳和谢迁等至暖阁进行商讨。按照当时皇帝的想法，马上选派将领，率军出征北疆。但三阁老却持反对意见，并说出了各自的观点和理由。朱祐樘听后觉得三阁老分析得有道理，但他又不愿意就此放弃大规模出兵北疆和打击北虏的打算，于是让人将心腹大臣兵部尚书刘大夏再次召来商议，没想到刘大夏的观点与三阁老如出一辙，这下明孝宗才彻底放弃了在北疆上大举用兵的念头。(《明孝宗实录》卷214；【明】李东阳：《燕对录》)

虽然弘治十七年(1504)夏秋之交的北虏压境有惊无险，大明朝廷也没有立即派出大军前去迎头痛击，但就在与此差不多同时及其稍后，明孝宗还及时地接受了朝廷内外臣僚的上请建议，对于弊端百出的大明国防军事进行了有针对性的整顿。

弘治十七年(1504)六月癸未日，巡抚保定等府都察院右副都御史王实上奏说："虏寇变态不常，近闻大众拆墙入我边内，连营驻札，虽大同附近州、县城堡，消息与城内猝急不能相通。若必待彼奏报然后处置，诚恐缓不及事。合令兵部选差惯骑、铺马谙晓军事之人，三五日一次前去探听，星驰回报，庶边情易达，事机不误。"他又说："虏众入境久驻，肆行抢掠。我军未能少挫其锋，合令总兵等官，询访彼处谙练边事之人，从长计议，多方设策，或招募敢勇，掩其不备，直捣巢穴，或设伏出奇，乘其零散，相机截杀，务使痛遭挫衄，畏威远遁。"明孝宗接奏后"深嘉纳，御笔亲批写敕并传出等字于各条之上，令各部议行。时西北之事方虐，圣虑屡见咨访，故于此亟行之。"（《明孝宗实录》卷213）

同日又有人来报："先前北虏小王子说想要来进贡，可现在又不来了，不仅不来，还闯入我大同境内，杀掠墩军。游击将军卫勇、副总兵黄镇及都指挥尉景、李敬等分护官军前往边疆，在回还路上路过焦山时，遇上了火筛率领的北虏骑兵与明军指挥郑瑀所部正在展开激战，虏众益增至五千余人，持长刀四面围击。迨暮虏骑增至万余，我军死战，凡数十合，杀伤相当。瑀独手刃数贼，为贼所杀，支解之，贼亦不得利而退。"弘治帝接报后立即下令："命延绥并偏头关守臣，急发兵应援郑瑀，并死事者各如例升赏，被伤及有功官军，令巡按监察御史勘实以闻。"（《明孝宗实录》卷213）

除了对北疆危急形势迅速做出应对之举外，明孝宗还在朝廷大臣的敦促和辅佐下，对北疆防卫和帝国军事武备做出了诸多的整饬。

弘治十七年（1504）七月，户部上疏奉旨所议备虏事宜四项，明孝宗接疏后都予以允准，随即又"命别有紧要长策，仍多方计议以闻"。户部领命后复议，乃又上四事，其中有"民以粟豆输边二三百石者，自立坊牌，五百石以上者，赐敕褒谕"；"天下诸司明年户口食盐、船料钱钞再折一年。今年派河南、山东起运临德二仓秋粮，石征银一钱"，以此充实边备；"变卖德州常盈库军职折色所余钱钞及寺观僧道遗田无人耕佃者，各例银俱解部送边支用"。弘治帝接奏后立即回复："违限运米事宁即止，余如议行。"（《明孝宗实录》卷214）

同年八月，英国公张懋等上奏说："团营军士逃亡日多，皆以追纳桩头及朋合银所致，乞暂行宽免，或俟来年丰稔征之。"兵部经过讨论后认为："军营弊端最多，若使领马军士皆择付有力之人，则死损必少，岂至贻累逃亡？盖拨养不均所致，其弊一也。又次拨军士私役、卖放团营军士、杂拨私用富者,扰闲贫者遣迫,其弊二也。又官员军伴各有旧额,而职掌之人滥拨役使,其毙三也。今桩头朋合银诚宜暂从宽免,其它害军之事,亦宜一切禁革。"弘治帝接奏后当即下旨:"命各项弊端,即严加禁约,不悛者重罪不贷。"(《明孝宗实录》卷215)

同年九月,大同总兵官吴江给朝廷上了个奏章,提出对"欲临阵(脱逃)以军法从事"。内阁对此票拟的意见是,应该允准吴总兵的上请。但皇帝朱祐樘却认为:这样做了"恐边将轻易启妄杀之渐",不过他一时又拿不准主意,于是将内阁大学士刘健、李东阳和谢迁等阁臣再召至内廷来商议。刘健认为:"临阵用军法,自古如此。两军相持,退者不斩则人不效死,何以取胜?"弘治帝说:"话虽然是这么说的,但我朝廷也不可轻易授权给边将呀。若命大将出师,敕书内方有军法从事之语。各边总兵官亲御大敌,官军有临阵退缩者,止许以军法严令从重处置,如此方可。"李东阳听后说道:"这事不说起也就罢了,既然现在有边将问起了,倘若朝廷明确说不许,那恐怕从此以后就会号令不行。"在旁的刘健也力赞其说。皇帝朱祐樘再次重复他的观点。这时刘健解释道:"昨日兵部拟奏尽有斟酌。寻常小敌或偏裨出战皆不许,似止依所奏足矣。"明孝宗说:"兵部所拟固好,总兵官既奏了一场,若止答一'是'字,亦不为重。外边视奏词亦不甚着意,亦须于旨意说出乃为重耳。"听到此,谢迁插话道:"今遵圣谕批答,仍用一'是'字为宜。且军法亦不专为杀,轻重各有法决,打亦军法也。"明孝宗闻及此顿时茅塞顿开,当即连连说:"好、好,就这样。你们下去直接拟旨吧!"(【明】李东阳:《燕对录》)不久朝廷下令:"命令后总兵官亲御大敌,官军有退缩者,听以军法从重处治。"(《明孝宗实录》卷216)

军队法纪规章除了军法处治外,还有一项十分重要的内容,那就是对杀敌功次的处理。这本来也不是什么问题,祖宗时代就制定了一套规章制度。但随着大明帝国统治的稳定和整个社会的日趋腐败,杀敌功次之上报、论定与赏赐却成了当朝天子为此感到头疼的事情。就在讨论军法处治一事后的第10天,即弘治十七年(1504)九月三十日,皇帝朱祐樘又一次将内阁大学士刘健、李东阳等召至暖阁,说:"各边杀贼功次,行巡按御史查勘,多有经年累岁不肯奏报,或至病故不沾恩命,无以激劝人心,可酌量地方远近,定与限期;若有过违令,兵部查究。"刘健回对:"诚有此弊,禁之甚当。"明孝宗听后说道:"这恐怕应该让都察院行文下去才合适吧?"李东阳回复道:"兵部咨都察院转行御史。"朱祐樘说:"好的,那就叫他们去办吧!"【明】李东阳:《燕对录》;《明孝宗实录》卷216)

○ 鼓励直言不讳,注重纳谏,要求大臣刚正有节,重视其品行与实迹

弘治十七年(1504)九月三十日,在讨论完杀敌功次之事后的当天,明孝宗在暖阁又跟内阁大学士刘健、李东阳等说道:"昨令(太监)李荣来说,日讲时讲官说:陈善闭邪,'陈'字解作陈说,未明,止作敷陈,乃可耳?"刘健回对:"昨李荣又言'以善道启沃他','他'字不足。诚如圣谕。"皇帝朱祐樘听后颇为深意地说:"'他'字也不妨,昨偶言及此,意以为不若启沃之更好,然不必深计,大抵讲书须要明白透彻,直言无讳,道理皆书中原有非是纂出,若不说尽也无进益,且论思辅导之职,皆所当言可传与,讲官不必顾忌。昨所讲都似有顾忌耳。"对此,同在召对现场的李东阳而后这样写道:"是日,天颜甚悦,似以为昨日所传未的恐,因此有所观望,故特示详悉如此。"(《明孝宗实录》卷216)

这时的明孝宗与弘治中期已有很大的不同,更加容易接受臣下的建言。许多上疏建议都得到了他的允准,哪怕是专门针对他个人的,他也能接受。弘治十八年(1505)三月,吏部议覆兵科给事中杨一漢和监察御史黎凤所言三事:第一,备谏员,"给事中原额五十八员,今缺多未补,乞自今科以后,每科俱选庶吉士四五十人,他日除授,自翰林外俱除授科道官";第二,广培养,"但庶吉士选取多寡,本无定规,请命内阁斟酌行之";第三,宥过失,"近年言事官员多因忤旨外补,乞曲为容宥,或召回,或升擢,以来直言,但言事外补官员,或因科道论救,或因本部推举,悉已升用,请今后言官有建言大事关系治体,或有外补者,臣等奏请定夺"。明孝宗对此全部予以接受。(《明孝宗实录》卷222)

大约一个月后的弘治十八年(1505)四月癸酉日,刑科给事中汤礼敬言四事:第一,勤讲学,"经筵非极寒暑雨雪之日,请勿传免,

其日讲虽寒暑亦勿暂废";第二,遵旧制,"今日待贵戚过厚,用中贵太盛,冗食员多,滥予费广,请皆如祖训所载,逐一裁正";第三,频延访,"内阁大臣请日见咨访,九卿正佐请更番召问";第四,乐听受,"往年户部尚书倪钟以财用耗竭,推原害财之弊数事以闻,而大学士李东阳奉使阙里,亲见民生凋敝,盗贼纵横,仓廪空竭,指实陈奏,俱付所司议行,未赐俞允。腹心大臣如此,况其它乎?伏望于凡以言获谴者召还擢用,及大小臣僚论列汰冗员、节滥费、重盐课、公黜陟之类,宜皆措之实事,而不为左右所夺,幸甚"。弘治帝又一次照单全收。(《明孝宗实录》卷223)

晚年弘治帝不仅鼓励直言不讳,更多注意纳言进谏,还十分强调"大臣要刚正、有气节,若果有卑诣之行,当退;若有旷职坏事者,诚宜黜,以示戒"(【明】李东阳:《燕对录》)。

刘健原是朱祐樘在东宫时代的老师,又是弘治中后期的内阁首席辅臣,正因为有着这样的特殊关系,明孝宗对于刘阁老的建议或进言都比较重视,而刘健也会不时地向皇帝推荐一些"人才"。有个叫刘宇的都御史听说以后打起了小算盘,有事没事经常与刘健接触和联系。时间长了,刘健对他的印象不错,于是多次在弘治帝面前为他美言。受刘老师的影响,学生皇帝朱祐樘也逐渐觉得,刘宇可能是个尽职又有能力的好官。弘治十七年(1504)七月的一天,在接到刘宇的奏报后,明孝宗马上将刘健、李东阳等召至暖阁,说:"(巡抚大同都御史)刘宇在大同尽用心,近人虑及潮河川难守,欲行令凿品字窖及以所制铁子炮送与备用,亦是为国,可量与恩典,以励人心。"刘健和李东阳等听后皆奏对道:"未知圣意是何恩典?"弘治帝想了一下,说:"可与赏赐。"刘、李当即都说:"好!"话音刚落,皇帝朱祐樘又说:"凿窖制炮是刘宇独奏,今难独赏。吴江、陆闾亦皆用心防御,辛苦,可并赏,且降敕奖励之。"(《明孝宗实录》卷214)

但正如前章所述的那样,朱祐樘从小是在险恶环境下长大的,因而凡事他都"简言慎动""渊然莫测"(《明孝宗实录》卷224),换言之,弘治帝很有主见,并不完全相信人,对于臣下那就更是如此了。有一天,他召刘大夏、戴珊,说:"闻今军民都不得所,安得天下太平如古昔帝王之时?"刘大夏听后回对道:"求治亦难太急,但每事都如近日与内阁近臣讲议,必求其当,施行日久,天下自然太平。"明孝宗又说:"内阁近臣如大学士刘健,亦尽可与计事,但他门下人太杂,他曾独荐一人,甚不合朕意。"因为皇帝没说刘健推荐何人不合他的意,所以刘大夏一时没答上话来。后来刘大夏碰到了刘健,简单地跟他说起了引荐人才的事情,刘健误以为皇帝改变主意了,于是又将刘宇做了推荐:"要说现任的这些高层官员中就副都御史刘宇才可大用。"弘治帝听后没答话,刘健以为皇帝没听清楚,随即又说了刘宇的名字,但明孝宗依然没吭气。对此,当朝文臣陈洪谟曾做了这样的评述:"(刘)宇之奸恶,圣明已知之。正德初年,宇果大坏朝政。天下益信尧舜之资,迥出寻常物表也。彼荐之者,宁不愧死耶?"(【明】陈洪谟:《治世余闻》卷3)

还有一次,明孝宗召兵部尚书刘大夏与都察院都御史戴珊议论人物。刘大夏随口说到了"某一时人物"。皇帝朱祐樘听后就说:"内阁学士刘健屡举此人,朕已熟察之矣。其人好作威福,好虚名,无诚心为国家。在陕西巡抚时,与镇守内臣同游秦王内苑,厮打坠水,遗国人之笑。及任户部侍郎,令他参赞北征官军,惟以参奏总兵总官为事,不能画一策以裨军旅。因其误事,所以退他。这等何以称为人物?"(【明】陈洪谟:《治世余闻》卷3)

弘治中晚期,"公卿中有一人善能结纳,嬖近每于上前誉其才能"。可皇帝朱祐樘却不为其蒙蔽,有一天在召见心腹大臣刘大夏时就专门问了:"你听说过某人极为有才?"刘大夏不答。明孝宗却以为刘大夏没听清楚,于是大声说:"工部尚书李某,尔知之否?"刘大夏还是不答。这时皇帝朱祐樘明白了,遂笑着说:"朕惟闻其人能干办耳,未暇知其为人也。"听到这些话,刘大夏赶紧边叩首边回答:"诚如圣谕。"(【明】陈洪谟:《治世余闻》卷3)

从上述几个案例中不难看出,晚年弘治帝不仅注意臣僚的才干,更为重视的是其人品和气节,这其实也是励精图治所必须要做到的。弘治十七年(1504)七月十九日,为京官考察之事明孝宗将内阁大学士刘健、李东阳等召至暖阁,说:"吴蒹、王盖,吏部、都察院已查考察案卷,今当有处置。"刘健等不解地问道:"未知圣意如何?"朱祐樘说:"吴蒹事情尤重,可令为民。王盖冠带闲住。"这样的御裁与弘治帝一向为人宽容的性格特征不相吻合,因此刘健和李东阳当即争奏:"如此处置似乎太重了点。"明孝宗不改初衷,这是因为吴蒹和王盖在考察中"自疑见黜",遂先发制人,上疏诬奏主持官员考察的吏部尚书马文升和都察院都御史戴珊。按照他俩的设想:先劾马、戴,这样一来,如果马、戴在考察中黜斥他俩,则为挟私报复;如果马、戴为了避嫌,不黜斥他俩,并让他俩继续留任,这岂不是求之不得的大好事!而聪明的弘治帝在接到吴、王两言官的奏劾章疏后一下子就看出了其中的名堂,所以当刘健提议:"吴蒹令冠带闲住,王盖对品调外任足矣。"皇帝朱祐樘立即予以否定:"王盖调外任亦可。吴蒹不谨,自该闲住,又查有许多事情,若究竟到底,决难轻贷,今须令为民。王盖亦须令闲住耳。"这时,另一个阁臣李东阳也出来劝说:"吴蒹事纵使查勘得实,亦不过不谨,恐亦止该闲住。"刘健补充道:"王盖似轻。"明孝宗说:"有关部门对王盖的考核结论是不谨,倘若只将他作平级调任,这就难为了我朝廷的考察衙门了。"刘健听后赶紧说:"大臣是朝廷心腹,言官亦是朝廷耳目。"话音未落,明孝宗就说:"固然,但宪纲明开,不许风闻言事,《大明律》中'风宪官犯罪加二等',皆祖宗旧制。近来言官纠劾大臣多有不实,亦须略加惩治,以警将来。"按照当朝天子朱祐樘的主张,做大臣的就应该光明磊落,讲究正直气节,即使弹劾别人也要有真凭实据,不可风闻言事,所以他坚持重处吴、王,纵然刘健与李东阳"复两拟王盖以进,竟从初命行之"。(【明】李东阳:《燕对录》)

弘治十八年(1505)四月初七日,又为了人事问题,明孝宗将内阁大学士刘健、李东阳等召入内廷。见到阁老们全来了,他指着两本奏章说道:"此南京科道劾两京堂上官,作何处置?"刘健回对:"进退大臣事重,臣等不敢轻拟。"朱祐樘说:"彼首言崔志端是道士出身。先年亦有道士掌印者,但不多耳。"刘健说:"是的。"明孝宗又说:"彼言周季麟丧师失律,失律非止一人。"刘健等说:"周季麟亦是好官。"皇帝说:"然。洪钟在蓟州时,以潮河川开山致损人命,故人论之不已。"刘健回对:"洪钟亦好。"李东阳补充道:"好处尽多。"明孝宗继续说:"彼言巡抚卑谄。做大臣要刚正、有气节,若果有卑谄之行,当退。但亦无指实,难遽退耳。"刘健说:"皇上每值纠劾,欲求实迹最是。"朱祐樘说:"若大臣有旷职坏事者,诚宜黜以示戒。今亦无甚不好者,须皆留办事耳。"刘健对此并不认可,当即说:"臣等每见'留着办事'之文,窃有未安。大臣宜甄别贤否,若既云'留着办事',即系该退之人姑容不退,中有好者,似不能堪。"朱祐樘笑道:"然则先生辈意欲如何处置?"刘健和李东阳听后一时语塞,随后便说:"那也只能以'照旧办事'来回复了。"(【明】李东阳:《燕对录》)

弘治帝坚持以品行与实迹作为官员去留和升黜的依据,更多地弘扬政治场上的正气。弘治帝晚年,"上(指明孝宗)复虑天下有司多不得人,乃召戴都御史珊及刘尚书大夏同至幄中,谕曰:尔等与各科道官观朕图治的说话,虽都准行去了,然使天下府、州、县亲民官非人,未必不为文具,百姓安得被其恩泽?欲令吏部择其贤否黜陟,然天下官多,难得停留。细思之,莫若自今与尔等访察各处巡按二司官,先当以此辈黜陟停留。尔珊更慎择各处巡按御史,然后责他们去拣择府、州、县、卫、所。官得其人,人受其福。庶几行去的说话,不为文具也"。戴、刘叩头退去,因与同列共叹道:"尧舜知人安民之德,不过如此。"(【明】陈洪谟:《治世余闻》卷4)

○ 加强监察,整顿风纪

弘治帝晚期励精图治过程中采取的有一项举措十分重要,那就是前章已经说过的弘治十七年(1504)六月,明孝宗接受吏科给事中许天锡和监察御史翁理的谏言,确立六年一次京察制度,加强对在京官员的考察(《明孝宗实录》卷213;《明史·选举三》卷71)。遂为明朝后来列帝所遵守。

除了加强监察制度建设外,弘治帝晚期还在实际行政中从严治官,当然这是相对于先前而言。弘治十七年(1504)八月,吏部、都察院会同考察在京五品以下官而后上疏说:"寺丞张奎、主事韩璡等52员老疾当致仕,监事黄兰等3员罢软,主事储南等16员不谨,当冠带闲住,主事张禧等5员浮躁浅露,郎中张鸾等14员才力不及,当降一级,调外任,右府带俸训导陈浚缘事在逃,当为民。"明孝宗接疏后一反弘治中期的过宽做法,当即下令全部准允吏部和都察院的疏请。(《明孝宗实录》卷215)

数日后早朝结束,弘治帝将吏部尚书马文升、左侍郎焦芳、左都御史戴珊、右都御史史琳召至暖阁,当面做出指示:"明年春天下官员朝觐,卿等宜预先访察,务秉至公,以行黜陟。御史开报贤否,揭帖不可尽信。往年尝有奏扰者,卿等仍须用心斟酌,期于至当。"刚说完,明孝宗又突然想起,吏部尚书马文升岁数大了,耳朵不太好,于是单独对马尚书说:"卿听得否?"马文升回对:"陛下留心政务,宗社苍生之福也。"明代官史记载说:"自是每有政务时,召诸大臣面谕,因事论事,从容详悉,动数十百言,不能悉记,蒙延接者,皆感激奋厉。宣召之潦,下至群臣百执事,莫不倾耳注目,以为一代之盛典云。"(《明孝宗实录》卷215)

对于领导干部的实际品行与政绩的考核和监察虽然必不可少,但政治场上的风纪整顿更是非常重要。自正统以来大明帝国各阶层开始弥漫浮夸、奢靡之风,以权力为本的专制帝国之政界非但未能幸免,反而还成了奢靡风气的竞技场。明孝宗上台之初曾下令,对于奢靡之风进行打抑。但随着弘治中期的到来和大明天子自身日渐讲究享乐,宫廷上下骄奢淫逸之风愈来愈盛。弘治末年朱祐樘猛然醒悟:如果再不对这样的浮夸、腐败之风加以抑制,大明将会不堪设想,更无从谈及励精图治。正是从这样的指导思想出发,他多次召见阁部大臣,进行商议和讨论,且还命令相关衙门着力予以整饬。

弘治十七年(1504)八月二十五日,朱祐樘下令,将内阁大学士刘健和李东阳召至暖阁,问道:"昨令礼部禁服色,今可传旨与郑旺、赵鉴严加缉访,内府令郑旺缉访。盖近来风俗奢僭不可不治耳。"接着皇帝的话头,刘健随即就说:"内府亦缉访最是。"这话潜台词是,要说腐败、奢靡,内廷最厉害,也最难弄。学生皇帝朱祐樘听懂了刘老师的话,当场就说:"在外文职官读书明理,犹不敢僭为,内官不知道理,尤多僭妄。"刘健、李东阳附和道:"诚如圣谕。但臣等不知内府该禁花样?"明孝宗遂"历数其应用花样甚详",且还说:"若蟒龙、飞鱼、斗牛皆不许用,亦不许私织。间有赐者,或久而损坏,亦自织用,均为不可。"又说:"玄黄、紫皂乃是正禁,若柳黄、明黄、姜黄等色,皆须禁之。玄色可禁,黑绿乃人间常服,不必禁。乃内府人不许用耳。"第二天,即二十六日,明孝宗又召刘健和李东阳至暖阁,说:"昨所言服色事,须写敕与郑旺、赵鉴,缘旺等原敕不曾该载此事,故须特降一敕耳。"两先生说:"好的。"此时朱祐樘好像想起了什么,随即说:"昨旨内有玄色、黑绿,黑绿与青皆人间常用之服,不必禁之。"阁臣谢迁回对:"乃玄色样黑绿耳。"明孝宗又说:"黑绿常服,禁之亦难,正不须说及也。"三阁老随后告退,回阁拟旨。(【明】李东阳:《燕对录》)

弘治十八年(1505)四月丁卯日,礼部尚书张升等上呈疏文,言及五事:第一,禁侈靡,"服舍婚丧,国有定制。近年织异色花样、造违式房屋,而京师尤甚。今后请悉遵诸司职掌及洪武礼制制度,违者依律重治"。第二,重名器,"金蟒等衣,非人臣常用之服。今后内外官不许一概奏请,违者许科道官指名纠劾,治以重罪"。第三,省供应,"光禄寺寄库进素价银,乞发出补该寺之急,以省民财"。第四,并解纳,"内府香料并太医院药材,惟松、苏、四川、辽东总解,余皆陆续起解,为害多端,请自明年为始,各该地方将额办香料等物征完在官,差人总解"。第五,裁冗滥,"近年添设通事过多,贪冒之徒得以滥补,补后三年月有食米之资,实授序班,岁有皂隶俸银之给,及差送夷人,复唆使沿途生事,作弊为甚。今后除一国全缺该补外,余缺必总类十名以上方许奏行,各边起取及行大通事访保,庶侥幸之徒不至滥进"。明孝宗接疏后回复:"卿等所言切中时弊,省公应,朝廷自有处置,余皆准行。"(《明孝宗实录》卷223)

○ 开始敢于面对历史积弊,着手予以整治

诚如前文所述的那样,弘治中期令人最为诟病的主要积弊是:崇佛佞道,修斋建醮;内外宦官,祸害多端;皇亲贵戚,为祸不息;藩王宗室,贪残日炽,等等。而弘治末期皇帝朱祐樘再次发力、奋励致治时似乎也敢于面对这样的历史积弊,并开始着手予以整治。

弘治十七年(1504)五月,刑科给事中杨褫上言说:"方今之弊所最急而宜先革者,莫如贵戚家人之害人,或欧死平人,或霸占田土,或截桥梁、阻舟楫,以取人财,或揽税粮、列邸店,以罔市利,往来河道,需求百端,出入官司,紊乱政体。少不如意,凌虐随之,计其所得,归家长者,十不二三,充私橐者,十常八九。至于军民怨仇,有司论列,则必归之家长,然则为勋戚者,亦何利于此辈哉?请敕法司重为禁约,凡皇亲家人所招无籍之人有犯者,依诈冒投充例论罪,法司遂通检旧条,请今后生事害人者,除真犯死罪外,徒以上于所犯地方枷一月,发边卫充军;情重并逃回再犯者,枷三月,发遣家人名数。该府立案,以凭稽考家长,知而故纵,或回护占悋,及官司畏避不举觉者,通行参奏,仍榜于通衢以示。"皇帝朱祐樘接奏后十分赞赏杨褫的建议,遂"申严勋戚家人倚势扰民之禁","且令犯者,悉依拟重治之"。(《明孝宗实录》卷212)

同年六月,内阁大学士李东阳上奏,请"革无名官赏并禁治贪酷官吏"。皇帝朱祐樘下令准奏。(《明孝宗实录》卷213)。李东阳又上疏奏请:"自今以始,凡冗食之徒如传乞升官及滥充勇士之类,尽行裁革,核实仓场牛马,无使虚费刍粟,检约勋戚庄田,无使侵渔民业。其仓库门苑内官,命司礼监查奏定夺。州、县徭税不许额外科派,仍望皇上奋乾纲以独断于上,公好恶、崇素俭,以率先于下,禁令不以贵戚而移,赏赐不以嬖缘而得。"户部为此覆议,明孝宗随即下旨:准奏!(《明孝宗实录》卷213)

同年九月,因廷臣所请,皇帝朱祐樘命令吏科给事中许天锡、监察御史何琛同太监黎春清查皇宫各马房等处马、驼、牛、羊实数,会计料草。不久许、何两言官上奏说:"马、驼诸物共4 971匹(只),岁费豆69 740石,草1 475 604束。但内外官每岁虚报数目,多支豆177 000余石,草4 354 000余束,即此例之积岁,可知怙势玩法,罪不可赦。"明孝宗接奏后发话:"内外官欺毙,冒支年久数多,论法本当究治。既人众,姑宥之。今后如前作毙者,治以重罪。"(《明孝宗实录》卷216)

同年十月,礼科给事中葛嵩上奏说:"边方军民田土,凡邻近牧马草场及皇亲庄田者,辄为侵夺,致使流移困苦,上干和气。乞敕都察院禁革。今后军民有诉,称田地被侵者,务令所司从公究勘;若军民得业在先,每年纳税者,则断归军民;若草场皇亲庄在先,果被军民侵占者,则亦断归其主。"都察院为此覆奏,说:"以为燕、蓟等处地广收薄,永乐间许人尽力开种,轻其税敛。故迩年以来,怀奸贪得者往往以无粮荒地为词,因而吞并。乞命所司,凡军民奏诉,即与审究归断,其税粮当蠲除者,如数除之,仍揭榜戒谕,使各安其分,毋得争扰。"明孝宗下令:准奏!(《明孝宗实录》卷217)

弘治十七年(1504)十二月,鉴于内廷御马监主管的腾骧等四卫军人、勇士滥冒及役占者之数一直查不清楚,晚年弘治帝"锐意行之",命监察御史陈珀等前去清查。(《明孝宗实录》卷219)清查工作进行了两个月,到弘治十八年二月时,监察御史陈珀等欲将御马监军旗勇士之诡冒者上奏给皇帝。太监宁瑾立即奏请停止,以清查不准为由,提出改由内廷官员一起参与此项工作。朱祐樘本来就比较好说话,当即改命司礼监太监一员与宁瑾等一起参与清查处理。兵部尚书刘大夏获悉后立即表示反对,"执奏请如初旨"。明孝宗阅完刘大夏的奏章后,最终意识到了问题的复杂性,遂降旨说:"查理禁兵诚为重事,尔等既有此奏,可仍差堂上官一员,同原差科道官,从实清查,具奏处置。"(《明孝宗实录》卷221)

弘治末期皇帝朱祐樘敢于面对历史积弊,着手予以整顿,还有一件值得称道的事情,那就是对于先前崇佛佞道行为也开始有所矫正。弘治十八年(1505)四月,正一嗣教真人张彦頨以龙虎山上清宫发生火灾而上奏,"乞照例重建"。朱祐樘没多想就允准了,并派了内官监官员前往江西去,会同当地的镇巡等官开始督造重建。朝廷工部官员闻讯后立即上奏说:"江西近年以来旱潦相仍,盗贼纵横,而宁、益二府且方修理所费实多,兼以两京役繁财匮,不宜兴此,以重困军民,乞暂停止。"工科给事中王缜等亦极言其不可。读完谏言奏章,明孝宗委婉地收回成命,当即说道:"等江西境内的宁、益两王府造好后再奏闻议处。"(《明孝宗实录》卷223)

○ 关注民生,整顿经济

弘治晚期明孝宗励精图治,在关注民生和整顿经济方面主要采取了如下几项举措:

①革除弊政:弘治十七年(1504)五月,户部覆议提督粮储户部右侍郎陈清所言革弊事宜19项。其中说道:"马房仓及在外御马仓新添内臣数多,草一万束取纳户银百五十两,甚者二百两,豆一千石亦然。又多报马数,以图侵渔,所支草料又不尽用,所以马多瘦死,宜命御马监太监同科道官稽其实数,每月主事同内官放支草料。京、通仓尚书,太监等官随从军斗,俱有钦定之数。近来各纵私,意每员少者不下百名办纳月钱,宜令巡仓监察御史拨给如旧,违者奏闻治罪。通州仓近添海巡斗子三十余名运粮,到仓百计扰害,宜令革罢。"明孝宗批示:"(陈)清所言弊政,尔等出榜禁约。犯

者重罪之。今后提督巡视仓场官员指实纠举,狥(同"徇")情容隐者连坐不贷。"(《明孝宗实录》卷212)

弘治十七年(1504)七月,直隶太平府知府周进隆上奏:"本府所属芜湖县系工部抽分厂所在,每岁南京差内臣4员,催偿木植。本县止有站船13只,每内臣各留1只,逐一索取,供应扰民。乞令所司委官运送,或止差内臣一员领运。"南京工部为此议处,"以为宜令芜湖抽分官拣选堪中木植,印烙完备,各该监局每年止差内臣一员领运,往回不过20日以里,不许预先假以催偿为由,久住扰害"。朝廷工部覆奏,明孝宗从之。(《明孝宗实录》卷214)

②储粮备荒:弘治十七年(1504)八月,户部覆议南京工部右侍郎高铨所奏备荒五事:第一,谨散敛,"各处给散预备仓粮丰年还官,宜审家道颇裕者,量作二年或三年依原散之数征之"。第二,量措置,"近例令有司正官以州、县之大小为积谷之多寡,但年限未定,见任与继任者无所分别,宜照里分额数分为九年,每年当积若干,至给由时完足本数,方许起送,以凭黜陟"。第三,防侵渔,"各处问刑衙门有赎罪钱米、赃罚银两及布缎、马牛诸物,俱发附近有司收养,多至埋没,宜令有司置簿,各送上官印缝月计总数,总立文卷,开列原行,虽应给主,一月不至者,入官易米赈济"。第四,清盐钞,"各处税课盐钞折征银者,先尽本处预备仓,余解南京户部,以为官军俸粮之用"。第五,预查审,"赈济饥荒,事出仓卒,令平时宜将贫难下户分为三等,造册收贮。如遇荒年,因其等而赈之,其荒年亦量轻重分为三等主赈、籴赈、贷赈济之法"。明孝宗全部予以允准。(《明孝宗实录》卷215)

③减轻赋役:弘治十七年(1504)十月,南京兵部尚书韩文等上陈四事:第一,量减税银,"南京军民耕种空闲草场,亩纳银一钱者请亩减三分,以为定则"。第二,助买官马,"南京领马官军每苦办桩头朋合银两,其灾伤地方请特免一年"。第三,减牛只,"南京寝庙供用牲牛,纳时多弊,请量减三分之一,仍查数约束"。第四,减快船,"南京水军左卫快船数倍他卫役及幼寡,请暂免补造"。兵部为此覆奏,明孝宗又一次全部予以允准。(《明孝宗实录》卷217)

④清查逃漏人口:弘治十八年(1505)二月戊辰日,早朝结束,皇帝朱祐樘召户、兵、工三部大臣于奉天门,当面谕之:"方今生齿

渐繁，而民间户口及军伍匠役日就耗损，此皆官司不能抚恤，暨清理无方，以致逃亡、流移、脱漏、埋没，其弊非一。尔该部又不能悉心究治，因仍苟且徒事虚文，可谓慢事矣。宜各从长议处以闻。"（《明孝宗实录》卷221）大约一个月后的三月下旬，户部奉旨议上处置户口清查事宜，说："户口消耗其故有二：有因灾伤敛重、逼迫逃移者，有因畏惧军匠通同里长漏报者，若不加招抚之恩、严稽查之法，则逃移者永无复业之望，漏报者别无清理之术，如荆襄等处流民尤多，宜简命大臣一人到彼区处，他处敕抚巡等官招抚复业，有司仍宽恤一二年，方纳粮当差。产业被侵者断给，及积逋钱粮量与除豁，或负私债亦免偿还，其久住成家不愿还乡者，就彼安插。若逃避军匠等役及通同埋没者，许首告改正；违者罪之。继是以后，岁一清查，仍令有司节费薄征，以宽恤之。"明孝宗接疏后说："各处逃移、脱漏户口，令各抚按官督率所属清查抚安，务令人有定业，籍无漏报，每岁终尔等将各官行过事迹从公稽考，有怠事者参究处。治荆襄等处流民聚处即推素有才望大臣一人，往会抚治巡抚官，加意整理，彼处合行事宜，其更议以闻。"（《明孝宗实录》卷222）

弘治十八年（1505）四月十六日，皇帝朱祐樘召大学士刘健等至暖阁，征询对流民问题严重的荆襄地区派遣抚民官的意见。因为当时户部自行直接推荐了刑部侍郎何鉴作为抚民官，而明孝宗对此做法很不满意，所以当刘健和李东阳来到暖阁时，他指着户部的奏本就说："此户部覆奏处置流民本。内推刑部侍郎何鉴，查已服满。此须会吏部、户部，安得自推？"刘健回答说："凡系本部承行事，亦有径推者。"可明孝宗听后并不以为然，说："此前人不是。吏部铨衡之职，推举人才乃其职掌。若使会推，今日不称，亦无后词。"刘健和李东阳随即说："何鉴诚是好官，能了此事。"听到此，朱祐樘略为转变了态度，说："何鉴虽好，终要经由吏部。"刘健、李东阳当即就问："那就通令户部和吏部会同商议？"明孝宗说："处置流民是户部的事情，既然何鉴是个好官，就不须再会推了。"随后便命何鉴兼任都察院左佥都御史，并赐之敕文，告诫道："荆襄流民是个历史疑难问题，最近几年由于灾荒等方面的原因，流民越来越多，因而你处置起来一定要计划周详，方式妥当，使得流民们能安居乐业，进而也就不再脱漏国家户籍。"（《明孝宗实录》卷223；【明】李东阳：

《燕对录》

⑤整理财经：弘治十八年(1505)四月初七日，明孝宗召内阁大学士刘健、李东阳、谢迁等至暖阁，指着其中的一个奏本说："太常寺欠行户钱钞，昨有旨查洪武等钱缘何市不通使，户部查覆未明，仍须别为处置，务使通行。"刘健对曰："此须自朝廷行起，如赏赐、折俸之类，在下如盐钞、船钞亦用，旧钱乃可通行。且民间私铸低钱听其行用，弘治通宝乃不得行，诚非道理。"谢迁接着说："昨令查议，正欲通行。但私钱不禁，则官钱决不能行。前年铸弘治钱，曾禁私钱，不二三日即滥使如故。"朱祐樘听后十分好奇地问："那为什么会这样？"众阁臣回对："只是有司奉行不至。"弘治帝说："那就从现在开始严禁！"李东阳解释说："臣等访得今所铸钱徒费工料，得不偿失，亦是有司不肯尽心。若止如此，虽铸何益？"谢迁也说："昨令查已未铸造数目，亦是此意。"明孝宗听后不由自主地说道："原来如此。"刘健赶紧补充道："今国帑不充，府、县无蓄，边储空乏，行价不偿，正公私困竭之时，铸钱一事最为紧要。其余若屯田、茶马皆理财之事，不可不讲也。"李东阳听后马上点出重点话题："盐法尤重。今已坏尽，各边开中徒有其名，商人无利皆不肯上纳矣。"弘治帝不解地问："商人何故不肯上纳？"刘健解释说："这都是近幸贵戚奏讨所带来的祸害啊！"朱祐樘听后依然不解地追问："奏讨亦只是几家。"李东阳解释说："奏讨之中又有夹带，奏讨一分则夹带十分，商人无利正坐此等弊耳。"明孝宗感慨道："夹带之弊亦诚有之！"刘健进一步解释说："王府奏讨亦坏盐法。每府禄米自有万石，又奏讨庄田税课。朝廷每念亲亲，辄从所请，常额有限，不可不节。"弘治帝听后似乎很委屈地说："王府所奏，近多不与。"众阁臣皆对曰："诚如圣谕。但乞今后更不轻与，则不敢奏矣。"刘健随即又奏："臣闻国初茶马法初行，有欧阳驸马者贩私茶数百斤，太祖皇帝曰：'我才行一法，乃首坏之。'遂置极典。高皇后亦不敢劝止。此等故事，人皆不敢言。"明孝宗听后立即纠正道："不是不敢言，而是不肯讲。"众臣立即说："应该马上整顿盐法。"谢迁补上一句："请下户部查议。"皇帝说："好！"第二天明孝宗降旨云："祖宗设立盐法，以济紧急，边储系国家要务，近来废弛殆尽，商贾不行。各边开中虽多，全无实用。户部便通查旧制及今各项弊端，明白计议

停当来说。"诏旨传出,"中外称庆,知上意励精思治如此"。(【明】李东阳:《燕对录》)

而就在明孝宗再度发力、励精图治和"中外欢庆"之际,一场意想不到的"医疗事故"将弘治致治的美梦给彻彻底底地打碎了。

● 戛然而止　遗憾纷至

● 身为大明帝国第一人,皇帝也会遭遇"医疗事故"?弘治帝是被暗害?

什么……医疗事故?皇帝也会遭遇这样的事情?这,这……实在难以令人置信。那么这位明朝中后期历史上不多见的"好皇帝"到底遇到了怎样的倒霉事情?我们还得从头说起。

诚如前文所述,由于自小起就身体不好,弘治中期皇帝朱祐樘怠于政事,追求怡情逸乐,讲究养生健体和崇佛佞道、修斋建醮,那就不足为怪了。即使是在末年再度发力、奋励致治时,除了一如既往地每日视朝和及时批答章奏外,皇帝朱祐樘也不是每天都召见阁部大臣议事的。笔者查阅了明代官史和文人笔记后发现,当时一心想要致治但又不知死神正在向自己悄悄走近的弘治帝最多也就连续两天召见一次臣僚,接下来得隔上三四天或一周左右再来一次,且君臣见面的地方很特别,哪怕是春夏或夏秋季节,皇帝都要在后廷暖阁予以召见。如此之事说明了什么?说明了身弱多病的当朝天子那时的身体状况依然不佳。(明孝宗的瘦弱相可见本书的插图,笔者注)而瘦弱多病的身体不佳者最忌受风寒,问题恰恰就出在这里。

弘治十八年(1505)四月底,因天旱不雨,明孝宗亲自祷雨斋戒,由此受了点儿风寒,遂致四月份最后一天的早朝都没能正常举行。(《明孝宗实录》卷223)由于当朝天子自登基以来常有因病免朝一两天的事情,所以当时大臣们谁也没太在意,照常奏事,而皇帝朱祐樘则照样批答章疏和处理事务。史载:四月三十日,"上以天气炎热,命两法司并锦衣卫将见监问罪囚,答罪无干证者释之,徒流以下减等发落,重罪情可矜疑并枷号者,具奏以闻,仍移文南京法司一体遵行"(《明孝宗实录》卷223)。

进入五月,弘治帝身体依然不见好,五月初一日,内廷传出圣谕:"暂免朝。"(《明孝宗实录》卷223)初二日早朝还是不举行。这时礼部尚书张升等具本到左顺门问安。弘治帝让太监传话:"览奏已悉诚意,朕体调理渐痊可,卿等宜各安心办事。"同时皇帝还因宁府诸郡王多不遵守礼法而敕令宁王朱宸濠,让他"戒谕郡王、将军以下各谨守《祖训》,惇尚礼教,如有纵欲败度,戒谕不悛者,王具奏闻"(《明孝宗实录》卷224)。

这样的日子持续了一周,到五月初六,即端午节过后的那一天,皇帝朱祐樘自觉病情加重,可能会有不测,遂派司礼监太监戴义急召内阁大学士刘健、李东阳、谢迁入内。三阁老见到戴太监的着急样,一会儿工夫催了好几遍,便急急忙忙地从内阁赶往乾清宫东暖阁,穿过重重幔帐,来到了御榻前。此时"玉色发赤,火声盛气"的明孝宗穿着黄色的便服坐在龙床御榻上,刘健等见到后立即叩头问安。朱祐樘一看见三阁老来了,就说:"热甚不可耐。"遂令左右近侍去弄点儿水来漱口。掌御药事太监张瑜取金盂进水,以青布拭舌,并劝皇帝吃药。皇帝朱祐樘没答他的话。张瑜又说:"再吃一服药病就好了。"皇帝还是没理他,接着刚才的话头继续跟阁臣们说:"朕为祖宗守法度,不敢怠荒。凡天下事先生每多费心,我知道。"(《明孝宗实录》卷224;【明】李东阳:《燕对录》;【明】陈洪谟:《治世余闻》卷4)

说着说着,弘治帝抓住了刘健的手,紧紧地握着,好像要永诀似的。过了一阵,他又慢慢地跟三阁老说:"朕嗣祖宗大统18年,今年36岁,乃得此疾,殆不能起。"刘健、李东阳等赶紧跪下说:"皇上偶违和,何以遽言及此。臣等仰观圣体神气充溢,万寿无疆,幸宽心调理。"但此时的弘治帝似乎十分清楚自己的身体状况,盯着自己的心腹阁臣看了又看,内心思潮起伏,"自序即位始末甚详,欲有所记录"。这时太监扶安、李璋马上捧上纸和砚,司礼监太监戴义拿了朱笔,跪在御榻前,其他太监如陈宽、萧敬和李荣等皆跪于床下。明孝宗让戴义写下:"朕昔侍太皇太后宫闱及长蒙先皇厚恩,选配昌国公张峦女为后,于弘治四年九月二十四日诞生皇子厚照,册立为皇太子,正位东宫,年已长成,主器婚配不可久虚,礼宜

第 **6** 章 图治遽止 遗憾纷至

择配,可于今年举行。"皇帝一字一句地口述,中间偶尔有一两字需要修改一下,口述完时便是一篇完整的文章。(《明孝宗实录》卷224;【明】李东阳:《燕对录》;【明】陈洪谟:《治世余闻》卷4)

而就在遗嘱口述完成后,明孝宗又拉起刘健等人的手,说:"先生辈辅导辛苦,朕备知之。"且还说:"东宫聪明,但年少好逸乐,先生每(们)勤请他出来读些书,辅导他做个好人。"看着脸色蜡黄、瘦骨伶仃且大声喘气的皇帝,刘健、李东阳等人心里一酸,眼泪啪嗒啪嗒地掉了下来,哭着回对:"东宫天性睿智,今年尽勤学,望皇上宽心少虑,以膺万福。"这时的皇帝朱祐樘可能是由于较长时间说话累了的缘故,说出的话的声音变得越来越轻,但他还是在反复地告谕着,好像不忍分离,前后大约说了好几百句。(《明孝宗实录》卷224;【明】李东阳:《燕对录》;【明】陈洪谟:《治世余闻》卷4)

这是弘治帝临终前一天的大致情况,当时他虽然病得很重,但脑子依然清晰,说话语气又十分恳切。阁臣刘健、李东阳等叩首起身告退时,皇帝还让太监戴义将他们一路送出。大致走到东角门时,刘健和李东阳等忽然听到有人在喊,传旨召见礼部官员,大概是为皇太子选婚一事,弘治帝也要做些交代吧。(【明】李东阳:《燕对录》)

第二天,也就是五月初七日,弘治帝将皇太子朱厚照召至自己的病榻前,当面说道:"朕不豫,皇帝与东宫做。礼仪悉依先帝遗典,祭用素羞(同"馐")。东宫务遵守祖宗成法,孝奉两宫,进学修德,用贤使能,毋怠毋荒,永保贞吉。"(《明孝宗实录》卷224)

大约到中午时,外面突然刮起了一阵旋风,尘土飞扬,厚厚的云彩笼罩着北京明皇宫三大殿。正当人们惊诧之际,忽见空中影影绰绰有人骑在龙上,飞向天去。而就在此时,明皇宫中传出消息:"皇帝驾崩!"皇帝朱祐樘留下的遗诏这样说道:"朕以眇躬,仰承丕绪,嗣登大宝,十有八年。敬天勤民,敦孝致理,夙夜兢兢,惟上负先帝付托是惧,乃今遘疾弥留,殆弗可起。生死常理,虽圣智不能违。顾继统得人,亦复何憾!皇太子厚照聪明仁孝,至性天成,宜即皇帝位,其务守祖宗成法,孝奉两宫,进学修德,任贤使能,节用爱人,毋骄毋怠。中外文武群臣,其同心辅佐,以共保宗社万万年之业。丧礼悉遵先帝遗制,以日易月,二十七日释服,祭用素羞(同"馐"),毋禁音乐嫁娶。嗣君以继承为重,已敕礼部选婚,可于今年举行,毋得固违。宗室亲王,藩屏是寄,不可辄离本国。各处镇守、总兵、巡抚等官及都、布、按三司官员严固封疆,安抚军民,不许擅离职守,闻丧之日,止于本处朝夕哭临三日,进香各遣官代行。广东、广西、四川、云南、贵州所属府、州、县并土官及各布政司、南直隶七品以下衙门俱免进香。诏谕天下,咸使闻知。"(《明孝宗实录》卷224)

如果我们将上述这份明孝宗的遗诏与李东阳的笔记做个对比的话就会发现,两者之间还是有着一定区别的,尤其是前者所载弘治帝临终之前说什么"生死常理,虽圣智不能违。顾继统得人,亦复何憾!"与后者所记皇帝朱祐樘拉着刘健、李东阳等当事人的手"天语详备,累数百言,不能悉记"和说"东宫聪明,但年少好逸乐,先生每(们)勤请他出来读些书,辅导他做个好人"(【明】李东阳:《燕对录》)似乎存在着很多的矛盾之处,或者至少说,当时明孝宗还不想死,也未料到自己会速死,因为他毕竟只有36虚岁,因为他还有许多事情未来得及做。那么究竟又是什么让这位明代中后期历史上少有的"明君"踏上了不归路?

弘治朝官史对此未做记载,而在正德朝的官史里却留下了这样的说法:弘治十八年(1505)五月十五日,即明孝宗病逝后的第9天,尚未正式登皇帝位的皇太子朱厚照发出令旨:"司设监太监张瑜、掌太医院事右通政施钦、院判刘文泰、御医高廷和等有罪下狱。"(《明武宗实录》卷1)接着官史解释说:起初弘治帝以祷雨斋戒,偶感风寒,"命(张)瑜与太医院议方药,瑜私于(刘)文泰、(高)廷和不请脉视,辄用药以进,继与(施)钦及院判方叔和、医士徐昊等进药,皆与证乖"(《明武宗实录》卷1)。即说这些所进之药恰恰与皇帝的病情相反,由此可想,本来体弱的朱祐樘吃下后会有什么结果?只能是"弥留弗兴"。后来"英国公张懋等及给事中王宸、薛金,御史陈世良等交劾其恶,以为庸医杀人,律科过失,特为常人设耳。若上误人主,失宗庙、生灵之望,是为天下大害,罪在不赦,故合和御药误,不依本方,谓之大不敬,列诸十恶,请加(张)瑜等显戮,以洩神人之怒"。皇太子朱厚照"令旨从(张)懋等言,乃命锦衣卫执瑜等送都察院会多官鞫之"。(《明武宗实录》卷1)

10天后的五月二十五日,都察院左都御史戴珊会同英国公张懋、吏部尚书马文升等以张瑜等狱上奏新皇帝明武宗,将基本查清的案情做了汇报,说:太监张瑜曾奉命采办药料,与太医院院判刘文泰、右参议丘钰等一起假借买药为名,侵盗官钱。后来张太监又推荐刘文泰、高廷和等一同纂修《本草》,共谋私利。孝宗皇帝得病后,太监张瑜暗自高兴,认为又是好机会来了,遂"援引刘文泰等徼幸成功,擅自开药",而掌太医院事右通政施钦、院判方叔和与医士徐昊等虽然相继都为孝宗皇帝诊视过,且发现刘文泰和张瑜议开的药方不对劲,但谁都不说什么。而右通政王玉、院使李宗周、院判张伦、钱钝、王槃等也"坐视用药非宜,隐忍不举"。(《明武宗实录》卷1)

要说当时弘治帝得的还真不是什么疑难重症,只不过是风寒而已。就此而言,不说是皇家御医,就是一般民间郎中或略知一点儿医学知识的人都知道该如何医治,更何况当时右通政王玉、院使李宗周等也都发现了问题,但就是没有一个人出来说话,这事实在令人觉得不可思议。(《明武宗实录》卷1)

对此,明清之际史学家查继佐为我们留下这样的记载:弘治帝病倒后,将刘健、李东阳、谢迁等心腹阁臣召至病榻前,跟他们说,自古道:做好事多的人会长寿。朕自我反省,有心之恶倒是没做什么,而无心之恶却做了不少。时至今日,都是天命啊!讲到这里,朱祐樘没讲下去,就喊着口渴,谢迁见之当即就说:"为什么不给皇上喝水?"有太监厉声呵道:"谁敢?"阁臣们看到皇帝睡在锦制蚊帐里满头都是大汗,便说:"为什么不给他换上纱帐舒服一些?"又有太监回对:"宫殿高寒。"而这时的皇帝朱祐樘鼻孔里不断地流血,将整个龙袍都给弄脏了,他自己不停地搽着鼻子,边搽边说:"我作为天子,不能喝一口水。"(【清】查继佐:《罪惟录》志卷32)

从上面这样的记载来看,皇帝朱祐樘得的很可能就是普通感冒,而太监张瑜与太医院院判刘文泰等却以伤寒病来医治,这就硬是将人给治死了。之所以会如此,有人说,那是因为弘治末年鉴于国用不足,皇帝朱祐樘接纳了大臣们的建议,打算从削除内官特权开启,减少费用。但他又偏偏口风不谨,与老婆张皇后说了此事。张皇后立即将信息泄露给了宫廷内侍,内侍们由此大惧,故而在进

药时给皇帝来了个反其道而行之。(【清】查继佐:《罪惟录》志卷 32)

尽管上述史料属于孤证,不能全信,但从明朝正史记载来看,有一点儿是可以肯定的:明武宗刚即位时朝廷大体上还是弄清了明孝宗是怎么死的——太监张瑜、院判刘文泰和御医高廷和进错了药,由此当时都察院左都御史戴珊、英国公张懋和吏部尚书马文升等在上奏新天子时曾建议,将之"比诸司官与内官交结作弊",至于右通政王玉、院使李宗周、院判张伦、钱钝、王槃等坐视用药非宜,却隐忍不举,也应减等处置。明武宗降旨:张瑜、刘文泰和高廷和依律论死,施钦、方叔和革职闲住,徐昊发原籍为民,王玉等各降二级。丘钰未尽之赃,追究以闻。于是王玉降为太医院院使,李宗周降为院判,张伦、钱钝、王槃俱为太常寺典簿,供事如旧。丘钰在交足 500 两赃银后,被罢黜为民。明朝官史随后记载说:"时大臣有阴厚文泰者,故不用合和御药,大不敬正条而比依交结内官律,其后瑜等遂以为解脱之地,识者恨之。"(《明武宗实录》卷 1)

说到这里,我们还是想回到前面的话题:36 岁正值壮年的明孝宗压根儿就没料到,自己会这么匆匆地走了,就连祖上沿袭下来的在位天子为自己修造陵墓的事情也没来得及考虑。由此一来,他的陵墓就由继承帝位的皇太子朱厚照派人负责择地修筑了。弘治帝的陵墓后来修筑时定名为泰陵。弘治十八年(1505)六月,新天子朱厚照为父亲朱祐樘上尊谥,曰:"建天明道诚纯中正圣文神武至仁大德敬皇帝,庙号孝宗。"(《明武宗实录》卷 2)

一场本不该发生的"医疗事故",一个本该可以避免的低级错误,在大家不甚注意的情势下却偏偏发生了。它不仅害死了明朝中后期历史上不多有的好皇帝朱祐樘,而且也使得他再度发力、励精图治之进程戛然而止,只留下了无数的遗憾。

● 遗憾多多 实难细说

弘治帝遽然西去,留下遗憾无数。今对其要者做些选择和归纳,略述如下:

○ 为报答生母的恩德，派人查访母后亲属，但始终未能找到

前章讲过，弘治帝的幼年生活很不幸，生母纪氏是在不断受迫害的情势下将他生下的，后又想尽一切办法、忍受极大的痛苦保护着他。虽然从成化十一年起小朱祐樘过上了好日子，但转瞬之间生母纪氏的突然逝去，对于当时只有6岁的孩子来说，除了撕心裂肺之痛外，还不可能明白这里边到底隐含了什么。不过随着岁月的流逝和年龄的增长，他也慢慢地悟出了一些道道来了。《《明孝宗实录》卷1）

一晃10多年的时间过去了，自己当上了皇帝，在即位之初除了对当年的加害者万贵妃家族做些适度的处置外，弘治帝一心想着的就是报答生母的恩德。可是生母已不在了，人死又不能复活，每每想起这些，皇帝朱祐樘泪流满面。由想念生母，弘治天子不由自主地联想到另一位有恩于自己的"母后"——先父明宪宗的第一任皇后吴氏。前面说过，吴氏因万贵妃进谗而遭废黜，退居后宫西内，纪氏在安乐堂生下朱祐樘后，吴氏常来"保抱惟谨"、"往来哺育"。（《明史·后妃一》卷113）现在朱祐樘当皇帝了，当然得要好好报答吴氏当年厚待自己的恩德。想到这些，弘治帝"命（吴氏）服膳皆如母后礼，官其侄锦衣百户"（《明史·后妃一·宪宗吴废后》卷113）

将有恩于自己的前朝废后视为母后，那么对于亲生母亲纪氏的恩德就应该更加予以竭诚的报答。而在这一方面明孝宗又做得特别好，其具体做法大致分为三步：

第一步：在刚刚即位时的成化二十三年（1487）十月，朱祐樘就追谥生母纪氏为孝穆慈慧恭恪庄僖崇天承圣纯皇后，将其迁葬茂陵（《明孝宗实录》卷6~卷7），后又别建奉慈殿于宫中，专门奉祀纪太后（《明孝宗实录》卷8）。

第二步：弘治元年（1488）九月，"追赠孝穆皇太后曾祖父、祖父、父俱为中军都督府左都督（正一品），曾祖母、祖母、母俱为夫人（一品夫人），给诰命。旧制武官一品，诰用金轴，三代共一道"。可为了表示对外家恩典之隆重，朱祐樘还专门下令，依照文官一品之制，特给玉轴诰三道。（《明孝宗实录》卷18）旋又"命工部差官至广西贺县，修孝穆皇太后先茔，仍令本县拨人夫三户守视，复其杂徭"。

《明孝宗实录》卷19）

第三步：寻访孝穆纪太后之亲属，想让他们也享受一下荣华富贵。

弘治元年（1488）闰正月，明孝宗派遣太监蔡用前往广西访取孝穆皇太后亲属，同时敕谕总镇两广太监韦眷，总督军务巡抚右都御史宋旻，总兵官安远侯柳景并镇守广西太监刘昶，巡按监察御史，都、布、按三司等官："今特命太监蔡用会同尔等计议，除尔眷等各守地方，尔旻及巡按御史、三司掌印官即随同去平乐府贺县，督委官员，拘取本县桂岭乡迎恩里龙堂村耆老人等到官，询访孝穆皇太后宗支。旳有无见在，果有存者，尔用等即差的当人员，将当房家小，起拨船只人夫，应付廪给口粮，沿途照管来京，毋或疏虞。此实重事，毋纵容下人狥（通"循"）私受嘱，将异姓外族军民人等冒报顶补，紊乱宗姓。亦不许指此为由，惊扰人民。其慎之慎之。"（《明孝宗实录》卷10）

当朝天子派人出来寻访外婆家，消息像长了翅膀似的飞遍了广西贺县。贺县当地有个叫纪父贵的听到后，与弟弟纪祖旺合计了一番，随后便来到了官府衙门，说他们就是孝穆纪太后的同祖父兄弟。地方官无法辨认其真伪，京城来的太监蔡用那就更是弄不清楚了，但为了立功，蔡太监等不管三七二十一，马上就将纪父贵、纪祖旺兄弟俩驿传至京城，同时又把他们父母下葬之所一并做了上告。皇帝朱祐樘听说外婆家找到了，顿时欣喜万分，遂"命皇亲纪贵（即纪父贵改名）为锦衣卫指挥同知（从三品），纪旺（即纪祖旺改名）指挥佥事（正四品），仍赐诰命，赠其三代，寻又赐奴婢、人役及第宅、庄田、金帛、器物甚众"（《明孝宗实录》卷18）。

见到从天而降的浩荡皇恩和享不尽的荣华富贵，地方小民们的内心就如小鹿一般地猛跳着。弘治二年（1489）初，广东连山（今连山壮族瑶族自治县）人李福出来跟人说：他才是孝穆纪太后的真正宗支，而纪贵和纪旺是獞人，实为假冒皇亲。皇帝朱祐樘听说后只得下令：扩大查找范围，在广东连山和广西贺县及湖广江华等地继续进行密访。当年十一月，户部尚书李敏等上言："近差科道官往广西，体访孝穆皇太后的派宗（即宗亲），夫诚足以慰圣母在天之灵，而隆皇上孝思于无穷也。臣惟科道官员体访固不敢不尽其心，但恐前日保勘起送纪贵之人，畏罪怀刑，先事弥缝，则是非颠倒，真派终不可得。乞如唐德宗访求沈太后故事，宁受百欺，惟求一是。凡先保勘起送人等，一切不加追究，仍请敕总镇都御史等官，榜谕贺县乡村镇市人等，有能灼知孝穆皇太后宗支源流者，从实具报，庶几的派可得，而可以少释皇上风木之怀（想念早年去世而来不及侍奉母后的悲痛之情）矣"（《明孝宗实录》卷32）。

明孝宗接奏后觉得李敏所言极是，随即便敕谕总督两广军务兼理巡抚都御史秦纮，说："朕奉祖宗丕图，君临天下，夙夜惓惓，所不敢忘者，圣母孝穆皇太后劬劳罔极之恩，无能为报。去岁尝命内外官员于广西贺县寻访母后宗亲，加之恩典，用以上慰圣母在天之灵，下以少纾朕风木之怆。不料访察非真，以致今岁广东连山县民李福自陈的派（自称是圣母宗亲），而纪贵、纪旺以獞人冒认。事下该部，覆奏。令廷臣会审，情辞俱有可疑。朕诚不能为怀，特差科道官再加体访。乃闻有惧罪，密遣奸细去彼打点弥缝，买属里老亲邻人等，欲令颠倒是非，混乱真假者。果若此，则的派何由可得？彼小人情弊，安能逭其罪哉？兹事至重，朕以卿风宪大臣，素秉公直，特专委托。敕至，卿即差的当土人于连山、贺县及湖广江华县崇化乡等处密切体访，仍出榜于三处地方晓谕乡村镇市土獞人等，有能灼知圣母孝穆皇太后宗姓源流、明白真正者，许从实开报，审究来历。果有根据，即为奏闻，重加升赏。体访之际，如有似前扶同欺罔，夤缘回护，以真为假，以假为真者，必重罪之。其有奸细之人即解京处治，使小人之计不行，斯为允当。夫孝有不及而推本敦亲，以尽区区之心者，此朕之不得已也。卿其体斯至意，毋怠毋忽，庶无负于委托，钦哉，故敕。"（《明孝宗实录》卷32）

再说秦纮接到皇帝敕谕后，马上做出布置，派人出去寻找。这下可好了，一下子又冒出了好几个皇亲来了。那么究竟为何会是这样呢？在笔者看来，其原因大致有三：

第一，人性的贪婪与丑陋。据网上报道，十几年前有个女婴被亲生父母抛弃，后让一对美国夫妇给收养了。今年年初，这对美国夫妇带了养女前来中国寻亲，结果一下子冒出了50余对"亲生父母"，他们哭着、吵着要说自己才是女孩的正宗父母。人性的贪婪与丑陋顷刻之间彻彻底底地展露在世间人们的面前。

第二,历史活动结果的"含糊性"。我们在前面已经讲过,成化初年明廷大举用兵大藤峡,其战争场面相当之混乱。而在中华帝国历史上,历代统治者对于起来造反的"刁民"们之镇压与屠杀,往往是穷凶极恶,不遗余力,甚至寸草不留,许多受镇压地区的妇女被掳入宫中,充做苦役,男性则被阉割,充当宫中内侍。因此说,若想在平乱多年后弄清楚哪家究竟怎样了,这或许比登天还难。

第三,在幅员辽阔的中华大一统帝国内,长江以南各地都有自己的方言,而尤其像广东、福建和广西等省份,不说一个县里有多种方言,就算是同属一个乡或一个村,翻一个山头就有不同的土语方言。孝穆纪太后即成化朝内藏室使女纪氏曾经跟宫中说过自己姓纪,而在广西当地人的口语里,纪跟李是同音的,所以说她到底是姓纪还是李,可能谁也无法弄清楚了。更为麻烦的是,纪氏当年被掳进宫时年纪很小,只知道自己是广西贺县人,"亲族幼弗能知也"。(《明史·后妃一·孝穆纪太后》卷113;《明孝宗实录》卷40)

正因为有着上述这些因素,所以一些有着非常思维的人开始发挥着无限的想象力。当朱祐樘还在东宫当皇太子时,有人就琢磨着:皇太子就是未来的皇帝,谁要是跟未来的皇帝扯上什么亲戚关系,那么好处真是大大的。当时有个宫廷太监叫陆恺的,他本姓李,也是广西人,见到纪氏小"美眉"给人害死后,而她的亲生骨肉有着无限美好的未来,随即心生一计,自称为孝穆皇太后亲兄,另一个太监郭镛"心知其伪弗发"。陆恺还曾托镇守两广太监顾恒寻访其叔李福。消息不胫而走,陆恺的姐夫韦父成听说后立即欣喜不已,因为他知道陆恺家已经没人了,遂冒名顶替,由此"得官田数顷。府、县遂以戚畹目之,而增设其所居里名曰'迎恩'"。(《明孝宗实录》卷40;《明史·后妃一·孝穆纪太后》卷113)

纪父贵和纪祖旺兄弟本来也姓李,听说韦父成冒认皇亲事成后,立即与田主邓璋商议:"韦乃异性,犹冒李,当起了皇亲,我等本来就姓李,难道就不可以吗?"田主李璋听后觉得也没什么不妥的,于是给他们撰写了一份假的总系族谱图,然后上报到了府、县,同时还揭发韦父成冒认之事。府、县老爷无法辨别谁真谁假,这事也就一直挂着。明孝宗登基后派蔡用来广西贺县寻找孝穆皇太后宗亲,但苦于有用的信息太少,终无所获,遂召集当地的里长耆老打探询问。当地的里长耆老也没有细细核实,遂妄举纪父贵和纪祖旺兄弟以对。立功心切的蔡用只想取悦主子,在未做进一步核实的情况下,就与都御史宋旻、太监韦眷、安远侯柳景、御史唐相、布政使侯英、按察使林符、都指挥纪瑛、知府李庭芝、通判俞玑等共同决定,将纪父贵和纪祖旺兄弟俩送到北京。纪氏兄弟一到北京,皇帝朱祐樘就下诏:"改父贵为纪贵,祖旺为纪旺,授官赐第并金帛、庄田、奴婢甚众。"(《明孝宗实录》卷40;《明史·后妃一·孝穆纪太后》卷113)

再说那个叫韦父成的听说纪贵、纪旺兄弟骤享富贵起来,心里特别难受,随后也来到了北京,与纪氏兄弟争辩起来。皇帝朱祐樘听说后让太监郭镛与陆恺审查此事,郭镛袒护蔡用,竭力为他弥缝,驱逐韦父成,令其乘驿传回广西去,由此也就平息了争执风波。不久之后,明孝宗又派郭镛上广西去祭祀纪氏祖墓,为了显示皇家的档次,在焚烧纸钱时改用焚黄(即焚烧写上制书的黄纸),这在当时可能是祭祀烧纸的最高规格了。后来弘治帝又派了工部郎中顾余庆前去修治纪氏坟茔。"蛮中李姓者数辈,皆称太后家,自言于使者。"怎么一下子又冒出这么多的皇亲?朝廷使者感觉十分疑惑,回京后向皇帝做了汇报,并怀疑纪贵和纪旺兄弟也是冒牌的。(《明史·后妃一·孝穆纪太后》卷113;《明孝宗实录》卷40)

一波未平一波又起,就在纪贵和纪旺兄弟受到怀疑尚未弄清楚之时,湖广监生蒋灏、周绅看出了一些名堂:在京吃香的喝辣的那纪贵和纪旺兄弟根本就不是什么皇亲。随后两人将佃户连山县獞人李友广找来,教他去县衙争诉,"以徼后福"。当时主持县衙事务的听选知县廖宾是广西平乐县人,从同乡人角度出发,他袒护纪贵和纪旺兄弟,"为之奏辩","以友广为诈"。廖宾的奏章送到朝廷后,户部尚书李敏以为其言可疑。明孝宗遂命司礼监、内阁和多名廷臣一同会审此案,"竟莫能辩"。那怎么办?这时有人给皇帝出主意,再派人南下去调查。朱祐樘接受了建议,乃遣户科左给事中孙圭、监察御史滕佑前去廉察。(《明孝宗实录》卷40)

再说湖广监生蒋灏、周绅等听说朝廷又要派钦差来调查,马上叫江西分宜县人高龙上李友广原籍连山去,诈称锦衣卫百户潜行侦察。三人相互配合,装模作样,倒也像朝廷密使的派头,当即喝令连山县人开具出李友广籍贯、住址及其供状,并冒称其为孝穆皇太后族人,只等着朝廷钦差来了上呈"证据"材料便是了。可让他们没想到的是,朝廷钦差孙圭等到了贺县后并没上当地官府去,而是进行民间微服私访,这下可好了,事情的来龙去脉一下子给弄清楚了。回到京城,孙圭立即弹劾太监蔡用等犯有罔欺之罪。弘治三年(1490)七月,蔡用被下大狱,皇帝命令官鞫治,法司议拟以闻。弘治帝最终降旨:"纪父贵、祖旺诈冒母后宗支,滥受官职;高龙诈称私行,体察事务,扇(通'煽')惑人民,俱依律处决。郭镛本知其伪,党比蔡用,欺罔不言,亦当诛,姑宥之,黜为小火者,发南京新房闲住。周绅、蒋灏、廖宾俱为民,李友广摆站。陆恺致起伪端,法尤难宥,但尝有奉侍陵寝劳勤,发茂陵司香。"(《明孝宗实录》卷40)

不久之后,翰林院侍读曾彦、都御史屠镛等上奏,"请宥李父贵、李祖旺、高龙之死罪,以为其情可矜"。明孝宗接受了建议,"以父贵、祖旺充福建镇海卫军,高龙充辽东铁岭卫军"。(《明孝宗实录》卷40)弘治六年(1493)六月,巡抚保定等府右副都御史张琳及锦衣卫百户仝銮在应诏陈言中说:"冒认皇亲罪人李父贵、李祖旺虽非圣母嫡亲,亦本同乡之人,初因寻访而来,非是用计冒进,今令谪戍,恐不厌众心,请加宽释。"兵部覆奏:"以琳等所言为宜从。"明孝宗当即接受谏言,下令释放李父贵、李祖旺回原籍为民。(《明孝宗实录》卷77)与冒认皇亲事件相关的一些官员也在此前后得到了一定的处置。

本是为了竭诚报答母亲的生养之恩,没想到会引出这么多冒认皇亲的闹剧,弘治三年(1490)八月,礼部上奏说:"孝穆皇太后宗亲,在昔兵燹之余,人民奔窜,岁月悠远,往事无踪迹求之,恐愈久愈凿。况前日已误信李父贵等滥受官爵,今日岂容再误?请仿太祖高皇帝即宿州为孝慈高皇后父徐王立庙事例,为孝穆皇太后父母定拟封号,立祠于广西附郭地方,春秋遣布政司官致祭,即以没入李父贵等贺县田八十亩为奉祭之资,似为得宜。"弘治帝接奏后说道:"孝穆皇太后早弃朕躬,朕每念及此,戚然如割。初谓宗亲尚可求访,故宁受百欺,有所不恤。今卿等既谓岁久,无从物色,请加封立庙,岁时致祭,以仰慰圣母在天之灵,是或一道矧皇祖,亦有故事。朕心虽不忍,又奚能违,其悉准所议"(《明孝宗实录》卷41)。数日后,明孝宗下令,"封(纪氏皇太)后父推诚宣力武臣特进光禄大夫柱国庆元伯,谥端僖,后母伯夫人,立庙桂林府,有司岁时祀。大学士尹直撰哀册有云:'睹汉家尧母之门,增宋室仁宗之恸。'帝燕闲念诵,辄欷歔流涕也"(《明史·后妃一·孝穆纪太后》卷113)。

既然外家无法寻找到,而母亲又不在世了,在大孝子朱祐樘看来,追思生母的最好方式恐怕莫过于在宫中建造奉慈殿,给她多烧烧香,多祭拜祭拜。还有就是他学习他的老祖宗朱棣报答生母硕妃之恩德的做法:修斋建醮,超度亡灵。至此,我们就不难理解为何十分聪明且极富理性的明孝宗在清除成化秕政之后自己也"不知不觉"地走上了崇佛佞道之路,除了祈求健康与养生外,或许更多的还是在追念自己生母。史载:朱祐樘在宫中"每岁建斋醮,未尝不泣下,间号失声"(【清】查继佐:《罪惟录》志卷320)。

○ 一生只爱皇后张氏一个女人?惧内的弘治帝情感寂寞,张氏外戚猖狂无比

弘治帝一生中第二大遗憾是个人情感寂寞。说到这事,有人可能认为,朱祐樘是中国古代少有的不好色的好皇帝,一生只爱皇后张氏一个女人,是古今中外男人的楷模。当然也有人认为,朱祐樘绝对是个大傻子,身处帝国权力之巅,想要多少美色享受都不为过,自古以来哪个皇帝不拥有三宫六院七十二妃,更有甚者占有了两三万名美女,譬如晋武帝和隋炀帝等。可就这个弘治帝,一生只娶张氏一人,多没趣!那么明孝宗到底为何这般节省美女资源?

长期以来,一谈到这个问题,人们往往就说弘治帝与张皇后感情好,他之所以不另立妃嫔主要是考虑到张皇后的感受。还有人认为,朱祐樘幼年目睹了太多的宫廷妃嫔之间的争斗:祖母周太后与钱太后争尊号和合葬祔庙;万贵妃恃宠专横,残害无辜;王皇后忍辱负重,委曲求全;吴氏当上皇后一月之余就被废,尤其是生母纪氏莫名遇害,这些都对朱祐樘的一生造成了很大的影响。他心底善良、善解人意,决不愿此类事情在自己身边再次重演。因此,尽管张皇后貌不出众,也说不上聪明、贤淑,但既由父亲明宪宗选之为妃,弘治帝也就一心一意地与她共度终生。(李梦之:《弘治帝皇帝传》,吉林文史出版社,1996年1月第1版,P220)

要说上述几种说法都有些道理，但从历史实际来看，明孝宗与张皇后并不是恩爱一生，而是有着很多的无奈与遗憾。

第一，明孝宗身体不好。前面我们讲过，18岁刚刚登基那时弘治帝就不断地发出了身体状况不佳的信号：即位两个月不到下令免朝，20岁时又多次下令免朝。(《明孝宗实录》卷7、卷29、卷31)在我们当代社会里有句顺口溜：20岁的男人是"奔腾"，30岁的是"日立"，40岁的是"微软"，50岁的是"松下"……而正值奔腾年龄的明孝宗动不动就向大臣们打招呼免朝，可见他的正常男人的"奔腾"体质是不具备的，加上长期吃素，由此而变得"清静寡欲"那就再正常不过了。

第二，朱祐樘从小就是中规中矩的乖乖孩，"寡言笑、慎举止"(《明孝宗实录》卷1)，且长期受到所谓的正统儒家思想的熏陶，加上周围一些迂腐儒臣的不断进言，他所受到的束缚太多，胆量与魄力不够，这不仅反映在治国理政上，而且在对待自己的个人情感方面也是如此。

弘治帝正妻张皇后是明宪宗在位时为儿子朱祐樘选定的，成化二十三年(1487)二月，明宪宗下令册封鸿胪寺卿张峦之女张氏为皇太子妃，随后又为皇太子朱祐樘举行了婚礼。(《明宪宗实录》卷287)半年多后的成化二十三年九月，弘治帝自己降下敕谕，在上皇祖母周太后尊号为"圣慈仁寿太皇太后"和母后纪氏尊号为"皇太后"的同时，册封皇太子妃张氏为皇后。(《明孝宗实录》卷3)

不过，若从历代皇帝制度和大明皇家规制角度来讲，除了册立皇后外，皇帝还应该广储妃嫔"美眉"于宫中，其主要目的有二：一是为了显示绝对权位高势能者的特殊地位——占有漂亮"美眉"越多就意味着他的权势越大；二是为了多产小龙仔，自古以来儒家说教中就有这样的一条："不孝有三，无后为大。"因此在传统社会里，但凡有些资产或地位的人，往往在正妻之外还要弄几个偏房，除了最大程度地满足自身男性生理欲望外，或许更多的还是为了多产小仔。而这样的传统在中国社会里就有着几千年的历史，故而也就不足为怪。即使是在当今时代，只要你睁眼仔细瞧瞧就会发现：一些有头有脸的官儿或商界大佬有几个不包几个"二奶""三奶"，或明或暗地生几个小仔？这早就是当下绝对权位高势能者和社会各界"精英"身份之象征和地位之标签,没什么可惊讶的。由此反观传统社会,那就更是理所当然了。

弘治元年(1488)二月,"御马监左少监郭镛请预选女子于宫中,或诸王馆读书习礼,以待服阕之日,册封二妃,广衍储嗣"。当时还没入阁的左春坊左庶子兼翰林院侍读,同时又是皇帝朱祐樘老师的谢迁闻讯后马上上奏予以反对,他说:"陛下建极之始,正亲贤修德之时,《中庸》之义尤不可不深省也。伏望陛下涣发宸断,亟寝前命,勿遂一时之失,以贻后世之讥,庶几不远而复,凡为谀佞容悦者,亦不得以诱惑圣心矣。"明孝宗接奏后将之交与礼部讨论。礼部尚书周洪谟也是个迂腐老夫子,自然十分赞赏谢迁的观点。朱祐樘看到好几个大臣都这样说了,当即接受了他们的意见:"三年之忧(即明宪宗大丧),岂容顷忘?"遂放弃了选妃的念头(《明孝宗实录》卷11)。

要说谢迁的这个迂腐之说还真是害人不浅,后来文臣们在纂修弘治朝国事时就曾这样说道:"谢迁乃进此谀词献谄,以误孝庙继嗣之不广,皆此邪谋启之也。比观正德改元,即立三宫,时迁适当国柄,略无一言论及,其奸鄙之迹甚明。盖以今日之立为是,迁实不能复肆昔之邪谋矣!且古者诸侯尚一娶三姓而备九女,以广继嗣,况孝庙以万秉天子,独不得立三宫可乎?小人图势利而不为国谋如此识者,恨矣。"(《明孝宗实录》卷11)十分可惜的是,当时一心"法祖图治"的明孝宗并没有意识到这样做所带来的问题严重性,于是一次次地错失了良机。

弘治二年(1489)十月,皇叔、荆王朱见潚上奏说:"陛下继统三载,储嗣未闻,请遣内官博选良家女入宫,以备采择。"明孝宗复信回答:"王以朕未有储嗣,请遣官选取女子,固为盛意,此系人伦重事,不可轻举。朕即位方及三年,过先帝大祥未久,若遽选妃,将不启天下之私议乎?况祖宗朝册后之后,无遣官重选妃例,朕果欲选妃,亦当禀命于太皇太后、皇太后然后行,岂敢任意自为?王所拟诚有未当者,朕志已定,可不劳尊虑也,惟叔亮之。"(《明孝宗实录》卷31)

从年轻的当朝天子这般回信来看,他中了程朱理学的毒还是很深的。当今我们国人一提起古代的"圣人"和国学,几乎都要将它们吹到天上去了,其实无论是先秦时代的原始儒学还是宋明时代的新儒学,其竭力揭橥起"人伦"一类大旗者有几个能真正守住"大防"的！远的且不说,就以宋代理学大家朱熹来说事,他一边倡导"存天理,灭人欲",一边偷偷地纳尼姑为妾,过上淫哉乐哉的生活。这就是中国传统社会里的"圣人",所以我们大可不必将其太当真。但明孝宗在这个问题上却偏偏太相信自己的谢老师谢迁的迂腐之说,以至于一误再误。弘治三年(1490)八月,因为张皇后一直没有生育皇子,礼科左给事中韩鼎以"嗣位"为由上言道:"王者承宗庙、奉社稷,莫先于立大本,以系人心。大本者何,储副是也。陛下嗣登大宝三年于兹,而前星未耀,嗣续未广,乞遵古者,天子一娶十二女之义,慎择幽闲,以充六宫,则樛木之风行螽斯之应,协大本以立人心,有系天下之事,未有大于此者。然臣又恐奸人乘此巧惑圣听,有以修寺饭僧、建斋设醮之说进者,惟断自圣心,毋为所惑。"(《明孝宗实录》卷41)可明孝宗又没接受建议。同年闰九月,还是这位礼科右给事中韩鼎再次上言,请选良家女子充实后宫,但弘治帝还是没有采纳谏言。

弘治帝一再拒绝精选"美眉"充作妃嫔,除了中了程朱理学之毒和个人身体欠佳等因素外,要有一个重要原因,那就是他怕老婆张氏。在前章里头我们已经讲过,皇后张氏是国子监生张峦之女,在家中排行老大,底下有两个弟弟张鹤龄和张延龄。我们在日常生活中往往会碰到这样的情况,家中老大一般都比较有主见,且还会照顾弟弟妹妹及家里人。张氏当上皇后的第六年即弘治五年(1492)八月,其父张峦即已被封为寿宁侯的国丈病逝,由此开始整个张氏家族进入了无人能管得住的状态。而偏偏这个张皇后又是个个性十分好强且极其顾及娘家的人。相比之下,"弗自炫露"(《明孝宗实录》卷1)的皇帝丈夫明孝宗从小就是个乖乖孩,则要显得弱势得多,用今天话来讲,他是怕老婆的好好先生。史载:"张后尝患口疮,太医院进药,宫人无敢传者。院使刘文泰方受孝宗宠顾,忽得密旨选一女医入视。帝亲率登御榻传药,又亲持漱水与后。宫人扶后起坐,瞪目视帝。少顷,帝趋下榻。盖将咳,恐惊后也。"【明】陆楫:《蒹葭堂杂著摘抄》)连咳嗽吐口痰都不敢,由此看来朱祐樘还真不是一般怕老婆。明代文人笔记记载说:"旧制,帝与后无通

第 6 章 图治遽止 遗憾纷至

宵宿者,预幸方召之。幸后,中人前后执火炬拥后以回,云避寒气。惟孝庙最宠爱(应该理解为"最怕",笔者注)敬皇后,遂淹宿若民间夫妇。"(【明】陆楫:《蒹葭堂杂著摘抄》)明人笔记又记载道:"孝康敬皇后张氏,孝皇配也。孝皇平生无别幸,与后相得甚欢。后二弟俱封爵,势倾中外。有仇家奏其侵民业为庄田者,上命司礼太监萧敬、刑部侍郎屠勋、大理寺丞某往勘之。敬与勋等俱秉公将二张家奴数人依律问处,敬复命于内廷。适当上与后方对膳,后闻甚怒曰:'外边官人每无状,犹可。汝狗奴亦若是耶?'上亦佯怒且骂。及后退,呼敬曰:'才所言非我本意,汝得无泄此语耶?恐外边官人每闻之惊破胆也。'敬力辨未尝闻于外,上犹不信。即遣人各以白金五十两赏二勘官。且云:'偶与后有怒言,特戏耳。恐尔等惊怖,以此为压惊。'"(【明】陆楫:《蒹葭堂杂著摘抄》,译文可见前章)

弘治十八年(1505)三月,"户部主事李梦阳上书指斥弊政,反复数万言,内指外戚寿宁侯尤切至。疏入,皇后母金夫人及张鹤龄深恨之,日泣诉于上前。上不得已,下梦阳狱。科道交章论救,金夫人犹在上前泣涕,求加重刑。上怒,推案起。既而法司具狱词以请,上径批:'梦阳复职,罚俸三月。'他日,上游南宫,二张夜入侍酒,皇后、金夫人亦在。上独召大张膝语,左右莫闻知。第遥见大张免冠触地,盖因梦阳言罪寿宁也。既而刘大夏被召便殿,奏事毕,上曰:'近日外议若何?'大夏曰:'近释李梦阳,中外欢呼,至德如天地。'上曰:'梦阳疏内"张氏"二字,左右谓其语涉皇后,朕不得已下之狱。比法司奏上,朕试问左右作何批行。一人曰:"此人狂妄,宜杖释之。"朕揣知此辈欲重责梦阳致死,以快宫中之忿。朕所以即释复职,更不令法司拟罪也。'大夏顿首谢曰:'陛下行此一事,尧、舜之仁也。'"(【清】谷应泰:《明史纪事本末·弘治君臣》卷42;【清】谈迁:《国榷》卷45,译文可见前章)

从上述史料来看,弘治帝哪是与张皇后恩爱甚深,而是因为惧内或怕麻烦而使用了两面派的做法,我想这样的夫妻怎么也不会真正地恩爱起来。夫妻恩爱应该是站在同一角度考虑问题,相互包容,这在民间叫做夫唱妇随,但明孝宗与张皇后夫妇却不是这样的。因此说,从内心深处角度来看,朱祐樘仅仅是个好好先生,虽然贵为天子,却有着常人无法理解的痛苦和寂寞,这又不能不说是他人生的一大遗憾。

○ 子嗣单薄、皇太子缺乏教养——明孝宗留下一棵并不好的独苗苗

与上述话题甚为相关的弘治帝还有一大遗憾,那就是子嗣单薄与皇太子缺乏教养。弘治帝撒手尘寰时,儿子只剩下一个,即皇太子朱厚照。按照明代正史记载,皇帝朱祐樘只娶了张皇后一个女人,而张皇后生育了五个孩子,即两个儿子、三个女儿。儿子中老大朱厚照姗姗来迟,于弘治四年(1491)九月二十四日诞生(《明武宗实录》卷1);老二朱厚炜长到三岁时薨逝,后被追谥为蔚悼王(《明史·诸王四》卷119)。女儿中长女太康公主,弘治十一年(1498)得痘疮,"众医莫效",太监李广"饮以符水,遂殇"(【明】陈洪谟:《治世余闻》卷2;《明史·宦官一·李广》卷304);二女儿永福公主,嘉靖初年下嫁昆山人邬景和;三女儿永淳公主,嘉靖六年下嫁谢诏。(《明史·公主》卷121)

两女儿后来下嫁,一个大女儿和一个小儿子早殇,由此说来,皇帝朱祐樘与张皇后忙碌了近二十年,身边只留下了一个大儿子即皇太子朱厚照。不过对于这样的一棵独苗苗,一开始时就有人说他不是由张皇后所出,而是一个叫郑金莲的宫人所生,这是怎么一回事?

明朝官史"弘治十七年(1504)十二月丁丑"条中记载:"初武成中卫中所军余郑旺生女,名王女儿,右肋有痘疮瘢,脊上有汤溃痕,年十二鬻之东宁伯家,未几转为沈通政家婢,后旺传闻驼子庄郑安家有女在内,将为皇亲,旺疑其女也。至京师谋诸所亲锦衣卫舍余妥刚及其弟洪,令访之。洪教旺具帖子疏来历,导之入皇城玄武门外,遇乾清宫内使刘山,洪以情恳之。后月余,旺持米面馈山,尚未得女处。山后访之宫人郑金莲,果得王女儿者于高墙里。山告之故,女曰:'吾父周姓,非郑也。'山知旺女尝三易主,出即诡云:'汝女自谓曾被鬻者再,方将认而疑之。'旺信以为其女也,自是累持果食、缯帛之类付山,令遗女。山皆匿之,每出衣靴、布绢诸物与旺,谓为女所答者。山一日言于妥洪曰:'王女儿为上人,进乾清宫矣,尔辈皆皇亲也。'戒令勿洩。洪传报郑旺,旺以夸其里族,众相率以

货贿馈旺者凡六百余人。旺因置聚宝历一册,籍其姓名,最后旺以酒脯付山递入,庆女诞辰。山又匿之,随以褥鞋、绢帕、菜物报旺。旺将诣齐驸马家,驸马子见之,亦信其为皇亲也,出豹皮一并马鞍辔、纱罗衣襦赠旺及其妻赵氏。旺家人辈遂肆作声势。为缉事官校所发,逮捕旺等,并执刘山、王女儿于上前亲鞫之。山谬援王女儿以脱罪。事未决,下锦衣卫狱杖讯,则王女儿父母姓氏及其年齿生时、入宫来历悉与郑旺所称不合,令旺妻赵氏辩视,王女儿胁背亦无瘢痕可验。于是皆词伏,王女儿实周姓,非郑旺女,而虚喝以规货利,皆出刘山之奸。拟刘山造妖言律,郑旺、妥刚、妥洪传用惑众罪皆斩,其余徒杖有差。狱上,得旨:'刘山交通内外,妄捏妖言,诳诱扇惑,情犯深重,其即凌迟处死,不必覆奏,仍令诸内侍往视行刑,余从所拟。'"(《明孝宗实录》卷219)

按照上述官史记载来看,这是一起由谣言引发的有损于皇家形象的"乌龙"案,当朝天子下令将内臣刘山、郑旺、妥刚、妥洪等案件的主角全部处死。但这样的官方说辞随后又发生变化:武宗朝实录中"正德二年(1507)十月己亥日"条记载说:"初武成中卫军余郑旺有女名王女儿者,幼鬻之高通政家,因以进内。弘治末,旺阴结内使刘山,求自通,山为言:今名郑金莲者,即若女也,在周太后宫,为东驾所自出。语寖上闻,孝庙怒磔山于市,旺亦论死,寻赦免。至是,又为浮言,如前所云。居人王玺觊与旺共厚利,因潜入东安门宣言国母郑居幽若干年,欲面奏上。东厂执以闻,下刑部鞫治,拟妖言律。两人不承服,大理寺驳谳者,再乃具狱以请。诏如山例,皆置之极刑云。"(《明武宗实录》卷31)

由此看来,明孝宗在位时并没有将所谓的谣言案件主角郑旺给处死,一直要等到明武宗上台当皇帝两年后重鞫旧案,才将其置于极刑,这是为何?历时弘治、正德、嘉靖等数朝的文臣陈洪谟在他的笔记中留下了这样的记载:弘治中晚期,有一天编修王瓒从司礼监教书出来,跟他的几个科举同年说:"今天早上我在左顺门看到,有个女人用红毡衫裹着,不见其面,只见两只小脚在动,后面有人跟着,两个宫廷内使押着她往浣衣局去。浣衣局看门守卫见到后,立即齐刷刷地站了起来。这样的架势非同寻常,就不知道这是为何?"几天后宫中传出这样的消息:有几个人被押往法司部门去问罪。其中有一个叫郑旺的,自己招认是坝上人,有个女儿叫郑金莲的,先年选入掖庭。最近听说宫中有皇子产出,郑女又与周太后住在一起。于是郑旺每年都会来到西华门找内官探问。有个叫刘林的内官经常帮他做"交通联络员",将郑旺从乡下带来的新鲜瓜果交给周太后宫中的使女黄女儿,托她带给郑金莲。随后郑金莲也托黄女儿和刘林带出衣服、针线等物。郑旺拿回家后就在乡人面前炫耀,乡人遂称其为郑皇亲,"京城内外,人争趋赴"。这样的局面持续了两三年,最终被缉事衙门以妖言讦获。皇帝朱祐樘获悉后内批:"刘林使依律决了,黄女儿送浣衣局,郑某已发落了,郑旺且监着。"当时人们听说后就认为,圣意已明,倘若这是一起胡说八道的妖言案,那么郑旺就是罪魁祸首了,但皇帝又不将他处刑,且在圣旨中有语:"郑某已发落了",尤为可疑。这个案件的卷案在刑部福建司,"人多录出,以为或有所待"。后来在弘治十八年(1505)五月明武宗登基、大赦天下时,都察院左都御史闵珪便将郑旺给放了。有人见之甚为不解,问闵珪:"这事很大,要不要上请一下新天子?"闵珪回对道:"新天子诏书中未载某些人不能放,那就应该将郑旺等给放了。"(【明】陈洪谟:《治世余闻》卷8)

上引陈洪谟的记载还不是孤证,万历朝文人沈德符也留下了相似的说法(【明】沈德符:《万历野获编·郑旺妖言》卷3),更何况陈洪谟还是一个治学比较严谨的文臣。笔者曾将他笔记中所记之事与李东阳的笔记和明朝官史做了比对,发现几乎全能对上号。由此可以这么说,有关明武宗产自郑旺之女的说法,还真不是空穴来风。所以当时就有人认为:明孝宗处死内官刘林一来是为了平息舆论,二来是因为他怕老婆张皇后,张皇后自始至终都坚称东宫皇太子朱厚照为自己所出。至于郑旺,当朝天子明孝宗虽不敢公然视之为国丈,但也给他留了一条生路。哪想到这个郑旺终不服气,于正德二年(1507)又将案件给翻了出来,"潜入东安门宣言国母郑居幽若干年,欲面奏上"(《明武宗实录》卷31)。这时当政的明武宗按理说是郑旺的"外孙",但他也不愿意细问这种说不清道不明且还有损于自身形象的事情,遂下令将郑旺处死,于是有关明武宗朱厚照的生世之谜依然未澄清于世(《明武宗实录》卷31)。

疑雾重重的身世之谜,姗姗来迟的皇家龙种,至弘治中后期时朱厚照又成了帝国第一人家和大明江山社稷的唯一正宗继承者，当朝天子明孝宗对他的关爱和呵护自然就不用说了。朱厚照"生二岁，以其年三月册立为皇太子。既冠将就学，孝宗命内阁集九卿选置东宫官属，必惟其人"。后来他"出阁读书，诸儒臣更番入侍……孝宗数幸春坊阅所业，上（指朱厚照）率宫僚趋走迎送，闲于礼节，问安视膳，恭谨无违。孝宗甚钟爱之，有所游幸，必从行；有所见，必随事启迪。为学之暇，或闻其颇好骑射，以为克诘戎兵，张皇六师，亦安不忘危之意，弗之禁也"（《明武宗实录》卷1）。这是明代官史对明孝宗溺爱皇太子朱厚照的委婉说辞，可能是鉴于自己小时候受苦的经历，也可能考虑到皇太子朱厚照成了独苗苗的严酷事实，身体不好的弘治帝在人生末年并没有对自己的儿子进行严加管教，而是几乎全盘"托付"于东宫教育大臣，那么负责东宫教育的大臣对朱厚照有着怎样的教育感觉呢？

苏州人吴宽"以文行有声诸生间。成化八年，会试、廷试皆第一，授修撰。侍孝宗东宫，秩满进右谕德。孝宗即位，以旧学迁左庶子，预修《宪宗实录》，进少詹事兼侍读学士"。弘治中期起，吴宽"改掌詹事府，入东阁，专典诰敕，仍侍武宗东宫"。见到"宦竖多不欲太子近儒臣，数移事间讲读"，吴宽率领同僚上疏给皇帝朱祐樘，说："东宫讲学，寒暑风雨则止，朔望令节则止，一年不过数月，一月不过数日，一日不过数刻。是进讲之时少，辍讲之日多，岂容复以他事妨诵读。古人八岁就傅，即居宿于外，欲离近习，亲正人耳。庶民且然，矧太子天下本哉？"（《明史·吴宽》卷184）

明孝宗接疏后"嘉纳之"，但在实际行动上却并没有真正予以落实到位，终使皇太子朱厚照处于宫廷阉竖的嬉戏玩乐中一天天地长大。而弘治十八年（1505）五月初突发的"医疗事故"将当朝天子送抵鬼门关口，此时的明孝宗才意识到问题的严重性，并不无遗憾地跟阁臣们说："东宫聪明，但年幼好逸乐，先生每请他出来读些书，辅导他做个好人。"（【明】陈洪谟：《治世余闻》卷4）让先生们辅导皇太子做个好人，知子莫若父，想必当时说出这番话时的弘治帝心里很不好受。

○ 宽恤天下、舒缓民困的种种举措来不及颁布施行

明孝宗遽然西去时留下的第四大遗憾是宽恤天下、舒缓民困的种种举措来不及颁布实施。因为根本就没有意识到自己将不久于人世,所以皇帝朱祐樘"以久旱忧切于心,欲降敕谕颁宽恤十五事",这十五事是:"1. 内外重囚情可矜疑者,令问刑衙门奏谳。2. 内外缉获强盗妖言奸细多有贪功罔利及戳翻之徒诬陷重罪,令问刑衙门从公研审,如有冤枉,即与辩理。3. 监追赃物囚犯有年久家产尽绝者,查奏发落。4. 做工未满囚犯例该发遣者,俱免做工。5. 京营官军俱免做工,不急工程悉皆停止。外卫上班违限官军,五月内到者,俱免罚班问罪。6. 逃亡匠役俱许自首免罪;弘治十七年以前灾伤地方失班人匠俱免罚工。7. 京边骑操及各处孳牧、寄养马匹倒失、亏欠,买补追陪未完者,量为宽免。8. 各处税粮并额办坐派物料,弘治十六年以前小民拖欠者,量为宽免。各衙门科派物件具奏减免。9. 各处解纳钱粮内外管事人员需索使用,以致上纳不敷,重复征解,令该部申明禁治。10. 近来冗食数多,该部查议裁减。11. 各处钦赏庄田有自收子粒,管庄人等分外需索,逼民逃窜,今后令有司征收送用。12. 南京运送马槽、马桩等物,劳扰军民,悉皆停止,令在京造用。13. 各王府及镇守等官贡献方物,劳扰道路,除旧例外,悉皆停止。14. 各处盗贼有因饥寒失业啸聚为非者,所司出榜晓谕,许其自首免罪。15. 内外府、州、县养济院令户部及巡抚巡按官申明旧例,乞食贫民严督所司牧养。"(《明孝宗实录》卷224)当内阁将这十五事拟好后想交与弘治帝时,不料他已处于弥留之际,根本就来不及颁布,于是大家只好将之载入皇太子朱厚照的"登极诏及恭上两宫尊号诏内行之"(《明孝宗实录》卷224)。

○ 党争未除,太平局面底下激流汹涌

明孝宗遽然西去时留下的第五大遗憾是党争未除,太平局面底下激流汹涌。在以前出版的《成化帝卷》中笔者已述,有明一代党争问题的始作俑者是明朝第六位皇帝明英宗。不知是哪根神经搭错了,天顺四年(1460)三月朝廷殿试后数日,明英宗在文华阁召

见首席阁臣李贤,竟然对于新科进士进入翰林院一事做出这样的指示:"止选北方人,不用南人。"(【明】彭时:《彭文宪公笔记》卷上,详见本次出版的上册,第1章)

而当时的吏部尚书王翱又相当忠实地执行愚蠢之君明英宗的地域歧视政策,终致那时有着相当一部分的南方士人遭受了抑压,其心之苦之累可想而知。最为恶劣的是,天顺时期这样的事情一而再再而三地发生着。复辟皇帝朱祁镇曾下"诏举贤良方正、经明行修及山林隐逸士。至者率下部试,(王)翱黜落,百不取一二。性不喜南士。英宗尝言:'北人文雅不及南人,顾质直雄伟,缓急可当得力。'(王)翱由是益多引北人。"(《明史·王翱》卷177)

当朝天子竭力鼓吹,帝国人事组织部长忠实执行,天顺朝这般"厚北薄南"的用人政策所带来的一个直接危害,那就是有明一代南北地区之间官僚党争恶果的种子就此种下了。

明英宗归天后,继承其大位的新皇帝朱见深虽然没有他老爸朱祁镇那么愚蠢、那般偏心眼,但可能是由于南北不同地方出身的缘故,也可能是由于南北方不同的情趣爱好之使然,更可能是由于较长时间受到帝国最高统治者错误的地域歧视观念和政策的影响,自成化帝当政起,在帝国极权君主专制主义稍稍放宽的情势下,这些来自南北不同地区的大明朝廷上下的官僚,尤其是言官和文臣学士,他们或根据自身利益,或凭依志趣爱好,或秉持正统的理想道德,自觉或不自觉地戴起了有色眼镜,参与到了由传统祖制和纲常法纪逐一被破坏进而引发的一系列"清议"争执过程当中去,评定是非,臧否人物,形成了一个个或隐或现的"联盟"或称"党人"群体,终致明朝中期南北党争暗战就此拉开帷幕,且愈演愈烈。(详见笔者拙著:《大明帝国》系列之⑯《成化帝卷》下册,第7章,东南大学出版社,2017年9月第1版)

整个成化朝至少有5次激烈的党争,其最终结果是以刘珝、尹旻为首的北党被彻底击垮,以万安、彭华、尹直为首的南党变得愈加稳固和肆行,遂致朝廷上下出现了"请托公府无处无之,赂入私门无物不有,要职美官,往往用其私人"的不堪情势,成化政治由此愈发腐败,帝国纲纪愈加混乱。(《明孝宗实录》卷15)

弘治帝上台后从逮治李孜省、梁芳等奸佞宠幸和裁革大批传奉官入手，将大明朝廷上下做了一番清理，随后便将整治矛头对准了与上述这些人沆瀣一气甚至充当其幕后"党魁"军师的朝廷阁部大僚万安、尹直等人身上，并把他们也给一一清除了出去，"纸糊三阁老"中只剩下了一个刘吉，"泥塑六尚书"也来了个大换班，"时论快之"（《明孝宗实录》卷7）。

但由于新旧皇帝交替，政务与人士等诸多方面都不可能也来个新旧完全的"切割"，加上新上台的大明天子朱祐樘又奉行"法祖图治"的治政宗旨，所以在弘治朝开启后，前朝一些积弊与遗害在很长一段时间内还是给保留了下去，这不仅给刚刚开启的弘治"更新"蒙上了一层阴影，而且也使得新朝政局更加错综复杂，时明时暗的党争问题就充分证明了这一点。

◎ 汤鼐、刘概诋毁朝政案——弘治二年（1489）二月

弘治朝开启后第一起党争大案是汤鼐、刘概诋毁朝政案。汤鼐，寿州人。成化十一年（1475）进士。授行人，擢御史。明孝宗嗣位后，汤鼐第一个上奏朝廷，弹劾大学士万安罔上误国。奏章上呈后的当天宫里没有回音，第二天心急火燎的汤御史来到左顺门打听消息，只见宦官们在那儿齐刷刷地站着，见到来人便大声喊道："跪下！"汤鼐为此很不服气，当即问道："叫我汤鼐跪下的是圣上之意，还是你们太监之意？"有内官回答："这里有圣旨！"听到此，汤鼐才跪下来听旨。当听到宣读的圣旨里说：弹劾奏章暂时留中时，他那倔脾气又上来了，大声质问道："臣所言国家大事，奈何留中？"众宦官当即面面相觑，无言以对。而后不久圣旨降下，"纸糊三阁老"之首的万安被斥退，汤鼐也受命外出，上畿辅去印马。（《明史·汤鼐》卷180；《明孝宗实录》卷7）

而就在外出印马、巡按直隶之际，汤御史还心系朝政，通过官方的驿传向新天子上疏说："陛下初即大位，视朝之余，宜御文华殿，择侍从之官端方谨厚如少詹事刘健、右谕德谢迁，通敏直谅如右谕德程敏政、右谕德吴宽等，置之左右，少降辞色。自《皇明祖训·祖训条章》而始，命其讲解敷析，间取《典谟训诰》及《贞观政要》《通鉴纲目》《大学衍义》等书，日命讲说二三篇，考验历代帝王兴衰治辞存亡之由，以为鉴戒。至如吏部尚书李裕、内阁学士尹

直、礼部侍郎黄景、都御史刘敷素称奸邪奔兢无耻,或夤缘太监尚铭、梁芳、韦兴、陈喜等以进用,或附会小人李孜省、邓常恩等以欺罔先帝,坏天下之士风,败国家之礼法。又太监萧敬、李荣曩因科道弹劾罢黜后,夤缘复用,遂掇拾言者之罪,贬窜殆尽,致言官皆委靡不振,而内外小人益肆奔竞,伏望明正典刑,勿事姑息,及将传奉得官之人编发烟瘴边方,以示戒于天下。臣言所未尽者,乞许科道再从实指奏,然后慎选端方有气节学识、能轻富贵之人,如致仕尚书王竑、王恕,巡抚都御史彭韶,致仕佥事张懋等,量其才德,擢任内阁、吏部、都察院,并取回前贬窜言事之官,以激厉天下气节,以培植国家元气命脉。"(《明孝宗实录》卷7;《明史·汤鼐》卷180)

大约40天后的弘治元年(1488)正月,汤鼐又上章奏劾:"礼部尚书周洪谟治家无法,党附权臣,方其盛时,曲为佞谀,及其失势显奏诋排;右侍郎倪岳急于功名,昵近权要,太监黄赐母丧,衰服送葬徒步柩前;左侍郎张悦前为佥都御史,身服马尾衬裙,以表式百僚之人,为市井浮华之饰;南京兵部尚书马文升身任兵曹,连姻武职,奉命出镇,纵子奢淫;少傅刘吉与万安、尹直同一奸贪,直、安斥去而吉与邱濬进官,恬然受之,不以为异,请大明黜陟,以示劝惩。"他还奏"劾太监萧敬、李荣,请明正其罪。因荐谪降进士李文祥、敖毓元堪任科道,请还之于朝"。(《明孝宗实录》卷9)

再说当时的新天子明孝宗虽说正值"奔腾"年龄,但羸弱的身体使得他每日视朝和亲临经筵尚嫌乏力,数朝老臣、吏部尚书王恕见之马上上言,"以盛暑请辍经筵"。汤鼐汤御史听说后却极言不可,由此"语侵(王)恕"。(《明史·汤鼐》卷180)

从上述汤鼐的几次上奏来看,他所指摘或弹劾的既有前朝的奸佞宠幸,又有现任朝廷重要衙门的阁部领导,就后者而言,他们大体上都说过得去。因此说,汤御史的奏劾虽然很有风节,但多少还带有吹毛求疵的意味,就连新上台刚刚开始"更新庶政"的弘治帝也未能幸免。其实要说在言路大开之际,这样大胆上言直谏的不止汤鼐一人,还有御史姜洪、缪樗、司马垔,左给事中宋琮、庶吉士邹智、工部主事林沂和新进士李文祥等一大批人。这些"新进者争,欲以功名自见。封章旁午,颇伤激讦"。其中汤鼐"意气尤锐,其所抨击,间及海内人望,以故大臣多畏之"。(《明史·汤鼐》卷180)

身处官场下风,却时不时地指摘或弹劾权威高势能者,汤鼐的实际处境当时已经相当危险,但他毫不在乎,与科场同年、同为南方籍的李文祥等"日夜酬呼,以为君子进、小人退,虽刘吉尚在,不足忌也。一时直声震播海内"。(【明】黄瑜:《双槐岁钞》卷10;《明史·汤鼐》卷180)

李文祥,湖广麻城人,祖父李正芳曾任山西布政使,父亲李瀬担任过陕西参政。李文祥"自幼俊异,弱冠举于乡,成化末登进士"。那一年,时任内阁首席辅臣的万安之孙万弘璧刚好与李文祥同榜,为了能使孙子以后在官场拥有好的人脉资源关系,爷爷万安在家中设宴,邀请了李文祥等一些新进士一起聚聚。从真实内心角度来讲,大家都瞧不起万安,李文祥当然也十分清楚,本想不去,但碍于面子最终还是去了。席间有人提议做些字画助兴,才子李文祥提笔画了一只鸠,并配上了一首诗:"春来风雨寻常事,莫把天恩作己恩。"万安见之顿时大为不爽,并由此恨上了李文祥。而李文祥却依然十分自傲,"每见沉浮世事者,辄叱且詈"。要说平时里与他合得来的也就是汤鼐、邹智等十余人。(【明】黄瑜:《双槐岁钞》卷10)

弘治帝登极后,御史汤鼐等不断地向新朝廷上奏,推荐起用前朝贤直能臣王恕等。前面我们讲过,王恕也是个十分有风骨的大臣,"素礼重风义之士,(李)文祥及邹智十余人与(汤)鼐往来,高自标榜,谓鼐为先锋,文祥为大将"。那时弘治帝诏开言路,新进士李文祥满腔热情地赶写《新政疏》,提出"一权立法、进贤绌奸、广言纳谏"等许多建议,其中有语:"顷者,在位多匪人,权移内侍。赏罚任其喜怒,祸福听其转移。仇视言官,公行贿赂。阿之则交引骤迁,忤之则巧谮远窜。朝野寒心,道路侧目。望陛下密察渠魁,明彰国宪,择谨厚者供使令。更博选大臣,谘诹治理,推心委任,不复嫌疑,然后体统正而近习不得肆也。"(《《明史·李文祥》卷189)

李文祥将奏疏上呈后,"宦官及执政万安、刘吉、尹直等咸恶之,数日不下"。忽然有一天,宦官将李文祥喊到左顺门去问话:"你奏疏中的'中兴再造'是什么意思?这话可不好啊!"李文祥从容以对,侃侃而谈。但内官向皇帝汇报后随即传出来的圣旨又不太对劲:"授进士李文祥为陕西咸宁县县丞。"对此,明代官史解释说:"文祥先上书,指斥时事,言甚切直。上(指明孝宗)以其新进浮薄,命除授繁剧县佐,令其历练。"(《明孝宗实录》卷3;【明】黄瑜:《双槐岁钞》卷10;《明史·李文祥》卷189)李文祥之事说白了就是因为直言而被贬,消息传开后,南京主事夏崇文、工部主事林沂等相继上章论救,但弘治帝都不予理睬,要说这时候的万安已被黜斥,但刘吉和尹直等还在朝中,他们不断地刺激新皇帝,让他发怒,"严旨切责之。廷臣多荐文祥,率为(刘)吉、(尹)直所沮"(《明史·李文祥》卷189)。

事情到此还没完,继续留在内阁且已升为内阁首席辅臣的刘吉是个睚眦必报的小人,见到李文祥被撵,就开始收拾李的同道哥儿们汤鼐等人。他让人给监察御史魏璋传话:"你要是能将汤鼐给弹劾下去,我保你官升都察院佥都御史。"要说魏璋那也是一个无节操的小人,只要自己能当上大官,什么良心、道德都可以不要。在接受内阁首席辅臣刘吉的授意后,他便开始行动,日日夜夜伺察汤鼐。"未几,而吉人之狱起。"(《明史·汤鼐》卷180)

吉人者,长安人也,成化末年进士,为中书舍人。弘治二年二月,四川发生大面积饥荒,明孝宗派遣郎中江汉前去赈济。中书舍人吉人闻讯后上言说:"顷者四川灾异非常,乞断自圣心侧身修行,诏求天下臣庶能直言极谏者,以匡治理。而所遣赈济四川,郎中江汉恐非其才,请精选四使,分为四道,又择有才御史巡按,以理荒政,如给事中宋琮、陈璚、韩鼎,御史曹璘,郎中王沂、洪钟,员外郎东思诚,右评事王寅,考满知州刘概,理刑知县韩福,皆堪备四使之选,而巡按则汤鼐可以当之。"明孝宗接奏后回复:"修省求言,已屡有诏旨,江汉于四川赈济亦未见不当,吉人何肆言纷扰,其置之。"(《明孝宗实录》卷23)

当朝天子的这般回答,身处内阁首席辅臣之位并拥有票拟皇帝敕令之权的刘吉立即来了灵感,授意监察御史魏璋提升行动级别,争取一网打尽。魏璋立即起草奏章,盗用监察御史陈景隆等人的名义,上章奏劾:"吉人抵抗成命,私立朋党。"这下可好了,新天子的怒火当即被点得旺旺的,吉人随后被下诏狱,"令自引其党"。酷刑之下,本是文弱书生的吉人只得屈打成招,妄引御史汤鼐、曹璘、主事东思诚、知州刘概、理刑知县韩福等为同党。而就在这时,另一个已在暗中投靠刘吉的监察御史陈璧出来说:"曹璘、韩福、东思诚不是吉人同党,惟有曹鼐、刘概和李文祥以及庶吉士邹智、知州董杰数人才是。"(《明孝宗实录》卷23)

要说御史陈璧说出这番话时还真是掌握了一定的"依据"。原来内阁首席辅臣刘吉因为极为嫉恨汤鼐,便让门客徐鹏转告御史魏璋,要他时刻盯着这个狂妄无比的汤御史,无论如何也要找出他的茬子来。也不愧为老谋深算,刘吉的心计还真没白费。汤御史汤鼐老家在安徽寿州,寿州知州刘概与汤是多年的好友,两人经常有着书信往来。有一次,刘概告诉汤鼐,他做了一场梦,梦见一个老头牵了一头牛,将要淹死在水里了。这时汤鼐来了,将这头牛拉出了水。这梦意味着什么呢? 刘概说,牛字形近于国姓朱字,整个梦境寓意国势濒危,全赖汤鼐全力拯救,这可是好兆头啊! 于是他就给汤鼐送了一些银子,作为做寿之用。汤鼐接到刘概的书信后顿时大喜,拿了它给来客看。哪知隔墙有耳,让刘吉和魏璋派来暗中窥视的人给听到了,这就有了上述监察御史陈璧的那般上奏,其实陈御史也是从魏璋那里听来这个事情的。但不管怎么说,现在吉人、汤鼐、刘概、李文祥、邹智、董杰等都可以拴在一起了,他们"私立朋党",且"自相标榜,诋毁时政"。弘治帝听到御史这么一奏劾,当然就更火了,于是下令:"吉人等妄言乱政,交通贿赂,锦衣卫其执鼐、概、文祥、智、杰并鞫之,璘、福、思诚姑置不问。"(《明孝宗实录》卷23)

汤鼐、刘概、吉人诋毁朝政案发生后,朝廷上下一些正直大臣纷纷出来营救,"刑部尚书何乔新、侍郎彭韶等持之,外议亦汹汹不平"。都察院左都御史马文升拟判"坐(刘)概妖言律斩;(汤)鼐受贿,戍肃州;(吉)人欺罔,削籍;(邹)智、(李)文祥、(刘)杰皆谪官"。吏部尚书王恕闻讯后及时出来纠正,向皇帝上疏说:"律重妖言,谓造作符谶类耳。概书词虽妄,良以(汤)鼐数言事不避利害,因推诩之。今当以妖言,设有如造亡秦谶者,更何以罪之?"弘治帝"得疏意动,命姑系狱"。一晃就到了春夏之交的热审时间,刑部尚书何乔新等上请说:"(刘)概本不应妖言律。且概五岁而孤,无兄弟,母孙氏守节三十年,曾被旌,老病且贫。概死,母必不全,祈圣恩矜恤。"明孝宗接受了建议,"乃减(刘)概死,戍海州"。(《明史·汤鼐

卷180）

弘治二年（1489）二月发生的这起所谓的诋毁朝政案中的另外几个主角后来的命运是，李文祥被贬为贵州兴隆卫经历，"都御史邓廷瓒征苗，咨以兵事，大奇之，欲荐为监司"。但此时已经历过人生大浪的李文祥坚决不从，说："昔以言事出，今以军功进，不可。"在贵州就任后不多久，他"请赍表入都，固乞告归。疏再上，不许"。而就在南还途中，李文祥于大雪中行走数百里，至河南商城渡河时，由于冰块塌陷，掉入河里淹死，年仅30岁。汤鼐在数年后被释放为民。害人者魏璋后来也没有得到自己想要的官位，曾经有一段时间朝廷大理寺丞出缺，机关算计的刘吉想以魏璋补之，但吏部尚书王恕获悉后坚决反对，最后魏璋不得不出外补缺。（【明】黄瑜：《双槐岁钞》卷10；《明史·李文祥》卷189）

◎ 姜洪与秦纮文移相激案——弘治二年（1489）三月

汤鼐、刘概、吉人诋毁朝政案发生后的第二个月即弘治二年（1489）三月，因文移相争弘治朝发生了第二起党争案，即监察御史姜洪被贬案。这个案件表面看上去不复杂，其实不然。案件主角姜洪是南直隶近郊的广德人，成化十四年（1478）进士，出任过河南卢氏知县，曾"单骑劝农桑。民姜仲礼愿代父死罪，洪奏免之"。后来他被调入京城，出任监察御史，与汤鼐等南方籍的言官同伍。弘治朝开启后，姜洪曾多次上奏，陈论时事，"历诋太监萧敬，内阁万安、刘吉，学士尹直，侍郎黄景、刘宣，都御史刘敷，尚书李裕、李敏、杜铭，大理丞宋经，而荐致仕尚书王恕、王竑、李秉，去任侍郎谢铎、编修张元祯，检讨陈献章，佥事章懋，评事黄仲昭，御史强珍、徐镛、于大节，给事中王徽、萧显、贺钦，员外林俊，主事王纯及现任尚书余子俊、马文升，巡抚彭韶，侍郎张悦，詹事杨守陈。且言指挥许宁、内官怀恩，并拔出曹辈，足副任使"（《明史·姜洪》卷180）。

从姜洪的所言所行来看，他是个极富正义感的言官，不仅与同为监察御史的汤鼐和庶吉士邹智等志趣相投，且还在上疏进谏、仗义执言等方面配合默契，遥相呼应。而就在此过程中，他与庶吉士邹智"力诋万安、尹直及（刘）吉皆小人，当斥。吉深衔之"（《明史·刘吉》卷168）。

正如我们民间常说的:勿犯小人,因为小人常常会使出卑鄙无比的手段来害人。可能是因为入仕未久的缘故吧,姜洪与邹智、汤鼐等同道者似乎忘了这样的民间诫语,就此引来了极大的麻烦。弘治帝上台伊始清除宫廷污泥浊水,但做得很不彻底,譬如成化朝的"纸糊三阁老"中留了个刘吉,而正是这个小人刘吉经常不露声色地给弘治"更新"制造出一些令人一头雾水的案件来。弘治二年(1489)二月,汤鼐、刘概、吉人诋毁朝政案发生时,姜洪刚好巡按湖广,客观上躲过了一劫。但小人刘吉并没有放过他,而是处心积虑地在找他的茬儿。三月,正在巡按湖广的姜洪"与总督漕运都御史秦纮因公事文移相激,(秦)纮批词云:札付湖广经历司转呈。巡按监察御史姜洪照详施行,(姜)洪亦批云:布政司星驰差人咨禀淮安总督、漕运官早行处置,毋致临期有误国用。于是(秦)纮奏:洪越礼不逊"。明孝宗接到秦纮奏章后将其交与都察院去处理,刑科言官听说后纷纷参劾秦纮纷扰,"自伤大体"。都察院亦言:"巡按御史令经历司转达巡抚都御史于事体无碍。"而就在这个过程中,内阁首席辅臣刘吉"欲中之"(《明史·姜洪》卷180),而皇帝朱祐樘又没看清里边的复杂背景,遂接受了建议,"以事干名分,命礼部会官议之",并最后裁定:"(姜)洪批词不逊,有失大体,难居风宪,调外任。刑科、都察院佥都官偏向不公,各罚俸一月。"(《明孝宗实录》卷24)姜洪随即被调离出朝廷,外放为山西夏县知县。(《明史·姜洪》卷180)

巡按监察御史姜洪被贬后,同朝为官的"御史欧阳旦请召还(姜)洪及畅亨等,(弘治帝)不纳"。再说直臣姜洪在山西任职一段时间后,因为才能卓越而被擢升为桂林知府。不过那时的桂林府地界可不安宁,瑶人、壮人相继侵扰古田,姜洪出任知府后"请兵讨平之,擢云南参政。土官陶洪与八百媳妇约为乱,洪乘间剪灭。历山东左参政。正德二年迁山西布政使。刘瑾索贺印钱,不应。四年二月,中旨令致仕。瑾诛,起山东左布政使。七年以右副都御史巡抚山西,未满岁卒"。史载:姜洪"性廉直,身后丧不能举。天启初,追谥庄介"。(《明史·姜洪》卷180)

◎ 刘文泰诬奏王恕案——弘治六年(1493)四月

弘治朝第三起党争案是刘文泰诬奏王恕案。刘文泰原为成化帝的御医,用今天话来说就是皇帝的私人保健医生,因善于拍马屁,在成化十八年(1482)时被传奉为正五品太医院院判(《明宪宗实录》卷228),位近于院使即院长,相当于现在社会里人们常说的副院长或院长助理。成化二十三年(1487)四月,明宪宗西去前又让太监韦泰下传圣旨:将已为太医院院使的刘文泰再升为通政使司右通政。(《明宪宗实录》卷289)由太医院御医到通政使司右通政,一个医生出身者只花了5年的时间就升至大明朝廷高官,这实在叫人觉得不可思议。由于通政使司右通政为外廷官,正四品(《明史·职官二》卷73)从官场任职程序来讲,这类人事问题归属于吏部管辖,但成化帝绕开了这个程序,直接委任刘文泰为右通政,由此可见刘的奸佞程度还真不亚于成化朝传奉官大佬李孜省了。

也正因为如此,成化二十三年(1487)九月,在弘治帝刚刚上台之际,已为右通政的刘文泰与太医院掌院事通政使施钦、任义、胡廷寅、仲兰、章渊、郑文贵、蒋宗儒、钱宗甫等一批传奉官被新朝廷做了降职处置,刘由正四品的右通政降为正五品太医院院判。(《明孝宗实录》卷2)但随后吏部又查到:"院判刘文泰、汪智、许观、庄元、金玺、李思勉、施鉴、陈公贤、徐生、黄绶、孙泰、潘泽、王玉则额外多余。"明孝宗下令将他们都降为御医。(《明孝宗实录》卷4)在随后的明朝官史中有关刘文泰的踪迹有着5年的空缺,到了弘治五年(1492)十一月时,突然又有记载:已重新当上正五品太医院院判的刘文泰干起了负责太医院医生遴选与考试的工作。(《明孝宗实录》卷69)

尽管官复原职了,但贪婪的刘文泰并不因此而满足,总想着扩大自己的权势,不过出乎他意料的是,朝廷人事组织部长、正直老臣王恕却在此前后坚决予以了抵制和阻遏。就此刘副院长心生恶念,于弘治六年(1493)四月上奏弹劾:"吏部尚书王恕立心矫诈,强悍自专。先帝洞察其奸,放归田里,而恕托人荐举,骤居吏部,年老昏耄,权归下人,外虽称疾引年,内实贪权恋位。姑举一二言之,如本院御医升用、吏目补缺,具有祖宗旧制,而恕妄行选补,不厌人心,其变乱成法一也。恕托人作传,刻板传播,题曰大司马三原(王恕原籍地陕西三原)王公传,历数朝廷之失,自比伊周之佐,至不准者,皆书不报,以彰先帝拒谏之失迹,此奸欺不臣可见,此其沽直谤君二也。至如滥升官员、擅作威福，其事尤多，不足以当冢宰之任。乞明正其罪，而斥罢之，并以所刊传附进。"(《明孝宗实录》卷74)

刘文泰在奏劾中给王恕按了三条罪名：第一，说王恕"托人荐举，骤居吏部"等，这等于告诉皇帝：王恕在朝有同党；第二，说王恕"妄行选补"官员，"变乱成法"，这同样也是明孝宗所极为忌讳的；第三，说王恕为自己立传，"历数朝廷之失，自比伊周之佐"和"以彰先帝拒谏之失迹"，恰恰这一条又是弘治帝所最为忌恨的。要知道，就在大半年前的弘治五年(1492)六月，监察御史彭程因"暴扬先帝过"差一点儿被处死。(《明史·彭程》卷180)所以说当刘副院长的奏劾章疏送达御前时，当朝天子的火气立即被点得旺旺了。但鉴于王恕为数朝老臣，又是朝廷九卿之首，皇帝朱祐樘不得不暂时压住怒火，采取相对温和的做法，让人将奏劾章疏送给王恕，叫他看后给个说法。(《明孝宗实录》卷74)

数日后，王恕回奏："太医院院判刘文泰先因怨臣沮其幸进，捏词诬奏，意在陷臣于死地。荷圣明容臣回话，臣谨按文泰奏臣欲谋起用托人荐举，不知臣所托者何人？又奏臣因怨先帝退归，作为诋毁之言，以彰先帝之恶。臣传作于成化二十年，臣致仕在成化二十二年，观此则其诬妄可知。传内所书多是臣子承弼之忠言，足以彰先帝纳谏之盛德，不知何以为彰君之恶？又奏臣变乱成法，臣之除授吏目，升用御医，俱是遵依诸司职掌，及见行事例，不为变乱，且文泰无赖小人，其造此机巧深刻之词，非老于文学阴谋诡计者不能。乞敕法司执文泰于午门前，会官追问及究主使之人，明正其罪，以警将来。"(《明孝宗实录》卷75)

要说王恕的这份回对奏词写得实在有水平，对于刘文泰诬陷之词进行一一反驳，有理有据，层层推进，而后又对粗通文墨的宫廷御医出身的刘文泰能写出这样的奏劾章疏产生了合理的怀疑，并要求皇帝追究其幕后主使及其同党。明孝宗接奏后反复阅读，觉得实在没法拒绝王恕的奏请，于是只得命令将刘文泰下锦衣卫狱鞫问。(《明孝宗实录》卷75)

几天后，锦衣卫镇抚司向皇帝上奏说，刘文泰交代了，最初他想搞些整倒王恕的黑材料，曾找后军都督府带俸都事关昶说及了此事。同为仕途不如意的关昶随口就说，王恕身为朝廷吏部尚书，

第 6 章 图治遽止 遗憾纷至

掌握百官擢黜，擅作威福。刘文泰听后立即记下，并将之作为奏劾的依据。至于王恕作传一事，刘文泰说，他是听都御史吴祯说的，王恕在自传里引用了《尚书·五子之歌》中的"外作禽荒，内作色荒，酣酒嗜音，峻宇雕墙"一类词语，意近诋毁当时朝廷，即"暴扬先帝过"，且吴祯"后又为文泰润色及增迹"。十分有意思的是，刘文泰还交代：他曾到内阁大学士邱濬家里去串门，邱濬也跟他说起王恕作传之事，且说王恕就不应该将那传记刊行出来，现在都弄得大家都知道了，颇有"沽直谤君"之嫌。锦衣卫官最后说道："缘文泰因挟私恨、朋谋奏诋大臣，及言恕传诋毁先帝，无从取证，所述濬言，亦系单词，请逮（邱）濬、（王）恕对理，并治吴祯等罪。"明孝宗回复道："刘文泰诬奏及妄攀大臣，甚是刁泼，宜重罪，且从轻降太医院御医。王恕作传卖直沽名，本当究治，宥之，传并板即令焚毁。邱濬罢，其余悉免问。"王恕听说后立即复奏申辩，且说："文泰奏臣无一得实，又系革前之事，法司将臣与主使写本符同妄奏有罪之人，一概参奏，似无分别，乞敕法司辩理，庶不枉抑。"但皇帝朱祐樘却不予理睬，仅说："此事已发落矣。"（《明孝宗实录》卷75）

明孝宗的这般处置显然是偏袒自己的学术知音邱濬，就在一年前，邱濬将自己写好的《大学衍义补》上呈给了弘治帝，弘治帝一高兴便让他入了阁，由此而言，朱、邱君臣关系还是很铁的。也正因为如此，邱濬在获悉刘文泰的供词后立即上奏，对于自己与王恕之间的过节竭力予以辩解和否认，并说"文泰畏惧加刑，因而就假臣言以觊，或宽其罪，止凭一口单词，别无实迹旁证"，最后他还提出提前致仕的请求。可皇帝哪舍得学术知音就此走了，当即回话："此事已发落矣，卿宜安心办事，岂可辞归山林？不允！"（《明孝宗实录》卷75）

为一个奸佞小人的诬奏两个朝廷大臣大打口水仗，言官们听说后甚为气愤。弘治六年（1493）七月，南京工科给事中毛珵和南京监察御史朱德等相继上疏说："邱濬入自内阁以来，所为多不满人意，而其近日之事又可窥见其微，使久居要地，尽用其术，则所以为后日祸者岂浅哉？况今内阁、府部大臣多矣，而文泰独攀及（邱）濬，是必有故，如其不然，是文泰一举而倾两大臣；若不重加之罚，则奸邪谗谤之徒后将何惩？乞敕锦衣卫仍将文泰鞫问明白，果出潜主使,则密勿之地不可一日使居,宜听其去,以防将来之祸;如或文泰所奏涉虚,则宜置之重法,以释天下疑潜之心,则朝廷之上是非大明,公道昭著矣"(《明孝宗实录》卷78)。

要说此时的明孝宗已经做了七年的皇帝,政治经验很丰富,南京言官们所言极是,但正如其言而行事,那不用说倒霉的不是王恕,而是自己的学术知音邱潜,于心不忍啊!想到这里,他给言官们回复:"所言之请,不允!"(《明孝宗实录》卷78)不仅不允南京言官之请,而就在此之前的一个多月,即弘治六年(1493)闰五月,皇帝朱祐樘还批准了78岁老臣王恕的请求致仕的报告。明代官史对此记载说:"(王)恕自起用以来,气节、誉望为一时名臣,乞休至二十余疏,及被萋菲而去,君子惜之。"(《明孝宗实录》卷76)

案件所及的另一个大臣邱潜虽然有着当朝天子的祖护,继续留在朝中当阁臣,但他也就多干了一年多的时间。弘治八年(1495)二月,邱阁老猝死于任上。同事们在他死后撰写国史时留下了这样的一段评述:刘文泰诬奏王恕案发生后,虽然"上(指明孝宗)置不问(邱潜),然人自是皆不直(邱)潜矣"(《明孝宗实录》卷97)。

再说如狂犬一般的诬奏者刘文泰,自被打入大牢后,不知使了什么法子,没多久就出了狱,且又干起了皇帝私人保健医生的工作,只不过地位比以前低了许多,为太医院官生。弘治十六年(1503)八月,他接受皇命,编撰《本草》医书(《明孝宗实录》卷202),大概就如当今好多图书的大主编一般有才。一年多后的弘治十八年(1505),刘文泰再一次当上了太医院院判。官位上来了,刘副院长的医疗本领也跟着大长,就如当今的许多全能领导干部一般。那年五月初,皇帝明孝宗突然染病,院判刘文泰、御医高廷和等在"不请脉视"的情况下,"辄用药以进",活活将大明天子朱祐樘给治死了。(《明武宗实录》卷1)当然这是后话。

◎ 杨茂元"妄奏"案——弘治八年(1495)四月

刘文泰诬奏王恕案若从表象而言,无非是皇帝保健医生联手个别朝廷大臣,捕风捉影,想整垮大明人事组织部长,但从本质上来讲,这个案件发生之背景反映了弘治朝党争问题至此出现了新动向,即由弘治初期言官们与朝廷权位高势能者之间的党争已开始转变为朝廷守正大臣与皇帝近幸贵戚之间的争斗,而这样的争斗随着弘治中期皇帝明孝宗日渐怠政、崇佛佞道和追求逸乐而变得越来越激烈。弘治八年(1495)四月发生的所谓杨茂元妄奏案和弘治十一年(1498)十月突发的太监李广自杀、追究案就充分证明了这一点。

杨茂元,浙江鄞县人,弘治朝吏部侍郎杨守陈之子,按照今日说法,他是个官二代,不过当年杨家这个官二代可是靠自己本领一步步上来的。他是"成化乙未进士,历刑部主事、员外郎、郎中,擢湖广副使,改山东"(《明武宗实录》卷140)。杨茂元到山东出任按察司副使时,刚好碰上黄河张秋段决口,朝廷闻讯后于弘治八年(1495)四月派了都御史刘大夏、太监李兴和平江伯陈锐前往张秋治水。按照古时候的习惯做法,但凡遇到兴修大工程,人们都要祭祀地方神灵,开山要祭山神,治水要祭河神,明代人也不例外。就说都御史刘大夏、太监李兴、平江伯陈锐到了张秋后,就着手开始祭祀黄河之神。祭祀那一天天气阴晦,在化帛时点了好多次都没有点燃,好不容易开始烧帛了,哪知烧了一大半又熄火了,剩下的那些"不焚之处宛如人面,耳目口鼻皆具"。祭祀者顿时心里很不爽,随后议论纷纷,消息像长了翅膀一样飞到了山东。山东按察司副使杨茂元听说后"以为神明示此,必有警戒"。刚好那时又有人说,修黄河可让宫廷特使糟蹋钱财了,太监李兴等"参随人众,饩廪之外,日费银七两,又见同知王珣呈银二千两,不足十日之费"(《明孝宗实录》卷99)。

杨茂元原本在朝廷干过许多年的工作,目睹天子近幸贵戚的张狂,如今又耳闻张秋治水祭祀所发生的怪事,两者一联想,顿时热血沸腾,随即拿起笔来洋洋洒洒地给当朝天子上书,说:"水者阴象,张秋怪事之所以会发生,那是因为后戚之家威权大盛,假名姓者不可胜数,乞裁抑之,以消灾变。"他还奏请皇帝"放回画士,以绝淫巧,罢山东镇守内臣,以苏民困"。至于张秋治水,朝廷应该召回太监李兴等,专委都御史刘大夏,"以免地方烦扰"。明孝宗接奏后发话:"成大事者不惜小费,(李)兴等皆不取回,惟令工部移文,速其成功,仍令兴节省浮费,约束所部,毋生事扰民。"(《明孝宗实录》卷99)

按理说事情到此也就差不多了,哪想到太监李兴等弘治天子的近幸贵戚一听说有人奏劾自己,便立即发难,硬说杨茂元"所奏皆妄",要求皇帝予以严惩。这样的事情说白了就是天子近幸贵戚万万碰不得,你要是不信,那就有你好看的了。再说皇帝朱祐樘接奏后,将该事交与巡抚都御史熊翀、巡按御史王槐去处理。经过一番调查,熊翀、王槐勘实到:"焚帛之异在始祭一日,特形似偶然;日费之数盖有司所拟以备不足,茂元得之传闻,遂为地方过虑。其实廪饩之外,(李)兴等未尝过取。而茂元于兴等亦非仇诬,第所奏工食银数以少为多,不能无罪。"弘治帝听后却做出了这样的处置,命令锦衣卫派人上山东去,将杨茂元逮至京城,打入诏狱。刑科都给事中庞泮等闻讯后立即上言营救,说:"茂元身居风宪,过虑地方,偶有一得之愚,遂为三事之献。乃者千里械系而来,大班反接而见,无异累囚,陛下所以处茂元者,虽未究厥终而一絷见之间,已不胜其辱矣。本为纳忠而反以速祸,本为报国而反以辱身,区区一茂元固不足惜,但恐人人自危,括囊相戒,保位持禄,谀佞成风,甚非国家之福。"(《明孝宗实录》卷99)

刑科都给事中庞泮说得极为在理,按理说明孝宗也不是什么昏君,何至于要对一个忧国忧民之臣发那么大的火?问题就出在杨茂元上奏中还有语"后戚之家威权大盛",这里的后戚之家指的是张皇后娘家。张皇后听说后"怒甚,必杀茂元"(【清】毛奇龄:《胜朝彤史拾遗记》卷4),而皇帝朱祐樘偏偏又是个极为怕老婆的软蛋,所以本来芝麻大的事情一下子给无限地放大了。好在弘治中期朝廷上下的臣僚们,在面对皇帝近幸贵戚势力日益壮大与肆意危害的不堪情势时,早就不知不觉地站到了一起。北京十三道监察御史和南京十三道监察御史在刑科都给事中庞泮上奏后,也纷纷上疏,论救杨茂元。刑部尚书白昂等受命在给杨茂元拟罪时巧妙地拟了"赎杖还职"的处罚决定,随即将之上报了上去。但皇帝朱祐樘在最后御裁时,竟为讨好张皇后而一反自己为人处事都比较宽仁的一贯做派,"惩茂元至薄谪之"(【清】毛奇龄:《胜朝彤史拾遗记》卷4),即将杨降为湖广长沙府同知。(《明孝宗实录》卷99)

明代官史对杨茂元之事做了这样的评述:"初茂元病痔漏剧,自分不复能仕,乃锐欲掠名而去,将与巡按御史攻讦,又谓其不足异。会李兴絷辱按察正官,茂元适代视篆,惧其波及,遂密遣人奏之。从父守址时在翰林,欲沮之弗得。既谪,病良愈,始复悔之。"(《明孝宗实录》卷99)

我们暂且不论杨茂元上奏言事的真正动机是什么,但从整个事件发生背景、处理过程及其所引发的影响来看,弘治中期,大明朝廷上下的大小臣僚们已基本一致地将斗争的矛头对准了当时的最大祸患——日渐壮大和四处为害的近幸贵戚势力。而这样的党争新特征在弘治十一年(1498)年底开始要求追查太监李广受贿大窝案之浪潮中则表现得更为鲜明。

◎ 太监李广自杀、追究案——弘治十一年(1498)年底

在前章中我们已经讲过太监李广自杀案。这个案件的直接诱发原因是宫廷大珰李广唆使明孝宗在万岁山上建造毓秀亭,没想到亭子刚建好,皇帝家的长女太康公主得了痘疮,不治而亡。"未几,清宁宫灾,有谓亭之建,年月不利,犯坐杀向太岁,故有此灾。"周太皇太后为此发怒道:"今日李广,明日李广,兴工动土,致此灾祸。累朝所积,一旦灰烬!"李广闻讯后惊恐万分,饮鸩自尽。皇帝朱祐樘一直以为李广家藏有奇方秘书,当获悉李广自杀消息后,遂令内侍上他家去搜索。内侍领命后立即率人将李广家给封锁起来,从中搜得了一帙纳贿簿,随即将之上呈给了当朝天子。当朝天子翻着纳贿簿,看到上面记载着:某人送黄米几百石,某任送白米几千石,通计起来算算要有数百万石。皇帝朱祐樘为此十分好奇,就跟身边的人说:"我去过李广家,他家怎么能放得下那么多的白米和黄米?"近侍听后笑着回话:"皇上,这纳贿簿中所记的白米和黄米可不是我们平常的概念,白米代表的是银子,而黄米则代表的是黄金。"明孝宗听完后顿时大怒,"遂籍没之"。(《明孝宗实录》卷142;【明】陈洪谟:《治世余闻》卷2)

再说李广自杀的消息传出后,刑科都给事中张朝用和陕西道监察御史丘天佑等言官相继上言说:"内官监太监李广招权纳贿,其门如市,兹幸罪恶贯盈,自速其死,朝野闻之,罔不称快。然广所余金帛何啻千万,要皆夤缘嗜进之徒多方馈送者,此而不惩,何以示戒?"由此他们乞请皇帝迅速拘捕李广亲信任事之人,付之法司,

"鞫问明白,从实具奏,仍将贪缘得进者夺官褫爵,以清仕路。"明孝宗降旨:"奔竞交结者,仍令科道官指名以闻。"(《明孝宗实录》卷142)李广受贿簿查获后,朝廷上下更是议论纷纷,大家都在猜测行贿者到底是哪些人。吏部员外郎张彩上奏说,太监李广"平日招权纳赂,致陛下受奸谀蛊惑之名而不自知,军民罹贪残剥削之苦而无所愬。今幸踪迹败露,陛下纵不追戮其罪,岂可并置其恶党于度外而漫不惩戒乎?伏望断自圣心,勿与左右解释之言而必正以法,凡有所营求馈遗重多者,大臣则容令自陈致仕,小臣则通查罢黜,其事有所枉、罪有所脱者咸厘正之,庶国体、事宜两全无失"。明孝宗接奏后下令,将其下所司知之。(《明孝宗实录》卷142)紧接着监察御史王约等也上奏,请求皇帝彻查行贿交通李广的大小臣僚。(《明孝宗实录》卷142)

大约一月后,都给事中张朝用、监察御史丘天佑等再次上疏奏劾交结李广之人,说:"臣等所闻武臣如保国公朱晖、恭顺侯吴鉴、丰城侯李玺、遂安伯陈韶、成山伯王镛、宁晋伯刘福、都督孙贵、副总兵朱瑾,文臣如吏部尚书屠镛(滽),户部尚书周经,礼部尚书徐琼,刑部尚书白昂,工部尚书徐贯,礼部侍郎程敏政,兵部侍郎王宗彝,工部侍郎史琳、林凤,都察院左都御史王钺(越)、右都御(史)李蕙、右副都御史彭礼,通政司左参议姜清,太常寺卿崔志瑞(端)、李温,少卿李杰,寺丞王福广,太仆寺少卿杨瑛,河南左参政张琡、右参政李瓒,山东右参政谢文,按察使赵鹤龄,副使田斋、邓公辅,此辈贿赂虽有多寡,交内虽有浅深,然皆心术奸邪,踪迹诡秘,吮痈舐痔,何所不为,婢膝奴颜,无复羞耻。是可忍也,孰不可忍?此而不治,后将奚惩?伏望大奋明威,特加罪黜,以正典宪。风闻之言,恐有未尽,仍乞敕司礼监发下李广贿货簿籍,容法司逐一查究。"(《明孝宗实录》卷143)

从这样的一份奏劾名单来看,除了马文升、刘健、李东阳等部分阁部大佬未曾被列入外,其他朝廷部院主要领导和堂上官、掌印官等似乎多与太监李广受贿案有关。而当时的皇帝明孝宗已经掌握了行贿簿籍,鉴于涉案的朝廷大臣实在太多了,遂采纳了翰林院编修罗玘的"潜消"之说:"凡尝贿结于李广者,使之各自称疾引退,而限以二三月之内,或因考察两京大臣,而以他事黜,其尤甚者数十人,阳若不知,阴实加谴,如其顽然不动,随以正典行焉",终使"潜消已成之党,永绝未起之祸"。(《明孝宗实录》卷142)所以在再次接到张朝用和丘天佑等言官们的奏劾上请之后,弘治帝"以所劾干碍人众,且无指陈实迹,命俱仍旧供职,簿籍亦不必追究"(《明孝宗实录》卷143)。

明孝宗的这一招"外松内紧"的策略果然很奏效,圣旨下达后,太子少保、户部尚书周经和吏部尚书屠滽等大臣先后上疏进行自我辩白,屠滽甚至这样说道:"乞命官追取李广簿籍查究,果有臣名,即将臣凌迟处死,以谢言官;如无,亦乞为臣辩明洗雪,庶不被人诬陷,玷污名节。"但皇帝就是不予正面回答,而"下所司知之"(《明孝宗实录》卷143)。

数日后,监察御史胡献上奏说:"诸司官有交通太监李广进用者,李广虽死,簿籍尤存,如左都御史屠滽得升为吏部尚书,闲住都御史王钺(越)得起复为左都御史,右副都御史李蕙得升为右都御史,此三人者,身为大臣,帅众为奸,宜先正其罪,然后次第行罚。"明孝宗接奏后还是"下所司知之"(《明孝宗实录》卷143)。一个月之后的弘治十一年(1498)十二月,南京兵科给事中杨廉和南京都察院福建道御史洪远等也分别上奏,指称吏部尚书屠滽和刑部尚书白昂为李广受贿大案中的"奸佞魁首"(《明孝宗实录》卷144),要求朝廷一查到底,并予以严惩。

言官们的如此呼吁一直持续了一年多,到弘治十三年(1500)五月时,吏科都给事中魏玒和监察御史郭镛等还在不断地上言,要求对吏部尚书屠滽等为首的内外交结者共计45人置之于国法,但明孝宗还是不予接受,仅这么回答道:"尔等职司耳目言事轻率,不察是非,本当查究,既引罪姑贷不问。今后劾人,务访察的实,不许率意妄奏。"(《明孝宗实录》卷162)两天后,太子太傅、吏部尚书屠滽上乞休致。明孝宗批示:"卿职掌铨选,效劳有年,方隆委任,而恳乞休致,特兹俞允。赐敕给驿还乡,有司月给米三石,岁拨夫役四名应用。"(《明孝宗实录》卷162)而在这之前,太子少保、户部尚书周经,太子少保、礼部尚书徐琼相继致仕。也从此而始,明朝官史记载中有关李广受贿案之追究就没了下文。

而就在李广受贿案追查悬空之际,大明京城又闹出了唐寅、徐经和程敏政科场舞弊案来。

◎ 唐寅、徐经和程敏政科场"舞弊"案——弘治十二年(1499)春夏

说起唐寅,读者朋友很自然会想到风流才子唐伯虎,是不是他?对,就是他。唐寅,字伯虎,苏州人,与祝允明、徐祯卿和文徵明齐名,号为"吴中四才子"(《明史·文苑二·徐祯卿》卷286)。少时唐寅因为天赋甚好,"性颖利,与里狂生张灵纵酒,不事诸生业"。这在传统社会里可不是什么好事,祝允明见之多加规劝,唐寅因此而有所醒悟,"乃闭户浃岁",苦读一番,遂于弘治十一年秋季上南京参加乡试。(《明史·文苑二·唐寅》卷286)那一年来南京主持乡试的是一个名叫梁储的文臣,他在阅卷时读到了唐寅的文章,连连称奇,遂取其为第一名,唐寅的"唐解元"之名由此而来。而梁储在回京后又将唐寅的奇文"朝示学士程敏政,敏政亦奇之"(《明孝宗实录》卷139;《明史·文苑二·唐寅》卷286)。

一转眼就到了会试时间了,也就是弘治十二年(1499)春,唐寅和同乡的江阴考生徐经一同赴京赶考。徐经就是明代后期有名的大地理学家徐霞客的高祖,徐家在江阴可谓是世代富翁,人称其为"徐半城",意思是半个江阴城都是徐家的,这是笔者上江阴去做讲座时那里的人们所说的。既然是世代富翁,子孙难免有公子哥儿习气,为人处世十分高调,而就在会试开始前,因仰慕副主考官程敏政(《明史》中说程敏政为会试总裁,非也。《明孝宗实录》中记载该年会试主考官是李东阳,副主考是程敏政,笔者特注)之学问,徐经与唐寅一无顾忌地前往程府去拜谒求教,其间也谈到了此次会试可能要考到的题目。事后徐、唐两人又拟作文章,到处张扬。谁曾想到,会试一结束,户科给事中华昶立即上奏,说:"国家求贤以科目为重,公道所在赖此一途。今年会试臣闻士大夫公议于朝,私议于巷,翰林学士程敏政假手文场,甘心市井士子……江阴县举人徐经、苏州府举人唐寅等狂童孺子,天夺其魄,或先以此题骄于众,或先以此题问于人,此岂科目所宜有?盛世所宜容?臣待罪言职,有此风闻,愿陛下特敕礼部,场中朱卷凡经程敏政看者,许主考大学士李东阳与《五经》同考官重加翻阅,公为去取,俾天下士就试于京师者,咸

第 6 章 图治遽止 遗憾纷至

知有司之公。"(《明孝宗实录》卷147)

弘治帝接奏后命令礼部议处以闻。礼部官随即上言："（华）昶必有所闻，故陈此奏，但恐风闻之事，犹或未真。况未经开榜，不知所指实之人曾取中否？乞如所奏行，令李东阳会同《五经》同考试官，将场中朱卷凡经程敏政看中者，重加翻阅，从公去取，以息物议。"明孝宗依之。(《明孝宗实录》卷147)

数日后，会试录取工作结束，主考官大学士李东阳等上奏说："日者给事中华昶劾学士程敏政私漏题目于徐经、唐寅，礼部移文臣等重加翻阅去取，其时考校已定，按弥封号籍，二卷俱不在取中正榜之数，有同考官批语可验。臣复会同《五经》诸同考连日再阅，定取正榜三百卷，会外帝比号、拆名，今事已竣，谨具以闻。"(《明孝宗实录》卷148)

从李东阳这份上奏来看，他属于骑墙派。于是有关徐经和唐寅到底有没有买题之纠查一事被扔回给了主管科举考试的衙门——礼部。这时礼部尚书徐琼出来说："阅卷和录取都是内帝官主管的事情，礼部无从定夺，还是"仍移原考试官径自具奏别白是非，以息横议"。明孝宗不笨，当然明白两位大臣的话中话，说白了谁也不愿意担责任，于是皇帝下令："将华昶、徐经、唐寅执送锦衣卫镇抚司，一一鞫问，不许徇情"。(《明孝宗实录》卷148)。

弘治十二年(1499)六月初一日，由都察院都御史闵珪主持，在午门前进行人、物置对和核实，被指称为卖题者的程敏政当即表示不服，而所谓的买题者徐经和唐寅也连连喊冤。闵珪为此不敢结案，遂上请会合"多官共治"。明孝宗说："不必会官，第从公讯。"而就在这次复讯拷问中，徐经翻供了，说，来京之时，因"慕敏政学问，以币求从学问，讲及三场题可出者，经因与唐寅拟作文字，致扬于外。会敏政主试，所出题有尝所言及者，故人疑其买题。而（华）昶遂指之，实未尝赂敏政，前惧拷治，故自诬服"。都御史闵珪随即以此结案并拟判：程敏政、徐经和唐寅各赎徒，华昶等奏劾不实，也赎杖，"且劾敏政临财苟得，不避嫌疑，有玷文衡，遍招物议，及昶言事不察实，经、寅等夤缘求进之罪"。可弘治帝对此审讯与判决皆不满，让闵珪等再核实。最后朝廷御裁：程敏政致仕，华昶外调南京太仆寺任主簿，徐经和唐寅赎罪，结束后"送礼部奏处，皆黜充吏

役"。(《明孝宗实录》卷151)

皇帝御裁下达后的第四天,这场所谓的科场舞弊案涉案的第一号大人物程敏政"以痈毒不治而卒",时人闻之,莫不叹息。那么程敏政到底是个怎么样的人?他究竟有没有卖题?

程敏政,休宁人,南京兵部尚书程信之子,"十岁侍父官四川,巡抚罗绮以神童荐。英宗召试,悦之,诏读书翰林院,给廪饩。学士李贤、彭时咸爱重之,贤以女妻焉。成化二年进士及第,授编修,历左谕德,直讲东宫。翰林中,学问该博称敏政,文章古雅称李东阳,性行真纯称陈音,各为一时冠。孝宗嗣位,以宫僚恩擢少詹事兼侍讲学士,直经筵。"(《明史·文苑二·程敏政》卷286)

因为是天顺朝内阁首席辅臣李贤的女婿,又因为当过朱祐樘东宫时代的老师,程敏政"才高负文学,常俯视侪偶,颇为人所疾"(《明史·文苑二·程敏政》卷286)。早在弘治元年(1488)时,监察御史王嵩等就曾奏劾程敏政"奸叔之妾,至生一女,夺弟之官,致死非命,及与乐妇通奸,教以诗书,贪淫无耻"。明孝宗见到程老师被人奏劾成这样,也没法保他了,遂令他致仕。(《明孝宗实录》卷19)大概过了5年即到了弘治五年(1492)十月时,皇帝朱祐樘又起复程敏政为詹事府少詹事兼翰林院侍讲学士。(《明孝宗实录》卷68)要说经过一番挫折的程敏政应该有所变化?不,他那骨子里头的恃才傲物劲一点儿也没变,据说他曾写诗:"江山何日许重来?白骨青林事可哀。吾党莫言清梦返,海东东更有蓬莱。"又云:"斯文古今一堪哀,道学真传已作灰。鸿雁未高罗网合,麒麟偶见信时猜。迅雷不启金縢惑,紫电谁怜武库才?于此可知同气数,浑沦来往共盈亏。"有好事者在诗下署名"予篁墩(程敏政祖地名,笔者注)学士也",大家一看便知程学士的"拂郁不平之气"依在。(【明】陈洪谟:《治世余闻》卷2)而程敏政对于自己为人处世之失却还浑然不悟,反"以少年擅文名,以文学跻侍从,自是以往名位将不求而自至,乃外附权贵,内结奥援,急于进取之心,恒汲汲然,士夫多有议之者"(《明孝宗实录》卷151)。

就在这些非议程敏政的人当中有个叫傅瀚的十分阴险,傅瀚也是朱祐樘东宫时代的老师,弘治登基后,他先被擢升为太常寺少卿、太常寺卿兼侍读学士,后又晋为礼部左右侍郎和礼部尚书。不过傅瀚对此还不满意,他一直想入阁,就如当年吏部尚书王恕一般想法,可人家王恕为人正派,而傅瀚却是个十足的阴谋家和无耻小人。当时的情况摆在那里,皇帝朱祐樘重用的是他的另外两个老师刘健、李东阳,刘、李要是不离阁,傅瀚入阁之愿望再强烈,一切都是白搭,那怎么办? 傅瀚找到同乡监生江瑢,教唆他奏劾刘、李俩阁老。但也不知怎么的走漏了消息,事情没办成。傅瀚发现情势不对劲,立即露出了小人嘴脸,四处妄语:与监生江瑢平时关系最好的是程敏政,并说江瑢的上奏之词决非是一个监生所能写得出来的,且还说程敏政想当内阁阁臣都快要想疯了。这些话传开来,内阁大佬刘健和李东阳听了怎么会对程敏政有什么好印象呢? "敏政之狱自是始矣"。(《明孝宗实录》卷184)

再说程敏政被诬陷猝死后,造孽者傅瀚的心理开始慌了起来,就连他的家人也不得安宁。据说有一天清晨,傅家人看见程敏政的鬼影进入了傅瀚的卧室,"又数见怪异",傅瀚"因忧悸成疾",一年后一命呜呼。由此反观,所谓的唐寅、徐经和程敏政科场舞弊案发,"是时刘健当国,既偏溺于恚怒,莫之能辩,适大学士谢迁又素憾敏政,尝发其交通太监李广营谋入阁之私,而谕德王华亦衔敏政,尝扬其主考卖题事,又都御史闵圭(珪)与迁、华皆同乡,乃嘱圭(珪)及科道数辈内外并力,交攻罗织成狱。而华昶之甘心鹰犬者,又不足责也。顾当时刘健、谢迁徒知杀人灭口以避祸,曾不思亏损国体、沦丧士气,以玷科日,其为盛时风化之累,有非细故者比。此皆始于(傅)瀚争夺名位一念之私以误之也"(《明孝宗实录》卷184)。

要说弘治朝的这个所谓的科场舞弊案中最冤的可能还要数唐寅和徐经,案件了结后他们出狱回到南方家乡,因耻于为吏,两人皆未上任。唐寅"归家益放浪","筑室桃花坞,与客日般饮其中,年五十四而卒"。(《明史·文苑二·唐寅》卷286)

其实整个案件中还有一些冤大头,即以华昶为代表的一批言官。左都御史闵珪和刑部尚书白昂在审理这场所谓的科场舞弊案时曾遵照廷审的惯例,通知六科言官一起参与。吏科都给事中魏玒、工科都给事中林廷玉、兵科都给事中于宣、刑科左给事中王洧、户科左给事中胡易等想都没想就去参与会审、鞫问案件了。而就在鞫问华昶时,因他上言奏劾为风闻之事,没有充分的证据,所以会审一开始他就陷入了理屈词穷的境地。这时都给事中魏玒和林廷玉等及时出来为窘迫的同事打圆场。哪想到在旁"坐听"的东厂特务随后将之告到皇帝那里,说六科言官魏玒等为华昶同僚,理应回避审案,但没有做到。非但如此,他们还干预鞫问。乞请皇帝治他们的罪。明孝宗听后马上下令,将言官魏玒等交与镇抚司推问,词连御史王恩、王鼎等人。刑部尚书白昂等看到情势不好,事由己出,当即具疏请罪。弘治帝下令对他们罚俸二月。案件了结后,华昶外调,魏玒、于宣、王浒、胡易等言官"俱赎杖并恩、鼎各还职",林廷玉"以越众出言,降一级,调外任,为海州判官"。(《明孝宗实录》卷151)

至此,我们不难看出,受伤的又是一些人微言轻的朝廷言官小人物。那么这究竟是为何?

在前文中笔者已经说过,有明一代自英宗朝起由于最高当局者的愚蠢和偏心眼,人为制造政治场上的南北之分,由此也就成为明朝中期党争问题的滥觞。而成化中后期朝廷所用非人,则又加剧了南北党争。作为朝廷的中下级官员,言官们原本多出自科举进士中的"二等"或"三等"行列,与进入翰林院的"头等"进士在以后人生仕途发展方面有着天壤之别。"自天顺二年,李贤奏定纂修专选进士。由是非进士不入翰林,非翰林不入内阁,南、北礼部尚书、侍郎及吏部右侍郎,非翰林不任。而庶吉士始进之时,已群目为储相。"(《明史·选举二》卷70)

由此看来,要想真有所作为或自身处境好一点儿,言官等朝廷中下级官员还不得不或明或暗地投靠在朝的阁部大臣。当然有时也会例外,尤其是在新旧皇帝交替之际,朝廷往往会黜庸进贤,就如弘治朝开启时汤鼐与李文祥所说的"君子进、小人退"(【明】黄瑜:《双槐岁钞》卷10;《明史·汤鼐》卷180)。这种对形势的盲目乐观所导致的最后结果往往是言官们成了有权有势的在朝廷臣的打击对象。弘治初年所谓的汤鼐、刘概诋毁朝政案和姜洪与秦纮因公事文移相激案就是很好的例证。不过随着形势的变化,当皇帝的近幸贵戚势力日渐壮大并开始越来越危害帝国社会各阶层时,言官们往往又与在朝阁部大臣站到了一起,抨击朝政之失,于是原先的言官与阁部大臣之间、南北官员之间的矛盾让位于文官士大夫阶层与近幸贵戚之间的斗争,这在"刘文泰诬奏王恕案"和"杨茂元妄奏案"中人们可以看得更加清楚。不过当整个士大夫阶层与近幸贵戚之间的冲突一旦稍稍平缓时,文官集团阵营中先前相互之间的矛盾和党争又会迅速地激烈起来。弘治中期,言官们不断地要求追究交结太监李广的廷臣和所谓的唐寅、徐经和程敏政科场"舞弊"案等都充分证明了这一点。(《明孝宗实录》卷151~《明孝宗实录》卷184)

而文官集团内这样的矛盾冲突和党争直到弘治晚期时还在暗暗地进行着。马文升由兵部尚书转为吏部尚书时,监察御史张津、文森等曾上言,说马熟知边事,理应继续留任于兵部,至于吏部尚书人选当"慎择正人居之"。明孝宗接奏后降旨:"进退大臣,朝廷自有公道。这御史每如何辄擅铨衡?皆下狱送法司拟罪。"法司部门不敢抗旨,但在拟罪时仅给多嘴御史拟了个"运炭还职"的处罚。而就当时情势而言,吏部尚书出缺,兵部尚书马文升和刑部尚书闵珪资望相当,都有递补希望。北方籍官员力主由马文升出任,南方籍官员则力赞闵珪。推举者以马文升为首,遂以马接任吏部尚书,由此马、闵之间产生隔阂。马文升不仅忌恨闵珪,而且还移怒其部属,"一年之间,刑部十三司无一转官者"(【明】陈洪谟:《治世余闻》卷2)。

一年当中,刑部十三司中没有一个人不转官的,由此可见这位北方籍老兄马文升对同朝为官的南方籍同僚有多恨!而如此错综复杂的矛盾与党争至弘治帝驾崩时还没停止,这不能不说是明孝宗西去时留下的又一大遗憾。

○ 近侍权贵尤其是宦官之患未来得及清除

明孝宗遽然西去时留下的第六大遗憾是近侍权贵尤其是宦官之患未来得及清除。诚如上述所言,西去之前的明孝宗对于宦官"带坏"皇太子以及在其他诸多层面造成的巨大危害已有较为清醒的认识。当然这样较为清醒认识的获得极大程度上要归功于刘大夏、戴珊和马文升等一批正直大臣的不断进谏,而在这些人当中,刘大夏的功劳可能是最大,因为当朝天子特别信任他。每当与刘大夏商议国事,尤其是谈及宦官问题时,弘治帝往往会屏退左右近侍。就当时真实的内心而言,皇帝朱祐樘"有欲尽削内官权柄",像弘治末年"灭九门监门官,及禁革过取商税"等举措,也都是在他与刘大夏反复探讨后而实施的。(【明】陈洪谟:《治世余闻》卷2)而刘大夏对于此类事情也格外小心谨慎,有一天朝退后,明孝宗宣他入内,"议论国事久之,言及左右,大夏未及对。上曰:'尔趑趄不言者,岂尚疑我是听左右人言语之皇帝耶?'大夏叩头谢。"(【明】陈洪谟:《治世余闻》卷3)还有一次,弘治帝跟刘大夏说:"有人上言建议,尽革天下镇守内官。朕反复考虑,此类内官系祖宗以来一直有的,设置已久,势难遽革。不过朕倒是想到另一个好办法,但凡以后此类内官有缺,朕不让补就是了。这样一来,其祸患不就慢慢地消除了。"(【明】陈洪谟:《治世余闻》卷4)

晚年明孝宗励精图治的可贵之处在于,他不仅仅停留在国事商讨的言语上,而且还逐渐落实于实际行动。譬如,在与刘大夏商定裁减内廷费用后,皇帝朱祐樘首先将当时众臣抨击最为厉害的御马监、光禄寺作为突破口,减去这两个衙门"每月以白金计之,各不下十余万两"(【明】陈洪谟:《治世余闻》卷4)。弘治十七年(1504)五月,明孝宗又接受刘大夏的建议,"命取回南京并苏、浙等处织造内臣,止行镇巡等官督理织造。"(《明孝宗实录》卷212)

弘治十七年八月,鉴于天变灾异不断,当时廷臣们上言,请命科道部属官员阅实御马监下属的腾骧四卫营军士人数,因为是属于内廷直辖,这四卫营军人勇士的待遇相对比较高,而那时的朝廷纲纪又很宽松,许多奸邪之徒早早就动起了歪脑筋,冒充四卫营军士,骗取国家军饷。明孝宗接到大臣们的上请奏章后,沿袭习惯做法,将清查四卫营人员数目的差事交与御马监自查。御马监随后上呈四卫营人数,兵部为此覆奏,说:"御马监现有勇士数 11 780 余名,军人数 30 170 余名,这样算下来,每年大约有 500 000 石仓粮被冒牌的四卫营军士给白白地占有了。请皇上指示:是否再次差官复查?"每年都有 500 000 石仓粮被人私下侵吞,皇帝朱祐樘当即震怒,随后下令:"命即选差科道部属官清查明白闻奏。"(《明孝宗实录》卷215)

一向性格温和的皇帝朱祐樘终于发大火了,且还动了真格,宦官们当然有所畏惧,遂有明孝宗被害死之说。皇太子朱厚照上台后,"阁臣请加诛(刘)文泰,内侍持之,狱不决,止配远方。或云:上(指明孝宗,笔者注)忧国用不足,尚书刘大夏曾奏内臣持权,耗蠹非一,从此搜剔,国用自足。上入语(张)皇后,后洩之,内廷诸大珰惧觉,尚药反其治。"(【清】查继佐:《罪惟录》志卷32)

其实明孝宗晚年开始除去宦官近侍祸患之事直至其身后还在断断续续进行着,"孝宗崩,武宗嗣位,承诏请撤四方镇守中官非额设者。(正德)帝止撤均州齐元。(刘)大夏复议上应撤者24人,又奏减皇城、京城守视中官,皆不纳。顷之,列上传奉武臣当汰者683人,报可。大汉将军薛福敬等48人亦当夺官,福敬等故不入侍以激帝怒。帝遽命复之,而责兵部对状,欲加罪。中官宁瑾顿首曰:'此先帝遗命,陛下列之登极诏书,不宜罪。'(正德)帝意乃解。"(《明史·刘大夏》卷182)正史又载:"孝宗崩,(马)文升承遗诏请汰传奉官763人,命留太仆卿李纶等17人,余尽汰之。"(《明史·马文升》卷182)

至此我们不难看出,不知自己即将西去的明孝宗所要清除的近侍之患尤其是宦官之患还是十分厉害的。就此再来综观弘治末年,当弘治帝再度发力、励精图治时,突发的"医疗事故"却一下子要了大明天子的命,似乎还真不是什么巧合。

孝宗图治,戛然而止,遗憾多多,实难详说。500多年前,当明孝宗西去后,大明官方曾做过这样的描述:"比念天下军民困苦,会久旱欲下宥恤之令,已具十六事未降,在斋宫见微雨,端坐凝思,遂婴寒疾,不数日而剧,中外臣民方翕然望治,忽罹大变,肝胆摧裂,哭临之日,赞礼已毕,而俯伏号恸,顿不能起。梓宫所过道傍,老稚无不悲痛,暨奉迎神主至土城行殿,群臣瞻望御容,哭声振野,其得人心之深如此,仰惟我朝自洪武之创业、永乐之定难,几六十年,已立亿万载太平之基矣。及洪熙之励精,宣德、正统之休养生息,天顺之振厉,成化之丰豫又六十余年,气运之盛于斯为至。"(《明孝宗实录》卷224)

这一段文字将明朝前期的列祖列宗都给夸了一遍,并说弘治时代大明帝国气运之盛于斯为至,这显然是言过其实。相对于明代官史修撰者,民间史家少有干扰和少有避讳,正德、嘉靖之后,郑晓、李维桢、邓元锡、朱国祯、何乔远和谈迁等一批史学家都对弘治帝作出过评论,其中朱国祯的评述最具有代表性,他说:"三代以下称贤主者,汉文帝、宋仁宗与我明之孝宗皇帝。……十八年中,深仁厚泽,几于必世,远非汉宋可及。说者犹曰:外戚太厚,赐予太广,此皆自两太后起见,即庆赞亦所不废,愈见其大。又曰:冗员太多,则先朝传奉,革之殆尽。曰:中贵太盛,则李广至于自尽,苗逵不闻弄权。盖宽以成其孝,节以制其流,内外时措,各有攸当。称曰圣主,又何疑惑焉!"(【清】谈迁:《国榷》卷 45)

将弘治帝列入汉文帝、宋仁宗等历代贤君之伍,并对他留下的重大祸患逐一作了不客观和不吻合历史实际的辩解,这是明代中后期文官士大夫阶层对于弘治帝评价的共同特征。坦率而言,有明一代的贤君确实不多,"宽仁"治国和体面对待文官士大夫阶层的明孝宗又有所作为,这就难免不为同属文官士大夫阶层的史家所溢美了。不过历史往往时隔久了,评述起来相对就要客观得多。清朝官方在撰写有明一代历史时曾对明孝宗做出了这样的评价:"明有天下,传世十六,太祖、成祖而外,可称者仁宗、宣宗、孝宗而已。仁、宣之际,国势初张,纲纪修立,淳朴未漓。至成化以来,号为太平无事,而晏安则易耽怠玩,富盛则渐启骄奢。孝宗独能恭俭有制,勤政爱民,兢兢于保泰持盈之道,用使朝序清宁,民物康阜。《易》曰:'无平不陂,无往不复,艰贞无咎。'知此道者,其惟孝宗乎!"(《明史·孝宗本纪》卷 15)

将明孝宗排序于有明一代值得称道的皇帝之列,这大致上说得过去,但若要说弘治朝的大明帝国"朝序清宁,民物康阜",似乎又有些说过头了。可不幸的是,自清代以来,很多很多的专家学者又将弘治帝的历史地位给盲目地拔高,但凡已经出版了的明代历史书中"弘治中兴"之说占据了绝对的主导地位。由于当下学术气氛很不正常,笔者就不一一详细点出其名及其观点了。与此相对,另外有一些专家学者则对弘治帝的评价就比较低了,说他是"中兴之主","盛名之下,其实难副"。(参见郭厚安:《弘治皇帝大传》,辽宁教育出版社,1994 年 8 月第 1 版,P282~288)

不过在笔者看来,有明一代历史中弘治帝算得上是个不错的皇帝,他刚开始即位时还积极有为,奋励致治,但"聿遵成宪"和"法祖图治"的思想理念又束缚了他的手脚,犹如戴着枷锁跳舞一般,加上他自身身体羸弱以及才识、魄力不够，终使弘治"更新"收效不大，小修小补者为多。等到真正醒悟、再度发力进行励精图治时，遽然而至的死神又要他的命。因此说综合起来看，将弘治帝位列明仁宗和明宣宗之后的有为贤君行列，应该说大体吻合事实。其实如果再从随后的明代中后期历史来做个回望的话，我们就会发现弘治帝留于世间的最大功绩应该是，在承继父皇成化之业的前提下，革除弊政，稳固国本，适应时势，宽以治国（参见本书前面的自序，笔者注）。但他留存下来的诸多隐患同样也不容忽视：内外宦官，祸害多端；皇亲贵戚，为祸不息；藩王宗室，贪残日炽；军力不足、武备松弛……那么面对这样的大明帝国，他的皇位继承者明武宗又将如何处置？敬请读者朋友阅读《大明帝国》系列之⑲、⑳《正德帝卷》上下册。

后　记

　　《大明帝国》系列之⑮～⑯《成化帝》上、下册出版后，因忙于电视节目的录制和图书馆的讲座，延误了几天没去看恩师潘群先生，忽然有一天，好像是一大早，我接到了方尔兄的电话，说是潘老师似乎不太行了，已经昏"睡"多日。我立即放下手中的活儿，赶到省人民医院去看望潘老师。此时的潘老师一动都不动地躺着，我走进病房后轻轻地喊着，没见任何回应，于是找了个凳子坐下来，默默地等着。可这一等等了好久，最后还是护工来了，他冲着潘老师大声喊："潘教授，马老师来看您来了，他带了自己刚出版的新书！"奇迹发生了，久"睡"不醒的潘老师微微动了动眼皮，随后又十分吃力地动起了嘴巴，好像要说什么。我赶紧凑了过去倾听，可什么也没听到。这时护工又大声说道："老教授已经多天不理人了，听到您马老师来了，他就来精神，只可惜油灯将尽……"其实我能理解潘老师的内心，也能大致猜测出他想说什么。好像是五六年前，潘老师与师母一同去了山东大学一次，回宁后当着我的面痛哭了一场，师母告诉我："潘老师心里难受，此次回山大与黄云眉先生的后人相聚，百感交集，后来又拜谒了山大校园里的'八马同槽'塑像，当场泣不成声，觉得自己一生搞了太多的行政工作，未能完成好黄先生的嘱托：在《明史考证》的基础上，将明代历史重写一遍……"其实这事潘恩师不知跟我说了多少遍，人啊，到了老了，或许是因为执著，会老念叨一件事，尤其是自己心心挂念的。所以在最近数年的交往中，每当我将自己新出版的明史拙著拿给潘老师时，他总是笑逐颜开地跟师母说："看来黄先生的学问后继有人了！"而每一次我们师生之间相聚总有着聊不完的历史话题，说着说着一下子好几个小时过去了，说着说着总感觉意犹未尽。可这样的机会现在却没有了，恩师只能以微微一动来表示他的意思，我当即震撼不已，又感慨万分。大约一个月后，我再次突然接到方尔兄的电话，说是潘老师凌晨走了……

那天从西天寺"送别"潘老师回来,我的内心难受透顶,老天爷,最近这几年怎么啦?大概是在2012年吧,上海的叔叔遽然而去,后来福建的岳母也走了。前年7月1日,我做了一场梦,起床后就跟内人说,我梦见了研究生时代的刘学照老师。内人说:那就应该马上去看看他。正讨论着如何去上海,突然间电话响了,邦华兄告诉我:"刘老师今天凌晨走了……"两年后的今天,我在南京最好的老师潘群先生又走了……随后好长一段时间里,我始终走不出悲痛的阴影,一眯上眼睛,往事就像电影一样——展现出来。后来碰到了一个信佛的朋友,他反复劝导我,我才逐渐地稳定了情绪,将自己调整过来。是的,亲友的远逝固然无法挽回,而生者当好好地活着做事。我始终记得潘老师、刘老师的谆谆教诲,将自己所有的精力投入明清史研究和《弘治帝卷》的写作当中去。经过一年半的不懈努力,如今拙著《弘治帝卷》终于交稿了,也将不日出版面市。

新书将要出版,按照常规,得感谢帮助过自己的亲友们。我一直在想,我之所以能拥有今天这样的收获(姑且这么说),应该感谢南京市委宣传部原部长叶皓、曹劲松副部长,南京市委宣传部网控中心的龚冬梅主任,中央电视台池建新总监,安徽电视台禹成明副台长,南京电视台原副台长陈正荣、新闻综合频道原总监傅萌、专题部张建宁主任,江苏教育电视台张宜迁主任,南京广电集团谢小平主任,东南大学出版社江建中社长、张新建总编,江苏社科联吴颖文主任,新华报业集团邹尚主任,南京静海寺纪念馆原馆长田践女士、现馆长苏真女士,南京阅江楼办公室原主任邱健乐先生,南京市社科院陈正奎院长,南京社科联原主任顾兆禄,南京市新闻出版局蔡健处长,中国第二档案馆郭必强主任,福建宁德市政协主席郑民生先生,宁德市委政策研究室吴泽金主任,南京炮兵学院训练部杨部长,南京理工大学图书馆张小兵馆长,江阴图书馆缪晓辉主任,凤阳文化局姚瑶局长,凤阳图书馆周维萍馆长,常熟翁同龢纪念馆馆长王忠良,太仓图书馆周伟斌馆长以及淮安图书馆、泗阳图书馆、姜堰图书馆、常州图书馆、无锡图书馆、苏州独墅湖图书馆的领导之关怀和帮助(特别注明:本人不懂官衔大小,随意排列而已,不到之处,敬请谅解);感谢中央电视台裴丽蓉编导、徐盈盈编导、戚锰编导,江苏电视台公共频道的贾威编导、袁锦生编导,江苏教育电视台的原编导苍粟、夏恬编导、赵志辉编导,安徽电视台公共频道的制片人张环主任、制片人叶成群先生、制片人汪斌先生、编导舒晓峰先生、唐轶女士、吴卓女士、韩德良先生、张曦伯先生、李静女士、刘小慧女士、主持人任良韵女士,南京广电集团王健小姐,南京电视台著名主持人周学先生、流丹小姐、编导刘云峰先生、李健先生、柏新民先生、过子林先生、周东辉先生、周心诚先生、戴鲁宁先生、熊晖女士、汪海燕女士、崔小白女士、丁晓宇小姐、于晚梦小姐,南京电视台十八频道主持人、我的电视节目搭档吴晓平先生,江苏广播电视总台陆正国主任、吕凤华女士、董婕女士,新华报业集团黄燕萍女士、吴昌红女士、王宏伟先生,《现代快报》刘磊先生、白雁女士,《金陵晚报》郑璐璐主任、于峰先生,《扬子晚报》杨民仆主任,南京图书馆周立锦主任、王阳主任、刘建忠主任、施吟小姐、张雅伟先生,金陵图书馆袁文倩主任、郁希老师、查婉玲老师和杨主任,南京静海寺纪念馆钟跻荣老师,南京科举博物馆原主任金戈,南京海军指挥学院庞继先教授,东南大学出版社刘庆楚分社长、谷宁主任、彭克勇主任、丁瑞华女士、马伟先生、杨澍先生、丁志星女士、李红叶女士,南京明孝陵向阳鸣主任、王广勇主任、臧卓美女士和姚筱佳小姐,南京郑和研究会陈平会长、郑自海秘书长和郑宽涛先生,天津南开大学历史学院何孝荣教授、孙卫国教授,北京师范大学教育学院孙邦华教授,中国政法大学林灿玲主任,东北师范大学历史系赵毅教授,南京大学王成老师和周群主任,东南大学袁健红院长、傅兆君教授,苏州大学社会发展学院高峰副院长,台湾大学徐泓教授及其夫人,天津师范大学历史文化学院吴德义教授,南京理工大学人文学院李崇新教授,南京财经大学霍训根主任,常熟理工学院校友会领导、沈潜教授,江苏经贸学院胡强主任和吴之洪教授,南京总统府展览部刘刚部长,《中国大学教学》编辑部陈立民先生,徐州汉画像石馆原馆长武利华先生,无锡动漫协会会长张庆明先生,上海龙美术馆诸先生与女士,北京人天书店有限公司南京办事处李章经理、曹旭先生,凤阳文管所唐更生主任、凤阳文化局夏玉润先生,南京钧龙宝船置业有限公司副总经理贾铁

后记

703

甲先生、南京城市记忆民间记录团原负责人高松先生、无锡图书馆曾媛女士、篆刻家潘方尔先生以及我的老朋友张群先生、裘国宁女士等给我的帮助与关怀。(至于出版界朋友对我的帮助，那实在太多了，怕挂一漏万，干脆就一个也不谢了。)

我要感谢美国国会图书馆、澳大利亚国家图书馆、哥伦比亚大学图书馆、普林斯顿大学图书馆、哈佛大学图书馆、斯坦福大学图书馆、匹兹堡大学图书馆、夏威夷大学图书馆、霍普金斯大学图书馆、弗吉尼亚大学图书馆、俄亥俄大学图书馆、田纳西大学图书馆、芝加哥大学图书馆、伊利诺斯大学图书馆以及中国香港大学图书馆和内地一大批图书馆对我历史专著的收藏。

我要感谢南京图书馆、金陵图书馆、江宁图书馆、玄武图书馆、江阴图书馆、苏州高新区独墅湖图书馆、太仓图书馆、凤阳图书馆、无锡图书馆、常州图书馆、常熟翁同龢纪念馆、淮安图书馆、泗阳图书馆、姜堰图书馆、南京理工大学图书馆、南京航空航天大学图书馆、常熟理工学院历史文化学院、南京铁道职业学院图书馆、中国人民解放军南京炮兵学院、南京市新华书店等单位(很对不起，好多单位我都不大记得起来了)领导与同志对我的关怀与帮助，当然还要感谢国内外一大批喜欢我的著作与讲座的"粉丝"，这也绝非虚言，有好几次我发现有的年轻妈妈或爸爸带了自己的小宝贝来听讲座，当被问及为何时，她(他)们直言相告："你的著作和讲座每个地方都有史实依据，绝不戏说，这是对孩子甚至是对社会每个读者都负责啊!"但由于这样的读者或听众人数太多和个人署名权等问题，我就不一一罗列出来了。不过我还是要在此再次向大家郑重地说一声：谢谢！

我还要感谢 United Nations（联合国）Chinese Language Programme 何勇博士，美国著名历史学家、Hawaii University（夏威夷大学）和 Pittsburgh University（匹兹堡大学）名誉教授许倬云先生，美国 Columbia University（哥伦比亚大学）王成志主任，Princeton University（普林斯顿大学）Martin Heijdra 主任，Stanford University（斯坦福大学）Visiting Scholar Helen P. Youn，Stanford University（斯坦福大学）的 Hoover Institution Library & Archives（胡佛研究院图书馆及档案馆）主任 Thu-Phuong Lisa

后记

H. Nguyen女士和Brandon Burke先生，美国中文电视台Sinovision的美女主持人谭晶女士，美国纽约美中泰国际文化发展中心总裁、著名旅美艺术家李依凌女士，美国（CHN）总监Robert KO（柯伊文）先生，日本关西学院法人代表阪仓笃秀教授，世界报业协会总干事马英女士，澳门基金会理事吴志良博士，澳门《中西文化研究》杂志的黄雁鸿小姐等海外师长与友人对我的关心与帮助。

此次出版配有英文书名，在此要感谢我的老朋友王轶军先生的热心帮助与全程把关。

在此还要特别感谢老一辈著名明史专家、山东大学教授黄云眉先生的大作《明史考证》对我的启迪以及他的海内外儿孙们对我的抬爱，特别感谢我的南京学业导师潘群先生和师母黄玲女士严父慈母般的关爱，特别感谢我的老乡同时又是可敬的师长王建邦先生和我研究生时代的老师王家范先生、刘学照先生、沈鹏先生以及我大学时代的老师杨增麒先生、王福庆先生对我的关心与帮助。

当然还要特别感谢厦门郭伟渊先生的热忱相助与认真校对。

在此顺便说明两点：① 本著依然采用史料出处随后注的方法，做到说史决不胡说、戏说，而是有根有据。本书稿原有所有史料全文，后考虑到篇幅太厚和一般读者可能阅读有困难，最终决定将大段古文作了删除，大多只保留现代文。也承蒙东南大学出版社朋友尤其谷宁主任、马伟先生的关爱，本书依然拥有现在这个规模。如读者朋友想核对原文作进一步研究，可根据书中标出的史料出处一查便是。② 由于本著引用史料中的《明英宗实录》内含有《废帝郕戾王附录》，因此在注释中使用的标点很特别，因为自《明英宗实录》卷一百八十三起到《明英宗实录》卷二百七十三，其后都标有《废帝郕戾王附录》卷××，其实它们是同一著作，如果中间用顿号，显然显得不合适，只好改为逗号，由此全书中并列注释引用书之间也只得改用分号，尽管这样做也不很合适，但别无其他良法，姑且用之，特此说明。

最后要说的是，下列同志参与了本书的图片收集、资料整理、文稿起草等工作,他们是马宇阳、毛素琴、雷扣宝、王鲁兴、王军辉、韩玉华、林成琴、熊子奕、舒金佳、雷晟等人。

马渭源

于南京大明帝国黄册库旁

2018年8月29日

电子邮箱:mwynj@sina.com